NomosAnwalt

Werner Bachmeier [Hrsg.]
Richter am Amtsgericht a.D.

Regulierung von Auslandsunfällen

2. Auflage

Werner Bachmeier, Richter am Amtsgericht a.D., Bernbeuren | **Christiane L. Bahner** HDL., Rechtsanwältin, Hvolsvöllur | **Yorick Bryan Boendermaker**, Advocaat, Hilversum | **Anna Dolejsz-Świderska** LL.M., Adwokat/Mediator, Slubice | **Sabine Feller** LL.M., Rechtsanwältin und Avvocato, Fachanwältin für Arbeitsrecht, für Versicherungsrecht und für Speditions- und Transportrecht, München/Rom | **Wolfgang Frese**, Rechtsanwalt und Fachanwalt für Verkehrsrecht und für Arbeitsrecht, Kiel | Lic.iur. **Martin Hablützel**, Rechtsanwalt, Fachanwalt SAV Haftpflicht- und Versicherungsrecht, Zürich | **Dr. Sabine Hellwege**, Rechtsanwältin und Abogada, Osnabrück/Palma de Mallorca | MMag. **Dr. Sabine Hofer-Picout** LL.M. MBL, Rechtsanwältin, Innsbruck | **Jozef Anton Marie Janssen** LL.M., Advocaat/Rechtsanwalt, Arnhem/Hamburg | **Marc Jantkowiak**, Avocat, Strasbourg | **Katja Kirmizikan**, Rechtsanwältin, Lüdenscheid | **Prof. Dr. Irene Kull**, Universität Tartu | **Prof. Dr. Janno Lahe**, Universität Tartu | **Matthias Müller-Trawinski**, Rechtsanwalt/Advocaat, Köln/Bruxelles | **Dr. Kaspar Saner**, Rechtsanwalt und Fachanwalt SAV Haftpflicht- und Versicherungsrecht, Zürich | **Anastasios Savidis**, Rechtsanwalt/Dikigoros, Tübingen/Athen | **Marta Tetzlaw-Dering**, LL.B., aplikant adwokacka, Slubice | **Nienke Veerman**, Docent Recht, Thorbecke Academie, Leeuwarden

Nomos

Die Deutsche Nationalbibliothek verzeichnet diese Publikation in der Deutschen Nationalbibliografie; detaillierte bibliografische Daten sind im Internet über http://dnb.d-nb.de abrufbar.

978-3-8487-3418-4

2. Auflage 2017

Vorwort zur 2. Auflage

In dem von der EU-Kommission gemäß Art. 28 ROM II-VO eingeholte Gutachten wird die Ansicht vertreten, es gebe keine ernsthaften Probleme bei der Abwicklung von Schadensersatzansprüchen aus Verkehrsunfällen im Ausland.[1] Die Praxis zeigt das Gegenteil. Hierfür spricht allein schon das Ergebnis des 54. VGT 2016.[2] Die bereits beim 47. VGT 2009 erhobene Forderung nach einer erheblichen Verbesserung der Arbeitsbedingungen bei den Gerichten[3], wurden 7 Jahre später letztlich erneut bekräftigt.

Obgleich der EuGH wichtige Bereiche klären konnte, wie etwa die Zustellungsmöglichkeit an den Schadensregulierungsbeauftragten oder die Rechtsbestimmung bei den sog. *indirect victims*, bleiben gleichwohl weiterhin zahlreiche Fragen offen. Hinzu kommen wichtige Rechtsänderungen, die in der Folge regelmäßig zu zusätzlichen Fragen führen, die der Klärung bedürfen. So hat am 10.01.2015 die Neufassung der EuGVVO (Brüssel Ia-VO) die bisherige (Brüssel I-VO) abgelöst. Neue Probleme sind dabei unvermeidbar.

Große Schwierigkeiten bereitet vor allem weiterhin die Feststellung des ausländischen Rechts. Erfreulicherweise konnten die Kommentierung des Rechtszustands in Estland und Island neu in das Werk aufgenommen werden.

Das Werk hat bei den beteiligten Kreisen eine gute Aufnahme erfahren. Mit der zweiten Auflage soll nun ein Hilfsmittel für die Auslandsunfallschadensabwicklung angeboten werden, das der aktuellen Entwicklung Rechnung trägt.

Die Autoren und der Herausgeber sind für Anregungen und Kritik stets dankbar.

Bernbeuren, Januar 2017
Werner Bachmeier

---

1 Zur vernichtenden Kritik Hubers am Gutachten
2 Näher Born NZV 2016, 114.
3 Empfehlungen des 47. VGT 2009 S. 5.

Vorwort zur 1. Auflage

Spätestens seit 2009 auf dem 47. Verkehrsgerichtstag das Thema der Auslandsunfallschadensregulierung erörtert wurde, wirkt sich deren Problematik in der täglichen Praxis von Anwaltschaft und Gericht nachhaltig aus. Die Hinweise in der Tagespresse und im Internet waren und sind zahlreich. Zwischenzeitlich hat selbst ein Teil der Rechtsschutzversicherer ihre ARB dieser Art der Schadensabwicklung angepasst. Mit der damit zumindest teilweise entschärften Honorarproblematik wird die Zahl der Mandate und damit letztlich auch die diesbezügliche Beschäftigung der Gerichte weiter zunehmen.

Sind die Probleme der KH-RL noch gut beherrschbar, so zeigen sich die großen und vielfach noch völlig offenen Fragen bei der materiellrechtlichen und prozessualen Aufarbeitung von Unfällen im Ausland.

Angesichts einer derartigen Umwälzung im Rechtssystem von 27 EU-, 3 zusätzlichen EFTA-Staaten und der Schweiz ist nicht zu erwarten, dass die neuen Regeln schon nach wenigen Jahren als ausgereiftes Schadensabwicklungssystem zur Verfügung stehen. Die Klärung zahlreicher, großer Probleme wird zum Nachteil der Geschädigten noch viele Jahre dauern. Es ist einerseits den Rechtsetzungsorganen vorzuhalten, nicht passgenau die praktischen Voraussetzungen geschaffen zu haben, andererseits zu überlegen, welche Entwicklungsmöglichkeiten bestehen.

Rund 90 % der Schadensfälle mit Auslandsbezug werden außergerichtlich erledigt. Hierbei muss man aber auch wissen, welche Umstände beim Scheitern dieser Regulierung zu erwarten sind. Nur wer die Aussichten vor Gericht kennt, vermag richtig zu regulieren, so dass ein Blick auf die aktuellen richterlichen Möglichkeiten unumgänglich ist. Angesichts des hierbei düsteren Blicks ist auch anwaltsseits zu überlegen, wie dem geschaffenen Recht zum effektiven Durchbruch verholfen werden kann.

Auch der Inlandsunfall mit ausländischer Beteiligung unterliegt im Vergleich zum Verkehrsunfall zwischen zwei Inländern speziellen Regeln. Über den Unfall im Ausland hinaus wird deshalb ergänzend das den Regeln des sog. Grüne-Karte-Systems folgende Schadensregulierungssystem und die Abwicklung von Schäden durch Militärfahrzeuge erörtert.

Bezug zum Auslandsunfall ist zugleich Bezug zum Auslandsrecht und damit zum IPR. Mit der Schadensregulierung treten die aufgeworfenen und häufig noch ungelösten Probleme der Materie in erheblichem Maße in der anwaltlichen Praxis auf. Der Umgang mit Rom I und Rom II ist noch ungewohnt. Aus der Sicht des Verkehrszivilrechtlers für den Verkehrszivilrechter war daher auch insoweit auf die in der Praxis für die Schadensregulierung besonders wichtigen Aspekte einzugehen, um ein Hilfsmittel für die Regulierung an die Hand zu geben.

Bei dieser Materie liegt die größte Herausforderung für Anwaltschaft und Gerichte. Im Abschnitt 2 werden daher für bedeutende Nachbar- und Reiseländer Deutschlands durch Verkehrsrechtler des jeweiligen Landes die wichtigsten Grundlagen dargestellt. Eine derartige Zusammenstellung stellt eine gewaltige Herausforderung dar. Ohne den enormen Einsatz der Mitautorin Frau RAin Sabine Feller und des zuständigen Lektors, Herrn RA Frank Michel wäre die Schaffung dieses Werks nicht zu bewältigen gewesen. Hierfür gilt ihnen der große Dank des Herausgebers.

Die wichtigsten Rechtsgrundlagen für die Regulierung von Auslandsunfällen stehen für Sie im PDF-Format unter

www.bachmeier.nomos.de

zum Abruf bereit.

Gerade angesichts der offenen Probleme ist der Dialog mit seinen Lesern für die Weiterentwicklung des Buches unverzichtbar. Verlag, Mitautoren und Herausgeber nehmen daher kritische Hinweise, Anregungen und Verbesserungsvorschläge stets gerne entgegen.

Bernbeuren im Juni 2013
Werner Bachmeier

Bearbeiterverzeichnis

Werner Bachmeier, Richter am Amtsgericht a.D., Bernbeuren
(Unfallschadensregulierung bei Auslandsbeteiligung)

Christiane L. Bahner HDL., Hvolsvöllur (Länderbericht Island)

mr. *Yorick Bryan Boendermaker*, Advocaat, Hilversum
(Länderbericht Niederlande, gemeinsam mit *Janssen/Veerman*)

Anna Dolejsz-Swiderska, LL.M., Adwokat/Mediator, Slubice
(Länderbericht Polen, gemeinsam mit Tetzlaw-Dering)

Sabine Feller LL.M., Rechtsanwältin und Avvocato, Fachanwältin für Arbeitsrecht, für
Versicherungsrecht und für Speditions- und Transportrecht, München/Roma
(Länderbericht Italien)

Wolfgang Frese, Rechtsanwalt und Fachanwalt für Verkehrsrecht und für Arbeitsrecht,
Kiel (Länderbericht Dänemark)

Lic.iur. *Martin Hablützel*, Rechtsanwalt und Fachanwalt SAV Haftpflicht- und Versicherungsrecht (Länderbericht Schweiz, gemeinsam mit *Saner*)

Dr. Sabine Hellwege, Rechtsanwältin und Abogada, Osnabrück/Palma de Mallorca
(Länderbericht Spanien)

MMag. *Dr. Sabine Hofer-Picout*, LL.M. MBL, Rechtsanwältin, Innsbruck
(Länderbericht Österreich)

mr. *Jozef Anton Marie Janssen* LL.M., Advocaat/Rechtsanwalt, Arnhem/Hamburg
(Länderbericht Niederlande, gemeinsam mit *Boendermaker/Veerman*)

Marc Jantkowiak, Avocat, Strasbourg (Länderbericht Frankreich)

Katja Kirmizikan, Rechtsanwältin, Lüdenscheid (Länderbericht Türkei)

Prof. Irene Kull, Tartu (Länderbericht Estland, gemeinsam mit *Lahe*)

Prof. Janno Lahe, Tartu (Länderbericht Estland, gemeinsam mit *Kull*)

Matthias Müller-Trawinski, Rechtsanwalt/Advocaat, Köln/Bruxelles
(Länderbericht Belgien)

Dr. Kaspar Saner, Rechtsanwalt, Zürich
(Länderbericht Schweiz, gemeinsam mit *Hablützel*)

Anastasios Savidis, Rechtsanwalt/Dikigoros, Tübingen/Athen
(Länderbericht Griechenland)

Marta Tetzlaw-Dering LL.B., aplikant adwokacka, Slubice
(Länderbericht Polen, gemeinsam mit Dolejsz-Swiderska)

mr. *Nienke Veerman*, Docent Recht, Thorbecke Academie, Leeuwarden
(Länderbericht Niederlande, gemeinsam mit *Boendermaker/Janssen*)

Adressverzeichnis der Autoren

Christiane L. Bahner HDL.
Austurvegur 4
860 Hvolsvöllur
ISLAND
Tel.: 00354/487 5566
E-Mail: christiane@simnet.is

Mr. Yorick Bryan Boendermaker
Advocaat
Boendermaker Letselschade Advocatuur B.V.
Postfach 615
1200 AP Hilversum
Neuweg 391
1215 JA Hilversum
NIEDERLANDE
Tel: 0031 (0)35 622 81 67/0031 (0)6 12885668
E-Mail: y.boendermaker@blsa.nl

Anna Dolejsz-Swiderska, LL.M.
Adwokat
kbz. Adwokaci Dolejsz-Swiderska, Dr Kroll Sp. P.
ul. Mickiewicza 21/10
69-100 Slubice
POLEN
Tel.: 0048/95-7592540
Tel.: 0048/604276966
Fax: 0048/95-7580250
E-Mail: dolejsz-swiderska@kbz24.com.pl

Sabine Feller, LL.M.
Rechtsanwältin & Avvocato
Fachanwältin für Arbeitsrecht
Fachanwältin für Versicherungsrecht
Fachanwältin für Transport- und Speditionsrecht
Leonrodstr. 61
80636 München
DEUTSCHLAND
Tel.: +49 (0) 89 20 000 430
Fax: +49 (0) 89 20 000 431
E-Mail: feller@kanzleifeller.de
www.kanzleifeller.de
Piazza dei Prati degli Strozzi 32
00195 Roma
ITALIEN
Tel.: + 39 (0) 6 90 286 238
Fax: + 39 (0) 6 91 710 938
E-Mail: feller@studiolegale-feller.it
www.studiolegale-feller.it

Wolfgang Frese
Rechtsanwalt
Fachanwalt für Arbeitsrecht
Fachanwalt für Verkehrsrecht
Dreiecksplatz 7
24105 Kiel
DEUTSCHLAND
Tel.: +49 (0) 431 799 6440
Fax: +49 (0) 431 799 6430
E-Mail: ra.frese@anwalt-in-kiel.de

Lic.iur. Martin Hablützel
Rechtsanwalt
Fachanwalt SAV Haftpflicht- und Versicherungsrecht
Dr. Kaspar Saner
Rechtsanwalt
Fachanwalt SAV Haftpflicht- und Versicherungsrecht
schadenanwaelte.ch
Fachanwaltskanzlei für
Haftpflicht und Versichertenrecht
Alderstrasse 40
8008 Zürich
SCHWEIZ
Tel.: +41 (0) 58 252 52 52
Fax: +41 (0) 58 252 52 53
E-Mail: saner@schadenanwaelte.ch
www.schadenanwaelte.ch

Dr. Sabine Hellwege
Rechtsanwältin/Abogada
Rißmüllerplatz 1
49076 Osnabrück
DEUTSCHLAND
Tel.: +49 (0) 541 2022555
Fax: +49 (0) 541 2022559
Calle Victoria Peña 2,2° A
07009 Palma de Mallorca
SPANIEN
Tel.: +34 971 905412
Fax: +34 971 905413

MMag. Dr. Sabine Hofer-Picout, LL.M. MBL
Rechtsanwältin
Gerichtlich beeidete Übersetzerin und Dolmetscherin für die
englische und französische Sprache
Akademisch geprüfte Europarechtsexpertin
Museumstr. 29
6020 Innsbruck
ÖSTERREICH
Tel.: +43 (0) 512 890436
Fax: +43 (0) 512 89043615
E-Mail: office@picout.net
www.picout.net

Mr. Jozef Anton Marie Janssen
Advocaat/Rechtsanwalt
Surquin Verheyden Advocaten en Rechtsanwalt
Driepoortenweg 24 c
6827 BR Arnhem
NIEDERLANDE
Tel: 0031 (0)26 – 7122122/0031 6 218 22 788
E-Mail: jos.janssen@surquin-verheyden.nl
Stoffregen & Janssen Rechtsanwälte und Advocaat
Mönckebergstraße 10
(Barkhof Haus B)
20095 Hamburg
DEUTSCHLAND
Tel: 0049 (0) 40 34960360
Fax: 0049 (0) 40 34960366

Marc Jantkowiak
Avocat
SELARL d'avocats WIESEL – JANTKOWIAK
Avocats au Barreau de Strasbourg
7, rue Oberlin
67000 Straßburg
FRANKREICH
Tel.: +33 (0) 388 35 41 40
Fax: +33 (0) 388 25 75 91
E-Mail: wiesel-jantkowiak@orange.fr
www.wiesel-jantkowiak-avocats.de

Katja Tanja Kirmizikan
Rechtsanwältin
Parkstr. 4
58509 Lüdenscheid
DEUTSCHLAND
Tel.: +49 (0) 2351/432580
E-Mail: katja@kirmizikan.de

Prof. Dr. Irene Kull
Universität Tartu
Department of Private Law
Näituse 20–318
50409, Tartu
ESTLAND
E-Mail: irene.kull@ut.ee

Prof. Dr Janno Lahe
Universität Tartu
Department of Private Law
Näituse 20-311
50409, Tartu
ESTLAND
E-Mail: janno.lahe@ut.ee

Matthias Müller-Trawinski
Rechtsanwalt (RAK Köln)/Advocaat (Balie Brussel)
Mehlemer Straße 24
50968 Köln
DEUTSCHLAND
Tel.: +49 (0) 221 310 79 76
Fax: +49 (0) 221 310 79 77
Bd. Brand Whitlocklaan 133
1200 Brussel
BELGIEN
Tel.: +32 (0) 2 310 82 08
Fax: +32 (0) 2 310 82 10
E-Mail: matthias.muller@juridis.de

Anastasios Savidis
Rechtsanwalt/Dikigoros
Anwaltskanzlei
Obere Wässere 6-8
72764 Reutlingen
DEUTSCHLAND
Tel.: + 49 (0) 7121/566787-0
Fax: + 49 (0) 7121/566787-1
E-Mail: savidis@sk-anwaltskanzlei.de
www.kanzlei-savidis.de
Dimokritou 24
10673 Athen
GRIECHENLAND
Tel.: +30 (210) 36 33 522
Fax: +30 (210) 36 33 523
E-Mail: info@kanzlei-savidis.de
www.kanzlei-savidis.de

Marta Tetzlaw-Dering LL.B.
aplikant adwokacka
kbz. Adwokaci Dolejsz-Swiderska, Dr Kroll Sp. p.
ul. Mickiewicza 21/10
69-100 Slubice
POLEN
Tel. 0048/600202389
Tel. 0048/957592542
Fax: 0048/957580250
E-Mail: tetzlaw-dering@kbz24.com.pl
www.kbz24.com

Mr. Nienke Veerman
Docent recht
NHL Hogeschool Leeuwarden
Thorbecke Academie
Rengerslaan 10
8917 DD Leeuwarden
NIEDERLANDE
Tel: 0031 (0)6 14215321
E-Mail: nienke.veerman@nhl.nl

Inhaltsverzeichnis

Allgemeines Abkürzungsverzeichnis

aA	anderer Ansicht/Auffassung
aaO	am angegebenen Ort
Abb.	Abbildung
abgedr.	abgedruckt
Abh.	Abhandlungen
Abk.	Abkommen
ABl.	Amtsblatt
abl.	ablehnend
Abs.	Absatz
abschl.	abschließend
Abschn.	Abschnitt
Abt.	Abteilung
abw.	abweichend
abzgl.	abzüglich
AdR	Ausschuss der Regionen
aE	am Ende
AEUV	EU-Arbeitsweisevertrag
aF	alte Fassung
AG	Amtsgericht
AKB	Allgemeine Bedingungen für die Kraftfahrthaftpflichtversicherung
AktR	Aktienrecht
AL	Aktualisierungslieferung
allg.	allgemein
allgA	allgemeine Ansicht
allgM	allgemeine Meinung
Alt.	Alternative
aM	andere Meinung
amtl.	amtlich
Änd.	Änderung
ÄndG	Änderungsgesetz
Anh.	Anhang
Anl.	Anlage
Anm.	Anmerkung
ArbR	Arbeitsrecht
Arch.	Archiv
Arg.	Argumentation
Art.	Artikel
AsylR	Asylrecht
AT	Allgemeiner Teil
Auff.	Auffassung
aufgeh.	aufgehoben
Aufl.	Auflage
Aufs.	Aufsatz
AuRAG	Auslandsrechts-Auskunftsgesetz
ausdr.	ausdrücklich
ausf.	ausführlich
ausl.	ausländisch

AuslPflVG-DV	Ausländer-Pflichtversicherungsgesetz-Durchführungsverordnung
AuslR	Ausländerrecht
ausschl.	ausschließlich
AVAG	Anerkennungs- und Vollstreckungsausführungsgesetz
Az.	Aktenzeichen
BAnz.	**Bundesanzeiger**
Bad.	Baden
bad.	badisch
BankR	Bankrecht
BAnz.	Bundesanzeiger
BArbBl.	Bundesarbeitsblatt
BauR	Baurecht
Bay.	Bayern
bay.	bayerisch
Bbg.	Brandenburg
bbg.	brandenburgisch
Bd.	Band
Bde.	Bände
Bearb.	Bearbeiter
bearb.	bearbeitet
BeckRS	Beck'scher Rechtsprechungsservice
Begr.	Begründung
begr.	begründet
Beil.	Beilage
beispielsw.	beispielsweise
Bek.	Bekanntmachung
Bem.	Bemerkung
Ber.	Berichtigung
ber.	berichtigt
BerufsR	Berufsrecht
bes.	besonders
Beschl.	Beschluss
beschr.	beschränkt
Bespr.	Besprechung
bespr.	besprochen
bestr.	bestritten
Betr.	Betreff
betr.	betrifft, betreffend
BGB	Bürgerliches Gesetzbuch
BGBl.	Bundesgesetzblatt
BGH	Bundesgerichtshof
BilanzR	Bilanzrecht
Bl.	Blatt
Bln.	Berlin
bln.	berlinerisch
BR	Bundesrat
BRD	Bundesrepublik Deutschland
BR-Drs.	Bundesrats-Drucksache

Brem.	Bremen
brem.	bremisch
brit.	britisch
BR-Prot.	Bundesrats-Protokoll
Brüssel Ia-VO	siehe EuGVVO
Brüssel I-VO[1]	siehe EuGVVO
Bsp.	Beispiel
bspw.	beispielsweise
BStBl.	Bundessteuerblatt
BT	Bundestag; Besonderer Teil
BT-Drs.	Bundestags-Drucksache
BT-Prot.	Bundestags-Protokoll
Buchst.	Buchstabe
BürgerlR	Bürgerliches Recht
BW	Baden-Württemberg
bw.	baden-württembergisch
bzgl.	bezüglich
bzw.	beziehungsweise
ca.	**circa**
CdA	Codice delle Assicurazioni private (Italienisches Privatversicherungsgesetz)
CMR	Convention relative au contrat de transport international de marchandises par route (Übereinkommen über den Vertrag über die Güterbeförderung im internationalen Straßenverkehr)
CR	Zeitschrift Computer und Recht
d.	**der, des, durch**
DAR	Zeitschrift Deutsches Autorecht
Darst.	Darstellung
DDR	Deutsche Demokratische Republik
ders.	derselbe
dgl.	dergleichen, desgleichen
dh	das heißt
dies.	dieselbe
diesbzgl.	diesbezüglich
diff.	differenziert, differenzierend
Dig.	Digesten
Diss.	Dissertation
div.	diverse
Dok.	Dokument
Drs.	Drucksache
DS	Zeitschrift Der Sachverständige
dt.	deutsch
E	**Entwurf**
ebd.	ebenda
Ed.	Edition

---

1 In Anlehnung an das EuGVÜ, für das die Bezeichnung *Brüssel I-Ü* in Umlauf ist.

EFTA	Europäische Freihandelszone
EG	Europäische Gemeinschaft
EG-BagatellVO	VO (EG) Nr. 861/2007 – Europäische Bagatellverfahrensverordnung
EG-BewDG	Beweisaufnahmedurchführungsgesetz
EG-BewVO	VO (EG) Nr. 1206/2001 – Europäische Beweisaufnahmeverordnung[2]
EGBGB	Einführungsgesetz zum Bürgerlichen Gesetzbuch
EG-InsVO	VO (EG) Nr. 1346/2000 – Europäische Insolvenzverordnung
EG-MahnVO	VO (EG) Nr. 1896/2006 – Europäische Mahnverfahrensverordnung
EG-VollstrTitelVO	Verordnung (EG) Nr. 805/2004 – Europäische Vollstreckungstitelverordnung
EGVVG	Einführungsgesetz zum Versicherungsvertragsgesetz
EGZPO	Einführungsgesetz zur Zivilprozessordnung
EG-ZustVO	Verordnung (EG) Nr. 1348/2000 – Europäische Zustellungsverordnung
ehem.	ehemalig
Einf.	Einführung
einf.	einführend
eing.	eingehend
Einl.	Einleitung
einschl.	einschließlich
EJTN	European Judicial Training Networks
EL	Ergänzungslieferung
Empf.	Empfehlung
endg.	endgültig
engl.	englisch
Entsch.	Entscheidung
Entschl.	Entschluss
entspr.	entspricht, entsprechend
EP	Europäisches Parlament
ER	Europäischer Rat
ErbR	Erbrecht
Erg.	Ergebnis, Ergänzung
erg.	ergänzend
Ergbd.	Ergänzungsband
Erkl.	Erklärung
Erl.	Erlass, Erläuterung
EStR	Einkommensteuerrecht, Einkommensteuerrichtlinie
etc	et cetera (und so weiter)
EU	Europäische Union
EuBagatellVO	siehe EG-BagatellVO
EuBewVO	siehe EG-BewVO
EuG	Europäisches Gericht (erster Instanz)
EuGH	Europäischer Gerichtshof
EuGVO	siehe EuGVVO
EuGVÜ	Übereinkommen über die gerichtliche Zuständigkeit und die Vollstreckung gerichtlicher Entscheidungen in Zivil- und Handelssachen

---

2 Mangels amtl. Abkürzung unterschiedliche Abkürzungen in der Praxis, teilw. EG-BewVO, EuBewO, in Beck-Online als EuBeweisaufnahmeVO bezeichnet.

EuGVVO	Verordnung (EU) Nr. 1215/2012 – Europäische Gerichtsstands- und Vollstreckungsverordnung (sog. Brüssel Ia-VO, hat VO (EG) 44/2001 (sog. Brüssel I-VO) abgelöst
EuMVVO	siehe EG-MahnVO
europ.	europäisch
EuropaR	Europarecht
EuUntVO	Verordnung (EG) Nr. 4/2009 – Europäische Unterhaltsverordnung
EUV	EU-Vertrag
EuVTVO	siehe EG-VollstrTitelVO
EuZVO/EuZustVO	Verordnung (EG) Nr. 1348/2000 – Europäische Zustellungsverordnung
eV	eingetragener Verein
ev.	evangelisch
evtl.	eventuell
EVÜ	Übereinkommen über das auf vertragliche Schuldverhältnisse anzuwendende Recht
EWG	Europäische Wirtschaftsgemeinschaft
EWR	Europäischer Wirtschaftsraum
EZB	Europäische Zentralbank
f., ff.	folgende Seite bzw. Seiten
FamR	Familienrecht
Fn.	Fußnote
FG	Festgabe; Finanzgericht
frz.	französisch
FS	Festschrift
G	Gesetz
GBl.	Gesetzblatt
GE	Gesetzesentwurf
geänd.	geändert
geb.	geboren
gem.	gemäß
ges.	gesetzlich
GesR	Gesellschaftsrecht
GesundhR	Gesundheitsrecht
gewöhnl.	gewöhnlich
GewR	Gewerberecht
GewRS	Gewerblicher Rechtsschutz
ggf.	gegebenenfalls
ggü.	gegenüber
glA	gleicher Ansicht
GLE	Gleichlautende Ländererlasse
GMBl.	Gemeinsames Ministerialblatt
GOA	Geschäftsführung ohne Auftrag
GPR	Zeitschrift für Gemeinschaftsprivatrecht
Grdl.	Grundlage
grdl., grundl.	grundlegend
grds.	grundsätzlich
GS	Gedenkschrift, Gedächtnisschrift

GüKG	Güterkraftverkehrsgesetz
GüKUMT	Beförderungsbedingungen für den Umzugsverkehr
GVBl., GVOBl.	Gesetz- und Verordnungsblatt
GVG	Gerichtsverfassungsgesetz
hA	**herrschende Ansicht/Auffassung**
Halbbd.	Halbband
HandelsR	Handelsrecht
HBÜ	Haager Übereinkommen über die Beweisaufnahme im Ausland in Zivil- oder Handelssachen
HBÜ	Haager Beweisaufnahmeübereinkommen
HdB	Handbuch
Hess.	Hessen
hess.	hessisch
hins.	hinsichtlich
hL	herrschende Lehre
hM	herrschende Meinung
Hmb.	Hamburg
hmb.	hamburgisch
Hrsg.	Herausgeber
hrsg.	herausgegeben
Hs.	Halbsatz
HStVÜ	Haager Übereinkommen über das auf Straßenverkehrsunfälle anzuwendende Recht (verbreitet auch *HStVÜbk*, *HStrÜ*, *StVÜ*, *STVÜbk*)
ic	**in concreto/in casu**
idF	in der Fassung
idR	in der Regel
idS	in diesem Sinne
iE	im Einzelnen
iErg	im Ergebnis
ieS	im engeren Sinne
iHd	in Höhe des/der
iHv	in Höhe von
iJ	im Jahre
Inf.	Information
insbes.	insbesondere
InsR	Insolvenzrecht
int.	international
IPR	Internationales Privatrecht
IPRax	Zeitschrift für Internationales Privatrecht
iRd	im Rahmen des/der
iS	im Sinne
iSd	im Sinne des/der
IStR	Internationales Steuerrecht
iSv	im Sinne von
it.	italienisch
iÜ	im Übrigen
iVm	in Verbindung mit

iW	im Wesentlichen
iwS	im weiteren Sinne
IZPR	Internationales Zivilprozessrecht
IZVR	Internationales Zivilverfahrensrecht
izw	im Zweifel
Jg.	**Jahrgang**
Jge.	Jahrgänge
Jh.	Jahrhundert
JMBl.	Justizministerialblatt
jur.	juristisch
juris	Online-Datenbank
JuS	Juristische Schulung
Kap.	**Kapitel**
KapMarktR	Kapitalmarktrecht
KapMarktStrafR	Kapitalmarktstrafrecht
KartellR	Kartellrecht
kath.	katholisch
Kfz	Kraftfahrzeug
KH	Kraftfahrthaftpflicht
KH-RL	Kraftfahrthaftpflichtrichtlinie
Kj.	Kalenderjahr
Kl.	Kläger
kl.	klagend
KOM	Europäische Kommission
Kom.	Komitee, Kommission
Komm.	Kommentar
KommunalR	Kommunalrecht
KonzernR	Konzernrecht
krit.	kritisch
Ld.	**Land**
LebensmittelR	Lebensmittelrecht
lfd.	laufend
Lfg.	Lieferung
LG	Landgericht
Lit	Buchstabe
Lit.	Literatur
lit.	litera
Lkw	Lastkraftwagen
LMK	Kommentierte BGH-Rechtsprechung Lindenmaier-Möhring
Ls.	Leitsatz
LSA	Sachsen-Anhalt
LStR	Lohnsteuerrecht
lt.	laut
LT-Drs.	Landtags-Drucksache
LugÜ	Lugano-Übereinkommen, gebräuchlich auch LuganoÜ,

mÄnd	mit Änderungen
mAnm	mit Anmerkung
MarkenR	Markenrecht
Mat.	Materialien
maW	mit anderen Worten
max.	maximal
MBl.	Ministerialblatt
mE	meines Erachtens
MedienR	Medienrecht
MedR	Medizinrecht
MietR	Mietrecht
mind.	mindestens
Mio.	Million(en)
Mitt.	Mitteilung(en)
mN	mit Nachweisen
Mot.	Motive
Mrd.	Milliarde(n)
mspätÄnd	mit späteren Änderungen
mtl.	monatlich
MüKo-BGB	Münchner Kommentar BGB, zit. MüKo-BGB/Bearbeiter
MultimediaR	Multimediarecht
MV	Mecklenburg-Vorpommern
mv.	mecklenburg-vorpommerisch
mwH	mit weiteren Hinweisen
mwN	mit weiteren Nachweisen
mWv	mit Wirkung vom
nachf.	**nachfolgend**
Nachw.	Nachweise
Nds.	Niedersachsen
nds.	niedersächsisch
nF	neue Fassung
NGF	Nationaler Garantiefonds
NGS	Nationaler Garantiefonds (Schweiz)
NJW	Neue Juristische Wochenschrift
NJW-RR	Neue Juristische Wochenschrift Rechtsprechungsreport
Nr.	Nummer
nrkr	nicht rechtskräftig
NRW	Nordrhein-Westfalen
nrw.	nordrhein-westfälisch
NTS	NATO-Truppenstatut
NTS-AG	Ausführungsgesetz zum NATO-Truppenstatut
NTS-UP	Unterzeichnungsprotokoll zum NATO-Truppenstatut
NTS-ZA	Zusatzabkommen zum NATO-Truppenstatut
nv	nicht veröffentlicht
NVB	Nationales Versicherungsbüro (Schweiz)
NZV	Neue Zeitschrift für Verkehrsrecht

o.	oben, oder
oÄ	oder Ähnliche/s
OEuR	Osteuroparecht
ÖffBauR	Öffentliches Baurecht
öffentl.	öffentlich
ÖffR	Öffentliches Recht
ÖffTarifR	Öffentliches Tarifrecht
og	oben genannte(r, s)
OLG	Oberlandesgericht
Öst.	Österreich
öst.	österreichisch
oV	ohne Verfasser
OVG	Oberverwaltungsgericht
PatentR	Patentrecht
PBefG	Personenbeförderungsgesetz
PersGesR	Personengesellschaftsrecht
PflVG	Pflichtversicherungsgesetz
PharmaR	Pharmarecht
Pkw	Personenkraftwagen
POR	Polizei- und Ordnungsrecht
Preuß.	Preußen
preuß.	preußisch
PrivBauR	Privates Baurecht
PrivVersR	Privatversicherungsrecht
Prot.	Protokoll
PVR	Zeitschrift Praxis Verkehrsrecht
RAnz.	Reichsanzeiger
rd.	rund
RdErl.	Runderlass
RdSchr.	Rundschreiben
RegE	Regierungsentwurf
RGBl.	Reichsgesetzblatt
RH	Rechtshilfe
RhPf.	Rheinland-Pfalz
rhpf.	rheinland-pfälzisch
RIW	Recht der internationalen Wirtschaft
rkr.	rechtskräftig
RL	Richtlinie
Rn.	Randnummer
Rom II-VO	VO (EG) Nr. 864/2007
Rom I-VO	VO (EG) Nr. 593/2008
Rs.	Rechtssache
Rspr.	Rechtsprechung
RVO	Rechtsverordnung; Reichsversicherungsordnung (SozR)
S.	Seite(n), Satz
s.	siehe

s. o.	siehe oben
s. u.	siehe unten
sa	siehe auch
Saarl.	Saarland
saarl.	saarländisch
SachenR	Sachenrecht
Sachs.	Sachsen
sächs.	sächsisch
sachsanh.	sachsen-anhaltinisch
SchlH	Schleswig-Holstein
schlh.	schleswig-holsteinisch
Schr.	Schrifttum, Schreiben
SchuldR	Schuldrecht
schweiz.	schweizerisch
Sen.	Senat
SkAufhG	Streitkräfteaufenthaltsgesetz
Slg.	Sammlung
sog	so genannt
SozR	Sozialrecht
Sp.	Spalte
SRB	Schadensregulierungsbeauftragter
st.	ständig
StaatsR	Staatsrecht
Stellungn.	Stellungnahme
SteuerR	Steuerrecht
Stichw.	Stichwort
str.	streitig, strittig
StrafProzR	Strafprozessrecht
StrafR	Strafrecht
StrafVerfR	Strafverfahrensrecht
stRspr	ständige Rechtsprechung
StVG	Straßenverkehrsgesetz
StVR	Straßenverkehrsrecht
Suppl.	Supplement
SVG	Strassenverkehrsgesetz (Schweizerisches)
SVR	Zeitschrift Straßenverkehr
SVT	Sozialversicherungsträger
teilw.	**teilweise**
Thür.	Thüringen
thür.	thüringisch
TSL	Trafikskadelag (Schwedisches Kfz-Haftpflichtversicherungsgesetz)
Tz.	Textziffer
u.	**und**
ua	und andere, unter anderem
uÄ	und Ähnliches
uÄm	und Ähnliches mehr
UAbs.	Unterabsatz

UAbschn.	Unterabschnitt
uam	und anderes mehr
überarb.	überarbeitet
Überbl.	Überblick
überw.	überwiegend
Übk.	Übereinkommen
uE	unseres Erachtens
Umf.	Umfang
umfangr.	umfangreich
umstr.	umstritten
UmwR	Umweltrecht
unstr.	unstreitig
unv.	unverändert, unveränderte Auflage
unveröff.	unveröffentlicht
unzutr.	unzutreffend
UrhR	Urheberrecht
Urt.	Urteil
usw	und so weiter
uU	unter Umständen
uvam	und vieles anderes mehr
uvm	und viele mehr
v.	**vom, von**
va	vor allem
VAG	Versicherungsaufsichtsgesetz
Var.	Variante
vAw	von Amts wegen
Verf.	Verfasser, Verfassung
VerfassungsR	Verfassungsrecht
VergR	Vergaberecht
Verh.	Verhandlung
VerkehrsR	Verkehrsrecht
Veröff.	Veröffentlichung
Vers.	Versicherung
VersR	Versicherungsrecht
VertLastÄndG	Verteidigungslastenänderungsgesetz
VertrR	Vertragsrecht
Verw.	Verwaltung
VerwProzR	Verwaltungsprozessrecht
VerwR	Verwaltungsrecht
VerwVerfR	Verwaltungsverfahrensrecht
Vfg.	Verfügung
VGH	Verwaltungsgerichtshof
vgl.	vergleiche
VGT	Verkehrsgerichtstag
vH	von Hundert
VO	Verordnung
Vol., vol.	volume (Band)
VölkerR	Völkerrecht

Voraufl.	Vorauflage
Vorb., Vorbem	Vorbemerkung
vorl.	vorläufig
Vorschr.	Vorschrift
VorstandsR	Vorstandsrecht
vs.	versus
VVG	Versicherungsvertragsgesetz
WEigR	**Wohnungseigentumsrecht**
WettbR	Wettbewerbsrecht
WirtschaftsR	Wirtschaftsrecht
Wiss.	Wissenschaft
wiss.	wissenschaftlich
Wj.	Wirtschaftsjahr
Württ.	Württemberg
württ.	württembergisch
zahlr.	**zahlreich**
zB	zum Beispiel
ZEuP	Zeitschrift für Europäisches Privatrecht
ZHR	Zeitschrift für das gesamte Handelsrecht und Wirtschaftsrecht
Ziff.	Ziffer
zit.	zitiert
ZivilProzR	Zivilprozessrecht
ZivilR	Zivilrecht
ZPO	Zivilprozessordnung
ZRHO	Rechtshilfeordnung in Zivilsachen
zT	zum Teil
zul.	zuletzt
zusf.	zusammenfassend
zust.	zustimmend
zutr.	zutreffend
zVb	zur Veröffentlichung bestimmt
ZVR	Zwangsvollstreckungsrecht
zw.	zweifelhaft
zzgl.	zuzüglich
ZZP	Zeitschrift für Zivilprozess
zzt.	zurzeit

Literaturverzeichnis

Bachmeier	Rechtshandbuch Autokauf, 2. Aufl. 2013
ders.	Beck'sches Mandatshandbuch Verkehrszivilrecht, 2. Aufl. 2010
ders.	Kfz-Schadensregulierung, Loseblatt 147. AL. Juni 2016, zit. Bachmeier/Bearbeiter
Bachmeier/Müller/Starkgraff	Fachanwaltskommentar Verkehrsrecht, 2. Aufl. 2013
Baumbach-Hopt	HGB, 36. Aufl. 2014, zit. Baumbach-Hopt/Bearbeiter
Blaschczok	Das Haager Übereinkommen über die Beweisaufnahme in Zivil- und Handelssachen, Diss. 1986
Buschbell	Münchener Anwaltshandbuch Straßenverkehrsrecht, 4. Aufl. 2015, zit. Buschbell/Bearbeiter
Czaplinski	Das Internationale Straßenverkehrsunfallrecht nach Inkrafttreten der Rom II-VO, 2015 (Diss. 2014)
Demolin/Brulard/ Barthelemy	Compensation of Victims of Cross-Border Road Traffic Accidents in the Eu: Comparison of National Practices, Analysis of Problems and Evaluation of Options for Improving the Position of Cross-Border Victims, 2008, zit. DBB-Studie, erreichbar unter http://ec.europa.eu/internal_market/insurance/docs/motor/2 0090129report_en.pdf oder http://accidentscompensation.org/A ccidentsCompensation_ReportWithoutAnnex.pdf
Dronkovic	Formularbuch des Fachanwalts Verkehrsrecht, 4. Aufl. 2017, zit. Dronkovic/Bearbeiter
Ebenroth/Boujong/Joost/ Strohn	Handelsgesetzbuch, 2. Aufl. 2009, zit. Ebenroth-Boujong-Joost-Strohn/Bearbeiter
Ernst/Huber/Krücker/ Reinking	Festschrift für Christoph Eggert, 2008, zit. FSE/Bearbeiter
Ferner	Straßenverkehrsrecht, 2. Aufl. 2006
Feyock/Jacobsen/Lemor	Kraftfahrtversicherung, 3. Aufl. 2009, zit. FJL/Bearbeiter
Freymann-Wellner/Lennartz	juris PraxisKommentar Straßenverkehrsrecht, Stand 17.08.2016
Führich	Reiserecht, 6. Aufl. 2010
Geigel	Der Haftpflichtprozess, 27. Aufl. 2015, insbes. Kapitel 43 „*Der europäische und internationale Haftpflichtprozess*", Kap. 34 „*Truppenschäden*", zit. Geigel/Bearbeiter
Geimer	Internationales Zivilprozessrecht, 7. Aufl. 2015, zit. Geimer/Bearbeiter
Grabitz/Hilf	Grabitz/Hilf, Das Recht der Europäischen Union, 40. Aufl. 2009
Greger-Zwickel	Haftungsrecht des Straßenverkehrs, 5. Aufl. 2014
Greiner/Gross/Nehm/ Spickhoff	Neminem Laedere, Festschrift für Gerda Müller, 2009, zit. FS Gerda Müller
Gsell/Netzer	Vom grenzüberschreitenden zum potenziell grenzüberschreitenden Sachverhalt – Art. 19 EuUnterhVO als Paradigmenwechsel im Europäischen Zivilverfahrensrecht, IPRax 2010, 403

Halm/Engelbrecht/Krahe	Handbuch des Fachanwalts Versicherungsrecht, 5. Aufl. 2015
Halm/Kreuter/Schwab	AKB, 2. Aufl. 2015
Haus/Krumm/Quarch	Gesamtes Verkehrsrecht, 1. Aufl. 2014
Hentschel/König/Dauer	Straßenverkehrsrecht, 43. Aufl. 2015, zit. HKD/Bearbeiter
Herberger/Martinek/ Rüßmann/Weth	Juris-Praxiskommentar BGB, zit. juris-PK/Bearbeiter
Herkner	Die Grenzen der Rechtswahl im Internationalen Deliktsrecht, 2003
ders.	Europäisches Zivilprozessrecht, 2010
Himmelreich/Halm	Handbuch des Fachanwalts Verkehrsrecht, 5. Aufl. 2014, zit. HH/Bearbeiter
Himmelreich/Halm/Staab	Handbuch Kfz-Schadensregulierung, 3. Aufl. 2014, zit. HHS/Bearbeiter
Junker	Anwendbares Recht und internationale Zuständigkeit bei Urheberrechtsverletzungen im Internet, Diss, an der Universität Saarbrücken 2001
Kieninger/Remien	Europäische Kollisionsrechtsvereinheitlichung, 2011
Kropholler	Internationales Privatrecht, 6. Aufl. 2006
Langheid/Rixecker	Versicherungsvertragsgesetz, 5. Aufl. 2016, zit. Langheid-Rixecker/Bearbeiter
Leupold/Glossner	Münchener Anwaltshandbuch IT-Recht, 2. Aufl. 2011
Looschelders	Die Anpassung im Internationalen Privatrecht, 1995
Lütkes/Bachmeier/Müller Rebler	Großkommentar zum Straßenverkehrsrecht, Loseblatt 283. AL September. 2016, zit. LBMR/Bearbeiter
Micha	Der Direktanspruch im Europäischen Internationalen Privatrecht, 2010
Mindorf	Internationaler Straßenverkehr, 2001
Müller	Die Behandlung ausländischen Rechts im Zivilverfahren. Möglichkeiten einer Vereinheitlichung auf europäischer Ebene, 2011
Musielak	Zivilprozessordnung, 13. Aufl. 2016, zit. Musielak/Bearbeiter
Neidhart	Unfall im Ausland Bd. 1 Ost-Europa, 5. Aufl. 2006, Bd. 2 Westeuropa, 5. Aufl. 2007
Palandt	BGB, 75. Aufl. 2016, zit. Palandt/Bearbeiter
Pamer	Neues Recht der Schadensregulierung bei Verkehrsunfällen im Ausland, 2003
Prütting-Gehrlein	Zivilprozessordnung, 8. Aufl. 2016, zit. Prütting-Gehrlein/Bearbeiter
Prütting/Wegen/Weinreich	BGB, 11. Aufl. 2016
Rauscher	Europäisches Zivilprozess- und Kollisionsrecht Brüssel I-VO, LugÜbk, Bearbeitung 2010, zit. Rauscher I/Bearbeiter
Rauscher	Europäisches Zivilprozess- und Kollisionsrecht Brüssel Ia-VO, Band 1, 4. Aufl. 2015, zit. Rauscher III/Bearbeiter

Rauscher	Europäisches Zivilprozess- und Kollisionsrecht EuZPR/EuIPR, Bd. II EG-VollstrTitelVO – EG-MahnVO – EG-BagatellVO – EG-ZustVO 2007 – EG-BewVO – EG-InsVO, 4. Aufl. 2015, zit. Rauscher II/Bearbeiter
Rauscher	Europäisches Zivilprozess- und Kollisionsrecht EuZPR/EuIPR, Bd. I Rom I-VO – Rom II-VO, Bearbeitung 2011, zit. Rauscher/ Bearbeiter
Rauscher/Wax/Wenzel	Münchener Kommentar zur Zivilprozessordnung, Bd. 1, Bd. 3, jeweils 4. Aufl. 2013, zit. MüKo-ZPO/Bearbeiter
Reinmüller	Internationale Rechtsverfolgung, 2009
Reisinger	Internationale Verkehrsunfälle, 2011
Renda/Schrefler	Full Compensation of Victims of Cross-Border Road Traffic Accidents in the Eu: The Economic Impact of Selected Options, 2007; erreichbar unter http://edz.bib.uni-mannheim.de/daten/ed z-ma/ep/07/EST17305.pdf
Roth	Verkehrsrecht, 3. Aufl. 2012
Saenger	Zivilprozessordnung, 43. Aufl. 2009, zit. Saenger/Bearbeiter
Schütze	Die grenzüberschreitende Beweisaufnahme in der Europäischen Union – die Zukunft der Rechtshilfe in Zivilsachen, in Einheit und Vielfalt des Rechts – Festschrift für Reinhold Geimer
Sonnenberger	Münchener Kommentar zum BGB, 5. Aufl. 2010, zit. MüKo-BGB/Bearbeiter
Stadler	Die grenzüberschreitende Beweisaufnahme in der Europäischen Union – die Zukunft der Rechtshilfe in Zivilsachen, in Einheit und Vielfalt des Rechts – Festschrift für Reinhold Geimer, 2002 S. 1281, zit. FRG/Stadler
Staudinger	Bürgerliches Gesetzbuch, zit. Staudinger/Bearbeiter
Staudinger, Ansgar	Zur zukünftigen kollisionsrechtlichen Ausgestaltung des Direktanspruchs des Geschädigten gegen die gegnerische Haftpflichtversicherung, www.ietl.org/event/1015/29/t, zit. Staudinger Vortrag 2011
Staudinger/Halm/Wendt	Fachanwaltskommentar Versicherungsrecht, 2013
Steiner	Die stillschweigende Rechtswahl im Prozeß im System der subjektiven Anknüpfung im deutschen Internationalen Privatrecht, 1998
Terbille	Münchener Anwaltshandbuch Versicherungsrecht, 2. Aufl. 2008, zit. Terbille/Bearbeiter
Thomas/Putzo	Zivilprozessordnung, 33. Aufl. 2012, zit. Thomas-Putzo/ Bearbeiter
v. Hoffmann/Thorn	Internationales Privatrecht, 9. Aufl. 2007
Vorwerk/Wolf	Beck'scher Online-Kommentar ZPO, Stand 15.7.2012, zit. BeckOK-ZPO/Bearbeiter
Weller	Europäisches Kollisionsrecht, 2016, zit. Weller/Bearbeiter
Zöller	Zivilprozessordung, 31. Aufl. 2016, zit. Zöller/Bearbeiter

Unfallschadensregulierung bei Auslandsbeteiligung

Verwendete Literatur (siehe auch das allgemeine Literaturverzeichnis): *Alio*, Änderungen im deutschen Rechtshilferecht – Beweisaufnahme nach der Europäischen Beweisaufnahmeverordnung, NJW 2004, 2707; *Bachmeier*, Rechtsfragen bei Verkehrsunfällen mit Auslandsbezug, in „Zivilrechtliche Folgen von Verkehrsunfällen – die Rechtslage in Bayern, der Schweiz und Österreich", Österreichisches Bundesministerium der Justiz, Wien 2005, S. 81; *ders.*, Grenzüberschreitende Unfallregulierung in der EU – Probleme der deutschen Justiz bei Auslandsschäden, in 47. VGT 2009, S. 53; *ders.*, Probleme der Auslandsunfallschadensregulierung aus richterlicher Sicht, DAR-Extra 2009, 753; *ders.*, Auslandsunfallschaden und Wohnsitzzuständigkeit (Forumshopping), DAR-Extra 2009, 758; *ders.*, Internetrecherche – Gerichtsbekanntheit und Beweisaufnahme, DAR 2012, 557; *ders.*, Dash-Cam & Co. – Beweismittel der ZPO? DAR 2014, 15; *Brödermann*, Paradigmenwechsel im Internationalen Privatrecht – Zum Beginn einer neuen Ära seit 17. 12. 2009, NJW 2010, 807; *Bücken*, Intertemporaler Anwendungsbereich der Rom II-VO, IPRax 2009, 125; *Buck-Reich*, Anscheinsbeweis im internationalen Kontext, DAR 2013, 124; *Buse*, Italien: der Nichtvermögensschaden nach der Grundsatzentscheidung des Kassationsgerichtshofs vom 11.11.2008, DAR 2009, 557; *ders.*, Ist der Schadenregulierungsbeauftragte doch prozessführungsbefugt? DAR 2015, 445; *ders.*, Regulierung von Straßenverkehrsunfällen nach italienischem Recht DAR 2016, 557; *Colin*, Grenzüberschreitende Unfallregulierung in der EU – Materielles Recht, in 47. VGT 2009, S. 67; *Dumbs*, Schadensregulierung in der Verteidigungslastenverwaltung nach dem NATO-Truppenstatut, VersR 2007, 27; *ders.*, Regulierung von NATO-Truppenschäden in Deutschland durch die französischen Streitkräfte über die deutsche Verteidigungslastenverwaltung, VersR 2007, 1183; *Eckert*, Die Auslegung und Reichweite des Art. 17 Rom II-VO, GPR 2015 303; *Ernst*, Zur Un-Zulässigkeit von Dashcams, CR 2015, 620; *Fendt*, EuGVVO: Gerichtsstandswahl in Versicherungssachen – auch für Zessionare und Prozessführungsbefugte?, VersR 2012, 34; *Fucks*, Die Zustellungsbevollmächtigung von inländischen Schadensregulierungsbeauftragten ausländischer Kraftfahrzeughaftpflichtversicherer, IPRax 2012, 140; *Gebauer*, Forum non conveniens, ausländische Kläger und internationale Gerichtsstandsvereinbarungen, IPRax 2012, 555; *Glöcker*, Keine klare Sache: der zeitliche Anwendungsbereich der Rom II-Verordnung, IPRax 2009, 121; *Greger/Zwickel*, Haftungsrecht des Straßenverkehrs, 5. Aufl. 2014; *Gsell/Netzer*, Vom grenzüberschreitenden zum potenziell grenzüberschreitenden Sachverhalt – Art. 19 EuUnterhVO als Paradigmenwechsel im Europäischen Zivilverfahrensrecht, IPRax 2010, 403; *Häcker*, Geltendmachung von Schmerzensgeldansprüchen bei Unfällen mit europäischem Auslandsbezug, DAR-EXTRA 2013, 758; *Hau/Eichel*, Zur Entwicklung des Internationalen Zivilverfahrensrechts in der Europäischen Union in den Jahren 2013 und 2014, GPR 2015, 95; *Haupfleisch*, Unfallflucht: Leisten die Garantiefonds in Europa den EU-Vorgaben entsprechenden Schadenersatz? DAR 2014, 731; *Heberlein/Königer*, Checkliste Regulierung eines Auslandsunfalls, DAR 2009, 768; *Heiderhoff*, Der gewöhnliche Aufenthalt von Säuglingen, IPRax 2012, 523; *Heinze*, Beweissicherung im europäischen Zivilprozessrecht, IPRax 2008, 480; *Heitmann*, Abgeltung von Schäden, verursacht durch ausländische Truppen, VersR 1992, 160; *Hendricks*, Ausländisches Recht im Steuerprozess IStR 2011, 711; *Hess*, Die Reform der EuGVVO und die Zukunft des Europäischen Zivilprozessrechts, IPRax 2011, 125; *Hess/Huber*, Die Revisibilität ausländischen Rechts nach der Neufassung des § 545 ZPO, NJW 2009, 3132; *Hohloch*, Die „Bereichsausnahmen" der Rom II-VO – Zum Internationalen Privatrecht in und um Art. 1 Abs. 2 Rom II-VO, IPRax 2012, 110; *Hohloch/Jaeger*, Neues IPR der außervertraglichen Schuldverhältnisse und des Sachenrechts – Zur Neuregelung der Art. EGBGB Artikel 38-EGBGB Artikel 46 EGBGB, Jus 2000, 1133; *Huber, Christian*, Höhe des Schmerzensgeldes und ausländischer Wohnsitz des Verletzten, NZV 2006, 169; *ders.*, Überentschädigung bei einem Verkehrsunfall mit internationalem Bezug – Zulässige Rosinenpickerei des Unfallopfers?, SVR 2009, 9; *ders.*, Kein Angehörigenschmerzensgeld de lege lata – Deutschland auch künftig der letzte Mohikaner in Europa oder ein Befreiungsschlag aus der Isolation, NZV 2012, 5; *ders.*, Schadenersatz nach österreichischem Recht – wo kann man sich aus erster Hand informieren? NZV 2015, 325; *ders.*, Entschädigungsniveau und Verjährung von Schadenersatzansprüchen, ZVR 2014, 49, 52; *Huber/Bach*, Die Rom II-VO, IPRax 2005, 73; *Huber/Vollkommer*, Neues Europäisches Zivilverfahrensrecht in Deutschland – Das Gesetz zur Verbesserung der grenzüberschreitenden Forderungs-durchsetzung und Zustellung, NJW 2009, 1105;

Jahnke, Haftungs- und Verschuldensbeschränkungen bei der Abwicklung von Haftpflichtfällen, VersR 1996, 294; *dies.,* Haftung nach Unfall mit zur gemeinsamen Nutzung angemietetem Pkw im Ausland, jurisPR-VerkR 13/2009 Anm. 3; *Jansen/Michaelis,* Die Auslegung und Fortbildung ausländischen Rechts, ZZP 116, 3; *Junker,* Die Rom II-Verordnung: Neues Internationales Deliktsrecht auf europäischer Grundlage, NJW 2007, 3675; *Karczewski,* Die kollisionsrechtliche Behandlung von Verkehrsunfällen unter Beteiligung von im Inland stationierten ausländischen Streitkräften, VersR 2001, 996; *Knöfel,* Vier Jahre Europäische Beweisaufnahmeverordnung – Bestands-aufnahme und aktuelle Entwicklungen, EuZW 2008, 267; *ders.,* Freier Beweistransfer oder „Exklusivität" der Rechtshilfe in Zivilsachen? IPRax 2013, 231; *Koch,* Zur Neuregelung des Internationalen Deliktsrechts: Beschränkung des Günstigkeitsprinzips und Einführung der vertragsakzessorischen Bestimmung des Deliktsstatuts?, VersR 1999, 1453; *Köhler,* Die Fahrgemeinschaft im Lichte des Haftungs-, Steuer- und Unfallversicherungsrechts, NZV 2011, 105; *Kohler/Seyr/Puffer-Mariette,* Unionsrecht und Privatrecht – Zur Rechtsprechung des EuGH im Jahre 2013, ZEuP 2015, 335; *Kuhn,* Angehörigenschmerzensgeld – eine Schadensposition auch in Deutschland?, SVR 2012, 288; *Lehmann/Duczek,* Grundfälle zur Rom II-VO, Jus 2012, 788; *Leible/Müller,* Die Anknüpfung der Drittwirkung von Forderungsabtretungen in der Rom I-Verordnung, IPRax 2012, 491; *Lemke-Geis/Müller,* Internationale Unfallregulierung in der Europäischen Union, SVR 2009, 241; *Looschelders,* Der Vorschlag der Europäischen Kommission für eine Vierte Kfz-Haftpflicht-Richtlinie Ein überzeugendes Konzept zum Schutz des Geschädigten bei Verkehrsunfällen im Ausland?, NZV 1999, 57; *Lorenz, Egon,* Einige Bemerkungen zur Struktur des Anspruchs auf Ersatz von Schockschäden in FS Gerda Müller, 2009, S. 147; *Lorenz, Stephan,* Zivilprozessuale Konsequenzen der Neuregelung des Internationalen Deliktsrechts: Erste Hinweise für die anwaltliche Praxis, NJW 1999, 2215; *Luckey,* Der Verkehrsunfall im Ausland, SVR 2013, 361, 363; *Lüttringhaus,* Der Direktanspruch im vergemeinschafteten IZVR und IPR nach der Entscheidung EuGH VersR 2009, 1512 (Vorarlberger Gebietskrankenkasse), VersR 2010, 183; *Mankowski,* Ausgewählte Einzelfragen zur Rom II-VO: Internationales Umwelthaftungsrecht, internationales Kartellrecht, renvoi, Parteiautonomie, IPRax 2010, 389; *Mansel/Thorn/Wagner,* Europäisches Kollisionsrecht 2009, IPRax 2010, 1; *dies.,* Europäisches Kollisionsrecht 2011: Gegenläufige Entwicklungen, IPRax 2012, 1; *Marburger,* Verkehrsunfälle als Versicherungsfälle der gesetzlichen Unfallversicherung, NZV 2012, 159; *Martiny,* Europäisches Internationales Schuldrecht – Rom I- und Rom II-Verordnungen in der Bewährung, ZEuP 2015, 838; *Mäsch,* Eine Lehrstunde aus Karlsruhe zum Internationalen Privatrecht, NJW 1996, 1453; *Micha,* Der Klägergerichtsstand des Geschädigten bei versicherungsrechtlichen Direktklagen in der Revision der EuGVVO, IPRax 2011, 121; *Neidhart,* Wenn es in Liechtenstein, Andorra oder Gibraltar kracht: Europäisches, nationales oder autonomes Recht, oder von jedem etwas?, DAR-Extra 2009, 770; *Nielsen,* Denmark and EU Civil Cooperation, ZEuP 2016, 300; *Nissen,* Auslandsunfall: Erstattungsfähigkeit von Anwaltsgebühren, DAR-Extra 2009, 764; *Nugel,* Anzuwendendes Recht bei einem Auslandsunfall nach „Rom II", NJW-Spezial 2009, 17; *ders.,* Haftungsausschlüsse im Straßenverkehr, NZV 2011, 1; *Pfeifer,* Neues Internationales Vertragsrecht. Zur Rom I-Verordnung, EuZW 2008, 622; *Plehwe,* Das Bestimmungsrecht des Geschädigten im internationalen Deliktsrecht, in FS Gerda Müller, 2009, S. 159; *Pohl,* Die Neufassung der EuGVVO – im Spannungsfeld zwischen Vertrauen und Kontrolle, IPRax 2013, 109; *Rauscher/Papst,* Die Rechtsprechung zum Internationalen Privatrecht 2010–2011, NJW 2011, 3547; *Reisinger,* Der mittelbar Geschädigte im nationalen Verkehrsunfall, ZVR 2011, 17; *Riedmeyer,* Gerichtliche Zuständigkeit und anwendbares Recht bei Unfällen im Ausland, zfs 2008, 602; *ders.,* Grenzüberschreitende Unfallregulierung in der EU – Grundprinzipien der internationalen Zuständigkeit, in 47. VGT 2009, S. 79; *ders.,* Internationale Zuständigkeit für Klagen bei Unfällen in der EU, r+s Beil. 2011, 91; *Riedmeyer/Bouwmann,* Unfallregulierung nach den Kraftfahrzeughaftpflicht-Richtlinien der Europäischen Union, NJW 2015, 2614; *Schack,* Was bleibt von renvoi? IPRax 2013, 315; *Richter,* Dashcam, Datenschutz und materielle Gerechtigkeit vor Gericht, SVR 2016, 15; *Schulze,* Der engere gewöhnliche Aufenthalt?, IPRax 2012, 526; *Schultzky,* Videokonferenzen im Zivilprozess, NJW 2003, 313; *Seetzen,* Zur Entwicklung des internationalen Deliktsrechts, VersR 1970, 1; *Sendmeyer,* Die Rückabwicklung nichtiger Verträge im Spannungsfeld zwischen Rom II-VO und Internationalem Vertragsrecht, IPRax 2010, 500; *dies.,* Internationale Zuständigkeit deutscher Gerichte bei Verkehrsunfällen im europäischen Ausland, NJW 2015, 2384; *Sieghörtner,* Internationaler Mietwagenunfall – Zulassungsort als relevantes Anknüpfungskriterium?, NZV 2003, 105; *Sommerlad,* Die Ermittlung ausländischen Rechts im Zivilprozeß und die Folgen der Nichtermittlung, NJW 1991, 1377; *Spickhoff,* Anspruchskonkurrenzen, Internationale Zuständigkeit und Internationales Privatrecht, IPRax 2009, 128; *Stadler,* Die grenzüberschreitende Beweisaufnahme in der Europäischen Union – die Zukunft der Rechtshilfe in Zivilsachen, in Einheit und Vielfalt des Rechts – Festschrift für Reinhold Geimer, 2002, S. 1281, zit. FSRG/Stadler; *Staudinger, Ansgar,* Straßenverkehrsunfall, Rom II-Verordnung und Anscheinsbeweis, NJW 2011, 650; *ders.,* Zur zukünftigen kollisionsrechtlichen Ausgestaltung des Direktanspruchs des Geschädigten gegen die gegnerische Haftpflichtversicherung, *www.ietl.org/event/1015/29/t* (zit. Staudinger Vortrag 2011); *ders.,* Geschädigte im Sinne von Art. 11 Abs. 2 EuGVVO, IPRax 2011, 229; *ders.,* Negative Feststellungsklage des gegnerischen Haftpflichtversicherers in grenzüberschreitenden Verkehrsunfällen, DAR 2014, 557; *ders.,* Run to the Court bei Angehörigenentschädigung – Die negative Feststellungsklage als zulässige Abwehrstrategie von Haftpflichtversicherern bei deutsch-italienischen Verkehrsunfällen in Festschrift *Lothar Jaeger,* 2015 S. 437 – 445; *Staudinger/Czaplinski,* Verkehrsopferschutz im Lichte der Rom I-, Rom II- sowie Brüssel I-Verordnung, NJW 2009, 2249; *Sujecki,* Das Sprachproblem im europäischen Zivilverfahrensrecht – Ein ungelöstes (unlösbares) Problem?, EuZW 2007, 649; *ders.,* Entwicklung im Europäischen Privat- und Zivilprozessrecht im Jahr 2010, EuZW 2011, 287; *ders.,* Die Entwicklung des europäischen Privat- und Zivilprozessrechts im Jahr 2011, EuZW 2012, 327; *Thiede-Kellner, „Forum shopping"* zwischen dem Haager Übereinkommen über das auf Verkehrsunfälle anzuwendende Recht und der Rom-II-Verordnung, VersR 2007, 1624; *Thole,* Anscheinsbeweis und Beweisvereitelung im harmonisierten Europäischen Kollisionsrecht – ein Prüfstein für die Abgrenzung zwischen lex causae und lex fori, IPRax 2010, 285; *Tomson,* Der Verkehrsunfall im Ausland vor deutschen Gerichten – Alle Wege führen nach Rom, EuZW 2009, 204; *Wais,* Die Stärkung von Gerichtsstandsvereinbarungen in der Neufassung der EuGVO, GPR 2015, 142; *Wagner,* Internationales Deliktsrecht, die Arbeiten an der Rom II-Verordnung und der Europäische Deliktsgerichtsstand, IPRax 2006, 372; *Wagner,* Justizielle Zusammenarbeit in Zivilsachen – quo vadis? ZEuP 2015, 1; *ders.,* Aktuelle Entwicklungen in der justiziellen Zusammenarbeit in Zivilsachen NJW 2016, 1774; *Wagner/Winkelmann,* Sonderanknüpfung für Verjährungsfragen bei Straßenverkehrsunfällen nach der Rom II-VO?, RIW 2012, 277; *Weller,* Der Ratsentwurf und der Parlamentsentwurf zur Reform der Brüssel I-VO, GPR 2012, 328; *Wilms,* Neue Anhänger-Streitfragen bei Auslandsunfällen, DAR 2012, 561; *Winkler von Mohrenfels,* Internationale Kindesentführung: Die Problematik des gewöhnlichen Aufenthalts, FPR 2001, 189; *Wirsching,* Dashcams – Datenschutz versus Beweisinteresse, NZV 2016, 13; *Wittmann,* Kann eine durch einen Verkehrsunfall geschädigte juristische Person gegen den Kfz-Haftpflichtversicherer aus einem Mitgliedstaat der EU an ihrem Sitz klagen?, r+s 2011, 145; *Wittwer,* Forum Shopping im deutsch-österreichischen Personenschadenrecht in Festschrift *Lothar Jaeger* 2015, S. 463 – 472; *Wittwer/Fussenegger,* EuGH-Rechtsprechung zur EuGVVO aus den Jahren 2013 und 2014, ZEuP 2015, 582.

§ 1 Gerichtliche Rahmenbedingungen

A. Einleitung

1 Seit rund 10 Jahren besteht die Möglichkeit, Auslandsunfälle mit Beteiligung ausländischer Kraftfahrzeuge nach dem von der EU geschaffenen System, Unfälle praktikabel im Sinne des Geschädigten zu regulieren. Gleichwohl beginnt sich die Praxis nur langsam hierauf einzurichten. Die Gründe dafür liegen auf der Hand. Hatte nach dem alten Regulierungssystem der Anwalt des Geschädigten die Regulierung einem ausländischen Kollegen übertragen, konnte er sich weitgehend risikolos auf die Funktion eines Verkehrsanwalts beschränken. Mit dem Bekanntwerden der neuen Regulierungsmöglichkeit in der Bevölkerung lassen sich derartige inhaltliche Vollmandate nicht mehr von leichter Hand ablehnen.

2 Das stets dem Geschädigten gegenüber als besonders günstig bezeichnete neue Regulierungsverfahren stellt Anwaltschaft und Gerichte vor eine Herausforderung, deren Bewältigung derzeit noch nicht als gesichert angesehen werden kann. Die Rom II-VO hat weitere neue Fragen aufgeworfen. Anwaltschaft, Versicherer und Gerichte müssen stets die Probleme der anderen Seite vor Augen haben. Für die vielen offenen Fragen müssen schon jetzt hinreichende Antworten gefunden werden. Der Geschädigte von heute kann nicht auf eine EuGH-Entscheidung von morgen warten.

I. Herkömmliche Schadensregulierung

3 Bei der **vormaligen Regulierung** von Auslandsunfällen war der Ablauf einfach. Es handelte sich – von Ausnahmen abgesehen – um die Geltendmachung von Ansprüchen, gleich ob vorprozessual oder gerichtlich, **im Unfallland nach dortigem Recht**. Diese unbefriedigende Situation führte schließlich zu einer neuen Form der Regulierung.

4 Unbenommen von all diesen Neuerungen bleibt die herkömmliche Regulierung des Unfalles im Ausland gegenüber dem ausländischen Schädiger oder dessen Kfz-Haftpflichtversicherer jedoch weiterhin möglich. Sie wird häufig auch noch empfohlen,[1] stellt jedoch nur einen Versuch dar, sich den Neuerungen zu verschließen. Ob dem Mandanten damit geholfen wird, erscheint zweifelhaft. Schließlich erfolgten die rechtlichen Verbesserungen vor dem Hintergrund einer nachhaltigen Hilfe für den Geschädigten.

5 Theoretisch ist auch die parallele Schadensregulierung denkbar. Sie wird jedoch zu erheblichen Konfliktsituationen führen und erscheint daher nur bei sorgfältigster Planung, gegebenenfalls auch beim Wechsel im Regulierungssystem denkbar. In einem Fall kann sie sogar zu einem erheblichen Nachteil innerhalb des neuen Regulierungssystems führen.[2] Insbesondere ist auch die Frage der kostenrechtlichen Belastung des Geschädigten zu berücksichtigen.

II. Begriffsklärung

6 Bei der Regulierung sogenannter Auslandsunfälle kann in zwei Hauptgruppen unterschieden werden – Unfall im Inland oder im Ausland. Handelt es sich um ein inländisches Unfallgeschehen, gibt es wiederum zwei Unterfälle, je nachdem ob das beteiligte, fremdländische Fahrzeug privat oder militärisch betrieben bzw. die schädigende Handlung von einer Privat- oder Militärperson ausgelöst wurde.

---

1 Besonders deutlich Dronkovic/Engel Kap. 6 Muster 1.7.
2 Vgl. unten Rn. 54 f.

B. Administrative Probleme der Justiz und Lösungsansätze

Nach Art. 30 Rom II-VO war die Kommission gehalten, einen Bericht über die Funktions-   7
fähigkeit des Systems zu erstellen und hierbei insbes. den Umgang der Gerichte mit der
Anwendung ausländischen Rechts zu beurteilen.

Nach dem zwischenzeitlich vorliegenden Gutachten[3] soll es keine nennenswerten Probleme mehr bei der Auslandsunfallschadensabwicklung geben. Dem kann allerdings nicht
beigetreten werden. Auf die vernichtende Kritik von Huber ist zu verweisen: „Diese Studie
strotzt aber von handwerklichen Fehlern; es ist nicht viel mehr als eine Anhäufung solcher.
Daraus rationale Schlussfolgerungen zu ziehen oder darauf gestützt gar Normeninitiativen
aufzubauen, wäre eine Fundierung auf Sand. Es ist um die EU-Kommission schlecht bestellt, wenn sie für ein durchaus ernst zu nehmendes Regelungsproblem solche *Fachleute*
betraut."[4] Trotz der 5. und 6. KH-RL, den bisherigen Entscheidungen des EuGH und der
Rom II-VO und bleiben vielmehr noch viele Fragen offen.

Kenntnis und Anwendung der neuen Auslandsunfallschadensregulierung sind für den Anwalt untrennbar mit dem Wissen über die Möglichkeiten der deutschen Gerichte verbunden. Das anwaltliche Haftungsrisiko zwingt auf der Grundlage der BGH-Rechtsprechung,
sich mit allen Modalitäten der Entscheidungsvoraussetzungen und eingeschränkten Möglichkeiten auseinanderzusetzen: „Der Rechtsanwalt ist mit Rücksicht auf das auch bei
Richtern nur unvollkommene menschliche Erkenntnisvermögen und die niemals auszu-
schließende Möglichkeit eines Irrtums verpflichtet, nach Kräften dem Aufkommen von Irr-
tümern und Versehen des Gerichts entgegenzuwirken."[5] „Soweit sich deshalb in der gerichtlichen Fehlentscheidung das allgemeine Prozessrisiko verwirklicht, das darin liegt,
dass das Gericht bei ordnungsgemäßem Vorgehen trotz des Anwaltsfehlers richtig hätte
entscheiden können und müssen, ist dem Anwalt ein Urteilsschaden haftungsrechtlich zuzurechnen (folgen Nachweise)."[6]

Angesichts des unzureichenden aktuellen Zustands kommt es auch im Interesse der Ge-   8
schädigten und der Anwaltschaft darauf an, Verbesserungen in die Wege zu leiten. Dies
setzt die Kenntnis der Möglichkeiten voraus, so dass diese kurz dargestellt werden sollen.
Schließlich muss sich die Anwaltschaft schon in ihrem eigenen Interesse um Fortschritte
bemühen.

I. Ressourcenanalyse

Die für die Umsetzung EU-rechtlicher und grenzüberschreitender Vorhaben erforderlichen   9
Maßnahmen stellen eine Herausforderung dar, deren sich die europäischen Institutionen
durchaus bewusst sind. So haben EU-Rat und EU-Parlament schon 2007 ausdrücklich die
Notwendigkeit verstärkter Förderung von **grenzüberschreitender Zusammenarbeit der
Justiz** einschließlich der Verbesserung des gegenseitigen Verständnisses der Rechtsordnun-
gen und der Rechtspflege der Mitgliedstaaten hervorgehoben.[7] Konkretisiert wird dies in
Art. 3 lit. b des Beschlusses dahin gehend, dass die „Verbesserung der gegenseitigen Kennt-
nis der Zivilrechtssysteme und der Rechtspflege der Mitgliedstaaten in Zivilsachen sowie
Förderung und Stärkung der Vernetzung, der Zusammenarbeit, des Austauschs und der
Verbreitung von Informationen, Erfahrungen und bewährten Praktiken" als Ziele zu verfolgen sind. Angesichts der zwischenzeitlich nunmehr schon über rund 8 Jahren vergange-

---

3   Demolin-Brulard-Barthelemy-Hoche (contractor) pour la COMMISSION EUROPEENNE: COMPENSATI-
    ON OF VICTIMS OF CROSS-BORDER ROAD TRAFFIC ACCIDENTS IN THE EU: COMPARISON OF
    NATIONAL PRACTICES, ANALYSIS OF PROBLEMS AND EVALUATION OF OPTIONS FOR IMPRO-
    VING THE POSITION OF CROSS-BORDER VICTIMS, erreichbar unter http://ec.europa.eu/internal_marke
    t/insurance/docs/motor/20090129report_en.pdf.
4   Huber ZVR 2014, 49, 52 mit ausführlichen Beispielen näher erläutert.
5   BGH NJW 2010, 73, 74.
6   BGH NJW 2010, 3576, 3577.
7   Vgl. Erwägungsgründe 6, 7 des Beschl. Nr. 1149/2007/EG des europäischen Parlaments und des Rates vom
    25.9.2007 zur Auflegung des spezifischen Programms „Ziviljustiz" als Teil des Generellen Programms
    „Grundrechte und Justiz" für den Zeitraum 2007-2013.

nen Zeit sollten konkrete Umsetzungen im EU-Bereich wie im nationalen Rechtssystem zu erwarten sein. Nachfolgend wird daher zunächst der Status quo in Deutschland, auf den bereits anlässlich des 47. Verkehrsgerichtstags 2009 hingewiesen worden war,[8] beleuchtet. Zu bedenken ist hierbei stets die unterschiedliche Verteilung von Ressourcen.

10 1. **Entscheidungsgrundlagen.** Der Intention des Gesetzgebers entsprechend soll die Gerichtsbarkeit zunächst als **gütliche Einigungsstelle** dienen. Dies ergibt sich unmittelbar aus § 278 ZPO. Hierzu bedarf es angesichts des außergerichtlichen Scheiterns einer sorgfältigen Vorbereitung der Verhandlung durch den Richter. Man kann nur schlichten, wenn man weiß, wovon man spricht. Im hier zu erörternden Bereich ist damit die richterliche Sachkunde auch hinsichtlich der Erfolgsaussichten des Parteivorbringens von entscheidender Bedeutung. Die Flucht vor dem Richter in den Vergleich kann nicht die Lösung sein.

11 2. **Ausstattungsstand.** Es gibt allein 8.000 Richter bei den Amtsgerichten, die angesichts des Wohnsitzgerichtsstands des Geschädigten zuständig sein können. Die in Deutschland ohnehin ungenügende Sach- und Personalausstattung bietet bisher keinen Ansatzpunkt zur Bewältigung.

12 a) **Arbeitsmittel.** Die Gerichtsbibliotheken halten mit der Entwicklung nicht Schritt, da es an ausreichenden Geldmitteln fehlt. So war beispielsweise festzustellen, dass in der Bibliothek des OLG München ein Werk mit aktueller 6. Aufl. 2009 nur als Erstauflage 1990 zugänglich war. Es bleibt im Regelfall meist die Möglichkeit über Online-Systeme, etwa *Beck-Online, Jurion* oder *juris* die nötigen Informationen zu ermitteln.

13 Zum ausländischen Recht findet man derzeit jedoch nur wenig in elektronischer Form. Die Informationen zum Recht der jeweiligen EU-Staaten werden in der Regel gerade in jenen Zeitschriften publiziert (etwa DAR oder SVR), die den meisten Richtern online nicht zur Verfügung stehen und bei den kleinen Gerichten auch nicht als Printmedium vorgehalten werden. Auch das kleinste Amtsgericht kann von derartigen Fällen betroffen sein.

14 b) **Arbeitsbelastung.** Schließlich ist eine völlig andere, indes äußerst bedeutende Komponente zu berücksichtigen. Wer selbst Online-Recherchen durchführt, weiß, welch erheblicher Zeitaufwand schnell erreicht wird.

15 Der Verkehrsunfallprozess wird in der Personalbedarfsberechnung der Justiz als durchschnittliches Verfahren eingeordnet, jedenfalls mit weniger Zeitaufwand kalkuliert als etwa Nachbarschafts- oder Bausachen. Eine Besonderheit für die Auslandsunfallschadensfälle existiert ohnehin nicht. Da die Personalbedarfsberechnung bei vielen Gerichten derzeit eine Unterbesetzung ausweist, fehlt das entsprechende Richterpersonal für die intensive Bearbeitung der hier relevanten Fälle.

II. Entwicklungsmöglichkeiten

16 Befinden wir uns damit sozusagen auf dem Stand Null, kommt es entscheidend darauf an, welche Entwicklungsmöglichkeiten erforderlich und realistischerweise zu erwarten bzw. zu erreichen sind. Die Wunschvorgaben der Europäischen Institutionen sind beachtlich. Mit dem Stockholmer Programm[9] sollten ua die Hälfte der an der justiziellen Zusammenarbeit beteiligten Richter **europäisch geschult** und letztlich hierzu auch eine von der ERA unabhängige, von der EU selbst getragene Europäische Rechtsakademie geschaffen werden. Diese hochgesteckten Ziele hatten aber keine erkennbaren ernsthaften Verbesserungen bewirkt. Mit dem Ablauf zum Ende 2014 gilt nunmehr das sog Stockholm-Nachfolgeprogramm,[10] das sich aber noch stärker in vagen programmatischen Zielen erschöpft.[11] Die schon zum Stockholmer-Programm vom Europaparlament geforderte entsprechende finanzielle Ausstattung lässt weiter auf sich warten. Die Mitwirkung der Richter- und Anwaltschaft über „Druck" und Initiativen bleibt weiterhin von erheblicher Bedeutung. Dies

---

8 Vgl. *Bachmeier,* Grenzüberschreitende Unfallregulierung in der EU – Probleme der deutschen Justiz bei Auslandsschäden, in 47. VGT 2009, S. 53.

9 http://eur-lex.europa.eu/LexUriServ/LexUriServ.do?uri=OJ:C:2012:099E:0019:0026:DE:PDF.

10 Auszug abgedruckt unter ZEuP 2015, 211.

11 Vgl. *Wagner* ZEuP 2015, 1.

gilt umso mehr, als die Entwicklung in Europa hinsichtlich des länderübergreifenden Gedankenaustausches durchaus in positiver Bewegung ist.[12]

1. Ausbildung. Die Ausbildung des deutschen Richters ist auf der Grundlage bisheriger Rechtsanwendung auf deutsches Recht und zwischenzeitlich ergänzend immer mehr auf Europarecht ausgerichtet. Das ist auch hinkünftig nicht zu beanstanden, weil die universitäre Ausbildung ebenso wie die Referendarausbildung nur eine juristische Allgemeinbildung als Vorbereitung für die spezifische Berufstätigkeit vermitteln kann. Hierbei muss man aber die Konsequenzen für die Auslandsunfallschadensregulierung deutlich sehen. „Das Gros der deutschen Richter ist nach seiner Aus- und Fortbildung sowie nach der Ausstattung der Gerichtsbibliotheken mit der Anwendung ausländischen Rechts schlicht überfordert."[13] Es kommt deshalb nunmehr darauf an, mit Beginn der Richtertätigkeit und spezieller Dezernatstätigkeit die Ausbildungsmöglichkeiten nachhaltig zu erweitern. 17

a) Bund (Deutsche Richterakademie), Länder (regionale Fortbildung). Die Deutsche Richterakademie bietet sicherlich eine gute Ausgangsposition, sich auch der neuen Schadensabwicklung mit seinen Sonderproblemen zu widmen. Es finden bereits Veranstaltungen in Trier und Wustrau statt. 18

Ausländisches Recht ist – von unseren Nachbarn Österreich und Schweiz abgesehen – jedoch fremdsprachliches Recht. Dementsprechend wird der hinkünftige Richter nicht daran vorbeikommen, ausreichende **Fremdsprachenkenntnisse** aufzuweisen. Die an der Richterakademie angebotenen Tagungen für *„English Law"*, *„droit français"*, *„Derecho Español"* und *„Diritto Italiano"* setzen jeweils „gute allgemeine Kenntnisse" der jeweiligen Sprache voraus, da es sich gleichzeitig um die Tagungssprache handelt. Umgangssprache und Rechtssprache unterscheiden sich allerdings massiv. 19

b) ERA. Da sich die Problematik naturgemäß auch auf die ausländischen Staaten bezieht, bietet die ERA gute Ausbildungsmöglichkeiten, bei der die Teilnahmekosten – jedenfalls in Bayern – zwischenzeitlich von der Justiz übernommen werden. Angesichts der damit gleichzeitig eröffneten Möglichkeit des Kontaktes mit ausländischen Kollegen und Anwälten, gewinnt die hierdurch geförderte Netzwerktechnik eine große Bedeutung. 20

c) EU-Justizportale und Schulungen. Die Intention der Kommission zur Fortbildung nationaler Richter und sonstiger mit der Rechtsumsetzung im europäischen Zusammenspiel befasster Personen soll im Zeitraum bis 2020 zu einer jährlichen Ausbildung von 20.000 Personen, insgesamt rund 700.000 führen.[14] Angesichts des selbst von der Kommission eingeräumten völlig ungenügenden aktuellen Zustands[15] sind extreme Anstrengungen erforderlich, bislang aber nicht zu erkennen. Schon 2002 war Derartiges angekündigt worden. Auch hier gilt das vorrangige Ziel der Vermittlung von EU-Recht.[16] 21

Neben dem Europäischen Netzwerk zur **Fortbildung von Richtern und Staatsanwälten** (European Judicial Training Networks – EJTN)[17] gibt es Websites zur Fortbildung von Richtern und Staatsanwälten (EJT) und das Europäische Justizielle Netz in Zivil- und Handelssachen (EJN). Diesen Institutionen, die nach der bisherigen Erfahrung bei den Kollegen weitgehend unbekannt sind, kommt beim jetzigen Ausbaustand aber für den Bereich des Verkehrszivilrechts keine nennenswerte Bedeutung zu. 22

---

12 Vgl. hierzu die auf der Internetseite der Deutschen Richterakademie dargestellten Entwicklungen www.deutsche-richterakademie.de, weiter zu Jahresrückblick 2015.
13 Kropholler, Internationales Privatrecht, S. 631.
14 Mitteilung der Kommission – Förderung des Vertrauens in eine EU-weite Rechtspflege – Eine neue Dimension der justiziellen Aus- und Fortbildung auf europäischer Ebene, KOM(2011) 551 endg.; das soll nach EU-Angaben (https://e-justice.europa.eu/content_eu_texts_and_documents_on_judicial_training-121-de.do) der Hälfte der europäischen Rechtspraktiker entsprechen.
15 Mitteilung der Kommission – Förderung des Vertrauens in eine EU-weite Rechtspflege – Eine neue Dimension der justiziellen Aus- und Fortbildung auf europäischer Ebene, KOM(2011) 551 endg. Nr. 2.
16 Vgl. van Harten, Who's Afraid of a True European Judicial Culture? On judicial training, pluralism and national autonomy vom 3.2.2012, erreichbar unter http://papers.ssrn.com/sol3/papers.cfm?abstract_id=2117842.
17 www.ejtn.net.

23 Bemerkenswert ist aber die Ausrichtung des EJTN. Betrachtet man strafrechtliche Angebote, schnellt die Anzahl von Plätzen drastisch hoch, während bei zivilrechtlichen Themen nur wenige Plätze angeboten werden. Zum verkehrsrechtlichen Bereich ist derzeit ohnehin kein Angebot ersichtlich.

24 Dass es im Rahmen des EJTN[18] ein „Europäisches Richteraustauschprogramm" gibt, ist in der Praxis ebenfalls weitgehend unbekannt.[19] Die Frage ist hier vor allem, wer die Kosten übernimmt. Voraussetzung sind perfekte Kenntnisse der Sprache des Gastlandes. Für das Jahr 2008 waren insgesamt 550 Austauschplätze für Europa bereitgestellt worden. Zwischenzeitlich ist das ETJN immerhin auf 1.600 Austauschplätze angewachsen. Man bedenke jedoch die Anzahl der Richter in den EU-Ländern, zu deren Aufgaben der Problembereich zählt.

25 **d) E-Learning.** Letztlich sind derartige Tagungen sowohl in finanzieller Hinsicht, als auch bezüglich des Zeitaufwandes nur ein Tropfen auf den heißen Stein. Die Ergänzung muss im Ausbau des E-Learning bestehen.

26 **aa) Online-Kurse.** Angesichts des bereits angesprochenen Zeitfaktors bietet der Online-Unterricht den Vorteil des reduzierten Zeitaufwandes, insbesondere kann er in gewünschte Phasen aufgegliedert werden. Ob der Wegfall des für die herkömmliche Fortbildungsveranstaltung erforderlichen Kostenaufwands tatsächlich zur Kostenersparnis führt, darf bezweifelt werden. Online-Kurse erfordern insbes. für die Betreuung und Ausarbeitung vermutlich sogar höhere Ausgaben.

27 Gleichwohl muss diesem Instrument eine besondere Bedeutung beigemessen werden, weil damit vor allem die zeitliche Dispositionsmöglichkeit der Teilnehmer sehr stark gefördert und die Teilnehmerzahl unbeschränkt erhöht werden kann. Auch hier muss aber die reine Lernzeit für den Richter über die Erhöhung der Richterzahl entsprechend freigesetzt werden, ansonsten wird sich das Interesse lediglich in begrenztem Umfang halten.

28 **bb) Europäische Systeme (EJTN).** Damit ist erneut das Kostenproblem angesprochen. Letztlich ist die EU-rechtliche Dimension auch bezüglich der Kosten zu bejahen. Deshalb muss auch die EU entsprechende Ausbildungssysteme finanzieren. Betrachtet man die in anderen Sektoren offensichtlich zur Verfügung stehenden Geldmittel, etwa für den Agrarmarkt oder Kfz-Sektor, handelt es sich bei den für die Justiz erforderlichen Beträgen um geringe Aufwendungen. Die Justiz hat allerdings keine Lobby.

29 Außerdem bietet sich ein EU-Ausbildungssystem schon wegen der länderübergreifenden Möglichkeiten an. Dem Europaparlament ist völlig klar, „dass elektronische Technologien in viele Aspekte unseres täglichen Lebens Einzug gehalten haben und sie sich als hilfreich erweisen könnten, die Effizienz der innerstaatlichen und grenzübergreifend tätigen Justiz zu verbessern; in der Erwägung, dass sich der Rechtsrahmen des europäischen Raums der Freiheit, der Sicherheit und des Rechts in einer elektronischen europäischen virtuellen Dimension widerspiegeln sollte, in der Rechtstexte leicht verständlich, übersetzt und für alle interessierten Nutzer, unter anderem Normalbürger, zugänglich sein sollten, indem Online-Interaktionen so weit wie möglich ausgebaut werden."[20]

30 Das EJTN bietet auch 2016 nur keine als nennenswert zu bezeichnenden Kurse für Verkehrszivilrecht an. Die Teilnahmemöglichkeiten sind zudem extrem gering.

31 **cc) Nationale Systeme.** Die Auslandsunfallschadensregulierung mit ihrer europarechtlichen Komponente ist Teil der täglichen Richterarbeit oder wird es flächendeckend zumindest in Bälde sein. Dementsprechend muss dieser Arbeitsbereich über die bei der Deutschen Richterakademie schon bestehenden Möglichkeiten hinaus Eingang finden und in den Fortbildungssystemen der Bundesländer zum Standard gehören. Letztlich sind hier auch die Richter selbst über die Richterorganisationen angesprochen.

---

18 Vgl. Catalogue 2012 zu erreichen unter http://www.ejtn.net/Catalogue/Catalogue-2012/By-date/#March, 2012.
19 www.ejtn.net.
20 www.europarl.europa.eu/meetdocs/2004_2009/documents/pa/745/745723/745723de.pdf.

2. Ausstattung. Das EU-Parlament bedauert in der angesprochenen Empfehlung, dass die Ausstattung mit Computern, E-Mailadressen und Internetanschlüssen noch keine Selbstverständlichkeit ist. Damit hat die deutsche Justiz allerdings keine Probleme. [32]

Mit einem Internetanschluss ist es jedoch nicht getan. Derzeit fehlen für den Internetzugriff die entsprechenden Datenbestände. Die EU bietet nur – mit eingeschränktem Nutzen – Links zu den nationalen Systemen mit den entsprechenden Sprachschwierigkeiten. [33]

a) Online-Zugriff zum Auslandsrecht. Die wichtigste Grundlage wäre zunächst die Möglichkeit des Online-Zugriffs. Es müsste auf einem Server das einschlägige, aber insoweit vollständige Recht der betreffenden Länder in einer für den Richter verständlichen Sprache und stets aktuell vorgehalten werden. Letztlich handelt es sich hier um eine Aufgabe der EU als Koordinierungsinstitution, die für die Ausführung der einzelnen Länder und für Übersetzungen sorgt sowie die Server verknüpft. Das Sprachenproblem ist aber weiter ungeklärt. [34]

Dass zumindest die obergerichtliche Rechtsprechung ebenfalls dem Zugriff unterliegt, muss als Selbstverständlichkeit angesehen werden. Ansätze gibt es, vor allem für EU-rechtlich relevante Entscheidungen,[21] nicht jedoch für das Verkehrsunfallrecht. Bei der EU-Kommission laufen zwar bereits konzeptionelle Arbeiten, mit der Umsetzung einer funktionsfähigen Datenbank ist jedoch in nächster Zeit noch nicht zu rechnen. Zwar wurde zwischenzeitlich das Projekt *e-CODEX*[22] und das Portal *e-Justice*[23] eingerichtet. Beide Systeme bilden derzeit keine Grundlage für die Lösung auslandsrechtlicher Fälle. [35]

b) Printsachmittel. Internetinformationen können das herkömmliche Buch schon deshalb nicht vollständig ersetzen, weil ein Teil der Informationen nach wie vor elektronisch nicht vorgehalten wird. Was für den deutschen Palandt gilt, betrifft auch wichtige ausländische Werke. Eine entsprechende Erweiterung der Bibliotheksausstattung ist daher unverzichtbar. [36]

c) Zeitrahmen (PEBB§Y – Personalbedarfsberechnungssystem). Die Tätigkeit des Richters wird im Rahmen des Personalbedarfsberechnungssystems für Richter und Staatsanwälte, genannt *PEBB§Y*, mit Minutenwerten je nach Fall beurteilt. Wer wollte bezweifeln, dass die Entscheidung auf der Grundlage eines erst zu ermittelnden ausländischen Rechts die Schwierigkeit und den Zeitaufwand im Vergleich zu einem innerdeutschen Verkehrsunfall beachtlich in die Höhe treibt. Nach der bisherigen Personalbedarfsberechnung gibt es aber keinen Unterschied bei den „Arbeitszeitkonten". Die entsprechende Anpassung ist unverzichtbar. [37]

Ohnehin gibt es für den Fortbildungsbereich keinerlei zeitliche Anerkennung. Wer auf Tagung geht, muss die liegenbleibende Arbeit nachholen. An sich müsste in diese richterliche Tätigkeit jedenfalls dann, wenn die Fortbildung – wie in vorliegendem Bereich – über die typische eigenverantwortliche Fortbildung hinausgeht, auch eine entsprechende zeitliche Berücksichtigung investiert werden. [38]

3. Gerichtsorganisation. Nach jahrzehntelanger Justizerfahrung muss realistischerweise von weiterhin nicht ausreichenden Personal und Finanzressourcen ausgegangen werden, um flächendeckend die personellen und ausstattungsmäßigen Voraussetzungen für die Bewältigung der Anforderung zu gewährleisten. Es sollten daher begleitende Maßnahmen in die Überlegungen einbezogen werden. [39]

a) Örtliche Zuständigkeit. Während beim innerdeutschen Verkehrsunfall in Großstädten eine erhebliche Konzentrationswirkung zu verzeichnen ist, durch die mit speziellen Abteilungen beim Amtsgericht oder bei Spezialkammern des LG bzw. Spezialsenaten der OLGe auch eine Konzentration der richterlichen Ressourcen eintritt, kommt bei der Auslandsfallschadensregulierung die Zuständigkeit der **Amtsgerichte** zwischen Garmisch und Flensburg, Merzig und Görlitz in Betracht. Die Diskussion auf dem VGT 2009 blieb ohne Re- [40]

---

21 Beispielsweise www.juradmin.eu.
22 E-Justice Communication via Online Data Exchange.
23 https://e-justice.europa.eu/home.do?plang=de&action=home.

sonanz. Von jener des VGT 2016 zur Förderung des Zivilprozesses ist kaum Anderes zu erwarten.

41 Sinnvoll wäre auch hier im Bereich des Verkehrszivilrechts eine **Konzentration**, wie es sie schon für Insolvenz-, Register- oder Steuersachen gibt. Konkret wäre im Rahmen des GVG eine Konzentration auf bestimmte Gerichte, zumindest im Bereich des Berufungsrechtszugs vorzunehmen. § 23 c GVG ermöglicht die landesrechtliche Bündelung für spezielle Aufgaben bei bestimmten Amtsgerichten, zur „Konzentration auf spezialisierte Richter, wie es bei kleineren Amtsgerichten nicht möglich wäre. Dadurch wird Beschleunigung durch Routine und einheitliche Rechtsprechung für größere Bezirke gefördert."[24] Dieses Argument gilt auch für den Auslandsunfall. § 13 a GVG ermöglicht ohnehin eine umfassende Zuweisung durch Landesrecht.

42 Zu verkennen ist nicht, dass dieser Weg durchaus auch Nachteile hat. Die Verlagerung der Klagemöglichkeit an den Wohnsitz des Geschädigten wird hierdurch teilweise aufgehoben. Eine EU-rechtliche Untersagung ist indes nicht ersichtlich, weil nur die nationale Regelung das Wohnsitzgericht näher bestimmt. Die Justizverwaltung scheint beim örtlichen Nachteil für den Bürger ohnehin kein Problem zu sehen, wie sich mit der Aufhebung kleiner Gerichte im ländlichen Bereich und Verweisung an entfernte Gerichte ersehen lässt. Bürger von Garmisch etwa müssen auch heute schon rund 100 Kilometer fahren, um zum zuständigen LG München II zu gelangen.

43 **b) Funktionelle Zuständigkeit.** Über die örtliche Zuständigkeit hinaus könnte auch an eine **erstinstanzliche Zuweisung an die Landgerichte** gedacht werden. Der Gesetzgeber geht davon aus, dass bestimmte Rechtsstreitigkeiten einerseits von besonderer Schwierigkeit gekennzeichnet sind, andererseits die Zuweisung an das Landgericht auch zu einer Vereinheitlichung der Rechtsprechung führen kann.

44 Damit wäre nämlich über die Berufung zum OLG eine tiefgehende obergerichtliche Entscheidungsmöglichkeit eröffnet. Hierzu müsste jedoch erst die rechtliche Grundlage geschaffen werden. Eine Änderung der bisherigen Struktur ist bislang noch nicht zu erwarten.

45 **c) Justizverwaltungsunabhängige Einflüsse (präsidiale Geschäftsverteilung).** Lässt man diese Möglichkeiten daher zunächst beiseite, verbleibt es vielfach es bei der Zuständigkeit des Amtsgerichts, weil häufig nur über restliche Ansprüche gestritten wird, die unter 5.000 EUR liegen. Hier stellt sich die Frage, welche Kompetenz die Amtsrichter überhaupt entwickeln können. Die Verteilung der Richtergeschäftsaufgaben, wer also welche Materie zu bearbeiten hat, erfolgt durch das Präsidium des Gerichts, das weisungsfrei entscheidet.

46 Die Erfahrungen beim AG München sind hier als deprimierend zu bezeichnen. Im Gegensatz zu früher ist die Fluktuation bei den größeren Gerichten in den Abteilungen extrem. Häufig liegt die Verweildauer bei Richtern in den Allgemein- und Verkehrszivilabteilungen bei eineinhalb bis dreieinhalb Jahren. Dieser Bereich ist aber weder gesetzgeberisch noch justizverwaltungstechnisch regelbar. Die Verweildauer eines Richters wird ausschließlich durch das unabhängige Gerichtspräsidium, also die Richtervertretung selbst, bestimmt.

47 **4. Begleitende Maßnahmen.** Angesichts dessen muss daher die Möglichkeit der schnellen Einarbeitung und der Ermittlung des relevanten ausländischen Rechts massiv verbessert werden.

48 **a) Sprachschulung.** Das Sprachproblem wurde bereits mehrfach angesprochen. Ob in alle EU-Sprachen übersetzt werden kann, ist zweifelhaft, würde aber dem System der EU entsprechen. Das Problem liegt hier in dem gigantischen Übersetzungsaufwand. Deshalb muss zumindest für lange Zeit damit gerechnet werden, dass lediglich Informationen in den grundlegenden „Arbeitssprachen" zur Verfügung stehen. Der ohnehin zu beobachtende Sprachenstreit wird sich fortsetzen. In jedem Falle aber muss den Richtern die Möglichkeit der **Aus- und Weiterbildung** in den wichtigen Sprachen Englisch und Französisch,

---

24 Thomas/Putzo/Hüßtege, § 23 d GVG Rn. 1.

nicht nur zum allgemeinen Sprachgebrauch, sondern auch zur Rechtsterminologie, geboten werden.

Förderung bedeutend hier aber ein Angebot, das nicht nur auf einen zufälligen Erfolg der 49 Bewerbung aufbaut. Um die Dimension zu erläutern, braucht man sich nur vorstellen, 10 % der Richter der Ordentlichen Gerichtsbarkeit würden sich bewerben. Das wären rund 1.500 Personen. Das aktuelle Angebot ist weiterhin lediglich der berühmte Tropfen auf den heißen Stein.

b) **Netzwerkbildung.** All die dargelegten Ansätze können durch die Vernetzung der Richter der einzelnen Staaten massiv unterstützt werden. Der schnellste Zugriff ist stets der Telefonanruf bei einem Kollegen aus dem fraglichen Land (sog **kleiner Dienstweg**). Kontakte zu knüpfen ist daher wichtig und eines der besonders bedeutsamen Gesichtspunkte bei internationalen Tagungen. Die Öffnung der Deutschen Richterakademie für ausländische Richter ist hier sicherlich eine gute Möglichkeit zur Förderung. Das derzeitige Angebot kann jedoch die Problematik nicht im Geringsten mildern. So stehen selbst für große OLG-Bezirke stets nur wenige Plätze zur Verfügung.[25]

Trotz der oben bejahten Möglichkeit der Online-Ausbildung kommt aber gerade der persönlichen **Tagungsteilnahme** die besondere Funktion des Kennenlernens von in- und ausländischen Kollegen zu, weil hierdurch die Netzwerkbildung besonders gefördert werden kann.

5. Praktika. Damit bilden Praktika die entscheidende und unverzichtbare Ergänzung. Das 52 ist auch seitens der EU-Organe als extrem wichtiger Gesichtspunkt anerkannt.[26]

Ein zentrales Problem stellt die Frage dar, ob sich das ausländische Recht hinsichtlich der 53 Anwendung in fremden Ländern nicht völlig auseinanderentwickelt. Deshalb ist der **persönliche Kontakt mit ausländischen Kollegen** von besonderer Bedeutung. „Dieser Dialog zwischen Richtern aus verschiedenen Ländern ist auch wichtig, um den Grundsatz des gegenseitigen Vertrauens zwischen den europäischen Justizsystemen zu stärken, die internationale Verbreitung innerstaatlicher Entscheidungen zu erleichtern und das Verfahren zur Vollstreckung dieser Entscheidungen in den verschiedenen Ländern zu vereinfachen."[27]

Bei der Anwendung fremden Rechts spielt sodann die Praxis eine besondere Rolle. Praktika in den grenznahen Ländern sind daher eine wichtige Quelle für die praxisgerechte Erfahrung und Bildung von Netzwerken. Die heutigen Angebote bleiben aber hinter dem Bedarf weit zurück.

§ 2 Inlandsunfall mit ausländischen Fahrzeugen

Bei Verkehrsunfällen in Deutschland, bei denen auch ein fremdländisch zugelassenes Fahrzeug verwickelt ist, treten nur kleinere Besonderheiten auf. Da das anwendbare Recht beim Unfall in Deutschland auf der Grundlage der Rom II-VO regelmäßig das deutsche Recht ist,[28] sind lediglich die Modalitäten der Schadensabwicklung und der gerichtlichen Verfahren hervorzuheben.

---

25 Zu den Angeboten des EJTN: www.ejtn.net/Exchange-Programme/.
26 Vgl. Schlussfolgerungen des Rates vom 27.10.2011 zur justiziellen Aus- und Fortbildung auf europäischer Ebene (2011/C 361/03), Nr. 10, ABl. C 361 vom 10.12.2011, S. 7.
27 Erreichbar unter https://wcd.coe.int/com.instranet.InstraServlet?command=com.instranet.CmdBlobGet&Instranet Image=336169&SecMode=1&DocId=1148228&Usage=2.
28 Vgl. Rn. 364 ff.

56 Nach dem Ausländer-Pflichtversicherungsgesetz[29] müssen Kraftfahrzeuge, die im Bundesgebiet betrieben werden, haftpflichtversichert sein. Falls dies nicht durch einen Nachweis über die ausländische Versicherung nachgewiesen werden kann, muss eine Grenzversicherung[30] abgeschlossen werden. Der Nachweis einer ausländischen Versicherung ist durch die sog **Grüne Karte** zu führen. Die Mitführungspflicht ergibt sich aus § 1 Abs. 1, 2 AuslPflVG. Allerdings erfolgt keine Kontrolle mehr, so dass die Mitführungspflicht weitgehend leerläuft. Grundlage hierfür ist Art. 1 § 1 AuslPflVersV,[31] wonach bei den in der VO aufgeführten Ländern der EU und des EWR-Bereichs eine Versicherungsbescheinigung für Kfz und Anhänger sowie für bestimmte andere Fahrzeuge bei einem eingeschränkten Länderbereich nach § 1 Abs. 2 AuslPflVG nicht mehr erforderlich ist. Die Grüne Karte wurde durch den Nachweis der Versicherung über das Kennzeichen abgelöst und besitzt damit lediglich noch Bedeutung als Versicherungsbestätigung für Fahrzeuge, die außerhalb des Gebiets von EU und EWR zugelassen sind, §§ 3, 4 DVRLPflV. Ausnahmen wiederum erbringt § 8 DVRLPflV.

57 Im Zuge der RL 72/166/EWG, die inzwischen durch die RL 2009/103/EG abgelöst worden ist, wurden die bislang als versicherungsinterne Vereinbarungen relevanten Grundlagen umgestaltet und in staatliche Rechtssysteme integriert, da die Mitgliedstaaten nunmehr gehalten waren, durch Umsetzung in nationales Recht auf den Versicherungsnachweis durch die Versicherungsbescheinigung zu verzichten. Parallel hierzu wurden die versicherungsinternen Vereinbarungen weiterentwickelt und mündeten in die sog **Internal Regulations** (Geschäftsordnung der Büros der Mitgliedstaaten). Da sie seit 1.7.2003 gelten, wird angesichts des seitherigen Zeitablaufs auf die damit abgelöste Vorstufe, das sog **Multinationale Garantieabkommen** nicht mehr eingegangen.[32] Seit 1.8.2003 sehen die Mitgliedstaaten der EU, die weiteren Mitglieder des EWR und die Schweiz davon ab, eine Kontrolle der Haftpflichtversicherung durchzuführen.[33] Für Deutschland ergibt sich die konkrete Umsetzung in § 1 AuslPflVG-DV.

58 **Andorra** ist kein Mitgliedstaat des EWR, aber als Grüne-Karte-Land zunächst versicherungsintern ebenfalls vom Wegfall der Überprüfungspflicht erfasst. **Monaco, San Marino** und die **Vatikanstaat** gehören auch nicht zu den Grüne-Karte-Ländern. Gem. § 8 Abs. 1 Nr. 1 AuslPflVVrsV[34] entfällt jedoch bei sämtlichen darin genannten Ländern der Nachweis für die nach § 1 Abs. 2 AuslPflVG erforderliche Versicherung durch eine Versicherungsbescheinigung.

59 Angesichts der nunmehr entscheidenden Bedeutung des Kennzeichens als haftpflichtversicherungsrechtliche Grundlage sind drei verschiedene Regulierungsbereiche zu unterscheiden.

A. Regulierung bei bekanntem Unfallgegner

60 Im Regelfall ist das Kennzeichen des ausländischen Fahrzeugs bekannt. Damit kann ohne Probleme mit der Schadensregulierung begonnen werden. Damit können in jedem Falle jene Angaben gemacht werden, die das Büro Grüne Karte zur Regelung nach deutschem Recht benötigt und nach § 119 Abs. 3 VVG verlangen kann. Daher ist der Geschädigte

---

29 Gesetz über die Haftpflichtversicherung für ausländische Kraftfahrzeuge und Kraftfahrzeuganhänger vom 24.7.1956 (BGBl. I S. 667).

30 Zur versicherungsrechtlichen Konstruktion siehe FJL/Lemor A., Unfälle mit Ausländerin im Inland, I. Grenzversicherung/System der Grünen Versicherungskarte Rn. 4 b.

31 VO über die Kraftfahrzeug-Haftpflichtversicherung ausländischer Kraftfahrzeuge und Kraftfahrzeuganhänger vom 8.5.1974 (BGBl. I S. 1062).

32 Für nähere Informationen siehe FJL/Lemor, Unfälle mit Ausländerin im Inland, I. Grenzversicherung/System der Grünen Versicherungskarte Rn. 10; Bachmeier Beck´sches Mandatshandbuch Verkehrszivilrecht Rn. 714 ff.; http://www.gruene-karte.de/das-gk-system.html.

33 Vgl. Entscheidung 2003/464/EG der Kommission vom 28.7.2003 (ABl. L 192 vom 31.7.2003, S. 23).

34 VO über die Kraftfahrzeug-Haftpflichtversicherung ausländischer Kraftfahrzeuge und Kraftfahrzeuganhänger, BGBl. 1974 I, S. 1062, amtl. Begr. VkBl. 1974, S. 323, VO-Text abgedr. bei LBMR/Mindorf Bd. 8, Leitziffer 5.3.1.

nicht verpflichtet, auch noch weitere Angaben zur Identität des Fahrers zu machen.[35] Daher kann sich das Büro Grüne Karte nicht auf die in seinem Merkblatt geforderte Angabe des Namens aller Beteiligter, also auch des Fahrers, berufen.[36]

I. Regulierungspartner

Ausstellung und Wirkung der Grünen Karte beruhen auf dem sog **Grüne-Karte-System**.[37] Hierbei tritt der Verein **Grüne Karte eV**, Wilhelmstr. 43, 10117 Berlin, als Schadensregulierer ein. Die Wirkung entspricht einer Garantieerklärung des Büros, für die Haftung des ausländischen Versicherers im Inland einzustehen. Diese Garantiefunktion trifft nach Art. 9 Internal Regulations selbst dann zu, wenn eine gefälschte Grüne Karte benutzt wird, sofern das zugrunde liegende Fahrzeug ordnungsgemäß in dem betreffenden Land (Land des Standorts) zugelassen wurde. 61

Die konkrete Schadensregulierung erfolgt durch sog **Korrespondenten**, in Deutschland üblicherweise **Kfz-Haftpflichtversicherer** oder spezialisierter **Schadenregulierungsbüros**. 62

II. Regulierungsgrundlagen

Die vorgerichtliche Schadensregulierung ist nicht über den Sitz des Büros, sondern über dessen Regulierungsverwaltung in Hamburg vorzunehmen. Das Prozedere ist auch dem Merkblatt des Büros zu entnehmen.[38] 63

1. Vorgerichtliche Schadensregulierung. Unabhängig von der Geltendmachung eines Schadensersatzanspruchs hat das Büro die Umstände selbst und sofort aufzuklären, Art. 3 Ziff. 3.1 Internal Regulations. Nach Antragstellung wird sofort der Korrespondent eingeschaltet. 64

Angesichts der Garantiefunktion ist das Büro auch für die Zahlungen selbstständig zuständig und im Klagefall passiv-legitimiert. Dies folgt aus §§ 6 Abs. 1 AuslPflVersG, 115 VVG, da das Büro als Garant den ausländischen Versicherer ersetzt und daher der **Direktanspruch gegen das Büro** gerichtet ist. Art. 3 Ziff. 3.3 Internal Regulations ermächtigt das Büro auch im Innenverhältnis zum zuständigen Versicherer entsprechend und stellt mit Art. 3 Ziff. 3.4 Internal Regulations die Unabhängigkeit bei der Regulierung klar. 65

Der für das Büro tätige Korrespondent[39] übernimmt nicht nur die **Unabhängigkeit** des Büros vom ausländischen Versicherer, sondern ist nach Art. 4 Ziff. 4.5 Internal Regulations auch vom Büro selbst unabhängig. Letzteres kann lediglich den eingeschalteten Korrespondenten von seiner Tätigkeit entbinden. 66

Obgleich der Korrespondent unter eigenem Namen gegenüber dem Geschädigten auftritt, bleibt er stets nur **Stellvertreter**, kann also selbst nicht in Anspruch genommen werden. Für den Geschädigten ergibt sich vorgerichtlich damit kein Unterschied zu einer sonstigen Regulierung eines inländischen Verkehrsunfallschadens. 67

2. Gerichtliche Geltendmachung. Das uneingeschränkte Auftreten des Korrespondenten im eigenen Namen, zumal wenn es sich üblicherweise um einen deutschen Haftpflichtversicherer handelt, verführt in der Praxis offensichtlich zur Benennung eines falschen Beklagten. Die Korrektur dieses Fehlers über die Klagerücknahme gegen den Korrespondenten und Klageerstreckung auf das Büro führt zwangsläufig zu Kosten, die vom Geschädigten zu tragen sind. Eine Umgehung durch „**Rubrumsberichtigung**" scheidet aus. Beim Korrespondenten und dem Büro handelt es sich um **unterschiedliche Rechtssubjekte**. Der Grundsatz der Rubrumsberichtigung ist zu beachten. „Er greift auch dann, wenn statt der richtigen Bezeichnung irrtümlich die Bezeichnung einer tatsächlich existierenden (juristi- 68

---

35 Vgl. LG Stuttgart VersR 2016, 44.
36 LG Stuttgart aaO.
37 Zur geschichtlichen Entwicklung siehe FJL/Lemor, Unfälle mit Ausländerin im Inland, I. Grenzversicherung/ System der Grünen Versicherungskarte Rn. 10; Bachmeier, Beck´sches Mandatshandbuch Verkehrszivilrecht Rn. 714 ff.; http://www.gruene-karte.de/das-gk-system.html.
38 Merkblatt im Internet unter www.gruene-karte.de erreichbar.
39 Art. 4 Internal Regulations.

schen oder natürlichen) Person gewählt wird, solange nur aus dem Inhalt der Klageschrift und etwaigen Anlagen unzweifelhaft deutlich wird, welche Partei tatsächlich gemeint ist. Von der fehlerhaften Parteibezeichnung zu unterscheiden ist die irrtümliche Benennung der falschen, am materiellen Rechtsverhältnis nicht beteiligten Person als Partei; diese wird Partei, weil es entscheidend auf den Willen des Klägers so, wie er objektiv geäußert ist, ankommt (BGH, NJW-RR 2008, 582 m.w. Nachw.). [40] Da der Korrespondent in diesen Fällen regelmäßig auch im Klagevortrag selbst in Anspruch genommen wird, scheidet eine Rubrumsberichtigung diesen Grundsätzen entsprechend aus.

69 Zu beachten ist die auf das Büro beschränkte Klagemöglichkeit. Gegenüber dem im Ausland residierenden Fahrer und Halter kommt eine Klage vor dem deutschen Gericht zwar in Betracht, setzt aber die Zustellung der Klage im Ausland voraus. Es sind zwei Alternativen abzuwägen: Ohne Klage kommt dem Halter und/oder Fahrer die Zeugeneigenschaft zu, bei einer Klageerhebung tritt durch die Zustellung eine kostenaufwendige Zeitverzögerung ein. Gegebenenfalls ist bei einer Zeugenvernehmung die nachträgliche Klageerstreckung und Veranlassung der Zustellung im Termin an Fahrer und/oder Halter zu beantragen. Eine Zustellung über das Büro kommt nicht in Betracht, weil es insoweit an der Zustellungsvollmacht mangelt.

B. Unbekanntes Kennzeichen

70 Entzieht sich der unfallverursachende Fahrer der Feststellung oder hat er etwa den Unfall nicht bemerkt, ist häufig auch das Kennzeichen des verursachenden Fahrzeugs nicht bekannt. Damit kann eine Feststellung des Bestehens einer Versicherung nicht nachgewiesen werden, so dass auch das Grüne-Karte-System nicht zur Anwendung gelangen kann.

I. Grundlagen

71 Für diese Fälle besteht eine **Entschädigungslösung**. Die vormals bestehenden Schadensersatzmöglichkeiten, die über den **Verein Verkehrsopferhilfe eV** ursprünglich auf freiwilliger Basis der Haftpflichtversicherer geschaffen wurde, beruht seit 1966 auf einer gesetzlichen Grundlage. Im Zuge der Umsetzung der 4. KH-RL wurde der Anspruch durch den deutschen Gesetzgeber in § 12 PflVG auch für den Inlandsunfall eingeordnet. Hiernach besteht ein Entschädigungsanspruch bei unbekanntem Schädigerfahrzeug, fehlender Haftpflichtversicherung, Befreiung des Schädigerfahrzeugs von der Versicherungspflicht, Vorsatztaten und Insolvenz des Haftpflichtversicherers.

72 Auf der Grundlage der Verordnung über den Entschädigungsfonds [41] wird das Regulierungsverfahren in der im Bundesanzeiger [42] veröffentlichen Satzung näher dargelegt. Auch hier wird die Regulierung selbst einem Versicherungsunternehmen übertragen, das bis zu einer bestimmten Höhe eigenverantwortlich reguliert. Bei einem, auch teilweise, ablehnenden Bescheid kann die Regulierungskommission des Vereins angerufen werden.

73 Vor einer gerichtlichen Geltendmachung ist nach der VO zunächst ein Schiedsgerichtsverfahren durchzuführen, §§ 5, 7, 9 der VO.

II. Ansprüche

74 Die Ansprüche selbst sind in § 12 Abs. 2 PflVG näher geregelt. Bei sog Fahrerfluchtfällen (§ 12 Abs. 1 Nr. 1 PflVG) ist Schmerzensgeld nur zu zahlen, wenn die Leistung einer Entschädigung wegen der besonderen **Schwere der Verletzung** zur Vermeidung einer **groben Unbilligkeit** erforderlich ist. Hierzu ist eine Verletzung erforderlich, die deutlich und drastisch über übliche Verletzungen hinausgeht und zu einer dauernden und erheblichen Beein-

---

40 BGH NJW 2011, 1453.
41 Verordnung über den Entschädigungsfonds für Schäden aus Kraftfahrzeugunfällen vom 14.12.1965 (BGBl. I, S. 2093).
42 Bekanntmachung über die Entschädigungsfonds für Schäden aus Kraftfahrzeugunfällen (Neufassung der Satzung der „Verkehrsopferhilfe eV") vom 17.2.2011 (BAnz 2011, 1028).

Bachmeier

trächtigung des Opfers führte.[43] Die weitere Einschränkung auf das Erfordernis grober Unbilligkeit führt zwangsläufig zu einem Schmerzensgeldanspruch, der deutlich unter sonstigen Ansprüchen liegen muss.[44]

Der Ersatz von **Sachschäden** ist nur dann möglich, wenn er neben Schmerzensgeld zu zah- 75 len ist und zugleich 500 EUR übersteigt. Ob mittelbare Sachschäden ersatzfähig sind, ist umstritten.[45]

Bei fehlendem Versicherungsschutz (§ 12 Abs. 1 Nr. 2 PflVG), Befreiung von der Versiche- 76 rungspflicht (§ 12 Abs. 1 Nr. 2 a PflVG) und Vorsatztaten (§ 12 Abs. 1 Nr. 3 PflVG) besteht nach § 12 Abs. 1 S. 2 PflVG ein Schadensersatzanspruch nur subsidiär hinter Ansprüchen gegen Halter, Eigentümer und Fahrer.[46] Der Geschädigte hat deshalb den Ausfall dieser Haftungsgegner glaubhaft zu machen. Die Mindestanforderung besteht in der Vorlage einer erfolglosen Zahlungsaufforderung.[47]

C. Gefälschtes/abgelaufenes Kennzeichen

Sehr umstritten war, welche Wirkung ein gefälschtes Kennzeichen entfalten kann. Der 77 EuGH hatte entschieden, ein Fahrzeug, das mit einem tatsächlich für ein anderes Fahrzeug korrekt ausgegebenen Kennzeichen versehen sei, müsse so behandelt werden, als ob es seinen Standort in dem das Kennzeichen ausgebenden Staat habe.[48] Die Länderbüros des Grüne-Karte-Systems haben sich daraufhin geeinigt, bei gefälschten Kennzeichen nicht formal auf den äußeren Anschein dieses Kennzeichens abzustellen, sondern allein auf den letzten nachweisbaren gewöhnlichen Standort. Dementsprechend fallen nicht nur Fahrzeuge mit gefälschten, sondern auch jene mit abgelaufenen Kennzeichen unter das Grüne-Karte-System.

Problematisch ist jedoch, ob hieraus bereits auf eine fehlende Versicherung geschlossen 78 werden kann. Das AG Witten[49] verneint einen Anscheinsbeweis. Hierfür spricht, dass es an der für den Anscheinsbeweis spezifischen Typizität[50] fehlt, weil gerade entwendete und mit falschen Kennzeichen ausgestattete Fahrzeuge meist noch einen gültigen Versicherungsvertrag aufweisen.

§ 3 Inlandsunfall – ausländische Militärfahrzeuge

---

43 Vgl. FJL/Elvers, § 12 PflVG Rn. 91.
44 Vgl. LG Lüneburg VersR 2001, 1152; LG Verden VersR 2001, 1152.
45 Vgl. LG Duisburg VersR 2001, 1151: Kein Ersatz von Mietwagenkosten; Weber DAR 1987, 333; aA FJL/Elvers, § 12 PflVG Rn. 95: alle Sachschäden ersatzfähig; AG Idar-Oberstein DAR 2010, 271: Ausgenommen auch Anwaltskosten bei Rechtsschutzdeckung.
46 Vgl. FJL/Ehlers, § 12 PflVG Rn. 62 ff.
47 Vgl. FJL/Ehlers, § 12 PflVG Rn. 62.
48 EuGH ABl. C 316 vom 3.12.1992, S. 13.
49 Urt. vom 25.6.2009 – 2 C 365/09 nv (BeckRS 2010, 17842) unter Verweis auf FJL/Elvers, § 12 PflVG Rn. 52 (nunmehr Rn. 52 b), der dies allerdings ohne Gründe, auch unter Rn. 47, so ausführt.
50 Zu den Grundlagen des Anscheinsbeweises vgl. BGH NJW 2012, 608.

79 Bei Verkehrsunfällen im Zusammenhang mit Militärfahrzeugen innerhalb Deutschlands kommen völkerrechtlich Verfahren gegen Mitglieder der ausländischen Streitkräfte oder gegen die Entsendestaaten selbst, vor deutschen Zivilgerichten nicht in Betracht, so dass mangels Durchsetzbarkeit ohne Sonderregelungen Ansprüche generell zu verneinen wären. Das **NATO-Truppenstatut** ermöglicht deshalb auf der Grundlage einer gesonderten völkerrechtlichen Vereinbarung und den entsprechenden Umsetzungsregelungen die Inanspruchnahme eines Haftungsgegners. Schuldner bleiben zwar die Schädiger selbst, verantwortlich kann jedoch nur die Bundesrepublik Deutschland gemacht werden. Zahlreiche Besonderheiten erschweren die Durchsetzung von Ansprüchen.

A. Rechtsgrundlagen

80 Die Grundlage für die Abwicklung von Schäden findet sich in dem seit dem 30.3.1963 geltenden NATO-Truppenstatut (NTS),[51] dem Zusatzabkommen (ZA),[52] Unterzeichnungsprotokoll (UP)[53] sowie dem Gesetz zum NTS (NTS-AG) nebst ZA.[54] Das Pendent für die im Staatsbereich der DDR bewegten Militärfahrzeuge war Art. 11 DDR-StatAbk UdSSR nebst Art. 22, 25 des Rechtshilfeabkommens.[55] Diese galten bis 3.10.1990. Für den ehemaligen DDR-Bereich und Westberlin gilt das NTS seit 1994.[56]

81 Mit der Wiedervereinigung, der Auflösung des Ostblocks und dem folgenden Beitritt früherer Ostblockstaaten können sich auch Militärfahrzeuge aus Ländern, die nicht der NATO angehören, in Deutschland bewegen. Diesbezüglich kommt das SkAufhG[57] zur Anwendung, das entsprechend Art. 1 Abs. 1 SkAufG für sämtliche **Nicht-NATO-Streitkräfte** gilt und die mit den jeweiligen Staaten abzuschließenden Vereinbarungen inhaltlich vorgibt. Zwar ist ein Teil der vormaligen Ostblockstaaten zwischenzeitlich der NATO beigetreten. Gleichwohl ist die unmittelbare Rechtsgrundlage des NTS weiterhin auf die früheren NATO-Staaten beschränkt. Im Zuge der Neuordnung wurde die Rechtslage durch das Gesetz zur Änderung des Gesetzes zum NATO-Truppenstatut und anderer Gesetze[58] und schließlich das FPStatGuaÄndG, gültig ab 1.1.2005, geändert.

I. Betroffene Länder (NATO)

82 Im Zuge der Osterweiterung wurde zunächst das vorhandene NTS weitergeführt und lediglich durch Zusatzabkommen seitens Deutschlands mit weiteren Staaten ergänzt. Für

---

51 Abkommen zwischen den Parteien des Nordatlantikvertrags vom 19.6.1951 über die Rechtsstellung ihrer Truppen (BGBl. II S. 1183, 1190).
52 BGBl. 1961 II S. 1218.
53 BGBl. 1961 II S. 1313.
54 Gesetz zu dem Abkommen zwischen den Parteien des Nordatlantikvertrags vom 19.6.1951 über die Rechtsstellung ihrer Truppen und zu den Zusatzvereinbarungen vom 3.8.1959 zu diesem Abkommen vom 18.8.1961 (BGBl. II S. 1183).
55 Vertrag zwischen der Bundesrepublik Deutschland und der UdSSR über die Bedingungen des befristeten Aufenthalts und die Modalitäten des planmäßigen Abzugs der sowjetischen Truppen vom 12.10.1990 (BGBl. II S. 256).
56 Gesetz zu dem Notenwechsel vom 12.9.1994 zur Änderung des Notenwechsels vom 25.9.1990 zum NATO-Truppenstatut vom 23.11.1994 (BGBl. II S. 3714).
57 BGBl. 1995 II S. 554.
58 VertLastÄndG vom 19.9.2002 (BGBl. II 2002 S. 2482).

die zwischenzeitlich neu der NATO beigetretenen Staaten ergibt sich folgender Geltungsstichtag des NTS:

Tabelle 1: NATO-Erweiterung **83**

Lettland am 1.9.2004	Litauen am 20.8.2004
Slowakei am 13.10.2004	Slowenien am 28.10.2004
Albanien am 9.5.2009	Bulgarien am 3.11.2004
Estland am 26.12.2004	Island am 14.6.2007
Polen am 21.10.1999	Rumänien am 4.12.2004
Tschechische Republik am 30.11.2000	

Für Truppen, die sich im Rahmen von Natoübungen in Deutschland bewegen, gilt zudem das Abkommen „Partnerschaft für den Frieden".[59]

II. Haftungsgegner

Wie bei einem „normalen" Verkehrsunfall auch, kommt als verantwortlicher Schädiger **84** naturgemäß der Halter des Fahrzeugs, also der Entsendestaat selbst und/oder ein von ihm Beschäftigter in Betracht.

1. Entsendestaat. Die Verantwortlichkeit des Entsendestaates selbst wird sich im Regelfall **85** auf die Gefährdungshaftung nach § 7 StVG beschränken. Nicht ausgeschlossen sind jedoch auch deliktische Ansprüche, die sich aus typischen Halterverpflichtungen ergeben können, wie mangelhafte Wartung und Kontrolle des Fahrzeugs oder Nichteignung des eingesetzten Personals. Insoweit ist insbes. auf die Einhaltung von § 22 StVO (Ladung), § 23 Abs. 1 StVO (Kontrollpflichten des Fahrzeugführers), § 32 StVO (Bereiten von Verkehrshindernissen) hinzuweisen. Wegen der zwischenzeitlich auch aus Gefährdungshaftung erwachsenden Schmerzensgeldansprüche tritt die vormals wichtige Abgrenzung zur Verschuldenshaftung in den Hintergrund.

2. Armeeangehörige und ziviles Gefolge. Art. I NTS enthält die Definitionen der unter die **86** Wirkung fallenden Personen und der Truppe. Unter den Begriff des **zivilen Gefolges** fallen die eine Truppe begleitenden und bei ihr beschäftigten Personen, sofern sie nicht staatenlos sind, es sich um Staatsangehörige eines Staates, der nicht Partei des Nordatlantikvertrags ist, um Staatsangehörige des Staates, in welchem die Truppe stationiert ist oder um Personen, die dort ihren gewöhnlichen Aufenthalt haben, handelt. Als **Angehörige** gelten die Ehegatten und Kinder eines Truppenmitglieds oder einer Person des zivilen Gefolges. Ebenfalls der Truppe zuzurechnen ist nach Art. 1 Abs. 4 lit. a UP uniformiertes Personal von die Truppe begleitenden Organisationen. Ebenfalls als Truppenmitglieder sind Truppenangehörige der USA mit einem Standort außerhalb der Bundesrepublik während eines Urlaubsaufenthalts im Inland zu behandeln.[60]

Die Mitglieder der Streitkräfte und das sog zivile Gefolge unterliegen zwar der deutschen **87** Gerichtsbarkeit. Nach Art. VIII Abs. 5 lit. g) NTS dürfen **Urteile** aber gegen sie **nicht vollstreckt** werden. Dementsprechend tritt an Stelle dieser Personen wiederum die Bundesrepublik ein. Voraussetzung hierfür ist jedoch der Schadenseintritt im Rahmen der Ausübung des Dienstes oder eine Tätigkeit im Zusammenhang mit den militärischen Aufgaben. Weiter muss der Tatort im Bereich der Bundesrepublik Deutschland liegen.

3. Zivilbeschäftigte. Da die bei den Streitkräften beschäftigten deutschen oder staatenlo- **88** sen Arbeitnehmer weder Mitglieder der Streitkräfte noch des zivilen Gefolges sind, fallen sie demgemäß nicht unter das NTS, sondern können (und müssen) nach dem regulären deutschen Rechtssystem in Anspruch genommen werden. Allerdings kommt eine Haftung der Truppe nach allgemeinen Grundsätzen in Betracht, wenn der Zivilbeschäftigte bei

---

59 Gesetz zum PfP-Truppenstatut v. 9.7.1998, BGBl.1998 II, 1338.
60 Abkommen zwischen der Bundesrepublik Deutschland und der USA über die Rechtsstellung von Urlaubern vom 3.8.1959 (BGBl. 1961 II S. 1385).

dienstlicher Tätigkeit für die Truppe tätig war. Hier kommt die Zurechnung des Verhaltens nach den allgemeinen Vorschriften §§ 89, 31 BGB iVm §§ 823 ff., § 831 in Betracht. Mangels Anwendbarkeit des NTS auf den Zivilangestellten, bleiben Ansprüche ihm gegenüber parallel bestehen.[61]

III. Nicht-NATO-Staaten

89 Im Rahmen der militärischen Zusammenarbeit der NATO mit anderen Staaten kann sich durchaus ein Schadensfall mit deren Militärfahrzeugen ereignen.

90 **1. UdSSR/GUS-Staaten.** Bei Schäden **vor dem 3.10.**1990 waren Haftungsgegner die Streitkräfte, also die UdSSR selbst. Die Staatliche Versicherung der DDR trat jedoch als Vertreter der UdSSR auf. Ihr gegenüber war der Anspruch geltend zu machen. Die Bundesrepublik Deutschland ist insoweit als Rechtsnachfolger in der Zuständigkeit nachgefolgt. Gegen Entscheidungen der Staatlichen Versicherung war ein Rechtsmittel nicht möglich, insoweit kann zum jetzigen Zeitpunkt auch die Bundesrepublik nicht mehr in Anspruch genommen werden.

91 Die für Unfälle im Zeitraum **vom 3.10.1990 bis 20.7.1995** geltende Sonderregulierung, die allerdings im Wesentlichen der Regelung des Art. VIII, Abs. 5 NATO-Truppenstatut entsprach, soll hier nicht mehr näher dargestellt werden. **Seit dem 21.7.1995** gilt das **SkAufG** in der aktuellen Fassung. Art. 2 § 16 Abs. 1 SkAufG bestimmt die Haftung des ausländischen Staats für alle der Bundesrepublik und Dritten (einschließlich kommunaler Körperschaften) entstandenen Schäden, soweit es sich um von ihm rechtlich zu verantwortende dienstlich veranlasste Handlungen/Unterlassungen handelt. Ausgangspunkt ist gemäß Art. 2 § 16 Abs. 4 SkAufG hierbei deutsches Recht, nach dem die Bundesrepublik selbst bei eigenem Handeln haften würde (Amtshaftung). Bei Schadensersatzansprüchen gegen den ausländischen Staat wird dieser, wie auch bei Ansprüchen nach dem NTS, von der Bundesrepublik vertreten. Sie leistet eine Geldentschädigung, Art. 2 § 16 Abs. 4, Ansprüche sind dementsprechend ihr gegenüber geltend zu machen. Die Bundesrepublik hat nach Art. 2 § 16 Abs. 5 lit. a SkAufG „in billiger und gerechter Weise unter Berücksichtigung aller Umstände des Falles einschließlich des Verhaltens der verletzten Person den dem Antragsteller zukommenden Betrag" zu leisten. In Betracht kommt auch eine sog ex-gratia-Zahlung (ohne Anerkennung der Rechtspflicht) nach Art. 2 § 16 Abs. 5 lit. b SkAufG.

92 Art. 3 § 5 SkAufG verweist für die Abgeltung von Schäden nach Art. 2 § 16 Abs. 1 SkAufG auf die Art. 6, 8 bis 14 und 25 NTS-AG. Im Ergebnis gleichen sich daher im Wesentlichen die Abwicklungsmodalitäten unabhängig von der Frage, ob ein NATO-Staat oder ein sonstiger Staat und welcher Zeitraum betroffen ist.

93 **2. Befreundete Staaten.** Nicht alle westlichen Staaten sind Teil der NATO. Sie arbeiten auf der Grundlage der **Partnerschaft des Friedens** zusammen. Für den Bereich möglichen Militärverkehrs in Deutschland kommen im Prinzip bei Manövern, aber auch von Pkw-Bewegungen für Delegationen lediglich Irland, Schweden, Finnland, Malta, Österreich und die Schweiz in Betracht.[62]

94 Für Österreich ergibt sich die Grundlage aus dem bilateralen Streitkräfteaufenthaltsabkommen vom 6.9.2007 mit Wirkung vom 9.9.2009[63] und bezüglich der Schweiz aus dem bilateralen Abkommen vom 7.6.2010 mit Wirkung vom 17.6.2010.[64] Im Übrigen kann über Art. 1 SkAufG auf die generelle Inanspruchnahme der Bundesrepublik zurückgegriffen werden.

---

61 Grundl. OVG Koblenz NVwZ-RR 1996, 320.
62 Vgl. Süddeutsche Zeitung Nr. 250 vom 29.10.2012, S. 45: NATO-Manöver in Bayern mit 19 Teilnehmerstaaten.
63 Verordnung zum deutsch-österreichischen Streitkräfteaufenthaltsabkommen vom 12.11.2008 (BGBl. II S. 1290) nebst Bekanntmachung über das Inkrafttreten vom 10.12.2009 (BGBl. II S. 11).
64 Verordnung zum deutsch-schweizerischen Streitkräfteaufenthaltsabkommen vom 25.6.2010 (BGBl. II S. 550).

Bachmeier

B. Regulierungsbesonderheiten

Ausländische Truppen als Organisationseinheit unterliegen nicht der deutschen Gerichts- 95
barkeit, so dass die Geltendmachung von Ansprüchen nur über innerstaatliche Regelungen
eröffnet wird. Die Abwicklung von Schadensersatzansprüchen erfolgt nach den Grundsätzen von Art. VIII Abs. 6 NTS.

I. Anspruchsgrundlagen

Im Einzelnen werden Ansprüche aus folgenden Bereichen erfasst: 96

- Gefährdungshaftung, § 7, 17 StVG (Halter), § 18 StVG (Fahrer)

- unerlaubte Handlung, § 823 ff. BGB

- Ersatzvornahme nach einem Unfall, § 670 BGB

- Gesamtschuldnerausgleich, § 421 BGB, § 17 StVG

- Bereicherungsansprüche des Haftpflichtversicherers, § 812 ff. BGB.

Ein Unfallgeschehen, das sich als rechtlich verantwortliche Handlung eines Entsendestaats 97
darstellt, unterliegt, weil es sich dann um eine **Handlung des Entsendestaats** handelt, jedoch dem NTS. Das ist insbesondere bei Handlungen iS der Organhaftung, §§ 31, 89
BGB und § 831 BGB jeweils iVm § 823 ff. der Fall. Gemäß Art. VIII Abs. 6 lit. a) NTS gelten für die Bewertung des Verhaltens der ausländischen Truppe jene Vorschriften, die auch
für die Bundeswehr gelten.

Weiterhin muss die Handlung das Merkmal der **Dienstbezogenheit** aufweisen, Art. VIII 98
Abs. 5 NTS, also in Ausübung des Dienstes begangen worden sein. Eine unbefugte Benutzung eines Kraftfahrzeugs fällt hierunter nicht, Art. VIII Abs. 7 NTS.

Den allgemeinen Regeln des deutschen Rechts folgend finden auf die Ansprüche grund- 99
sätzlich sämtliche deutschen Schadensersatzregelungen Anwendung, also auch die **Verjährung.**

Soweit ausländische Militärfahrzeuge die Sonderrechte der StVO in Anspruch nehmen, ist 100
dieses Verhalten daran zu messen, ob auch die Bundeswehr sich hierauf hätte berufen können. Insoweit kann damit im Einzelfall auf die Rechtsprechung hierzu zurückgegriffen
werden.[65]

Die Inanspruchnahme der Bundesrepublik Deutschland als Regulierer setzt notwendiger- 101
weise den Vortrag voraus, welches Bündnisland schadensursächlich gehandelt habe. Bei
gemeinsamen Manövern kann dies zu erheblichen Problemen für den Geschädigten führen. Art. 8 Abs. 5 lit. e NTS begründet daher eine gesamtschuldnerische Haftung aller in
Betracht kommender Staaten, die nachzuweisen, kaum Schwierigkeiten bereiten dürfte.

Angesichts der Dienstbezogenheit von Schadenshandlungen fällt notwendigerweise eine 102
private Nutzung (Schwarzfahrt) nicht unter das NTS.

Andererseits sind militärisch veranlasst sämtliche Handlungen, die dem Unterhalt der mili- 103
tärischen Handlungsfähigkeit dienen, also auch sämtliche Handlungen im Bereich der Versorgung der Armeen als dienstlich veranlasst zu bezeichnen.

II. Regulierungsabwicklung

Der entscheidende Unterschied zum „normalen" Verkehrsunfall liegt bei der Abwicklung 104
von derartigen Schadensersatzansprüchen. Fehler können sehr schnell zu Haftungsansprüchen gegen den Anwalt führen.

1. Amtshaftungsprinzip. Die wegen der völkerrechtlichen Freistellung ausländischer Trup- 105
pen fehlende innerdeutsche Gerichtsbarkeit wird durch eine gesetzliche Prozessstandschaft
ausgeglichen. Die Bundesrepublik Deutschland tritt abwicklungstechnisch und prozessual

---

65 Vgl. auch LBMR/Bachmeier, § 27 StVO Rn. 4 zum Kolonnenverkehr; LBMR/Ternig, § 35 StVO Rn. 8 zu
Militärstraßen der Stationierungsstreitkräfte.

an die Stelle der ausländischen Truppe, ohne deren Schädigerstellung zu übernehmen. Gemäß Art. VIII Abs. 5 lit. a NTS stellt das militärische Handeln ein hoheitliches Handeln dar, so dass die Regeln der Amtshaftung, § 839 BGB, Art. 34 GG anzuwenden und Ansprüche den in Deutschland geltenden Vorschriften zu entnehmen sind.

106   Hierbei spielt die Subsidiaritätsklausel gemäß § 839 Abs. 1 S. 2 BGB keine Rolle. Der BGH hat diese für die Teilnahme am Straßenverkehr ursprünglich vertretene Auffassung zwischenzeitlich aufgegeben.[66]

107   **2. Vorgerichtliche Schadensabwicklung.** Schon gegenüber der zuständigen Verwaltungsbehörde sind Besonderheiten zu beachten. Die Anmeldevorschriften sind nur dann erfüllt, wenn die Behörde aufgrund eines Begehrens nach Schadenersatz und einer mit ihm einhergehenden Unfallschilderung in die Lage versetzt wird, die etwa erforderlichen Beweise zu erheben. Weitere Erfordernisse sind dabei nicht zu beachten.

108   **a) Regulierungsbehörden.** Als Regulierungsbehörde ist nunmehr die Bundesanstalt für Immobilien auch für die Schadensregulierung für die ausländischen Streitkräfte zuständig. Im Einzelnen treten regional vier Schadensregulierungsstellen auf. Es ergibt sich folgende Zuständigkeitsregelung:[67]

Dienststelle/Anschrift:	Zuständigkeitsbereich
Bundesanstalt für Immobilienaufgaben Schadensregulierungsstelle Regionalbüro Ost Erfurt Drosselbergstraße 2 99097 Erfurt Telefon: (0361) 3482-131 Telefax: (0361) 3482-366	Zuständigkeit für sämtliche Schäden aus Unfällen in folgenden Ländern: Bayern (nur Regierungsbezirk Unterfranken), Berlin, Brandenburg, Hessen, Sachsen, Thüringen Zuständigkeit für Personendauerschäden bei Unfällen in folgenden Ländern: Bremen, Hamburg, Mecklenburg-Vorpommern, Niedersachsen, Nordrhein-Westfalen (nur Regierungsbezirk Detmold), Sachsen-Anhalt, Schleswig-Holstein
Bundesanstalt für Immobilienaufgaben Schadensregulierungsstelle Regionalbüro West Koblenz Schloss (Hauptgebäude) 56068 Koblenz Telefon: (0261) 3908-0 Telefax: (0261) 3908-181	Nordrhein-Westfalen (ohne Regierungsbezirk Detmold), Rheinland-Pfalz, Saarland
Bundesanstalt für Immobilienaufgaben Schadensregulierungsstelle Regionalbüro Süd Nürnberg Rudolphstraße 28 90489 Nürnberg Telefon: (0911) 99261-0 Telefax: (0911) 99261-185	Zuständigkeit für sämtliche Schäden aus Unfällen in folgenden Ländern: Baden-Württemberg, Bayern (ohne Regierungsbezirk Unterfranken)

---

66 Vgl. BGH NJW 1981, 681.
67 Quelle: Bundesanstalt für Immobilien www.bundesimmobilien.de/6967700/schadensregulierung.

Dienststelle/Anschrift:	Zuständigkeitsbereich
Bundesanstalt für Immobilienaufgaben Schadensregulierungsstelle Regionalbüro Süd Nürnberg Rudolphstraße 28-30 90489 Nürnberg Telefon: (0911) 99261-0 Telefax: (0911) 99261-185	Zuständigkeit ohne Personendauerschäden bei Unfällen in folgenden Ländern: Bremen, Hamburg, Mecklenburg-Vorpommern, Niedersachsen, Nordrhein-Westfalen (nur Regierungsbezirk Detmold), Sachsen-Anhalt, Schleswig-Holstein

b) Dienstbezogenheitsbescheinigung. Ansprüche können, wie bei innerdeutschen Amts- 109
pflichtverletzungen auch, nur in Betracht kommen, wenn eine der Amtspflicht vergleichbare Handlung bei der Ausübung des militärischen Dienstes vorliegt. Hierüber kann nur die Truppe selbst entscheiden. Gemäß Art. VIII Abs. 5 NTS entscheidet daher die Truppe und stellt eine entsprechende Bescheinigung aus. Die Entscheidung ist für das deutsche Gericht ebenso bindend wie für die Bundesrepublik Deutschland.

Besteht Streit über das Ergebnis, so ist gemäß Art. VIII Abs. 8 NTS ein **Schiedsverfahren** 110
durchzuführen. Die Entscheidung des Schiedsrichters, der nach Art. VIII As. 2 lit. b) NTS ausgewählt wird, ist bindend.

c) Anmeldefrist. Die zentrale Fehlerquelle liegt bei der Einhaltung der Anmeldefrist. Die 111
Ansprüche müssen, unabhängig von der ohnehin anzuwendenden Verjährungsfrist, innerhalb von drei Monaten ab Kenntnis bei der zuständigen Behörde geltend gemacht werden, Art. 6 Abs. 1 NTS-AG.

aa) Fristbeginn. Der Beginn der Frist ist hierbei völlig unabhängig von der Kenntnis eines 112
möglichen Anspruchs.[68] Eine Versäumung der Anmeldefrist führt damit zum endgültigen Ausschluss möglicher Ansprüche.

Die Frist beginnt in dem Zeitpunkt, in dem der Geschädigte vom Schaden und von den 113
Umständen Kenntnis erlangt hat, aus denen sich ergibt, dass ein

- **Mitglied der Truppe:** (Personal der Streitkräfte, das sich im Zusammenhang mit seinen Dienstobliegenheiten im Bundesgebiet aufhält),

- eine **Person des „zivilen Gefolges"**, also das die Truppe begleitende und bei ihr beschäftigte Zivilpersonal, oder

- **Angehöriger** (Ehegatte eines Mitglieds der Truppe und Kinder, die einem Mitglied der Truppe oder des zivilen Gefolges unterhaltsberechtigt sind sowie sonstige nahe Verwandte eines Mitglieds der Truppe oder des zivilen Gefolges, die von diesem aus wirtschaftlichen oder gesundheitlichen Gründen abhängig sind, von ihm tatsächlich unterhalten werden, dessen Wohnung teilen und sich mit Genehmigung der Truppe im Bundesgebiet aufhalten)

für den Schaden rechtlich verantwortlich sind bzw. den Schaden verursacht haben. Besteht Ungewissheit darüber, welche von mehreren in Betracht kommenden Streitkräften der NATO einen Schaden im Sinne des NATO-Truppenstatuts verursacht hat, dann ist diese Ungewissheit nicht dem Geschädigten zuzurechnen. Dabei handelt es sich nach Art. VIII Abs. 5 lit. e NTS grundsätzlich um eine **Gesamtschuldnerhaftung**.

Nach **Ablauf dieser Frist** kann ein Anspruch nicht mehr geltend gemacht werden, Art. 6 114
Abs. 4 NTS-AG. Die Vorschriften der ZPO über Notfristen sind gemäß Art. 6 Abs. 3 NTS-AG entsprechend anzuwenden, so dass sie gemäß § 224 ZPO durch Parteivereinbarung weder verlängert noch verkürzt werden können, jedoch Wiedereinsetzung entsprechend

---

68 Vgl. zuletzt BFH VersR 2012, 768.

§§ 233, 234 ZPO in Betracht kommen kann. Der Antrag ist von der Behörde schriftlich zu bestätigen, Art. 10 Abs. 1 NTS-AG.

115 **bb) Anmeldungsverfahren.** Die Anmeldung des Schadens hat **schriftlich** oder zur Niederschrift der zuständigen Behörde (Art. 9 des NATO-Truppenstatuts) zu erfolgen sowie die geltend gemachten Ansprüche dem Grunde und, soweit möglich, auch der Höhe nach genau zu bezeichnen. Sie soll ferner alle für die Bearbeitung wesentlichen Daten enthalten und zugleich auf Beweismittel, soweit sie nicht beigefügt sind, Bezug nehmen. Bei Antragstellung sind ohnehin, soweit schon vorhanden, alle erforderlichen Unterlagen und Beweismittel beizufügen, Art. 9 Abs. 2 NTS-AG.

116 **cc) Sozialversicherungsträger.** Die rechtzeitige Anmeldung von Ansprüchen durch den Verletzten gilt auch für den SVT. Ohne Antrag des Geschädigten beginnt die Frist für den SVT ab konkreter Kenntnis über das Schadensereignis. Dies liegt auch dann vor, wenn er durch die Unfallanzeige des Verletzten erfährt, dass dieser durch ein Fahrzeug fremder Streitkräfte verletzt und durch Einschalten eines Arztes die eigene Leistungspflicht überprüft wurde.[69] Dabei trägt die Rechtsprechung dem Umstand Rechnung, dass die beteiligten SVT in aller Regel sehr viel später als der unmittelbar Geschädigte Kenntnis von einem derartigen Schaden erhalten. Insoweit gelten die Grundsätze entsprechend, die sich auf das deutsche Verjährungsrecht beziehen. Der öffentlich-rechtliche Leistungsträger erlangt die Kenntnis vom Schadenereignis und von der Person des Ersatzpflichtigen erst dann, wenn der zuständige Sachbearbeiter der Regressabteilung von dem betreffenden Unfall unterrichtet ist.[70]

117 **dd) Fristwahrung.** Wird der Antrag nicht unmittelbar bei der zuständigen Unterbehörde eingereicht, führt der Eingang bei einer Dienststelle der Truppe oder des zivilen Gefolges zur Fristwahrung, wenn sie für die Behandlung von Entschädigungsansprüchen allgemein zuständig ist, Art. 6 Abs. 2 NTS-AG.

118 **d) Verwaltungsbescheid.** Der unanfechtbar gewordene Bescheid der Behörde ist eine Entscheidung besonderer Art,[71] einem rechtskräftigen Urteil in der Wirkung vergleichbar, so dass der Anspruch des Berechtigten dem Grunde und der Höhe nach für die Bundesrepublik bindend festgelegt wird. „Mit dem Erlass der Entschließung tritt eine materiellrechtliche Bindung der Bundesrepublik (und des von ihr vertretenen Entsendestaats) an die Entschließung ein. Diese Bindung entfällt jedoch, wenn es mit dem Grundsatz von Treu und Glauben (§ 242 BGB) nicht mehr vereinbar ist, die Bundesrepublik an der Entschließung festzuhalten. Das kann etwa der Fall sein, wenn dem Amt für Verteidigungslasten bisher unbekannte, vom Berechtigten verschwiegene Tatsachen zu einer völlig anderen Würdigung des Sachverhalts führen.“[72] Geht es jedoch lediglich um die Aufteilung einer bestimmten Entschädigung auf mehrere Geschädigte, so kommt die Bindung der Bundesrepublik nicht in Betracht. „Bei einer solchen Fallgestaltung fehlt es an einem einleuchtenden Sachgrund dafür, ein schutzwürdiges Vertrauen der anspruchsberechtigten Hinterbliebenen in die Bindung der Bundesrepublik an die unrichtige Aufgliederung der Beträge der laufenden Ersatzrenten anzuerkennen.“[73]

119 Der Antrag setzt noch keine vollständige Geltendmachung des Schadens voraus. „Selbst wenn eine Anmeldung einen später mit der Klage geltend gemachten Schaden nicht umfasst, können die Anspruchsteller auch diesen Schadensposten noch mit der nach Art. 12 I NTS-AG erhobenen Klage zur Entscheidung stellen.“[74]

120 **e) Klagefrist.** Lehnt die Verwaltungsbehörde den Anspruch ganz oder teilweise – auch dem Grunde nach – ab, so ist innerhalb von zwei Monaten Klage zu erheben, Art. 12 Abs. 1, 3 NTS-AG. Ergeht der Bescheid nicht innerhalb von 5 Monaten, so ist ebenfalls

---

69 OLG Düsseldorf VersR 76, 391.
70 Vgl. zuletzt BGH r+s 2012, 304 mit Anm. Lemcke; BGH r+s 2012, 308.
71 Zuletzt BGH VersR 2012, 768.
72 BGH VersR 1979, 423 mwN.
73 BGH VersR 1979, 423.
74 BGH NJW-RR 1987, 604 = VersR 1987, 409.

Klage möglich. Hierbei beginnt die Frist frühestens mit dem Eingang der Bescheinigung der Anmeldungsbehörde.[75]

Lehnt die Behörde den Anspruch bereits dem Grunde nach ab, so kann sich die Klage 121
nicht etwa lediglich auf den Grund beschränken. Vielmehr sind innerhalb der Frist Anspruchsgrund und -höhe geltend zu machen. Der Geschädigte kann jedoch mit der Bundesrepublik vereinbaren, zunächst im Wege der Teilklage über Anspruchsgrund entscheiden zu lassen und erst im Erfolgsfalle anschließend die Schadenshöhe geltend zu machen.[76]

Da die Bundesrepublik lediglich als Prozessstandschafter auftritt, im Übrigen auch soweit 122
es sich um die Geltendmachung von Ansprüchen des Entsendestaats gegenüber dem weiteren Unfallbeteiligten handelt, muss der Antrag entsprechend Art. 12 Abs. 2 NTS-AG gestellt werden:

„Die Beklagte wird verurteilt, für <Truppenstaatsbezeichnung> an die Klagepartei ... EUR nebst ... zu bezahlen."

aa) Versäumung. Die Versäumung der Anmeldefrist ist eine **materielle Ausschlussfrist,** 123
von den Gerichten von Amts wegen zu beachten und führt zum Verlust des Anspruchs.
„Allerdings stellt die Klagefrist des Art. 12 III NTS-AG eine vorprozessuale Ausschlussfrist dar, deren Ablauf den Rechtsweg vollständig und endgültig verschließt. Ihre Einhaltung ist als Prozessvoraussetzung von Amts wegen zu beachten. Da sie nicht zur Disposition der Parteien steht, kann ihre Versäumung nicht durch Verzicht oder rügelose Verhandlung nach § 295 ZPO geheilt werden."[77] Bei einer Verzögerung der Klagezustellung ist, entsprechend dem Grundsatz der „demnächstigen Zustellung"[78] zu prüfen, ob der Klagepartei ein Verschulden zugerechnet werden kann. Vom Gericht verursachte Verzögerungen sind grundsätzlich nicht anzurechnen.

bb) Ausschlussfrist. Darüber hinaus besteht noch eine weitere **Ausschlussfrist von zwei** 124
Jahren, bei deren Versäumung die Wiedereinsetzung in den vorigen Stand nicht zulässig ist. Diese Frist beginnt in dem Zeitpunkt, in dem der Ersatzberechtigte Kenntnis vom Schaden erlangt hat oder ihm eine derartige Kenntnis zuzurechnen ist, Art. 6 Abs. 4 NTS-AG. Regelmäßig wird diese Frist daher, sofern nicht besondere Umstände hinzutreten, am Unfalltage beginnen. Für Schäden, die erst nach Ablauf der Frist erkennbar werden, beginnt der Lauf der Frist in dem Zeitpunkt, in dem der Geschädigte bei Aufwendung der im Verkehr erforderlichen Sorgfalt (§ 276 Abs. 1 BGB) von dem betreffenden Schaden hätte Kenntnis erhalten können. Auch insoweit ist § 852 Abs. 1 BGB aF mit einer absoluten Ausschlussfrist von 30 Jahren bzw. § 199 Abs. 2, 3 BGB nF mit einer absoluten Ausschlussfrist von 30 bzw. 10 Jahren entsprechend anwendbar, da es sich dem Grunde nach um Amtshaftungsansprüche handelt.

cc) Ausgleichsansprüche Dritter. Ausgleichsansprüche Dritter im Rahmen des Gesamt- 125
schuldnerausgleichs bleiben von den **Fristen unberührt.** Haftet also ein nicht unter das NTS fallender Dritter mit, kann er auch dann seine Ansprüche gegenüber der Bundesrepublik geltend machen, wenn der Geschädigte die Anmelde- oder Klagefrist versäumt. Natürlich ist dieser Anspruch wiederum in den Fristen des NTS ab Kenntnis geltend zu machen.

Hat der Versicherer des beteiligten deutschen Fahrzeugs den **Versicherungsschutz entzo-** 126
gen, haftet allerdings die Bundesrepublik im Verhältnis zum Versicherer allein.

Löst ein Unfall Zahlungsverpflichtungen **mehrerer SVT** aus und reicht der übergegangene 127
Anspruch auf Schadensersatz (etwa im Hinblick auf die Haftungshöchstbeträge des § 12 StVG) nicht aus, um beiden Versicherungsträgern vollen Ersatz zu geben, so sind diese, so-

---

75 BGH NJW 1969, 982.
76 BGH NZV 1996, 193.
77 BGH NJW 1990, 3085 mwN.
78 Vgl. zum Begriff zuletzt BGH NJW-RR 2012, 527; BGH ZMR 2012, 643.

weit sie konkurrieren, Gesamtgläubiger. Unterlässt einer die rechtzeitige Geltendmachung, so kann der andere die Haftungshöchstbeträge voll ausschöpfen.

128 **f) Kulanzregel.** Gemäß Art. VIII Abs. 7 NTS kommt jedoch eine sog **ex-gratia-Zahlung** in Betracht. Diese ist nach den Umständen des Falls „in billiger und gerechter Weise" unter Abwägung des beiderseitigen Verhaltens festzusetzen, Art. VIII Abs. 7, 6 lit. a, c NTS. Ein Rechtsanspruch besteht nach der Vorschrift allerdings nicht. Demgemäß bleiben Ansprüche gegen ein Mitglied der Truppe oder des zivilen Gefolges unberührt, Art. VIII Abs. 6 lit. d NTS. In diesem Zusammenhang ist darauf hinzuweisen, dass bei den Fällen nach Art. 32 Abs. 1 ZA gerichtliche und behördliche Zustellungen an die unter das NTS fallenden Personen zulässig und über die Verbindungsstellen zu bewirken sind. Auch öffentliche Zustellungen, Art. 36 ZA und Ladungen sind möglich, Art. 37 ZA. Nimmt der Geschädigte eine derartige Ex-Gratia-Zahlung an Erfüllung statt an, so entfällt die Möglichkeit, den Schädiger unmittelbar in Anspruch zu nehmen.

129 **g) Sonderfall Schwarzfahrt.** Wird ein militärisches Fahrzeug ohne die erforderliche Genehmigung der Truppe benutzt, so liegt eine Schwarzfahrt vor, die unterschiedlich zu behandeln ist.

130 Trägt die **Truppe Mitverantwortung,** so liegt der unter → Rn. 85 behandelte Fall vor, Der Anspruch unterscheidet sich nicht von sonstigen Schadensfällen.

131 Ist die **Truppe exkulpiert,** ergibt sich nach Art. VIII Abs. 7 NTS, der auf Abs. 6 verweist, eine zweispurige Möglichkeit. Einerseits prüft die Bundesrepublik nach Art. VIII Abs. 6 lit. a) NTS, ob „in billiger und gerechter Weise unter Berücksichtigung aller Umstände des Falles" eine Entschädigung auch unter Berücksichtigung des Geschädigtenverhaltens festzusetzen ist.

132 Andererseits bleiben Ansprüche gegen den Schwarzfahrer nach Art. VIII Abs. 6 lit. d) NTS daneben bestehen. Diese erlöschen nach Art. VIII Abs. 6 lit. d NTS, wenn der Geschädigte die (über die Bundesrepublik) seitens der Truppe angebotene **Entschädigung** (*ex gratia payment*) als vollständige Befriedigung angenommen hat.

C. Privatfahrzeuge

133 Im Wesentlichen haben vier NATO-Staaten größere Armeekontingente in Deutschland stationiert, so dass hier das Problem von Unfällen mit Privatfahrzeugen der Truppenmitglieder und des zivilen Gefolges auftreten können. Es handelt sich um Belgien, Frankreich, Großbritannien und die USA. Diese Fahrzeuge unterliegen dem üblichen Zulassungsverfahren, das allerdings von den Truppen selbst, jedoch in Zusammenarbeit mit den deutschen Zulassungsbehörden durchgeführt wird. Voraussetzung ist stets der Nachweis einer Kfz-Haftpflichtversicherung, so dass voller Deckungsschutz gewährleistet ist.

I. Schadensabwicklung

134 Die Abwicklung von Schäden stellt sich jedoch kaum anders als bei einem Unfall mit einem in Deutschland zugelassenen Fahrzeug dar.

135 **1. Grüne-Karte-System.** Sofern eine Grüne-Karte ausgestellt wurde oder sie, wie belgische, französische und britische, für diese Fahrzeuge unter das Kennzeichen-System fallen,[79] kann der Unfall über das Büro Grüne Karte abgewickelt werden. Es handelt sich um die gleiche Schadensabwicklung wie bei einem sonstigen ausländischen Fahrzeug.

136 **2. Halter-/Versicherungsdaten.** Schwierigkeiten können sich lediglich bei Unfällen ergeben, bei denen die relevanten Daten des Unfallgegners nicht bekannt sind. Die Halter und Versicherungsdaten können bei besonderen Truppenstellen abgefragt werden.

---

79 Vgl. oben Rn. 56.

Tabelle 2: NATO-Zulassungsstellen in Deutschland   137

Belgien	Frankreich	Großbritannien	USA
Belgischer Verbindungsdienst Germanicusstr. 5 50968 Köln	Antenne de Commandement des Forces Françaises et de l'Elément Civil Stationnés en Allemagne SAJJ Postfach 1962 78159 Donaueschingen	Police Advisory Branch York Drive 5 41179 Mönchengladbach	Amerikanische Zulassungsstelle Havellandstr. 335 68309 Mannheim

3. Ausländische Versicherer. Derartige Fahrzeuge müssen nicht bei einem in Deutschland   138
den Geschäftsbetrieb ausübenden Versicherer versichert sein. Aus Art. 11 NTS-ZA gibt
sich jedoch für diesen Fall eine zusätzliche Absicherung. Neben dem ausländischen Versicherer muss ein im Inland residierender Kfz-Haftpflichtversicherer zur Schadensdeckung
beigezogen sein.

4. Fahrzeugstatus und Direktanspruch. An sich setzt das Grüne-Karte-System die Verwicklung eines ausländischen Fahrzeugs voraus. Hinsichtlich der von der belgischen, fran-   139
zösischen und britischen Truppe in Deutschland zugelassenen Fahrzeuge ist zweifelhaft,
ob es sich um ein ausländisches Fahrzeug handelt.

a) Ausländisches Kennzeichen. Regelmäßig wird für derartige Fahrzeuge auch ein auslän-   140
disches Kennzeichen ausgegeben werden. Dementsprechend sind sie als ausländisches
Fahrzeug zu bezeichnen. Ungeachtet dessen hat sich das Büro Grüne Karte zur Schadensabwicklung bereit erklärt.[80] Es existieren damit zwei Regulierungsmöglichkeiten parallel.

b) Deutsches Kennzeichen. Für die Privatfahrzeuge im Bereich der US-Armee kann auch   141
ein deutsches Kennzeichen erteilt werden. Ursprünglich handelte es sich um ein Zusatzkennzeichen. Seit 2008 gibt die US-Armee für neue Fahrzeuge regelmäßig allein deutsche
Kennzeichen aus.

Zunächst waren diese nicht als deutsche Kraftfahrzeuge anzusehen, weil sie nicht dem   142
deutschen Zulassungswesen unterliegen. Verwaltungsrechtlich wurden als außerdeutsche
Kraftfahrzeuge entsprechend § 1 Abs. 1 IntVO[81] aF jene angesehen, die nicht im deutschen
Zulassungsverfahren zugelassen wurden. Der nunmehr anwendbare § 20 FZV hat diese
Formulierung jedoch nicht übernommen und geht nur von einem vorübergehenden Standort in Deutschland aus, wobei hier theoretisch eine Zeitspanne von bis zu einem Jahr anzusetzen ist. Demgegenüber haben die Privatfahrzeuge des betroffenen Personenkreises
einen festen Standort in Deutschland. Angesichts der Besonderheiten des Aufenthalts im
Rahmen der militärischen Aktivität des Truppenstaats kann sich hieraus jedoch trotzdem
nicht die Qualifikation als deutsches Fahrzeug ergeben. Vielmehr ist insoweit beim Begriff
des **vorübergehenden Aufenthalts** anzusetzen.[82] Dem entspricht auch die zollrechtliche Behandlung gemäß Art. XI Abs. 6 NTS, Art. 66 NTS-ZA. Die Übernahme der Schadensabwicklung durch das Büro Grüne Karte eV ist damit konsequent.

Bejaht man den Begriff des ausländischen Fahrzeugs, kann damit aber auch im Wege der   143
Direktregulierung vorgegangen werden, da nach Art. 11 Abs. 1 NTS-AG eine dem deut-

---

80 Merkblatt zum Unfall mit Auslandsberührung Ziff. IV.
81 VO über internationalen Kraftfahrzeugverkehr vom 12.11.1934 (RGBl. 1934 I S. 1137), aufgeh. durch
    Art. 2 der VO vom 19.7.2008 (BGBl. I S. 1338); hierzu amtl. Begr. VkBl 2008, 527.
82 Vgl. LBMR/Mindorf, Kap. 5.6 S. 21.

schen und damit dem Direktanspruch entsprechende Haftpflichtversicherung abgeschlossen wurde.

144 **5. Praktische Umsetzung (Forumshopping).** Angesichts der zweispurigen Schadensregulierungsmöglichkeiten nach dem Grüne-Karte-System einerseits und der Regulierung nach dem Direktanspruch kommt die Möglichkeit des Forumshoppings in Betracht.

145 ■ **Büro Grüne Karte:** Die Regulierung über das Büro Grüne Karte eV entspricht dem üblichen Verfahren der Unfallschadensregulierung. Zu beachten ist allerdings der Gerichtsstand. Da der Verein in Berlin sitzt, ergibt sich gemäß § 12 ZPO der dortige Gerichtsstand oder nach § 32 ZPO jener des Unfallortes.

146 ■ **VVG:** Gemäß § 215 Abs. 1 VVG ist zwar zugleich der Gerichtsstand am Wohnsitz eines Versicherungsnehmers begründet. Der Geschädigte fällt insoweit jedoch nicht unter den Begriff des Versicherungsnehmers iSd des VVG.

147 ■ **EuGVVO:** Anders sieht es bei Anwendung der EuGVVO aus. Art. 11, 9 EuGVVO aF bzw. Art. 13, 11 EuGVVO nF gehen über den Begriff des Versicherungsnehmers iSd deutschen VVG hinaus und enthalten die Gleichstellung des Begünstigten. Die Anwendbarkeit der VO hängt von der Definition des internationalen Bezugs ab.

148 – **Grenzüberschreitender Bezug:** Geht man davon aus, die Anwendung der VO erfordere keinen grenzüberschreitenden Bezug,[83] ergäbe sich für den Geschädigten der Wohnsitzgerichtsstand. Fordert man den grenzüberschreitenden Bezug, ist dieser zunächst zu bejahen, wenn ein ausländischer Versicherer haftet. Alternativ kommt der Gerichtsstand am Sitz des Versicherers im Ausland in Betracht.

Dies gilt auch bei einem US-Versicherer, da hier auch ein inländischer Kfz-Haftpflichtversicherer beigezogen sein muss und dieser in Anspruch genommen werden kann.

149 – **Deutscher Versicherer:** War das Fahrzeug (ausschließlich) bei einem deutschen Haftpflichtversicherer unter Vertrag, kommt ein internationaler Bezug nur hinsichtlich des Auslandscharakters des Schädigerfahrzeugs in Betracht. Allerdings bedarf es zur Bejahung des erforderlichen Auslandsbezugs nicht einer Anknüpfung an mehrere Mitgliedstaaten. Vielmehr reicht ein Auslandsbezug in sonstiger Weise.[84] Angesichts der Einordnung des gegnerischen Fahrzeugs in die Kategorie der ausländischen Fahrzeuge kann daher die Anwendung der EuGVVO und deshalb auch dessen Gerichtsstandsbestimmung nach Art. 11 Abs. 2 iVm Art. 9 Abs. 1 lit. b) EuGVVO aF bzw. Art. 13 11 EuGVVO nF bejaht werden.

150 Alternativ steht zudem der **Gerichtsstand der unerlaubten Handlung** nach § 32 ZPO, bzw. § 20 StVG stets zur Verfügung. Der Geschädigte hat daher durchaus Möglichkeiten, den Gerichtsstand seinen Bedürfnissen anzupassen.

II. Sonderfall: Ansprüche ausländischer Truppenangehöriger und Truppen

151 Die deutsche Gerichtsbarkeit kann schließlich von Unfällen betroffen sein, bei denen es um Ansprüche zwischen Truppenangehörigen im Privatbereich geht und die Haftung eines deutschen Kfz-Haftpflichtversicherers in Betracht kommt.[85] Kläger kann der Geschädigte selbst, aber auch der Entsendestaat im Rahmen von übergegangenen Ansprüchen, insoweit vertreten durch die Bundesrepublik Deutschland in Form der gewillkürten Prozessstandschaft sein.

152 Auch hier geht es um die Frage, welches Recht anzuwenden ist. Auf der Grundlage der damaligen Rechtssituation gingen das OLG Hamburg und *Karczewski*[86] von der Verneinung einer Sonderanknüpfung und damit von der Geltung des Tatortrechts aus.

---

83 Zöller/Geimer, Art. 2 Rn. 14; aA hM, vgl. Musielak/Stadler, Art. 2 EuGVVO Rn. 2 mwN.
84 Vgl. EuGH EuZW 2005, 345; Musielak/Stadler, Art. 2 EuGVVO Rn. 2.
85 Vgl. hierzu OLG Hamburg VersR 2001, 996 mwN; hierzu Karczewski Vers. 2001, 1204.
86 OLG Hamburg VersR 2001, 996 mwN; Karczewski, VersR 2001, 1204.

1. Abwicklung nach KH-RL. Dem Geschädigten steht es naturgemäß frei, unter Anwendung des Systems der KH-RL und der gerichtlichen Zuständigkeit nach Art. 11, 9 EuGVVO aF bzw. Art. 13 11 EuGVVO nF seine Rechte vor den Gerichten seines Heimatlandes geltend zu machen. 153

2. Rechtsanknüpfung. Nach dem Wegfall von Art. 40 Abs. 1, 4 EGBGB regelt nunmehr Art. 4 Rom II-VO die Bestimmung des anzuwendenden Rechts. Die allgemeine Anknüpfung am Erfolgsortrecht kommt nur in Betracht, wenn keine vorrangigen Anknüpfungsgesichtspunkte zu erkennen sind. Die näher unter → Rn. 364 ff. dargestellten Grundlagen für den vorrangigen Bezug zum Heimatrecht kommen unter dem Aspekt der engen Verbindung zwischen Schädiger und Geschädigtem, dem **gemeinsamen Aufenthaltsort** in Betracht. Beides wurde vom OLG Hamburg und *Karczewski* verneint, überzeugen können indes deren Argumente für sich betrachtet nicht, möglicherweise vermag diese Ansicht aber im Zusammenhang mit der Rom II-VO zutreffend sein. 154

Geht man von der Rechtsprechung des BGH[87] aus, so führt die von vornherein geplante Rückkehr zu einem bestimmten Ausgangsort oder -land nicht zur Begründung eines ausschließlichen Wohnsitzes im vorübergehenden Domizilbereich. Allerdings wird im Bereich des IPR verstärkt vom Wohnsitzbegriff abgegangen und auf jenen des Aufenthalts abgestellt.[88] „Der gewöhnliche Aufenthalt an einem Ort wird vielmehr grundsätzlich schon dann begründet, wenn sich aus den Umständen ergibt, daß der Aufenthalt an diesem Ort auf längere Zeit angelegt ist und der neue Aufenthaltsort künftig anstelle des bisherigen Daseinsmittelpunkt sein soll (Senat, NJW 1981, NJW Jahr 1981 Seite 520 = LM § BGB § 1671 BGB Nr. 20)."[89] Letztlich muss dann als entscheidend herangezogen werden, ob der Geschädigte mit oder ohne Familienangehörigen, mit oder ohne Aufgabe des Wohnsitzes im Ausland, mit oder ohne sonstige intensive Beziehungen zum Entsendestaat im Deutschland stationiert war. Wie unsicher derartige Beurteilungen sind, zeigt die zitierte Entscheidung des BGH. Zudem steht den faktischen Gegebenheiten die Relevanz des Willens als Indiz gegenüber.[90] 155

Ob dies aber mit dem Grundprinzip der Vorhersehbarkeit iSd Rom II-VO (näher → Rn. 306) vereinbar ist, muss als fraglich bezeichnet werden. Damit könnte sich die Anknüpfung an das **Erfolgsortrecht** im Ergebnis als zutreffend erweisen. 156

3. Rechtsbestimmung und Gerichtsstand. Die Darstellung zeigt, dass die Frage der Rechtsanknüpfung konkrete Auswirkungen auf die Gerichtswahl hat. Wendet man **deutsches Recht** an, so ist man vor einem deutschen Gericht vor einem sachkundigen Forum, das keinen finanziellen und zeitlichen Aufwand zur juristischen Aufarbeitung des Schadensrechts benötigt. Begehrt man die Anwendung des **Heimatrechts**, so wird es für den Geschädigten selbst sinnvoll sein, im Heimatland zu klagen. Dann stellt sich aber im Rahmen von Art. 11, 9 EuGVVO aF bzw. Art. 13 11 EuGVVO nF erneut die Frage, ob er dort überhaupt (noch) einen Wohnsitz hat. Dies wiederum ist nach dem dortigen Recht zu beantworten, Art. 59 Abs. 1 EuGVVO aF bzw. Art. 62 EuGVVO nF. Angesichts der unterschiedlichen Ausgestaltung des Schadensrechts stellt sich damit auch hier die Frage des Forumshoppings. 157

§ 4 Auslandsunfall mit inländischen Fahrzeugen

---

87 NJW 1975, 1068.
88 Vgl. BGH NJW 1993, 2047, 2048; bestätigt von BGH NJW-RR 2012, 451.
89 BGH NJW 1993, 2047, 2049.
90 Vgl. Staudinger/Mankowski, Art. 14 EGBGB Rn. 53, 56.

Bachmeier

A. Rechtliche Grundlagen der neuen Regulierungsform

Gegenüber der herkömmlichen Schadensregulierung werden als entscheidende Gesichts-   158
punkte für eine wirkungsvolle Abwicklung grenzüberschreitender Schadensfälle durch den
Geschädigten

- die außergerichtliche Regulierungsmöglichkeit im Inland,
- ein günstiger Gerichtsstand und
- das anzuwendende Recht

angesehen. Aus der sehr kontrovers geführten Diskussion ergab sich schließlich die nunmehr konkrete, als Kompromiss zu bezeichnende Lösung.

Ausgangspunkt waren die insbes. von Automobilverbänden und Versicherern forcierten   159
Bemühungen. Von großer Bedeutung waren insoweit die Bemühungen und Diskussionen
im Rahmen der Europäischen Verkehrsrechtstage. Sie mündeten schließlich in die 4. KH-
RL (RL 2000/26/EG) ein, die auf die vorher bereits entwickelten KH-RL zugreift und aufbaut.

160   Wenn, wie die Europäische Kommission in der Begründung für den Vorschlag der 5. KH-RL schreibt,[91] das Ziel der 4. KH-RL darin zu sehen sei, dem gebietsfremden Geschädigten durch ein **wirksames Entschädigungssystem** schnell und bei Beschränkung der Rechtskosten auf ein Mindestmaß Schadenersatz zu gewähren, kommt zunächst der Frage des Gerichtsstands die entscheidende Bedeutung zu.

161   Zum Ergebnis dieser Entwicklung, nämlich einer Klagemöglichkeit für den Geschädigten vor den Gerichten seines Heimatlandes führen unterschiedliche juristische Wege.

I. Kraftfahrzeughaftpflicht-Richtlinien

162   Nachdem mit der 1. KH-RL von 1972 der Bereich des Grüne-Karte-Systems, mit der 2. KH-RL, ergänzt durch 3. KH-RL die Pflichtversicherung zugunsten der Geschädigten verbessert worden waren, ging es bei der 4. KH-RL konkret um die Einführung eines neuen Systems zur Regulierung von Verkehrsunfallschäden, die im Ausland eintreten. Die 5. KH-RL,[92] die bis 11.6.2007 umzusetzen war und vom deutschen Gesetzgeber im Rahmen zahlreicher Gesetze (verspätet) umgesetzt wurde,[93] ergänzte die 4. KH-RL. Für die zu erörternde Fragestellung ist von Bedeutung, dass damit die Gerichtsstandseröffnung im Inland des Geschädigten gegen den ausländischen Versicherer durch Einfügung eines Erwägungsgrundes 16 a in die Erwägungsgründe der 4. KH-RL endgültig geklärt werden sollte. Hierbei handelt es sich aber letztlich nur um ein Auslegungskriterium unter Bezugnahme auf die EuGVVO. Die 6. KH-RL[94] schließlich stellt lediglich eine Zusammenfassung der 1. mit 5. KH-RL dar. Da sie damit keine Neuentwicklung brachte, wird im praktischen Umgang weitgehend auf die 4. und 5. KH-RL Bezug genommen, weil in ihnen die entscheidenden Grundlagen zu finden sind. Zudem basiert eine Vielzahl wichtiger Rechtsprechung und Literaturwerke noch auf den bis zur 6. KH-RL ergangenen KH-RL. Die 6. KH-RL enthält im Anhang eine Konkordanztabelle, die den Vergleich schnell ermöglicht.

163   **1. Bedeutung der 4. KH-RL.** Die 4. KH-RL war nach Art. 10 Abs. 1 S. 1 4. KH-RL vor dem 20.7.2002 umzusetzen und ab dem 20.1.2003 in den EU-Staaten anzuwenden (Art. 10 Abs. 1 S. 2 4. KH-RL). Das ist zwischenzeitlich in allen Ländern erfolgt. In Deutschland erfolgte die fristgerechte Umsetzung mit dem 2. Umsetzungsgesetz.[95] Mit der Umsetzung der 4. KH-RL ging es zunächst im Wesentlichen um die Frage der Schadensabwicklung im außergerichtlichen Bereich durch die Möglichkeit, die Schadensregulierung in das **Heimatland des Geschädigten** zu verlegen und Schaffung der diesbezüglichen Voraussetzungen mittels **Auskunftsstellen, Schadensregulierungsbeauftragten** (SRB), **Entschädigungsstellen** und den **Garantiefonds** sowie um ergänzende Maßnahmen für **Fahrerfluchtfälle** und **Auskunftsansprüche**. Im Einzelnen werden diese Institutionen unter → Rn. 459 ff. näher erörtert.

164   Das Regulierungssystem nach der 4. KH-RL kann auch dann angewendet werden, wenn sich der Unfall in einem Drittland ereignete, sofern das Drittland dem Grüne-Karte-System angehört und der Geschädigte seinen Wohnsitz in einem Land des Anwendungsbereiches hat.

165   Die Problematik, wie sich ein Scheitern auf die gerichtliche Geltendmachung auswirken solle, wurde zwar umfangreich diskutiert, jedoch in den KH-RL selbst nicht konkret und bestimmend beantwortet.

166   **2. Direktanspruch.** Von zentraler Bedeutung bei der Regulierung von Verkehrsunfallschäden ist die Möglichkeit, sich unmittelbar an den zuständigen Haftpflichtversicherer wenden zu können. Wie sich sogleich zeigen wird, spielt dies auch bei der Gerichtsstandsbestimmung (dort unter → Rn. 507) sowie bei der Rom II-VO (dort näher unter → Rn. 220)

---

91 2002/0124 (COD) 1.2.
92 ABl. L 149 vom 11.6.2005, S. 14.
93 Zweites Gesetz zur Änderung des Pflichtversicherungsgesetzes und anderer versicherungsrechtlicher Vorschriften – 2. PflVGuaÄndG vom 1.12.2007 (BGBl. I S. 2833).
94 ABl. L 263 vom 7.10.2009, S. 11.
95 BGBl. 2002 I S. 2586.

eine Rolle. Obgleich dieser sog Direktanspruch schon im Straßburger Abkommen von 1959 geschaffen wurde, erlangte er keine nennenswerte europarechtliche Bedeutung, da neben Deutschland lediglich 5 weitere Staaten das Abkommen unterzeichneten.

a) Grundlagen. Die entscheidende Ausgangsposition für die Auslandsunfallschadensregu-   167
lierung wurde mit Art. 3 4. KH-RL geschaffen. Damit waren sämtliche EU-Mitgliedstaa-
ten gezwungen, zumindest für den Unfall eines Ausländers den Direktanspruch einzuführ-
ren. Die Umsetzung erfolgte in allen Ländern.

Grundsätzlich gibt es zwei Möglichkeiten, den Direktanspruch abzuleiten. Er kann sich   168
aus dem **Deliktstatut** oder dem **Versicherungsstatut** (Recht, das auf den zugrunde liegenden Versicherungsvertrag anzuwenden ist), ableiten. Nähere Bestimmungen für Versicherungsverträge enthält nunmehr Art. 7 Rom I-VO. Dessen Abs. 4 enthält konkrete Regeln
für Pflichtversicherungen.[96] Für den Bereich des Auslandsverkehrsunfalls spielt dies letztlich keine Rolle, weil durch die Umsetzung der 4. KH-RL in allen beteiligten Ländern der
Direktanspruch eingerichtet ist.

b) Sonderfall Italien. Im Vergleich zum deutschen Recht setzt das italienische Recht ande-   169
re Bedingungen bei der Schadensabwicklung für den Zugang zu den Gerichten voraus.
Diese sind auch bei der Geltendmachung des Direktanspruchs zu erörtern.

■ **Notwendige Streitgenossenschaft:** Gemäß Art. 144 Abs. 3 CdA[97] besteht zwischen   170
dem Schädiger und dessen Kfz-Haftpflichtversicherer eine notwendige Streitgenossenschaft. Vor deutschen Gerichten berufen sich nicht selten die in Anspruch genommenen italienischen Haftpflichtversicherer auf die Unzulässigkeit der Klage, da nach italienischem Recht stets auch der Schädiger selbst verklagte Partei sein müsse. Sie argumentieren damit, die Streitgenossenschaft könne bei einer isolierten Klage keine Wirkung entfalten, so dass bei einem zusätzlichen Prozess in Italien divergierende Ergebnisse entstehen könnten. Das OLG Nürnberg[98] hat in Übereinstimmung mit der Vor-
instanz diese Argumentation zurückgewiesen. Für die Zulässigkeit gilt deutsches Prozessrecht, im Übrigen kann ital. Recht EU-Recht, und damit auch die Direktklage am
Wohnsitz des Geschädigten, nicht außer Kraft setzen.

■ **Mediationspflicht:** Ferner besteht nach Art. 5 Abs. 1 der VO Nr. 28 vom 4.3.2010[99]   171
seit dem 20.3.2010 die zwingende Verpflichtung, zunächst eine außergerichtliche Einigung der Mediation zu versuchen. Dies gilt auch für den Bereich der *„Schäden aus der
Benutzung von Fahrzeugen und Booten“.*[100]

■ **Friedenspflicht:** Art. 145 Abs. 1 CdA ermöglicht die Geltendmachung des Direktan-   172
spruchs nur, wenn die gemäß Art. 148 Abs. 1 CdA einzuhaltende Schadensregulie-
rungsfrist von 60 bzw. 30 Tagen eingehalten wurde.

Zwar könnte man bei der ersten Alternative – jedoch wegen der Auslandszustellung mit   173
erheblicher Zeitverzögerung – durch eine Erweiterung der Klage auf den Schädiger selbst
die Schwierigkeit umgehen.[101] Allerdings wird sich regelmäßig der Versicherer gegen die
Parteierweiterung wehren. Die Einbeziehung einer weiteren Beklagtenpartei in erster Instanz folgt den Regeln der Klageänderung, die nach § 263 ZPO[102] die Zustimmung der
bisherigen Beklagten oder die Bejahung der Sachdienlichkeit voraussetzen.[103] Die Sachdienlichkeit für die vorliegende Konstellation ist jedoch zu bejahen: „Die Änderung ist

---

96 Hierzu näher Rauscher/Fricke, Art. 7 Rom I-VO Rn. 24 ff.
97 „Nel giudizio promosso contro l'impresa di assicurazione è chiamato anche il responsabile del danno.“
98 NZV 2013, 32.
99 Erreichbar unter http://gazzette.comune.jesi.an.it/2010/53/1.htm oder http://www.camera.it/parlam/leggi/d
    eleghe/10028dl.htm.
100 „... derivante dalla circolazione di veicoli e natanti“.
101 Vgl. BGH NJW 1962, 633, 635; NJW 1976, 239, 240.
102 Ältere BGH-Entscheidungen beziehen sich auf den damaligen § 264 ZPO aF.
103 BGH NJW 1966, 1028; 1976, 239; Prütting-Gehrlein/Geisler, § 263 Rn. 9; MüKo-ZPO/Becker-Eberhard,
    § 263 Rn. 84; auch OLG Naumburg Beschl. vom 19.9.2011 – 12 W 55/11 (BeckRS 2011, 24648); aA
    Saenger/Saenger, § 263 Rn. 21: allein Bejahung einer Streitgenossenschaft reicht aus, ohne dass es der Zu-
    stimmung oder Sachdienlichkeit bedarf; so auch Zöller/Greger, § 263 Rn. 21.

sachdienlich, wenn ihre Zurückweisung den Klagenden (hier: die Widerkläger) geradezu zur Erhebung einer neuen Klage herausfordern würde."[104] Dieser Fall liegt hier unproblematisch vor.

174 Die Pflicht zur Mediation als Prozessvoraussetzung kann auch nach italienischem Recht nur die Bedeutung einer prozessualen Bestimmung haben. Gleiches gilt auch für die Friedenspflicht, da es wiederum um eine Prozessvoraussetzung geht.[105] Letztlich kommt es hierauf nicht an, da schon unter anderen Gesichtspunkten diese Verneinung der Klagezulässigkeit vor deutschen Gerichten nicht in Betracht kommt. Soweit in Darstellungen zum ital. Recht auf die Nichteinhaltung der Förmlichkeiten als Prozesshindernis eingegangen wird,[106] gilt dies dementsprechend nur für Klagen vor ital. Gerichten,

175 ■ **KH-RL:** Die Gefahr widerstreitender Entscheidungen besteht zwar theoretisch, da bei einer Klageabweisung in Deutschland gegen den Schädiger in Italien geklagt werden könnte. Hierbei würde die notwendige Streitgenossenschaft nach italienischem Recht entstehen. Da der seit der 3. KH-RL bestehende Direktanspruch mit Art. 144 Abs. 1 CdA auch für Italien umgesetzt wurde, ergibt sich der für Art. 9, 11 EuGVVO aF bzw. Art. 13 11 EuGVVO nF erforderliche Bezug auf ein bestehendes Direktklagerecht. Letztere verdrängen aber als vorrangiges EU-Recht die sich aus Art. 144 Abs. 3 CdA ergebende Sperrwirkung einer notwendigen Prozessstandschaft.

176 ■ **Art. 18 Rom II-VO:** Art. 144 Abs. 1 CdA begründet dementsprechend einen uneingeschränkten Direktanspruch des Geschädigten. Diese Direktklagemöglichkeit im Verkehrsunfallbereich wird nunmehr nach Art. 18 Rom II-VO abgesichert. Sie ist gegenüber italienischem Versicherungsrecht vorrangig. Würde man argumentieren, Art. 144 Abs. 3 CdA beschränke ihn auf Gerichtsverfahren in Italien, läge ein Verstoß gegen die Umsetzungsverpflichtung der KH-RL vor. Eine derartige Einschränkung des Direktanspruchs wird jedoch auch nicht in Italien geltend gemacht.

177 **aa) Vorrang der lex fori.** Ob mit der nach italienischem Recht **notwendigen Streitgenossenschaft** eine materiellrechtliche oder lediglich eine prozessrechtliche Verbindung zwischen dem Schädiger selbst und seinem Versicherer vorliegt, kann dahingestellt bleiben. Die Frage der Zulässigkeit einer Klage berührt insoweit jedenfalls nicht die Passivlegitimation, weil es nicht darum geht, ob dem Geschädigten gerade gegen den verklagten Versicherer ein Anspruch zusteht, sondern lediglich zu prüfen ist, ob generell eine Klage außerhalb Italiens gegen italienische Kfz-Haftpflichtversicherer ohne gleichzeitige Klage gegen die den Versicherungsfall auslösende Person zulässig ist. Dies wird als Bereich der allgemeinen Prozessvoraussetzungen jedoch ausschließlich dem Prozessrecht beantwortet, das – im IPR durchaus üblich – nach Art. 1 Abs. 3 Rom II-VO der lex fori unterliegt. Die Folgen ergeben sich bei der notwendigen Streitgenossenschaft deshalb vor deutschen Gerichten nach § 62 ZPO. Hiernach besteht aber zwischen Versichertem und Kfz-Haftpflichtversicherer lediglich eine einfache Streitgenossenschaft,[107] so dass die Prozessvoraussetzungen jeweils getrennt zu prüfen sind.[108]

178 **bb) Grenzüberschreitende Urteilswirkung.** Das OLG Nürnberg[109] geht darüber hinaus davon aus, dass ein in Deutschland ergehendes klageabweisendes Urteil eine **Sperrwirkung** für eine weitere Klage gegen den Schädiger in Italien entfalte, da es nach Art. 33 Abs. 1 EuGVVO (bzw. nunmehr Art. 39 EuGVVO nF) in Italien anzuerkennen sei.[110] Hieraus wird zutreffend eine Unzulässigkeit der weiteren Klage in Italien gegen den Versicherer und wegen der notwendigen Streitgenossenschaft nach Art. 144 Abs. 3 CdA damit auch

---

104 BGH NJW 1975, 1228, 1229.
105 So auch Buse, DAR 2009, 557, 560.
106 Etwa Buse DAR 2016, 557.
107 Std. Rspr. seit BGH NJW 1974, 2124; zul. NJW-RR 2010, 1725.
108 BGH NJW-RR 2010, 1725, 1726.
109 Urt. vom 10.4.2012 – 3 U 2318/11 (BeckRS 2012, 08412) = bestätigende Berufungsentscheidung zu LG Nürnberg-Fürth DAR 2012, 585.
110 Vgl. MüKo-BGB/Gottwald, Art. 33 EuGVO Rn. 1 mwN; Musielak/Stadler, Art. 33 EuGVVO Rn. 2, 5 mwN.

gegen den Schädiger abgeleitet. Da das italienische Gericht jedenfalls nach Art. 33 Abs. 3 EuGVVO aF bei einer vor ihm erhobenen Klage den zu erwartenden Vortrag des Versicherers, wenn nicht ohnehin schon von Amts wegen,[111] zumindest inzident zu überprüfen hat, kommt eine divergierende Verurteilung nicht in Betracht. Die Klage in Italien wäre als unzulässig abzuweisen.[112]

II. EuGVVO

Unabhängig von den KH-RL ergeben sich aus der EuGVVO[113] die entscheidenden Grundlagen zum Gerichtsstand. Für den Bereich des Verkehrsunfallrechts sind insoweit die Regelungen nach Art. 8 ff. EuGVVO aF bzw. Art. 10 EuGVVO nF einschlägig. Art. 9 Abs. 1 lit. b EuGVVO aF bzw. Art. 11 EuGVVO nF bzw. Art. 13 EuGVVO nF eröffnet bei dem für den Wohnsitz des Versicherten zuständigen Gericht die Klagemöglichkeit. Art. 11 Abs. 2 EuGVVO aF bzw. 13 Abs. 2 EuGVVO nF verweist für Klagen des Geschädigten auf Art. 9 Abs. 1 lit. b EuGVVO aF bzw. Art. 11 Abs. 1 lit. a EuGVVO nF. **179**

Grundsätzlich kommt nach Art. 66 EuGVVO nF eine Rückwirkung nicht in Betracht. Bei Auslegungsfragen zur EuGVVO aF soll jedoch die Neufassung als Argumentationshilfe herangezogen werden.[114] **180**

Bei der Frage des Gerichtsstands kommt es darauf an, ob der Begriff des **Begünstigten** im Rahmen eines Versicherungsvertrages auch einen **Unfallgeschädigten** erfasst. Diese Frage war lange Zeit umstritten, wurde jedoch durch den EuGH[115] für den Fall des Vorliegens einer Direktklagemöglichkeit in diesem Land bejaht. **181**

Angesichts der durch die Umsetzung der 4. KH-RL in allen beteiligten Ländern eingerichteten Direktanspruchsmöglichkeit, ergibt sich damit zweifelsfrei ein Gerichtsstand für Verkehrsunfallklagen im Heimatland des Geschädigten. **182**

III. Geografischer Anwendungsbereich

1. EU-Länder. Generell spricht man bei dem neu geschaffenen Schadensabwicklungsverfahren von der Schadensregulierung in der EU. **183**

Da die damalige EG das System für ihren Bereich entwickelte, ist das letztlich auch zutreffend. Es gilt daher zunächst originär in allen EU-Ländern mit Ausnahme von Dänemark.[116] **184**

2. EWR. Allerdings vermochten sich die damals in der EFTA zusammengeschlossenen Länder der Macht der damaligen EG aus faktischen Gründen nicht zu entziehen. Mit dem Vertrag von 1992[117] schlossen sich die damaligen Staaten von EG und Europäischer Freihandelszone (EFTA) zum EWR zusammen. Von den zu diesem Zeitpunkt vorhandenen Mitgliedstaaten der EFTA verbleiben nach den EU-Erweiterungen noch **Island, Liechtenstein** und **Norwegen** als Erweiterungsraum. **185**

Rechtlich handelt es sich nach dem Vertrag bei den EU-Staaten gleichzeitig um Staaten des EWR. Gleichwohl findet sich der Ausdruck EWR häufig noch als das der EU gegenüberzustellende Pendant.[118] **186**

Dem Abkommen entsprechend haben die Nicht-EU-Staaten des EWR die Verpflichtung übernommen, die EU-Verordnungen und Richtlinien in ihr innerstaatliches Recht umzu- **187**

---

111 Hierzu MüKo-BGB/Gottwald, Art. 33 EuGVO Rn. 2.
112 Vgl. EuGH NJW 1977,495 (noch zu Art. 21, 26 Abs. 1 EuGVÜ); hierzu Geimer, NJW 1977, 2023.
113 VO (EG) Nr. 44/2001 (ABl. L 12 vom 16.1.2001, S. 1).
114 Vgl. Rauscher III/Staudinger Einl. Rn. 12.
115 NJW 2008, 819.
116 Zu den „Feinheiten" der europ. Kleinstaaten Andorra, Vatikan, Monaco, Malta, Gibraltar, Färöer-Inseln und Aland-Inseln siehe näher Neidhart, DAR Extra 2009, 770 sowie zu Dänemark unten Rn. 208 ff.
117 Abkommen über den Europäischen Wirtschaftsraum (EWR-Abkommen) vom 2.5.1992 (ABl. L 1 vom 3.1.1994, S. 3).
118 Vgl. etwa § 12 FreizüG/EU (Gesetz über die allgemeine Freizügigkeit von Unionsbürgern vom 30.7.2004 [BGBl. I S. 1950, 1986]).

setzen, die den in den Anhängen zu dem Abkommen über den Europäischen Wirtschaftsraum enthaltenen Bereich betreffen, Art. 7 EWR-Abkommen.[119] Die genannten Staaten
haben die Vorgaben der KH-RL auch entsprechend Art. 7 EWR-Abkommen umgesetzt.
Die **EuGVVO** gilt deshalb in allen EWR-Staaten **unmittelbar.**

188 **3. Schweiz.** Ferner hat die **Schweiz** das Regulierungssystem, dessen Bedeutung häufig, insbes. in der Schweiz mit dem Begriff des **Besucherschutzabkommens** gekennzeichnet wird,
durch eine inhaltliche Übernahme der 4. KH-RL in das schweizerische Recht (Art. 79 a–
Art. 79 e SVG) übernommen. Indes bestehen zwischen der Schweiz und den Ländern des
EWR keine Staatsverträge, die eine automatische Übernahme der Wirkungen iSd 4. KH-
RL hervorrufen. Dementsprechend musste über eine privatvertragliche Vereinbarung zwischen der Schweiz und den Versicherern der EWR-Staaten die Anwendung des Besucherschutzabkommens gesichert werden. Für die Schweiz ergibt sich die Direktklagemöglichkeit im Übrigen aus Art. 65 Abs. 1 SVG.

189 Grundlage der Regelung ist daher einerseits die Schaffung nationalen Rechts, das der von
den EU-Ländern entsprechend der 4. KH-RL umgesetzten Rechtsgrundlage entspricht und
andererseits die Schaffung bilateraler, privatrechtlicher Abkommen mit den Ländern des
EWR. Zwischenzeitlich liegen derartige Abkommen[120] zu folgenden Ländern vor:

190 Tabelle 3: Umsetzungsvereinbarungen der Schweiz

Zeitpunkt	Betroffenes Land
1.10.2003	Deutschland, Luxemburg, Österreich
1.1.2004	Belgien, Dänemark, Finnland, Norwegen, Niederlande, Schweden, Spanien
1.5.2004	Estland, Irland, Litauen, Polen, Slowakei, Slowenien, Ungarn, Tschechien
15.10.2004	Griechenland
1.1.2005	Frankreich
1.7.2005	Island, Lettland
1.1.2006	Großbritannien
30.3.2007	Monaco
17.8.2007	Rumänien
23.8.2007	Bulgarien
25.9.2007	Zypern
30.9.2008	Kroatien
13.7.2009	Portugal
1.1.2010	Italien

---

119 „Art. 7:
Rechtsakte, auf die in den Anhängen zu diesem Abkommen oder in den Entscheidungen des Gemeinsamen
EWR-Ausschusses Bezug genommen wird oder die darin enthalten sind, sind für die Vertragsparteien verbindlich und Teil des innerstaatlichen Rechts oder in innerstaatliches Recht umzusetzen, und zwar wie
folgt:
a) Ein Rechtsakt, der einer EWG-Verordnung entspricht, wird als solcher in das innerstaatliche Recht der
Vertragsparteien übernommen.
b) Ein Rechtsakt, der einer EWG-Richtlinie entspricht, überlässt den Behörden der Vertragsparteien die
Wahl der Form und der Mittel zu ihrer Durchführung."
120 Quelle: Nationales Versicherungsbüro www.nbi-ngf.ch/de/nvb/rechtliche-grundlagen/besucherschutz#c.

Da ein Zwang, sich der Übernahme des Besucherschutzabkommens anzuschließen, für die   191
nationalen Versicherer nicht besteht, kann nicht von jedem Versicherer der genannten
Länder die Anwendung des Besucherschutzabkommens erwartet werden.

Für den in Deutschland residierenden Geschädigten spielt dies jedoch keine Rolle. Sofern   192
das Fahrzeug des Schädigers bei einem Unfall in der Schweiz bei einem dortigen Versicherer[121] Kfz-haftpflichtversichert ist, steht in jedem Falle die Regelung des Besucherschutzabkommens zur Verfügung. Nach Art. 13 Schweizerisches VAG setzt die Bewilligung der
Tätigkeit als Kfz-Haftpflichtversicherer die Mitgliedschaft im *Nationalen Versicherungsbüro Schweiz* (NVB) und dem nationalen *Garantiefonds Schweiz* (NGF) voraus.

Gleichwohl bereitete die Umsetzung in der Praxis Schwierigkeiten. Mangels Transfers der   193
EuGVVO, bleibt die Odenbreit-Entscheidung des EuGH ohne Relevanz. Es kann daher
nur auf das LugÜ[122] zurückgegriffen werden. Das Schweizerische Bundesgericht[123] hat unter Bezugnahme auf die EuGH-Entscheidung dessen Übertragung auf Art. 11 Abs. 2 LugÜ
hervorgehoben. Dementsprechend ergibt sich bei der Schweiz statt Art. 11 Abs. 2, Art. 9
Abs. 1 EuGVVO die Wohnsitzgerichtszuständigkeit nach Art. 11 Abs. 2 Art. 9 Abs. 1
LugÜ.[124]

Die AG Trier[125] und Bonn[126] hatten dies noch mit dem Argument abgelehnt, die Entschei-   194
dung des EuGH sei vor dem Hintergrund des Europäischen Gemeinschaftsrechts zu sehen,
der naturgemäß beim LugÜ fehle. Zwischenzeitlich hat der BGH[127] in der Revision gegen
das Berufungsurteil des LG Bonn[128] dessen Ausspruch und die Bejahung des deutschen
Gerichtsstands bestätigt.

4. Torpedoklage. Unter Torpedoklagen versteht man Klagen, mit denen vorbeugend ein   195
bestimmter Gerichtsstand verhindert werden soll. Dabei sind zwei Fälle zu unterscheiden.

a) Klage des ausländischen Versicherers. Hierbei werden negative Feststellungsklagen an   196
einem für seine Langsamkeit bekannten (berühmten) Gericht eingebracht, so dass selbst
die Entscheidung über dessen Zuständigkeit den Prozess extrem verzögern kann. Dazu
bieten sich insbes. Gerichte in Italien und Belgien an. Hierbei ist zu beachten, dass nach
Art. 27 Abs. 1 EuGVVO im Falle der Identität des Streitgegenstands sowie der Parteien
das Verfahren durch das zuletzt angerufene Gericht auszusetzen ist, solange das Erstgericht nicht über seine Zuständigkeit entschieden hat. Wird die Zuständigkeit schließlich
bejaht, muss das zuletzt angegangene Gericht die Klage mangels ohne Klagerücknahme als
unzulässig abweisen.

Ausgehend von einer entgegen dem Gutachten des Generalanwalts ergangenen Entschei-   197
dung des EuGH[129] zu Art. 5 Nr. 3 EuGVVO aF bzw. Art. 7 EuGVVO nF, wonach die
Sperrwirkung auch für den Bereich der unerlaubten Handlung zu bejahen sei, stellt sich
die Frage, ob mit einer negativen Feststellungsklage vor einem *„Schneckengericht"* die Direktklage im Land des Geschädigten ausgehebelt werden kann. Aktuell liegt zu diesem
Spezialproblem noch keine Entscheidung des EuGH vor.[130] Die Ansicht entspricht jedoch
konsequent dem Ansatz des EuGH.

---

121 Liste erreichbar unter www.nvb.ch/versicherungen-003-020902-de.htm.
122 Übereinkommen über die gerichtliche Zuständigkeit und die Anerkennung und Vollstreckung von Entscheidungen in Zivil- und Handelssachen vom 30.10.2007 (ABl. 2009 Nr. L 147 S. 5, ber. 2011 Nr. L 115
   S. 31); gem. Art. 69 Abs. 5 des Übereinkommens zwischen der Europäischen Union und der Schweizerischen Eidgenossenschaft am 1.1.2011 in Kraft getreten (ABl. 2011 Nr. L 138 S. 1).
123 DAR 2012, 472 m. ausf. Darstellung der Grundlagen und Nachw.
124 Grundl. Ansgar Staudinger DAR 2012, 474 (Bespr. d. Entsch. des Schweizerischen Bundesgerichts und des
   AG Trier).
125 DAR 2012, 471.
126 Urt. v. 24.5.2011 – 04 C 624/10 nv.
127 NZV 2013, 177 mAnm Nugel; vgl. zul. LG Saarbrücken DAR 2016, 145.
128 Urt. v. 21.9.2011 – 5 S 140/11 =. BeckRS 2012, 08385.
129 NJW 2013, 287 = EuZW 2012, 950 m. zust. Anm. Sujecki.
130 Grundl. Erörterung bei Staudinger in FS Jaeger S. 437; ders. DAR 2014, 557.

198 Staudinger[131] geht davon aus, dass diese negative Feststellungsklage lediglich im Wohnsitzstaat des Geschädigten erhoben werden kann. Das hat allerdings regelmäßig nicht die für eine derartige Klage gewünschten Auswirkungen der Verzögerung, so dass sie praktisch keine Torpedoklage und damit wenig praktikabel wäre.

199 **b) Klage des ausländischen Halters oder Fahrers.** Die Feststellungsklage des ausländischen Halters bzw. Fahrers in seinem Heimatstaat ist nach Art. 2 Abs. 1 iVm Art. 59 bzw. 60 EuGVVO aF zulässig, wobei sich der Versicherer diesem Verfahren nicht anschließen darf.

200 Allerdings kommen damit Art. 27, 28 EuGVVO aF bzw. Art. 30 Abs. 1, 3 EuGVVO nF zum Tragen, dh, das ausländische Verfahren steht der in Deutschland erhobenen Klage nicht entgegen.[132] Hierbei ist aber die vom BGH geforderte strenge Prüfung im Rahmen des Ermessens zu beachten.

201 Darauf hinzuweisen ist ferner, dass nach der Rspr. des BGH die für die Aussetzung des Verfahrens erforderlich Parteiidentität nicht besteht, wenn die Klageparteien unterschiedlich sind, also der Geschädigte in Deutschland gegen den Versicherer und der Schädiger gegen den Geschädigten umgekehrt im Ausland Klage erhebt.[133]

202 **c) Änderungen durch die Brüssel Ia-VO.** Mit der Revision der EuGVVO wurde versucht, den Möglichkeiten einer Torpedoklage entgegenzutreten. Die Regelungen über die Rechtshängigkeit von zusammenhängenden Verfahren befinden sich nicht mehr in Abschnitt 8, sondern 9.

203 Der entscheidende Unterschied ergibt sich aus Art. 31 EuGVVO nF. Während nach der Altfassung das Prioritätsprinzip zu beachten war, ist die Möglichkeit der Torpedoklage nunmehr weiterhin dem Grunde nach möglich. Allerdings enthält Art. 31 Abs. 4 EuGVVO nF Ausnahmen für den Bereich der Versicherungssachen. Wenn man davon ausgeht, dass für Versicherungssachen ein ausschließlicher Zuständigkeitskatalog geschaffen wurde,[134] muss konsequent die in Art. 31 EuGVVO nF getroffene Regelung für die ausschließliche Zuständigkeit angewandt werden. Die darin enthaltene Verpflichtung des späteren Gerichts nach Absatz 2, sein Verfahren auszusetzen, gilt für den Versicherungsbereich gemäß Absatz 4 ausdrücklich nicht. Das entspricht auch der Beschränkung des Versicherers nach Art. 14 Abs. 1 EuGVVO nF, nur im Wohnsitzland des Versicherten/Begünstigten und damit des Geschädigten klagen zu können. Zudem zeigt Art. 31 Abs. 2, 3 EuGVVO nF ohnehin die Absicht, die Torpedoklage zu beschränken.[135]

204 Diese schon zur vormaligen EuGVVO höchst umstrittene Rechtslage[136] wird jedoch erst durch eine grundlegende Entscheidung des EuGH endgültig geklärt werden.

In einer Hinsicht liegt in diesem Bereich der prozessualen Hindernisbereitung zwischenzeitlich eine Äußerung des EuGH vor.[137] Er bejaht für den Bereich des Adhäsionsverfahrens im Strafprozess nicht nur eine Zivil- und Handelssache nach Art- 1 Abs. 1 EuGVVO, sondern geht auch von einer anderweitigen Rechtshängigkeit nach Art. 24, 27 Abs. 1 EuGVVO aus. Dementsprechend müssen die Parteien und das Gericht nach dem vorrangigen Verfahren forschen. Namentlich in Frankreich werden vielfach Adhäsionsverfahren durchgeführt.

205 **5. Sonstige europäische Staaten.** Andererseits ist zu beachten, dass **Andorra, San Marino,** und der **Vatikanstaat** keine EU-Staaten sind und daher nicht unter die Regelung fallen. Dies gilt umso mehr, als diese Staaten tatsächlich den Euro als offizielles Zahlungsmittel eingeführt haben.[138]

---

131 DAR 2014, 557.
132 BGH NZV 2013, 336; hierzu Weller LMK 2013, 350541.
133 BGH aaO.
134 Staudinger DAR 2014, 557, 561.
135 Vgl. Erwägungsgrund 22 zur EuGVVO nF, ferner Weller, GPR 2012, 328; Wais, GPR 2015, 142.
136 Vgl. Riedmeyer/Bowmann NJW 2016, 2614, 2615 gegen Staudinger aaO.
137 ECLI:EU:C:2015:722 = JURIS in deutscher = BeckRS 2015, 81546 in engl. Sprache.
138 Auf der Grundlage von Sondervereinbarungen zwischen diesen Staaten und der EU.

Diese Staaten sind auch nicht Teil des EFTA-Zusammenschlusses, so dass sie von der Regelung vollständig ausgeschlossen sind. 206

Zu beachten ist aber, dass in diesen Ländern vermutlich nur Niederlassungen von Versicherern aus dem EWR-Bereich tätig sind, so dass die Regelung auf die Versicherer wie im EWR-Bereich zutreffen kann. 207

IV. Sonderfall Dänemark

Bei dem EU-Land Dänemark liegt ein Sonderfall vor.[139] Auf der Grundlage von Vorbehalten zum EU-Vertrag nimmt es in der EU im Rechtsbereich eine Sonderstellung ein. Generell beteiligt es sich nicht an der Harmonisierung des europäischen Rechtsraumes, sondern behielt sich vor, im Einzelfall jeweils Verträge mit der Europäischen Union abzuschließen oder sich die Teilnahme vorzubehalten. Mit der Volksabstimmung vom 3. Dezember 2015 hatte die Bevölkerung den Vorschlag der Regierung, sich generell zu beteiligen und wie Großbritannien und Irland lediglich im Einzelfall Regelungen nicht anzuwenden, abgelehnt. Die Sonderregelung für Dänemark gilt weiterhin unverändert.[140] 208

1. KH-RL und EuGVVO. Allerdings hat Dänemark zur 4. KH-RL keinen Vorbehalt erklärt und die RL fristgemäß umgesetzt. In der Folge gilt die 4. KH-RL auch für Dänemark, nicht jedoch die 5. KH-RL: Hinsichtlich der 6. KH-RL liegt bislang eine Übernahme durch Dänemark ebenfalls nicht vor. Deshalb gilt insoweit lediglich das Schadensregulierungssystem der 4. KH-RL. Außerdem gilt auch nicht die EuBewVO.[141] 209

Dänemark hat jedoch mit der EU vertraglich die weitgehende Anwendung der EuGVVO vereinbart,[142] so dass über Art. 11 Abs. 2, 9 Abs. 1 Nr. 2 EuGVVO der Wohnsitz des Geschädigten als Gerichtsstand in Betracht kommt. Bei der Auslegung der EuGVVO unterliegt die Rechtsanwendung Dänemarks der Jurisdiktion des EuGH.[143] Sie ist *„angemessen"* zu berücksichtigen. Gleiches gilt für die Vorschriften über die Zustellung gerichtlicher und außergerichtlicher Schriftstücke.[144] Die Entscheidung des EuGH[145] zum Gerichtsstand im Land des Geschädigten ist daher anwendbar und führt gegenüber den in Dänemark residierenden Kfz-Haftpflichtversicherern ebenfalls zur Klagemöglichkeit im Heimatland des Geschädigten. 210

Dänemark hat der Kommission mit Schreiben vom 2. Juni 2014 mitgeteilt, dass es die EuGVVO nF umsetzen wird. Dies bedeutet, dass die Bestimmungen der Verordnung (EU) Nr. 542/2014 auf die Beziehungen zwischen der Europäischen Union und Dänemark Anwendung finden.[146] Allerdings ergibt sich dies nicht unmittelbar aus der EuGVVO, sondern aus dem zwischen EU und Dänemark geschlossenen völkerrechtlichen Vertrag.[147] 211

Zusammengefasst gilt für Dänemark deshalb folgende Rechtsgrundlage: 212

---

139 Protokollzusatz zum Vertrag von Amsterdam vom 2.10.1997 (ABl. C 340 vom 10.11.1997, S. 101).
140 Vgl. Nielsen ZEuP, 2016, 300.
141 VO (EG) Nr. 1206/2001 des Rates vom 28.5.2001 über die Zusammenarbeit zwischen den Gerichten der Mitgliedstaaten auf dem Gebiet der Beweisaufnahme in Zivil- oder Handelssachen (ABl. L 174 vom 27. 6. 2001, S. 1).
142 Abkommen zwischen der Europäischen Gemeinschaft und dem Königreich Dänemark über die gerichtliche Zuständigkeit und die Anerkennung und Vollstreckung von Entscheidungen in Zivil- und Handelssachen vom 19.10.2005 (ABl. L 299 vom 16.11.2005, S. 62), in Kraft getreten am 1.7.2007 (ABl. L 94 vom 4.4.2007, S. 70); ausgeschlossen ist lediglich die Anwendung der Art. 1 Abs. 3, 50 Abs. 2, 62 Abs. 2 und 66 EuGVVO, vgl. hierzu Thomas-Putzo/Hüßtege, Art. 1 EuGVVO Rn. 1 a.
143 Vgl. VO (EG) Nr. 1206/2001 des Rates v. 28.5.2001 über die Zusammenarbeit zwischen den Gerichten der Mitgliedstaaten auf dem Gebiet der Beweisaufnahme in Zivil- oder Handelssachen (ABl. L 174 v. 27.6.2001, S. 1).
144 Beschl. des Rates vom 27.4.2006 über den Abschluss des Abkommens zwischen der Europäischen Gemeinschaft und dem Königreich Dänemark über die Zustellung gerichtlicher und außergerichtlicher Schriftstücke in Zivil- oder Handelssachen (ABl-EU Nr. L 120 vom 5.5.2006, S. 23).
145 NJW 2008, 819.
146 Mitt. der Kommission vom 13.8.2014 (ABl EU 2014 L 240/1).
147 Vgl. Rauscher III/Staudinger Art. 10 EU-DK Rn. 2.I.

- Regulierungssystem nach der 4. KH-RL
- Gerichtsstand im Land des Geschädigten nach Art. 9 Abs. 1 lit. b, 11 Abs. 2 EuGVVO

213 **2. Rom II-VO.** Dänemark hat auch die Wirkungen der Rom II-VO ausgeschlossen.[148] Aus deutscher Sicht kommt hieraus indes keine relevante Einschränkung in Betracht: „Nach Art. 249 Abs. 2 EG hat die Rom II-VO allgemeine Geltung; sie ist in allen ihren Teilen verbindlich, gilt ohne mitgliedstaatlichen Umsetzungsakt unmittelbar in den betroffenen Mitgliedstaaten und hat in ihrem zeitlichen und sachlichen Anwendungsbereich den Anwendungsvorrang vor dem autonomen deutschen Recht. Zwar handelt es sich bei der Rom II-VO um eine sog Verordnung mit eingeschränktem räumlichem Geltungsumfang, weil sie nach ihrem Art. 1 Abs. 4 nicht für das Königreich Dänemark gilt; dänische Gerichte wenden die Rom II-VO folglich nicht an (vgl. Erwägungsgrund Nr. 40 zur Rom II-VO). Die Einschränkung des räumlichen Geltungsumfangs der Rom II-VO hat aber für die Bundesrepublik Deutschland keine Bedeutung, da deutsche Gerichte auch in Rechtsfällen mit einer Verbindung zum Recht des Königreichs Dänemark (vgl. Art. 1 Abs. 1 S. 1 Rom II-VO) die Rom II-VO anwenden (Einl. IPR RdNr. 152). Da die von dieser Verordnung ausgesprochenen Verweisungen Sachnormverweisungen sind (Art. 24 Rom II-VO), spielt das dänische IPR im Anwendungsbereich der Rom II-VO für deutsche Gerichte nicht einmal im Wege der Rückverweisung eine Rolle (Art. 24 Rom II-VO RdNr. 4, 8)."[149] Dementsprechend spielen die EU-rechtlichen Besonderheiten Dänemarks für die Schadensregulierung aus deutscher Sicht keine nennenswerte Rolle.

B. Haftungsrechtsbestimmung

214 Ein EU-Verkehrsunfallhaftpflichtrecht gibt es derzeit nicht. Die Schaffung ist in naher Zukunft angesichts der divergierenden Rechtsordnungen der einzelnen Länder nicht zu erwarten, so dass sich die damit verbundene Sonderproblematik für die Schweiz noch nicht stellt.

215 Ist die Schadensabwicklung im Ausland von vornherein dadurch gekennzeichnet, dass ausländisches Recht zur Anwendung gelangt, könnte man angesichts des Erwägungsgrunds 4 der 4. KH-RL daran denken, auch das Recht des Wohnsitzstaates zur Anwendung gelangen zu lassen. Sie spricht sogar von der Abwicklungsweise, „die dem Geschädigten vertraut ist."

216 Da die KH-RL keine konkrete Bestimmung für die Wahl des Rechts enthält, wurde zunächst davon ausgegangen, dass es nach allgemeinen IPR-Grundsätzen bei der Anwendung des Rechts des Unfalllandes, eventuell einer Teilrechtsordnung, wie beispielsweise im Vereinigten Königreich bei England und Schottland, eventuell auch einer Sonderanknüpfung, zu verbleiben habe.[150] Die ursprünglich vertretene gegenteilige Vorstellung, das Recht aus dem Land des Unfallopfers heranzuziehen, konnte gerade nicht umgesetzt werden.

217 Die Bestimmung des zugrunde zu legenden Rechts kann sich daher nur aus besonderen Rechtsbereichen ergeben.

I. EGBGB

218 Die Regelungen zum Auslandsunfall ergaben sich nach deutschem Recht aus Art. 38–42 EGBGB aF Diese Regelungen gelten für Unfälle bis 10.1.2009. Insbesondere ergab sich nach Art. 40 Abs. 1 S. 1 EGBGB aF das Tatortrecht als Entscheidungsgrundlage, wobei nach Art. 40 Abs. 3 EGBGB aF eine Beschränkung auf Angemessenheit von Entschädigun-

---

148 Vgl. Erwägungsgrund Nr. 40 der Rom II-VO; Art. 69 EG-Vertrag; Hinw: Deshalb gilt insoweit auch nicht die EuBagatellVO.
149 MüKo-BGB/Junker, Vorbem. zu Art. 38 EGBGB, Rn. 13.
150 Insbesondere innerhalb des Vereinigten Königreichs England und Schottland.

gen eintrat, also etwa extreme Schmerzensgeldforderungen oder *punitive damage* ausgeschlossen waren.[151]

Angesichts des Bezugs der Rom II-VO auch auf Drittstaatensachverhalte verbleibt mit Art. 38–42 EGBGB lediglich noch „weitgehend die Fassade einer eigenständigen nationalen Regelung aufrechterhalten".[152] 219

II. Rom II-VO

Mit dem Inkrafttreten der Rom II-VO am 10.1.2009 kommt für Unfälle[153] ab diesem Zeitpunkt eine entscheidende Rechtsgrundlage zur Anwendung. Zunächst war das Datum strittig. Der EuGH hat auf die Vorlage des *High Court of Justice – Queen's Bench Division (England and Wales)* die intertemporale Anwendung geklärt und den 11.1.2009 als Wirksamkeitszeitpunkt bestimmt.[154] 220

Nach Art. 1 Abs. 1 S. 1 Rom II-VO ist die VO stets anzuwenden, wenn eine **Verbindung zum Recht verschiedener Staaten** besteht. Eine Beschränkung auf das Recht von Mitgliedstaaten ist daher nicht erforderlich. Selbst reine Drittstaatenkonstellationen können der VO unterliegen. Dass jedenfalls ein Mitgliedsland international zuständig sein muss, versteht sich dabei von selbst. Anderenfalls käme man nicht in den Bereich der VO. 221

Der deutsche Gesetzgeber hat das IPR entsprechend angepasst. Nach Art. 3 EGBGB nF gelten hinkünftig lediglich noch die Vorschriften der Rom II-VO. 222

„Nach Art. 3 Rom II-VO ist das von dieser Verordnung bezeichnete Recht auch anzuwenden, wenn es nicht das Recht eines Mitgliedstaats ist. Die Rom II-VO erfasst demnach als loi uniforme Binnenmarkt- und Drittstaatensachverhalte gleichermaßen (Art. 3 Rom II-VO RdNr. 1). ... Für das autonome deutsche IPR bedeutet die universelle Anwendung der Rom II-VO, dass die Art. 38 bis 42 im zeitlichen und sachlichen Anwendungsbereich der Rom II-VO nicht etwa nur in Binnenmarktsachverhalten, sondern 'universell' auch in Drittstaatensachverhalten abgelöst werden."[155] 223

Dies spielt zunächst bei der Sonderstellung von **Dänemark** eine Rolle. Wegen des Vorbehalts zum AEUV[156] ist, worauf auch Erwägungsgrund 40 sowie Art. 1 Abs. 4 Rom II-VO hinweisen, die Rom II-VO auf Dänemark nicht anwendbar. Es gelten daher die Drittstaatenregeln. 224

Großbritannien und **Irland** beteiligen sich zwar ebenfalls nicht an der justiziellen Zusammenarbeit in Zivilsachen und behalten sich vor, sich im Einzelfall einer getroffenen Maßnahme anzuschließen.[157] Sie haben sich jedoch entschieden, die Rom II-VO anzuwenden, worauf Erwägungsgrund 39 hinweist. 225

Für den Bereich der Unfallschadensregulierung kommt es entscheidend auf Art. 4 Rom II-VO an. Dessen Struktur und Probleme werden an Hand des nachfolgenden Beispiels deutlich. Dabei handelt es sich im Prinzip um eine Mehrzahl von Standardfällen, die auch in der Form der Kette problemlos zusammentreffen können. 226

Beispiel: Ein deutscher Urlauber wird mit seinem und von ihm gefahrenen Fahrzeug im Urlaubsland A in einen Unfall verwickelt. Die Ehefrau wird verletzt, das Fahrzeug beschädigt. Nach medizinischer Behandlung und Notreparatur des Fahrzeugs wird die Rückreise nach Deutschland fortgesetzt. Hier rutscht dem Mechaniker bei der Fahrzeugreparatur das Kfz von der Hebe-

---

151 Grdl. zu Art. 40 EGBGB BeckOK-BGB/Spickhoff, Art. 40 EGBGB Rn. 1 ff.
152 Rauscher/Unberath-Cziupka, Einl. Rom II-VO Rn. 14.
153 Ergänzend ist auf die Geltung der Rom II-VO über das Recht der unerlaubten Handlung hinaus auf Bereicherungsrecht (Art. 10 Rom II-VO), GOA (Art. 11 Rom II-VO) und culpa in contrahendo (Art. 12 Rom II-VO, näher Lüttringhaus, Das internationale Privatrecht der culpa in contrahendo nach den EG-Verordnungen Rom I und Rom II, RIW 2008, 193) hinzuweisen.
154 NJW 2012, 441; hierzu Mansel/Thorn/Wagner, S. 27 ff.
155 MüKo-BGB/Junker, Rn. 14.
156 Protokollzusatz zum Vertrag von Amsterdam vom 2.10.1997 (ABl. C 340 vom 10.11.1997, S. 101).
157 Art. 1, Art. 3 Abs. 1 Protokoll (Nr. 21) über die Position des Vereinigten Königreichs und Irlands hinsichtlich des Raums der Freiheit, der Sicherheit und des Rechts (ABl. C 340 vom 10.11.1997, S. 99).

bühne. Das Fahrzeug erleidet einen Totalschaden. Ebenfalls erfolgt in Deutschland die weitere medizinische Behandlung der Ehefrau. Wegen einer plötzlichen Verschlechterung des Zustandes wird sie als gesetzlich Krankenversicherte im Krankenhaus behandelt. Wegen eines ärztlichen Kunstfehlers verstirbt sie. Sie hinterlässt zwei ihr gegenüber unterhaltsberechtigte Kinder.

227 Die Lösung ergibt sich auf der Grundlage einer **abgestuften Haftungsrechtsbestimmung** nach Art. 4 Rom II-VO.

228 1. **Grundlagen.** Während im früheren deutschen Recht die sog Ubiquitätsregel galt, nach der es dem Geschädigten bei mehreren Rechtswahlmöglichkeiten möglich war, das ihm günstigere Recht zu wählen, ist nach Art. 4 Abs. 1 Rom II-VO bei der Bestimmung des anzuwendenden Rechts zunächst nur an den **Erfolgsort**, allerdings in Form einer Auffangnorm, anzuknüpfen.

229 a) **Erfolgsortanknüpfung.** Der Begriff des Erfolgsorts enthält aber zahlreiche Probleme. Beim Verkehrsunfall werden häufig Teile des nominellen Schadens im Heimatland des Geschädigten eintreten.

230 ■ **Sachschaden:** Im Sachschadensbereich spielt indes die Reparatur keine Rolle, da der Schaden selbst am Unfallort eingetreten und die Reparatur selbst nur als Schadensbeseitigung zu qualifizieren ist. Damit ist für den entscheidenden Primärschaden auf den Unfallort abzustellen.

231 Dies muss auch für die typischen **Sachfolgeschäden** gelten, wie Finanzierungs-, Mietwagenkosten, Nutzungsausfallschaden oder spätere Gutachterkosten. Im vorstehenden Beispiel knüpft der weitere Schaden unproblematisch kausal an die erste Schädigungshandlung im Ausland an, so dass das Recht des Landes A anzuwenden und der weitere Schaden lediglich ein Folgeschaden wäre. Das erbringt für den in Deutschland residierenden Geschädigten meist erhebliche Nachteile, weil fiktive Schadensabrechnung, Integritätsinteresse, Nutzungsausfallansprüche, Mietwagenkosten oder Gutachterkosten in vielen Ländern nicht oder zumindest nicht in der *deutschen Intensität* anerkannt werden.

232 ■ **Personenschaden:** Im Prinzip ergibt sich die gleiche Sachlage auch beim Personenschadensbereich. Die Gesundheitsbeschädigung ereignet sich am Unfallort. Das gilt auch hinsichtlich möglicher Zustandsverschlechterungen. Dies zeigt sich in unserem Beispiel an dem Versterben der Ehefrau des Geschädigten. An der Kausalität[158] des Auslandsunfall, gegebenenfalls der alternativen,[159] besteht jedenfalls nach deutschem Recht kein Zweifel. Entweder ist der Tod die unmittelbare Folge der Verletzung – nur deshalb war die weitere Behandlung erforderlich, oder im Fall hinzutretender Komplikationen zumindest eine Folge der Ausgangsverletzung. Gleichzeitig offenbart sich das gesamte Problemspektrum der Nebentäterschaft.[160] Zwar kommt in Betracht, den Erfolgsort einer Teilnahmehandlung auf den Erfolgsort der Haupttat zu beziehen.[161] Jedenfalls ist der Arzt insoweit nicht Gehilfe des Erstschädigers, so dass eine Gleichstellung des auf die Arzthandlung bezogenen Erfolgsorts auf jenen des Erstschädigers nicht in Betracht kommt.

233 ■ **Überlagerung von Schadensursachen:** Die Differenzierung zwischen Erst- und Folgeschaden stellt ein Problem dar, wenn der sog Folgeschaden ein weiteres und zusätzlich haftungsrelevantes Handeln umfasst. Das entstehende Spannungsverhältnis zwischen ausländischem und inländischem Recht stellt daher eine der wichtigsten Herausforderungen im Rahmen der Rom II-VO dar.

---

158 Vgl. etwa BGH NJW 2011, 292 sowie NJW 2004, 1945 (nebst Darstellung der Grenzen); zur Abgrenzung durch eine wertende Betrachtung auch OLG Nürnberg NZV 2008, 38; Egon Lorenz, FS Gerda Müller S. 147.
159 Vgl. schon BGH NJW 1971, 506.
160 Vgl. hierzu Bachmeier, Beck'sches Mandatshandbuch Verkehrszivilrecht Rn. 248 ff. mwN.
161 Vgl. die Vorlage an den EuGH durch BGH EuZW 2012, 800.

Bei dem Beispiel zum Sachschaden mutet es seltsam an, wenn eine Pflichtverletzung in 234
einer deutschen Werkstätte ausländischem Recht unterworfen sein könnte. Es ist daher
nach weiteren Anknüpfungsumständen zu fragen.

Gleiches gilt für das Personenschadensbeispiel. Naturgemäß fällt es vor dem deutschen 235
Gericht leichter, die Haftung nach deutschem Recht darzulegen. Andererseits bietet ausländisches Recht häufig wesentlich höhere Schadensersatzleistungen. Schon hier setzen die
hohen Anforderungen an die Kunst des Anwalts ein.

Zwar wird in den meisten Fällen die Sorgfaltspflicht des Zweitschädigers, hier des Mecha- 236
nikers oder des Arztes, nach ausländischem wie nach deutschem Recht gleichartig sein.
Die Frage, welches Recht anzuwenden ist, führt aber zugleich zur Antwort hinsichtlich der
Schadenshöhe.

b) Schädigung Dritter. Vollends problematisch stellt sich die Abgrenzung Primärschaden/ 237
Folgeschaden dar, wenn Dritte unmittelbar betroffen sind. Im deutschen Recht sind perso-
nenschadensbezogene Ansprüche Dritter im Vergleich zu vielen Auslandsrechten häufig
sehr gering ausgestattet. Die Rechtsbestimmung kann daher extreme Auswirkungen haben. Zunächst ist zwischen direkt Geschädigten und Zweitgeschädigten zu differenzieren.

■ **Erstschädigung** (*„direct victims"*): Ein typischer Fall der Erstschädigung ist der 238
Schockschaden.[162] Nach deutschem Recht handelt es sich um einen eigenen, also direkten Schadensersatzanspruch,[163] der allerdings nur dann in Betracht kommt, wenn
die psychische Beeinträchtigung Krankheitswert besitzt, also medizinisch erfassbar ist
und bei wertender Betrachtung dem Schädiger zuzurechnen ist. Zudem kommt sie nur
im Falle eines Angehörigenverhältnisses zum Erstopfer in Betracht. Hingegen handelt
es sich bei vielen ausländischen Rechtsordnungen um einen gewichtigen Schadensposten.[164]

■ **Zweitschädigung** (*„indirect victims"*): Einen typischen Fall des Zweitschadensfalles, 239
also der mittelbaren Schädigung, stellen die ausfallenden Unterhaltsleistungen der Kinder aus dem Eingangsbeispiel dar. *Unberath/Cziupka* führen den Konzertveranstalter
nach dem Ausfall der Operndiva an.[165] Insoweit wurde unter der Geltung von Art. 40
EGBGB aF angenommen, diese Schädigung sei als Folge der originären Schädigung
anzusehen, so dass am Deliktsstatut anzuknüpfen sei.[166]

Umstritten ist die Behandlung nach der Rom II-VO. Hierbei differenzieren *Unberath/* 240
Cziupka[167] zutreffend zwischen der Person des Geschädigten und seinem Schaden. Während der Geschädigte als *indirect victim* zu bezeichnen sei, trete bei ihm aber kein indirekter, sondern ein direkter Schaden auf, liege also ein Primärschaden vor, der getrennt anzuknüpfen sei, Grundlage sei die personale Trennlinie, die zu einer Zäsurwirkung innerhalb
des Gesamtschadensverlaufs führe. Die Konsequenz dieser Ansicht ist die Bezugnahme auf
die Schädigung beim *indirect victim* und damit die Anknüpfung an den unmittelbar bei
ihm anzusiedelnden Erfolgsort. Anwendbar ist dementsprechend das Recht an diesem Ort,
in unserem Beispiel deutsches Recht.

Andere wiederum differenzieren nach dem Rechtsgut selbst. Werde ein anderes Rechtsgut 241
verletzt, sei getrennt anzuknüpfen.[168]

Zuzugeben ist, dass nach der Rom II-VO bei einem Unfallgeschehen **unterschiedliche An-** 242
knüpfungspunkte zu unterschiedlicher Rechtsgrundlage führen können. Auch mit dem
Kriterium der Anknüpfung beim verletzten Rechtsgut im Bereich der Primär- und Folgeschäden kann andererseits weitgehend differenziert werden. Beide Ansichten werden der
Umsetzung des Erwägungsgrunds 6, die Rechtssicherheit zu fördern, durchaus gerecht. Ob

---

162 Vgl. hierzu OLG Nürnberg NZV 2008, 38.
163 Zuletzt BGH NJW 2012, 1730; NJW 2007, 2764; dogm. grundl. Faust, JuS 2008, 375.
164 Zum Vergleich hierzu siehe Kuhn, SVR 2012, 288, 289.
165 Rauscher/Unberath/Cziupka, Art. Rom II-VO Rn. 52.
166 Vgl. Rauscher/Unberath/Cziupka, Art. 4 Rom II-VO Rn. 52.
167 Rauscher/Unberath/Cziupka, Art. 4 Rom II-VO Rn. 53 m. Nachw. zur Gegenansicht.
168 Vgl. MüKo-BGB/Junker, Art. 4 Rom II-VO Rn. 29 f. mwN.

eine Meinung weniger Rückgriff auf die Ausgleichsfunktion von Art. 4 Abs. 3 Rom II-VO verlangt, ist offen. Nunmehr hat der EuGH[169] für den Bereich der „Schäden im Zusammenhang mit dem Tod einer Person" entschieden, derartige Ansprüche Dritter als indirekte Schäden isv Art. 4 Abs. 1 Rom II-VO einzuordnen. Damit richtet sich die Rechtsbestimmung nach den Umständen des Primärschadens.

243 Offen bleibt die Problematik für Schäden, die unmittelbar beim Dritten Verletzungen verursachen, also nicht lediglich Folge der Verletzung des Primärgeschädigten ohne konkrete eigene körperliche Beeinträchtigung (etwa Trauergeld, Unterhaltsschäden) sind. Typisch hierfür ist der Schockschaden beim Angehörigen. Da die Verletzung psychischer oder sogar physischer Art unmittelbar beim Angehörigen eintritt, kann dogmatisch nicht vom mittelbaren Schaden ausgegangen werden. Während einerseits argumentiert wird, die Urteilsbegründung lege nahe, sämtliche bei Dritten eintretenden Folgen als indirekte Schädigung aufzufassen,[170] geht die Gegenansicht andererseits davon aus, dass die unmittelbare beim Dritten eintretende Verletzung eine eigene Verletzung (*„direct victim"*)darstellt, die zu einer eigenständen Anknüpfung führt.[171]Ob daraus sogar ein allg. Prinzip abgeleitet werden kann, bei Sekundärschäden generell an den rechtlichen Aspekten des Primärschadens anzusetzen, muss derzeit noch als offen bezeichnet werden.

244 Nicht zu übersehen ist jedoch der Verweis des EuGH auf den „im 16. Erwägungsgrund der Rom II-VO genannten Zweck, zu gewährleisten, dass vorhersehbar ist, welches Recht anzuwenden ist und zugleich zu verhindern, dass eine unerlaubte Handlung in mehrere Teile zerlegt wird, für die je nachdem, in welchem Staat andere Personen als das unmittelbare Opfer Schäden erleiden, unterschiedliches Recht gilt."[172] Es spricht Vieles dafür, eine Entscheidung des EuGH zu erwarten, die auch insoweit beim Primärschaden zur Anknüpfung ansetzt.

245 Das kann umso mehr angenommen werden, wenn es sich lediglich um Sachschäden oder allein finanzielle Schäden, etwa des oben genannten Konzertveranstalters, handelt.

246 c) **Direktanspruch.** Im Bereich der unerlaubten Handlung in Form eines Verkehrsunfallgeschehens kann der Geschädigte gemäß Art. 18 Rom II-VO seinen Anspruch direkt gegen den Versicherer des Haftenden geltend machen, wenn dies nach dem auf das außervertragliche Schuldverhältnis oder nach dem auf den Versicherungsvertrag[173] anzuwendenden Recht vorgesehen ist. Dieser Zusatz bedeutet eine Beschränkung auf Fälle der zulässigen Direktklage. Für den EU-Raum, den EWR und der Schweiz ist diese gegeben.[174]

247 **2. Gemeinsame Rechtswahl.** Die vordergründig beste, im deliktischen Bereich aber selten anzutreffende Variante ist die **Rechtswahl der Parteien**. Nach Art. 14 Rom II-VO kann hierbei jedes Recht, also auch von Nichtmitgliedstaaten gewählt werden.[175] Die immer stärker werdende Tendenz, sich gerichtlichen Verfahren zu entziehen oder gar privaten Rechtssystemen unterzuordnen, führt zur Frage nach der Möglichkeit, private Schadensrechtssysteme zu vereinbaren.[176] Nach als hM zu bezeichnender Ansicht kommt diese jedenfalls derzeit nicht in Betracht.[177] Dieser, sich auch auf den Gleichklang mit der Rom I-VO stützenden Ansicht ist beizupflichten.

---

169 NJW 2016, 466 m. krit. Anm. Staudinger = ZVR 2016, 397 m. Anm. Huber.
170 Wurmnest LMK 2016, 376926: Übertragbarkeit auf Schockschäden.
171 Ermann/Hohloch Art- 15 Rom II-VO Rn. 18.
172 NJW 2016, 466, 467; zust. Staudinger aaO.
173 Vgl. hierzu Staudinger, Vortrag 2011 S. 3.
174 Auf die Erweiterung der Direktklagemöglichkeiten über die Kfz-Haftpflichtversicherung hinaus gemäß §§ 115 Abs. 1 Nr. 2, 3 VVG 2008.
175 Zur streitigen Rechtslage beim HStVÜ Reisinger Kap. 3.4.2.
176 Vgl. European Group on Tort Law: Grundsätze eines Europäischen Deliktsrechts, erreichbar unter http://ci vil.udg.edu/php//index.php?id=289.
177 Vgl. Rauscher/Jakob/Picht, Art. 14 Rn. 37; BeckOK-BGB/Spickhoff, Art. 14Rom II-VO Rn. 2; MüKo-BGB/ Junker, Art. 14 Rom II-VO Rn. 15, jeweils mwN; Wurmnest jurisPK-BGB Art. 7 Rom II-VO m. ausf. Nachw.

■ **Betroffenheit Dritter** 248

Dass die Rechtswahl nicht im Verhältnis zu Dritten ohne deren Beteiligung ausgeübt werden kann, versteht sich jedenfalls nach deutschem Recht (Vertrag zulasten Dritter) von selbst. Das betrifft auch das Verhältnis des Versicherungsnehmers zu seinem Haftpflichtversicherer. Derartige Situationen müssen nicht immer auf kollusivem Verhalten beruhen. Denkbares Beispiel ist etwa das Vertragsverhältnis zwischen dem Fahrzeugvermieter und dem Kunden. Wird im Mietvertrag eine Rechtswahl getroffen, so ist der Fahrzeughaftpflichtversicherer davon nicht berührt.[178]

Streitig ist, ob diese Aufspaltung entfällt, wenn dem Dritten aus der Rechtswahl keine 249 Nachteile erwachsen. Dieser, als hM zu bezeichnende Ansicht, ist nicht beizupflichten.[179] Der Wortlaut der Norm ist zweifelsfrei („Rechte Dritter unberührt") und spricht nicht von Nachteilen Dritter. Zwar dürfte es einerseits kaum praktische Probleme geben, wenn aus dem vereinbarten Recht keine Nachteile erwachsen. Andererseits mag dies auf den ersten Blick nicht, sondern erst zu einem späteren Zeitpunkt im Rahmen der bereits begonnenen Abwicklung ersichtlich sein. Damit wird dem Dritten eine intensive, auch prospektive Prüfungspflicht auferlegt, bevor er sich in die Schadensabwicklung einlässt. Art. 14 Rom II-VO ist nicht zu entnehmen, dass dem Dritten eine derartige Prüfungspflicht obliegt.

■ **Teilweise Rechtswahl** 250

Eine Rechtswahlvereinbarung kann sich auch auf mehrere, vereinbarte Rechtssysteme beziehen, beispielsweise zwischen Haftungsgrund und Haftungsfolgen. Im kommerziellen (vertraglichen) Bereich könnte auch zwischen den einzelnen Bereichen, etwa zwischen vertraglichen und außervertraglichen Ansprüchen getrennt werden. Die Möglichkeit ist umstritten, wird aber von der hM bejaht.[180]

Während nach einer Meinung auf die Differenzierung bei Art. 3 Abs. 1 S. 3 Rom I-VO einerseits und Art. 14 Abs. 2 Rom II-VO andererseits hingewiesen wird,[181] folgt nach aA hieraus gerade das Gegenteil und die Gleichstellung von Art. 14 Rom II-VO mit Art. 3 Rom I-VO.[182] Die Befürworter stützen sich auf eine Lücke bei Art. 14, die sie mit Art. 3 Rom I-VO schließen wollen. Vorzuziehen ist die Verneinung. Die Differenzierung im Rahmen der Rom I-VO beruht auf einem völlig anderen Gegenstand. Schon der Umstand, dass im Rahmen der Rom II-VO im deliktischen Bereich die Möglichkeit der Rechtswahl auf nachträgliche Vereinbarungen weitgehend beschränkt ist, zeigt den Unterschied beider VO auf. Vertragliche Beziehungen unterliegen einem völlig anderen Vereinbarungscharakter. Die fehlende Regelung in Art. 14 Rom II-VO spricht eindeutig für eine Unzulässigkeit der Teilrechtswahl.[183] Anhaltspunkte für eine vom VO-Geber übersehene Lücke sind nicht ersichtlich. Zudem fehlt es angesichts der Unterschiedlichkeit beider Regelungsgegenstände für eine Übertragung an der genannten Gleichwertigkeit.

■ **Schranken** 252

Nach Art. 14 Abs. 3 Rom II-VO kann man zwingende Gemeinschaftsrechtsnormen durch eine Rechtswahl nicht umgehen. Beruht die fragliche Gemeinschaftsnorm auf der Umsetzung einer RL, so ist die im Staat des angerufenen Gerichts erfolgte Umsetzungsnorm (lex fori) entscheidend.

■ **Dänemark** 253

Auch hier ist der Sonderstatus von Dänemark bedeutsam. Liegt ein Bezug des Sachverhalts auf Dänemark vor, fehlt es am Merkmal des Sachverhaltsbezugs auf die Mit-

---

178 Vgl. hierzu auch EuGH EuZW 2003, 466.
179 So auch Rauscher/Jakob/Picht, Art. 14 Rn. 46.
180 Vgl. Rauscher/Jakob/Picht, Art. Art. 14 Rn. 34 f.; Beck-OK-BGB/Spickhoff, Art. 14 Rom II-VO Rn. 2; Palandt/Thorn, Art. 14 Rom II-VO Rn. 4; MüKo-BGB/Junker, Art. 14 Rn. 37.
181 Weller/Bittmann Rn. 240.
182 Palandt/Thorn Art. 14 Rom II-VO Rn. 4; MüKo-BGB/Junker Art. 14 Rom II-VO Rn. 8; BeckOK-BGB/Spickhoff Art. 14 Rn. 2.
183 So im Ausgangspunkt auch Palandt/Thorn Art. 14 Rom II-VO Rn. 4.

gliedstaaten. Diese – auch für die übrigen EWR-Staaten geltende – Öffnung zulasten zwingenden Gemeinschaftsrechts wird, trotz des klaren Wortlauts der Norm, als unbefriedigend angesehen und die Folge insoweit negiert.[184] Dem kann nicht beigepflichtet werden, da eine Auslegung angesichts des eindeutigen Normtextes ausscheidet.[185] Angesichts von Art. 1 Abs. 4 Rom II-VO, der Dänemark insoweit einbezieht,[186] kann auch nicht von einem Versehen des Normgebers bei der Rom II-VO ausgegangen werden.[187]

254 **a) Zustandekommen.** Grundsätzlich beurteilt die Rom II-VO Rechtswahlvereinbarungen unter dem Gesichtspunkt des Eintritts des schädigenden Ereignisses. Hierbei handelt es sich um das **Datum des deliktserheblichen Verhaltens**, auf den Zeitpunkt des Eintritts eines deliktischen Erfolgs kommt es nicht an.[188] Dieses, die Rechtswahl auslösende Verhalten ist jedoch noch nicht allein beim Halten eines Gefährdungshaftungsobjekts, im Verkehrsrecht also des Kraftfahrzeugs, zu bejahen.[189]

255 In vielen Bereichen liegt dem deliktischen Verhältnis ein vorher abgeschlossenes Vertragsverhältnis zugrunde, etwa im Reisevertrags- oder Mietwagenbereich. Insoweit soll die vertraglich vereinbarte Rechtswahl im Rahmen von Art. 154 Rom II-VO mittelbar greifen.[190] Ansatzpunkte sind Art. 4 Abs. 3, 10 Abs. 1, 11 Abs. 1 Rom II-VO, die insoweit die Möglichkeit der Anknüpfung an vertragliche Verhältnisse eröffnen. Angesichts des Schutzcharakters von Art. 14 kann dem nur eingeschränkt zugestimmt werden. Eine Übertragung kommt daher nur in Betracht, wenn die vorangegangene vertragliche Wahl ausdrücklich auf den Einschluss der in der Rom II-VO geregelten Rechtsverhältnisse Bezug nimmt.

256 ■ **Nachträgliche Rechtswahl**

Gemäß Art. 14 Abs. 1 S. 1 lit. a) Rom II-VO kann zunächst nach dem Schadensereignis eine Rechtswahl, nach S. 2 sogar stillschweigend geschlossen werden. Letzterenfalls muss sich indes aus den Umständen die Vereinbarung „mit hinreichender Sicherheit" ergeben.

257 Der zeitliche Beginn dieser Vereinbarungsmöglichkeit wirft Probleme auf. Da der Eintritt des schadensbegründenden Ereignisses nicht mit dem Eintritt des Schadens identisch ist und Art. 2 Abs. 3 lit. a) Rom II-VO schon auf die Wahrscheinlichkeit des Eintritts abstellt, besteht Manipulationsspielraum.

258 Kommt nun die nach deutscher Rechtsprechung sehr schnell angenommene stillschweigende Vereinbarung[191] hinzu, so drohen nicht nur dem Geschädigten, sondern auch seinem Anwalt bei nicht ausreichender Beobachtung erhebliche Nachteile.

259 Auch hier spielt angesichts der unterschiedlichen soziologischen Hintergründe von Gerichtsentscheidungen das Forumshopping eine erhebliche Rolle. Andererseits könnte sich aus der Gerichtswahl auch ein Indiz für eine stillschweigende Rechtswahl ergeben. Das setzt aber eine bewusste Entscheidung, also das entsprechende Erklärungsbe-

---

184 Vgl. Rauscher/Jakob/Picht, Art. 14 Rn. 54 mwN.
185 MüKo-BGB/Junker, Art. 14 Rn. 43.
186 Vgl. Rauscher/v. Hein, Art. 1 Rom I-VO Rn. 75.
187 Vgl. MüKo-BGB/Junker, Art. 14 Rn. 43.
188 BeckOK-BGB/Spickhoff, Art. 14 Rom II-VO Rn. 4; MüKo-BGB/Junker, Art. 14 Rom II-VO Rn. 17.
189 Vgl. BeckOK-BGB/Spickhoff Art. 14 Rom II-VO Rn. 4; MüKo-BGB/Junker Art. 14 Rom II-VO Rn. 18.
190 So Weller/Bittmann Rn. 244.
191 Vgl. BGH NJW 87, 592: „Aus dem Prozeßverhalten der Parteien ergibt sich nämlich, daß sie stillschweigend die Anwendung deutschen Deliktsrechts vereinbart haben. Sie haben die Haftung der Bekl. aus unerlaubter Handlung übereinstimmend ausschließlich unter dem Gesichtspunkt des § BGB § 823 BGB § 823 Absatz II BGB i. V. mit den oben erwähnten weinrechtlichen Bestimmungen erörtert und damit zu erkennen gegeben, daß sie eine Entscheidung auf der Grundlage des deutschen Deliktsrechts erstreben." BGH BKR 2012, 166 schränkt dies jedoch ein: „Sofern die Parteien in den Vorinstanzen übereinstimmend von der Anwendbarkeit deutschen Rechts ausgegangen sein sollten, genügt dies nicht ohne weiteres den Anforderungen an eine nachträgliche Rechtswahl (vgl. Senatsurteil vom 31. Mai 2011 – VI ZR 154/10, aaO Rn. 47 mwN)."

Bachmeier

wusstsein voraus.[192] Dementsprechend ist nach § 139 ZPO die Aufklärung seitens des Gerichts über die Tragweite des Verhaltens vorzunehmen.

Praxistipp: Rechtswahlvereinbarungen vor Gericht sind sinnlos und begründen allenfalls einen Haftungsfall. Der Anregung des Gerichts, sich auf deutsches Recht zu einigen, sollte daher entschieden entgegengetreten werden. Wegen der sowohl im Sach- wie auch Personenschadensbereich sehr unterschiedlichen Folgen wäre die Identität des gewählten mit dem nach der Rom II-VO bestimmten Rechtssystem ein Zufall – die Wahl also auf einer Seite regelmäßig ein in Kauf genommener Nachteil. Man wird nicht ernstlich annehmen können, die betroffene Partei sei ohne Kenntnis damit einverstanden. In jedem Fall würde daher eine Partei durch ihren Vertreter ohne Aufklärung benachteiligt. Daher muss deren Anwalt vor der Vereinbarung die Unterschiede abklären. Anschließend besteht jedoch überhaupt kein Bedürfnis mehr für eine Vereinbarung. 260

Zur Verdeutlichung sei auf den Unfall eines aus Deutschland eingereisten jugendlichen Fußgängers in Frankreich durch einen Zusammenstoß mit einem französischen Kfz nach einer Rotlichtmissachtung des Jugendlichen hingewiesen. Nach französischem Recht beträgt die Schadensersatzquote zugunsten des Jugendlichen 100 %,[193] nach deutscher Rechtsprechung überwiegend 0 %.[194] 261

■ **Rechtswahl vor Eintritt des schadensbegründenden Ereignisses** 262

Nach Art. 14 Abs. 1 lit. a) Rom II-VO kann die Rechtswahl vor dem schädigendem Ereignis nur zwischen **Unternehmern** („Parteien, die einer kommerziellen Tätigkeit nachgehen") getroffen werden. Obgleich die Rom II-VO auf außervertragliche Schuldverhältnisse abzielt, gelangt im Bereich von Art. 4 Abs. 3 Rom II-VO eine beachtliche Vertragskomponente in den Anwendungsbereich. Die praktischen Möglichkeiten sind zahlreich: Gemeinsame Geschäftsfahrten mit typischen Haftungsausschlussvereinbarungen, Mietwagen-, Personenbeförderungs- und Transportverträge. Denkbar sind auch Klauseln in Leasingverträgen.

Der Begriff des Kommerziellen ist nicht deckungsgleich mit Unternehmertum. Die einfache Unterscheidung Unternehmer/Verbraucher kommt damit nicht in Betracht. Umso mehr ergeben sich damit Probleme bei der Abgrenzung innerhalb von dualen Verhältnissen.[195] EU-rechtlich ist der Unternehmerbegriff sehr schwierig zu fassen.[196] Es ist weiter zu fragen, ob die kommerzielle Betätigung auf Dauer gerichtet sein muss oder schon der Einzelfall ausreichend ist. Letzterenfalls kämen damit auch Rechtswahlvereinbarungen im Rahmen von gemeinsamen Urlaubsfahrten mit Kostenbeteiligung und den typischen Haftungsausschlussvereinbarungen, die auch mit einer Rechtswahl ergänzt werden könnten, in Betracht. Legt man die Norm dahin gehend aus, die kommerzielle Betätigung müsse im Rahmen der beruflichen oder gewerblichen Tätigkeit betrachtet werden,[197] kann der betroffene Personenkreis allerdings deutlich eingeschränkt werden. Dies wird auch dem durch die Norm bezweckten Schutz schwächerer Beteiligter, wie in Erwägungsgrund 31 angesprochen, gerecht. 263

Insbesondere kommt es nicht auf einen Kaufmannsbegriff an. Zahlreiche Rechtsordnungen kennen diese Klassifizierung nicht oder verwenden sie mit einer anderen Bedeutung. 264

---

192 Vgl. Rauscher/Jakob/Picht, Art. 14 Rom II-VO Rn. 32; BeckOK-BGB/Spickhoff, Art. 14 Rom II-VO Rn. 6.
193 Loi n° 85-677 du 5 juillet 1985 tendant à l'amélioration de la situation des victimes d'accidents de la circulation et à l'accélération des procédures d'indemnisation (Loi Badinter).
194 Vgl. HHS/Bachmeier, Kap. 6 B. XII. mwN.
195 Zum deutschen Recht vgl. insbes. BGH NJW 2009, 3780 = MMR 2010, 92 mAnm Föhlisch; Pfeiffer, LMK 2010, 296275.
196 Vgl. MüKo-BGB/Micklitz, Vorbem zu §§ 13, 14 Rn. 106, 108; Bachmeier, Rechtshandbuch Autokauf Rn. 35.
197 So MüKo-BGB/Junker, Art. 14 Rn. 23; ähnlich Rauscher/Jakob/Picht, Art. Art. 14 Rn. 21 f.

Bachmeier

265 ■ **AGB-Regelungen**

Im angesprochenen kommerziellen Bereich spielen naturgemäß AGB-Regelungen eine große Rolle. Der Begriff des „freien Aushandelns" steht der Verwendung von AGB-Klauseln entgegen. Gleichwohl vertritt die hM die gegenteilige Auffassung.[198] Nach deutschem Zivilrecht, das gerade davon ausgeht, AGB seien nicht frei ausgehandelt, § 305 Abs. 1 S. 3 BGB, ist das allerdings schwer verständlich. Ein relevanter Auslegungsgesichtspunkt ergibt sich hieraus indes nicht, da die Rom II-VO autonom auszulegen ist. Betrachtet man aber den tatsächlichen Akt des Unterschreibens einer Rechtswahlklausel in AGB, etwa eines Mietwagenunternehmens, so erscheint der Begriff des freien Aushandelns weit entfernt.

266 **b) Divergierende Statuten.** Es kann auch zur gespaltenen Rechtsbestimmung kommen. Die Folgen gelten bislang als offen.[199] Eine Divergenz des anzuwendenden Rechts zwischen Beteiligten ist aber nicht ungewöhnlich. So kommt es bei der **Kollision mehrerer Fahrzeuge**, auch ohne Massenunfall, zwangsläufig zu unterschiedlichen Anknüpfungspunkten nach Art. 4 Rom II-VO. Stoßen in Frankreich zwei in Deutschland residierende und ein in Frankreich beheimatetes Fahrzeug zusammen, so gilt für den Anspruch des französischen Halters französisches Recht (Deliktsstatut nach Art. 4 Abs. 1 Rom II-VO), für die beiden beteiligten Fahrzeuge aus Deutschland untereinander wegen des gemeinsamen Aufenthalts deutsches Recht (Art. 4 Abs. 2 Rom II-VO). Diese Divergenz ist sozusagen der Rom II-VO immanent und eine typische Folge der Möglichkeiten nach Art. 4 Rom II-VO. Divergenzen stellen daher auch im Rahmen von Art. 14 Rom II-VO keine außergewöhnliche Situation dar.

267 Sonderfall Kollision deutscher Fahrzeuge bei Transport im Ausland:

Typisch für die oben genannte Situation sind auch Kollisionen bei Reisebussen deutscher Reiseunternehmer im Ausland mit im Ausland zugelassenen Fahrzeugen.[200] Werden die mit dem Busunternehmen aus Deutschland in das Ausland reisenden Insassen bei der Kollision verletzt, ist fraglich, ob Halter und Fahrer des Busses – unabhängig von vertraglichen Ansprüchen – nicht bereits nach den Bestimmungen des StVG haften. Hierbei spielt das Inkrafttreten von Rom II eine entscheidende Rolle.

268 Das OLG Brandenburg hatte noch auf der Grundlage vor Inkrafttreten von Rom II zu entscheiden. Soweit in der Entscheidung die Rspr. des BGH[201] angeführt wird und dieser sich auf § 1 Abs. 1, 2 Nr. 2 RechtsanwendungsV[202] stützte, wurde diese jedoch durch Art. 4 des Gesetzes zum Internationalen Privatrecht für außervertragliche Schuldverhältnisse und Sachen[203] aufgehoben und Art. 40 EGBGB eingeführt. Art. 40 gilt – unabhängig von seiner inhaltlichen Änderung – nach Inkrafttreten von Rom II nur noch für Fälle, die sich vor dem Inkrafttreten ereigneten oder Schadensfälle außerhalb des straßenverkehrsrechtlichen Bereichs.[204]

269 Nach dem 10.1.2009 entfällt daher die RechtsanwendungsV. Das OLG Brandenburg argumentierte jedoch zusätzlich mit einem weiteren Umstand. „Nichts anderes gilt auch in den Fällen, in denen das Land, in dem sich der Unfall ereignet hat, eine Haftung aus Betriebsgefahr nicht vorsieht. Es gibt keinen sachlichen Grund für die Annahme, dass die dem deutschen Recht immanente Haftung aus Betriebsgefahr mit dem Grenzübertritt entfällt. Nach deutschem Recht geht von dem Betrieb eines Fahrzeugs per se eine Gefährdung aus, die nicht allein dadurch entfällt, dass das Fahrzeug nicht nur in Deutschland, sondern

---

198 So Rauscher/Jakob/Picht, Art. 14 Rom II-VO Rn. 23; BeckOK-BGB/Spickhoff, Art. 14 Rom II-VO Rn. 5; Palandt/Thorn, Art. 14 Rom II-VO Rn. 9 (im Einzelfall); MüKo-BGB/Junker, Art. 14 Rn. 36: Freies Aushandeln ist Wortgeklingel ohne eigenständige Bedeutung.
199 Vgl. Rauscher/Jacob/Picht, Rom II-VO Art. 14 Rn. 45.
200 Vgl. insbes. OLG Brandenburg, NJW-RR 2016, 1038.
201 NJW-RR 1996, 732.
202 RGBl. 1942 I, 706.
203 BGBl. I S. 1026.
204 Vgl. insbes. MüKo-BGB/Junker Art. 40 EGBGB Rn. 19 f.

auch in einem Land weiter betrieben wird, das eine Haftung aus Betriebsgefahr nicht vorsieht."[205]

Dieser Argumentation kann nicht uneingeschränkt gefolgt werden. Sie trifft zwar beim reisenden deutschen Fahrgast zu, weil hier schon allein über den Begriff des gemeinsamen gewöhnlichen Aufenthalts deutsches Recht angewendet werden kann, folgt also Art. 4 Abs. 2 Rom II-VO. Sie scheitert jedoch beim Ausländer, der eine derartige Reise mit einem deutschen Busunternehmer durchführt, etwa ein Tagesausflug über die Grenze. Es kann daher nur an deutsches Recht über die vertragliche Beziehung, also nach Art. 4 Abs. 3 Rom II-VO, angeknüpft werden. Die Frage des „Sterbens der deutschen StVO" an der Grenze stellt sich damit nicht.   270

c) **Vereinbarungsstatut.** Die Rom II-VO gibt keine unmittelbare Auskunft, welchem Recht die Vereinbarung unterliegt. In der Zusammenschau mit Art. 3 Abs. 5 Rom I-VO, der auf Art. 10, 11, 13 Rom I-VO verweist, erscheint es sachgerecht, die Regelung der Rom I-VO zu übernehmen, wonach die Rechtswahlvereinbarung an dem gewählten Recht zu messen ist.[206]   271

3. Gemeinsamer gewöhnlicher Aufenthaltsort. Haben die Beteiligten einen gemeinsamen Aufenthaltsort, so ist nach Art. 4 Abs. 2 Rom II-VO am Aufenthaltsstaat zur Bestimmung des Rechts anzuknüpfen.   272

Hierbei ist der Begriff des gemeinsamen Aufenthalts zunächst nur erfüllt, wenn er für die relevanten Beteiligten im selben Land liegt. Daneben kommt es auf die **Definition des gewöhnlichen Aufenthalts** an. Da sich Art. 23 Rom II-VO lediglich auf juristische Personen bezieht, ist der Begriff eigenständig auszulegen. Auszugehen ist vom faktischen Lebensmittelpunkt.[207] Es handelt sich insoweit um den Ort, an dem die familiären, kulturellen, gesellschaftlichen, beruflichen und eventuell politischen Beziehungen über einen längeren Zeitraum bestehen,[208] letztlich entspricht er damit einerseits dem Begriff nach Art. 19 Rom I-VO[209] und andererseits dem Begriff im deutschen Recht.[210]   273

Schwierigkeiten bereitet die Frage der Intensität einer Beziehung. Sie wird sehr unterschiedlich beurteilt. „Das Schrifttum nennt 'familienähnliche Gemeinschaften' wie eine 'nichteheliche Lebensgemeinschaft' oder eine 'Wochenendbeziehung' (früher: 'Bratkartoffelverhältnis'), ferner 'Gruppenbeziehungen' wie zB 'geschlossene Reisegruppen bei organisierten Busreisen' oder 'Mitfahrerverhältnisse bei Gefälligkeitsfahrten'. ... Die Anknüpfung an einen solchen 'sozialen Kontakt' ist abzulehnen ..."[211]   274

Ob eine Mehrzahl von Orten des gewöhnlichen Aufenthalts in Betracht kommt, ist umstritten. Die hM verneint dies.[212] Schwierig ist die Abgrenzung bei Personen, die **Mehrstaatler** ohne eindeutige Bindung oder an unterschiedlichen, aber gleichwohl festen Arbeitsplätzen arbeiten und wohnen. Der gewöhnliche Aufenthaltsort iSd Norm eines Investmentbankers mit Familienwohnort in Deutschland, aber Arbeitsplatz in London dürfte in Deutschland liegen. Beim Single wird das aber schon problematisch. Lässt sich aber insoweit kein einzelner Aufenthaltsort feststellen, kommt eine Verneinung der Norm in Betracht, so dass es beim Erfolgsortrecht verbleibt.[213]   275

Teilweise wird versucht, diesen Anwendungsbereich im Wege der Analogie auf Staaten mit vergleichbaren Sachregeln, also auf konkret vergleichbares Schadensersatzrecht zu erweitern.[214] Nach dem ausdrücklichen Text der Norm („in demselben Staat") muss eine Ana-   276

---

205 AaO; im Ergebnis ebenfalls, jedoch ohne nähere Differenzierung Geigel/Kaufmann Kap. 25. Rn. 20.
206 Vgl. Rauscher/Jakob/Picht, Art. 14 Rom II-VO Rn. 27.
207 Grundl. MüKo-BGB/Sonnenberger, Einl. IPR Rn. 720 ff. sowie Winkler von Mohrenfels, FPR 2001, 189.
208 Winkler von Mohrenfels, FPR 2001, 190.
209 Vgl. Palandt/Thorn Art. 23 Rom II-VO Rn. 1.
210 Vgl. Palandt/Thorn Art. 19 Rom I-VO Rn. 6.
211 MüKo-BGB/Junker Art. 14 Rom II-VO Rn. 69.
212 Verneinend MüKo-BGB/Junker, Art. 14 Rn. 724 mwN auch zur Gegenansicht; bejahend insbes. Staudinger/v. Hoffmann, Art. 40 EGBGB Rn. 400 mwN.
213 So Staudinger/v. Hoffmann, Art. 40 EGBGB Rn. 400.
214 Zur Diskussion näher Rauscher/Unberath/Cziupka, Art. 4 Rom II-VO Rn. 68 f. mwN.

Bachmeier   85

logie ausscheiden. Denkbar ist eine Korrektur über Art. 4 Abs. 3 Rom II-VO („... aus der Gesamtheit der Umstände ... eine offensichtlich engere Verbindung ... mit einem anderen Staat").

277 **4. Engere Verbindung.** Schließlich kommt das Erfolgsortrecht nach Art. 4 Abs. 3 Rom II-VO nur dann zur Anwendung, wenn nicht auf der Grundlage einer engeren Beziehung der unerlaubten Handlung das Recht, zu dem die engere Beziehung besteht, Vorrang haben soll. Von Bedeutung ist hierbei vor allem die Frage der engeren Beziehung der Parteien zu einem anderen Staat. Mit dieser Ausweichklausel soll nach Erwägungsgrund 14 eine Einzelfallgerechtigkeit durch Auflösen von Spannungsverhältnissen, die sich bei strenger Anwendung der in der VO normierten Anknüpfungsregeln ergeben können, ermöglicht werden.

278 Die Formulierung der Ausweichklausel lässt naturgemäß einen erheblichen Spielraum für die richterliche Auslegung.[215] Dies zeigt der vom engl. High Court entschiedene Fall. Unfallbeteiligte waren die britischen Ehefrauen von in Deutschland stationierten britischen Soldaten. Der High Court stellte die Staatsangehörigkeit ebenso zurück wie den letztlich nur vorübergehenden Aufenthalt in Deutschland und wendete deutsches Recht an.[216] Die Vielzahl der Möglichkeiten, eine engste Verbindung zu bejahen, kommt schon im VO-Text zum Ausdruck. Ob das geforderte Prinzip der restriktiven Auslegung in der gerichtlichen Praxis europaweit beachtet, ob das Prinzip des flexiblen Korrekturinstruments[217] nicht *„überstrapaziert"* wird, ist angesichts des richterlichen Ermessens jedenfalls bis zu leitenden Entscheidungen des EuGH offen.

279 Die Anwendung der Regel des *forum non conveniens* ist insbes. dem englischen Recht nicht fremd.[218] Angesichts Art. 2 Abs. 1 EuGVVO kommt sie jedenfalls nicht mehr in Betracht.

280 ▪ **Auslegungsregeln:** Die Öffnung der regulären Anknüpfungen soll daher über eine restriktive Handhabung eingeschränkt, dies über die Bewertung von Umständen im Zusammenhang mit den Regelungszielen und so das räumlich-funktional angemessene Recht erlangt werden.[219]

281 Eine Einschränkung wird in jedem Falle durch die geforderte Konnexität zwischen Delikt und Sonderverbindung gefordert. Hierunter versteht man nach hM einen sachlichen Zusammenhang,[220] der jedenfalls dann nicht zu bejahen ist, wenn sich das deliktische Handeln lediglich *„bei Gelegenheit"* einer vertraglichen Leistung ereignet.

282 ▪ **Beweislastfragen:** Ob sich bei dem Begriff der engeren Beziehung auch Beweislastverteilungsfragen stellen, ist zweifelhaft. *Unberath/Cziupka*[221] gehen davon aus, für die Voraussetzungen der engeren Verbindung sei jene Partei beweispflichtig, die sich darauf berufe, während im Rahmen von Art. 4 Abs. 3 S. 2 Rom II-VO jene Partei die Beweislast trage, sie sich auf die Unangemessenheit berufe. Ob man dies unter den Begriff der Beweislast sieht, kann letztlich dahingestellt bleiben. Nach dem Weg zur Anknüpfung verbleibt es bei der Grundregel des Erfolgsstatuts, wenn die sonstigen Anknüpfungspunkte für das Gericht nicht hinreichend dargetan sind.

283 a) **Verträge.** Bekanntlich ist ein Großteil der auf Halter in Deutschland zugelassenen Fahrzeuge dem Leasingbereich zuzuordnen. Urlauber greifen im Ausland häufig zum Mietwagen oder nutzen dort angebotene Zusatzleistungen mit Busbeförderung. Vertragliche Beziehungen zwischen Geschädigten, Schädigern und Dritten treten im Rahmen des De-

---

215 Rauscher/Unberath/Cziupka, Art. 4 Rom II-VO Rn. 82: „Heimwärtsstreben".
216 Winrrow v. Hemphill and Ageas Insurance ltd. EWHC 3164 (QB) (06 October 2014) erreichbar unter www.bailii.org/ew/cases/EWHC/QB/2014/3164.html.
217 Vgl. Rauscher/Unberath/Cziupka, Art. 4 Rom II-VO Rn. 79.
218 Vgl. EuGH EuZW 2005, 345 (Owusu).
219 Rauscher/Unberath/Cziupka, Art. 4 Rom II-VO Rn. 83, 85.
220 Vgl. Rauscher/Unberath/Cziupka, Art. 4 Rom II-VO Rn. 92 mwN.
221 Art. 4 Rom II-VO Rn. 80 f.

Bachmeier

liktsrechts häufig auf, wobei die Bedeutung des Vertrags nicht von seiner Wirksamkeit abhängt, wie sich aus Art. 10 Abs. 1, Art. 12 Abs. 1 lit. e Rom I-VO ersehen lässt.[222]

aa) Anspruchskonkurrenz. Nicht alle Rechtsordnungen der Mitgliedsländer erkennen die   284
Parallelität von Anspruchsgrundlagen an. Das französische Recht etwa baut auf dem Prinzip des Vorrangs vertraglicher Ansprüche auf (*règle du non cumul*). In der Rom II-VO findet sich keine Regelung. Es ist daher zu fragen, ob nicht vertragliche Beziehungen von vornherein deliktische Ansprüche ausschließen. Auch hier ist die Beantwortung weiterhin nicht völlig geklärt.[223] Der EuGH[224] hat zwar insoweit dargelegt, auch bei Haftungsansprüchen, die nach nationalem Recht deliktsrechtlicher Natur seien, „knüpfen gleichwohl an einen ‚Vertrag oder Ansprüche aus einem Vertrag' im Sinne von Art. 5 Nr. 1 lit. a EuGVVO an, wenn das vorgeworfene Verhalten als Verstoß gegen die vertraglichen Verpflichtungen angesehen werden kann, wie sie sich anhand des Vertragsgegenstands ermitteln lassen." Das Verhältnis von Rom I-VO und Rom II-VO ist damit jedoch weiterhin umstritten.[225]

Insoweit wird in Deutschland teilweise vertreten, der Anknüpfungspunkt ergebe sich aus   285
der lex fori.[226] Die Alternative liegt bei der Anwendung der lex causae.[227] Die Konsequenz der letztgenannten Ansicht wäre

- **beim Kumulationsverbot und Vertragspartnern aus dem gleichen Staat**   286
  die Anwendung des Vertragsstatuts (gemeinsames Recht),

- **beim Kumulationsverbot und Vertragspartnern aus verschiedenen Staaten**   287
  die Anwendung der Rom I-VO nach Art. 1 Abs. 1 S. 1 Rom I-VO mit den Anknüpfungsmöglichkeiten nach Art. 4 Rom I-VO und der daran anschließenden Entscheidung, ob nach dem anzuknüpfenden Recht ein Kumulationsverbot besteht.

Hingegen ergibt sich beim **Vorrang der lex fori** nach deutschem Recht die Bejahung der   288
Kumulation von deliktischen und vertraglichen Ansprüchen.

Ungeachtet der in Art. 4 Abs. 2, 3 und 4 Rom I-VO ihrerseits liegenden Probleme dürfte   289
mit diesem Grundprinzip als Vorprüfung für die nachstehenden Vertragsbeziehungen die Problematik in der Praxis weitgehend zu entschärfen sein.

bb) Transportverträge. Da im Rahmen von Verkehrsunfällen grundsätzlich auch eine   290
Haftung des Transportunternehmens in Betracht kommt, spielt der Beförderungsvertrag insbes. bei Bahn- oder Busreisenden eine Rolle.

Beförderungsverträge für Güter oder Personen folgen im deutschen Recht weitgehend Son-   291
dervorschriften. Für die **grenzüberschreitende Beförderung** gilt § 52 Abs. 1 S. 2 PBefG, von einer geringen Ausnahme abgesehen, auch Unternehmer, die ihren den Betriebssitz im Ausland haben, § 53 Abs. 1 S. 2 PBefG bzw. für den reinen Transitverkehr § 53 Abs. 1 PBefG.

Hierbei kann nach § 23 PBefG die Haftung für Sachschäden nur in geringem Umfang ein-   292
geschränkt werden. Die **Haftung für Personenschäden** folgt unmittelbar aus § 8 a Abs. 1 StVG, „wenn es sich um entgeltliche, geschäftsmäßige Personenbeförderung handelt". Diese Haftung geht hinsichtlich der Entgeltlichkeit über die unmittelbare Verantwortlichkeit des Halters hinaus. Auch wenn er lediglich das Fahrzeug zur Verfügung stellt, etwa im Rahmen eines Mietvertrages, reicht die Entgeltlichkeit des Transportvertrags mit einem Dritten, also dem Veranstalter als Mieter, für die Anwendung von § 8 a Abs. 1 StVG aus.[228] Die Fahrgemeinschaft fällt nicht unter § 8 a StVG.[229]

---

222 Vgl. Rauscher/v. Hein, Art. 1 Rom I-VO Rn. 9 mwN.
223 Vgl. BeckOK-BGB/Spickhoff, Art. 4 Rom II-VO Rn. 4 mwN.
224 ZEuP 2015, 622 mAnm Wendelstein.
225 Vgl. *Wendelstein* aaO.
226 Vgl. BGH VersR 1961, 518; OLG Koblenz NJW-RR 2008, 148; OLG Stuttgart NZG 2008, 951 (inzidenter); zur Problematik Spickhoff, IPRax 2009, 128; Koch, VersR 1999, 1453.
227 Vgl. Koch, VersR 1999, 1453.
228 BGH NJW 1991, 2143.
229 Vgl. Nugel, NZV 2011, 1; Köhler, NZV 2011, 105.

293 Hinsichtlich des **Warentransports** kommt zudem als Haftungsgrundlage § 823 BGB in Betracht. Hier erweitert § 434 HGB die Möglichkeit von Haftungsbeschränkungen auf außervertragliche Anspruchsgrundlagen.[230] Die sich aus § 15 GüKUMT ergebende einjährige Verjährungsfrist ist allerdings nicht anwendbar.[231] Anwendbar bleibt jedoch die Frist von einem Jahr nach § 439 HGB, soweit nicht Vorsatz oder ein Verschulden nach § 435 HGB vorliegt.

294 **cc) Mietwagennutzung.** Bei Verkehrsunfällen unter Beteiligung von Mietwagen kommen verschiedene Ansatzpunkte neben dem Erfolgsortrecht in Betracht. Zu differenzieren ist nach der Beziehungsstruktur.

295 ■ **Außenverhältnis:** Zwischen den durch das Mietfahrzeug Geschädigten und dem Schädiger, also Fahrer und Halter des Mietfahrzeugs, spielt der Mietvertrag keine Rolle, weil es sich nicht um Vertragspartner handelt. Es verbleibt die Anknüpfung an das Erfolgsortrecht.

296 ■ **Fahrer und Halter:** Zwischen beiden, denen möglicherweise gegenseitige Ansprüche erwachsen, liegt ein Vertragsverhältnis zugrunde, das aber typischerweise nur einseitige Schadensersatzregelungen aufweist, nämlich jene des Vermieters: Beeinträchtigungen, die über die normale Sachnutzung hinausgehen, sind zu entschädigen.

297 Soweit es sich also um den Schadensersatzanspruch des Mieters wegen einer **Pflichtverletzung des Vermieters** handelt, etwa wegen mangelhaften Zustands des Fahrzeugs, handelt es sich um einen originären deliktischen Anspruch. Gleiches gilt – bedeutsam für den Direktanspruch – für die sich aus dem Versicherungsvertrag ergebenden Ansprüche. Der Vertrag steht daher der Anknüpfung an den Erfolgsort nicht entgegen.

298 Hinsichtlich des **Vermieteranspruchs aus Vertrag** liegt eine typische Sonderkonstellation vor, in der die Rechte und Pflichten vereinbart werden. Es kann daher durchaus als sachgerecht beurteilt werden, dem Vertrag den Vorrang bei der Anknüpfung einzuräumen. Die Folge ist die Nichtanwendung von sonstigen Anknüpfungspunkten der Rom II-VO. War das Fahrzeug im Residenzland des Mieters angemietet worden, verbliebe es bei der Anwendung des dort geltenden Rechts, war der Vertrag grenzüberschreitend, etwa Online, oder erst im Ausland abgeschlossen worden, liegt ein Bezug zum Recht verschiedener Staaten vor, so dass nach Art. 1 Abs. Rom I-VO diese VO zur Anwendung kommt. Gleiches gilt auch für den Vertragsabschluss vor Ort, wenn der Vertrag über die Internetwerbung des Vermieters zustande kam.[232]

299 Dass hierdurch das anzuwendende Recht gespalten wird, ist an sich keine Sonderkonstellation, sondern tritt auch bei anderen Situationen ein. Gegen eine Aufspaltung sprechen könnte aber der Umstand der Aufspaltung innerhalb eines einzigen Vertragsverhältnisses mit beachtlichen Folgen hinsichtlich der Anknüpfungspunkte. Der EuGH[233] hat zwar zu Art. 4 EVÜ vom Erfordernis der Grundlage eines „hohen Niveaus der Rechtssicherheit" und vom Aufgeben einer einheitlichen Anknüpfung nur bei klar abgrenzbaren Kriterien gesprochen. Ob dies für den vorliegenden Fall hinreichende Kriterien für die Entscheidung gibt, ist gleichwohl völlig offen. Letztlich muss eine Klarstellung seitens des EuGH abgewartet werden.

300 Geht man von Art. 4 Rom I-VO aus, so ist ohne ausdrückliche Rechtswahl an den Sitz des Vermieters anzuknüpfen, weil hier die charakteristische Leistung erbracht wird.[234] Dies gilt jedoch nicht bei Verträgen mit Verbrauchern und einer Tätigkeit im Wohnsitzstaat des Verbrauchers. Hier ist nach Art. 6 Abs. 1 Rom I-VO an das Wohnsitzrecht anzuknüpfen. Dies führt zu weiteren grundlegenden **Abgrenzungsproblemen.** Zum einen ist zunächst schon die Frage der Verbrauchereigenschaft nicht einfach zu klären. Jedenfalls wäre zu differenzieren, ob der Mieter den Mietwagen für einen geschäftlichen Zweck nutzt, dann

---

230 Vgl. Baumbach-Hopt/Merkt § 434 HGB Rn 1 f.
231 BGH NJW 2000, 330, 331.
232 EuGH Urt. vom 6.9.2012 – C-190/11: Vertragsabschluss im Fernabsatz nicht erforderlich.
233 EuZW 2009, 822, 824.
234 MüKo-BGB/Martiny, Art. 4 Rom I-VO Rn. 167 mwN.

Bachmeier

ist nach Art. 4 Abs. 2 Rom I-VO anzuknüpfen, handelt es sich um eine private Nutzung, so gilt Art. 6 Abs. 1 Rom I-VO. Hinzu tritt die bekannte Dual-Use-Problematik.[235] Zudem muss abgeklärt werden, ob die für den Verbrauchergerichtsstand nach Art. 6 Abs. 1 lit. b Rom I-VO erforderliche Absatztätigkeit im Land des Verbrauchers zu bejahen ist. Urlaubsangebote werden zwischenzeitlich sehr stark im Internet angeboten und auch angenommen. Damit ist zu prüfen, ob das Angebot des Vermieters den Kriterien dieser Absatztätigkeit entspricht. Auch diese Frage ist sehr umstritten.[236]

Die Situation zeigt die Abbildung 1 auf der Grundlage eines einfachen Falles. Das von M 301 angemietete und ihrem Ehemann gefahrene Fahrzeug wird in einen Auslandsunfall verwickelt. Hierbei werden M und das im Fahrzeug sitzende Kind verletzt.

Abbildung 1

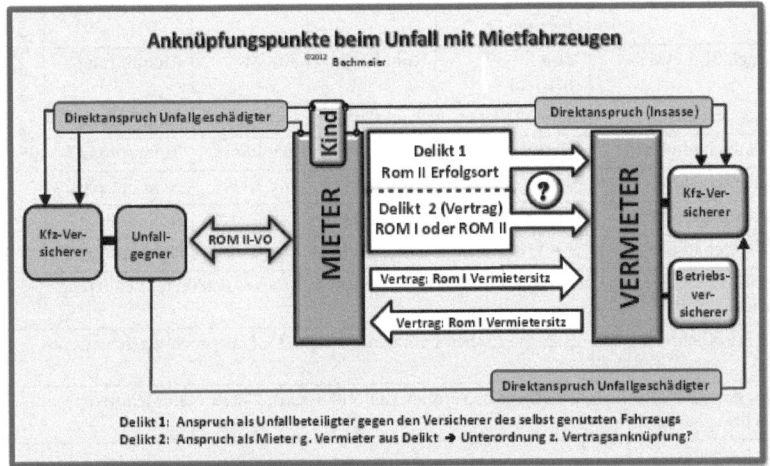

Bei der mit *Delikt 2* gekennzeichneten Anspruchsgrundlage handelt es sich, wenn man 302 einen Fahrzeugmangel unterstellt, um einen deliktischen Anspruch. Gleichzeitig wird, wie im deutschen Recht, auch eine vertragliche Pflichtverletzung anzunehmen sein. Nach deutschem Recht wäre der Anspruch des Mieters auf §§ 280 ff. BGB zu stützen, der parallel neben dem deliktischen Anspruch nach §§ 823 ff. BGB stünde. Allerdings kommt nach der Rechtsprechung des BGH[237] das „Quasizurücktreten" des deliktische Handelns gegenüber der Anknüpfung an den Vertrag unter Umständen in Betracht. Ob eine derartige Situation oder die „règle du non cumul" wie im französischen Recht in dem anzuknüpfenden Recht Anwendung findet, kann erst festgestellt werden, wenn ein Rechtssystem konkret in Betracht kommt.

Schon bei einem relativ einfachen Sachverhalt unter Reduzierung auf die problembezoge- 303 nen Anspruchsmöglichkeiten ergibt sich für die möglichen Schadensersatzansprüche (SEA) somit eine Vielzahl von Anknüpfungsmöglichkeiten hinsichtlich der einzelnen Geschädigten (G):

---

235 Vgl. EuGH EuZW 2015, 767, hierzu Pfeiffer LMK 2015, 372972; BGH NJW 2005, 1273; Rauscher/Heiderhoff, Art. 6 Rom I-VO Rn. 19 ff.; Bachmeier, Rechtshandbuch Autokauf, Rn. 35.
236 Vgl. MüKo-BGB/Martiny, Art. 4 Rom I-VO Rn. 33 mwN; BeckOK-BGB/Spickhoff, Art. 6 Rom I-VO Rn. 27 mwN.
237 Vgl. BGH NJW 2011, 3584: Trotz des Fehlens einer Vertragsbindung zum Arzt, Prägung des Behandlungsfehlers durch den Vertrag zwischen Patienten und Krankenhaus!

304 Tabelle 4: **Anknüpfungsprobleme** bei Mietwagenunfällen

G	Stellung	Gegner	Anknüpfungsort		Problembereich	
	Unfallgeschädigte	G1 + V(Kfz) 1	Rom II-VO	Erfolgsort	Anknüpfung 1	
	Unfallgeschädigte	V + V(Kfz) 2	**Rom II-VO**	Erfolgsort	**Anknüpfung 1**	
	Unfallgeschädigte	Ehemann	**Rom II-VO**	Sitz M+E	**Anknüpfung 2**	
M	Delikt. SEA (Unt.)	**V1 + V** (Betrieb)	Rom I-VO	**Sitz V**	Anknüpfung 3	
	Vertragl. SEA (Unt.)	**V1 + V** (Betrieb)	Rom I-VO	Sitz V	Anknüpfung 3	
	Delikt. SEA (Verbr.)	**V1 + V** (Betrieb)	Rom I-VO	Sitz M	**Anknüpfung 4**	
	Vertragl. SEA (Verbr.)	**V1 + V** (Betrieb)	Rom I-VO	Sitz M	Anknüpfung 4	Règle de non cumul oder Quasizurücktreten?
K	Unfallgeschädigter	G1 + V(Kfz)1	Rom II-VO	**Erfolgsort**	Anknüpfung 1	
K	Unfallgeschädigter	**V1 + V(Kfz)2**	Rom II-VO	**Erfolgsort**	Anknüpfung 1	
K	Unfallgeschädigter	**Vater**	Rom II-VO	**Sitz K+E**	Anknüpfung 2	
E	Unfallgeschädigter	G1 + V(Kfz)	Rom II-VO	**Erfolgsort**	Anknüpfung 1	
G1	Unfallgeschädigter	V + V(Kfz)1	Rom II-VO	**Erfolgsort**	Anknüpfung 1	

M = Mieterin; K = Kind; E = Ehemann (Fahrer); G1 = Anspruch aus zweitbeteiligtem Fahrzeug; V = Vermieter

V(Kfz)1 = Haftpflichtversicherer d. gegnerischen Fahrzeugs; V(Kfz)2 = Haftpflichtversicherer des Mietwagens

V(Betrieb) = Betriebshaftpflichtversicherer d. Vermieterunternehmens; Unt. = Unternehmer; Verbr. = Verbraucher

305 Beim Unfall mit Beteiligung eines Mietwagens ist demgemäß nur nach umfangreicher Einzelprüfung festzustellen, an welches Rechtssystem und seine konkreten Folgen anzuknüpfen ist. Im Gegensatz zu der auf verschiedene Fahrzeuge bezogenen Anknüpfung, bei der unterschiedliche Ergebnisse der Rom II-VO durchaus entsprechen, könnten sich bei M sogar innerhalb einer Person drei **unterschiedliche Anknüpfungsmöglichkeiten** ergeben sowie die Problematik der schwierigen **Trennung Unternehmer/Verbraucher** (einschließlich Dual-Use) und des möglichen Zurücktretens deliktischer Ansprüche neben vertraglichen. Außerdem könnten sich innerhalb der Familie angesichts der unterschiedlichen Anknüpfungen völlig veränderte Anspruchsgrundlagen ergeben. Man denke nur an die Höhe des Schmerzensgeldes nach deutschem und ausländischem Recht, insbes. des Angehörigenschmerzensgeldes. Deutschland ist insoweit praktisch isoliert.[238]

306 Wie auch die Erwägungsgründe 16, 23, 24 der Rom I-VO sowie die Erwägungsgründe 6 und 16 der Rom II-VO bestätigen, soll das System von Rom I und Rom II Rechtssicherheit und Vorhersehbarkeit schaffen. Dieses Prinzip gilt unabhängig von der Frage des nach Klärung anzuwendenden Rechts,[239] soll also in dieser Hinsicht grundlegende Sicherheit schaffen. Derartiges kann hier nur eine grundsätzliche Anknüpfung an den Erfolgsort erbringen.

307 **b) Persönliche Beziehungen.** Neben vertraglichen Beziehungen können zwischen Geschädigten und Schädigern vielfältige persönliche Beziehungen vorliegen, die für eine akzessorische Anknüpfung in Betracht kommen.

---

238 Vgl. Danzl, DAR 2004, 181; Huber, NZV 2012, 5.

239 Vgl. Rauscher/Unberath/Cziupka, Art. 4 Rom II-VO Einl. Rom II-VO Rn. 2.

Bachmeier

Unabhängig von den jeweiligen primären Lösungen der Anknüpfung muss stets auch an 308
eine Korrektur im Rahmen der Ausweichklausel nach Art. 4 Abs. 3 S. 1 Rom II-VO gedacht werden – ein weiteres Eingangstor zu dem schon von *Nussbaum* angesprochenen
„Heimwärtsstreben".[240]

aa) **Familienbereich.** Hier kommen **familienrechtliche Beziehungen** zwischen Ehegatten 309
bzw. Lebenspartnern, als auch zwischen Eltern und Kindern in Betracht. Probleme ergeben sich in zweierlei Richtung.

■ **Bezugsgruppen:** Fraglich ist zudem, ob allein **faktische Verhältnisse** einer familiären 310
Beziehung gleichgesetzt werden können. Dies lässt sich aus der Norm selbst heraus
nicht eindeutig beantworten, da die konkreten vertraglichen Beziehungen nur einen
Teil der genannten Rechtsverhältnisse darstellen, also auch **außervertragliche rechtliche Sonderverbindungen** in Betracht kommen.[241] Die hM geht davon aus, dass bei der
nicht-ehelichen Lebensgemeinschaft die Schwelle zum normgemäßen Rechtsverhältnis
nicht erreicht sei.[242] In dieser Klarheit lässt sich das allerdings nicht feststellen. So besteht schon Streit über die Qualifizierung des Verlöbnisses.[243] Wenn man die in zahlreichen Mitgliedsländern zu beobachtende moderne gesellschaftliche Sicht betrachtet,
kann ein Rechtsverhältnis nicht völlig verneint werden. „Die Zeit, in der die Auffassung habe vertreten werden können, dass zwischen nicht miteinander verheirateten Eltern keine Rechtsbeziehungen bestünden, gehöre der Vergangenheit an. Ein solches
Verständnis werde auch den gesellschaftlichen Gegebenheiten nicht mehr gerecht. Vielmehr befänden sich Eltern, die – ohne miteinander verheiratet zu sein – gemeinsam die
elterliche Verantwortung ausübten, in einer mit verheirateten Eltern vergleichbaren
Lage."[244]

■ **Folgen:** In der Praxis tritt häufig die Ansicht auf, unter Ehegatten und Kindern würden 311
Haftungsansprüche nicht in Betracht kommen. Hierfür gibt es nach deutschem Recht
in § 1359 BGB (Ehegatten)[245] ebenso wenig wie in § 1626 BGB (Eltern-Kind-Verhält-
nis)[246] eine Rechtsgrundlage. Namentlich für den Straßenverkehrsbereich geht die
Rechtsprechung insoweit davon aus, dass hier grundsätzlich **keine Haftungseinschränkung** existiert.[247] Eine Anknüpfung scheidet damit generell aus. Sollte insoweit das an-
zuknüpfende Recht im Familienbereich Ansprüche unter Ehegatten ausschließen, ist
an einen Fall des ordre public zu denken, da die deutsche Rechtsordnung derartiges
nicht kennt und der Ausschluss auch verfassungsrechtlich bedenklich wäre.

Wer bei der nicht-ehelichen Lebensgemeinschaft das erforderliche Rechtsverhältnis zur 312
Anwendung von Art. 4 Abs. 3 S. 2 Rom II-VO bejaht, kommt zur gleichen Lösung.
Wer es verneint, muss sich dann aber mit der Frage auseinandersetzen, ob angesichts
der Verbundenheit nicht gesellschaftsrechtliche Anknüpfungsmöglichkeiten bestehen
(vgl. nachstehend unter → Rn. 317).

bb) **Arbeitsverhältnis.** Auch arbeitsrechtliche Verhältnisse kommen unter dem Gesichts- 313
punkt der Akzessorietät in Betracht. Im Straßenverkehrsbereich spielt die Fahrgemeinschaft und die Mitfahrgelegenheit gerade bei der Fahrt in grenznahen Gebieten zur ausländischen Arbeitsstelle eine erhebliche Rolle. Wird hierbei ein Firmenfahrzeug genutzt, ist
auch die Beziehung zum Arbeitgeber zu prüfen, etwa bei durch den Fahrzeugzustand verursachten Unfällen.

---

240 Vgl. auch die Entscheidung des High Court Of Justice Queen's Bench Division (2010) vom 27.10.2010 –
   EWCA Civ 1208 (Zurücktreten von Art. 4 Rom II-VO und Anwendung englischen Rechts, wenn engl. Büro Grüne Karte in Anspruch genommen wird); hierzu abl. Armbrüster, ZEuP 2012, 163; näher Rn. 456.
241 Vgl. Rauscher/Unberath/Cziupka, Art. 4 Rom II-VO Rn. 112.
242 Vgl. MüKo-BGB/Junker, Art. 4 Rom II-VO Rn. 54; Rauscher/Unberath/Cziupka, Art. 4 Rom II-VO
   Rn. 112 (mit Einschränkung: „in der Regel").
243 Vgl. Rauscher/Unberath/Cziupka, Art. 4 Rom II-VO mwN.
244 BGH NJW 2001, 1488, 1489 mwN; vgl. auch MüKo-BGB/Wellenhofer, Nach § 1302 Rn. 1 f.
245 Vgl. MüKo-BGB/Roth, § 1359 Rn. 7.
246 Vgl. Staudinger/Peschel-Gutzeit, § 1626 Rn. 75.
247 BGH NJW 1970, 1271; std. Rspr. zul. BGH NJW 2009, 1875.

314 ■ **Fahrgemeinschaft:** Soweit sich Fahrzeuginsassen an den Fahrkosten beteiligen, kommt eine Gemeinschaft oder ein Gesellschaftsverhältnis in Betracht (nach deutschem Recht meist eine GbR). Gleichwohl wird die Verbindung der Beteiligten als so gering anzusehen sein, dass die Schwelle zum akzessorietätsauslösenden Rechtsverhältnis noch nicht zu bejahen ist.[248] Der nach § 8 a StVG vorhandenen Sonderregelung unterliegt die Fahrgemeinschaft ohnehin nicht.[249]

315 ■ **Mitfahrgelegenheit:** Gleiches gilt umso mehr, wenn lediglich das allein arbeitsplatzbedingte Mitfahren für die Unfallbeteiligung relevant war.

316 Allerdings wird – für beide Varianten relevant – unter Bezugnahme auf die deutsche sozialversicherungsrechtliche Struktur vertreten, das **Arbeitsverhältnis als Anknüpfungspunkt** zu wählen.[250] Bei Abweichung anderer Rechtsordnungen vom deutschen sozialversicherungsrechtlichen Haftungsprivileg bestehe die Gefahr des „Heimwärtsstrebens". Dem ist entgegenzuhalten, dass lediglich ein typischer Fall unterschiedlicher Rechtsfolgen in europäischen Rechtskreisen vorliegt, nicht anders als etwa der Unterschied bei Verjährungsfristen von einem oder 10 Jahren.

317 **cc) Gesellschaftsverhältnis.** Gemäß Art. 1 Abs. 2 lit. d Rom II-VO unterliegen gesellschaftsrechtliche Ansprüche nicht der Anwendung der VO. Haftungsansprüche im Zusammenhang mit dem Straßenverkehr stellen aber keine originär gesellschaftsrechtlichen Ansprüche dar, so dass der Anwendungsausschluss nicht in Betracht kommt. Vielmehr ist die Akzessorietät nach Art. 4 Abs. 3 S. 2 Rom II-VO zu prüfen. Neben den bereits angesprochenen Konstellationen im Arbeitsverhältnis und der nicht-ehelichen Lebensgemeinschaft, spielen gemeinsame Fahrten von **büroverbundenen Selbstständigen** (etwa zur Fortbildungsveranstaltung) eine Rolle.

318 Wer wie beim Verhältnis von Arbeitskollegen, eine relevante Sonderverbindung bejaht, wird nicht umhin können, zumindest bei Partnern eines Büros Gleiches zu tun.

319 Auch hier gilt aber das bereits oben Gesagte. Unterschiedliche Rechtsansätze sind Teil der europäischen Rechtsordnungen, das in Erwägungsgrund 6 verankerte Prinzip der Vorhersehbarkeit bedeutet nicht Vorhersehbarkeit iSd deutschen Rechtsordnung, sondern restriktive Auslegung von Öffnungsklauseln. Auch unterschiedliche Ansätze in den Art. 38–42 EGBGB aF wurden verdrängt. Das primäre Ziel der Rom II-VO besteht darin, „sicherzustellen, dass die Gerichte der Mitgliedstaaten auf Sachverhalte mit Auslandsbezug im Ergebnis das gleiche Sachrecht anwenden".[251] Die zur Kleinstaatlichkeit führende Betonung der Eigenstaatlichkeit ist kontraproduktiv.

320 **dd) Soziale Gemeinschaften.** Reisen von besonderen Gruppen, etwa **Schulfahrten, Vereinsfahrten** oder Zusammenschlüsse mit dem Ziel eine günstige Finanzierung von **Urlaubsfahrten** zu erreichen, ähneln zwei unterschiedlichen Bereichen, einerseits familiären Gemeinschaften, andererseits Gemeinschaften im Arbeitsbereich. Diese Gruppen sind gekennzeichnet durch einen gemeinschaftlichen Zweck, der sie zu einer Fahrgemeinschaft vereint, aber über die Reise selbst hinaus nicht von besonderer Bedeutung ist. Einzig die Schulfahrten gehen darüber hinaus. Trotz der hierbei sozialversicherungsrechtlichen Komponente, die auch zu einer Haftungsreduktion führen kann,[252] ist dieser Zusammenschluss aber nicht stärker zu bewerten, als bei den schon zu nennenden „Zweckgemeinschaften". Eine tiefer gehende Verbindung der Schüler über den Schulzweck hinaus ist zu verneinen. Ob Haftungseinschränkungen bestehen, ist dem jeweils anzuknüpfenden Recht zu entnehmen.

321 **ee) Rennveranstaltungen.** Verbotene Rennen,[253] teils durch zahlreiche Länder sowie Oldtimer-Rallyes, sind ein fester Bestandteil motorbegeisterter Europäer und spielen daher

---

248 So auch Rauscher/Unberath/Cziupka, Art. 4 Rom II-VO Rn. 164.
249 Vgl. Nugel, NZV 2011, 1; Köhler, NZV 2011, 105.
250 Grundl. schon Seetzen, VersR 1970, 1, 9 mwN; Palandt/Thorn, Art. 4 Rom II-VO Rn. 27.
251 Rauscher/Unberath/Cziupka, Art. 4 Rom II-VO Rn. 1.
252 Nach deutschem Recht § 104 Abs. 1 SGB VII; hierzu BGH NZS 2012, 546.
253 Nach deutschem Recht § 29 Abs. 1 StVO; hierzu näher Lütkes/Bachmeier, § 29 StVO Rn. 1-11.

auch im grenzüberschreitenden Straßenverkehr durchaus eine Rolle. Unfälle bei derartigen Veranstaltungen sind nicht ungewöhnlich. Anlass insoweit an eine Sonderanknüpfung zu denken, besteht jedoch nicht. Die Verbindung der Teilnehmer ist gering, soweit es sich ohnehin nicht um Spontanaktionen handelt. Eine gesellschaftsrechtliche Verbindung kommt regelmäßig nicht in Betracht, so dass es bei der Grundanknüpfung nach Art. 4 Abs. 1 Rom II-VO verbleibt.

5. Sonderfall Massenkarambolage. Für den Massenunfall kann allerdings ebenso wenig wie beim Mietwagenunfall von einer gesicherten Lösung ausgegangen werden.[254] Regelmäßig wird eine Vielzahl von Personen und Fahrzeugen mit einer entsprechenden Zahl von Anknüpfungsgesichtspunkten beteiligt sein. Gleichartige Probleme gibt es bei einer Mehrheit von Schädigern.[255] — 322

a) Haftungsgruppen. Beim **Standardunfall** sind die rechtlichen Strukturen zwischen Schädiger und Geschädigten auch dann überschaubar, wenn auf Schädigerseite mehrere Beteiligte anwesend sind. Dem Geschädigten gegenüber haften alle Schädiger nach dem Grundsatz der Gesamtschuld. — 323

Schwierigkeiten treten auf, wenn zwischen dem Geschädigten und einem der Schädiger eine **Sonderbeziehung** zu bejahen ist. Beim Unfall mit einem Bus steht dem geschädigten Fahrgast ein vertraglicher Anspruch zu, der möglicherweise zur Annahme von im Vertrag geregelten Haftungsbeschränkungen führt, während der Fahrgast gegenüber dem weiteren Schädiger, etwa einem anderen Fahrer/Halter/Versicherer einen originär uneingeschränkten deliktischen Anspruch geltend machen kann. Es stellt sich damit auch das Problem der **gestörten Gesamtschuld.**[256] Nur vordergründig spielt die Frage der Anknüpfung für den Geschädigten keine Rolle. Er kann sich zwar an jeden Gesamtschuldner wenden, vermag dann aber nur die sich diesem gegenüber ergebenden Ansprüche aus dem hierzu angeknüpften Recht geltend machen. Das Unterlassen einer Prüfung gegenüber jedem der Gesamtschuldner kann zum Haftungsfall führen, wenn die Ansprüche unterschiedlich ausfallen. — 324

b) Beziehungsstruktur. Einen Sonderfall der Mehrheit von Schädigern stellt der sog **Massenunfall** dar. Per se ist jeder geschädigte Fahrer oder Halter zugleich Schädiger. Es handelt sich vereinfacht ausgedrückt um ein Konglomerat von Schädigern und Geschädigten. Während beim Standardunfall die Beziehungsstrukturen überschaubar und daher die Rechtsbeziehungen trotz einzelner Schwierigkeiten im Prinzip gut zuzuordnen sind, entscheidet beim Massenunfall das angeknüpfte Recht über den Anscheinsbeweis, der in unterschiedlichen Rechtsordnungen nicht einheitlich sein muss. Es kann die gesamte Vielfalt von Art. 4 Rom II-VO eingreifen. — 325

c) Lösungsansätze. Bei Massenunfällen werden zwar gerichtliche Probleme selten auftreten, da derartige Unfälle durch eine von den beteiligten Versicherern gebildete Lenkungskommission außergerichtlich – soweit möglich – geklärt und die Geschädigten dem ermittelten Ergebnis gemäß entschädigt werden (Klaglosstellung).[257] — 326

Sofern der Geschädigte mit der ihm angebotenen Schadensersatzleistung nicht einverstanden ist, muss nach allgemeinen Regeln abgewickelt werden. Es gelten die allgemeinen Grundsätze der Beweiserhebung – die Unaufklärbarkeit kann meist vorausgesagt werden. Da auf dieser Grundlage auch die Versicherer die **Schadensteilung** untereinander vorgenommen haben, werden kaum Probleme des Haftungsausgleichs im Innenverhältnis auftreten. — 327

---

254 Vgl. Palandt/Thorn Art. 4 Rom II-VO Rn. 14; Rauscher/Unberath/Cziupka, Art. 4 Rom II-VO Rn. 72, 161.
255 Vgl. hierzu näher Rauscher/Unberath/Cziupka, Art. 4 Rom II-VO Rn. 75.
256 Zum Problem nach deutschem Recht näher Bachmeier, Beck´sches Mandatshandbuch Verkehrszivilrecht Rn. 248 ff.
257 Vgl. hierzu auch F-J-L/Backu Rn. 38, 46; generell zur praktischen Schadensabwicklung bei Massenunfällen Bachmeier, Beck´sches Mandatshandbuch Verkehrszivilrecht Rn. 199, 289 sowie das Abkommen des schweizerischen Versicherungsverbandes, erreichbar unter http://www.svv.ch/de/politik-und-recht/recht/ab kommen-zur-schadenregulierung/abkommen-zur-regulierung-von-schaeden-aus-ma.

328 Ist der Geschädigte mit der Abfindung nicht einverstanden, kommt es zur oben angeführten **Einzelprüfung** und Feststellung der einzelnen Rechtsverhältnisse. Hierfür kann zunächst eine Tabelle mit Korrelationen wie im Mietwagenfall aufgestellt und die Grundanknüpfungen auf die Probleme der Vorhersehbarkeit und Rechtssicherheit überprüft werden. Rechtssicherheit bedeutet auch, den Ausgang von Rechtsstreitigkeiten vorhersehbar zu machen, so ausdrücklich der Erwägungsgrund 6 der Rom II-VO. Gemeint ist damit nicht die bekannte tatsächliche Komponente,[258] sondern die dogmatisch überschaubare Rechtsgrundlage. Dementsprechend ist ein Konglomerat von schwer zu ermittelnden Anknüpfungspunkten und alternativen Gerichtszuständigkeiten keine Grundlage iSd Erwägungsgrunds 6. Wenn der Geschädigte erst am Ende eines Gerichtsverfahrens sicher weiß, welche Ansprüche ihm zustehen, vermag man von der Sicherheit isd Erwägungsgrunds 6 nicht mehr zu sprechen. Plastisch ausgedrückt, kann eine Lösung, die Probleme vom Kfz-Haftpflichtversicherer auf den Berufshaftpflichtversicherer des Anwalts verlagern, nicht sachgerecht sein.

329 Eine Lösung der Problematik könnte wie in der folgenden Tabelle dargestellt aussehen.

Tabelle 5: Lösungsansatz beim Massenunfall

Geschädigte	Anküpfungspunkt	
	Intern	Extern
Einzelgeschädigte: (Fahrer/Halter eines Fahrzeugs ohne Sondermerkmale)	➲	Art. 4 I Rom II-VO Erfolgsort
Geschädigtengruppen:		
■ Vertragsverbundene Geschädigte (Bus-, Bahnreisende; Gesellschafter)	Art. 4 III Rom II-VO Vertragl. Anknüpfung	Art. 4 I Rom II-VO Erfolgsort
■ Personalverbundene Geschädigte (Familien, Lebenspart., nicht-ehel. Lebensgemeinschaften	Art. 4 II Rom II-VO Gemeins. Aufenthalt	Art. 4 I Rom II-VO Erfolgsort
■ Residenzverbundene Geschädigte (gleiches Statusland)	Art. 4 II Rom II-VO Gemeins. Aufenthalt	Art. 4 I Rom II-VO Erfolgsort
Intern = Ansprüche gegen Gruppenteilnehmer; Extern = Ansprüche gegen Nichtgruppenteilnehmer		

330 Damit reduziert sich die Abgrenzungsproblematik nach der Stufenprüfung von Art. 4 Rom II-VO auf die gruppeninternen Haftungsfragen. Im größeren Außenbereich werden schwierigste und schwer vorhersehbare Lösungen vermieden.

331 **6. Sonderfall Zweitgeschädigte** („*indirect victims*"). Probleme ergeben sich auch bei der Frage, welche Anknüpfungspunkte bei einem mittelbar Geschädigten für den Erfolgsort heranzuziehen sind. So treten etwa Ansprüche auf Unterhaltsverluste, Beerdigungskosten,

---

258 „Coram iudice et in alto mare in manu dei sumus." (Vor Gericht und auf hoher See sind wir in Gottes Hand.).

Angehörigenschmerzensgeld[259] unmittelbar bei Dritten ein. Gerichtliche Äußerungen hierzu fehlen bislang. In der Literatur ist streitig, ob bei Schäden Dritter nach dem Akzessorietätsprinzip am Ausgangsgeschädigten anzuknüpfen oder von getrennten, jeweils iSv Art. 4 Abs. 1 Rom II-VO, Primärschäden auszugehen ist.[260]

Nunmehr hat der EuGH jedenfalls insoweit eine Klärung herbeigeführt, als „Schäden im   332
Zusammenhang mit dem Tod einer Person bei einem solchen Unfall im Mitgliedstaat des angerufenen Gerichts, die in einem anderen Mitgliedstaat wohnhafte nahe Verwandte dieser Person erlitten haben, als ‚indirekte Schadensfolgen' dieses Unfalls im Sinne dieser Vorschrift anzusehen sind. "[261]

Dafür spricht die Vermeidung einer anderenfalls möglichen Rechtsaufspaltung zwischen   333
den einzelnen Beteiligten.[262] Andererseits wird sich diese bei mehreren Unfallbeteiligten, etwa beim Busunfall oder der Massenkarambolage, ohnehin kaum vermeiden lassen. Staudinger weist zutreffend darauf hin, dass mit der Erfolgsortbeziehung dann massive Unterschiede eintreten, wenn beim Unfall mit deutscher Rechtsanknüpfung etwa eine ital. Witwe auf das insoweit extrem eingeschränkte deutsche Schadensersatzrecht verwiesen wird und die Anwendung des Ordre public herangezogen werden kann. Nach deutschem Recht käme eine Anwendung der Ordre-public-Regel im umgekehrten Fall nicht in Betracht. Eine Klärung durch den EuGH scheidet insoweit aus, als die Frage eines Ordre-public-Verstoßes nach der lex fori zu beurteilen und damit als innerstaatliches Recht dem Zugriff des EuGH verwehrt ist. Ob er über Art. 26 Rom II-VO einen Zugriff annimmt, ist angesichts der erheblichen Differenzierungen in den betroffenen Ländern kaum anzunehmen.[263] Schließlich geht es um die geltenden Grundwertungen am Ort des Gerichts.[264]

7. Schadenshöhe und Rechtsanknüpfung. Soweit es um den Haftungsgrund geht, wird   334
sich vielfach unabhängig von Verschuldenshaftung und/oder Gefährdungshaftung der Unterschied bei den Rechtssystemen überwiegend noch gering auswirken. Als gravierend und den Opferschutz nachhaltig beeinträchtigend müssen indes die unterschiedlichen Möglichkeiten der Schadenshöhe bezeichnet werden.

Deshalb war die Frage, welche Rechtsordnung der Bestimmung der Schadenshöhe zugrunde zu legen ist, im Rechtssetzungsverfahren massiv umstritten. Die Forderung des EU-Parlaments nach einer zwischen Haftungsgrund und Schadenshöhe differenzierten Regelung wurde vom Rat abgelehnt, ein Kompromissvorschlag scheiterte. Man konnte sich lediglich dahin gehend einigen, einen Erwägungsgrund 33 einzufügen. Hiernach sollten die Gerichte „bei der Schadensberechnung für Personenschäden in Fällen, in denen sich der Unfall in einem anderen Staat als dem des gewöhnlichen Aufenthalts des Opfers ereignet, alle relevanten tatsächlichen Umstände des jeweiligen Opfers berücksichtigen, insbesondere einschließlich tatsächlicher Verluste und Kosten für Nachsorge und medizinische Versorgung".

Welche Bedeutung dem Erwägungsgrund 33 der Rom II-VO zukommt, ist offen. Die Relevanz dieser Erwägung ist derzeit kaum abzuschätzen und Einfallstor für einen grundsätzlichen Einstieg in das Recht des Heimatlandes, der sich als Wunsch immer wieder ersehen lässt.

Aus Sicht des in Deutschland residierenden Geschädigten mag dies vordergründig nicht so   337
bedeutsam sein, weil im Bereich des besonders problemträchtigen Personenschadens das deutsche Recht eher im einschränkenden Bereich anzusiedeln ist. Betrachtet man vor allem

---

259 Zur Lage in Europa Huber, NZV 2012, 5,6 mwN.
260 So Rauscher/Unberath/Cziupka, Rom II-VO Art. 4 Rn. 53 ff. mit Nachw. zur Gegenansicht; aA unter Berufung auf EuGH NJW 1991, 631, 632 (zu Art. 5 Nr. 3 EuGVÜ = Vorgängernorm zu Art. 5 Nr. EuGVVO aF) Staudinger/Czaplinski, NJW 2009, 2249, 2252 mwN, nicht jedoch für Schockschäden naher Angehöriger.
261 NJW 2016, 466 mAnm Staudinger = r+s 2016195 mAnm Friesen = ZVR 2016, 397 mAnm Huber.
262 So Friesen aaO.
263 Vgl. Beck-Ok/BGB/Spickhoff Art. 26 Rom II-VO Rn. 2.
264 MüKo-BGB/Junker Art. 26 Rom II-VO Rn. 16.

die südeuropäischen Länder, so führt das deutsche Personenschadensrecht zu massiven Einschnitten gegenüber Geschädigten aus diesen Ländern.

338 Das AG Frankenthal[265] ging hierbei unter Berücksichtigung von Erwägungsgrund 33 davon aus, es sei auf die im Wohnsitzland des Geschädigten (hier Deutschland gegenüber Polen) herrschenden Gesichtspunkte abzustellen (höheres Preisniveau).

339 Beim Sachschaden wiederum begünstigt deutsches Recht den hiesigen Geschädigten. Ob etwa Nutzungsausfallentschädigung, Mietwagenkosten oder Sachverständigenkosten gezahlt oder verweigert werden, kann noch als akzeptabel bezeichnet werden. Betrachtet man die Anwaltskostenerstattung, so wird allerdings bei einem Unfall in Irland oder Großbritannien ohne Rechtsschutzdeckung das dortige Recht zum Verzicht auf eine Klage führen müssen. Dem Hinweis von *Unberath/Cziupka*,[266] die Bewohner reicher Länder würden gegenüber denen armer Länder bevorzugt, ist indes nicht beizupflichten: Das Personenschadensrecht des „armen Griechenlands" ermöglicht massiv höhere Schadensersatzleistungen, als jenes des „reichen Deutschlands".

340 Die von *Huber* für den Bereich des nationalen Rechts von Deutschland, Österreich und der Schweiz mit guten Gründen favorisierte Berücksichtigung der Kaufkraftunterschiede,[267] sollte auch hier bedacht werden.

341 Angesichts der zwangsläufig in gerichtliche Entscheidung einfließenden soziologischen Hintergründe des Richters spielt die Frage der Gerichtszuständigkeit eine überragende Rolle, zumal, wenn man beim Wohnsitzgerichtsstand zwischen Hauptgeschädigten und Zweitgeschädigten (*„indirect victims"*) trennt.

342 Insgesamt wird bei der offenen Problematik der Schadenshöhe auch die kreative Seite der Jurisprudenz angesprochen. Dem Anwalt des Geschädigten eröffnet sich durchaus ein beachtlicher Spielraum:

■ Die Wirkung und die daraus folgenden *„Gestaltungsmöglichkeiten"* des Forumshoppings sind nicht zu übersehen.

■ Die Bedeutung des Wohnsitzgerichts bei Zweitgeschädigten wächst.

■ Die Unterscheidung Verbraucher/Unternehmer erfährt eine zusätzliche Wirkung.

Keinesfalls kommt indes eine Korrektur über den ordre public in Betracht (näher → Rn. 353 ff.).

343 **8. Vorrang internationaler Übereinkommen.** Gemäß Art. 28 Abs. 1 Rom II-VO genießen bestehende internationale Übereinkommen Vorrang. Diese Grundregel wird durch Abs. 2 dahin gehend eingeschränkt, dass nur die Rom II-VO anwendbar ist, „wenn ausschließlich Mitgliedstaaten das konfligierende Übereinkommen geschlossen haben; sobald also auch nur ein einzelner Nichtmitgliedstaat diese Konvention mitunterzeichnet hat, gilt wieder die Grundregel: die Rom II-VO tritt zurück".[268]

344 **a) Haager Übereinkommen über das auf Straßenverkehrsunfälle anzuwendende Recht.** Eine der Grundlagen des IPR zur Bestimmung des anwendbaren Rechts ist auch das HStVÜ, da es iSv Abs. 2 von Drittstaaten ratifiziert wurde. Dieses Übereinkommen gilt in 13 EU-Staaten.[269] Diese wenden daher nicht die Rom II-VO, sondern das Abkommen an.[270] Es bestimmt in der Regel das **Tatort-/Erfolgsortrecht** als Grundlage, enthält Ausnahmen, kann aber im Wesentlichen als dem Prinzip der Rom II-VO gleich beurteilt werden.[271]

---

265 Sp 2015, 82.
266 Rauscher/Unberath/Cziupka, Art. 4 Rom II-VO Rn. 150 unter Berufung auf die Studie von Demolin/Brulard/Barthelemy, 2008, S. 272 (gemeint wohl S. 279).
267 NZV 2006, 169.
268 Thiede-Kellner, VersR 2007, 1624.
269 Liste im Internet unter www.hcch.net erreichbar.
270 Vgl. Rudolf, ZVR 2008, 528, 530, Reisinger, ZVR 2011, 41, 42.
271 Vgl. hierzu Backu, DAR-Extra 2009, 742, 746; Reisinger Kap. 3.1.3.

Deutschland hat dieses Übereinkommen nicht ratifiziert, so dass es nur bei Klagen in den   345
Ratifizierungsstaaten, nicht jedoch in Deutschland zur Anwendung gelangt. Hier war vielmehr Art. 40 ff. EGBGB anzuwenden.[272] Nunmehr wurde diese Norm durch die Rom II-VO abgelöst, allerdings gemäß Art. 31 Rom II lediglich insoweit, als es sich um schadensbegründende Ereignisse handelt, die nach dem Inkrafttreten von Rom II eintreten. Für die Bestimmung des anzuwendenden Rechts ist das HStVÜ deshalb in den es ratifizierenden Staaten zu beachten.[273] Von Bedeutung bleibt die HStVÜ lediglich für den Anwalt des Geschädigten bei Überlegungen zum Regulierungsverhalten (Forumshopping). Angesichts der damit geringen rechtlichen Bedeutung für die Schadensregulierung in Deutschland soll das HStVÜ nur kurz gestreift werden.[274]

Ausgangspunkt für das Forumshopping zur Frage der Rechtsanknüpfung ist vor allem der   346
jeweilige Ansatzpunkt. Im Prinzip kommt man bei den unterschiedlichen Ausgangsregelungen jedoch weitgehend zum gleichen Ergebnis. Es gilt zwar einerseits nach Art. 3 HStVÜ die Tatortregel (Recht am Unfallort) und andererseits nach Art. 4 Abs. 1 Rom II-VO das Erfolgsortprinzip. Das Abstellen des HStVÜ auf den Unfallort stellt im Übrigen nur vordergründig eine Erleichterung dar, weil auch der Begriff des Unfallorts auslegungsbedürftig ist.[275] Dabei treten aber, jedenfalls im Straßenverkehrsunfallbereich, kaum Unterschiede auf.[276] Kommt es zum Auseinanderfallen von Schädigungshandlung und Erfolgseintritt, so entscheidet der Erfolgsort.[277]

Ein entscheidender Unterschied liegt aber bei der Frage der **Rück-/Weiterverweisung**.[278]   347
Der Geschädigte kann zwar an seinem Wohnsitz Klage gegen den ausländischen Haftpflichtversicherer mit der Folge der Anwendung der Rom II-VO und nach dessen Art. 24 dem Ausschluss einer Weiter- oder Rückverweisung erheben. Bei einer Klage gegen Halter oder Fahrer kommt – abhängig von der Ratifizierung des Abkommens – über das HStV-Übk die Weiter- oder Rückverweisung auf ein davon abhängiges Recht in Betracht.[279] Damit können zwei Prozesse auf der Grundlage unterschiedlicher Rechtssysteme entstehen. Die damit möglicherweise provozierten Ergebnisse können einem Geschädigten kaum begreifbar gemacht werden, zumal, wenn man, wie *Huber* zur Diskussion stellt,[280] die akzessorische Haftung des Versicherers auf einen möglicherweise **geringeren Anspruch** aus dem Rechtsverhältnis zu Fahrer oder Halter **reduziert**.

Dem ist jedoch entgegenzutreten. Die Findung eines Anspruchs auf der Grundlage der zu-   348
grunde zu legenden Rechtsordnung dahin gehend zu beschränken, dass er jedenfalls nicht die Höhe eines Anspruchs aus einer anderen Rechtsordnung überschreiten dürfe, kann nicht hingenommen werden. Dass etwa ein aus §§ 823, 249 BGB gewonnener Anspruch nur insoweit Bestand haben könne, als in einem anderen Prozess auf der Grundlage einer anderen Rechtsordnung das in Deutschland angewendete Recht Beschränkungen unterliege, scheitert schon am Prinzip der verfassungsrechtlichen Gesetzgebungsverteilung, Art. 70 GG; auf der Basis deutschen Rechts, anders ausgedrückt, ein Abs. 3 zu § 249 BGB, wonach die Schadensberechnung durch Vorschriften anderer Rechtsordnungen dahin gehend begrenzt würden, dass deren Rechtsgrundlagen vorrangig seien, kann keine verfassungsrechtliche Legitimation finden. Das Problem ist nicht theoretischer Natur. Man bedenke den Schmerzensgeldanspruch für Angehörige in Europa mit seinen brachialen Unterschie-

---

272 Grundl. Darstellung zu Art. 40 EGBGB und der Rom II-VO bei Geigel/Haag, Kap. 43.
273 Vgl. Staudinger, DAR-Extra 2009, 738, 741.
274 Ausführliche Darstellung zum HStVÜ und den Unterschieden zur Rechtslage nach der Rom II-VO bei Czaplinski Das Internationale Straßenverkehrsunfallrecht nach dem Inkrafttreten der Rom II-VO Kap. 3, 4 sowie Reisinger Internationale Verkehrsunfälle Kap. 3; ferner Rn. 669 f.
275 Vgl. Czaplinski Kap. 3. 1., 4.2. a).
276 Vgl. Czaplinski aaO; Reisinger aaO Kap. 3.1.3.
277 Geigel/Haag, Kap. 43 Rn. 70.
278 Näher unten Rn. 635.
279 Grundl. Christian Huber, SVR 2009, 1, 12.
280 Huber, SVR 2009, 1, 12.

den.[281] Insoweit wird auf die in Abschnitt 2 folgenden Darstellungen der Rechtsgrundlagen anderer Länder verwiesen. Ist das Maß aller Dinge insoweit das ausländische Recht, müsste dementsprechend auch umgekehrt eine Verbesserung der Rechtslage durch ausländisches Recht auf das vom deutschen Richter originär anzuwendende Recht übernommen werden. Soll aber der deutsche Richter auf der Grundlage des anzuwendenden Rechts wegen der Abweichung ein anderes Recht anwenden? Die Problematik ist auf die anderen anzuwendenden und divergierenden Rechtsordnungen entsprechend zu übertragen.

349 Diskutiert wird insoweit das Institut der **Angleichung**.[282] „Eine solche Angleichung ist eine im Internationalen Privatrecht gegebene Möglichkeit, Lücken in dem Ineinandergreifen der Normen verschiedener Rechtssysteme durch Erweiterung oder Austausch der zunächst nach dem Internationalen Privatrecht anzuwendenden Normen zu schließen. Dabei soll dem Anspruchsteller das gewährt werden, was er nach beiden Rechtsordnungen unabhängig voneinander erhalten würde (folgen Nachw.).“[283] Die Lückenfüllung wird jedoch im Regelfall schon an der präzisen Ausgestaltung des Schadensersatzanspruchs nach dem gegenüber dem Versicherer zuständigen Rechtssystem scheitern.

350 Die Problematik muss aber als gravierend und noch nicht gelöst bezeichnet werden.[284] Angesichts der fehlenden Revisibilität innerhalb Deutschlands und fehlenden Vereinheitlichungsmöglichkeit der Anwendung ausländischen Rechts[285] hinsichtlich der sonstigen Staaten entsteht eine große Rechtsunsicherheit. All dies spricht für möglichst einheitliche Anknüpfungen.

351 **b) CMR.** Im Straßenverkehr kommen naturgemäß auch Unfälle im Zusammenhang mit dem gewerblichen Güterverkehr und der straßenverkehrsrechtlichen Haftung vor. Auch das CMR[286] stellt ein Abkommen iSv Art. 28 Abs. 1 Rom II-VO dar. Zu präzisieren ist hierbei der unterschiedliche Regelungsgehalt des CMR. Dieses Übereinkommen ist in der Liste der von den Ländern nach Art. 29 Rom II-VO zu meldenden Übereinkommen nicht enthalten.[287] Gleichwohl enthält es partiell Sonderregelungen, etwa in Art. 28, 31 Nr. 1, 32, 33 CMR, die von der Rom II-VO abweichen. Soweit eine entsprechende Regelung vorliegt, geht sie vor.[288] Im Übrigen verbleibt es bei den allg. Regeln des IPR.

352 Da sich unter den 55 Vertragsstaaten des CMR auch Drittstaaten befinden, führt Art. 28 Abs. 1 Rom II-VO zum entsprechend partiellen Vorrang der CMR. Insbes. Art. 28 Abs. 1 CMR spricht die Haftung des Frachtführers für Verluste oder Beschädigungen des Frachtguts an und normiert eine **Haftungsbeschränkung**. Nach allgemeiner Ansicht handelt es sich bei dieser Norm um eine deliktische Sachnorm.[289] Dementsprechend erlangt sie als Haftungsbeschränkung Vorrang vor dem Haftungsumfang der an sich anzuknüpfenden Deliktsnormen.[290]

353 **9. Ordre public.** Seit jeher unterliegt die Anwendung ausländischen Rechts der Restriktion des ordre public. Hiernach versagt die Vorschrift dem ausländischen Recht die Wir-

281 Vgl. Buse, DAR 2009, 557, 560: Statt der 500.000 EUR gemäß OLG Hamm VersR 2009, 500 in Italien das Doppelte zu erwarten; Abatzis, DAR 2009, 573 mit Beisp. zum griech. Recht.
282 Vgl. Huber, SVR 2009, 1, 12.
283 OLG Köln NZV 1995, 448; zur Angleichung näher MüKo-BGB/Sonnenberger, 5. Aufl. 2010, Einl. Rn. 581 ff.
284 Vgl. insbes. Huber, SVR 2009, 1, 12 S. 12.
285 Näher Rn. 415 ff.
286 Übereinkommen über den Beförderungsvertrag im internationalen Straßengüterverkehr vom 19.5.1956, zul. geänd. d. Protokoll zum Übereinkommen über den Beförderungsvertrag im int. Straßenverkehr (CMR) vom 5.7.1978, BGBl. 1980 II S. 733.
287 Mitteilungen nach Art. 29 Abs. 1 der VO(EG) Nr. 864/2007 über das auf außervertragliche Schuldverhältnisse anzuwendende Recht (Rom II), 2010/C 343/05, ABl. EU C 343/7 v. 17.12.2010.
288 Vgl. Luckey SVR 2013, 361, 363.
289 Vgl. BGH NJW-RR 2002, 31, 32.
290 Vgl. Rauscher/Unberath/Cziupka, Art. 4 Rom II-VO Rn. 148; Ebenroth/Boujong/Joost/Strohn/Bahnsen Art. 28 CMR Rn. 3.

kung, wenn sie mit der öffentlichen Ordnung nach der Rechtsordnung des angerufenen Gerichts offensichtlich unvereinbar wäre.[291]

a) **Grundlagen.** Mit dem Angriff auf die Rechtsordnung im Land des angerufenen Ge- 354 richts muss zwangsläufig die Prüfung auf der Grundlage der lex fori angesiedelt werden.

In der Praxis könnte die Anerkennung eines **Strafschadensersatzes** (*punitive damage*) eine 355 Rolle spielen. Es wird allgemein befürwortet, dass die Einschränkung des ausländischen Rechts lediglich bei einem besonders schweren Eingriff in Betracht kommt. Der Text der Vorschrift unterstreicht dies mit der angeführten Beschränkung auf die Offensichtlichkeit.

Die Abgrenzung zum allgemeinen **zivilrechtlichen Schadensersatz** ist schwierig, soll hier je- 356 doch nicht vertieft werden, da im Bereich des Verkehrsunfallrechts kaum mit einer Verhängung von *punitive damage* zu rechnen ist.

Die nach englischem Recht mögliche Schadensersatzregelung des *punitive damage* kann je- 357 denfalls von deutschen Gerichten im Rahmen eines ihnen zustehenden Ermessens beurteilt werden.[292]

Andererseits kann aber auch das Fehlen eines Schmerzensgeldanspruchs oder eine nach 358 deutschem Verständnis inakzeptabel zu niedrige Schadenshöhe von Bedeutung sein. Dabei wird indes ein gravierender Nachteil erforderlich sein. So hat der englische Suprime Court bei der Anwendung deutschen Rechts das Fehlen des Angehörigenschmerzensgeldes nicht als gegen den Ordre public verstoßend angesehen.[293] Das muss insoweit auch für die Sicht des deutschen Richters gelten.[294] Die Definition des EuGH zu Art. 34 Nr. 1 EuGVVO aF, wonach die Versagung eines Anspruchs gegen das Prinzip des Ordre public verstoße, wenn eine Vorschrift „gegen einen wesentlichen Rechtsgrundsatz verstiße und deshalb in einem nicht hinnehmbaren Gegensatz zur Rechtsordnung"[295] des entscheidenden Staates stünde, gilt auch hier.

b) **Rom II-VO.** Auch nach Art. 26 Rom II-VO ist der ordre public zu beachten. Im Rah- 359 men der Kodifikation der Rom II-VO wurde wegen des britischen Widerstands bewusst auf eine Definition verzichtet.[296] Angesichts der inhaltlichen Gleichstellung können die zu Art. 6 EGBGB entwickelten Grundsätze als Auslegungskriterium auch für Art. 26 Rom II-VO herangezogen werden. Die zu Art. 40 EGBGB[297] entwickelten Grundsätze bilden ebenfalls eine wichtige Auslegungsstütze.[298]

c) **EGBGB.** Die Ordre-public-Klausel galt für Deutschland nach Art. 6 EGBGB seit lan- 360 gem im Rahmen der Anwendung des deutschen IPR. Die Vorschrift gilt auch weiterhin. Hinzu kommt der allgemeine Vorbehalt nach Art. 40 Abs. 3 EGBGB. Abs. 3 Nr. 1 schließt hierbei mehrfachen Schadensersatz, Nr. 3 den Strafschadensersatz aus.

Soweit die Anwendung von Art. 40 EGBGB eröffnet ist, gilt er nach allgemeiner Ansicht 361 als lex specialis zu Art. 6 EGBGB.[299] Dieser Anwendungsbereich ist jedoch auf die Schadenshöhe beschränkt. Geht es um den Haftungsgrund, so soll es daher beim Maßstab von Art. 6 EGBGB verbleiben.[300]

Hierfür spricht der auf die Schadenshöhe eingeschränkte Bezug von Art. 40 Abs. 3 362 EGBGB, während Art. 6 EGBGB auch den Haftungsgrund umfasst und daher umfassender angelegt ist.[301] Da zwar die Ordre-public-Klausel auch im europäischen Rechtsbereich

---

291 Vgl. hierzu auch MüKo-BGB/Junker, Band 10, IPR, 5. Aufl. 2010, Art. 15 Rom II-VO Rn. 18; Art. 26 Rom II-VO Rn. 18; Rauscher/Jakob/Picht, Rom II-VO Art. 26 Rn. 6 ff.
292 Vgl. Rauscher/Jakob/Picht, Rom II-VO Art. 26 Rn. 21 ff.
293 ZEuP 2015, 869 mAnm Wagner.
294 Vgl. MüKo-BGB/Drexl IntLautR Rn. 193; Staudinger NJW 2016, 468.
295 EuGH EuZW 2015, 713, 714; hierzu Thomale LMK 6, 376871; vgl. auch BGH NJW 2016, 160.
296 Vgl. v. Hein, VersR 2007, 440.
297 Hierzu BeckOK-BGB/Spickhoff, Art. 40 EGEGB Rn. 44 ff.
298 Rauscher/Jakob/Picht, Art. 26 Rom II-VO Rn. 24; Junker, NJW 2007, 3675, 3682.
299 Vgl. Staudinger/v. Hoffmann, Art. 40 EGBGB Rn. 428.
300 Str., vgl. Staudinger/v. Hoffmann, Art. 40 EGBGB Rn. 430 mwN auch zur Gegenansicht.
301 Vgl. auch Hohloch/Jaeger, Jus 2000, 1133, 1135.

durchaus von Bedeutung sein kann, aber das streitige Normenverhältnis beim Auslandsunfall jedoch eher gering ist, soll die Problematik nicht näher vertieft werden.

363 **d) Folgen.** Beim Verstoß gegen den ordre public muss zunächst eine Anpassung auf der Basis des ausländischen Rechts versucht werden, scheitert dies, kommt eine Lückenfüllung auf der Grundlage der lex fori in Betracht.[302] Hierbei kann auf deutsches Recht zurückgegriffen werden, das aber nach dem Prinzip des gerichtsmöglichen Eingriffs anzupassen ist.[303]

364 **10. Bestimmungs- und Prüfungsregel.** Obgleich Art. 4 Rom II-VO die Anknüpfungsregeln in Abs. 1 mit dem Erfolgsort beginnt, stellt er dogmatisch lediglich einen Auffangtatbestand dar, wird aber zahlenmäßig die meisten Fälle erfassen. Unter Beachtung von Art. 4 Abs. 2, 3, 14 26, 28 Rom II-VO ergibt sich zusammengefasst für Deutschland die nachfolgend dargestellte Prüfungsregel zur Bestimmung des anzuwendenden Rechts. Hierbei wurde auf die Berücksichtigung von Art. 18 (Vorrang von nationalen Eingriffsnormen) und Art. 27 (Vorrang anderer Gemeinschaftsrechtsakte) bewusst verzichtet. Diese Sonderfälle sind für den Bereich des Verkehrsunfallrechts kaum zu erwarten.

365 Tabelle 6: Bestimmungsregeln

Norm	Regelung	Rechtsbestimmung
Art. 14 I Rom II-VO	Abweichende Vereinbarung der Parteien (**Rechtswahl**)	Vereinbartes Recht, jedoch beschränkt auf eine Vereinbarung nach Eintritt des schadensbegründenden Ereignisses und weiteren Beschränkungen nach den Abs. 2 und 3[304]
Art. 4 II Rom II-VO	**Gemeinsamer Aufenthalt** der Parteien in anderem Staat	Dortiges Recht
Art. 4 III Rom II-VO	**Besondere Umstände** (engerer Beziehung zu anderem Staat oder Einzelfallkriterien)	Dortiges Recht, etwa Recht des Staates, dem ein Vertrag unterliegt (zB bei einem Personenbeförderungsvertrag)[305]
Art. 28 Rom II-VO	**Vorrangige Abkommen**	Recht nach Abkommen
Art. 26 Rom II-VO	**Ordre public**	Partielles Recht Ausland/ Inland
Art. 4 I Rom II-VO	Bestimmung des **Erfolgsorts** (Primärschaden)	Recht des Erfolgsorts[306]

366 Aus den in Art. 4 Rom II-VO niedergelegten Anknüpfungspunkten und ihrer Bedeutung ergibt sich gleichzeitig der nachfolgende Aufbau des Prüfungsvorgehens.

---

302 Rauscher/Jakob/Picht, Art. 26 Rom II-VO.
303 Str., vgl. MüKo-BGB/Sonnenberger, Art. 6 EGBGB Rn. 92 mwN zum Streitstand; BeckOK-BGB/Lorenz, Art. 6 EGBGB Rn. 17 f. mwN.
304 Bei beiderseitigem Handelsgeschäft auch vor schädigendem Ereignis möglich.
305 Vgl. Riedmeyer, zfs 2009, 602, 608; Geigel/Haag, Kap. 43 Rn. 70.
306 Vgl. Palandt/Thorn, Art. 4 Rom II-VO Rn. 1.

Bachmeier

Tabelle 7: Prüfungsreihenfolge367

	Prüfung	Norm	Problembereich
	Gemeinsame Rechtswahl	Art. 14 Rom II-VO	
↻	Antizipierte Rechtswahl?	⊃	Zulässigkeit[307] (B2B, Verbraucher),
↻	Nachträgliche Rechtswahl?	⊃	B2B
↻	Gemeinsamer Aufenthalt	Art. 4 II Rom II-VO	Tatsächlicher Lebensmittelpunkt?
↻	Besondere Umstände	Art. 4 III Rom II-VO	Einzelfallentscheidung (Richterrecht)
↻	Vorrangige Abkommen	Art. 28 Rom II-VO	
↻	Erfolgsortregel	Art. 4 I Rom II-VO	Erfolgsortbestimmung
⊃	Einschränkung (ordre public)	Art. 26 Rom II-VO	Strafschadensersatz
⊃	Sonderfall: Massenunfall	Art. 4 II	Allgemeine Regeln, einheitliches oder zersplittertes Recht?
⊃	Sonderfall: Mietwagenunfall	Art. 4 III, I	Erfolgsorts-, Aufenthalts- oder Vertragsrecht

11. Geltungsumfang des ausländischen Rechts. Die Trennung zwischen prozessualen und 368 materiellrechtlichen Bereichen fällt bei der Anwendung ausländischen Rechts nicht leicht. Für das deutsche Gerichtsverfahren ist grundsätzlich deutsches Prozessrecht anzuwenden. Hierbei kann aber unter dem Gesichtspunkt der Anwendung ausländischen Rechts die Abgrenzung zum materiellen Recht schwierig sein.

a) Verhaltensregeln. Völlig unproblematisch und unstreitig ist im Übrigen die Anwendung 369 der **örtlichen Straßenverkehrsvorschriften**. Sie sind Teil der sog *local data*, unter denen man die am Handlungsort geltenden Umstände versteht. Das galt bisher schon nach st. Rspr. des BGH für das deutsche Recht.[308] Mit Art. 17 Rom II-VO ergibt sich nunmehr eine eindeutige, staatenübergreifende Rechtsgrundlage.[309] Dementsprechend ist die Anwendung der tatörtlichen Verhaltensregeln unabhängig von der sonstigen Bestimmung des anzuwendenden Rechts. Allerdings sind sie prozessual der Anwendung ausländ. Rechts zuzuordnen und deren Anwendung daher nicht revisibel.[310]

Der Begriff der Straßenverkehrsvorschriften ist hier weit aufzufassen. Hierzu zählen nicht 370 nur die unmittelbaren Verhaltensvorschriften, sondern alle zur Nutzung des Fahrzeugs relevanten Bestimmungen, etwa auch das Führerscheinwesen. Insoweit kommt es ebenfalls auf die Gültigkeit der Fahrerlaubnis im ausländischen Staat an.[311]

---

307 Business to Business, also nicht im Verbraucherbereich.
308 So besitzen etwa die der deutschen StVO entsprechenden Vorschriften in Großbritannien überwiegend nur einen Empfehlungscharakter.
309 Vgl. Palandt/Thorn Art. 17 Rom II-VO Rn. 2.
310 Vgl. Palandt/Thorn Art. 17 Rom II-VO Rn. 2.
311 Grdl. ÖOGH VersR 2008, 1519, 1520.

371 Zwar spricht der Erwägungsgrund 34 zu Art. 17 Rom II-VO ausdrücklich von Vorschriften. Es ist jedoch anerkannt, dass auch nicht normierte Regeln hierunter fallen. Sinngemäß müssen damit auch typische Verhaltensempfehlungen zu berücksichtigen sein, etwa die „Verhaltensempfehlungen" der englischen Straßenverkehrsregeln. Es wird überwiegend davon ausgegangen, dass Art. 17 Rom II-VO über den Wortlaut hinaus auch auf das Verhalten des Geschädigten und damit für die Frage eines Mitverschuldens Anwendung findet.[312]

372 Im Übrigen definiert Art. 22 Rom II-VO den **Anwendungsrahmen**. Zu dem nach der Rom-II-VO zu bestimmenden materiellen Recht sind auch gesetzliche Vermutungen und Beweislastregeln zu zählen.

373 **b) Abgrenzungsfragen.** Die nach der Rom II-VO ausgelöste Rechtssystembestimmung gemäß Art. 22 Rom II-VO ist nur vordergründig unproblematisch. Hierbei lassen sich die nachfolgende Problembereiche erfassen.

374 **aa) Gesetzliche Vermutungen.** Der Begriff der *Gesetzlichen Vermutungen* ist dahin gehend zu definieren, dass bestimmte Tatsachen regelmäßig unmittelbare Folgen zeitigen, also feststehende Tatsachen, ohne weitere Nachweise auf eine bestimmte Rechtsfolge schließen lassen.[313] Auch Vermutungen auf der Grundlage eines gesicherten tatsächlichen Geschehens auf den Eintritt einer weiteren Tatsache unterliegen der Norm. Da dieser Bereich stets zum materiellen Recht zu zählen ist, handelt es sich um eine konsequente Regelung. Gleichzeitig geht hieraus hervor, dass Vermutungen, die dem Prozessrecht zugehörig sind, nicht unter Art. 22 fallen können.

375 Die Definition der gesetzlichen Vermutung spricht zunächst die Frage des **Anscheinsbeweises** an. Dieser fällt zwar nicht unter den Bereich des Schlusses von der Tatsache auf einen rechtlichen Umstand, aber in die Kategorie des Schlusses von der Tatsache auf eine weitere. Gleichwohl ist diese Frage umstritten.[314] Das AG Geldern hat sich zur Frage der **Einordnung des Anscheinsbeweises**, der im Verkehrszivilrecht eine überragende Bedeutung hat, geäußert.[315] Es ordnete zutreffend den Anscheinsbeweis dem materiellen Recht zu und wies die Klage[316] mangels Anscheinsbeweises nach niederländischem Recht und fehlendem Verschuldensnachweis ab.

376 Demgegenüber vertritt das LG Saarbrücken[317] die Ansicht, der Anscheinsbeweis richte sich nach deutschem Recht. Soweit es sich auf den BGH[318] beruft, ist dieser Entscheidung ein entsprechender Grundsatz nicht zu entnehmen. Zudem hat sich durch Inkrafttreten der Rom II-VO die Sichtweise nachhaltig verändert. Soweit es sich in einer vorausgehenden Entscheidung[319] darauf beruft, es handle sich beim Anscheinsbeweis um eine Beweiswürdigungsregel, mithin um eine Norm des Verfahrensrechts, ist zuzugeben, dass diese Ansicht stark verbreitet ist.[320]

377 Dieser Streitpunkt kann für die Auslandsunfallschadensregulierung jedoch dahinstehen. Art. 22 Abs. 1 Rom II-VO bestimmt die Anwendung des angeknüpften Rechts auch insoweit, als es für außervertragliche Schuldverhältnisse gesetzliche Vermutungen aufstellt oder die Beweislast verteilt. Selbst wenn man den Anscheinsbeweis unter § 286 ZPO einordnet, ergibt sich daraus eine entsprechende Beschränkung der lex fori. Zutreffend verweist Staudinger zudem auf die Folgen zersplitterter Rechtsanwendung: "Wer jedoch ent-

---

312 Vgl. Palandt/Thorn, Rom II-VO Art. 17 Rn. 1; BeckOK-BGB/Spickhoff, Art. 17 Rom II-VO Rn. 4 mwN; Rauscher/Unberath/Cziupka, Art. 4 Rom II-VO Rn. 121, 17 Rn. 9; Wagner, IPRax 2008, 1, 6.
313 Vgl. MüKo-BGB/Junker, Art. 22 Rom II-VO Rn. 5.
314 Grundl. Staudinger, NJW 2011, 650.
315 AG Geldern NJW 2011, 686 = DAR 2011, 210 mit Anm. Staudinger, DAR 2011, 231, ausführliche Kommentierung bei Staudinger, NJW 2011, 650; Besprechung bei Hering, SVR 2012, 2; aA BeckOK-BGB/Spickhoff, Art. 22 Rom II-VO Rn. 3; Thole, IPRax 2010, 286.
316 Auffahrunfall.
317 DAR 2016, 145; so auch BeckOK-BGB/Spickhoff Art. 22 Rom II-VO Rn. 3 mwN; Thole IPRax 10, 285.
318 VersR 1986, 579; abl. Zwickel IPRax 2015, 531.
319 NJW 2015, 2823 mwN.
320 Vgl. MüKo-ZPO/Prütting § 286 Rn. 54 mwN; aA Staudinger NJW 2011, 650, jeweils mN auch zur Gegenansicht.

Bachmeier

gegen der hier vertretenen Auffassung einer verfahrensrechtlichen Qualifikation des deutschen Anscheinsbeweises zuneigt sowie seine Durchsetzung auf diesem Wege befürwortet, der sollte sich schließlich die spiegelbildliche Konstellation eines Autounfalls in Deutschland und der Klage des in einem anderen Mitgliedstaat ansässigen Opfers gegen die hier ansässige Kfz-Haftpflichtversicherung nach Art. 11 II, 9 lit. b Brüssel I-VO vergegenwärtigen."[321] Ginge man von der jeweiligen lex fori aus, müsste der vom AG Geldern entschiedene Fall nach deutschen Anscheinsbeweis zulasten des Beklagten entscheiden, während bei einer Klage vor dem niederländischen Gericht mangels Anscheinsbeweises im niederländischen Recht eine Klageabweisung droht. Da aber, worauf Staudinger ebenfalls hinweist, gerade der Sozialversicherungsregress nur im Ausland geltend gemacht werden kann, käme es schon vom Rechtsansatz her zu völlig divergierenden Entscheidungen. Die Einordnung in das angeknüpfte Recht ist daher vorzugswürdig.[322] Wenn man den Anscheinsbeweis nicht bereits als gesetzliche Vermutung klassifiziert, stellt er zumindest eine Beweislastregel dar, die ebenfalls – allein – nach Art. 22 Abs. 1 Rom II-VO dem angeknüpften ausl. Recht zuzuordnen ist.

bb) Beweislastregeln. Unter Beweislastregeln sind alle materiellrechtlichen Regeln zu verstehen, die das Risiko einer Nichterweislichkeit verteilen, also nach allgemeiner Ansicht Behauptungslast, Darlegungslast, subjektive Beweislast, Beweisführungslast und objektive Beweislast.[323] Die Frage nach der **Beweislastverteilung** ist dem Grund nach einfach dahin gehend zu beantworten, dass jede Partei die ihr günstigen Umstände zu beweisen hat.[324] Das Problem ergibt sich aber bei der Zuordnung zum konkret anzuknüpfenden materiellen Recht und bezüglich der Abgrenzung zur sekundären Darlegungslast.[325] Einerseits geht man von der Prozessförderungsplicht, also einem Bezug zu § 138 Abs. 3 ZPO und damit der Möglichkeit einer Geständnisfiktion aus, andererseits soll dieses Rechtsinstitut zumindest die Beweisführungslast beeinflussen. Geht man davon aus, dass die Nichterfüllung dieser Darlegungslast führe zur Entscheidung nach der Beweislastverteilung, so muss von der Zuordnung zum materiellen Recht ausgegangen werden. Entscheidend sind damit die Regeln des angeknüpften Rechts, nicht des deutschen Prozessrechts.

Bekanntermaßen können auch Beweislastverteilungsgesichtspunkte, insbes. die Beweislastumkehr dem Richterrecht zu entnehmen sein. Auf die Rechtsprechung des BGH[326] zum Medizinrecht darf als Beispiel hingewiesen werden.

cc) Beweismaß. Trotz der sprachlich eindeutigen Formulierung der Norm ist die Reichweite problematisch. Im deutschen Recht besteht häufig die Frage der Abgrenzung von § 286 ZPO und § 287 ZPO. Vordergründig handelt es sich jeweils um eine Nachweisproblematik, bei der § 287 ZPO dem Richter ein erleichtertes Beweismaß zubilligt. Abweichend vom LG Hanau ordnet das LG Saarbrücken[327] die Entscheidung dem Prozessrecht zu, so dass es konsequent von der deutschen Rechtsbeurteilung ausgeht. Dem LG Hanau ist indes zuzugeben, dass § 287 ZPO lediglich die Anforderungen an die Beweislast herabsetzt und damit tatsächlich die materiellrechtliche Dimension des Schadensersatzanspruchs betrifft.

Zuzugeben ist, dass § 287 ZPO weder eine originäre Beweislastregel, noch eine gesetzliche Vermutung darstellt.[328] Andererseits wird hieraus konkret der Schaden bestimmt, liegt al-

378

379

380

381

321 NJW 2011, 650, 652.
322 So auch Palandt/Thorn, Art. 22 Rom II-VO Rn. 1; MüKo-BGB/Junker Art. 22 Rom II-VO Rn. 8; Sieger, zfs 2015, 669 mwN auch zur Gegenansicht.
323 Rauscher/Jakob/Picht, Art. 22 Rom II-VO Rn. 10 m. ausf. Nachw.
324 Vgl. Rauscher/Jakob/Picht, Art. 22 Rom II-VO Rn. 11.
325 MüKO-BGB/Junker, Art. 22 Rom II-VO Rn. 10 f.
326 NJW 2012, 850; NJW 2011, 2508; zur sekundären Darlegungslast grundl. BGH NJW 1999, 579, 580; NJW 2003, 1039, 1040; MüKo-BGB/Lorenz, § 475 Rn. 37; Prütting-Gehrlein/Prütting, § 138 Rn. 11.
327 NJW-RR 2012, 885 m. ausf. Darst. des Streitstandes; LG Hanau Urt. vom 9.6.2011 – 4 O 28/09 (BeckRS 2012, 09924); hierzu Diehl, zfs 2012, 503.
328 Vgl. Eichel IPRax 2014, 156, 158.

so im Bereich des Schadens selbst. Zudem stellt sie in der Wirkung jedenfalls eine Reduzierung der Beweislast dar.[329]

382 Bejaht man die Anwendbarkeit, ergeben sich massive Folgen. Schwierige Probleme der Schadensfeststellungen, etwa von Verzugszinsen oder im Personenschadensbereich, könnten Eingang in den „freien Himmel" finden. Bei der Zuordnung zur lex fori ergibt sich als Korrekturmöglichkeit dann aber die Revisibilität. Letztlich kann auch hier nur die Rspr. des EuGH zur Klärung führen.

383 **dd) Beweisarten.** Es entspricht der üblichen Regelung im IPR, das Beweisrecht und das hierzu gehörende Verfahren nicht der lex causae, sondern der lex fori zuzuordnen. In Art. 1 Abs. 3 Rom II-VO wird dieser Grundsatz ausdrücklich ausgesprochen. Die Regelung wird durch Art. 22 Abs. 1 Rom II-VO eingeschränkt und Abs. 2 erweitert. Einerseits unterliegen ausdrücklich Vermutungen und Beweislastverteilungen der Rom II-VO, andererseits sind die möglichen Beweisarten stets der lex fori zu entnehmen.

384 Lediglich **zwingende Vorschriften** (Eingriffsnormen) des Staates, in dem das Gericht angerufen wird, gelten weiter (Art. 16 Rom II-VO). Die VO selbst enthält keine Definition für diese Ausnahme. Sie entspricht nach allg. Ans. der in Art. 9 Abs. 1 Rom I-VO getroffenen Beschreibung. Ob auch ausl. Eingriffsnormen vom angerufenen Gericht zu berücksichtigen seien, ist umstritten,[330] soll hier aber mangels besonderer Relevanz im Bereich des Verkehrsunfallrechts nicht näher erörtert werden. Von Bedeutung für den deutschen Bereich sind insoweit Zulässigkeitsfragen für Beweismittel und ihre Verwertbarkeit.[331] Davon kann die spätere Vollstreckbarkeit im Ausland tangiert werden.[332]

385 **12. Forderungsübergang, Regress und Gesamtschuldnerausgleich.** Wie bereits bei den Grundlagen der Haftung von mehreren Schädigern angesprochen, stellt sich die Frage des **Haftungsausgleichs.** Im Verkehrsunfallrecht werden zudem regelmäßig die Zahlungen durch Dritte geleistet, insbes. auch durch eine Kaskoversicherung. Daher kommen zahlreiche Möglichkeiten des Versicherers gegen den Schädiger, also auch gegen seinen Versicherungsnehmer oder mitversicherte Personen in Betracht. Regelmäßig wird der Versicherer die Schadensersatzleistung erbringen, kann aber aufgrund vertraglicher Vereinbarungen beim Versicherungsnehmer, etwa nach deutschem Recht gemäß § 5 KfzPflVV iVm D.3.1, D.3.3 AKB 2008[333] Regressforderungen geltend machen. Zudem ergeben sich aus der Tätigkeit des SRB wie auch des Garantiefonds und der Entschädigungsstelle Rückgriffsmöglichkeiten.

386 **a) Forderungsübergang.** Art. 19 Rom II-VO regelt die Fragen der Legalzession vergleichbar mit Art. 33 Abs. 3 S. 1 EGBGB aF Hierbei ist zu unterscheiden zwischen der Rechtsbeziehung Geschädigtem (Gläubiger) und Schädiger (Schuldner), **Forderungsstatut** genannt, und jener zwischen Drittem und Geschädigten (Gläubiger), **Zessionsstatut** genannt. Art. 19 Rom II-VO bestimmt bei der Frage, in welchem Umfang Ansprüche übergehen können, dass Zessionsstatut als Beurteilungsgrundlage, regelt aber den Inhalt der Forderung des Dritten gegenüber dem Schädiger nach dem Forderungsstatut. Konsequent kann sich der Schädiger daher im Verhältnis zum Dritten auf die Einwendungen aus dem Forderungsstatut berufen.

387 Leistungen des Versicherers führen nach deutschem Recht zum gesetzlichen Forderungsübergang, § 86 Abs. 1 VVG (§ 67 Abs. 1 VVG aF). Dementsprechend ist Art. 19 Rom II-VO unproblematisch anzuwenden. In den meisten Ländern wird dies ähnlich sein, muss aber stets konkret geprüft werden.[334]

---

329 Vgl. MüKo-ZPO/Prütting § 287 Rn. 3. Erleichterung für das Beweismaß.
330 Bejahend Palandt/Thorn, Art. 16 Rom II-VO Rn. 3 mwN; verneinend BeckOK-BGB/Spickhoff Art. 16 Rn. 4 mwN.
331 Vgl. MüKo-BGB/Junker, Art. 22 Rom II-VO Rn. 5; einschränkend Rauscher/Jakob/Picht, Art. 22 Rom II-VO Rn. 23.
332 Geimer/Geimer, Internationales Zivilprozessrecht, 3. Kapitel: Entscheidungsharmonie Rn. 76 f.
333 Näher hierzu Halm-Kreuter-Schwab/Kreuter/Lange, AKB Rn. 1943, 1984 ff.
334 Beispielsweise kein Forderungsübergang auf SVT in Spanien.

b) Versicherungsregress. Art. 33 Abs. 3 S. 1 EGBGB aF betraf auch den vertraglichen For- 388
derungsübergang. Art. 33 EGBGB ist zwischenzeitlich durch das Inkrafttreten der Rom I-
VO entfallen.[335] Regressansprüche wegen Verletzung des Versicherungsvertrags beruhen
auf einer privatvertraglich begründeten Obliegenheit. § 5 PflVV regelt lediglich die Höhe
des Regressanspruchs. Dieser Regress fällt daher nicht unter den Anwendungsbereich von
Art. 19 Rom II-VO. Dies wird auch durch § 28 VVG gestützt, da die Folgen der Obliegen-
heitsverletzungen nach D.3. AKB gerade den Regelungsgehalt von § 28 VVG umsetzen.[336]
Art. 14, 15 Rom I-VO[337] kommen angesichts der privatvertraglichen Rechtsgrundlage wegen des Fehlens eines Forderungsübergangs nicht in Betracht. Art. 19 Rom II-VO, Art. 15
Rom I-VO dienen zwar einem besonderen Schuldnerschutz, dieser ist jedoch im Rahmen
der AKB über eine Inzidenterprüfung der Ansprüche des Geschädigten problemlos zu bewältigen.

c) Gesamtschuldnerausgleich. Namentlich beim Massenunfall, aber auch bei kumulierten 389
Ansprüchen aus Delikt und Vertrag mit divergierenden Versicherern, stellt sich die Frage
des Ausgleichs im Innenverhältnis. Art. 20 Rom II-VO regelt den Ausgleich im Gesamtschuldverhältnis (**Regressstatut**). Hiernach ist, wie auch bei Art. 19 Rom II-VO das **Zessionsstatut**, also das Rechtsverhältnis zwischen Geschädigtem (Gläubiger) und Schuldner
(leistender Schädiger), maßgeblich. Zu beachten ist auch, dass die Regeln des Haftungsausgleichs in Europa unterschiedlich sind, teilweise sogar ein Gesamtschuldausgleich
fehlt.[338] Die Folgen können unterschiedlich sein.

aa) Einheitliche Rechtsgrundlage. Keine Probleme ergeben sich, wenn nach Art. 4 Rom 390
II-VO leistender und in Rückgriff genommener Gesamtschuldner dem gleichen Recht unterworfen werden. Zu beachten ist insoweit, dass das HStVÜ hierbei keine Rolle spielt. Da
nach dessen Art. 2 Nr. 5 die Geltung für den Gesamtschuldnerausgleich entfällt, kommt
ein Zurücktreten der Rom II-VO nicht in Betracht.

bb) Divergierende Rechtsgrundlage. Da Art. 20 Rom II-VO das Zessionsstatut als Beur- 391
teilungsgrundlage bestimmt, kommt es auf das Haftungsverhältnis des in Rückgriff genommenen Schädigers nicht an.[339] Folglich entscheidet die Schnelligkeit der Zahlung über
das zugrunde zu legende Recht.[340] Ob Art. 20 Rom II-VO schon vor der ausgeführten
Zahlung anzuwenden ist,[341] muss als zweifelhaft beurteilt werden. Der Wortlaut der
Norm („vollständig oder teilweise") lässt eine Erweiterung nicht zu. Da Art. 20 Rom II-
VO auch zur Frage des **Forderungsinhalts** vom Forderungsstatut ausgeht,[342] bleiben dem
in Rückgriff genommenen Gesamtschuldner Einwendungen der originären Forderung erhalten.

Völlig offen ist bei der Rechtsspaltung die Frage der gestörten Gesamtschuld, ob also im 392
Verhältnis zwischen dem Geschädigten und dem leistenden Gesamtschuldner **Haftungs-
sperren** aus dem Verhältnis des Geschädigten zu anderen Schuldnern zu berücksichtigen
sind.[343] Bejahendenfalls greift die schon oben → Rn. 307 bei der Rechtsbestimmung erörterte Sonderproblematik der besonderen Rechtsbeziehungen ein. Zu Art. 33 EGBGB war
nach hM die Haftungsbeschränkung im Innenverhältnis gegenüber dem Zessionsstatut

---

335 Art. 1 des Gesetzes zur Anpassung der Vorschriften des Internationalen Privatrechts an die Verordnung
     (EG) Nr. 593/2008 vom 25.6.2008, BGBl. I S. 1574 mWv 17.12.2009.
336 Vgl. Halm-Kreuter-Schwab/Kreuter/Lange, AKB Rn. 1932.
337 Hierzu näher Rauscher/Freitag, Art. 14, 15 Rom I-VO.
338 Zum Sonderfall des Gesamtschuldnerausgleichs bei Beteiligung von Zugfahrzeug und Anhänger vgl.
     Wilms, DAR 2012, 561.
339 Vgl. auch Rauscher/Jakob/Picht, Art. 20 Rom II-VO Rn. 8.
340 Vgl. zur vergleichbaren Rechtssituation von Art. 33 EGBGB Staudinger/Magnus, Art. 33 EGBGB Rn. 86 f.
341 So Rauscher/Jakob/Picht, Art. 20 Rom II-VO Rn. 11.
342 Vgl. auch Rauscher/Jakob/Picht, Art. 20 Rom II-VO Rn. 13.
343 Zum deutschen Recht vgl. Lemcke/Heß, Haftungsersetzung und gestörte Gesamtschuld, in FS Eggert,
     S. 325; Bachmeier, Probleme der Gesamt- und Nebentäterschaft, PVR 2002, 70.

vorrangig.[344] Zur Rom II-VO wird überwiegend davon ausgegangen, dass das Zessionsstatut vorrangig sei,[345] weil Art. 20 einen Vorrang des Innenverhältnisses nicht vorsehe.

393 Kollidieren vertragliche und außervertragliche Schuldverhältnisse bei den Gesamtschuldnern, so ist einerseits Art. 16 Rom I-VO,[346] andererseits Art. 20 Rom II-VO anwendbar. Maßgeblich ist beim Rückgriff konsequenterweise das Verhältnis des tilgenden Gesamtschuldners zum Geschädigten.[347]

394 cc) **Freiwillige Leistungen.** Im Unfallbereich werden häufig Leistungen Dritter ohne Rechtsanspruch erbracht. Ein Gesamtschuldverhältnis iSv Art. 20 Rom II-VO liegt jedoch nicht vor. Sofern tatsächlich vertragliche Abtretungsvereinbarungen vorliegen, ergibt das Statut der Forderung die Grundlage für einen Rückgriff.[348]

395 dd) **Sozialversicherungsverhältnisse.** Soweit sich der Gesamtschuldnerausgleich auf Verhältnisse von Arbeitnehmern und Selbstständigen sowie Studierende, für welche die Rechtsvorschriften eines oder mehrerer Mitgliedstaaten gelten oder galten, soweit sie Staatsangehörige eines Mitgliedstaats sind oder als Staatenlose oder Flüchtlinge im Gebiet eines Mitgliedstaats wohnen, sowie für deren Familienangehörige und Hinterbliebene, letztere auch, wenn lediglich die Hinterbliebenen den genannten öffentlich-rechtlichen Status aufweisen, bezieht, scheidet die Anwendung von Art. 20 Rom II-VO nach der EG-Soziale-SicherheitsVO[349] aus.

396 ee) **Sonderfall Haftungsausgleich bei Gespannbeteiligung.** Nach der Rspr. des EuGH[350] ist beim Regress zwischen den für das Zugfahrzeug bzw. den Anhänger Haftenden zweistufig vorzugehen. Zunächst muss nach Art. 4 ff. Rom II-VO die Frage die Mithaftung des anderen Teils geklärt werden. Bejahendenfalls richtet sich sodann der Haftungsausgleich nach Art. 7 Rom I-VO. Grundlage für die Differenzierung ist Art. 19 Rom II-VO. Der EuGH sieht hierin einen Verweis auf die versicherungsvertraglichen Rechtsgrundlagen, so dass das Recht gemäß Art. 7 Rom I-VO zu bestimmen ist.

397 **13. Grenzüberschreitende Schadensverursachung.** Wird beim Unfall im Ausland der Verletzte nach Deutschland zurückgebracht und hier bei einer unfallbedingten Operation durch einen ärztlichen Kunstfehler erneut geschädigt, so liegt nach deutschem Recht eine **gesamtschuldnerische Haftung** zwischen Unfallauslöser und Arzt vor.

398 Problematisch ist die Frage, ob es hier auf den primären Verletzungsort ankommt – dann ausländisches Recht – oder die Anknüpfung getrennt vorzunehmen ist – dann für die Haftung des Arztes deutsches Recht und damit auch die nach deutschem Recht zugrunde zu legende ärztliche Sorgfaltspflicht.

399 Schwierig ist schon die Beantwortung der Frage, ob der **Erfolgsort** für den ärztlichen Kunstfehler im Inland liegt. Verneint man dies, muss nach Art. 4 Rom II-VO gefragt werden, ob zwischen den Schädigern im Ausland und im Inland **differenziert** werden muss.

400 Bejahendenfalls wäre nach Art. 4 Abs. 3 Rom II-VO beim Erfolgsort für den **ausländischen Schädiger** ausländisches Recht und für den **inländischen Schädiger** nach Abs. 2 das Prinzip des gemeinsamen Aufenthaltes von Geschädigtem und Arzt, damit also deutsches Recht anzuwenden.

401 Probleme ergeben sich hierbei nicht nur bei der primären Schadensabwicklung, sondern auch im Rahmen des Gesamtschuldnerausgleichs. Die Frage ist offen. Teilweise wird der Ausschluss von Art. 4 Abs. 3 Rom II-VO erwogen, teilweise eine konsequent getrennte Anknüpfung befürwortet.[351]

---

344 Vgl. Staudinger/Magnus, Art. 33 EGBGB Rn. 88.
345 Rauscher/Jakob/Picht, Art. 20 Rom II-VO Rn. 16 mwN.
346 Zur Problematik der Rechtsspaltung Rauscher/Freitag, Art. 15, 16 Rom I-VO Rn. 37.
347 Rauscher/Jakob/Picht, Art. 20 Rom II-VO Rn. 18 mwN.
348 Rauscher/Jakob/Picht, Art. 20 Rom II-VO Rn. 19 mwN.
349 VO (EG) Nr. 883/2004 des Europäischen Parlaments und des Rates vom 29.4.2004 zur Koordinierung der Systeme der sozialen Sicherheit (ABl. EG L 116 vom 30.4.2004, S. 1).
350 NJW 2016, 1005; hierzu Friesen jurisPR-IWR 2/2016 Anm. 5; Jahnke, jurisPR-VerkR 7/2016 Anm. 3.
351 Rauscher/Unberath/Cziupka, Rom II-VO Art. 4 Rn. 76 ff. mit Nachw. auch zu den anderen Auffassungen.

Geht man von unterschiedlichen Anknüpfungen aus, muss eine jeweils nach getrennten   402
Rechtsordnungen durchgeführte[352] Haftungsberechnung und sodann im Rahmen der gesamtschuldnerischen Haftung eine interne **Haftungsverteilung** durchgeführt werden.

14. Direktanspruch. Nach Art. 18 Rom II-VO kann der Geschädigte wählen, ob er den   403
Direktanspruch aus dem **Deliktsstatut** oder dem **Versicherungsstatut** wählt. Für den Bereich des Verkehrsunfallrechts spielt dies lediglich insoweit eine Rolle, als die Wahl auch
die Höhe der Mindestdeckungssummen beeinflussen könnte. Angesicht der derzeitigen
Mindestbeträge wird sich in der Praxis jedoch kaum ein Problem ergeben.

Versicherungsrechtliche Schwierigkeiten kann das Vorliegen einer **Rechtswahl** der Parteien   404
ergeben. Da insoweit einerseits der Versicherer regelmäßig beteiligt sein wird und er ver-
neinendenfalls nach Art. 14 Abs. 1 S. 2 Rom II-VO vor Vereinbarungen zu seinen Lasten
geschützt wird, sind jedoch keine praxisrelevanten Probleme zu erwarten.

15. Verjährung. Das Verjährungsrecht ist grundsätzlich Teil des materiellen Rechts, so   405
dass mit der Verweisung auf ein bestimmtes Recht auch die anzuwendenden Verjährungs-
regeln bestimmt werden. Art. 15 lit. h Rom II-VO ist daher an sich überflüssig. Sollten in
bestimmten Rechtsordnungen Unsicherheiten bestehen, so werden sie durch die Normierung jedenfalls beseitigt.[353]

Darauf hinzuweisen ist, dass die sofortige Prüfung der **Verjährungsfristen** nach dem anzu-   406
wendenden Recht unabdingbar ist.[354] Diese differieren innerhalb Europas in erheblichen
Maße und betragen teilweise nur ein,[355] in anderen Ländern bis zu 10[356] Jahre. Insbesondere ist zu prüfen, welches Ereignis den Lauf auslöst.[357]

Dieser unbefriedigende Zustand wurde auch von der Kommission gesehen und die Mög-   407
lichkeit der Angleichung im Bereich des Verkehrsunfallrechts geprüft.[358]Angesichts des bereits erörterten Gutachtens Demoulin[359]ist in nächster Zeit eine Veränderung der Rechtslage nicht zu erwarten.[360]

III. Prozessuale Grundlagen

Die Qualifizierung des ausländischen Rechts als Tatsache oder Recht spielt für die Partei-   408
en eine große Rolle. Während etwa in Großbritannien[361] oder Spanien[362] von der Einordnung als Tatsache ausgegangen und damit die Vorlagepflicht für jene Partei, die sich hierauf beruft mit entsprechender Beweislast konstituiert wird, geht die deutsche Rechtsprechung von der Verneinung der **Tatsachenqualifizierung** aus. Damit lassen sich für das
deutsche Prozessrecht die nachfolgenden Gesichtspunkte für die am Prozess Beteiligten ableiten.

1. Gerichtliches Verhalten. Die Ermittlung ausländischen Rechts durch deutsche Gerichte   409
wird in § 293 ZPO geregelt. Sie ist von Amts wegen durchzuführen, wobei nach allgemei-

---

352 So auch Geigel/Haag, Kap. 43 Rn. 75.
353 Vgl. BeckOK-BGB/Spickhoff, Art. 15 Rom II-VO Rn. 1.
354 Zur schnellen vorläufigen Information für einen Teil der Mitgliedstaaten: Schweizerisches Institut für
     Rechtsvergleichung, Gutachten zum Recht der Verjährung in Deutschland, Frankreich, England und Däne-
     mark, erreichbar über das Schweizerische Justiz- und Polizeidepartement www.bj.admin.ch/dam/data/wirts
     chaft/gesetzgebung/verjaehrungsfristen/gutachten-sir-d.pdf.
355 Spanien: Art. 1902 CC.
356 Frankreich: Deliktische Ansprüche 10 Jahre.
357 Vgl. OLG Düsseldorf Urt. vom 22.7.2009 – I-1 U 190/08 (BeckRS 2009, 24910); hierzu Hering, SVR
     2010, 180.
358 Vgl. Public Consultation on Limitation Periods for Compensation Claims Of Victims of Cross-Border
     Road Traffic Accidents in the European Union, erreichbar unter www.bundesanzeiger-verlag.de/fileadmin/
     Betrifft-Recht/Dokumente/newsletter/Gesetze_Aktuell/2012/82012/questionnaire_road_en.pdf.
359 Siehe Rn. 7.
360 Zur Kritik am Gutachten bezüglich der Verjährung Huber ZVR 2014, 49, 51.
361 Vgl. näher Blaschczok, S. 38 mwN.
362 Vgl. Blaschczok, S. 52.

ner Ansicht[363] über den Gesetzeswortlaut hinaus auch die ausländische Rechtsprechung zu berücksichtigen ist. Einer ausdrücklichen Äußerung der Parteien bedarf es nicht.[364]

410 Ob die in einer frühen Entscheidung vom BGH[365] bejahte Heranziehung deutschen Rechts zur Ersetzung des ausländischen Rechts bei Schwierigkeiten heute noch gültig ist, muss zum jetzigen Zeitpunkt bezweifelt werden. Allerdings soll nach einigen Stimmen in der Literatur die Anwendung ausländischen Rechts unter Wirtschaftlichkeitsgesichtspunkten zurücktreten.[366] Abgesehen davon, dass sowohl nach Art. 4 Rom II-VO und nach der st. Rspr. des BGH die Anwendung und damit Ermittlung ausländischen Rechts zwingend ist, entspricht diese Verpflichtung auch dem Prinzip des Prozessrechts, das zwar im Prozedere teilweise wirtschaftliche Gesichtspunkte berücksichtigt, etwa bei § 495 a ZPO, nicht jedoch bei der materiellen Rechtsanwendung.

411 Die wichtige Frage, ob nach nationalem Recht überhaupt eine **Haftungsabwägung** im Rahmen der Gefährdungshaftung erforderlich ist, wurde von EuGH beantwortet. EU-Recht steht nationalen Regelungen nicht entgegen „die für den Fall, dass bei einem Zusammenstoß zweier Fahrzeuge Schäden entstanden sind, ohne dass einen der Fahrer ein Verschulden trifft, die Haftung für diese Schäden entsprechend dem Anteil aufteilt, zu dem die einzelnen Fahrzeuge zu den Schäden beigetragen haben, und bei Zweifeln in dieser Hinsicht festlegt, dass beide Fahrzeuge gleichermaßen zu den Schäden beigetragen haben."[367] Die auch in Deutschland übliche Haftungsabwägung ist daher auch EU-rechtlich korrekt.

412 **2. Parteiverpflichtungen.** Ist das ausländische Recht von Amts wegen zu ermitteln, entfällt konsequent eine Beweislast für die Parteien.[368] Das ergibt sich unmittelbar aus der funktionalen Bedeutung des ausländischen Rechts. Nur Tatsachen können einer Beweislast unterliegen. Dementsprechend kommt auch keine Bindung des Gerichts durch eine Parteivereinbarung in Betracht. Lediglich das anzuwendende Recht, nicht dessen Inhalt unterliegt der Parteidisposition.

413 Insoweit kommt danach weder eine Geständnisfiktion noch eine Bestreitenspflicht in Betracht. § 138 ZPO bezieht sich nur auf **Tatsachen.** Hierbei ist jedoch nach der Rechtsprechung Vorsicht geboten. Teilweise wird angenommen, aus dem Verhalten einer Partei könne „praktisch die Richtigkeit des Vorbringens" der Gegenpartei[369] abgeleitet werden. Damit nähert man sich bedenklich den Wirkungen von § 138 ZPO. Der Ansatzpunkt für diese Rechtsprechung ist das dem Gericht eröffnete Ermessen, das letztlich auch eine Beschränkung der Suche enthält. Insoweit müssen aber gewichtige Umstände im Rahmen des Prozesses auftreten.[370]

414 Der Anwalt ist gut beraten, die seitens des Gerichts ermittelten oder durch die Gegenpartei vorgelegten Informationen einer sorgfältigen Kontrolle zu unterziehen. Eine Pflicht zum **Bestreiten mit Nichtwissen** angesichts des Ausschlusses von § 138 ZPO zwar nicht in Betracht. Die fehlende Kenntnis über den Inhalt des anzuwendenden Rechts sollte aber grundsätzlich und nachhaltig vorgetragen werden. Mangelndes „Bestreiten" vermag die erforderlichen Anstrengungen des Gerichts im Rahmen der Ermessensausübung nachhaltig zu reduzieren.[371]

---

363 Vgl. BGH NJW 1988, 648; NJW 2003, 2685.
364 BGH NJW 2009, 916, 917.
365 NJW 1978, 486.
366 So Staudinger/Sturm, Einl. IPR Rn. 187: in Bagatellfällen.
367 EuGH EuZW 2011, 356; hierzu sehr informativ der Schlussantrag der Generalstaatsanwältin Trstenak, BeckRS 2010, 91389.
368 BGH Beschl. v. 21.12.2011 – I ZR 144/09 (BeckRS 2012, 01018).
369 So ausdr. OLG Hamm Urt. vom 5.6.2012 – I-19 U 20/11 (BeckRS 2012, 17621).
370 OLG Hamm Urt. vom 5.6.2012 – I-19 U 20/11 (BeckRS 2012, 17621): Nichtäußerung von in Polen zugelassenen Rechtsanwälten zum vorgebrachten Inhalt des poln. Rechts; vgl. auch BGH NJW 1988, 648; NJW 2003, 2685: Bedeutung des Parteivortrags.
371 Vgl. BGH Beschl. vom 15.12.2010 – IV ZR 249/09 (BeckRS 2010, 31036).

3. Revisibilität und Anwendung ausländischen Rechts. Angesichts der besonderen Schwie- 415
rigkeit der Ermittlung und der Anwendung ausländischen Rechts stellt die Revision ein
wichtiges Instrument der einheitlichen innerstaatlichen Rechtsanwendung dar, zumal eine
europaweite Kontrollinstanz fehlt (näher → Rn. 572 ff). Hier sind unterschiedliche Bereiche zu unterscheiden. Dies gilt umso mehr als die gemäß § 119 Abs. 1 Nr. 1 c GVG aF erfolgte Konzentration der Berufung bei den Oberlandesgerichten weggefallen ist. Bei der
Vielzahl von Klagen auf Restzahlungen und den häufig hiermit befassten Amtsgerichten
droht eine massive Zersplitterung. Dies wird zudem durch die eingeschränkten Möglichkeiten der Berufung angesichts des vom BGH betonten Ermessenscharakters und damit
auch der Überprüfung des Ermittlungsweges in der Berufungsinstanz besonders relevant.[372] Die Diskussion auf dem VGT 2009 hierüber war resonanzlos. Für die auf dem
VGT 2016 zur Beschleunigung und Verbesserung des Zivilprozesses gemachten Vorschlä-
gen wird kaum ein anderes Schicksal vorauszusagen sein.

Die inhaltliche Frage der Revisibilität ist schon auf der Ebene der Instanzgerichte von 416
überragender Bedeutung, weil angesichts von § 543 Abs. 2 Nr. 1 ZPO das Berufungsgericht stets zu prüfen hat, ob ein Fall grundsätzlicher Bedeutung oder gemäß Nr. 2 die Fortbildung des Rechts oder die Sicherung der Einheitlichkeit der Rechtsprechung die Zulassung erfordert. Das AG hat bei streitwertbezogen nicht rechtsmittelfähigen Urteilen zu
prüfen, ob überhaupt die Voraussetzungen für eine Berufungszulassung nach § 511 Abs. 4
ZPO vorliegen.

a) Rechtsermittlung. Einigkeit herrscht über die Revisibilität der Anstrengungen der In- 417
stanzgerichte zur Ermittlung des anzuwendenden Rechts.[373] Dies ergibt sich aus § 293
ZPO.[374] Unproblematisch ist daher das Unterlassen jeglicher Suche einer Revision zugänglich.

Im Übrigen steht dem Instanzgericht ein Ermessen zu, das auf der Grundlage der vorhan- 418
denen Erkenntnisquellen auszuüben ist. Ergibt sich angesichts bereits eingeholter Informationen ein Hinweis auf mögliche Fehlerquellen, so ist weiter zu forschen, gegebenenfalls
auch ein weiteres Gutachten einzuholen.[375]

Zum Bereich der Rechtsermittlung gehört naturgemäß auch die Prüfung, ob nach den Re- 419
geln des IPR **ausländisches Recht** anzuwenden ist. Dementsprechend ist auch dieser Bereich der Revision zugänglich.[376] Für das EGBGB versteht sich dies von selbst.[377] Umfasst
wird aber auch der gesamte Bereich EU-rechtlicher Normen und ratifizierter kollisionsrechtlicher Staatsverträge.[378]

b) Rechtsanwendung. Nach bisheriger Rechtsprechung kommt die Revision zur Frage der 420
Anwendung des gefundenen Rechts nicht in Betracht.[379]

Diese Haltung wird zwischenzeitlich heftig kritisiert. Hauptargument ist die Änderung 421
von § 545 ZPO,[380] der mit Wirkung vom 1.9.2009 dahin gehend geändert wurde, die Revision statt bisher nicht nur „bei Verletzung von Bundesrecht" zu ermöglichen, sondern
nunmehr lediglich die Voraussetzung fordert, „dass die Entscheidung auf einer Verletzung

---

372 Vgl. OLG Saarbrücken Urt. vom 26.4.2012 – 8 U 80/11-22 (BeckRS 2012, 18701).
373 Vgl. BGH ZfIR 1999, 264; grdl. BeckOK-BGB/Lorenz, Einl. IPR Rn. 87 m. ausf. Nachw.; MüKo-ZPO/
Wenzel, § 545 Rn. 12; Musielak/Ball, ZPO, § 545 Rn. 8.
374 Grundl. BGH NJW 1992, 2026, 2029; zul. BGH Beschl. vom 21.12.2011 – I ZR 144/09 (BeckRS 2012,
01018).
375 Vgl. BGH NJW 1992, 3106 mit der Folge eines Willkürurteils (Art. 103 Abs. 1 GG); insbes. BGH NJW
1991, 1418 (Venezolanisches Schiff II).
376 BGH NJW 1988, 648; NJW 2003, 2685.
377 BGH NJW 1993, 2305.
378 BGH NJW 1993, 2305.
379 Vgl. BGH NJW-RR 1996, 732; so auch BFH IStR 2011, 227; IStR 2008, 814; DStR 1995, 978; einschränkend aber BFH BStBl II 1995, 540; BStBl II 1982, 768, BStBl II 1984, 468: falls ausl. Recht dem FG unbekannt war.
380 Vgl. insbes. BeckOK-BGB/Lorenz, Einl. IPR Rn. 87; Revisibilität bejahend auch Geimer, Rn. 2601; Eichel
IPRax 2009, IPRAX 2009 389; Hess/Huber NJW 2009, 3132, 3133; zu § 72 Abs. 1 FamFG Hau, FamRZ
2009, 821; Staudinger/Magnus BGB, Rom I-VO Art. 8 Rn. 290.

des Rechts beruht".[381] Aus den Gesetzesmaterialien ergeben sich diesbezüglich keine Hinweise, dass es sich insoweit um eine gravierende Änderung handeln sollte, so dass ein Teil der Literatur weiterhin bei der **Irreversibilität** bleibt. Hingegen ist nach anderer Ansicht angesichts des wachsenden Bedürfnisses und dem Wegfall der sprachlichen Beschränkung die **Revisibilität** anzunehmen.[382]

422 Zwischenzeitlich kann eine Tendenz gegen die Annahme der Revisibilität angenommen werden. Der 10. Senat hatte zunächst dazu Folgendes ausgeführt:

423 „Dabei kann dahingestellt bleiben, ob die Auslegung ausländischen Rechts durch den Tatrichter gem. § 560 ZPO, § 560 Absatz 1 und § 545 ZPO, § 545 Absatz 1 ZPO in der seit dem 1. 9. 2009 geltenden Fassung generell der revisionsrechtlichen Überprüfung zugänglich ist (bejahend – folgen Nachw. –; verneinend – folgen Nachw. –; vgl. auch BT-Dr 16/9733, S. 301 f.). Auch nach dem zuvor geltenden Recht, das eine solche Überprüfung nicht vorsah ..., war das RevGer. nicht gehindert, ausländisches Recht selbst zu ermitteln und seiner Entscheidung zu Grunde zu legen, wenn das BerGer. dieses Recht außer Betracht gelassen und infolgedessen nicht gewürdigt hat (BGH, NJW-RR 2004, 308, 310]). Diese Voraussetzungen sind im Streitfall erfüllt."[383]

424 Ob sich andere Senate dem anschließen und der BGH über die dargestellte Einschränkung hinausgeht, ist derzeit offen. *Ball*, vormals Vorsitzender des VIII. Zivilsenats, verneint nach wie vor eine Revisibilität.[384] Nach bedeutender Literaturansicht kommt eine Revisibilität auch nach der neuen Rechtslage nicht in Betracht:

425 „Mit der Revision kann nach § 545 Abs. 1 nicht gerügt werden, ausländisches Recht sei nicht richtig angewendet oder falsch interpretiert worden. ... Das Revisionsgericht ist hinsichtlich der Anwendung ausländischen Rechts nach § 560 ZPO an die Entscheidung des Prozessgerichts gebunden und zwar auch, wenn die ausländische Norm eine Vorfrage betrifft. Das gilt auch für ausländisches Recht, das mit deutschem Recht inhaltsgleich ist, insbesondere also auch für Einheitsrecht, soweit es als Auslandsrecht angewendet wurde. ... Die noch weitergehende Auffassung, dass jede fehlerhafte Anwendung ausländischen Rechts zugleich Verletzung des IPR und deshalb revisibel sei, beruht auf einer Vermengung der Bestimmung des anwendbaren Rechts und seines Inhalts und hat in der Rechtsprechung keine Resonanz gefunden."[385] Das entspricht der früheren Rechtsprechung des BGH.

„Ausländisches Recht ist grds. nicht revisibel (BGH NJW-RR; NJW 1991, 2214); das schließt den Fall der nicht erschöpfenden Behandlung ausländischer Bestimmungen im Berufungsurteil ein (BGH NJW 1992, 3106; NJW 1988, 647). Seit der Neufassung des § 545 Abs. 1 ist dies zwar nicht mehr unmittelbar dem Gesetzeswortlaut selbst zu entnehmen, folgt aber aus den zugrunde liegenden Gesetzesmaterialien. Der Gesetzgeber hat mit der Änderung des § 545 Abs. 1 lediglich beabsichtigt, eine generelle Revisibilität nationaler Vorschriften zu erreichen, um dem Revisionsgericht auf diese Weise eine maximale, auch auf die Überprüfung von Landesrecht bezogene Wirkungsbreite zu sichern ..."[386]

426 Nunmehr liegt auch eine aktuelle Äußerung des BGH vor, allerdings eines für das FamFG zuständigen Senats:[387]

---

381 So auch Mankowski, NZG 2010, 201, 204; Hess/Hübner, NJW 2009, 3132.
382 Grdl. Hess/Hübner, NJW 2009, 3132 m. ausf. Nachw., auch zur Gegensicht; Aden, RiW 2009, 475; Eichel, IPRax 2009, 389.
383 NJW 2010, 1070, 1072; von Musielak/Ball, 8. Aufl. 2011, § 545 Rn. 7 als offenlassende Entscheidung bezeichnet.
384 Musielak/Ball, 8. Aufl. 2011, § 545 Rn. 7 mit ausf. Nachw. zum Streitstand: „Ausländisches Recht ist ungeachtet des zu weit gefassten Wortlauts der Neufassung der Norm nach wie vor nicht revisibel."
385 MüKo-BGB/Sonnenberger, 5. Aufl. 2010, Einl. Rn. 654.
386 BeckOK-ZPO/Kessal-Wulf, § 545 Rn. 7 unter Berufung auf BT-Drs. 16/9733, 301 f.; ebenso BeckOK-ZPO/Vorwerk/Wolf, § 293 Vor Rn. 1.
387 NJW 2013, 3656 (gesellschaftsrechtliche Problematik); zustimmend BeckOK-ZPO/Bacher § 293 Rn. 27; Magnus LMK 2013, 352015; Musielak-Borth/Grandel FamFG, 5. Aufl. 2015, § 540 Rn. 4 (zur Rechtsbeschwerde); Toussaint FD-ZVR 2013, 350858.

„Auf eine Verletzung von ausländischem Recht kann weder die Revision noch die Rechtsbeschwerde nach dem FamFG gestützt werden; nur eine unzureichende oder fehlerhafte Ermittlung des ausländischen Rechts kann mit der Verfahrensrüge geltend gemacht werden." Ob sich insbes. der VI. Senat, dem anschließt, bleibt abzuwarten.

Geht man von der Revisibilität aus, stellt sich naturgemäß sogleich die Frage der Revisionszulassung nach § 543 Abs. 2 Nr. 2 ZPO – konkret, ob deutsche Gerichte zur Rechtsfortbildung ausländischen Rechts angehalten und damit zur Zulassung der Revision verpflichtet sind.[388]   **427**

Die Rechtsfortbildung iSd **richtungsweisenden Orientierungshilfe**[389] bei der Anwendung ausländischen Rechts wird regelmäßig zu bejahen sein,[390] weil die von der Rechtsprechung zugrunde gelegte Leitsatz-Funktion der Revision[391] bzw. die Einheitlichkeit im LG-Bezirk bei der Auslegung fremden Rechts von Bedeutung ist.   **428**

Die **Zulassung** nach § 543 Abs. 2 Nr. 1 ZPO (grundsätzliche Bedeutung) wird ebenfalls meist bejaht. Dass – wie von *Hess/Hübner* ausgeführt[392] – die deutschen Gerichte allerdings berufen sein sollen, erforderlichenfalls den originär für das anzuwendende Recht zuständigen Gerichten „den Weg zu weisen" ist indes nachhaltig zu bezweifeln.   **429**

4. Ermittlungsmöglichkeiten. Hinsichtlich der praktischen Ermittlung des Rechtsinhalts gibt es verschiedene Möglichkeiten. Auf die faktischen Einschränkungen bei Gericht wurde bereits hingewiesen. Der Ansicht, dass hier unter dem Gesichtspunkt der Verfahrensbeschleunigung und Kostenminimierung eine bestimmte Reihenfolge einzuhalten sei,[393] kann nicht beigepflichtet werden. Zu abhängig vom Einzelfall ist die Qualität und Erreichbarkeit der verschiedenen Erkenntnisquellen.[394] Das sachlich nächste Mittel kann nur nach pflichtgemäßem Ermessen im Einzelfall gewählt werden.[395] Zudem können sämtliche Möglichkeiten auch fehlerbehaftet sein. Ferner ist „ein Schritt zu weit" ohnehin der berufungs- oder revisionsrechtlichen Schelte entzogen.   **430**

a) Gerichtsinterne Quellen. Erfahrungsaustausch ist auch bei der Anwendung deutschen Rechts eine zulässige Informationsbeschaffung.[396] Dies wird allerdings lediglich bei spezialisierten und Großstadtgerichten möglich sein. Abhilfe für kleinere Gerichte könnte im Rahmen des kollegialen Zusammenarbeitens allerdings in vielfältiger Weise ermöglicht werden.   **431**

b) Verpflichtung der Parteien. Der teilweise beschrittene Weg, den Parteien die Beibringung der Rechtsgrundlagen aufzugeben, ist schon angesichts der oben dargestellten Verneinung einer Tatsachenqualität[397] versperrt. Es wird aber als zulässig gesehen, den Parteien Auflagen für die Beibringung zu setzen. Der BGH weist indes stets darauf hin, dass die Ermittlung von Amts wegen durch den Richter zu erfolgen hat, „wobei er die Mithilfe der Partei in Anspruch nehmen und sie zu Nachweisen auffordern darf".[398] Folgen nach § 138 ZPO oder aus einer Beweislast scheiden indes grundsätzlich aus.   **432**

---

388 Bejahend Eichel, IPRax 2009, IPRAX 2009 389; Hess/Hübner, NJW 2009, 3132, 3133; zu § § 72 Abs. I FamFG Hau, FamRZ 2009, 821; Staudinger/Magnus, BGB, Rom I-VO Art. 8 Rn. 290; verneinend Althammer, IPRax 2009, 381, 389; BeckOK-BGB/Lorenz, Einl. IPR Rn. 87; Geigel/Haag, Rn. 67; ebenso zu § 72 Abs. I FamFG Roth, JZ 2009, 585; BeckOK-ZPO/Kessal-Wulf, § 545 Rn. 7.
389 Grundl. BGH NJW 2002, 3029 mwN.
390 Vgl. BGH Beschl. v. 27.3.2003 – V ZR 291/02 (BeckRS 2003, 03647); grundl. hierzu Grunsky, LMK 2003, 156.
391 BGH NJW 2004, 2222; Prütting-Gehrlein/Ackermann, § 543 Rn. 12.
392 NJW 2009, 3132, 3133, 3134.
393 So OLG München Urt. v. 30.4.2010 – 10 U 3822/09 (BeckRS 2010, 11056); ähnlich schon DAR 2008, 590.
394 Zu Ermessenskriterien vgl. Sommerlad, NJW 1991, 1377, 1380.
395 Vgl. BGH NJW 2006, 762.
396 Vgl. MüKo-ZPO/Prütting, § 293 Rn. 24.
397 BGH NJW-RR 1997, 1154.
398 BGH NJW 1964, 2012; zustimmend Kropholler, Internationales Privatrecht, S. 645.

433 Meist wird der Kläger ohnehin nicht in der Lage sein, die entscheidenden Umstände beizubringen oder sich bei eventuell seitens der Beklagten beigebrachen Informationen sachgerecht zu äußern.

434 **c) Internetquellen.** Die Möglichkeiten des Internet mit einem justizbezogenen Austausch von Informationen über Foren wären hierbei sehr hilfreich. Die Arbeit von Rechtspflegern[399] ist insoweit als vorbildlich zu bezeichnen. Bedauerlicherweise fehlt eine Initiative von Richterverbänden völlig. Angesichts der zwischenzeitlich immer stärker auch von offiziellen Stellen genutzten Präsenz im Internet können über das Internet viele Rechtsgrundlagen, zumindest als Vorermittlungen oder bei der Abwägung von Risiken und Chancen einer außergerichtlichen Einigung, beigezogen werden.

435 In der Anlage (→ Rn. 694) wurden daher – nebst der entsprechenden Warnung vor ungesicherter Übernahme der Recherche – zahlreiche Links aufgeführt.

436 **d) Auskünfte amtlicher und privater Art.** Angesichts des Ermessens und des formlosen Prozedere kann sich der Richter Auskünften aller Art bedienen,[400] sei es bei deutschen oder ausländischen Amtsstellen. *„Netzwerktechnik"* unter Richtern, bestens zu verstärken über Verbindungen im Rahmen von Auslandspraktika oder -tagungen, vermögen zudem schnell und kostengünstig eine tragfähige Grundlage zu erbringen.

437 **e) Europäisches Übereinkommen betr. Auskünfte über ausländisches Recht.** Vielfach wird auf die Möglichkeit des Rechtsgutachtens zurückgegriffen. Eine sinnvolle Alternative bietet das **Europäische Übereinkommen betreffend Auskünfte über ausländisches Recht.**[401] Das OLG München[402] geht hierbei sogar davon aus, dass zugunsten der Parteien das Gericht nach dem Wirtschaftlichkeitsprinzip zunächst Internetinformationen, sodann amtliche Auskünfte des betroffenen Landes oder das Europäische Übereinkommen vorrangig vor der Gutachtenseinholung auszuschöpfen sind.

438 Letzteres bietet mit dem hierzu ergangenen Auslands-Rechtsauskunftsgesetz[403] eine vorzügliche, in der Praxis – auch bei Gericht – weitgehend unbekannte Möglichkeit. Der BGH hat es schon früh als gutes Informationsinstrument anerkannt,[404] aber auch auf die erforderlichen Maßnahmen im Hinblick auf die Mitteilung „gelebten Rechts" hingewiesen.[405]

439 **aa) Grundlagen.** Hiernach können bei bereits **gerichtlich anhängigen Streitsachen** durch das Gericht Auskünfte zum ausländischen Recht erholt werden. Die zuständige Auskunftsstelle hat in der Antwort je nach den Umständen des Falles die einschlägigen Gesetze und Verordnungen, aber auch einschlägige Gerichtsentscheidungen mitzuteilen, wobei ergänzend Auszüge aus dem Schrifttum und Gesetzesmaterialien mitgeliefert werden können (Art. 7). Organisatorisch wird ein Ersuchen durch Übermittlungs- und Empfangsstellen vom anfragenden Gericht an die zur Beantwortung zuständige Stelle befördert.[1045] Für den deutschen Bereich wurden nähere Regelungen im AuRAG[1046] getroffen. Ein Muster für einen Antrag an das Gericht („Antrag an das Gericht auf Erholung einer Auskunft nach dem Europäischen Übereinkommen betreffend Auskünfte über ausländisches Recht" sowie ein für das Gericht vorformuliertes Ersuchen („Ersuchen an den ausländischen Staat um Auskunft nach dem....") wurde im Anhang beigefügt. Wegen der geringen Erfahrung der Gerichte und der für die Gerichte ermöglichten Verfahrensweise, die Abfassung des Er-

---

399 www.rechtspflegerforum.de.
400 Vgl. MüKo-ZPO/Prütting, § 293 Rn. 24.
401 (BGBl. 1974 Teil II, S. 938; im Internet erreichbar über www. justiz.nrw.de/Bibliothek/ir_online/frame-eura k68.htm oder http://conventions.coe.int/Treaty/Commun/QueVoulezVous.asp?NT=062&CM=1&CL=GE R; vgl. auch OLG München DAR 2008, 590 und die Anmerkung von Riedmeyer; ferner Jastrow, IPRax 2004, 402; Hess/Zhou, IPRax 2007, 183; Knöfel, EuZW 2008, 267; Heinze, IPRax 2008, 480.
402 Urt. vom 5.2.2010 – 10 U 4091/09 nv.
403 Gesetz zur Ausführung des Europäischen Übereinkommens betreffend Auskünfte über ausländisches Recht und seines Zusatzprotokolls – AuRAG vom 5.7.1974 (BGBl. I S. 1433).
404 NJW 1983, 2773; WM 1985, 787; grunds. ablehnend Weber, DAR 2009, 561, 566; kritisch auch Blaschczok, S. 96.
405 IPRax 2003, 302.

suchens den Parteien zu überlassen,[406] bietet sich für den Anwalt die Einreichung eines vorformulierten Ersuchens zur Beschleunigung an.

bb) Beschleunigung. Würden nunmehr die betroffenen Richter umgehend und weitge- 440 hend gemeinsam auf dieses Instrument zugreifen, wäre die befasste Justizverwaltung sicher personell überfordert. Ein Rückstau mit entsprechender Verzögerung wäre die Folge.

Der Ausbau und die Beschleunigung dieser Methode durch die Justizverwaltungen sind 441 daher ebenso wichtig. Insbesondere sollte jener Bereich, der für den Kontakt mit dem Ausland zuständig ist, nachhaltig ausgebaut werden. Es stellt sich die Frage, ob nicht eine andere Abwicklungsstruktur für einen schnelleren Zugriff angedacht werden sollte. Allerdings wurde zwischenzeitlich begonnen mit Hilfe sog. Kontaktstellen und Verbindungsrichter im Rahmen des Europäischen Justiziellen Netz für Zivil- und Handelssachen die Arbeit zu erleichtern.[407] Leider gelten die bisherigen Verbesserungen jedoch vorwiegend für das Familienrecht.

f) Rechtsgutachten. Als Standardmittel der Informationsbeschaffung gilt die Beibringung 442 des Rechts über Gutachten, meist von Instituten, die sich mit Auslandsrecht und Rechtsvergleichung beschäftigen.[408] Das wird häufig auch genügen.[409] Hierbei sind aber bedeutende Gesichtspunkte, die insbes. in der Rechtsprechung des BGH hervorgehoben werden, zu beachten.

aa) Probleme. Musste eingangs die wegen Geldmangels ungenügende Ausstattung der 443 Gerichte bedauert werden, so lassen sich hier die Universitätsinstitute nicht völlig ausschließen. Ob die beauftragten Institute auf dem Bereich des Verkehrszivilrechts ausreichend ausgestattet sind, mag zumindest hinsichtlich der Informationen über das im betroffenen Staat „gelebte Recht", das vom Gericht grundsätzlich heranzuziehen ist,[410] bezweifelt werden. Wer etwa in Deutschland zu einem Schenkkreisfall § 817 BGB liest, wird kaum auf jene Lösung stoßen, die sich aus der Rechtsprechung des BGH ergibt. In den anderen Staaten werden ähnlich „eingriffsstarke" Richterlösungen vorhanden sein. Entscheidend sind insoweit das Vorhandensein aktuellster Kommentare und die Kenntnis der Rechtsprechung.

Zudem muss man sich stets der eingeschränkten Möglichkeiten bewusst sein. „Die Ausar- 444 beitung der Gutachten über ausländisches Recht – auch das muss klar gesehen werden – liegt keineswegs immer bei alterfahrenen Spezialisten des betreffenden Rechts. Nicht nur die Universitätsinstitute, sondern auch die Max-Planck-Institute arbeiten überwiegend mit relativ jungen Leuten, die diese Tätigkeit nur für einige Jahre ausüben, um sich für eine akademische Laufbahn oder für die Praxis vorbereiten. Der das Gutachten unterzeichnende Institutsdirektor oder ältere Mitarbeiter kann daher nicht selten selbst nur für Schlüssigkeit und Plausibilität des Gutachtens im Ganzen bürgen".[411] Die Rechtsprechung des BGH setzt zudem an die Gutachter hohe Anforderungen, fordert insbes. dessen persönliche Praxiserfahrung,[412] „die selbst – bei sinkenden Etats seltene – bestausgestattete deutsche Bibliotheken nicht immer erfüllen können, zumal der BGH auch nicht dokumentierte Praxiskenntnis fordert."[413] Gegebenenfalls ist deshalb auch an die Beiziehung eines ausländischen Rechtsgutachters zu denken.[414]

---

406 Vgl. auch § 1 AURAG.
407 Näher unter www.bundesjustizamt.de/DE/Themen/Gerichte_Behoerden/EJNZH/Kontaktstellen/Uebersicht _node.html.
408 Grundsätzlich ablehnend auch hier Weber, DAR 2009, 561, 566.
409 BGH NJW 1991, 1418 (Venezolanisches Schiff II).
410 BGH NJW 2003, 2685; NJOZ 2001, 1.
411 Kropholler, Internationales Privatrecht, 6. Aufl. 2006 § 59 II. 2. a).
412 Vgl. etwa NJW-RR 1991, 1211 (Venezolanisches Schiff I); zur harschen Kritik an dieser Entscheidung Samtleben NJW 1992, 3057; vgl. auch BGH NJW 1991, 1418: Gericht hat das Recht zu ermitteln, wie es in der Wirklichkeit gestaltet ist.
413 Rauscher, Internationales Privatrecht, Rn. 137 unter Bezugnahme auf die in Fn. 314 BGH-Entscheidung.
414 BGH NJW 1991, 1418.

445   bb) **Gerichtsverfahren.** Auch bei Rechtsgutachten besteht ein **Anhörungsrecht** der Parteien.[415] Die Situation unterscheidet sich insoweit nicht von sonstigen Gutachten. Da sich für das Gericht nach dem Vorliegen des Gutachtens die Frage stellt, ob es die offenen Fragen ausreichend beantwortet oder weitere Maßnahmen erforderlich sind,[416] muss die Frage der Anhörung auch von Amts wegen geprüft werden. Damit ist das Gericht zumindest gehalten, sorgfältig zu prüfen, welche Anknüpfungspunkte vorhanden und ob sie im Gutachten auch hinreichend berücksichtigt sind.[417] Letztlich unterscheidet sich damit die Behandlung derartiger Gutachten nicht von jenen, die zu Tatsachen eingeholt wurden.

446   Aus den Urteilsgründen muss sich ferner stets ersehen lassen, welche Anstrengungen unter welchen Aspekten vorgenommen wurden. Nur so kann nachvollzogen und damit geprüft werden, ob das Ermessen pflichtgemäß ausgeübt wurde.[418] Damit muss sich das Gericht im Urteil aber auch konsequent mit **allen Möglichkeiten** auseinandersetzen und darlegen, warum die gewählte Methode ausreichend gewesen sei. Die alleinige Bezugnahme auf das eingeholte Rechtsgutachten zur Begründung des angewendeten Rechts stellt einen Urteilsfehler dar.

IV. Kostenrisiko

447   Anwaltliche Hilfe ist in Deutschland hinsichtlich der gesetzlichen Gebühren, die in der Regel zugrunde gelegt werden, dank rigoroser gesetzlicher Beschränkung relativ billig. Für Anwälte aus Österreich und der Schweiz sind die niedrigen deutschen Gebühren unverständlich, zeigen sich andrerseits aber schockiert, wenn sie erfahren, welche Anwaltsgebührenhöhe für englische und irische zugrunde zu legen ist.

448   In vielen Ländern fehlen auch amtliche Gebührentabellen. Die Gebühren können frei verhandelt werden.

449   Zudem sind in vielen Staaten die Anwaltskosten selbst bei einem Sieg nicht oder nur teilweise erstattungsfähig.

450   Es stellt sich daher für den Geschädigten schon zu Beginn die Frage, wie er taktisch vorgehen muss, um sich nicht selbst ins Unglück zu stürzen.[419] Die nachfolgende Tabelle zeigt diese für den Geschädigten gravierenden, offensichtlich auf viele Jahre hinaus bestehenden Folgen bei der Erstattungsmöglichkeit von Anwalts- und Gerichtskosten kursorisch auf:[420]

451   Tabelle 8: Anwalts- und Gerichtskostenübersicht

Land	außergerichtliche Kosten	gerichtliche Kosten	Gerichtskosten
Belgien	Nein	nein	Ja
Dänemark	Nein	in der Regel nein	Ja
Estland	Neuerdings Erstattungsfähigkeit, aber Angemessenheitskontrolle, näher Kap. EST → Rn. 124	In der Regel ja (aber Angemessenheitskontrolle)	In der Regel ja (aber § 162 CCP)[421]

---

415   BGH NJW 1994, 2959; bestätigt durch BGH Beschl. vom 27.11.2003 – IX ZR 92/02 (BeckRS 2004, 00054); vgl. auch Hendricks, IStR2011, 711, 715 mwN.
416   BGH NJW-RR 1997, 1154.
417   Vgl. hierzu die genannten BGH-Entscheidungen Venezolanisches Schiff I und II.
418   BGH NJW 1988, 647.
419   Vgl. auch Floßmann-Rischke, DAR Extra 2009, 763; Nissen, DAR Extra 2009, 764.
420   Die Bezeichnung „Ja" bedeutet nicht unbedingt eine vollständige Erstattung. Wie auch in der ZPO gibt es Ermessensspielräume.
421   Angemessenheitskontrolle.

Land	außergerichtliche Kosten	gerichtliche Kosten	Gerichtskosten
Finnland	Nein	Ermessen des Gerichts	Ja (eingeschränkt)
Frankreich	Nein	Ermessen des Gerichts	Ja
Griechenland	Nein	eingeschränkt (gering)	Ja (eingeschränkt)
Großbritannien	Ja (eingeschränkt)	Ja (eingeschränkt)	Ja
Irland	Ja (eingeschränkt)	Ja (eingeschränkt)	Ja
Island	Nein	Ja	Ja
Italien	Ja	Ja	Ja
Lettland	Nein	Ja (≤ 5 % des Streitw.)	Ja
Litauen	Nein	Ja	Ja
Luxemburg	Nein	Nein	Ja
Malta	Nein (eingeschränkt)	Ja	Ja
Niederlande	Ja (eingeschränkt)	Ja (meist nur bis 1/2)	Ja
Norwegen	Nein (eingeschränkt)	Ja	Ja
Österreich	Ja (5–10 % des Streitwerts)	Ja	Ja
Polen	Nein	Ja	Ja
Portugal	Nein	Nein	Ja
Rumänien	Nein	Ja	Ja
Schweden	Nein	Ermessen des Gerichts, bei Ausländern idR ja	Ja
Schweiz	Ja (eingeschränkt)	Teilweise	Ja
Spanien	Nein	Ja (Ermessen)	Meist keine Kosten
Tschechien	Ja (eingeschränkt)	Ja	Ja
Ungarn	Nein (eingeschränkt)	Ja	Ja
Tschechien	Ja (eingeschränkt)	Ja	Ja
Zypern	Nein (eingeschränkt)	Ja	Ja

Insoweit hilft in Deutschland auch die nahezu flächendeckende Verkehrsrechtsschutzversicherung nicht weiter. Nach 2.3.21 Muster-ARB wird folgendes Kostenrisiko abgedeckt: **452**

453 „Bei einem Versicherungsfall im Ausland tragen wir die Kosten für einen Rechtsanwalt, der für Sie am zuständigen Gericht im Ausland tätig wird. Dies kann sein entweder:
- ein am Ort des zuständigen Gerichts ansässiger, ausländischer Rechtsanwalt oder
- ein Rechtsanwalt in Deutschland.

Den Rechtsanwalt in Deutschland vergüten wir so, als wäre der Rechtsstreit am Ort seines Anwaltsbüros in Deutschland.
Diese Vergütung ist begrenzt auf die gesetzliche Vergütung.
Ist ein ausländischer Rechtsanwalt für Sie tätig und wohnen Sie mehr als 100 km Luftlinie vom zuständigen Gericht (im Ausland) entfernt?
Dann übernehmen wir zusätzlich die Kosten eines Rechtsanwalts an Ihrem Wohnort. Diesen Rechtsanwalt bezahlen wir dann bis zur Höhe der gesetzlichen Vergütung eines Rechtsanwalts, der den Schriftverkehr mit dem Anwalt am Ort des zuständigen Gerichts führt (sogenannter Verkehrsanwalt).
Dies gilt nur für die erste Instanz.
Wenn sich die Tätigkeit des Anwalts auf die folgenden Leistungen beschränkt, dann tragen wir je Versicherungsfall Kosten von höchstens ... EUR:
- Ihr Anwalt erteilt Ihnen einen mündlichen oder schriftlichen Rat,
- er gibt Ihnen eine Auskunft,
- er erarbeitet für Sie ein Gutachten.

Haben Sie einen Versicherungsfall, der aufgrund eines Verkehrsunfalls im europäischen Ausland eingetreten ist, und haben Sie daraus Ansprüche?
Dann muss zunächst eine Regulierung mit dem Schadenregulierungsbeauftragten bzw. mit der Entschädigungsstelle im Inland erfolgen. Erst wenn diese Regulierung erfolglos geblieben ist, tragen wir auch Kosten für eine Rechtsverfolgung im Ausland. "

454 Zwischenzeitlich hat sich ein Teil der Rechtsschutzversicherer dem neuen Regulierungsverfahren angepasst und übernimmt neben den Kosten für die Durchsetzung des Anspruchs im Ausland auch die bei der Abwicklung gegenüber dem inländischen SRB angefallenen Kosten. Eine Kontrolle der jeweiligen ARB schon zu Beginn des Anwaltsmandats ist unumgänglich.

455 Der Gedanke, in Deutschland zu prozessieren liegt daher nahe. Hat der Geschädigte jedoch in Unkenntnis der Problematik sofort einen Anwalt in Deutschland beauftragt, muss er die bei einem späteren Prozess im Ausland erforderlichen Anwaltskosten selbst tragen – soweit nicht die Sonderbedingungen einzelner Rechtsschutzversicherer eingreifen. Die Frage nach dem Gerichtsstand wird damit zur Nagelprobe für den Geschädigten, für Sinn und Wert der neuen Regelung. Letztendlich muss er diese Entscheidung ohne rechtliche Hilfe treffen, da nach der Beauftragung eines Anwalts die Würfel bereits gefallen sein können.

456 Auch die Institution der Prozesskostenhilfe vermag dem Geschädigten wenig Nutzen erbringen. Sie kommt erst spät zum Zug und wird in der deutschen Rechtsprechung teilweise extrem restriktiv gehandhabt: „Mutwillig ist auch eine Klage im Inland gegen einen ausländischen Versicherer bei einem Auslandsunfall in eben demselben Land, wenn die ausländische Klage genauso zum Ziel führen würde. Dasselbe gilt, wenn hier erst ein teures Gutachten über ausländisches Recht eingeholt werden müsste."[422] Ob das mit geltendem Prozessrecht und der EU-rechtlichen Regelung der PKH-Gewährung[423] in Einklang zu bringen ist, soll hier nicht näher erörtert werden.

457 Angesichts dieser Probleme bestehen weiterhin Bestrebungen, die Erstattungsmöglichkeit und Harmonisierung von Anwaltskosten voranzutreiben. Bislang sind diese Bestrebungen jedoch am erbitterten Widerstand zahlreicher Staaten gescheitert.

---

422 Musielak/Fischer, § 114 Rn. 44.
423 Richtlinie 2003/8/EG des Rates vom 27.1.2003 zur Verbesserung des Zugangs zum Recht bei Streitsachen mit grenzüberschreitendem Bezug durch Festlegung gemeinsamer Mindestvorschriften für die Prozesskostenhilfe in derartigen Streitsachen (ABl. L 26 vom 31.1.2003, S. 41).

Bachmeier

C. Regulierungsverfahren

Erst nach Klärung all dieser Umstände, kann der Geschädigte sich der Regulierung selbst 458
widmen und an den Haftungspflichtigen herantreten. Hierzu bietet das Regulierungssystem jedoch in der Tat große Erleichterungen.

I. Auskunftsstelle

Angesichts der verständlichen Aufregung bei einem Unfall wird leicht übersehen, alle er- 459
forderlichen Daten, insbes. das Kennzeichen des gegnerischen Fahrzeugs zu sichern, zumal
in vielen Ländern die Anwesenheit der Polizei bei Verkehrsunfällen die Ausnahme darstellt. Die Auskunftsstelle erlangt damit eine wichtige Funktion.

1. Grundlagen. Die Grundlagen finden sich in §§ 8, 8 a PflVG. Zur Behebung der Schwie- 460
rigkeiten, den Namen des zuständigen Haftpflichtversicherers des Unfallgegners zu erfahren, sollen die Auskunftsstellen in den Mitgliedstaaten die **unverzügliche Information** des
Geschädigten gewährleisten. Der Realisierung und Beschleunigung dient die Verpflichtung
der jeweiligen Auskunftsstellen aller am Regulierungssystem beteiligten Staaten zur Zusammenarbeit.

Der Geschädigte muss durch 461

■ die Auskunftsstelle in seinem Wohnsitzstaat

■ oder jene im Staat des gewöhnlichen Standorts des Fahrzeugs

■ oder des Unfallstaates

über die in § 8 a Abs. 1 Nr. 1–4 PflVG genannten Daten informiert werden. Erforderlichenfalls erstreckt die Auskunftsstelle ihre Bemühungen auf die Auskunftsstellen anderer
Länder, § 8 a Abs. 2 PflVG.

Die **Schweiz** ist nicht unmittelbar betroffen, da sie selbst der RL nicht unterliegt. Der An- 462
spruch ergibt sich insoweit deshalb nach nationalem schweizerischem Recht, Art. 79 a
SVG.[424]

Das NVB bietet dabei zugleich eine **Internetauskunft** für den jeweiligen Schadensregulie- 463
rungsbeauftragten an,[425] der nach Art. 79 b SVG von jedem Versicherer entsprechend der
EU-Regelung einzurichten ist.

2. Auskunftsanspruch. Der Geschädigte hat gemäß § 8 a Abs. 1 PflVG einen Anspruch auf 464
Erteilung folgender Auskünfte:

■ Namen und Anschrift des Versicherungsunternehmens,

■ Nummer der Versicherungspolice oder der Grünen Karte bzw. Grenzversicherungspolice, wenn das Fahrzeug durch eines dieser Dokumente gedeckt ist, sofern für das
Fahrzeug die Ausnahmeregelung nach Art. 5 Abs. 2 RL 2009/103/EG gilt und

■ Namen und Anschrift des Schadenregulierungsbeauftragten des Versicherungsunternehmens im Wohnsitzstaat des Geschädigten.

Die Auskunftsstelle speichert keine Daten, sondern fordert sie im konkreten Fall zur Wei- 465
terleitung an den Geschädigten an. Um dies zu gewährleisten, wurde in § 8 Abs. 1 PflVG
die Auskunftspflicht der relevanten Behörden (Zulassungsstellen, Kraftfahrtbundesamt)
und deren Mitteilungspflicht statuiert.

Mit der 5. KH-RL wurden die Voraussetzungen für ein effektives Auskunftsverfahren er- 466
heblich zusätzlich ausgebaut.

3. Auskunftsbeschränkung. Im Hinblick auf den Datenschutz unterliegt der Auskunftsan- 467
spruch gemäß § 39 Abs. 1 StVG Beschränkungen.

---

424 Schweizer Strassenverkehrsgesetz (Originalschreibweise).
425 www.nbi-ngf.ch/de/nvb.

§ 39 Übermittlung von Fahrzeugdaten und Halterdaten zur Verfolgung von Rechtsansprüchen

(1) Von den nach § 33 Abs. 1 gespeicherten Fahrzeugdaten und Halterdaten sind

1. Familienname (bei juristischen Personen, Behörden oder Vereinigungen: Name oder Bezeichnung),

2. Vornamen,

3. Ordens- und Künstlername,

4. Anschrift,

5. Art, Hersteller und Typ des Fahrzeugs,

6. Name und Anschrift des Versicherers,

7. Nummer des Versicherungsscheins, oder, falls diese noch nicht gespeichert ist, Nummer der Versicherungsbestätigung,

8. gegebenenfalls Zeitpunkt der Beendigung des Versicherungsverhältnisses,

9. gegebenenfalls Befreiung von der gesetzlichen Versicherungspflicht,

10. Zeitpunkt der Zuteilung oder Ausgabe des Kennzeichens für den Halter sowie

11. Kraftfahrzeugkennzeichen

durch die Zulassungsbehörde oder durch das Kraftfahrt-Bundesamt zu übermitteln, wenn der Empfänger unter Angabe des betreffenden Kennzeichens oder der betreffenden Fahrzeug-Identifizierungsnummer darlegt, dass er die Daten zur Geltendmachung, Sicherung oder Vollstreckung oder zur Befriedigung oder Abwehr von Rechtsansprüchen im Zusammenhang mit der Teilnahme am Straßenverkehr oder zur Erhebung einer Privatklage wegen im Straßenverkehr begangener Verstöße benötigt (einfache Registerauskunft)."

468   Nach dem Merkblatt hierzu[426] setzt die Bekanntgabe der Daten den schlüssigen, widerspruchsfreien Vortrag, aus dem sich der Auskunftsantrag ergebe, voraus. Angesichts der formal leicht möglichen Erfüllung der Voraussetzungen ist darauf hinzuweisen, dass die Verletzung des Datenschutzes gemäß § 208 Abs. 1 StGB strafrechtlich sanktioniert ist.[427]

II. Schadensregulierungsbeauftragter

469   Der entscheidende Schritt zur Erleichterung der Regulierung war die Einrichtung eines Schadensregulierungsbeauftragten. Er soll der Ansprechpartner im Wohnsitzland des Geschädigten sein und so die Regulierung seitens des ausländischen Haftpflichtversicherers in das Land des Geschädigten verlagern. Vor allem sprachliche Probleme werden damit beseitigt.

470   1. Einrichtung. Gemäß Art. 4 Abs. 1 4. KH-RL hat jeder KH-Versicherer in jedem Land des EWR bzw. nach dessen eigenem Recht in der Schweiz einen Schadensregulierungsbeauftragten (SRB)[428] einzusetzen. Die konkrete Bestimmung liegt nach Abs. 2 in seinem Ermessen. Gemeinsame Schadensregulierungsbeauftragte für mehrere Versicherer sind nach Abs. 3 zulässig. Die Umsetzung in deutsches Recht findet sich in § 7 b VAG.

471   Die **Qualifikation** des SRB regelt § 7 b VAG. Allerdings wird lediglich gefordert, er müsse der deutschen Sprache mächtig und in der Lage sein, den Fall zu bearbeiten. Im Kern muss er daher das einschlägige Recht des Landes des vertretenen Versicherers beherrschen.

472   Der Unfall könnte aber auch in einem Drittland, also weder im Wohnsitzland des Geschädigten, noch dem Residenzland des verantwortlichen Versicherers, erfolgen. Inwieweit er auch dessen Recht kennen muss, ist schon zweifelhaft.[429] Diese Frage muss aber in jedem Falle bejaht werden. Wenn ein litauisches Fahrzeug in Österreich ein deutsches Fahrzeug

---

426   VkBl. 1993, 529.
427   BGH NJW 2003, 226 gegen BayObLG NJW 1999, 1727): Daten unterliegen dem Schutz von § 203 Abs. 2 StGB.
428   Englische Bezeichnung: Loss Adjuster.
429   Verneinend Pamer, Neues Recht der Schadensregulierung bei Verkehrsunfällen im Ausland, S. 40: Nicht zumutbar.

anfährt, nützt es dem geschädigten deutschen Halter nichts, wenn der in Deutschland für den litauischen Versicherer tätigte SRB das litauische Recht, nicht aber jenes von Österreich kennt. Wie sollte dann eine sinnvolle Regulierung erfolgen? Erforderlichenfalls muss sich der SRB insoweit spezieller **Helfer** (Schadenregulierungsbüros, Versicherungsmakler oder etwa Anwaltskanzleien) bedienen. Diese sind aber lediglich Gehilfen.

2. Aufgaben. Die Aufgabe des SRB, in § 7 b VAG umgesetzt, ist zunächst die **Sammlung** **473** **aller Informationen** zur Regulierung der Ansprüche und das Ergreifen der notwendigen Maßnahmen für die Schadensregulierung. In diesem Sinne tritt er als Schadensregulierer faktisch an die Stelle des KH-Versicherers nach dem bisherigen System. Mit der Wahrnehmung dieser Funktion ist er allerdings nicht bloßer Vertreter des Versicherers, worauf Art. 4 zunächst hindeutet, sondern mit eigenen Befugnissen auszustatten, wie sich aus Abs. 5 ergibt. Im Verhältnis zum Geschädigten darf seine Regulierungsbefugnis nicht eingeschränkt werden.

Entscheidend kommt es darauf an, in welchem Umfang der SRB bei der Regulierung des **474** Versicherers dessen Weisungen unterworfen ist. Nach den üblichen Verträgen zwischen dem SRB und dem Versicherer wird in der Praxis regelmäßig das **Weisungsrecht** des Versicherers festgelegt sein. Ein bloßer Verweis auf die Ablehnung seitens des Versicherers gilt allerdings als Regulierungsablehnung ohne hinreichende Begründung.[430] Damit wird der SRB lediglich zur Inlandsanschrift für die Regulierung. Mag also der Versicherer nicht zahlen, mag auch der SRB im Inland – meist – nicht.

Ob über unmittelbare Ansprüche des Geschädigten hinaus auch **Ansprüche von Dritten** **475** aus dem Unfall, etwa Sozialversicherungsträgern aus übergegangenem Recht, nach der 4. KH-RL abgewickelt, also gegenüber dem SRB abgewickelt werden können, ist – vom Gerichtsstand abgesehen[431] – nicht geklärt. Die Verneinung der Gerichtsstandsbegünstigung durch den EuGH bedeutet nicht die Verweigerung der außergerichtlichen Regulierungsvorteile. Angesichts des Arguments der fehlenden wirtschaftlichen Schwäche und rechtlicher Unterlegenheit als für die Verneinung der Gerichtsstandsbegünstigung, muss man aber davon ausgehen, dass auch kein Rechtsanspruch für die Regulierung durch den SRB besteht. Dies entspricht der zur Verneinung eines Anspruchs gegen die Entschädigungsstelle bestehenden hM,[432] insbes. in Übereinstimmung mit Erwägungsgrund 27. Vielfach enthalten die Verträge zwischen SRB und Versicherer eine Positivregelung.[433]

Zahlungen erbringt der SRB eigenständig. Er ist damit nicht von der finanziellen Lage **476** oder dem Willen des ausländischen Versicherers abhängig. Dem SRB stehen lediglich Rückerstattungs- und Bearbeitungsgebührenansprüche zu.

III. Entschädigungsstelle

Werden Ansprüche durch den SRB zurückgewiesen, soll die Entschädigungsstelle eine **477** wichtige Auffangfunktion übernehmen. Die 4. KH-RL wurde mit § 12 a PflVG in das deutsche Recht umgesetzt.

1. Zuständigkeit. Gemäß Art. 6 4. KH-RL muss sie in die Regulierung eintreten, wenn **478**

- das für das Schädigerfahrzeug zuständige Versicherungsunternehmen oder sein Schadensregulierungsbeauftragter nicht binnen 3 Monaten nach Anspruchsanmeldung eine begründete Antwort auf die Anspruchsanmeldung gegeben haben oder

- der für das Schädigerfahrzeug zuständige Haftpflichtversicherer im Wohnsitzstaat des Geschädigten keinen Schadenregulierungsbeauftragten benannt hat. In diesem Fall kommt die Regulierung durch die Entschädigungsstelle jedoch nur in Betracht, wenn

430 F-J-L/Lemor, AuslUnf 4. KH-RL Rn. 15; Riedmeyer, zfs 2006, 132, 134.
431 Hierzu näher Rn. 495.
432 Vgl. FJL/Backu E., Internationales Verfahrens- und Privatrecht Rn. 4; FJL/Lemor, § 12 a PflVG Rn. 11.
433 Vgl. Pamer, Neues Recht der Schadensregulierung bei Verkehrsunfällen im Ausland, S. 39; Lemor/Becker, DAR 2004, 677.

nicht bereits ein Anspruch gegen den Haftpflichtversicherer gerichtlich geltend gemacht wurde,

■ wenn das Fahrzeug oder der zuständige KH-Versicherer nicht binnen zwei Monaten ermittelt werden kann.

479 „Die Praxis geht inzwischen davon aus, dass eine mit Gründen versehene Antwort dann vorliegt, wenn die Antwort konkrete auf die Sach- und Rechtslage bezogene Darlegungen enthält, warum die Schadensregulierung nicht möglich ist."[434] Insoweit dürften dem SRB kaum Schwierigkeiten erwachsen.

480 Ein Fall des fehlenden SRB ist zwischenzeitlich ohnehin nicht mehr erkennbar, so dass zwischenzeitlich eine Inanspruchnahme der Entschädigungsstelle kaum mehr in Betracht kommt.

481 Soweit die Entschädigungsstelle nach Ablauf der Zweimonatsfrist eingeschaltet werden kann, scheidet nach hM eine nachträgliche Regulierung durch den KH-Versicherer oder seinen SRB aus.[435] Die Entschädigungsstelle setzt nach § 12 a Abs. 3 PflVG jedoch dem zuständigen KH-Versicherer eine weitere Frist von zwei Monaten und tritt in die eigene Regulierung erst nach erfolglosem Ablauf der Zusatzfrist ein.

482 **2. Anspruchsinhalt.** Kann tatsächliche die Entschädigungsstelle in Anspruch genommen werden, sind die Ansprüche inhaltlich beschränkt und subsidiär.[436] **Vermögensschäden** kommen nicht in Betracht, **Schmerzensgeld** nur bei Verursachung einer besonders schweren Verletzung durch ein nicht versichertes Fahrzeug.[437] Beim **Sachschaden** besteht ein Selbstbehalt von 500 EUR sowie für den Fahrzeugschaden die Verknüpfung mit dem Eintritt einer erheblichen Verletzung.[438] Nach dem Prinzip der Akzessorietät verbleibt es bei der vollen Beweislast des Geschädigten zu den originären Ansprüchen.

483 Die Aufgaben der Entschädigungsstelle wurden in Deutschland dem Verein Verkehrsopferhilfe eV übertragen.[439] Bei Inanspruchnahme ist ein Schiedsverfahren durchzuführen.

484 Da die Entschädigungsstelle in subsidiärer Form in den originären Rechtsanspruch als Anspruchsgegner eintritt, richtet sich die **Verjährungsfrist** naturgemäß nach dem anzuknüpfenden Recht. Angesichts extrem divergierender Verjährungsfristen in den Staaten, teilweise nur von einem Jahr (Spanien), ist die Kontrolle der Verjährungsfrage auch bei Regulierung über die Entschädigungsfrist daher besonders wichtig.

IV. Garantiefonds

485 Auf der Grundlage von Art. 7 4. KH-RL wurden sämtliche Teilnehmerstaaten verpflichtet, einen sog Garantiefonds einzurichten. Dieser regelt den Anspruch des Geschädigten, wenn das gegnerische Fahrzeug oder dessen Haftpflichtversicherer nicht innerhalb von 2 Monaten festgestellt werden kann. Die Umsetzung erfolgte im deutschen Recht in § 12 PflVG.

486 **1. Tätigkeitsbereich.** Organisatorisch übernehmen insoweit die Entschädigungsstellen die Funktion des Garantiefonds iSv Art. 1 Abs. 4 2. KH-RL, bleiben jedoch formal als Entschädigungsstelle tätig. Der Geschädigte erhält eigene Ansprüche gegen den relevanten ausländischen Garantiefonds. Die örtliche Zuständigkeit ergibt sich aus Art. 7 4. KH-RL:

■ für den Fall, dass das Versicherungsunternehmen nicht ermittelt werden kann, gegen den Garantiefonds nach Art. 1 Abs. 4 Richtlinie 84/5/EWG in dem Mitgliedstaat, in dem das Fahrzeug seinen gewöhnlichen Standort hat;

---

434 Colin, DAR-Extra 2009, 760, 762 mit weiteren Hinweisen.
435 Vgl. FJL/Lemor, § 12 a PflVG Rn. 16.
436 Näher F-J-L/Elvers, PflVG § 12 Rn. 62 ff. sowie das Merkblatt über die Verkehrsopferhilfe eV, zu erreichen über www.gruene-karte.de/uploads/media//GK_45_Merkblatt_02.pdf.
437 Vgl. näher F-J-L/Elvers, PflVG § 12 Rn. 91 mwN.
438 Näher F-J-L/Elvers PflVG, PflVG § 12 Rn. 95 mwN.
439 VO über den Entschädigungsfonds für Schäden aus Kraftfahrzeugunfällen vom 14.12.1965 (BGBl. I S. 2093).

- für den Fall eines nicht ermittelten Fahrzeugs, gegen den Garantiefonds im Mitgliedstaat des Unfalls;
- bei Fahrzeugen aus Drittländern, gegen den Garantiefonds im Mitgliedstaat des Unfalls,
- § 12a Abs. 1 PflVG (entsprechend Art. 7 4. KH-RL) für in Deutschland Residierende auch in Deutschland.

Die Satzung des Vereins Verkehrsopferhilfe eV weist zwar darauf hin, dass sich der Geschädigte, der durch ein nicht versichertes Fahrzeug geschädigt wurde, an den Garantiefonds des Unfalllandes zu wenden habe. Gleichwohl ist der deutsche Garantiefonds zuständig. Es entspricht allgemeiner Ansicht, dass der in der KH-RL benannte Fall der Nichtermittelbarkeit des zuständigen Versicherers gleichzustellen ist mit dem Fall eines nicht versicherten Fahrzeugs (Grundsatz der fehlenden Versicherungsdeckung).[440] Der Erwägungsgrund 14 der 6. KH-RL spricht ausdrücklich von der Entschädigungsmöglichkeit „wenn das verursachende Fahrzeug nicht versichert war oder nicht ermittelt wurde". 487

Ansprüche gegen den Garantiefonds können jedoch immer nur akzessorisch sein, so dass der Geschädigte die volle Beweislast für einen originär gegen den Schädiger gerichteten Schadensersatzanspruch trägt. 488

Zu beachten ist, dass hier die Zweigleisigkeit der Regulierungsbemühungen schaden kann. § 12a PflVG kommt nicht zur Anwendung, wenn der Geschädigte bereits gegen das Versicherungsunternehmen vorgerichtlich oder gerichtlich Ansprüche geltend gemacht hatte, § 12a Abs. 1 S. 2 PflVG.[441]

2. Sonderproblem Schadensberechnung. Eine prozessual bedeutende Entscheidung aus dem englischen Rechtsbereich eröffnet die Frage nach der Entschädigungshöhe. Da die KH-RL selbst keine Anknüpfungsregeln vorgeben, andererseits die Grundlage der Implementierung in das nationale Recht darstellen, ist fraglich, welche Anknüpfungsregel für die Ansprüche gegen den Garantiefonds zu bejahen ist. Für den Haftungsgrund selbst bestehen keine Zweifel an der Regelanknüpfung, nunmehr nach Art. 4 Rom II-VO. Fraglich ist, ob sich nicht für die Schadenshöhe ein „Schlupfloch" zum Heimatrecht öffnet. 489

a) Rechtsprechung in Großbritannien. Der *High Court Of Justice Queen's Bench Division*[442] hatte in der Berufungsinstanz die Frage zu entscheiden, welches Recht hinsichtlich der Anspruchshöhe anzuknüpfen ist. Im Ausgangsfall war ein in Großbritannien residierender Geschädigter in Spanien durch ein deutsches Kfz ohne Versicherungsschutz verletzt worden. Der Geschädigte nahm daher den englischen Garantiefonds, das *Motor Insurers Bureau* (MIB), in Anspruch. Die Parteien waren sich, in Übereinstimmung mit den befassten Gerichten einig, dass sich der Haftungsgrund nach spanischem Recht bestimme. Streitgegenständlich war die Frage, auf welcher Rechtsgrundlage die Höhe der Entschädigung zu bestimmen war – nach spanischem oder englischem Recht. 490

Das MIB, dem das Erstgericht gefolgt war, hatte sich unter Bezugnahme auf die Rom II-VO auf die Anwendung des ihm wesentlich günstigeren spanischen Rechts berufen. Das Berufungsgericht entschied gegenteilig. Es berief sich auf die der Tätigkeit des MIB zugrunde zu legenden Bestimmungen (*Regulations*)[443] und folgerte aus Art. 13 Abs. 2b Regulations 2003 (2003 No. 37), der Geschädigte sei zu entschädigen, „als ob der Unfall in Großbritannien geschehen wäre", diese Bestimmung sei auch zulässig, da Art. 10 Abs. 4 4. KH-RL, die Befugnis des nationalen Gesetzgebers enthalte, den Geschädigten rechtlich über die Vorgaben der KH-RL hinaus zu begünstigen. Außerdem wies es darauf hin, dass 491

---

440 Vgl. HH/Lemor, Kap. 3 Fn, 47; F/J/L/Lemor, AuslUnf Einf. Rn. 3: Buschbell/Buschbell, § 31 Rn. 11.
441 Vgl. auch FJL/Lemor, § 12a PflVG Rn. 8.
442 www.bailii.org/ew/cases/EWHC/QB/2010/231.html; hierzu Mead www.oldsquare.co.uk/news-and-media/cases/clinton-jacobs-v.-motor-insurers-bureau.
443 Erreichbar unter www.legislation.gov.uk/uksi/2003/37/pdfs/uksi_20030037_en.pdf = ZEuP 2012, 158m. Bespr. Armbrüster.

mangels kollisionsrechtlicher Regelung in der 4. KH-RL kein Widerspruch zur Rom II-VO zu bejahen sei.

492 **b) Allgemeiner Grundsatz.** Zutreffend weist *Armbrüster*[444] in seiner Kritik der Entscheidung darauf hin, dass zwar im konkreten Fall eine Begünstigung erkennbar sei, dies jedoch nicht argumentative Grundlage sein könne, weil die Leistungsbedingungen des MIB auch Fälle negativer Art bewirken können.[445]

493 Ihm ist auch darin beizupflichten, dass bei der vom Gericht zugrunde gelegten Rechtslage eine Aufspaltung des Rechts auftrete, da gegen den Schädiger selbst oder bei einem Vorgehen gegen einen Versicherer die Schadensberechnung einerseits Art. 4 Rom II-VO folge, andererseits bei Inanspruchnahme des MIB deren abweichenden Bedingungen eigenen Bedingungen zugrunde zu legen seien.

494 Angesichts ihres Charakters ist darauf hinzuweisen, dass die Leistungsbedingungen der Garantiefonds nichts anderes als die Umsetzung der KH-RL gemäß Art. 10 Abs. 1 4. KH-RL in nationales Recht darstellen, die jedoch der Regelung nach Art. 4 Rom-II-VO nachrangig sein müssen. Eine Spaltung würde insoweit auch zwischen Schadensgrund und Schadenshöhe eintreten – ein Ergebnis, das jedoch nach dem ausdrücklichen Willen des europäischen Verordnungsgebers gerade nicht erfolgen sollte. Auch die Höhe der zu leistenden Entschädigung muss deshalb aus dem nach Art. 4 Rom II-VO angeknüpften Recht ermittelt werden.[446]

495 **c) Deutschland.** Über die soeben dargestellten allgemeinen Grundsätze hinaus, enthält die Satzung der Verkehrsopferhilfe, die nach §§ 13, 13 a PflVG auch die Aufgaben des Entschädigungsfonds wahrzunehmen hat, den ausdrücklichen Hinweis in ihrer Satzung, dass sich die Leistungspflicht nach dem Recht des Unfalllandes richte. Das LG Berlin[447] hat dies für einen Unfall in Frankreich bestätigt.

496 **d) Verjährung.** Die Satzung weist auf eine Verjährungsfrist von drei Jahren hin. Hinsichtlich der Regulierung von Inlandsunfällen ist diese unproblematisch. Beim Auslandsunfall bestimmt sich nach Art. 15 lit. h Rom II-VO jedoch grundsätzlich auch die Verjährungsfrist nach dem anzuknüpfenden Auslandsrecht. Unabhängig davon, ob diese kürzer oder länger ist, ist sie ausschließlich anzuwenden.[448] Die Begünstigungsklausel gemäß Art. 10 Abs. 4 4. KH-RL als Ausdruck einer allgemeinen Begünstigungsklausel kommt nicht zur Anwendung.[449]

497 Angesichts dessen ist erneut auf die extrem unterschiedlichen Verjährungsfristen in Europa von einem Jahr (Spanien) bis möglicherweise nach anderen Rechtsordnungen 30 Jahren und der erforderlichen sofortigen Kontrolle hinzuweisen. Die von der Kommission geplante Vereinheitlich steht noch in weiter Ferne.[450]

D. Klageverfahren

498 Ausgangspunkt und Ziel der neuen Schadensregulierung war der verbesserte Schutz des Opfers eines Unfalls im Ausland – unabhängig von der Frage, ob es sich um einen Verbraucher oder eine natürliche Person handelt.[451]

499 Schon hierbei treten aber die ersten Probleme auf. Angesichts des Schutzcharakters der Direktklage im Land des Geschädigten für die wirtschaftlich schwächere und rechtlich weniger erfahrene Partei ist fraglich, ob auch Leasinggesellschaften sich darauf berufen kön-

---

444 Armbrüster, ZEuP 2012, 163.
445 Armbrüster, ZEuP 2012, 163, 170.
446 Rn 211 ff.
447 DAR 2016, 337; zustimmend Laborde DAR 2016, 347 m. grundl. Darstellung der franz. Rechtslage.
448 Rauscher/Jakob/Picht, Art. 15 Rom II-VO Rn. 17; MüKo-BGB/Junker, Art. 15 Rom II-VO Rn. 25.
449 Vgl. MüKo-BGB/Junker, Art. 15 Rom II-VO Rn. 25.
450 Die Anhörung für eine EU-einheitliche Regelung lief bis 19.11.2012 (http://ec.europa.eu/justice/newsroom/ civil/opinion/121031_en.htm).
451 OLG Celle NJW 2009, 86 = VersR 2009, 61 mAnm Tomson; vgl. auch Riedmeyer, zfs 2006, 132, 134.

nen.[452] Angesichts der Vielzahl von Leasingverträgen spielt dies eine erhebliche Rolle. Problematisch ist, ob sie sich auf das Ungleichheitskriterium bei der Bewältigung des Prozesses berufen können. Während das LG Düsseldorf[453] insoweit die Position des Schwächeren bei einer größeren Gesellschaft verneinte, bejahte das OLG Frankfurt[454] insoweit den Schutzcharakter für eine europaweit agierende Leasinggesellschaft und verwies hierbei auf die mangelnde Erfahrung der Leasinggesellschaft mit der Beurteilung des ausländischen Rechts. Im Hinblick auf die generelle Einbeziehung auch juristischer Personen[455] ist der Entscheidung voll zuzustimmen. Wenn selbst spezialisierte Richter Probleme bei der Beurteilung ausländischen Rechts haben, kann dies bei Unternehmen ebenso bejaht werden, wenn sie nicht eine eigene, auf diese Schadensabwicklung spezialisierte Abteilung aufweisen.

I. Gerichtliche Zuständigkeit

Der entscheidende Umstand für eine effektive Geltendmachung des Schadensersatzanspruchs ist die Bestimmung des zuständigen Gerichts im Inland des Geschädigten. Generell ist dabei prozessual zu beachten, dass bei der Zuständigkeitsprüfung lediglich der schlüssige Vortrag ausreicht. Die tatsächliche Richtigkeit ist Teil der Begründetheit.[456]   500

Angesichts einer Mehrzahl von Anspruchsgegnern muss bei den jeweiligen Haftungsgegnern differenziert werden.   501

1. Halter. Wie unter → Rn. 181 dargestellt, ermöglichen Art. 11 Abs. 2 EuGVVO aF bzw. 13 Abs. 2 EuGVVO nF, Art. 9 Abs. 1 lit. b EuGVVO aF bzw. Art. 11 Abs. 1 lit. a EuGVVO nF die Klage am Wohnsitz des Geschädigten. Hieraus folgt jedoch zugleich eine Beschränkung der Inlandsklage.   502

a) Wohnsitzbezug. Da beim Auslandsunfall der Halter des schädigenden Fahrzeugs regelmäßig keinen Wohnsitz in Deutschland aufweist und auch der Unfallort (§ 29 ZPO) zu keinem Anknüpfungspunkt für eine Klage vor einem deutschen Gericht führt, scheidet unstreitig angesichts des fehlenden Gerichtsstandes die Anrufung deutscher Gerichte gegen den Halter aus. Gleichwohl wird dies in der gerichtlichen Praxis übersehen.[457]   503

b) Enger Zusammenhang. Im Hinblick auf Artikel 8 Nummer 1 EuGVVO (Artikel 6 Nummer 1 EuGVVO aF) wäre daran zu denken, dass sich ein Inlandsgerichtsstand über den sog engen Zusammenhang mit dem Gerichtsstand des Versicherers ergibt. Da diese Vorschriften jedoch eng auszulegen sind, kann hieraus ein Gerichtsstand nicht abgeleitet werden.[458]   504

2. Fahrer. Gleiches gilt naturgemäß für den Fahrer. Es entspricht allgemeiner Ansicht, dass auch eine Zustellung über den deutschen Schadensregulierer nicht möglich und daher im Rechtshilfewege vorzunehmen ist.   505

Denkbar wäre, über die Auslegung des Handlungsortes im Rahmen von Art. 5 Nr. 3 EuGVVO beim Eintreten von Zweitschäden[459] einen gemeinsamen Gerichtsstand am Ort der Zweitschädigung, meist Wohnsitzstaat des Geschädigten, zu bewirken. Dem steht jedoch die Rechtsansicht des EuGH entgegen.[460]

3. Versicherer. Regelmäßig wird auch der Sitz des zuständigen KH-Versicherers im Ausland liegen. Es kommt daher insoweit ein dem Geschädigten günstiger Gerichtsstand nur nach europäischem Recht in Betracht.   506

---

452 Vgl. EuGH EuZW 2005, 594, Verneinung für Versicherung; EuGH EuZW 2009, 855, Verneinung für Sozialversicherungsregress.
453 DAR 2015, 465.
454 NJW-RR 2014, 1339.
455 Vgl. auch Rn. 566.
456 Vgl. zuletzt BGH Beschl. vom 28.6.2012 – I ZR 35/11 (Beck RS 2012, 17065).
457 Vgl. die Vorentscheidung zu OLG Brandenburg, Urt. v. 18.2.2016 – 12 U 118/15 = BeckRS 2016, 04681.
458 BGH NJW 2015, 2429, hierzu Wais LMK 2015, 371718 = zfs 2015, 690 mAnm Diehl.
459 Vgl. oben Rn. 233.
460 EuGH EuZW 2013, 544 mit insoweit abl. Anm. Wagner.

507 a) **EU- und EWR-Raum.** Der Ansatzpunkt für die neue Schadensregulierung fand sich zunächst sowohl in Art. 11 Abs. 3 EuGVVO, der in den EU-Ländern unmittelbar geltendes Recht ist, als auch Art. 11 Abs. 3 des Übereinkommens über die gerichtliche Zuständigkeit und die Anerkennung und Vollstreckung von Entscheidungen in Zivil- und Handelssachen (sog Lugano-Abkommen), das im Verhältnis zu Island, Norwegen und der Schweiz gilt. Wie bereits dargestellt wurde die Problematik zwischenzeitlich durch den EuGH[461] zugunsten eines Gerichtsstandes am Wohnsitz des Geschädigten geklärt.

508 Der Begriff des „Geschädigten" bleibt jedoch weiterhin unscharf. So stellt sich die Frage, ob jedes Unfallopfer Geschädigter in diesem Sinne ist oder personell differenziert werden muss, ob etwa eine GmbH oder ein SVT als Geschädigter mit Klagemöglichkeit im Inland anzusehen ist.[462] Insoweit ist auf → Rn. 566 f. und auf die nachstehenden Ausführungen zur Frage des Gerichtsstands beim Forderungsübergang zu verweisen.

509 Ein unmittelbar aus der 5. KH-RL abzuleitender Gerichtsstand ist nicht zu bejahen. Die gegenteilige Ansicht wird auf Art. 5 Abs. 1 5. KH-RL gestützt, der die 4. KH-RL um einen Erwägungsgrund 16 a ergänzt, wonach davon auszugehen sei, dass über Art. 11 Abs. 2 iVm Art. 9 Abs. 1 lit. a EuGVVO der Gerichtsstand am Wohnsitz des Geschädigten bestehe.[463] Vielmehr handelt es sich lediglich um eine Bekundung des EU-Normsetzers.[464] Allenfalls könnte der originäre Gerichtsstand der EuGVVO durch diesen „gesetzgeberischen Kunstgriff"[465] bekräftigt werden, wobei der EuGH durchaus den Erwägungsgrund einer RL, für den Inhalt einer VO, hier der EuGVVO als Auslegungsgrund heranzieht und damit dem fraglichen Erwägungsgrund eine besondere Bedeutung zukommt,[466] weil Erwägungsgründe, anders als deutsche Regierungsentwürfe, als „sanktionierte Erkenntnisquelle" [467] konkret der Auslegung dienen und daher in großem Umfange herangezogen werden.[468] Die Berufung auf die 5. KH-RL als originärer Rechtsquelle scheitert jedoch schon daran, dass sie im Gegensatz zur EuGVVO erst national umgesetzt werden müsste, also erst die danach zu schaffende nationale Vorschrift Rechtsverbindlichkeit erlangt.[469]

510 b) **Anderweitiger Sitz.** Sitzt der Versicherer nicht im Gebiet der Vertragsstaaten des EWR, so unterliegt er dem neuen Abwicklungssystem, wenn er eine Niederlassung in einem Vertragsstaat unterhält, Art. 11 EuGVVO, wobei jedoch ein Bezug der Niederlassung zum konkreten Fall bestehen muss, Art. 9 EuGVVO.

511 c) **Schweiz.** Probleme bereitet der Unfall in der Schweiz. Da ein Transfer der EuGVVO wie in den EFTA-Ländern nicht erfolgte, bleibt formal betrachtet die Odenbreit-Entscheidung des EuGH ohne Relevanz.

512 Sofern der schweizerische Versicherer als Versicherer ohne Sitz in einem Vertragsstaat zugleich eine Niederlassung in einem Vertragsstaat hat, treffen die oben unter → Rn. 510 erörterten Voraussetzungen zu. Das kann insoweit in Frage kommen, wenn er auch eine Niederlassung in Liechtenstein hat. Das wird angesichts des fast einheitlichen Wirtschaftsraums Lichtenstein/Schweiz häufig zutreffen. Es muss jedoch noch der Bezug zwischen dem Unfall und der Niederlassung hinzukommen. Damit wird dieser Anknüpfungsgesichtspunkt meist scheitern.

---

461 NJW 2008, 819 (Entscheidung Odenbreit).

462 Bejaht von OLG Celle VersR 2009, 61; OLG Zweibrücken NZV 2010, 198; OLG Köln DAR 2010, 582; so auch Rauscher III/Staudinger Art. 13 Rn. 6 b mwN; vgl. auch Ansgar Staudinger, DAR 2012, 474, 475.

463 So MüKo-BGB/Junker, Art. 18 Rom II-VO Rn. 33.

464 So auch FJL/Backu, AuslUnf E. Rn. 4.

465 Riedmeyer, 47. VGT 2009 S. 86.

466 Vgl. EuGH NJW 1983, 1257; Hess Europäisches Zivilprozessrecht § 4 Rn. 65 mit Bezug auf den genannten Erwägungsgrund 16 a.

467 Vgl. EuGH NJW 1983, 1257, 1258; BGH NJW 2007, 71 mAnm Staudinger; Rauscher/Unberath/Cziupka, Einl. Rom II-VO Rn. 23.

468 Vgl. EuGH Slg 1989, 2789 (= BeckRS 2004, 72342).

469 Ebenso Ansgar Staudinger, DAR 2012, 589.

Die Begründung eines Gerichtsstands am Wohnsitz des Geschädigten kann daher nur aus **513** dem LugÜ[470] abgeleitet werden. Die revidierte Fassung des LugÜ ist für die Schweiz zum 1.1.2011 in Kraft getreten.[471] Das Schweizerische Bundesgericht[472] hat unter Bezugnahme auf die **Odenbreit-Entscheidung** die Übertragung der darin festgestellten Grundsätze auf Art. 11 Abs. 2 LugÜ hervorgehoben. Dementsprechend ergibt sich bei der Schweiz statt Art. 11 Abs. 2, Art. 9 Abs. 1 EuGVVO die Wohnsitzgerichtszuständigkeit nach Art. 11 Abs. 2 Art. 9 Abs. 1 LugÜ.[473]

Das AG Trier[474] verneinte dies mit dem Argument, die Entscheidung des EuGH sei vor **514** dem Hintergrund des Europäischen Gemeinschaftsrechts zu sehen, der naturgemäß beim LugÜ fehle. Die Entscheidung verkennt aber, dass das entscheidende Argument nicht die Übertragung der Odenbreit-Entscheidung selbst, sondern die darin angeführten Grundsätze von Bedeutung und in der EuGVVO ebenso wie im LugÜ identisch sind.[475] Die Ansicht des AG Trier kann jedoch nicht als isoliert bezeichnet werden. So wird auch in der Literatur darauf hingewiesen, dass „sich mittelfristig eine unterschiedliche Interpretation beider Instrumentarien trotz gleichen Wortlauts wohl nicht wird vermeiden lassen. Dies liegt vor allem daran, dass die Verordnung als gemeinschaftsrechtliches Integrationsinstrument sehr stark an dieser Intention ausgerichtet interpretiert werden muss. Das LugÜ bleibt dem gegenüber ein völkerrechtlicher Vertrag ohne eine solche angestrebte Integrationswirkung."[476] Es wird auch angeführt, die für die EuGVVO relevante und der Auslegung des LugÜ fehlende Dynamik des europäischen IPR und IPZR, der unterschiedliche Zweck und das Umfeld stünden einer einheitlichen Auslegung gegenüber.

Das AG Bonn[477] hatte die gleiche Ansicht wie das AG Trier vertreten. Das LG Bonn[478] **515** weist im Berufungsurteil unter Bejahung der Zulässigkeit jedoch darauf hin, dass es gerade nicht um die unmittelbare Übertragung der Odenbreit-Entscheidung gehe, sondern Art. 11 LugÜ in der revidierten Fassung von 2007 aus sich heraus den Gerichtsstand am Wohnsitz des Geschädigten ergebe.

Es hat hierbei die tragenden Gesichtspunkte prägnant herausgearbeitet: **516**

■ Allgemeine Übereinstimmung der vertragsschließenden Parteien, die EuGVVO und das LugÜ einheitlich auszulegen,

■ Nennung der EuGVVO in Art. 64 Abs. 1 LugÜ führe nach Art. 1 Abs. 1 des Protokolls 2 zur Aufforderung an die Gerichte, bei der Auslegung der LugÜ einer mit der EuGVVO einheitlichen Auslegung Rechnung zu tragen.

■ Entscheidung des EuGH lediglich auf der Grundlage der EuGVVO, also gemeinschaftsrechtliche Erwägungen einer Übertragung auf das LugÜ nicht entgegen stünden,

■ die Entscheidung des OLG Karlsruhe[479] beziehe sich auf den alten Rechtszustand des LugÜ idF von 1988.

---

470 Übereinkommen über die gerichtliche Zuständigkeit und die Anerkennung und Vollstreckung von Entscheidungen in Zivil- und Handelssachen vom 30.10.2007 (ABl. L 339 vom 21.12.2007, S. 3), vielfach als LugÜ II, teilweise als LugEuGVÜ bezeichnet; in Kraft getreten z. 1.1.2010, hinsichtl. der Schweiz gem. Art. 69 Abs. 5 des Übereinkommens zwischen der Europäischen Union und der Schweizerischen Eidgenossenschaft am 1.1.2011 (ABl. 2011 L 138 vom 26.5.2011, S. 1).
471 ABl. L 138 vom 26.5.2011, S. 1.
472 DAR 2012, 472 m. ausf. Darstellung der Grundlagen und Nachw.
473 Grundl. Ansgar Staudinger, DAR 2012, 589 (Bespr. d. Entsch. des Schweizerischen Bundesgerichts und des AG Trier).
474 DAR 2012, 471; ebenso aber nach der Revision des LugÜbk überholt OLG Karlsruhe NJW-RR 2008, 373.
475 Vgl. Ansgar Staudinger, DAR 2012, 589.
476 Musielak/Stadler, Vorbem. vor Europäisches Zivilprozessrecht Rn. 10.
477 104 C 624/10 nv.
478 Urt. vom 21.9.2011 – 5 S 140/11 nv (BeckRS 2012, 08385).
479 NJW-RR 2008, 373.

517 Der Text des genannten Protokolls lautet: „Jedes Gericht, das dieses Übereinkommen anwendet und auslegt, trägt den Grundsätzen gebührend Rechnung, die in maßgeblichen Entscheidungen von Gerichten der durch dieses Übereinkommen gebundenen Staaten sowie in Entscheidungen des Gerichtshofs der Europäischen Gemeinschaften zu den Bestimmungen dieses Übereinkommens oder zu ähnlichen Bestimmungen des Lugano-Übereinkommens von 1988 und der in Artikel 64 Absatz 1 dieses Übereinkommens genannten Rechtsinstrumente entwickelt worden sind." Art. 11 des LugÜ 1988[480] bezog sich lediglich auf das Klagerecht des Versicherers.[481]

518 Die Ansicht der AGe Trier und Bonn würde die im Protokoll niedergelegten Absichten der Vertragsparteien[482] ebenso negieren wie Sinn und Zweck der Anpassung des LugÜ 1988 an die damals aktuelle Rechtssituation: „Das Lugano-Übereinkommen von 2007 stimmt inhaltlich in seinen Artikeln 1 bis 62 nahezu wortgleich mit der Brüssel I-Verordnung überein und ist auch im Übrigen auf sie abgestimmt. Damit wird die Parallelität der beiden Rechtsinstrumente hergestellt."[483]

Zwischenzeitlich hat der BGH[484] in der Revision gegen das Berufungsurteil des LG Bonn dessen Ausspruch und die Bejahung des deutschen Gerichtsstands bestätigt.

519 **4. Sonderfall Direktregulierung.** In einigen Ländern wird die Verkehrsunfallschadensregulierung nach einem von Deutschland völlig unterschiedlichem System, nämlich nach dem **Direktregulierungssystem** abgewickelt. Hierunter versteht man die Abwicklung von Schäden des Geschädigten durch dessen eigenen Haftpflichtversicherer, nicht jenen des Unfallgegners. Typisch hierfür sind Frankreich und Schweden. Bei diesem System stellt sich die Frage der Kollision mit dem Direktanspruch.

Die Direktregulierung kann zudem auch in Ländern mit herkömmlichem System Bedeutung erlangen. Ein Beispiel verdeutlicht dies:

Zwei Fahrzeuge kollidieren auf deutschem Boden, das Erfolgsortrecht, also deutsches, gelangt zur Anwendung. Kfz A war zugelassen und versichert in einem Direktregulierungsland. Der Versicherer dieses Fahrzeugs (*VA*) erstattet seinem Versicherungsnehmer den Schaden und nimmt Regress beim gegnerischen Versicherer (*VB*) in Höhe einer Haftungsquote. Letzterer verweigert jedoch die Zahlung und beruft sich ohne weiteren Vortrag auf einen Regressausschluss nach § 117 Abs. 5 VVG. Dieser Ausschluss kommt jedoch nur in Sonderfällen in Betracht. Nach § 117 Abs. 1 VVG ist zunächst Grundlage für den in Absatz 5 geregelten Regressausschluss ein krankes Versicherungsverhältnis, also Leistungsfreiheit von *VA* wegen Verstößen des Versicherungsnehmers (*VN*) gegen den Versicherungsvertrag. Insoweit wird der geschädigte Dritte von den daraus resultierenden Nachteilen freigestellt. Zudem wird § 117 Abs. 5 VVG im Rahmen des haftpflichtrechtlichen Direktanspruchs (§ 115 Abs. 1 S. 1 Nr. 1 VVG) durch § 116 VVG ohnehin verdrängt und der Regressausschluss durch § 3 PflVG eingeschränkt.[485] Zudem ist in Bezug auf Fahrer und Halter § 123 VVG zu beachten. Außerhalb der Leistungsfreiheit wegen vertragswidrigen Verhaltens des VN ist vielmehr § 17 Abs. 2 StVG Rechtsgrundlage,[486] der zur Haftungsquote und bei vollständiger Befriedigung seines Versicherungsnehmers durch *VA* zu dessen Regressanspruch nach § 426 Abs. 2 BGB führt.[487] Dies gilt im Übrigen auch, wenn man die Leistung von *VA* als Kaskover-

---

480 Übereinkommen über die gerichtliche Zuständigkeit und die Vollstreckung gerichtlicher Entscheidungen in Zivil- und Handelssachen geschlossen in Lugano am 16.9.1988 (ABl. L 319 vom 25.11.1988, S. 9, ber. ABl. L 20 vom 25.1.1989, S. 38, ABl. L 148 vom 1.6.2001, S. 86) vielfach als LugÜ 1 bezeichnet.

481 „Vorbehaltlich der Bestimmungen des Artikels 10 Absatz 3 kann der Versicherer nur vor den Gerichten des Vertragsstaats klagen, in dessen Hoheitsgebiet der Beklagte seinen Wohnsitz hat, ohne Rücksicht darauf, ob dieser Versicherungsnehmer, Versicherter oder Begünstigter ist."

482 So auch Riedmeyer, r+s Beil. 2011, S. 91, 95; FJL/Backu, Teil E Rn. 12; Tomson, EuZW 2009, 204, 206.

483 BT-Drs. 16/10119 vom 13.8.2008 zum Entwurf eines Gesetzes zur Durchführung des Übereinkommens vom 30.10.2007 über die gerichtliche Zuständigkeit und die Anerkennung und Vollstreckung von Entscheidungen in Zivil- und Handelssachen S. 7.

484 NZV 2013, 177 mAnm Nugel.

485 Vgl. grundl. Freymann-Wellner/Lennartz jurisPK-StrVerkR, § 117 VVG Rn. 1 ff.; HHS/Kreuter-Lange Kap. 30 Rn. 29 ff.

486 Zur Haftungsquote näher LBMR/Bachmeier § 17 Rn. 56 ff.

487 Grundl. Greger-Zwickel § 36 Rn. 1, 3.

sicherungszahlung, also Sachversicherung einstuft. Nach § 86 Abs. 1 S. 1 VVG geht der Anspruch des *VN* auf den Kaskoversicherer über und führt auch hier zum Rückgriff nach § 426 Abs. 1 BGB.[488]

Für die Schadensregulierung kann *VA* zwischen dem System nach den KH-RL (Klage am Erfolgs-ortgerichtsstand) oder jenem der Grünen Karte wählen, also beispielsweise beim Büro Grüne Karte e.V. die Ansprüche anmelden, da beide Systeme sich einander nicht ausschließen.[489]

a) Schweden. Nach dem schwedischen Verkehrsunfallschadensrecht erfolgt die Regulie- 520 rung über den eigenen Haftpflichtversicherer. Grundlage hierfür ist der Charakter der Kraftfahrthaftpflichtversicherung als Form der **Unfallversicherung,** so dass die Direktregu-lierung im Wesentlichen nur für den Personenschadensbereich gilt, § 10 S. 1 TSL. Soweit das Fahrzeug selbst oder darin transportierte Gegenstände beschädigt sind, haftet nach § 10 S. 2, 3 TSL die gegnerische Versicherung.[490]

Zwischenzeitlich weigern sich teilweise schwedische Versicherer, eine Regulierung in 521 Deutschland nach dem Prinzip des Direktanspruchs vorzunehmen und bestreiten die Pas-siv-Legitimation; der Geschädigte möge sich vielmehr an seinen eigenen – insoweit deut-schen – KH-Versicherer wenden.

Diese Argumentation ist unzutreffend. Soweit es um Sachschäden geht, wird damit nach 522 dem schwedischen Haftpflichtrecht ohnehin eine Direktregulierung durch den Versicherer des Geschädigten ausgeschlossen.

Im Übrigen ist das Verhältnis nationalen Rechts zum EU-Recht zu beachten. Da Art. 18 523 Rom II-VO alternativ das Sachrecht (Haftungsrecht) oder das Versicherungsrecht im Schä-digerland für den Direktanspruch ausreichen lässt, kann dahingestellt bleiben, welchem Bereich das schwedische TSL zuzuordnen ist. Jedenfalls wäre eine **Einschränkung des Di-rektanspruchs** nach Art. 3 4. KH-RL durch nationales schwedisches Recht ein **Verstoß ge-gen EU-Recht,** so dass diese Einschränkung verworfen oder der Fall dem EuGH vorgelegt werden kann.

Hierauf kommt es aber letztlich nicht an. Der schwedische Gesetzgeber kann schwedi- 524 schen Versicherern das Direktregulierungsprinzip auferlegen, er ist jedoch nicht befugt, einen ausländischen Haftpflichtversicherer zu zwingen, Schadensersatzleistungen zu be-zahlen und ihn auf einen Rückgriff iSv Teilungsabkommen zu verweisen. Hierzu fehlt die staatliche Hoheit. Da damit aber die Regulierungsbefugnis des deutschen Haftpflichtversi-cherers entfällt, kommt die Direktregulierungsklausel in § 10 TSL nicht zum Tragen. Es verbleibt bei dem Regulierungsanspruch gegen den Versicherer des Schädigerfahrzeugs.

Diese Ansicht wird im Übrigen auch vom Verband der Schwedischen Kfz-Haftpflichtversi- 525 cherer vertreten.

b) Frankreich. Das französische Versicherungssystem beruht ebenfalls auf dem Prinzip der 526 **Regulierung** des Verkehrsunfallschadens **mit dem eigenen KH-Versicherer.** Grundlage hier-für sind die Übereinkommen der Versicherer *IRSA (Indemnisation règlement des sinistres automobiles)* und *IDA (Indemnisation Directe de l'Assuré).* Zu beachten ist hierbei je-doch, dass diese Übereinkommen lediglich zwischen den Versicherungsvertragsparteien, hier also zwischen Versicherern und Versicherten Geltung erlangen, die Rechte Dritter, nämlich des im Ausland residierenden Unfallopfers, nicht tangieren, Art. 1165 CC.[491] Oh-nehin ist der Direktanspruch nach allgemeiner Ansicht im französischem Recht vom Versi-cherungsvertrag losgelöst.[492]

---

488 Vgl. Langheid-Rixecker/Langheid § 86 VVG Rn. 32.
489 Vgl. HHS/Nissen Kap. 25 Rn. 118.
490 „I sådant fall utgår ersättningen från trafikförsäkringen för det andra fordonet." (Sinngemäß: „In solchen Fällen werden die Leistungen aus der Kfz-Versicherung für das andere Fahrzeug bezahlt.").
491 „Les conventions n'ont d'effet qu'entre les parties contractantes; elles ne nuisent point au tiers, et elles ne lui profitent que dans le cas prévu par l'article 1121."
492 Vgl. Micha, S. 28 f. mwN.

527 Eine gesetzliche Einschränkung für das im Ausland residierende Unfallopfer entfällt schon aus diesem Grunde, so dass es auf die für Schweden relevanten Umstände nicht mehr ankommt.

528 **c) Italien.** Auch in Italien findet sich das Direktregulierungssystem, jedoch in einer anderen Konstellation. Nach dem italienischen Privatversicherungsgesetzbuch (*Codice delle Assicurazioni private*) besteht die Direktregulierungspflicht (CID).

529 Insoweit gilt jedoch, wie schon bei Schweden ausgeführt, der Grundsatz der **beschränkten Hoheitsmacht.** Gesetzliche Gebote können nur gegenüber den Unterworfenen erlassen werden. Daher kann sich die Verpflichtung zur Direktregulierung nur auf einen in Italien Versicherten beziehen. Gegenüber den in Deutschland residierenden Geschädigten oder deren Haftpflichtversicherern fehlt die Hoheitsgewalt.

530 **e) Belgien.** Auch in Belgien erfolgt die Verkehrsunfallschadensregulierung über den Versicherer des Geschädigten. Der Geschädigte wendet sich an seinen eigenen Versicherer, der die Regulierung auf Kosten des gegnerischen Haftpflichtversicherers vornimmt.

531 Die Regelung beruht auf versicherungsrechtlicher Grundlage; einen staatlichen Zwang gibt es nicht, jedoch sollen 98 % der Haftpflichtversicherer dem Abkommen beigetreten sein. Nähere Informationen sind diesbezüglich unter der Internetadresse des belgischen Versicherungsverbandes zu erreichen.[493]

532 **f) Estland.** Auch das estländische Versicherungsrecht kennt das System der Direktregulierung. Gemäß § 41 Abs. 1 VVG[494] hat der Geschädigte jedoch lediglich einen Anspruch auf Ersatz seines Sachschadens. Nach Absatz 2 Ziff. 1 sind Schäden wegen Verletzung oder Tod des Geschädigten ausgeschlossen. Nach Absatz 2 Ziff. 2 wird die Direktregulierung ausdrücklich ausgeschlossen, wenn das geschädigte Fahrzeug seinen gewöhnlichen Standort im Ausland hat. Schließlich nimmt Absatz 2 Ziff. 4 Schäden von mehr als 10.000 EUR und Fälle des ungeklärten Hergangs von der Direktregulierung aus.[495]

533 **5. Schadensregulierungsbeauftragter.** Zwischenzeitlich kann davon ausgegangen werden, dass nach allg. Ansicht die **Klagemöglichkeit im Wohnsitzstaat** gegen den SRB im Hinblick auf Art. 4 Abs. 8 4. KH-RL und § 7 b Abs. 3 VAG zu verneinen ist, da sich hinsichtlich des SRB aus dem Begriff der Niederlassung kein Gerichtsstand gemäß § 21 ZPO ergibt.[496]

534 Entscheidend kommt es darauf an, ob der SRB als Teil des Versicherers angesehen wird. Bejahendenfalls würde es sich inhaltlich um eine Klage des Begünstigten gegen den Versicherer handeln, also die Zuständigkeit der Gerichte am Ort des Geschädigten begründet werden. Derzeit muss davon ausgegangen werden, dass die gerichtliche Zuständigkeit am Sitz des Geschädigten hier zu verneinen ist.

535 **6. Entschädigungsstelle.** Selbst bei Klagen gegen die Entschädigungsstelle ist die Frage der gerichtlichen Zuständigkeit schwierig zu klären. Da es sich um eine Institution im Land des Geschädigten, also durch die Umsetzung der RL um eine Institution nach deutschem Recht handelt und zudem ein unmittelbarer Anspruch des Geschädigten statuiert wird, muss zwar problemlos ein deutsches Gericht anrufbar sein, wenn es um die Überprüfung der Voraussetzungen für ein Tätigwerden geht.[497]

536 Das hilft dem Geschädigten aber nur weiter, wenn er bejahendenfalls auch den Schaden geltend machen kann. Österreich hat sich mit § 2 b Abs. 5 Verkehrsopferentschädigungsgesetz hiergegen ausgesprochen. In Tschechien und Estland wird die Klagemöglichkeit im Inland bejaht.

537 Im deutschen Recht fehlt eine ausdrückliche Regelung. Es ist daher nach allgemeinen Grundsätzen zu entscheiden. Die Entschädigungsstelle hat kraft gesetzlicher Anordnung

---

493 http://www.assuralia.be/index.php?id=254&L=1&tx_ttnews[tt_news]=994.
494 Estnisches VVG erreichbar unter https://www.riigiteataja.ee/akt/LKindlS (estnisch) bzw. https://www.riigit eataja.ee/en/eli/ee/Riigikogu/act/505022016002/consolide (offizielle engl. Übersetzung).
495 Näher hierzu Kap. EE § 1 A.
496 Vgl. Riedmeyer, VGT 2009 S. 88.
497 Vgl. auch Backu, DAR 2003, 145, 150.

die begründeten Ansprüche zu befriedigen. Sie ist damit gegenüber dem Geschädigten im Eintrittsfalle **unmittelbar der Schuldner.** Demgemäß ist sie für Klagen gemäß § 12 Abs. 1 ZPO auch vor deutschen Gerichten **passiv-legitimiert.**[498] Allerdings ist in Deutschland vor Klageerhebung ein Schiedsverfahren vor der nach §§ 5–7 der VO eingerichteten Schiedsstelle durchzuführen, § 9 der VO.

7. Garantiefonds. Soweit die Entschädigungsstelle in der Funktion des Garantiefonds zuständig ist, gelten die gleichen Grundsätze wie bei der Entschädigungsstelle, also die Bejahung der Klagemöglichkeit in Deutschland.[499]   538

II. Prozessuale Fragen

Von den Regelungen durch die KH-RL bleiben die nationalen prozessrechtlichen Bestimmungen unberührt.   539

1. GVG und ZPO. Die Gerichte haben nach ihrem eigenen Prozessrecht vorzugehen. Es gelten für die deutsche Rechtslage zur sachlichen und örtlichen Zuständigkeit daher GVG und ZPO. Es gibt zwar unterschiedliche Ansichten zur Frage, ob der deutsche Gesetzgeber Konzentrationen bei bestimmten Gerichten einführen kann, eine Bestimmung EU-rechtlicher Art steht dem jedoch nicht entgegen. Angesichts der Abschaffung der Berufungskonzentration für Auslandsrechtsfälle beim OLG zum 31.8.2009 (§ 119 I Nr. 1 c GVG aF)[500] ist jedoch kaum zu erwarten, dass der deutsche Gesetzgeber hier Änderungen vornimmt.   540

2. Sonderfall Beweisaufnahme. Verkehrsunfallklagen erfordern überwiegend eine Beweisaufnahme. Wegen der Bedeutung werden die einzelnen Möglichkeiten unten (→ Rn. 581 ff.) gesondert dargestellt.   541

III. Forumshopping

Nach der aufgezeigten, vielfach unklaren oder uneinheitlichen Rechtssituation kommt der Wahl des Gerichtsstandes eine große Bedeutung zu. Sie kann sich bei der Höhe des Schadens massiv auswirken. Der deutsche Anwalt hat insoweit auch die Möglichkeiten des HStVÜ zu beachten.   542

Der Gerichtsstand wird am Wohn- bzw. Firmensitz des Geschädigten begründet. Insoweit ergibt sich die Möglichkeit des Forumshoppings, nämlich die Auswahl und möglicherweise **Manipulation des gewünschten Gerichts.** Für einen Gerichtsstand in Deutschland spricht die geringe Erledigungsdauer. Rund die Hälfte aller Prozesse werden in Deutschland beim AG binnen 3 Monaten entschieden,[501] beim LG rund ein Drittel.[502] Angesichts der kaum vorhandenen Möglichkeiten zur Vereinheitlichung der innerdeutschen Rechtsprechung zum Auslandsrecht kann auch ein bestimmter Spruchkörper interessant sein.   543

1. Zweitwohnsitz. EU-rechtlich liegt eine Bestimmung des Wohnsitzes nicht vor. Der Wohnsitz isv § 13 ZPO ist daher in Deutschland nach § 7 BGB zu bestimmen. Nach Abs. 2 kommen jedoch mehrere in Betracht, wenn **an allen Orten der räumliche Schwerpunkt** der Lebensverhältnisse liegt. Aktuelle Entscheidungen liegen hierzu nicht vor. Als ausreichend wird auch angesehen, „wenn die betreffende Person ihren Aufenthaltsort in der Weise wechselt, dass der jeweilige Wohnort zum Schwerpunkt der Lebensverhältnisse wird."[503] Damit wird ein weiter Spielraum eröffnet. Nachdem die Zulässigkeit der Klage von Amts wegen geprüft werden muss, sollte der Frage des tatsächlichen Wohnsitzes im Gerichtsbezirk stets nachgegangen werden.   544

---

498 So auch Backu, DAR 2003, 145, 153; Lemor/Becker, DAR 2004, 677, 684; HH/Lemor, Kap. 3 Rn. 9, 92.
499 Vgl. auch HH/Lemor, Kap. 3 Rn. 9.
500 Vgl. hierzu näher Blaschczok, S. 152.
501 Statistisches Bundesamt, Fachserie 10, Reihe 2.1, 2014, S. 28, erreichbar unter www.destatis.de/DE/Publik ationen/Thematisch/Rechtspflege/GerichtePersonal/Zivilgerichte2100210147004.pdf?__blob=publicationF ile.
502 Statistisches Bundesamt, Fachserie 10, Reihe 2.1, 2011, Ziff. 2.2.
503 MüKo-BGB/Schmitt, § 7 Rn. 36.

545 **2. Wohnsitzwechsel.** Eine Manipulation kommt auch durch einen Wohnsitzwechsel in Betracht. Damit könnte sogar länderübergreifend der Gerichtsort ausgesucht werden. Rechtsprechung hierzu ist nicht ersichtlich. In Betracht kommt der Vergleich mit dem Gerichtsstand des Versicherungsnehmers. Nach Art. 9 Abs. 1 lit. b EuGVVO ist nach herrschender Meinung der Zeitpunkt der Klageerhebung maßgeblich.[504] Hierfür spricht auch § 13 ZPO, wonach es auf den **Zeitpunkt der Klagezustellung** ankommt. Dies spräche für eine Zulassung des Wohnsitzwechsels bis zur Klageerhebung. Anschließend kommt ein Zuständigkeitswechsel gemäß Art. 2 EuGVVO nicht mehr in Betracht (perpetuatio fori).[505]

546 Der EuGH musste die insoweit vorgelegte Frage in der oben erörterten Entscheidung zu den SVT nicht entscheiden. „Sowohl das Motiv des Geschädigtenschutzes als auch der Sach- und Beweisnähe des Gerichts sprechen dafür, dass der Wohnsitz zum Zeitpunkt der Klageerhebung und nicht derjenige zum Unfallzeitpunkt maßgeblich ist. Bei einem Wohnsitzwechsel während des Prozesses greift ohnehin der Grundsatz der perpetuatio fori ein."[506] „Die Anwendung des Grundsatzes der perpetuatio fori steht entgegen der Auffassung der Revision auch nicht im Widerspruch dazu, dass aus den dargelegten Gründen die zuständigkeitsbegründende Verlegung des Wohnsitzes nach Einleitung des Verfahrens zu berücksichtigen ist. Perpetuiert wird nur die Zuständigkeit, nicht die Unzuständigkeit. Die nachträgliche Zuständigkeitsbegründung des angerufenen Gerichts ist durch den Zuzug des Bekl. daher nur möglich, wenn nicht zuvor das bis zu diesem Zeitpunkt international zuständige Gericht eines anderen Vertragsstaates wegen desselben Anspruchs angerufen wurde (folgen Nachw.)."[507]

547 Zu beachten ist auch die Ansicht des BGH, der gewöhnliche Aufenthalt werde nicht per se durch eine längere Abwesenheit aufgehoben.[508]

548 **3. Mittelbare Schädigung.** Als ebenfalls weiter ungeklärt kann man die wichtige Frage bezeichnen, ob bei einem mittelbar Geschädigten dessen Wohnsitz oder jener des unmittelbaren Opfers relevant ist. Der EuGH sieht in einer früheren Entscheidung den Ansatzpunkt beim unmittelbar Geschädigten.[509] *Staudinger/Czaplinski* wenden hiergegen ein, dies werde dem Opferschutz und der Beweisnähe der Gerichte nicht gerecht.[510] Ob hiervon für das Angehörigenschmerzensgeld und Schockschäden eine Ausnahme zu machen ist[511] muss derzeit als völlig offen bezeichnet werden. Allerdings hat der EuGH bei der Frage von Hinterbliebenen im Haftpflichtbereich diese den originär Geschädigten gleichgestellt.[512]

549 **4. Vertraglicher Forderungsübergang.** Schließlich führt auch die bereits erörterte Frage über die gerichtliche Zuständigkeit am Wohnsitz des Geschädigten bei vertraglichen Forderungsübergängen sofort zur Problematik des Forumshoppings. Bejaht man den Bezug auf den Zessionar, kann mit einer geschickten Forderungsabtretung auch ein anderes Gericht, selbst grenzüberschreitend gewonnen werden.[513] Die Entscheidung ist im Einzelfall jedoch weiterhin offen, da im Hintergrund die Problematik der Schutzbedürftigkeit und damit konkreter Umstände steht.[514]

---

504 So ausdr. EuGH (für den Insolvenzbereich) EuZW 2006, 125; OLG Hamm FamRZ 2012, 1317; vgl. auch Riedmeyer, VGT 2009 S. 91; Staudinger/Czaplinski, NJW 2009, 2249, 2251; Thomas-Putzo/Hüßtege, Art. 16 EuGVVO; Rauscher III/Staudinger Art. 13 Rn. 6.
505 Vgl. Staudinger/Czaplinski, NJW 2009, 2249, 2251.
506 Lüttringhaus, S. 190.
507 BGH NJW 2011, 2515, 2518.
508 NJW 2009, 1482: 3-monatiger Aufenthalt in Südafrika unschädlich; hierzu Spickhoff, LMK 2009, 280900.
509 NJW 1991, 631, 632.
510 Staudinger/Czaplinski, NJW 2009, 2249, 2251; differenzierend aber Rauscher III/Staudinger Art. 13 Rn. 6 c mwN.
511 So Rauscher III/Staudinger aaO.
512 EuGH DAR 2013, 701; hierzu Steiner ZVR 2014, 130, 131.
513 Näher Rn. 244.
514 Eng auslegend Rauscher III/Staudinger Art. 13 Rn. 6 g ff.

5. Zustellungsprobleme. Zwischenzeitlich hat der EuGH auf Vorlage des LG Saarbrü- 550
cken[515] die Frage der Zustellung der Klage an den ausländischen Versicherer über den
SRB in Deutschland endgültig geklärt.[516] Die zeitaufwendigen und kostenintensiven Zustellungen im Rechtshilfewege sowie die in der Vorauflage dargestellten und vom BGH[517]
angesprochenen prozessualen Zustellungsmöglichkeiten können daher entfallen. Die bisher abl. Rspr.[518]ist damit überholt.

Bedeutsam hierbei ist die Aussage des EuGH, dass die Zustellungsvollmacht zur zwingen- 551
den Berechtigung des SRB gehört, also weder vertraglich noch durch nationales Recht eingeschränkt werden kann. Ein gegenteiliges Recht muss als Verstoß gegen EU-Recht unberücksichtigt bleiben.

Eine Zustellungsvollmacht des Regulierers kam nach Ansicht des KG[519] im Übrigen schon 552
vor Einführung des neuen Regulierungssystems für den Bereich des Grüne-Karte-Systems
in Betracht, wobei letztlich die gleichen Argumente wie jene des BGH zum faktischen
Nachweis des Zugangs und der Vertretungsmacht des Regulierers herangezogen wurden.

E. Offene rechtliche Probleme

Über die soeben angesprochene Problematik bleiben trotz der 5. KH-RL, der Entschei- 553
dung des EuGH und der Rom II-VO noch viele Fragen offen.

I. Forderungsübergang

Konkrete Ansatzpunkte zur Klärung der Frage, ob die gerichtliche Zuständigkeit auch für 554
den Fall der Abtretung gilt, sind den genannten Vorschriften nicht zu entnehmen.

1. Gesetzlicher Forderungsübergang. Da in vielen Fällen gesetzliche Leistungsträger für 555
Personenschäden aufkommen oder seitens des Arbeitgebers im Wege der Entgeltfortzahlung Leistungen erbracht werden, zudem im Sachschadensbereich häufig Voll- oder Teil-
kaskoversicherungen bestehen, kommt es zu gesetzlichen Forderungsübergängen, etwa
nach § 6 EFZG, § 116 SGB X, § 67 VVG 1908 bzw. § 86 VVG 2008. Die nachfolgend
dargestellte Rechtsansicht zur Unterscheidung zwischen schwach und stark
kann nicht unmittelbar auf alle Fälle übertragen werden

a) Sozialversicherungsträger. Das Recht des Forderungsübergangs auf Versicherer richtet 556
sich nach dem Statut des Versicherungsvertrags, Art. 19 Rom II-VO. Der Schadensersatzanspruch selbst folgt dem Deliktsstatut. Ob sich damit auch der Zessionar auf einen Gerichtsstand am Wohnsitz des Geschädigten berufen kann, war zunächst ungeklärt.

Der EuGH hat sich der verneinenden Ansicht angeschlossen und ausgeführt, Art. 11 557
EuGVVO stelle eine **Ausnahmevorschrift** dar, die nach der Rechtsprechung des EuGH
streng auszulegen sei,[520] da der besondere Gerichtsstand die übermächtige Stellung des
Versicherers ausgleichen solle,[521] dies jedoch bei gesetzlichen und privaten Versicherern
gerade nicht erforderlich sei.[522] Ferner wird argumentiert, nach Art. 93 Abs. 1 VO (EWG)
Nr. 1408/71[523] (nunmehr Art. 85 Abs. 1 der VO (EG) Nr. 883/2004[524] müsse der SVT-Regress eines ausländischen SVT nur dann anerkannt werden, wenn im eigenen Land der Regress vorgesehen sei, da aber in einigen Ländern der SVT-Regress nicht existiere, müsse

---

515 DAR 2012, 465 mit umfassender Erörterung und Darlegung der unterschiedlichen Ansichten.
516 NJW 2014, 44; weiterhin abl. Buse DAR 2015, 445.
517 NJW-RR 2011, 417; grdl. Erörterung der Problematik bei Fucks, Fn. 406.
518 Inbes. KG NJW-RR 2008, 1023; OLG Saarbrücken NJOZ 2010, 1152.
519 NJW-RR 1995, 1116, 1117.
520 Vgl. EuGH NJW-RR 2006, 1568; NJW 2007, 3702.
521 EuGH VersR 2001, 123; VersR 2005, 1001.
522 Vgl. Riedmeyer, VGT 2009 S. 96; ablehnend Reisinger, ZVR 2011, 40, 42.
523 ABl. L 149 vom 5.7.1971, S. 2.
524 ABl. L 116 vom 30.4.2004, S. 1.

von einer unzulässigen Umgehung dieser Einschränkung ausgegangen werden.[525] Schließlich wird bezweifelt, ob bei der cessio legis überhaupt Art. 8 ff. EuGVVO betroffen sei.[526]

558 Nach Ansicht des EuGH[527] kann daher „ein Sozialversicherungsträger als Legalzessionar (...) vor den Gerichten des Mitgliedstaats seiner Niederlassung nicht eine Klage unmittelbar gegen den in einem anderen Mitgliedstaat niedergelassenen Versicherer des mutmaßlichen Unfallverursachers erheben". Gleichwohl eröffnet er dem SVT eine Möglichkeit, diese Rechtsprechung zu umgehen. Der EuGH[528] geht davon aus, sein einschränkender Grundsatz gelte nicht, wenn sich der SVT mit seinen übergegangenen, also isolierten Ansprüchen, lediglich an die Direktklage des Geschädigten „anhängt". Dabei ist jedoch zunächst zu prüfen, ob das nationale Prozessrecht diese Möglichkeit eröffnet. Im entschiedenen Fall war dies nach der finnischen Prozessordnung möglich.[529] Nach der ZPO scheidet dies aus.

559 **b) Arbeitgeber.** Damit sind aber nicht alle Fälle der Legalzession geklärt. Das OLG Celle[530] geht davon aus, dass im Falle der Lohnfortzahlung der Arbeitgeber Geschädigter is Art. 11 Abs. 2, 9 EuGVVO sei. Dies lässt sich entgegen *Lüttringhaus*[531] mit der nunmehrigen Entscheidung des EuGH kaum in Einklang bringen, da „einem Legalzessionar, der in Ausübung seiner beruflichen oder gewerblichen Tätigkeit die aus einem Verbrauchervertrag stammende Forderung des Zedenten einklagt, nicht die besonderen Zuständigkeitsregeln bei Verbraucherverträgen zugutekommen, da diese den Schutz der wirtschaftlich schwächeren und rechtlich weniger erfahrenen Partei bezwecken (Shearson Lehman Hutton Tz. 20 bis 24)."

560 **c) Prozessuale Probleme.** Ein Vorgehen des Geschädigten liegt zwar auch dann vor, wenn er im Wege der gewillkürten Prozessstandschaft für den Versicherer Klage erhebt. Gleichwohl kann er sich insoweit nicht auf die dem Geschädigten selbst zustehenden Möglichkeiten der Gerichtsstandswahl berufen. Wie das LG Hamburg[532] zutreffend unter Heranziehung der Entscheidung des EuGH zur Abtretung ausführt, tritt zwar der Geschädigte, also der „Schwache" auf, mache jedoch lediglich Rechte eines „Starken" geltend. „Würde man es zulassen, dass eine 'starke' Partei ihre Ansprüche in gewillkürter Prozessstandschaft von Dritten geltend machen lässt, könnte es auch zum unerwünschten Phänomen des sogenannten 'Forum-Shoppings' kommen."[533] Einzuwenden ist die Anerkennung derartiger manipulativer Möglichkeiten nach deutschem Prozessrecht und die den EU-rechtlichen Normen durchaus innewohnende Gestaltung über das Forumshopping.

561 Da auch die 6. KH-RL keine zusätzliche Regelung brachte, ist die Problematik weiterhin offen – mit allerdings restriktiver Tendenz.

562 **2. Vertraglicher Forderungsübergang.** Ob man daraus umgekehrt schließen kann, bei einer Zession unter Verbrauchern eröffne sich die gerichtliche Zuständigkeit im Land des Geschädigten, ist ebenso offen, aber eher zu bejahen.[534] Das Verkehrszivilrecht ist sehr stark vom Abtretungssystem durchdrungen, da damit versucht wird, eine günstigere Ausgangsposition zu erlangen, weil der Geschädigte als Zeuge in Betracht kommt oder der Geschädigte im Rahmen von Verträgen von der Regulierung entlastet werden soll, etwa durch Sachverständige oder Mietwagenunternehmen.

563 **a) Geschäftliche Bezüge.** Das AG Bergisch-Gladbach[535] vertritt hinsichtlich einer an einen **Sachverständigen abgetretenen Forderung** die Ansicht, eine Erweiterung des Begriffs des

525 Tomson, EuZW 2009, 204 m. grundl. Erörterung der Problematik.
526 Staudinger/Czaplinski, NJW 2009, 2249, 2252.
527 EuZW 2009, 855 = VersR 2009, 1512; grdl. hierzu Lüttringhaus, VersR 2010, 183.
528 DAR 2016, 79 m. abl. Anm. Staudinger.
529 Ebenso nach Art 106, 269 ital. ZPO, Art 333 franz. ZPO, Art 81/82 Schweizer ZPO
530 NJW 2009, 86.
531 Lüttringhaus, VersR 2010, 183, 187.
532 VersR 2012, 562.
533 LG Hamburg VersR 2001, 996S. 563.
534 Vgl. Lüttringhaus, VersR 2010, 183, 187.
535 VersR 2012, 1027.

Geschädigten auf den hinter diesem stehenden Zessionar werde weder vom Wortlaut noch von Sinn und Zweck der Regelung umfasst, da es sich nicht mehr um den Schutz der typischerweise schwächeren Partei handle. Konkret verneint das Gericht die Erfüllung des Begriffs der schwächeren Partei, weil der Sachverständige Kaufmann sei und in Ausübung ihrer gewerblichen Tätigkeit die Forderung des Geschädigten durch Abtretung erworben und nicht als Verbraucher gehandelt habe.

Die Entscheidung vermag in ihrer Absolutheit nicht zu überzeugen. Zwar kann die Argumentation im Einzelfall, etwa bei einer Tätigkeit von *TÜV* oder *DEKRA*, also Großunternehmen, zutreffen, der typische „Einmann-Sachverständige", der etwa als Ltd. firmiert, kann indes nicht per se als starke Partei qualifiziert werden. Das Gericht beruft sich zwar auf die vom OLG Celle zur Krankenversicherung ergangene Entscheidung,[536] lässt aber die Auseinandersetzung mit der bejahenden Entscheidung des OLG Celle[537] zum günstigen Gerichtsstand für Ansprüche des Arbeitgebers mit Kaufmannseigenschaft[538] vermissen. **564**

Zugunsten des Urteils spricht indes das vom AG Bergisch-Gladbach nicht herangezogene Urteil des EuGH in der Sache *Shearson Lehman Hutton*.[539] Hier hatte der EuGH einem Legalzessionar, der in Ausübung seiner beruflichen oder gewerblichen Tätigkeit die aus einem Verbrauchervertrag stammende Forderung einklagte, den Anspruch auf den Verbrauchergerichtsstand verweigert, da er nicht zum Kreis der wirtschaftlich und rechtlich weniger erfahrenen Personen gehöre. Da der EuGH in der Entscheidung *Vorarlberger Gebietskrankenkasse* diese Entscheidung lediglich zur Stärkung seiner bereits vorher getroffenen Aussage heranzieht, kann man nicht davon ausgehen, dass der EuGH allein beim Vorhandensein einer gewerblichen Tätigkeit stets den Begriff des Schwächeren verneine. Die damalige Klägerin, eine Treuhandgesellschaft für Vermögensverwaltung und Beteiligungen, war schließlich als größeres Unternehmen im Bereich von Kapitalanlagen tätig. Endgültig erscheint daher die Problematik nicht geklärt. **565**

b) Privatpersonen. Anders sieht es nach den bisher erkennbaren Ansätzen bei Privatpersonen aus. Diese, etwa Ehefrau, Kinder, Eltern, Verwandte, sind dem haftenden Versicherer gerade nicht gleichwertig. Im Falle der Entscheidung des OLG Celle[540] musste das Gericht über die hilfsweise Stützung der Klage auf eine privatrechtliche Abtretung nicht entscheiden. Eine Lösung auf der Grundlage der vom EuGH aufgestellten personenbezogenen Grundregel „Schutz für den Schwachen und Verbraucher – kein Schutz für den Unternehmer und juristische Personen" kann zur sachgerechten Entscheidung führen.[541] Auch die Auffassung des EuGH zum Gerichtsstand von Erben an ihrem Wohnsitz[542] spricht für eine Begünstigung von Privaten im Rahmen der Zession. **566**

3. Rechtsansprüche mittelbar Betroffener. Eigene Ansprüche Dritter können erbrechtlicher Art oder unmittelbare Schadensersatzansprüche (etwa Unterhalts-, Schockschäden, Angehörigenschmerzensgeld) sein. Für den Bereich von eigenen Ansprüchen des Erben hat der EuGH[543] die gerichtliche Zuständigkeit am Wohnsitz der Erben bejaht. **567**

Zwar ordnet der EuGH die Ansprüche Dritter im Bereich der Rechtsanknüpfung unmittelbar dem Erstverletzten zu. Ob daraus auch zu schließen ist, über das Grundprinzip der Schutzbedürftigkeit[544] hinaus würden diese Rechte dem Schicksal des Erstverletzten folgen, ist völlig offen. **568**

---

536 VersR 2009, 1426.
537 NJW 2009, 86.
538 Streitgegenständlich war das Geschäftsführergehalt von rund 12.400 EUR für ca. 4 Monate.
539 EuZW 1993, 223.
540 NJW 2009, 86.
541 Vgl. Fendt, VersR 2012, 34, 35; Lüttringhaus, VersR 2010, 183.
542 EuZW 2009, 855 = VersR 2009, 1512.
543 EuZW 2009, 855 = VersR 2009, 1512.
544 Näher Rn. 557.

569 Auch im Übrigen spricht vieles dafür, die soeben genannte Grundregel des EuGH[545] entsprechend anzuwenden.

II. Grenzüberschreitende Einheitlichkeit der Rechtsanwendung

570 Angesichts der bereits angesprochenen geringen Überprüfungsmöglichkeit für die Ermittlung ausländischen Rechts ist es schon schwierig, eine sachgerechte einheitliche Rechtsprechung zu gewährleisten. Verneint man die Revisibilität, hat bei erstinstanzlichen Verfahren der Amtsgerichte eine Vielzahl von Landgerichten das letzte Wort. Hieraus könnte man ein gewichtiges Argument für die Revisibilität ableiten.

571 Völlig ungeklärt aber ist, wie die Rechtsanwendung in den bislang 32 Teilnehmerstaaten einheitlich zu halten ist. Faktisch gibt es (ohne Berücksichtigung von Teilrechtsgebieten) 32 Rechtskreise für das Recht eines Landes. Staatenübergreifend gibt es aber keine Kontrollinstanz. Hierbei ist insbes. zu beachten, dass nach deutschem Recht dem Richter vielfach sogar gestattet wird, Rechtsfortbildung zu betreiben und sogar Lücken zu schließen.[546] In den meisten anderen Rechtskreisen wird dies nicht abweichend geregelt sein.

572 **1. EuGH.** Beim EuGH handelt es sich um ein Organ der EU, das gem. Art. 251 AEUV (entspricht Art. 225 EGV af) als Organ der EU eingerichtet und gemäß Art. 256 für Klagen nach Art. 263, 265, 268, 270, 272 AEUV bzw. in der Form des Fachgerichts nach Art. 257 AEUV zuständig ist. Hieraus ergibt sich lediglich die Stellung eines Kontrollorgans gegenüber Handlungen der EU-Institutionen. Ergänzend kommt nach Art. 267 AEUV die Überprüfung nationalen Rechts am Maßstab des EU-Rechts hinzu. Entscheidend kommt es somit auf die Sicherung des Unionsrechts an. Die Auslegung nationalen Rechts außerhalb von EU-Normen ist aus den genannten Rechtsgrundlagen nicht zu entnehmen. Da die Zuständigkeit des EuGH zudem positiv normiert ist,[547] kommt eine erweiternde Auslegung nicht in Betracht. Angesichts der oben dargestellten Problematik bei der Anwendung ausländischen Rechts wird jedoch diskutiert, ein **Vorlageverfahren** zum EuG oder zum EuGH einzuführen.[548]

573 **2. Nationale oberste Gerichte.** In diesem Zusammenhang wird insoweit außerdem die Einführung der Vorlage an ausländische Gerichte überlegt.[549]

574 Die Zuständigkeit nationaler oberster Gerichte gründet sich auf das Gerichtsverfassungsrecht der einzelnen Staaten. Die Möglichkeit der Aussetzung in § 148 ZPO erfasst schon sprachlich nicht den fraglichen Fall. Eine Aussetzung nach Art. 28 EuGVVO oder eine Verbindung nach Art. 27 EuGVVO kommt nicht in Betracht, weil diese mehrere Verfahren zwischen den gleichen Personen erfordern. Selbst angesichts eines Prozesses gegen den Versicherer in einem Staat und gegen Halter/Fahrer in einem anderen liegt diese Voraussetzung nicht vor.

575 Die gutachterliche Äußerung eines ausländischen obersten Gerichtshofs müsste in der dortigen Gerichtsverfassung zunächst eröffnet sein. Sodann kommt es aber darauf an, ob ein ausländisches Gericht nach seiner eigenen Gerichtsverfassung überhaupt zur Stellung der **Anfrage** unmittelbar an ein ausländisches Gericht befugt ist. Im deutschen Recht findet sich keine derartige Möglichkeit.

576 **3. Lösungsmöglichkeiten.** Die Kritik an den bisherigen Zuständen zeigt, dass ein Königsweg zum Recht nicht existiert. Umso mehr müssen Anstrengungen unternommen werden, Lösungswege aufzuzeigen. Die Erweiterung der Zuständigkeit des EuGH scheitert schon an der Grundaufgabe des Gerichts und würde zudem das System des Gerichtshofs sprengen.

---

545 Bejahend auch Lüttringhaus, VersR 2010, 183.
546 So MüKo-ZPO/Prütting, § 293 Rn. 58 mwN; Thole, ZHR 176, 15.
547 Vgl. Grabitz/Hilf/Nettesheim/Karpenstein, Das Recht der Europäischen Union, 46. EL 2011 Art. 256 AEUV Rn. 3.
548 Vgl. näher Blaschczok, S, 194 f.
549 Vgl. näher Blaschczok, S. 194 f.

a) Richtlinienlösung. In der Literatur wird diskutiert, ausländische Gerichte für die Erstellung von Rechtsgutachten einzubinden.[550] Schon im Hinblick auf die materiellrechtliche Beurteilung kommt nur die Möglichkeit der Heranziehung des für das anzuwendende Recht zuständigen obersten Gerichts in Form einer gutachterlichen Stellungnahme in Betracht. Ob die Gerichtsverfassungen derartiges ermöglichen, kann nicht überblickt werden. Zudem müsste eine Bindung des anfragenden Gerichts an die Stellungnahme eingeführt werden. § 133 GVG bietet jedenfalls keinen Ansatz zur Anrufungsmöglichkeit des BGH zugunsten ausländischer Gerichte. Da die europarechtliche Einheitlichkeit herzustellen ist, könnte lediglich eine diesbezügliche Richtlinie helfen. Die damit verbundene Ausweitung der obersten Gerichtshöfe und die damit verbundenen Kosten können nicht übersehen werden. `577`

b) Verordnungslösung. Im Grunde liegt in dem Europäischen Übereinkommen betreffend Auskünfte über ausländisches Recht bereits eine gute Lösungsmöglichkeit vor. Das Übereinkommen ist jedoch kein Teil des EU-Rechts, sondern wurde vom Europarat geschaffen, so dass es weit über die Grenzen der EU hinausgeht. Im Rahmen der EU und damit auch der weiteren EWR-Staaten Island, Liechtenstein und Norwegen ist deshalb an eine eigene Verordnung – mit oder ohne Bindung – zu denken, die auf der Basis des Europaratsübereinkommens Grundlagen schafft. Die Schweiz dürfte sich, zumindest für den Bereich der KH-RL anschließen. `578`

Zu denken ist hierbei an eine Ergänzung dahin gehend, **nationale Gremien** zu schaffen, an die sich jeweils ausländische Gerichte mit Fragen zur Ermittlung und Auslegung des entsprechenden Auslandsrechts wenden können. Damit stünden Spezialisten des originär gelebten Rechts mit sachgerechter Mittelausstattung zur Verfügung.[551] `579`

Die Schaffung der technischen Einzelheiten stellt keine besondere Herausforderung dar. Es stellt sich, wie so oft bei der Ausstattung der Justiz, nur die Frage des politischen Willens und der Bereitschaft, die entsprechenden Mittel seitens der EU bereitzustellen. Der Zusatzaufwand bei einem derzeitigen Anteil von 0,8 % für „Freiheit, Sicherheit und Recht" am EU-Haushalt würde sich prozentual kaum erkennen lassen. `580`

F. Europäisches Beweisaufnahmeverfahren

Verkehrszivilsachen sind durch massiv auftretende Beweisaufnahmen gekennzeichnet. Angesichts der im Ausland gelegenen Unfallstelle muss regelmäßig davon ausgegangen werden, dass auch im Ausland gelegene Beweismittel auszuschöpfen sind. Hierbei treten extreme Kosten- und Zeitfaktoren auf. Man denke nur an Erfolgsorte in Französisch Guyana oder Island. Trotz dieser, letztlich die Parteien belastenden Kosten, der Verpflichtung des Gerichts, vorhandene Beweismittel auszuschöpfen, eine überragende Bedeutung zu. Es droht der Verstoß gegen das Prinzip des effektiven Rechtsschutzes nach Art. 2 Abs. 1 GG iVm Art. 20 GG.[552] `581`

Die EuBewVO[553] regelt die **Zusammenarbeit** der Gerichte in Zivil- und Handelssachen. Bei Rechtsstreitigkeiten aus Verkehrsunfällen kommt sie unproblematisch zur Anwendung. Bei der Lösung wird vielfach auch das HBÜ herangezogen.[554] `582`

Angesichts des zwischenzeitlich eingespielten Verhaltens des Gesetzgebers, Probleme zu schaffen, die Lösung der Probleme aber nicht selbst zu bewirken, sondern dies der Rechtsprechung zu übertragen, lässt an einer schnellen Änderung des derzeit herrschenden Zustands zweifeln. Man denke nur an die VVG-Reform. Nachfolgend sollen daher einige Möglichkeiten aufgezeigt werden, sich übergangsweise zu behelfen. `583`

550 Vgl. Jansen/Michaelis, ZZP 116, 3, 49.
551 So auch Blaschczok, S. 194 f.
552 BVerfG NJW 2016, 626, 627: Unterlassene Beiziehung von ausländischen Akten; krit. Botthof FamRZ 2016, 29; zur anwaltl. Hinweispflicht gegenüber dem Gericht Kemper FamRB 2016, 52.
553 Mangels amtl. Kurzbezeichnung auch EG-BewVO oder EuBeweisVO oder EUBeweisaufnahmeVO (so in Beck-Online).
554 Vgl. Rauscher/v.Hein, Einl. EG-BewVO Rn. 2.

584 In der deutschen Prozesslandschaft werden die Möglichkeiten einer europäischen Beweisaufnahme nach der EuBewVO[555] häufig nicht ausreichend eingesetzt. Dabei bietet sie deutlich mehr als nur ein Rechtshilfeersuchen zur Zeugenvernehmung an einen ausländischen Staat.[556] Auch hier ist zunächst darauf hinzuweisen, dass es sich um zwischenzeitlich rund 12 Jahre altes Recht handelt.[557] Die VO ist nach Art. 21 Abs. 1 EuBewVO vorrangig vor bi- oder multilateralen Abkommen, insbes. des Haager Übereinkommens, die Länder können jedoch nach Art. 24 Abs. 2 EuBewVO zusätzliche **Vereinfachungsmöglichkeiten** vereinbaren. Ergänzende Information sind aus einem Handbuch der EU-Kommission zu ersehen.[558]

585 Im Verhältnis zu **Dänemark** gilt die VO nicht, sondern lediglich das HBÜ.[559] Sie gilt auch nicht in **San Marino**, dem **Vatikanstaat** und **Monaco**.[560] Ergänzend ist darauf hinzuweisen, dass bei Nichtanwendung der EuBewVO das HBÜ grundsätzlich zur Anwendung heransteht. Eine zwingende Anwendung folgt aus der EuBewVO nicht. Das Gericht kann auch seine eigenen prozessualen Möglichkeiten ausschöpfen, etwa Parteien zum eigenen Gerichtsort vorladen – mit den eventuell nachteiligen Folgen des dortigen Prozessrechts.[561]

I. Grundlagen

586 Die EuBewVO enthält weitgehende Befugnisse des zur Entscheidung berufenen Gerichts.[562] Die Ausstattung der Gerichte, zumindest bei den Amtsgerichten, ist weiterhin verbesserungsbedürftig. Allerdings hat sich das Online-Angebot für die Justiz zwischenzeitlich verbessert. Die ZPO enthält in §§ 1072, 1073 Hinweise auf die EuBewVO – weitgehend ohne ernsthaftes Bedürfnis, da die VO ohnehin das nationale Recht überlagert. Von Bedeutung ist lediglich die Zuständigkeitsbestimmung des Amtsgerichts für ausländische Ersuchen und Ergänzungen, soweit die EuBewVO auf die nationalen Rechtsordnungen verweist. Die in den ZPO-Kommentaren angefügten Kommentierungen der VO sind meist eher eine eigene Zusammenfassung des VO-Textes und bei offenen Fragen nicht sehr hilfreich.[563] Der Text der VO gibt jedoch in der Regel die Rechtslage für die erste Sichtung vor.

587 Eine Liste der in anderen Ländern zuständigen Stellen und der verwendbaren Sprachen findet sich in IPRax 2004, 160. Justizintern gilt ergänzend die Rechtshilfeordnung für Zivilsachen (ZRHO).[564] Zwischenzeitlich bietet auch der Internetauftritt der EU Hinweise.[565]

588 **1. Kontaktaufnahme.** Die Durchführung der Beweisaufnahme setzt eine reibungslose Zusammenarbeit zwischen den Gerichten der beteiligten Länder voraus. Wichtig ist hierbei der durch die VO eröffnete unmittelbare Kontakt zwischen den Gerichten nach Art. 2 Abs. 1 EuBewVO, also ohne Einschaltung der Justizverwaltung. Die nach Art. 3 EuBewVO geschaffene Zentralstelle ist durchaus sehr hilfreich. Art. 4, 5, 6 EuBewVO regeln die Modalitäten der Abwicklung. Die Zentralstelle hat nach Art. 3 EuBewVO keine Prüfungskompetenz, sondern nur eine unterstützende Funktion, vgl. § 55 Abs. 5 ZHRO.

---

555 VO (EG) Nr. 1206/2001 vom 28.5.2001 (ABl. L 174 vom 27. 6. 2001, S. 1), teilweise auch als EuBeweisaufnahmeVO oder EuBewVO abgekürzt; Umfangreicher Schrifttumsnachweis bei Rauscher/v.Hein, vor Einl. EG-BewVO.
556 Siehe auch Bericht der EU-Kommission KOM(2007) 769 endg.
557 Inkrafttreten zum 1.7.2001, Art. 24 Abs. 1 EuBewVO; Geltung, mit geringen Ausnahmen, nach Art. 24 Abs. 2 EuBewVO seit 1.1.2004.
558 http://ec.europa.eu/civiljustice/evidence/evidence_ec_guide_de.pdf in deutscher Sprache.
559 Rauscher/v. Hein, vor Einl. EG-BewVO Rn. 58; Geimer-Schütze-Knöfel, Europäisches Zivilverfahrensrecht, EuBewVO Rn. 61.
560 Rauscher/v. Hein, vor Einl. EG-BewVO Rn. 58.
561 EuZW 2012, 831 mAnm Bach; aA Generalanwalt Jääskinen in der Rs C-332/11 (BeckRS 2012, 81894).
562 Grundl. Hess, Europäisches Zivilprozessrecht, § 8 II m. ausf. N.
563 Grundl. aber die Kommentierung von Rauscher/v. Hein.
564 Zu erreichen einschließlich der erforderlichen Formulare unter www.ir-online.nrw.de/index2.jsp#inhalt.
565 https://e-justice.europa.eu/content_taking_evidence-374-de.do.

Bachmeier

Das ersuchende Gericht ist völlig unabhängige Herrin des Verfahrens. Bestimmungen der ZHRO entfalten keine Bindungswirkung.

Gemäß Art. 3 Abs. 1, 2 EuBewVO bestimmt jeder Staat eine **Zentralstelle** und sodann für die Abwicklung der einzelnen Ersuchen eine sog **Verantwortliche Stelle**. Die Kenntnis der ausländischen Zentralstellen ist im Regelfall für deutsche Fälle nicht erforderlich.[566] In Deutschland wurden für die justizverwaltungstechnische Zuständigkeit folgende Verantwortliche Stellen benannt: 589

Land[567]	Stelle
Baden-Württemberg	Amtsgericht Freiburg
Bayern	Bayerisches Staatsministerium der Justiz
Berlin	Senatsverwaltung für Justiz
Brandenburg	Ministerium der Justiz und für Europaangelegenheiten des Landes Brandenburg
Bremen	Landgericht Bremen
Hamburg	Amtsgericht Hamburg
Hessen	Präsident(in) des Oberlandesgericht Frankfurt am Main
Mecklenburg-Vorpommern	Justizministerium Mecklenburg-Vorpommern
Niedersachsen	Niedersächsisches Justizministerium
Nordrhein-Westfalen	Oberlandesgericht Düsseldorf
Rheinland-Pfalz	Ministerium der Justiz des Landes Rheinland-Pfalz
Saarland	Ministerium der Justiz
Sachsen	Präsident des Oberlandesgerichts Dresden
Sachsen-Anhalt	Ministerium der Justiz und Gleichstellung
Schleswig-Holstein	Ministerium für Justiz, Kultur und Europa
Thüringen	Ministerium für Migration, Justiz und Verbraucherschutz

Inwieweit hierbei regionale zuständige Behörden eingeschaltet sind, kann über die vorgenannten Stellen leicht ermittelt werden.   590

Hinzuweisen ist auch auf die Funktion der sog **Kontaktstellen** in den Mitgliedstaaten. Das Bundesamt für Justiz definiert die Rolle wie folgt: „Wenn Sie als Richterin oder Richter mit einem grenzüberschreitenden Rechtsstreit befasst sind, können Sie sich an die deutschen Kontaktstellen wenden. Diese nehmen sodann Kontakt mit der jeweiligen Kontaktstelle in dem betreffenden Mitgliedstaat auf und unterstützen Sie so bestmöglich bei der Lösung der aufgetretenen Probleme. Hilfestellungen können von der Unterstützung bei der Formulierung und Erledigung von Rechtshilfeersuchen bis zur Einholung von Auskünften über den Inhalt ausländischen Rechts reichen."[568]   591

---

566   Erforderlichenfalls unter http://ec.europa.eu/justice_home/judicialatlascivil/html/index_de.htm auf der Länderkarte zu ermitteln.
567   http://ec.europa.eu/justice_home/judicialatlascivil/html/te_centralbody_de_de.htm.
568   www.bundesjustizamt.de/DE/Themen/Gerichte_Behoerden/EJNZH/Start/Ueberblick_node.html.

592 Die Hilfestellung steht jedoch nur den Gerichten zur Verfügung. Aktuell hat Deutschland jedoch nur **Verbindungsrichter** für den Familiengerichtsbereich eingesetzt, die jeweils für mehrere Bundesländer zuständig sind. „Ihre Aufgabe ist es, ihren Kolleginnen und Kollegen bei der Lösung von Problemen zu unterstützen, die bei grenzüberschreitenden Rechtsstreitigkeiten auftreten können. Je nach Wunsch helfen sie auch, einen direkten Kontakt zu einem Richter/einer Richterin im europäischen Ausland herzustellen, um so auftretende Probleme in einem Rechtsstreit mit Auslandsbezug unmittelbar zu lösen."[569] Für den sonstigen Zivilrechtsbereich empfiehlt sich der Weg über die Kontaktstellen.[570]

593 Das **Bundesamt für Justiz** hat in seiner Funktion als **Bundeskontaktstelle**[571] die Liste der Kontaktrichter im Internet veröffentlicht. Sie finden sich auf der Liste der bei den OLGen eingerichteten sog **Landeskontaktstellen**.[572]

594 Auch wenn es sich damit originär um eine Unterstützungsleistung für die Gerichte handelt, kann mit dieser Erkenntnis uU von anwaltlicher Seite dem Gericht ein wertvoller Hinweis gegeben werden. Auch für den Anwaltsbereich wurde in das EJN eine Kontaktmöglichkeit eingearbeitet. Über die deutschen Berufskammern findet man den Kontaktzugang.[573]

595 **2. Formale Voraussetzungen.** Die Durchführung der Beweisaufnahme setzt zunächst die Nutzung von vorgegebenen Formularen voraus.[574] Diese sind der VO als Anlage beigefügt sind. Besonders ist jedoch darauf hinzuweisen, dass der Kontakt zwischen ersuchendem Gericht und für die Erledigung zuständigem Gericht **unmittelbar** zu erfolgen hat.

596 Andererseits akzeptieren alle Staaten mit Ausnahme von Polen und Spanien die Übermittlung per Telefax. Die Tschechische Republik, Estland, Finnland, Frankreich, Griechenland, Ungarn, Irland, Italien, Lettland, Malta, Portugal, Slowenien und die Slowakei nehmen auch die Übermittlung per E-Mail an.[575] Bei Kroatien kann derzeit nur auf beschränkte Informationen zugegriffen werden.[576]

597 Die **Formblätter** enthalten teilweise Rubriken für Angaben, die in der VO selbst nicht als essentialia negotii zugrunde gelegt werden, beispielsweise bei der Beschreibung des zu vernehmenden Zeugen, Telefon-, Faxnummer und E-Mailadresse. Sofern sie nicht ausgefüllt werden, berechtigt dies nicht zur Zurückweisung durch den ersuchten Staat. Diese Rubriken sind insoweit jedoch auf einer vernünftigen Grundlage aufgebaut und dienen der reibungslosen sowie schnellen Abwicklung. Sie sollten daher schon aus eigenem Bedürfnis heraus ausgefüllt, ggf. die erforderlichen Daten vorher ermittelt werden.

598 Angesichts der ausführlichen Formulare sollten Mängel im Ersuchen eigentlich nicht auftreten. Von Bedeutung ist naturgemäß die Beschreibung des Beweisthemas und der zu verwertenden Beweismittel, etwa Ziffer 12. des Formblatt A. Ein sorgfältiger Beweisbeschluss, in der Anlage beigefügt oder in das Beweisthema in Ziffer 12.1 Formblatt A aufgenommen und die Benennung der Zeugen in Ziffer 12.2 Formblatt A dürfte ohnehin kein Problem sein.

---

569 https://www.bundesjustizamt.de/DE/Themen/Gerichte_Behoerden/EJNZH/Verbindungsrichter/Verbindung srichter _node.html.

570 https://www.bundesjustizamt.de/DE/Themen/Gerichte_Behoerden/EJNZH/Kontaktstellen/Uebersicht_node .html (Link hinter den Landeswappen).

571 https://www.bundesjustizamt.de/DE/Themen/Gerichte_Behoerden/EJNZH/Bundeskontaktstelle/Bundeskon taktstelle_node.html.

572 https://www.bundesjustizamt.de/DE/Themen/Gerichte_Behoerden/EJNZH/Kontaktstellen/ Uebersicht_nod e.html.

573 https://www.bundesjustizamt.de/DE/Themen/Gerichte_Behoerden/EJNZH/Berufskammern/Berufskammer n_node.html.

574 Online-Formulare erreichbar unter https://e-justice.europa.eu/content_videoconferencing-69-eu-de.do.

575 Bericht der Kommission an den Rat, das Europäische Parlament und den Europäischen Wirtschafts- und Sozialausschuss über die Anwendung der Verordnung (EG)Nr. 1206/2001 des Rates vom 28. Mai 2001 über die Zusammenarbeit zwischen den Gerichten der Mitgliedstaaten auf dem Gebiet der Beweisaufnahme in Zivil- oder Handelssachen vom 5.12.2007, KOM(2007) 769 endg. Fn. 4.

576 https://e-justice.europa.eu/content_croatia__cooperation_in_civil_matters-276-de.do (nur in englischer und kroatischer Sprache).

Zu beachten ist die Einhaltung der **Sprachenregelung** nach Art. 5 EuBewVO. Es sollte – 599 namentlich bei schwierigen Sprachen im ersuchten Mitgliedsland – stets geprüft werden, ob weitere Sprachen zugelassen sind. Das Handbuch der Kommission gibt hierüber Auskunft. Sofern das ersuchte Gericht **Mängel im Antrag** erblickt, hat es gemäß Art. 7 Abs. 1 EuBewVO darauf hinzuweisen.

Von besonderer Bedeutung ist angesichts der im Rechtshilfewesen nicht selten auftreten- 600 den langen Laufzeiten die **Beschleunigung** der Beweisaufnahme. Sie ist gemäß Art. 10 Abs. 1 EuBewVO unverzüglich, spätestens aber innerhalb einer Bearbeitungsdauer von 90 Tagen zu erledigen.

3. Ordre public. Auch die Durchführung einer Beweisaufnahme nach der EuBewVO steht 601 unter dem Vorbehalt des Ordre public. Bei der Verkehrsunfallschadensregulierung wird der Konfliktbereich nur gering sein. Bedeutsam sind aber Schweigepflichtbestimmungen für bestimmte Berufsgruppen, insbes. Ärzte und Anwälte. Das ist auch hinsichtlich der Beweisaufnahmen im Wege der Rechtshilfe in Deutschland von Bedeutung. Ausländisches Prozessrecht kennt das **Kreuzverhör** (Großbritannien) oder die Vernehmung durch Privatpersonen. Mit dem Kreuzverhör kann versucht werden, Zeugen einzuschüchtern und „zu zerstören". Es verstößt daher nach deutschem Recht schon gegen Art. 1 GG.[577]

Teilweise kann durch konkrete Maßnahmen Abhilfe geschaffen werden. So wird als zuläs- 602 sig angesehen, das Verbot des Kreuzverhörs mittels der Vernehmung durch einen englischen Richter zu vermeiden.[578]

II. Beweisrechtliche Einzelheiten

Einzelheiten sind für die praxisgerechte Umsetzung noch offen, Rechtsprechung und Auf- 603 satzliteratur findet sich kaum. Schon der Begriff des Beweismittels ist derzeit noch offen. Davon hängt ab, ob ein ausländisches Gericht verpflichtet ist, einem Ersuchen zu folgen. Der Begriff wird in anderen Ländern vielfach unterschiedlich beurteilt[579] und wird im Verhältnis zu Art. 1 Abs. 1 HBÜ[580] als eingeschränkt angesehen.[581]

1. Zeugenvernehmung. Nach wie vor ist die Zeugenvernehmung die zahlenmäßig wich- 604 tigste Erkenntnisquelle. Wegen der hohen Anreisekosten und schwierigen Terminierung wird bei Auslandszeugen vielfach die Vernehmung im RH-Wege gewählt. Bei Zeugenvernehmungen – und zwar auch im Rahmen der bisher üblichen Anträge auf Vernehmung im RH-Wege – ist es schwierig, die Höhe der Vorschüsse für die ausländischen Zeugen zu ermitteln.

Unabhängig von der Frage des Vorgehens nach der ZPO oder der EuBewVO stellt sich dabei stets die Frage der Erreichbarkeit des Zeugen und der möglichen Zurückweisung des Beweismittels nach § 356 ZPO. Dabei ist zu beachten, dass bei der Verlustigerklärung des Zeugenbeweises die Möglichkeiten der Erreichbarkeit sorgfältig auszuschöpfen sind und sodann zu dokumentieren ist, welche Maßnahmen sowie Ergebnisse erfolgten. Die alleinige Ladung und das anschließende Nichterscheinen reichen in keinem Falle aus.[582]

Art. 17 EuBewVO gestattet die Durchführung der Beweisaufnahmehandlung im Staat des 605 ersuchten Gerichts. Umstritten ist, welche **Unterstützungsleistungen** das ersuchte Gericht hierbei zu erbringen hat. Einerseits wird angenommen, eine Förderpflicht bestehe nicht,[583] die Gegenansicht geht davon aus, Art. 10 EuBewVO begründe eine uneingeschränkte Un-

---

577 Eindrucksvoll das Beispiel bei Rauscher/v. Hein, Art. 10 EG-BewVO Rn. 21.
578 Rauscher/v. Hein, Art. 17 EG-BewVO Rn. 9 mwN.
579 Zur Problematik näher Ubertazzi, GRURInt 2008, 807 sowie Schlussantrag von Generalanwältin Kokott http://curia.europa.eu/juris/document/document.jsf?text=&docid=62900&pageIndex=0&doclang=DE&m ode=req&dir=&occ=first&part=1.
580 Zu erreichen unter www.justiz.nrw.de/Bibliothek/ir_online_db ir_htm/frame-hbw70.htm.
581 Näher Rauscher/v. Hein, Art. 1 EG-BewVO Rn. 12.
582 Vgl. BGH zfs 2013, 633.
583 So MüKo-ZPO/Rauscher, § 1074 Rn. 63 (nur praktische Förderpflicht).

terstützungspflicht.[584] Letzteres ist zu bejahen. Die Unterstützung ergibt sich schon aus dem Prinzip des europafreundlichen Verhaltens.

606   Nach dieser Norm sind **Aussageverweigerungsrechte** nicht nur nach dem Recht des ersuchten, sondern auch des ersuchenden Staats zwingend zu beachten.

607   Zu beachten ist auch die beschränkte Verwertungsmöglichkeit von Beweisen. Es ist davon auszugehen, dass Art. 1 Abs. 2 EuBewVO die Verwertung der gewonnenen Beweise auf das der Beweisaufnahme zugrunde liegende Verfahren beschränkt.[585] Das entspricht dem vom EuGH entwickelten Prinzip der Spezialität.[586]

608   Ausgangspunkt für die Durchführung ist das Recht des ersuchenden Gerichts, Art. 10 Abs. 2 EuBewVO. Da § 185 Abs. 1 GVG für die Durchführung die deutsche **Sprache** bestimmt, ist trotz der Möglichkeit nach § 185 Abs. 2 GVG bei Beherrschung der Fremdsprache durch alle Beteiligten in dieser Sprache zu vernehmen, das Protokoll in deutscher Sprache aufzunehmen. Im Rahmen von Art. 10 Abs. 3 EuBewVO wird aber ein Antrag des ersuchenden Gerichts, bei der Vernehmung ein Wortprotokoll in der Fremdsprache zu erstellen, als zulässig angesehen.[587] Dogmatisch ist dem zuzustimmen, da § 160 Abs. 2 ZPO eine Beschränkung in dieser Hinsicht nicht enthält. Im Übrigen ist dies im Rahmen von § 160 Abs. 4 ZPO sogar ausdrücklich als zulässig zu betrachten.

609   **a) Kosten.** Ungeregelt war die Frage, ob das ersuchte Gericht die Vernehmung vom Eingang des Vorschusses im Ausland abhängig machen kann. Die Kostenfrage, nämlich das Verbot der Abhängigkeit der Leistung von Gebühren- oder Kostenerstattung regelt ausdrücklich Art. 18 Rom II-VO.

610   Der EuGH hatte schließlich entschieden, die Vernehmung dürfe nicht von der Zahlung des ersuchenden Gerichts abhängig gemacht werden. „Die Art. 14 und 18 der Verordnung (EG) Nr. 1206/2001 des Rates vom 28.5.2001 über die Zusammenarbeit zwischen den Gerichten der Mitgliedstaaten auf dem Gebiet der Beweisaufnahme in Zivil- oder Handelssachen sind dahin auszulegen, dass ein ersuchendes Gericht nicht verpflichtet ist, dem ersuchten Gericht einen Vorschuss für die Entschädigung eines Zeugen zu zahlen oder die dem vernommenen Zeugen gezahlte Entschädigung zu erstatten."[588]

611   Vorgelegt hatte ein polnisches Gericht nach der Weigerung eines irischen Gerichts, ohne eingegangenem Vorschuss die Zeugenvernehmung vorzunehmen. Bemerkenswerterweise hatte die Kommission die Entscheidungskompetenz des EuGH und die Zulässigkeit der Vorlage bezweifelt.

612   **b) Vernehmungsperson.** Die Beweisaufnahme im Bereich des ersuchten Gerichts kann aber auch durch das ersuchende Gericht selbst vorgenommen werden, Art. 17 EuBewVO. Hierbei kann das ersuchende Gericht zudem von einer eigenen Handlungsvornahme absehen und eine andere Person beauftragen. Dementsprechend ist die Teilnahme der Parteien und des ersuchenden Gerichts nach Art. 11, 12 EuBewVO gewährleistet.

613   Im Gegensatz zur Vernehmung durch das ersuchte Gericht, das auch **Zwang** anwenden kann, Art. 13 EuBewVO, setzt die Vernehmung durch das ersuchende Gericht oder eine von ihm beauftragte Person die **freiwillige Teilnahme** des Zeugen voraus.

614   Die Vernehmung eines Zeugen durch eine vom ersuchten Gericht beauftragte nicht-richterliche Person kommt in Betracht, wenn es für einen **Sachverständigen** darum geht, weitere Anknüpfungspunkte für die Begutachtung zu erlangen und die hierzu erforderlichen speziellen Fragen sinnvollerweise nur durch den Sachverständigen formuliert werden können. Art. 12 Abs. 2 EuBewVO lässt die Beauftragung des Sachverständigen zu. Die – erforderliche – korrespondierende Bestimmung in der ZPO findet sich in § 1073 Abs. 1

---

584   Hess, Europäisches Zivilprozessrecht § 8 Rn. 53.
585   Knöfel, EuZW 2008, 267.
586   Vgl. NJW 1993, 251.
587   Rauscher/v. Hein, Art. 10 EG-BewVO Rn. 6, 19.
588   EuZW 2011, 261; hierzu knapp und bündig: FD-RVG 2011, 314610.

2. Alt. ZPO.[589] Dies entspricht der Stellungnahme des Bundesrats: „Absatz 1 Satz 2 regelt die Teilnahmerechte Sachverständiger, Parteien und deren Vertreter. Der Begriff 'beteiligt' wird hier als Oberbegriff genutzt und erfasst damit sowohl die Anwesenheit als auch die weitergehende Beteiligung (zum Beispiel Fragerechte)."[590] Da die Vernehmung eines Zeugen in der Stellung von Fragen besteht, ergibt sich zweifelsfrei das Recht des Sachverständigen, die Befragung durchzuführen. Da andererseits die EuBewVO die persönliche Anwesenheit des ersuchenden Gerichts nicht fordert, kann damit der Sachverständige die Beweisaufnahme statt des zuständigen ersuchenden Richters durchführen.

Dass der Sachverständige lediglich einen Ortstermin durchführen dürfe, ist der Norm **615** nicht zu entnehmen.[591] Art. 12 Abs. 2 EuBewVO lässt einen Differenzierungsgesichtspunkt für bestimmte Beweisarten nicht erkennen.

c) Anwesenheitsrechte. Bedenklich ist, dass in der Praxis deutsche Anwälte wie auch de- **616** ren Parteien selten an Zeugenvernehmungen im Rechts-/Amtshilfeweg teilnehmen. Gelegentlich erscheinen Unterbevollmächtigte. Da idR Rechtsschutzdeckung vorliegt, ist das schwer nachzuvollziehen, weil die eigene Befragung eines Zeugen eine wertvolle Hilfe darstellt – nicht nur im Kreuzverhör englischer Prägung. Es geht um Präzisierung, Aufklärung von Widersprüchen, aber auch dem Nachhaken auf der Grundlage der soeben gehörten Zeugenaussage. Österreichische Anwälte, zumindest aus dem Grenzbereich zu Bayern, verhalten sich hier deutlich anders. Diese aktive Gestaltung hängt von den Möglichkeiten im Rahmen der europäischen Beweisaufnahme ab. Das ersuchte Gericht hat nach Art. 11 Abs. 5 EuBewVO sogar die Möglichkeit, die Parteien zum Erscheinen zu bitten, wenn das Recht des ersuchten Gerichts dies vorsieht. Der Verweis auf das Recht des ersuchenden Gerichts in der deutschen Fassung der EuBewVO wird auf der Grundlage des Vergleichs zur englischen, französischen und italienischen Fassung als sprachlicher Missgriff angesehen.[592]

aa) Parteien und Prozessbevollmächtigte. Formal setzt die Anwesenheit von Parteien und **617** ihren Vertretern die Mitteilung seitens des ersuchenden Gerichts an das ersuchte voraus, Art. 11 Abs. 2 EuBewVO (Formblatt A). Dementsprechend erfolgt durch das ersuchte Gericht eine Mitteilung an das Ersuchende über Ort, Zeit und Bedingungen der Teilnahme, Art. 11 Abs. 4 EuBewVO (Formblatt F). Bei diesem Zusammenwirken sind die möglicherweise unterschiedlichen Prozessordnungen zu beachten.

- **Recht des ersuchenden Landes:** Nach Art. 12 Abs. 1 EuBewVO richtet sich die Anwe- **618** senheit nicht-gerichtlicher Personen nach dem Recht des ersuchenden Gerichts. In Deutschland gestattet § 1073 ZPO – nicht anders denkbar – den Parteien und deren Vertretern die Anwesenheit und die Beteiligung. Insoweit ergibt sich aus §§ 78, 357, 398 Abs. 1 ZPO neben dem Anwesenheitsrecht auch die Befugnis, Fragen vorzulegen und nach Abs. 2 – soweit sie von Anwälten kommen – sie unmittelbar an die Zeugen zu stellen.

- **Recht des ersuchten Landes:** Derartige **Anwesenheitsrechte** können mit dem Recht des **619** ersuchten Landes kollidieren. Steht dieses entgegen, so entscheidet das Recht des Rechtshilfegerichts, wie sich aus Art. 11 Abs. 4, Art. 10 Abs. 2 EuBewVO ergibt. Eine Möglichkeit der vollständigen Ablehnung gibt für das ersuchte Land indes es nicht.[593]

Anders sieht es bei der aktiven **Beteiligung** aus. Nach Art. 11 Abs. 3, Art. 10 Abs. 2 **620** EuBewVO entscheidet ausschließlich das Recht des ersuchten Gerichts. Bei der Beweisaufnahme vor einem deutschen Gericht ist daher allein die ZPO maßgeblich. Die insoweit monierte Diskrepanz zur VO, die das Fragerecht der Parteien auch dann einschränke,

---

589 Bejahend auch Musielak/Stadler, § 1073 Rn 3 u. Verweis auf BR-Drs. 239/03 S. 18; aA MüKo-ZPO/ Rauscher, § 1073 Rn. 7: Nur Teilnahme, nicht Ausführung.
590 BR-Drs. 239/03 S. 18.
591 So wohl Thomas-Putzo/Reichold, § 1073 Rn. 2.
592 Vgl. Rauscher/v. Hein, Art. 11 EG-BewVO Rn. 2 mwN.
593 Vgl. näher Rauscher/v. Hein, Art. 11 EG-BewVO Rn. 9 mwN; MüKo-BGB/Rauscher, ZPO § 1073 Rn. 14.

wenn das Recht des ersuchten Gerichts es zulasse,[594] dürfte kaum zu Problemen führen. Wenn Art. 10 Abs. 2 EuBewVO auf das Recht des ersuchten Staates als Grundlage der Ausführung eines Rechtshilfeersuchens verweist, kommt § 1073 ZPO als nachrangiger Norm keine einschränkende Wirkung zu.

621 Allerdings muss das deutsche Urteil bei Verwertung der ausländischen Beweisaufnahme auch den Regeln von § 1073 ZPO entsprechen. Die aktive Beteiligung kann sich ohnehin nur auf die Frage beziehen, ob der Partei auch ein unmittelbares Fragerecht zukommt.[595] Nach der üblichen forensischen Praxis spielt dies jedoch keine Rolle, weil im Normalfall, den Parteien nach § 397 Abs. 2 ZPO das unmittelbare Fragerecht eingeräumt wird. Hat also der ausländische Rechtshilferichter nach seinem Recht eine unmittelbare Befragung gestattet, hält er sich zugleich innerhalb der Befugnis von § 397 Abs. 2 ZPO, so dass ein Verstoß des deutschen Richters gegen eine Norm der ZPO ausscheidet.

622 **bb) Sachverständige.** Sachverständige können gerichtlich bestellt oder von Parteien beigezogen werden. Die Behandlung im Rahmen von Beweisaufnahmen ist sehr unterschiedlich.[596] Bei deren Tätigkeit ist die grundsätzliche die Trennung zwischen Handlungen des Gerichts und von Sachverständigen zu beachten. Letztere sind nicht Teil der hoheitlichen Handlungsweise des Gerichts. Hat das Gericht nicht nach der EuBewVO gehandelt, darf es gleichwohl nicht selbst ohne Kontaktaufnahme mit dem Ausland tätig werden, da es sich hier um einen Eingriff in das Hoheitsrecht handelt. Hingegen stellt die Tätigkeit des Sachverständigen keine derartige Handlung dar.[597]

623 ■ **Gerichtssachverständige:** Nach Art. 12 Abs. 2 S. 2 EuBewVO können Sachverständige als Beauftragte des ersuchenden Gerichts an der Beweisaufnahme teilnehmen. Die entsprechende Befugnis wird dem deutschen Richter durch § 1073 Abs. 1 ZPO eingeräumt. Da bei der Bestellung eines Beauftragten das Recht des ersuchenden Landes maßgeblich ist, kommt es auf Art. 18 Abs. 3 EuBewVO, der auch einen ausländischen Sachverständigen ermöglicht, nicht an. Nach § 404 ZPO ist das Gericht nur an einen übereinstimmenden Vorschlag der Parteien gebunden, kann aber ansonsten nach § 404 Abs. 1 ZPO ohne territoriale Beschränkung den Sachverständigen auswählen, somit auch aus dem Bereich des ersuchten Staates.

Hierbei kommt es auf die Einhaltung der in Art. 17 geregelten Formalitäten nicht an. Der EuGH geht davon aus, dass das Gericht „nicht unbedingt verpflichtet ist, für die Anordnung dieser Beweisaufnahme das in den genannten Vorschriften vorgesehene Verfahren für eine Beweisaufnahme anzuwenden":[598] Das entspricht der von der Praxis geforderten Auslegung, die „für schrankenlose Zulassung der unmittelbaren Beweisaufnahme durch das (angerufene) Gericht ohne Beachtung der (herkömml.) Souveränitätsschranken Art 17 EuBeweisaufnahmeVO" plädiert.[599]

624 Da nach § 1073 Abs. 2 ZPO der gerichtliche Sachverständige zur unmittelbaren Beweisaufnahme befugt ist,[600] ist er nicht nur zur Durchführung eines Ortstermins,[601] sondern auch zur Durchführung einer Vernehmung im Rahmen von Art. 17 Abs. 3 EuBewVO befugt. Die innerprozessuale Möglichkeit für das ersuchende deutsche Gericht ergibt sich gemäß § 404 a Abs. 4 ZPO. Die Formalien gemäß Art. 17 Abs. 1 sowie 4 EuBewVO (Genehmigung durch die Zentralstelle oder nachgeordnete Institution sowie Formblattverfahren) sind einzuhalten. In diesem Zusammenhang ist auf eine

594 Rauscher/v. Hein, Art. 11 EG-BewVO Rn. 14 mwN.
595 So auch MüKo-ZPO/Rauscher, ZPO § 1073 Rn. 14.
596 Grundl. Rauscher II/v. Hein Artikel 1: EG-BewVO Rn. 25 ff.
597 EuGH EuZW 2013,313 m zust. Anm. Bach; vgl. auch OLG Oldenburg IPRspr. 2012, Nr. 255, 571, Sujecki EuZW 2013, 408, 411.
598 EuZW 2013, 313; zust. Sujecki EuZW 2013, 408, 411; vgl. auch Geimer/Geimer, 9. Kapitel: Beweissicherung im Ausland, Rn. 2542; zweifelnd Rauscher II/v. Hein aaO.
599 Vgl. Zöller/Geimer Rn. 5 m.w.N; Thole IPRax 2014, 255.
600 Vgl. Geimer/Knöfel, 3. Kap. Rn. 2387.
601 So wohl Thomas-Putzo/Reichold, § 1073 Rn. 2.

Entscheidung des OLG[602] Oldenburg hinzuweisen, wonach einem Verstoß gegen Art. 17 EuBewVO kein Verwertungsverbot folgt. Das Gericht hatte auch keine Bedenken, wenn ein Sachverständiger ohne Einhaltung des Rechtshilfewegs zur Beweisaufnahme in das Ausland gesendet wird.

■ **Parteisachverständige:** Häufig wird in der Praxis ein gerichtliches Gutachten durch einen privaten Sachverständigen der Parteien überprüft, in Bausachen nimmt dieser nicht selten am Augenscheins- und Untersuchungstermin des gerichtlichen Sachverständigen vor Ort teil. Die von den Parteien zur Hilfe beigezogenen Sachverständigen fallen an sich nicht unter Art. 12 Abs. 2 S. 1 EuBewVO, da der insoweit genannte Sachverständige ein gerichtlich beigezogener Sachverständiger ist.[603] Eine Teilnahme kommt daher nur in Betracht, wenn man sie dem Begriff der Parteien gemäß Art. 11 Abs. 1 2. Alt. EuBewVO zuordnet. Ausgangspunkt ist daher das Recht des ersuchenden Gerichts. Der Privatsachverständige hat im Rahmen der Beweiswürdigung eine erhebliche Bedeutung.[604] Die dem Gericht obliegende Berücksichtigungspflicht bezüglich privatgutachterlicher Äußerungen kann so weit gehen, „als wenn es sich um die abweichende Stellungnahme eines von ihm bestellten weiteren Gutachters handeln würde."[605] Angesichts komplexer Umstände kann prozessual das Fragerecht durch die Partei auch an den beigezogenen Privatgutachter übertragen werden.[606] Da der Privatsachverständige die Funktion eines Gehilfen der Partei ausübt, ist er der Partei gleich zu behandeln. Das ersuchende deutsche Gericht kann somit gemäß Art. 11 Abs. 1 EuBewVO die Teilnahme gestatten und dies dem ersuchten Gericht nach Abs. 2 mitteilen. Da das ersuchte Gericht nicht berechtigt ist, diese Anordnung in Frage zu stellen oder eine Teilnahme auf der Grundlage ihres eigenen Rechts zu verweigern,[607] steht auch der Teilnahme und dem seitens der Partei übertragenen Fragerechts nichts im Wege. Soweit die Parteien selbst einen Sachverständigen beauftragen und dieser außerhalb einer gerichtlichen Tätigkeit aktiv wird, unterliegt er ohnehin nicht den Einschränkungen einer hoheitlichen Handlung.

d) Zeugen. Der Begriff des „Zeugen" geht über den deutschen Sprachgebrauch weit hinaus. Er umfasst vielmehr jede Person, deren Auskunft gefordert ist, also auch eine Parteivernehmung. In zahlreichen Staaten wird die nach deutscher ZPO vorzunehmende Differenzierung zwischen Parteianhörung nach § 141 ZPO und förmlicher Vernehmung nach §§ 445 ff. ZPO nicht vorgenommen. Ob auch die Anhörung einer Partei unter den Begriff des Beweises[608] fällt, ist offen.[609] Prozessual sollte daher beim Beweisbeschluss immer auf die Anordnung der förmlichen Vernehmung als Partei geachtet werden. Beim Auslandsunfall wird insoweit aber kaum ein Problem in der Praxis auftreten. Da als natürliche Person nur der Kläger in Betracht kommt, müsste der Kläger schon nach Klageerhebung in das Ausland verzogen sein.

Von großer Bedeutung ist, unabhängig von der EuBewVO, die **schriftliche Befragung** des Zeugen. Die forensische Erfahrung zeigt, dass viele Zeugen zu einer Antwort bereit sind. Das Problem liegt bei möglichen Eingriffen in die Hoheitsrechte des anderen Staats. Justizverwaltungen tendieren daher zu einer restriktiven Handhabung. Da ein Zwang gegenüber dem Zeugen ohnehin nicht angewandt werden kann, fehlt ein Ansatzpunkt für den Eingriff in die ausländische Hoheitsgewalt. Es ist allerdings darauf zu achten, bei den Anschreiben nicht Standardformulare entsprechend § 373 ZPO zu verwenden, weil diese mit nachteiligen Folgen im Verweigerungsfalle drohen. Ob die verwertbare Befragung per

625

626

627

---

602 Beschl. vom 29.11.2012 – 8 W 102/12 (BeckRS 2012, 25081) m. ausf. Erörterung der Thematik.
603 Vgl. MüKo-ZPO/Rauscher, ZPO § 1073 Rn. 18.
604 Vgl. BGH NJW-RR 2009, 1192.
605 BGH NJW1986, 1928, 1930.
606 BGH NJW-RR 2009, 409, 410; so auch Heß/Burmann, NJW 2011,2, 329.
607 Näher – auch zu Gegenbestrebungen in der Literatur – Rauscher/v. Hein, Art. 11 EG-BewVO Rn. 9 f.
608 Bejahend Rauscher/v. Hein, Art. 1 EG-BewVO Rn. 15 mwN.
609 Bejahend EuGH EuZW 2012, 831.

E-Mail die Einhaltung von § 130 a ZPO voraussetzt,[610] kann dahingestellt bleiben. Die schriftliche Befragung nach § 377 ZPO ist zwar auch ohne Einverständnis der Parteien möglich,[611] setzt aber die Wahrung des rechtlichen Gehörs nach § 102 GG, in § 393 ZPO konkretisiert, voraus. Es kommt daher letztlich darauf an, ob die Parteien mit der Verwertung einverstanden sind. E-Mail-Auskünfte erweisen sich nach langjähriger forensischer Praxis als sehr nützlich, weil damit vor allem die Frage der Bedeutung der Zeugenaussage für den Prozess gut abgeklärt und vielfach der finanzielle Aufwand einer Vernehmung gespart werden kann.

628   Auch bei der Zeugenvernehmung gibt die EuBewVO keine zwingende Regel vor. Grundsätzlich steht es dem erkennenden Gericht frei, auf die EuBewVO zu verzichten und nach seiner eigenen lex fori zu verfahren. Konsequent kommen damit auch die negativen Folgen eines Ausbleibens des Zeugen zulasten der beweisführenden Partei in Betracht.[612] Konkret hatte das Gericht nach niederländischem Recht die Partei als Zeugen geladen. Wegen Nichterscheinens konnten daher auch Sanktionen gegen die Partei erfolgen.

629   e) **Urkundenvorlage.** Für die Vernehmung eines Zeugen vor einem ersuchten deutschen Gericht ist darauf hinzuweisen, dass die EuBewVO von der üblichen Auslegung von § 384 ZPO abweicht. In Deutschland ist es üblich, den Zeugen in der Ladung darauf hinzuweisen, er möge die für die Vernehmung erforderlichen Unterlagen mitbringen. Grundlage ist § 378 ZPO Abs. 1 ZPO. Ein Verstoß ist sogar mit gerichtlichen Maßnahmen bedroht, § 378 Abs. 2 ZPO. Eine ähnliche Situation kann aber auch bei der Beweisaufnahme im Ausland eintreten. Zu denken ist an Verträge, Sachverständigengutachten oder Rechnungen.

630   Zwar gilt nach Art. 10 Abs. 2 EuBewVO auch § 378 ZPO. Erklärt der Zeuge vor dem deutschen Richter, er könne aus der Erinnerung nicht mehr sagen, wird ein erfahrener Richter nachfragen, ob es Unterlagen gebe. Allerdings sind die Fragen des Gerichts im Rahmen der EuBewVO nach der Existenz von Beweismitteln für die Formulierung eines neuen Beweisersuchens ein sog verbotenes Sprungbrett und damit unzulässig.[613] Ob die Unzumutbarkeit nach § 144 ZPO bedeutsam sein kann, ist eher negativ zu beurteilen, sofern nicht Geschäftsgeheimnisse betroffen sind. Infrage käme auch eine ausdrückliche Anordnung im Beweisbeschluss zur Vorlage von Urkunden im Rahmen von Art. 4 Abs. 1 lit. f. EuBewVO. Die Norm fordert hier jedoch eine exakte Bezeichnung der vorzulegenden Urkunden „Vage Sammelbegriffe reichen nicht aus (etwa 'der gesamte Schriftverkehr der X-AG in Sachen Joint Venture mit P').“[614] „'Pretrial discovery', einschließlich Ausforschungen (sogenannte, fishing expeditions'), sind vom Anwendungsbereich dieser Verordnung ausgenommen.“[615] Hier muss im Rechtshilfeersuchen zudem auch der genaue Prüfungsgesichtspunkt angegeben werden.

631   Schließlich bleibt noch die Möglichkeit, durch den Beweisbeschluss generell die Herausgabe von Urkunden durch den Zeugen zu verlangen. Sollte in der Prozessordnung des ersuchenden Gerichts eine derartige Möglichkeit existieren, so stellt sich die Frage, ob nicht unter Umgehung des für das ersuchende Gericht geltenden Rechts über jenes des ersuchten Gerichts die Herausgabe erzwungen werden kann. „Die EG-BewVO bietet nämlich einer Partei die Möglichkeit, nach Art. 13 am Belegenheitsort eine Urkundenvorlegung nach dem Recht des ersuchten Gerichts zu erzwingen, obwohl dies vor dem Ausgangsgericht nicht möglich wäre.“[616] Zum Problem ist bislang keine konkrete Rechtsprechung ersicht-

---

610 So Rauscher/v. Hein, Art. 1 EG-BewVO Rn. 21.
611 Vgl. BeckOK-ZPO/Scheuch, § 377 Rn. 13; Musielak/Huber, § 377 Rn. 5; MüKo-ZPO/Damrau, § 377 Rn. 9.
612 EuGH EuZW 2012, 831, hierzu v.Hein LMK 2012, 340744; Knöfel IPRax 2013, 231.
613 Rauscher/v. Hein, Art. 4 EG-BewVO Rn. 21.
614 Rauscher/v. Hein, Art. 4 EG-BewVO Rn. 21.
615 Erklärung des Rats anlässlich der Verabschiedung der VO, zit. n. Gutachten *Kokott* im Verfahren C-175/06 Rn. 68.
616 Rauscher/v. Hein, Art. 14 EG-BewVO Rn. 7.

lich. *v. Hein* zitiert hier für seine Stellungnahme nur einen Beitrag von *Stadler* in der Festschrift Geimer. Zudem gilt auch hier Art. 4 Abs. 1 lit. f. EuBewVO.

Eine von der Zeugenaussage isolierte Vorlage von Urkunden zur Übermittlung an das aus- 632 ländische Gericht erscheint jedoch von Art. 4 EuBewVO nicht gedeckt, so dass die Vorlage schon durch das ausländische Gericht nicht wirksam im Beweisbeschluss angeordnet werden kann. Auch für die Rechtshilfe zu den USA wird eine isolierte Pflicht zur Dokumentenvorlage abgelehnt.[617]

Angesichts der heutigen Kommunikationsformen bedeutsam, aber völlig offen, ist im Üb- 633 rigen, ob E-Mail-Dateien, zumindest mit elektronischer Signatur oder über De-Mail dem Begriff der Urkunde iSd EuBewVO gleichgestellt oder der Dritte zum Ausdruck verpflichtet werden kann.[618]

2. Videokonferenzen. Eine sehr sinnvolle Methode der Zeugeneinvernahme ist der Einsatz 634 der Videotechnik, oder einen technischen Schritt darunter, die Telekonferenz. Vor einer Entscheidung über die Frage der Erreichbarkeit eines Auslandszeugen ist in jedem Falle die Möglichkeit der Vernehmung mittels Videotechnik zu prüfen.[619] Grundlage für den Einsatz ist Art. 10 Abs. 4 EuBewVO. Bislang hat diese Technik überwiegend nur Eingang in die strafrechtliche Praxis gefunden. Bei größeren Gerichten wird die entsprechende Ausstattung, zumindest über die Nutzung der LG-Ebene, zu finden sein. Bei kleineren Gerichten wird man sie vergeblich suchen. Man müsste daher – auf beiden Seiten der Grenze – auf die größeren Gerichte ausweichen. Dies wäre im Prinzip gut machbar, setzt aber ein eingespieltes System im Justizverwaltungsbereich voraus. Dementsprechend stellt Art. 10 Abs. 4 EuBewVO einen entsprechenden Vorbehalt auf.

Grundlegende Informationen zum Einsatz finden sich im „Leitfaden für den Einsatz von 635 Videokonferenzen in grenzüberschreitenden Gerichtsverfahren" der Kommission auf der Internetseite des Europäischen Justizportals.[620] Dort wurde auch ein Verzeichnis der in den Mitgliedstaaten vorhandenen Video-Standorte nebst ergänzenden Informationen veröffentlicht.[621]

a) Organisationsfragen. Auf das System im Ausland fehlt der „organisatorische Zugriff" 636 des deutschen Richters. Die Leitung der Beweisaufnahme obliegt dem ersuchten Gericht; das ersuchende Gericht hat lediglich das Recht zur Teilnahme. Schon deshalb ist die Möglichkeit der Durchführung einer echten Verhandlung mittels Videotechnik wegen des Fehlens der Verhandlungsherrschaft des entscheidenden Gerichts zu verneinen. Auch hier tritt das Zivilrecht hinter den Möglichkeiten des Strafrechts zurück.[622] Das Argument, Video-Verhandlungen wären eine unzulässige Ausübung der Gerichtsbarkeit auf ausländischem Territorium,[623] überzeugt indes nicht, weil auch die sonstigen Aktivitäten im Ausland eine Ausübung der Gerichtsbarkeit darstellen und gerade durch die EuBewVO zugelassen werden.

Umstritten ist ferner, wie weit Art. 10 EuBewVO reicht. Nach einer Ansicht soll der Ein- 637 satz von Videotechnik ohne förmliche Rechtshilfeverfahren möglich sein,[624] nach der Gegenansicht ergebe sich aus der EuBewVO der Wille des Normgebers nach einem förmli-

---

617 Vgl. Musielak/Stadler, § 363 Rn. 15.
618 Vgl. De-Mail-G vom 28.4.2011 (BGBl. I S. 666); hierzu Bisges, Die Rechtsverbindlichkeit der De-Mail und der klassischen E-Mail im Vergleich, MMR-Aktuell 2010, 307088; andrerseits LG Bonn MMR 2011, 747 mAnm Schulz.
619 Vgl. OLG München NJOZ 2014, 1669.
620 https://e-justice.europa.eu/content_manual-71-EU-de.do.
621 https://e-justice.europa.eu/ resultManagement.do?stext=Leitfaden&itext=Leitfaden&co=any&slang=any&spage=25&slmo=anytime&option=c,n,a,&showPage=1&hval=ebe2b75ba99c4eb54d4feeedef28c78 (weiter über guide_videoconferencing_EU_de.PDF).
622 Vgl. die Regelung der Videoverhandlung in Art. 10 Europäisches Übereinkommen (Übereinkommen gemäß Artikel 34 des Vertrags über die Europäische Union – vom Rat erstellt – über die Rechtshilfe in Strafsachen zwischen den Mitgliedstaaten der Europäischen Union [ABl. C 197 vom 12.7.2000, S. 3]).
623 Vgl. auch Zöller/Greger, § 128 a Rn. 10 mwN.
624 Knöfel, EuZW 2008, 267, 269.

chen Rechtshilfeersuchen.[625] Letzterem ist nicht zuzustimmen. Sinn und Zweck der EuBewVO soll die reibungslose Zusammenarbeit im Rahmen der Staaten gewährleisten, weil sich grenzüberschreitende Sach- und Rechtslagen als Eckpfeiler des Europarechts immer stärker manifestieren. Rom I und II zeigen dies deutlich auf. Dementsprechend kann kein Unterschied innerhalb der in der EuBewVO genannten Beweismittel angenommen werden.

638 Schließlich kommt angesichts der europaweit ungenügenden Ausstattung der Gerichte mit dem erforderlichen Equipment der Raum- und Technikfrage eine besondere Bedeutung zu. Dies gilt allerdings nicht mehr für Deutschland. Es kann hier von einer flächendeckenden Ausstattung mit Videokonferenzanlagen ausgegangen werden. Auf der Internetseite des *Justizportals des Bundes und der Länder* findet sich eine vollständige Aufstellung mit Ansprechpartnern nebst Kontaktdaten, an welchen Gerichten die Technik vorgehalten wird.[626]

639 Die EuBewVO verlangt nicht, die Veranstaltung innerhalb eines Gerichtsgebäudes durchzuführen. Damit kommen auch Räume von Anwaltskanzleien in Betracht.[627]

640 **Praxistipp:** Für das Problem im Ausland sollte zur Vereinfachung des Prozedere zunächst geprüft werden, ob die beteiligten Kanzleien, der SRB oder der Versicherer evtl. die erforderliche Ausstattung besitzen oder sie für die Nutzung in den eigenen Räumen oder einem Studio organisieren können.

641 Der Umgang mit dieser Möglichkeit ist zum jetzigen Zeitpunkt nicht nur in technischer Hinsicht problembehaftet. Völlig offen ist naturgemäß die Frage der **Kostentragung**.[628] Die Praxis erfordert daher innovatives Geschick. Finanzielle Probleme des ersuchten Landes bei der Bereitstellung der Technik stellen jedenfalls keine Unmöglichkeit iSv Art. 10 Abs. 4 S. 2 2. Hs. EuBewVO dar. An die Bereitstellung des Equipments für ausländische Staaten nach Art. 10 Abs. 4 S. 4 EuBewVO durch die deutsche Justizverwaltung mag man angesichts der Ausstattung deutscher Gerichte allerdings nicht einmal zu denken.

642 Bei der in Verkehrszivilsachen weitgehend vorhandenen Kostendeckung dürfte indes angesichts der Kostentragungspflicht der Parteien eine Videokonferenz auch bei Beteiligung von weniger reichen Mitgliedstaaten nicht an Kostenproblemen scheitern. Da Art. 18 Abs. 2 3. Alt. EuBewVO dem ersuchten Land gestattet, die Kosten dem Ersuchenden in Rechnung zu stellen, kann über die Vorschusspflicht der beweisbelasteten Partei, § 379 ZPO, der erforderliche Betrag zur Verfügung gestellt werden. Der Rechtsschutzkostendeckung steht nichts entgegen.

643 b) Kosten. Nach Art. 18 Abs. 2 EuBewVO kann das ersuchte Gericht die Kosten für den Videoeinsatz dem ersuchenden Gericht in Rechnung stellen. Gleiches gilt für den Einsatz von Dolmetschern und Sachverständigen.

644 3. Augenschein. Für das deutsche Recht bestimmt § 363 Abs. 1 ZPO die Grundlagen für eine Beweisaufnahme im Ausland. Hiernach ist insbes. die Genehmigung der zuständigen ausländischen Behörde einzuholen. Gemäß § 363 Abs. 3 ZPO bleibt die EuBewVO hiervon unberührt. Da letztere wesentlich unbürokratischer und damit effizienter ist, sollte ein Vorgehen nach § 363 S. 1 ZPO der Vergangenheit angehören. Der Streit um das Verhältnis zueinander[629] ist daher für die Praxis nicht von entscheidender Bedeutung.

645 a) Ortstermin. Mit einem Augenschein an der Unfallstelle kann man hervorragende Erkenntnisse gewinnen. Auch liegt das Problem eigentlich nur in der justizinternen Abwicklung. Einer Reisegenehmigung bedarf der Richter nicht. Da es sich um eine dienstliche Reise handelt, ist auch der entsprechende Unfallschutz gewährleistet. Da Auslandsdienst-

---

625 Hess, Europäisches Zivilprozessrecht, § 8 Rn. 53.
626 www.justiz.de/verzeichnis/zwi_videokonferenz/Videokonferenzanlagen.pdf.
627 Vgl. BT-Drs. 17/1224, S. 12; Hess, Europäisches Zivilprozessrecht, § 8 Rn. 56; Zöller/Greger § 128a Rn. 4.
628 Anders als nach Art. 10 Europäisches Übereinkommen.
629 Vgl. BeckOK-ZPO/Bach, § 363 Rn. 7 m. Nachw. z. Streitstand.

reisen zwischenzeitlich auch im Justizbereich nicht selten sind, sollten keine nennenswerten Reisekostenabrechnungsfragen auftreten. Alternativ, zumindest aber zur Vorbereitung, bietet sich über das Internet eine gute Möglichkeit, sich über Örtlichkeiten zu informieren. Konkret geht es um die sog Map-Programme von Google, Bing oder Open Map. Hierbei ist aber die Frage der Aktualität sorgfältigst zu prüfen.[630] Insoweit wird häufig die Überlegenheit von Geo-Portalen übersehen. Sie werden von staatlichen Stellen zur Verfügung gestellt und im Rahmen der Katasterverwaltung gut aktualisiert. Sie existieren für zahlreiche europäische Länder.[631]

b) Tele-Augenschein. Eine Sonderform stellt der sog Tele-Augenschein dar. Dieses Verfahren ist nach deutschem Recht im Rahmen von § 128a ZPO umstritten.[632] **646**

aa) ZPO und EuBewVO. Zwar sind die Möglichkeiten der EuBewVO von der deutschen **647**
ZPO nicht beschränkt, weil Art. 10 Abs. 4 S. 2 1. Alt. EuBewVO auf das Recht des ersuchten Staats abstellt. Das deutsche Gericht kann jedoch nur zur EuBewVO gelangen, wenn es vorher einen rechtmäßigen Beweisbeschluss erlassen kann. Die Bedenken gegen den Tele-Augenschein sind nicht begründet. Es ist zwar zuzugeben, dass der Begriff des Augenscheins in § 128a ZPO nicht aufgeführt ist. Wenn aber Verhandlungen und Beweisaufnahmen in Form von Vernehmungen für die Videotechnik eröffnet werden, so spricht nichts gegen die analoge Anwendung auf den Tele-Augenschein. Er unterscheidet sich nicht im formalen Bereich von den genannten Einsatzmöglichkeiten. Das Argument, er bilde einen geringeren Erkenntniswert[633] ist kein rechtlich entscheidendes Kriterium für die Zulässigkeit, sondern lediglich – wie auch bei schriftlichen Zeugenaussagen oder der Verwertung von Lichtbildern – eine Frage der Bewertung des Beweismittels.

bb) Aufzeichnung. Schließlich ist fraglich, ob die Videoaufnahme auch aufgezeichnet **648**
werden kann. Auch hier wird vertreten, die EuBewVO werde durch das Recht des ersuchenden Staates nicht begrenzt.[634] Andererseits richtet sich das Verfahren des deutschen Gerichts nach dessen Prozessordnung, die in § 128a Abs. 3 ZPO Aufzeichnungen ausdrücklich untersagt. Dementsprechend darf das deutsche Gericht weder selbst eine Aufzeichnung vornehmen noch eine evtl. im Ausland gefertigte Aufnahme verwerten. Bei der letztgenannten Variante ist zwar die Rechtsprechung des BGH zur **Verwertung** von heimlichen Tonbandaufnahmen nicht unmittelbar heranzuziehen, wenn die Aufzeichnung nach ausländischer Rechtordnung zulässig wäre. Per se ergibt sich auch nicht aus einem Verfahrensfehler eine Unverwertbarkeit.[635] Hat aber die prozessuale Vorschrift gerade einen bestimmten Schutzzweck, ist eine Verwertung des erlangten Beweismittels unzulässig, wenn gerade hierdurch der Schutzzweck beseitigt würde. „Ein Verfahrensfehler begründet ein Verwertungsverbot, wenn der Sinn und Zweck der verletzten Vorschrift dies gebietet."[636] So liegt es hier, da die Untersagung der Aufzeichnung nach § 128a Abs. 4 ZPO dem Persönlichkeitsschutz dient, den eine Verwertung der Aufnahme beseitigen würde.

4. Gutachtenerstellung. Der praktische Vorrang der EuBewVO vor § 363 ZPO erweist **649**
sich auch bei Gutachterbeauftragungen. Die Erstellung von Gutachten zur **Tatsachenforschung** zählt zu den typischen Aufklärungsmöglichkeiten in der Unfallschadensregulierung. Geht es nur um die Schadenshöhe, so wird es meist nur problematisch, wenn nicht für alle beteiligten Fahrzeuge Schadensgutachten vorliegen. Ermittlungen im Ausland kommen dann ebenfalls in Betracht. Bei unfallanalytischen Fragen ist der Einsatz im Ausland unumgänglich.

---

630 Zu den Problemen näher Bachmeier DAR 2012, 557.
631 Guter Zugriff über das österr. Geo-Portal unter www.inspire.gv.at/Geoportale/Andere.html.
632 Verneinend Musielak/Stadler, § 128a Rn. 5; Prütting-Gehrlein-Prütting, § 128a Rn. 5; bejahend BeckOK-ZPO/Bach, § 355 Rn. 1.4.; dem Grunde nach bejahend Zöller/Greger, § 128a Rn. 2; Schultzky, NJW 2003, 313, 316 (m. Hinw. zur technischen Durführung des Videoeinsatzes).
633 Vgl. insbes. Prütting-Gehrlein-Prütting, § 128a Rn. 5.
634 Vgl. Rauscher/v. Hein, Art. 14 EG-BewVO Rn. 39 mwN.
635 Vgl. BGH NJW 2003, 1123, 1124.
636 MüKo-ZPO/Bacher, § 284 Rn. 29.

650 Die Befugnis eines Sachverständigen, im Ausland Ortstermine abzuhalten, wurde bereits oben unter → Rn. 623 f. dargestellt.

651 **a) Inländischer Gutachter.** Dem deutschen Richter steht es frei, einen eigenen Sachverständigen zu beauftragen, der im Ausland die erforderlichen Erkundigungen (*„Augenscheinersatz"*) anstellen und das Ergebnis dokumentieren kann. Bislang bedurfte es allerdings eines umständlichen Rechtshilfeersuchens für die Genehmigung.

652 **b) Ausländischer Gutachter.** Die Alternative wäre der Einsatz eines Sachverständigen vor Ort. Da das Gutachten aber sodann in deutscher Sprache vorzulegen ist, käme das ohne besondere Schwierigkeiten allenfalls bei Unfallorten in Österreich, Liechtenstein und der Schweiz in Betracht. Übersetzungskosten und Probleme bei der Auswahl lassen den Einsatz ausländischer Sachverständiger als ungünstig erscheinen.

653 **c) Beweissicherung.** Im Verkehrszivilrecht spielt die Frage der Sicherung von Beweisen durch das selbstständige Beweisverfahren nach § 485 ff. ZPO im Inland trotz der Zurückhaltung der Praxis durchaus eine gewichtige Rolle, zumal die Rechtsschutzversicherung die Kosten zu übernehmen hat. Nach allgemeiner Ansicht in der Literatur wird von der Anwendbarkeit der EuBewVO auf das selbstständige Beweisverfahren (§§ 485 ff.) ausgegangen.[637] Ausgangspunkt ist Art. 1 EuBewVO1 Abs. 2 2. Alt. EuBewVO, wonach ausdrücklich ein „zu eröffnendes gerichtliches Verfahren" angeführt ist.[638]

654 Im Prozessrecht anderer Mitgliedstaaten ist die Behandlung jedoch unterschiedlich. Teilweise wird dieses Institut dem Bereich des einstweiligen Rechtsschutzes zugeordnet.[639] Da die Ergebnisse wohl meist ohne Gerichtsentscheidung vorliegen, kommt eine unmittelbare Verwertung nicht in Betracht. § 363 ZPO ist bei einer Einleitung des Verfahrens im Ausland nicht relevant. *Stadler* weist insoweit auf die Möglichkeiten der Vorlage des ausländischen Ergebnisses in Form des **Urkundsbeweises** hin. Zumindest kann es als sog qualifizierter Parteivortrag beurteilt werden.[640]

655 **Praxistipp:** Möglich ist zwar auch die Durchführung eines isolierten Beweissicherungsverfahrens im Ausland bei dortiger Antragstellung. Das bereitet jedoch uU später erhebliche Schwierigkeiten. Die in diesem Verfahren gesicherten Beweise bedürfen bei einem anschließenden Hauptverfahren vor einem deutschen Gericht der Verwertung, die nicht immer gesichert ist. Es kommt nur der Urkundsbeweis in Betracht.[641] Ergibt sich eine innerdeutsche Gerichtszuständigkeit, sollte zumindest auch für das selbstständige Beweisverfahren geprüft werden, ob das deutsche Gericht angerufen werden soll.[642] Ein ausländisches Verfahren ist aber bei kurzfristig zu erwartenden Veränderungen stets zu überlegen.

656 Im **Auslandsbereich** ist das Einsatzgebiet zwar reduziert, aber nicht völlig ohne Bedeutung. Zu denken ist etwa an eine sachverständige Begutachtung des noch im Ausland befindlichen Unfallfahrzeugs, das an sich zur Verschrottung ansteht, der Schaden jedoch vorher noch zu dokumentieren ist.

657 **d) Sonderfall Dashcam-Aufnahmen.** Der perfekte, vorweggenommene Augenschein ist die Videoaufnahme vom Unfallgeschehen. Die Verwertung von Videoaufnahmen, die aus dem Fahrzeug heraus aufgenommen werden, wird für den Bereich der deutschen ZPO kontrovers unter dem Stichwort Dashcam-Problematik diskutiert.[643] Für den hier bedeutsamen Auslandsbereich stellt sich die Problematik anders dar.

658 Es stellt sich die Frage, ob ein derart gewonnenes Beweismittel als Verhaltensregel iSv Art. 17 Rom II-VO, nämlich allg. Vorschrift für das Verhalten im Straßenverkehr nach dem angeknüpften Recht zu betrachten, also lediglich nach dortigem Recht zu beurteilen ist. Danach ist zu klären, ob gleichwohl ein Beweisverwertungsverbot in Betracht kommt.

---

637 Rauscher/v.Hein, Art. 14 EG-BewVO Rn. 51 mit ausf. Nachw.; Geimer/Geimer aaO Rn. 2540.
638 Grundl. zur Dogmatik Rauscher/v. Hein, Art. 1 EG-BewVO Rn. 51 ff.
639 Vgl. FSRG/Stadler, S. 1305.
640 St. Rspr. des BGH; vgl. zul. VersR 2011, 1202.
641 Vgl. Geimer/Geimer aaO Rn. 2541.
642 Vgl. Geimer/Geimer aaO Rn 2541 ohne Begründung: deutsches Verfahren zweckmäßiger.
643 Grundl. Bachmeier DAR 2014, 15 mwN; Ernst CR 2015, 620 mwN.

Bachmeier

Wenn man die Anwendung von Art. 17 Rom II-VO bejaht, kann sich eine Einschränkung   659
zunächst aus dem ordre public ergeben. Geht man von einem Eingriff in das informatio-
nelle Selbstbestimmungsrecht aus, muss dies zu einem Verstoß führen, da damit ein der
grundrechtlichen deutschen Wertungen wiedersprechender Beweis vorliegt.[644] Das entspricht der Empfehlung des VGT 2016, der im AK VI eine gesetzliche Regelung für erforderlich hält.[645]

Unabhängig hiervon ist jedes Beweismittel nach Art. 22 Rom II-VO an der lex fori, hier   660
also an der ZPO, zu messen. Geht man vom grundrechtlichen Verstoß aus,[646] kommt damit die Verwertung eines nur nach ausländischem Recht zulässigen, aber gegen deutsches
Recht verstoßenden Videofilms vor einem deutschen Gericht nicht in Betracht.[647] Soweit
hier die Rspr. des EuGH herangezogen wird,[648] lässt sich wegen des bejahten Persönlich-
keitsschutzes gegen Videoaufnahmen[649] zwar ein gutes Argument heranziehen. Angesichts
der prozessualen Bewertung nach der lex fori, dürfte aber eine konkrete Aussage des
EuGH zum Problem an der Zuständigkeit scheitern.

III. Sonderfall Schweiz

Da die Schweiz als Nicht-EWR-Land nicht unter die EuBewVO fällt, können die darge-   661
stellten Möglichkeiten insoweit nicht ergriffen werden. Die Schweiz ist jedoch Unterzeich-
nerstaat des Übereinkommens über die Beweisaufnahme im Ausland in Zivil- oder Handelssachen vom 18.3.1970.[650] Die Schweiz hat entsprechend Art. 33 mit der Einreichung
der Ratifikationsurkunde Vorbehalte gemacht.[651] Sie entsprechen aber im Wesentlichen
auch den Einschränkungen der EuBewVO. Wegen der Einzelheiten wird auf die Erklärung
verwiesen.[652]

1. Beweisaufnahme durch ersuchten Staat. Grundsätzlich eröffnet das Übereinkommen   662
den klassischen Weg der Beweisaufnahme. Die Bedingungen entsprechen den bisher üblichen Besonderheiten:

- Formeller Rechtsweg

  über eine Zentralstelle[653] des ersuchten Staats,

- Erledigung durch den ersuchten Staat

  über die zuständige Stelle, Art. 6,

- Gebührenfreiheit

  mit Ausnahme der Kosten von Sachverständigen und Dolmetschern, Art. 14,

- Beschränkung auf Gerichtsverfahren

  mit dem Ausschluss der sog *pretrial discovery* wie auch im Bereich der EuBewVO.

Nach Art. 7 haben jedoch das ersuchende Gericht und die Parteien ein **Anwesenheitsrecht.**   663
Die zuständige Behörde teilt daher den Termin auf Verlangen dem Gericht oder unmittelbar den Parteien mit. Hierauf sollte bereits bei der Beweisanordnung geachtet werden.

2. Beweisaufnahme durch ersuchenden Staat. Das Übereinkommen gestattet jedoch auch   664
eine aktive Rolle des ersuchenden Staats. Gemäß Art. 15 kann er einen diplomatischen

---

644 Bachmeier DAR 2014, 15, 21.
645 Näher Lorenz DS 2016, 68.
646 Zul. LG Memmingen DAR 2016, 143.
647 Bachmeier DAR 2014, 15, 21, vgl. auch Ernst CR 2015, 620 mwN, auch zur Gegenansicht; Wirsching
     NZV 2016, 13, 16; aA Richter SVR 2016, 15 mwN.
648 Vgl. Wirsching NZV 2016, 13, 14 mwN.
649 DAR 2016, 76.
650 BGBl. 1977 II S. 1472; auch erreichbar unter www.justiz.nrw.de/Bibliothek/ir_online_db/ir_htm/frame-hb
     w70.htm.
651 BGBl. 1995 II S. 532; auch erreichbar unter www.justiz.nrw.de/Bibliothek/ir_online_db/ir_htm/1995-532.h
     tm oder https://www.admin.ch/opc/de/classified-compilation/19700057/index.html.
652 Ergänzender Hinweis: Rechtshilfeführer der Schweizer Behörden erreichbar unter www.rhf.admin.ch/rhf/fr
     /home/zivil/behoerden/zentral.htm.
653 Aktuelle Liste der Schweiz: www.rhf.admin.ch/rhf/fr/home/zivil/behoerden/zentral.html.

oder konsularischen Vertreter mit der Durchführung beauftragen oder gemäß Art. 17 jede andere Person als den für die Durchführung der Beweisaufnahme Beauftragten bestellen.

665 Die Beweisaufnahme kann jedoch erst erfolgen, wenn ein entsprechender Antrag an den ersuchten Staat gerichtet, der Antrag genehmigt, Art. 17 lit. a), und die in der Genehmigung erteilten Auflagen eingehalten werden, Art. 17 lit. b). Außerdem entfällt jegliche Anwendung von Zwang. Bei erforderlichen Zwangsmaßnahmen ist ein Antrag an den ersuchten Staat zu richten, Art. 18 S. 1. Die Zwangsmaßnahmen müssen den im ersuchten Staat möglichen Maßnahmen entsprechen, Art. 18 S. 1.

§ 5 Auslandsunfälle in Drittländern

666 Obgleich EU und EWR, Island, Norwegen, Liechtenstein und die Schweiz den europäischen Verkehrsraum weitgehend abdecken, betrifft ein Teil des Reiseverkehrs durchaus Drittländer. Auf die Kleinstaaten Andorra, San Marino und den Vatikan wurde bereits hingewiesen. Hierzu zählen aber auch die bedeutenden Reiseländer des Balkans, Albanien, der Kosovo, Mazedonien, Montenegro, Serbien, ferner darüber hinaus die Türkei. Zu bedenken ist hierbei auch stets der Reiseverkehr mit Mietwagen.

A. Anwendbares Recht

667 Da es sich nicht um EU-Länder handelt, ist die Frage der Ermittlung des anwendbaren Rechts unterschiedlich zu beantworten.

668 Zunächst ist zu differenzieren, ob es sich bei dem betroffenen Staat, auf dessen Gebiet sich der Unfall ereignete, um ein Mitglied des HStVÜbk handelt. Während im Verhältnis zu EU-Staaten nach der Rom II-VO das HStVÜbk in Deutschland keine Anwendung findet,[654] vermag hier die Rom II-VO mangels Geltung keine Wirkung zu entfalten.

I. Grundsätze des HStVÜbk

669 Das bereits am 4.7.1971 abgeschlossene Abkommen wurde zwischenzeitlich von folgenden Staaten ratifiziert:

---

654 Siehe Rn. 317.

Land:	Bemerkung:
Belarus	In Anwendung von Art. 18 wirkt der Beitritt nur im Verhältnis zwischen dem beitretenden Staat und den Vertragsstaaten, die ihre Zustimmung zum Beitritt erklärt haben
Belgien	
Bosnien u. Herzegowina	
Frankreich	
Kroatien	
Lettland	In Anwendung von Art. 18 wirkt der Beitritt nur im Verhältnis zwischen dem beitretenden Staat und den Vertragsstaaten, die ihre Zustimmung zum Beitritt erklärt haben
Litauen	In Anwendung von Art. 18 wirkt der Beitritt nur im Verhältnis zwischen dem beitretenden Staat und den Vertragsstaaten, die ihre Zustimmung zum Beitritt erklärt haben
Luxemburg	
Mazedonien	
Montenegro	
Niederlande[655]	
Österreich	
Polen	In Anwendung von Art. 18 wirkt der Beitritt nur im Verhältnis zwischen dem beitretenden Staat und den Vertragsstaaten, die ihre Zustimmung zum Beitritt erklärt haben
Schweiz	
Serbien	
Slowakei	
Slowenien	
Spanien	
Tschechien	

1. Anzuwendendes Recht. Auch beim HStVÜbk ist vom Grundsatz her das Recht des Unfalllandes anzuwenden, Art. 3. Es bestehen jedoch zahlreiche Ausnahmen. Zudem ist zwischen Sach- und Personenschäden zu differenzieren. 670

a) Personenschaden. Ausgangspunkt ist Art. 4 HStVÜbk. Hiernach gilt zunächst das Prinzip der lex loci nicht bei Unfällen, an denen lediglich **ein einziges Kfz** beteiligt und der Geschädigte Fahrer, Halter, Eigentümer oder sonstiger am Fahrzeug Berechtigter war. In diesem Fall richtet sich die Bestimmung des Rechts nach dem **Staat der Zulassung** (lex stabuli). Diese Ausnahme hat eine besondere Bedeutung bei der Schädigung von Fahrgästen. Hierbei der Fahrgast jedoch wiederum zu differenzieren. Hat er einen Wohnsitz im Unfallland gilt die lex loci, ansonsten die lex stabuli. 671

Sofern keine Zulassung besteht, richtet sich das Recht nach dem **Staat des gewöhnlichen Standorts**, Art. 6 HStVÜbk. Diese Variante kommt nach der Vorschrift auch zur Anwendung, wenn entweder das Fahrzeug in mehreren Staaten zugelassen war oder weder Hal- 672

---

655 Einschließlich Niederlande-Aruba und Niederländische Antillen.

ter, Eigentümer noch Fahrer zum Unfallzeitpunkt ihren gewöhnlichen Aufenthalt im Zulassungsstaat hatten.

673   Werden **Personen außerhalb des Fahrzeugs** geschädigt, so gilt die lex stabuli, sofern sie im Zulassungsland ihren Wohnsitz haben. Allerdings müssen sämtliche beteiligte Fahrzeuge und Geschädigte insoweit den Bezug zum gleichen Zulassungsland haben.

674   Darüber hinaus ist der Grundsatz auch anzuwenden, wenn mehrere Fahrzeuge mit jeweils **gleichem Standortland** beteiligt sind. In diesem Fall gilt daher das Recht des gemeinsamen Standortlandes.

675   **b) Sachschaden.** Das anzuwendende Recht für Sachschäden richtet sich nach Art. 5 HStV-Übk. Handelt es sich um Schäden des Fahrgastes, findet das gleiche Recht wie beim Personenschaden Anwendung. Betreffen die Schäden sonstige im Fahrzeug transportierte Gegenstände, findet das auch für den Fahrzeugeigentümer anzuwendende Recht Geltung.

676   **2. Direktklage.** Während innerhalb der EU, dem EWR und der Schweiz keine Schwierigkeiten bezüglich einer Direktklage auftreten, ist dies bei Drittstatten besonders zu prüfen. Art. 9 HStVÜbk regelt die Voraussetzungen. Insoweit kommen zwei Grundlagen zur Bejahung der Direktklagemöglichkeit in Betracht, nämlich nach dem Recht des Geschädigtenlandes oder jenem des Unfalllandes. Sind beide Fälle zu verneinen, besteht die Direktklagemöglichkeit, falls sie nach dem Recht des Versicherungsstatuts vorhanden ist.

677   **3. Renvoi (Weiter-/Rückverweisung).** Während die Rom II-VO mit Art. 24 eine Sachnormverweisung ausspricht und damit Rück- und Weiterverweisungen generell ausschließt, handelt es sich bei der Rechtsbestimmung nach dem HStVÜbk um eine **Gesamtverweisung**. Verwiesen wird damit nicht nur auf das Sachrecht, sondern auch auf das IPR des angesprochenen Staates, so dass sich hieraus eine Rückverweisung (*renvoi au prémier degré*) oder eine Weiterverweisung an einen dritten Staat (*renvoi au second degré*) ergeben kann.[656] Dementsprechend ist bei der Rechtsbestimmung nach den Grundlagen des HStV-Übk weiter im IPR des zunächst gefundenen Staats zu prüfen, ob eine Rück- oder Weiterverweisung in Betracht kommt.

678   Eine derartige Weiterverweisung kann in Deutschland auch nicht durch eine Rechtswahl erreicht werden, da Art. 24 Rom II-VO eine zwingende Beschränkung auf die Sachnorm enthält.

II. Differenzierung nach Unfallstaaten

679   Drittstaaten können sehr unterschiedlich in das System der Verkehrsunfallrechtsabwicklung eingebunden sein. Hierbei spielt insbes. die Mitgliedschaft des Unfalllandes im Grüne-Karte-System eine erhebliche Rolle.

680   **1. Länder im Bereich des Grüne-Karte-Systems.** Nach Art. 1 Abs. 1 S. 2 4. KH-RL kommt das Regulierungssystem auch bei Unfällen in Drittländern in Betracht. Hierbei müssen aber zusätzliche Voraussetzungen erfüllt sein:

- Unfallland Teil des Grüne-Karte-Systems,

- Schädigerfahrzeug hat seinen gewöhnlichen Standort in einem Mitgliedsland, also in der EU, dem EWR oder in Island, Norwegen oder der Schweiz.

681   Die Umsetzung dieser Vorgabe erfolgte für Deutschland in Art. 12 a Abs. 4 PflVG. Es kann daher ein hiesiger Bürger beispielsweise bei einem Unfall in der Türkei mit einem bulgarischen Schädigerfahrzeug auf das Regulierungssystem zugreifen und über den SRB des bulgarischen Versicherers in Deutschland regulieren. Da das Unfallland dem Grüne-Karte-System beigetreten und Bulgarien als EU-Land Mitglied iSd KH-RL ist.

682   Da die RL unmittelbar auch auf den Rechtszustand in den weiteren **EWR-Staaten** einwirkt, kommen auch die Fahrzeuge der Länder Island, Norwegen und Liechtenstein in Betracht.

---

656   Vgl. v. Hoffmann/Thon, 9. Aufl. § 6 Rn. 74 ff.

2. Sonderfall Schweiz. Bei der Schweiz ist zu differenzieren. Einerseits handelt es sich um **683** ein Land im Verbund des Grüne-Karte-Systems. Treffen also die oben genannten beiden Voraussetzungen zu, kann die Regulierung mit dem SRB des schweizerischen Versicherers durchgeführt werden.

Ereignet sich der Unfall auf dem Weg in die Türkei bereits im Bereich von Mazedonien, so **684** liegt der Tatort zwar in einem Land des Grüne-Karte-Systems und erfüllt die erste Voraussetzung. Nicht erfüllt ist jedoch die Bedingung des gewöhnlichen Standorts des Schädigerfahrzeugs in einem Mitgliedsland, das der Regelung der KH-RL unterliegt. Die Schweiz ist weder Mitglied der EU noch des EWR und hat daher nicht die KH-RL umgesetzt, sondern eine isolierte nationale Regelung getroffen.[657] Auch Mazedonien ist nicht Teil der EU oder des EWR. Die Schweiz hat jedoch zwischenzeitlich mit Mazedonien am 1.1.2016 ein vorläufiges **Besucherschutzabkommen** (basic agreement) abgeschlossen. „Das Abkommen soll eine möglichst rasche und unkomplizierte Schadenregulierung zugunsten des Geschädigten sicherstellen."[658] Es beschränkt sich auf den Informationsaustausch. Mit Kroatien wurde am 1.9.2016 hingegen ein sog. **Optional Agreement** abgeschlossen. Danach eröffnet sich die Schadenabwicklung über den SRB für die beteiligten Länder. Die letztgenannte Vereinbarung wurde an diesem Tag auch mit Bulgarien, Dänemark, Finnland, Irland, Island, Lettland, Litauen, Luxemburg, Norwegen, Portugal, Schweden und Slowenien abgeschlossen.

Hieraus ist jedoch eine Anwendung der Regulierung nach den Grundsätzen der 4. KH- **685** RL nicht unmittelbar für die sonstigen EWR-Staaten abzuleiten. Aus dem Abkommen zwischen der Schweiz, Kroatien und Mazedonien können Ansprüche von Angehörigen anderer Länder nicht unmittelbar bejaht werden. Art. 79 a ff. SVG bezieht sich nur auf den EWR, der insoweit auch die Länder der EU enthält.

Es kann für in Deutschland residierende Geschädigte daher nur versucht werden, sich auf **686** der Grundlage der Kulanz an den SRB des schweizerischen Versicherers zu wenden.

Ereignete sich der Unfall erst im Bereich von **Montenegro**, so scheidet die Regulierung ge- **687** genüber dem SRB in Deutschland aus. Montenegro ist zwr zwischenzeitlich Mitglied des Grüne-Karte-Systems. Es fehlt aber an der zweiten Bedingung des KH-RL-Systems.

Die Liste der über den EWR-Raum hinaus betroffenen Unfallstaaten ergibt sich aus der Liste der Mitglieder des **Grüne-Karte-Systems**.

B. Gerichtsstand

Eine Besonderheit gilt auch für die Ermittlung des Gerichtsstands. Da das Grüne-Karte- **688** System keinerlei Auswirkungen auf die Bestimmungen des Gerichtsstands hat, muss diese aus allgemeinen Grundsätzen abgeleitet werden. Da Drittländer nicht unter die Wirkungen der EuGVVO fallen, scheidet die Gerichtsstandsbestimmung gemäß Art. 11, 9 EuGVVO aus. Es kommt daher zunächst nur die Bestimmung nach allgemeinen Grundsätzen des deutschen Prozessrechts in Betracht, die jedoch im Regelfall keinen inländischen Gerichtsstand für die Schädigerseite erbringen werden.

I. Drittlandswirkung

Als EU-Recht vermag die EuGVVO zunächst einen originären Gerichtsstand für Versiche- **689** rer mit Sitz in einem Drittland nicht zu erbringen. Nach Art. 60 Abs. 1 EuGVVO aF, nunmehr Art. 63 Abs. 1 EuGVVO nF, ist dieser als **satzungsmäßiger Sitz**, Belegenheit der **Hauptverwaltung** oder einer **Hauptniederlassung** zu definieren. Diese Vorschrift ist nach der Rspr. des BGH[659] autonom auszulegen. Sofern diese Anknüpfungsgesichtspunkte in unterschiedlichen Ländern liegen, ergibt sich die Möglichkeit zum **Forumshopping**. Die Hauptverwaltung ist hierbei als Ort, an dem sich der effektive Verwaltungssitz befindet,

---

657 Näher oben Rn. 187.
658 www.nbi-ngf.ch/de/nvb/rechtliche-grundlagen/besucherschutz.
659 BGH NJW-RR 2008, 551; ebenso Reinmüller, Rn. 98.

die Hauptniederlassung als Ort des tatsächlichen Geschäftsschwerpunktes, „der Ort, an dem die Willensbildung und die eigentliche unternehmerische Leitung der Gesellschaft erfolgt"[660] zu charakterisieren.[661]

690 Nach Art. 9 Abs. 2 EuGVVO aF bzw. Art. 11 Abs. 2 EuGVVO nF kann jedoch die Klage am Sitz einer **Zweigniederlassung**, Agentur oder einer **sonstigen Niederlassung** erhoben werden. Charakteristikum dieser Organisationsteile ist die Unterstellung unter die Aufsicht und Leitung des Hauptunternehmens[662] bei gleichzeitiger Befähigung durch eine eigene Geschäftsführung und sachlicher Ausstattung zum Betrieb ihrer Geschäfte mit Dritten.[663] Die Geschäfte eines selbstständigen Handelsvertreters reichen deshalb nicht aus.[664]

691 Weitere Voraussetzung ist stets der Bezug des streitrelevanten Versicherungsvertrags zu diesem Organisationsteil des Versicherers.

692 Damit ergibt sich aber lediglich ein zusätzlicher Gerichtsstand für den Versicherer, er selbst, nicht die Niederlassung ist passiv-legitimiert.[665] Die Niederlassung wird jedoch als **Zustellungsbevollmächtigter** angesehen.[666]

II. LugÜ

693 Wegen des beabsichtigten und mit der Revision des Übereinkommens erzielten Gleichklangs von EuGVVO und LugÜbk ergibt sich aus der revidierten Fassung des LugÜbk gemäß Art. 11 Abs. 2, Art. 9 Abs. 1 lit. a) LugÜbk ebenfalls der Gerichtsstand am Wohnsitz des Geschädigten, soweit es sich um eine Direktklage handelt.

Anhang

A. Internetadressen

694 Auch im Internet kann man durchaus fündig werden. Dass die Fundstellen mit besonderer Vorsicht zu bewerten sind, soweit es sich nicht um anerkannt seriöse Quellen handelt, sollte stets bedacht sein. Dass für mitgeteilte Webseiten keine Garantie, insbesondere keine Haftung übernommen werden kann, versteht sich ohnehin von selbst. Die Rechtsmeinung mancher Gerichte, gibt jedoch Anlass, im Wege der ausdrücklichen Distanzierung hierauf besonders hinzuweisen.[667]

695 Zu beachten sind aber auch die prozessualen Grundlagen.[668] Nach Ansicht des BGH[669] ist es zwar nicht erforderlich, ausschließlich amtliche Bekanntmachungen einzusehen, es müssen aber **hohe Anforderungen** gestellt werden, die konkret zu einer Veröffentlichung durch eine staatliche Stelle als hinreichendem Qualitätskriterium führen. Im Umkehrschluss kann daher Informationen anderer Internetseiten diesbezüglich ebenfalls lediglich eine **Indizwirkung** zugeordnet werden.

696 Die Ermittlung ausländischen Rechts ist nach deutschem Recht zwar keine Tatsachenermittlung, so dass die Regeln des **Freibeweises** zur Verfügung stehen.[670] Dieser führt jedoch nicht zu einer völligen Freistellung von den sonstigen Regeln der ZPO und Art. 103 GG. Bei Ermittlung entscheidungsrelevanter Tatsachen, die zwischen den Parteien nicht unstreitig sind, muss ungeachtet der Art der Quelle den Parteien Gelegenheit gegeben wer-

---

660 BGH NJW-RR 2008, 551 mwN zum Problem.
661 Vgl. Prütting-Gehrlein-Schinkels, Art. 60 EuGVO Rn. 3.
662 EuGH NJW 1977, 490.
663 OLG Düsseldorf IPRax 1998, 210.
664 OLG Düsseldorf IPRax 1998, 210; Thomas-Putzo/Hüßtege, Art. 6 EuGVVO Rn. 22.
665 Vgl, Musielak/Stadler, Art. 9 EuGVVO Rn. 4.
666 Vgl. Rauscher/Staudinger, Art. 9 Brüssel I-VO Rn. 8 mwN; vgl. auch BGH NJW 2009, 292 mAnm Kieninger.
667 Tabelle entnommen aus Bachmeier, Beck´sches Mandatshandbuch Verkehrszivilrecht, Rn. 901, modifiziert und aktualisiert.
668 Hierzu näher Bachmeier DAR 2012, 557, 559.
669 NJW 2010, 1070, 1072.
670 Schon BGH NJW 1961, 410, 411; insbes. BeckOK-ZPO/Bacher, § 293 Rn. 11 ff.

den, sich zum Ergebnis zu äußern, § 285 Abs. 1 ZPO. Die Nichtbeachtung verletzt das rechtliche Gehör, es „darf der Tatrichter nur solche Umstände zur Grundlage seiner Entscheidung machen, die – zumindest konkludent – Gegenstand der mündlichen Verhandlung oder einer Beweisaufnahme waren, sofern sie nicht offenkundig iS des § 291 ZPO sind (folgen Nachw.)".[671]

Die Nachvollziehbarkeit der Beweisaufnahme setzt aber auch eine hinreichende **Dokumentation** voraus. Die Schnelllebigkeit des Internets ist allgemein bekannt. Nicht nur Trefferlisten von Suchmaschinen, sondern auch gefundene Internetseiten können sich schnell ändern. Die Recherche muss daher bis zur Rechtskraft nachvollziehbar sein. Das Datum spielt daher für die Recherche eine große Rolle.   697

Hieraus lassen sich für die Verwertung im Prozess folgende Anforderungen ableiten: 698

- Frühestmöglicher Ausdruck der Information und Übermittlung an die Parteien seitens des Gerichts,

- Datumsangabe für das Rechercheergebnis,

- Erörterung in der mündlichen Verhandlung,

- Einräumung einer ausreichenden Frist zur Stellungnahme.

Eine erstmalige Offenbarung in der Entscheidung verstößt wegen der Verletzung des rechtlichen Gehörs gegen Art. 103 Abs. 1 GG. Es läge entsprechend Art. 103 Abs. 1 GG ein Willkürurteil vor.[672]   699

Angesichts der eingangs festgestellten Probleme der Gerichte, die Rechtsgrundlagen zu ermitteln, trifft auch den Anwalt eine hohe Sorgfaltspflicht. Er kann sich auf die sachgerechte Internetrecherche und das prozessual zulässige Verfahren seitens des Gerichts nicht verlassen; dies würde den Boden für einen Haftungsfall bereiten. Bekanntlich muss der Anwalt mehr wissen als der Richter. Die Rechtsprechung des BGH gilt für die Internetverwertung in besonderem Maße.[673] Der Anwalt hat daher die Pflicht, der Internetrecherche des Gerichts eine eigene gegenüberzustellen.   700

I. Zugriff auf ausländisches Recht

Die nachfolgenden Internetadressen verweisen weitgehend auf amtliche Quellen, so dass eine hohe Authentizität gewährleistet ist. Ein Großteil der Fundstellen bezieht sich ohnehin auf amtliche Veröffentlichungsquellen. Da zwischen der Lesernutzung und der letzten Kontrolle des Autors ohnehin eine erhebliche Zeit vergeht, wurde auf die Angabe des letzten Kontrolldatums, also dem Datum des letzten Aufrufs, verzichtet. Bei gerichtlichen Entscheidungen und anwaltlichen Schriftsätzen sollte wegen der unmittelbar erfolgenden Verwertung das Kontrolldatum jedoch angegeben werden. Bei Standardseiten wurde auf die übliche Protokollbezeichnung *http://* verzichtet, da sie regelmäßig vom Browser ergänzt wird. Soweit die Originallinks den Zusatz *www.* nicht enthalten, weil es sich um sog sichere Seiten handelt, wurde die Adresse ungekürzt übernommen.   701

Belgien	www.droitbelge.be/; www.lexadin.nl/wlg/legis/nofr/eur/lxwebel.htm
	siehe auch Länderkommentierung
Bulgarien	www.bild.net/
Dänemark	www.retsinfo.dk/
	siehe auch Länderkommentierung

---

671 BGH NJW 2006, 2482, 2485.
672 Vgl. zuletzt BVerfG Beschl. v. 25.3.2010 – 1 BvR 2446/09 (BeckRS 2010, 48243).
673 Vgl. hierzu Rn. 417.

Estland	https://www.riigiteataja.ee/akt/LKindlS (estnische Sprache) oder https://www.riigiteataja.ee/en/ (offizielle engl. Übersetzungen) siehe auch Länderkommentierung
Finnland	www.lagtinget.aland.fi/
Frankreich	www.legifrance.gouv.fr; www.easydroit.fr/codes-et-lois/[674] siehe auch Länderkommentierung
Griechenland	www.lawnet.gr/ siehe auch Länderkommentierung
Großbritannien	www.hmso.gov.uk/legis.htm; www.bailii.org/
Irland	www.gov.ie/bills28/
Island	www.government.is/interpro/dkm/dkm.nsf/pages/eng_laws https://eng.innanrikisraduneyti.is/laws-and-regulations/english/ siehe auch Länderkommentierung
Italien	www.dossierazienda.it/fonti/codcivile0.htm (Codice civile) www.provinz.bz.it/anwaltschaft/download/ProvBZ_ZGB_Fassung_S tand_24_11_2010_de.pdf (Codice civile in deutscher Sprache) www.bv.ipzs.it/include/Pubblicazioni.jsp?TP=notRuoli&ricerca=min istero&emettitore=Ministero%20della%20Giustizia&codEmett=3& codPubbl=1 (Gesetzblatt) siehe auch Länderkommentierung
Lettland	www.ttc.lv/?id=19; http://www3.lrs.lt/pls/inter2/dokpaieska.showdo c_e?p_id=370997 (Gesetzesblatt – Zivilgesetzbuch)
Liechtenstein	http://www.gesetze.li/ Online-Zugriff auf die liechtensteinischen Gesetze
Litauen	www.litlex.lt/Litlex/Eng/Frames/Laws/Fr_laws.htm
Luxemburg	www.legilux.lu
Malta	http://justiceservices.gov.mt/LOM.aspx?pageid=24 www.gov.mt/frame.asp?l=2&url=http://www.justiceservices.gov.mt/l om.aspx?pageid=27&mode=chrono (Zugriff auf die maltesische Gesetzessammlung)
Niederlande	www.recht4all.nl/; www.wetten.overheid.nl siehe auch Länderkommentierung
Norwegen	www.lovdata.no/
Österreich	www.ris.bka.gv.at/ oder www.data.gv.at/suche/?search-term=ris; www.uibk.ac.at/zivilrecht/buch/ (Zivilrechtslehrbuch)

---

674 Mit easydroit über légifrance schneller Zugriff auf zahlreiche Gesetze, insbes. Code civil, Code de la route und Code de procédure civil.

Polen	www.polnischegesetze.de/ (gebührenpflichtig) http://isap.sejm.gov.pl/ProfileServlet?act=get&name=WebElementHe lpPage (Eingangsseite des poln. Parlaments zur Suche nach Gesetzen) siehe auch Länderkommentierung
Portugal	http://www.dgsi.pt/ (Zugriff auf Urteilsdatenbanken und Bibliotheken) https://dre.pt/ (portugiesisches Verkündungsblatt
Rumänien	www.just.ro/Portals/0/Right_Panel/Codul%20Penal/0511.pdf www.cdep.ro/pls/legis/legis_pck.frame (Startseite mit Suchfunktion für Gesetze) www.monitoruloficial.ro/ (Gesetzblatt)
Schweden	www.notisum.se/; www.lagrummet.se/; kennt man die Nummer des Gesetzes – etwa Trafikskadelag = 1975:1410 – kann man über das Register (siehe Gå til lakboken = zu den Gesetzen) unmittelbar zum gewünschten Gesetz gelangen); über den Button *Visa/dölj dtaljerNac* gelangt man zur Änderungshistorie www.hogstadomstolen.se/Avgoranden/ (Entscheidungssammlung des Obersten Gerichtshofs)
Schweiz	www.admin.ch/gov/de/start/bundesrecht/systematische-sammlung.ht ml (Sammlung des schweizerischen Bundesrechts) siehe auch Länderkommentierung
Slowakei	www.zbierka.sk/akt-znenia.asp
Slowenien	www.ius-software.si/ www.sodisce.si/ (Entscheidungssammlung)
Spanien	http://civil.udg.es/normacivil/estatal/CC/indexcc.htm (Codigo civil – Uni Gerona) siehe auch Länderkommentierung
Tschechien	portal.gov.cz/app/zakony/?path=/portal/obcan/ (Gesetzesportal) www.mvcr.cz/clanek/sbirka-zakonu-stejnopisy-sbirky-zakonu.aspx (Gesetzesblatt) http://www.slv.cz/ (Rechtsprechungsdatenbank)
Ungarn	http://net.jogtar.hu/ (Rechtsdatenbank von *Wolters Kluwer*) http://www.njt.hu/njt.php?igenyles (Nationale Rechtsdatenbank)
Allgemein	Unter der nachfolgenden Adresse kann man ergänzend auf viele ausländische Rechtsquellen zugreifen, teilweise in englischer Übersetzung – (teils auch kompakte Zusammenfassung von Gesetzen): www.gtai.de/GTAI/Navigation/DE/Trade/Recht-Zoll/wirtschafts-un d-steuerrecht.html

II. Ergänzende Internetadressen

702 Die nachfolgenden Links führen nur teilweise auf offizielle Seiten, aber zumindest zu zuverlässigen Informationsanbietern.

www.justiz.nrw.de/BS/gesetze_und_verordnungen/ir_online/zrho/index.php	Zugang über Justiz-online des Landes Nordrhein-Westfalen zu den für die Gerichte geltenden Vorschriften im Rechtshilfeverkehr.
http://curia.europa.eu/jcms/upload/docs/application/pdf/2008-11/qd7707226frc.pdf	Bei der Suche kann die genaue Bezeichnung eines ausländischen Gerichts sehr hilfreich sein. Der EuGH bietet eine Übersicht über die Gerichtsbarkeit aller EU-Länder in französischer Sprache, die jedoch die nationalen Bezeichnungen enthält. Die Länderbeiträge schließen mit einer Bibliografie ausgewählter Bücher.
http://ec.europa.eu/justice/civil/index_de.htm	Die Seite der Kommission bietet umfangreiches Datenmaterial zum grenzüberschreitenden Rechtsverkehr und hierzu relevante Links (teils nur in engl. Sprache.
http://edz.bib.uni-mannheim.de	An der Universität Mannheim wird das Europäische Dokumentationszentrum (im Verbund mit anderen Universitäten geführt, das über die typischen Bibliotheksfunktionen hinaus auch das sog *Archi*Dok. beinhaltet: Archivierung elektronischer Volltexte (v.a. Studien, Arbeitspapiere) von relevanten Organen und Institutionen der Europäischen Union zu allen Politikbereichen und Erfassung/Erschließung der gesammelten Dokumente. Eine umfassende Linksammlung, ua zu allen von EU-Institutionen herausgegebenen Zeitschriften, ergänzt das Angebot.
http://eur-lex.europa.eu/de/index.htm	Die Seite EUR-Lex bietet neben dem Zugang zum EU-Recht insbes. den wichtigen Link zur Sammlung des nationalen Rechts ☞ N-Lex
http://eur-lex.europa.eu/n-lex/index_de.htm	N-Lex bietet den Zugang zu den nationalen Rechtsdatenbanken der EU-Länder. Folg man einem Link öffnet sich die Suchfunktion. Teilweise bieten die Länder auch Übersetzungen (meist englisch) für die Gesetze an. Im Regelfall muss man die genaue Bezeichnung des gesuchten Gesetzes kennen. Hierbei hilft auch ☞ EuroVoc gut weiter.
http://eurovoc.europa.eu/drupal/?q=de	EuroVoc stellt einen Thesaurus dar, mit dessen Hilfe man für Begriff den jeweiligen Begriff in allen Amtssprachen der EU sowie des Beitrittskandidaten Serbien finden kann. Spezialversionen gibt es für Baskisch, Katalanisch und Russisch.

www.admin.ch/ch/d/sr/741_01/index.html	Schweizer Straßenverkehrsgesetz
www.nbi-ngf.ch/de/nvb/ adressen/swiss-interclaims-schaden-nvb-/schaden-tools nbi-ngf.ch/de/nvb/adressen/swiss-interclaims-schaden-nvb-/schaden-tools	Wichtige Links zu straßenverkehrsrechtlich relevanten Gesetzen und Abkommen sowie sonstigen Fundstellen – besonders bedeutsam, zu empfehlen ist insbesondere der Weiterverweis auf die ☞ Terminologiedatenbank
www.subito-doc.de/index.php?mod=page&pid=impressum	Subito ist ein gemeinnütziger, eingetragener Verein, der zur (kostenpflichtigen) Beschaffung von Dokumenten wissenschaftlicher Bibliotheken aus Deutschland Österreich und der Schweiz geschaffen wurde. Er ua allen Mitarbeitern juristischer Personen des öffentlichen Rechts zur Verfügung.
www.termdat.ch/	Datenbank mit Übersetzungen von Begriffen aus dem schweizerischen Recht in die franz., engl. und ital. Sprache, wodurch Internetsuchen erleichtert werden.
www.gtai.de/GTAI/Navigation/DE/Trade/Recht-Zoll/wirtschafts-und-steuerrecht.html	Unter der nachfolgenden Adresse kann man ergänzend auf viele ausländische Rechtsquellen zugreifen, teilweise in englischer Übersetzung – (teils auch kompakte Zusammenfassung von Gesetzen):
www.vifa-recht.de	Die von der *Staatsbibliothek zu Berlin Preußischer Kulturbesitz* betriebene Datenbank bietet als Metasuchmaschine uU auch für den Auslandsunfallschadensbereich Hilfestellung.
www.inspire.gv.at/Geoportale/Andere.html	Zugriff auf amtliches Kartenmaterial für die visuelle Kontrolle des Unfallortes.

B. Glossar typischer IPR-Ausdrücke

Bei nur gelegentlicher Beschäftigung mit IPR-Themen erschwert die vor allem in der einschlägigen Literatur häufig verwendete Nomenklatur den Zugang. Die nachfolgende Übersicht soll daher wichtige Begriffe näher erläutern. 703

actor sequitur forum rei	Pflicht des Klägers, den Gerichtsstand des Beklagten zu wählen (siehe § 12 ZPO; Art. 2 Abs. 1 EuGVVO aF bzw. Art. 4 Abs. 1 EuGVVO nF)
Angleichung	Methode zur Korrektur von Unbilligkeiten bei Kollisionen unterschiedlicher Rechtssysteme, wobei die modifizierte Anwendung ausländischen Rechts gewählt wird, um auftretende Disharmonien zu beseitigen (Anpassung) in verschiedenen Einsatzmöglichkeiten[675]

---

675 Zur Abgrenzung zum ordre public siehe MüKo-BGB/Sonnenberger, 5. Aufl. 2010, Einl. Rn. 614.

Bachmeier 159

Ankerklage	Bezeichnung der Ausgangsklage beim Auseinanderfallen von Gerichtsständen bei Streitgenossenschaft (Art. 6 Nr. 1 EuGVVO aF bzw. Art. 8 Nr. 1 EuGVVO nF fordert einen Zusammenhang zwischen der Klage am Gerichtssitz eines Streitgenossen und einem Streitgenossen ohne dortigem Gerichtsstand)[676]
Brüssel I-VO	Entspricht EuGVVO aF, also VO (EG) Nr. 44/2001
Brüssel Ia-VO	Entspricht EuGVVO nF also VO (EU9 Nr. 1215/2012
Dépeçage	Zerlegung, im IPR Trennung des Rechts innerhalb eines Schuldverhältnisses.
Direct victim	Bezeichnung des unmittelbar Geschädigten
Distanzdelikt	Auseinanderfallen vom Ort der Handlung und des Erfolgseintritts
Erfolgsort	Eintrittsort des (Primär-)Schadens ☞ Primärschaden
Favor validitatis	Formgültigkeit eines Rechtsgeschäfts, wenn es den Erfordernissen des Geschäftsstatuts (☞ lex causae) oder des Ortsstatuts (☞lex loci actus) entspricht (nach dem Gedanken der Aufrechterhaltung der Formwirksamkeit bei *Alternativen Anknüpfungsmöglichkeiten* soll sich das der Formwirksamkeit „Günstigste" der jeweiligen Rechtsordnungen durchsetzen.)
Forum connexitatis	Gerichtsstand des Zusammenhangs (vgl. Art. 6 EuGVVO aF bzw. Art. 8 EuGVVO nF: Bei subjektiver Klagehäufung möglich, die Klage vor dem Gericht des Ortes, an dem einer der Beklagten seinen Wohnsitz hat, zu erheben, sofern zwischen den Klagen eine so enge Beziehung gegeben ist, dass eine gemeinsame Verhandlung und Entscheidung geboten erscheint, um zu vermeiden, dass in getrennten Verfahren widersprechende Entscheidungen ergehen könnten; wesentliche Grundlage ist die ☞*Ankerklage*; siehe auch ☞*Forumshopping*
Forum non conveniens	„Unangebrachtes Gericht", insbes. im engl. Recht die Möglichkeit, ein Verfahren mit der Begründung zurückzuweisen, die Tätigkeit eines anderen Gerichts sei für den Rechtsstreit günstiger.
Forum prorogatum	Vereinbarter Gerichtsstand
Forumshopping	Bezeichnung der Wahl des Gerichtsortes durch Gestaltung von Umständen oder Präferenz bei freier Wahlmöglichkeit
Fraus legis	Umgehung eines Gesetzes.
Gesamtverweisung	Verweisung auf das vollständige Recht des anderen Staates, damit auf dessen IPR mit Möglichkeit der Weiterverweisung
Immatrikulationsstatut	☞ siehe lex stabuli

---

676 Vgl. EuGH EuZW 2006, 667; Mansel/Thorn/Wagner, IPRax 2012, 1, 9.

Indirect victim	Bezeichnung eines Zweitgeschädigten, insbes. Angehörige, sonstige Personen, die durch den Unfall mittelbar geschädigt wurden (Zweitschaden).
Ius cogens	lat. zwingendes Recht, im IPR das durch Parteivereinbarung nicht abänderbares Recht
Kollisionsnorm	Norm aus dem Bereich des IPR zur Bestimmung einer bestimmten Rechtsordnung.
Lex (domicilii) communis	Recht des gewöhnlichen, gemeinsamen Aufenthaltsorts
Lex causae	Aus dem Sachverhalt abgeleitetes Recht
Lex fori	Recht des Sitzes des Gerichts (Ortsrecht)
Lex loci damni	Recht des Erfolgsortes
Lex loci delicti commissi	Recht des Handlungsortes
Lex stabuli	Recht des Staates an dem das Fahrzeug zugelassen wurde (Immatrikulationsstatut)
Lex validitatis	Rechtsordnung nach der das Rechtsgeschäft Bestand hat
Lis pendens	Rechtshängigkeit
Loi uniform	Völkerrechtliche Norm, die über den Bereich der Mitgliedstaaten eines Vertrags (hier EU-Vertrag) auch auf Drittstaatensachverhalte Anwendung findet
Ordre public	„Öffentliche Ordnung", im internationalen Rechtsbereich Bezeichnung des Maßstabs für die Frage der Anwendung ausländischen Rechts (nicht akzeptable Beeinträchtigung der Rechte eines Inländers durch das Auslandsrecht)
Perpetuatio fori	Fortdauer der einmal begründeten Gerichtszuständigkeit[677]
Persuasive precedent	Zur Nachahmung empfohlener Präzedenzfall
Platzdelikt	Zusammenfallen von Handlungs- und Erfolgsort, also Beendigung des Delikts innerhalb einer Rechtsordnung (Gegensätze: Distanzdelikt, Streudelikt)
Primärschaden	Unmittelbar eingetretener Schaden (Gegensatz: **Folgeschaden**; Problem: **Zweitschaden**)
Renvoi	Häufig Gesamtverweisung, IPR-Verweisung oder bedingte Verweisung genannt; der Begriff beschreibt die Verweisung durch inländisches Recht, auf ausländisches Recht, das wiederum auf das Recht eines dritten Staats verweisen kann.
■ Renvoi au premier degré	Rückverweisung an das Ausgangsrecht
■ Renvoi au second degré	Weiterverweisung auf das Recht eines Drittstaats
Sachnormverweisung	Verweisung auf die materiellrechtlichen Normen, damit nicht auf die IPR-Normen und keine Möglichkeit der Weiterverweisung; Gegensatz ☞ Gesamtverweisung

---

677 Grdl. BGH NJW 2011, 2515, 2517.

Statut	Bezeichnung für die anzuwendende Rechtsordnung
Streudelikt	Verursachung von Rechtsgutverletzungen in mehreren Staaten
Torpedoklage	Angriffsmittel, um eine erwartete Schadensersatzklage über eine vorherige Feststellungsklage über Art. 27 Abs. 1 EuGVVO aF bzw. Art. 29 EuGVVO nF bei einem Gericht mit typischerweise extrem langer Verfahrensdauer, zu verzögern (hierzu EuGH EuZW 2012, 950 mAnm *Sujecki*: Entgegen der Stellungnahme des Generalanwalts zulässig).
Ubiquität	Übersetzung aus dem Lateinischen: „Allgegenwart"; im IPR die „Omnipräsenz" des Tatortes sowohl am Ort der Schädigung als auch des Schadenseintritts mit Wahlmöglichkeit des Geschädigten, beispielsw. nach Art. 40 EGBGB aF; nach Art. 4 Abs. 1 Rom-II-VO Entfall der Wahlmöglichkeit, nach Art. 7 Rom II-VO (Umweltdelikte) Weiterbestehen. *„Bei Divergenz von Handlungs- und Erfolgsort galt das dem Geschädigten günstigere Recht, was der Richter – vorbehaltlich einer entsprechenden (einseitigen) Wahl des Anspruchstellers – von Amts wegen zu ermitteln hatte (Günstigkeitsprinzip)."* (Lorenz NJW 1999, 2215)

C. Muster

I. Anwaltsantrag an das Gericht auf Erholung einer Rechtsauskunft[678]

704 An das

-gericht

München, den ...

In Sachen [*Klagepartei*] gegen [*Beklagte*] wegen Schadensersatzes

Aktenzeichen: –

Antrag auf Erholung einer Auskunft nach dem Europäischen Übereinkommen betreffend Auskünfte über ausländisches Recht in [*ausländischer Staat*].

Es wird beantragt, bei der zuständigen Stelle in [*zu ersuchender Staat*] die für die Entscheidung erforderlichen Rechtsgrundlagen zu erholen. Nach dem bisherigen Prozessverlauf kommt es entscheidend darauf an, wie

[*relevante rechtliche Frage*]

nach dem Recht in [*ausländischer Staat*] zu beurteilen ist. Hierzu werden die zum Unfallzeitpunkt geltenden Bestimmungen und eventuell vorliegende bedeutende Entscheidungen benötigt.

Es wird deshalb beantragt, nach dem Europäischen Übereinkommen betreffend Auskünfte über ausländisches Recht in [*ausländischer Staat*] eine entsprechende Auskunft zu erholen. Nachdem das Gericht befugt ist, die Formulierung des Ersuchens auch den Parteien zu überlassen (§ 1 Auslands-Rechtsauskunftsgesetz), wird in der Anlage ein bereits formuliertes Ersuchen mit der Anregung um Weiterleitung auf dem Rechtshilfewege vorgelegt.

---

678 Entnommen Bachmeier, Mandatshandbuch Verkehrszivilrecht, Anhang Muster 7.

Hinsichtlich eventuell anfallender Kosten

[übernehme ich die persönliche Kostenhaftung]*

[erfolgt nach Mitteilung umgehende Einzahlung]*

Mit freundlichen Grüßen

...

Rechtsanwalt

* Die gewünschte Variante ist in den Text zu übernehmen. Meist werden zumindest Übersetzungskosten anfallen, da das Ersuchen dem angesprochenen Staat in seiner Sprache vorzulegen ist (Art. 14 RAuskÜbk). Die Beantwortung erfolgt im Prinzip kostenfrei (Art. 15 RAuskÜbk), sofern der ersuchte Staat die Beantwortung an eine private Stelle weiterleitet, können allerdings auch Kosten für die Beantwortung selbst entstehen (Art. 6 Abs. 3 RAuskÜbk) Die persönliche Kostenhaftung sollte allerdings nur bei entsprechender Absicherung des Anwaltes erfolgen.

II. Weiterleitung des Anwaltsantrags an die ersuchte ausländische Stelle[679]

An die Empfangsstelle 705

betreffend Auskünfte über ausländisches Recht

in [*Empfängerstaat*]

Ersuchen um Auskunft über eine zivilrechtliche Frage nach dem Europäischen Übereinkommen betreffend Auskünfte über ausländisches Recht vom 7.6.1968

In der Rechtssache [*Klagepartei*] gegen [*Beklagte*] streiten die Parteien um Schadensersatzansprüche aus einem Verkehrsunfall vom [*Unfalldatum*] in [*Tatort*].

Die Grundlage des Verfahrens ist folgender Sachverhalt:[1]

[unstreitiger Tatbestand].

Die Klagepartei behauptet,

[*streitiger Vortrag der Klagepartei*].

Die beklagte Partei behauptet,

[*streitiger Vortrag der Beklagtenseite*].

Für die Entscheidung des Rechtsstreites kommt insoweit darauf an, welche einschlägigen Gesetze und Verordnungen in [*ersuchter Staat*] für [*zu beurteilender Umstand*][2] gelten.

Ich bitte deshalb um Übersendung der diesbezüglichen Unterlagen nebst den hierzu ergangenen wichtigen Gerichtsentscheidungen sowie Auszügen aus dem Schrifttum oder den Gesetzesmaterialien, soweit diese zum Verständnis des dortigen Rechtes erforderlich sind.

Für die Bemühungen darf ich mich besonders bedanken und verbleibe

mit vorzüglicher Hochachtung

...

Rechtsanwalt

[1] Wie bei jedem Rechtsverkehr mit dem Ausland ist es hier oft schwierig wegen unterschiedlicher juristischer Begriffe in den einzelnen Rechtssystemen, die gleiche Beurteilungsbasis herzustellen. Um dem ausländischen Staat das Erkennen der gewollten Fragestellung zu erleichtern, ist eine umfassende Darstellung des streitigen Sachverhaltes, mehr oder weniger dem Tatbestand eines Urteils vergleichbar, erforderlich.
[2] Bei der Frage, welche Haftungshöchstbeträge in diesem Land gelten, würde sich etwa folgende Formulierung ergeben: „*die Frage, welche Höchstsummen für die Haftung eines Kraftfahrzeughalters und seiner Haftpflichtversicherung wegen eines vom Halter verschuldeten Verkehrsunfalles für Personenschäden aus Verkehrsunfällen gelten.*"

III. Beweisbeschluss (Vernehmung von Zeugen oder Parteien)

Die nachfolgenden Muster richten sich an die Gerichte. Sie können jedoch problemlos für 706 den Beweisantrag des Anwalts umformuliert werden.[680]

679 Entnommen Bachmeier, Mandatshandbuch Verkehrszivilrecht, Anhang Muster 8.
680 Bei der Abfassung sollte zur Erleichterung einer präzisen Übersetzung auf einfache und gut gegliederte Formulierungen geachtet werden.

Es ist Beweis zu erheben über die Behauptung der [...][1], der Unfall vom ...[2] in [...][3] habe sich wie folgt ereignet:

[Schilderung aus der Sicht der Partei]

Hierzu ist [...][4]

Variante Zeuge:	als Zeuge zu vernehmen.
Variante Parteiverneh-mung:	als Partei zu vernehmen.

Das ersuchende Gericht

Variante Verzicht des Gerichts auf Teilnahme	wird an der Beweisaufnahme nicht teilnehmen.
Variante Teilnahme des Gerichts	wird selbst an der Beweisaufnahme mit [...][5] Personenteilnehmen. Hierzu wird die teilnehmende Gerichtsperson rechtzeitig namentlich mitgeteilt werden.[6]
Variante Teilnahme von Parteien	wird selbst/nicht[7] an der Beweisaufnahme teilnehmen. Als Partei wird [...][8] teilnehmen. Den erschienenen Parteien wird es nach deutschem Prozessrecht gestattet, unmittelbar Fragen an [...][8] zu richten.
Variante Teilnahme von Anwälten	Rechtsanwalt [...][8] wird als Prozessbevollmächtigter der [...][8] teilnehmen.

[1] Parteibezeichnung.
[2] Genaue Datumsangabe.
[3] Genaue Unfallortsbezeichnung.
[4] Genaue Bezeichnung von Zeugen oder der Partei mit Name, Vorname, Anschrift.
[5] Angabe der Personenzahl (Senat, Kammer oder Einzelrichter).
[6] Wegen möglicher Richterwechsel erst kurzfristig möglich.
[7] Je nach Variante.
[8] Genaue Bezeichnung.

IV. Variante Anhörung eines Sachverständigen

707 Es ist Beweis zu erheben über die Behauptung der [...][1], der Unfall vom ...[2] in [...][3] habe sich wie folgt ereignet:

[Schilderung aus der Sicht der Partei]

Hierzu ist der Sachverständige [...][9] zu folgenden Fragen zu vernehmen:

[Bezeichnung der Fragen]

V. Variante Augenschein

708 Es ist Beweis zu erheben über die Behauptung der [...][1], der Unfall vom ...[2] in [...][3] habe sich wie folgt ereignet:

[Schilderung aus der Sicht der Partei]

Hierzu ist ein Augenschein an der Unfallstelle *[genaue Bezeichnung]* durchzuführen.

Das ersuchende Gericht

Variante Verzicht des Gerichts auf Teilnahme	wird an der Beweisaufnahme nicht teilnehmen.
Variante Teilnahme des Gerichts	wird selbst an der Beweisaufnahme mit [...][5] Personen teilnehmen. Hierzu wird die teilnehmende Gerichtsperson rechtzeitig namentlich mitgeteilt werden.[6]
Variante Teilnahme von Parteien	Wird selbst/nicht[7] an der Beweisaufnahme teilnehmen. Als Partei wird < >[8] teilnehmen. Den erschienenen Parteien wird es nach deutschem Prozessrecht gestattet, unmittelbar Fragen an [...][8] zu richten.

Bachmeier

Variante Teilnahme von Anwälten	Rechtsanwalt [...][8] wird als Prozessbevollmächtigter der [...][8] teilnehmen.

[1] Parteibezeichnung.
[2] Genaue Datumsangabe.
[3] Genaue Unfallortsbezeichnung.
[4] Genaue Bezeichnung von Zeugen oder der Partei mit Name, Vorname, Anschrift.
[5] Angabe der Personenzahl (Senat, Kammer oder Einzelrichter).
[6] Wegen möglicher Richterwechsel erst kurzfristig möglich.
[7] Je nach Variante.
[8] Genaue Bezeichnung.

VI. Erholung eines Sachverständigengutachtens

Es ist Beweis zu erheben über die Behauptung der [...][1], der Unfall vom ...[2] in [...][3] habe sich wie   709
folgt ereignet:

[*Schilderung aus der Sicht der Partei*]

durch Erholung eines unfallanalytischen Sachverständigengutachtens.

Variante Gutachterbestellung durch ersuchendes Gericht	Als Sachverständiger wird bestimmt [*genaue Bezeichnung*]. Der Sachverständige wird sich mit dem ersuchten Gericht in Verbindung setzen*.
Variante Gutachterbestellung durch ersuchtes Gericht	Das ersuchte Gericht wird beauftragt, einen geeigneten Sachverständigen zu bestimmen. Die für die Begutachtung erforderlichen Kosten werden umgehend nach Bekanntgabe überwiesen werden.

Die Höhe der von der beweisbelasteten Gebührenvorschusszahlung wird nach Rücksprache mit dem Sachverständigen gesondert festgesetzt werden.

* Der Sachverständige ist bei der Versendung der Akten entsprechend anzuweisen. Es ist davon auszugehen, dass er wenig Erfahrung mit dieser Auslandsbegutachtung hat. Hierbei ist er kurz über seine Aufgabe zu informieren und um Angabe seiner ungefähren Honoraransprüche nebst Reisekosten zu bitten.

VII. Einsatz von Videotechnik

Es ist Beweis zu erheben über die Behauptung der [...][1], der Unfall vom [...][2] in [...][3] habe sich wie   710
folgt ereignet:

[*Schilderung aus der Sicht der Partei*]

Hierzu ist [...][4]

Variante Zeuge:	als Zeuge zu vernehmen.
Variante Parteivernehmung:	als Partei zu vernehmen.

Das Gericht ordnet die Vernehmung im Wege der Videoübertragung an. Es wird ersucht, die Voraussetzungen hierfür zu schaffen und den seitens des ersuchten Gerichts vorgeschlagenen Termin mindestens 6 Wochen vor dem Beweisaufnahmetag dem ersuchenden Gericht mitzuteilen.

Sofern technische Schwierigkeiten für die Durchführung der Video-Vernehmung bestehen, wird um eilige Mitteilung wegen einer möglichen Hilfestellung gebeten.[681]

[1] Parteibezeichnung.
[2] Genaue Datumsangabe.
[3] Genaue Unfallortsbezeichnung.
[4] Genaue Bezeichnung von Zeugen oder der Partei mit Name, Vorname, Anschrift.

---

681   Zu organisatorischen Alternativen wird auf Rn. 640 ff. hingewiesen.

Bachmeier   165

Belgien

Verwendete Literatur: Siehe die Angaben bei B. Kommentare/Monographien in Teil 4 Wichtige Arbeitsmittel.

Verzeichnis landesspezifischer Abkürzungen

B.S.	Belgisch Staatsblad
De Verz.	De Verzekering
Jur. Liege	Jurisprudence de Liège
Limb. Rechtsl.	Limburgs Rechtsleven
NJW	Nieuw Juridisch Weekblad
Pas	Pasicrisie Belge
RGAR	Revue Générale des Assurances et des Responsabilités
RRD	Revue Régionale de Droit
R.W.	Rechtskundig Weekblad
T.A.V.W.	Tijdschrift voor aansprakelijkheid en verzekering in het wegverkeer
T.B.H.	Tijdschrift voor Belgisch Handelsrecht
TGR	Tijdschrift voor Gentse Rechtspraak
T.P.R.	Tijdschrift voor Privaatrecht
T.Verz.	Tijdschrift voor Verzekeringen
TWVR	Tijdschrift voor West-Vlaamse Rechtspraak
VAV	Verkeer, aansprakelijkheid, verzekering

Abschnitt 1: Anspruchsprüfung zum Haftungsgrund

§ 1 Haftungsgründe

Müller-Trawinski

Das belgische Bürgerliche Gesetzbuch[1] basiert bis heute in seinen wesentlichen Elementen 1
auf dem französischen „Code Civil" vom 21.3.1804.[2] Es zeichnet sich, ebenso wie andere
auf jenem Code Napoleon basierende Zivilrechtssysteme, aufgrund seiner Tradition in der
französischen Revolution durch eine große sprachliche Klarheit und die weitgehende Vereinfachung komplexer Rechtsfragen aus. In diesem Sinne wird auch die deliktische Haftung im belgischen Code Civil „lapidar und deutlich"[3] in ganzen 5 Artikeln dargestellt:
Art. 1382 regelt die verschuldensabhängige Haftung für eigene Handlungen, Art. 1383 die
Haftung für Fahrlässigkeit und Unterlassen, Art. 1384 die Haftung für Handlungen von
Personen oder Sachen, für die man einzustehen hat. Die Art. 1385 und 1386 stellen weiter
noch die Haftung des Tierhalters und des Gebäudeeigentümers klar. Bis heute ist dieses
Grundsystem nur durch wenige zusätzliche Gesetze ergänzt worden, etwa die Gefähr-
dungshaftung des Versicherers für bestimmte Schäden „schwacher Wegbenutzer",[4] die in
der Folge einzeln besprochen werden sollen.

A. Haftung des Fahrers

Der Fahrer eines Kraftfahrzeuges haftet dementsprechend für sein **schuldhaftes Handeln** 2
gemäß Art. 1382 Code Civil.

I. Haftung aus Verschulden

Art. 1382 Code Civil lautet: 3

Jede Handlung eines Menschen, durch die einem anderen Schaden verursacht wird, verpflichtet
denjenigen, durch dessen Schuld der Schaden entstanden ist, diesen zu ersetzen.

Zu prüfen ist mithin das Vorliegen eines Schadens, das Verschulden des Fahrers des Kraft- 4
fahrzeuges sowie der Kausalzusammenhang zwischen Verschulden und Schaden. In der
Praxis wird das Verschulden des Fahrers anhand der Verletzung von Schutznormen der
Straßenverkehrsordnung[5] oder anderer Detailgesetze geprüft, der Prüfungsaufbau entspricht im Wesentlichen dem Aufbau der Prüfung des § 823 Abs. 2 BGB iVm Schutzgesetz
nach deutschem Recht.[6] Es sei noch darauf hingewiesen, dass eine zivilrechtliche Klage gegen den Fahrer selbst in Belgien äußerst selten vorkommt, da gemäß Art. 150 des Versicherungsgesetzes[7] ein Direktanspruch gegen die Versicherung besteht und der Fahrer nach
belgischem Prozessrecht als Zeuge ohnehin nicht in Betracht kommt, Art. 1341 ff. Code
Civil; 915 ff. belgische Zivilprozessordnung.[8] Allerdings ist in Belgien die Durchsetzung
von zivilrechtlichen Ansprüchen im Annexverfahren zur strafrechtlichen Behandlung üblich, bei der sehr wohl auch eine zivilrechtliche Verurteilung des Fahrers in Betracht
kommt.

II. Gefährdungshaftung

Eine Gefährdungshaftung des Fahrers ist dem belgischen Recht nicht bekannt. 5

---

1 Im weiteren „Code Civil" genannt.
2 Code Civil des Français du 21 mars 1804, umgangssprachlich auch „Code Napoléon", in Belgien, welches
zwischen 1794 und 1815 von Frankreich annektiert war, ebenfalls in Kraft getreten am 21.3.1804.
3 H. Vandenberghe, Buitencontractuele Aansprakelijkheid, 2004, Vorw. V.
4 Art. 29 Haftpflichtgesetz.
5 Königlicher Erlass zur Festlegung der allgemeinen Ordnung über den Straßenverkehr und die Benutzung der
öffentlichen Straße vom 1.12.1975 – viele belgische Gesetze sind inzwischen in offizieller deutscher Übersetzung
abrufbar auf der Internetseite der „Zentralen Dienststelle für Deutsche Übersetzungen": www.scta.be.
6 Einzelfälle unter Rn. 71 ff.
7 Art. 150 Gesetz vom 4. April 2014 betreffend die Versicherungen, für Schadensfälle vor dem 1.11.2014
Art. 86 des Gesetzes vom 25.6.1992 über den Landversicherungsvertrag.
8 Gerechtelijk Wetboek/Code Judiciaire vom 10.10.1967.

B. Haftung des Halters/Fahrzeugeigentümers

6 Eine Halterhaftung entsprechend dem deutschen § 7 StVG oder eine generelle verschuldensunabhängige Haftung des Fahrzeugeigentümers besteht in Belgien nicht. In der Praxis spielt dies jedoch bereits deshalb keine wesentliche Rolle bei der Abwicklung von Schadensfällen, da es der Eigentümer (in den meisten Fällen ebenfalls der Halter) ist, auf dem die Verpflichtung ruht, sein Fahrzeug zu versichern.[9] Durch den **gesetzlichen Direktanspruch** gegen diese Versicherung[10] ist es mithin in der Praxis dennoch die Versicherung des Eigentümers, die für Schäden einzustehen hat. In folgenden – ggf. im Falle, dass trotz Versicherungspflicht kein Versicherungsschutz besteht, relevanten – Fällen besteht dennoch eine Haftung des Fahrzeugeigentümers/-halters:

I. Haftung aus Verschulden

7 **1. Gesetzliche Haftungstatbestände gegen den Fahrzeugeigentümer/-halter.** Hier sind zwei Fallkonstellationen denkbar, zum einen die **Haftung aus Mängeln** des Fahrzeuges nach Art. 1384 Code Civil und zum anderen die **arbeitsrechtliche Haftung** des Arbeitgebers für seine Angestellten.

8 **a) Haftung nach Art. 1384 Code Civil.** Der bereits erwähnte Art. 1384 Code Civil lautet:

> Man haftet nicht allein für Schäden, die man durch eigene Taten verursacht hat, sondern auch für diejenigen, die verursacht werden durch die Taten von Personen, für die man einzustehen hat oder von Sachen, die man in seiner Verwahrung hat.

9 Nach allgemeiner Auffassung in der belgischen Rechtsprechung[11] wird durch diese Norm zwar keine verschuldensunabhängige Haftung oder eine Schuldvermutung geschaffen, wohl aber eine Haftungsvermutung unter der Voraussetzung, dass ein Fehler der Sache – hier des Kraftfahrzeuges – bewiesen wurde. Jener Beweis für die Fehlerhaftigkeit der Sache sowie die Kausalität dieses Fehlers für den Schadenseintritt ist wiederum vom Geschädigten/Kläger zu führen.[12] Was genau unter einem „Mangel" an der Sache im Sinne des Art. 1384 Code Civil zu verstehen ist, ist Fallfrage. Der Kassationshof definiert jenen Mangel als „anormale Eigenschaft, welche von einer Art ist, dass sie bei Dritten Schäden verursachen kann".[13] Jedenfalls liegen wohl dann Mängel in diesem Sinne vor, wenn ein Fahrzeug durch einen technischen Defekt liegenbleibt[14] oder Bauteile verliert.[15] Auch abgefahrene Reifen, fehlende Beleuchtung oder sonstige technische Unzulänglichkeiten dürften als Mangel anzusehen sein, wenn sie für Dritte eine Gefahr darstellen.[16] Es ist zuletzt eine Tendenz in der Rechtsprechung erkennbar, nach der der Mangelbegriff enger ausgelegt wird. So soll etwa ein auf der Fahrbahn liegender Steinbrocken oder Endschalldämpfer keinen Mangel der Straße darstellen, da es sich um eine „Hinzufügung" handele, durch die die Straße an sich nicht mangelhaft werde. Es sei vielmehr erforderlich, dass die Sache selber abnormale Eigenschaften aufweise.[17] Andererseits ist für die Frage der Mangelhaf-

---

9 Art. 2 § 1 Haftpflichtgesetz.
10 Art. 150 Gesetz vom 4. April 2014 betreffend die Versicherungen, für Schadensfälle vor dem 1.11.2014 Art. 86 des Gesetzes Art. 86 Landversicherungsvertragsgesetz.
11 Kassationshof vom 2.9.1976, Arr. Cass. 1977, 6; Gericht erster Instanz zu Hasselt vom 7.5.1992, Limb. Rechtsl. 1992, 327.
12 Kassationshof vom 28.2.1992, Arr. Cass. 1991–92, 620, Berufungshof zu Antwerpen vom 25.1.1999, Bull Ass. 1999, 527, zuletzt Kassationshof AR C.14.0468.N, C.14.0469.N vom 12.11.2015.
13 Kassationshof vom 30.1.2003, Verkeersrecht 2003, 100; Kassationshof vom 2.4.2002, T.A.V.W. 2002, Ausgabe 2, 138, Baudonc/Debaene in: Vandenberghe, S. 99 mwN.
14 Berufungshof zu Antwerpen vom 17.1.2001, T.A.V.W. 2001, Ausgabe 4, S. 284.
15 Kassationshof vom 17.1.2003, Verkeersrecht 2003, S. 100.
16 Berufungshof zu Brüssel vom 15.9.2000, T.A.V.W. 2001, S. 208.
17 Kassationshof (erste Kammer) AR C.12.0628.N vom 31.10.2013 (Steinbrocken), bestätigt durch AR C. 14.0284.N vom 13.3.2015. Die Urteile des Kassationshofes sind insofern bemerkenswert, als in der Vergangenheit sehr wohl bei Verschmutzungen eine Mangelhaftigkeit bejaht wurde, etwa bei den „Supermarktfällen", in denen ein Kunde auf einem durch herabfallende Ware verschmutzen Fußboden ausgeglitten war.

tigkeit der streitgegenständliche Gegenstand wohl stets an einem vergleichbaren Gegenstand mittlerer Art und Güte zu messen.[18]

b) Arbeitsrechtliche Haftung des Arbeitgebers (= Fahrzeughalter). Eine zweite, in der Praxis sehr relevante Fallgruppe, stellt die Haftung des Arbeitgebers – der wohl in solchen Fällen zumeist Fahrzeughalter sein wird – für seine Angestellten dar. Dieser Haftungstatbestand entspricht im Ergebnis der Prozessführung der deutschen Halterhaftung nach § 7 StVG. Art. 18 Arbeitsvertragsgesetz[19] schreibt vor: **10**

Im Falle von Schäden, die der Arbeitnehmer dem Arbeitgeber oder Dritten bei Erfüllung seines Vertrages zugefügt hat, haftet der Arbeitnehmer lediglich für Vorsatz und grobe Fahrlässigkeit.

Jeglicher Unfall, der sich im Rahmen eines Arbeitsverhältnisses ereignet, sei es nun der Unfall eines Berufskraftfahrers während einer Dienstreise oder nur auf dem Weg von oder zur Arbeit, ist von dieser Haftung eingeschlossen. Es ist daher nach belgischem Recht stets üblich, neben dem Versicherer auch den Arbeitgeber in eine Klage mit einzubeziehen. Belgische Unfallformulare enthalten stets die Frage, ob die Fahrt „für eigene Rechnung" geschah oder „auf fremde Rechnung", also im Dienst eines Arbeitgebers. Eine direkte Klage gegen den Arbeitnehmer wird hingegen durch die vorgenannte Norm auch im Außenverhältnis ausgeschlossen.[20] Anderes gilt nach dem Wortlaut der Norm nur bei Vorsatz und grober Fahrlässigkeit.[21]   **11**

2. Besonderheiten bei Beförderungen. In diesen Fallgruppen ergeben sich nach belgischem Recht keine besonderen Problemstellungen, unabhängig von der Frage, ob die Beförderung entgeltlich oder unentgeltlich durchgeführt wurde: Da die Haftung des Fahrers gemäß Art. 1382 Code Civil verschuldensabhängig ist, kennt sie grundsätzlich keine Einschränkung gegenüber den eigenen Passagieren. Die belgische Haftpflichtversicherung schließt explizit Passagiere des eigenen Fahrzeuges mit ein,[22] für sie gilt sogar eine Gefährdungshaftung hinsichtlich ihrer Personenschäden.[23] Bei einer entgeltlichen Beförderung stehen dem geschädigten Passagier allerdings neben den deliktischen noch vertragliche Schadensersatzansprüche zur Verfügung. Hier stellt sich die Frage, wie das Verhältnis beider Anspruchsgrundlagen zueinander ist. Der Kassationshof[24] vertritt insofern die Auffassung, dass jedenfalls zwischen den Vertragsparteien vertragliche Ansprüche Vorrang haben. Problematisch können Fälle sein, in denen der beförderte Passagier ein Mitverschulden trifft, hier wird ggf. – wenn nicht die Gefährdungshaftung des Art. 29*bis* Haftpflichtgesetz greift – eine Quote zu bilden sein.[25]   **12**

II. Gefährdungshaftung

Über die Haftungsvermutung des Art. 1384 Code Civil hinaus, die bereits angesprochen wurde und die keine echte Gefährdungshaftung ist, trifft den Eigentümer/Halter keine Gefährdungshaftung. Die Gefährdungshaftung der Versicherung ist in bestimmten Fällen soll in der Folge unter → Rn. 14 ff. besprochen werden.   **13**

---

18 Kassationshof (3. Kammer) RG C.15.0191.F vom 4.1.2016: eine Fußgängerin war auf einem schlechten Gehweg gefallen und das Berufungsgericht hatte ihre Klage mit der Begründung abgewiesen, der schlechte Zustand sei erkennbar gewesen. Der Kassationshof hob dieses Urteil auf mit der Begründung, dass es darauf ankäme, was der Benutzer redlicherweise erwarten könne. Das Urteil dürfte in den in Belgien häufigen „Schlaglochfällen" Relevanz haben.

19 Gesetz über die Arbeitsverträge vom 3.7.1978.

20 Siehe Rn. 36 ff.

21 Eine interessante Abgrenzung zwischen Vorsatz und grober Fahrlässigkeit in diesem Sinne enthält die Entscheidung des Kassationshofes AR P.12.0946.N vom 11.3.2014.

22 Art. 3 § 1 Haftpflichtgesetz.

23 Siehe Rn. 14 ff.: Art. 29*bis* Haftpflichtgesetz.

24 Kassationshof vom 7.12.1973, R.W. 1973–1974, 1597.

25 Diese Fallkonstellationen werden unter Rn. 92 ff. besprochen.

C. Haftung des Versicherers

14 Die besonderen Haftungsvoraussetzungen und der Haftungsumfang der Kraftfahrzeugversicherer, insbesondere der Haftpflichtversicherer, soll abweichend von der sonstigen Gliederung dieses Werkes ausführlicher betrachtet werden, da das belgische Recht in diesem Bereich – auch im Vergleich zum „verwandten" französischen und luxemburgischen Recht – einige interessante Besonderheiten mit großer Praxisrelevanz beinhaltet. Die Rede wird hier insbesondere von der „ausnahmsweisen" teilweisen **Gefährdungshaftung** der Versicherer für bestimmte Schäden bestimmter Personengruppen[26] sowie von bestimmten Vorschriften über den Garantiefonds[27] sein.

I. Haftungsvoraussetzung

15 Hier ist zunächst auf die allgemeinen Haftungsvoraussetzungen der Haftpflichtversicherung einzugehen.

16 Eine allgemeine Verpflichtung zum Abschluss einer Versicherung ergibt sich aus Art. 2 Haftpflichtgesetz. Die Versicherungspflicht obliegt dem Besitzer des Kraftfahrzeuges und wird durch das Bestehen eines durch einen Dritten abgeschlossenen Versicherungsvertrages nur gehemmt.[28] Die Nichtzahlung der Versicherungsprämie berechtigt den Versicherer zur Aussetzung und später zur Kündigung des Versicherungsvertrages, jedoch erst nach Ablauf einer Frist von mindestens 15 Tagen ab Zugang einer per Einschreiben oder per Gerichtsvollzieherurkunde versandten Mahnung, in der auf die Folgen der Nichtzahlung nochmals explizit hingewiesen wird.[29] Eine Deckung besteht nicht bei vorsätzlicher Herbeiführung des Schadensereignisses;[30] grobe Fahrlässigkeit oder gar Alkoholintoxikation schließen die Deckung grundsätzlich nicht aus, sondern lassen nur ein **Rückgriffsrecht** des Versicherers gegen seinen Versicherungsnehmer entstehen.[31] Nach einem Diebstahl des Fahrzeuges besteht keine Deckung durch die Haftpflichtversicherung mehr.

II. Nachhaftung

17 Die Versicherung endet grundsätzlich auch durch Eigentumsübertragung am versicherten Fahrzeug, allerdings besteht eine Nachhaftung der Versicherung von 16 Tagen sowohl für ein neues Fahrzeug des Versicherungsnehmers, welches mit dem alten Kennzeichen bewegt wird, als auch für das verkaufte Fahrzeug mit dem alten Kennzeichen.[32]

III. Die besondere Gefährdungshaftung der Versicherer für „schwache Wegbenutzer" gemäß Art. 29 *bis* des WAM-Gesetzes

18 Mit Einfügung des Art. 29*bis* Haftpflichtgesetz[33] versuchte der belgische Gesetzgeber ab 1995 nach Vorbild des französischen „Loi Badinter" ein System der **Gefährdungshaftung** einzuführen. Man wird im Ergebnis allerdings feststellen müssen, dass der praktische Anwendungsbereich dieser Gefährdungshaftung weit geringer ist, als bei seinem französischen Vorbild oder gar der deutschen Gefährdungshaftung. Verschuldensunabhängig entschädigt werden nämlich lediglich die Körperschäden desjenigen, der nicht Fahrer eines Kraftfahrzeuges ist, also die Schäden der Passagiere sowie von Fahrrad- oder Rollstuhlfahrern, Fußgängern etc. Art. 29*bis* Haftpflichtgesetz wird daher umgangssprachlich auch

---

26 Art. 29*bis* Haftpflichtgesetz.
27 Art. 19*bis* ff. Haftpflichtgesetz.
28 Art. 2 § 1 Abs. 2 Haftpflichtgesetz, dennoch registrierte der Motorgarantiefonds im Jahre 2011 11.301 Unfälle mit nicht versicherten Fahrzeugen. Trotz eines Aktionsplanes der Regierung im Jahre 2013 betrug diese Anzahl im Jahre 2014 noch immer 7.826.
29 Art. 70 ff. des Gesetzes über die Versicherungen vom 4. April 2014, für Altfälle vor dem 1.11.2014 Art. 14, 15 Landversicherungsgesetz.
30 Art. 62 des Gesetzes über die Versicherungen, aaO, für Altfälle vor 1.11.2014 Art. 8 Landversicherungsvertragsgesetz.
31 Kassationshof vom 12.10.2007, NJW 176, 120.
32 Art. 17 Haftpflichtgesetz.
33 In erster Fassung eingefügt 1995, in seiner heutigen Fassung durch das Gesetz vom 19.1.2001.

Müller-Trawinski

„Gesetz über den schwachen Wegbenutzer" genannt, schützt er doch im Ergebnis vor allem Passagiere, Fahrradfahrer und Fußgänger. Die Norm lautet (auszugsweise):

Im Fall eines Verkehrsunfalls, an dem ein oder mehrere Kraftfahrzeuge beteiligt sind, an den in Art. 2 § 1 erwähnten Orten, werden mit Ausnahme von Sachschäden und den von den Fahrern der beteiligten Fahrzeuge erlittenen Schäden alle Schäden, die die Opfer und ihre Rechtsnachfolger erleiden und die von Personenschaden oder Tod herrühren, darin inbegriffen der Schaden an Kleidung, gesamtschuldnerisch von den Versicherern, die gemäß vorliegendem Gesetz die Haftpflicht der Eigentümer, Fahrer oder Halter der Kraftfahrzeuge decken, entschädigt. Vorliegende Bestimmung ist ebenfalls anwendbar, wenn der Fahrer den Schaden vorsätzlich verursacht hat.

1. Systematik. Es ist zunächst systematisch festzustellen, dass es sich bei der Haftung nach 19 Art. 29*bis* Haftpflichtgesetz um eine **Garantiehaftung der beteiligten Kraftfahrzeugversicherer** und nicht um eine (Gefährdungs-) Haftung des Fahrers oder des Fahrzeughalters handelt. Die genannten Schäden sind gesamtschuldnerisch von den Haftpflichtversicherungen zu begleichen.

2. Umfang der Haftung. Weiter fällt auf, dass die Haftung sowohl hinsichtlich der ge- 20 schützten Personen als auch hinsichtlich der zu ersetzenden Schäden beschränkt ist.

a) Geschützter Personenkreis. Nicht geschützt sind zunächst die Fahrer der beteiligten 21 Kraftfahrzeuge. Hinsichtlich der Definition des Begriffes „Fahrer" scheint eine enge Auslegung dieses Ausschlussgrundes vorzuherrschen.[34] So soll etwa kein „Fahrer" im Sinne dieser Vorschrift derjenige sein, der bereits aus seinem Fahrzeug ausgestiegen ist und sodann von einem vorbeifahrenden Kraftfahrzeug erfasst wird. Fahrer in Sinne des Gesetzes sei vielmehr, wer im Augenblick des Unfalles tatsächlich die Kontrolle über das Fahrzeug ausübe.[35]

b) Garantierte Schäden. Garantiert wird weiterhin die Begleichung von Schäden „mit 22 Ausnahme von Sachschäden und den von den Fahrern der beteiligten Fahrzeuge erlittenen Schäden (...) ". Fest steht mithin jedenfalls, dass Fahrzeugschäden als reine Sachschäden mittels dieser Norm nicht reguliert werden können. Zielsetzung ist vielmehr die Regulierung vor allem von Körperschäden. Der Begriff des Körperschadens wird hingegen weit ausgelegt. So sollen ersatzfähig sein „alle Schäden, die aus einer körperlichen Verletzung des Opfers resultieren, wobei die medizinischen Kosten hierin sicher enthalten sind, auch der Schaden, der durch zeitweise oder dauerhafte, teilweise oder vollständige Arbeitsunfähigkeit oder Invalidität entsteht und der insofern materielle Folgen hat: Einkommenseinbußen bei Arbeitsunfähigkeit oder der Schaden aus (Anm.: zukünftiger) ökonomischer Erwerbsminderung, wenn die Verletzung keinen Einkommensverlust zur Folge hatte. Neben dem direkten Schaden, der durch das Opfer selber erlitten wird, kommen auch indirekte Schäden in Betracht".[36] Allerdings wurde inzwischen höchstrichterlich klargestellt, dass eine Geltendmachung subrogierter Ansprüche, etwa durch den Krankenversicherer, nicht in Betracht kommt.[37] Auch Schmerzensgeld wird sicherlich, da es nach belgischem Recht anhand der Dauer der Arbeitsunfähigkeit berechnet wird, ersatzfähig sein.[38] Von der Garantiehaftung des Art. 29*bis* Haftpflichtgesetz nicht gedeckte Schäden können ergänzend aus Verschuldenshaftung geltend gemacht werden.[39]

3. Begriff des „beteiligten Kraftfahrzeuges". Diskutiert wurde zudem die Auslegung des 23 unbestimmten Rechtsbegriffs „beteiligt". Nach allgemeiner Auffassung ist dieser Begriff

---

34 Van Schouwbroek, Actuele aspecten verkeersaansprakelijkheid.
35 Polizeigericht Löwen vom 27.11.1997, Vred. 1998, 180.
36 Polizeigericht Löwen vom 22.11.1998, auch Kassationshof (3. Kammer) AR C.10.0332.N, vom 7.2.2011, in der dem Arbeitgeber Ansprüche wegen seiner geleisteten Lohnfortzahlung zuerkannt wurden.
37 Kassationshof (1. Kammer) AR C.13.0392.N vom 13.3.2014, hingegen der Kassationshof in der vorgenannten Entscheidung (3. Kammer) AR C.10.0332.N vom 7.2.2011, in der Lohnfortzahlungsansprüche des Arbeitgebers als indirekte Schäden angesehen wurden, die sehr wohl unter Art. 29*bis* fallen sollen. Es darf angemerkt werden, dass systematisch die Trennung zwischen indirekten und übergegangenen Schäden zumindest unsauber sein dürfte.
38 Siehe Rn. 141 ff.
39 Kassationshof vom 8.10.2002, Arr. Cass. 2002, Ausgabe 10, 2078.

losgelöst von der Frage der Kausalität und Schadensverursachung als reiner Anknüpfungspunkt für den Eintritt der Garantiehaftung zu sehen.[40] Der Begriff der „Beteiligung" unterstellt lediglich eine gewisse Beziehung zwischen dem Fahrzeug und dem Unfall. Es soll nicht erforderlich sein, dass der Unfall zB durch einen Kontakt mit dem Kraftfahrzeug verursacht wurde oder dass das Fahrzeug sich in Bewegung befand.[41] Auch ein ordnungsgemäß geparktes Kraftfahrzeug, auf das ein Fahrradfahrer aufgefahren war, sei im Sinne der Vorschrift am Unfall „beteiligt" gewesen. Würde nämlich eine aktive Beteiligung gefordert werden, werde erneut ein Schuldelement in die Prüfung eingebracht. Dies sei vom Gesetzgeber nicht gewollt.[42] Auch ein Vorbeifahren an einer Gruppe von Fahrradfahrern, die sodann möglicherweise durch einen eigenen Fahrfehler zu Fall kommt, genüge, um eine Beteiligung des Kraftfahrzeuges anzunehmen.[43] Ein Kraftfahrzeug, auf das ein Fußgänger nach einem Unfall mit einem anderen Fahrzeug geschleudert wird, ohne dass es diesen Unfall mitverursacht hätte, ist ebenfalls beteiligt.[44] Selbst bei Passagieren eines Linienbusses, die durch ein Bremsmanöver dieses Busses zu Fall kommen, wurde eine „Beteiligung" des Busses bejaht.[45] Einschränkend hat jedoch der Kassationshof zuletzt geurteilt, dass das anwesende Kraftfahrzeug jedenfalls „irgendeine Rolle" bei der Entwicklung des Verkehrsunfalles gespielt haben müsse.[46]

24   **4. Bei einem „Verkehrsunfall".** Auch für den Begriff des „Verkehrsunfalls" herrscht derzeit wohl noch eine weite Auslegung vor. So wurde in dem bereits erwähnten Fall, in dem der Passagier eines Linienbusses durch ein Bremsmanöver zu Fall kam, entschieden, dass es sich um einen „Verkehrsunfall" im Sinne des Art. 29bis Haftpflichtgesetz gehandelt habe, da „ein derartiger Schaden sehr wohl charakteristisch für die Schadensverursachung durch ein Kraftfahrzeug im Verkehr sei".[47] In einer späteren Entscheidung[48] lehnte der Kassationshof allerdings eine Gefährdungshaftung in einem Falle ab, in dem ein Kipper beim Abladen von Asphalt eine Hochspannungsleitung berührt hatte: eine solche Nutzung eines Fahrzeuges als Werkzeug stehe einem dem Straßenverkehr typischen Schadensverlauf entgegen. Es sei ausreichend, dass der Unfall an einem Ort stattgefunden habe, der für einen bestimmten Personenkreis zugänglich gewesen sei, es muss sich nicht um eine öffentliche Straße gehandelt haben.[49]

25   **5. Haftungsausschluss für Vorsatz.** Das Gesetz ist insofern etwas verwirrend, als Art. 29bis in seinem ersten Absatz zunächst die bereits zitierte Bestimmung enthält, dass Vorsatz des Fahrers eine Haftung nicht ausschließt, in der Folge sodann aber doch eine

---

40 van Schouwbroek, S. 35, Polizeigericht Gent vom 8.10.1998, Verkeersrecht 1999, 121.
41 Polizeigericht Hasselt vom 4.9.1997, T.B.H. Actualiteit 1997, 807.
42 Polizeigericht Turnhout vom 8.6.1999 (Van Gool/National Suisse), ähnlich Polizeigericht Kortrijk vom 14.10.1998 und Polizeigericht Brügge vom 9.11.1998, Verkeersrecht 1999, 99.
43 Polizeigericht Antwerpen vom 29.10.1998, Verkeersrecht 1999, 193.
44 Kassationshof vom 3.10.2008, NJW 2009, Ausgabe 196, 126.
45 Polizeigericht Brügge vom 19.5.1998, Verkeersrecht 1999, 152.
46 Kassationshof (3. Kammer) AR C.09.0640.N vom 21.6.2010: es ging hier um einen Fall, in dem ein Fahrradfahrer auf einem Parkplatz zu Fall gekommen war, auf dem auch fünf Fahrzeuge geparkt waren, die möglicherweise die Sicht des Radfahrers hätten behindern können. Der Tatsachenrichter hatte jedoch festgestellt, dass diese Unfallursache aufgrund der polizeilichen Ermittlungen auszuschließen sei, vielmehr habe entweder ein technischer Defekt vorgelegen oder ein Reklameschild die Sicht versperrt. Die Entscheidung zeigt erneut, dass der Kassationshof mit der systematischen Bewertung des Art. 29bis nach wie vor ringt, denn in der vorgenannten Entscheidung vom 3.10.2008 hatte er noch eine Kausalität im engeren Sinne als Tatbestandsmerkmal abgelehnt *(De omstandigheid dat het tweede motorrijtuig, waarop het slachtoffer is terecht gekomen, geen rol heeft gespeeld in de totstandkoming de aanrijding door het eerste motorrijtuig, belet niet dat men rol kan spelen in het verkeersongeval en dus betrokken kan zijn bij dat ongeval in de zin van artikel 29bis van de WAMwet. – Der Umstand, dass das zweite Kraftfahrzeug, auf das das Opfer nach dem Zusammenstoß mit dem ersten Fahrzeug gelandet ist, keine Rolle bei der Entstehung des ersten Verkehrsunfalles gespielt hat, verhindert nicht, dass es eine Rolle bei dem Verkehrsunfall im Sinne des Art. 29bis Haftpflichtgesetz gespielt haben kann).* Interessanter Weise wurde das Urteil vom 3.10.2011 im Jahre 2014 noch einmal von der großen Kammer des Kassationshofes bestätigt, Kassationshof (vereinigde kamers) AR C.13.0184.F, 13. Juni 2014.
47 Polizeigericht Brügge vom 19.5.1998, Verkeersrecht 1999, 152.
48 Kassationshof vom 5.12.2003, Arr. Cass. 2003, Ausgabe 12, 2258.
49 Kassationshof AR C.10.0147.N vom 7.2.2011; T.Verz. 2011, Ausgabe 3, S. 301.

Haftungseinschränkung bei Vorsatz kennt: Wenn nämlich der geschädigte Passagier älter als 14 Jahre war und den Unfall und seine Folgen „gewollt" hat, soll eine Haftung ausgeschlossen sein[50]. Diese Regelung zielt eindeutig auf Fälle ab, in denen ein Unfall in Suizidabsicht verursacht wird.[51]

IV. Gemeinsamer Garantiefonds

Wie bereits angesprochen, weist das belgische Recht auch in seinen Bestimmungen über 26 den „Gemeinsamen Garantiefonds"[52] der belgischen Autoversicherer eine Besonderheit gegenüber dem deutschen Recht auf, die in der Praxis von erheblicher Bedeutung sein kann und daher hier kurz angesprochen werden soll:

1. **Haftungsvoraussetzungen für Schadensersatzleistungen des Garantiefonds.** Leistungen 27 des Gemeinsamen Garantiefonds können grundsätzlich in allen Fällen beantragt werden, in denen auch nach deutschem Recht ein Antrag an den Verein Verkehrsopferhilfe eV gestellt werden kann: Insolvenz des Versicherers, höhere Gewalt, Unfallverursachung durch ein gestohlenes Fahrzeug, Fahrerfluchtfälle, Schadensverursachung durch nicht versicherte Fahrzeuge.[53]

2. **Umfang der Schadensersatzleistungen aus dem Garantiefonds.** Auch nach belgischem 28 Recht werden in sogenannten Fahrerfluchtfällen Sachschäden nur ersetzt, wenn auch beträchtliche Personenschäden zu regulieren sind.[54]

3. **Unklare Sachlage.** Eine wichtige Besonderheit enthält das belgische Recht hinsichtlich 29 der Abwicklung unklarer Sachverhalte. Gemeint sind Fälle, in denen bei Unfällen mit mehreren Beteiligten nicht deutlich geklärt ist, welches Fahrzeug den Unfall schuldhaft verursacht hat. Hier ergibt sich eine besondere Problematik aus der Tatsache, dass jedenfalls für die Geltendmachung von Sachschäden für jede Partei das Verschulden bewiesen werden muss und nicht wie nach deutschem Recht eine anteilige Haftung der Beteiligten aus Betriebsgefahr in Betracht kommt. Klassischer Anwendungsbereich sind Kettenauffahrunfälle, bei denen nicht eindeutig ist, ob die mittleren Fahrzeuge aufgefahren sind oder aufgeschoben wurden.

Art. 19bis-11 § 2 Haftpflichtgesetz bestimmt insofern, dass diese Konstellationen nicht un- 30 ter die Fallgruppe „unbekannter Verursacher" fallen:

Wenn mehrere Fahrzeuge[55] am Unfall beteiligt sind und wenn es nicht möglich ist, festzustellen, welches Fahrzeug den Unfall verursacht hat, wird in Abweichung zu Nr. 7 des vorhergehenden Paragraphen die Entschädigung des Geschädigten zu gleichen Teilen zwischen den Versicherern, die die zivilrechtliche Haftpflicht der Fahrer dieser Fahrzeuge decken, aufgeteilt, mit Ausnahme der Fahrer, die zweifellos nicht haftbar gemacht werden können.[56]

---

50 Art. 29bis § 1 Abs. 1 Haftpflichtgesetz: „Vorliegende Bestimmung ist ebenfalls anwendbar, wenn der Fahrer den Schaden vorsätzlich verursacht hat"; Art. 29bis § 1 Abs. 6 Haftpflichtgesetz: „Geschädigte die älter sind als 14 Jahre und den Unfall und seine Folgen gewollt haben, können sich nicht auf die Regelungen des ersten Absatzes berufen".

51 Auch diese Regelung wird allerdings sehr eng ausgelegt: so ist in der Presse unlängst eine (nicht veröffentlichte) Entscheidung des Polizeigerichts Brüssel diskutiert worden, in der das Gericht bei einem Beifahrer, der bewusst aus einem fahrenden Auto gesprungen war, dolus eventualis für eine Selbsttötung abgelehnt und eine Haftung nach Art. 29bis bejaht hatte.

52 Art. 19bis-2 ff. Haftpflichtgesetz.

53 Art. 19bis-11 § 1 Haftpflichtgesetz. Interessant ist, dass der Kassationshof zur Systematik feststellt, dass es sich hierbei nicht um die „normale" verschuldensabhängige Haftung sondern um einen besonderen gesetzlichen Haftungstatbestand handele, so dass in diesem Fällen nicht wie ansonsten in Belgien üblich der Strafrichter über die zivilrechtlichen Forderungen zu entscheiden habe sondern die Zivilgerichte zuständig seien, Kassationshof AR P.11.0493.N vom 6.12.2011.

54 Art. 19bis-11 § 3 Haftpflichtgesetz.

55 In seinem Urteil Nr. 21/2011 vom 3.2.2011 hat der belgische Grondwettelijk Hof (das belgische Verfassungsgericht) festgestellt, dass nur eine Auslegung dieser Norm, nach der auch ein Unfall mit lediglich zwei Fahrzeugen unter den Tatbestand fällt, grundrechtskonform sei.

56 Es muss jedoch zweifelsfrei feststehen, dass die Fahrer, deren Versicherungen nicht in die Haftungsteilung einbezogen werden, an der Unfallverursachung nicht beteiligt waren; bereits ein Zweifel über diese Frage begründet die Mithaftung der Versicherung, Kassationshof AR C.13.0283.N vom 30.1.2014.

D. Haftung von Begleitpersonen

31 Nach den oben erläuterten Grundsätzen ergeben sich für die Haftung von Begleitpersonen gegenüber Dritten zunächst keine Besonderheiten. Soweit auch hinsichtlich der Beifahrer ein Verschulden festgestellt werden kann, welches für den Schaden eines Dritten kausal war, haftet auch der Beifahrer aus Art. 1382 Code Civil. Dies ist gegenüber Dritten zumeist insofern unproblematisch, als die gesetzliche Haftpflichtversicherung auch das Verschulden der Passagiere abzudecken hat.[57] Problematisch ist daher allein das Innenverhältnis der Haftenden, mithin die Frage, inwiefern ein eigener Anspruch des Passagiers wegen seines Mitverschuldens zu kürzen ist.

I. (Mit-)Haftung des Beifahrers

32 Die belgische Rechtsprechung argumentiert insofern zumeist mit der Theorie des „bewusst eingegangenen Risikos".[58] So ist etwa für den Beifahrer eines Motorrades, der keinen Helm trug und deshalb bei einem Unfall schwere Verletzungen erlitt, entschieden worden, dass einerseits eine Verschuldenshaftung des Fahrers des Kraftrades wegen des Unfalles und der Tatsache, dass er eine Mitfahrt ohne Helm zugelassen habe, bestehe, andererseits jedoch ebenfalls ein Verschulden des Mitfahrers für seine eigenen Verletzungen, da er ohne Helm gefahren sei. Das Verhältnis der Haftungsquote beider untereinander wurde in jenem Falle durch ein medizinisches Gutachten bestimmt, das darauf abzielte, welche Verletzungen beim Tragen eines Helms hätten entstehen können.[59]

33 Im Fall der Alkoholintoxikation des Fahrers wird darauf abgestellt, dass falls die Trunkenheit nicht ursächlich für den Verkehrsunfall gewesen sei, auch die Kenntnis des Beifahrers von dieser Intoxikation nicht kausal für dessen Schaden im Innenverhältnis gegenüber dem Fahrer sein könne.[60] Bei nicht angelegtem Sicherheitsgurt geht die Rechtsprechung allgemein davon aus, dass eine Haftung des Passagiers gegenüber Dritten nicht in Betracht kommt, da das Fehlen des Sicherheitsgurtes nicht kausal für den Unfall war, und sich der Passagier bei seinem eigenen Schaden ein Mitverschulden anrechnen lassen muss.[61] Eine weitere Problematik ergibt sich im Hinblick auf den Ausschluss des Fahrers aus der Garantiehaftung des Art. 29bis Haftpflichtgesetz: Seitens der haftenden Versicherungen wurde diesbezüglich bereits argumentiert, dass ein Beifahrer, der in das Steuer eines Fahrzeuges greife und dadurch einen Unfall verursache, als Fahrer anzusehen und somit vom Anwendungsbereich der Garantiehaftung ausgeschlossen sei. Allerdings stellt die Rechtsprechung hierbei darauf ab, dass eine derartige Situation nicht die Absicht erkennen lasse, das Fahrzeug tatsächlich zu steuern und bejaht insofern die Garantiehaftung.[62]

II. Haftung des Einweisers

34 Bezüglich der Haftung des Einweisers ergeben sich lediglich aus den oben erläuterten Haftungsprinzipen Besonderheiten:

35 Soweit ein eigenes Verschulden des Einweisers nachgewiesen werden kann, haftet dieser nach Art. 1382 Code Civil. Diese Haftung würde allerdings den Einweiser persönlich betreffen, denn die belgische Haftpflichtversicherung deckt grundsätzlich nur das Verschulden des Fahrers, Eigentümers/Halters und der Passagiere des Fahrzeuges ab.[63] Etwas Anderes würde sich lediglich ergeben, wenn der Einweiser als Hilfsperson des Fahrers gesehen werden kann oder wenn die Einweisung im Rahmen eines Arbeitsverhältnisses stattfindet. Denn soweit der Einweiser „Verrichtungsgehilfe" des Fahrers im Sinne des

---

57 Art. 3 § 1 Haftpflichtgesetz.
58 Risicoaanvaarding/Acceptation du risque.
59 Gericht erster Instanz zu Lüttich vom 14.2.1974, Jur.Liege, 1973–1974, 249.
60 Kassationshof vom 27.10.1992, Arr. Cass. 1991–1992, 1255.
61 ZB Brüssel vom 21.11.2000, Verkeersrecht 2001, S. 148.
62 Gericht erster Instanz zu Löwen vom 25.4.2007, VAV 2008, Ausgabe1, 19.
63 Art. 3 Haftpflichtgesetz.

Art. 1384 Code civil[64] wäre, würde den Auftraggeber – zB den Fahrer – eine eigene Haftung treffen. Allerdings ist der Begriff der „Person, für die man einzustehen hat" recht eng auszulegen. Eine tatsächliche rechtliche Weisungsbefugnis aus zB einem Arbeitsverhältnis oder wenigstens einer Delegierung für diese Aufgabe durch den eigenen Arbeitgeber wird erforderlich sein.[65] Geschieht das Einweisen im Rahmen einer beruflichen Tätigkeit, hat ohnehin der Arbeitgeber des Einweisers für einfache und grobe Fahrlässigkeit zivilrechtlich einzustehen.[66]

E. Haftungsmodifikationen

I. Einschränkungen

Im Bereich der Haftungseinschränkungen ist es erforderlich, von der diesem Werk zugrunde liegenden Struktur leicht abzuweichen und diese teilweise zu ergänzen. So sind etwa die Haftung des Arbeitnehmers oder der Passagiere recht unproblematisch und auch bereits angesprochen worden. Viel diskutiert wurden in der belgischen Rechtsprechung hingegen bestimmte Rechtfertigungstatbestände und die „Immunitäten" bestimmter Personengruppen.   36

1. Unfallschaden und Arbeitnehmer. Im Verhältnis zwischen – schadenverursachendem – Arbeitnehmer und seinem Arbeitgeber ist – wie bereits erwähnt – die Rechtslage deutlich geregelt: Für einfache Fahrlässigkeit des Arbeitnehmers haftet gegenüber Dritten allein der Arbeitgeber.[67] Diese Haftungsbefreiung gilt allerdings ausschließlich für eine Schadensverursachung im Rahmen der beruflichen Tätigkeit.[68] Klarzustellen ist an dieser Stelle nochmals, dass diese Haftungsbefreiung des Arbeitnehmers – das belgische Recht spricht insofern von seiner zivilrechtlichen „Immunität" – **auch im Außenverhältnis** gegenüber Dritten besteht: Nicht Arbeitgeber und Arbeitnehmer haben nach der Verurteilung in ihrem Innenverhältnis die Schadensverteilung zu regeln, sondern ein Direktanspruch des Dritten gegen den Arbeitnehmer ist von vornherein ausgeschlossen. Eine Klage wäre insofern unbegründet.[69] Auch ein Rückgriffsanspruch des Arbeitgebers gegen den Arbeitnehmer ist bei einfacher Fahrlässigkeit angesichts der eindeutigen Gesetzesformulierung grundsätzlich ausgeschlossen.   37

Hinsichtlich eventueller Forderungen des Arbeitnehmers gegen den Arbeitgeber nach einem Verkehrsunfall gibt es ebenfalls eine Besonderheit: Hier besteht teilweise eine **Immunität des Arbeitgebers**, jedenfalls soweit dieser wie gesetzlich vorgeschrieben eine Unfallversicherung für seine Arbeitnehmer abgeschlossen hat. Lediglich bei vorsätzlicher Verursachung des Unfalles und in einigen Spezialfällen haftet der Arbeitgeber über den Versicherungsschutz hinaus.[70]   38

---

64 Art. 1384 Code Civil: „Man haftet nicht allein für Schäden, die man durch eigene Taten verursacht hat, sondern auch für diejenigen, die verursacht werden durch die Taten von Personen, für die man einzustehen hat ...".

65 ZB Kassationshof vom 8.11.1978, Arr. Cass., 1979–80, 303.

66 Art. 18 Arbeitsvertragsgesetz.

67 Art. 1384 Code Civil, Art. 18 Arbeitsvertragsgesetz.

68 Es scheint sich hier eine Tendenz in der Rechtsprechung zu zeigen, wonach die Haftungsprivilegierung des Arbeitnehmers eingeschränkt wird. So hat etwa der Kassationshof festgestellt, dass zB eine Brandstiftung nicht unter den Begriff der beruflichen Tätigkeit falle (eigentliche selbstverständlich – Kassationshof AR C. 12.0360.F vom 6.9.2013), allerdings sollen nach einigen Entscheidungen von Untergerichten auch zB Unfälle auf dem Weg zur Arbeit vom Anwendungsbericht des Art. 18 Arbeitsvertragsgesetz ausgenommen sein, da zu diesem Zeitpunkt noch keine Weisungsbefugnis bestehe – in der Folge haftet der Arbeitnehmer selbst für Schäden am Firmenwagen (Arbeitsgericht Bergen Nr. 2013/AM/367 vom 15.12.2014).

69 Arbitragehof Urteil in der Sache 47/2002 vom 13.3.2002, B.S. 28.5.2002.

70 Gesetz über die Arbeitsunfälle vom 10.4.1971, Art. 46 § 1: „Unabhängig von den Rechten, die aus dem vorliegenden Gesetz hervorgehen, kann gemäß den Regeln der zivilrechtlichen Haftung eine Klage vom Opfer oder von seinen Berechtigten eingereicht werden: 1. gegen den Arbeitgeber, der den Arbeitsunfall vorsätzlich verursacht hat oder der vorsätzlich einen Unfall verursacht hat, der einen Arbeitsunfall zur Folge hatte (...)".

39 **2. Geschäftsführung ohne Auftrag.** Die Geschäftsführung ohne Auftrag (nl: „zaakwaarneming", fr.: „gestion d'affaires") ist im belgischen Code Civil in den Art. 1371 bis 1381 (Quasi-Verträge) geregelt. Es besteht grundsätzlich eine Schadensersatzpflicht des Geschäftsbesorgers gegen Dritte und den eigentlich Verpflichteten. Diese kann jedoch „durch den Richter gemäßigt werden aufgrund der Umstände, die den Geschäftsbesorger zur Übernahme des Geschäfts bewogen haben".[71] Wegen der Haftung wird ansonsten auf die allgemeinen Regeln zur Geschäftsbesorgung mit Auftrag verwiesen, in denen sich ebenfalls eine Haftungsmilderung findet.[72]

40 **3. Unentgeltliche Beförderung.** Es ergeben sich nach belgischem Recht keine Besonderheiten bei der unentgeltlichen Beförderung: auch unentgeltlich beförderte Passagiere haften ihrerseits Dritten gegenüber für eigenes Verschulden nach Art. 1382 Code Civil und sind hinsichtlich ihres Verschuldens ebenso wie andere Passagiere von der Haftpflichtversicherung des Fahrzeuges gedeckt und durch die Gefährdungshaftung des Art. 29*bis* Haftpflichtgesetz geschützt. Selbstverständlich können unentgeltlich beförderte Passagiere nicht als „Personen, für die man einzustehen hat" im Sinne des Art. 1384 Code Civil angesehen werden, so dass ihr Verschulden nicht zu einer Haftung etwa des Fahrers führt.[73]

41 **4. Mietwagenprobleme.** Es ergeben sich hier keine Besonderheiten. Auch das Verschulden eines Fahrzeugmieters ist ausdrücklich durch die Haftpflichtversicherung des Fahrzeuges gedeckt,[74] Passagiere mit Ausnahme des Fahrers sind für ihre Körperschäden durch die Gefährdungshaftung des Art. 29*bis* Haftpflichtgesetz geschützt.[75]

42 **5. Mitversicherte Personen und Insassen.** Hinsichtlich des Versicherungsschutzes der Insassen kann nur wiederholt werden, dass sowohl deren Verschulden gegenüber Dritten durch die Haftpflichtversicherung des Fahrzeuges als auch ihre eigenen Körperschäden durch die Gefährdungshaftung des Art. 29*bis* Haftpflichtgesetz gedeckt sind.

43 **6. Deckungsgrenzen.** Die Deckung für Personen- und Sachschäden besteht grundsätzlich unbegrenzt, kann jedoch vertraglich auf 100 Millionen EUR pro Schadensfall begrenzt werden.[76]

44 **7. Rechtfertigungsgründe (insbesondere „höhere Gewalt").** Wenngleich systematisch und dogmatisch umstritten,[77] spielen Rechtfertigungsgründe auch im belgischen Zivilrecht eine bedeutende Rolle. Hierbei wurde die Rechtsfigur der Rechtfertigung offensichtlich zunächst aus dem Strafrecht übernommen.[78] Grob unterscheiden lassen sich die Fallgruppen der „höheren Gewalt" und der „Rechtfertigung".[79]

45 **a) Höhere Gewalt.** Besonders bedeutsam in der Praxis ist der Begriff der „höheren Gewalt". Nach allgemeiner Definition wird als „höhere Gewalt" ein Geschehen angesehen werden müssen, welches sich „unabhängig vom menschlichen Willen ereignet und das

---

71 Art. 1374 Code Civil.
72 Art. 1992 Code Civil: „Der Beauftragte haftet nicht allein für Vorsatz, sondern auch für sein Verschulden (Anm.: seine Fahrlässigkeit) bei der Ausführung des Auftrages. Jedoch wird die Haftung wegen Fahrlässigkeit gegenüber demjenigen, der unentgeltlich einen Auftrag annimmt, weniger streng angewandt als gegenüber demjenigen, der hierfür einen Lohn erhält."
73 De Corte, overzicht van het burgerlijk recht, Rn. 1661.
74 Art. 3 § 1 Haftpflichtgesetz.
75 Wenngleich einige Mietwagenunternehmen dennoch „Insassenversicherungen" anbieten – diese wirken sich letztlich nur auf den Fahrer aus.
76 Art. 3 § 2 Haftpflichtgesetz – dieser Betrag unterliegt der „Indexierung", erhöht sich mithin durch im Index festgestellte Teuerung, der Betrag von 100 Millionen EUR gilt für den „Ausgangsindexstand" 2004.
77 Vgl. Claeys, Buitencontractuele aansprakelijkheid, S. 5 ff. mN. Der bedeutende belgische Jurist De Page formuliert über die Rechtfertigung, Traité II, S. 1094: „La cause 'étrangère' exclut précisément l'idée de faute" – Der äußerliche Grund (Anm.: die höhere Gewalt) schließt die Idee der Schuld genauer gesagt aus. Es ist in der Tat fraglich, warum angesichts der verschuldensbasierten Haftung des Code Civil, die ja bereits in der Feststellung der Schuld die Frage der Vermeidbarkeit beinhaltet, die Figur der Rechtfertigung benötigt wird. Einige Autoren sprechen insofern auch von Entfall des Tatbestandsmerkmals der Schuld, andere von dem „Befreiung" von dieser. In der Praxis wird diese Rechtsfigur jedenfalls gehandhabt, so dass sie hier Erwähnung finden muss.
78 Claeys, S. 5.
79 Claeys, S. 10.

nicht vorhergesehen oder verhindert/vermieden werden konnte".[80] Trotz der erwähnten dogmatischen Diskussionen ist diese Rechtsfigur heute allgemein anerkannt und wird sowohl im Code Civil als auch in einigen späteren Gesetzen erwähnt. Im Code Civil lautet etwa Art. 1147 (Schadensersatz wegen Vertragsverletzung):

Der Schuldner wird, wenn dazu Grund besteht, entweder aufgrund der Nichterfüllung der Verbindlichkeit oder aufgrund der verzögerten Erfüllung dieser Verbindlichkeit jedes Mal zur Zahlung eines Schadenersatzes verurteilt, wenn er nicht nachweist, dass die Nichterfüllung auf eine fremde Ursache, die ihm nicht zugerechnet werden kann, zurückzuführen ist (...).

Und weiter Art. 1148: **46**

Es muss kein Schadenersatz geleistet werden, wenn der Schuldner infolge höherer Gewalt oder durch Zufall daran gehindert worden ist, das zu geben oder zu tun, wozu er verpflichtet war, oder das getan hat, was ihm verboten war.

Im vorliegend relevanten Deliktsrecht gibt es im Code Civil keine explizite Exkulpation, **47** allerdings findet diese sich zum Beispiel in einigen Schutzgesetzen. So lautet etwa Art. 10.3 Straßenverkehrsordnung:[81]

Der Führer muss unter allen Umständen vor einem voraussehbaren Hindernis anhalten können.

Man beachte den Begriff „voraussehbar". Die Formulierung des Gesetzestextes entspricht **48** insofern der Definition des Begriffes „höhere Gewalt": Ein Ereignis muss **voraussehbar und verhinderbar** sein, um zu einer schuldhaften Haftung zu kommen. Auch wenn die Vermeidbarkeit oder Vorhersehbarkeit in der entsprechenden Schutznorm keine explizite Erwähnung findet, steht außer Frage, dass eine entsprechende Prüfung stets zu erfolgen hat.

Beispiel: Ein Fahrzeughalter hatte einen Verkehrsunfall verursacht, nachdem er mit einem **49** plötzlich aufgetretenen Reifenschaden liegengeblieben war. Art. 1384 lautet: „Man haftet nicht allein für Schäden, die man durch eigene Taten verursacht hat, sondern auch für diejenigen, die verursacht werden durch (...) Sachen, die man in seiner Verwahrung hat". Von einem Verschulden für den Mangel an der Sache ist keine Rede. Dennoch nahm das Gericht an, dass der Reifenschaden für den Fahrzeughalter nicht vorhersehbar war und dieser daher wegen höherer Gewalt exkulpiert ist.[82]

Anzumerken ist in diesem Zusammenhang noch, dass der angewandte Sorgfältigkeitsmaß- **50** stab vom deutschen Verständnis des „Idealfahrers" erheblich abweichen dürfte. Eine Unvorhersehbarkeit bzw. Unvermeidbarkeit soll bereits dann gegeben sein, wenn der Unfall auch für „jede **redliche Person** in den selben Umständen" unvorhersehbar bzw. unvermeidbar war.[83] Diese Wertung schlägt sich auch in der Rechtsprechung nieder.[84]

b) Sonstige Rechtfertigungsgründe. Jedenfalls vereinzelt findet sich auch im belgischen zi- **51** vilrechtlichen Deliktsrecht der Rechtfertigungsgrund des **Irrtums**, und zwar sowohl in der Form des Verbots- als auch des Erlaubnistatbestandsirrtums (nl: onoverkomelijke dwaling; fr: l'erreur invincible). So soll etwa eine Gemeinde nicht für Schäden durch einen

---

80 Etwa Kassationshof vom 22.3.2002, Az: C.00.0401.F oder Kassationshof vom 20.3.2001, Az: P.99.0733.N, beide Urteile abrufbar auf der Internetseite des Kassationshofes www.cass.be.
81 Königlicher Erlass zur Festlegung der allgemeinen Ordnung über den Straßenverkehr und die Benutzung der öffentlichen Straße vom 1.12.1975.
82 Gericht erster Instanz zu Hasselt vom 17.4.1986, Verkeersrecht 1986, 299; auch Kassationshof vom 12.10.1983, Arr. Cass. 1983–84, 161. Man vergleiche diese Wertung mit § 17 Abs. 3 Satz 1 deutsches StVG.
83 Claeys, S. 16.
84 ZB Kassationshof vom 22.3.1984, Arr. Cass. 1983–84, 939: Es könne nicht verlangt werden, dass ein Fahrer innerhalb geschlossener Ortschaften bei Regen jederzeit bremsen könne; Kassationshof vom 2.3.1964, Pas. 1964, I, 695: ein Fahrzeug, das zwar Vorfahrt gehabt habe, zum Zeitpunkt, als es in die Kreuzung eingefahren sei, jedoch nicht gut sichtbar war, stelle ein unvorhersehbares Hindernis dar. In der neueren Rechtsprechung: Die Tatsache, dass an einem Fahrzeug ein Bremslicht nicht funktioniere, könne dieses zu einem „unvorhersehbaren Hindernis" machen, Polizeigericht Brüssel Nr. 12 A 1264 vom 28.6.2013.

schlecht unterhaltenen Weg haften (Art. 1384 – Haftung für den Zustand einer Sache), da sie sich in einem Irrtum befunden habe.[85] Offenbar ein Erlaubnistatbestandsirrtum soll vorliegen, wenn ein vorfahrtsberechtigter Fahrer ein schadenverursachendes Ausweichmanöver in dem irrigen Glauben ausführt, ein anderer Verkehrsteilnehmer werde ihm die Vorfahrt nehmen.[86] Insgesamt betrachtet scheinen diese Urteile jedoch eher Ausnahmen zu sein.

52 Des Weiteren findet sich vereinzelt auch der Rechtfertigungsgrund des **zivilrechtlichen Notstandes** (nl: noodtoestand; fr: l´état de nécessité) in der Rechtsprechung zur unerlaubten Handlung. Voraussetzungen für das Vorliegen eines solchen Notstandes sollen sein, dass der Wert des preisgegebenen Gutes geringer oder höchstens gleich mit dem des geschützten Gutes ist, jenes geschützte Gut ernsthaft in Gefahr ist und der Notstand nicht durch den Betroffenen selbst verursacht sein darf.[87]

53 Die Güterabwägung bereitet hier so lange keine Probleme, wie Leben und Gesundheit Sachschäden gegenüberstehen.[88] Bei der Abwägung von Sachschäden gegeneinander scheinen die Gerichte zurückhaltender zu sein.[89] Theoretisch ist im Zivilrecht zudem eine zivilrechtliche Notwehr denkbar. Dies scheint nach heutigem Stand im Verkehrsrecht jedoch keine Relevanz zu haben.

54 **8. „Immunität" und gesetzlicher Forderungsübergang bei bestimmten Personengruppen.** Neben der bereits erwähnten „Immunität" der Arbeitnehmer gemäß Art. 18 Arbeitsvertragsgesetz,[90] welche einen Direktanspruch gegen den Schadensverursacher verhindert und die Haftung dem Arbeitgeber auferlegt, sei hier noch erwähnt, dass eine entsprechende und gleichlautende Regelung auch für den öffentlich-rechtlichen Sektor besteht.[91] Mithin ist bei dienstlichem Verschulden von Staatsdienern entsprechend dem Arbeitsrecht der öffentlich-rechtliche Arbeitgeber neben der Versicherung in Anspruch zu nehmen.

II. Erweiterungen

55 Das belgische Recht kennt keine Modifikationen hinsichtlich der entgeltlichen oder unentgeltlichen Beförderung. Haftungsverschärfungen in Sinne besonderer Sorgfaltspflichten oder einer Beweislastumkehr sind in einigen Normen der Straßenverkehrsordnung enthalten, diese Fragen sollen im folgenden → § 2 Rn. 63 ff. besprochen werden.

F. Haftung von Radfahrern, Fußgängern, Behinderten

56 Es ist bereits über den besonderen Schutz berichtet worden, den die „schwache Wegbenutzer" wie Fahrradfahrer, Rollstuhlfahrer oder Fußgänger aufgrund von Art. 29bis Haftpflichtgesetz für ihre eigenen Körperschäden genießen – diese Schäden müssen ungeachtet der Schuldfrage reguliert werden (siehe → Rn. 18 ff.). Es gilt darüber hinaus zugunsten jener schwächeren Verkehrsteilnehmer ein Anscheinsbeweis bei einem Unfall mit einem Kraftfahrzeug, Art. 7 Straßenverkehrsordnung.[92] An dieser Stelle soll nunmehr die Kehrseite

---

85 Gericht erster Instanz Antwerpen vom 14.5.1998, Verkeersrecht 1999, 54; ohne nähere Erläuterung, um welchen Irrtum es sich konkret gehandelt habe.
86 Polizeigericht Brüssel vom 22.9.2000, Verkeersrecht 2001, 141, ebenfalls ohne detaillierte Erläuterung, aber wohl in der Annahme, der Fahrer habe an einen rechtfertigenden Notstand geglaubt.
87 Kassationshof vom 5.4.1996 Az: 94.0002.F, www.cass.be.
88 Einen Notstand bejahend Kassationshof vom 20.3.1979, Pas. 1979, I, 842 – Ausweichmanöver eines Kraftfahrers zur Vermeidung eigener wahrscheinlicher Verletzung oder Tötung.
89 Claeys, S. 36 f., weil gleich die zitierte Rechtsprechung keine Strassenverkehrsunfälle betrifft sondern einen Betrug und eine baurechtliche Angelegenheit.
90 Art. 18 Arbeitsvertragsgesetz.
91 Art. 2 Gesetz über die Haftung von und für Personalmitglieder(n) im Dienste von öffentlich-rechtlichen Personen vom 10.2.2003.
92 Art. 7 Straßenverkehrsordnung: „... Unbeschadet der Einhaltung der in vorliegender Ordnung enthaltenen Bestimmungen darf der Führer die schwächeren Verkehrsteilnehmer wie insbesondere Radfahrer und Fußgänger nicht gefährden, besonders, wenn es sich um Kinder, Betagte und Personen mit Behinderung handelt. Daraus ergibt sich, dass, unbeschadet der Artikel 40.2 und 40ter Absatz 2, jeder Fahrzeugführer in Anwesenheit solch schwächerer Verkehrsteilnehmer oder auf öffentlichen Straßen, wo ihre Anwesenheit vorher-

der Medaille besprochen werden: Denn wenn auch Körperschäden der schwächeren Verkehrsteilnehmer stets ersetzt werden, so heißt dies nicht, dass sie oder ihre Privathaftpflichtversicherung nicht **bei eigenem Verschulden** gleichzeitig für die Schäden des Unfallgegners einstehen müssen.

I. Haftungskriterien

Wenn auch ein Schadensersatz für die Körperschäden „schwacher Wegbenutzer" durch   57
die beteiligten Versicherer immer gezahlt werden muss, heißt dies nicht, dass nicht die übrigen beim Verkehrsunfall entstanden Schäden, zB der am Kraftfahrzeug entstandene Schaden, nach allgemeinem Deliktsrecht abgerechnet werden können. Art. 29*bis* Haftpflichtgesetz lautet in § 5:

Die Regeln in Bezug auf die zivilrechtliche Haftpflicht sind auf alles anwendbar, was nicht ausdrücklich in vorliegendem Artikel geregelt wird.

So kommt es sehr häufig vor, dass zB der verletzte Fahrradfahrer unmittelbar seine medizi-   58
nischen Kosten und ein Schmerzensgeld erhält, in einem späteren Prozess jedoch über die weiteren Sachschäden ganz anders entschieden wird. Immerhin enthält der Art. 29*bis* zugunsten des am Körper Geschädigten ein **Aufrechnungs- und Pfändungsverbot**[93] – eine aufgrund der Garantiehaftung zur Zahlung verpflichtete Versicherung kann mithin jedenfalls nicht unmittelbar diese Garantiezahlung mit eigenen Forderungen, zB aus Legalzession nach Leistung aus Vollkasko, verrechnen und so die Garantiehaftung umgehen.

II. Abwägungsgesichtspunkte

Wie bereits erwähnt gebietet Art. 7 Straßenverkehrsordnung dem Kraftfahrer besondere   59
Vorsicht gegenüber schwächeren Verkehrsteilnehmern. Dieses Vorsichtsgebot, welches wenngleich kein „gesetzliches Vermuten", also kein echter Anscheinsbeweis, im Prozess zu einer vorteilhaften Entscheidung führen kann, ist jedoch erheblich eingeschränkt. So ist Voraussetzung für eine besondere Vorsichtspflicht, dass der schwächere Verkehrsteilnehmer sich „auf einer öffentlichen Straße" befindet und dass „seine Anwesenheit vorhersehbar ist". Art. 40 Straßenverkehrsordnung schränkt den Schutz zB von Fußgängern noch weiter ein, indem er sie nur dann unter besonderen Schutz stellt, wenn sie sich ordnungsgemäß auf dem Gehweg oder einem Fußgängerüberweg befinden. Verhalten sich schwache Verkehrsteilnehmer jedoch selber regelwidrig, so gelten für die Haftung prinzipiell dieselben Verschuldens- und Vorhersehbarkeitsbegriffe wie für Kraftfahrer. Dem das Durchgreifen der Betriebsgefahr in derartigen Fällen gewohnten deutschen Rechtsanwender erscheinen die hieraus resultierenden Ergebnisse oft befremdlich, da dem Fahrradfahrer oder Fußgänger oft ein **erhebliches Mitverschulden** angelastet wird.[94]

III. Sonderfall: Ältere Fußgänger, Kinder, Behinderte

Hinsichtlich älterer Verkehrsteilnehmer, Kindern und Behinderten ist das Rücksichtnah-   60
megebot für andere Verkehrsteilnehmer nochmals verschärft, Art. 40 Abs. 2 Straßenver-

---

sehbar ist, insbesondere auf einer öffentlichen Straße wie definiert in Artikel 2.38, erhöhte Vorsicht walten lassen muss. ...".

93 Art. 29*bis* § 4 Abs. 2 Haftpflichtgesetz: „In Ausführung des vorliegenden Artikels ausgezahlte Entschädigungen dürfen nicht zwecks Auszahlung anderer aufgrund des Verkehrsunfalls geschuldeter Entschädigungen aufgerechnet oder beschlagnahmt werden."

94 ZB eine plötzliche Richtungsänderung des Fahrradfahrers macht diesen für den Unfall mit einem überholenden Kraftfahrzeug alleinverantwortlich, Berufungshof zu Gent vom 4.9.1998, Verkeersrecht 2000, 78; Haftungsteilung bei einem Unfall zwischen einem Kraftfahrer, der mit 90 km/h über einen gut einsehbaren und mit Warnhinweisen versehenen Fahrradüberweg fährt und einem langsam – aber vorfahrtswidrig – über diesen Überweg fahrenden Fahrradfahrer, Berufungshof zu Bergen vom 9.6.1992, Verkeersrecht 1993, 28; Unfall zwischen einem Kfz und einem Mofa, welches nachts mit leicht zu schwachem Licht etwas zu schnell fährt – alleinige Haftung des Mofas, Berufungshof zu Lüttich vom 3.1.1991, Verkeersrecht 1991, 260.

kehrsordnung.[95]Inwieweit dieses Gebot der besonderen Vorsicht allerdings in der gerichtlichen Praxis tatsächlich Auswirkungen hat, ist gelegentlich zweifelhaft, es darf jedenfalls
nicht mit einer Beweislastumkehr oder gar Gefährdungshaftung verwechselt werden.[96]
Für Kinder enthält der Art. 1384 Code Civil noch eine Sonderregelung in Abs. 2 hinsichtlich der Haftung der Eltern:[97]

> Vater und Mutter sind verantwortlich für den Schaden, den ihre minderjährigen Kinder verursa-
> chen.

61 Rechtsprechung und Lehre gehen davon aus, dass diese Haftung für Kinder ebenfalls eine
Verschuldenshaftung ist und dass einerseits das Verschulden des Kindes erwiesen sein
muss, andererseits aber auch ein Verschulden der Eltern, siehe Art. 1384 V Code Civil,
welches entweder in Fehlern in der Erziehung bestehen kann oder in einer Vernachlässi-
gung der Aufsichtspflicht.[98] Ist beides nicht festzustellen, weil zB das Kind zum Zeitpunkt
der Tatbegehung unter der Aufsicht der Schule stand, kommt eine Haftung der Eltern
nicht in Betracht.[99] Interessant ist insofern noch, dass die Norm des Art. 1384 Abs. 2 nur
im Außenverhältnis gegenüber Dritten gelten soll – es steht den Eltern und auch – in der
Praxis wohl häufiger – ihrem Versicherer, dem die Forderung nach Leistung zediert wird,
unbenommen, später von den Kindern Regress zu verlangen.[100]

62 Hinsichtlich geistig Behinderter verleiht über das oben Gesagte hinaus Art. 1386bis Code
Civil[101] dem Gericht ein Ermessen bei der Verurteilung: Diese Norm beruht auf dem
Grundgedanken, dass eine Geistesstörung an sich jegliche schuldhafte Handlung ausschließt, da Bestandteil des Verschuldens eben auch das Erkennen und Vermeidenkönnen
der Tat ist.[102] Eine eventuelle Erleichterung der Schadensersatzverpflichtung kommt im
Übrigen nur dem vermindert zurechnungsfähigen Täter selbst, nicht seiner Versicherung
zugute.[103] Eine weitere Sonderregelung für gehbehinderte Personen findet sich im Übrigen
in Art. 29bis § 3[104] Haftpflichtgesetz: Hiernach sollen motorbetriebene Krankenrollstühle
keine Fahrzeuge sein, für die eine Gefährdungshaftung gilt.

---

95 „Bei Anwesenheit von Kindern, Betagten oder Personen mit Behinderung, insbesondere Blinden, die einen
weißen oder gelben Stock mit sich führen, und Personen mit Behinderung, die ein Fahrzeug führen, das
von ihnen selbst fortbewegt wird oder mit einem elektrischen Motor ausgestattet ist, der lediglich Schritt-
geschwindigkeit ermöglicht, müssen Führer erhöhte Vorsicht walten lassen. Sie müssen langsamer fahren
und nötigenfalls anhalten."

96 Die Feststellung, dass ein Fußgänger unaufmerksam die Fahrbahn überquert habe, genüge um zu dem
Schluss zu kommen, der Autofahrer, dem nicht nachgewiesen werden könne, dass er zu schnell gefahren
sei, habe die besonderen Sorgfaltspflichten des Art. 40 II erfüllt, Kassationshof vom
24.10.1979, Arr.Cass. 1979-80, 255; Pas. 1980, I, 259.

97 Eine Exkulpation ist jedoch möglich, wenn die Eltern belegen können, dass die Tat des Kindes durch sie
nicht zu verhindern war, Art. 1384 V Code Civil.

98 Kassationshof vom 5.4.1995, Az: P.94.1363.F, www.cass.be.

99 Kassationshof vom 22.9.1978, Arr. Cass. 1978, 96, in diesem Falle haftet dann die aufsichtspflichtige
Schule, siehe Art. 1384 Abs. 4 Code Civil: „(…) Lehrer und Handwerker(sind verantwortlich) für den
Schaden, den ihre Schüler und Lehrlinge in der Zeit, in der sie unter ihrer Aufsicht stehen, verursachen",
wobei der Lehrer persönlich wiederum „immun" ist, Art. 2 Gesetzes vom 10.2.2010, und nur die Schule
haftet.

100 Kassationshof vom 20.1.2000, Az. C.96.0161.N, www.cass.be.

101 Art. 1386bis Code Civil: „Wenn eine Person, die sich in einem Zustand der Demenz, der schweren Geistesstörung oder der geistigen Behinderung befindet, durch den sie die Kontrolle über ihr Tun nicht mehr fähig
ist, einer anderen Person Schaden zufügt, kann der Richter sie zur vollständigen oder teilweisen Wiedergut-
machung verurteilen, zu der sie verpflichtet wäre, wenn sie die Kontrolle über ihr Tun hätte. Der Richter
entscheidet nach Billigkeit und trägt dabei den Umständen und der Lage der Parteien Rechnung."

102 Urteile des Kassationshofes – 6989, 7095, 7097 vom 29.11.1984, www.cass.be.

103 ZB Berufungshof zu Lüttich vom 22.6.2009, RRD 2009, Ausgabe 133, 388.

104 Art. 29bis § 3 – „Unter Kraftfahrzeugen müssen Fahrzeuge im Sinne von Art. 1 des vorliegenden Gesetzes
verstanden werden mit Ausnahme von kraftbetriebenen Rollstühlen, die von Personen mit Behinderung in
den Verkehr gebracht werden können."

§ 2 Prüfungsweg zum Haftungsgrund

A. Anscheinsbeweis

Wenngleich in einem in Deutschland geführten Prozess für die Frage der Zulässigkeit eines **63** Beweismittels regelmäßig deutsches Prozessrecht zur Anwendung kommen dürfte, gehören Anscheinsbeweise zum materiellen Recht[105] und sind daher zu berücksichtigen. Zudem sollen im Folgenden kurz die allgemeinen Grundsätze des belgischen Prozessrechtes angeschnitten werden, um die Entscheidung über den Ort der Klageerhebung zu erleichtern.

I. Grundlagen

Der Anscheinsbeweis (nl.: Vermoeden; fr.: des présomtions) ist im belgischen Zivilrecht in **64** den Art. 1349 ff. Code Civil gesetzlich geregelt.[106] Anscheinsbeweise finden sich in allen Teilen des belgischen Rechts und sind teilweise an typischen Formulierungen zu erkennen

---

105 Die Frage, ob eine Norm zum materiellen oder zum Prozessrecht gehört, kann in grenzübergreifenden Prozessen streitentscheidend sein. Unter Verweisung auf den allgemeinen Teil dieses Werkes sei insofern noch einmal auf Art. 22 der Rom II-Verordnung hingewiesen, der diesbezüglich klare Vorgaben formuliert („Das nach dieser Verordnung für das außervertragliche Schuldverhältnis maßgebende Recht ist insoweit anzuwenden, als es für außervertragliche Schuldverhältnisse gesetzliche Vermutungen aufstellt oder die Beweislast verteilt"). Für Belgien vertrat Storme bereits zuvor die Auffassung, dass sämtliche Regelungen über die Bewertung von Beweisen, einschließlich denen über die Beweislast, dem materiellen Beweisrecht, wohingegen die Regelungen im Gerichtlichen Gesetzbuch (der belgischen ZPO) und anderen Spezialgesetzen über das Beweisverfahren, also die technische Durchführung zB des Zeugenbeweises, dem Prozessrecht zuzuordnen seien. Storme, De goede trouw in het geding?, Rn. 95.

106 Art. 1349 Code Civil: „Vermutungen sind Schlussfolgerungen, die das Gesetz oder der Richter aus einer bekannten Tatsache zieht, um auf eine unbekannte Tatsache zu schließen."
Art. 1350 Code Civil: „Eine gesetzliche Vermutung ist eine Vermutung, die durch eine besondere Gesetzesbestimmung mit gewissen Handlungen oder Tatsachen verbunden ist; dergleichen sind:
1. Handlungen, die das Gesetz für nichtig erklärt, da allein aufgrund der Art dieser Handlungen vermutet wird, dass sie verrichtet worden sind, um Gesetzesbestimmungen zu umgehen,
2. Fälle, in denen das Gesetz erklärt, dass das Eigentum oder eine Schuldbefreiung sich aus gewissen festbestimmten Umständen ergibt,
3. die Autorität, die das Gesetz der abgeurteilten Sache zuerkennt,
4. die Kraft, die das Gesetz dem Geständnis oder dem Eid der Parteien beimisst."
Art. 1352 Code Civil: „Die gesetzliche Vermutung befreit den, zu dessen Gunsten sie besteht, von der Beweispflicht.
Gegen die gesetzliche Vermutung ist kein Beweis zulässig, wenn das Gesetz aufgrund dieser Vermutung bestimmte Handlungen für nichtig erklärt oder eine Klage verweigert, es sei denn, das Gesetz hat die Möglichkeit des Gegenbeweises eingeräumt, und vorbehaltlich dessen, was über den gerichtlichen Eid und das gerichtliche Geständnis bestimmt wird."
Art. 1353 Code Civil: „Vermutungen, die nicht vom Gesetz aufgestellt sind, bleiben dem Urteil und der Umsicht des Richters überlassen, der nur ernsthafte, genaue und schlüssige Vermutungen zulassen soll, und nur dann, wenn das Gesetz den Zeugenbeweis zulässt, es sei denn, dass die Handlung wegen Betrugs oder arglistiger Täuschung angefochten wird."

(zB „bei sonstiger Nichtigkeit" oder „wird davon ausgegangen"), teilweise durch richterliche Rechtsfortbildung herausgearbeitet worden. Um zu verstehen, welche besondere Bedeutung Beweislast und Anscheinsbeweise im belgischen Recht haben, ist es nötig, kurz die allgemeinen Grundsätze der Beweisführung im belgischen Recht zu betrachten. In allen zivilrechtlichen Angelegenheiten gilt hiernach, wenn das Gesetz nicht das Gegenteil vorschreibt, dass der **Zeugenbeweis** bei einem Streitwert von über 375 EUR **ausgeschlossen** ist.[107] **Ausnahmsweise** können Zeugen dann doch gehört werden, wenn ein „Anfang eines schriftlichen Beweises" vorhanden ist, also eine schriftliche Urkunde, die den Parteivortrag wenigstens wahrscheinlich macht[108] oder wenn, zB bei der deliktischen Haftung, es dem Kläger nicht möglich war, einen schriftlichen Beweis zu erlangen.[109] Zudem besteht auch in solchen Fällen bei der belgischen Justiz ein gewisses Misstrauen gegen den Zeugenbeweis. So sind häufig Aussagen von Insassen des eigenen Fahrzeuges nicht verwertbar.[110] Es ist somit umso bedeutender, sich auf die allgemeine Beweislastverteilung oder einen Anscheinsbeweis stützen zu können.

II. Definition des Anscheinsbeweises

65 Der Anscheinsbeweis ist in den Art. 1349 ff. Code Civil gesetzlich definiert, die hier zur Verdeutlichung auszugsweise[111] wiedergegeben werden.[112]

III. Voraussetzungen des Anscheinsbeweises

66 Es ist zu unterscheiden zwischen den „gesetzlichen Beweisvermutungen", Art. 1350 bis 1352 Code Civil, die selbstverständlich stets zu beachten sind und für die der Gegenbeweis nur dann zugelassen ist, wenn das Gesetz es ausdrücklich befiehlt,[113] sowie den „nicht vom Gesetz aufgestellten Vermutungen", Art. 1353 Code Civil. Diese Letzteren verschaffen dem Gericht letztlich einen Ermessensspielraum um „von bekannten auf unbekannte Tatsachen zu schließen" mithin allgemeine Erfahrungssätze anzuwenden.[114] Gerade jene letzten „richterlichen" Vermutungen beschäftigen immer wieder die Berufungsgerichte und den Kassationshof, da das belgische Recht den entscheidenden Tatsachengerichten einen recht weiten Beurteilungsspielraum zuerkennt. Innerhalb dieser „**unantastbaren Beurteilungszuständigkeit**" steht es dem Richter frei, jene Tatsachen und Vermutungen zu wählen, die „ihm am geeignetsten erscheinen, um zu seiner Überzeugung zu kommen.[115] In der Praxis zeigt sich, dass die Gerichte von dieser Freiheit Gebrauch machen.[116]

---

107 Art. 1341 Code Civil: „Für alle Sachen, die eine Summe oder einen Wert von [375 EUR] übersteigen, selbst für freiwillige Hinterlegungen, muss eine notarielle oder privatschriftliche Urkunde errichtet werden; gegen den Inhalt oder über den Inhalt der Urkunden hinaus oder über das, was vor, bei oder nach Errichtung der Urkunden gesagt worden sein soll, ist kein Zeugenbeweis zulässig, selbst wenn es um eine Summe oder einen Wert von weniger als [375 EUR] geht."
108 Art. 1347 Code Civil. Ein solcher „Anfang eines Beweises" ist zB der europäische Unfallbericht, der nach einem Unfall in Belgien stets ausgefüllt werden sollte, und aus den vorgenannten Gründen besondere Beweiskraft hat.
109 Art. 1348 Code Civil.
110 Siehe etwa Berufungshof zu Bergen vom 10.6.1994, Verkeersrecht 1995, 8: Es gebe keine allgemeine Regel, dass Aussagen von Fahrzeuginsassen stets unbeachtlich seien, da diese systematisch die Version ihres Fahrzeuglenkers bestätigen würden, jedoch könne ein Fahrzeuginsasse eines unfallbeteiligten Fahrzeuges auch nicht als unabhängiger Zeuge angesehen werden, so dass seine Erklärung nur dann berücksichtigt werden könne, wenn kein anderes Beweismaterial ihr widerspreche.
111 Es fehlen in der Wiedergabe die Vorschriften über das Geständnis, Art. 1354 ff. Code Civil (vgl. Rn. 87), sowie über den „Entscheidungseid", Art. 1357 ff. Code Civil, der in der Praxis keine Rolle mehr spielt.
112 Siehe erste Fn. zu Rn. 64.
113 Siehe Art. 1352 Code Civil.
114 Kassationshof vom 10.11.1983, Arr. Cass., 1983–84, 296.
115 Kassationshof vom 8.5.1980, Arr. Cass., 1979–80, 1127.
116 Es ist darauf hinzuweisen, dass in Belgien ein erheblicher gerichtlicher Rückstand besteht und mithin eine hohe Arbeitsbelastung der Gerichte. Häufig sind Urteile daher summarisch und unter Beschränkung auf die wesentlichen Argumente begründet, was gesetzlich grundsätzlich auch zulässig ist. Entscheidungen allein aufgrund der Beweislast sind häufig.

IV. Typische Anscheinsbeweise

Ein typisches Beispiel für eine – widerlegbare – „gesetzliche Vermutung", also einen ech- 67
ten Anscheinsbeweis, ist die viel diskutierte belgische strafrechtliche Halterhaftung.
Art. 67*bis* Wegverkehrsgesetz[117] bestimmt (Hervorhebung durch den Verfasser):

Wird ein Verstoß gegen das vorliegende Gesetz und seine Ausführungserlasse mit einem auf den Namen einer natürlichen Person zugelassenen Motorfahrzeug begangen und der Führer bei der Feststellung des Verstoßes nicht identifiziert, *wird davon ausgegangen*, dass dieser Verstoß vom Inhaber des Nummernschilds des Fahrzeugs begangen worden ist. Die Schuldvermutung kann auf dem Rechtsweg widerlegt werden.[118]

Eine weitere Regelung von großer praktischer Bedeutung ist insofern Art. 62 des Wegverkehrsgesetzes, nach dem Feststellungen von Polizeibeamten besonderen Beweiswert haben.[119] Aufgrund dieser Regelung wird vor einem belgischen Gericht ein Prozess gegen den Inhalt einer amtlichen Ermittlungsakte selten gewonnen werden.[120]

Auch eine echte „gesetzliche Vermutung" also einen Anscheinsbeweis – wenngleich hier 68
der Wortlaut nicht ganz deutlich zulässt, auf eine echte gesetzliche Vermutung zu schließen, beinhaltet wohl Art. 10.1.3. Straßenverkehrsordnung:[121]

Der Führer muss unter allen Umständen vor einem voraussehbaren Hindernis anhalten können.

Es wird angenommen, dass der Ausdruck „unter allen Umständen" eine gesetzliche Ver- 69
mutung darstellt und der Begriff „voraussehbares Hindernis" eine **Exkulpationsmöglichkeit** hinsichtlich unvermeidbarer Unfälle.

Wohl im systematischen Sinne keine echten Anscheinsbeweise im Sinne des Art. 1350 70
Code Civil sind die weiteren einzelnen Gebote der Straßenverkehrsordnung.[122] Dennoch

---

117 Koordiniertes Gesetz über die Straßenverkehrspolizei, genannt „Wegverkehrsgesetz" vom 16.3.1968.
118 Der Kassationshof bestätigt in jüngster Rechtsprechung den weiten Ermessensspielraum des Tatsachenrichters: Es sei rechtmäßig; wenn ein Tatsachenrichter der Erklärung des Fahrzeughalters, er sei nicht gefahren, keinen Glauben schenke, selbst wenn dieser eine schriftliche Erklärung des vermeintlichen Fahrers vorlege, Kassationshof AR P.14.0900.N vom 29.9.2015.
119 Art. 62 Koordiniertes Gesetz über die Straßenverkehrspolizei vom 16.3.1968:
Bedienstete der Behörde, die vom König mit der Überwachung der Anwendung des vorliegenden Gesetzes und der zu seiner Ausführung ergangenen Erlasse beauftragt werden, stellen die Verstöße durch Protokolle fest, die Beweiskraft haben bis zum Beweis des Gegenteils.
Feststellungen, die auf materiellen Beweisen beruhen, die durch in Anwesenheit eines befugten Bediensteten automatisch betriebene Geräte beigebracht werden, haben Beweiskraft bis zum Beweis des Gegenteils, wenn es sich um Verstöße gegen das vorliegende Gesetz und die zu seiner Ausführung ergangenen Erlasse handelt.
Feststellungen, die auf materiellen Beweisen beruhen, die durch in Abwesenheit eines befugten Bediensteten automatisch betriebene Geräte beigebracht werden, haben Beweiskraft bis zum Beweis des Gegenteils, wenn es sich um Verstöße gegen das vorliegende Gesetz und die zu seiner Ausführung ergangenen Erlasse handelt und diese Verstöße in einem Ministerrat beratenen Königlichen Erlass erwähnt sind. Ist ein Verstoß durch in Abwesenheit eines befugten Bediensteten automatisch betriebene Geräte festgestellt worden, wird dies im Protokoll vermerkt.
Automatisch betriebene Geräte, die für die Überwachung der Anwendung des vorliegenden Gesetzes und der zu seiner Ausführung ergangenen Erlasse gebraucht werden, müssen[, sofern Messungen vorgenommen werden,] zugelassen oder homologiert werden auf Kosten der Hersteller, Importeure oder Verteiler, die die Zulassung oder Homologierung beantragen, und zwar gemäß den Bestimmungen, die festgelegt werden durch einen im Ministerrat beratenen Königlichen Erlass, in dem auch besondere Modalitäten für den Gebrauch dieser Geräte festgelegt werden können.
120 Nach Kenntnis des Verfassers ist die Frage, ob diese Normen echte gesetzliche Vermutungen im Sinne des Art. 22 Rom II-VO darstellen und mithin in einem deutschen Prozess als materielles belgisches Recht zu berücksichtigen wären, bislang weder durch deutsche noch durch belgische Gerichte entschieden worden.
121 Für das Vorliegen eines echten Anscheinsbeweises: Friedensgericht Brüssel vom 19.2.1990, Verkeersrecht 1991, 18.
122 Letztlich handelt es sich bei den Normen der Straßenverkehrsordnung um strafrechtliche Vorschriften, so dass die systematische Annahme einer „Schuldvermutung" sich bereits aus dogmatischen Gründen verbietet, da dies einen Widerspruch gegen den Grundsatz der Unschuldsvermutung im Strafrecht darstellen würde, explizit das Vorliegen einer solchen Vermutung verneinend Kassationshof 27.1.1999, www.cass.be.

geben natürlich die dortigen Vorschriften jedenfalls Anlass für eine „nicht gesetzliche Vermutung" des Richters gemäß Art. 1353 Code Civil – ein Kläger, der vorfahrtsberechtigt war, wird allein diese Tatsache belegen müssen, hier kommt sodann der „gesunde richterliche Menschenverstand" zum Tragen.

B. Objektiv festgestellte Sorgfaltspflichtverletzung

I. Allgemeines Verkehrsverhalten (Straßenverkehrsvorschriften)

71 Aufgrund der Tatsache, dass bei Unfällen, bei denen kein „schwacher Verkehrsteilnehmer" im Sinne des Art. 29*bis* Haftpflichtgesetz beteiligt ist, lediglich eine verschuldensabhängige Haftung des Fahrers und damit der Fahrzeugversicherung in Betracht kommt, haben die einzelnen Gebote der belgischen Straßenverkehrsordnung in einem Prozess selbstverständlich überragende Bedeutung. Einen Fahrer, der gegen ein solches Gebot verstoßen hat und hierdurch einen Schaden verursacht, wird **immer ein Verschulden treffen**.

72 In der belgischen Rechtsprechungspraxis kommt es daher auch im zivilrechtlichen Deliktsrecht[123] vor allem auf die Prüfung der Frage an, ob ein **Verstoß gegen eine Norm der Straßenverkehrsordnung** begangen wurde. Es ist diesbezüglich dogmatisch unzulässig[124], von einer Beweislastumkehr oder einem Anscheinsbeweis zu sprechen. Allerdings ist bei erwiesenem Verkehrsverstoß und Kausalität die Haftung eigentlich auch nicht zu bestreiten.

Wegen ihrer übergroßen Bedeutung bei der Begründung einer Haftung nach belgischem Recht seien hier noch einmal die wichtigsten Normen der Straßenverkehrsordnung genannt, aus denen sich eine besondere Sorgfaltspflicht eines Verkehrsteilnehmers und somit bei einem Verstoß ein Indiz für ein Verschulden im Sinne des Art. 1382 Code Civil ergeben:

10.1.1. [Jeder Führer muss seine Geschwindigkeit entsprechend dem Vorhandensein anderer Verkehrsteilnehmer, insbesondere der schwächsten unter ihnen, den Witterungsverhältnissen, der Ortsbeschaffenheit, den Hindernissen vor Ort, der Verkehrsdichte, der Sichtweite, dem Zustand der Straße und dem Zustand und der Ladung des Fahrzeugs anpassen; seine Geschwindigkeit darf weder eine Unfallursache noch eine Verkehrsbehinderung sein.]
2. Der Führer muss unter Berücksichtigung seiner Geschwindigkeit einen ausreichenden Sicherheitsabstand zwischen seinem Fahrzeug und dem vorausfahrenden Fahrzeug einhalten.
3. Der Führer muss unter allen Umständen vor einem vorausehbaren Hindernis anhalten können.
(...)
12.2 Ein Führer, der sich einer Kreuzung nähert, muss erhöhte Vorsicht walten lassen, um jeden Unfall zu vermeiden.
(...)
12.4 Der Führer, der eine Fahrbewegung ausführen will, muss den anderen Verkehrsteilnehmern die Vorfahrt gewähren.
[Als Fahrbewegung gelten insbesondere: die Fahrspur wechseln, sich einer anderen Fahrzeugreihe anschließen, die Fahrbahn überqueren, [...] eine Parklücke verlassen oder in eine Parklücke einfahren, aus anliegendem Eigentum herausfahren, wenden oder rückwärts fahren [...].]
16.4 Bevor ein Führer links überholt, muss er
1. sich vergewissern, dass er dies ohne Gefahr tun kann, und insbesondere,
   a) dass die Straße über eine ausreichende Distanz frei ist, um jede Unfallgefahr zu vermeiden;
   b) dass kein ihm folgender Führer zum Überholen angesetzt hat;

---

123 Aufgrund der verschuldensabhängigen Haftung ist es besonders verständlich, dass im belgischen Prozessrecht dem Annexverfahren eine erhöhte Rolle zukommt. Sehr häufig bestellen sich die Geschädigten dann im Strafverfahren gegen einen Beschuldigten als Zivilpartei und ergeht mit der strafrechtlichen Verurteilung bereits eine zivilrechtliche Verurteilung dem Grunde nach. Der Schadensumfang wird sodann zumeist später in einem weiteren schriftlichen Verfahren vor diesem Strafgericht diskutiert und in einer weiteren Sitzung verhandelt. Natürlich ist eine reine Zivilklage aber – zB bei einer Verfahrenseinstellung – möglich.
124 Siehe Fn. zu Rn. 70.

c) dass er sich wieder rechts einordnen kann, ohne die anderen Führer zu behindern;

d) dass er den Überholvorgang in sehr kurzer Zeit ausführen kann;

(...)

19.1 Ein Führer, der nach rechts oder nach links abbiegen möchte, um die Fahrbahn zu verlassen, oder der sein Fahrzeug auf der linken Seite einer Einbahnstraße abstellen möchte, muss sich vorerst vergewissern, dass er dies ohne Gefahr für die anderen Verkehrsteilnehmer tun kann, insbesondere unter Berücksichtigung der Möglichkeit für ihm folgende Verkehrsteilnehmer, ihre Geschwindigkeit herabzusetzen.

1. Allgemeine Verkehrssituationen. Es seien einige häufig vorkommende Verkehrssituationen genannt.   73

a) Auffahrunfälle. In diesen Fällen haben, wie bereits erwähnt, Untergerichte von einem   74
echten Anscheinsbeweis mit Exkulpationsmöglichkeit gesprochen.[125] Art. 10.1.3 Straßenverkehrsordnung gebietet, dass man unter allen Umständen vor einem vorhersehbaren Hindernis stoppen können muss. Die Taktik des auffahrenden Beklagten wird daher immer die Behauptung der Unvorhersehbarkeit sein.[126]

b) Vorfahrtsfälle. Die Vorfahrtsregeln sind in Art. 12 Straßenverkehrsordnung enthalten   75
und bieten, nachdem im Jahre 2007 die Vorschrift des Art. 12.3.1., nach der man bei einem zu zögerlichen Verhalten seine Vorfahrt verlieren konnte, abgeschafft wurde, keine Besonderheiten gegenüber dem deutschen Recht.

c) Spurwechsel, Ein und Ausfahren etc. Art. 12.4[127] Straßenverkehrsordnung, gleichsam   76
die **Generalklausel** des belgischen Verkehrsrechts, sieht vor, dass derjenige, der eine Fahrbewegung (wörtlich ein „Manöver") ausführt, Vorfahrt zu gewähren habe. Spurwechsel, Ein- und Ausfahren sind Manöver in diesem Sinne, die bei einem Unfall das Verschulden desjenigen, der das Manöver ausführt, jedenfalls nahelegen. In einer Vielzahl von Prozessen geht es um die Frage, welche Partei wann welches Manöver im Sinne dieser Vorschrift ausgeführt hat, um so zu einer Haftung zu kommen.

d) Überholen und Abbiegen. Das Überholen ist in Art. 16 Straßenverkehrsordnung geregelt, das Abbiegen in Art. 19. Anzumerken ist insofern, dass der belgische Gesetzgeber   77
dem Abbiegenden **besondere Sorgfaltspflichten** auferlegt hat,[128] man findet in der Rechtsprechung häufig eine volle Haftung des Abbiegenden, wenn dieser eine der ihm präzise auferlegten Verhaltensregeln nicht beachtet hat, auch zB gegenüber folgenden Fahrzeugen, die bereits zum Überholen angesetzt haben.[129]

Erwähnenswert ist hier zudem noch, dass es nach belgischem Recht Motorradfahrern er-   78
laubt ist, bei langsamen Verkehr oder Stau mit einer Geschwindigkeit bis zu 50 km/h und höchsten 20 km/h schneller als die anderen Kraftfahrzeuge, zwischen den beiden linken Fahrspuren hindurchzufahren, Art. 16.2*bis* Straßenverkehrsordnung.

2. Unfälle auf Parkplätzen. Hier ergeben sich nach belgischem Recht keine besonderen   79
Probleme, da Parkplätze, gleichgültig ob Sie im Privateigentum stehen oder nicht, ein öffentlicher Weg im Sinne des Art. 1 Straßenverkehrsordnung sind und diese für sie mithin anwendbar ist.[130]

---

125 Friedensgericht Brüssel vom 19.2.1990, Verkeersrecht 1991, 18.
126 Zu den Anforderungen an die Vermeidbarkeit siehe Rn. 48 ff.
127 Art. 12.4 Straßenverkehrsordnung: „Der Führer, der eine Fahrbewegung ausführen will, muss den anderen Verkehrsteilnehmern die Vorfahrt gewähren. Als Fahrbewegung gelten insbesondere: die Fahrspur wechseln, sich einer anderen Fahrzeugreihe anschließen, die Fahrbahn überqueren, [...] eine Parklücke verlassen oder in eine Parklücke einfahren, aus anliegendem Eigentum herausfahren, wenden oder rückwärts fahren."
128 Art. 19.1 Straßenverkehrsordnung: „Ein Führer, der nach rechts oder nach links abbiegen möchte, um die Fahrbahn zu verlassen, oder der sein Fahrzeug auf der linken Seite einer Einbahnstraße abstellen möchte, muss sich vorerst vergewissern, dass er dies ohne Gefahr für die anderen Verkehrsteilnehmer tun kann."
129 Kassationshof vom 29.1.1968 (Gousset/Becker en Lever N.V.) Arr. Cass. 1968, 715.
130 Kassationshof vom 18.2.1982; Arr. Cass. 1981–82.

II. Fahrfehler, Fehlreaktion

80 Auch ein Fahrfehler oder eine Fehlreaktion können selbstverständlich ein Verschulden des Fahrers nach Art. 1382 Code Civil begründen.[131]

C. Beweislastverteilung

81 Wie bereits erläutert, spielt die Beweislastverteilung aufgrund der ansonsten strengen Beweisführungsregeln im belgischen Zivilprozessrecht eine besonders wichtige Rolle (siehe → Rn. 64).

I. Grundsatz

82 Die grundsätzliche Regelung der Beweislastverteilung im belgischem Zivilrecht ist in Art. 870 Gerichtsgesetzbuch[132] enthalten:

Jede Partei hat die Tatsachen, die sie behauptet, zu beweisen.

83 Der Code Civil enthält allerdings für vermögensrechtliche Forderungen, zu denen – wenngleich die relevanten Normen eigentlich systematisch bei den vertraglichen Ansprüchen stehen, sicherlich auch diese nach Schadensersatz aus deliktischer Haftung gehört – noch einige Nuancierungen. So schreibt etwa Art. 1315 Code Civil vor:

Wer die Erfüllung einer Verbindlichkeit fordert, muss ihr Bestehen nachweisen. Umgekehrt muss derjenige, der behauptet, befreit zu sein, die Zahlung oder die Tatsache, durch die seine Verbindlichkeit erloschen ist, nachweisen.

84 Bei zivilrechtlichen Ansprüchen aus deliktischer Handlung soll es insofern für den Kläger lediglich notwendig sein, die Straftat oder Ordnungswidrigkeit des Schädigers sowie den Schadensumfang zu beweisen; für eventuelle Entschuldigungsgründe ist der Schädiger beweispflichtig.[133] Konkretes Beispiel für eine solche Beweislastverteilung ist, wie bereits erwähnt, Art. 1384 Code Civil: Es besteht eine vom Schädiger zu widerlegende Haftungsvermutung unter der Voraussetzung, dass ein Fehler der Sache – hier des Kraftfahrzeuges – und dessen Kausalität für den Schadenseintritt bewiesen wurde.[134] Nach der hier vertretenen Auffassung wären solche Beweislastregeln dem materiellen Recht zuzuordnen.[135]

II. Ausnahmen

85 1. Beweisvereitelung. Die Beweisvereitelung ist in Belgien in Art. 882 Gerichtsgesetzbuch geregelt,[136] wobei diese Norm im Zusammenhang mit den Art. 871 und 877[137] Gerichtsgesetzbuch zu lesen ist: Soweit ein begründeter Verdacht der Beweisvereitelung besteht, kann das Gericht die Vorlage des entsprechenden Beweismittels auch gegenüber der nicht beweisbelasteten Partei oder einem Dritten anordnen und diese Partei oder den Dritten bei Nichtbeachtung auch zu einem „angemessenen Schadensersatz" verurteilen. Jedenfalls bei vertraglichen Ansprüchen kommen derartige Anordnungen gelegentlich vor und erst 2009 kam es zu einer bedeutenden Verurteilung einer Versicherung wegen der Weigerung, Un-

---

131 ZB Berufungshof zu Gent vom 16.2.1988, Verkehrsrecht 1988, 238 – hier führte ein Fahrfehler, nämlich ein zu spätes Bremsen vor einem Hindernis, zu einer vollständigen Haftung des Auffahrenden.
132 Gerichtsgesetzbuch vom 10.10.1967 (es handelt sich um die belgische ZPO.).
133 Kassationshof vom 23.1.1981, Arr. Cass. 1980–81, 567.
134 Kassationshof vom 28.2.1992, Arr. Cass. 1991–92, 620, Gericht erster Instanz zu Antwerpen vom 25.1.1999, Bull Ass. 1999, 527.
135 Siehe Art. 22 Rom II-VO, Storme, De goede trouw in het geding?
136 Art. 882 Gerichtsgesetzbuch: „Parteien oder Dritte, die es ohne rechtlichen Grund unterlassen, ein Beweismittel oder dessen Abschrift gemäß der Anordnung des Gerichts vorzulegen, können zu einem angemessenen Schadenersatz verurteilt werden."
137 Die konkrete Regelung enthält Art. 877 Gerichtsgesetzbuch: „Wenn bedeutende, bestimmte und miteinander übereinstimmende Vermutungen bestehen, dass eine oder ein Dritter ein Beweismittel in seinem Besitz hat, dessen Inhalt eine der Sache dienende Tatsache beweist, kann das Gericht anordnen, dass das Beweismittel oder eine beglaubigte Abschrift zur Gerichtsakte gereicht wird."

terlagen vorzulegen.[138] Jene Regelungen sind wohl eindeutig belgisches Prozessrecht und mithin in einem Prozess in Deutschland nicht anwendbar.[139]

2. Unerlaubtes Entfernen vom Unfallort. Eine Fahrerflucht wird grundsätzlich nicht als Geständnis des Verschuldens an einem Verkehrsunfall angesehen[140] ebenso wie ein Freispruch in einem Strafverfahren wegen Fahrerflucht nicht automatisch bedeutet, dass der Unfall nicht vom Beschuldigten schuldhaft verursacht wurde.[141] Die Tatsache, dass durch die Fahrerflucht die Schadensregulierung erschwert oder verlangsamt wurde, kann jedoch einen **Schadensersatzanspruch** für diesen Verzugsschaden rechtfertigen.[142] 86

3. Schuldbezeugungen nach dem Unfall. Das belgische Recht unterscheidet zwischen dem gerichtlichen und dem außergerichtlichen Geständnis, Art. 1354 Code Civil. Während das gerichtliche Geständnis höchste Beweiskraft hat,[143] kann bei einem außergerichtlichen Geständnis der Tatsachenrichter in freier Beweiswürdigung über dessen Tragweite entscheiden.[144] Das bei der Abwicklung von Verkehrsunfällen wichtigste außergerichtliche Anerkenntnis ist nach belgischem Recht der Europäische Unfallbericht. Ein dort beschriebenes und mit der Unterschrift zugegebenes fehlerhaftes Verkehrsverhalten wird in einem späteren Prozess häufig **nicht revidiert** werden können.[145] Ob derartige Erklärungen unwiderruflich sind[146] oder später noch relativiert werden können,[147] ist umstritten; sicherlich ist es jedenfalls äußerst schwierig, gegen einen unterzeichneten Unfallbericht zu argumentieren. Nach der belgischen Rechtslehre wird die Vorschrift des Art. 1354 Code Civil wohl dem materiellen Recht zuzuordnen sein,[148] ebenso wie man nach deutschem Recht wohl heute unstrittig annimmt, dass das deklaratorische Schuldanerkenntnis materielles Recht ist.[149] Es wird abzuwarten bleiben, ob sich diese Auffassung in den nun häufiger auftretenden Verfahren nach den Art. 9 ff. EuGVVO vor deutschen Gerichten unter Anwendung belgischen Rechts durchsetzt.[150] 87

4. Vernichtung von Beweismitteln. Für die Vernichtung von Beweismitteln gilt das zur Beweisvereitelung Gesagte. 88

D. Gefährdungshaftung

Da nach belgischem Recht keine generelle Gefährdungshaftung besteht,[151] kann auf das oben zur besonderen Gefährdungshaftung des Versicherers nach Art. 29bis Haftpflichtgesetz Gesagte verwiesen werden: Bewiesen werden muss vom Geschädigten nur der Scha- 89

---

138 Kassationshof vom 13.11.2009 (AGF Belgium Insurance/H.V.R.), www.cass.be: Das Berufungsgericht hatte der nicht beweisbelasteten Partei die Vorlage von Vertragsunterlagen aufgegeben, diese hatte die Akte angeblich bereits vernichtet. Das Berufungsgericht verurteilte jene Partei zu 500.000,- EUR Schadensersatz, was der revisionsrechtlichen Überprüfung standhielt.
139 Storme, De goede trouw im geding?
140 Gericht erster Instanz zu Brüssel vom 3.6.2005, De Verz. 2006, 217.
141 Polizeigericht Veurne vom 11.4.2011, TGR-TWVR 2011, Ausgabe 4, 288.
142 Polizeigericht Veurne vom 11.4.2011, TGR-TWVR 2011, Ausgabe 4, 288. Pol. Mechelen vom 2.9.2009, VAV 2010, Ausgabe 1, S. 342.
143 Siehe Art. 1356 Code Civil, in seinen Wirkungen vergleichbar mit dem deutschen gerichtlichen Geständnis nach § 288 ZPO.
144 Kassationshof vom 30.4.1889, Pas 1989, I, 204.
145 Berufungshof zu Bergen vom 25.6.1987, Verkeersrecht 1988, 10.
146 So zB Gericht erster Instanz zu Charleroi vom 22.5.2001 RGAR 2004, Ausgabe. 1, nrkr 13.802.
147 Polizeigericht Brüssel vom 6.2.2001, Verkeersrecht 2001, 324, bejahend für einen Fall, in dem der Unterzeichner der von der Gegenseite notierten Version jedenfalls nicht widersprochen hatte.
148 So jedenfalls die hier vertretene Auslegung des Art. 22 Rom II-VO.
149 Wagner, Prozeßverträge, S. 614 mwN.
150 Bislang ist dies nach der Erfahrung des Verfassers nicht der Fall und wenden die deutschen Gerichte zumeist die deutschen Beweislastregeln an.
151 Wenngleich einige Autoren der Auffassung sind, dass Art. 1384 Code Civil, der die Haftung für (mangelhafte) Sachen und Kinder/Verrichtungsgehilfen normiert, die Generalklausel der Gefährdungshaftung im belgischen Recht sei, scheint dem Verfasser dieses Verständnis zu weit zu gehen, da es sich bei der Haftung nach Art. 1384 letztlich auch um eine Haftung aus Verschulden (nämlich aus dem Unterlassen der Feststellung des Mangels oder fehlender Überwachung) handelt und nicht aufgrund einer verschuldensunabhängigen Gefährlichkeit etwa einer Sache.

denseintritt unter Beteiligung eines Kraftfahrzeuges (vgl. → Rn. 18 ff.). Selbst eine Kausalität der Beteiligung des Kraftfahrzeuges für die Schadensentstehung ist nicht erforderlich.[152]

E. Quotenbildung

90 Es ist unstreitig,[153] dass das belgische Recht die Quotenbildung kennt, wenn beiden Parteien eine schuldhafte (Mit-)Verursachung des Unfalles im Sinne der Art. 1382 ff. Code Civil nachgewiesen wird. Allerdings sind Entscheidungen, in denen eine Haftungsteilung ausgesprochen wird, in der Praxis nicht häufig. Dies mag an den vorgenannten Beweislastregelungen liegen, die in ihrer Fokussierung auf Urkundenbeweise häufig eher zu einer Klageabweisung wegen nicht erbrachter Beweisführung führen als zu einer Haftungsverteilung, oder an der Tradition, zivilrechtliche Forderungen im Annex an ein Strafverfahren geltend zu machen, in dem es ebenfalls nur einen Schuld- oder Freispruch gibt.

91 Soweit eine Quotierung erfolgt, geschieht dies häufig recht **pauschal** mit 50/50;[154] 1/4 zu 3/4[155] oder 1/5 zu 4/5.[156] Feststehende Abwägungskriterien oder Regeln zur Quotenbildung bestehen nicht, die Verteilung erfolgt nach Billigkeitsgesichtspunkten nach der Schwere des Verschuldens der Parteien.[157] Bei einer Haftung nach Art. 29bis Haftpflichtgesetz, der einzigen in Belgien bekannten Gefährdungshaftung, kommt eine Quotierung nicht in Betracht.

F. Probleme der Gesamtschuldnerschaft

I. Grundlagen

92 Traditionell ging die belgische Rechtsprechung bei der kausalen Zurechnung von Schadensfolgen von der sogenannten **Äquivalenzlehre**[158] aus, nach der grundsätzlich jede Schadensursache gleichwertig betrachtet werden muss. Jedes Verhalten, welches „conditio sine qua non" für den Schaden ist, führt zu einer Kausalität. Nach dieser Grundregel kommt es selbstverständlich häufig vor, dass verschiedenen Parteien gesamtschuldnerisch (in solidum) für einen Schaden einzustehen haben.

93 In diesem Falle kann der Gläubiger von jedem einzelnen Schuldner den vollen Betrag fordern.[159] Allerdings sind Tendenzen dahin gehend zu erkennen, das jüngst eine Verurteilung nach den jeweiligen Tat- und Verursachungsbeiträgen gefordert wurde.[160]

II. Haftungsverteilung im Innenverhältnis

94 Derjenige Schuldner, der geleistet hat (der „Solvenz"), verfügt per Gesetz über einen **Regressanspruch** gegenüber seinen Mitschuldnern für ihren Anteil.[161]

---

152 Van Schouwbroek, Overzicht van de rechtspraak, S. 35, Polizeigericht Gent vom 8.10.1998, Verkeersrecht 1999, 121.
153 ZB Kassationshof vom 30.5.1989, Arr. Cass. 1988–89, 1143.
154 Berufungshof Brüssel vom 2.11.2010 RGAR 2012, Ausgabe 2, nrkr 14831 – Straßenschaden und Fahrfehler führen zur Haftungsteilung.
155 Berufungshof Antwerpen vom 18.12.1985, Verkeersrecht 1986, 102 – Zusammenstoß eines Kfz (1/4) mit einem unbeleuchteten geparkten Anhänger (3/4).
156 Berufungshof zu Brüssel vom 2.10.1990, T.Verz. 1991, 364 – Sicherheitsgurt nicht angelegt führt zu 1/5 Mithaftung.
157 Vandenberghe/Van Quickenborne/Wynant, Overzicht (1985–1993), T.P.R. 1995, 1355.
158 Erstmals explizit Kassationshof vom 4.12.1950, Pas. 1951, I, 201.
159 Art. 1200 Code Civil: „Es besteht ein Gesamtschuldverhältnis auf Seiten der Schuldner, wenn sie zu ein und derselben Sache in der Art verpflichtet sind, dass jedet gezwungen werden kann, das Ganze zu leisten, und dass die von einem der Schuldner geleistete Zahlung die anderen dem Gläubiger gegenüber befreit."
160 Kassationshof vom 9.10.2009 (T.S., D.E./Dexia Banque Belgique), Arr. Cass. 2009, Ausgabe 10, S. 2266.
161 Art. 1251 Code Civil: „Die Rechtsübertragung erfolgt von Rechts wegen (...) 3. zu Gunsten desjenigen, der, da er mit anderen oder für andere zur Bezahlung einer Schuld verpflichtet war, ein Interesse daran hatte, sie zu bezahlen."

Abschnitt 2: Anspruchsprüfung zur Schadenshöhe

§ 1 Allgemeine Grundlagen der Schadensberechnung

A. Begriff des Schadensersatzes

Das belgische Recht enthält keine grundsätzliche Regelung zum Begriff des Schadensersatzes und auch in der Rechtslehre und Rechtsprechung wurde diesem Thema – abgesehen von Detailfragen, die im Folgenden angesprochen werden sollen – im Vergleich zu Deutschland wenig Beachtung geschenkt.[162] Man geht allgemein davon aus, dass ein Ermessensspielraum des Richters besteht, wenn sich die Frage stellt, ob eine Schadensposition ersatzfähig ist oder nicht.[163] Allgemein herrscht wie in Deutschland der Grundsatz der Naturalrestitution, und es ist „das Opfer soweit möglich wieder in den Zustand zu versetzen, in dem es sich befunden hätte, hätte die schadensverursachende Handlung nicht stattgefunden".[164]   **95**

B. Schadensminderungspflicht, § 254 BGB

Ähnlich wie im deutschen BGB, § 254, wird auch im belgischen Recht, mangels einer expliziten gesetzlichen Regelung aus den Art. 1382 und 1383 Code Civil abgeleitet, davon ausgegangen, dass eine Verpflichtung des Geschädigten zur Schadensbegrenzung bestehe. Wenngleich die belgische Rechtsprechung bei der generellen Anerkennung von Schäden eher zurückhaltend ist,[165] neigt sie an dieser Stelle allerdings dazu, eine Schadensbegrenzungspflicht **nicht unter allen Umständen** und nicht unbegrenzt aufzuerlegen.[166]   **96**

In einigen Bereichen der Schadensabwicklung nach Verkehrsunfällen ist eine Schadensminderungspflicht allerdings sehr wohl anerkannt, dies soll in Folge bei den einzelnen Problemstellungen angesprochen werden.   **97**

C. Schadensnachweis und Schätzungsmöglichkeit

Es ist unbestritten, dass der Tatsachenrichter eine Schadensschätzung vornehmen kann, wenn eine andere konkrete Feststellung des Schadens ihm nicht möglich ist. Eine aus-   **98**

---

162 Es sind allerdings einige ältere ausführliche Betrachtungen zu finden, etwa Schuermans ua: „Onrechtmatige daad – schade en schadeloosstelling" in TPR 1994, S. 851 ff.
163 Eine ausführliche Darstellung und Rechtsvergleichung mit dem deutschen Recht findet sich bei Van Den Eynde, jura falconis, Jahrgang 36, 1999-2000, Nr. 3, 371–404.
164 Erstmals Kassationshof vom 26.5.1930, Pas. 1930, 234.
165 Siehe hierzu die Diskussion um die Restwertproblematik in Rn. 111.
166 Gänzlich gegen eine Schadensbegrenzungspflicht: Kassationshof vom 14.5.1992, Arr. Cass 1991, 855; Keine Verpflichtung eine medizinische Behandlung in Wohnortnähe zu wählen, Berufungshof zu Antwerpen vom 15.4.1997, T.A.V.W. 1998, 35; Keine Verpflichtung einer außergerichtlichen statt einer gerichtlichen Begutachtung zuzustimmen, Berufungshof Brüssel vom 4.11.2002, RGAR 2003, Ausgabe 7, Nr. 13.756; keine Verpflichtung einen schmerzhaften medizinischen Eingriff zur Verbesserung des eigenen gesundheitlichen Zustandes ausführen zu lassen, Berufungshof Gent vom 19.9.2002; wohl eine Anspruchsminderung um die Hälfte bei nicht Anlegen des Sicherheitsgurtes (systematisch wird im belgischen Recht die Schadensminderungspflicht bei der Mithaftung nach Art. 1382 geprüft), Berufungshof Brüssel vom 15.1.2003, NJW 2003, 1161.

drückliche gesetzliche Grundlage für diese Schätzung „ex aequo et bono" besteht jedoch nicht.[167]

D. Steuerrechtliche Behandlung von Schadensersatzleistungen

I. Einkommensteuer

99 Die geschichtliche Entwicklung der Gesetzgebung und Rechtsprechung zu dieser Frage würde den Rahmen der hiesigen Darstellung sprengen. Man kann jedoch heute wohl festhalten, dass sämtliche Schadensersatzzahlungen an Privatpersonen außer der Erstattung von Einkommensverlusten einkommensteuerfrei sind.[168] Gesellschaften hingegen haben auch Schadensersatzzahlungen nach belgischem Steuerrecht als Einkünfte zu buchen. Andererseits sollen bei Gewerbetreibenden Schadensersatzleistungen zB aus Verletzung von Berufspflichten auch als Berufskosten von der Einkommensteuer abzuziehen sein.[169]

II. Umsatzsteuerproblematik

100 **1. Konkrete Schadenspositionen. a) Materiellrechtliche Bedeutung der Umsatzsteuer.** Grundsätzlich gilt auch nach belgischem Recht, dass Umsatzsteuer nur dann eine Schadensposition ist, wenn sie nicht im Wege des Vorsteuerabzuges vom Staat ersetzt wird.[170]

101 **aa) Klärung der Vorsteuerabzugsberechtigung.** Die Vorsteuerabzugsberechtigung des Geschädigten wird bei der Schadensabwicklung in Belgien durch die zur Zahlung verpflichtete Versicherung stets vor Auszahlung durch Vorlage einer Standarderklärung an den Geschädigten, auf der dieser angeben muss, ob er umsatzsteuervorabzugsberechtigt ist, geprüft. Häufig verweigern belgische Versicherungen eine Erstattung der Umsatzsteuer, wenn die entsprechende Erklärung vom Geschädigten nicht abgegeben wird.

102 **bb) Teilweiser Vorsteuerabzug.** Bei teilweiser Vorsteuerabzugsberechtigung, zB bei nur teilweiser geschäftlicher Nutzung von Fahrzeugen durch Selbstständige, ist jener Anteil an der Umsatzsteuer vom Schädiger zu ersetzen, der nicht im Vorsteuerabzug geltend gemacht werden kann.[171]

103 **cc) Sonderfälle.** Bei Leasingfahrzeugen soll, da bei Übernahme des Fahrzeuges keine Umsatzsteuer gezahlt wurde, diese keinen Teil des Schadens ausmachen.[172]

104 **b) Beweislast.** Die Beweislast für den Anfall der Umsatzsteuer als Schadensposition trägt der Geschädigte.

105 **2. Fiktive Schadensabrechnung.** Anders als im deutschen Recht kann Umsatzsteuer von einer Privatperson stets verlangt werden, **unabhängig davon, ob eine Reparatur tatsächlich ausgeführt wurde,** ein regelbesteuertes, differenzbesteuertes oder steuerfreies Ersatzfahrzeug erworben wurde.[173]

§ 2 Sachschäden

---

167 ZB Kassationshof vom 11.9.2009, Arr. Cass. 2009, Ausgabe 9, 1995 – der Kassationshof beruft sich hier systematisch auf die Art. 6, 1382 und 1382 Code Civil wobei die Berufung auf Art. 6 (Unabdingbarkeit von Normen des ordre public) schwer verständlich ist.
168 ZB Rundschreiben des belgischen Finanzministerium Nr. Ci.RH.241/523.384 vom 10.1.2000.
169 Kassationshof vom 27.1.2011, www.cass.be.
170 ZB Kassationshof vom 13.5.1997 (Peters/Simon), http://www.cass.be.
171 Kassationshof vom 27.11.1996 (Mertens/El Amrani), http://www.cass.be.
172 Berufungshof Brüssel vom 29.10.2001, RGAR 2003, Ausgabe 2, Nr. 13.674.
173 Kassationshof vom 13.5.1997 (Peters/Simon); Kassationshof vom 23.12.1992; http://www.cass.be.

A. Unmittelbare Sachschäden

I. Fahrzeugschaden (Reparaturkosten)

1. Schadensnachweis. Es besteht in Belgien eine sogenannte „Sachverständigenvereinbarung"[174] zwischen den beteiligten Kfz-Versicherern. Hiernach wird die Begutachtung grundsätzlich durch den eigenen Haftpflichtversicherer auf Kosten des Schädigers ausgeführt und die Versicherungen verpflichten sich, die so gefundenen Feststellungen zu akzeptieren. Sind lediglich in Belgien zugelassene und versicherte Fahrzeuge an dem Unfall beteiligt, dann erhält nach dem ergänzenden „R.D.R.-Abkommen"[175] zur Beschleunigung der Abwicklung der Geschädigte Schadensersatz von seiner eigenen Haftpflichtversicherung auf Kosten des Schädigers. Bedauerlicherweise greifen beide Abkommen nicht im Falle der Beteiligung eines im Ausland versicherten und zugelassenen Fahrzeuges, so dass für die hier relevanten Fälle auf die sonstige Schadensfeststellung eingegangen werden muss. 106

a) Schadensgutachten. Aufgrund des Bestehens der vorgenannten Abkommen hat sich eine Rechtsprechung dahin gehend ausgebildet, dass im Rahmen der Schadensminderungspflicht dieses Regulierungssystem zu nutzen ist und jedenfalls, bevor ein eigener Gutachter bestellt wird, die gegnerische Versicherung zur Begutachtung aufgefordert werden muss.[176] Dies hat auch zu tun mit dem allgemeinen Grundsatz des belgischen Rechtes, dass eigentliche Beweiskraft nur **kontradiktorische Urkunden** haben, Parteigutachten können stets angezweifelt werden.[177] 107

b) Kostenvoranschlag. Bei kleineren Schäden werden belgische Versicherungen auch Kostenvoranschläge akzeptieren; solange sich das Fahrzeug in Belgien befindet, werden sie allerdings häufig einen eigenen Sachverständigen entsenden. Die Kosten hierfür sind aufgrund des oben beschriebenen Systems der gegenseitigen Anerkennung von Gutachten weit geringer als in Deutschland. Ein Kostenvoranschlag ist natürlich auch **kein Strengbeweis** im Sinne des Art. 1341 Code Civil. 108

c) Gerichtliches Gutachten. Selbstverständlich kann der Beweis für einen Fahrzeugschaden auch durch einen gerichtlich bestellten Gutachter erbracht werden.[178] Die Parteien dürfen sich hierbei auch durch technische Berater unterstützen lassen, deren Kosten seit 109

---

174 Das sogenannte „Expertiseovereenkomst" oder „convention d'expertise", zu finden auf der Internetseite des belgischen Versicherungsverbandes www.assuralia.be.

175 R.D.R. ist eine Zusammenfügung des französischen Begriffes „règlement direct" und dem niederländischen Begriff „directe regeling", das Abkommen ist ebenfalls unter www.assuralia.be zu finden.

176 De Somer, Helsen, Verkeerszakboekje, S. 155. Wenngleich außergerichtliche Gutachterkosten vom Kassationshof ganz unzweifelhaft zu den erstattungsfähigen Schadenpositionen gezählt werden, werden sie auch heute noch von belgischen Versicherungen verweigert. Es hilft insofern nur Klage.

177 Siehe Art. 1341 Code Civil: „Für alle Sachen, die eine Summe oder einen Wert von [375 EUR] übersteigen, selbst für freiwillige Hinterlegungen, muss eine notarielle oder privatschriftliche Urkunde errichtet werden. ..."

178 Siehe Art. 962 ff. Gerichtsgesetzbuch: „Der Richter kann im Hinblick auf die Lösung einer vor ihn gebrachten Streitsache oder wenn eine Streitsache tatsächlich und unmittelbar zu entstehen droht, Sachverständigen den Auftrag erteilen, Feststellungen zu machen oder ein technisches Gutachten abzugeben."

dem Grundsatzurteil des Kassationshofes vom 2.9.2004 ebenfalls, wenn sie notwendig waren, Teil des Schadens sind und im Obsiegensfalle der Gegenseite auferlegt werden können.[179]

110 **2. Totalschadensabrechnung bei Kettenauffahrunfällen.** Wie bereits erwähnt schreibt Art. 19*bis* 11 § 2 Haftpflichtgesetz[180] vor, dass der Schaden unter den Versicherern der schadensverursachende Fahrzeuge zu teilen ist. Soweit nicht ein Mitverschulden des Geschädigten in Betracht kommt, ist es mithin gleichgültig, welches schadensverursachende Fahrzeug welchen Anteil am Schaden verursacht hat, da im Zweifel eben „**zu gleichen Teilen**" gehaftet wird.

111 **3. Totalschadenabrechnung und Restwertproblematik.** Das belgische Recht wendet insofern den Begriff des ökonomischen Totalschadens streng an und begrenzt den sogenannten Ersatzbeschaffungsschaden,[181] der zu ersetzen ist, grundsätzlich auf den Zeitwert des Fahrzeuges abzüglich Wrackwert. Es ist nur ein einziges Urteil eines Untergerichtes bekannt, bei dem dieser Grundsatz durchbrochen wurde und Reparaturkosten zugesprochen wurden, die über dem Zeitwert lagen.[182] Eine der deutschen 130%-Regelung entsprechende Rechtsprechung ist in Belgien unbekannt.[183]

112 **4. Reparaturkostenabrechnung. a) Abrechnung tatsächlich angefallener Reparaturkosten.** Es wird grundsätzlich vor der Abrechnung von Reparaturkosten nur aufgrund einer Reparaturrechnung in einem Prozess in Belgien gewarnt. Zum einen ist der Schadensersatzanspruch auf den Ersatzbeschaffungsschaden begrenzt (siehe → Rn. 111). Zum anderen sind Reparaturrechnungen nach belgischem Zivilrecht eben keine Urkunden, mit denen ein Strengbeweis geführt werden könnte, sondern allenfalls „Anfänge von Beweisen",[184] denen keine zwingende Beweiskraft zukommt und die im Prozess bestritten werden können. In der Praxis akzeptieren belgische Versicherungen Reparaturkostenrechnungen (etwa bei einem Schadensfall im Ausland, bei dem eine einvernehmliche Expertise nicht durchgeführt werden konnte), wenn sie so detailliert und richtig sind, dass sie einer sachverständigen Prüfung standhalten.

113 **b) Abrechnung fiktiver Reparaturkosten.** Eine solche Abrechnung kann natürlich lediglich **aufgrund eines Gutachtens** erfolgen. Bei einer Begutachtung durch einen belgischen Gutachter ergeben sich insofern keine Probleme, als die Versicherungen sich verpflichtet haben, wechselseitig Gutachten anzuerkennen. Einzelpositionen eines Gutachtens eines belgischen Gutachters[185] werden so gut wie nie bestritten. In der Praxis akzeptieren belgische

---

179 Kassationshof vom 2.9.2004, R.W. 2004-05, S. 535 – mit diesem Grundsatzurteil sprach der Kassationshof erstmals eine Kostenerstattung für die Gebühren der eigenen Parteivertreter als Teil des Schadens zu, das Urteil war Grundlage für die heute bestehende pauschale Kostenerstattung auch von gerichtlichen Anwaltshonoraren.

180 Art. 19*bis*-11 § 2 Haftpflichtgesetz: „Wenn mehrere Fahrzeuge am Unfall beteiligt sind und wenn es nicht möglich ist, festzustellen, welches Fahrzeug den Unfall verursacht hat, wird in Abweichung zu Nr. 7 des vorhergehenden Paragraphen die Entschädigung des Geschädigten zu gleichen Teilen zwischen den Versicherern, die die zivilrechtliche Haftpflicht der Fahrer dieser Fahrzeuge decken, aufgeteilt, mit Ausnahme der Fahrer, die zweifellos nicht haftbar gemacht werden können."

181 Kassationshof vom 28.5.1996 (Steyaert/Van De Wiele), Kassationshof vom 23.10.1986 (Fernandez Barbon/Aziar) http://www.cass.be.

182 Polizeigericht Mechelen vom 23.6.2000, R.W. 2002–2003, Ausgabe 8, 312 sowie abrufbar unter www.rw.be. Dieses Urteil ist allerdings insofern mit Vorsicht zu genießen, als es um einen seltenen klassischen Sportwagen ging, einen Porsche 356 Cabrio Baujahr 1964, für den tatsächlich kein Ersatz zu beschaffen war.

183 Van Den Eynde, jura falconis Jahrgang 36, 1999–2000, Nr. 3, S. 371–404, mit expliziter Kritik an der deutschen 130% Regelung aus belgischer Sicht.

184 Art. 1341 Code Civil: „Für alle Sachen, die eine Summe oder einen Wert von [375 EUR] übersteigen, (...) muss eine notarielle oder privatschriftliche Urkunde errichtet werden." Art. 1347 Code Civil: „Die obigen Regeln erfahren eine Ausnahme, wenn der Anfang eines schriftlichen Beweises vorhanden ist. Als Anfang eines schriftlichen Beweises gilt jede schriftliche Urkunde, die von demjenigen, gegen den die Klage eingereicht wird oder dessen Rechtsvertreter er ist, ausgeht und die angeführte Tatsache wahrscheinlich macht."

185 Welches zumeist aufgrund des vorgenannten Begutachtungs-Übereinkommens wenig Details enthält.

Versicherungen und Gerichte oft auch Gutachten der großen deutschen Gutachterunternehmen ohne auf Details einzugehen.[186]

c) **Vorschadenproblematik.** Sowohl Vorschäden als auch Verbesserungen am Fahrzeug 114 sind bei der Bestimmung des Zeitwertes zu berücksichtigen.

5. Fahrzeugschaden (Abrechnung auf Neuwagenbasis). Auch die Tatsache, dass ein Fahr- 115 zeug sehr neu und wenig benutzt ist, rechtfertigt grundsätzlich keine Abweichung vom Prinzip, dass nur der Ersatzbeschaffungswert dieses konkreten Fahrzeuges zu ersetzen ist. Allerdings erkennt die belgische Rechtsprechung bei solchen „unechten Totalschäden" ausnahmsweise gelegentlich einen merkantilen Minderwert zu.[187]

II. Wertminderung

1. Technischer Minderwert. Nach dem in Belgien geltenden Grundsatz, dass der Geschä- 116 digte soweit möglich wieder in den Zustand zu versetzen ist, in dem er sich befunden hätte, hätte die schadensverursachende Handlung nicht stattgefunden,[188] ist ein eventuell verbleibender technischer Minderwert durch eine Geldzahlung auszugleichen.

2. Merkantiler Minderwert. Ein merkantiler Minderwert wurde nach belgischem Recht 117 **grundsätzlich nicht** zuerkannt. In letzter Zeit sind Tendenzen zu erkennen (vgl. → Rn. 116), dass jedenfalls bei sehr neuen Fahrzeugen dennoch ein merkantiler Minderwert zugesprochen wird.[189] Die „Indikative Tabelle 2012"[190] schlägt insofern vor, in solchen Fällen 10 % des Neuwertes anzusetzen. Dieser Vorschlag wird allerdings nunmehr auch bereits einige Jahre in der belgischen Rechtslehre formuliert, ohne das er bei den Gerichten bislang tatsächlich Gehör gefunden hätte.

III. Abschleppkosten

Abschleppkosten sind unzweifelhaft, selbst bei höheren Beträgen, zu ersetzen.[191]   118

IV. Kosten für Gutachten und Kostenvoranschläge

Gutachtenkosten für außergerichtliche Gutachten sind zu erstatten, wenn eine einver- 119 nehmliche Begutachtung nach dem belgischen Begutachtungsabkommen nicht möglich war oder die gegnerische Versicherung binnen einer bestimmten Frist nicht auf die Aufforderung, das Fahrzeug zu begutachten, reagiert (siehe → Rn. 107). Belgische Versicherungen sind hier stets zögerlich und verweisen auf die Schadensminderungspflicht; Gerichte sprechen diese Beträge jedoch zu, wenn die vorgenannte Notwendigkeit bewiesen wird.

V. Nebenkosten bei Ersatzfahrzeugen

1. Ab-, An- und Ummeldekosten. Ab-, An- und Ummeldekosten sind grundsätzlich ge- 120 schuldet, ebenso die belgische Inverkehrsbringungssteuer für ein neues Fahrzeug sowie die Kosten einer technischen Abnahme nach Reparatur.[192]

---

186 Eine Ausnahme bildet der merkantile Minderwert, siehe hierzu Rn. 117.
187 Polizeigericht Oudenaarde vom 25.1.2002, T.A.V.W. 2001, 349, es ging um ein Fahrzeug, dass weniger als einen Monat alt war und 914 km gefahren war. Auch in der letzten „Indikativen Tabelle" zur Schadenspauschalisierung ist bei sehr neuen Fahrzeugen eine Pauschale von 10 % des Neuwertes zum Ausgleich des Merkantilen Minderwertes vorgesehen.
188 Kassationshof vom 26.5.1930, Pas. 1930, 234.
189 Polizeigericht Oudenaarde vom 25.1.2002, T.A.V.W. 2001, 349, es ging um ein Fahrzeug, dass weniger als einen Monat alt war und 914 km gefahren war.
190 Die „Indikative Tabelle" ist eine vom Verband der Magistraten an den Gerichten erster Instanz und vom königlichen Verband der Richter an den Polizei- und Friedensgerichten erstellte Übersicht über pauschalierte Schadensersatzforderungen. Sie hat keinen Gesetzesrang, wird jedoch in der Praxis nahezu ausnahmslos bei der Schadensberechnung angewandt. Sie kann in Wirkung und Verbreitung zB mit der deutschen Düsseldorfer Tabelle für Kindesunterhalt verglichen werden. Ein Verweis auf Auszüge im Internet findet sich unter der Aufstellung der Arbeitsmittel unter Teil 4 unter „Internetadressen", ein Verweis auf die vollständige Ausgabe unter „Kommentare".
191 De Somer; Helsen, Verkeerszakboekje, S. 152.
192 De Somer; Helsen, Verkeerszakboekje, S. 150 ff.

121 **2. Umbaukosten.** Die Kosten des Umbaus von Zubehör, wie Radio, Anhängerkupplung oder Telefon sind grundsätzlich, wenn nachgewiesen, zu erstatten. In belgischen Sachverständigengutachten wird für diese Position zumeist eine Pauschale ausgewiesen, die oft niedriger ist als die tatsächlichen Kosten.[193] Wird das Gutachten als richtig akzeptiert, sind tatsächlich höhere Kosten auch nach Vorlage einer Rechnung oft schwer zu erlangen.[194]

VI. Nutzungsausfallentschädigungen

122 Nutzungsausfallentschädigungen werden in Belgien weitgehend **pauschalisiert** bezahlt, und zwar sowohl für gewerbliche als für private Geschädigte. Von der diesem Werk ansonsten eigenen Gliederung ist daher abzuweichen. Es ist grundsätzlich festzustellen, dass das belgische Recht zwei Nutzungsausfallperioden unterscheidet, nämlich die sogenannte „Wartezeit", die Zeitspanne zwischen Unfall und Beendigung der Begutachtung sowie die „Reparatur- bzw. Ersatzbeschaffungszeit", also der Zeit, in der das Fahrzeug repariert oder ein neues beschafft wird. Diese beiden Zeiträume sind zu vergüten.[195]

123 Die Wartezeit liegt zumeist in der Hand der gegnerischen Versicherung, die sofort zur Begutachtung aufgefordert werden sollte, und dauert eben an, bis diese Versicherung einen Sachverständigen entsendet und dieser sein Gutachten fertiggestellt hat. Sollte selbst ein Gutachter beauftragt werden, etwa weil das belgische Expertise-Abkommen nicht greift, sollte dies unverzüglich geschehen. Die Reparaturzeit ergibt sich sodann aus dem Gutachten oder der Reparaturrechnung. Die Ersatzbeschaffungszeit wird von den belgischen Gerichten zumeist pauschal auf 15 Tage festgelegt,[196] es gibt allerding Tendenzen, die wirkliche Wiederbeschaffungsdauer anzuerkennen, wenn belegt wird, dass eine längere Frist nötig war, zB wegen Lieferfristen von Neuwagen.[197]

124 **1. Mietwagenkosten.** Mietwagenkosten werden grundsätzlich für die vorgenannte Dauer erstattet, allerdings ist insofern der tatsächliche – meist berufliche – **Bedarf** darzulegen.[198] Es ergeben sich hierzu weiter keine Besonderheiten, wenn die Mietwagenrechnung nicht vollständig unangemessen ist, ansonsten gilt die Schadensminderungspflicht. Die Mietkosten für ein lediglich privat genutztes Ersatzfahrzeug dürften wohl stets in Zweifel gezogen werden.

125 **2. Nutzungsausfallentschädigung.** Wie bereits erwähnt wird eine Nutzungsausfallentschädigung für den Warte- und Reparatur-/Wiederbeschaffungszeitraum **pauschalisiert** gezahlt, ohne dass es weiterer Nachweise bedarf, und zwar sowohl im privaten als auch im gewerblichen Bereich. Voraussetzung ist natürlich, dass keine konkrete Schadensabrechnung anhand von Mietwagenkosten erfolgt. Die von der Indikativen Tabelle (vgl. → Rn. 117) vorgeschlagenen Beträge sind insofern (auszugsweise):

Fahrzeugart:	Nutzungsausfall pro Tag:
Fahrrad	5 EUR
Motorrad bis 450 cc	9 EUR
Motorrad über 450 cc	15 EUR
Pkw	20 EUR
Wohnmobil	50 EUR

193 De Somer; Helsen, Verkeerszakboekje, S. 150 ff.
194 Das Gutachten ist eine Urkunde im Sinne von Art. 1341 Code Civil, eine später eingereichte Rechnung nur der „Anfang eines schriftlichen Beweises" nach Art. 1347 Code Civil.
195 Kassationshof vom 18.10.1995 (Entreprises Philippe N.V./Attert), http://www.cass.be.
196 Polizeigericht Lüttich vom 22.3.2001, Verkeersrecht 2003, Ausgabe 6, 206.
197 Berufungshof zu Antwerpen vom 28.5.1997, T.A.V.W. 1998, 39.
198 Berufungshof Brüssel vom 13.1.1992, T.Verz 1992, 492.

Lkw (ohne Gespanne)	46 EUR plus 10 EUR für jede Tonne mehr als 3 Tonnen Ladevermögen
Zugmaschine (Sattelschlepper)	112 EUR
Auflieger (Sattelschlepper)	87 EUR
Autobus über 50 Sitzplätze	89,50 EUR

VII. Unkostenpauschale

Es wird eine Unkostenpauschale zwischen 62 EUR und 125 EUR für Verwaltungskosten, Korrespondenz und Telefonate empfohlen,[199] außergerichtlich bieten die Versicherungen meist das Minimum an.   **126**

VIII. Sonderfall Vollkaskoversicherung

Bei der Inanspruchnahme der Vollkaskoversicherung geht die Schadensersatzforderung auf diese über, soweit Leistungen erbracht worden sind.[200] Da eine Prämienerhöhung nach belgischem Recht oft nicht anerkannt wird,[201] sollte eine Erstattung an die eigene Vollkaskoversicherung angestrebt und mit dieser vereinbart werden.   **127**

B. Mittelbare Sachschäden

I. Finanzierungskosten

Finanzierungskosten können grundsätzlich erstattet werden, wenn nachgewiesen wird, dass der Geschädigte nicht über ausreichende finanzielle Mittel verfügte, um die Reparatur- oder Wiederbeschaffung vorzufinanzieren.[202] Wird ein Neufahrzeug erworben, das einen weit höheren Wert als das beschädigte Fahrzeug hat, und der Mehrpreis bar bezahlt, soll der Kausalzusammenhang für die erneute Kreditaufnahme entfallen.[203]   **128**

II. Verzugszinsen

Frühestens ab Unfalldatum bis zur Bezahlung kann das entscheidende Gericht Verzugszinsen, sogenannte vergütende Zinsen auferlegen. Diese werden entweder pauschal (meist 5 % oder 7 %) festgelegt oder mittels des gesetzlichen Zinssatzes, der jährlich angepasst wird. In den letzten Jahren betrug der belgische **gesetzliche Zinssatz**:   **129**

Ab September 1996:	7 %
2007	6 %
2008	7 %
2009	5,5 %
2010	3,25 %
2011	3,75 %
2012	4,25 %

---

199 Indikative Tabelle 2012, Kapitel 1 Nr. 2.
200 Art 95 Versicherungsgesetz bzw. für Altfälle Art. 41 Landsversicherungsvertragsgesetz: „Der Versicherer, der die Entschädigung gezahlt hat, tritt in Höhe des Betrags dieser Entschädigung in die Rechte und Rechtsklagen des Versicherten oder des Begünstigten gegen die für den Schaden verantwortlichen Dritten ein."
201 De Somer, Helsen, Verkeerszakboekje. S. 154: vereinzelt sind Fälle bekannt, in denen einen Prämienerhöhung zugunsten des Eigentümers und zulasten des Fahrers desselben Fahrzeuges, der den Unfall verursacht hat, zuerkannt wurde. Im Allgemeinen tut sich die Rechtsprechung mit der Zuerkennung der Prämienerhöhung allerdings schwer, da am direkten Kausalzusammenhang fehle, Die Erhöhung sei schließlich Folge einer Vertragsklausel und nicht des Unfalles.
202 Gericht erster Instanz zu Gent vom 15.12.1980, RW 1981–82, 1638.
203 Polizeigericht Löwen vom 23.4.2004; VAV 2004, Ausgabe 4, 355.

2013	2,75 %
2014	2,75 %
2015	2,5 %
seit 2016	2,25 %

III. Anwaltskosten

130 Das belgische Recht kannte lange Zeit keine Erstattung von Anwaltskosten, und außergerichtliche Honorare werden auch heute noch niemals erstattet.

Allerdings gibt es seit einigen Jahren die **pauschale** Erstattung **gerichtlicher** Anwaltskosten: Diese werden bei Obsiegen wie folgt vergütet (ohne Besonderheiten wird der Basisbetrag festgelegt, zwischen Minimum und Maximum besteht aber theoretisch Ermessen für das Gericht):[204]

Streitwert	Basisbetrag	Minimumbetrag	Maximumbetrag
bis 250 EUR	165 EUR	82,50 EUR	330 EUR
Von 250,01 EUR bis 750 EUR	220 EUR	137,50 EUR	550 EUR
Von 750,01 EUR bis 2500 EUR	440,00 EUR	220 EUR	1100 EUR
Von 2500,01 EUR bis 5000 EUR	715 EUR	412,50 EUR	1650 EUR
Von 5000,01 EUR bis 10.000 EUR	990 EUR	550 EUR	2200 EUR
Von 10.000,01 EUR bis 20.000 EUR	1210 EUR	687,50 EUR	2750 EUR
Von 20.000,01 EUR bis 40.000 EUR	2200 EUR	1100 EUR	4400 EUR
Von 40.000,01 EUR bis 60.000 EUR	2750 EUR	1100 EUR	5500 EUR
Von 60.000,01 EUR bis 100.000 EUR	3300 EUR	1100 EUR	6600 EUR
Von 100.000,01 EUR bis 250.000 EUR	5500 EUR	1100 EUR	11.000 EUR
Von 250.000,01 EUR bis 500.000 EUR	7700 EUR	1100 EUR	15.400 EUR
Von 500.000,01 EUR bis 1.000.000 EUR	11.000 EUR	1.100 EUR	22.000 EUR
Über 1.000.000,01 EUR	16.500 EUR	1.100 EUR	33.000 EUR

IV. Rückstufungsschaden

131 Eine Prämienerhöhung wird **meist nicht** als Schaden anerkannt, da es keinen Kausalzusammenhang zwischen dieser Prämienerhöhung und dem Unfall geben soll. Der Schädiger habe keinerlei Einfluss auf den Inhalt des Versicherungsvertrages des Geschädigten.[205] Vereinzelt wurden Prämienerhöhungen wohl jedoch bereits anerkannt.[206]

---

204 Königlicher Erlass vom 26.10.2007 in der Fassung vom 1.3.2011.
205 Handelsgericht Charleroi vom 16.10.2009, RGAR 2010, Ausgabe 2, Nr. 14607.
206 Ohne weitere NachweiseDe Somer; Helsen, Verkeerszakboekje. S. 154.

§ 3 Personenschäden

A. Heilbehandlungskosten

I. Arzt- und Krankenhauskosten

Heilbehandlungskosten werden grundsätzlich erstattet, soweit sie nicht durch Erstattung   132
an die Krankenkasse zediert sind und soweit sie kausal durch den Unfall verursacht wurden. Es besteht Streit über die anfallenden Heilbehandlungskosten nach Konsolidierung. Nach der Rechtsprechung sollen diese Kosten durch die pauschale Schmerzensgeldzahlung für bleibende Invalidität abgegolten sein,[207] ein Teil der Literatur bestreitet dies.[208]

II. Nebenkosten

Ersetzt werden neben der Verwaltungskostenpauschale vor allem Fahrtkosten, wobei   133
0,33 EUR pro Kilometer angesetzt werden.[209] Höhere Nebenkosten können im Einzelfall nachgewiesen werden.

III. Besuchskosten

Besuchskosten können unter Umständen ersetzt werden, wenn sie erforderlich waren (Verbleib enger Angehöriger bei einem Aufenthalt in einem weit entfernten Krankenhaus).[210]   134

B. Erwerbsschaden

Einkommensverluste sind stets konkret nachzuweisen durch einen Vergleich des Arbeitseinkommens vor dem Unfall mit den Lohnersatzleistungen während einer Krankschreibung. Dies gilt unabhängig vom Statut des Geschädigten. Mehranstrengungen, die nicht weiter bezifferbar sind, etwa weil der Arbeitnehmer derzeit nicht erwerbstätig ist, werden zu 20 EUR pro Tag voller Arbeitsunfähigkeit erstattet.   135

Bei dauerhaften Erwerbseinbussen wird nach verschiedenen Kapitalisierungstabellen eine Einmalzahlung errechnet, die diese Verluste ausgleichen soll.

C. Haushaltsführungsschaden

Der Haushaltsführungsschaden wird nach belgischem Recht nahezu ausschließlich **pauschal** abgerechnet, was in dieser Schadenposition aufgrund der Nachweisschwierigkeiten   136
sicherlich auch vorteilhaft ist. Hierbei werden bei Kinderlosen 20 EUR pro Tag voller Arbeitsunfähigkeit angesetzt, bei einem Kind 25 EUR und für jedes weitere Kind zusätzlich 5 EUR. Diese Beträge verstehen sich pro Haushalt und nicht pro Geschädigtem, sind beide Ehegatten geschädigt und lässt sich die Aufgabenverteilung nicht belegen, werden 65 % dieser Beträge der Frau und 35 % dem Mann zugerechnet.[211] Kann der Haushaltsschaden konkret anhand etwa von Rechnungen anerkannter Hilfsdienste, deren Beauftragung notwendig war, belegt werden, kann natürlich auch eine konkrete Abrechnung dieser Position erfolgen.

---

207 Gericht erster Instanz zu Brügge vom 3.5.2007, T.Verz. 2009, Ausgabe 1, S. 72; Berufungshof Gent vom
     12.4.1996, T.A.V.W. 1997, 148.
208 De Somer; Helsen, Verkeerszakboekje. S. 143.
209 Indikative Tabelle 2012,Kapitel 1 Nr. 2.
210 De Somer, Helsen, Verkeerszakboekje. S. 160.
211 Indikative Tabelle 2012, S. 18 ff.

Auch für den Haushaltsführungsschaden ist eine Kapitalisierung und sodann Einmalzahlung zur Abgeltung zukünftiger dauerhafter Beeinträchtigungen gebräuchlich.

D. Nebenpositionen

I. Beerdigungskosten

137 Beerdigungskosten fallen nach belgischem Recht zulasten des Nachlasses und können von den Erben sodann beim Schädiger geltend gemacht werden. Diese Kostenposition umfasst grundsätzlich das **gesamte Begräbnis** inklusive Empfang. Die Kosten können jedoch, wenn sie dem Gericht übertrieben erscheinen, auf einen Pauschalbetrag reduziert werden. Eine Besonderheit des belgischen Rechts ist wohl die Tatsache, dass die Erben sich auf die Begräbniskosten **ersparte Aufwendungen** anrechnen lassen müssen. Die belgische Rechtsprechung[212] nimmt insofern an, dass es in bestimmten Fällen, etwa aufgrund des Altersunterschiedes, ohnehin eines Tages die Pflicht der Erben gewesen wäre, den Erblasser zu bestatten. Der Schaden liege mithin nur in der frühzeitigen Aufwendung dieser Kosten. Abzuziehen sei als sowieso-Position somit der Basisbetrag, der sich mit Verzinsung zum statistischen Sterbedatum als Beerdigungskosten ergeben hätte.[213]

II. Sonstige Positionen

138 Erwähnenswert ist hier, dass auch der Verlust eines Ausbildungsjahres nach der Indikativen Tabelle des Jahres 2012 pauschal abgerechnet werden kann. So kann hierfür ein Schmerzensgeld von 3.750 EUR verlangt werden, als materieller Schaden eine Pauschale zwischen 390 EUR (Grundschule) und 4.000 EUR (Student mit eigener Studentenwohnung).

E. Haftungsprivilegien

I. Arbeitsverhältnisse

139 Im Verhältnis zwischen – schadensverursachendem – Arbeitnehmer und seinem Arbeitgeber ist – wie bereits erwähnt – die Rechtslage deutlich geregelt: Für einfache Fahrlässigkeit des Arbeitnehmers haftet gegenüber Dritten allein der Arbeitgeber (siehe → Rn. 37 f.). Hinsichtlich Forderungen des Arbeitnehmers gegen den Arbeitgeber gibt es ebenfalls eine Besonderheit: Hier besteht teilweise eine Immunität des Arbeitgebers, jedenfalls soweit dieser wie gesetzlich vorgeschrieben eine Unfallversicherung für seine Arbeitnehmer abgeschlossen hat. Lediglich bei vorsätzlicher Verursachung des Unfalles und in einigen Spezialfällen haftet der Arbeitgeber über den Versicherungsschutz hinaus (siehe → Rn. 37 f.).

II. Familienangehörige

140 Haftungsprivilegien für Familienangehörige bestehen nach belgischem Recht nicht.

§ 4 Schmerzensgeld

---

212 ZB Polizeigericht Namur vom 3.5.2007, VAV 2009, Ausgabe 3, 213.
213 Eine Frau verstirbt mit 54 Jahren, die Beerdigungskosten betragen 3.098,67 EUR. Ihre statistische Lebenserwartung betrug noch 29 Jahre. Hätte man heute einen Betrag von 752,82 EUR zu 5 % Zinsen angelegt, dann hätte er in 29 Jahren den Beerdigungskostenbetrag ergeben. Die 752,82 EUR sind mithin als Sowiesokosten abzuziehen. Diese Rechnung vergisst natürlich vollständig die Inflation. Würde man diese voll ansetzen, käme man wohl auf gar keinen Schadensersatz für Beerdigungskosten.

A. Grundlagen

I. Allgemeine Grundlagen

Auch die Berechnung von Schmerzensgeld erfolgt in Belgien nahezu ausschließlich nach den **Pauschalsätzen** der Indikativen Tabelle.[214]   141

II. Angehörigenschmerzensgeld

Das Angehörigenschmerzensgeld ist in der Indikativen Tabelle (vgl. → Rn. 117) pauschalisiert. Es ergeben sich folgende Beträge, ohne dass weitere Voraussetzungen außer der schuldhaften Schadensverursachung erfüllt sein müssten:[215]   142

Angehöriger	Entschädigung
Ehepartner	12.500 EUR
Lebensgefährte bei dauerhafter Beziehung	12.500 EUR
Verlobte/r	5.000 EUR
Eltern im Haus wohnend	7.500 EUR
Eltern nicht im Haus wohnend	3.750 EUR
Im Haus lebendes Kind per Elternteil	12.500 EUR
Außer Haus lebendes Kind per Elternteil	5.000 EUR
Ungeborenes Kind (auch Fehlgeburt)	2.500 EUR
Bruder/Schwester im Haus wohnend	2.500 EUR
Bruder/Schwester nicht im Haus wohnend	1.500 EUR
Stiefvater/-mutter im Haus wohnend	5.000 EUR
Stiefvater/-mutter	2.500 EUR
Stiefsohn/-tochter im Haus wohnend	5.000 EUR
Stiefsohn/-tochter	2.500 EUR
Großeltern im Haus wohnend	2.500 EUR
Großeltern	1.250 EUR
Enkelkind im Haus wohnend	2.500 EUR
Enkelkind	1.250 EUR
Schwiegereltern im Haus wohnend	1.750 EUR
Schwiegereltern	1.150 EUR
Schwiegerkind im Haus wohnend	1.750 EUR
Schwiegerkind	1.150 EUR

Weiter kann hier in besonderen Fällen noch ein sogenannter „Widerspiegelungsschaden" des Ehegatten oder Lebenspartners geltend gemacht werden. Ist zB der Ehegatte durch den Unfall zeugungsunfähig geworden, erleidet der andere Partner einen eigenen Schaden.   143

---

214 Indikative Tabelle 2012, vgl. Rn. 117.
215 Indikative Tabelle 2012.

Müller-Trawinski

III. Schockschäden

144   Schockschäden finden über die oben genannten Pauschalbeträge hinaus keine Berücksichtigung.

B. Berechnungsgrundlagen

145   Das belgische Recht kennt **Pauschalen** für verschiedene **kumulative** Aspekte des immateriellen Schadens. Diese sind (auszugsweise):

I. Schmerzensgeld für ästhetische Entstellung

146   Hierbei wird von einem medizinischen Sachverständigen der Grad der Entstellung aus einer Skala von 1 bis 7 festgelegt. Je nach Lebensalter und Entstellungsgrad erhält das Opfer allein für die Entstellung die folgenden Beträge, wiederum ohne dass außer der Haftung dem Grunde nach und der medizinischen Feststellung weitere Belege erbracht werden müssten:[216]

Lebens- alter	1/7	2/7	3/7	4/7	5/7	6/7	7/7
	minimal	sehr leicht	leicht	mittelmäßig	ernst	sehr ernst	abstoßend
0–10	540 EUR	2.150 EUR	4.850 EUR	8.625 EUR	10.000 EUR*	15.000 EUR*	25.000 EUR*
11–20	520 EUR	2.075 EUR	4.700 EUR	8.300 EUR			
21–30	490 EUR	2.000 EUR	4.400 EUR	7.850 EUR			
31–40	450 EUR	1.800 EUR	4.100 EUR	7.250 EUR			
41–50	400 EUR	1.600 EUR	3.600 EUR	6.500 EUR			
51–60	350 EUR	1.400 EUR	3.100 EUR	5.550 EUR			
61–70	275 EUR	1.100 EUR	2.600 EUR	4.400 EUR			
71–80	200 EUR	800 EUR	1.750 EUR	3.100 EUR			
81 und älter	115 EUR	450 EUR	1.050 EUR	1.850 EUR			

*Minimum

II. Schmerzensgeld für bleibende Invalidität

147   Auch hier legt die Indikative Tabelle Pauschalbeträge **pro Prozentpunkt** dauerhafter Arbeitsunfähigkeit je nach Lebensalter fest. Nach neuester Lesart seit 2012 macht die Indikative Tabelle allerdings einen Unterschied zwischen zeitweiser und dauerhafter persönlicher Haushaltsführungs- und beruflicher Invalidität. Die einzelnen Schadenspositionen werden gesondert durch einen Sachverständigen berechnet und es wird für jede einzelne Position ein Schmerzensgeld errechnet.

So wird etwa für die persönliche Invalidität ein Betrag von pauschal 31 EUR während einer Krankenhausaufnahme und 25 EUR bei Verbleib zu Hause zuerkannt, wobei es sich hier um die Höchstbeträge handelt, die für eine 100%tige Beeinträchtigung anfallen und ansonsten pro-rata gekürzt werden.

Die pauschale Vergütung des Haushaltsschadens ist zuvor schon besprochen worden und beträgt bei 100% Arbeitsunfähigkeit im häuslichen Bereich 20 EUR pro Haushalt zzgl. 5 EUR für jedes Kind.

Die Verluste im beruflichen Bereich sind wie bereits erwähnt konkret zu belegen.

---

216 Indikative Tabelle 2012, S. 82.

Bleibende Schäden werden sodann mit Pauschalbeträgen pro Prozentpunkt bleibender Beeinträchtigung vergütet:[217]

Lebensalter	Entschädigung pro Prozentpunkt (bei Schaden von mehr als 6 %)
< 15 Jahre	3600 EUR
< 25 Jahre	3150 EUR
< 30 Jahre	2925 EUR
< 35 Jahre	2700 EUR
< 40 Jahre	2475 EUR
< 45 Jahre	2250 EUR
< 50 Jahre	2025 EUR
< 55 Jahre	1800 EUR
< 60 Jahre	1575 EUR
< 65 Jahre	1350 EUR
< 70 Jahre	1125 EUR
< 75 Jahre	900 EUR
< 80 Jahre	675 EUR
< 85 Jahre	450 EUR
> 85 Jahre	275 EUR

III. Weitere Schmerzensgeldpositionen

Als weitere Schmerzensgeldpositionen kommen in Betracht, zB der sexuelle Schaden bei Verletzungen an den Geschlechtsteilen oder Zeugungsunfähigkeit oder entgangene Freuden bei Verhinderung der weiteren Ausübung eines Hobbies.   148

C. Genugtuungsfunktion

Das wie zuvor beschrieben pauschalisierte Schmerzensgeld hat sicherlich auch nach belgischem Recht eine Genugtuungsfunktion, diese spielt jedoch in der Festlegung keine Rolle.   149

D. Berechnungsmethode

Die Berechnung des Schmerzensgeldes ergibt sich aus der Addition der verschiedenen Pauschalbeträge. Aufgrund der **Kapitalisierung** von Zinsen und Ansprüchen ergeben sich dennoch recht **komplexe Berechnungen**, die in Belgien von Anwälten und Versicherern zumeist mittels einer kostenpflichtigen Spezialsoftware ausgeführt werden.[218]   150

E. Kapitalisierung von Schadensersatz- und Schmerzensgeldrenten

Es ist in Belgien üblich, zukünftige Ansprüche auf Rentenzahlungen ab Konsolidierung der Verletzungen zu kapitalisieren. Die entsprechende Berechnung ist komplex und erfordert die Zuhilfenahme einer Software oder einer Tabelle.[219]   151

---

217 Indikative Tabelle 2012: die Tabelle ist vereinfacht dargestellt; für jedes Lebensjahr ist ein gesonderter Betrag vorgesehen, zudem gibt es noch andere Beträge, die bei Schädigungen unter 6% gezahlt werden. Es empfiehlt sich, bei Fragestellungen zu diesen Beträgen stets die aktuelle Tabelle zu konsultieren.
218 Marktführer ist wohl derzeit das Programm „repair", wenngleich offenbar auch Konkurrenzprodukte auf den Markt kommen.
219 Kapitalisierungstabellen nach belgischem Recht sind etwa zu finden unter http://www.tafelsschryvers.be.

§ 5 Ansprüche aus übergegangenem Recht (Regress)

A. Gesetzliche Anspruchsgrundlagen

152   Für die Schadensversicherung ist der gesetzliche Forderungsübergang wie bereits erwähnt in Art. 95 Versicherungsgesetz geregelt.[220] Für die Krankenversicherung findet sich die Legalzession in Art. 136 § 2 Abs. 3 des Gesetzes vom 14.7.1994.[221]

B. Kongruenz von Leistung und Ersatzanspruch

153   Wie auch im deutschen Recht ist eine Kongruenz von Leistung und Ersatzanspruch für den Forderungsübergang erforderlich.

C. Haftungsprivileg

154   Die verschiedenen nach belgischem Recht bestehenden Haftungsprivilegien sind bereits unter → Rn. 36 ff. besprochen worden, so dass an dieser Stelle nach dort verwiesen werden kann.

D. Quotenvorrecht des Geschädigten

155   Für die Schadensversicherung ist ein Quotenvorrecht des Geschädigten in Art. 95 Abs. 3 Versicherungsgesetz geregelt.[222] Hiernach besteht bei der Schadensversicherung, wie auch im deutschen Recht, ein Quotenvorrang. Bei der Krankenversicherung ist die Rechtslage etwas anders: Gemäß Art. 136 § 2 Abs. 1 des Gesetzes vom 14.7.1994[223] besteht ein Anspruch gegen die Krankenversicherung nur, soweit nicht anderer Schadensersatz erlangt werden kann, bei teilweiser Regulierung in Höhe der Differenz. Insofern hat die Krankenversicherung mithin auch hinsichtlich der ihr nach Art. 136 § 2 Abs. 3 zedierten Beträge Vorrang vor ihrem Versicherten. Erstaunlich ist, dass die Konstruktion des Quotenvorrechts in der belgischen Rechtspraxis weitgehend unbekannt ist;[224] dies obschon für die Schadenversicherung Art. 95 des Gesetzes über die Landversicherung seinem Inhalt nach eindeutig ist.

---

220   Art. 95 Versicherungsgesetz (zuvor Art. 41 Landversicherungsvertragsgesetz): „Der Versicherer, der die Entschädigung gezahlt hat, tritt in Höhe des Betrags dieser Entschädigung in die Rechte und Rechtsklagen des Versicherten oder des Begünstigten gegen die für den Schaden verantwortlichen Dritten ein."

221   Art. 136 § 2 Abs. 3 Gesundheitspflege- und Entschädigungspflichtversicherungsgesetz: „Der Versicherungsträger tritt von Rechts wegen an die Stelle des Begünstigten in Höhe der bewilligten Leistungen für die Gesamtheit der Beträge, die aufgrund einer belgischen Rechtsvorschrift, einer ausländischen Rechtsvorschrift oder aufgrund des allgemeinen Rechts geschuldet werden und die den in Absatz 1 erwähnten Schaden ganz oder teilweise entschädigen."

222   Art. 95 Abs. 3 Versicherungsgesetz (zuvor Art. 41 Abs. 3 Landversicherungsvertragsgesetz): „Durch den Forderungsübergang darf ein Versicherter oder Begünstigter, der nur teilweise entschädigt worden ist, nicht benachteiligt werden. In diesem Fall kann er seinen Anspruch auf die Restschuld vorrangig vor dem Versicherer geltend machen."

223   Art. 136 § 2 Abs. 1 Gesundheitspflege- und Entschädigungspflichtversicherungsgesetz: „Die im vorliegenden koordinierten Gesetz vorgesehenen Leistungen werden verweigert, wenn der Schaden, der von einer Krankheit, von Schäden, von funktionellen Störungen oder vom Tod herrührt, aufgrund einer anderen belgischen Rechtsvorschrift, einer ausländischen Rechtsvorschrift oder aufgrund des allgemeinen Rechts entschädigt wird. Sind die Beträge, die aufgrund dieser Rechtsvorschriften oder des allgemeinen Rechts bewilligt werden, jedoch niedriger als die Leistungen der Versicherung, hat der Begünstigte Anrecht auf die Differenz zu Lasten der Versicherung."

224   Das einzige dem Verfasser bekannte Urteil zu dieser Frage hat allerdings ein Quotenvorrecht des Geschädigten gegenüber seiner Schadensversicherung bejaht – Gericht erster Instanz zu Antwerpen vom 23.3.1979, R.W. 1980–81, 133.

Abschnitt 3: Durchsetzung der Ansprüche

§ 1 Vorgerichtliche Schadensabwicklung

A. Das vorgerichtliche Verhalten der Versicherung

Soweit der Geschädigte die vorbeschriebenen Regeln zur Schadensabwicklung in Belgien **156** einhält, zB die Gegenseite zur Begutachtung des Fahrzeuges auffordert, bei Körperschäden zur Entsendung eines medizinischen Gutachters etc sowie über die in Belgien gebräuchlichen Belege, insbesondere einen von beiden Parteien unterschriebenen Europäischen Unfallbericht, welcher eindeutig die Haftung der Gegenseite ausweist, erfolgt eine Regulierung in annehmbarem Zeitrahmen.

Fehlt es an einer dieser Voraussetzungen, kann es zu Schwierigkeiten kommen. Es kann **157** zudem nicht geleugnet werden, dass einige belgische Versicherungen nur zögerlich regulieren. Dies mag an den Rechtstraditionen des belgischen Rechts liegen, in denen sie verhaftet sind, etwa den strengen Anforderungen an die Beweisführung. Eine unklare Beweislage geht bei einer verschuldensabhängigen Haftung eben zulasten des Geschädigten, und die Versicherung wird auch in einem Rechtsstreit zumeist obsiegen. Ein weiterer Grund für eine eher zögerliche Regulierungshaltung mag sein, dass auch nach neuerem belgischem Recht (vgl. → Rn. 130) Prozesskosten selbst im Obsiegensfalle nur pauschal erstattet werden, wohingegen die in Belgien üblichen Anwaltskosten recht hoch sind. Ein nicht rechtsschutzversicherter Geschädigter wird daher häufig von einer Klageerhebung absehen, jedenfalls wenn diese bei kleineren Schäden wirtschaftlich nicht sinnvoll ist.

B. Anerkenntniswirkung vorgerichtlicher Äußerungen

Vorgerichtlichen Äußerungen, insbesondere schriftlichen Erklärungen, zB auf dem Unfall- **158** bericht, kommt aufgrund des Grundsatzes der schriftlichen Beweisführung in Belgien besondere Bedeutung zu (vgl. → Rn. 87).

I. Verjährungsunterbrechung

Anders als im deutschen Recht hemmen Verhandlungen oder eine Inverzugsetzung die **159** Verjährung nach belgischem Recht prinzipiell nicht, eine Hemmung tritt nur durch Klageerhebung ein.[225] Allerdings ist zuletzt ausnahmsweise eine Hemmung anerkannt worden, wenn die Verhandlungen rechtsmissbräuchlich in die Länge gezogen wurden.[226] Anderes kann sich zudem aus internationalen Verträgen, etwa dem CMR, ergeben.[227]

II. Deklaratorisches Schuldanerkenntnis

Insbesondere Erklärungen auf dem Unfallbericht kommt in Belgien erhöhte Beweiskraft **160** zu, da dieser wenn nicht eine Urkunde im Sinne des Art. 1341 Code Civil so doch zumindest einen „Beginn eines Beweises" darstellt, gegen die der Zeugenbeweis im Prinzip nicht zulässig ist (vgl. → Rn. 87). Mündliche Schuldanerkenntnisse sind nur verwertbar, wenn das Gesetz für die Beweisführung den Zeugenbeweis abweichend vom Grundsatz der schriftlichen Beweisführung ausnahmsweise zulässt.[228]

---

225 Siehe Art. 2244 Code Civil.
226 Handelsgericht Brüssel vom 27.11.2007, RW 2010–2011, S. 1010.
227 Siehe zB Art. 32 Abs. 2 CMR.
228 Siehe Art. 1355 Code Civil: „Ein bloß mündliches außergerichtliches Geständnis kann nicht geltend gemacht werden, wenn es eine Klage betrifft, für die ein Zeugenbeweis nicht zulässig wäre."

C. Bedeutung von Abtretungen

161 Grundsätzlich ist im belgischen Recht die Figur der Abtretung bekannt.[229] Wohl nicht möglich ist es, eine durch einen materiell Unberechtigten eingereichte Klage durch eine spätere Abtretung der Forderung nachträglich zu heilen, so dass die Forderungsübertragung vor Prozessbeginn zu erfolgen hat und anzuzeigen ist.[230]

§ 2 Beweismittel

A. Allgemeine Grundlagen

162 Der belgische Code Civil kennt an Beweismitteln den Urkundenbeweis, Art. 1317 bis 1340 Code Civil, den Zeugenbeweis, Art. 1341 bis 1348 Code Civil, die Vermutung, Art. 1349 bis 1353 Code Civil, Das Geständnis, Art. 1354 bis 1356 Code Civil und den Eid, Art. 1357 bis 1369 Code Civil. Der Eid hat wohl keinerlei praktische Bedeutung mehr, über das Geständnis (vgl. → Rn. 87, 162) und Vermutungen (vgl. → Rn. 66) ist bereits gesprochen worden. Das belgische Prozessrecht kennt zudem noch den Sachverständigenbeweis, Art. 962 ff. Gerichtsgesetzbuch und den Ortstermin, Art. 1007 ff. Gerichtsgesetzbuch.

B. Einzelne Beweismittel

I. Neutrale Zeugen

163 Auch neutrale Zeugen können nach den Grundsätzen des belgischen Zivilrechts grundsätzlich nur dann gehört werden, wenn ein Urkundenbeweis nicht möglich ist, Art. 1341 iVm Art. 1347 und 1348 Code Civil, mithin auch kein aussagekräftiger Unfallbericht vorliegt.[231]

II. Insassenzeugen

164 Insassen können grundsätzlich als Zeugen gehört werden, allerdings wird ihrer Aussage in der Praxis meist wenig Bedeutung zukommen.[232]

---

229 Siehe Art. 1689 ff. Code Civil.
230 Siehe hierzu Storme, Rechtsopvolging in het proces, S. 21 ff.
231 Art. 1341 Code Civil: „Für alle Sachen, die eine Summe oder einen Wert von [375 EUR] übersteigen, selbst für freiwillige Hinterlegungen, muss eine notarielle oder privatschriftliche Urkunde errichtet werden; gegen den Inhalt oder über den Inhalt der Urkunden hinaus oder über das, was vor, bei oder nach Errichtung der Urkunden gesagt worden sein soll, ist kein Zeugenbeweis zulässig, selbst wenn es um eine Summe oder einen Wert von weniger als [375 EUR] geht."
Art. 1347 Code Civil: „Die obigen Regeln erfahren eine Ausnahme, wenn der Anfang eines schriftlichen Beweises vorhanden ist. Als Anfang eines schriftlichen Beweises gilt jede schriftliche Urkunde, die von demjenigen, gegen den die Klage eingereicht wird oder dessen Rechtsvertreter er ist, ausgeht und die angeführte Tatsache wahrscheinlich macht."
Art. 1348 Code Civil: „Diese Regeln erfahren ebenfalls eine Ausnahme in allen Fällen, in denen es dem Gläubiger nicht möglich war, sich einen schriftlichen Beweis der ihm gegenüber eingegangenen Verbindlichkeit zu verschaffen."
232 Siehe etwa Berufungshof zu Bergen vom 10.6.1994, Verkeersrecht 1995, S. 8: es gebe keine allgemeine Regel, dass Aussagen von Fahrzeuginsassen stets unbeachtlich seien, da diese systematisch die Version ihres Fahrzeuglenkers bestätigen würden, jedoch könne ein Fahrzeuginsasse eines unfallbeteiligten Fahrzeuges auch nicht als unabhängiger Zeuge angesehen werden, so dass seine Erklärung nur dann berücksichtigt werden könne, wenn kein anderes Beweismaterial ihr widerspreche.

III. Parteivernehmung

Eine Parteivernehmung ist dem belgischen Recht nicht bekannt. Dem in etwa der deut- 165
schen Parteivernehmung der Gegenseite vergleichbaren Entscheidungseid, Art. 1358 Code
Civil, nach dem eine Prozesspartei der anderen auferlegen kann, eine getroffene Aussage
unter Eid zu erklären, kommt aus verständlichen Gründen heute keine Bedeutung mehr
zu.

IV. Augenschein

Eine Inaugenscheinnahme bzw. ein Ortstermin sind grundsätzlich – auch von Amts wegen 166
– möglich, Art. 1007 ff. Gerichtsgesetzbuch. Sie sind jedoch allenfalls bei Verfahren vor
dem Friedensgericht gebräuchlich.

§ 3 Besonderheiten des belgischen Zivilprozessrechtes

A. Gerichtsstruktur

Schadenersatzfragen aus Verkehrsunfällen werden zumeist im Annexverfahren an die 167
strafrechtliche Abhandlung durch das Polizeigericht entschieden. Vorteil dieses Verfahrens
für den Geschädigten ist, dass ihm die Beweisführung hinsichtlich des Verschuldens des
Unfallverursachers von der Staatsanwaltschaft abgenommen wird, keine Zustellungskosten für eine eigene Klage anfallen, etc. Technisch hat sich der Geschädigte (durch seinen
Anwalt) während oder vor der strafrechtlichen Verhandlung als Zivilpartei zu bestellen,
hiernach wird im schriftlichen Verfahren über die Schadenshöhe gestritten.

Sollte dieses Verfahren nicht möglich sein, etwa weil die Ermittlungen aus Mangel an Be- 168
weisen eingestellt wurden, kann selber zivilrechtliche Klage erhoben werden. Zuständig ist
dennoch immer das Polizeigericht, Art. 601*bis* Gerichtsgesetzbuch, eine eventuelle Berufung geht sodann zum Gericht erster Instanz.

Eine weitere verfahrensrechtliche Besonderheit des belgischen Rechts ist die „einleitende 169
Sitzung". Mit der Klageschrift (citation/dagvaarding – wörtlich eigentlich „Vorladung")
werden die Parteien aufgefordert, zu dieser zu erscheinen. Bestellen sich Anwälte werden
allerdings bei diesem „frühen ersten Termin" zumeist lediglich Schriftsatzfristen vereinbart.

Erwähnenswert ist weiter, dass Akteneinsicht in Strafverfahren grundsätzlich erst nach 170
„Abschluss der Ermittlungen" gewährt wird, was auch bei kleineren Unfällen längere Zeit
dauern kann.

B. Klagebeschränkungen

Es gilt auch in Belgien der Grundsatz, dass Strafsachen die bürgerliche Rechtsforderung 171
aussetzen.[233] Dies ist häufig ein weiterer Grund dafür, sich unmittelbar im Strafverfahren
als Zivilpartei zu bestellen.

Abschnitt 4: Wichtige Arbeitsmittel

A. Zeitschriften

Belgisches Staatsblatt, Brüssel

Bulletin des Assurances, Mechelen

De Verzekering, Zeitschrift fortgesetzt als „Tijdschrift voor Verzekeringen",
Mechelen

La revue de Jurisprudence de Liège, Gent

Limburgs Rechtsleven, Brügge,

---

233   *Le criminel tient le civil en état*", siehe Art. 4 der Einleitung der belgischen Strafprozessordnung.

Nieuw Juridisch Weekblad, Mechelen

Pasicrisie Belge, Brüssel

Rechtskundig Weekblad, Antwerpen

Revue générale des assurances et des responsabilités, Gent

Revue régionale de droit, Faculté de Droit, Faculté Notre-Dame de la Paix, Brügge

Tijdschrift voor aansprakelijkheid en verzekering in het wegverkeer, Mechelen

Tijdschrift voor Belgisch Handelsrecht, Gent

Tijdschrift voor Privaatrecht, Mechelen

Tijdschrift voor Gentse Rechtspraak, Gent

Tijdschrift voor Verzekeringen, Mechelen

Tijdschrift voor West-Vlaamse Rechtspraak, Gent

Verkeer, aansprakelijkheid, verzekering, Mechelen

Verkeersrecht, Zeitschrift fortgesetzt unter der Bezeichnung „Verkeer, aansprakelijkheid, verzekering", Mechelen

B. Kommentare/Monographien

Baudonc, Frederiek/Debaene, Maarten, Buitencontractuele Aansprakelijkheid, 2004

Claeys, Ignace, Buitencontractuele Aansprakelijkheid, 2004

De Corte, Rogier, Overzicht van het burgerlijk recht, 2005

Storme, Matthias E., Goede trouw in geding en bewijs – De Goede trouw in het geding? De invloed van de goede trouw in het privaat proces- en bewijsrecht, Bericht für den 34. Wissenschaftlichen Kongress der Flämischen Juristenvereinigung, TPR, 1990 Nr. 2

ders.: Rechtsopvolging onder bijzondere titel tijdens het burgerlijk geding in België en Nederland", Rechtskundig Weekblad 1993/1994, 169–186

Vandenberghe, Hugo, Buitencontractuele aansprakelijkheid, 2004

Vandenberghe, Hugo/Van Quickenborne, Marc/Wynant, L., Overzicht van rechtspraak (1985–1993), aansprakelijkheid uit onrechtmatige daad, T.P.R. 1995

De Somer, Luc; Helsen, Lotte, Verkeerszakboekje, jährliche Ausgabe, hier zitiert Ausgabe 2015

Van Den Eynde, Sophie, Het Belgische en het Duitse systeem op de korrel genomen naar aanleiding van het arrest van het Bundesgerichtshof van 15 oktober 1991, jura falconis Jahrgang 36, 1999–2000, Nr. 3, S. 371–404, abrufbar über die Universität Löwen: http://www.law.kuleuven.be/jura/art/36n3/vandeneynde.htm

Van Schoubroek, Caroline, Overzicht van de rechtspraak inzake de vergoeding van verkeersslachtoffers op grond van artikel 29bis W.A.M.-wet., Actuele aspecten verkeersaansprakelijkheid, 1999

Wagner, Gerhard, Prozeßverträge: Privatautonomie im Verfahrensrecht, 1998

C. Internetadressen

Viele belgische Gesetze finden sich in deutscher Übersetzung auf der Webseite der „Zentralstelle für Deutsche Übersetzungen" unter Eingabe ihres Veröffentlichungsdatums in die Suchmaske www.scta.be, ZDDÜ (Zentrale Dienststelle für Deutsche Übersetzungen)

Urteile sowohl des Kassationshofes als auch der Untergerichte finden sich frei zugänglich und oft im Volltext auf der Webseite des Kassationshofes „Juridat": www.cass.be

Informationen zu den jährlich wechselnden gesetzlichen Zinsätzen finden sich auf der Webseite des belgischen Schatzamtes: http://treasury.fgov.be

D. Liste wichtiger Gesetze

Code Civil du 21 mars 1804/Burgerlijk Wetboek (Zivilgesetzbuch vom 21.3.1804)

Loi relative à l'assurance obligatoire de la respnsabilité en matière de véhicules automateurs du 21 Novembre 1989/Wet betreffende de verplichte aansprakelijkheidsverzekering inzake motorrijtuigen (Gesetzes über die Haftpflichtversicherung in Bezug auf Kraftfahrzeuge vom 21.11.1989 – Haftpflichtgesetz)

Arrêté royal portant règlement général sur la police de la circulation routière et de l'usage de la voie publique du 1 decembre 1975/Koninklijk besluit houdende algemeen reglement op de politie van het wegverkeer en van het gebruik van de openbare weg (Königlicher Erlass zur Festlegung der allgemeinen Ordnung über den Straßenverkehr und die Benutzung der öffentlichen Straße vom 1.12.1975 – Straßenverkehrsordnung)

Loi sur le contrat d'assurance terrestre du 25 juin 1992/Wet op de landverzekeringsovereenkomst (Gesetz vom 25.6.1992 über den Landversicherungsvertrag – Landversicherungsvertragsgesetz)

Code Judiciaire du 10 octobre 1967/Gerechtelijk Wetboek (Gerichtsgesetzbuch vom 10.10.1967)

Loi relative aux contrats de travail du 3 julliet 1978/Wet betreffende de arbeidsovereenkomsten (Gesetz über die Arbeitsverträge vom 3.7.1978 – Arbeitsvertragsgesetz)

Loi relative à la responsabilité des et pour les membres du personnel au service des personnes publiques du 10 février 2003/Wet betreffende de aansprakelijkheid van en voor personeelsleden in dienst van openbare rechtspersonen (Gesetz über die Haftung von und für Personalmitglieder(n) im Dienste von öffentlich-rechtlichen Personen vom 10.2.2003)

Loi coordonnée relative à la police de la circulation routière du 16 mars 1968/Gecoördineerde wet betreffende de politie over het wegverkeer (Koordiniertes Gesetz über die Straßenverkehrspolizei vom 16.3.1968 – Straßenverkehrspolizeigesetz)

Loi coordonnée relative à l'assurance obligatoire soins de santé et indemnités du 14 julliet 1994/Gecoördineerde wet betreffende de verplichte verzekering voor geneeskundige verzorging en uitkeringen (Koordiniertes Gesetz über die Gesundheitspflege- und Entschädigungspflichtversicherung vom 14.7.1994 – Gesundheitspflege- und Entschädigungspflichtversicherungsgesetz)

Dänemark

Verwendete Literatur: *Ludovisy/Eggert/Burhoff* (Hrsg.), Praxis des Straßenverkehrsrechts, 5. Aufl. 2011; *Nagel/Bajons* (Hrsg.), Beweis – Preuve – Evidence, 2003; *Neidhart*, Schadenersatz- und Verkehrsrecht in Skandinavien, DAR 2003, 357; *Schwarz*, Unfallregulierung im europäischen Ausland, NJW 1991, 2058 ff; *Stein Poulsen*, Haftung, Haftungsherabsetzung und Versicherung unter dem dänischen Schadensgesetz – mit vergleichenden Hinweisen auf das norwegische Recht, 1998.

Verzeichnis landesspezifischer Abkürzungen

DFIM   Dansk Forening for International Motorkøretøjsforsikring (Dänisches Grüne Karte Büro)

EAL   Erstatningsansvarsloven (Gesetz Nr. 228 vom 23. Mai 1984 über die Verpflichtung zum Schadensersatz)

FL   Færdselsloven (Gesetz Nr. 735 vom 24. August 1992 über Straßenverkehr)

UfR   Ugeskrift for Retswæsen (Juristische Wochenschrift)

Abschnitt 1: Anspruchsprüfung zum Haftungsgrund

§ 1 Haftungsgründe

1   Im dänischen Recht ist die Haftung für Schäden aus Verkehrsunfällen gesetzlich geregelt in den §§ 101–104 des dänischen Straßenverkehrsgesetzes (Færdselsloven/FL)[1] sowie generell im Schadensersatzgesetz (Erstatningsansvarsloven/EAL)[2] in der Fassung vom 3.1.2013. Das dänische Schadensersatzgesetz gilt gem. § 32 EAL nicht originär in den autonomen Regionen Färöer-Inseln (Intern. Kennzeichen: FO) und Grönland (Intern. Kennzeichen: KN), sondern durch königliches Dekret mit aufgrund der färöischen bzw. grönländischen Verhältnisse erforderlichen Abweichungen; desgleichen sind in diesen autonomen Gebieten jeweils eigene Straßenverkehrsgesetze verabschiedet worden, die aber mit Ausnahme der Regelung örtlicher Besonderheiten (zB für Motorschlitten) im Wesentlichen

---

[1] Eine deutsche Übersetzung der Gesetzesfassung ist abgedruckt bei Stein Poulsen im Anhang 2; aktuelle Gesetzesfassungen in dänischer Sprache sind im Internet unter https://www.retsinformation.dk abrufbar.

[2] Eine deutsche Übersetzung der Gesetzesfassung ist abgedruckt bei Stein Poulsen im Anhang 1; aktuelle Gesetzesfassungen in dänischer Sprache sind im Internet unter https://www.retsinformation.dk abrufbar.

der dänischen Regelung entsprechen, so dass auf eine gesonderte Darstellung des Rechts dieser Regionen verzichtet wird.

Eine Besonderheit des dänischen Straßenverkehrsrechts ist die Abwicklungsregelung, wonach unfallbedingte Sachschäden von der eigenen Versicherung des dänischen Geschädigten gezahlt werden, die dann je nach dem Grad des Eigenverschuldens des Verletzten beim Versicherer des Schädigers regressiert.[3]

Sachbearbeiter dänischer Versicherer gehen dabei häufig unbeabsichtigt davon aus, dass die Regulierungspraxis sich auch in anderen Ländern in dieser Weise darstellt. Daher empfiehlt es sich für nicht-dänische Geschädigte, zur Beschleunigung der Schadenregulierung gleich zu Beginn der Regulierungsverhandlungen eine Bescheinigung des eigenen Versicherers vorzulegen, wonach dieser weder aus der Kasko-, noch aus der Haftpflichtversicherung Leistungen an den eigenen Versicherungsnehmer erbracht hat.[4]

Das dänische Unfallhaftungsrecht unterscheidet in der Art der Haftung zwischen Sachschaden und Personenschaden.

A. Haftung des Fahrers

I. Haftung aus Verschulden

Der Fahrer eines unfallbeteiligten Fahrzeuges haftet grundsätzlich allein aufgrund seines Verschuldens (§ 104 Abs. 2 FL).

II. Gefährdungshaftung

Eine Gefährdungshaftung im Sinne des deutschen Haftungsrechts kennt das dänische Recht nicht; die für bestimmte Schadenspositionen festgelegte strengere objektive Haftung gilt für den Fahrer eines Kraftfahrzeuges nicht.[5]

B. Haftung des Halters

I. Haftung aus Verschulden

1. Straßenverkehrsrechtliche Gefährdungshaftung. Der Halter des unfallbeteiligten Kraftfahrzeuges haftet in Dänemark für unfallbedingte Sachschäden ausschließlich auf der Basis eigenen oder zurechenbaren Verschuldens. Dies bedeutet, dass der Schaden in Ansehung der **Verschuldensanteile** und der **Tatumstände geteilt** wird, wenn nicht eine Partei das alleinige Verschulden der anderen beweisen kann (§§ 101 Abs. 3, 103 Abs. 2 FL).[6]

2. Besonderheiten bei Beförderungen. Soweit Fahrgäste bzw. Mitfahrer Sachschäden zu beklagen haben, kommt es auf die Frage, ob eine entgeltliche oder unentgeltliche Beförderung (zB Gefälligkeitsfahrt) vorgelegen hat, nicht an.

II. Gefährdungshaftung

1. Grundlagen der Gefährdungshaftung. Demgegenüber gilt die sogenannte objektive Haftung, die weiter geht als die Gefährdungshaftung nach deutschem Rechtsverständnis, ausschließlich für Personenschäden (§§ 101 Abs. 1 und 2, 103 Abs. 1 FL). Hierbei handelt es sich um eine am spezifischen Gefährdungspotenzial des Kraftfahrzeuges orientierte Kausalhaftung (*Neidhardt*), die aber nur solche Personenschäden betrifft, die entweder durch einen Verkehrsunfall oder durch Explosion oder Feuer, die von den Brennstoffanlagen des Fahrzeuges ausgehen, verursacht sind (§ 101 Abs. 2 S. 1 FL).[7]

2. Typische Problembereiche. a) Betriebsbegriff. Anders als im deutschen Recht stellt das dänische Straßenverkehrshaftpflichtrecht nicht auf den Betrieb des Fahrzeuges ab, sondern

---

3 Hering, S. 52; Schwarz, NJW 1991, 2059.
4 Hering, S. 52; Schwarz, NJW 1991, 2060.
5 Stein Poulsen, S. 92.
6 Neidhart, DAR 2003, 359.
7 Stein Poulsen, S. 92 mwN.

auf die Schadensverursachung durch einen Verkehrsunfall. Dementsprechend kommt eine Haftung für Verletzungen Dritter, zB von Passagieren und Beifahrern, die sich lediglich bei Gelegenheit einer ordnungsgemäßen Fahrt ergeben nach den Grundsätzen der strengen Gefährdungshaftung nicht in Betracht.[8]

11 **b) Ladevorgänge.** Unfälle bei Ladevorgängen stellen begrifflich keine Verkehrsunfälle dar, so dass Personenschäden hierbei der Verschuldenshaftung nach dem EAL unterliegen. Dies gilt insbesondere auch für die Be- und Entladung von Tankfahrzeugen, wenn nur das Frachtgut und nicht etwa Motor bzw. Betriebsmittel des Fahrzeuges explodieren oder in Brand geraten (§ 102 FL).

12 **c) Verneinung der Betriebsgefahr.** Die streng objektive Kausalhaftung entfällt, wenn ein Kraftfahrzeug einen Schaden in anderer Weise, als in der in § 101 Abs. 1 FL erwähnten Art verursacht (zB verkehrswidrig geparktes Fahrzeug, gegen das ein Radfahrer fährt und sich hierbei verletzt, oder wenn ein Verkehrsteilnehmer mit dem am Straßenrand abgestellten Fahrzeug eines Unfallhelfers kollidiert und sich hierbei verletzt);[9] in diesen Fällen gilt dann wieder generell die oben unter → Rn. 7 f. dargestellte Verschuldenshaftung (§ 102 FL).

13 **3. Entlastungsmöglichkeit.** Gegenüber der objektiven Haftung für Personenschäden kann der Schädiger sich nur entlasten, wenn er beweisen kann, dass der Geschädigte oder Verstorbene vorsätzlich beim Schadenseintritt **mitgewirkt** hat. (§ 101 Abs. 2 S. 1 FL). Der Anspruch kann auch gemindert oder in besonderen Fällen gänzlich entfallen, wenn der Geschädigte oder Verstorbene durch grobe Fahrlässigkeit am Schadenseintritt mitgewirkt hat (§ 101 Abs. 2 S. 2 FL).[10] Demgegenüber gibt es im Rahmen der objektiven (absoluten) Haftung keine Entlastungsmöglichkeit für den Halter unter Hinweis auf etwaige höhere Gewalt oder sonstige Unabwendbarkeit des Unfallgeschehens.

C. Haftung des Versicherers

I. Haftungsvoraussetzung

14 Der im Rahmen der allgemeinen Versicherungspflicht für Kraftfahrzeuge (§ 105 FL) zuständige Haftpflichtversicherer haftet für sämtliche Schäden, die durch das versicherte Fahrzeug während der **Dauer des Versicherungsvertrages** verursacht werden. Die spätere Beendigung des Versicherungsvertrages lässt die Haftung für während des Versicherungszeitraums eingetretene Schäden für drei Jahre unberührt.

II. Nachhaftung

15 Eine Nachhaftung des Versicherungsunternehmens für Unfälle nach Beendigung des Versicherungsvertrages kennt das dänische Versicherungsrecht nicht. Werden nach Beendigung des Versicherungsvertrages Schäden durch das nicht (mehr) versicherte Fahrzeug verursacht, tritt der dänische **Garantiefonds** ein.

D. Haftung von Begleitpersonen

I. Haftung des Beifahrers

16 Eine Haftung des Beifahrers oder anderer Passagiere kommt nur unter Verschuldensgesichtspunkten in Betracht.

II. Haftung des Einweisers

17 Dies gilt auch für Einweiser und andere Hilfspersonen des Fahrers.

---

8 Højesteret – 300/2009, Urt. v. 03.12.2010
9 Stein Poulsen, S. 92 mwN; Højesteret – 144/2015, Urt. v. 04.01.2016.
10 Stein Poulsen, S. 92 mwN – Andere Autoren übersehen durchweg § 101 Abs. 2 S. 2 FL.

Frese

E. Haftungsmodifikationen

I. Einschränkungen

Individualvertragliche Haftungsvereinbarungen zum Nachteil des Geschädigten können vor einem Schadensereignis nicht wirksam getroffen werden (§ 27 EAL). | 17a

1. Unfallschaden und Arbeitnehmer. a) Grundsätze der Haftungsverteilung. Hat ein Arbeitnehmer einen Schaden verursacht, der durch eine Sachversicherung, eine Betriebsausfallversicherung oder durch eine Haftpflichtversicherung des Arbeitgebers gedeckt ist, trifft den Arbeitnehmer keine Schadensersatzpflicht, es sei denn, dass der Schaden vorsätzlich oder durch grobe Fahrlässigkeit verursacht worden ist (§ 19 Abs. 3 EAL). | 18

Einen Schadensersatz, den der Arbeitgeber infolge eines fahrlässigen Verhaltens eines Arbeitnehmers leisten musste, kann er von diesem nur in dem Umfang ersetzt verlangen, als dies unter Berücksichtigung des vorzuwerfenden Verschuldens, der Stellung des Arbeitnehmers und der sonstigen Umstände billig erscheint (§ 23 EAL). | 19

b) Haftung gegenüber Betriebsangehörigen. Eine Haftungsbeschränkung gegenüber Betriebsangehörigen wie im deutschen Unfallversicherungsrecht gibt es in Dänemark nicht. | 20

2. Geschäftsführung ohne Auftrag. Eine Haftungsprivilegierung bei einer Schadensverursachung anlässlich einer Geschäftsführung ohne Auftrag gibt es Dänemark nicht. | 21

3. Unentgeltliche Beförderung. Auch die Tatsache einer Unentgeltlichkeit der Beförderung führt zu keiner Haftungsbeschränkung. | 22

4. Mietwagenprobleme. Probleme im Zusammenhang mit Mietwagenunfällen sind nicht ersichtlich. | 23

5. Mitversicherte Personen und Insassen. Aufgrund der strengen Kausalhaftung für unfallbedingte Personenschäden können in Dänemark alle bei einem Unfall verletzten Personen ihren Schaden ersetzt verlangen, und zwar selbst dann, wenn sie den Unfall selbst verschuldet haben, wobei sich Einschränkungen bei vorsätzlicher oder grob fahrlässiger **Unfallmitverursachung** ergeben (vgl. → Rn. 13).[11] | 24

6. Deckungsgrenzen. Die Pflichtversicherungssummen in Dänemark betragen für Personenschäden rund 15,2 Mio. EUR, für Sachschäden rund 3,1 Mio. EUR. | 25

II. Erweiterungen

Eine Haftungserweiterung ist bei der Verschuldenshaftung insofern vorgesehen, als eine Entlastungsmöglichkeit wegen **vorübergehender Schuldunfähigkeit ausgeschlossen ist,** wenn sich der Schädiger durch Missbrauch von Rauschmitteln oder in sonstiger Weise vorübergehend selbst in diesen Zustand versetzt hat (§ 24 b Abs. 2 EAL). Im Übrigen haften Kinder und Geistesgestörte im Rahmen der Verschuldenshaftung grundsätzlich wie erwachsene Gesunde; die Schadensersatzpflicht kann allerdings gemindert werden oder entfallen, wenn dies nach den Umständen des Einzelfalls billig erscheint (§§ 24 a, 24 b Abs. 1 EAL). | 26

1. Entgeltliche Beförderung. Im Falle entgeltlicher Beförderung treten Ansprüche aus beförderungsvertraglicher Haftung neben die außervertraglichen Ansprüche. | 27

2. Unentgeltliche Beförderung. Die Unentgeltlichkeit der Beförderung berührt den Haftungsumfang nicht. | 28

F. Haftung von Radfahrern, Fußgängern, Behinderten

I. Haftungskriterien

Andere als motorisierte Verkehrsteilnehmer haften grundsätzlich nur nach dem Verschuldensprinzip. Dieses ist allerdings dahingehend eingeschränkt, dass der Geschädigte auf den Ersatz einer etwaigen Selbstbeteiligung seiner eigenen Kaskoversicherung beschränkt | 29

---

11 Stein Poulsen, S. 92 mwN; Neidhart, DAR 2003, 359.

wird, wenn der nicht-motorisierte Verkehrsteilnehmer über keine eigene Haftpflichtdeckung verfügt und seine Haftung sich nur auf leichte Fahrlässigkeit gründen würde oder aber der Geschädigte ohnehin über eine Kaskoversicherung verfügt (§§ 19, 24 EAL).[12]

II. Abwägungsgesichtspunkte

30 Das dänische Schadensersatzgesetz überlässt es letztlich der Rechtsprechung, inwieweit eine Schadensersatzpflicht im Einzelfall gemindert wird. § 24 EAL legt hier lediglich fest, dass die Schadensersatzpflicht gemindert werden oder auch entfallen kann, wenn die Haftung für den zum Schadensersatz Verpflichteten eine **unbillige Härte** darstellt, oder wenn ganz besondere Umstände dies im Übrigen für angemessen erscheinen lassen; dabei muss Rücksicht genommen werden auf die Größe des Schadens, die Art der Haftung, die Verhältnisse des Schädigers, das Interesse des Geschädigten, die vorliegenden Versicherungen und die Umstände im Übrigen (§ 24 Abs. 1 EAL).

III. Sonderfall: Kinder, Behinderte

31 Speziell für Kinder und Behinderte sehen die §§ 24 a, 24 b Abs. 1 EAL Haftungseinschränkungsmöglichkeiten vor:

32 Für **Kinder** kann die Haftung gemindert werden oder ganz entfallen, wenn dies wegen der fehlenden Entwicklung des Kindes, der Art der Handlung und der sonstigen Umstände, darunter vor allem wegen des Verhältnisses zwischen der Fähigkeit des Schädigers und der des Geschädigten, den Verlust tragen zu können, und der Aussicht von anderen einen Ersatz des Schadens zu erlangen, billig erscheint.

33 Entsprechendes gilt für **geistig Behinderte**, soweit dies ua auch unter Berücksichtigung ihres Geisteszustandes, billig erscheint.

§ 2 Prüfungsweg zum Haftungsgrund

A. Anscheinsbeweis

34 Einen Anscheinsbeweis kennt die dänische Rechtsordnung nicht.

B. Objektiv festgestellte Sorgfaltspflichtverletzung

I. Allgemeines Verkehrsverhalten (Straßenverkehrsvorschriften)

35 **1. Allgemeine Verkehrssituationen.** Im Hinblick auf den Ersatz von Personenschäden ist lediglich auf die Tatbestandsmerkmale des § 101 Abs. 1 FL abzustellen, wonach ein Schaden entweder durch einen aus der Brennstoffanlage herrührenden **Brand** oder entsprechende **Explosion** entstanden sein muss, oder aber durch einen **Verkehrsunfall**. Da das dänische Straßenverkehrsgesetz nach § 1 FL nur für Wege und Flächen gilt, die zum allgemeinen Verkehr von einer oder mehreren Verkehrsarten bestimmt sind, definiert sich der Verkehrsunfall als unvorhersehbares schadenverursachendes Ereignis zwischen Verkehrs-

---

12 Neidhart in: Ludovisy/Eggert/Burhoff, Praxis des Straßenverkehrsrechts Teil 11, Rn. 99.

teilnehmern im öffentlichen Verkehrsraum. § 103 Abs. 1 FL stellt zudem klar, dass der Personenschaden oder Verlust des Unterhaltspflichtigen, der eine Folge des Zusammenstoßes von Kraftfahrzeugen ist, nach den Regeln des § 101 Abs. 1 und 2 FL, also verschuldensunabhängig, ersetzt wird, während der Ersatz des Sachschadens unter Berücksichtigung der Tatumstände erfolgt (§ 103 Abs. 2 FL).

Entscheidend ist dabei in objektiver Hinsicht abzustellen auf Verstöße gegen die im FL festgelegten Verkehrsvorschriften. 36

2. Unfälle auf Parkplätzen. a) Abgrenzung zum öffentlichen Verkehrsgrund. Das Fahren 37 auf Wegen und Plätzen, die nicht zum öffentlichen Verkehr bestimmt sind, ist vom FL nicht erfasst. Nach den Versicherungsbedingungen der Pflicht-Haftpflichtversicherung wird allerdings jeglicher Schaden, der bei der Benutzung eines Kraftfahrzeuges entsteht, gedeckt, so dass die Abgrenzung zwischen öffentlichem und nicht-öffentlichem Verkehrsraum bei Personenschäden entscheidend ist für die Frage, ob die strenge **Kausalhaftung** mit eingeschränkten Entlastungsmöglichkeiten oder die **Verschuldenshaftung** mit erheblichen Entlastungsmöglichkeiten zugrunde zu legen ist.[13]

Eine Sonderregelung für **öffentlichen Parkraum** gibt es in Dänemark hingegen nicht. 38

b) Vereinbarte Geltung des dänischen StVG. Eine Vereinbarung der Geltung des dänischen 39 Straßenverkehrsgesetzes für nicht-öffentliche Bereiche ist zwar nicht ausgeschlossen, aber unüblich.

II. Fahrfehler, Fehlreaktionen

Fahrfehler und Fehlreaktionen sind im Zusammenhang mit der Regulierung von Perso- 40 nenschäden nur dann Relevanz, wenn sie vorsätzlich oder zumindest grob fahrlässig begangen worden sind.

C. Beweislastverteilung

I. Grundsatz

Im Grundsatz hat jede Partei die ihr günstigen Tatsachen zu beweisen.[14] Eine allgemeine 41 Regel über das Beweismaß ist nicht festgelegt. Allerdings wird häufig nach dem Prinzip der **überwiegenden Wahrscheinlichkeit** entschieden (Overvægtsprincippet).[15]

II. Ausnahmen

Ausnahmen von diesem Grundsatz kennt das dänische Rechtswesen nicht, da das Beweis- 42 recht im Gegensatz zum deutschen Beweisrecht vollkommen anders strukturiert ist:

Das dänische Rechtspflegegesetz (Retsplejelov) sieht **keinerlei formelle Beweisregeln** vor. 43 Nicht einmal öffentliche Urkunden haben eine gesetzlich vorgegebene Beweiskraft.[16] Die Beweiswürdigung erfolgt vielmehr ausschließlich nach der **freien Überzeugung des Gerichts.**[17] Dieses entscheidet nach dem Ergebnis der mündlichen Verhandlung und kann hierbei auch das Parteiverhalten in der Verhandlung berücksichtigen. So bleibt es völlig dem Ermessen des Richters überlassen, ob und wie er ein zurückhaltendes Aussageverhalten der Partei, Beweismittelunterdrückung und -fälschung oder auch nur ein unentschuldigtes Fernbleiben der persönlich geladenen Partei vom Termin bewertet.[18]

---

13 Stein Poulsen, S. 94 mwN.
14 Smith in: Nagel/Bajons, Abschnitt Dänemark, Ziff. 19.
15 Smith in: Nagel/Bajons, Abschnitt Dänemark, Ziff. 15.
16 Smith in: Nagel/Bajons, Abschnitt Dänemark, Ziff. 13.
17 Smith in: Nagel/Bajons, Abschnitt Dänemark, Ziff. 13.
18 Smith in: Nagel/Bajons, Abschnitt Dänemark, Ziff. 14.

D. Gefährdungshaftung

44 Im Rahmen der verschuldensunabhängigen Haftung ist lediglich das Unfallereignis zu beweisen, das in der Regel als solches unstreitig sein wird.

E. Quotenbildung

45 Eine einheitliche Quotenbildung erfolgt in Dänemark nicht, weil jeweils für die einzelne Partei auf die Umstände abgestellt wird, die nicht zwingend für alle Unfallparteien deckungsgleich sein müssen.

I. Verschuldenshaftung

46 Im Rahmen der Verschuldenshaftung werden die jeweiligen Verschuldensanteile auch nach Verschuldensgrad nach billigem Ermessen gegeneinander abgewogen.

II. Gefährdungshaftung

47 Im Rahmen der verschuldensunabhängigen Haftung ist zu klären, inwieweit der Geschädigte oder Getötete am Unfall vorsätzlich oder grob fahrlässig mitgewirkt hat. Hieran orientiert sich dann, ob und inwieweit eine Kürzung oder ein Fortfall des Ersatzes für den Personenschaden überhaupt in Betracht kommen kann.

III. Abwägung

48 Feste Abwägungskriterien sind nicht ersichtlich. Stets hat der erkennende Richter zu entscheiden, ob und ggf. in welchem Umfange nach den Gesamtumständen des Unfallgeschehens eine **Kürzung** oder **Streichung** der Ansprüche billigerweise vorzunehmen ist. Sämtliche Kürzungsvorschriften sind entweder Kann-Vorschriften oder nehmen Bezug auf die „Umstände" (Omstændigheder).

F. Probleme der Gesamtschuldnerschaft

I. Grundlagen

49 Prinzipiell können der Fahrer, Halter und Versicherer gesamtschuldnerisch in Anspruch genommen werden. Da allerdings beim Fahrer immer zusätzlich auch der Verschuldensnachweis geführt werden muss, ist die Einziehung des Fahrers in den Haftpflichtprozess nicht empfehlenswert. Da der Fahrer nach dänischem Prozessrecht auch nicht als Zeuge in Betracht kommt, ist seine Einbindung als Partei auch nicht prozesstaktisch notwendig.

II. Haftungsverteilung im Innenverhältnis

50 In § 25 EAL ist für die Verschuldenshaftung festgelegt, dass zwischen mehreren gesamtschuldnerisch zum Schadensersatz Verpflichteten eine Verteilung so vorzunehmen ist, dass dies unter Berücksichtigung der **Art der Haftung** und der **Umstände** billig erscheint. Soweit eine Haftpflichtdeckung bei einem der Gesamtschuldner besteht, können die Gesamtschuldner selbst nicht direkt in Anspruch genommen werden (§§ 25 Abs. 2, 19 EAL).

51 Im Rahmen der verschuldensunabhängigen Haftung für Personenschäden haftet die Versicherung im Innenverhältnis allein. Ein **Versicherungsregress** gegenüber dem für den Schaden Verantwortlichen kommt nur dann in Betracht, wenn das dem Verantwortlichen vorzuwerfende Verschulden als grobe Rücksichtslosigkeit bezeichnet werden kann (§ 108 Abs. 2 FL).

Abschnitt 2: Anspruchsprüfung zur Schadenshöhe
§ 1 Allgemeine Grundlagen der Schadensberechnung

A. Begriff des Schadensersatzes

Der Begriff des Schadensersatzes in Dänemark deckt sich prinzipiell mit dem Schadenser- 52
satzbegriff in Deutschland. Es gilt der Grundsatz der Naturalrestitution.

B. Schadensminderungspflicht, § 254 BGB

Dem Geschädigten obliegt es, den ihm entstandenen Schaden im Rahmen des Zumutbaren 53
und Vernünftigen gering zu halten und nicht ohne vernünftigen Grund zu erweitern. Hier-
her gehört auch die Verpflichtung, den letztlich eintrittspflichtigen Versicherer auf drohen-
de abwendbare Folgeschäden hinzuweisen, sobald deren Entstehung absehbar ist.

C. Schadensnachweis und Schätzungsmöglichkeit

Grundsätzlich müssen anspruchsbegründende Tatsachen, und damit auch die Schadenshö- 54
he zur Überzeugung des Gerichts bewiesen werden. Dabei lässt die bereits beschriebene
Struktur des dänischen Beweisrechts häufig die **überwiegende Wahrscheinlichkeit** als Beweismaß zu, so dass der Richter auch vor seinem eigenen Erfahrungshintergrund zwar
nicht selber eine Schadensschätzung vornehmen darf, wohl aber eine begründete Schaden-
schätzung einer Partei als plausibel akzeptieren kann.

D. Steuerrechtliche Behandlung von Schadensersatzleistungen

I. Einkommensteuer

Der Ersatz für bereits eingetretenen **Verdienstausfall** unterliegt in Dänemark der Einkom- 55
mensteuer.

Der Ersatz des **Zukunftsschadens** hingegen, der in der Regel als einmalige Abfindung ge- 56
zahlt wird, ist steuerfrei.

Wird ausnahmsweise eine einkommensersetzende **Geldrente** gezahlt, ist diese einkommen- 57
steuerpflichtig.

II. Mehrwertsteuerproblematik

1. Konkrete Schadenspositionen. Soweit eine Vorsteuerabzugsberechtigung besteht, ent- 58
steht kein Schaden, der ersatzfähig sein könnte.

2. Fiktive Schadensabrechnung. Im Falle fiktiver Schadensabrechnung bei vorläufiger Zu- 59
rückstellung der Reparatur wird ein Mehrwertsteueranteil, für den keine Vorsteuerabzugsberechtigung besteht, ebenfalls bezahlt. Wird allerdings von vornherein erklärt, dass der
unfallbedingte Schaden nicht repariert werden soll, wird auch kein Schadensersatz gezahlt.

§ 2 Sachschäden

A. Unmittelbare Sachschäden

I. Fahrzeugschaden (Reparaturkosten)

60 Der Geschädigte hat Anspruch auf Ersatz der notwendigen Kosten, die für die **Wiederherstellung** des Fahrzeugzustands vor dem Unfall aufgewendet werden müssen.

61 Allerdings wird das Integritätsinteresse anders als in Deutschland nicht über den Wiederbeschaffungswert hinaus geschützt.[19]

62 Falls der Geschädigte seinen Anspruch auf nicht-dänische Schadengutachten oder Kostenvoranschläge stützt, kann der dänische Haftpflichtversicherer die Zahlung des – fiktiven – Reparaturaufwandes insoweit verweigern, als dieser die in einer dänischen Werkstatt aufzuwendenden Kosten übersteigt.[20]

63 **1. Schadensnachweis.** Die für die Schadensbeseitigung erforderlichen Kosten müssen im einzelnen nachgewiesen werden. Dies kann schlicht durch Vorlage einer quittierten Reparaturkostenrechnung geschehen. Der Schadensersatzanspruch steht dem Geschädigten aber auch dann zu, wenn er sein Fahrzeug in Eigenleistung repariert oder die Reparatur zunächst zurückstellt; in diesem Falle muss er die notwendigen Reparaturkosten allerdings nachweisen.[21]

64 **a) Schadensgutachten.** Der Reparaturkostennachweis kann durch ein Schadensgutachten eines Sachverständigen erbracht werden. Hier steht es dem Geschädigten frei, ob er einen **freien Gutachter** an seinem Wohnsitz beauftragt oder einen **kostenlosen Gutachter** der zuständigen dänischen Haftpflichtversicherung. Letzteres bietet sich an, wenn das Fahrzeug nach dem Unfall in Dänemark nicht mehr fahrfähig bzw. verkehrssicher ist und daher in Dänemark zur Reparatur bzw. Verschrottung verbleiben soll, da es in Dänemark nur wenige selbstständig tätige Sachverständige gibt. Für ausländische Geschädigte werden aber die Kosten des Gutachters am ausländischen Wohnsitz in der Regel als erstattungsfähiger Schaden angesehen.[22]

65 **b) Kostenvoranschlag.** Grundsätzlich werden auch Kostenvoranschläge als Nachweis für den Umfang der erforderlichen Reparaturkosten angesehen.

66 **c) Gerichtliches Gutachten.** Gerichtliche Gutachten, auch in Beweissicherungsverfahren, werden als Regulierungsgrundlage anerkannt, da diese ja auch von Sachverständigen, in

---

19 Neidhart in: Ludovisy/Eggert/Burhoff, Praxis des Straßenverkehrsrechts Teil 11, Rn. 115; Neidhart, DAR 2003, 360.
20 Hering, S. 53.
21 Neidhart in: Ludovisy/Eggert/Burhoff, Praxis des Straßenverkehrsrechts Teil 11, Rn. 115.
22 Neidhart, DAR 2003, 360.

Frese

der Regel sogar von öffentlich bestellten und vereidigten Sachverständigen, gefertigt werden.

2. Totalschadensabrechung bei Kettenauffahrunfällen. Bei dieser Art des Unfalls gelten in 67
Dänemark keine speziellen Regelungen.

3. Totalschadensabrechnung und Restwertproblematik. Bei einem Totalschaden wird der 68
Wiederbeschaffungswert unter Anrechnung des Restwerts gezahlt. Die Werte werden
durch einen Sachverständigen ermittelt.[23]

4. Reparaturkostenabrechnung. In Dänemark wird ein beschädigtes Fahrzeug in der Regel 69
alsbald nach dem Unfall von einem Sachverständigen der Versicherung besichtigt und der
unfallbedingte Schaden bewertet.

a) Abrechnung tatsächlich angefallener Reparaturkosten. War eine Begutachtung in Däne- 70
mark nicht möglich, kann aufgrund der Reparaturkostenrechnung abgerechnet werden.

b) Abrechnung fiktiver Reparaturkosten. Bei der zunächst fiktiven Abrechnung werden 71
keine Abschläge vorgenommen, solange sich die vorveranschlagten Reparaturkosten im
Rahmen dessen bewegen, was vergleichbare dänische Werkstätten berechnen würden.

c) Vorschadenproblematik. Vorschäden werden bei der Schadensberechnung nicht be- 72
rücksichtigt.

5. Fahrzeugschaden (Abrechnung auf Neuwagenbasis). Wenn das geschädigte Fahrzeug 73
im Unfallzeitpunkt noch nahezu neu war, also der Tachostand noch **unter 1.000 km** war,
kann der Geschädigte vom Schädiger bzw. der Haftpflichtversicherung ein neues Fahrzeug
verlangen.[24]

Sind nur dänische Staatsangehörige am Unfall beteiligt, wird der Betrag für einen Neuwa- 74
gen nur dann gezahlt, wenn die **Erstzulassung** des Fahrzeuges nicht länger als ein Jahr zu-
rückliegt und der Schaden mindestens 50 % des Zeitwerts des Fahrzeugs ausmacht.

II. Wertminderung

Eine Wertminderung wird grundsätzlich nur für Fahrzeuge bis zum Alter von 2 Jahren ge- 75
zahlt, wenn der Schaden 30 % des Fahrzeugwertes nicht unterschreitet. Dabei wird zwischen merkantiler und technischer Wertminderung nicht unterschieden.[25] Die Schadenshöhe ist durch Sachverständigengutachten nachzuweisen.

III. Abschleppkosten

Abschleppkosten werden gegen quittierten Beleg ersetzt, soweit sie nachweislich notwen- 76
dig sind, also nur für betriebsunfähige Fahrzeuge und auch nur bis zur nächstgelegenen
Werkstatt.[26]

IV. Kosten für Gutachten und Kostenvoranschläge

Die Einschaltung eines Gutachters erfolgt in Dänemark durch den Versicherer, da es kaum 77
selbstständige Gutachter gibt. Kann eine Begutachtung in Dänemark nicht (mehr) erfolgen, kann auch ein ausländischer Gutachter eingeschaltet werden, dessen Kosten dann in
der Regel ersetzt werden.

1. Gutachtensmängel. Zur Frage mangelhafter Gutachten gibt es keine gesetzliche Rege- 78
lung und auch keine einschlägige Rechtsprechung.

2. Bagatellschadensgrenze. Auch eine Bagatellschadensgrenze gibt es nicht; diese lässt sich 79
nur einzelfallbezogen aus der Schadensminderungspflicht herleiten.

3. Höhe der Gutachterkosten. Entsprechendes gilt auch für die Gutachterkosten.[27] 80

---

23 Neidhart in: Ludovisy/Eggert/Burhoff, Praxis des Straßenverkehrsrechts Teil 11, Rn. 116.
24 Neidhart in: Ludovisy/Eggert/Burhoff, Praxis des Straßenverkehrsrechts Teil, 11 Rn. 116.
25 Neidhart in: Ludovisy/Eggert/Burhoff, Praxis des Straßenverkehrsrechts Teil, 11 Rn. 118.
26 Hering, S. 54; Neidhart in: Ludovisy/Eggert/Burhoff, Praxis des Straßenverkehrsrechts Teil 11, Rn. 121.
27 Hering, S. 54; Neidhart in: Ludovisy/Eggert/Burhoff, Praxis des Straßenverkehrsrechts Teil 11, Rn. 117.

81   **4. Kosten für Kostenvoranschläge.** Auch Kosten für Kostenvoranschläge, die nicht auf die Reparaturkosten angerechnet werden, sind grundsätzlich ersatzfähig. Dies empfiehlt sich allerdings nur bei kleineren unkomplizierten Schäden.

V. Nebenkosten bei Ersatzfahrzeugen

82   **1. Ab-, An-, Ummeldekosten.** Die Kosten für die Verzollung und Verschrottung des total-beschädigten Fahrzeuges werden ebenso wenig als erstattungsfähiger Schaden anerkannt, wie die Kosten für die Zulassung des Ersatzfahrzeuges.

83   **2. Umbaukosten.** Umbaukosten stellen keinen ersatzfähigen Schaden dar.

VI. Nutzungsausfallschäden

84   **1. Mietwagenkosten.** Mietwagenkosten werden in Dänemark nur ersetzt, wenn das Fahr-zeug zur **Berufsausübung** benötigt wird. Dabei werden ersparte Eigenkosten angerechnet. Allerdings wird ein Fahrzeug dann nicht als zur Berufsausübung benötigt anerkannt, wenn es nur für die täglichen Fahrten zwischen Wohnung und Arbeitsplatz genutzt wird.

85   Unter diesen Voraussetzungen werden Mietwagenkosten für die reine Reparaturzeit, bei Totalschaden für maximal 14 Tage ersetzt.[28]

86   **2. Nutzungsausfallentschädigung.** Nutzungsausfallentschädigung wird nach dänischem Recht nicht gezahlt.[29]

VII. Unkostenpauschale

87   Eine Unkostenpauschale wird gleichermaßen nicht zugesprochen. Wohl aber kommt eine Erstattung von Auslagen des Geschädigten gegen Vorlage einzelner Belege in Betracht.[30]

VIII. Sonderfall Vollkaskoversicherung

88   Die Inanspruchnahme der Vollkaskoversicherung stellt in Dänemark eigentlich den Regel-fall dar. Soweit diese gezahlt hat, entfällt die Aktivlegitimation des Geschädigten, geht vielmehr auf die Vollkaskoversicherung über, soweit diese geleistet hat. Dies bedeutet, dass dann nur ein etwa mit dem Vollkaskoversicherer vereinbarter Selbstbehalt gegen Vorlage der Versicherungsabrechnung noch als ersatzfähiger Schaden vom Geschädigten selbst gel-tend gemacht werden kann.[31] Hinsichtlich der Ersatzfähigkeit des Rückstufungsschadens ist hingegen keine einheitliche Linie in der Rechtsprechung und Regulierungspraxis zu er-mitteln.

B. Mittelbare Sachschäden (Sachfolgeschäden)

I. Finanzierungskosten

89   Die Kosten für eine Vorfinanzierung der Schadensbeseitigung sind regelmäßig kein erstat-tungsfähiger Schaden.[32]

II. Verzugszinsen

90   Verzugszinsen werden in Höhe der gesetzlichen Zinsen zuerkannt.[33]

91   **1. Verzugszinshöhe.** Nach § 5 Abs. 1 des Zinsgesetzes vom 4.9.2002 beträgt der gesetzli-che Zinssatz in Dänemark sieben Prozentpunkte über dem jeweils von der Dänischen Na-tionalbank festgelegten Darlehenszinssatz von zurzeit 0,2 %.

---

28 Neidhart in: Ludovisy/Eggert/Burhoff, Praxis des Straßenverkehrsrechts Teil 11, Rn. 119.
29 Neidhart in: Ludovisy/Eggert/Burhoff, Praxis des Straßenverkehrsrechts Teil 11, Rn. 120.
30 Neidhart in: Ludovisy/Eggert/Burhoff, Praxis des Straßenverkehrsrechts Teil 11, Rn. 124.
31 Neidhart in: Ludovisy/Eggert/Burhoff, Praxis des Straßenverkehrsrechts Teil 11, Rn. 122.
32 Neidhart in: Ludovisy/Eggert/Burhoff, Praxis des Straßenverkehrsrechts Teil 11, Rn. 123.
33 Neidhart, DAR 2003, 361.

2. Verzugsbeginn. Verzugsbeginn ist nach § 3 Abs. 2 des Zinsgesetzes 30 Tage nach **Gel-** 92 **tendmachung der bezifferten Forderung.**

III. Anwaltskosten

Die Kosten für eine außergerichtliche Vertretung durch einen Rechtsanwalt werden nicht 93 als erstattungsfähig angesehen. Ausnahmsweise kommt eine anteilige Erstattung dann in Betracht, wenn die Einschaltung eines Anwalts deshalb notwendig war, weil die streitige Haftungsfrage sehr schwierig oder weil die Ersatzansprüche besonders hoch und kompliziert zu berechnen waren.[34]

IV. Rückstufungsschaden

1. Haftpflichtversicherung. Der Rückstufungsschaden in der Haftpflichtversicherung ist 94 grundsätzlich kein ersatzfähiger Schaden.

2. Vollkaskoversicherung. Der Rückstufungsschaden in der Vollkaskoversicherung kann 95 im Einzelfall als ersatzfähiger Schaden anerkannt werden. Die untergerichtliche Rechtsprechung in Dänemark ist hierzu uneinheitlich; obergerichtliche Rechtsprechung gibt es zu dieser Frage nicht.

§ 3 Personenschäden

A. Heilbehandlungskosten

I. Arzt-/Krankenhauskosten

Tatsächlich entstandene Arzt- und Krankenhauskosten werden ersetzt; Leistungen der 96 Kranken- und Unfallversicherung werden davon in Abzug gebracht.[35]

II. Nebenkosten

Reisekosten zu einer von der Versicherung gewünschten ärztlichen Untersuchung durch 97 einen Arzt in Dänemark sind ersatzfähig. Im Übrigen sind Kosten für das Aufsuchen von Ärzten, Krankenhäusern und Therapeuten nicht ersatzfähig.

Trinkgelder für Krankenhauspersonal sind nicht erstattungsfähig. 98

Kosten für eine **Haushaltshilfe** werden nur dann als unfallbedingte Mehrkosten erstattet, 99 wenn sie wegen einer besonders schweren Verletzung für einen begrenzten Zeitraum notwendig werden.[36]

III. Besuchskosten

Kosten von Besuchsfahrten zum Krankenhaus sind in der Regel nicht erstattungsfähig. 100 Ausnahmsweise kommt bei schweren Verletzungen des Opfers, namentlich eines Kindes, ein Ersatz der Kosten von Besuchsfahrten besonders naher Angehöriger in Betracht.[37]

---

34 Neidhart, DAR 2003, 358.
35 Neidhart, DAR 2003, 361; Neidhart in: Ludovisy/Eggert/Burhoff, Praxis des Straßenverkehrsrechts Teil 11, Rn. 126.
36 Neidhart in: Ludovisy/Eggert/Burhoff, Praxis des Straßenverkehrsrechts Teil 11, Rn. 135.
37 Neidhart in: Ludovisy/Eggert/Burhoff, Praxis des Straßenverkehrsrechts Teil 11, Rn. 135; Hering, S. 54.

B. Erwerbsschaden

101 Im EAL wird unterschieden zwischen dem vorübergehenden Verdienstausfall (§ 2 EAL) und dem durch Invalidität bedingten zukünftigen Verdienstausfall (§§ 5–9 EAL).

I. Arbeitnehmer

102 Als vorübergehender Verdienstausfallschaden wird der **Bruttobetrag** ersetzt, den der Geschädigte unfallbedingt nicht als Arbeitsverdienst erhält, und zwar vom Schadeneintritt bis zur Wiederherstellung der Arbeitsfähigkeit oder bis zu dem Zeitpunkt, zu dem feststeht, dass ein die Arbeitsfähigkeit beeinträchtigender Dauerschaden mit einem Invaliditätsgrad von mindestens 15 % vorliegt § 2 Abs. 1 EAL).[38]

103 Eine Entgeltfortzahlung des Arbeitgebers wird auf diesen Verdienstausfallschaden ebenso angerechnet, wie Tagegelder und Versicherungsleistungen (§ 2 Abs. 2 EAL).

104 Fällt die Arbeitsfähigkeit aufgrund unfallbedingter Invalidität ganz oder teilweise (mindestens zu 15 %) weg, hat der Geschädigte für den zu erwartenden **zukünftigen Verdienstausfallschaden** einen Entschädigungsanspruch, der auf der Grundlage des vor dem Schadensfall erzielten jährlichen Bruttoeinkommens errechnet wird und als **einmalige Kapitalabfindung** von maximal 8.712.500 DKK (2015) ausgezahlt werden kann (§ 6 EAL).

105 Bei der Beurteilung der Erwerbsminderung ist zu berücksichtigen, inwieweit das Opfer noch der bisherigen Erwerbstätigkeit nachgehen kann und welche Möglichkeiten eines anderweitigen Arbeitseinsatzes nach Vorbildung, Fähigkeit und Alter ggf. durch Umschulung und Rehabilitation eröffnet werden können.

106 **Berechnungsgrundlage** für diese Entschädigung ist das Jahreserwerbseinkommen des Opfers aus dem Jahr, das dem Schadeneintritt vorausgegangen ist (§ 7 Abs. 1 EAL). Dieses Jahreserwerbseinkommen wird bei besonderen Einkommens- oder Anstellungsverhältnissen oder besonderen Umständen, die die Zugrundelegung des Vorjahreseinkommens untunlich erscheinen lassen, geschätzt (§ 7 Abs. 2 EAL). Eine derartige Schätzung ist jedoch immer als „ultima ratio" anzusehen: Bei zwei oder mehr gleichzeitig erwirtschafteten Arbeitseinkommen bei unterschiedlichen Arbeitgebern mit einem deutlich über dem Durchschnitt liegenden, normalen Gesamtarbeitseinsatz und -ertrag ist nach der Auffassung des Højesteret ein Abweichen von der allgemeinen Regel des § 7 Abs. 1 EAL nicht gerechtfertigt; Es ist vielmehr das tatsächlich erzielte Jahresergebnis als Jahreserwerbseinkommen im Sinne des § 7 Abs. 1 EAL zugrunde zu legen.[39]

107 Die dergestalt ermittelte Berechnungsgrundlage wird sodann verzehnfacht und dann noch multipliziert mit dem Prozentsatz der Erwerbsfähigkeitsminderung (§ 6 Abs. 1 EAL).

108 Auch die Invaliditätsentschädigung wird ab einem bestimmten **Lebensalter gekürzt**: Ist die Verletzung nach Vollendung des 29. Lebensjahres eingetreten, reduziert sich die Entschädigung für jedes Jahr Lebensalter um 1 %, ab dem 56. Lebensjahr um weitere 2 %. Ab dem 69. Lebensjahr werden keine Kürzungen mehr vorgenommen (§ 9 EAL nF).

II. Selbstständige

109 Für Selbstständige gelten die vorstehenden Ausführungen entsprechend.

III. Sonstige Personen

110 **Kinder** unter 15 Jahren erhalten bereits eine Entschädigung, wenn die Invalidität mit mindestens 5 % festgestellt wird; als Berechnungsgrundlage wird seit 2013 ein fiktives Jahreseinkommen von 380.500 DKK (vorher 368.500 DKK) zugrunde gelegt (§ 8 EAL nF).

111 Für **Hausfrauen** bzw. **Hausmänner** ist nur geregelt, dass der Wert der Hausarbeit als gewerbliche Arbeit behandelt wird (§ 1 Abs. 3 EAL). Die Berechnungsgrundlage wird dann nach § 7 Abs. 2 EAL zu schätzen sein.

---

38 Neidhart, DAR 2003, 361.
39 Højesteret – 11/2015, Urt. v. 24.05.2016.

C. Haushaltsführungsschaden

I. Konkreter Schaden

Bei einer erheblichen Verletzung desjenigen Haushaltsangehörigen, dem die Haushaltsfüh- 112
rung obliegt, kann allenfalls für einen begrenzten Zeitraum der Ersatz konkret angefallener Kosten für eine Haushaltshilfe gewährt werden.[40]

II. Fiktiver Schaden

Ein fiktiver Haushaltsführungsschaden wird in Dänemark nicht ersetzt. 113

D. Nebenpositionen

I. Beerdigungskosten

Nach § 12 EAL erhalten Hinterbliebene Ersatz der angemessenen Beerdigungskosten. 114

Anstelle der tatsächlichen Beerdigungskosten können die Hinterbliebenen auch zur **pau-** 115
schalen Abgeltung aller mit der Bestattung zusammenhängenden Kosten ein Sterbe- bzw.
Übergangsgeld gem. § 14 a EAL verlangen, das der Höhe nach jeweils jährlich gesetzlich
festgelegt wird. Für 2013 gilt ein Pauschalbetrag von 149.000 DKK.

II. Sonstige Positionen

Bekleidungs- und **Gepäckschäden** kann der Geschädigte gegen Vorlage entsprechender Be- 116
lege ersetzt bekommen. Ist der Geschädigte durch den Unfall genötigt, seinen Aufenthalt
am Unfallort zu verlängern, kann er auch Ersatz der Mehrkosten verlangen, die ihm aufgrund der erforderlich werdenden **Übernachtung** und **Verpflegung** entstehen. Aufwendungen für Unterbrechung oder Abbruch einer Urlaubsreise (Stornokosten, entgangene Ur-
laubsfreude, vertane Urlaubszeit) werden hingegen nicht entschädigt.[41]

Im Falle der Tötung unterhaltsverpflichteter Angehöriger steht den unterhaltsberechtigten 117
Hinterbliebenen ein Anspruch auf Ersatz des **entgangenen Unterhalts** einschließlich der gewährten Haushaltsführung zu (§ 12 EAL). Dabei erhalten Ehegatten oder Lebensgefährten
30 % des Schadensersatzes, den das Opfer im Überlebensfall bei vollständiger (100 %) Invalidität erhalten hätte, mindestens jedoch 888.000 DKK (§ 13 EAL). Hinterbliebene Kinder erhalten Schadensersatz in Höhe des Betrages, den das Opfer nach dem Gesetz über
die Rechtsstellung von Kindern (lov om børns forsørgelse vom 29.10.2009) als Unterhalt
hätte zahlen müssen, wobei dieser Betrag verdoppelt wird, wenn das Opfer Alleinversor-
ger war (§ 14 EAL).

E. Haftungsprivilegien

Haftungsprivilegien für Angehörige oder Arbeitnehmer gibt es im dänischen Recht nicht. 118

§ 4 Schmerzensgeld

A. Grundlagen

I. Allgemeine Grundlagen

Der unmittelbar durch den Unfall Verletzte hat in Dänemark Anspruch auf ein in § 3 EAL 119
festgelegtes pauschaliertes verschuldensabhängiges Schmerzensgeld (§ 26 EAL).

---

40 Neidhart in: Ludovisy/Eggert/Burhoff, Praxis des Straßenverkehrsrechts Teil 11, Rn. 135.
41 Neidhart in: Ludovisy/Eggert/Burhoff, Praxis des Straßenverkehrsrechts Teil 11, Rn. 125.

II. Angehörigenschmerzensgeld

120 Der Anspruch auf Zahlung eines Angehörigenschmerzensgeldes ist durch § 26 a EAL in das dänische Recht eingeführt worden. Durch diese Vorschrift, durch die der Anspruch des Opfers auf immateriellen Schadenersatz bei Verletzung von Freiheit, Frieden, Ehre oder Person nach § 26 EAL ergänzt wird, können auch Überlebende, die einer getöteten Person besonders nahe waren, ebenfalls eine Entschädigung beanspruchen, wenn der Tod durch Vorsatz oder grobe Fahrlässigkeit herbeigeführt worden ist. Bei der Entscheidung, ob und in welcher Höhe diese Entschädigung zu zahlen ist, sind das Verhalten des Täters und die Auswirkungen auf die überlebenden Nahestehenden zu berücksichtigen (§ 26 a Abs. 2 EAL),

III. Schockschäden

121 Die Zahlung eines Schmerzensgeldes an Dritte infolge von Schockschäden wird in Dänemark sehr restriktiv gehandhabt. So wird eine Entschädigung insoweit nur **ausnahmsweise** zugesprochen, wenn die betroffene Person einen sehr schweren Unfall wahrnimmt und hierbei selbst in nicht unerheblicher Gefahr geschwebt hat. So hatte das Oberste Gericht (Højesteret) eine Entschädigung zugesprochen in einem Fall, in dem die betroffene Person anlässlich eines Verkehrsunfalls bedingt durch den Schock verstarb, oder in einem Fall, in dem eine Mutter einen Schock erlitt anlässlich eines Feuers, dem sie selbst noch entkommen konnte, in dem aber ihr 6-jähriger Sohn ums Leben kam, ohne dass sie ihm helfen konnte.[42]

B. Berechnungsgrundlagen

122 Bei der Berechnung des Schmerzensgeldes wird in Dänemark nicht Bezug genommen auf individuelle Merkmale wie Umfang des Schmerzes und der Beeinträchtigung, sowie Dauerschäden und Regulierungsverhalten des Schädigers bzw. dessen Versicherers. Der Verletzte erhält vielmehr als eine Art **Pauschalentschädigung** einen gesetzlich festgelegten und regelmäßig der Teuerungsrate angepassten Tagessatz von derzeit (2016) 190 DKK pro Krankheitstag, insgesamt jedoch nicht mehr als 72.500 DKK. Eine früher noch vorgenommene Differenzierung zwischen Bettlägerigkeit und sonstiger Krankheit ist seit 1.7.2002 entfallen.

123 Bei **Dauerschäden** wird ein weiterer Kapitalbetrag gezahlt, der unter Berücksichtigung der Art und des Umfangs des Schadens und der für die Lebensführung des Geschädigten entstandenen Nachteile berechnet wird (§ 4 Abs. 1 S. 1 EAL).Dabei ist der Berechnung der Grad der Einschränkung zugrunde zu legen, der auf Antrag des Geschädigten oder des Schädigers von der Arbeitsunfallversicherung festgesetzt werden kann (§ 10 EAL). Für eine vollständige Einschränkung (entsprechend GdB 100 nach deutschem Recht) war bis Ende 2012 ein Entschädigungsbetrag von 766.000 DKK vorgesehen, seit 2013 ein Entschädigungsbetrag von 790.500 DKK (§ 4 Abs. 1 S. 2 EAL aF und nF). In besonderen Ausnahmefällen kann ein Aufschlag von maximal auf 948.000 DKK (bis 2012: 918.500 DKK) vorgenommen werden (§ 4 Abs. 1 S. 3 EAL). Bei einer Invalidität von weniger als 5 % wird keine Entschädigung für Dauerschäden gewährt (§ 4 Abs. 1 S. 4 EAL).

124 Hatte der Geschädigte bei Eintritt des Schadens das 40. Lebensjahr vollendet, wird die nach vorstehenden Grundsätzen errechnete Entschädigung **prozentual gekürzt**, und zwar für jedes Jahr nach Vollendung des 40. Lebensjahres um 1 %, für jedes Jahr nach Vollendung des 60. Lebensjahres um 2 % reduziert, jedoch längstens bis zur Vollendung des 69. Lebensjahres (§ 4 Abs. 2 EAL). Die alte für Verletzungen bis Ende 2012 geltende Fassung sah nur eine Kürzung ab dem vollendeten 60. Lebensjahr bis zum 69. Lebensjahr vor, allerdings dann in Höhe von 5 % pro Jahr.

---

42 Vgl. auch Højesteret, Urt. v. 23.03.2007 – UfR 2007, 1562H; Østre Landsret – B 2346/11, Urt. v. 12.10.2012.

C. Genugtuungsfunktion

Mit Rücksicht auf die gesetzliche Pauschalierung des Schmerzensgeldes entfällt auch eine **125** eigenständig zu berücksichtigende Genugtuungsfunktion des Schmerzensgeldes.

§ 5 Ansprüche aus übergegangenem Recht (Regress)

A. Gesetzliche Anspruchsgrundlagen

Der **Fahrzeughaftpflicht- und -kaskoversicherer** können Regress bei dem für den Schaden **126** Verantwortlichen nehmen, wenn diesem „**grobe Rücksichtslosigkeit**" vorgeworfen werden kann (§ 108 Abs. 2 FL).

Auch der **Arbeitgeber**, der Entgeltfortzahlung geleistet hat, kann seinen Fortzahlungsauf- **127** wand beim Schädiger regressieren, und zwar im Gegensatz zum deutschen Recht in dem Umfang, in dem ihm selbst hierdurch ein Schaden entstanden ist. (§ 17 Abs. 2 EAL), so dass sich der Arbeitgeber im dänischen Recht keine ersparten Aufwendungen des Geschädigten anrechnen lassen muss.

Sozialversicherungsträger hingegen können wegen unfallbedingter Leistungen nicht Re- **128** gress nehmen (§ 17 Abs. 1 EAL). Das gleiche gilt für Lebens-, Unfall- und private Krankenversicherungen sowie sonstige Personenversicherungen (§ 22 Abs. 2 EAL).

B. Kongruenz von Leistung und Ersatzanspruch

Erwähnenswerte spezifisch dänische Problemstellungen bezüglich der Kongruenz von Leis- **129** tung und Ersatzanspruch sind nicht ersichtlich.

C. Haftungsprivileg

Haftungsprivilegien sind im dänischen Verkehrsrecht nicht vorgesehen, da die Privilegie- **130** rungstatbestände der §§ 19, 20 EAL für den Geltungsbereich des durch das FL definierten Verkehrsbereich ausdrücklich ausgeschlossen ist.

D. Quotenvorrecht des Geschädigten

Auch Probleme des Quotenvorrechts stellen sich nicht. **131**

Abschnitt 3: Durchsetzung der Ansprüche
§ 1 Vorgerichtliche Schadensabwicklung[43]

A. Das vorgerichtliche Verhalten der Versicherung

Der gegnerische Haftpflichtversicherer schickt in der Regel selbst einen Sachverständigen **132** zur Aufklärung der erforderlichen Reparaturkosten. Im Allgemeinen ist bei einer außergerichtlichen Schadenregulierung mit einer Regulierungsdauer von sechs Monaten zu rechnen.[44]

---

43   Dieser Gliederungspunkt bezieht sich auf die übliche außergerichtliche Schadensregulierung im Ausland!
44   Neidhart in: Ludovisy/Eggert/Burhoff, Praxis des Straßenverkehrsrechts Teil 11, Rn. 105.

B. Anerkenntniswirkung vorgerichtlicher Äußerungen

133 Die reguläre **Verjährungsfrist** für Unfallschäden beträgt seit dem 1.1.2008 nur noch drei Jahre (§ 3 Abs. 1 Lov om forældelse/Verjährungsgesetz), unabhängig davon, ob Ansprüche gegen Versicherer oder Schädiger aus Verschuldens- oder Kausalhaftung begründet sind. Die Verjährung beginnt mit Bekanntwerden der anspruchsbegründenden Tatsachen, spätestens jedoch nach zehn Jahren (ebda. § 3 Abs. 3 Ziff. 2).

I. Verjährungsunterbrechung

134 Die Verjährung wird unterbrochen durch Einleitung eines gerichtlichen oder Schiedsverfahrens. Fällt die Unterbrechungswirkung wegen Rücknahme der Klage oder Klagabweisung wegen Unzulässigkeit weg, läuft die Verjährungsfrist jedenfalls noch ein Jahr weiter ab Bekanntwerden des Fortfalls der Unterbrechungswirkung (§ 20 Verjährungsgesetz).

II. Deklaratorisches Schuldanerkenntnis

135 Auch die förmliche Anerkennung der Schadensersatzansprüche unterbricht die Verjährung dergestalt, so dass sie neu zu laufen beginnt (§§ 15, 19 Verjährungsgesetz).

C. Bedeutung von Abtretungen

136 Abtretungen von Regulierungsansprüchen sind erst zulässig, wenn der Regulierungsanspruch dem Grunde und der Höhe nach anerkannt oder von einem Gericht festgestellt worden ist (§ 18 Abs. 1 EAL). Davon ausgenommen sind Ansprüche auf Ersatz des Arbeitsverdienstausfalls (§ 18 Abs. 4 EAL).

§ 2 Beweismittel[45]

A. Allgemeine Grundlagen

137 Im gerichtlichen Verfahren sind nur sogenannte **unabhängige Beweismittel** zugelassen.[46]

138 Dabei liegt die Anordnung und Durchführung der Beweisaufnahme im pflichtgemäßen Ermessen des Gerichts.

B. Einzelne Beweismittel

I. Neutrale Zeugen

139 Als Zeugen sind nur sogenannte **neutrale Zeugen** zugelassen. Angehörige einer Partei sind daher nicht als Zeugen zugelassen.

---

45 Im Hinblick auf noch ungeklärte Fragen im Bereich von Art. 22 Rom II-VO soll die Darstellung nicht nur dem Anwalt bei der Beurteilung seiner Chancen, sondern auch dem Gericht vorsorglich die Unterschiede darlegen. So soll etwa nach BeckOK-BGB/Spickhoff, Art. 22 Rom II-VO Rn. 3 mwN der Anscheinsbeweis als Prozessrecht dem Recht des Gerichtsstaates unterfallen, während das AG Geldern NJW 2011, 686 = DAR 2011, 210 mit Anm. Staudinger, DAR 2011, 231 (vgl. auch zustimmend und grundlegend Staudinger, NJW 2011,650) den Anscheinsbeweis dem materiellen Recht zuordnet. Gerade zur Verwertung von Zeugenaussagen gelten die von Staudinger (S. 652) herangeführten Argumente ebenso wie beim Anscheinsbeweis.

46 Hering, S. 56.

II. Insassenzeugen

1. Allgemeine Grundlagen. Auch Fahrzeuginsassen sind nicht als Zeugen zugelassen, da 140 diese im Hinblick auf das Unfallgeschehen nicht als unbefangen angesehen werden können.

2. Sonderfall Fahrer. Der Fahrer ist gleichermaßen, wenn er nicht ohnehin mitverklagt 141 und damit Partei ist, als Insasse des Unfallfahrzeugs von der Zeugnisfähigkeit ausgeschlossen.

Als Beweismittel zugelassen ist der **Bericht der Polizei** zur Unfallaufnahme, in dem sich 142 dann auch die Angaben der Beteiligten wiederfinden.

III. Parteivernehmung

1. Vernehmung der gegnerischen Partei, § 445 ZPO. Eine förmliche Vernehmung der geg- 143 nerischen Partei ist in der dänischen Prozessordnung nicht vorgesehen. Allerdings kann das Gericht anordnen, die Partei zum Unfallhergang und den Unfallfolgen anzuhören.

2. Vernehmung der eigenen Partei mit Zustimmung, § 447 ZPO. Entsprechendes gilt auch 144 für die eigene Partei.

IV. Augenschein

Das Gericht kann auch die Einholung von **Gutachten** anordnen. Parteigutachten, auch 145 von ausländischen Gutachtern, werden vor dänischen Gerichten nicht anerkannt. Auch müssen die gerichtlich bestellten Gutachter ihr Gutachten in der mündlichen Verhandlung persönlich vortragen.

§ 3 Besonderheiten des ausländischen Zivilprozessrechts[47]

A. Gerichtsstruktur

Die **Gerichte erster Instanz** (Byretterne) entsprechen den deutschen Amtsgerichten und 146 sind durchweg für alle erstinstanzliche Zivil- und Strafverfahren zuständig. Gegen Entscheidungen dieser (Amts- bzw. Stadt-)Gerichte kann Berufung innerhalb einer Frist von vier Wochen eingelegt werden. Sofern allerdings die Eingangsgerichte Verfahren wegen besonderer Bedeutung oder besonderen Umfangs an das übergeordnete Landgericht (Landsret) abgeben, kann gegen dessen Entscheidung die Berufung innerhalb einer Frist von acht Wochen eingelegt werden.

Die dänische Justiz hat zwei **Landgerichte**, eines für Ost-Dänemark (Østre Landsret) und 147 eines für West-Dänemark (Vestre Landsret), die über Rechtsmittel gegen Entscheidungen der Amtsgerichte entscheiden. Gegen Entscheidungen der Landgerichte in 2. Instanz ist ein weiteres Rechtsmittel unter einschränkenden Voraussetzungen zum Obersten Gerichtshof (Højesteret) in Kopenhagen zulässig, das für Zivil- und Strafsachen die letzte Instanz darstellt. Auch das Oberste Gericht ist allerdings eine Tatsacheninstanz.

Im strafprozessualen Adhäsionsverfahren beträgt die Rechtsmittelfrist nur 2 Wochen.

Eine Besonderheit des dänischen Prozessrechts ist der **medizinische Sachverständigenbe-** 148 **weis** in Personenschadenangelegenheiten. Hier wird kein medizinischer Sachverständiger vom Gericht bestellt und angehört, sondern der Fall einem medizinischen **Fachausschuss** (retslæge rådet) zur Begutachtung vorgelegt, der dann dem Gericht gegenüber eine formelle Stellungnahme abgibt. Das führt je nach Besetzung des Ausschusses im Einzelfall zu durchaus unterschiedlichen Bewertungen gerade bei medizinisch umstrittenen Phänomenen wie HWS-Schleudertrauma und Tinnitus durch Auslösung des Airbags.

---

47 Insoweit sind Kenntnisse auch zur Einschätzung ausländischer Urteile von Bedeutung. Wegen der Unterschiede in den einzelnen Ländern wurde hier noch nicht näher untergliedert.

B. Klagebeschränkungen

149 Beschränkungen für Klagen gibt es nicht.

Abschnitt 4: Wichtige Arbeitsmittel

A. Zeitschriften

Ugeskrift for Retsvæsen (UfR) – Juristische Wochenzeitschrift

B. Kommentare

Jens Møller/Michael S.Wiisbye, Erstatningsansvarsloven med kommentarer, 6. Aufl. 2002

C. Monographien

Bona/Mead (Hrsg.), Personal Injury Compensation in Europe, 2003
Bona/Mead/ Lindenbergh (Hrsg.), Fatal Accidents & Secondary Victims, 2005
Hering, Der Verkehrsunfall in Europa, 2. Aufl. 2011
Nagel/Bajons (Hrsg.), Beweis – Preuve – Evidence, 2003
Stein Poulsen, Haftung, Haftungsherabsetzung und Versicherung unter dem dänischen Schadensgesetz – mit vergleichenden Hinweisen auf das norwegische Recht, 1998

D. Internetadressen

Aktuelle zuverlässige rein deutschsprachige Internetseiten zum dänischen Rechtswesen gibt es nicht. Aufgeführt sind daher dänische Seiten, die teilweise auch englisch übersetzt, sonst aber dem Online-Übersetzungsdienst zugänglich sind.

I. Zugriff auf das geltende Recht

1. Materielles Haftungsrecht

https://www.retsinformation.dk/Forms/R0710.aspx?id=2167 bzw. In englischer Übersetzung http://www.patientforsikringen.dk/en/Love-og-Regler/Lov-om-klage-og-erstatning sadgang/Behandlingsskader.aspx

2. Straßenverkehrsvorschriften

https://www.retsinformation.dk/Forms/R0710.aspx?id=139027

II. Kostenlose Entscheidungssammlungen

1. Oberster Gerichtshof (Højesteret)

http://www.domstol.dk/hojesteret/Pages/default.aspx
http://www.domstol.dk/HOJESTERET/ENGLISH/Pages/default.aspx

2. Obergerichte (Landsretten)

http://www.domstol.dk/vestrelandsret/Pages/default.aspx
http://www.domstol.dk/oestrelandsret/Pages/default.aspx

III. Sonstige Informationen

1. Zinsanspruchsberechnung

a) Grundlagen

http://www.tyskret.com/deutsch/danemark/rentelov.html

b) Aktuelle Sätze

http://www.nationalbanken.dk/DNDK/minfo.nsf/%28sysPrintViewDefault%29/Morarent
eprocesrente

2. Rechtlich relevante Websites

a) Allgemein

https://www.retsinformation.dk/Forms/R0200.aspx

http://libguides.culis.kb.dk/dansk-ret-paa-engelsk

https://www.lovtidende.dk/

b) Haftungsrecht

Zum Erstatningsansvarsloven:

http://www.themis.dk/synopsis/docs/Lovsamling/Erstatningsansvarsloven.html

https://www.retsinformation.dk/Forms/r0710.aspx?id=2167

http://www.foxylex.dk/erstatningsansvarsloven/

Zum Færdselsloven:

https://www.retsinformation.dk/Forms/r0710.aspx?id=143400

http://www.foxylex.dk/faerdselsloven/

c) Prozessrecht

https://www.retsinformation.dk/forms/r0710.aspx?id=143192

Estland[1]

Verzeichnis landesspezifischer Abkürzungen

SRG	võlaõigusseadus (*Schuldrechtgesetz*)
VVG	liikluskindlustuse seadus (*Verkehrsversicherungsgesetz*)
ZPG	tsiviilkohtumenetluse seadustik (*Zivilprozessgesetz*)
AVG	töölepingu seadus (*Arbeitsvertragsgesetz*)
SaRG	asjaõigusseadus (*Sachenrechtsgesetz*)
AVG	töölepingu seadus (*Arbeitvertragsgesetz*)
SVG	liiklusseadus (*Straßenverkehrsgesetz*)
RKTK	Riigikohtu tsiviilkolleegium (*Zivilkammer des Staatsgericht*)

Abschnitt 1: Anspruchsprüfung zum Haftungsgrund

§ 1 Haftungsgründe

1 Das estnische Schuldrechtsgesetz[2] wurde am 26. September 2001 angenommen und trat am 1. Juli 2002 in Kraft. Vor dem Inkrafttreten des SRG regulierte der Zivilkodex der Estnischen SSR die Schuldrechtsbeziehungen in Estland. Das SRG beinhaltet die Normen für die Zufügung eines widerrechtlichen Schadens, also das Deliktsrecht im 53. Kapitel, in dem die deliktsrechtliche Allgemeine Haftung (§§ 1043–1055), die Gefährdungshaftung (§§ 1056–1060) und die Haftung für mangelhafte Produkte, also die Hersteller-Haftung (§§ 1061–1067), reguliert sind.

2 Wenn ein Schaden bei der Verletzung der vertraglichen Verpflichtungen entstanden ist, dann muss im Allgemeinen auch die Forderung auf Schadensersatz gemäß den Normen der vertraglichen (von der Verletzung der Verpflichtung abgeleiteten) Haftung eingeklagt werden (§ 101 Abs. 1 P. 3, § 103 und § 115). Gleichzeitig, wenn die Verletzung der vertraglichen Verpflichtungen den Tod eines Menschen verursacht hat, ebenso wenn ihm kör-

---

1 Übersetzung aus dem Estnischen von Marju und Olaf Mertelsmann.
2 Im Weiteren SRG.

perliche Verletzungen zugefügt wurden oder eine gesundheitliche Beeinträchtigung, kann der Geschädigte wählen, ob die Forderung des Schadensersatzes auf Basis des Vertragsrechts oder des Deliktsrechts eingeklagt wird (§ 1044 Abs. 3).

A. Haftung des Fahrers

Der Fahrer kann im Fall der Verursachung eines Schadens mit dem Kraftfahrzeug sowohl 3
für die Haftung des auf seiner Schuld beruhenden Delikts als auch für die nach den Bedingungen der Gefährdungshaftung in Frage kommen. Die vertragsrechtliche Haftung kommt in dem Fall in Frage, wenn zwischen dem Geschädigten und dem Verursacher des Schadens ein Vertrag besteht und wenn die Verursachung des Schadens gleichzeitig eine Verletzung des Vertrags durch den Verursacher des Schadens darstellt.

I. Haftung aus Verschulden

Die grundlegende Norm für das Bestehen eines Delikts ist im SRG § 1043, der festlegt: 4

Die einer anderen Person (dem Geschädigten) widerrechtlich einen Schaden zufügende Person (Verursacher des Schadens) muss den Schaden ersetzen, wenn sie die Schuld an der Verursachung des Schadens trägt oder wenn sie für die Entstehung des Schadens gemäß dem Gesetz verantwortlich ist.

Die deliktsrechtliche allgemeine Haftung ist in drei Stufen aufgebaut, bei denen als allge- 5
meine Regel in der ersten Stufe die objektiven Tatbestände kontrolliert werden (die Tat des Verursachers des Schadens, die Rechtsgutverletzung des Geschädigten und die Kausalität zwischen ihnen), auf der zweiten Stufe die Rechtswidrigkeit und auf der dritten Stufe das Verschulden des Verursachers des Schadens. Die Kontrolle der Voraussetzungen der Haftung erfolgt in der oben erwähnten Reihenfolge: wenn es sich dabei ergibt, dass die Verursachung des Schadens nicht widerrechtlich war, dann wird nicht begonnen, die Schuld des Verursachers des Schadens zu bewerten.

Im SRG im § 1045 Abs. 1 und 3 sowie in den §§ 1046–1049 ist festgelegt, wann die Ver- 6
ursachung eines Schadens voraussichtlich widerrechtlich ist. Im Falle der Verursachung eines Schadens durch den Führer eines Kraftfahrzeugs kann die Widerrechtlichkeit alternativ von der Verletzung der Schutznormen (SRG § 1045 Abs. 1 P. 7 in Übereinstimmung mit den Schutznormen, die im Verkehrsgesetz beinhaltet sind) abgeleitet werden oder auf dem Katalog der Vorfälle der Verursachung eines widerrechtlichen Schadens beruhen (§ 1045 Abs. 1 P. 1 – Verursachung eines Todesfalls; § 1045 Abs. 1 P. 2 – Verursachung von körperlichen Verletzungen oder von gesundheitlichen Schäden; § 1045 Abs. 1 P. 5 – Verletzung des Eigentums).

Eine Aufzählung der Umstände, die eine Widerrechtlichkeit ausschließen, findet sich im 7
SRG § 1045 Abs. 2. Der SRG § 104 definiert die Formen der Schuld, zu denen Fahrlässigkeit, schwere Fahrlässigkeit und Vorsatz zählen. Laut dem SRG § 1050 Abs. 1 wird das Verschulden des Verursachers des Schadens vorausgesetzt (in dem Fall, dass der Kläger bewiesen hat, dass der Verursacher des Schadens eine widerrechtliche Tat begangen hat). Die Fahrlässigkeit wird in zwei Etappen bewertet. In der ersten Etappe wird gemäß § 104 Abs. 3 und 4 eine objektive Bewertung darüber abgelegt, ob der Verursacher des Schadens die notwendige Sorgfalt aufgewandt hat. In der zweiten Etappe soll, abgeleitet von § 1050 Abs. 2, bewertet werden, ob die subjektiven Eigenschaften des Verursachers des Schadens (zB Wissen oder Fertigkeiten) es ihm überhaupt ermöglichten, dass er objektiv die Standards der Sorgfalt befolgen konnte.

Es sei hinzugefügt, dass in der estnischen Rechtspraxis die Einklagung des Schadensersat- 8
zes gegenüber den einen Schaden verursachenden Führern von Kraftfahrzeugen dennoch eine Ausnahme darstellt, denn dem Geschädigten ist es im Allgemeinen möglich, seine Forderung gegenüber dem Versicherer der Verkehrsversicherung einzureichen. Mit der Verkehrsversicherung wird nahezu der gesamte materielle Schaden abgedeckt, doch bei dem Schadensersatz des immateriellen Schadens ist die Haftung der Versicherer dennoch be-

grenzt (laut Verkehrsversicherungsgesetz[3] § 32 Abs. 3 beträgt die Entschädigung für immaterielle Schäden vermutlich maximal 3200 Euro). Damit ist der Geschädigte gewöhnlich gezwungen, für den Schadensersatz von immateriellen Schäden in vollem Umfang (zusätzliche) Forderungen gerichtlich geltend zu machen.

II. Gefährdungshaftung

9   Gewöhnlich ist der Fahrer eines Kraftfahrzeugs auch der direkte Besitzer des Kraftfahrzeugs.[4] Damit kann er im Falle des Verursachens eines Schadens zur Verantwortung gezogen werden auf Grundlage von SRG § 1057, in dem festlegt ist:

Der direkte Besitzer eines Kraftfahrzeugs ist verantwortlich für den beim Einsatz des Kraftfahrzeugs entstehenden Schaden, mit der Ausnahme wenn: 1.) eine im Kraftfahrzeug beförderte Sache beschädigt wird, welche die im Kraftfahrzeug befindliche Person nicht an sich hat oder bei sich trägt; 2.) eine Sache beschädigt wird, die dem Besitzer des Kraftfahrzeugs in Obhut gegeben wurde; 3.) den Schaden eine höhere Gewalt verursachte oder es die vorsätzliche Tat des Geschädigten war, ausgenommen in dem Fall, in dem der Schaden durch die Führung eines Luftfahrzeugs entstand; 4.) der Geschädigte selbst an der Führung des Kraftfahrzeugs teilnahm; 5.) der Geschädigte kostenlos und außerhalb der wirtschaftlichen Aktivitäten des Fahrers transportiert wurde.

10   Immer kann der Fahrer des Kraftfahrzeugs allerdings nicht als direkter Besitzer behandelt werden. Am verbreitetsten unter solchen Fällen ist die Erfüllung von beruflichen Aufgaben des Arbeitnehmers mit dem Kraftfahrzeug des Arbeitgebers. Gemäß dem Sachenrechtsgesetz[5] § 33 Abs. 3 ist der Besitzer nicht die Person, welche tatsächlich über eine Sache auf Anweisung einer anderen Person in deren Haushalt oder Unternehmen verfügt. Also ist in dem vorliegenden Fall auch das SRG § 1057 nicht anwendbar.[6] Gleichzeitig kann der über eine Sache verfügende Arbeitnehmer dennoch für die auf dem Verschulden basierende Haftung aufgrund der Bestimmungen der Delikthaftung haften. Auch in SRG § 1056 Abs. 3 ist vermerkt, dass das bezüglich der Gefährdungshaftung Festgelegte nicht ausschließt oder begrenzt, dass Forderungen auf anderer rechtlicher Basis gestellt werden, darunter das Einklagen von Forderungen auf Schadensersatz wegen eines widerrechtlichen und schuldhaft entstandenen Schadens. In dem Fall, in dem der Führer des Kraftfahrzeugs sowohl auf Basis der Verschuldung oder auch der Gefährdungshaftung haften kann, muss das Gericht die Forderung bei Vorliegen einer alternativen rechtlichen Begründung der Forderung auf beiden Grundlagen kontrollieren.[7]

11   Das estnische SRG enthält zusätzlich auch die sogenannte Gefährdungshaftung in seinem Bestand. Der erste Satz von SRG § 1056 Abs. 1 legt fest:

Im Falle der Verursachung eines Schadens an einer besonders gefährlichen Sache oder als Folge der ihr eigenen Gefährlichkeit einer Tätigkeit haftet für die Verursachung des Schadens, unabhängig von der Verschulden, die Person, welche über die Gefahrenquelle verfügt.

12   Der erste Satz von SRG § 1056 Abs. 2 ergänzt:

Eine Sache oder eine Tätigkeit wird als die Quelle einer größeren Gefahr angesehen, wenn wegen ihres Charakters oder der hierbei verwendeten Bestandteile oder Mittel sogar bei der von einem Experten zu erwartenden Sorgfalt ein großer Schaden oder ein Schaden häufig entstehen kann.

---

3   Im Weiteren VVG.
4   Das Sachenrechtsgesetz § 33 Abs. 1 legt fest, dass der Besitzer die Person ist, die über die Sache tatsächlich verfügt. Derselbe § Abs. 2 legt fest, dass eine Person, die über eine Sache auf Grundlage eines Leasing-, Miet-, Aufbewahrungs-, Pfand- oder eines anderen, derartigen Verhältnisses verfügt, welches ihr das Recht gibt, über die Sache einer anderen Person zeitweise zu verfügen, der direkte, aber die andere Person der indirekte Besitzer ist.
5   Im Weiteren SaRG.
6   *Varul, Paul; Kull, Irene; Kõve, Villu; Käerdi, Martin.* Võlaõigusseadus III. Kommenteeritud väljaanne (Schuldrechtsgesetz III. Kommentierte Ausgabe). Kirjastus Juura, 2009, S. 696.
7   Zivilkammer des Staatsgerichts (im Weiteren RKTK) Entscheidung vom 19. März 2013 in der Zivilsache Nr. 3-2-1-7-13.

Es ist nicht vollkommen ausgeschlossen, dass der Führer eines Kraftfahrzeugs, der sich 13 nicht zum direkten Besitzer des Kraftfahrzeugs qualifiziert, ebenfalls dennoch als Verfüger über die Quelle einer größeren Gefahr im Sinne von SRG § 1056 Abs. 1 angesehen werden kann. Obwohl in der Gerichtspraxis dieser Standpunkt noch nicht eine direkte Bestätigung gefunden hat, liefert die Lösung des Staatsgerichts eine Grundlage für diese Diskussion, als das Gericht befand, dass als Verfüger über eine größere Gefahrenquelle laut § 1056 Abs. 1 auch eine mit Pferden fahrende Person gelten kann, die zur selben Zeit nicht der Halter der Tiere im Sinne von § 1060 ist.[8]

B. Haftung des Halters/Fahrzeugeigentümers

Das estnische Recht beinhaltet keine spezifischen Normen bezüglich des Halters oder des 14 Eigentümers eines Kraftfahrzeugs. Der Begriff des Halters eines Kraftfahrzeugs ist in dem geltenden Recht auch nicht definiert (obwohl gesagt werden kann, dass der direkte Führer eines Kraftfahrzeugs im Regelfall auch dessen Halter ist).

I. Haftung aus Verschulden

1. Gesetzliche Haftungstatbestände gegen den Fahrzeugeigentümer/-halter. Der Eigentü- 15 mer (oder Halter) eines Kraftfahrzeugs kann schuldhaft vor allem unter zwei Bedingungen haften.

a) Haftung auf Basis von SRG § 1043 ff. Ähnlich wie der Führer eines Kraftfahrzeugs 16 kann auch der Eigentümer des Kraftfahrzeugs (oder der Halter) auf Basis der Bestimmungen eines Delikts haften, wenn sein Verhalten die Voraussetzungen für die allgemeine Haftung eines Delikts erfüllt (objektiver Tatbestand, Widerrechtlichkeit und Verschulden). Zum Beispiel in dem Fall, wenn der Eigentümer eines Kraftfahrzeugs, dieses verlassend, die Schlüssel in der Zündung stecken lässt, wonach das Kraftfahrzeug gestohlen und damit ein Schaden verursacht wird, könnte auch der Eigentümer des Kraftfahrzeugs zur Verantwortung gezogen werden aufgrund der Bestimmungen eines Delikts.

b) Die Haftung des Nutzers einer Dienstleistung für ein Delikt gegenüber dem Anbieter 17 **der Dienstleistung (Haftung für den Verrichtungsgehilfen).** Im estnischen Recht wird die Haftung des Nutzers von Dienstleistungen für Delikte gegenüber den Anbietern von Dienstleistungen im SRG § 1054 reguliert. In der Praxis kann von den Bestimmungen des § 1054 der § 1054 Abs. 1 für am wichtigsten gehalten werden, der festlegt:

Wenn eine Person beständig eine zweite Person für seine Wirtschafts- oder Berufstätigkeit nutzt, dann haftet sie für den von dieser Person widerrechtlich verursachten Schaden wie für einen von ihr selbst verursachten Schaden, wenn die Verursachung des Schadens verbunden war mit der Wirtschafts- oder Berufstätigkeit.

Auf Grundlage dieser Festlegung kann man vor allem Arbeitgeber zur Verantwortung zie- 18 hen, wenn ihre Arbeitnehmer in Erfüllung von Arbeitsaufgaben einer dritten Person widerrechtlichen Schaden verursachen. Das bedeutet, wenn der Arbeitnehmer für einen Schaden, der mit einem Kraftfahrzeug auf Grundlage der Bestimmungen des Delikts haftet (§ 1043), dann kann der Arbeitgeber auf Grundlage von § 1054 Abs. 1 ebenso zur Verantwortung herangezogen werden. Es sei hier betont, dass bei der Anwendung des § 1054 Abs. 1 der Arbeitnehmer selbst auf Grundlage der Bestimmungen des Delikts haften muss. Dies bedeutet, dass das SRG § 1054 Abs. 1 nicht anwendbar ist zum Beispiel in dem Fall, dass der Arbeitnehmer an der Verursachung des Schadens unschuldig ist.[9]

Das SRG § 1054 Abs. 2 legt die Haftung einer Person für die Verursachung eines Schadens 19 einer zweiten Person fest, wenn die erste die zweite für die Erfüllung seiner Aufgaben nützt. Das SRG § 1054 Abs. 3 aber sieht die Haftung einer Person gegenüber einer ande-

---

8 RKTK Entscheidung vom 18. April 2007 in der Zivilsache Nr. 3-2-1-27-07.
9 *Tampuu, Tambet*. Lepinguvälised võlasuhted (Außervertragliche Schuldrechtsbeziehungen). Kirjastus Juura 2012, S. 279.

ren Person vor im Fall, wenn die letztere im Auftrag der ersteren irgendwelche Tätigkeiten erledigt.

20 **2. Besonderheiten bei Beförderungen.** Die auf der Verschuldung des Eigentümers eines Kraftfahrzeugs (oder seines Halters) basierende Haftung hängt nicht unmittelbar davon ab, ob er eine Vergütung vom Geschädigten für die Transportdienstleistung erhalten hat oder nicht. Wohl muss aber beachtet werden, dass wenn zwischen dem Verursacher des Schadens und dem Geschädigten eine Vertragsbeziehung besteht, dann sind die Forderungen des Geschädigten für den Schadensersatz eines Delikts begrenzt. Zum Beispiel muss der Geschädigte im Falle der Schädigung einer Sache auf jeden Fall eine Forderung einreichen, die sich von der Verletzung des Vertrags ableitet. Bei der Verursachung des Tods des Geschädigten, ebenso für den Fall der körperlichen Verletzung oder der Verursachung einer Gesundheitsschädigung muss der Geschädigte laut dem SRG § 1044 Abs. 3 in der Lage sein, auch eine Forderung des Schadensersatzes nach dem Deliktsrecht vorzulegen.

21 Die Frage der Bezahlung kann aber im Fall der Gefährdungshaftung angemessen sein. Die Anwendung von SRG § 1057 ist nämlich ausgeschlossen, wenn der Geschädigte unentgeltlich befördert wurde und außerhalb der wirtschaftlichen Tätigkeit des Beförderers (P. 5) oder wenn der Geschädigte an der Führung des Kraftfahrzeugs teilnahm (P. 4). In den genannten Fällen ist dennoch eine auf dem Verschulden des direkten Besitzers des Kraftfahrzeugs basierende deliktsrechtliche Verantwortlichkeit möglich.

II. Gefährdungshaftung

22 **1. Grundlagen der Gefährdungshaftung.** Der Eigentümer (Halter) des Kraftfahrzeugs haftet vor allem auf Grundlage von SRG § 1057, wenn er zur selben Zeit als Besitzer des Kraftfahrzeugs zu behandeln ist. Möglich ist auch das, dass der Eigentümer (Halter) des Kraftfahrzeugs zwar nicht der direkte Besitzer des Kraftfahrzeugs ist, aber der Verfügende über das Kraftfahrzeug als eine Quelle von größeren Gefahren im Sinne des ersten Satzes von § 1056 Abs. 1.

23 **2. Typische Problembereiche. a) Betriebsbegriff.** Nach dem estnischen Recht kann von der Verursachung eines Schadens mit einem Kraftfahrzeug in Verbindung mit der Gefährdungshaftung nur in dem Fall gesprochen werden, dass der Schaden beim Betrieb des Kraftfahrzeugs verursacht wurde. Im Gesetz ist der Betrieb des Kraftfahrzeugs nicht definiert. Das allgemeine Wesen des Betriebs hat das Staatsgericht in seiner Lösung vom 19. März 2013 nebenbei behandelt: der Schaden ist bei dem Betrieb eines Kraftfahrzeugs entstanden vor allem dann, wenn der Schaden verursacht wird bei der bestimmungsgemäßen Benutzung des Kraftfahrzeugs als Kraftfahrzeug im Verkehr. Nach Auffassung des Gerichts kann als Betrieb auch die langsame Bewegung des Fahrzeugs oder unter besonderen Bedingungen auch das Stehen auf dem Weg behandelt werden.[10]

24 Es kann behauptet werden, dass im allgemeinen Fall beim Erkennen des Betriebs eines Kraftfahrzeugs keine schwierigen Probleme entstehen. Die schwierigeren Fälle entstehen vor allem in Ausnahmefällen (zB im Fall eines stehenden Fahrzeugs), doch in diesem Bereich ist die estnische Gerichtspraxis noch nicht herausgebildet. Die Grenze dort zu ziehen, wo das stehende Kraftfahrzeug noch betrieben wird und wann nicht, müsste davon abhängen, ob dieses stehende Fahrzeug für die anderen Verkehrsteilnehmer eine Gefahr darstellt oder nicht. Zum Beispiel ist es offensichtlich nicht richtig das ordnungsgemäße Parken auf einem Parkplatz als den Betrieb eines Kraftfahrzeugs zu behandeln.[11]

25 **b) Betriebsgefahr.** Den Begriff der Betriebsgefahr und seine Bedeutung behandelte das Staatsgericht erstmals in einer Lösung vom 19. März 2013. Das Gericht vermerkte, dass die Betriebsgefahr eines Kraftfahrzeugs beeinflussenden Umstände beispielsweise die Masse des Fahrzeugs, die Abmessungen, der technische Zustand und die Sicherheitsausstat-

---

10 RKTK 19. März 2013 Entscheidung in der Zivilsache Nr. 3-2-1-7-13.
11 Das Landgericht Harju hat ebenfalls in seiner Entscheidung vom 11. Dezember 2006 befunden, dass es sich nicht um den Betrieb eines Kraftfahrzeugs handelt, wenn das Auto in einer unterirdischen Garage geparkt ist.

tung sein können. Als Beispiel brachte das Gericht, dass die von einem großen Lastkraftwagen ausgehende Gefahr sehr viel größer ist als die von einem Moped. Nach Auffassung des Staatsgerichts kann (ähnlich der deutschen Praxis) zusätzlich auch mit einem besonderen Betreibungsrisiko (der objektive Charakter eines konkreten Manövers und seine Gefährlichkeit) gerechnet werden.

Das Staatsgericht hat es als begründet angesehen, den Schadensersatz des Halters des   26
Kraftfahrzeugs auf Grundlage der Betriebsgefahr auch in dem Fall zu vermindern, in dem der Kläger auf dem Gebiet von Straßenbauarbeiten mit dem Kraftfahrzeug in einen Wall aus Schotter gefahren ist. Das Staatsgericht befand, dass in diesem Kasus der Kläger die für das Kraftfahrzeug charakteristische Gefahr erkennen könnte zB auf dem Weg, dass der Kläger in dem Moment, als er den Schotterwall bemerkte, das Kraftfahrzeug nicht umgehend anhalten konnte.[12]

Aus der Praxis des Staatsgerichts lässt sich noch ableiten, dass bei der Bewertung der Be-   27
triebsgefahr berücksichtigt werden muss, ob die entsprechenden Gefahrenfaktoren zum Zeitpunkt des konkreten Verkehrsunfalls auftraten. Damit muss das Gericht bewerten, ob der dem Fahrzeug eigene Gefahrenfaktor im konkreten Fall das Erfolgen des Verkehrsunfalls beeinflusste.[13]

3. Entlastungsmöglichkeit. Die im SRG § 1057 festgelegte Gefährdungshaftung des direk-   28
ten Besitzers wird nicht angewandt, wenn: 1.) eine im Kraftfahrzeug beförderte Sache beschädigt wird, welche die im Kraftfahrzeug befindliche Person nicht an sich hat oder bei sich trägt; 2.) wenn eine Sache beschädigt wird, die dem Besitzer des Kraftfahrzeugs in Obhut gegeben wurde; 3.) wenn den Schaden eine höhere Gewalt[14] verursachte oder die absichtliche Tat des Geschädigten war, ausgenommen in dem Fall, bei dem der Schaden durch die Führung eines Luftfahrzeugs entstand; 4.) wenn der Geschädigte selbst an der Führung des Kraftfahrzeugs teilnahm; 5.) wenn der Geschädigte kostenlos und außerhalb der wirtschaftlichen Aktivitäten des Fahrers transportiert wurde.

Die Anwendung der Bestimmungen der Gefährdungshaftung (§ 1056) kann aber laut der   29
Gerichtspraxis durch die Tatsache ausgeschlossen werden, dass der Geschädigte auf irgendwelche Weise mit der Quelle der größeren Gefahr verbunden war. Das Staatsgericht hat befunden, dass Personen, die an der Verfügung über eine größere Gefahrenquelle teilnehmen, die zeitweilig die Verfügung über eine größere Gefahrenquelle übernehmen oder aus der Verfügung über eine größere Gefahrenquelle Nutzen ziehen, abgeleitet vom Grundsatz von Treu und Glauben nicht berechtigt sind, vom Verfüger über eine größere Gefahrenquelle für den Schaden, den ihnen eine größere Gefahrenquelle verursachte, einen Schadensersatz auf der Grundlage der Bestimmungen der Gefährdungshaftung zu fordern.[15]

C. Haftung des Versicherers

In Estland trat das Gesetz über Verkehrsversicherungen am 1. Oktober 2014 in Kraft.   30
Dies bedeutet, dass eine die neue Regulation berührende Gerichtspraxis zum jetzigen Zeitpunkt inhaltlich noch weitgehend fehlt. Damit sind zum heutigen Zeitpunkt noch mehrere Fragen offen und benötigen die Auslegungen der Gerichte. In Estland verfügt der Geschädigte über das Recht, eine direkte Forderung an den Versicherer der Verkehrsversicherung des Verursachers des Schadens zu stellen (VVG § 23 Abs. 1 und SRG § 521 Abs. 1).

---

12 RKTK 11. März 2015 Entscheidung in der Zivilsache Nr. 3-2-1-173-14.
13 RKTK 26. November 2015 Entscheidung in der Zivilsache Nr. 3-2-1-64-15.
14 Eine die Haftung des über eine größere Gefahrenquelle Verfügenden ausschließende höhere Gewalt könnte ein außerordentlicher natürlicher Faktor sein, der an die Stelle der von der größeren Gefahrenquelle ausgehenden Gefahr tritt und mit dessen Eintreten die über die größere Gefahrenquelle Verfügende und der Geschädigte nicht rechnen konnten oder mussten (RKTK 21. November 2005 Entscheidung in der Zivilsache Nr. 3-2-1-111-05).
15 RKTK 18. April 2007 Entscheidung in der Zivilsache Nr. 3-2-1-27-07.

31 Im VVG § 3 Abs. 1 ist die Pflicht zum Abschluss eines Vertrags über eine Verkehrsversicherung festgelegt. In VVG § 4 ist festgesetzt, für welche Fahrzeuge ein Vertrag über eine Verkehrsversicherung abgeschlossen werden muss. Wenn eine Person ihre Versicherungspflicht nicht erfüllt, dann tritt der Versicherungsschutz bezüglich des Fahrzeugs kraft Gesetz ein (automatische Verkehrsversicherung, VVG § 60 Abs. 2). Im Fall einer automatischen Verkehrsversicherung wird der mit dem Fahrzeug verursachte Schaden vom Fonds der Verkehrsversicherungen entschädigt (§ 45 Abs. 1). Der Fonds der Verkehrsversicherungen ist eine gemeinnützige Einrichtung (§ 10 Abs. 1), welche sowohl die automatische Verkehrsversicherung als auch das Funktionieren der Verkehrsversicherung allgemein organisiert. Es sei noch hinzugefügt, dass auch für die automatische Verkehrsversicherung Versicherungsbeiträge geleistet werden müssen (§ 62), bei der Entschädigung wird eine Eigenverantwortung des Verursachers des Schadens in Höhe von 640 Euro angewandt (§ 64 Abs. 1).

32 Es soll betont werden, dass der Versicherer einer Verkehrsversicherung nicht ganz im selben Umfang für einen entstandenen Schaden haftet wie der Verursacher des Schadens. Der Umfang der Haftung des Verursachers des Schadens wird festgelegt auf Grundlage der allgemeinen Regeln des SRG, zur Verpflichtung des Versicherers, den Schaden zu ersetzen, gibt es aber im VVG eine gesonderte Regulation.[16] Damit brauchen sich der Umfang der Haftung des Verursachers des Schadens und der Umfang der Haftung seines Versicherers keineswegs immer zu decken (die Verpflichtungen des Versicherers sind oft begrenzter) und der Geschädigte kann zum Schadensersatz des gesamten Schadens gezwungen sein, gesondert eine Forderung zur Entschädigung des Schadens gegen den Verursacher des Schadens zu stellen.

33 Auch die Entscheidung über die Verpflichtung des Versicherers der Verkehrsversicherung zum Schadensersatz kann, unter Berücksichtigung des Fehlens einer Gerichtspraxis bezüglich des neuen Gesetzes, zum jetzigen Zeitpunkt in einigen Fällen problematisch sein. Auf der einen Seite legt das VVG § 1 Abs. 2 fest, dass bei der Verkehrsversicherung auch die Bestimmungen des SRG angewandt werden. Auf der anderen Seite sagt das VVG § 24, dass der Versicherer Schäden ersetzt **einzig** auf Grundlage und im Umfang des im VVG Festgelegten. Derselbe Paragraf verweist noch direkt auf das Recht des Geschädigten eine Forderung auf Grundlage des SRG gegen den Verursacher des Schadens zu stellen.

I. Haftungsvoraussetzung

34 Ein Versicherungsfall einer Verkehrsversicherung (welcher die Verpflichtung des Versicherers zum Schadensersatz mit sich bringt) ist die Verursachung eines Schadens einer dritten Person in dem Fall, wenn zur selben Zeit die folgenden Bedingungen auftreten: 1.) der Schaden wurde mit einem Fahrzeug verursacht, für das eine nach den vorliegenden Gesetzen oder nach den staatlichen Rechtsakten des Herkunftslands eine Versicherungspflicht gilt; 2.) den Schaden hat ein im Verkehr geführtes Fahrzeug verursacht unter der Realisierung der charakteristischen Gefahr und es tritt eine ursächliche Verbindung zwischen der Bewegung des Fahrzeugs oder seinem Standort und dem entstandenen Schaden auf; 3) der Schaden ist auf einer Straße oder auf einem Gebiet entstanden, das für den gewöhnlichen Verkehr von Fahrzeugen genutzt wird (VVG § 8 Abs. 1).

35 Kein Versicherungsfall ist die Verursachung eines Schadens:

1. in einem Fahrzeug, darunter Luft- und Wasserfahrzeug, ausgenommen auf einer eine Linienfahrt durchführenden Fähre beim Ein- oder Herausfahren;

2. an einem Ort, der geschlossen und abgetrennt ist zum Wettkampf, Training oder einem anderen derartigen Vorhaben;

3. auf dem Territorium eines für den öffentlichen Verkehr gesperrten Flughafens;

---

16 So enthält das VVG § 33 in den P. 1–12 eine Aufzählung davon, welche Schäden der Versicherer nicht ersetzt.

Lahe/Kull

4. auf einer Straße oder einem anderen gewöhnlich für den Verkehr von Fahrzeugen genutzten Bereich zu einer Zeit, wenn dieser Bereich für den öffentlichen Verkehr gesperrt ist und wenn das Fahrzeug, mit dem der Schaden verursacht wurde, genutzt wird für Forst-, Feld oder Bauarbeiten oder für andere derartige Zwecke und der Schaden bei der unmittelbaren Erfüllung von Arbeitsaufgaben verursacht wurde (VVG § 8 Abs. 2).

Gemäß dem VVG § 23 Abs. 1 kann die geschädigte Person beim Vorfall eines Versicherungsfalls eine Forderung zum Schadensersatz des Schadens gegen den Versicherer stellen, wenn die versicherte Person gegenüber der geschädigten Person haftet: 36

1. auf Grundlage des SRG § 1057;

2. auf Grundlage der Bestimmungen des SRG zum Schadensersatz eines widerrechtlich und verschuldet verursachten Schadens oder

3. auf Grundlage eines Beförderungsvertrags.[17]

In den §§ 52–59 VVG sind die Regressforderungen des Versicherers gegenüber der den Schaden verursachten Person und gegenüber anderen Personen reguliert.   37

II. Nachhaftung

Nach dem Erfolgen des Versicherungsfalls endet der Vertrag der Verkehrsversicherung selbst nicht. Im Falle einer Zerstörung des Fahrzeugs hat der Versicherungsnehmer das Recht, den Vertrag außerordentlich zu kündigen (VVG § 22 Abs. 1 P. 2).   38

Zwölf Monate nach der Beendigung des Vertrages bleibt gegenüber dem Geschädigten der letzte Versicherer des Verursachers des Schadens haftbar (VVG § 36 Abs. 2). Laut dem VVG § 55 verfügt der Versicherer in diesem Fall nach dem Schadensersatz des Geschädigten über eine Regressforderung gegenüber dem Verursacher des Schadens.   39

D. Haftung von Begleitpersonen

Im estnischen Recht gibt es keine Sonderregeln bezüglich der Haftung von Begleitpersonen. Sie können haften, wenn als Ergebnis ihres Verhaltens die Voraussetzungen für die allgemeine Haftung im Deliktfall (§ 1043) erfüllt sind.   40

I. (Mit-)Haftung des Beifahrers

Im Falle eines Beifahrers, der bei einem Verkehrsunfall einen Schaden erlitten hat, kann die Frage der Minderung des Schadensersatzes auf Grundlage von SRG § 139 entstehen. Im Falle des Todes des Beifahrers oder der Schädigung seiner Gesundheit kann der Schadensersatz einzig im Falle seinen Vorsatz oder seiner groben Fahrlässigkeit vermindert werden (§ 139 Abs. 3). In der estnischen Gerichtspraxis wird befunden, dass wenn die Geschädigten in ein Fahrzeug einsteigen, das von einem Fahrer geführt wird, der ihres Wissens nach alkoholisiert ist, ihr Schadensersatz um 50% reduziert wird.[18]   41

II. Haftung des Einweisers

Wie oben vermerkt, kann der Einweiser haften, wenn er mit seinem Verhalten einer anderen Person widerrechtlich und verschuldet einen Schaden zufügt (§ 1043).   42

---

17 Siehe über die Verkehrsversicherung im Allgemeinen: *Lahe, Janno.* Kindlustusõigus (Versicherungsrecht). Kirjastus Juura, 2007, S. 155–172.
18 Tallinner Bezirksgericht 8. Februar 2011 Entscheidung in der Zivilsache Nr. 2-09-66992.

E. Haftungsmodifikationen

I. Einschränkungen

43 1. **Unfallschaden und Arbeitnehmer. a) Grundsätze der Haftungsverteilung.** Ausgehend vom Arbeitsvertragsgesetz[19] § 72 haftet der Arbeitnehmer dem Arbeitgeber gegenüber für die Zufügung von materiellem Schaden, wenn er seine Pflichten schuldhaft verletzte. Der Arbeitnehmer haftet für den Schaden einzig in dem Fall in vollem Umfang, wenn er den Arbeitsvertrag vorsätzlich verletzte (AVG § 74 Abs. 1). Im Falle von anderen Schuldformen ist die Haftung des Arbeitnehmers begrenzt (AVG § 74 Abs. 2).

44 Das AVG § 76 Abs. 1 legt fest, dass wenn der Arbeitnehmer für den Schaden einer dritten Person, der bei der Erfüllung von Arbeitsaufgaben entstanden ist, haftet, dann muss der Arbeitgeber den Arbeitnehmer vom Schadensersatz befreien sowie von der Verpflichtung, die notwendigen Gerichtskosten zu übernehmen, und die entsprechenden Verpflichtungen selbst tragen.

45 Die Bedeutung der oben angeführten Bestimmung ist umstritten, doch offenbar ist damit dennoch nicht die persönliche Haftung des Arbeitnehmers gegenüber dem Geschädigten ausgeschlossen. Das bedeutet, dass gegenüber dem Geschädigten der Arbeitnehmer und der Arbeitgeber (auf Grundlage von SRG § 1054 Abs. 1) Gesamtschuldner sind. Das AVG § 76 Abs. 2 gibt dem Arbeitgeber das Recht gegenüber dem Arbeitnehmer eine Rückforderung zu stellen, unter Berücksichtigung der Begrenzungen der Haftung des Arbeitnehmers auf Grundlage von AVG § 74. Gleichzeitig gibt das AVG § 76 Abs. 1 dem Arbeitnehmer das Recht zu fordern, dass der Arbeitgeber für ihn die Verpflichtung des Schadensersatzes erfüllt (das AVG § 74 im Auge behaltend). Wenn der Arbeitnehmer einer dritten Person den Schaden entschädigt, entsteht ihm dem Arbeitgeber gegenüber eine Rückforderung, mit Ausnahme für den auf ihn entfallenden Anteil (AVG § 74 Abs. 2).[20]

46 b) **Haftung gegenüber Betriebsangehörigen.** Bei der Verursachung eines Schadens für Betriebsangehörige werden die allgemeinen Regeln angewandt. Der Arbeitgeber kann auf Grundlage des Vertragsrechts oder des Deliktsrechts haftbar sein, der den Schaden verursachende Arbeitnehmer bei der Schädigung eines anderen Arbeitnehmers einzig auf Grundlage des Deliktsrechts.

47 2. **Geschäftsführung ohne Auftrag.** Das Institut des *negotiorum gestio* ist reguliert im estnischen Recht in den SRG §§ 1018–1026. Die erwähnten Normen regulieren unter anderem die Verpflichtung des Geschäftsführers zum Schadensersatz an den Begünstigten (§ 1022 und § 1024) sowie die Verpflichtung zum Schadensersatz des Begünstigten an den Geschäftsführer (§ 1025). Die Bestimmungen regulieren keine Fälle, in denen der Geschäftsführer im Verlauf der Geschäftsführung einer dritten Person einen Schaden verursacht. Damit kann gefolgert werden, dass im beschriebenen Fall der Geschäftsführer nach der allgemeinen Regulation haftet (auf Verschulden basierende allgemeine Haftung oder auf Grundlage der Gefährdungshaftung).

48 3. **Unentgeltliche Beförderung.** Im Falle des Vorliegens einer unentgeltlichen Beförderung leitet sich die einzige Begrenzung der Haftung von SRG § 1057 P. 5 ab, demzufolge der direkte Besitzer eines Kraftfahrzeugs in dem Fall (wenn er zusätzlich auch außerhalb seiner wirtschaftlichen Aktivität tätig ist) nach der Gefährdungshaftung nicht haftet. Die auf der Verschuldung des Verursachers des Schadens beruhende Haftung ist dagegen nicht begrenzt (§ 1043).

49 4. **Mietwagenprobleme.** Die Verursachung eines Schadens mit einem sogenannten Mietwagen bringt im estnischen Recht keine besonderen Probleme mit sich. Gemäß dem SRG § 33 Abs. 2 ist der Mieter des Autos dessen direkter Besitzer und er haftet auf Grundlage von SRG § 1057. Ebenso kann er auch auf Grundlage der Bestimmungen eines Delikts haften (§ 1043). Der Vermieter des Autos kann aber verantwortlich nach den Bestimmun-

---

19 Im Weiteren AVG.
20 Siehe *Tampuu, Tambet.* Lepinguvälised võlasuhted (Außervertragliche Schuldrechtsbeziehungen). Kirjastus Juura 2012, S. 280.

gen der Gefährdungshaftung als Herrscher des Kraftfahrzeugs (§ 1056) oder auf Grundlage der Bestimmungen eines Delikts (§ 1043) sein. Die Haftung beider (sowohl von Mieter als auch von Vermieter) wird abgedeckt durch den obligatorischen Vertrag der Verkehrsversicherung.

5. Mitversicherte Personen und Insassen. Bezüglich der genannten Personen fehlen besondere Probleme. Sie können selbst haftbar sein auf Grundlage der auf Verschulden beruhenden Haftung für ein Delikt (§ 1043). Der ihnen verursachte Schaden wird abgedeckt mit dem bezüglich des Kraftfahrzeugs abgeschlossenen Vertrag der Verkehrsversicherung. $\quad$ 50

6. Deckungsgrenzen. Der Umfang der Haftung für ein Delikt durch die für einen Schaden haftenden Personen ist in Estland nicht begrenzt. Wohl ist die Verpflichtung des Versicherers einer Verkehrsversicherung zum Schadensersatz begrenzt. Das VVG § 25 Abs. 1 legt fest, dass wenn im Vertrag nicht über eine größere Versicherungssumme übereingekommen wurde, dann ist die Versicherungssumme (die Grenze der maximalen Entschädigung) für einen Versicherungsfall, unabhängig von der Anzahl der geschädigten Personen, der zerstörten Sachen oder der beschädigten 1.200.000 Euro und bei der Verursachung des Todes, der Gesundheitsschädigung oder des körperlichen Schadens 5.600.000 Euro. Wie oben vermerkt, berühren diese Deckungsgrenzen nicht die Haftung des Verursachers des Schadens selbst. $\quad$ 51

II. Erweiterungen

Im estnischen Recht bestehen im Zusammenhang des Umfangs der Haftung des Verursachers eines Schadens keine Unterschiede hinsichtlich der entgeltlichen oder unentgeltlichen Beförderung. Wie oben vermerkt, ist gemäß dem SRG § 1057 P. 5 die Gefährdungshaftung ausgeschlossen, wenn der Geschädigte unentgeltlich befördert wurde und außerhalb der wirtschaftlichen Aktivität des Beförderers. $\quad$ 52

F. Haftung von Radfahrern, Fußgängern, Behinderten

I. Haftungskriterien

Das estnische VVG legt für Radfahrer, Fußgänger und Behinderte keine Sonderregelungen fest. Gemäß dem SRG können Radfahrer und Fußgänger im Falle der Verursachung eines Verkehrsunfalls haften auf Grundlage der auf Verschulden beruhenden allgemeinen Haftung (§ 1043). Bezüglich von behinderten Personen muss mit der Begrenzung der Haftung abgeleitet von dem ersten Satz des § 1052 Abs. 2 gerechnet werden, demzufolge eine Person nicht für den von ihr verursachten Schaden haftet, wenn der Schaden in einem Zustand verursacht wurde, in dem die Person die Bedeutung ihrer Taten nicht verstehen konnte oder diese leiten konnte. Wenn eine solche Person wegen ihrer Behinderung unter Vormundschaft gestellt wurde und ihre Handlungsfähigkeit begrenzt ist, dann haftet für von ihr verursachte Schäden ihr Vormund (SRG § 1053 Abs. 5). $\quad$ 53

II. Abwägungsgesichtspunkte

In der estnischen Rechtspraxis wird nicht auf die Probleme derjenigen Personen, die mit der Haftung für Delikte verbunden sind, bemerkenswert eingegangen. Wenn ein Radfahrer oder ein Fußgänger in einen Verkehrsunfall geraten ist, dann muss allgemein einzig das entschieden werden, welches sein eigener Anteil an der Verursachung des Schadens war, und im entsprechenden Umfang der Schadensersatz verringert werden (SRG § 139). Im Falle der Verursachung des Todes, eines körperlichen Schadens oder der Schädigung der Gesundheit kann der Schadensersatz einzig im Falle des Vorsatzes oder einer groben Fahrlässigkeit des Geschädigten vermindert werden (§ 139 Abs. 3). $\quad$ 54

III. Sonderfall: Ältere Fußgänger, Kinder, Behinderte

Im Falle älterer Fußgänger müssen bei der Bewertung ihrer Verschulden unter anderem ihre Situation, ihr Alter, ihre Bildung, ihr Wissen, ihr Vermögen und andere persönliche Eigenschaften berücksichtigt werden (SRG § 1050 Abs. 2). Das bedeutet, dass in Estland $\quad$ 55 ein subjektiver Sorgfaltsstandard gilt. Ebenso gilt dies für behinderte Personen, insofern, dass ihre Behinderung sie laut SRG § 1052 Abs. 2 Satz 1 deliktsunfähig macht.

56 In Estland beginnt die Haftungsfähigkeit von Minderjährigen mit der Beendigung des 14. Lebensjahres. Jüngere Minderjährige sind nicht haftungsfähig (§ 1052 Abs. 1).[21] Im Falle der Verursachung von Schäden durch Minderjährige, können ihre Eltern haften, der Vormund oder die auf Grundlage eines Vertrags über Minderjährige die Aufsicht führende Person. Für ein von einem unter 14-jährigen verübtes Delikt haften diese Personen unabhängig von ihrer Verschulden (§ 1053 Abs. 1). Für einen durch einen älteren Minderjährigen verursachten Schaden ist es aber für diese Personen möglich, zur Befreiung von der Haftung zu belegen, dass sie alles als vernünftig zu erwartende getan haben zur Fernhaltung des Schadens (§ 1053 Abs. 2).

57 Die Gefährdungshaftung von Minderjährigen (und auch von behinderten Personen) ist in keiner Weise eingeschränkt. Die Hauptfrage bleibt, wann kann der Minderjährige (oder der Behinderte) als unmittelbarer Besitzer des Kraftfahrzeugs (§ 1057) oder als Verfüger über die Quelle einer größeren Gefahr im Sinne von § 1056 Abs. 1 angesehen werden.

§ 2 Prüfungsweg zum Haftungsgrund

A. Anscheinsbeweis

I. Grundlagen

58 Im Verfahren des Zivilgerichts kann die Aussage eines Zeugen, eine von den Verfahrensteilnehmern unter Eid gemachte Erklärung, ein dokumentarischer Nachweis, ein Indiz, der Augenschein und die Auffassung eines Sachverständigen als Beweis dienen (Zivilprozessgesetz[22] § 229 Abs. 2 Satz 1). Laut dem ZPG § 231 Abs. 1 ist es nicht nötig, einen Umstand zu beweisen, den das Gericht für allgemein bekannt hält. Ebenso ist es nicht nötig,

---

21 Dennoch können sie haften auf Grundlage der sogenannten Billigkeitshaftung: nämlich kann eine schuldunfähige Person doch zur Verantwortung gezogen werden, wenn das Alter, die Entwicklung und der Geisteszustand des Verursachers des Schadens, die Art der Tat, die wirtschaftliche Situation der Beteiligten, darunter die vorhandene oder von solch einer Person gewöhnlich erwartete Absicherung und andere Umstände berücksichtigend, die Befreiung von der Haftung gegenüber dem Geschädigten ungerecht wäre (SRG § 1052 Abs. 3).
22 Im Weiteren ZPG.

die gestellte Behauptung einer Seite über einen faktischen Umstand zu beweisen, wenn die Gegenseite diese akzeptiert (§ 231 Abs. 2 Satz 1).

II. Definition des Anscheinsbeweises

Wie oben bemerkt, ist es nicht nötig, einen Umstand zu beweisen, den das Gericht für all- 59
gemein bekannt hält (ZPG § 231 Abs. 1).

III. Voraussetzungen des Anscheinsbeweises

Die Anwendung des ZPG § 231 Abs. 1 hängt unmittelbar von der Einschätzung des Ge- 60
richts ab, was als allgemein bekannt gilt und was nicht.

IV. Typische Anscheinsbeweise

Das Straßenverkehrsgesetz[23] § 169 Abs. 7 verbietet, dem an einem Verkehrsunfall beteilig- 61
ten Fahrer Alkohol zu konsumieren oder andere, einen Rausch verursachende Substanzen,
bis die Polizei am Unfallort die Umstände des Verkehrsunfalls geklärt hat. Die Strafe für
die Verletzung dieser Verpflichtung ist nach SVG § 226 ebenso hart wie das Fahren bei
mittlerer Trunkenheit.

Da der Konsum von Alkohol nach der Beendigung des Fahrens eines Kraftfahrzeugs selbst 62
nicht (sehr) gefährlich ist, kann aus der erwähnten Bestimmung gefolgert werden, dass das
entsprechende Verbot stillschweigend von der Voraussetzung ausgeht, dass wenn laut der
Behauptung einer Person sie den Alkohol nach dem Verkehrsunfall konsumiert habe, sie
tatsächlich auch alkoholisiert zum Zeitpunkt des Verkehrsunfalls war.

B. Objektiv festgestellte Sorgfaltspflichtverletzung

I. Allgemeines Verkehrsverhalten (Straßenverkehrsvorschriften)

In Estland sind die Straßenverkehrsvorschriften im SVG enthalten. Die Verletzung dieser 63
Vorschriften besitzt in der Phase der Ermittlung der Voraussetzungen der Haftung einer
Person gewöhnlich keine Bedeutung, denn gewöhnlich haftet die Person, die mit einem
Kraftfahrzeug einen Schaden verursacht hat, unabhängig von der Verschulden (SRG
§ 1057). Bei der Aufteilung der Haftung wird die Frage der Einhaltung der Verkehrsvorschriften dennoch relevant. Das Staatsgericht hat befunden, dass wenn die Beteiligung eines Teilnehmers eines Verkehrsunfalls bei der Verursachung eines Unfalls größer war als
die eines anderen, muss dies auf Grundlage des SRG § 139 Abs. 1 bei der Verminderung
der Entschädigung beachtet werden. Die mögliche Verletzung des Verkehrsgesetzes durch
den anderen Beteiligten kann der Kläger bei der Festlegung der Höhe des Schadensersatzes
einschätzen, denn davon hängt die Bedeutung der Verletzung der Vorschriften durch den
Kläger ab.[24]

1. Allgemeine Verkehrssituationen. a) Auffahrunfälle. Das SVG § 46 Abs. 1 legt fest, dass 64
der Fahrer entsprechend der Geschwindigkeit des Fahrzeugs sowie der Straßen- und Wet-
terverhältnisse einen solchen Sicherheitsabstand halten muss, der es erlaubt, das Auffahren
auf ein vorderes, unerwartet bremsendes oder stehen gebliebenes Fahrzeug zu vermeiden.
Nach der jetzigen Rechtspraxis ist das Verhalten des vorne fahrenden Fahrers in der Regel
nicht berücksichtigt worden und er erhielt 100% des Schadens ersetzt. Im Licht der Lösungen des Staatsgerichts der letzten Jahre[25] erscheint diese Behandlung dennoch nicht als
richtig: wenn der Fahrer des vorne fahrenden Kraftfahrzeugs unerwartet und grundlos
bremst, sollte dies eine Grundlage liefern, seinen Schadensersatz in gewissem Umfang zu
verringern (offensichtlich dennoch weniger als 50%). Dies sollte seinerseits die Forderung

---

23 Im Weiteren SVG.
24 RKTK 26. November 2015 Entscheidung in der Zivilsache Nr. 3-2-1-64-15.
25 RKTK 19. März 2013 Entscheidung in der Zivilsache Nr. 3-2-1-7-13; 26. November 2015 Entscheidung in
    der Zivilsache Nr. 3-2-1-64-15.

auf Schadensersatz in entsprechender Höhe des Schadens des hinten auffahrenden Fahrers gegenüber dem vorne fahrenden Fahrer und seinem Versicherer rechtfertigen.

65 b) **Vorfahrtsfälle.** Laut SVG § 57 Abs. 1 muss ein auf einer Nebenstraße fahrender Fahrer einem Fahrer die Vorfahrt geben, der sich einer Kreuzung nähert oder sich auf der Vorfahrtsstraße bewegt. Die Aufteilung der Entschädigung hängt bei auf dieser Weise verursachten Unfällen von den Umständen eines konkreten Verkehrsunfalls ab.

66 c) **Überholen.** Beim Überholen muss der Fahrer, dessen Fahrzeug links überholt wird, sich unter Beachtung der Verkehrsverhältnisse möglichst weit rechts halten und er darf nicht das Überholen durch eine Steigerung der Fahrgeschwindigkeit oder auf eine andere Weise behindern (SVG § 53 Abs. 2). Wenn ein Fahrer das Überholmanöver abgebrochen hat und wieder auf seine Fahrspur zurückkehren möchte, müssen die hinter ihm fahrenden Fahrer dies ermöglichen (SVG § 53 Abs. 3). Wenn sich beim Überholen ein Verkehrsunfall ereignet, hängt die Aufteilung des Schadensersatzes von der konkreten Verkehrssituation ab.

67 2. **Unfälle auf Parkplätzen.** Bezüglich von auf Parkplätzen erfolgenden Unfällen beinhaltet das Deliktsrecht keine Sondernormen. Die Verkehrsversicherung deckt auch den durch auf Parkplätzen erfolgte Unfälle entstandenen Schaden. Es sei dennoch hinzugefügt, dass wenn das den Schaden verursachende Fahrzeug nicht identifiziert werden kann, dann wird der durch die Beschädigung entstandene Schaden im Regelfall nicht ersetzt (VVG § 46 Abs. 3).

II. Fahrfehler, Fehlreaktion

68 Fehler des Fahrers und ihre Schwere müssen bei der Verringerung des Schadens auf Grundlage von SRG § 139 bewertet werden. Bei den Voraussetzungen für die Haftung besitzt dies im Allgemeinen keine Bedeutung.

C. Beweislastverteilung

I. Grundsatz

69 Laut der allgemeinen Regel ausgehend von ZPG § 230 Abs. 1 muss jede Seite im Klageverfahren jene Umstände beweisen, auf die sich ihre Forderungen und Gegenbehauptungen stützen. Im Falle eines Verkehrsunfalls muss der Kläger vor allem erst einmal beweisen, dass die andere Seite der direkte Führer des Kraftfahrzeugs war und ihm einen Schaden verursachte (§ 1057). Der Beklagte muss aber im Kontext von § 1057 Umstände beweisen, die eine Gefährdungshaftung ausschließen (§ 1057 P. 1–5). Im Falle einer auf Schuldhaftigkeit beruhenden Haftung muss der Kläger den objektiven Tatbestand und die Widerrechtlichkeit der Verursachung des Schadens beweisen, der Beklagte aber Umstände vorlegen, die eine Widerrechtlichkeit ausschließen (§ 1045 Abs. 2) oder ein Fehlen seines Verschulden beweisen (§ 1050 Abs. 1).

II. Ausnahmen

70 1. **Beweisvereitelung.** Ausgehend von ZPG § 283 Abs. 2 kann das Gericht die Abschrift eines Dokuments oder von Behauptungen über die Essenz und den Inhalt eines nicht vorgelegten Dokuments für richtig halten, wenn die Gegenseite nicht die Verpflichtung zur Vorlage eines Dokuments erfüllt.

71 Wenn eine Seite ein Dokument beseitigt oder es gebrauchsunfähig macht, um das Stützen der Gegenseite auf das Dokument zu behindern, können die Behauptungen der Gegenseite über die Essenz, das Erstellen und den Inhalt des Dokuments als bewiesen gelten (ZPG § 284).

72 2. **Unerlaubtes Entfernen vom Unfallort.** Die Verpflichtungen des Fahrers im Falle eines Verkehrsunfalls sind reguliert vor allem im SVG §§ 168–169. Im Falle des Fliehens vom Unfallort ist auch eine Strafe vorgesehen (SVG § 237). Die spätere Beweislast beider Seiten wird durch diese Verletzung dennoch nicht beeinflusst. Der sich widerrechtlich vom Unfallort Entfernende muss damit rechnen, dass es der Versicherungsgesellschaft davon abgeleitet möglich ist, gegen ihn eine Rückforderung in Höhe des entschädigten Schadens des Geschädigten zu stellen (VVG § 53 Abs. 1 P. 2).

3. Schuldbezeugungen nach dem Unfall. Das SVG § 169 Abs. 4 legt die Bedingungen fest, 73 wann es nicht nötig ist nach einem Verkehrsunfall die Polizei zu informieren. Wenn die Parteien über die Umstände des Unfalls und über den Verursacher des Schadens einer Meinung sind, fertigen sie über die Umstände des Verkehrsunfalls ein schriftliches Protokoll an. Dieses Protokoll kann die Bedeutung eines deklarativen Schuldscheins haben (dh es gilt nicht abstrakt als selbstständige Verpflichtung). Die sich „schuldig bekennende" Partei kann später immer noch beweisen, dass (auch) die andere Partei verantwortlich ist.

4. Vernichtung von Beweismitteln. Angemessen kann bei dieser Frage das oben unter Be- 74 weisvereitelung Vermerkte sein.

D. Gefährdungshaftung

Im Falle der Gefährdungshaftung wird eine allgemeine Beweislast angewandt: der Kläger 75 muss die Voraussetzungen der Gefährdungshaftung beweisen und der Beklagte Umstände, welche eine Gefährdungshaftung ausschließen. Wenn eine Klage gegen einen Versicherer eingereicht wird, muss der Kläger auch ergänzende Umstände beweisen (zB, dass es sich um einen Versicherungsfall der Verkehrsversicherung handelt usw.).

E. Quotenbildung

In Estland ist kein dem in der deutschen Rechtspraxis herausgebildeten Quotensystem 76 ähnliches System bekannt. In Estland erfolgt die Festlegung der Quoten auf Grundlage des SRG § 139 auf dem Weg der Verminderung des Schadensersatzes. Auch in diesem Bereich ist die Herausbildung der estnischen Rechtspraxis erst in einer Anfangsphase. Einige Gruppen von Vorfällen lassen sich auf Grundlage der bisherigen Praxis des Staatsgerichts dennoch unterscheiden. Dafür muss aber zuerst die allgemeine Logik der Aufteilung der Haftung geklärt werden, wenn mehrere Kraftfahrzeuge sich gegenseitig einen Schaden verursacht haben.

I. Die allgemeine Logik der Aufteilung der Haftung (Schadensersatz)

In der estnischen Gerichtpraxis hat in der letzten Zeit eine alltägliche Frage eine bemer- 77 kenswerte Aufmerksamkeit erregt: wie soll der Schadensersatz aufgeteilt werden, wenn mit Kraftfahrzeugen gegenseitig Schaden verursacht wird (vor allem bei Zusammenstößen).[26]

Im estnischen Recht finden sich keine gesonderten Rechtsnormen darüber, wie die Haf- 78 tung im Fall eines gegenseitigen Verursachens von Schaden von Kraftfahrzeugen aufgeteilt wird. Wohl ermöglicht die allgemeine Norm zur Verminderung des Schadensersatzes (SRG § 139 Abs. 1) den Schadensersatz im Endergebnis zu korrigieren (Mitverschulden). § 139 Abs. 1 legt fest:

Wenn ein Schaden teilweise von der geschädigten Person ausgehend von den Umständen oder als Folge einer Gefahr verursacht wurde, wofür die geschädigte Person haftet, dann wird der Schadensersatz in dem Umfang vermindert, um den diese Umstände oder diese Gefahr die Verursachung des Schadens begünstigten.

Damit werden zuerst die Personen auf Grundlage des § 1057 zur gegenseitigen Haftung 79 herangezogen und anschließend wird der Umfang des Schadensersatzes für beide Personen auf Grundlage von § 139 korrigiert.[27] Das Staatsgericht hat befunden, dass das Gericht den § 139 ohne Antrag der verpflichteten Person anwenden soll, es genügt zur Verminde-

---

26 Siehe zu dieser Thematik näher: Lahe, Janno; Kull, Irene. Motor Vehicle Operational Risk and Awarding Damages in the Event of a Traffic Accident, JETL 1, 2014, 105–120.

27 Für diese Annäherungsweise legte das Staatsgericht mit seiner Entscheidung vom 24. September 2007 in der Gerichtssache Nr. 3-2-1-75-07 die Grundlage. Später ist diese Annäherung in mehreren Lösungen wiederholt worden. Von dieser Logik wird auch bei der Festlegung des Umfangs der Verpflichtung des Schadenser-

rung der Entschädigung, dass die Umstände der Verminderung von den Verfahrensteilnehmern vorgelegt worden sind.[28]

II. Zu berücksichtigende Umstände bei der Minderung der Entschädigung

80 Bei der Minderung der Entschädigung können nach der Praxis des Staatsgerichts (ähnlich wie in der deutschen Praxis) sowohl das von der Betriebsgefahr Ausgehende als die charakteristischen Umstände des Verhaltens von Kraftfahrzeugführern berücksichtigt werden. Beim Verhalten kann vor allem das Nichtbefolgen der gewöhnlichen, notwendigen Sorgfalt und das Ignorieren von Verkehrsvorschriften berücksichtigt werden. Zur Berücksichtigung von subjektiven Umständen (Müdigkeit, Alkohol am Steuer, das Überschreiten der erlaubten Geschwindigkeit oder das Fehlen eines Führerscheins) sollten diese der Herbeiführung des Unfalls faktisch geholfen haben.[29]

81 Das Staatsgericht hat dabei bis jetzt eine Frage mit grundsätzlicher Bedeutung offengelassen: nämlich ob und wie die Verminderung der Entschädigung für die eine beteiligte Partei des Unfalls die Verminderung der Entschädigung der anderen Partei beeinflusst. Das Staatsgericht hat in keiner einzigen Lösung vermerkt, dass im Endergebnis die Entschädigung *summa summarum* nicht höher sein darf als 100%. Damit ist eine Situation nicht vollständig ausgeschlossen, in der das Gericht bei der Befriedigung der Klage eine Partei des Unfalls den Schadensersatz beispielsweise um 50% vermindert, doch ein anderes Gericht die Entschädigung der zweiten Partei des Unfalls einzig um beispielsweise 20%.

III. Die Minderung der Entschädigung einer Partei auf Null

82 Nach der Praxis des Staatsgerichts kann die Minderung der Entschädigung einer Partei des Unfalls auf ein Minimum oder deren Ausschluss (auf Grundlage des § 139) als eine Ausnahme möglich sein. Dies vor allem in dem Fall, wenn festgestellt wurde, dass einzig ein schwerer Fehler des Geschädigten den Unfall verursachte, wovon abgeleitet es dem Verursacher des Schadens, der vorher die Verkehrsregeln nicht verletzt hatte, nicht mehr auf eine vernünftige Art (dh bei Einsatz der zu erwartenden Sorgfalt) möglich war, den Unfall zu vermeiden, und die Betriebsgefahr durch das den Schaden verursachenden Kraftfahrzeug wurde durch das Verhalten des Geschädigten komplett eliminiert.[30]

IV. Die Entschädigung des Schadens im Falle einer gleichverteilten Betriebsgefahr durch das Führen und bei der Verursachung des Schadens

83 Im dem Fall, wenn sich ergibt, dass beide Fahrer die im Verkehrsgesetz festgelegten Anforderungen zum gefahrenlosen Verkehr verletzten und ihre Beteiligung am Verkehrsunfall war, unter Berücksichtigung sowohl ihres Verhaltens als auch von der Betriebsgefahrdurch das Führen ihrer Kraftfahrzeuge, mehr oder weniger gleich, dann verfügt das Gericht über die Grundlage nach § 139 Abs. 1, den dem Geschädigten zugesprochenen materiellen Schadensersatz voraussichtlich um 50% zu reduzieren.[31]

V. SchadensersatzFällen der Unaufklärbarkeitz der Schadensentstehung

84 Äußerst häufig sind nach dem Erfolgen eines Verkehrsunfalls die Umstände des Erfolgens des Unfalls im Nachhinein nicht mehr exakt festzustellen und zu beweisen. Das Staatsgericht befand 2013,[32] dass „Wenn die Beteiligung der Fahrer an der Verursachung des Unfalls unbekannt ist und es traten an den Fahrzeugen keine wichtigen sichtbaren Unterschiede der Betriebsgefahr auf, dann muss ein jeder Fahrzeughalter dem anderen den ent-

---

satzes durch den Versicherer ausgegangen, denn im Allgemeinen kann die Haftung des Versicherers nicht größer sein als diejenige des Verursachers des Schadens (SRG § 521 Abs. 3).
28 RKTK 26. November 2015 Entscheidung in der Zivilsache Nr. 3-2-1-64-15.
29 RKTK 19. März 2013 Entscheidung in der Zivilsache Nr. 3-2-1-7-13.
30 RKTK 19. März 2013 Entscheidung in der Zivilsache Nr. 3-2-1-7-13.
31 RKTK 26. November 2015 Entscheidung in der Zivilsache Nr. 3-2-1-64-15.
32 RKTK 19. März 2013 Entscheidung in der Zivilsache Nr. 3-2-1-7-13.

standenen Schaden in vollem Umfang entschädigen."[33] Im Jahr 2015 korrigierte das Staatsgericht dennoch seinen Standpunkt und vermerkte, dass die Verminderung des Schadensersatzes auf Grundlage von § 139 auch dann erfolgt, wenn es keine Bestätigung fand, dass eine der beiden Seiten die Verkehrsvorschriften verletzte. In diesem Fall wird die Entschädigung einzig auf Grundlage der Betriebsgefahr des Führens des Fahrzeugs verringert.[34] Eine Erklärung, in welchem Umfang die Verringerung des Schadensersatzes einzig auf Grundlage der Betriebsgefahr des Führens des Fahrzeugs begründet ist, hat das Staatsgericht nicht gegeben.[35]

F. Probleme der Gesamtschuldnerschaft

I. Grundlagen

Im Falle eines Verkehrsunfalls können für die Verursachung eines Schadens mehrere Personen haftbar sein. In diesem Fall haften sie als Gesamtschuldner (zusätzlich der Versicherer des Schadensverursachers, aber auch der Arbeitgeber). Der Geschädigte kann die Forderung auf Schadensersatz nach seiner Wahl dem Schadensverursacher oder dessen Versicherer stellen (VVG § 34 Abs. 2; SRG § 521 Abs. 2): in Bezug auf die Forderung des Geschädigten sind sie Gesamtschuldner. 85

II. Haftungsverteilung im Innenverhältnis

Laut der allgemeinen Regel kann ein die Gesamtverpflichtung erfüllender Schuldner eine Rückforderung an die anderen Gesamtschuldner stellen, außer für den auf ihn entfallenden Anteil (SRG § 69 Abs. 2). In der Beziehung der Gesamtschuldner untereinander wird die Haftung aufgeteilt und dabei werden sämtliche Umstände berücksichtigt, vor allem die Schwere der Verletzung einer Verpflichtung oder anderes Verhalten rechtswidriger Art, ebenso die Stufe der Gefährdung, für die jede Person haftet (SRG § 137 Abs. 2). Den allgemeinen Grundsatz der in den Beziehungen der Gesamtschuldner untereinander auf jeden Gesamtschuldner entfallenen Höhe der Haftung legt das SRG § 69 Abs. 1 fest, nach dem voraussichtlich die Gesamtschuldner die Verpflichtung zu gleichen Teilen erfüllen müssen. Damit besteht mit dem SRG § 137 Abs. 2 im Verhältnis zu SRG § 69 eine Sondernorm, da sie einzig eine Aufzählung von außerordentlichen Umständen enthält, deren Auftreten es begründet, von den in dem SRG § 69 Abs. 1 enthaltenen Grundsätzen abzuweichen. Wenn es einem Gesamtschuldner, der begründen möchte, dass in den Beziehungen untereinander bei der Aufteilung der Haftung von den in § 69 Abs. 1 enthaltenen Grundsätzen abgewichen wird, nicht glückt, das Auftreten solcher außerordentlichen Umstände zu beweisen, 86

---

33 Dieser Standpunkt könnte kritisiert werden: erstens scheint es, dass dieser Standpunkt des Staatsgerichts das Verhalten des Geschädigten oder die Notwendigkeit der auf Grundlage der Betriebsgefahr des Führens des Fahrzeugs abgeleiteten Berücksichtigung der Verringerung des Schadensersatzes ignorierte (auch in dem Fall, wenn es nicht gelingt, die Umstände des Erfolgens eines Verkehrsunfalls zu ermitteln, ist es offensichtlich, dass ein entsprechender Unfall nicht derart erfolgen konnte, dass beide Parteien keinen Anteil an der Entstehung des Schadens hatten); zweitens ist es nicht logisch, dass die am Unfall teilnehmenden Parteien gerade dann in die bestmögliche materielle Position gelangen, wenn es nicht gelingt, die Umstände des Unfalls zu klären; drittens kann auch ein praktisches Problem nicht ignoriert werden – der entsprechende Standpunkt des Staatsgerichts könnte die Parteien „ermuntern", über die Umstände des Unfalls den Versicherer nicht zu informieren.

34 RKTK 26. November 2015 Entscheidung in der Zivilsache Nr. 3-2-1-64-15. Das Staatsgericht hat gleichzeitig früher befunden, dass die Anzahl jener Fälle, in denen die Beteiligung der Kraftfahrzeugfahrer an der Verursachung von Verkehrsunfällen unbekannt bleiben kann, nicht groß sein darf. Das Unbekanntbleiben der Beteiligung von Fahrern kann einzig in Ausnahmefällen in Frage kommen. Das SVG § 169 reguliert die Aktivitäten des Fahrers im Fall eines Verkehrsunfalls. Die Beteiligten eines Verkehrsunfalls können sich nicht darauf stützen, dass der Anteil der Fahrer an der Verursachung des Unfalls beispielsweise in dem Fall unbekannt ist, wenn die Anforderungen des § 169 verletzt wurden. Das Kollegium hat vor allem Fälle vor Augen, in denen sich die Parteien eines Verkehrsunfalls nicht über die Aufteilung der Haftung einig sind, doch ungeachtet dessen, die Polizei über den Unfall nicht informieren. RKTK 10. Juni 2015 Entscheidung in der Zivilsache Nr. 3-2-1-61-15.

35 Siehe zu dieser Frage: J. *Lahe*, I. *Kull*, Motor Vehicle Operational Risk and Awarding Damages in the Event of a Traffic Accident, JETL 1, 2014, 105-120.

muss auch bezüglich der Beziehungen der zum Schadensersatz verpflichteten Gesamtschuldner untereinander vorausgesetzt werden, dass die Anteile der Gesamtschuldner
gleich sind, wie dies das SRG § 69 Abs. 1 festlegt. Wenn dem Geschädigten der Schaden
vom Versicherer der Verkehrsversicherung ersetzt wird, dann verfügt dieser voraussichtlich über keine Rückforderung an den Verursacher des Schadens, denn in der Beziehung
zwischen Versicherer und Versicherungsnehmer haftet voraussichtlich nur der Versicherer
(§ 521 Abs. 2 Satz 2). Der dritte Satz des SRG § 521 Abs. 2 legt von diesen Regeln Abweichungen fest: wenn der Versicherer von der Erfüllung der Verpflichtung befreit wird (gegenüber dem Versicherungsnehmer), dann haftet für die Erfüllung der Verpflichtung in der
Beziehung zwischen Versicherer und Versicherungsnehmer einzig der Versicherungsnehmer. Eine Rückforderung des Versicherers wird einzig in Sonderfällen eingesetzt, welche
im VVG §§ 52–59 festgelegt sind.

Abschnitt 2: Anspruchsprüfung zur Schadenshöhe

§ 1 Allgemeine Grundlagen der Schadensberechnung

A. Begriff des Schadensersatzes

87 Obwohl in Estland nicht direkt über den Begriff des Schadenersatzes diskutiert wird, legt
das SRG § 127 Abs. 1 das Ziel des Schadensersatzes fest: das Ziel des Schadensersatzes ist,
die geschädigte Person in eine solche Situation zu versetzen, die möglichst nahe an jener
Situation ist, in der sie gewesen wäre, wenn der Umstand, welcher der Verpflichtung zum
Schadenersatz zugrunde liegt, nicht eingetreten wäre.

88 Bezüglich der Funktionen des Schadensersatzes wird in der juristischen Literatur vor allem
seine kompensierende und seine präventive Funktion betont.[36]

B. Schadensminderungspflicht

89 Ähnlich wie im deutschen BGB § 254 verfügt der Geschädigte auch nach dem estnischen
SRG § 139 Abs. 2 über die allgemeine Verpflichtung, die Aufmerksamkeit des Verursachers des Schadens auf die außergewöhnlich große Gefahr einer Schadensverursachung zu
richten oder die Gefahr abwehren oder etwas zu unternehmen, das den entstehenden
Schaden verringert, denn von einer geschädigten Person könnte dies vernünftigerweise erwartet werden. Im Falle der Verletzung dieser Verpflichtung wird der Schadensersatz im
entsprechenden Umfang verringert.

90 Diese Verpflichtung des Geschädigten wird auch gesondert wiederholt im VVG § 38
Abs. 4 (mit Hinweis auf das SRG § 488).

C. Schadensnachweis und Schätzungsmöglichkeit

91 Im Falle eines Verkehrsunfalls ist es die Verpflichtung des Versicherers, diesen Vorfall zu
bearbeiten, doch die am Unfall teilgenommenen Parteien müssen ihm dabei helfen. Beispielsweise müssen gemäß dem VVG § 38 Abs. 1 die am Unfall beteiligten Parteien die beschädigten Fahrzeuge (oder andere Dinge) möglichst im gleichen Zustand nach dem Verkehrsunfall erhalten und sie dem Versicherer zeigen.

---

36 *Tampuu, Tambet.* Lepinguvälised võlasuhted (Außervertragliche Schuldrechtsbeziehungen). Kirjastus Juura,
2012, S. 151.

Das Gericht verfügt gemäß dem ZPG § 233 Abs. 1 in dem Fall, wenn es nicht glückte, das 92
exakte Ausmaß des Schadens festzustellen, oder wenn dessen Feststellung mit besonderen
Schwierigkeiten oder mit unvernünftig großen Kosten verbunden wäre, über das Recht,
die Höhe des Schadens nach seinem eigenen Ermessen unter Berücksichtigung aller Umstände festzulegen (derselbe Grundsatz leitet sich auch von dem SRG § 127 Abs. 6 ab).

D. Steuerrechtliche Behandlung von Schadensersatzleistungen

I. Einkommensteuer

Schadensersatzleistungen für einen immateriellen Schaden oder für einen direkten materi- 93
ellen Schaden werden im Sinn des Einkommenssteuergesetzes (§ 12 Abs. 3) nicht als das
Einkommen physischer Personen behandelt. Dasselbe gilt im Regelfall auch für Versicherungsleistungen (§ 20 Abs. 5). Eine Ausnahme ist für den Fall festgelegt, wenn der Geschädigte in Zusammenhang mit dem Versicherungsfall bei seinem unternehmerischen Einkommen Abschreibungen vorgenommen hat (Versicherungsbeiträge, Kosten für den Erwerb, Abschreibungen, § 20 Abs. 4).

II. Die Umsatzsteuerproblematik

1. Konkrete Schadenspositionen. a) Materiellrechtliche Bedeutung der Umsatzsteuer. Das 94
VVG § 26 Abs. 5 legt fest, dass wenn die geschädigte Person über das Recht verfügt, von
seiner Umsatzsteuer seines zu versteuernden Umsatzes beschädigte Sachen abzuschreiben
oder die durch den Ersatz hinzugefügte Umsatzsteuer, dann hat der Versicherer das Recht
dies beim Schadensersatz zu berücksichtigen. In dem Fall, in dem der Geschädigte dennoch den Schadensersatz zusammen mit dem Umsatzsteueranteil fordert, muss der Versicherer anfangs auch den Umsatzsteueranteil ersetzen (Abs. 6), doch er verfügt über ein
Rückforderungsrecht über den Teil, welchen die geschädigte Person zurückerhielt oder erhalten hätte bei der Rückerstattung oder Verrechnung der berücksichtigen Umsatzsteuer
vom Umsatz (Abs. 7).

In dem Fall, in dem der Geschädigte nicht umsatzsteuerpflichtig ist, muss ihm der Schaden 95
in vollem Umfang ersetzt werden (dh zusammen mit der Umsatzsteuer).

b) Beweislast. Wenn der Versicherer dem Geschädigten den Umsatzsteueranteil nicht er- 96
setzen möchte oder in diesem Teil eine Rückforderung einreichen möchte, muss der Versicherer beweisen, dass der Geschädigte die Umsatzsteuer zurückerhielt oder er hätte sie zu-
rückerhalten können oder er hätte eine Verrechnung durchführen lassen können.

2. Fiktive Schadensabrechnung. Gemäß dem VVG muss der Geschädigte im allgemeinen 97
Fall das beschädigte Fahrzeug wiederherstellen lassen. Die Auszahlung des Versicherungs-
schadensersatzes in Geld ist einzig dann erlaubt, wenn das Fahrzeug nicht wiederhergestellt werden kann, die Durchführung einer Wiederherstellungsreparatur des Fahrzeugs
unvernünftig ist oder wenn die Parteien übereingekommen sind, dass der Versicherungsschadensersatz in Geld geleistet wird (VVG § 26 Abs. 4). In der Praxis bezahlt der Versicherer den Schadensersatz direkt an den Unternehmer der Reparaturwerkstatt.

Laut den allgemeinen Regeln des Schadensersatzes (abgeleitet vom SRG) verfügt der Ge- 98
schädigte aber nicht über die Verpflichtung, die Sache wiederherzustellen, und er kann den
erhaltenen Schadensersatz nach seinem Gutdünken verwenden. Nach der Praxis des
Staatsgerichts kann gefolgert werden, dass der Geschädigte im Falle der Schädigung einer
Sache das Recht hat, einen Schadensersatz mitsamt Umsatzsteuer zu fordern, denn auch
bei den Wiederherstellungsarbeiten der Sache muss Umsatzsteuer entrichtet werden. In
dem Fall, dass nicht begonnen wird, die beschädigte Sache innerhalb einer vernünftigen
Zeit nach Erhalt des Schadensersatzes wiederherzustellen, dann verfügt die verantwortliche Person über die Möglichkeit, später eine Forderung gegenüber dem Geschädigten zu
stellen nach den Bestimmungen über ungerechtfertigte Bereicherung (sie kann den Umsatzsteueranteil zurückfordern).[37]

---

37 RKTK 7. November 2012 Entscheidung in der Zivilsache Nr. 3-2-1-133-12.

§ 2 Sachschäden

A. Unmittelbare Sachschäden

I. Fahrzeugschaden (Reparaturkosten)

99 Gemäß dem VVG § 26 Abs. 1 geht der Versicherer der Verkehrsversicherung im Falle der Beschädigung oder Zerstörung der Sache von dem im SRG § 132 Abs. 1–3 Festgelegtem aus unter Berücksichtigung der im VVG festgelegten Besonderheiten.

100 **1. Schadensnachweis.** Nach dem Erfolgen eines Versicherungsfalls ist der Versicherer verpflichtet, den Fall zu behandeln, dh Vorgänge durchzuführen, die zur Feststellung des Vorhandenseins der Verpflichtung zum Schadensersatz und seines Umfangs nötig sind (VVG § 39 Abs. 1). Gemäß dem VVG § 26 Abs. 2 hat im Fall der Beschädigung eines Fahrzeugs die geschädigte Person das Recht, ein ihr passendes Reparaturunternehmen zur Durchführung der Wiederherstellungsreparatur auszuwählen. In diesem Fall muss die geschädigte Person dem Versicherer zur Feststellung des Umfangs der Erfüllungspflicht einen Kostenvoranschlag des Durchführers der Wiederherstellungsreparatur vorlegen.

101 Damit wird die Höhe des Schadens (die Reparaturkosten des Fahrzeugs) im Allgemeinen vor allem von dem Reparaturunternehmen festgestellt. Es sei hinzugefügt, dass gemäß der bisherigen Praxis die geschädigte Person bei der Auswahl des Reparaturunternehmens jedoch nicht ganz frei ist: sie muss ihre Auswahl unter vom Versicherer gestellten Alternativen treffen.

102 **a) Schadensgutachten.** Auf die Verkehrsversicherung (vor allem auf den Versicherungsvertrag) sind auch die Bestimmungen des SRG anwendbar (VVG § 1 Abs. 2). Damit müsste auch im Falle des Schadensersatzes für einen Verkehrsschaden das Recht der Parteien bestehen, einen Sachverständigen zu ernennen, der die Verpflichtung des Versicherers auf die Zahlung eines Schadensersatzes oder die Höhe des Schadens feststellt (SRG § 490 Abs. 1). Für die Parteien ist die Einschätzung des Sachverständigen dennoch nicht bindend und sie können ihre Auseinandersetzung über die Höhe des Schadensersatzes vor Gericht fortsetzen (§ 490 Abs. 2).

103 Im Gerichtsverfahren kann die Höhe des Schadens unter anderem durch das Gutachten eines Sachverständigen wie auch mit dokumentarischen Belegen bewiesen werden (ZPG § 272 Abs. 2).

104 **b) Kostenvoranschlag.** Wie oben vermerkt, ist für den Versicherer der vom Reparaturunternehmen erstellte Kostenvoranschlag im allgemeinen Fall die Grundlage des Schadensersatzes. Auf Verlangen der geschädigten Person stellt der Versicherer dem Umsetzer der Wiederherstellungsreparatur ein Garantieschreiben über die Bezahlung der Kosten für die

Wiederherstellungsreparatur für die geschädigte Person aus im Umfang und zu den Bedingungen, die im Garantieschreiben festgelegt sind (VVG § 26 Abs. 2 Satz 4). In der Praxis erfolgt im Allgemeinen der Schadensersatz eines Verkehrsschadens gerade auf diese Art: das Reparaturunternehmen fertigt einen Kostenvoranschlag an, der Versicherer stellt ein Garantieschreiben aus und bezahlt die Rechnung nach der Reparatur des Fahrzeugs.

c) Gerichtliches Gutachten. Das Gericht kann auf Antrag der Verfahrensbeteiligten zur 105 Feststellung des Schadens ein Gutachten erstellen lassen (ZPG § 293).

2. Totalschadensabrechnung bei Kettenauffahrunfällen. Sonderregelungen zur Feststel- 106 lung des Schadens für Kettenauffahrunfälle fehlen leider in Estland. Es sei hinzugefügt, dass sich diese in Estland auch äußerst selten ereignen. Im Fall von Kettenauffahrunfällen kann sich die Korrektur des Schadensersatzes auf Grundlage des SRG § 139 Abs. 1 als sehr schwer erweisen. Eine relevante Gerichtspraxis in der entsprechenden Frage besteht nicht.

3. Totalschadenabrechnung und Restwertproblematik. Wenn der Versicherer der geschä- 107 digten Person im vollen Umfang Schadensersatz in der Höhe des Werts vor dem Versicherungsfall geleistet hat, geht das Eigentumsrecht an dieser Sache an den Versicherer über. Wenn die geschädigte Person das Eigentum an dieser Sache dem Versicherer nicht übergibt, dann verfügt der Versicherer über das Recht den auszuzahlenden Versicherungsschadensersatz für die zu entschädigende Sache um den Wert nach dem Versicherungsfall zu verringern (VVG § 26 Abs. 8).

4. Reparaturkostenabrechnung. a) Abrechnung tatsächlich angefallener Reparaturkos- 108 **ten.** Wie oben vermerkt, ist die Grundlage bei der Feststellung des Schadens der Kostenvoranschlag des Reparaturunternehmens. Der Versicherer muss dennoch den tatsächlich entstandenen Schaden ersetzen. Damit muss in bestimmten Fällen (zB bei verborgenen Schäden) der Kostenvoranschlag korrigiert werden.

b) Abrechnung fiktiver Reparaturkosten. Der Versicherer muss den tatsächlich entstande- 109 nen Schaden ersetzen, dessen exakte Höhe sich oftmals erst am Ende der Umsetzung der Reparaturen ergibt. Das bewusste Irreleiten des Versicherers, mit der Absicht einen höheren Versicherungsschadensersatz zu erhalten, kann als Versicherungsbetrug im Sinne des Strafgesetzbuches § 212 qualifiziert werden.

c) Vorschadenproblematik. Die Grundlage des Kostenvoranschlags des Reparaturunter- 110 nehmens sind die Kosten der Reparatur der im entsprechenden Versicherungsfall entstandenen Schäden. Möglich ist es zu erörtern, ob und in welchem Umfang der Schadensersatz des Geschädigten zur Vermeidung von Bereicherung (SRG § 127 Abs. 5) zu vermindern ist, wenn bei der Reparatur der Schäden notwendigerweise auch Schäden, die dem Versicherungsfall vorangegangen sind, beseitigt werden (beispielsweise war der Kotflügel des im Versicherungsfall geschädigten Fahrzeugs auch schon vorher durch Kratzer beschädigt). In der Gerichtspraxis treten solche Auseinandersetzungen wegen ihres geringen monetären Umfangs dennoch nicht auf. Es kann auch behauptet werden, dass es sich im beschriebenen Fall um einen des Geschädigten „aufgezwungene" Bereicherung handelt, die beim Schadensersatz nicht berücksichtigt werden sollte.

5. Fahrzeugschaden (Abrechnung auf Neuwagenbasis). Gemäß der vom SRG § 132 Abs. 1 111 abgeleiteten allgemeinen Regel muss bei der Zerstörung einer Sache ein Schadensersatz geleistet werden, für den es möglich ist, eine Sache gleichen Wertes anstelle der alten zu erwerben. Wenn der Wert der Sache zum Zeitpunkt der Zerstörung im Vergleich mit dem Wert einer gleichwertigen, neuen Sache deutlich vermindert ist, dann muss die Verminderung des Wertes bei der Festlegung des Schadensersatzes in vernünftiger Weise berücksichtigt werden. Im Allgemeinen geht das VVG auch vom gleichen Grundsatz aus: der Versicherer muss den Wert der Sache vor dem Versicherungsfall ersetzen (§ 26 Abs. 8). Der Wiederkaufswert und der Wert der Sache vor dem Versicherungsfall müssen sich dennoch nicht immer im vollen Umfang decken.

II. Wertminderung

112 **1. Technischer Minderwert.** Der technische Minderwert kann dem Schadensersatz unterliegen, wenn dieser gleichzeitig den Marktwert des Fahrzeugs beeinflusst. In diesem Fall kann (zusätzlich zu den Kosten für die Reparatur der Sache) ein Schadensersatz für den technischen Minderwert auf Grundlage des VVG § 26 Abs. 9 oder des SRG § 132 Abs. 3 Satz 1 in Frage kommen. Dem Verfasser ist unbekannt, ob bis jetzt in Estland die Geschädigten einen Schadensersatz für einen technischen Minderwert gefordert haben.

113 **2. Merkantiler Minderwert.** Gemäß VVG § 26 Abs. 9 wird der merkantile Minderwert durch den verursachten Schaden in dem Fall ersetzt, wenn ein Fahrzeug im Versicherungsfall schwer beschädigt wurde und die geschädigte Person die Wiederherstellung des Fahrzeugs fordert. Ein Fahrzeug gilt dann als schwer beschädigt, wenn die Kosten der Wiederherstellung 50 Prozent des Marktwertes des Fahrzeugs übersteigen und die Wiederherstellungsreparatur die Karosserie oder die Wiederherstellung der Form des Rahmens in erheblichem Umfang umfasst. Auch die vom SRG § 132 Abs. 3 Satz 1 abgeleitete allgemeine Regel erlaubt es, neben den Kosten für die Reparatur der Sache zusätzlich den merkantilen Minderwert der Sache (den Unterschied des Marktpreises) zu fordern, wenn der Wert der Sache auch nach der Reparatur dennoch kleiner ist als vor dem Schaden. Auch die Minderung des Marktwertes (zusätzlich zu den Reparaturkosten) fordern die Geschädigten in Estland selten ein.

III. Abschleppkosten

114 Die Verpflichtung der Ersetzung der Abschleppkosten des beschädigten oder zerstörten Fahrzeugs durch den Versicherer lässt sich in direkten Worten nicht aus dem VVG ableiten. Einige Versicherungsgesellschaften bieten dies dennoch als sogenannten Zusatzschutz an. Der Verursacher des Schadens muss dennoch auch diese Kosten ersetzen. Das Staatsgericht hat befunden, dass als vernünftige Kosten in Verbindung mit der Beschädigung einer Sache auch die Transportkosten der beschädigten Sache gelten.[38] Es ist doch wahrscheinlich, dass die Verpflichtung zum Ersatz der Abschleppkosten dennoch auch auf dem Versicherer des Verursachers des Schadens lastet (auch ohne den entsprechenden Zusatzschutz), denn auch in der Verkehrsversicherung werden das SRG § 132 Abs. 1–3 mitsamt der Besonderheiten, die sich aus dem VVG ergeben, angewandt (VVG § 26 Abs. 1). Eine Gerichtspraxis fehlt bis jetzt.

IV. Kosten für Gutachten und Kostenvoranschläge

115 Die Verpflichtung der Ersetzung dieser Kosten durch den Versicherer lässt sich in direkten Worten nicht aus dem VVG ableiten. Es ist dennoch nicht die Interpretation ausgeschlossen, nach welcher der Versicherer dem Geschädigten die Kosten der Schadensfeststellung ersetzen muss auf Grundlage der allgemeinen Regulation der Schadensversicherung und des Schadenersatzes (SRG § 491 und § 132). Eine Gerichtspraxis fehlt. Da Reparaturunternehmen Kostenvoranschläge als Vertragsangebote erstellen, dann erhalten sie dafür im Allgemeinen keine Vergütung. Die Partei muss in einem Klageverfahren die Verfahrenskosten tragen, gegen die eine Entscheidung getroffen wurde (ZPG § 162 Abs. 1), damit gehören zur Entschädigung auch die Kosten für die Gutachten der Sachverständigen oder der gerichtlichen Expertise.

V. Nebenkosten bei Ersatzfahrzeugen

116 **1. Ab-, An- und Ummeldekosten.** Aus dem VVG lässt sich die Verpflichtung des Versicherers zum Ersatz dieser Kosten in direkten Worten nicht ableiten (er muss vor allem den Wert des Fahrzeugs vor dem Versicherungsfall ersetzen), doch diese Verpflichtung ließe sich vom SRG § 132 Abs. 1 ableiten. Vom Verursacher des Schadens ließen sich diese Kosten auf Grundlage des SRG § 132 Abs. 1 auf jeden Fall fordern, denn der erneute Erwerb

---

38 RKTK 6. Mai 2015 Entscheidung in der Zivilsache Nr. 3-2-1-36-15.

eines (neuen) Fahrzeugs bringt diese Kosten unvermeidlich mit sich. Dennoch kann auch der Versicherer für diese Kosten haftbar sein. Eine Gerichtspraxis in dieser Frage fehlt.

2. Umbaukosten. Bei der Zerstörung des Fahrzeugs muss dessen Wert vor dem Versiche- 117 rungsfall (VVG) oder dessen Wiederbeschaffungswert (SRG) ersetzt werden. Bei Festlegung dieser Werte muss berücksichtigt werden, welche Umbauten bezüglich des zerstörten Fahrzeugs durchgeführt wurden, wenn diese Umbauten den Marktwert des Fahrzeugs beeinflussten oder wenn sie den Wiederbeschaffungswert des Fahrzeugs beeinflussen.

VI. Nutzungsausfallentschädigung

1. Mietwagenkosten. In der estnischen Rechtspraxis ist der Teil über den Ersatz der Kos- 118 ten eines Mietwagens äußerst knapp. Der Versicherer verfügt nicht über die Verpflichtung, die Kosten eines Mietwagens zu ersetzen (VVG § 33 P. 6). Damit muss sich der Geschädigte zum Ersatz dieser Kosten an den Verursacher des Schadens wenden. Das SRG § 132 Abs. 4 Satz 1 besagt, dass wenn die beschädigte Sache der Person notwendig oder nützlich war, vor allem für die wirtschaftliche oder berufliche Tätigkeit oder für die Arbeit, dann umfasst der Schadenersatz auch die Kosten der Nutzung einer gleichwertigen Sache während der Zeit der Reparatur der beschädigten Sache oder während der Zeit des Erwerbs einer neuen Sache. Das Staatsgericht hat befunden, dass die Nutzungsausfallentschädigung vor allem als die getätigten Ausgaben für den Ersatz der beschädigten Sache durch die Mietung einer gemieteten Sache verstanden werden muss, wovon der Anteil abgerechnet wird, den die geschädigte Person dadurch spart, dass sie ihre Sache ungenützt lässt.[39] Ebenso hat das Staatsgericht vermerkt, dass wenn der Geschädigte die beschädigte Sache nutzte, um seinem Hobby nachzugehen, dies für die entsprechende Forderung nicht ausreichend sei.[40]

2. Nutzungsausfallentschädigung. Das SRG § 132 Abs. 4 Satz 2 gibt dem Geschädigten 119 das Recht, auch eine Nutzungsausfallentschädigung in dem Fall zu fordern, wenn er anstelle der beschädigten Sache keine Ersatzsache mietet. Die Bestimmung sagt: wenn die Person eine gleichwertige Sache nicht nutzt, kann er für den Zeitraum der Reparatur der Sache oder der Anschaffung einer neuen Sache die nicht erhaltene Nutzungsausfallentschädigung ersetzen lassen. Das Staatsgericht hat befunden, dass diese Bestimmung das Recht gibt, als sogenannten normativen Schaden den Ersatz der nicht erhaltenen Nutzungsausfallentschädigung zu fordern. Die Höhe der Nutzungsausfallentschädigung muss zeigen, wieviel die Nutzungsmöglichkeit einer Sache in einem bestimmten Zeitraum wirtschaftlich wert ist. Wenn es nicht möglich ist, die Höhe der Nutzungsausfallentschädigung festzustellen, oder wenn dies bedeutend erschwert ist, kann das Gericht die Höhe des Schadens festsetzen (gemäß dem ZPG § 233 Abs. 2 nach seinem eigenen Ermessen unter Berücksichtigung aller Umstände).[41] Auch die entsprechende Forderung kann nur persönlich gegen den Verursacher des Schadens (nicht den Versicherer) gestellt werden.

VII. Unkostenpauschale

Nach der estnischen Rechtspraxis wird eine solche Vergütung nicht gezahlt. 120

VIII. Sonderfall Vollkaskoversicherung

Wenn der Geschädigte einen Vertrag über eine Vollkaskoversicherung abgeschlossen hatte, 121 kann er nach eigener Wahl die Forderung nach Schadensersatz auch gegen den Versicherer der Vollkaskoversicherung stellen (VVG § 34 Abs. 1). Wenn der Letztere dem Geschädigten den Schaden ersetzt hat, geht auf Grundlage des Gesetzes (SRG § 492 Abs. 1) an ihn die Forderung gegen den Verursacher des Schadens und dessen Versicherer über und er kann ihnen gegenüber eine Regressforderung stellen.

---

39 RKTK 6. Mai 2015 Entscheidung in der Zivilsache Nr. 3-2-1-36-15.
40 RKTK 27. Oktober 2014 Entscheidung in der Zivilsache Nr. 3-2-1-90-14.
41 RKTK 6. Mai 2015 Entscheidung in der Zivilsache Nr. 3-2-1-36-15.

B. Mittelbare Sachschäden

I. Finanzierungskosten

122   Finanzierungskosten sind theoretisch zu ersetzen, wenn behauptet werden kann, dass diese für die erneute Anschaffung der Sache oder für die Reparatur vernünftig ausgegebene Kosten waren (SRG § 132 Abs. 1 und 3). In der Gerichtspraxis fehlt der Teil zur Ersetzung dieser Kosten.

II. Verzugszinsen

123   Die Verpflichtung des Versicherers zum Schadensersatz wird einforderbar, wenn der Versicherer alle zur Bearbeitung des Schadens nötigen Schritte eingeleitet hat. Der Versicherer ist verpflichtet, alle notwendigen Schritte innerhalb einer vernünftigen Zeit durchzuführen, doch spätestens am 30. Kalendertag nach der Benachrichtigung über den Versicherungsfall (VVG § 39 Abs. 1). Von diesem Zeitpunkt an ist der Versicherer verpflichtet, Verzugszinsen zu bezahlen. Seit dem 1. Januar 2015 betragen die gesetzmäßigen Verzugszinsen 8,05 % jährlich (SRG § 113 Abs. 1).

III. Anwaltskosten

124   Im Gerichtsverfahren sind die Anwaltskosten als Verfahrenskosten von der verlierenden Partei einzufordern (ZPG § 175 Abs. 1). Die Kosten des Vertreters müssen begründet und notwendig sein. In der Gerichtspraxis wurde ein Stundenhonorar von 120 Euro als begründet angesehen.[42] Vorgerichtliche entstandene Rechtshilfekosten sind grundsätzlich im Falle ihrer Begründung als Forderung auf Schadensersatz zu ersetzen. Das Staatsgericht hat vermerkt, dass eine professionelle Rechtshilfe im Stadium des vorgerichtlichen Streits wenigstens im allgemeinen Fall vernünftig ist und die damit verbundenen Kosten bei der späteren Forderung auf Schadensersatz zu ersetzen sind. Grundlage der Forderung dieser Kosten ist nach dem Standpunkt des Staatsgerichts das SRG § 115 Abs. 1, wobei die allgemeinen Voraussetzungen für die Gültigkeit einer Schadensersatzforderung erfüllt sein müssen.[43]

IV. Rückstufungsschaden

125   Ein Rückstufungsschaden als ein Schaden ist in der estnischen Rechtspraxis bis jetzt nicht entschädigt worden. Theoretisch kann dieser Schaden auch vom Verursacher des Schadens einforderbar sein, wenn befunden wird, dass das Verhüten des durch die Erhöhung der Versicherungsprämie entstehenden „Schadens" die durch den Verursacher des Schadens verletzte Norm mit dem Ziel der Verteidigung war (SRG § 127 Abs. 2). Dies aber wäre eine äußerst zweifelhafte Annäherung. Eine entsprechende Gerichtspraxis fehlt.

§ 3 Personenschäden

---

42   RKTK 9. Dezember 2013 Anordnung in der Zivilsache Nr. 3-2-1-145-13.
43   RKTK 9. Februar 2011 Entscheidung in der Zivilsache Nr. 3-2-1-138-10.

A. Heilbehandlungskosten

I. Arzt- und Krankenhauskosten

Die Forderung der Heilbehandlungskosten vom Verursacher des Schadens ist nicht proble- 126
matisch (SRG § 130 Abs. 1). Obwohl das VVG nicht in direkten Worten auf die Verpflichtung des Versicherers zum Ersatz der Heilbehandlungskosten hinweist, muss man ganz bestimmt die Interpretation unterstützen, nach welcher der Versicherer dem Geschädigten
die Heilbehandlungskosten ersetzen muss.[44] Das Vorhandensein der Verpflichtung zum Ersatz der Heilbehandlungskosten unterstützt auch das VVG § 44 Abs. 1, welches die Verpflichtung des Versicherers vorsieht, die bei in Estland erfolgten Versicherungsfällen anfallenden Heilbehandlungskosten des verursachenden Fahrzeugführers (der Heilstätte) zu ersetzen. Es wäre unlogisch, wenn der Versicherer die Heilbehandlungskosten des Verursachers des Schadens ersetzen muss, aber nicht diejenigen der geschädigten Person.

In der Praxis bezahlt die Heilbehandlungskosten des Geschädigten oftmals der Versicherer 127
der staatlichen Krankenversicherung (*Haigekassa*), der danach über das Rückforderungsrecht gegenüber der den Schaden verursachten Person und dem Versicherer ihrer Haftpflichtversicherung verfügt (Krankenversicherungsgesetz § 26 Abs. 1). Dem Autor ist nicht
bekannt, dass die *Haigekassa* ihr Recht auf Rückforderung häufig benutzt.

II. Nebenkosten

Gemäß dem SRG § 130 Abs. 1 müssen im Falle der Schädigung der Gesundheit einer Per- 128
son oder der Hinzufügung eines körperlichen Schadens einer Person ihr die durch die
Schädigung entstandenen Kosten ersetzt werden, darunter auch entstehende Nebenkosten
durch die Zunahme von Bedürfnissen. Damit werden durch § 130 Abs. 1 verschiedene Nebenkosten abgedeckt, welche der Geschädigte vom Verursacher des Schadens fordern
kann (zB Prothesen oder einen Rollstuhl). In der Gerichtspraxis wurde beispielsweise befunden, dass die für die Fahrt zu einem außerhalb des Wohnortes des Klägers tätigen
Hausarzt entstandenen Transportkosten als notwendig gelten können, wenn bei einem
Hausarzt am Wohnort es nicht möglich ist, eine qualitativ gute ärztliche Hilfe zu erhalten.[45] Im Falle eines gehbehinderten Geschädigten hat die Anschaffung eines Kraftfahrzeugs als notwendige Nebenkosten gegolten.[46] Es kann keineswegs ausgeschlossen werden, dass die Verpflichtung zum Ersatz dieser Nebenkosten gemäß dem VVG auch für den
Versicherer besteht.

III. Besuchskosten

Gemäß dem SRG § 130 Abs. 1 ist die Forderung von Besuchskosten gegenüber dem Verur- 129
sacher des Schadens nicht ausgeschlossen. Offensichtlich wäre hierbei zu fordern, dass die
Besuche für die Wiederherstellung der Gesundheit des Geschädigten notwendig sind. Zum
Erhalt einer Entschädigung muss der Geschädigte zuerst diese Kosten selbst tragen, denn
das Gesetz ermöglicht es nicht, dass bei der Schädigung der Gesundheit einer Person ein
Ersatz des materiellen Schadens einer zweiten Person getragen wird.[47] Zu diskutieren ist,
ob die Verpflichtung zum Ersatz dieser Kosten auch auf den Versicherer ausgeweitet werden kann. Eine Gerichtpraxis in dieser Frage fehlt.

B. Erwerbsschaden

Die allgemeine Verpflichtung zum Ersatz des Erwerbsschadens leitet sich hauptsächlich 130
vom SRG § 130 Abs. 1 ab. Die entsprechenden Verpflichtungen des Versicherers präzisie-

---

44 Das Problem entsteht gerade dadurch, dass gemäß dem VVG § 24 der Versicherer den Schaden einzig auf
    Grundlage und in dem Umfang der im VVG Festgesetzen ersetzen muss. Gleichzeitig sind auf die Verkehrs-
    versicherung auch die Bestimmungen des SRG anwendbar (VVG § 1 Abs. 2). Die Versicherer haben in der
    Praxis nicht versucht, die Verpflichtung zum Ersatz der Heilbehandlungskosten zu verneinen.
45 Siehe RKTK 6. April 2010 Anordnung in der Zivilsache Nr. 3-2-1-20-10.
46 RKTK 14. Oktober 2008 Entscheidung in der Zivilsache Nr. 3-2-1-76-08.
47 RKTK 9. März 2011 Entscheidung in der Zivilsache Nr. 3-2-1-174-10.

ren mehrere Bestimmungen im VVG, weshalb die vom Versicherer zu erhaltende Entschädigung sich nicht immer im gesamten Umfang mit der Entschädigung decken muss, welche der Geschädigte vom Verursacher des Schadens auf Grundlage des SRG § 130 Abs. 1 fordern könnte.

I. Arbeitnehmer

131 Der Versicherer ersetzt der geschädigten Person das wegen der Folge des Versicherungsfalls durch einen Verlust der Arbeitsfähigkeit oder ihrer Einschränkung ausbleibende mit Sozialabgaben belastete Einkommen, dabei wird der Umfang der Einschränkung der Arbeitsfähigkeit der geschädigten Person berücksichtigt. Es wird vorausgesetzt, dass bei einem zeitweiligen Verlust der Arbeitsfähigkeit die Arbeitsfähigkeit der geschädigten Person komplett verschwunden ist (VVG § 28 Abs. 1). Eine Arbeitsunfähigkeitsentschädigung wird einer Person ab der Vollendung des 16. Lebensjahres gezahlt (Abs. 2). Grundlage der Berechnung der Entschädigung ist das Nettoeinkommen der geschädigten Person an einem Kalendertag (VVG § 29 Abs. 1).

II. Selbstständige

132 Wenn die geschädigte Person zum Zeitpunkt des Versicherungsfalls als Selbstständiger tätig war, wird als Grundlage der Berechnung des Nettoeinkommens das in der Steuererklärung der beiden vorhergehenden Jahre deklarierte Einkommen genommen (VVG § 29 Abs. 4).

III. Sonstige Personen

133 Wenn die geschädigte Person zum Zeitpunkt des Versicherungsfalles den Wehrdienst ableistete, dann wird als Grundlage der Errechnung des Nettoeinkommens das mit Sozialabgaben belastete Einkommen der geschädigten Person in den zwölf Kalendermonaten unmittelbar vor dem Beginn des Wehrdienstes genommen (VVG § 29 Abs. 6). Wenn die geschädigte Person zum Zeitpunkt des Versicherungsfalles im Erziehungsurlaub war, dann wird als Grundlage der Errechnung des Nettoeinkommens das mit Sozialabgaben belastete Einkommen der geschädigten Person in den zwölf Kalendermonaten unmittelbar vor dem Beginn des Erziehungsurlaubs genommen (VVG § 29 Abs. 7).

C. Haushaltsführungsschaden

134 Ein Haushaltsführungsschaden fällt abstrakt wahrscheinlich nicht unter eine Entschädigung. Es ist aber nicht ausgeschlossen, dass wenn der Geschädigte mit einer dritten Person einen Vertrag über die Durchführung der Hausarbeiten abschließt, dann kann der der dritten Person gezahlte Lohn behandelt werden als durch die Schädigung entstandene Kosten im Sinne des SRG § 130 Abs. 1 und von dem Verursacher des Schadens einforderbar sein. Eine Gerichtspraxis fehlt.

D. Nebenpositionen

I. Beerdigungskosten

135 Gemäß der aus dem SRG abgeleiteten Regel müssen die Beerdigungskosten von der Person erstattet werden, auf der Verpflichtung ihrer Entrichtung lastet. Wenn die Beerdigungskosten von einer anderen Person getragen wurden, müssen ihr die Beerdigungskosten ersetzt werden (§ 129 Abs. 2). Vom VVG § 23 Abs. 2 wird abgeleitet, dass die Person, welche die Beerdigungskosten getragen hat, gegenüber dem Versicherer eine Forderung auf Grundlage des SRG § 129 stellen kann.

II. Sonstige Positionen

136 Im Falle der Verursachung des Todes einer Person entstehen den Personen Forderungen, welche die verstorbene Person verpflichtet war zu unterhalten. Diese Personen können

vom Verursacher des Schadens eine sogenannte Unterhaltentschädigung fordern, die im Allgemeinen ebenso groß sein sollte, wie die Summe, welche der Verstorbene verpflichtet war, zum Unterhalt zu leisten. Die allgemeinen Regeln des SRG leiten sich ab von dem in § 129 Abs. 3–7 Festgelegtem.[48] Die Verpflichtung zur Zahlung einer Unterhaltsentschädigung lastet auch auf dem Versicherer der Verkehrsversicherung. Gemäß VVG § 27 Abs. 1 ist genau derselbe Personenkreis berechtigt vom Versicherer, Unterhalt zu erhalten, wie vom Verursacher des Schadens gemäß SRG § 129. Im Unterschied zum SRG beinhaltet das VVG eine genaue Regulation, wie die Unterhaltsentschädigung festzulegen ist (§ 27, § 29), wann ihre Höhe sich ändert (§ 30) und wann ihre Zahlung beendet wird (§ 31).

E. Haftungsprivilegien

I. Arbeitsverhältnisse

Die Haftung des Arbeitgebers im Falle der Verursachung eines Schadens für den Arbeitnehmer ist in keiner Weise begrenzt. 137

Der Arbeitnehmer haftet für die Verursachung eines materiellen Schadens für den Arbeitgeber, wenn er schuldhaft seine Verpflichtungen verletzt hat (AVG § 72). Der Arbeitnehmer haftet für den Schaden einzig in dem Fall in vollem Umfang, wenn er den Arbeitsvertrag vorsätzlich verletzte (AVG § 74 Abs. 1). Im Falle von anderen Schuldformen ist die Haftung des Arbeitnehmers begrenzt (AVG § 74 Abs. 2). Im Falle der Schädigung einer dritten Person muss der Arbeitgeber den Arbeitnehmer befreien von der Verpflichtung, Schadensersatz zu leisten und die notwendigen Gerichtskosten zu tragen, und diese Verpflichtungen selbst erfüllen (AVG § 76 Abs. 1). 138

II. Familienangehörige

Haftungsprivilegien für Familienangehörige bestehen nach estnischem Recht nicht. 139

§ 4 Schmerzensgeld

A. Grundlagen

I. Allgemeine Grundlagen

Gemäß der aus dem SRG abgeleiteten allgemeinen Regel muss bei der Verursachung von körperlichen Schäden oder bei der Verursachung von gesundheitlichen Schäden stets dem Geschädigten eine vernünftige Geldsumme zur Entschädigung des immateriellen Schadens gezahlt werden (§ 134 Abs. 2). Damit geht bei der Verursachung von körperlichen Schäden die Verpflichtung eines Schmerzensgeldes auf jeden Fall einher. Das SRG enthält bezüglich der Höhe des Schmerzensgeldes keinerlei Tabellen. Damit wird die Höhe des Schmerzensgeldes vor allem durch die Gerichtspraxis gestaltet. Gemäß einer 2009 durchgeführten Analyse der Gerichtspraxis blieben die eingeforderten Entschädigungen im Allgemeinen zwischen 1.000–20.000 Euro (abhängig von der Schwere des körperlichen Schadens oder des Gesundheitsschadens).[49] Es kann die Tendenz bemerkt werden, dass die Entschädigungen dennoch von Jahr zu Jahr anwachsen. 140

---

48 Die Klärung des Kreises der berechtigten Personen erfolgt vor allem auf Grundlage des Familiengesetzes.
49 Die Analyse von Maarja Lillsaar und Margit Vutt:
http://www.riigikohus.ee/vfs/905/MittevaralinekahjuTsiviilasjades_2008_Maarja_Lillsaar_Margit_Vutt.pdf.

141 Die Verpflichtung eines Versicherers einer Verkehrsversicherung ein Schmerzensgeld zu zahlen ist im VVG festgelegt. Gemäß VVG § 32 Abs. 3 wird vorausgesetzt, dass das Schmerzensgeld beträgt:

1. im Fall einer leichten Gesundheitsschädigung oder einer leichten körperlichen Schädigung 100 Euro;

2. im Fall eines mittleren Gesundheitsschadens oder einer körperlichen Schädigung mittlerer Schwere 350 Euro;

3. im Fall einer schwereren Gesundheitsschädigung oder körperlichen Schädigung, welche eine mittlerer Schwere übersteigt, 1.500 Euro;

4. im Fall einer schweren Gesundheitsschädigung oder körperlichen Schädigung 2.600 Euro;

5. im Fall einer sehr schweren Gesundheitsschädigung oder körperlichen Schädigung 3.000 Euro;

6. im Fall einer besonders schweren Gesundheitsschädigung oder körperlichen Schädigung 3.200 Euro.

142 Es ist offensichtlich, dass die vom Versicherer zu zahlenden Entschädigungen nicht den immateriellen Schaden des Geschädigten im vollen Umfang kompensieren können. Man kann nicht voraussetzen, dass die Versicherer freiwillig den immateriellen Schaden im vollen Umfang (das bedeutet mehr als im VVG festgelegt) kompensieren werden. Das bedeutet, dass im Allgemeinen der Geschädigte doch eine Forderung gegenüber der für die Verursachung des Schadens verantwortlichen Person oder eine Klage gegen einen Versicherer einreichen muss.

II. Angehörigenschmerzensgeld

143 Beim Verursacher des Schadens liegt die Verpflichtung, den Angehörigen des Geschädigten ein Angehörigenschmerzengeld zu zahlen, einzig dann vor, wenn der (direkt) Geschädigte getötet wurde oder wenn er einen schweren körperlichen Schaden erlitten hat oder eine schwere Gesundheitsschädigung und die Zahlung einer Entschädigung rechtfertigende **außerordentliche Umstände** (SRG § 134 Abs. 3) vorliegen. Das Staatsgericht hat diese außerordentlichen Umstände in der bisherigen Praxis sehr eng definiert: Im Sinne von § 134 Abs. 3 kann ein „außerordentlicher Umstand" nicht die Verursachung des Todes oder einer schweren Gesundheitsschädigung als ein solche sein. Nach der Meinung des Kollegiums ist der außerordentliche Umstand des Verlusts eines Angehörigen nicht abstrakt, ebenso wenig die Trauer und der Verlustschmerz als solche bzw. solcher, was im kleineren oder größeren Umfang notwendigerweise mit dem Tod jeder nahestehenden Person einhergeht. Nach Auffassung des Kollegiums rechtfertigte die Forderung des Angehörigenschmerzensgeldes in erster Linie die räumliche Nähe der angehörigen Person zum Verstorbenen oder zum schwer Geschädigten zum Zeitpunkt der Verursachung des Schadens, zB der gleichzeitige Aufenthalt im Auto zum Zeitpunkt des Autounfalls oder die unmittelbare Beobachtung des Unfalls oder seiner Folgen (sozusagen der Aufenthalt in derselben Gefahrenzone), ebenso beispielsweise den Getöteten oder die Verletzungen des schwer körperlich geschädigten Angehörigen oder spätere Traumata von der überlebenden Person zu sehen. Die außergewöhnlichen Umstände, welche eine Grundlage für eine dritte Person zur Entschädigung ihrer nichtmateriellen Schäden liefern können, mögen auch verbunden sein mit den Umständen der Verursachung des Schadens. So kann ein Angehörigenschmerzensgeld beispielsweise dies rechtfertigen, dass tatsächlich die Angehörigen des Geschädigten angegriffen oder beeinflusst werden sollten, ebenso besondere Umstände der Verursachung des Schadens, beispielsweise wenn der Vorsatz, dem Geschädigten Schaden zuzufügen, beim Verursacher vorlag zusammen mit den späteren Traumata der Angehörigen.[50]

---

50 RKTK 9. April 2008 Entscheidung in der Zivilsache Nr. 3-2-1-19-08.

Lahe/Kull

Im wirklichen Leben treten die vom Staatsgericht beschriebenen außerordentlichen Um- 144
stände selten auf, deshalb ist auch die Befriedung der Forderung auf Angehörigenentschädigung in Estland außergewöhnlich. Zu diskutieren ist, ob die Versicherer die Verpflichtung hat, den Angehörigen des Geschädigten ein Angehörigenschmerzengeld zu zahlen.
Eine Gerichtpraxis in dieser Frage fehlt.

III. Schockschäden

In der estnischen juristischen Literatur oder in der Gerichtspraxis wird von Schockschäden 145
nicht gesondert gesprochen. Eine Entschädigung kann dann in Frage kommen, wenn der
Geschädigte eine Gesundheitsschädigung erlitten hat (SRG § 134 Abs. 2).

B. Berechnungsgrundlagen

Gemäß dem SRG § 134 Abs. 5 muss bei der Festlegung der Höhe der Entschädigung die 146
Schwere der Verletzung der Vorschriften und ihr Umfang sowie das Verhalten des Verursachers des Schadens und seine Einstellung der geschädigten Person gegenüber nach der Verletzung berücksichtigt werden. Gemäß dem VVG berücksichtigt der Versicherer unter anderem den Schweregrad der Gesundheitsschädigung und des körperlichen Schadens, die
Tiefe der entstandenen Funktionsstörung sowie die Heilbehandlung und die Dauer des
Verlusts der Arbeitsfähigkeit (VVG § 32 Abs. 2).

Auf Grundlage der Gerichtspraxis berücksichtigt das Gericht bei der Festlegung der Höhe 147
der Entschädigung die Art und Schwere der Verletzung der Vorschriften, die Verschulden
des Verletzers und deren Stufe, die wirtschaftliche Situation der Parteien, den eigenen Anteil des Geschädigten an der Verursachung des Schadens und andere Umstände, deren
Nichtbeachtung die Festlegung einer ungerechten Entschädigung mit sich brächten.[51] Berücksichtigt werden kann die Verursachung von verschiedenen Personenschäden (beispielsweise verschiedene Gesundheitsschäden) und deren Nachwirkung auf den Geschädigten, dh seine voraussichtliche „Größe des Schmerzes".[52] Die von Gerichten eingeforderten Schmerzensgelder müssen dem Niveau des allgemeinen Wohlstands der Gesellschaft entsprechen und unter ähnlichen Umständen vergleichbar sein, um das allgemeine
Grundrecht der Gleichheit zu sichern und die Autorität des Gerichtssystems zu erhalten.[53]

C. Genugtuungsfunktion

Mit dem Schmerzensgeld geht im gewissen Sinn stets auch die Genugtuung des Geschädig- 148
ten einher. In der juristischen Literatur und in der Gerichtspraxis wird dies dennoch nicht
betont, wichtiger ist die Kompensationsfunktion.[54]

D. Berechnungsmethode

Eine konkrete Methodik zur Berechnung der Höhe des Schmerzensgeldes gibt es in Est- 149
land nicht.

E. Kapitalisierung von Schadensersatz- und Schmerzensgeldrenten

Das Schmerzensgeld wird als eine einmalige Zahlung geleistet (VVG § 32 Abs. 1). Die Ar- 150
beitsunfähigkeitsentschädigung oder die Unterhaltsentschädigung wird im Allgemeinen als
periodische Zahlung geleistet (SRG § 136 Abs. 2).

---

51 RKTK 26. November 2010 Entscheidung in der Zivilsache Nr. 3-2-1-83-10.
52 RKTK 20. Juni 2013 Entscheidung in der Zivilsache Nr. 3-2-1-73-13.
53 RKTK 25. September 2013 Entscheidung in der Zivilsache Nr. 3-2-1-80-13.
54 Siehe ausführlicher über die Ziele des Schadensersatzes in Estland: *Lahe, Janno.* Punitive Damages in Esto-
   nian Tort Law? Journal of European Tort Law, 2011, 2 (3), 280–293.

§ 5 Ansprüche aus übergegangenem Recht (Regress)

A. Gesetzliche Anspruchsgrundlagen

151 Die allgemeine Norm zum Übergang der Forderung ist das SRG § 492 Abs. 1, gemäß dem die Forderung auf Schadensersatz gegen den Versicherungsnehmer oder die Schadensersatzforderung der versicherten Person gegenüber einer dritten Person in dem Umfang auf den Versicherer übergeht, in dem er den Schaden zu ersetzen hat. Im VVG ist genau festgelegt, wann der Versicherer einer Verkehrsversicherung, die dem Geschädigten Schadensersatz geleistet hat, eine Rückforderung gegenüber der für den Schaden verantwortlich Person einreichen kann. Der Versicherer verfügt über das Recht gegenüber dem den Schaden verursachten Fahrer eine Rückforderung einzureichen: im Falle der vorsätzlichen Verursachung des Schadens (VVG § 53 Abs. 1 P. 1), im Falle des widerrechtlichen Verlassens des Unfallorts (P. 2), im Falle der widerrechtlichen Verfügung des Fahrzeugs (P. 3), der Fahrer befand sich in einem Rauschzustand oder er führte den Rauschzustand unmittelbar nach dem Verkehrsunfall herbei (P. 4) oder die Eintragung des Fahrzeug in das Kraftfahrzeugregister war gestoppt (P. 5). Eine auf der Kausalität zwischen einer Vorschriftenverletzung und der Verursachung des Schadens basierende Rückforderung ist erlaubt: die Überschreitung der vorgeschriebenen Höchstgeschwindigkeit um mehr als 41 km/h (Abs. 1 P. 1), das Ignorieren von Stoppsignalen (P. 2), das Ignorieren des Fahrverbots für Kraftfahrzeuge (P. 3) oder wenn der Fahrer vom Fahren eines Fahrzeugs entfernt wurde (P. 4).[55] Der Versicherer verfügt über das Recht, eine Rückforderung gegenüber dem Fahrer des Fahrzeugs im 30-prozentigen Umfang der auszuzahlenden Versicherungsentschädigung einzureichen, doch nicht mehr als 640 Euro, wenn der Fahrzeugführer das Fahrzeug auf Forderung des Versicherers nicht zur Inspektion vorgestellt hat oder wenn er über die Umstände des Versicherungsfalls keine Erläuterungen gegeben hat (§ 53 Abs. 4).

152 Zusätzlich zu den genannten Hauptgrundlagen ist im VVG noch die Rückforderung gegenüber dem Arbeitgeber des Fahrzeugführers festgelegt, wenn der Fahrer die Anforderungen an Arbeits- und Erholungszeit verletzte (§ 54); gegenüber einer Person, welche das Verbot der Nutzung des Fahrzeugs nach Beendigung des Vertrags verletzte (§ 55); bei einer Verspätung der Zahlung der Versicherungsprämie im 30-prozentigen Umfang der auszuzahlenden Versicherungsentschädigung, doch nicht mehr als 640 Euro (§ 56). Im VVG § 57 werden gesondert auch noch die Rückforderungen des Fonds der Verkehrsversicherungen reguliert.[56]

B. Kongruenz von Leistung und Ersatzanspruch

153 Eine Kongruenz von Leistung und Ersatzanspruch ist für den Forderungsübergang erforderlich (SRG § 492 Abs. 1).

C. Haftungsprivileg

154 In der Sphäre der Verkehrsversicherung fehlen die Haftungsprivilegien.

D. Quotenvorrecht des Geschädigten

155 Die Rückforderung gegenüber dem Verursacher des Schadens kann nicht größer sein als die Summe, für die der Verursacher des Schadens gegenüber dem Geschädigten haftet.

---

55 In den genannten Fällen hängt die Rückforderung davon ab, ob die entsprechende Verletzung der Vorschriften den Versicherungsfall verursachte. Gleichzeitig wird vorausgesetzt, dass den Versicherungsfall eine Vorschriftsverletzung des Fahrzeugführers verursachte (VVG § 53 Abs. 3).
56 Siehe über das Rückforderungsrecht auch: *Lahe, Janno*. Kindlustusõigus (Versicherungsrecht). Kirjastus Juura, 2007, S. 197–214.

Lahe/Kull

Dies gilt auch bezüglich des Versicherers der Haftpflichtversicherung des Verursachers des Schadens, der auf die Forderungen der geschädigten Person dieselben Gegenbehauptungen einreichen kann wie der Versicherungsnehmer (SRG § 521 Abs. 3). In dem Fall, in dem beispielsweise die staatliche Krankenversicherung die Heilbehandlungskosten des Geschädigten abdeckt, kann diese gegenüber dem Verursacher des Schadens und dessen Versicherer eine Rückforderung stellen, wenn der Verursacher des Schadens und der Versicherer nicht in größerem Umfang haften als sie es gegenüber dem Geschädigten getan hätten. Eine gesonderte Regulation und eine Gerichtspraxis fehlen.

Abschnitt 3: Durchsetzung der Ansprüche

§ 1 Vorgerichtliche Schadensabwicklung

A. Das vorgerichtliche Verhalten der Versicherung

Wenn der Geschädigte nach dem Verkehrsunfall die aus dem VVG abgeleiteten Regeln befolgt (vor allem erfüllt er die Benachrichtigungspflicht und für das zerstörte oder beschädigte Fahrzeug die Inspektionspflicht), dann ist das Erhalten der Versicherungsentschädigung im Allgemeinen nicht problematisch. Dennoch muss berücksichtigt werden, dass die Entwicklungen der letzten Zeit in der Gerichtspraxis (vor allem was die Verminderung der Entschädigung wegen der Betriebsgefahr des Führens eines Fahrzeugs betrifft) Verwirrung auch unter den Versicherern verursacht hat, die oft nicht sicher sein können, in welchem Umfang sie über die Verpflichtung des Schadensersatzes nun verfügen. Ebenso müssen die Versicherer berücksichtigen, dass wenn sie die Entschädigung (auch nur teilweise) nicht auszahlen lassen, dann müssen sie auf Grundlage der späteren Gerichtslösung für die verzögerte Zeit auch Verzögerungszinsen bezahlen. 156

Es sei hinzugefügt, dass es als eine Neuerung im VVG dem Geschädigten erlaubt ist, auch demjenigen Versicherer eine Schadensersatzforderung zu stellen, mit dem der Geschädigte selbst einen Vertrag auf Verkehrsversicherung abgeschlossen hat. Dafür ist es nötig, dass die Umstände der Verursachung des Schadens klar sind, es handelt sich nur um eine Schädigung von Sachen und der Schaden übertrifft voraussichtlich nicht 10.000 Euro (VVG § 41). Damit kann der Geschädigte sich im Normalfall mit der Forderung gegenüber seinem Versicherer begnügen. Nach der Zahlung des Schadensersatzes an den Geschädigten entsteht dessen Versicherer eine Rückforderung gegen den Versicherer des Verursachers des Schadens (§ 58). 157

Im Falle eines Streits ist es möglich, bevor man sich an das Gericht wendet, sich zur Lösung des Streits an das Schiedsgericht der Verkehrsversicherung, das beim Fonds der Verkehrsversicherungen sitzt, zu wenden. Das Schiedsgerichtsverfahren ist für den Geschädigten kostenlos. 158

B. Anerkenntniswirkung vorgerichtlicher Äußerungen

Im Allgemeinen verfügen vorgerichtliche Behauptungen oder Schuldanerkennungen über keine große Bedeutung und im Gerichtsverfahren ist es den Parteien möglich, das Gegenteil zu beweisen. 159

I. Verjährungsunterbrechung

Die Verjährung wird unterbrochen und beginnt erneut mit der Anerkennung der Forderung durch die verpflichtete Person (Gesetz des allgemeinen Teils des Zivilgesetzbuches § 158 Abs. 1). Die Anerkennung der Forderung kann darin bestehen, dass der berechtigten Person das Geschuldete teilweise bezahlt wird, Zinsen bezahlt werden, eine Sicherheit 160 übergeben wird oder in einer anderen Tat (Abs. 2). Zusätzlich wird die Verjährung auch für die Zeit von Absprachen unterbrochen (§ 167).

II. Deklaratorisches Schuldanerkenntnis

161 Ein deklaratorisches Schuldanerkenntnis (was sich als das „Schuldbekenntnis" eines Teilnehmers eines Verkehrsunfalls darstellen kann) besitzt gemäß der estnischen Gerichtspraxis einzig die Bedeutung einer Umkehrung der Beweislast. Im Gerichtsverfahren ist es für die Person, die ein Schuldanerkenntnis gegeben hat, möglich zu beweisen, dass sie für die Verursachung des Schadens nicht haftet (oder nicht im deklaratorischen Umfang haftet).[57]

C. Bedeutung von Abtretungen

162 Der Gläubiger (der Geschädigte) kann grundsätzlich seine Forderung abtreten (SRG § 164 Abs. 1). Die Unterhaltsforderung, die durch die Verursachung von körperlichen Schäden, Gesundheitsschäden oder die Verursachung des Todes entstehenden Forderungen auf Schadensersatz können im allgemeinen Fall dennoch nicht abgetreten werden (§ 166 Abs. 1). Ein Recht persönlichen Charakters ist nicht die Forderung des Geschädigten auf Schmerzensgeld, welche der Geschädigte nach der Verursachung des Schadens abtreten kann und welches deshalb auch vererbbar ist. Die zum Schadensersatz verpflichtete Person kann dem neuen Gläubiger sämtliche Gegenbehauptungen stellen, welche er gegenüber dem bisherigen Gläubiger gestellt hatte (§ 171 Abs. 1).

§ 2 Beweismittel

A. Allgemeine Grundlagen

163 Im Verfahren des Zivilgerichts kann die Aussage eines Zeugen, eine von den Verfahrensteilnehmern unter Eid gemachte Erklärung, ein dokumentarischer Nachweis, ein Indiz, der Augenschein und die Auffassung eines Sachverständigen als Beweis dienen (ZPG § 229 Abs. 2).

B. Einzelne Beweismittel

I. Neutrale Zeugen

164 Als Zeuge kann jeder Mensch verhört werden, der etwas über in der Angelegenheit wichtige Umstände weiß, wenn der zu Verhörende nicht in dieser Sache Verfahrensteilnehmer oder Vertreter eines Verfahrensteilnehmers ist (ZPG § 251 Abs. 1).

II. Insassenzeugen

165 Insassen können in einer Zivilsache ebenfalls Zeugen sein gemäß dem ZPG § 251. Eine eigene Frage ist, welches Gewicht ihre Zeugenaussage hat im Vergleich zur Zeugenaussage eines objektiven Passanten.

III. Parteivernehmung

166 Eine von einem Verfahrensteilnehmer unter Eid gemachte Erklärung ist im Zivilgerichtsverfahren ein Beweis (ZPG §§ 267–268). Allgemein kann das Verhör des Verfahrensteilnehmers unter Eid nur dann in Frage kommen, wenn andere Beweise nicht ausreichend sind.

---

57 RKTK 18. November 2015 Entscheidung in der Zivilsache Nr. 3-2-1-125-15.

Lahe/Kull

IV. Augenschein

Der Augenschein ist ein Beleg im Verfahren des Zivilgerichts. Ein Augenschein ist jegliche 167
unmittelbare Sammlung von Angaben über das Vorhandensein von Umständen oder ihren
Charakter durch das Gericht, darunter der Augenschein der Lokalität oder des Orts des
Ereignisses (ZPG § 290).

§ 3 Besonderheiten des estnischen Zivilprozessrechtes

A. Gerichtsstruktur

In Estland ist das Gerichtssystem dreistufig. In der ersten Stufe sehen die Landgerichte die 168
Zivilsachen durch, die zweite Stufe der Gerichte sind Bezirksgerichte und das Gericht der
höchsten Stufe ist das Staatsgericht. Das Weiterklagen zum Bezirksgericht ist begrenzt,
wenn es sich um eine materielle Forderung handelt und die Forderung (mitsamt Nebenfor-
derungen) nicht 4.000 Euro übersteigt. Das Staatsgericht nimmt eine Zivilsache ins Verfahren, wenn das Bezirksgericht das materielle Recht falsch angewandt oder das Verfahrensrecht verletzt hat oder wenn die Lösung für die Sicherung der Rechtssicherheit wichtig
ist, für die Herausbildung einer Rechtspraxis oder zur Weiterentwicklung des Rechts dient
(ZPG § 679 Abs. 3).

B. Klagebeschränkungen

Die Einreichung einer Klage wird in keiner Weise begrenzt. Im Rahmen eines Kriminalver- 169
fahrens ist es dem Geschädigten möglich, eine Zivilklage einzureichen, damit dessen Forderung auf Schadensersatz durch das die Kriminalsache lösende Gericht gelöst wird.
Gleichzeitig beschränkt diese Möglichkeit nicht das Recht des Geschädigten, auch im Zeitraum des Verfahrens in der Kriminalsache gesondert eine Klage an einem Zivilgericht einzureichen.

Abschnitt 4: Wichtige Arbeitsmittel

A. Zeitschriften

Juridica (im Estnischen, https://www.juridica.ee/introduction_en_jur.php?intro=times)
Juridica International (im Englischen, http://www.juridicainternational.eu/)

B. Kommentare/Monographien

Varul, Paul; Kull, Irene; Kõve, Villu; Käerdi, Martin. Võlaõigusseadus III. Kommenteeritud
väljaanne. Kirjastus Juura, 2009
Tampuu, Tambet. Lepinguvälised võlasuhted. Kirjastus Juura, 2012
Lahe, Janno. Kindlustusõigus. Kirjastus Juura, 2007

C. Internetadressen

www.riigiteataja.ee – Gesetze und die Lösungen der Land- und Bezirksgerichte. Die wichtigsten Gesetze sind auch in englischer Sprache erhältlich
www.riigikohus.ee – Lösungen des Staatsgerichts (im Estnischen)

D. Liste wichtiger Gesetze

Võlaõigusseadus, Inkrafttreten am 1.7.2002 (*Schuldrechtgesetz*)

Liikluskindlustuse seadus, Inkrafttreten am 1.10.2014 (*Verkehrsversicherungsgesetz*)

Tsiviilkohtumenetluse seadustik, Inkrafttreten am 1.1.2006 (*Zivilprozessgesetz*)

Liiklusseadus, Inkrafttreten am 1.7.2011 (*Stassenverkehrsgesetz*)

Asjaõigusseadus, Inkrafttreten am 1.12.1993 (*Sachenrechtgesetz*)

Töölepingu seadus, Inkrafttreten am 1.7.2009 (*Arbeitvertragsgesetz*)

Frankreich

Verwendete Literatur: Monographien: *C.-J. Berr/H. Groutel/C. Joubert-Supiot*, Circulation-indemnisation des victimes, 1981; *S. Brousseau*, La loi Badinter: guide pratique de l'indemnisation, 1986; *F. Chabas*, Le droit des accidents de la circulation, 2. Aufl. 1988, *F. Chabas*, Les accidents de la circulation, 1995; *G. Durry*, L'assurance automobile, Connaissance du droit, 1998 *H. Groutel*, Le droit à indemnisation des victimes d'un accident de la circulation: L'assurance française, 1987; *Y. Lambert-Faivre*, Le droit du dommage corporel, 4. Aufl. 2000, *Y. Lambert-Faivre*, Droit des assurances, 11. Aufl. 2002; *J. Landel/J. Pechinot*, L'assurance automobile, 1996; *Ph. Malaurie/L. Aynes/Ph. Stoffel-Munck*, Droit Civil, Les obligations, 2003; *F. Terre/Ph. Simler/Y. Lequette*, Droit Civil, Les obligations, 8. Aufl. 2002; *A. Tunc*, La sécurité routière, Esquisse d'une loi sur les accidents de la circulation, 1966; *G. Viney*, L'indemnisation des victimes d'accidents de la circulation, 1992; *G. Viney/P. Jourdain*, Les conditions de la responsabilité: 2. Aufl. 1998; *M. Le Roy*, L'Evaluation du préjudice corporel, 18. Aufl. 2007

Artikel in Zeitschriften: *E. Bloch*, La faute inexcusable du piéton: JCP G 1988, I, 3328; *S. Bories*, Les confins de l'irresponsabilité de la victime d'un accident de la circulation ou la faute inexcusable devant le juge du premier degré: Gaz. Pal., 18 sept. 1992, 8; *F. Chabas*, L'application dans le temps de la loi du 5 juillet 1985 et l'autonomie: Gaz. Pal., 13 nov. 1987; *F. Chabas*, La situation faite au conducteur fautif ..., Gaz. Pal., 2 févr. 1994, 8; *G. Durry*, Statut du conducteur fautif: Risques, n° 36, déc. 1998, 131; *H. Groutel*, Le fondement de la réparation instituée par la loi du 5 juillet 1985: JCP G 1986, I, 3244; *H. Groutel*, L'implication du véhicule dans la loi du 5 juillet 1985 (à propos des arrêts rendus par la 2 e Chambre civile le 21 juillet 1986): D. 1987, chron. 1; *H. Groutel*, L'extension du rôle de l'implication du véhicule: D. 1990, chron. 263; *H. Groutel*, Imputabilité du dommage à un accident de la circulation: Resp. civ. et assur. 1991, chron. 26 et Resp. civ. et assur. 1992, chron. 4; *H. Groutel*,La faute du conducteur-victime, dix ans après (plaidoyer pour l'absent de la fête): D. 1995, chron. 335; *H. Groutel*,Le conducteur victime rétabli dans ses droits: D. 1997, chron. 18; Les surprises de l'implication en solitaire: Resp. civ. et assur. oct. 1998; *H. Groutel*, Nouveau régime de l'indemnisation du conducteur-victime: les conditions du succès: Resp. civ. et assur. 1998, chron. n° 17; *H. Groutel*, Accidents de la circulation: morcellement ou globalisation des situations complexes?: Resp. civ. et assur. 1998, chron. 19; *J. Huet*, Délimitation du domaine de la loi du 5 juillet 1985 et articulation de la loi de 1985 et du droit commun de la responsabilité: RTD civ., 1987, 354 et; *P. Jourdain*, La notion de circulation, RTD civ. 1990, 674 et RTD civ. 1993, 840, *P. Jourdain*, Implication et causalité dans la loi du 5 juillet 1985: JCP G 1994, I, 3794, *P. Jourdain*, Implication et causalité dans la loi du 5 juillet 1985: JCP G 1994, I, 3794; RTD civ. 1996, 406 et s; *Ch. Larroumet*, L'indemnisation des victimes d'accidents de la circulation: l'amalgame de la responsabilité civile et de l'indemnisation automatique: D. 1985, chron. 237 *F. Leduc*, Brèves remarques sur la sanction de la faute de la victime conductrice: Resp. civ. et assur. 2001, chron. 2; *G. Legier*, La faute inexcusable de la victime d'un accident de la circulation régie par la loi du 5 juillet 1985: D. 1986, chron. 97; *C. Mouly*, Faute inexcusable: trois notes en marge d'une interprétation: D. 1987, chron. 234; *R. Raffi*, Implication et causalité dans la loi du 5 juillet 1985: D. 1994, chron. 158 *C. Wiederkehr*, De la loi du 5 juillet 1985 et de son caractère autonome: D. 1986, chron. 255; *P. De Combles de Nayves*: « L'angoisse de la mort imminente est un préjudice indemnisable » : AJP 2012, p. 657; « Le Préjudice d'angoisse de mort imminente » Cécile Pellegrini, Resp. civ. et ass. Oct. 2015, p. 5; Auteurs collectifs : « Les trente ans de la Loi Badinter – bilan et perspectives » Colloque du 29 mai 2015 à la Faculté de droit de Metz : Revue Resp. Civile et Assurances n°9 sept. 2015; « Le préjudice d'angoisse de mort imminente » Cécile Pellegrini : Revue Resp. Civile et Assurances n°10 oct. 2015; « L'accident : responsabilité civile et assurances » Colloque du 22 mai 2015 à la Maison de la Chimie Revue Resp. Civile et assurances n°7-8 juillet-août 2015; « Vous avez dit réparation intégrale » Jean Péchinot Revue Resp. Civile et assurances n°6 juin 2015; « Evaluation du préjudice » par Hubert Groutel Revue Resp. Civile et assurances n°10 oct. 2014.

Abschnitt 1: Anspruchsprüfung zum Haftungsgrund

§ 1 Haftungsgründe

A. Haftung des Fahrers

I. Haftung aus Verschulden

1 Im allgemeinen französischen Schadensrecht werden folgende Haftungstatbestände unterschieden:

- Verschuldenshaftung,

- Haftung für vermutetes Verschulden

- und Gefährdungshaftung.

2 Anwendbar sind hauptsächlich folgende **Vorschriften**:

- die Generalklausel des § 1382[1] des Code Civil, die besagt, dass derjenige, der anderen schuldhaft einen Schaden zufügt, für diesen Schaden haftet.

- Die Generalklausel des § 1384.[2] Diese Vorschrift sieht eine Haftung für vermutetes Verschulden, sowie eine Gefährdungshaftung vor, indem geregelt wird, dass derjenige, der anderen durch unter seiner Obhut befindliche Gegenstände, dh durch Sachen („des choses"), Schaden zufügt, verpflichtet ist, die Haftung für diesen Schaden zu übernehmen.

---

1 Ein wichtiges Reformgesetz bezüglich der vertraglichen und außervertraglichen Schuldverhältnisse wurde per „ordonnance n° 2016-131 du 10 février 2016 portant réforme du droit des contrats, du régime général et de la preuve des obligations » im öffentlichen Blatt (Journal officiel) am 11.2.2016 veröffentlicht. Dieses Gesetz ändert die Nummerierung etlicher Artikel des franz. BGB (Code civil): aus § 1382 wird § 1240. Dieses Gesetz tritt am 1.10.2016 in Kraft.
2 Wegen demselben Reformgesetz wird aus § 1384 ein § 1242. Dieses Gesetz tritt am 1.10.2016 in Kraft.

Haftungsbefreiende Wirkung entfalten folgende Rechtfertigungsgründe: 3

- höhere Gewalt,

- Verschulden von Dritten,

- Verschulden seitens eines Unfallopfers, das sich entweder haftungsbefreiend auswirken oder eine Teilung der Haftung herbeiführen kann.

Bis 1985 wurden diese Regeln generell auch im Straßenverkehrsrecht angewandt, wobei 4 fast systematisch auf die Gefährdungshaftung oder die Haftungsvermutung des § 1384 zurückgegriffen wurde. Im Gegensatz zum deutschen Recht muss bei der Haftungsvermutung oder Gefährdungshaftung jeder **den Schaden des anderen voll ersetzen**, wenn er seinerseits nicht ein schuldhaftes Verhalten oder einen anderen haftungsbefreienden Grund nachweisen kann. Insoweit stellte das (Unfall-)Gesetz vom 5.7.1985, die sog Loi Badinter, eine echte Revolution dar.

II. Gefährdungshaftung

Grundsätzlich gilt in Frankreich das Prinzip der Gefährdungshaftung im Bereich des Ver- 5 kehrsunfalles, ob bei reinen Sachschäden oder bei Personenschäden. Das hier anwendbare Gesetz ist die Loi Badinter vom 5.7.1985, dessen genaue Bezeichnung lautet: „Gesetz zur Verbesserung der Situation von Opfern von Verkehrsunfällen und zur Beschleunigung von Entschädigungsverfahren".

Rein zivilrechtlich gesehen, werden die Regeln des Straßenverkehrsgesetzbuches demzufol- 6 ge nicht direkt berücksichtigt, sondern nur fakultativ. Das französische Verkehrsgesetzbuch setzt für den Straßenverkehr nämlich hauptsächlich Normen, die ausschließlich **strafrechtlich sanktioniert** werden.

B. Haftung des Halters

I. Haftung aus Verschulden

Im Gegensatz zum deutschen System ist die Schadensregulierung nicht vom Haftungs- 7 grund abhängig. Stichwort ist hier das Schmerzensgeld, denn die Loi Badinter ist hauptsächlich ein Entschädigungsgesetz und ein Versicherungsgesetz.

Bis 1985 wurden die allgemeinen Haftungsregeln generell auch im Straßenverkehrsrecht 8 angewandt, wobei jedoch fast systematisch auf die Gefährdungshaftung oder die Haftungsvermutung des § 1384 zurückgegriffen wurde. Durch die Loi Badinter wurden diese Regeln im Rahmen der Verkehrsunfälle jedoch völlig geändert.

1. Straßenverkehrsrechtliche Gefährdungshaftung. Bis zum Inkrafttreten des Gesetzes vom 9 5.7.1985 galt – außer des § 1382 des Code Civil – § 1384 Code Civil. Diese Vorschrift sieht eine Haftung für vermutetes Verschulden sowie eine Gefährdungshaftung vor, indem sie besagt, dass man, wenn man anderen durch Gegenstände, dh durch Sachen („des choses"), die man unter seiner Obhut hat, einen Schaden zufügt, verpflichtet ist, die Haftung für diesen Schaden zu übernehmen. Im Rahmen des § 1384 Code Civil galten dieselben haftungsbefreienden Rechtfertigungsgründe wie bei § 1382 des Code Civil.

Seit der Loi Badinter, dh seit dem 5.7.1985, gilt das Prinzip der **Schadensregulierung unab-** 10 **hängig von dem Haftungsgrund.** § 1 des Gesetzes sieht vor, dass es auf Opfer von Verkehrsunfällen anwendbar ist, an denen ein Motorfahrzeug beteiligt ist (auch wenn es sich zB um einen Transportvertrag handelt). Ausgenommen hiervon sind nur Eisenbahnen und Stadtbahnen, die auf eigenen Schienen bzw. separat vom Straßenverkehr fahren.

Es wurde lange diskutiert, ob die Normen der §§ 1382 und 1384 des Code Civil auf Ver- 11 kehrsunfälle noch Anwendung finden könnten. Heute wird aber nicht mehr bestritten, dass im Verhältnis zwischen Schadensverursacher und Versicherer einerseits und Unfallopfer andererseits, bei Beteiligung eines Motorfahrzeuges (Lkw, Pkw, Motorrad, Moped oder Mofa) allein die Loi Badinter gilt.

Es ist zu betonen dass die Loi Badinter zwingend anwendbar ist (sog Ordre Public-Gesetz). Es ist somit nicht möglich, sobald die Anwendbarkeitsbedingungen dieses Gesetzes vom 5.7.1985 erfüllt sind, eine andere rechtliche Begründung zu benutzen;[3] der Richter ist sogar gezwungen, wenn dies der Fall sein sollte, von sich aus die Parteien dazu aufzurufen ihre Begründung zu berichtigen.[4]

12 Die **frühere Regelung** hat nur noch in folgenden Fällen Bedeutung:

a) für Ansprüche gegen Verursacher, die kein motorisiertes Fahrzeug führen (also **Fußgänger** oder **Radfahrer**),

b) für die Klärung von Regressforderungen zwischen **Mitverursachern** oder **gesamtschuldnerisch haftenden Personen**. Diese unterliegen nicht der Loi Badinter, sondern der Regelung des Code Civil, und zwar dem in § 1382 des Code Civil vorgesehenen Verschuldensprinzip.

13 Die Loi Badinter ist anwendbar, sobald ein Motorfahrzeug an einem Verkehrsunfall beteiligt ist, wobei hier Folgendes gilt:

- Es muss sich um ein **Motorfahrzeug** handeln.
- Das Fahrzeug muss nur **beteiligt** sein (véhicule impliqué).
- Eine **Kausalität** für das Unfallgeschehen braucht **nicht nachgewiesen** zu werden. Es muss sich nur auf jeden Fall um einen Verkehrsunfall handeln. Die Tragweite dieses Begriffes ist jedoch sehr weitreichend.

Beispiel: Die französischen Gerichte müssen sich immer mehr, hauptsächlich in Bezug auf die Problemstadtteile der Großstädte, mit ausgebrannten Fahrzeugen befassen. Die besondere Problematik entsteht bei Bränden, die von einem Fahrzeug auf das andere übergreifen.

14 Ein **Unfall** liegt aber nur dann vor,

a) wenn die willkürliche Brandstiftung nicht erwiesen ist (eine Vorsatztat fällt nicht unter Versicherungsschutz),

b) wenn das Fahrzeug sich auf einem Parkplatz befindet, sogar ein Privatparkplatz.[5]

15 Auch das auf freier Straße parkende oder stehende Fahrzeug nimmt im Sinne des Gesetzes am Verkehr teil, zB wenn ein Passagier der auf dem Beifahrersitz Platz genommen hat, nur den Zündschlüssel dreht um Strom herbeizuführen und das Autoradio anzuhören jedoch weder wegfahren möchte noch am Verkehr teilnehmen wolle[6]

Beispiele:

- Ein regulär parkendes Auto wird angefahren und auf ein Auto, ein Haus oder einen Fußgänger geschleudert.
- Ein Businsasse verletzt sich beim Ein- oder Aussteigen.
- Ein Fahrradfahrer fährt aus Unachtsamkeit auf ein parkendes Auto auf.
- Ein Bewohner geht hinaus um einen Unfallschaden der gerade geschehen ist, sich anzusehen, und wird dann von einem anderen Fahrzeug tödlich angefahren: das erste Auto das den ersten (rein materiellen) Schaden verursacht hat, ist auch am tödlichen Unfall beteiligt.[7]

16 Das Gesetz findet auch Anwendung auf das Unfallopfer, das vom Fahrer eines Mofas, auf dem Gepäcksitz mitgenommen wird und dessen Schal sich im Hinterrad verfängt!

17 Der Vorgang, bei dem ein Fußgänger beim Öffnen einer als Verkaufstheke für den Direktverkauf von Pizza ausgebauten Öffnung eines Kombis verletzt wurde, stellt hingegen kei-

---

3 Cass. Civ. 2ème ch. Civ. 4.12.2008 n° 08-10.155, Juris-Data n°2008-046150.
4 Cass. Civ. 2ème ch. Civ. 4.12.2008 n°07-18.339, Juris Data n°2008-046449, Bull. Civ. 2009 II, n°1.
5 Cass. Civ. 2ème ch. Civ. 22.5.2014 n°13-10.561, JUris Data n°2014-010532 & Revue Resp. Civ. et Assurances 2014, comm. 267 étude Groutel.
6 Cass. Civ. 2ème ch. Civ. 28.3.2013, n°12-17.548, Juris-Data n°2013-005526 & Revue Resp. Civ. Et Assurances 2013, comm. 182, Groutel & Bull. CIv. 2013 II n°62).
7 Cass. Civ. 2ème ch. Civ. 11.9.2014 n°13-22.104, Revue Resp. Civ. et Assurances 2014, comm. 372 Groutel.

nen Unfall dar. Aber der Fußgänger, der durch das Herabstürzen eines Strohballens von einem stehenden, sich in der Entladung befindenden Lkws verletzt wurde, erleidet einen Verkehrsunfall, sowie generell bei jedem Herausfall eines geladenen Gegenstandes oder ein Bestandteil des Fahrzeuges selbst, aus oder von einem im Motorfahrzeug jeglicher Art, laut dem franz. Versicherungsgesetzbuch (Artikel R211-5-2°).

Der Beladungs- bzw. Entladungsvorgang ist nun auch offiziell immer als Verkehrsunfall angesehen, und ist dem Badinter-Unfallgesetz unterworfen.[8]

Genauso sind Unfälle bei motorisierten Sportveranstaltungen Badinter-Unfälle, auch wenn der Unfall auf geschlossener Bahn stattfindet, außer wenn das Ereignis durch die öffentliche Verwaltung genehmigt wurde, laut Artikel R211-11-4° des franz. Versicherungsgesetzbuches, und außer wenn der Unfall sich während einer Training Runde zwischen Teilnehmer an einem Rennfahren ereignet hat.[9]

Feuerfunken eines Traktors, die eine Böschung in Brand setzen, fallen unter die Loi Badinter. Aber nicht die Explosion, die von einem Lkw-Fahrer verursacht wurde, als er versuchte, an einer Tankstelle seinen zugefrorenen Benzintank mit einem Lötinstrument zu enteisen. 18

Es ist auch nicht erforderlich, einen Kontakt mit dem Fahrzeug nachzuweisen. Aber: Ist die Involvierung durch Kontakt erwiesen,[10] so ist bei einem Unfall ohne Berührung das Unfallopfer beweispflichtig (häufiger Fall: Ausweichmanöver,[11] oder Geblendet-Sein durch Licht am Fahrzeug).[12] Der Begriff der Involvierung darf nicht mit der Kausalität verwechselt werden. 19

Die Loi Badinter ist **kein Haftungsgesetz**, sondern ein **Entschädigungsgesetz**. Es richtet sich nicht nach dem Haftungsgrund, sondern nur nach der **Situation des Unfallopfers**. Dieses Unfallopfer ist entweder: 20

a) selbst Fahrer eines Motorfahrzeuges,

b) nicht Fahrer eines solchen Fahrzeuges (Insasse, Fußgänger,[13] Radfahrer) oder

c) ein sog „besonders schutzbedürftiges Opfer", dh ein Opfer, das jünger als 16 Jahre, älter als 70 Jahre bzw. zu mehr als 80 % arbeitsunfähig oder Invalide ist.

Das Gesetz unterscheidet zwischen dem Personenschaden, der im Folgenden vorrangig betrachtet wird, und dem Sachschaden.

a) **Höhere Gewalt/Verschulden eines Dritten.** Keinem Unfallopfer, sei es selbst Fahrer oder nicht, kann höhere Gewalt, oder das Verschulden eines Dritten entgegengehalten werden. 21

Der Halter bzw. sein Versicherer kann sich weder auf höhere Gewalt, noch auf alleiniges Verschulden eines Dritten berufen und sich hierdurch von seiner gesetzlichen Entschädigungspflicht befreien. 22

b) **Prinzip der vollumfänglichen Entschädigung des Opfers außer dem Fall der faute inexcusable.** Unfallopfer, die nicht Fahrer eines Motorfahrzeugs sind, werden für ihren Körperschaden vollumfänglich entschädigt, ohne dass ihnen ein Mitverschulden zugerechnet werden kann, es sei denn, sie hätten selbst eine sog „**unentschuldbare faute**"[14] (faute inex- 23

---

8   Dekret des 9.6.1983 n°83-482, Journal Officiel des 11.6.1983.
9   Cass. Civ. 2ème Ch. Civ. 4.1.2006 n°04-14.841, Juris data n°2006-031484 & Revue Resp. Civ. et Assurances 2006, comm. 113 Groutel & RTDCiv. 2006 Blatt 337 Kommentar P. Jourdain & Bull; Civ. 2006 II n°1.
10 Die Beteiligung, sog „Implication," ist erwiesen sobald ein Kontakt existiert, insbesondere im Rahmen einer Massenkarambolage: Cass. Civ. 2ème ch. Civ. 6.1.2000, JCP Ed. G. 2000 IV, 1278.
11 Cass. Civ. 2ème Ch. Civ. 15.1.1997, Juris Data n°1997-000172, JCP Ed. G. 1997 II 22883: eine Ambulanz fährt mit hoher Geschwindigkeit auf die Fahrbahn des anderen Verkehrsbeteiligten. und er muss plötzlich ausweichen.
12 Cass. Crim. 21.6.1988, Bull Crim. N°279.
13 Reiter, die auf ihrem Pferd sitzen, sind Fußgänger: Cass. CIv. 2ème Ch. Civ. 12.11.1986 Dalloz 1987 somm. Seite 91 Kommentar Groutel.
14 Anmerkung: der französische Begriff „faute", häufig mit „Verschulden" widergegeben, wird hier im Original beibehalten, weil sich diese Begriffe aufgrund der Inkongruenz der Rechtssysteme nicht völlig decken.

cusable) begangen, die ausschließlich und allein zu dem Umfall geführt hat (Artikel 3 der Loi Badinter).

24 **Aber:** Damit eine unentschuldbare faute in einem solchen Fall vorliegt, müssen zwei Voraussetzungen vorliegen, nämlich:

■ das Unfallopfer muss sich darüber im Klaren sein, dass es einen Unfall herbeiführen würde und

■ der Umfang des zu erwartenden Schadens muss dem Unfallopfer voll bewusst gewesen sein.

Die unentschuldbare faute liegt also zwischen dem vorsätzlichen und dem außerordentlich schweren Verhaltensfehler, bzw. handelt es sich um eine *"faute volontaire d'une exceptionnelle gravité exposant sans raison valable son auteur à un danger dont il aurait dû avoir conscience"*, also einen Fehler einer außerordentlichen Schwere, den das Opfer das ihn begangen hat, ohne erkennbaren Grund, einem Risiko aussetzt, dessen es sich bewusst hätte sein müssen.[15]

25 Die Rechtsprechung steht einer solchen unentschuldbaren faute höchst restriktiv gegenüber, so dass es in der Praxis kaum vorkommt. Die unentschuldbare faute, dh das schuldhafte, pflichtwidrige Verhalten muss die **Ursache des Unfalls** (und nicht des Schadens) sein, zum Beispiel

■ ein Fußgänger der plötzlich, und direkt in Höhe der Ausfahrt eines Tunnels, über eine nicht beleuchtete Autobahn rennt,[16]

■ ein Fußgänger der einer Festnahme durch die Polizei entkommen will und deshalb nachts über eine vierspurige Stadtschnellstraße rennt[17]

ist **nicht** Ursache eines Unfalls.

26 Das Verschulden bzw. die faute allein muss die Ursache des Unfalls sein. Eine Teilung der Haftung ist hier nicht möglich. Ein rein verantwortungsloses Verhalten genügt nicht. Die faute muss auch **bewusst** begangen werden.

27 So wurden zu 100 % entschädigt:

■ der Radfahrer, der bei Rot über die Kreuzung fährt,

■ der Beifahrer der in ein führerscheinfreies Fahrzeug eingestiegen ist, wobei er sich bewusst war, dass der Fahrer alkoholisiert gewesen ist, und dieser Fahrer danach einen Unfall verursachte, indem er eine Vorfahrt missachtete; dies ist kein unentschuldbarer Fehler, denn der Fehler des Opfers war nicht die einzige und ausschließliche Ursache des Unfalls,[18]

■ der Fußgänger auf der Fahrbahn, auch auf der City-Autobahn, zB beim Aussteigen nach einer Panne am Fahrzeug, auch im alkoholisierten Zustand.[19]

28 Der oberste französische Gerichtshof („Cour de Cassation") hat zB entschieden, dass ein Insasse eines Busses, der auf das Dach des Busses steigt, samt anderen Insassen, und auf

---

Der französische Begriff umfasst nicht nur Vorwerfbarkeit, sondern darüber hinaus die objektiv-pflichtwidrige Handlung oder Unterlassung; zudem geht in der faute auch die Rechtswidrigkeit auf. Die Umschreibung für diesen Begriff könnte lauten: „das schuldhaft pflichtwidrige Verhalten" [zitiert nach: *Hübner/Constantinesco*, Einführung in das französische Recht, 4. Aufl.2001, S. 201].

15 Der Oberste Richter der Cour de Cassation Chartier sprach in seinem Bericht im Rahmen des Urteils der Assemblée Plénière des 10.11.1995 (Versammelte Kammern der Cour de Cassation) von einem Fehler zwischen der „faute lourde" und er „faute intentionnelle" (Cour de Cassation – Assemblée Plénière 10.11.1995 n°94-13.912).

16 Cass. Civ. 2ème Chambre Civile 15.6.1988 Bull. Civ. 1988 II n°138, & Cass. Civ. 2ème chambre civile 1992, II, n°1.

17 Cass. CIv. 2ème Chambre Civile 5.2.2004 n°02-18.857, Juris-Data n°2004-0022105.

18 Cass. Civ. 2ème Chambre Civile 16.1.2014 n° 13.10-088.

19 Cass Civ. 2ème chambre civile 30.6.2005 n°04-10.996 Resp. Civ. et Assurances 2005 comm. 287, & Juris-Data N°2005-0229072 & Cass. Civ. 2ème chambre civile 16.1.2014 n°13-12.771 Juris-Data n°2014-000399.

dem Dach sitzen bleibt, obwohl er merkt, dass der Bus losfährt, und demnach von dem Dach stürzte und dabei umkam, keinen unentschuldbaren Fehler begangen hat, denn dem Busfahrer war bewusst, dass er auf dem Dach saß, und ist trotzdem losgefahren: somit hat das Verschulden des Insassen den Unfall nicht ausschließlich verursacht.[20]

Der zweite Zivilsenat des Cour de Cassation hat hingegen entschieden, dass ein Unfallopfer, das betrunken nachts eine Grasböschung hinaufgestiegen und über eine Leitplanke geklettert war, um zur Hauptstraße zu gelangen und sich dort freiwillig auf die Mitte einer nicht beleuchteten Straße sich hingelegt hat, so dass sein Kopf und Rumpf auf der einzigen Fahrspur lagen(also der nicht unfreiwillig stürzte), den Unfall selbst verschuldet hatte;[21] der Kurzauszug der Entscheidung ist etwas unklar: man könnte davon ausgehen, dass hier ein Selbstmordversuch vermutet wurde; 29

Genauso besteht ein unentschuldbarer Fehler, wenn das Opfer die Leitplanken übersteigt, sowie eine hohe Böschung, und dann eine Schnellstraße rennend überquert.[22]

Beweispflichtig für das Alleinverschulden ist natürlich der Fahrer bzw. sein Versicherer, und dieser Beweis ist fast immer unmöglich. 30

c) Besonders schutzbedürftige Opfer. Hinzu kommt noch die Kategorie der „besonders schutzbedürftigen Opfer", auch „victimes super-privilégiées" (super-privilegierte Opfer) genannt, dh derjenigen Opfer, die jünger als 16 Jahre, älter als 70 Jahre, oder, unabhängig vom Alter, zu 80 % Invalide sind. Diese werden stets für ihre **körperlichen Schäden** entschädigt, es sei denn, sie hätten freiwillig und bewusst den Schaden herbeigeführt (Selbstmordfall).[23] Diese besondere Regelung für Unfallopfer, die kein Fahrzeug führen, gilt allerdings nur bei Personenschäden. 31

Bei **Sachschäden** (zB beschädigtes Fahrrad) – mit Ausnahme der Beschädigung von Prothesen und medizinischen Hilfsgeräten – muss sich das Unfallopfer sein Mitverschulden zurechnen lassen, wenn der Entschädigungspflichtige in der Lage ist, dieses zu beweisen. 32

d) Mitverschulden des Fahrers gem. § 4 & 5 der Loi Badinter. Auch für den Fahrer eines Motorfahrzeugs, der Opfer eines Unfalls ist, sieht §§ 4 & 5 der Loi Badinter vor, dass diesem sein Mitverschulden entgegengehalten oder zugerechnet werden kann, und dies sowohl bei Personen- als auch bei Sachschäden, aber hier muss dieser Fehler auch gravierend sein, und der Fehler selbst darf nicht mit dem Umfang des Schadens verwechselt werden.[24] Wenn der Fahrer nicht Halter oder Eigentümer des Fahrzeugs ist, kann dem Eigentümer das schuldhafte, pflichtwidrige Verhalten des Fahrzeugführers für den verursachten Schaden zugerechnet werden. 33

Im Rahmen einer „Question prioritaire de constitutionnalité" (Vorrangige Verfassungsfrage, die durch das Verfassungsänderungsgesetz des 23.7.2008 eingeführt wurde – neuer Artikel 61-1 der franz. Verfassung – und das am 1.3.2010 in Kraft getreten ist), wurde von der Cour de cassation die Weiterleitung einer Verfassungsfrage an den Conseil Constitutionnel (franz. Bundesverfassungsgericht) verweigert: Thema war die eventuelle Verfassungswidrigkeit der unterschiedlichen Behandlung des „Fahrer-Opfers" gegenüber dem „Nicht-Fahrer Opfer": der Unterschied ist nämlich, laut Cour de Cassation, nur der Widerschein eines objektiven, sachlichen und rechtlichen Situationsunterschieds.[25][

2. Besonderheiten bei Beförderung. a) Entgeltliche Beförderung (Straßenbahn, Bus, Taxis). Die Loi Badinter umfasst alle Opfer eines Verkehrsunfalles, selbst diejenigen Unfall- 34

---

20 Cass. Civ. 2ème chambre civile 8.11.1993 Resp. Civ. et Assurances 1994 comm. 52).

21 Cass. Civ. 2ème Chambre civile 28.3.2013 n°12-14.522 Resp. Civ. et Assurances 2013 comm. 184, Bull. Civ. 2013 II n°61.

22 Cass. Civ. 2ème Chambre civile 29.11.1997 Juris-Data n°1997-004556.

23 Cass. Civ. 2ème Chambre Civile 31.5.2000 JCP. G 2001 II 10577 Note C. Burtruille-Cardew).

24 Cass. Ass. Plénière 6.4.2007 n°05.81-350 Resp. Civile et Assurances 2007 comm.212, JCP G 2007 II 10078 : einem Fahrer der mit 0,85 Promille Alkohol im Blut einen Unfall verursacht, kann sein Mitverschulden nur dann vorgehalten werden, wenn bewiesen ist, dass dieser Alkoholpegel eine kausale Rolle im Unfallhergang gespielt hat.

25 Cass. Crim. 6.8.2014 Resp. Civ. et Assurances 2014, comm. 298.

opfer, die entgeltlich befördert werden. Mit dieser Vorschrift ist ein sehr altes Urteil des Cour de Cassation, Zivilsenat, vom 21.11.1911[26] gesetzlich verankert worden. Gemäß diesem Urteil verpflichtet „der Transportvertrag das Transportunternehmen zwingend dazu, alle Gäste heil und unversehrt an ihr Ziel zu bringen". Diese vertragliche Pflicht wurde von der Rechtsprechung als „Obligation de sécurité" (**Verkehrssicherungspflicht**) bezeichnet. Alle Passagiere werden außerdem zwingend von der Versicherung des Transportunternehmens für all ihre Schäden entschädigt, unabhängig davon, ob es sich um materielle oder körperliche Schäden handelt.

35 **b) Unentgeltliche Beförderung von Personen (Anhalter, Bekannte).** Bereits vor dem Inkrafttreten der Loi Badinter und seit der Entscheidung des Cour de Cassation vom 20.12.1968[27] hatten alle Passagiere, die unentgeltlich befördert wurden, das Recht, die Gefährdungshaftung gemäß der Generalklausel des § 1384 des Code Civil in Anspruch zu nehmen.

36 Seit dem Inkrafttreten der Loi Badinter haben alle unentgeltlich beförderten Passagiere, das Recht auf eine **volle Entschädigung** in dem gleichen Umfang wie zB angefahrene Fußgänger.[28] Die Haftung des Fahrers gegenüber seinem unentgeltlich beförderten Passagier wird zwingend von der Pkw-Haftpflichtversicherung erfasst, selbst wenn der Passagier auf einem Mofa, Moped oder Motorrad transportiert wird.

II. Gefährdungshaftung

37 **1. Grundlagen der Gefährdungshaftung.** Grundlage der Gefährdungshaftung eines (Fahrzeug-)Halters ist die Loi Badinter, §§ 1 bis 4. Ein Fahrzeughalter oder Fahrer eines motorisierten Fahrzeuges haftet dem Opfer eines Verkehrsunfalles (mit Ausnahme der Unfälle mit Schienenfahrzeugen, dh Straßenbahnen und Zügen des französischen Bahnbetreibers SNCF, die auf eigenen Schienen und eigener Fahrbahn fahren und die den allgemeinen Regeln unterworfen sind, also dem Code civil). An Kreuzungen mit Straßen gelten im Unfallvorkommen jedoch die Regeln der Loi Badinter, denn es handelt sich dann nicht um eine eigenständige und für Schienenfahrzeuge reservierte Fahrbahn.[29]

38 **2. Typische Problembereiche. a) Betriebsbegriff.** Gemäß § 1 der Loi Badinter gilt für die Gefährdungshaftung grundsätzlich das Prinzip der sog implication (**Involvierung**). Ein motorisiertes Fahrzeug kann in einen Verkehrsunfall als involviert gelten, selbst wenn es sich nicht bewegt, weil sein Motor abgeschaltet ist oder weil es wegen einer Panne am Rand der Straße steht.[30] Der Begriff der „implication" wurde aus den Den Haager Abkommen des 4.5.1971 übernommen, wobei jedoch das Abkommen ansonsten nicht dieselben Interpretierungen der Unfall-Involvierung beinhaltet.

39 Der Unfall muss sich nur auf einem **für den Verkehr freigegebenen** Weg oder einer Straße ereignen. Ein Fahrzeug kann demzufolge dann als involviert („impliqué") bezeichnet werden, wenn es zB falsch parkt oder wenn es zwar richtig und ordnungsgemäß parkt,[31] aber eine Störung für den Verkehr darstellt und den Unfall zum Teil selbst herbeigeführt oder dadurch verursacht, dass ein anderer Fahrer ausweichen muss.[32] Diesbezüglich bedarf es

---

26 Cass. Civ., 21.11.1911, Dalloz périodique 1913, 1ère partie, S. 249.
27 Cass. Ch. Mixte, 20.12.1968, Dalloz 1969, S. 37.
28 Cass. 2e Civ., 16.10.1991, Revue Responsabilité Civile et Assurance, 1991, S. 419.
29 Cass CIv 16.6.2011 n° 10-19491 Bull. Civ. 2011, II, n° 132 & Cass Civ. 2ème chambre civile 18.10.1995 Bull. Civ. 1995 II n°239).
30 Cass. 2e Civ., 14.1.1987, Jurisclasseur périodique, Ed. Gal. 1987, 2ème partie, n° 20768.
31 Cass. Civ. 2ème chambre civile 11.10.2007 n°06.17.240 : das genehmigte Parken eines Pkws schließt seine Involvierung in einen Unfall nicht aus.
32 Cass. Civ. 2ème chambre civile 2.4.1997 Arrêt Poletti Juris-Data n°1997-001479 & Resp. Civ. et Assurances 1997 comm. 226 : es reicht für die Involvierung, dass das Fahrzeug rein « objektiv und materiell » durch seine Anwesenheit am Unfallort einen Zusammenhang mit dem Unfall hat & Cass Crim. 5.5.2015 n °13-88.124: ...und dies sogar, wenn das Fahrzeug keinen „fait perturbateur" (störender Umstand) dargestellt hat. Jedoch reicht die einzige Anwesenheit eines Fahrzeuges vor Ort an sich selbst nicht aus, die Involvierung zu beweisen: Cass. Civ. 2ème chambre civile 8.3.2012 n°11-11.532 Resp. Civ. et Assurances 2012 comm 163 S. Hocquet-Berg.

nicht zwingend eines direkten Kontakts zwischen dem Unfallopfer und dem Fahrzeug. Die Involvierung reicht aus. Diese Involvierung ist jedoch nicht mit der Kausalität einer Haftung zu verwechseln.

b) Ladevorgänge. Die Be- und Entladungsvorgänge bilden im französischen Rechtssystem, 40 bzw. im System der Loi Badinter vom 5.7.1985, keine gesonderte Fallgruppe. Bis 1985 sah § 211-8 des Versicherungsgesetzbuches vor, dass die **Haftpflichtversicherung** für Unfälle beim Ladevorgang nicht in Anspruch genommen werden konnte. Seit einem Dekret vom 9.6.1983[33] gelten jedoch die bei Ladevorgängen herausfallenden Gegenstände als Verkehrsunfall im Rahmen der Haftpflichtversicherung und zwar sowohl im Hinblick auf die Loi Badinter vom 5.7.1985 als auch im Hinblick auf das Versicherungsgesetzbuch.

c) Verneinung der Betriebsgefahr. Die Heraufbeschwörung der Gefahr durch den Geschä- 41 digten, die in Deutschland als Verneinung der Betriebsgefahr gilt, wird in dieser Form nicht in dem französischen (Unfall-)Gesetz Loi Badinter vom 5.7.1985 geregelt. Das sog **nichtfahrende Unfallopfer** (victime non conducteur), dh der Fußgänger oder der Passagier, wird immer entschädigt, selbst wenn ihm ein unentschuldbar pflichtwidriges Verhalten (faute inexcusable) vorgeworfen werden kann. Vom Vorwurf der faute inexcusable sogar gänzlich frei ist gemäß § 3 der Loi Badinter vorsätzliches pflichtwidriges Verhalten (*faute intentionnelle*) des besonders schutzbedürftigen Unfallopfers (dh derjenigen Unfallopfer, die jünger als 16 oder älter als 70 sind oder zum Zeitpunkt des Unfalles mindestens zu 80 % behindert sind), es sei denn, wie bereits erläutert (unter § 31), sie hätten freiwillig und bewusst den Schaden herbeigeführt (Selbstmordfall).[34]

Diese Regelung gilt jedoch nur bei Personenschäden. Das Eigenverschulden des Unfallop- 42 fers kann gemäß § 5 der Loi Badinter ggf. zur Begrenzung oder Ausschließung der Entschädigung des durch das Unfallopfer erlittenen materiellen Schadens führen, mit Ausnahme der Entschädigung für die vom Arzt verordneten Prothesen oder Geräte, die das Unfallopfer trägt (zB Gelenkprothesen, Gebisse, uÄ).

3. Entlastungsmöglichkeit. Die Enthaftungsmöglichkeiten gegenüber dem Unfallopfer 43 sind bereits behandelt worden. Im Hinblick auf die Haftung des Fahrers kann **Eigenverschulden** geltend gemacht werden und zwar:

- Das Verschulden des **Fahrers** eines motorisierten Fahrzeugs kann zur Beschränkung oder zum Ausschluss einer etwaigen Entschädigung zu seinen Gunsten (sowohl bei körperlichen als auch bei materiellen Schäden) gemäß § 4 Loi Badinter führen.

- Das Verschulden des Fahrers eines Fahrzeuges, das ihm nicht gehört, kann dem **Eigentümer** des Fahrzeuges zugerechnet werden. Der Eigentümer des Fahrzeuges hat jedoch in diesem Fall eine Regressmöglichkeit gegen den Fahrer (§ 5 Loi Badinter).

- Die **höhere Gewalt** ist in der Loi Badinter weder vorgesehen noch erwähnt, da es sich hier nicht um ein Verschuldensprinzip, sondern um ein Involvierungsprinzip handelt, dh, dass selbst wenn ein motorisiertes Fahrzeug unverschuldet explodiert und ein Opfer verletzt, ist der Halter bzw. Eigentümer dafür haftbar.

C. Haftung des Versicherers

I. Haftungsvoraussetzungen

Die **Haftpflichtversicherung** bzw. die Entschädigung der Unfallopfer im Rahmen von Ver- 44 kehrsunfällen wird von dem französischen Versicherungsgesetzbuch durch die Vorschriften der §§ L 211-9 bis L 211-24 sowie durch die §§ 12 bis 27 der Loi Badinter geregelt.

Die Loi Badinter hat zwei vollkommen parallel aufgebaute Entschädigungsverfahren vor- 45 gesehen, nämlich

---

33 Décret n° 83-482 du 9.6.1983, Journal Officiel des 11.6.1983.
34 Cass. Civ. 2ème Chambre Civile 31.5.2000 JCP. G 2001 II 10577 Note C. Burtruille-Cardew).

- den **außergerichtlichen Vergleich** und
- das **gerichtliche Verfahren.**

46 **1. Der außergerichtliche Vergleich.** In Frankreich wird die Schadensregulierung, insbesondere die Sachschadenregulierung in der Regel von den **Versicherungsgesellschaften** geregelt, die hierzu entsprechende in der Loi Badinter nicht vorgesehene Vereinbarungen getroffen haben,[35] die im rein inländischen Verkehr relativ einfache Lösungen mit kurzen Erledigungsfristen ermöglichen.

47 **2. Der Verfahrensweg. a) Zivilgerichte.** Das französische Recht kennt den **Direktanspruch des Geschädigten.** Der Geschädigte kann demzufolge gegen den Versicherer gerichtlich vorgehen und seinen Schaden gem. Artikel L.124-3 des Versicherungsgesetzesbuches einklagen. Die Verjährungsfrist beträgt fünf Jahre ab Unfalldatum bei rein materiellen Unfällen gem. Artikel 2224 des Code Civil, bei Körperschäden zehn Jahre nach Eintritt der Konsolidierung gem. Artikel 2226 des Code Civil.

48 Obwohl das Gesetz Badinter **Fristen für ein Entschädigungsangebot** der Versicherung vorsieht, braucht der Geschädigte den Ablauf dieser Fristen für ein Verfahren nicht abzuwarten. Die Einleitung eines Gerichtsverfahrens bedeutet nicht, dass die Versicherung von ihrer Angebotspflicht befreit wäre und ihr keine diesbezüglichen Sanktionen mehr drohen, wenn sie diese Verpflichtung nicht beachtet. Das gerichtliche Verfahren einerseits, und das Badinter-Entschädigungsprozedere andererseits, laufen unabhängig voneinander parallel.

49 Wird die Haftung bestritten oder sind die Haftungsverhältnisse noch ungeklärt, kann der Geschädigte die **Versicherung** zwar **direkt verklagen,** hat aber die Pflicht, den **Fahrer** oder den **Halter** (generell den Versicherten) in das Verfahren **mit einzubeziehen.** Hier ist darauf hinzuweisen, dass die Versicherung auch für den nicht berechtigten Fahrer (zB Fahrer ohne Fahrerlaubnis, Autodieb) haftet.

50 Bei **Körperschäden** muss zusätzlich der **Sozialleistungsträger** in das Verfahren einbezogen werden, und zwar durch eine Zustellung der Vorladung per Gerichtsvollzieher für den ersten Verhandlungstermin, in Strafsachen mindestens 10 Tagen vor der Verhandlung, gem. Artikel 552 der franz. Strafprozessordnung. Ansonsten könnte der Sozialleistungsträger die Nichtigkeit des Urteils verlangen und zwar während einer Frist von 2 Jahren, sowohl die Nichtigkeit des Strafurteils als auch des Zivilurteils (Artikel L376-1-8 des Sozialversicherungsgesetzbuches).

51 Bei einem Streitwert bis zu 10.000 EUR ist das **Amtsgericht.** Dort besteht **kein Anwaltszwang.**

Unter 4.000 EUR ist ein ehrenamtlicher Richter, sog „Juge de Proximité," zuständig (Artikel L231-1 bis L232-3 des Code de l'organisation judiciaire). Dieses besondere Verfahren hätte bereits mehrmals abgeschafft werden sollen und die Akten wieder dem Amtsgericht zugeordnet werden. Nun ist das neue Abschaffungsdatum auf den 1.1.2017 festgesetzt worden.[36] Es ist jedoch wahrscheinlich, dass nochmals eine Verlängerung stattfinden wird.

52 Bei Streitwerten über 10.000 EUR oder bei einer Klage mit unbestimmten Streitwerten (zB Schmerzensgeld oder Schadenersatz, der erst nach Vorliegen der medizinischen Gutachten festgelegt werden kann) ist das **Landgericht** zuständig, wobei hier prinzipiell ein Einzelrichter entscheidet (der sog Juge aux Accidents de Circulation). Vor dem Landgericht besteht **Anwaltszwang.**

53 Zuständig ist das Gericht des Ortes, an dem sich der **Unfall ereignet** hat, oder des **Wohnsitzes des Beklagten.** Der **Sitz der Versicherungsgesellschaft** kann für die Zuständigkeit nie ausschlaggebend sein, es sei denn, sie wird allein verklagt, weil die Schadensregulierungspflicht unbestritten ist.

---

35 Sog. « I.R.S.A. » Abkommen zwischen Versicherungsgesellschaften für alle Verkehrsschäden (Abkürzung für « convention d'Indemnisation directe de l'assuré et de Recours entre Sociétés d'assurance Automobile »: Abkommen für die direkte Entschädigung des Versicherten und Regress zwischen Automobil-Versicherungsgesellschaften.

36 Gesetz n° 2014-1654 des 29 décembre 2014 Artikel 99.

Vor dem Amtsgericht gibt es **keine Erstattung** von Anwaltsgebühren. Vor dem Landgericht 54 in Elsass-und der franz. Mosel (3 Departements) und vor den Berufungsgerichten im übrigen Frankreich gibt es eine **Teilerstattung** (émoluments tarifés). Das Anwaltshonorar hat jede Partei selbst zu tragen, allerdings hat das Gericht die Möglichkeit, der obsiegenden Partei eine Prozesskostenentschädigung, dh einen zusätzlichen Schadenersatz für Prozess- und Anwaltskosten auf der Grundlage des § 700 der franz. ZPO (Code de Procédure Civile, CPC), dh der Zivilprozessordnung zuzuerkennen. Hier sollte noch daran erinnert werden, dass es in Frankreich **keine Anwaltshonorartabelle** vergleichbar mit dem RVG gibt, und das Honorar „frei" zwischen Anwalt und Partei ausgehandelt werden muss. In der Praxis zwingen die französischen Versicherungen ihren Vertragsanwälten Tarife auf, die weit unter den üblichen Honoraren liegen.

Grundsätzlich gibt es in Frankreich **keine Gerichtskosten** mehr, es sei denn, es werden im 55 Verfahren besondere Maßnahmen beantragt wie

- die Vernehmung von Zeugen oder
- die Einholung eines Sachverständigengutachtens (zB Kfz-Gutachten oder medizinrechtliche Gutachten).

In diesem Fall muss meistens der Kläger die Kosten vorstrecken. Die endgültige Last dieser Kosten wird im Zivilverfahren, und zwar entweder im Rahmen des Zivilgrundverfahrens entschieden, oder wenn es zum Strafverfahren kommt, im Rahmen des zivilrechtlichen Teils des Strafurteils (sog Jugement sur intérêts civils).

Abschließend ist noch darauf hinzuweisen, dass die Vollstreckung der französischen Urtei- 56 le durch den Huissier de Justice (**Gerichtsvollzieher**) vorgenommen wird. Der Huissier de Justice ist in Frankreich ein Rechtspflegeorgan, das freiberuflich und selbstständig tätig ist. Seine Honorare werden durch eine gesetzliche Tabelle geregelt.

b) Das Strafverfahren. Hervorzuheben ist die in Frankreich gegebene und in der Praxis oft 57 genutzte Möglichkeit des Geschädigten bzw. des Unfallopfers, im Strafverfahren wegen einer Ordnungswidrigkeit oder eines Verkehrsdeliktes der fahrlässigen Körperverletzung oder Tötung für Körper- und Sachschäden direkt als **Nebenkläger** aufzutreten und **Schadensersatz** geltend zu machen („la constitution de partie civile"). Der Unterschied im deutschen Recht zwischen Nebenklage und Adhäsionsverfahren ist in Frankreich unbekannt.

Bei **fahrlässiger Körperverletzung** besteht folgende Zuständigkeit: 58

- das „Polizeigericht" (Strafkammer des Amtsgerichtes) bei Ordnungswidrigkeiten (Tribunal de police);
- die Strafkammer des Landgerichtes bei Verkehrsdelikten (Tribunal correctionnel).

Je nach der **Dauer der Arbeitsunfähigkeit** des Unfallopfers werden die Straftatbestände 59 wie folgt abgegrenzt:

- bei weniger als drei Monaten liegt eine Ordnungswidrigkeit vor[37]
- bei mehr als drei Monaten liegt ein Verkehrsdelikt vor[38]

Zu beachten ist auch: 60

- dass der **Haftpflichtversicherer** in das Verfahren einbezogen werden kann, so dass auch gegen ihn ein Urteil ergeht. Er kann dem Verfahren aber auch freiwillig beitreten sogar erst in Berufung, da ja hier über die Höhe der Entschädigung für das Unfallopfer verhandelt wird,[39]
- dass auch bei einem **Freispruch** das Strafgericht über die **zivilrechtlichen Folgen** des Unfalls entscheiden kann[40]

---

37 Artikel 222-20-1 des Strafgesetzbuches.
38 Artikel 222-19-1 des Strafgesetzbuches.
39 Artikel 388-1 der Strafprozessordnung.
40 Artikel 470-1 der Strafprozessordnung.

- und schließlich auch, dass die **Berufungsfrist** sowohl im Hinblick auf das Strafmaß und die Schuldfrage als auch im Hinblick auf die Höhe des Schadenersatzes **sehr kurz** ist und lediglich zehn Tage ab Verkündung des Urteils beträgt, sogar wenn in Wirklichkeit die schriftliche Ausfertigung samt Begründung meistens erst viel später als 10 Tage nach mündlicher Verkündung verfügbar ist.

61 Sowohl Zivil- als auch Strafverfahren ziehen sich in der Regel über Monate hin. Bei Körperschäden muss fast immer eine medizinische Begutachtung durchgeführt werden, die erst nach Eintritt der oben erwähnten Konsolidierung, dh erst nach Abschluss des Heilungsprozesses, abgeschlossen werden kann. Aber auch bei reinem Sachschaden sind mehrere Verhandlungsvertagungen die Regel. Die **Durchschnittsdauer des Verfahrens** in erster Instanz beträgt deshalb zwischen 10 und 18 Monaten.

II. Nachhaftung

62 Einreden aus dem Versicherungsvertrag sind gegenüber dem geschädigten Unfallopfer unwirksam, mit Ausnahme der **Beendigung des Versicherungsvertrages**. Zum Beispiel sehen allgemeine Geschäftsbedingungen der Haftpflichtversicherungen für Pkws und Lkws in Frankreich vor, dass die Versicherung einen materiellen und/oder körperlichen Schaden nicht versichert, wenn der Fahrer oder Halter ohne Führerschein, trotz Entzugs der Fahrerlaubnis oder trotz Trunkenheit gefahren ist.

63 Diese Umstände können jedoch dem **Unfallopfer** nicht entgegengehalten werden. Dem Unfallopfer steht in jedem Fall ein Anspruch zu, von der Versicherung des Fahrers und/oder des Halters die **vollumfängliche Entschädigung** seines Schadens zu fordern und zu erwirken. Jedoch besteht eine Regressmöglichkeit der Versicherungsgesellschaft gegen ihren Versicherten, so dass sie von ihm die geleisteten Beträge zurückfordern kann.

D. Haftung von Begleitpersonen

I. Haftung des Beifahrers

64 Grundsätzlich haftet der Beifahrer in keinem Fall, da er normalerweise keinen Einfluss auf die Fahrt des Motorfahrzeuges haben kann, es sei denn, er greift in unerlaubter Weise ein und hindert den Fahrer absichtlich daran, die notwendigen Manöver durchzuführen.

II. Haftung des Einweisers

65 Die Haftung des Einweisers gegenüber dem Geschädigten ist im französischen Recht nicht relevant. Das Opfer hat als einzigen Ansprechpartner den Fahrer bzw. den Halter des Fahrzeuges und/oder dessen Haftpflichtversicherung. Eine Regressmöglichkeit besteht ggf. zugunsten der Versicherung oder des Fahrers bzw. Halters gegen den Einweiser.

E. Haftungsmodifikationen

I. Einschränkungen

66 1. Unfallschaden und Arbeitnehmer. a) Grundsätze der Haftungsverteilung. Im Rahmen des Arbeitsvertrages haftet der Arbeitgeber für die verursachten Verkehrsunfälle seines Arbeitnehmers unter der Bedingung, dass der Unfall mit einem **Fahrzeug des Arbeitgebers** stattgefunden hat. Hier findet die Loi Badinter Anwendung, unter der Bedingung, dass der Unfall sich auf einer für den Verkehr freigegebenen Straße ereignet hat und dass der Fahrer des verunglückten Fahrzeuges im Näheverhältnis zu dem Halter des Fahrzeuges steht also grundsätzlich sein Angestellter ist.[41]

67 Diese Regel gilt nur **zivil- und versicherungsrechtlich**: Das Unfallopfer hat immer Anspruch auf **Schadensersatz**, sobald das Dienstfahrzeug in den Unfall involviert bzw. daran

---

41 Artikel L455-1-1 des Sozialversicherungsgesetzbuches – « Le droit à indemnisation du salarié victime d'un accident routier du travail au regard de la loi « Badinter » » Revue L'Argus de l'assurance 05/2012 – n° Revue : 0840.

Jantkowiak

beteiligt ist (sog implication). Die Versicherung des Arbeitgebers muss in jedem Fall Schadensersatz für die körperlichen und materiellen Schäden des Opfers, vorbehaltlich der üblichen und bereits erwähnten Ausschließungs- bzw. Rechtfertigungsgründe (zB absichtlicher Fehler eines Unfallopfers, das älter als 16 Jahre ist) leisten.

Strafrechtlich haftet allein der Fahrer für die fahrlässigen Verletzungen und Tötungen und er kann hierfür auch bestraft werden. Eine eventuelle Anweisung der Arbeitgebers, die zum Unfall geführt haben kann, muss bewiesen werden (hier gilt das Prinzip der faute, dh der Erfüllung eines Straftatbestands durch den Arbeitgeber, und nicht das Involvierungsprinzip). Die Schadensersatzansprüche des Unfallopfers erhöhen sich jedoch dadurch nicht. Eine solche gesetzeswidrige Anweisung kann sich nur im Verhältnis zwischen dem versichertem Arbeitgeber und dessen Versicherung im Rahmen eines Regresses auswirken. **68**

b) Haftung gegenüber Betriebsangehörigen. Für die Haftung eines Arbeitnehmers gegenüber einem Betriebsangehörigen enthält das Arbeitsgesetzbuch die allgemeine Anspruchsgrundlage, die für **Arbeitsunfälle** (accidents du travail) gilt (zB Baustellenarbeiter, der durch einen Kollegen mit dem betriebseigenen LKW überfahren wird). **69**

2. Geschäftsführung ohne Auftrag. Ein Verkehrsunfall, der durch eine im Rahmen einer Geschäftsführung ohne Auftrag handelnden Person verursacht wurde, wird im französischen Recht nicht gesondert geregelt. Gegenüber dem Opfer gelten die allgemeinen **Regeln der Involvierung** (implication). Die danach existierenden Regressmöglichkeiten, zwischen dem Geschäftsführer ohne Auftrag und dem Betroffenen richten sich nach den allgemeinen Vorschriften des Code Civil. **70**

3. Unentgeltliche Beförderung. Wie bereits erläutert (vgl. → Rn. 35 f.), gibt es im Rahmen der unentgeltlichen Beförderung keine Einschränkung im Hinblick auf den Anspruch des Unfallopfers auf einen **vollumfänglichen Schadensersatz**. **71**

4. Mietwagenprobleme. Bei Verkehrsunfällen, die durch einen Mietwagen verursacht wurden, haftet zivilrechtlich immer der **Vermieter bzw. dessen Haftpflichtversicherung**, mit Ausnahme des Falls, in dem der Mieter einen Schaden **vorsätzlich** herbeiführt, was jeglichen Zufallsfaktor (sog aléa) beim Auftreten des Unfalls ausschließt. Die gesetzliche Versicherungspflicht ist allgemein durch die §§ R 211-14 bis R 211-21 des Versicherungsgesetzbuches geregelt. Jedoch ist hier zu beachten, dass die **Selbstbeteiligung** des Mieters meistens relativ hoch ist, selbst wenn Mietfahrzeuge in der Regel – auch dann, wenn dies nicht gesetzlich zwingend vorgesehen ist – vollkaskoversichert sind. Zumindest für die materiellen Schäden kann von dem Opfer verlangt werden, die Kosten in Höhe der Selbstbeteiligung bei dem Mieter selbst einzutreiben. **72**

In dem von dem Mieter unterzeichneten Versicherungsvertrag können auch manche **Fahrfehler ausdrücklich ausgeschlossen** werden. Es handelt sich hierbei zB um die sog erreurs de gabarit (Fehler bei der Einschätzung der Größe des Fahrzeuges und dessen Höhe bei Nutzfahrzeugen, (zB bei Schäden, die bei der Durchfahrt von Brücken- und Tunnelunterführungen vorkommen). Diese Einschränkung gilt jedoch nicht für Schäden, die Dritten verursacht werden. **73**

5. Mitversicherte Personen und Fahrzeuginsassen. Laut § L 211-1 des Versicherungsgesetzbuches gilt die Haftpflichtversicherung sowohl für Schäden, die von dem Fahrer Dritten zugefügt werden als auch für Schäden, die von Insassen oder von anderen beförderten Personen erlitten werden. Folglich gibt es **keine besondere Insassenunfallversicherung** oder Insassenschadensversicherung, es sei denn, eine besondere Garantie wird im Rahmen der Haftpflichtversicherung vertraglich vereinbart, mit dem Insassen, Familienmitgliedern oder weitere Personen versichert werden. **74**

Bei **Fahrzeugdiebstahl** werden die von dem Dieb oder einem etwaigen Komplizen erlittenen materiellen oder körperlichen Schäden von der Haftpflichtversicherung jedoch nicht gedeckt.[42] Jedoch können die verletzten Insassen eines gestohlenen Fahrzeuges, das durch **75**

---

42 Cass. Civ. 2ème Ch. Civile 17.1.2013 n°11-25.265 Resp. Civ. Et Assurances 2013 Comm 156 H. Groutel.

einen minderjährigen Dieb gefahren wird, von der allg. Haftpflichtversicherung der Eltern des Diebes eine Entschädigung verlangen.[43]

76 **6. Deckungsgrenzen.** Die **Mindestversicherungssummen** im Rahmen von Verkehrsunfällen werden durch das französische Versicherungsgesetzbuch festgesetzt (§§ R 211-7 und A 211-1-3 des Versicherungsgesetzbuches). Die europäische Richtlinie 2005/14/EG ist in das französische Recht umgesetzt worden.[44] Die Mindestversicherungssumme für Kraftfahrzeuge erhöht sich:

- bei **Personenschäden** bzw. körperlichen Schäden unbegrenzt.

- bei **Sachschäden** mindestens 1.120.000 EUR je Unfall, unabhängig von der Zahl der Opfer.

Wie in Art. 9 Abs. 2 der Richtlinie 2009/103/EG, welche die Richtlinie 84/5/EWG abgelöst hat, vorgesehen, werden die Mindestbeträge alle fünf Jahre nach Inkrafttreten der Richtlinie anhand des europäischen Verbraucherpreisindexes (EVPI) (Verordnung [EG] Nr. 2494/95) überprüft.

II. Erweiterungen

77 **1. Entgeltliche Beförderung.** Im Falle eines Beförderungsvertrages zwischen Fahrgast und Beförderungsanbieter gelten die vertraglichen Bedingungen, dh meistens die allgemeinen Geschäftsbedingungen des Transportunternehmens und die sog gesetzliche **Verkehrssicherungspflicht** (obligation de sécurité), die von § 1147 des Code Civil abgeleitet wird.[45] Diese gesetzliche Verkehrssicherungspflicht trifft den Betreiber des Transportunternehmens während der Erfüllung des Transportvertrages ab dem Zeitpunkt, in dem der Fahrgast das Fahrzeug betreten hat bzw. eingestiegen ist, bis zu dem Moment, in dem er wieder ausgestiegen ist.

78 § 1 Loi Badinter bleibt jedoch anwendbar im Hinblick auf den absoluten Schadensersatzanspruch des Opfers. Das **Eigenverschulden des Fahrgasts** kann sich in keinem Fall entschädigungsmindernd auswirken, es sei denn, bei dem Eigenverschulden des Fahrgastes handelt es sich um einen Fall höherer Gewalt.[46]

79 Die versicherungsrechtlichen Regeln und Kriterien für die Ermittlung der Höhe des materiellen und körperlichen Schadens greifen hier vollumfänglich ein. Es kann insbesondere dem entgeltlich beförderten Fahrgast kein Fahrfehler oder fehlerhaftes Verhalten des im Arbeitsverhältnis stehenden Fahrers des Busses oder Zuges entgegengehalten werden. Für die Regulierung des Verkehrsunfalls zwischen dem Betreiber des Transportunternehmens, bzw. dessen Versicherung, und der gegnerischen Partei gelten die allgemeinen Regeln der Loi Badinter, insbesondere das bereits erwähnte Involvierungsprinzip (principe d'implication).

80 **2. Unentgeltliche Beförderung.** Wie bereits erwähnt, hat das unentgeltlich beförderte Unfallopfer gemäß §§ 1 bis 5 Loi Badinter Anspruch auf einen Ersatz des von ihm erlittenen Sach- oder Personenschadens in voller Höhe. Der unentgeltlich beförderte Passagier hat wie der Fußgänger den gleichen **vollumfänglichen Schadensersatzanspruch** und wird von der Haftpflichtversicherung vollständig gedeckt.

F. Haftung von Radfahrern, Fußgängern, Behinderten

I. Haftungskriterien

81 Bei der Beteiligung von **Radfahrern** an einem Verkehrsunfall, vorausgesetzt, dass sie für den Verkehrsunfall verantwortlich und nicht Opfer sind, gelten die haftungsrechtlichen

---

43 Cass. Crim. 8.2.2011 n°10-81.568 Juris-Data n°2011-001333.
44 Décret 2007-1118 du 19.7.2007 und Arrêté du 19.7.2007.
45 Cass. Civ. 21.11.1911 DP 1913 I s.219: ein Transportvertrag beinhaltet die Verkehrssicherungspflicht, die darin besteht, jeden Passagier heil bis ans Ziel zu befördern.
46 Cass. 1 e Civ., 13.3.2008, Bull. Civ. 1976 – Cass. Ch. Mixte, 28.11.2008, Bull. Civ. n° 3.

Generalklauseln des Code Civil (§§ 1382 und 1384 Code Civil) – (Beispiel: ein Radfahrer beschädigt ein parkendes Auto). Fahrräder mit Elektromotor bleiben als Fahrräder eingestuft, unter der Bedingung dass der Motor bei 25 km/h die Trethilfe stoppt, dass der Motor nicht über 250 Watt Leistung erzeugt, und der Motor nur eine Zusatzenergie leistet (also nur während dem Muskelbetrieb nachhilft, und kein unabhängiger Motor ist).

Fußgänger können laut der Loi Badinter auf keinen Fall für einen Unfall haftbar gemacht   82
werden, weil sie einen absoluten Schadensersatzanspruch haben, es sei denn, es liegt ein Fall des unentschuldbar pflichtwidrigen Verhaltens (faute inexcusable) vor, bei dem es sich um ein vorsätzliches Verschulden handelt.

Als Beispiel können folgende Fälle angeführt werden: 83

■ Plötzliche Überquerung einer Autobahn durch einen Fußgänger kurz nach der Ausfahrt aus einem Tunnel[47] oder

■ Autofahrer, der zum Fußgänger wird, indem er aus dem Pannenfahrzeug aussteigt, wobei das auf einer Brücke geparkte Fahrzeug dabei von der Brücke fällt).[48]

Das unentschuldbar pflichtwidrige Verhalten kann auch dann vorliegen, wenn die faute außerordentlich schwerwiegend ist (zB Fußgänger, der einen hohen Zaun erklettert und auf die Autobahn rennt).

Jedoch kann laut § 3 Loi Badinter den besonders schutzbedürftigen Unfallopfern selbst ein   84
unentschuldbar pflichtwidriges Verhalten (faute inexcusable) nicht vorgeworfen werden. Besonders schutzbedürftige Unfallopfer sind:

■ Opfer, die jünger als 16 Jahre oder älter als 70 Jahre sind.

■ Opfer, die – unabhängig von ihrem Alter – zum Zeitpunkt des Unfalls mindestens zu 80 % als behindert oder invalid gelten.

Diesen besonders schutzbedürftigen Unfallopfern kann nur die **absichtliche Herbeiführung**   85
des Schadens vorgeworfen werden, was insbesondere im Fall des Selbstmords zutrifft, wobei der Selbstmord bzw. der Wille dazu nicht zwingend bewiesen werden muss. Zum Beispiel: der Fall eines Unfallopfers, das bereits am Tag vor dem Unfall versucht hat, Selbstmord zu begehen und das auf offener Straße und offensichtlich gegen ein fahrendes Fahrzeug, das nicht mehr bremsen konnte, gerannt ist und bis zum Unfall in Richtung des fahrenden Fahrzeugs geschaut hat.[49]

II. Abwägungsgesichtspunkte

Von den oben genannten erwähnten Fällen und Ausnahmen abgesehen, kann dem Opfer   86
kein Eigenverschulden vorgeworfen werden. Die Loi Badinter sieht eine Minderung der Entschädigung wegen Eigenverschulden nur in ganz besonderen Fällen vor. So kann zB das Eigenverschulden des Fahrers zur Minderung oder Ausschluss der Entschädigung für seine eigenen körperlichen Schäden sowie für seine Sachschäden führen, aber nicht für die Schäden der Passagiere. Es muss sich aber um eine „faute" (Schuldhaftes Fehlverhalten) handeln, und nicht nur um ein „fait du conducteur" (nicht fehlerhaftes Falschverhalten), das keinen Einfluss auf seine Entschädigung hat.[50]

Die Rechtsprechung hat sich häufig zur Frage der Abgrenzung des Begriffs eines Fahrers   87
und eines Nichtfahrers geäußert:

Beispiel: Ein Mofabesitzer, der sein Mofa rennend schiebt und versucht, den Motor anspringen zu lassen, gilt nicht als Fahrer.[51] Ein Motorrad- oder Mofafahrer, der durch den Unfall von seinem Motorrad fällt und auf die Fahrbahn rutscht, bleibt jedoch ein Fahrer und nicht ein Fußgänger.[52]

---

47 Cass. 2ème Ch. Civ, 15.6.1988, Bull. Civ. 1988, 2ème partie, n° 138.
48 Cass. 2ème Ch. Civ, 16.11.2000, Juris Data n° 2000-007058.
49 Cass. 2ème Civ., 31.5.2000, Juris Data n° 2000-002345.
50 Cass. Civ. 2ème Civ. 14.1.1987 n°85-15.447 Gaz. Pal. 1987, I, Pan. 49.
51 Cass. 2ème Civ., 7.10.2004, Bull. Civ. 2ème partie, n° 437.
52 Cass. 2ème Civ., 4.10.1989, Jurisclasseur périodique JCP 91, 2ème partie, 21600.

§ 2 Prüfungsweg zum Haftungsgrund

A. Anscheinsbeweis

I. Grundlagen (Abgrenzung zum Prozessrecht)

88 Der „Anscheinsbeweis", bei dem untersucht wird, ob die zu beweisende Tatsache ein „nach der Lebenserfahrung typischer Geschehensablauf" ist, ist in Frankreich anders gestaltet.

89 Wie bereits erläutert (vgl. → Rn. 38), ist die Hauptfrage die sog **Involvierung** (implication) in den Unfall (gemäß §§ 1 bis 4 Loi Badinter). Die Beweislast im Hinblick auf die Involvierung trifft ausschließlich den Antragssteller im Rahmen eines Prozesses, dh das Opfer/den Geschädigten.[53] Jedoch, wie bereits erläutert, handelt es sich hier nicht um den Beweis eines pflichtwidrigen Verhaltens (faute), sondern um den Beweis einer Involvierung in den Unfall, selbst wenn dieser unverschuldet ist.[54]

II. Definition des Anscheinsbeweises

90 Im französischen Recht, bzw. im Rahmen der Loi Badinter, bedarf es keiner unerlaubten Handlung oder Leistungsstörung, weil die **Involvierung allein ausreicht**. Sobald der Unfall geschieht, geht man davon aus, dass der Beteiligte, bzw. der Involvierte, dafür haften muss.

Beispiel: Überholt ein Fahrzeug einen Fußgänger ohne ausreichenden Seitenabstand, so dass dieser dadurch das Gleichgewicht verliert und sich verletzt, braucht nicht geprüft zu werden, ob die erlaubte Geschwindigkeit eingehalten wurde oder nicht; denn selbst wenn die erlaubte Geschwindigkeit laut Verkehrsgesetzbuch eingehalten wurde, haftet der Fahrer des Pkws, soweit bewiesen wird, dass der Sturz des Fußgängers mit seinem Fahrverhalten zusammenhängt, bzw. soweit bewiesen wird, dass der Fahrer involviert ist. Genauso ist der Fahrer involviert, der einen anderen Verkehrsteilnehmer durch Fernlicht geblendet hat und der deswegen die Kontrolle über sein Fahrzeug verloren hat.[55]

III. Voraussetzungen des Anscheinsbeweises

91 Es gibt im Grunde genommen keine Umkehrregel bzw. Ausnahme zur Hauptregel der Involvierungsbeweispflicht. Es muss, wie immer, lediglich die **Kausalität der Involvierung** in den Unfall und den von dem Opfer erlittenen Schaden vor Gericht bewiesen werden. Die

---

53 Cass. Civ. 2ème Ch. Civ. 28.5.1986 & 231.7.1986 Dalloz 1987 JP p.160 note Groutel.
54 Cass. Civ. 2ème Ch. Civ. 24.2.2000 n°98-18.448 : Juris-Data n°2000-000590 : ein Motorfahrzeug ist in einen Unfall involviert, sobald es irgendeine Rolle im Geschehen des Unfalls gespielt hat.
55 Cass. Crim. 21.6.1988 Bull.Crim. n°279.

Verletzung einer Norm oder einer Regel ist grundsätzlich nicht erforderlich. Somit hat die Nichtverletzung einer Norm auch keine Konsequenz im Hinblick auf die Beweislast.

IV. Typische Anscheinsbeweise

Ein häufiger Grund, der als Involvierungsbeweis dienen kann, ist natürlich die Verletzung 92 von Verkehrsregeln, die im französischen Verkehrsgesetzbuch oder im Strafgesetzbuch vorgesehen sind. Die Begehung von Straftaten oder Verstöße gegen das Verkehrsgesetzbuch stellen jedoch – wie bereits erläutert – keine Voraussetzung für die Involvierung dar. Bei einem Strafprozess, dem das Opfer als Nebenkläger beitreten darf, wird in der Regel der Tatbestand der sog **fehlenden Beherrschung eines Motorfahrzeugs** (défaut de maîtrise d'un véhicule à moteur)[56] berücksichtigt. Es handelt sich hierbei um eine Ordnungswidrigkeit, die nur mit einer Geldbuße bestraft werden kann. Allerdings kann diese Ordnungswidrigkeit sowohl bei einem selbstverschuldeten Unfall (zB ein Pkw, das gegen einen Baum fährt ohne Involvierung eines anderen Verkehrsteilnehmers) als auch bei einem Unfall mit mehreren involvierten motorisierten oder nicht motorisierten Fahrzeugen berücksichtigt werden.

Ein ebenfalls immer häufiger berücksichtigter Straftatbestand ist die sog mise en danger 93 d'autrui,[57] dh die **vorsätzliche Gefährdung des Lebens Dritter**. Bei diesem Straftatbestand handelt es sich um ein Vergehen, das sowohl im Straßenverkehrsrecht als auch in anderen Bereichen zur Anwendung kommt. Diese zwei Straftatbestände sind zB Indizien, die natürlich im Rahmen des Zivilprozesses oder der Nebenklage im Strafprozess als Beweis für eine Involvierung bzw. Beteiligung (sog implication) gemäß dem Gesetz Badinter dienen können.

B. Objektiv festgestellte Sorgfaltspflichtverletzung

I. Allgemeines Verkehrsverhalten (Straßenverkehrsvorschriften)

Außer der bereits erläuterten Straftatbestände der „fehlenden Beherrschung" (défaut de 94 maîtrise) und der Gefährdung Dritter (mise en danger), gibt es keine Gesetze, die eine allgemeine Norm im Straßenverkehr vorsehen mit Ausnahme mancher ganz spezieller Texte wie zB die **unangemessene Geschwindigkeit** (sog vitesse inadaptée), die der Polizei oder der Gendarmerie ermöglichen, einen meist motorisierten Verkehrsteilnehmer wegen einer unpassenden Geschwindigkeit zu bestrafen, und dies selbst wenn diese nicht gemessen werden konnte oder nicht über dem erlaubten Geschwindigkeitslimit steht.

Beispiel: Pkw-Fahrer, der mit 50 km/h, also der erlaubten Geschwindigkeit, in der Stadt auf Glatteis wie im Sommer weiterfährt, anstatt hier eine besondere Sorgfalt zu beachten.[58]

1. Allgemeine Verkehrssituationen. Im Verkehrsgesetzbuch (Code de la Route) sind alle im 95 öffentlichen Verkehr zu beachtenden Normen definiert, ua die Verletzung der Verkehrssicherungspflicht wegen unangemessener Geschwindigkeit oder die vorsätzliche Gefährdung des Lebens Dritter sowie natürlich Regeln über Vorfahrt, Parken, Telefonieren am Steuer usw.

2. Unfälle auf Parkplätzen. a) Abgrenzung zum öffentlichen Verkehrsgrund. Grundsätz- 96 lich gilt, sowohl auf öffentlich zugänglichen Parkplätzen als auch auf Privatparkplätzen, die zwingende Einhaltung des französischen Verkehrsgesetzbuches (Code de la Route), jedenfalls solange der öffentliche Verkehr auf einem öffentlichen oder privaten Parkplatz nicht ausdrücklich untersagt ist.[59]

Der Begriff der sog voie ouverte à la circulation (für den Verkehr freigegebener Weg) wird 97 von dem § R 110-1 Code de la Route erwähnt, ohne jedoch detaillierter definiert zu sein. Sowohl auf privaten als auch auf öffentlichen Parkplätzen ist die Loi Badinter anwendbar.

---

56 Art. R 413-17-IV Code de la Route.
57 Art. 121-3 Code Pénal.
58 Art. R 413-17 Code de la Route.
59 Cass. 2ème Civ., 14.12.2000, Bull. Civ. 2000, 2ème partie n° 168, p. 120, n° de pourvoi 98-19312.

98 **b) Vereinbarte Geltung der StVO.** Wie oben bereits erwähnt (vgl. → Rn. 96 f.), ist das französische Verkehrsgesetzbuch auch auf privaten Parkplätzen bzw. nicht öffentlichen Parkplätzen anwendbar.

II. Fahrfehler, Fehlreaktionen

99 Die Fahrfehler bzw. Fehlreaktionen werden grundsätzlich im Rahmen der Loi Badinter in dieser Hinsicht nicht berücksichtigt, wenn eine Involvierung bewiesen ist. Jedoch gibt es im **Strafrecht** eine Reihe von Beispielen, die zeigen, dass eine Fehlreaktion bestraft werden und auch als Indiz für eine Involvierung im Sinne der Loi Badinter dienen kann.

100 Es ist bereits mehrmals auf die sog fehlende Beherrschung (défaut de maîtrise) hingewiesen worden (vgl. → Rn. 92). An dieser Stelle kann auch das Delikt der **fahrlässigen Tötung** erwähnt werden, das in Frankreich nur bei Vorliegen einer „maladresse, imprudence, inattention, négligence ou manquement à une obligation de prudence ou de sécurité imposée par la loi ou le règlement" strafrechtlich bestraft wird,[60] dh wenn die fahrlässige Tötung auf eine Ungeschicklichkeit, Fahrlässigkeit, Unaufmerksamkeit, Nachlässigkeit oder Nichtbeachtung einer gesetzlichen oder sonstigen Verkehrssicherungspflicht zurückzuführen ist. Es wird jedoch daran erinnert dass, sogar im Falle des Freispruches des Fahrers, aus dem Grunde dass er keine Ungeschicktheit, oder Fahrfehler bzw. Verkehrsgesetzbuchverletzung begangen hat, das Opfer und/oder dessen Angehörigen (sog „victimes par ricochet") trotzdem entschädigt werden können, auf Basis des Artikels 470-1 der Strafprozessordnung.

101 Kann die Staatsanwaltschaft beweisen, dass diese Ungeschicklichkeit, Fahrlässigkeit, uÄ vorsätzlich begangen wurde, werden die Strafen verschärft:[61] Höchststrafe drei Jahre Inhaftierung und 45.000 EUR Geldbuße; wenn Vorsatz bewiesen wird: Inhaftierung bis zu **fünf Jahren und 75.000 EUR Geldbuße**, und sogar bis zu **7 Jahre Freiheitsstrafe und 100.000 EUR Geldbuße** bei erschwerendem Umstand (Alkoholzustand oder Drogen am Steuer, Fahrerflucht, Fahrt ohne Führerschein oder trotz Entzugs, Geschwindigkeitsüberschreitung von mehr als 50 km/h). Wenn zwei oder mehr als zwei erschwerende Umstände im tödlichen Unfall erwiesen sind, werden die Strafen auf das Höchstmaß von **10 Jahren Freiheitsstrafe und 150.000 EUR Geldbuße** festgesetzt.[62]

C. Beweislastverteilung

I. Grundsatz

102 Grundsätzlich gilt hier die Regel des § 9 der französischen Zivilprozessordnung (CPC): „Il incombe à chaque partie de prouver, conformément à la loi, les faits nécessaires au succès de sa prétention", dh jeder Partei obliegt es, den Beweis der für die Durchsetzung ihrer Ansprüche erforderlichen Tatsachen gemäß dem Gesetz zu führen. Im Rahmen der Loi Badinter ist grundsätzlich das Opfer beweispflichtig.

103 Jede Partei trägt die Beweislast im Hinblick auf ihre eigene Haftung bzw. Beteiligung an dem Unfall. Sollte eine gegnerische Partei auf einer Haftungsteilung bestehen, trägt sie natürlich die diesbezügliche Beweislast für deren Vorliegen, und zwar sowohl auf der Grundlage des § 9 der französischen Zivilprozessordnung (CPC) als auch auf der Grundlage der Loi Badinter (Art. 3 Abs. 3 sowie Art. 4 und Art. 5).

II. Ausnahmen

104 Im Rahmen von Verkehrsunfällen gibt es grundsätzlich **keine Beweislastumkehr**. Wird ein Verkehrsteilnehmer strafrechtlich wegen Verursachung eines Unfalls bereits für schuldig erklärt, ist der Zivilrichter oder der Strafrichter im Rahmen der Nebenklage verpflichtet, diese strafrechtliche Verurteilung zu berücksichtigen (sog Prinzip der „égalité des fautes

---

60 Art. 221-6 Code Pénal.
61 Art. 221-6 Code Pénal.
62 Art. 221-6-1 Code Pénal.

pénales et civiles": Gleichstellungsprinzip des strafrechtlichen und zivilrechtlichen Fehlers). Obwohl es sich hier nicht um eine Beweislastumkehr handelt, ist es hier für das Unfallopfer natürlich ein Leichtes, die Involvierung zu beweisen, während auf dem Haftpflichtigen eine sehr schwere Beweislast im Hinblick auf die Minderung seiner zivilrechtlichen Haftung lastet.

1. Unerlaubtes Entfernen vom Unfallort. Das unerlaubte Entfernen vom Unfallort erfüllt den Straftatbestand des sog délit de fuite (**Unfallflucht**) und wird nur strafrechtlich bestraft.[63] Eine Unfallflucht stellt jedoch keinen Beweis für die Haftung für einen Unfall oder für die unbedingte Involvierung in einen Unfall dar, selbst wenn in den allermeisten Fällen natürlich ein Zusammenhang besteht.   105

2. Schuldbezeugungen nach dem Unfall. Es handelt sich im französischen Recht um keine besondere Fallgruppe. Zeugen eines Unfalls werden grundsätzlich nicht von dem Zivilrichter verhört, sondern es werden schriftliche bzw. handschriftliche Zeugenatteste erstellt.[64] Im strafrechtlichen Prozess werden Zeugen zwar verhört, jedoch in den meisten Fällen nur von der Polizei oder von der Gendarmerie, und diese Polizeiprotokolle reichen dann vor Gericht als Beweis aus, ohne dass es notwendig ist, dieselben Zeugen nochmals vorzuladen und zu verhören.   106

3. Vernichtung von Beweismitteln. Bei Vernichtung von Beweismitteln kann der Richter diese Tatsache im Einzelfall berücksichtigen, um einer Partei die Beweislast zu erleichtern. Jedoch gibt es hierfür keine generelle zivilrechtliche Regelung; diese besteht nur im Strafgesetzbuch.   107

D. Gefährdungshaftung

Grundsätzlich regelt die Loi Badinter die Gefährdungshaftung. Es verlangt ausschließlich, die Involvierung in den Unfall zu beweisen.   108

E. Quotenbildung

I. Verschuldenshaftung

Die Verschuldenshaftung greift im französischen Recht, wie bereits angesprochen, nur in bestimmten Fällen, in denen **kein motorisiertes Fahrzeug** in den Unfall involviert ist. So zB wenn ein Fahrradfahrer gegen ein parkendes Auto fährt und es beschädigt. In diesem Fall sind ausschließlich die zivilrechtlichen Generalklauseln der Haftung wegen Verschuldens anwendbar, nämlich die §§ 1382 und 1384 des Code Civil.   109

II. Gefährdungshaftung

Die Loi Badinter regelt, wie bereits erläutert (vgl. → Rn. 78), die Problematik des Schadensersatzes und stützt sich dabei auf das Prinzip der Involvierung. Die Quotenbildungsfrage wurde bereits erläutert (vgl. → Rn. 109).   110

III. Abwägung

1. Abwägungskriterien. Das Prinzip der Involvierung in den Unfall gilt für alle an dem Unfall Beteiligten. Sind mehr als ein motorisiertes Fahrzeug an dem Unfall beteiligt bzw. darin involviert, kann die Frage entweder einer **Teilinvolvierung** oder einer **Gesamtschuldnerschaft** – je nach den Umständen des Einzelfalls – diskutiert werden.   111

2. Regeln für die Quotenbildung. Die einzigen ausdrücklichen Regeln bezüglich der Quotenbildung beziehen sich auf die bereits erläuterten **Sonderfälle** der schutzbedürftigen Opfer laut § 3 der Loi Badinter (vgl. → Rn. 84). Betroffen sind: 112

---

63 Art. L 231-1 Code de la Route.
64 Art. 200 bis 203 Code de Procédure Civile.

- Opfer, die jünger als 16 Jahre oder älter als 70 Jahre sind;

- Opfer, die zum Zeitpunkt des Unfalls – unabhängig von ihrem Alter – mindestens zu 80 % für behindert oder invalid erklärt worden sind.

Diesen Opfern kann keine Teilschuld vorgeworfen werden mit Ausnahme des Falls einer absichtlichen Herbeiführung des Schadens (Fall des Selbstmordes).

F. Probleme der Gesamtschuldnerschaft

I. Grundlagen

113   Die Frage der Gesamtschuldnerschaft wird nicht ausdrücklich von der Loi Badinter geregelt, da als Grundregel ausschließlich das Prinzip der Involvierung in den Unfall gilt. Die Rechtsprechung hat sich jedoch mit den Fällen auseinandersetzen müssen, in denen es manchmal schwierig ist, genau zu bestimmen, welches Fahrzeug ausschließlich oder teilweise in die Verletzungen oder in die Tötung des Opfers involviert ist.

114   Mit einem Urteil des 2. Zivilsenats des Cour de Cassation vom 28.6.1989[65] ist entschieden worden, dass die Involvierung eines Fahrzeuges in eine **Reihe von Auffahrunfällen** ausreicht, um zu vermuten, dass dieser Aufprall im Zusammenhang mit dem von dem Opfer erlittenen Schaden steht. Eine solche Reihe von Auffahrunfällen ist, rechtlich gesehen, ein einziger Unfall.[66] Die Rechtsprechung geht jedoch davon aus, dass jeder Fahrer den Beweis erbringen darf, dass er an der Herbeiführung des Schadens selbst nicht mitgewirkt hat, dh daran nicht beteiligt ist, selbst wenn er in den Unfall involviert ist.[67]

115   In zwei anderen Entscheidungen, nämlich vom 24.6.1998 und vom 12.10.2000, hat der Cour de Cassation die Lehre von der Gesamtbetrachtung der **Massenkarambolage** festgeschrieben.[68] Der Cour de Cassation vertritt die Auffassung, dass jedes Fahrzeug in einen Unfall im Sinne der Loi Badinter involviert ist, unabhängig davon, wie diese Involvierung des einen oder anderen Fahrzeugs bei dem Zustandekommen des Unfalls geartet ist. In diesem Fall kann eine gesamtschuldnerische Verurteilung, also eine solidarische Verurteilung greifen.

116   Im Urteil vom 12.10.2000 hat der Cour de Cassation noch einmal betont, dass eine Massenkarambolage als ein einziger Unfall zu betrachten ist, so dass alle Fahrer und deren Versicherer zur Behebung des Schadens verpflichtet sind, ohne dass es notwendig ist, jedem einzelnen ein besonderes Verschulden zu beweisen.

117   Ein oder mehrere Fahrer können ebenfalls für einen **Folgeschaden** haftbar gemacht werden, zB wenn das Opfer nach dem Unfall wegen des dadurch erlittenen Schocks infolge eines Herzinfarkts verstirbt, mit Ausnahme der Fälle, in denen der Fahrer den Beweis erbringen kann, dass dieser Herzinfarkt in keinem Zusammenhang mit dem Unfall steht, so dass seine Involvierung nicht nachgewiesen werden kann.[69]

II. Haftungsverteilung im Innenverhältnis

118   Die Gerichte und die Versicherungen sind im Rahmen der gütlichen Verhandlungen berechtigt, eine Verteilung der Haftung unter den Gesamtschuldnern im Verhältnis zu dem Anteil am Verschulden jedes Beteiligten gemäß den Generalklauseln des Code Civil für die deliktische Haftung durchzuführen.

119   Im Falle einer solidarischen Verurteilung gilt jedoch gegenüber dem Opfer regelmäßig das Prinzip, dass jeder Fahrer bzw. Halter des Fahrzeuges und seine Versicherung zum **vollum-**

---

65   Pourvoi n° 88-16.149, Revue Responsabilité Civile et Assurance 1989, Commentaire n° 304.
66   Cass. 2ème Civ. 21.1.2004 n°03-13.006 Juris-Data n°2004-025349.
67   Cass. 2ème Civ., 24.10.1990, pourvoi n° 89-18.423, JurdisData n° 1990-002679.
68   Cass. 2ème Civ., 24.6.1998, pourovi n° 96-17.678, Revue Responsabilité Civile et Assurance 1998, Chronique p. 19; Cass. 2ème Civ., 12.10.2000, pourvoi n° 98-19.880, JurisData n° 2000-006224 et Revue Responsabilité Civile et Assurance 2001, Commentaire n° 16.
69   Cass. 2ème Civ., 19.2.1997, pourvoi n° 95-14.034, Revue Responsabilité Civile et Assurance 1997, Commentaire n° 163.

fänglichen **Schadensersatz** verpflichtet sind. Dem Opfer kann demzufolge auf keinen Fall – bei Vorliegen der Zahlungsunfähigkeit bei einem der Beteiligten – der Schadensersatz gemindert werden. Eine solche Zahlungsunfähigkeit gibt es ohnehin im Grunde genommen nicht, weil – selbst im Falle einer mangelnden Pkw-Pflichtversicherung – der Solidaritätsfonds der französischen Versicherungen für den Schaden einsteht (Fonds de Garantie Automobile). Bei körperlichen Schäden wird der Schaden im Prinzip unbegrenzt von den Versicherungen ersetzt.

Abschnitt 2: Anspruchsprüfung zur Schadenshöhe

§ 1 Allgemeine Grundlagen der Schadensberechnung

A. Begriff des Schadensersatzes

Im französischen Recht gilt das allgemeine Prinzip des **vollumfänglichen Schadensersatzes** (réparation intégrale du préjudice).[70] Dies umfasst sowohl die Sachschäden, die jedoch in Frankreich schlechter entschädigt werden als in der Bundesrepublik Deutschland, als auch die körperlichen Schäden, die im Vordergrund stehen und großzügiger entschädigt werden. **120**

Im Hinblick auf die Problematik der Personenschäden bzw. der körperlichen Schäden hat der Gesetzgeber im Jahre 2005 eine Arbeitsgruppe gegründet, deren Vorsitzender *Jean-Pierre Dintilhac* war. Diese Arbeitsgruppe hat einen offiziellen Bericht vorgelegt, bekannt als die sog **Nomenklatur Dintilhac**,[71] die nun von allen Gerichten und Versicherungsgesellschaften als Grundlage für den Schadensersatz bei Personenschäden dient, auch bei körperlichen Schäden die nicht im Zusammenhang mit der Loi Badinter stehen, wie zB allgemeine vorsätzliche Verletzungen, medizinische Haftung bei Operationsfolgeschäden, usw. **121**

Bis 2005 galt die Abgrenzung zwischen den körperlichen Schäden, die dem Regress der Krankenkassen unterworfen waren und den anderen körperlichen Schäden, die man „persönliche Schäden" benannt hat. Mit dem Dintilhac-Bericht wird nun zwischen den **Vermögensschäden** (préjudices patrimoniaux) und den **Nichtvermögensschäden** (préjudices extrapatrimoniaux) unterschieden. Bei den Vermögensschäden wird weiter unterschieden zwischen den Schäden bis zur offiziellen **Stabilisierung des Gesundheitszustandes** (sog consolidation), die von einem Arzt festgestellt werden muss, (entweder ein Sachverständiger einer Versicherung oder ein gerichtlich bestellter Sachverständiger) und danach. Mit dem Begriff der consolidation ist der Zeitpunkt gemeint, zu dem festgestellt wird, dass der Zustand des Opfers aller Wahrscheinlichkeit nach sich nicht mehr ändern, dh weder verbessern noch verschlechtern wird. **122**

Vor Eintritt dieser sog Konsolidierung bzw. Stabilisierung werden **Vermögensschäden** wie folgt ersetzt: **123**

---

70   Neuigkeiten zu diesem Thema : « Vous avez dit réparation intégrale? » : Etude par Jean PICHENOT Revue Resp. Civ. et Assurances Juin 2015, Seite 6.
71   Rapport du groupe de travail chargé d'élaborer une nomenclature des préjudices corporels – Groupe de travail dirigé par M. Jean-Pierre Dintilhac, Président de la 2ème Chambre Civile de la Cour de Cassation, Ed. La Documentation Française. Diese Dintilhac-Nomenklatur kann unter http://social-sante.gouv.fr/IMG/pdf/Rapport_groupe_de_travail_nomenclature_des_prejudices_corporels_de_Jean-Pierre_Dintilhac.pdf heruntergeladen werden.

- die aktuellen **Behandlungskosten**, die nicht von einer gesetzlichen Kasse oder Zusatzkasse übernommen werden,

- **allgemeine Kosten**, zB Putzfrau, Kinderbetreuung, Ersatzpersonal für einen Geschäftsmann oder Selbstständigen usw,

- aber auch die aktuellen **Einkommensverluste**, denn in Frankreich gibt es keine Lohnfortzahlung durch den Arbeitgeber, sondern nur Tagesgelder der gesetzlichen bzw. Zusatzkrankenkassen, die jedoch nicht den realen Lohn decken.

124   **Nach Eintritt** der Konsolidierung werden die **künftigen Behandlungskosten** berücksichtigt, darunter auch Prothesen, sowie der Umbau eines Fahrzeuges für Behinderte oder die Anpassung einer Wohnung an die Ansprüche eines Behinderten, die Notwendigkeit der Beschäftigung einer Teil- oder Ganztagsaushilfe, die Karriere- bzw. die Studienbeeinträchtigung.

125   Bei den **Nichtvermögensschäden** wird ebenfalls nach dem Zeitpunkt vor und nach Eintritt der Konsolidierung unterschieden. Vor Eintritt der Konsolidierung wird die **vollkommene Arbeitsunfähigkeit** (sog *déficit fonctionnel temporaire total, also zu 100 %*) entschädigt (aber nicht als Einkommensverlust, sondern als Beeinträchtigung im alltäglichen Leben), sowie die **Teilarbeitsunfähigkeit**, die in 4 Klassen unterteilt wird (4. Klasse entspricht 75% Teilbehinderung, 3. Klasse 50%, 2. Klasse 25% und 1. Klasse 12,5%), die **erlittenen Schmerzen** (sog souffrances endurées), die auf einer Skala von 1 (leicht) bis 7 (extrem schwerer Schmerz) gegliedert sind, sowie der vorläufige **Schaden an der Schönheit** (zB der Schaden, der dadurch entstehen kann, dass der Blick, mit dem die Öffentlichkeit einer vorläufigen Behinderung oder Beeinträchtigung begegnet, für den Betroffenen unerträglich ist).

126   Nach Eintritt der Konsolidierung bzw. Stabilisierung des Gesundheitszustandes wird die **endgültig eingetretene Behinderung** entschädigt (déficit fonctionnel permanent), die in Prozentsätzen von 1% bis 100% ausgedrückt wird, der Schaden im Hinblick auf eine **Sport- und Freizeitbetätigung** (dh die Unmöglichkeit, nach dem Unfall einem beliebten Sport oder einer wichtigen Freizeitbeschäftigung nachzugehen), der endgültig eingetretene Schaden in der äußeren Erscheinung (Narben, sichtbare Verletzungen, usw.), sowie der **sexuelle Schaden** (Unmöglichkeit oder Schwierigkeit, in Zukunft Geschlechtsverkehr zu haben) sowie der sog préjudice d'établissement, den man als „Niederlassungs"schaden übersetzen könnte (es handelt sich um die Unmöglichkeit oder den Verlust jeglicher Hoffnung, in der Zukunft durch den erlittenen Schaden bzw. die bestehende Behinderung) ein normales Familienleben führen zu können.

127   Die **Familienmitglieder**, die nicht direkt Opfer waren, aber indirekt beeinträchtigt wurden, hauptsächlich psychisch, werden ebenfalls entschädigt, sei es im Falle von schweren Verletzungen oder natürlich bei fahrlässiger Tötung.

B. Schadensminderungspflicht

128   Der Begriff der Schadensminderungspflicht ist hauptsächlich im amerikanischen, deutschen, schweizerischen und belgischen Recht geläufig. Dem französischen **Code Civil** ist dieser Begriff hingegen **unbekannt** und wird von der Rechtsprechung ebenfalls weitgehend ignoriert. Zum ersten Mal wurde dieser Begriff im französischen Recht durch das Wiener Übereinkommen über den internationalen Warenkauf vom 11.4.1980 eingeführt. Bis jetzt galt immer das Prinzip des vollumfänglichen Schadensersatzes, der dem Opfer eines Verkehrsunfalles zu leisten war, wobei der Schaden zu dem am Tag des Urteils geltenden Wert bewertet werden musste. Die Frage einer Minderungspflicht des Schadens seitens des Opfers hat sich im Rahmen des Unfallgesetzes niemals gestellt. Die Rechtsprechung hat hier nur einige Beispiele anerkannt, aber im vertraglichen Rahmen bzw. im Rahmen der vertraglichen Haftung.[72]

---

72   CA Douai, 15.3.2001, Dalloz 2002, S. 307.

Nur in ganz besonderen Ausnahmefällen kann dem Opfer ggf. eine Minderungspflicht im 129 Hinblick auf den ihm zustehenden Schadensersatz – allerdings nur bei **Sachschäden** – auferlegt werden. Dies ist zum Beispiel der Fall, wenn das Opfer den Sachschaden bereits selbst repariert oder behoben hat (**Eigenreparatur**). In diesem Fall wird die Bewertung des Schadens nicht zum Zeitpunkt der Urteilsverkündung, sondern anhand der beglichenen Rechnungen vorgenommen.[73]

Ansonsten gilt – insbesondere im Hinblick auf **körperliche Schäden** – der absolute Scha- 130 densersatzanspruch. Sollte einem Unfallopfer eine Schadensminderungspflicht aufgedrängt werden, zB indem es zur Durchführung eines bestimmten chirurgischen Eingriffs verpflichtet wird, würde dies eine unzumutbare Einschränkung seiner Freiheit und seiner körperlichen Unversehrtheit darstellen.[74]

C. Schadensnachweis und Schätzungsmöglichkeit

Es ist zunächst zu betonen, dass die französische **Polizei** bei einem reinen **Sachschadenun-** 131 **fall** den **Unfall prinzipiell nicht aufnimmt**, sondern die Parteien das europäische Formular des **Unfallberichts** benutzen müssen (constat amiable d'accident automobile). Der europäische Unfallbericht hat vor einem französischen Gericht einen hohen Beweiswert, selbst wenn darin keine genaue Bewertungen zum Schaden angegeben werden, da es sich um eine gegenseitige Feststellung des Unfalls handelt. Die offensichtlichen Schäden müssen jedoch angekreuzt und wenn möglich kurz beschrieben werden (zB Kotflügel rechts beschädigt, Stoßstange gebrochen, Aufprall auf linker Nebenseite usw.). Sehr wichtig auch ist die Skizze des Unfalls, die so genau wie möglich gezeichnet werden sollte, mit Pfeilen bezüglich der Fahrtrichtungen der gezeichneten Fahrzeuge.

Bei **Personenschäden nimmt die Polizei den Unfall auf.** Eine Ablichtung des **Protokolls** 132 kann einem Anwalt nur über die Staatsanwaltschaft übermittelt werden. Die französischen Versicherungen dagegen haben die Möglichkeit etwas schneller den Hauptinhalt, den sog „harten Kern" (noyau dur), dh einen Teil des polizeilichen Protokolls über die von ihnen auf eigene Kosten eingerichtete Zentralstelle mit der Bezeichnung TRANS-PV, zu erhalten. Auf Anfrage des Opfers muss eine Kopie dieses Polizeiprotokolls zur Verfügung gestellt werden.

Die **Fristen** für einen Anwalt, der bei der Staatsanwaltschaft die Kopie des Polizeiproto- 133 kolls oder Gendarmerieprotokolls einfordert, sind leider **sehr lang** und können von drei Monaten bis zu einem Jahr oder gar länger in Anspruch nehmen. Obwohl dazu keine Verpflichtung besteht, geben Polizei und Gendarmerie meist auch **per Telefon Auskunft** über die Identität der am Unfall beteiligten Parteien. Es gibt in Frankreich kein leicht zugängliches Zentralregister, in dem alle zugelassenen Fahrzeuge und die jeweiligen Haftpflichtversicherer geführt werden, und die Anwälte haben auch keinen Zugang über das Zulassungsregister bei den Präfekturen (sog système des cartes grises). Der Zugang zu diesem Register ist den Versicherungen vorbehalten. Ein schriftlicher Antrag, um die Versicherungsgesellschaft und Nummer eines Fahrzeuges zu erfahren (anhand des Kennzeichens), kann jedoch auch inländisch bei dem 4. Richtlinie-Zentralbüro gestellt werden, dem sog « AGIRA ».

Die **Haftpflichtversicherung** wird in Frankreich anhand des Unfallberichts oder aber über 134 die **Vignette an der Windschutzscheibe** identifiziert. Jedes Fahrzeug hat eine kleine grüne Vignette an der Windschutzscheibe anzubringen, auf dem der Name und die Versicherungsnummer der Haftpflichtversicherung stehen müssen. Für **Ausländer** gibt es die Möglichkeit, den Halter eines Fahrzeuges über das Büro der grünen Karten (**Bureau Central Français**) zu ermitteln. Die Anlaufstelle ist das Organisme d'Information Section AGIRA (Association pour la Gestion des Informations sur le Risque en Assurance- section auto-

---

73 Cass. Civ., 16.2.1948, Sirey 1949, S. 169.
74 Séminaire „Risques Assurances Responsabilités: Les limites de la réparation" – Groupe de travail „Le temps dans la réparation du préjudice" – Minimisation du dommage et temporalité – Contribution de M. Patrick Matet, Conseiller à la Cour d'Appel de Paris, Site Internet de la Cour de Cassation.

mobile), 1, rue Jules Lefebvre, 75431 PARIS Cedex 09 – Tel 00 33 1 53 21 50 25 – Fax 00 33 1 53 21 50 35 – E-Mail: agira@agira.asso.fr; website: www.agira.asso.fr.

135 Gibt der Halter keine Auskunft über seine Versicherung, muss er direkt verklagt werden.

136 Ansonsten sind im Rahmen der Unfallentschädigung **alle Beweise zulässig,** ob schriftliche Zeugenaussagen, Fotos, Gutachten, Kostenvoranschläge oder Rechnungen. Auf das französische Versicherungsentschädigungsprotokoll wird im Abschnitt 3 (→ Rn. 274 ff.) näher eingegangen.

137 Kommt es jedoch nach einem Sach- oder körperlichen Schaden zu keiner gütlichen Einigung mit der Versicherung, kann im Rahmen eines Beweissicherungsverfahrens im **einstweiligen Rechtsschutz** (sog Procédure de référé expertise) von dem Vorsitzenden des Landgerichtes die Frage der Bestellung eines Sachverständigen oder eines Gerichtsmediziners als Sachverständiger sowie die Frage eines eventuellen Kostenvorschusses entschieden werden. Der Kostenvorschuss wird später von dem Gesamtschaden abgezogen bzw. im Rahmen des Grundverfahrens geregelt.

138 Die Bestellung eines **Sachverständigen** kann auch dann erfolgen, wenn die Haftung für den Unfall oder die Involvierung darin bestritten werden. Dies erfolgt auf der Grundlage des § 145 der französischen Zivilprozessordnung (CPC) (sog Procédure de référé probatoire). Die Sachverständigenkosten sind in diesem Fall von dem Antragsteller im Voraus zu übernehmen und werden dann im Rahmen des Hauptverfahrens dem Haftpflichtigen angelastet. Nur bei diesem Verfahren muss bewiesen werden, dass zwischen den beteiligten Prozessparteien tatsächlich ein Unfall stattgefunden hat und dass ggf. eine Haftung bzw. Involvierung im Sinne der Loi Badinter in Frage kommt. Die Vorlage eines Unfallberichtes, selbst eines einseitigen Unfallberichtes, oder die Vorlage von Zeugenaussagen kann ausreichen.

139 Im Falle der Bestellung eines **Gerichtsmediziners** per selbstständigen Beweissicherungsbeschluss wird von dem Sachverständigen regelmäßig verlangt, bei der Bewertung des Schadens nach der sog Nomenklatur Dintilhac vorzugehen.

140 Die **Höhe eines Vorschusses** muss nicht durch Belege nachgewiesen werden, sondern muss nur anhand der bekannten Beweisanhaltspunkte bezüglich der Höhe des Schadens und der mehr oder weniger schlimmen Verletzungen des Opfers wahrscheinlich erscheinen.

D. Steuerrechtliche Behandlung von Schadensersatzleistungen

I. Einkommensteuer

141 Grundsätzlich gilt in Frankreich das steuerrechtliche Prinzip der **Steuerfreiheit für alle Schadensersatzleistungen,** die entweder im gütlichen Einigungsprotokoll mit der Versicherung oder gerichtlich gewährt werden. Ein Schadensersatz wird nämlich in Frankreich nicht als Einkommen betrachtet, sondern als eine Wiederherstellung des ursprünglichen Zustands des Unfallopfers. Das Unfallopfer soll in einem solchen Fall durch das Aufkommen eines unvorhersehbaren Ereignisses, bei dem es kein Verschulden trifft, nicht steuerrechtlich benachteiligt werden.

142 Dieses Prinzip der Steuerfreiheit gilt sowohl für **Pauschalentschädigungen** als auch für Unfallrenten, die von einer Versicherung monatlich oder jährlich ausgezahlt werden. Die Steuerfreiheit gilt auch für die normalen **Sozialbeiträge** (sog contribution sociale généralisée, contribution de remboursement à la dette sociale et prélèvement social). Wird einem behinderten und die unentbehrliche Hilfe einer Hilfsperson (sog tierce personne) benötigenden Unfallopfer ein hoher Schadensersatz entweder im Rahmen des Versicherungsprotokolls oder gerichtlich gewährt und übersteigt das gesamte Vermögen des Opfers mit dieser Summe den Betrag in Höhe von 1,3 Millionen EUR, löst dies ebenfalls **keine Vermögenssteuer** (impôt de solidarité sur la fortune" ISF) aus, obwohl diese normalerweise ab diesem Betrag zu zahlen wäre. Jedoch gilt dieses Prinzip nur soweit der geleistete Scha-

densersatz nicht angelegt wird, zB in Fonds oder Immobilien. In diesem Fall müssen diese Investitionen dem Finanzamt offengelegt werden.[75]

Eine Steuervereinbarung oder Steuergarantie gibt es in diesem Sinne in Frankreich nicht. 143 Jedoch sind die von einer Sozialversicherungskasse als Ersatz für die verlorenen Arbeitstage geleisteten **Tagesgelder** der **Einkommensteuer** unterworfen.

II. Mehrwertsteuerproblematik

1. Konkrete Schadenspositionen. a) Materiellrechtliche Bedeutung der Mehrwertsteu- 144 er. Im Falle eines vorsteuerabzugsberechtigten Geschädigten kann die Mehrwertsteuer – wie in Deutschland – nicht als Schaden geltend gemacht werden. Die Mehrwertsteuer ist nämlich in diesem Fall im Rahmen der Umsatzsteuererklärung von dem Staat zurückzufordern.

aa) Klärung der Vorsteuerberechtigung. Das Bestehen der Vorsteuerabzugsberechtigung 145 kann anhand der Internetseite der europäischen Kommission geprüft werden (sog VIES).[76]

bb) Teilweise Vorsteuerabzug. Im französischen Steuerrecht gilt das Alles-oder-nichts- 146 Prinzip: Entweder ist man der Umsatzsteuer unterworfen oder man ist keiner Umsatzsteuer unterworfen. Es gibt keine Teilvorsteuerabzugsberechtigung.

b) Beweislast. Die Beweislast der Vorsteuerabzugsberechtigung trägt der Geschädigte. Es 147 muss betont werden, dass gemäß dem EU-Mehrwertsteuerprinzip (EU-Mehrwertsteuer-Identifizierungsnummer) ausländische Geschädigte, die vorsteuerabzugsberechtigt sind, nur eine Entschädigung ohne Mehrwertsteuer erhalten.

2. Fiktive Schadensabrechnung. Ist der Geschädigte vorsteuerabzugsberechtigt bzw. in sei- 148 nem eigenen Land mehrwertsteuerpflichtig, wird der Schaden grundsätzlich ohne Mehrwertsteuer ersetzt, auch bei einer fiktiven Abrechnung, dh einer Schadensabrechnung anhand eines Sachverständigengutachtens, obwohl die Reparaturen noch nicht durchgeführt sind.

§ 2 Sachschäden

---

75 Art. 885K Code Général des Impôts (Steuergesetzbuch).
76 www.ec.europa.eu/taxation_customs/vies.

A. Unmittelbare Sachschäden

149 Es handelt sich hierbei um die direkten Unfallfolgen im Hinblick auf das Hab und Gut des Unfallopfers, zB Fahrzeug, Kleidung uÄ.

I. Fahrzeugschaden (Reparaturkosten)

150 **1. Schadensnachweis. a) Schadensgutachten.** Bei Vorliegen von **größeren Fahrzeugschäden** (in der Praxis über 1.000 EUR) sollte ein **Gutachten** entweder im gemeinsamen Einvernehmen durch einen Versicherungssachverständigen der eigenen Versicherung (im Falle einer sogenannten Vollkaskoversicherung) oder durch einen Sachverständigen der gegnerischen Versicherung erstellt werden. Es kann ggf. auch ein gerichtliches Gutachten entweder im Rahmen eines selbstständigen Beweissicherungsverfahrens oder eines Hauptverfahrens gefordert werden.

151 Grundsätzlich wird in Frankreich ein Sachverständiger versuchen, immer eine **Reparatur zum bestmöglichen Preis** durchführen zu lassen, (zB Ausbeulung mit Spachtelung bei Beulen), während in Deutschland meistens das ganze Teil ersetzt wird. Von dem Gutachter wird nur verlangt, ein Gutachten zu erstellen, das die Wiederherstellung des Fahrzeugs in den vorigen Zustand sowohl im Hinblick auf die Sicherheit als auch auf das äußere Erscheinungsbild ermöglicht.

152 **b) Kostenvoranschlag.** Für kleinere Reparaturmaßnahmen können Kostenvoranschläge von einer Reparaturwerkstatt erstellt werden. Jedoch kann ein solcher Kostenvoranschlag von der Gegenpartei entweder im Hinblick auf den Reparaturumfang oder den Preis der zu ersetzenden Teile, oder im Hinblick auf den Arbeitsaufwand, bestritten werden.

Somit kann es vorkommen, dass sogar bei kleineren Schäden trotzdem ein gerichtliches Gutachten notwendig wird.

153 **c) Gerichtlich bestelltes Sachverständigengutachten.** Ein Sachverständiger kann vom Gericht entweder im Rahmen des selbstständigen **Beweissicherungsverfahrens** oder des **Hauptverfahrens** bestellt werden. Die **Sachverständigenkosten** werden in der Regel immer von dem Antragsteller vorgestreckt. Sie können später von dem Haftungspflichtigen zurückverlangt werden, bzw. das Gericht regelt diese Frage im Rahmen der Kostenteilung (sog „dépens"). Grundsätzlich bestehen kaum Unterschiede zwischen einem gerichtlich bestellten und einem im gemeinsamen Einvernehmen der Parteien bestellten Sachverständigengutachten. Dies erklärt sich dadurch, dass die Sachverständigen in der Praxis sowohl außergerichtlich als auch auf Anordnung des Gerichts tätig sind, soweit es sich um zugelassene Sachverständige handelt. Es sollte verständlicherweise vermieden werden, dass ein Gutachter bestellt wird, von dem bekannt ist, dass er üblicherweise im Dienste einer Versicherungsgesellschaft arbeitet, wobei das Verfahren ausgerechnet gegen diese Versicherungsgesellschaft angestrebt wird.

154 **2. Totalschadensabrechnung bei Kettenauffahrunfällen.** Für die Regulierung des Schadens in einem Kettenauffahrunfall gibt es keine besondere Schadensersatzregelung.

155 **3. Totalschadensabrechnung und Restwertproblematik.** Wird ein Totalschaden des Fahrzeuges festgestellt, dh dass das Fahrzeug vom wirtschaftlichen Standpunkt nicht reparaturfähig ist und somit einen wirtschaftlichen Totalschaden erlitten hat (économiquement irréparable), wird nicht der Zeitwert, sondern der **Wert eines ähnlichen Ersatzfahrzeuges** berücksichtigt.[77] In der Regel kann ein Totalschaden nur durch einen Sachverständigen und nicht durch eine Werkstatt anhand eines Kostenvoranschlages festgestellt werden. Der **Restwert** des Fahrzeugs mit einem Totalschaden, dh der Wert des Fahrzeugwracks (sog valeur de l'épave) wird von dem Schadensersatz abgezogen. Dem Opfer wird meist vorgeschlagen, das Totalschadenfahrzeug an eine professionelle **Recyclingwerkstatt** zu dem im Versicherungsgutachten geschätzten Preis zu verkaufen. Eine Liste solcher Werkstätten wird meistens ausgehändigt.

Im Falle einer **Vollkaskoversicherung** kümmert sich die eigene Versicherung voll und ganz   **156** um die Entsorgung des Totalschadenfahrzeuges, dessen Wert von dem Schadensersatz nicht abgezogen wird. Selbstverständlich muss der Sachverständige in seinem Bericht den Wert des Fahrzeugs zum Zeitpunkt vor dem Unfall feststellen. Es handelt sich hierbei um die sog valeur résiduelle à dire d'expert (abgekürzt: VRADE).

4. Reparaturkostenabrechnung. a) Abrechnung tatsächlich angefallener Reparaturkos-   **157** **ten.** Das Unfallopfer hat in Frankreich immer die Wahl, sein Fahrzeug entweder reparieren zu lassen oder sich ein gleichwertiges Auto zu kaufen, oder auch mit dem beschädigten Fahrzeug weiterzufahren, wenn die „carte grise" (Fahrzeugschein) von der Präfektur aus Sicherheitsgründen nicht entzogen wird.

Werden die Reparaturen tatsächlich durchgeführt, muss die Werkstatt sich unbedingt an   **158** den Kostenvoranschlag bzw. an das Sachverständigengutachten halten. Jegliche **Preisüberschreitung** muss technisch, zB anhand von verborgenen Schäden, die nur bei Abmontieren festgestellt werden können, gerechtfertigt werden. Nach Durchführung der Reparaturen gibt es in Frankreich **keine Wertminderungsentschädigung**, denn es wird davon ausgegangen dass ein sachgemäß repariertes Fahrzeug keine Minderung leidet.

b) Abrechnung fiktiver Reparaturkosten. Wie bereits erläutert (vgl. → Rn. 67), wird ge-   **159** mäß dem Prinzip des vollumfänglichen Schadensersatzes jeder Schaden ersetzt, ohne Zwang für das Opfer, die Reparaturen tatsächlich durchführen lassen zu müssen. Die **Rechnungsvorlage**, der **Ersatzteilrabatt**, die **Verbringungskosten**, die **UPE-Zuschläge** und die **AW-Sätze** bilden in Frankreich keine besondere Fallgruppe und werden gemeinsam besprochen.

c) Vorschadenproblematik. Im Falle eines Vorschadens wird eine komplette Reparatur   **160** durchgeführt, jedoch unter **Abzug** des eventuellen Vorschadens, für den der Verursacher des Unfalls oder dessen Versicherung natürlich nicht zu haften braucht. Solche Vorschäden werden in der Regel in dem Gutachten berücksichtigt. Kann der Unfallschaden repariert werden, ohne den Vorschaden zu beheben, wird der Vorschaden beibehalten, bzw. nur auf Anweisung und Kosten des Eigentümers repariert.

5. Fahrzeugschaden (Abrechnung auf Neuwagenbasis). Es gibt in Frankreich keine beson-   **161** dere Neuwagenregelung. Ein Fahrzeugschaden im Falle eines Totalschadens zB wird folglich immer auf Basis eines **vergleichbaren Ersatzfahrzeugs** (sog véhicule de remplacement) entschädigt. Sobald ein Neufahrzeug aus der Händlergarage herausfährt, wird es nicht mehr als ein Neuwagen angesehen. Viele Vollkaskoversicherungen bieten jedoch eine sog Neuwagengarantie, die während einer Frist von sechs Monaten bis zu einem Jahr nach Ankauf gilt. Dies sind aber nur vertragliche und keine gesetzliche Pflichten bzw. Garantien.

II. Wertminderung

1. Technischer Minderwert. Eine technische Wertminderung gibt es in Frankreich nicht.   **162** Sobald ein Fahrzeug sachgemäß repariert wurde, wird dies als eine Wiedereinsetzung in den vorigen Zustand angesehen.

2. Merkantiler Minderwert. Der merkantile Minderwert spielt nur beim Weiterverkauf ei-   **163** nes durch einen Unfall beschädigten und reparierten Gebrauchtwagens eine Rolle. Der

---

77 Cass. 2e Civ., 12.2.1975.

Code Civil sieht hier eine Informationspflicht, sog „devoir de loyauté" (Ehrlichkeitspflicht) über den Unfallschaden vor, die bei Nichtbeachtung ggf. zu einer Nichtigkeit des Vertrages wegen arglistiger Täuschung führen kann, da manche Käufer nur unfallfreie Autos anschaffen möchten und diese Information daher einen kaufentscheidenden Punkt darstellen kann.[78]

164   **a) Mathematische Berechnungsmethoden.** Dieser Punkt ist irrelevant, soweit in Frankreich, wie bereits erläutert (vgl. → Rn. 158), der merkantile Minderwert von dem Verursacher des Unfalles bzw. dessen Versicherung nicht ersetzt wird.

165   **b) Schätzungsmöglichkeiten.** Diese sind aus den gleichen Gründen irrelevant.

166   **c) Sonderproblem: Fahrzeugalter.** Dieses Problem ist im französischen Recht aus dem gleichen Grund ebenfalls irrelevant.

III. Abschleppkosten

167   Abschleppkosten sind in Frankreich **erstattungsfähig**, vorausgesetzt, dass sie angemessen sind, was von den konkreten Umständen des Einzelfalles abhängt (zB ein Fahrzeug muss immer zur nächstgelegenen zuständigen Werkstatt abgeschleppt werden, um dort repariert zu werden und nicht unbedingt an die Werkstatt des Wohnsitzes des Opfers, denn dies verursacht unnötige Kosten).

Die meistens Pflicht-Kfz.-Versicherungen beinhalten jedoch einen Kostendeckungsschutz bezüglich der Abschleppkosten, vergleichbar mit den in Deutschland üblichen Automobilclub-Leistungen oder der Pannenhilfe.

IV. Kosten für Gutachten und Kostenvoranschläge

168   **1. Mängel des Gutachtens.** Die Kosten der Schadensermittlung werden erstattet. Wenn ein Gutachten als mangelhaft betrachtet wird, wird dies meistens der **Versicherung der Gegenseite** zur Last gelegt, die bereits einen eigenen Versicherungssachverständigen beauftragt hat, der seine Arbeit nicht korrekt durchgeführt hat. In diesem Fall muss die Versicherung der Gegenseite dann für die zusätzlichen Gutachterkosten haften. Wenn es sich um ein gerichtlich angeordnetes Gutachten handelt, hängt die Bewertung der Qualität der Arbeit des Sachverständigen allein von dem Richter ab.

169   **2. Verneinung der Überprüfungspflicht.** Wird ein gerichtlicher Gutachter zwecks der Bewertung des Schadensumfanges eingeschaltet und erfüllt er die Voraussetzungen entweder gemäß § 145 der Zivilprozessordnung (CPC) oder gemäß §§ 808 und 809 der ZPO (CPC), sind die Kosten im Rahmen des Hauptverfahrens erstattungsfähig.

170   **3. Bagatellschadensgrenze.** Es gibt **keine gesetzlich festgelegte Grenze** bezüglich der Bestellung eines Sachverständigen, ob diese Bestellung nun im gemeinsamen Einvernehmen oder im Rahmen einer gerichtlichen Beauftragung erfolgt. Jedoch muss der Schaden im Durchschnitt mindestens ca. 1.000 EUR betragen, damit es sich wirklich lohnt, einen Sachverständigen einzuschalten. Ansonsten sind nämlich die Kosten des Gutachtens höher als der Streitwert.

171   **4. Höhe der Gutachterkosten. a) Bewertungsgrundlage.** Es gibt in Frankreich keine Honorartabelle der Versicherungssachverständigen oder der gerichtlichen Sachverständigen, aber die meisten Versicherungsgesellschaften verwenden jedoch einen **vereinbarten Tarif**, der das Erstattungslimit darstellt. Was den gerichtlich bestellten Sachverständigen betrifft, wird sein Honorar ausschließlich von dem Richter auf Antrag des Sachverständigen bzw. gegen Vorlage der Nachweise für seine Tätigkeit (Komplexität der Tätigkeit, Zeitaufwand, eventuelle Auslagen wie zB Anmietung eines Werkstattplatzes oder einer Hebebühne usw.) festgesetzt.

172   Die endgültige Last der von einer Prozesspartei vorgestreckten und erstattungsfähigen Kosten wird in den sog „**dépens**" (Gerichtsgebühr, Kosten des gerichtlich bestellten Sach-

---

78 Art. 1116 Code Civil.

verständigen, Zustellungskosten der Klage durch den Gerichtsvollzieher) integriert. Es hängt allein von dem Richter ab, zu bestimmen, von welcher Partei diese sog dépens zuletzt getragen werden müssen.

Im Falle eines vollumfänglichen **Obsiegens** kann der Richter die sog dépens nur der unterliegenden Partei auferlegen. Erkennt das Gericht jedoch auf ein **Teilverschulden**, können diese Kosten, dh auch die Sachverständigenkosten, auf die verschiedenen Parteien aufgeteilt werden. Vertritt der Richter jedoch die Meinung, dass ein gerichtliches **Sachverständigengutachten nicht notwendig** ist, weil das gütliche Sachverständigengutachten zum gleichen Ergebnis geführt hat, zB im Hinblick auf die Bewertung des Schadens, kann er sehr wohl entscheiden, dass ein Teil oder die gesamten Sachverständigenkosten dem Antragsteller angelastet werden.[79]   173

b) Fehlende Überprüfungspflicht. Es kann von einer Partei nicht verlangt werden für die eventuellen Mängel des Sachverständigengutachtens zu haften, da der Sachverständige normalerweise unabhängig und unparteiisch zu sein hat. Wenn ein weiteres Gutachten erforderlich wird und im kausalen Zusammenhang mit dem Ereignis steht, können die Kosten dafür der haftenden Partei bzw. deren Versicherung zugeordnet werden.   174

5. Kosten für Kostenvoranschläge. Es gelten hier die Ausführungen unter → Rn. 168 bis 174.   175

V. Nebenkosten bei Ersatzfahrzeugen

1. Ab-, An-, Ummeldekosten. Zulassungsgebühren werden im Allgemeinen nicht ersetzt mit Ausnahme der Kosten für die Zulassung eines Ersatzfahrzeuges, ob es sich nun um einen Neu- oder ein Gebrauchtwagen handelt.   176

2. Umbaukosten. Umbaukosten sind in Frankreich keine besondere Fallgruppe. Die Umbaukosten sind dann erstattungsfähig, wenn deren Höhe vor Gericht oder im gütlichen Wege bewiesen wird (zB Umbaukosten für ein Behindertenfahrzeug). Auch hier gilt jedoch in der Regel ein Altersabschlag.   177

VI. Nutzungsausfallschäden

Der Nutzungsausfall wird in Frankreich nur sehr dürftig entschädigt. Grundsätzlich gilt – jedenfalls bei Privatpersonen – **keine Pflicht**, ein Ersatzfahrzeug zur Verfügung zu stellen oder zu finanzieren. In manchen Fällen kann ein Ersatzfahrzeug übernommen werden, aber während einer sehr kurzen Dauer, die der sog durée technique des réparations (technisch bedingte Dauer der Reparaturen in der Werkstatt) entspricht, die nicht mit der tatsächlichen Reparaturfrist verwechselt werden sollte (zB: fehlt ein Ersatzteil und die Werkstatt muss es bestellen und darauf 1 Woche warten, kann diese verlorene Zeit nicht im Rahmen der technischen Reparaturfrist berücksichtigt werden, auch wenn der Geschädigte während dieser Woche für die Kosten eines Mietwagens aufkommen muss).   178

1. Mietwagenkosten. a) Privat- oder Werkstattwagen. Mietwagenkosten werden bei Privatpersonen grundsätzlich nur dann übernommen, wenn bewiesen wird, dass ein Mietwagen zu beruflichen Zwecken oder aus dringenden Gründen familiärer Art **unbedingt notwendig** ist, zB Nutzfahrzeuge oder Berufsfahrzeuge die in einem Firmeneigentum stehen. Als nicht unbedingt notwendig gilt demzufolge ein Fahrzeug, das nur zum Pendeln zwischen Wohnsitz und Arbeitsplatz dient, während es andere Transportmöglichkeiten gibt, insbesondere öffentliche Verkehrsmittel (Bus, Straßenbahn, Zug uÄ).   179

Für den Nutzungsausfall wird nur die **vorgesehene Reparaturdauer** berücksichtigt, die von dem Sachverständigen festgesetzt wurde, auch wenn das Fahrzeug länger stillgestanden hat, weil zB Ersatzteile bestellt werden mussten, die nicht sofort verfügbar waren. Da ein **Abschlag** von 30 bis 40 % von der Rechnung wegen der Einsparung von Eigenkosten üblich ist, bedeutet die Anmietung eines Ersatzfahrzeuges meistens ein Verlustgeschäft. Miet-   180

---

[79] Art. 695 und 696 Code de Procédure Civile.

wagenkosten werden gegen Vorlage einer Rechnung ersetzt. Rechnungen von Privatpersonen werden in der Regel nicht anerkannt.

181 Grundsätzlich wird nur der sog **Nutzungsausfall** (perte de jouissance) erstattet. Der hierfür übliche Tagessatz liegt bei ca. 10 bis 20 EUR und kann manchmal, bei teuren deutschen Fahrzeugen, bis zu 30 EUR erreichen. Diese Tagessätze ergeben sich aus einem Übereinkommen der Versicherungen untereinander (sog convention ICA :"Indemnisation pour compte d'autrui") und werden deshalb von den Gerichten nicht immer anerkannt und angewandt. Bei Totalschäden geht man von einer Höchstdauer von zehn Tagen für eine Ersatzbeschaffung aus.

182 b) **Fahrbedarf.** Der Fahrbedarf wird wie unter → Rn. 179 ff. erläutert bewertet. Grundsätzlich werden Ersatzfahrzeuge nur dann als unbedingt erforderlich anerkannt, wenn es sich um **gewerbliche Fahrzeuge** handelt, zB Lkw oder Nutzfahrzeuge, wie zB Taxi, die als Arbeitsmittel dienen. Hier kann dann ein Ersatzfahrzeug in jedem Fall verlangt oder gegen Vorlage einer Rechnung (zuzüglich der weiteren etwaigen Forderung wegen wirtschaftlichen Schadens bzw. Umsatzverlustes) in Rechnung gestellt werden.

183 c) **Nutzungswille und -möglichkeit.** Der Nutzungswille bzw. die Nutzungsmöglichkeit werden in Frankreich nicht besonders geprüft, es sei denn im Hinblick auf die bereits unter → Rn. 171 ff. und 182 erläuterten Kriterien.

184 d) **Grundsatzproblematik.** Die Problematik der Grundlage der **Erstattungsfähigkeit, Marktforschung, Unfallersatztarif, Zeitaufwand, Schadensminderungspflicht** und **Pauschale für Abgeltung** ist in Frankreich nicht besonders geregelt.

185 e) **Kosten für Fahrzeugzustellung.** Die Kosten für die Fahrzeugzustellung sind unter denselben bereits erläuterten Voraussetzungen erstattungsfähig.

186 f) **Kosten für Haftungsfreistellung.** Grundsätzlich gibt es in Frankreich keine Kosten für Haftungsfreistellung. Im Falle einer Nullprozenthaftung bei einem Unfall gibt es nämlich keine Hochstufung in der Risikoklasse (sog „Bonus–Malus" bei den Versicherungsgesellschaften).

187 g) **Kosten für Insassenunfallversicherung.** Mietfahrzeuge haben in Frankreich grundsätzlich eine **Vollkaskoversicherung mit Insassenunfallversicherung.** Sollte jedoch der Geschädigte höhere Versicherungskosten, aus welchem Grund auch immer, tragen müssen, können diese Kosten gemäß den oben erläuterten, für die Mietfahrzeugkosten geltenden Voraussetzungen in Rechnung gestellt bzw. erstattet werden.

188 h) **Fahrzeugtyp – Gruppengleichheit.** Es gibt in Frankreich keine Pflicht, dem Geschädigten – in den Fällen, in denen die Kosten für ein Mietfahrzeug übernommen werden – ein identisches oder gruppengleiches Fahrzeug zur Verfügung zu stellen. Verlangt wird lediglich, dass für den Transport von Privatpersonen und für den Privatbedarf ein **fahrtüchtiges Fahrzeug** bereitgestellt wird, das zum Transport vom Punkt A zum Punkt B dient.

189 Nur für **Nutzfahrzeuge** (Lkw, Bagger, Taxi usw.) wird ein gruppenähnliches Fahrzeug zur Verfügung gestellt.

190 2. **Nutzungsausfallentschädigung.** Dieses Thema wurde bereits erläutert: In Frankreich gilt das Nutzungsausfallprinzip. Allerdings wird hier nur die rein technische Dauer der Reparaturen berücksichtigt. Es handelt sich hier nur um eine geringe Tagespauschale, die im Durchschnitt ca. 10 bis 20 EUR beträgt.

VII. Unkostenpauschale

191 Die Unkosten werden nicht pauschal ersetzt, sondern auf **Vorlage von konkreten Rechnungen,** die auch im Zusammenhang mit dem Unfall stehen müssen. In besonderen Fällen kann Ausländern, denen ein Unfall in Frankreich passiert, eine Pauschale bezahlt werden, zB für Kosten, die nicht mehr dokumentiert werden können (zB Telefonkosten in ihr Heimatland).

VIII. Sonderfall Vollkaskoversicherung

Der Geschädigte darf in jedem Fall die Vollkaskoversicherung in Anspruch nehmen und es   192
gibt hierfür keine Begrenzung oder Einschränkung, zum Beispiel im Rahmen einer Schadensbegrenzungspflicht. Die Inanspruchnahme der Vollkaskoversicherung ist also kein
Sonderfall in Frankreich.

B. Mittelbare Sachschäden (Sachfolgeschäden)

I. Finanzierungskosten

Finanzierungskosten, dh zB die vertraglichen Zinsen eines Darlehens für die Anschaffung   193
eines Fahrzeuges werden **nicht übernommen**. In der Regel stellt dies jedoch kein Problem
dar, denn die meisten finanzierungsbedürftigen Fahrzeuge werden im Rahmen eines Lea-
sings angeschafft, wobei für die Leasinggesellschaft im Rahmen einer Vollkaskoversicherung der Eigentumsvorbehalt greift.

II. Verzugszinsen

Die geschuldeten Summen, sei es zB für die Reparaturen oder die Nebenkosten, müssen   194
entweder gemäß den in dem Urteil vorgesehenen Voraussetzungen (meist ab Verkündung
des Urteils) oder ab Unterzeichnung des Vergleichsprotokolls mit der Versicherung (sog
procès-verbal transactionnel) bezahlt werden. Wird die Zahlung nicht geleistet, gelten hier
die gesetzlichen Zinsen.

1. Verzugszinshöhe. Der gesetzliche Zinssatz wird mit einer Durchführungsverordnung   195
festgesetzt und im gesetzlichen Anzeigenblatt (Journal Officiel) meistens Mitte Februar
oder Anfang März, rückwirkend für das ganze Ziviljahr vom 1. Januar bis 31. Dezember,
veröffentlicht.

Eine Zinsreform ist durch ein Gesetz vom 20. August 2014 (Ordonnance n° 2014-947)
eingeführt worden. Es gibt demnach nun einen Basiszinssatz, der nur zwei Monate lang ab
Vollstreckbarkeit des Urteils gültig ist. Anschließend, also nach Ablauf dieser 2 Monate,
wird der Basiszinssatz um 5% im Jahr erhöht.

Es wird jetzt auch unterschieden zwischen einem Privatzinssatz, und einem Zinssatz für
gewerbliche Angelegenheiten, der in der Regel höher sein wird. Für das 1. Halbjahr 2016
wurde der Basiszinssatz einheitlich auf 1,01 % festgesetzt (sowohl privatrechtlich als gewerblich).

2. Verzugsbeginn. Es wird in Frankreich nicht zwischen den Fahrzeugschäden und den   196
anderen Schadenspositionen unterschieden. Gerät ein Schuldner mit der Begleichung eines
Geldbetrages in Verzug, wird der gesetzliche Zinssatz entweder gemäß den im Urteil **festgelegten Voraussetzungen** geschuldet (meistens mit Urteilsverkündung, manchmal mit Klageerhebung) oder ab **Unfalltag**. Wenn nichts im Urteil vorgesehen ist, gilt nun seit der
Zinsreform des 20.8.2014 die Zweimonatsregel: zB Zinsanfang für ein erstinstanzliches
vollstreckbares Urteil: 2 Monate nach der Zustellung des Urteils per Gerichtsvollzieher
durch eine Prozesspartei an die andere. Wenn es sich um die Unterzeichnung eines Vergleichsprotokolls mit der Versicherung handelt (procès-verbal transactionnel), muss die
Summe normalerweise unverzüglich nach Unterzeichnung bzw. nach Erhalt mit der Post
des unterzeichneten Protokolls durch die Versicherung geleistet werden.

Im Rahmen des Versicherungsgesetzbuches gelten außerdem **besondere Fristen für Scha-**   197
densersatzangebote, insbesondere bei Personenschäden. Diese Fristen können Konsequenzen im Hinblick auf die Zinsen bzw. die Verdoppelung der Zinsen nach sich ziehen

III. Anwaltskosten

In Frankreich gibt es **keine Anwaltsgebührenordnung**, vergleichbar mit dem deutschen   198
RVG, da eine solche Gebührentabelle vor mehreren Jahren von der Konkurrenzbehörde

als illegale Tarifabsprache bzw. Konkurrenzverletzung verboten wurde.[80] Die Anwaltshonorare sind also frei, und müssen neuerdings in einem schriftlichen Honorarvertrag (convention d'honoraires), und vor Beginn der Tätigkeit des Anwaltes, mit dem Mandaten vereinbart werden.[81]

199 Bei **außergerichtlicher Regelung** werden die Anwaltskosten – von einigen wenigen Ausnahmen abgesehen – **nicht erstattet**. Dies gilt sowohl für die Kosten des deutschen Korrespondenzanwaltes als auch für die französischen Anwaltskosten. Im Falle eines **Vergleichs** trägt nämlich jede Partei ihre eigenen Vertretungskosten. In besonderen Fällen kann mit der gegnerischen Versicherung die Übernahme eines Teils der Anwaltskosten ausgehandelt werden, auch als materieller Schaden „préjudice patrimonial," im Rahmen der DINTILHAC Schadensnomenklatur als allg. diverse Kosten („frais divers"). Bei einem unkomplizierten Sachverhalt und eindeutiger Schuldfrage dauert die außergerichtliche Regelung von Sachschäden durchschnittlich zwei bis vier Monate. Diese relativ lange Zeitspanne hängt meistens von den zentralen internationalen Schadensregulierungsabteilungen der französischen Versicherungsgesellschaften ab. Erfahrungsgemäß werden Anschreiben in fremder Sprache nicht oder nur mit mehreren Monaten Verzug beantwortet, was zu einer zusätzlichen Verzögerung führt.

200 Im Falle eines **gerichtlichen Verfahrens** wird der obsiegenden Partei keine vollständige Rückerstattung der Anwaltskosten, sondern nur ein Pauschalbetrag, die sog **Prozesskostenentschädigung** (frais irrépétibles) auf der Grundlage des § 700 der Zivilprozessordnung (CPC) gewährt, mit der die Anwaltskosten pauschal entgolten werden. Meistens entspricht dieser Pauschalbetrag einem Drittel bzw. der Hälfte der realen Anwaltskosten.

IV. Rückstufungsschaden

201 1. **Haftpflichtversicherung.** Wie bereits erläutert (vgl. → Rn. 186), gibt es im Rahmen der Pkw- bzw. Lkw- oder Motorradhaftpflichtversicherung **keine Rückstufung** in der Schadensklasse (sog Bonus–Malus) für den Fall, dass ein Beteiligter entweder im gütlichen Wege oder gerichtlich für **nicht haftpflichtig** für den Unfall erklärt wird. Die Versicherungsgesellschaft hat jedoch die Möglichkeit, selbst im Falle der Nichthaftung, den Versicherungsvertrag zu dem nächstgelegenen Ablauftermin zu kündigen.[82]

202 2. **Vollkaskoversicherung.** Vollkaskoversicherungen sind in Frankreich viel mehr verbreitet als in Deutschland und werden praktisch systematisch bei Neufahrzeugen abgeschlossen. Die Vollkaskoversicherung deckt alle Schäden, sogar diejenigen, die eigenverschuldet sind. Die Unfallregulierung wird ebenfalls vom Vollkaskoversicherer voll übernommen, ohne dass der Geschädigte Kontakt mit der gegnerischen Versicherung aufnehmen braucht. Die Entschädigungsgelder werden vom Vollkaskoversicherer vorgestreckt und danach von der gegnerischen Versicherung zurückverlangt.

203 a) **Volle Haftung des Schädigers.** In Frankreich hängt die volle Haftung nicht davon ab, ob die Versicherungsgesellschaft den ausgezahlten Betrag von dem Schadensverursacher vollständig zurückverlangen kann oder nicht.

204 Wenn der Unfall nicht verschuldet wird, kann dem Geschädigten eine Rückstufung in der Schadensklasse in keinem Fall aufgedrängt werden. Dies ist zB bei **Fahrerflucht** der Fall. Hat der Fahrerflüchtige den Unfall eindeutig verursacht, haftet er dafür im vollen Umfang. In diesem Fall kann die Versicherung jedoch nicht ihrem eigenen Versicherten die Schadensersatzleistung mit der Begründung verweigern, dass sie ihren Regressanspruch gegen den unbekannten Fahrerflüchtigen nicht durchsetzen kann.

205 b) **Haftungsquote.** Eine **Minderung der Ersatzpflicht** kann im Rahmen einer Vollkaskoversicherung in keinem Fall dem Geschädigten auferlegt werden. Die Vollkaskoversicherung dient ausschließlich dem Zweck, den eigenen Schaden in jedem Fall zurückerstattet

---

80 Décision n° 98-D-06 du 14 janvier 1998 relative à des pratiques en matière d'honoraires mises en œuvre par le barreau de Grenoble.
81 Gesetz « Macron » n°2015-990 du 6.8.2015 – Artikel 51.
82 Artikel L113-12 des Versicherungsgesetzbuches.

zu bekommen, selbst bei **Eigenverschulden** oder **Teileigenverschulden**. Im Falle eines Teilverschuldens kann jedoch eine Rückstufung in der Schadensklasse vorgenommen werden, unabhängig von dem Prozentsatz der Teilverschuldung.

c) Prozessuale Besonderheit. Da in Frankreich eine Rückstufung der Schadensklasse nur   206
dann stattfinden kann, wenn der Versicherte für den Unfall teilweise oder ganz für schuldig erklärt wird, stellt sich die Frage einer weiteren Erhöhung der Prämie bei einem anschließenden Unfall nicht.

§ 3 Personenschäden

Der Personenschaden wird im französischen Recht **besonders bevorzugt**, da die Loi Badin-   207
ter als Entschädigungsgesetz konzipiert ist. Diese bevorzugte Schadensregulierung gilt sowohl für die Körperverletzungen als auch für den Todesfall und für die ärztlichen und wirtschaftlichen Kosten bzw. Schäden.

Wie bereits erläutert (vgl. → Rn. 121 ff.), ist eine wichtige Neuerung auf diesem Gebiet im   208
Jahre 2005 eingetreten. Sie besteht darin, dass mit dem Bericht der Kommission Dintilhac eine neue **Nomenklatur für körperliche Schäden** eingeführt worden ist, die nun sowohl von allen Versicherungen im Rahmen der einvernehmlichen Schadensregulierung als auch von den Gerichten zwingend berücksichtigt wird.

Es wird nun unterschieden zwischen zwei großen Kategorien von Schäden, die wiederum jedes Mal subdividiert werden als Vor-Konsolidierungsschäden, und Nach-Konsolidierungsschäden:

Die sog „Préjudices patrimoniaux“: es handelt sich um finanzielle Schäden, die selbst wiederum vorläufige oder definitive Schäden sein können, wie zB Lohnverluste vor Stabilisierung und nach Konsolidierung des Gesundheitszustandes („sog. „consolidation), Karrierebeeinträchtigung, Universitätskurs-Schaden, Behandlungskosten und Prothesenkosten, die von den gesetzlichen oder Zusatzkassen nicht übernommen werden, usw.

Die sog „Préjudices extra-patrimoniaux“, vor und nach Stabilisierung, oder auch persönliche Schäden genannt, wie zB Restbehinderung ab Konsolidierung in Prozentsätzen ausgedrückt, die vorläufige Behinderung vor der Stabilisierung in Klassen 1 bis 4 ausgedrückt, der Schönheitsschaden (auf einer Skala von 1 bis 7 ausgedrückt), die Schmerzen („souffrances endurées“ auch früher *pretium doloris* genannt), usw.

A. Heilbehandlungskosten

Bevor von der Kommission Dintilhac im Jahre 2005 die neue, heute zwingend anzuwen-   209
dende Nomenklatur definiert worden ist, galt bei Personenschäden die Unterscheidung zwischen den körperlichen Schäden, die dem Regress der Krankenkassen unterworfen waren und den anderen Personenschäden, die als persönliche körperliche Schäden bezeichnet wurden.

210   Heute gilt die Abgrenzung zwischen den körperlichen Schäden, die **vor Eintritt** der sogenannten consolidation (Stabilisierung) des Zustandes bestehen und den anderen Schäden,
die **nach Eintritt** der Konsolidierung festgestellt und bewertet werden können, mit der
Klassifizierung als „patrimonial" oder „extra-patrimonial".

I. Arzt- und Krankenhauskosten

211   Im Rahmen der Nomenklatur Dintilhac werden Arzt- und Behandlungskosten problemlos
von der **gegnerischen Versicherung** oder, im Falle einer mangelnden Versicherung, von
dem **Fonds de Garantie** (Garantiebürgschaftskasse aller französischen Versicherungen für
Nichtversicherte) zurückerstattet. Die medizinischen Kosten beinhalten laut Abrechnung
der gesetzlichen Krankenkasse des Geschädigten:

- die **Arzt-/Behandlungskosten,** Kosten für chirurgische Eingriffe, Zahnarztkosten, sowie alle Kosten von nichtärztlichem Personal, die für die Behandlung des Schadensfal-
les (Physiotherapie, Krankenschwester usw) unbedingt notwendig waren.

- **Krankenhauskosten** in einem öffentlichen Krankenhaus oder in einer Privatklinik, und
auch der Selbstbehalt, sog „ticket modérateur", oder der „Forfait hospitalier" (Selbstbehalt für jedem Krankenhausaufenthaltstag: 18 EUR/Tag)

- **Apotheken- und Laborkosten** (Arzneimittel, Blutanalysen usw).

- **Prothesenkosten** (künstliche Gelenke oder künstliche Gebisse usw.).[83]

- Kosten für die **Überwachung des Kranken,** sei es zu Tages- oder Nachtzeiten.

- Kosten für **Krankentransport** mit einem Krankenwagen (liegend) oder in einem sogenannten véhicule sanitaire léger (Taxi für den Krankentransport).

- **Transportkosten,** die von dem Patienten vorgestreckt wurden, um sich zum Arzt oder
einen Spezialisten zu begeben, entweder im Taxi (mit sog „Transportschein") oder per
„véhicule sanitaire léger" (Sitzambulanz) oder liegend im Krankenwagen.

- Kosten für die **Anpassung der Wohnung** für behinderte Personen nach einem Unfall
(Erweiterung der Türen, Waschanlagen, Becken, und WC für Behinderte, usw.).[84]

- Anschaffung einer neuen Wohnung mit **Erdgeschosszugang,** wenn kein Fahrstuhl vorhanden ist.[85]

- Anschaffungs- und Betreuungskosten für einen **Blindenhund.**

212   Die ärztlichen Kosten müssen selbstverständlich im Hinblick auf die von dem Opfer erlittenen körperlichen Schäden **nachgewiesen** werden. Es wird ebenfalls verlangt, dass das
Opfer nur Behandlungskosten in **angemessenem Umfang** in Rechnung stellt und nicht unbedingt zB nur die berühmtesten Ärzte und Professoren des Landes mit seinem Fall beschäftigt, da solche Kosten in diesem Fall als über das durchschnittliche Maß hinausge-
hend betrachtet werden.[86] Alle erforderlichen **chirurgischen Eingriffe** werden jedoch übernommen, selbst wenn sie mehrere Jahre nach dem Unfall durchgeführt werden. Dies kann
bis zu 10 oder 15 Jahre nach dem Unfall geschehen, wenn zB die schönheitsmäßige Verbesserung des Zustandes des Patienten oder eine Verschlimmerung seines Zustands dies erfordert.

213   Die Abrechnung der Kasse muss detailliert sein und es muss angegeben werden, welche
Kosten zulasten des Unfallopfers verblieben sind. Das Opfer muss wiederum angeben, ob
eine Erstattung durch eine **Zusatzkrankenkasse** (sog mutuelle) stattgefunden hat oder
nicht.

---

83 Cass. Soc., 28.4.1981, Bull. Civ. n° 348; Cass. Soc., 16.1.1985, Bull. Civ. 5ème partie, n° 33.
84 Cass. Soc., 21.11.1984, Bull. Civ. 5ème partie, n° 455.
85 Cass. 2ème Civ., 9.10.1996, Dalloz 1996, Informations Rapides, S. 234.
86 Tribunal de Chartres, 28.10.1938, Dalloz 1939, S. 31.

Die **Transportkosten der Familie**, die in aller Eile zu dem verletzten Familienmitglied gereist ist, um es im Krankenhaus zu besuchen und dort zB Hotelkosten vorgestreckt hat, können auch in besonders schlimmen Verletzungsfällen übernommen werden.[87]   214

II. Nebenkosten

Die Nebenkosten werden auch im Rahmen der Dintilhac-Nomenklatur berücksichtigt, die detaillierte Richtlinien für ihre Rückerstattung enthält.   215

1. Verlust von Eigenleistung. Der Verlust der Eigenleistung, dh der eigenen Arbeitskraft, wird im Rahmen der Dintilhac-Nomenklatur sowohl im Rahmen des Schadens vor als auch nach Eintritt der Konsolidierung berücksichtigt. Es handelt sich um eine **selbstständige Schadensposition**, sog perte de gains actuels (Abk. „PGA"), dh Verlust von aktuellen Einkünften. Der Begriff der aktuellen Einkünfte bezieht sich hier auf die **Einkünfte aus der Erwerbstätigkeit** (unabhängig davon, ob die Erwerbstätigkeit im Rahmen eines Arbeitsvertrags oder im Rahmen einer selbstständigen Tätigkeit ausgeübt wird). Der Verlust der Einkünfte aus der Erwerbstätigkeit ab dem Zeitpunkt des Unfalls bis zum Eintritt der sog Konsolidation (dh der Stabilisierung des gesundheitlichen Zustandes gemäß ärztlicher Begutachtung) wird berücksichtigt. Es ist zu bemerken dass es in Frankreich keinen gesetzlichen Lohnfortzahlungsanspruch des Arbeitnehmers gibt, wie in Deutschland üblich; die Kasse muss also hier sofort, bzw. nach Ablauf der Karenzfrist von 3 Tagen (1 Tag Karenz bei Beamten), Tagesgelder leisten.   216

Der Verlust der Einkünfte ist zu **dokumentieren**, wobei die **Abrechnung der gesetzlichen Krankenkasse**, die berechtigt ist, wegen der einem Arbeitnehmer geleisteten Tagesgelder Regress auszuüben, berücksichtigt wird. Private Versicherungen, die einem Selbstständigen laut Versicherungsvertrag einen Ersatzlohn geleistet haben, sind ebenfalls regressberechtigt.   217

Es ist hier besonders hervorzuheben, dass die **totale vorläufige Arbeitsunfähigkeitszeit** – früher als incapacité temporaire Totale (ITT), nun als déficit fonctionnel temporaire total bezeichnet – nicht mit der Krankschreibung durch einen Arzt verwechselt werden darf. Die allgemeine Arbeitsunfähigkeit (incapacité de droit commun) ist aber die einzige Art der Arbeitsunfähigkeit, die vor einem Gericht laut ärztlichem Gutachten berücksichtigt wird. Es kann demzufolge durchaus vorkommen, dass ein Arzt einen Verletzten länger krankschreibt als später in Bezug auf die allgemeine Arbeitsunfähigkeitszeit anerkannt wird.   218

Der Arbeitnehmer wird zwar für die Zeit der Krankschreibung durch seine gesetzliche Kasse mit **Tagesgeldern** entschädigt. Jedoch kann hier dann, falls ein Unterschied im Verhältnis zu der allgemeinen Arbeitsunfähigkeit besteht, **keine Zusatzentschädigung** mehr weder vor Gericht noch im Rahmen gütlicher Verhandlungen mit der gegnerischen Versicherung verlangt werden, um die Differenz zwischen Tagesgeld und tatsächlichem Einkommen auszugleichen.   219

Als Abgrenzungskriterium ist der **Zeitpunkt der Konsolidierung** sehr wichtig.[88] Es handelt sich hier um den Zeitpunkt, ab dem sich der Zustand des Opfers voraussichtlich weder verbessern noch verschlechtern wird, dh den Zeitpunkt, zu dem der Heilungsprozess als abgeschlossen gilt. Konsolidierung heißt aber nicht Genesung. Verliert das Opfer einen Arm, wird dieser nicht nachwachsen, aber die Wunde wird verheilen. Der Sachverständige muss diesen Zeitpunkt sowohl im Rahmen des im gütlichen Wege durchgeführten ärztlichen als auch des gerichtlich-medizinischen Gutachtens unbedingt festlegen. Die Kommission, die den DINTILHAC-Bericht vorbereitete, sprach von dem *„Moment, in dem die physischen Beeinträchtigungen* („lésions") *festgelegt werden können, so dass eine Behandlung nicht mehr notwendig ist, außer um eine künftige Verschlimmerung zu verhindern, und in dem die Festlegung eines Restbehinderungsgrades möglich ist, die die Darstellung*   220

---

87 Tribunal de Grande Instance de Nice, 9.3.1962, Dalloz 1962, S. 414.
88 Rapport Dintilhac, Seite 29; « Droit du dommage corporel, Systèmes d'indemnisation » Y. LAMBERT-FAIVRE, éd. Dalloz 4ème éd. 2000 n°57.

eines endgültigen Schadens widerspiegeln. Dies hindert aber nicht zB die Entschädigung von zukünftigen Behandlungskosten nach der Konsolidierung, solange diese Behandlungen weitergeführt werden müssen, laut med. Begutachtung.

221 Solange die Konsolidierung nicht eingetreten ist, ist es dem Gutachter nicht möglich, ein **endgültiges Gutachten** vorzulegen. Das Unfallopfer muss in diesem Fall nach Ablauf einer von dem Sachverständigen vorgesehenen Zeitspanne erneut untersucht werden. Dies stellt eine Schwierigkeit dar und führt zu häufigen Verzögerungen bei Schadensersatzverfahren. Der negative Einfluss derartiger Verzögerung kann dadurch entschärft werden, dass dem Unfallopfer Vorschüsse auf den zu zahlenden Schadensersatz gewährt werden.

222 **2. Kilometergeld.** Das Kilometergeld wird nicht spezifisch geregelt, sondern erscheint in der Dintilhac-Nomenklatur im Hinblick auf den Ersatz der von dem Unfallopfer oder dessen Angehörigen gefahrenen Kilometer. Folglich kann hier entweder eine **Pauschalentschädigung** oder ein Pauschalkilometergeld verlangt werden. Zumindest kann der vom Finanzamt im Rahmen der Einkommensteuererklärung je nach Fahrzeugklasse (Fahrzeuge werden in Frankreich in Abhängigkeit von der sog puissance fiscale, dh einer Art „Steuerkraft" des Fahrzeugs, eingestuft) vorgesehene **Kilometertarif** geltend gemacht werden. Ein Unfallopfer kann natürlich nicht den Ersatz von unnötig erhöhten Kosten verlangen, zB weil es nur mit einem Luxusfahrzeug zum Arzt gefahren ist.

223 Bei Benutzung **öffentlicher Verkehrsmittel** werden die tatsächlich entstandenen Kosten ersetzt, aber nur gegen Vorlage der Bahn-, Bus- oder Flugtickets. Es wird jedoch nie von einem Unfallopfer verlangt, ausschließlich öffentliche Verkehrsmittel zu benutzen, um erhöhte Pkw-Fahrtkosten zu vermeiden.

224 Transportkosten für die Inanspruchnahme eines sog **véhicule sanitaire léger** werden im Rahmen der ärztlichen Kosten ersetzt. Hierbei handelt es sich um eine Art Krankentaxi, mit dem der Transport von Kranken nicht liegend durchgeführt wird. Diese Transportdienstleistungen werden von privaten Firmen angeboten, die ein Transportunternehmen per Pkw betreiben. Es ist nur für Personen bestimmt, die zur Behandlung gefahren werden müssen. Diese Transportkosten werden von der Krankenkasse gegen Vorlage eines Rezeptes ersetzt.

225 **3. Erhöhte wirtschaftliche Verletzlichkeit.** Die erhöhte wirtschaftliche Verletzlichkeit wird nicht in diesem Sinne von dem französischen Recht entschädigt. Nichtsdestotrotz wird dieser wichtige Schadensersatztatbestand in der Dintilhac-Nomenklatur in zweierlei Hinsicht berücksichtigt, nämlich:

■ Zum einen im Rahmen des Schadenspostens Verlust von künftigen Einkünften aus Erwerbstätigkeit (perte de gains professionnels futurs):

Dem Unfallopfer wird der Einkommensverlust ersetzt, der infolge seiner Restbehinderung, einer **Dauerbehinderung** (sog déficit fonctionnel permanent), entsteht. Der Grad der Restbehinderung wird in einem Prozentsatz von 0 bis 100 % ausgedrückt. Es kann sich hier entweder um den **vollkommenen Verlust des Arbeitsplatzes** oder um die Unmöglichkeit handeln, die vorher selbstständig ausgeübte Tätigkeit fortzusetzen, oder um den **Teilverlust der Einkünfte** aus Erwerbstätigkeit, der dadurch entsteht, dass der vorher ausgeübte Beruf nur noch in Teilzeit ausgeübt werden kann. Die Unmöglichkeit, die vorherige Arbeit weiterzuführen oder ggf. die notwendigen Adaptierungen des Arbeitsplatzes vorzunehmen, müssen ausdrücklich im med.-rechtlichen Bericht erwähnt werden, denn diese Konsequenzen können nicht einfach auf Basis des Prozentsatzes der Restbehinderung durch den Richter festgesetzt werden, insbesondere wenn die Restbehinderung zwischen 20% und 60% festgesetzt wurde.

Dieser Schadensersatzposten beinhaltet weder die sog **frais de reclassement professionnel** (dh berufliche Wiedereingliederung in einen anderen Arbeitsbereich) noch die sog **frais de formation professionnelle** (Ausbildungs- bzw. Fortbildungskosten für einen neuen Arbeitsplatz, der es ermöglicht, die Behinderung besser zu berücksichtigen). Von diesem Schadensersatzposten werden die von einer Krankenkasse gewährten **Renten** (dh die Behindertenrente, pension d'invalidité und die Arbeitsunfallrente, rente accident du travail) sowie die von den **Zusatzkrankenkassen** und **Privatversicherungen** geleisteten Beträge abgezogen. Die Beträge die dem Unfall-Behinderten durch gesetzliche Kassen ausbezahlt werden, wie zB die „allocation adulte handicapé"[89] (Behindertengeld des Familienamtes), oder Arbeitslosengeld,[90] oder das sog Mindesteinkommen „Revenu de Solidarité Active" (vergleichbar mit Harz IV)[91] werden nicht als Unfallentschädigung angesehen, und werden daher nicht angerechnet, bzw. von der Versicherungsunfallrente, die die Haftpflichtversicherung des gegnerischen und verantwortlichen Fahrzeuges leisten muss, abgezogen.

Für junge Unfallopfer, die **nicht erwerbstätig** waren, wird der künftige Verlust der Einkünfte aus Erwerbstätigkeit konkret zB anhand des bereits absolvierten Studiums bewertet und ermittelt, bzw. im Hinblick auf ein fiktives zu erwartendes Einkommen.

■ Die Dintilhac-Nomenklatur beinhaltet ebenfalls eine sog incidence professionnelle, die man als **Beeinträchtigung der beruflichen Laufbahn** bezeichnen kann. Es handelt sich hier nicht um den Ersatz der direkten und vorhersehbaren Einkünfte aus Erwerbstätigkeit, sondern um den Verlust der Karrieremöglichkeit. Das Unfallopfer kann zB nach dem Unfall einen minderen Wert auf dem Arbeitsmarkt haben oder keine Chancen mehr haben, eine Karriere einzuschlagen, die vorher durchaus möglich waren. In diesem Schadensersatzposten wird ebenfalls der Altersrentenverlust berücksichtigt, der sich als Konsequenz aus der Restbehinderung ergibt.

■ Die Dintilhac-Nomenklatur sieht auch einen sog préjudice scolaire, universitaire ou de formation vor, dh **Schulungs-, Universitäts- oder Bildungsbeeinträchtigungen.** Das Unfallopfer hat zB nach dem Unfall sein Studium abbrechen müssen und es nie wieder aufnehmen können oder es hat eine erhebliche Verzögerung in der Absolvierung des Studiums hinnehmen müssen.

III. Besuchskosten

Dieses Thema wurde bereits im Rahmen des Kilometergeldes angeschnitten: Familienangehörigen können die Reise zum Krankenhaus bzw. die Aufenthaltskosten in einem Hotel erstattet werden, unter den bereits genannten Bedingungen.   226

B. Erwerbsschaden

I. Arbeitnehmer

Wie bereits erläutert (vgl. → Rn. 216 ff.), wird der **Verlust von Einkünften aus der Erwerbstätigkeit** im Rahmen der sog Dintilhac-Nomenklatur weitgehend unter folgenden Schadensersatzposten berücksichtigt: 227

■ Verlust der aktuellen Einkünfte aus Erwerbstätigkeit vor Eintritt der Konsolidierung.

■ künftiger Verlust der Einkünfte aus Erwerbstätigkeit nach Eintritt der Konsolidierung.

■ Beeinträchtigung der beruflichen Laufbahn oder Verlust der Karrieremöglichkeiten.

■ Verlust an Rentenbeiträgen und Anrechten (Punkte).[92]

■ Schulungs-, Universitäts- oder Bildungsbeeinträchtigung.

Die Bewertung der Höhe des Erwerbsschadens wird im konkreten Fall bzw. im Einzelfall vorgenommen. Ein Arbeitnehmer hat folglich nicht die Möglichkeit, automatisch sein gesamtes Gehalt bzw. Arbeitseinkünfte für die restlichen Jahre bis zur Rente einzufordern. In der Regel wird hier eine **Pauschalentschädigung** gewährt, wobei die französischen Gerichte diesbezüglich relativ großzügig sind. Der wirtschaftliche Schaden wird ebenfalls in Hin-   228

---

89 Cass. Civ. 2ème Ch. Civ. 14.3.2002 n°00-12.716 Juris-Data n°2002-013599 & Bull. Civ. 2002 II n°47.
90 Cass. Civ. 2ème Ch. Civ. 7.4.2005 n°04-10.563 Juris-Data n°2005-027921 & Bull. Civ. 2005 II n°90.
91 Cass. Civ. 2ème Ch. Civ. 28.3.1994 Resp. civ. et Assurances 1994, comm. 205.
92 Cass. Civ. 2ème ch. Civ. 12.5.2010 n°09-14.569, Juris-Data n°2010-005897, Bull. Civ. 2010 II n°94.

sicht auf die Familie berücksichtigt, zB wenn das Unfallopfer allein für den **Unterhalt der Familie** sorgte und die Familie kinderreich ist.

229 Wie bereits erläutert, gibt es in Frankreich **keine Pflicht zur Lohnfortzahlung**, ob im Privatbereich oder im öffentlichen Dienst, mit Ausnahme einiger besonderer Fälle, die durch Tarifverträge geregelt sind (sog conventions collectives). Jedoch gibt es in Frankreich eine sehr gute Entschädigung in Form von **Tagesgeldern,** die von den **gesetzlichen Krankenkassen** geleistet werden. Die Tagesgelder können bis zu einer Dauer von maximal drei Jahren bezogen werden. Der Bezug von Tagesgeldern ist an die Voraussetzung der Krankschreibung durch einen Krankenhausarzt oder einen Hausarzt geknüpft.

230 Nach **drei Jahren** muss die Krankenkasse bei dem Unfallopfer eine Begutachtung durch einen Kassenarzt mit Blick auf die Gewährung einer **Behindertenrente** durchführen. Diese Tagesgelder- bzw. Behindertenrentenbewertungen gelten ausschließlich im Rahmen des französischen Arbeits- bzw. Sozialrechts, während die Rechte des Unfallopfers im Rahmen des allgemeinen Schadensersatzrechts (indemnisation de droit commun) in vollem Umfang erhalten bleiben.

II. Selbstständige

231 Die Lage der Selbstständigen ist im Falle eines Unfalles bei weitem nicht so komfortabel wie die Lage des Arbeitnehmers. Hier gibt es nämlich öfter Diskussionen über den durchschnittlichen Umsatz bzw. das Jahresergebnis, zB wenn der Geschädigte Selbstständige im Vorjahr einen außerordentlich großen Umsatz oder, im Gegenteil, einen ungewöhnlich geringen Umsatz erzielt hat. Meistens werden bei der Ermittlung des **Durchschnittsumsatzes** mindestens drei Geschäftsjahre berücksichtigt.[93] Maßgebend sind nicht die Buchhaltungen sondern die steuerlichen Erklärungen und Bescheide.[94] Es kann ggf. auch von dem Richter ein Buchhaltungsgutachten angeordnet werden. Es wird hier nicht nur der entgangene Gewinn entschädigt, sondern auch die laufenden Mindestkosten Kosten der Firma, oder der selbstständigen Kanzlei/Praxis, nicht aber die variablen Nebenkosten die auf Basis des Umsatzes und/oder des Benefiz kalkuliert werden.

232 Die Entschädigungen durch die gesetzlichen Krankenkassen sind für Selbstständige auch ungünstiger und meist durchschnittlich sehr niedrig. Deshalb schließen die meisten Selbstständigen einen **privaten Versicherungsvertrag** (sog contrats de prévoyance) ab, mit dem Vorsorge für einen Unfall getroffen werden soll, der teilweise oder ganz zu einer Arbeitsunfähigkeit führt. Die Beiträge solcher Vorsorge-Verträge sind steuerlich absetzbar, wenn sie der Definition der sog „Loi Madelin" entsprechen.

III. Sonstige Personen

233 Die besondere Situation der **Schüler und Studenten** wurde bereits erläutert (Studiumverzögerung oder Unmöglichkeit, das Studium fortzusetzen usw, vgl. → Rn. 225). Selbstverständlich muss der Schaden in dem jeweiligen konkreten Fall sehr individuell, insbesondere auch im Hinblick auf die Qualität der besuchten Universität und die damit einhergehenden Karrierechancen bewertet werden. Außerdem wird natürlich ein Student, der sein erstes Studienjahr bereits ein oder zwei Mal wiederholt hat, nicht in dem gleichen Umfang wie ein sehr talentierter Student entschädigt.

C. Haushaltsführungsschaden

234 In der Dintilhac-Nomenklatur wird auch die „Haushaltshilfe" entweder vor oder nach Eintritt der Konsolidierung im Rahmen des sog préjudice patrimonial (Vermögensschaden) im Gegensatz zum persönlichen Schaden wie folgt berücksichtigt:

---

93 Référentiel indicatif régional de l'indemnisation du dommage corporel, Cour d'Appel de Toulouse, éd. Nov. 2011 & Benoît MORNET, Conseilller à la Cour d'Appel d'Agen : l'indemnisation des blessures en cas de blessures ou de décès.
94 M. Le ROY « Indemnisation du préjudice corporel, Litec 14ème éd. 1998 ann. VIII, p. 227 et s.

■ Vor Eintritt der Konsolidierung wird die Haushaltshilfe in der Kategorie Frais divers (sonstige Kosten) berücksichtigt.

■ Nach Eintritt der Konsolidierung wird die Haushaltshilfe in einer besonderen Kategorie, nämlich in der „Assistance par tierce personne" (unentbehrliche Hilfestellung durch Hilfspersonen) berücksichtigt.

I. Konkreter Schaden

Ein Verkehrsunfallopfer, das infolge einer vorläufigen oder dauerhaften Arbeitsunfähigkeit   235
die Hilfe einer **Hilfsperson** (tierce personne) benötigt, ist berechtigt, die Erstattung der hierfür erforderlichen Kosten zu verlangen. Dies ist zB bei einer Hausfrau der Fall, wenn ihre Arbeitsleistung entweder vollständig ersetzt werden muss oder wenn sie eine Hilfe im Rahmen der alltäglichen Haushaltsführung benötigt.

Wenn das Unfallopfer die Hilfe einer Hilfsperson nicht nur daheim, sondern auch **beruf-**   236
lich benötigt, werden die Fälle, in denen die persönlichen Qualitäten des Unfallopfers am Arbeitsplatz unentbehrlich sind (zB bei Ärzten, Rechtsanwälten, Managern, Versicherungsmaklern, uÄ) von dem Normalfall unterschieden, in dem das Fehlen am Arbeitsplatz keine erheblichen Auswirkungen hat.

In der ersten Fallkonstellation wird dem Unfallopfer nicht nur die Rückerstattung der   237
Kosten für eine **Ersatzperson**, sondern auch ein zusätzlicher **Schadensersatz** gewährt, der sich nach dem Unterschied zwischen den von dem Unfallopfer in der Regel erzielten Einkünften und den von der Ersatzperson erzielten Einkünften richtet. Dies ist aber nur dann der Fall, wenn bewiesen werden kann, dass das Fehlen des Unfallopfers den Leistungsunterschied erklärt. In der zweiten Fallkonstellation kann das Unfallopfer nur die für die Ersatzperson verauslagten Kosten zurückerstattet bekommen.

II. Fiktiver Schaden

Es gibt in diesem Sinne keine fiktive Schadensberechnung im französischen Schadenser-   238
satzrecht. Jedoch kann im Rahmen der tierce personne-Entschädigung in manchen Fällen eine **Pauschalentschädigung** nach Eintritt der Konsolidierung verlangt werden. Dies ist insbesondere dann der Fall, wenn die tatsächlichen Kosten nicht unbedingt im Voraus berechnet werden können. Wenn zB, nach dem Unfall eine vollkommene Blindheit eintritt, wird eine Pauschalentschädigung für einen Blindenhund gewährt.[95]

In jedem Fall, damit die Richter zumindest in etwa die Pauschalentschädigung festsetzen   239
können, wird von dem Sachverständigen verlangt, im medizinischen Gutachten sehr genaue Angaben über den **tatsächlichen Alltagsbedarf** des Unfallopfers zu machen. Wenn zB eine Haushaltshilfe bzw. „Hilfsperson", 24 Stunden am Tag notwendig ist (dies ist bei Schwerbehinderten regelmäßig der Fall, in der Praxis eigentlich fast nur für Querschnittsgelähmte bzw. Paraplegiker), muss berücksichtigt werden, dass die gesetzliche Arbeitszeit in Frankreich zwingend 35 Stunden in der Woche beträgt, so dass mindestens drei Personen in Vollzeit beschäftigt werden müssen. Es kann aber auch sein, dass selbst Schwerbehinderte eine spezialisierte Hilfe nur drei Stunden am Tag benötigen, während für die weiteren vier Stunden nicht spezialisierte Haushaltshilfen ausreichen. Wenn das Unfallopfer verheiratet ist, steht dem Ehegatten auch eine Entschädigung zu, denn diese Hilfe wird von den Gerichten nicht als eine normale Hilfeleistung im Rahmen der aufgrund der Ehe bestehenden Hilfspflicht angesehen. Dafür bedarf es keiner besonderen Belege.[96] Selbst wenn die Hilfe von einem Familienmitglied geleistet wird, kann die Pauschalentschädigung für eine Haushaltshilfe oder spezialisierte Hilfe auf keinen Fall reduziert werden.[97]

---

95 CA Paris, 20 e Ch., 1.2.1973, Inédit.
96 CA Paris, 20 e Ch., 27.11.1987, Gazette du Palais 10.5.1988; Cass. 2 e Civ., 14.10. 1992, Bull. Civ. IIe partie, n° 239, p. 119.
97 Cass. 2 e Civ., 14.10.1992; Cass. Crim., 11.10.1988, Bull. Crim. 1988, n° 337; Cass. 2 e Civ., 4 mai 2000, JCP 2001, IIe partie, n° 10489.

III. Berechnungsgrundlagen

240 **1. Beeinträchtigung der Arbeitskraft/Arbeitskraft/Lohnermittlung.** Die Beeinträchtigung der Arbeitskraft, des Arbeitsumfangs und die **Lohnermittlung** bilden eine einzige Gruppe in der Dintilhac-Nomenklatur. Es wird lediglich zwischen dem Schaden vor (Perte de Gains Professionnels Actuel – PGPA), und nach Eintritt (Perte de Gains Professionnels Futurs –PGPF)der Konsolidierung unterschieden.

■ Vor Eintritt der Konsolidierung sieht die Dintilhac-Nomenklatur eine Kategorie vor, nämlich perte de gains professionnels actuels (**Verlust von aktuellen Einkünften aus Erwerbstätigkeit**). Wie bereits erläutert (vgl. → Rn. 216 ff.), handelt es sich hierbei um den Verlust der Einkünfte nach dem Unfall. Dieser Verlust entspricht in der Regel dem Unterschied zwischen der Höhe der geleisteten Tagesgelder und der Höhe der vor dem Unfall tatsächlich erzielten Einkünfte. Es kann aber auch der Fall vorkommen, in dem die Einkünfte vollumfänglich ersetzt werden, insbesondere dann, wenn dem Unfallopfer kein Anspruch auf Tagesgeld zusteht, unabhängig davon aus welchem Grund. Berechnungsgrundlage ist das Nettogehalt nach Abzug der Lohnnebenkosten und vor Steuerabzug,[98] inkl. Die Lohnzusätze wie zB Dienstfahrzeug oder Dienstwohnung, die dem Arbeitnehmer aufgrund seiner Arbeitsunfähigkeit entgehen, oder zB auch der Auslandszuschlag.[99]

■ Im Hinblick auf den Verlust von Einkünften aus Erwerbstätigkeit nach Eintritt der Konsolidierung sieht die Dintilhac-Nomenklatur für das Unfallopfer einen weitgehenden **Schadensersatz** vor, um den aufgrund des Unfalls tatsächlich eingetretenen Verlust von Einkünften auszugleichen. Ein solcher Schadensersatz kann unter Umständen in Form einer **lebenslänglichen Rente** ausbezahlt werden, die dann von der gegnerischen Versicherung geleistet werden muss. Von diesem Schadensersatz werden, wie ebenfalls bereits oben erläutert (vgl. → Rn. 225), die von den Krankenkassen und sonstigen Versicherungen oder Zusatzkassen bzw. -versicherungen geleisteten Renten (Behindertenrente, Berufsunfallrente usw) abgezogen. Es gibt hierfür Tabellen zur Berechnung dieser Renten und des Wertes des sog „Euro de rente" (Pro Euro-Rentenwert).

241 Ebenfalls wird nach Eintritt der Konsolidierung die sog Incidence professionnelle, dh die Auswirkungen des Unfalls auf die berufliche Laufbahn entschädigt (siehe → Rn. 225).

242 **2. Mitverschulden (Haftungsquote).** Es gelten die allgemeinen Regeln für das Mitverschulden. Es wird nochmals darauf hingewiesen, dass dem Opfer eines Verkehrsunfalls, insbesondere einem Fußgänger, kein Eigenverschulden – außer in den bereits erläuterten Fällen – vorgeworfen werden kann.

243 **3. Vereinfachte Berechnungsmöglichkeit.** Im Hinblick auf die vereinfachte Berechnungsmöglichkeit wird unbedingt auf die Dintilhac-Nomenklatur hingewiesen.

D. Nebenpositionen

244 Wenn der Unfall zum **Tode** oder zu **sehr schweren Verletzungen** führt, wird der sog préjudice par ricochet, dh der **Drittschaden** bzw. der mittelbare Schaden, insbesondere bei Familienmitgliedern, weitgehend ersetzt. Wenn der Tod eintritt, sind die Familienmitglieder berechtigt, falls sie Erben sind, das Schadensersatzverfahren des Unfallopfers in der Hauptsache fortzuführen und auch für sich selbst einen Schadensersatz sowohl in Form einer wirtschaftlichen als auch einer moralischen Entschädigung, dh in Form von Schmerzensgeld, zu fordern.

I. Beerdigungskosten

245 Die Beerdigungskosten sind in der Dintilhac-Nomenklatur ausdrücklich vorgesehen und werden auch durch die Rechtsprechung problemlos gewährt. Es muss jedoch in jedem Fall

---

98 Cass. Civ. 2ème ch. Civile 16.11.1983 Bull. Civ. 1983 II n°182; Cass Crim. 8.12.1993 Resp. Civ. et Ass. 1994, comm. 168.
99 Cass. Soc. 31.1.2012 n°10-24.388.

eine **Bestattungsrechnung**, sei es für das Leichenschauhaus oder für die Bestattung oder die Grabsteinkosten vorgelegt werden. Es werden jedoch nur die sog allgemeinen Beerdigungs- bzw. Bestattungskosten, dh keine außergewöhnlich hohen Kosten oder Kosten für eine Luxusbeerdigung ersetzt.

II. Sonstige Positionen

Allgemeine Kosten der Familienangehörigen sind in der Dintilhac-Nomenklatur ausdrücklich berücksichtigt und werden auch ersetzt. Dies sind zB **Transportkosten**, die durch das Versterben des Familienmitgliedes verursacht werden (Beherbergungskosten, Verpflegungskosten usw).   246

Es ist ebenfalls vorgesehen, dass ein sog préjudice d'accompagnement ersetzt werden kann. Es handelt sich hierbei um einen sog „**Beistandsschaden**". Dieser entsteht, wenn ein Familienmitglied einem verletzten Familienangehörigen bis zum Tode Beistand geleistet hat. Der daraus entstandene moralische Schaden wird gesondert ersetzt.   247

E. Haftungsprivilegien

I. Arbeitsverhältnisse

Wie bereits erläutert, haftet der französische Arbeitgeber nicht für eine Lohnfortzahlung, da diese Lohnfortzahlung in Form von Tagesgeldern stattfindet, die von der gesetzlichen Krankenkasse geleistet wird. Der gesetzlichen **Krankenkasse**, dh der Sécurité Sociale, steht jedoch ein **gesetzlicher Regressanspruch** wegen aller von ihr geleisteten Beträge zu, unabhängig davon, ob es sich um medizinische oder ärztliche Behandlungskosten, um Prothesekosten oder um Lohn- bzw. Tagesgeldentschädigungen handelt. Der Regress kann nun von den Kassen „poste par poste" (für jeden einzelnen Schadensposten) ausgeübt werden gem. Artikel 376-1 des Sozialgesetzbuches,[100] außer für persönliche Schäden des Opfers wie zB Schmerzensgeld, sexuelle Beeinträchtigung, Vergnügungsschaden usw.   248

Gem. Artikel 1252 des Code Civil kann der Regressanspruch der Kasse dem Opfer selbst nicht schaden, also seinen Anspruch auf Schadenersatz nicht mindern. Dieser Regressanspruch der gesetzlichen Krankenkasse richtet sich gegen denjenigen, der für den Unfall[101] haftet bzw. gegen seine Versicherung.

Auch **Rentenkassen** steht ein Regressanspruch zu, zB im Hinblick auf die geleistete Witwenrente.[102]   249

II. Familienangehörige

Familienangehörige haben in Frankreich keine Haftungsprivilegien.   250

§ 4 Schmerzensgeld

A. Grundlagen

I. Allgemeine Grundlagen

Der Code Civil enthält keine besonderen Vorschriften bezüglich des immateriellen Schadens (Nichtvermögensschadens) des Unfallopfers selbst, dh bezüglich des Schmerzensgel-   251

---

100 Gesetz n° 2006-1640 des 21.12.2006.
101 Art. L 434-7 und R 434-11 ff. Code de la Sécurité Sociale.
102 Cass 2 e Civ., 17.1.1979, Bull. Civ. IIe partie, n° 26, S. 18.

des. Die Rechtsprechung hat jedoch schon immer Schmerzensgeld im Rahmen des von ihr angewandten Prinzips des **vollumfänglichen Schadensersatzes** (réparation intégrale du préjudice) gewährt.

252 Seit 2005 ist das Schmerzensgeld (früher pretium doloris genannt) in der Nomenklatur ausdrücklich vorgesehen und wird nun als **souffrances endurées** (erlittene Schmerzen) bezeichnet. Die souffrances endurées stehen dem direkten Unfallopfer sowohl vor als auch nach Eintritt der Konsolidierung zu. Nach Eintritt der Konsolidierung sind sie jedoch in dem sogenannten **déficit fonctionnel permanent,** dh in der Restbehinderung, integriert.

Die Restbehinderung wird in einem Prozentsatz ausgedrückt und der Punktwert hängt von dem Alter des Opfers ab.

Die folgende Tabelle wird von den meistens LG und OLG in Frankreich benutzt:

Alter & Behinderungsprozentsatz: Wert pro Punkt	0 bis 10	11 bis 20	21 bis 30	31 bis 40	41 bis 50	51 bis 60	61 bis 70	71 bis 80	81 J. +
1 – 5 % (in EUR)	1.500	1.400	1.300	1.200	1.100	1.000	900	800	700
6 – 10 % (in EUR)	1.700	1.590	1.480	1.370	1.250	1.125	1.000	875	750
11 – 15 % (in EUR)	1.900	1.780	1.660	1.540	1.400	1.250	1.100	950	800
16 – 20 % (in EUR)	2.100	1.970	1.840	1.710	1.550	1.375	1.200	1.025	850
21 – 25 % (in EUR)	2.300	2.160	2.020	1.880	1.700	1.500	1.300	1.100	900
26 – 30 % (in EUR)	2.500	2.350	2.200	2.050	1.850	1.625	1.400	1.175	950
31 – 35 % (in EUR)	2.700	2.540	2.380	2.220	2.000	1.750	1.500	1.250	1.000
36 – 40 % (in EUR)	2.900	2.730	2.560	2.390	2.150	1.875	1.600	1.325	1.050
41 – 45 % (in EUR)	3.100	2.920	2.740	2.560	2.300	2.000	1.700	1.400	1.100
46 – 50 % (in EUR)	3.300	3.110	2.920	2.730	2.450	2.125	1.800	1.475	1.150
51 – 55 % (in EUR)	3.500	3.300	3.100	2.900	2.600	2.250	1.900	1.550	1.200
56 – 60 % (in EUR)	3.700	3.490	3.280	3.070	2.750	2.375	2.000	1.625	1.250
61 – 65 % (in EUR)	3.900	3.680	3.460	3.240	2.900	2.500	2.100	1.700	1.300

Alter & Behinderungsprozentsatz: Wert pro Punkt	0 bis 10	11 bis 20	21 bis 30	31 bis 40	41 bis 50	51 bis 60	61 bis 70	71 bis 80	81 J. +
66 – 70 % (in EUR)	4.100	3.870	3.640	3.410	3.050	2.625	2.200	1.775	1.350
71 – 75 % (in EUR)	4.300	4.060	3.820	3.580	3.200	2.750	2.300	1.850	1.400
76 – 80 % (in EUR)	4.500	4.250	4.000	3.750	3.350	2.875	2.400	1.925	1.450
81 – 85 % (in EUR)	4.700	4.540	4.180	3.920	3.500	3.000	2.500	2.000	1.500
86 – 90 % (in EUR)	4.900	4.630	4.360	4.090	3.650	3.125	2.600	2.075	1.550
91 – 95 % (in EUR)	5.100	4.820	4.540	4.260	3.800	3.250	2.700	2.150	1.600
96 % und mehr (in EUR)	5.300	5.010	4.720	4.430	3.950	3.375	2.800	2.225	1.650

Wie der Schönheitsschaden wird auch der Schmerzensschaden auf einer **Skala** von 1 bis 7   253
entweder mit einem Versicherungsgutachten oder mit einem gerichtlich-medizinischen
Gutachten (1 von 7 = sehr leicht; 7 von 7 = sehr hoch) bewertet.

II. Angehörigenschmerzensgeld

Wie bereits erläutert (vgl. → Rn. 244 ff.), ist von der Dintilhac-Nomenklatur ausdrücklich   254
vorgesehen, dass die Angehörigen für die durch den Anblick eines verletzten Angehörigen
erlittenen **seelischen Schmerzen** entschädigt werden können. Dies gilt sowohl bei schwereren Verletzungen als auch bei Versterben eines Angehörigen.

Folgende Kategorien von Schmerzensgeld der Angehörigen sind vorgesehen: 255

■ der sog préjudice d'accompagnement, dh der **Beistandsschaden**, der durch das Mitlei-
den der Angehörigen im Zeitraum zwischen dem Eintritt des Unfalls bis zum Versterben des Unfallopfers entstanden ist; hier muss bewiesen werden dass der psychische
Zustand des Angehörigen auch im direkten und sicheren (direct et certain) Zusammenhang mit dem Unfall des angehörigen Opfers steht.[103]

■ der sog préjudice d'affection (Schaden wegen seelischer Schmerzen); hierbei handelt es
sich um die moralische Entschädigung für das **Versterben eines Angehörigen** (hier völlig abgetrennt von dem wirtschaftlichen Schaden).

■ Der sog „préjudice d'angoisse de mort imminente" (unmittelbarer Todesangstscha-
den): das Opfer selbst, aber auch die Angehörigen, entweder als Erben des Todesangstschadens des Direktopfers, oder auch für Ihren eigenen unmittelbaren Todes-
angstschaden für den Angehörigen, sind berechtigt einen Schadenersatz dafür zu ver-

---

103 Cass. Civ. 2ème ch. civ. n°12-24.164, Juris-Data n°2013-013958; Resp. civ. et Ass. 2013, comm. 332,
comm. H. Groutel.

langen.[104] Der Schaden besteht nicht im Bewusstsein des Todes selbst (sog Pretium Mortis), denn jeder von uns ist leider sterblich und kann davor Angst haben, aber in der Unmittelbarkeit dieses Todes und des Bewusstseins dieser Unmittelbarkeit. Dieser Schaden ist nicht von der Dintilhac-Nomenklatur ausdrücklich vorgesehen; deshalb bleibt er in der Rechtsprechung umstritten. Die 2. Zivilkammer der Cour de Cassation[105] hat diesen besonderen Schaden anerkannt, aber er soll nicht gesondert ausbezahlt werden, sondern zu einer Erhöhung des Schmerzensgeldes (sog souffrances endurées) führen. Die Strafkammer der Cour de Cassation hingegen war der Meinung, dass die Anerkennung eines solchen „unmittelbaren Todesangstschadens" zu einer doppelten Entschädigung des Schmerzes führen würde und verweigerte die Anerkennung,[106] bevor sie ihre Meinung auch änderte. Diese Entschädigung wurde bis jetzt nur sehr wenig genutzt in Verkehrsunfällen, da die Plötzlichkeit eines Unfalles meistens dem Direktopfer es nicht ermöglicht, die notwendige Zeit aufzubringen, eine solche unmittelbare Todesangst zu empfinden und daran zu leiden. Eine solche Angst wurde daher nur in besonderen Unfällen anerkannt: ein Bus, der eine Panne hat, und mit Kindern auf einem Bahnübergang stecken bleibt, bevor schließlich alle Insassen tödlich verunglücken, als der Zug den Bus zertrümmert;[107] oder wenn das schwer verletzte Opfer extrem und in vollem Bewusstsein leidet und weiß, dass es in den nächsten Minuten versterben wird,[108] aber auch das schwer verletzte Opfer, das nach 77 Tagen Intensivbehandlung an den Unfallfolgen verstirbt.[109]

III. Schockschäden und Schäden wegen seelischer Schmerzen

256 Die Angehörigen sind berechtigt, einen Schadensersatz wegen seelischer Schmerzen selbst dann geltend zu machen, wenn ihr Angehöriger nicht verstorben ist, dh in dem Fall, in dem der Zustand des Angehörigen nach Stabilisierung der Verletzungen so schlimm ist, dass das ganze Leben der Angehörigen dadurch verändert wird, insbesondere durch den permanenten **Anblick der schweren Behinderungen** des Familienmitgliedes oder dessen Leiden. In dieser Hinsicht werden nicht nur die nahen Angehörigen entschädigt (Eltern, Kinder), sondern auch Personen, die in keinem Angehörigenverhältnis zu dem Opfer stehen, die aber einen Schaden beweisen können, wie zB die Lebensgefährtin, die nicht mit dem Opfer verheiratet ist.

B. Berechnungsgrundlagen

257 In Frankreich gibt es für die Kategorien **Schmerzensumfang, Eingriffsintensität** und **Folgeschäden** keine separate Berechnungsgrundlagen. Es gibt nur den sog préjudice d'affection (in etwa „Schaden wegen **seelischer Schmerzen**") und den préjudice d'accompagnement (in etwa „Beistandsschaden"), die einerseits den Angehörigen zustehen und andererseits, den sog Préjudice moral (**moralischer Schadensersatzanspruch**), der dem Unfallopfer selbst im Falle des Überlebens zusteht. Das bedeutet, dass das Schmerzensgeld in Frankreich stets Gegenstand einer **Gesamtbetrachtung** für jeden Angehörigen bzw. für jedes direkte Unfallopfer ist.

258 Auch hier gibt es, wie bereits erläutert (vgl. → Rn. 251), keine Tabelle. Die erstinstanzlichen und zweitinstanzlichen **Gerichte** haben eine vollkommene **Entscheidungsfreiheit** im Rahmen des gestellten Antrags einerseits und im Rahmen des Prinzips des vollumfängli-

---

104 P. De Combles de Nayves : « L'angoisse de la mort imminente est un préjudice indemnisable » (AJP 2012, p. 657; « Le Préjudice d'angoisse de mort imminente » Cécile Pellegrini, Resp. civ. et ass. Oct. 2015, p. 5.

105 Cass. 2ᵉ Civ., 18 avril 2013, n° pourvoi 12-18.199, RTD Civ. 2013, p. 604, ainsi que Revue Responsabilité Civile et Assurances 2013, Commentaire p. 167.

106 Cass. Crim., 23 octobre 2012, n° pourvoi 11-83.770.

107 Trib. Corr. Thonon Les Bains 26.6.2013 n°683/2013 Dalloz 2014 p. 47 obs. Brun.

108 Besonders leidvolle Agonie eines 10-jährigen Mädchens, dass 10 Minuten lang den Unfall überlebte und sich ihres eigenen unmittelbaren Tode bewusst gewesen ist. Eine Zusatzsumme von 5.000 EUR wurde dafür zugesprochen: Cass. Crim. 23.10.2012 n°11-83.770 Droit Pénal 2012 comm. 166; Bull. Crim. 2012 n °225.

109 Cass. Civ. 2ème ch. civ. 18.4.2013 n°12-18.199 Resp. civ. et Ass. 2013 comm 167 Bloch.

chen Schadensersatzes andererseits. Im französischen Recht gibt es jedoch keinen Strafschadensersatz wie zB in den Vereinigten Staaten.

C. Genugtuungsfunktion

Bei der Festsetzung des Schmerzensgeldes spielt die Frage nach Genugtuung keine Rolle.   259

D. Berechnungsmethode (mit Beispielen)

Es gibt keine offizielle Tabelle für das Schmerzensgeld, weder für das direkte Unfallopfer   260
noch für die indirekten Opfer (Angehörigen). Jedoch hat die Rechtsprechung im Laufe der
Zeit **Durchschnittswerte** für Schadensersatz festgesetzt. Der den direkten Unfallopfern üblicherweise als Schmerzensgeld gewährte Schadensersatz richtet sich nach folgenden Sätzen:

- Schmerzensgeld bei 1 von 7 auf der Skala: 800 bis   1.500 EUR
- Schmerzensgeld bei 2 von 7 auf der Skala: 1.500 bis   3.000 EUR
- Schmerzensgeld bei 3 von 7 auf der Skala: 3.000 bis   6.000 EUR
- Schmerzensgeld bei 4 von 7 auf der Skala: 6.000 bis   15.000 EUR
- Schmerzensgeld bei 5 von 7 auf der Skala: 16.000 bis   22.000 EUR
- Schmerzensgeld bei 6 von 7 auf der Skala: 22.000 bis   35.000 EUR
- Schmerzensgeld bei 7 von 7 auf der Skala: 35.000 EUR und mehr (unbegrenzt)

Verunglücken Familienmitglieder oder sonstige **Angehörige tödlich** bei einem Verkehrsun-   261
fall, steht den Angehörigen ein relativ niedriger **Schadensersatz** aus dem préjudice d'affection („Schaden wegen seelischer Schmerzen"), also ein Angehörigenschmerzensgeld zu.

Die Höhe dieses Angehörigenschmerzensgeldes hängt von verschiedenen Faktoren ab, zB
ob das Kindes-Opfer minderjährig oder volljährig war, und/oder ob es noch mit seinen Eltern/Großeltern wohnte.

Die Durchschnittsbeträge, die allgemein in Frankreich zugesprochen werden, sind die folgende:

Schmerzensgeld des Ehegatten oder Lebensgefährten im Todesfall des anderen Lebensgefährten oder Ehegatten:	20.000 bis 30.000 EUR
Schmerzensgeld des Kindes im Todesfall seines Vaters oder seiner Mutter (verdoppelt wenn beide versterben):	
▪ minderjähriges Kind:	20.000 bis 30.000 EUR
▪ minderjähriges Kind das schon halbweise ist:	Erhöhung von 40% bis 60%
▪ volljähriges Kind das mit seinen Eltern lebt:	15.000 bis 20.000 EUR
▪ volljähriges Kind das nicht mehr mit den Eltern lebt:	11.000 bis 15.000 EUR
Schmerzensgeld eines Elternteils im Todesfall seines Kindes (pro Elternteil):	
▪ wenn das Kind mit seinem Elternteil wohnte:	20.000 bis 30.000 EUR
▪ wenn das Kind nicht mit seinem Elternteil wohnte:	15.000 bis 20.000 EUR
Schmerzensgeld der Geschwister:	
▪ Tod eines Geschwisters das zuhause wohnte:	9.000 bis 12.000 EUR
▪ Tod eines Geschwisters das nicht zuhause wohnte:	6.000 bis 9.000 EUR

Schmerzensgeld der Großeltern im Todesfall eines Enkel-kindes:	
■ Kind das zusammen mit den Großeltern wohnte:	11.000 bis 14.000 EUR
■ Kind das nicht zusammen mit den Großeltern wohnte:	7.000 bis 10.000 EUR
Schmerzensgeld des Enkelkindes im Todesfall eines Großelternteils:	
■ Großelternteil das zusammen mit den Kind wohnte:	11.000 à 14.000 EUR
■ Großelternteil das nicht zusammen mit den Kind wohnte:	7.000 à 10.000 EUR

262 Für **direkte Unfallopfer**, die den Unfall überlebt haben, wird der Schadensersatz *in concreto*, unter Berücksichtigung der **Schwere der Verletzungen** und der sowohl wegen der Verletzung als auch wegen der erforderlichen Behandlung **erlittenen Schmerzen** bewertet. Die Rechtsprechung sieht zB vor, dass Armfrakturen einen Anspruch auf Schmerzensgeld begründen, der mit 4/7 und bei komplizierten Brüchen mit bis zu 6/7 bewertet und gewährt werden kann. Das Gleiche gilt auch bei schweren Verbrennungen und bei Amputationen.

E. Kapitalisierung von Schadensersatz- und Schmerzensgeldrenten

263 Eine Kapitalisierung von Schadensersatz- bzw. Schmerzensgeldrenten ist im Rahmen der Dintilhac-Nomenklatur möglich, allerdings nur im Hinblick auf das endgültige Schmerzensgeld nach Eintritt der Konsolidierung der Verletzungen, weil der Schmerzensschaden in die Behinderung integriert wird. Die Behinderung selbst wird wiederum in einem Prozentsatz von 1 % bis 100 % (vollbehindert) festgelegt.

§ 5 Ansprüche aus übergegangenem Recht (Regress)

A. Gesetzliche Anspruchsgrundlagen

264 Die französischen Versicherungsgesellschaften haben gemäß dem Code des Assurances (französisches Versicherungsgesetzbuch) einen **gesetzlichen Regressanspruch** gegen den oder diejenigen Personen, die für den Unfall haften, vorausgesetzt, dass sie dem Versicherten den Schadensersatz zahlen.[110] Der Versicherer muss nur beweisen, dass er die Versicherungsleistung erbracht, dh die Zahlung geleistet hat. Der Beweis dieser Zahlung kann mit allen Beweismitteln geführt werden. In der Regel erfolgt der Nachweis durch die sog quittance subrogatoire (gesetzlich vorgesehener Zahlungsnachweis der Versicherung, unterzeichnet von dem Versicherten). Darin werden die Regressansprüche anerkannt bzw. die Ansprüche an die Versicherungsgesellschaft abgetreten.

265 Macht der Versicherte durch sein Verhalten den **Regress für den Versicherer unmöglich**, ist die Versicherungsgesellschaft von ihrer Haftungspflicht völlig oder teilweise befreit (§ L 121-12 Code des Assurances). Dies ist zB dann der Fall, wenn der Versicherte aus-

---

110 Art. L 121-12 Code des Assurances: „L'assureur qui a payé l'indemnité d'assurance est subrogé, jusqu'à concurrence de cette indemnité, dans les droits et actions de l'assuré contre les tiers qui, par leur fait, ont causé le dommage ayant donné lieu à la responsabilité de l'assureur." (Der Versicherer, der die Versicherungsentschädigung bezahlt hat, ist regressberechtigt bis zur Höhe der geleisteten Summe im Rahmen der Rechte und Prozessmöglichkeiten des Versicherten gegen Dritte, die durch ihr Verhalten den Schaden verursacht haben, der die Versicherungsleistung notwendig gemacht hat.)

drücklich mit einer schriftlichen Erklärung auf den Prozess verzichtet (und somit auch den Regress für den Versicherer unmöglich macht).

Die **Drittleistenden** (sog tiers payeurs), dh insbesondere die gesetzlichen Kranken- und 266 Rentenkassen sowie andere Leistungsträger, haben ebenfalls einen gesetzlichen Regressanspruch gegen den Verursacher des Unfalls. Diese Regressmöglichkeit ist mit dem Gesetz vom 21.12.2006 reformiert worden. Im Rahmen dieser Reform sind folgende, neue Grundsätze gesetzlich verankert worden:

1. Den sog tiers payeurs steht ein Regressanspruch im Hinblick auf **jeden einzelnen Schadensersatzposten** zu.[111] Das heißt, dass die gesetzlichen Kassen den Regress nur für diejenigen Schadensersatzkategorien erklären können, die sie auch tatsächlich übernommen haben.

2. Das Unfallopfer hat ein sog droit de préférence, dh ein **Vorzugsrecht** gegenüber den Kassen, wenn es nur zum Teil durch die Sozialleistungen entschädigt worden ist.[112]

3. Der Regressanspruch der Kassen ist normalerweise für die **persönlichen Schäden** (insbesondere Schmerzensgeld, Freizeitschaden und Schönheitsschaden) **ausgeschlossen**, es sei denn, sie können nachweisen, dass sie tatsächlich Leistungen auf diese Schadenspositionen erbracht haben.

Jedoch hat der Cour de Cassation mit zwei Entscheidungen vom 22.10.2009 und vom 267 19.11.2009 bestätigt, dass die tiers payeurs, dh die Kassen, ihren Regress im Hinblick auf den sog déficit fonctionnel permanent und déficit fonctionnel temporaire (**Restbehinderung** und **Teilzeitbehinderung**) ausüben dürfen, wobei ein Teil dieser Entschädigung auf den persönlichen Schaden angerechnet wird.

Normalerweise stellt sich die Frage des Regresses des **Arbeitgebers** in Frankreich nicht, da 268 es keine gesetzliche Lohnfortzahlung gibt, außer in ganz besonderen Fällen, die in Tarifverträgen geregelt sind.

B. Kongruenz von Leistung und Ersatzanspruch

Die Versicherungsgesellschaft darf laut § L 121-12 Code des Assurances ihren Regress nur 269 im Hinblick auf die **geleistete Entschädigung** ausüben. Somit werden dem Opfer sämtliche Rechte im Hinblick auf den noch nicht ersetzten Teil des Schadens vorbehalten, darunter auch die die Selbstbeteiligung (sog franchise d'assurance). Es kann auch sein, dass der Schaden so hoch ist, dass das vertragliche Entschädigungslimit überschritten ist: für diesen Teil behält das Opfer natürlich auch seine eigene Prozessmöglichkeit gegen den Haftpflichtigen.

C. Haftungsprivileg

Der Regressanspruch des Schadensversicherers wird durch § L 121-12 Code des Assuran- 270 ces begrenzt. Danach darf der Versicherer **keinen Regress** gegen **Kinder**, **Eltern** oder **Nachkommen**, gegen **Geschwister** in direkter Linie oder **Angestellte** im Rahmen eines Arbeitsvertrages ausüben. Das gilt auch für jede Person, die mit dem Versicherten üblicherweise zusammenlebt, es sei denn, es liegt ein Wille zur vorsätzlichen Schadensherbeiführung seitens einer dieser Personen vor. Meistens handelt es sich um Personen, für die der Versicherte zivilrechtlich haftet. Mit dieser Regelung soll es dem Versicherer unmöglich sein, seine Garantiepflicht zu umgehen, indem er gegen diese Personen Regress ausübt.

Gemäß § L 121-2 Code des Assurances haftet der Versicherer auch für die durch die be- 271 treffenden Personen verursachten Schäden, wenn der Versicherte für sie zivilrechtlich haftet. Diese Regressbegrenzung gilt jedoch ausschließlich für die genannten Personen. Mit einem Urteil hat der Cour de Cassation entschieden,[113] dass der Regressanspruch des Ver-

---

111 Artikel L376-1 des Sozilagesetzbuches.
112 Artikel 1252 des Code Civil.
113 Cass. 1e Civ., 12.7.2007, Dalloz 2007, S. 2908.

sicherers gegen den Versicherer einer dieser Personen dennoch besteht, wenn eine solche Versicherung vorliegt.

D. Quotenvorrecht des Geschädigten

I. Anwendbarkeit

272 Zuletzt stellt sich die Frage der **teilweisen Zahlungsunfähigkeit** des Haftungspflichtigen. Gemäß der Vorschrift des § 1252 des Code Civil gilt das Prinzip „on ne subroge pas contre soi-même" („gegen sich selbst kann kein Regress ausgeübt werden"). Demzufolge muss der Versicherte gegenüber seiner Versicherungsgesellschaft immer vorzugsrechtlich ausbezahlt werden.

II. Wirkungen für den Versicherungsnehmer

273 Die Wirkungen des Quotenvorrechts des Geschädigten für den Versicherungsnehmer sind bereits erläutert worden (vgl. → Rn. 272).

Abschnitt 3: Durchsetzung der Ansprüche

§ 1 Vorgerichtliche Schadensabwicklung

A. Das vorgerichtliche Verhalten der Versicherung

274 Wie in den meisten europäischen Ländern besteht in Frankreich für Opfer von Verkehrsunfällen die Möglichkeit des **Direktanspruchs** gegen den Versicherer („action directe"). Auf EU-Ebene gilt die Richtlinie 2009/103/EG vom 16.9.2009 deren Artikel 18 vorsieht: *„Mitgliedstaaten stellen sicher, dass Geschädigte eines Unfalls, der durch ein durch die Versicherung nach Artikel 3 gedecktes Fahrzeug verursacht wurde, einen Direktanspruch gegen das Versicherungsunternehmen haben, das die Haftpflicht des Unfallverursachers deckt".*

275 Die Loi Badinter geht jedoch viel weiter: Ein Unfallopfer, das körperliche Schäden erlitten hat, hat nicht nur den Anspruch, eine Entschädigung zu verlangen, sondern es wird der Versicherungsgesellschaft des in den Unfall involvierten Fahrzeugs die Pflicht auferlegt, dem Unfallopfer auch ohne eine ausdrückliche Forderung seitens des Unfallopfers **eine Entschädigung anzubieten**.[114]

276 Bei **Körperverletzung** oder **Tod** muss ein Angebot innerhalb einer **Frist** von acht Monaten nach dem Unfall – zumindest ein vorläufiges oder ein Teilangebot – vorgelegt werden. Bei Körperverletzung ist eine zusätzliche Frist von fünf Monaten nach Eintritt der Konsolidierung der Verletzungen (dh dem Zeitpunkt, nach dem sich der Gesundheitszustand des Opfers voraussichtlich weder verbessern noch verschlechtern wird) für ein endgültiges Angebot vorgesehen. Für leichtere, insbesondere rein materielle Schäden wird die Frist auf 3 Monate ab Unfall reduziert, sobald die Verantwortungslage unbestritten ist, und der Schaden voll und ganz beziffert werden kann.[115]

Der Versicherer darf keine vertragliche oder gesetzliche Ausnahme dem Opfer gegenüber geltend machen, die die Entschädigung verhindern könnte, außer die Nichtigkeit, die Aufhebung des Versicherungsvertrages, sowie die Nicht-Versicherung oder die Teil-Versicherung des Verantwortlichen.[116]

---

114 Artikel L211-9 des Versicherungsgesetzbuches wie resultierend aus dem Gesetz n°2003-706 des 1.8.2003.
115 Artikel L211-9 al. 1 des Versicherungsgesetzbuches.
116 Artikel L211-20 und L. 421-8 des Versicherungsgesetzbuches.

Sind **mehrere Fahrzeuge** an einem Unfall beteiligt, wird eine Versicherung bestimmt, die 277
dieses Angebot vorzulegen hat.[117] Wird ein solches **Entschädigungsangebot nicht fristge-mäß** vorgelegt oder wird es später von einem Richter als **offenbar ungenügend** betrachtet
(offre manifestement insuffisante), wird wie folgt verfahren:

- Dem Unfallopfer wird eine **Verdoppelung der gesetzlichen Zinsen** nach Ablauf des
  achten bzw. fünften Monats bis zur effektiven Zahlung oder bis zum Urteil zugespro-chen, wobei alle französischen Urteile von Rechts wegen den gesetzlichen Zins syste-matisch spätestens ab der Urteilsverkündung zusprechen.[118]

- Der Versicherer muss zusätzlich eine Abgabe von bis zu **15 % der Gesamtentschädi-gungssumme** in den **Fonds für Verkehrsopferhilfe** (Fonds de Garantie Automobile)
  leisten.

Diese Fristen und Sanktionen gelten jedoch nur dann, wenn das **Unfallopfer kooperiert** 278
und seiner gesetzlich geregelten **Auskunftspflicht** nachkommt. Das Fehlverhalten des Op-fers kann also ggf. zur Verlängerung der Frist führen (zB ein Opfer, das die Belege nicht
übermittelt, oder sich nicht zur med. Begutachtungsvorladung begibt).[119]Dies gilt gleicher-maßen für Geschädigte, die verletzt werden, wie auch für Hinterbliebene von tödlich Ver-unglückten.

Das Gesetz sieht vor, dass das **Entschädigungsangebot alle Schadenspositionen**, mithin 279
auch den Sachschaden, berücksichtigen muss.

In § 35 des Gesetzes ist für alle Versicherer die Verpflichtung zur Leistung in die Verkehrs- 280
opferhilfe (Fonds de Garantie Automobile) festgelegt. Dieser Fonds ist – genau wie der
französische Staat, der sein eigener Versicherer ist und wie jeder private Versicherer – an
die Angebotspflicht gebunden. Allerdings muss hier noch einmal an die **Subsidiarität der
Schadensersatzpflicht des Fonds de Garantie Automobile (F.G.A.)** erinnert werden. Der
F.G.A. greift nur dann ein, wenn das Unfallopfer von keiner anderen Seite eine Entschädi-gung erhalten kann.

Das bedeutet: Der **Versicherer** des Ehemannes, des Fahrers und des Halters des Fahrzeugs 281
muss einspringen, wenn seine Gattin als Beifahrerin bei einem Unfall zu Schaden kommt
und dies, obwohl den Fahrer und Ehemann **kein Verschulden trifft**, der **Gegner** aber **nicht
versichert** ist oder wegen Fahrerflucht **nicht identifiziert** werden kann. In diesem Fall be-steht **kein Schadensersatzanspruch gegen den Fonds de Garantie Automobile.**

B. Anerkenntniswirkung vorgerichtlicher Äußerungen

I. Verjährungsunterbrechung

Hier wird zwischen der Verjährung gegenüber seinem **eigenen Versicherer** im Rahmen 282
einer Vollkaskoversicherung oder der Verjährung gegenüber einem **gegnerischen Versiche-rer**, mit dem keine vertragliche Bindung besteht, unterschieden. Die **Regelverjährung** des
Opfers gegen seine eigene Versicherung, mit der er vertraglich gebunden ist, beträgt **zwei
Jahre** nach dem Unfall (§ L 114-1 Code des Assurances).

Jedoch kommt in der Regel die Verjährungsfrist gemäß § 2226 Code Civil zur Anwen- 283
dung. Diese beträgt für alle **körperlichen Schäden**, die aus einem Unfall resultieren, sowohl
für die direkten als auch für die indirekten Unfallopfer, **zehn Jahre** nach Eintritt der sog
Konsolidierung des körperlichen Schadens oder der Verschlimmerung des körperlichen
Schadens (und nicht seit dem Zeitpunkt des Unfalls).

---

117 Artikel L211-9 des Versicherungsgesetzbuches & sog ICA und IRCA Abkommen: Convention d'indemni-sation pour le compte d'autrui.

118 Im Rahmen einer QPC (Vorrangige Verfassungsfrage) wurde von der Cour de Cassation geurteilt, dass die
Zinsverdopplung als verfassungskonform eingeschätzt werden kann, denn sie ist keine Strafe im Sinne des
Artikel 8 der Menschenrechtsdeklaration „déclaration des droits de l'homme et du citoyen" von 1789, die
verfassungsinhaltlich Teil der Verfassung ist: Cass. Civ. 2ème ch. Civ. 3.2.2011 n°10-17.148 Juris-Data n
°2011-001140.

119 Cass. Civ. 2ème Ch. Civ. 28.6.2012 n°11-12.139 Resp. Civ. et Ass. 2012, comm. 302, H. Groutel.

284 Bei rein **materiellen Forderungen** gilt jedoch gegen die gegnerische Versicherung oder den Gegner selbst die Regelverjährung von **fünf Jahren,** wobei vor der Verjährungsreform im Zivilrecht von 2008 diese Frist 10 Jahre betrug.[120] Gegen die eigene Versicherung wird die Verjährung mit der Schadensanmeldung (sog déclaration de sinistre) unterbrochen.

285 Im Hinblick auf die Verjährungsfrist gemäß § 2226 Code Civil oder die Regelverjährung von fünf Jahren bei materiellen Schäden besteht nur eine Möglichkeit, die **Verjährungsfrist zu unterbrechen,** nämlich die **Einleitung eines gerichtlichen Verfahrens.** Diesbezüglich reicht die Einleitung zB eines Beweissicherungsverfahrens aus. Im Versicherungsrecht beginnt aber die zweijährige Verjährungsfrist mit dem Datum des von dem Versicherer vorgelegten Entschädigungsangebots bzw. mit der **Ablehnung der Entschädigung** noch einmal von neuem an zu laufen. In den anderen Fällen wird die Verjährungsfrist durch das Verfahren unterbrochen und bleibt solange unterbrochen bis das Schlussurteil ergeht.

II. Deklaratorisches Schuldanerkenntnis

286 Ein Schuldanerkenntnis durch den Gegner oder den Versicherer wird gerichtlich anerkannt, so dass danach keine Diskussion mehr über die Haftungsfrage geführt werden kann. Nur die Höhe des Schadens kann noch diskutiert werden.

C. Bedeutung von Abtretungen

287 Wie bereits erläutert (vgl. → Rn. 264 ff.), steht den französischen Versicherungen ein Regressanspruch im Rahmen der von ihrem eigenen Versicherten abgetretenen Prozessführungsansprüchen zu.

§ 2 Beweismittel

A. Allgemeine Grundlagen

288 Im Rahmen eines Verkehrsunfalles gelten im Hinblick auf die **rechtsgeschäftlichen Handlungen** (sog faits juridiques) die **allgemeinen Beweisregeln** (im Gegensatz zu Verträgen oder Schriftstücken).

289 Auf diesem Gebiet ist der **Beweis völlig frei.** Der Beweis kann also mit allen Mitteln erbracht werden: entweder durch **Zeugen** oder durch eine **schriftliche Zeugenaussage,** oder durch einen **europäischen Unfallbericht.** Der Schaden und dessen Umfang können wiederum mit jedem **Schriftstück** oder anderen **Beweismitteln** (Kostenvoranschläge für die Fahrzeugreparaturen, technische Sachverständigengutachten oder medizinische Sachverständigengutachten bezüglich der Körperverletzungen, ärztliche Atteste usw) erbracht werden.

290 Die Beweisführung wird im Code de Procédure Civile (CPC) (dh in der französischen Zivilprozessordnung) geregelt, und zwar in den §§ 9, 10, 15, 132 ff.

§ 9 CPC: Il incombe à chaque partie de prouver, conformément à la loi, les faits nécessaires au succès de sa prétention.
             (Jeder Partei obliegt die Pflicht, den Beweis für die Tatsachenbehauptungen zu erbringen, die für die Durchsetzung ihres Anspruchs erforderlich sind.)

---

120 Gesetz n° 2008-561 des 17.6.2008 « portant réforme de la prescription en matière civile ».

Jantkowiak

§ 10 CPC: Le juge a le pouvoir d'ordonner d'office toutes les mesures d'instructions légalement admissibles.
(Der Richter ist berechtigt, von Amts wegen alle zulässigen Beweisaufnahmemaßnahmen anzuordnen.)

§ 144 CPC: Les mesures d'instructions peuvent être ordonnées en tout état de cause, dès lors que le juge ne dispose pas d'éléments suffisants pour statuer.
(Die Beweisaufnahme kann in jedem Fall angeordnet werden, wenn dem Richter keine ausreichenden Anhaltspunkte zur Verfügung stehen, die ihm die Entscheidung ermöglichen.)

Die Parteien sind ebenfalls berechtigt, derartige **Beweisaufnahmemaßnahmen** (zB persönliches Erscheinen und Anhörung der Parteien, sog comparution personnelle des parties oder Einholung eines Sachverständigengutachtens im Hinblick auf materielle oder körperliche Schäden) von dem Richter **zu verlangen**. 291

B. Einzelne Beweismittel

I. Neutrale Zeugen

Neutrale Zeugen sind in Frankreich alle Zeugen, die **kein direktes Verhältnis** oder **keine direkte Verbindung** mit dem Fahrer des Fahrzeuges oder mit einer anderen, in den Unfall involvierten Partei haben. Jedoch muss ein Zeuge – gemäß der französischen Zivilprozessordnung – immer die Art der Verbindung mit dem Fall oder seine Familienzugehörigkeit angeben. Das bestehende Verhältnis, zB ein Arbeits- oder ein Familienzugehörigkeitsverhältnis, wird von dem Richter selbstverständlich im Rahmen eines Verfahrens berücksichtigt. Absolut neutrale Zeugen im eigentlichen Sinne sind demzufolge nur **Zufallszeugen**, die zB am Straßenrand gestanden haben, aber keine der involvierten Parteien kennen. 292

II. Insassenzeugen

1. Allgemeine Grundlagen. Bei einem **Zivilprozess** werden die Zeugen grundsätzlich nicht persönlich geladen bzw. von dem Richter angehört. Zeugenaussagen erfolgen fast ausschließlich **schriftlich** durch Vorlage einer sog „**eidesstattlichen Zeugenaussage**" (gemäß §§ 200 bis 203 CPC). Es handelt sich um eine eidesstattliche Erklärung des Zeugen, die von ihm unter Angabe seiner Personalien (Name, Vorname, Geburtsdatum und -ort, Adresse, Beruf, etwaiges, mit den Parteien bestehendes Verwandtschafts- oder sonstiges Verhältnis) zwingend eigenhändig niedergeschrieben, mit Datum versehen und unterzeichnet werden muss. Außerdem muss der Zeuge folgende Formel niederschreiben: „Ich weiß, dass meine Aussage für die Vorlage vor Gericht bestimmt ist und dass eine falsche Aussage strafrechtliche Folgen haben kann". Schließlich muss eine Kopie des Passes oder Ausweises des Zeugen beigelegt werden. 293

In besonderen Fällen (zB gegenseitige Zeugenaussagen) dürfen die Parteien die **persönliche Anhörung** der Zeugen oder der Parteien selbst (gemäß §§ 184 bis 198 und 199 CPC bezüglich der persönlichen Verhörung der Zeugen) verlangen. 294

Im Zivilprozess steht den Parteien selbst oder den Zeugen das Recht zu, die Aussage ohne Weiteres zu verweigern. Diejenige Partei oder der Zeuge, der dieses **Aussageverweigerungsrecht** ausübt, braucht keinen Grund dafür zu nennen. 295

Falschaussagen werden jedoch strafrechtlich geahndet. 296

Im **Strafprozess** bzw. im Rahmen der Nebenklage werden die Zeugen entweder von dem Gericht oder – wie im Regelfall – von der Polizeibehörde im Rahmen der sog enquête préliminaire **mündlich verhört**. Schriftliche Zeugenaussagen waren sehr lange in der Strafprozessordnung nicht zulässig. Sie sind jetzt neuerdings erlaubt, aber nur sehr wenig gebraucht. 297

298   **2. Sonderfall Fahrer.** Ist der Fahrzeugfahrer auch Prozesspartei, was fast immer der Fall ist, kann er keine Zeugenaussage im Rahmen des Zivilverfahrens leisten. Gemäß der französischen Zivilprozessordnung (CPC) kann eine Partei (ob Antragsteller oder Antragsgegner) nicht für sich selbst ein Zeugnis abgeben. Im Strafprozess wird der Fahrzeugfahrer zum Unfallvorgang verhört. Man spricht hier aber nur von einem **Verhör** und nicht von einer Zeugenaussage.

299   **3. Zeugen vom Hörensagen.** Ein Zeuge kann entweder schriftlich oder mündlich nur über Tatsachen, die er selbst erlebt hat, aussagen. Eine Zeugenaussage vom Hörensagen ist zwar nicht ausdrücklich verboten, wird aber von einem französischen Gericht als **wertlos** angesehen, wenn sie nicht durch andere wichtige Anhaltspunkte gefestigt wird.

III. Parteivernehmung

300   **1. Vernehmung der gegnerischen Partei.** Wie bereits erläutert (vgl. → Rn. 293), werden im französischen Zivilprozess, ob vor dem Amts- oder Landgericht, weder die antragstellende noch die gegnerische Partei angehört. Vor dem **Landgericht** ist das Verfahren ohnehin **grundsätzlich schriftlich**, sowohl im Hinblick auf den Antrag als auch die Unterlagen, die als Beweis dienen sollen.

301   Es kann ggf, wie ebenfalls bereits erläutert (vgl. → Rn. 291), das **persönliche Erscheinen** (sog comparution personnelle) **einer Partei von der Gegenpartei in besonderen Fällen verlangt werden.** Dies ist zB dann der Fall, wenn streitige Behauptungen unwahrscheinlich erscheinen. Eine Prozesspartei kann niemals als Zeuge angehört werden oder eine Zeugenaussage vorlegen. Im französischen Recht (§ 1315 Code Civil) gilt das Prinzip, dass keine Partei für sich selbst Beweise erschaffen kann: „Nul ne peut se constituer de preuves à soi-même."

302   Im Rahmen des **Strafprozesses** bzw. der **Nebenklage** werden der Angeschuldigte und der Nebenkläger entweder während des Verhandlungstermins von dem Strafgericht oder von der Polizei im Rahmen der sogenannten enquête préliminaire **mündlich verhört.**

303   **2. Vernehmung der beweispflichtigen Partei auf Antrag mit Zustimmung der Gegenpartei.** Die Zustimmungsvoraussetzung gemäß § 447 der deutschen ZPO kennt das französische Recht nicht. Es gibt jedoch die Möglichkeit des sog **serment décisoire** (Urteilsentscheidungseid), mit dem eine **Partei** die Gegenpartei zwingen kann, nach Vereidigung durch den Richter auszusagen (§§ 1358–1365 Code Civil). Verweigert die Partei den Eid, muss der Richter daraus die einzig mögliche Konsequenz ziehen, nämlich der anderen Partei Recht geben (§ 1361 Code Civil). Der **Richter** hat ebenfalls die Möglichkeit, von Amts wegen, eine Partei dazu zwingen, unter Eid auszusagen, (sog **serment déféré d'office**, gemäß §§ 1366 bis 1369 Code Civil). Von diesen beiden Möglichkeiten, serment décisoire oder serment déféré d'office, wird jedoch nur noch in ganz seltenen Fällen Gebrauch gemacht.

IV. Augenschein

304   Das Gericht hat immer die Möglichkeit, entweder von Amts wegen oder auf Antrag einer Partei im Rahmen eines **Zivilprozesses**, die Situation vor Ort in Augenschein zu nehmen. Es handelt sich hier um die sog **vue des lieux**, die parallel mit dem persönlichen Erscheinen der Partei (sog comparution personnelle) organisiert wird.

305   Im Rahmen der **Nebenklage im Strafprozess**, kann der Strafrichter ebenfalls eine Augenscheinbesichtigung anordnen. Man spricht dann von einem sog transport de Justice.

306   Die Anordnung der Beweisaufnahme durch Augenschein auf Antrag einer Partei ist eine **Ermessensentscheidung** des Gerichts. Die Ablehnung dieses Antrages muss zwar begründet sein, aber sie wird meistens mit der schlichten Feststellung gerechtfertigt, der Augenschein erscheine nicht erforderlich.

§ 3 Besonderheiten des ausländischen Zivilprozessrechts

A. Gerichtsstruktur

Im **Zivilprozess** richtet sich die Zuständigkeit für Verkehrsunfälle – ob für materielle oder körperliche Schäden – ausschließlich nach dem **Streitwert.** 307

Liegt der Streitwert **unter 10.000 EUR**, sind ausschließlich die **Amtsgerichte** zuständig. Bei Streitwerten **über 10.000 EUR** ist die Zivilkammer des **Landgerichtes** zuständig. Bei dem Landgericht gilt **Anwaltszwang**, jedenfalls vor der Zivilkammer, während vor dem Amtsgericht die Parteien den Antrag selbst stellen und sich ebenfalls selbst verteidigen dürfen.[121] 308

In Strafverfahren ist die Zuständigkeit zweigeteilt. Bei **fahrlässigen Körperverletzungen,** wenn sie nicht zu gravierend sind (unter drei Monate Arbeitsunfähigkeit), sind die **Strafkammern der Amtsgerichte** (sog Tribunaux de Police) zuständig, denn hierbei handelt sich dann um eine Ordnungswidrigkeit der 5. Klasse. Bei **gravierenden Verletzungen** (über drei Monate Arbeitsunfähigkeit) hingegen ist ausschließlich die **Strafkammer des Landgerichtes** (sog Tribunal Correctionnel) zuständig. Derartige Verletzungen werden nämlich als Vergehen eingestuft.[122] Das Strafmaß für fahrlässige Körperverletzungen mit einer Arbeitsunfähigkeit über drei Monate ist höher als in Deutschland. Die Höchststrafe beträgt drei Jahre Haft und 45.000 EUR Geldbuße. 309

In besonderen Fällen kann das **Strafmaß verschärft** und bis auf fünf Jahre Haft und 75.000 EUR Geldbuße erhöht werden. Dies trifft unter anderem in folgenden Fällen zu: Wenn der Fahrer unter Einfluss von **Alkohol** oder **Rauschmitteln** stand oder sich geweigert hat, einen Alkoholtest durchzuführen, wenn er **ohne Führerschein** oder trotz Entzugs der Fahrerlaubnis (durch gerichtliche Entscheidung oder infolge des Erreichens des hierfür maßgeblichen Punktestands), bei **Geschwindigkeitsüberschreitung** um mehr als 50 km/h, oder wenn er **Fahrerflucht** begangen hat. Liegen zwei oder mehrere Verschärfungstatbestände vor, kann das Strafmaß bis auf sieben Jahre Haft und 100.000 EUR Geldbuße erhöht werden (vérifier si le sens colle). 310

Bezüglich der Anwaltskosten ist festzuhalten, dass in Frankreich keine Gebührenordnung existiert. Die **Honorare der Anwälte** sind demzufolge **frei verhandelbar** und können mit der Mandantschaft frei vereinbart werden, wobei das Honorar entweder unter Zugrundelegung einer Pauschale oder nach Zeitaufwand abgerechnet werden kann. Der sog pacte de quota litis (no cure no pay) ist grundsätzlich verboten. 311

Es gibt jedoch in Frankreich **keine Gerichtskosten**. Die Anrufung eines Gerichts, ob Zivil- oder Strafgericht, ist grundsätzlich kostenfrei, mit Ausnahme einer Gebühr, die in Zivilsachen in erster Instanz in Höhe von 35 EUR und in der Berufungsinstanz in Höhe von 185 EUR und in Strafsachen vor dem Landgericht in Höhe von 90 EUR erhoben wird. 312

B. Klagebeschränkungen

Der Kläger ist jederzeit, dh bis zum Verhandlungstermin mit Plädoyer, bzw. bei Zivilsachen vor dem Landgericht bis zum Beschluss über den Abschluss der mündlichen Verhandlung und Anberaumung eines Termins für das Plädoyer (sog ordonnance de clôture), berechtigt, den von ihm gestellten **Antrag zu ändern**, dh entweder zu beschränken oder zu erweitern bzw. zu erhöhen. 313

In **Zivilsachen**, wenn der Antrag eines Klägers im Hinblick auf den Streitwert die Höchstgrenze von 10.000 EUR überschreitet, wird hierfür ausschließlich das Landgericht zuständig, selbst wenn das Amtsgericht zuerst angerufen worden ist. Umgekehrt, wenn beim Landgericht eine Klage mit einem Streitwert von mehr als 10.000 EUR oder eine unbezifferte Klage erhoben wird, bleibt das Landgericht zuständig, selbst wenn sich herausstellt, 314

---

121 Art. L 211-3 Code de l'Organisation Judiciaire.
122 Art 222-19-1 Code Pénal (Gesetz Nr. 2011-525 des 17. Mai 2011).

zB nach Vorlage eines medizinischen Gutachtens, dass der Streitwert unter 10.000 EUR liegt.

315   In **Strafsachen** ist der Nebenkläger ebenfalls bis zum Termin für das Plädoyer berechtigt, seinen Antrag zu erhöhen oder zu beschränken bzw. zu mindern. Allerdings gibt es weder bei Verfahren vor dem sog Tribunal de Police (Amtsgericht) noch vor dem Tribunal Correctionnel (Landgericht) eine Regel bezüglich der Höhe des Streitwerts. Es ist folglich durchaus möglich, dass eine Nebenklage sowohl vor dem Amtsgericht in Höhe von 100.000 EUR als auch vor dem Landgericht in Höhe von lediglich 2.000 EUR erhoben wird.

Abschnitt 4: Wichtige Arbeitsmittel

A. Zeitschriften

La Semaine Juridique, Edition Générale, Hebdomadaire aux Editions Lexis Nexis, Gazette du Palais

Revue Périodique Dalloz

Bulletin Civil des Arrêts de la Cour de Cassation (Internet Webside: www.legifrance.gouv.fr)

B. Kommentare

Jurisclasseur – Code Civil, Editions Lexis Nexis en ligne, fascicule 280-10 und 280-20

E. *Bloch,* La faute inexcusable du piéton, JCP G 1988, I, 3328

S. *Bories,* Les confins de l'irresponsabilité de la victime d'un accident de la circulation ou la faute inexcusable devant le juge du premier degré, Gaz. Pal., 18 sept. 1992, 8

F. *Chabas,* L'application dans le temps de la loi du 5 juillet 1985 et l'autonomie, Gaz. Pal., 13 nov. 1987

ders., La situation faite au conducteur fautif ...: Gaz. Pal., 2 févr. 1994, 8

G. *Durry,* Statut du conducteur fautif ...: Risques, n° 36, déc. 1998, 131

H. *Groutel, ders.,* Le fondement de la réparation instituée par la loi du 5 juillet 1985, JCP G 1986, I, 3244

ders., L'implication du véhicule dans la loi du 5 juillet 1985 (à propos des arrêts rendus par la 2 e Chambre civile le 21 juillet 1986), D. 1987, chron. 1 et s.

ders., L'extension du rôle de l'implication du véhicule, D. 1990, chron. 263

ders., Imputabilité du dommage à un accident de la circulation, Resp. civ. et assur. 1991, chron. 26 et Resp. civ. et assur. 1992, chron. 4

ders., La faute du conducteur-victime, dix ans après (plaidoyer pour l'absent de la fête), D. 1995, chron. 335

ders., Le conducteur victime rétabli dans ses droits, D. 1997, chron. 18

ders., Les surprises de l'implication en solitaire, Resp. civ. et assur. oct. 1998

ders., Nouveau régime de l'indemnisation du conducteur-victime: les conditions du succès, Resp. civ. et assur. 1998, chron. n° 17

ders., Accidents de la circulation: morcellement ou globalisation des situations complexes?, Resp. civ. et assur. 1998, chron. 19

J. *Huet,* Délimitation du domaine de la loi du 5 juillet 1985 et articulation de la loi de 1985 et du droit commun de la responsabilité, RTD civ., 1987, 354

P. *Jourdain, ders.,*La notion de circulation, RTD civ. 1990, 674 et RTD civ. 1993, 840

ders., Implication et causalité dans la loi du 5 juillet 1985, JCP G 1994, I, 3794

ders., Implication et causalité dans la loi du 5 juillet 1985, JCP G 1994, I, 3794; RTD civ. 1996, 406

Ch. Larroumet, L'indemnisation des victimes d'accidents de la circulation: l'amalgame de la responsabilité civile et de l'indemnisation automatique, D. 1985, chron. 237

F. Leduc, Brèves remarques sur la sanction de la faute de la victime conductrice, Resp. civ. et assur. 2001, chron. 2

G. Legier, La faute inexcusable de la victime d'un accident de la circulation régie par la loi du 5 juillet 1985, D. 1986, chron. 97

C. Mouly, Faute inexcusable: trois notes en marge d'une interprétation, D. 1987, chron. 234

R. Raffi, Implication et causalité dans la loi du 5 juillet 1985, D. 1994, chron. 158

C. Wiederkehr, De la loi du 5 juillet 1985 et de son caractère autonome, D. 1986, chron. 255

C. Monographien

C.-J. Berr/H. Groutel/C. Joubert-Supiot, Circulation-indemnisation des victimes, 1981

S. Brousseau, La loi Badinter: guide pratique de l'indemnisation, 1986

F. Chabas, Le droit des accidents de la circulation, 2. Aufl. 1988

ders., Les accidents de la circulation, 1995

G. Durry, L'assurance automobile, Connaissance du droit, 1998

H. Groutel, Le droit à indemnisation des victimes d'un accident de la circulation, L'assurance française, 1987

Y. Lambert-Faivre, Le droit du dommage corporel, 4. Aufl. 2000

ders., Droit des assurances, 11. Aufl. 2002

J. Landel/J. Pechinot, L'assurance automobile, 1996

Ph. Malaurie/L. Aynes/Ph. Stoffel-Munck, Droit Civil, Les obligations, 2003

F. Terre/Ph. Simler/Y. Lequette, Droit Civil, Les obligations, 8. Aufl. 2002

A. Tunc, La sécurité routière, Esquisse d'une loi sur les accidents de la circulation, 1966

G. Viney, L'indemnisation des victimes d'accidents de la circulation, 1992

G. Viney/P. Jourdain, Les conditions de la responsabilité, 2. Aufl. 1998

D. Internetadressen

I. Zugriff auf das geltende Recht

www.legifrance.gouv.fr: Es handelt sich hier um die offizielle Webside der französischen Regieren, auf der alle Gesetze („Lois"), Dekrete („Décrets") und ministerielle Anordnungen („Arrêtés Ministériels"), sowie alle Gesetzbücher in aktualisierter Form verfügbar sind, und dies kostenlos.

II. Kostenlose Entscheidungssammlungen

www.courdecassation.fr Rubrik „Jurisprudence": Es handelt sich hier um die offizielle Website des französischen BGH („Cour de Cassation"). Die Rechtsprechung ist dort gratis verfügbar.

Ebenfalls zu empfehlen: www.legifrance.gouv.fr Rubrik „Jurisprudence Judiciaire".

III. Sonstige Information

1. **Zinsanspruchsberechnung.** www.banque-france.fr/economie-et-statistiques/changes-et-taux/le-taux-de-linteret-legal.html: Es handelt sich um die offizielle Website der französischen Zentralbank („Banque de France"), auf dem sämtliche gesetzliche Zinssätze seit 1975 aufgelistet sind.

2. **Rechtlich relevante Websites.** www.legifrance.gouv.fr: Hier sind die französischen Gesetze abrufbar. www.lexisnexis.com: Es handelt sich um die umfangreichste französische Datenbank, sei es für die Rechtsdokumentation, Rechtskurse, bzw. Beschreibung, Kommentare, Urteile, usw. Zugang ist nur möglich mit einem jährlichen, bzw. monatlichen Abonnement (ungefähr 200 EUR pro Monat).

http://eur-lex.europa.eu: Die Europagesetzgebung kann hier kostenlos heruntergeladen werden.

E. Liste wichtiger Gesetze

Code des assurances (Versicherungsgesetzbuch), abrufbar unter
http://www.legifrance.gouv.fr/affichCode.do?cidTexte=LEGITEXT000006073984
Code Civil (Zivilgesetzbuch), abrufbar unter
http://www.legifrance.gouv.fr/affichCode.do?cidTexte=LEGITEXT000006070721&dateTexte=20130322
Code Pénal (Strafgesetzbuch), abrufbar unter
http://www.legifrance.gouv.fr/affichCode.do?cidTexte=LEGITEXT000006070719&dateTexte=20130322
Code Général des Impôts (Steuergesetzbuch), abrufbar unter
http://www.legifrance.gouv.fr/affichCode.do?cidTexte=LEGITEXT000006069577&dateTexte=20130322
Code de Procédure Civile (Zivilprozessordnung), abrufbar unter
http://www.legifrance.gouv.fr/affichCode.do?cidTexte=LEGITEXT000006070716&dateTexte=20130322
Code de Procédure Pénale (Strafprozessordnung), abrufbar unter
http://www.legifrance.gouv.fr/affichCode.do?cidTexte=LEGITEXT000006071154&dateTexte=20130322
Code de la Route (Verkehrsgesetzbuch), abrufbar unter
http://www.legifrance.gouv.fr/affichCode.do?cidTexte=LEGITEXT000006074228&dateTexte=20130322
Code de la Sécurité Sociale (Sozialgesetzbuch), abrufbar unter
http://www.legifrance.gouv.fr/affichCode.do?cidTexte=LEGITEXT000006073189&dateTexte=20130322
Loi N° 85-677 des 5.7.1985 tendant à l'amélioration de la situation des victimes d'accidents de la circulation et à l'accélération des procédures d'indemnisation (Gesetz zur Verbesserung der Situation von Opfern von Verkehrsunfällen und zur Beschleunigung von Entschädigungsverfahren) – sog **Loi Badinter**, abrufbar unter
http://www.legifrance.gouv.fr/affichTexte.do?cidTexte=JORFTEXT000000693454&fastPos=2&fastReqId=1366501869&categorieLien=cid&oldAction=rechTexte

Griechenland

Verwendete Literatur:[1] *Filios*, Allgemeines Schuldrecht, 6. Aufl. 2011; *Katras*, Haftung aus Verkehrsunfällen, 1. Aufl. 2003; *Kritikos*, Handbuch des Schadensersatzes aus Verkehrsunfällen, 4. Aufl., 2008 (zit. Apozimiosi); *Kritikos*, Der Verkehrsunfall, 1. Aufl., 2011; *Kritikos*, Handbuch des Schadensersatzes aus Verkehrsunfällen, Ergänzungsband zur 4. Aufl. von 2008, 2014; *Kornilakis*, Besonderes Schuldrecht, 1. Aufl. 2002; *Wafiadou*, Kraftfahrzeuge, Zivil- und Strafrechtliche Haftung, Band A´ und B´, 2003; *Spiridaki*, Schmerzensgeld, Aufl. 2005

Verzeichnis landesspezifischer Abkürzungen

AK	(Astikos Kodikas) Zivilgesetzbuch
Armen.	Armenopoulos (Zeitschrift)
Γ	3ᵉ Zahl im griechischen Zahlensystem (wird heute nicht mehr benutzt)
EllDni	Elliniki Dikaiosini/griechische Justiz – Zeitschrift für Zivilrecht
EpSyngD	Epitheorisi Synginoniakou Dikaiou (Zeitschrift für Verkehrsrecht)
KOK	Griechische Straßenverkehrsordnung (Kodikas odikis kykloforias)
N´	Ny: Zahl 50 im griechischen Zahlensystem (wird heute nicht mehr benutzt)
N.	Gesetz (Nomos)
NoB	Nomikó vima/Juristisches Podium - Allgemeine Juristische Zeitschrift
Ϡ	Sampi: Zahl 900 im griechischen Zahlensystem (wird heute nicht mehr benutzt)
PirN	Piraiki Nomologia/ Piräische Rechtsprechung (Rechtsprechungszeitschrift)
VerwG	Verwaltungsgericht

Abschnitt 1: Anspruchsprüfung zum Haftungsgrund

§ 1 Haftungsgründe

Das griechische Recht spricht von **subjektiver** und **objektiver Haftung**. Die subjektive Haftung (Verschuldenshaftung) ist in der Blankettnorm des Art. 914 ff des Astikós Kódikas (Code zivil/Αστικός Κώδικας [Abk. AK] = gr. BGB) beschrieben und setzt Verschulden vor- 1

---

[1] Die Titel der Materialien sind aus dem Griechischen übersetzt; deutsche Versionen sind nicht verfügbar.

aus. Mit der subjektiven Haftung ist der Haftungstatbestand der unerlaubten Handlung gemeint.

2 Neben der Verschuldenshaftung sieht das griechische Recht die sog. objektive Haftung, „antikimeniki eftini" (**Gefährdungshaftung** oder **gesetzliche Haftung**) vor. Der Gesetzgeber hat bereits im Jahr 1911 die Gefahr, die von einem Fahrzeug ausgeht, erkannt und hat in der griechischen Rechtsordnung die sog. objektive Haftung oder Gefährdungshaftung durch das Gesetz NOMOS ΓϡΝ´/1911[2] eingeführt. Es handelt sich hierbei um ein straf- und zivilrechtliches Gefährdungshaftungsgesetz für Schäden, die beim Betrieb eines Fahrzeugs bei Dritten entstehen. Die Überschrift des Gesetzes lautet, „Über die strafrechtliche und zivilrechtliche Verantwortung, die durch die Benutzung von Kraftfahrzeugen entsteht".

3 Neben den gesetzlichen Haftungsgründen kommen noch **Ansprüche vertraglicher Natur** in Betracht. Die Prüfung des Haftungsgrundes muss personenbezogen (Fahrer, Halter, Versicherer) geschehen.

4 Eine Besonderheit des griechischen Rechts hinsichtlich der Anspruchsgegner, ist auch die Möglichkeit, **Ansprüche gegen den Eigentümer** geltend zu machen, wenn während des Betriebs seines Fahrzeugs Menschen oder Sachen zu Schaden gekommen sind, er aber nicht der Halter oder Fahrer ist. Art. 4 des NOMOS ΓϡΝ´/1911 definiert den Eigentümer als diejenige Person, die nicht Halter oder Besitzer zum Zeitpunkt des Unfalls ist. Allerdings ist die Haftung des Eigentümers bis zur Höhe des Wertes seines Fahrzeugs beschränkt, Art. 4 des NOMOS ΓϡΝ´/1911.

A. Haftung des Fahrers

5 Anders als beim Halter oder Eigentümer definiert das Gesetz NOMOS ΓϡΝ´/1911 nicht, wer der Fahrer des Fahrzeuges ist. Im griechischen Rechtsraum wird angenommen, dass Fahrer diejenige Person ist, die zur Zeit des Verkehrsunfalls am Steuer des Fahrzeuges saß und die tatsächliche Möglichkeit innehatte, das Fahrzeug zu bewegen.[3] Ein interessanter Fall hat die griechische Rechtsprechung beschäftigt: Der Fahrer eines Kleinlasters hat an einem Gefälle geparkt ohne die Handbremse anzuziehen und den Fahrzeugschlüssel mitzunehmen. Sein neunjähriger Sohn, der im Fahrzeug geblieben ist, hat vom Beifahrersitz aus den Schlüssel gedreht, sodass das Fahrzeug rückwärts gerollt ist und dabei zwei Kinder, die sich hinter dem Fahrzeug befanden, schwer verletzt. Das Landgericht in Thesprotia[4] hat die Frage, ob das Kind als Fahrer angesehen werden kann, wie folgt beantwortet: Fahrer ist derjenige der sich hinter dem Lenkrad des Fahrzeuges befindet.

I. Haftung aus Verschulden

6 Für die Verschuldenshaftung kommt hauptsächlich Art. 914 gr. ZGB in Betracht, der besagt: „Wer gesetzwidrig einem anderen schuldhaft einen Schaden zufügt, ist zum Schadensersatz verpflichtet".

7 Wie in den meisten europäischen Rechtsordnungen, so auch in der griechischen, setzt die Verschuldenshaftung das kumulative Vorliegen von Verletzungshandlung, Rechtswidrigkeit und Verschulden voraus. Die Nichtbeachtung des Kódikas Odikís Kykloforias (gr. StVO; Abkürzung: KOK) begründet nicht per se das Verschulden des Fahrzeugführers. Es stellt lediglich einen Umstand dar, der von den Gerichten bei der Feststellung der Schuld berücksichtigt wird.

8 Obwohl das Gesetz NOMOS ΓϡΝ´/1911 ein Gefährdungshaftungsgesetz ist, ist in Art. 5 eine Verschuldenshaftung zu finden. Hier muss der Fahrer beweisen, er sei nicht schuld-

---

2 Im griechischen Zahlensystem, welches nicht mehr benutzt wird, standen die Buchstaben ΓϡΝ für die Zahl 3950. Das Wort Nomos (Νόμος) bedeutet in der griechischen Sprache Gesetz.
3 Kritikos, Apozimiosi, § 2 Rn 2.
4 LG Thesprotia 319/2007.

haft am Unfall beteiligt gewesen. Es liegt letztendlich eine **Verschuldenshaftung mit Beweislastumkehr** vor.

Eine Haftung aus Verschulden ist ebenso gegeben, wenn der Unfall sich **nicht während des** **9** **Betriebs** eines Fahrzeuges ereignet hat. Zu diesem Punkt gibt es eine reiche Rechtsprechung des Areopag, des obersten Gerichtshofes in Griechenland, wonach das Gericht auch im Falle eines Verstoßes gegen den KOK (gr. StVO) nicht an den Polizeibericht gebunden ist. Trotz des Verstoßes gegen den KOK können die Gerichte das Mitverschulden von anderen Unfallbeteiligten prüfen bzw feststellen.

II. Gefährdungshaftung

Der Fahrer haftet nicht nur aus Verschulden, sondern auch aus Gefährdung (Art. 4 des **10** NOMOS ΓϡΝ΄/1911). Hierbei handelt sich um eine verschuldensunabhängige Haftung, die der Gesetzgeber angeordnet hat (Haftung aus dem Gesetz). Voraussetzung für die Haftung des Fahrers ist, dass der fragliche Unfall **beim Betrieb** eines Kraftfahrzeugs geschehen ist. Die Gefährdungshaftung des Fahrers ist von Gesetzes wegen ausgeschlossen, wenn der fragliche Unfall auf **höhere Gewalt** beruht oder ihm der Nachweis gelingt, er habe alles Mögliche unternommen, den Unfall zu vermeiden (Art. 5 des NOMOS ΓϡΝ΄/1911).

Der Gesetzgeber hat Gründe eingeführt, die die (widerlegbare) gesetzliche Vermutung der **11** Schuld des Fahrers erschüttern und somit bis zum völligen **Haftungsausschluss** führen können. Diese Gründe sind gemäß Art. 4 des NOMOS ΓϡΝ΄/1911

a) die **höhere Gewalt,**

b) das ausschließliche **Verschulden des Geschädigten,**

c) das ausschließliche **Verschulden eines Dritten,** der mit dem Betrieb des Fahrzeuges nichts zu tun hat (jemand schubst einen Fußgänger vor das gerade vorbeifahrende Fahrzeug; der Beifahrer schlägt dem Fahrer ins Gesicht),

d) der **Defekt des Fahrzeuges,** welchen der Fahrer nicht kannte bzw nicht kennen musste.

B. Haftung des Halters

Neben dem Fahrer des Fahrzeuges haftet der Fahrzeughalter für die Schäden, die durch **12** einen Verkehrsunfall entstehen. Art. 2 Abs. 2 des NOMOS ΓϡΝ΄/1911 definiert den Fahrzeughalter als den, der über das Fahrzeug zum Zeitpunkt des Unfalls die **Verfügungsberechtigung** besitzt, sei es aufgrund eines Vertrages oder aufgrund seines Eigentums. Die Haftung des unberechtigten Besitzers entspricht der des Fahrzeughalters (Art. 2 Abs. 2, 2. Alt. des NOMOS ΓϡΝ΄m/1911).

I. Haftung aus Verschulden

Für die Geltendmachung von Schmerzensgeldansprüchen ist auch beim Halter stets zu **13** prüfen, ob eine unerlaubte Handlung vorliegt, Art. 914 gr. ZGB. Sofern der Halter nicht gleichzeitig wegen seiner Eigenschaft als Fahrer in Anspruch genommen wird, kommen zunächst Ansprüche aus Art. 914 ff gr. ZGB in Betracht. Wenn zB der Halter sein Fahrzeug vor unbefugter Benutzung nicht schützt oder sein Fahrzeug einer erkennbar ungeeigneten Person anvertraut, kann er neben dem unberechtigten Besitzer aus Verschulden gemäß Art. 914 gr. ZGB haften.[5]

---

5 Kritikos, Apozimiosi, § 7 Rn 39.

14 | *Besonderheit des griechischen Rechts*
Echte objektive Haftung gem. Art. 922 gr. ZGB
(Gefährdungshaftung im Rahmen des Deliktrechts)
Verursacht ein Arbeitnehmer des Halters/Arbeitgebers einen Unfall, haftet der Arbeitgeber direkt gemäß Art. 922 gr. ZGB für den entstandenen Schaden. Anders als in Deutschland (§ 831 BGB, Beweislastumkehr zulasten des Halters) kommt die Haftung des Halters im griechischen Recht einer Gefährdungshaftung oder einer verschuldensunabhängigen Deliktshaftung gleich.
Wegen der sog. echten objektiven Haftung für fremdes Handeln, haftet der Halter (Arbeitgeber) für jeden Vermögens- und Nichtvermögensschaden, der anlässlich eines Verkehrsunfalls beim Geschädigten entstanden ist, in voller Höhe. Neben dem Halter haftet auch der Verrichtungsgehilfe (Fahrer) aus unerlaubter Handlung (Art. 914 gr. ZGB). Hier aber entsteht keine gesamtschuldnerische Haftung des Art. 926 gr. ZGB, sondern eine Haftung aus Nebentäterschaft.

15 **1. Straßenverkehrsrechtliche Gefährdungshaftung.** Die Ansprüche gegen den Fahrzeughalter regelt Art. 4 des NOMOS ΓϡΝ΄/1911, der lautet: „Für jeden Schaden, der während des Betriebs eines Fahrzeuges an Dritten entstanden ist, haftet der Fahrer und der gemäß Abs. 2 bezeichnete Halter".

16 **2. Besonderheiten bei Beförderungen. a) Entgeltliche Beförderung (Straßenbahn, Bus, Taxi).** Ansprüche der Fahrzeuginsassen schließt das Gesetz NOMOS ΓϡΝ΄/1911 in Art. 12 explizit aus, da diese keine Dritte im Sinne des Gesetzes sind. In Art. 2 des Gesetzes Nr. 4841/1930 iVm Art. 2 der gr. Straßenverkehrsordnung (KOK) wird eine Ausnahme von der Ausnahme (und Rückkehr zur Regel) gemacht, so dass schließlich das Gesetz NOMOS ΓϡΝ΄/1911 hinsichtlich der Haftung des Halters für unfallbedingte Schäden der Insassen zur Anwendung kommt. Gemäß Art. 2 des NOMOS ΓϡΝ΄/1911 wird der Begriff Kraftfahrzeug (αυτοκίνητον/aftokíniton) wie folgt bestimmt: „Kraftfahrzeug ist ein Wagen, welcher sich durch Maschinenkraft bewegt und nicht auf Schienen fährt". Daher sind Pkw, Lkw, Busse sowie elektrische Busse (Trollei-Busse) im Sinne dieses Gesetzes Kraftfahrzeuge. Der Halter haftet auch bei einer erlaubten unentgeltlichen Beförderung der Businsassen (zB Schulbus, Betriebsbus etc.) oder einer unerlaubten unentgeltlichen Beförderung (Schwarzfahrten), da für den Bus nicht zwingend ein Ticket eingelöst werden muss.

17 **b) Unentgeltliche Beförderung (Anhalter, Bekannte).** Für Ansprüche der Fahrzeuginsassen findet das Gesetz NOMOS ΓϡΝ΄/1911 keine Anwendung, da gemäß Art. 12 seine Anwendung für Ansprüche von Fahrzeuginsassen ausgeschlossen ist. Für die Geltendmachung ihrer Ansprüche werden die Insassen auf die allgemeinen Regeln (Delikthaftung) verwiesen.

II. Gefährdungshaftung

18 **1. Grundlagen der Gefährdungshaftung.** Die Ansprüche gegen den Fahrzeughalter regelt Art. 4 des NOMOS ΓϡΝ΄/1911, der lautet: „Für jeden von einem durch ein Fahrzeug während seines Betriebs ausgehenden Schaden an Dritten haftet der Fahrer und der gemäß Abs. 2 bezeichnete Halter".

19 **2. Typische Problembereiche. a) Betriebsbegriff.** Gemäß Art. 4 des NOMOS ΓϡΝ΄/1911 ist von einer Haftung der dort erwähnten Personen (Fahrer, Halter und Eigentümer) auszugehen, wenn der fragliche Unfall beim Betrieb eines Kraftfahrzeugs geschehen ist. Wenn der Unfall sich nicht beim Betrieb des Fahrzeugs ereignet hat, dann ist von einer anderen Anspruchsgrundlage (zB Delikthaftung) auszugehen. Wann sich ein Fahrzeug im Betrieb befindet, wird gesetzlich nicht geregelt. Es handelt sich hierbei um einen unbestimmten Rechtsbegriff, dessen Definition Aufgabe der Literatur und der Rechtsprechung ist. Die herrschende Meinung in Theorie und Rechtsprechung definiert den Betrieb eines Kfz, so-

bald dieses die **technischen Voraussetzungen** als Fortbewegungs- und Transportmittel aufweist.[6] In Betrieb befindet sich das Fahrzeug auch dann, wenn der Fahrer aufgrund eines **technischen Defekts**, zB Reifenwechsel, angehalten hat.[7] Auch **geparkte Fahrzeuge** befinden sich „in Betrieb", da sie Einfluss auf den Verkehr haben können.[8]

b) **Ladevorgänge.** Der Betriebsbegriff umfasst auch den ruhenden Verkehr und das hiermit verbundene Be- und Entladen eines Kfz.[9] 20

c) **Verneinung der Betriebsgefahr.** In den seltenen Fällen, in denen das Fahrzeug die technischen Voraussetzungen eines Fortbewegungs- und Transportmittels nicht erfüllt, wird die Betriebsgefahr verneint. 21

d) **Ende der Betriebsgefahr.** Ein Ende der Betriebsgefahr sieht die griechische Regulierungspraxis nicht vor. Auch durch das Abstellen des Fahrzeugs in einem privaten Bereich endet die Betriebsgefahr nicht.[10] 22

e) **Verfolgungsfälle.** Schadenersatzansprüche Dritter, die während der Verfolgung durch Polizeiwagen entstanden sind, sind vor den Verwaltungsgerichten nach den einschlägigen Verwaltungsnormen und nicht nach dem allgemeinen Zivilrecht geltend zu machen. 23

3. **Entlastungsmöglichkeiten.** Liegen die Ausschlussgründe „unabwendbares Ereignis", „höhere Gewalt" und „alleiniges Verschulden des Geschädigten" vor, ist der Halter von der Haftung zu entlasten. 24

C. Haftung des Versicherers

Grundvoraussetzung der Haftung des Versicherers, welche durch das Gesetz N. 489/1976 geregelt wird, ist die Haftung der versicherten Person. Die Haftung der versicherten Person setzt wiederum einen Unfall, wodurch ein Schaden bei einem Dritten entstanden ist, voraus. 25

Das Gesetz N. 489/1976 (Gesetz über die zwingende Versicherung der Haftung für Unfälle aus dem Betrieb eines Kraftfahrzeuges = griechische Kraftfahrzeugpflichtversicherung) wurde in Griechenland im Jahr 1976 eingeführt. Die Kfz-Haftpflichtversicherung ist eine gesetzlich vorgeschriebene Versicherung (Pflichtversicherung), die die Schadensersatzansprüche deckt, die einem Dritten durch den Betrieb eines Kraftfahrzeugs im Straßenverkehr entstehen. 26

I. Haftungsvoraussetzung

Nur bei gleichzeitiger Haftung des Fahrers oder Halters kann von einer Haftung des Versicherers ausgegangen werden. Das **Schadensereignis** ist dem Versicherer innerhalb acht Arbeitstagen **anzuzeigen** (Art. 9 des N. 489/1976). Die Fristversäumnis hat aber in der Praxis keine Nachteile für die Versicherten. Das Gericht kann dem Versicherten, der seine Obliegenheit zur Anzeige versäumt hat, auferlegen, eine Schadensersatzsumme von bis zu 2.000 EUR an den Versicherer zu zahlen (Art. 9 Abs. 3 des N. 489/1976). 27

II. Nachhaftung

Gemäß Art. 6 des Gesetzes N. 2496/1997 (Ergänzung zum Pflichtversicherungsgesetz) haftet der Versicherer **bis zum Ablauf eines Monats** nach dem Zeitpunkt, in dem der Versicherungsvertrag geendet hat. 28

---

6 Kritikos, Apozimiosi, § 11 Rn 11 ff.
7 Kritikos, Apozimiosi, § 11 Rn 21.
8 Kritikos, Apozimiosi, § 11 Rn 21.
9 Kritikos, Apozimiosi, § 11 Rn 21.
10 Kritikos, Apozimiosi, § 11 Rn 35.

D. Haftung von Begleitpersonen

I. Haftung des Beifahrers

29 Nur wenn der Beifahrer kausal den **Unfall verursacht** hat, zB durch plötzliches Eingreifen am Lenkrad, haftet er für den entstandenen Schaden. Kommt durch das unvorsichtige Öffnen der Beifahrertüre ein Radfahrer oder Fußgänger zum Schaden, haftet der Beifahrer aus Art. 914 gr. ZGB (Deliktshaftung).

II. Haftung des Einweisers

30 Die Regel ist, dass nicht der Einweiser, sondern der Halter bzw Fahrer für die Schäden, die während der Einweisung entstanden sind, haftet. Eine Ausnahme gilt dann, wenn das Einparken ausschließlich durch die Anweisung des **Fährenpersonals** möglich ist und dabei ein Schaden entstanden ist. In solchen Fällen haftet ausschließlich die Fährgesellschaft für die Fehler ihrer Erfüllungsgehilfen.[11]

E. Haftungsmodifikation

31 Das Gesetz NOMOS ΓϡΝ′/1911 erlaubt keine Einschränkung der Haftung für Halter oder Fahrzeugführer. Halter und Fahrzeugführer haften für den eingetretenen Schaden **unbegrenzt**. Die Haftungseinschränkung des Eigentümers regelt Art. 4 des NOMOS ΓϡΝ′/1911 dahin gehend, dass der Eigentümer nur bis zur Höhe des Wertes seines Fahrzeuges haftet. Voraussetzung für die Haftungsbeschränkung ist, dass zum Zeitpunkt des Unfalls der Eigentümer weder Halter noch Fahrer ist.

I. Einschränkungen

32 **1. Unfallschäden und Arbeitnehmer.** Wegen der in Griechenland geltenden **direkten objektiven Haftung** des Arbeitgebers für Schäden (Art. 922 gr. ZGB; s. Rn 14), die der Arbeitnehmer während der Ausführung seiner arbeitsvertraglichen Tätigkeit durch einen Unfall einem Dritten zugefügt hat, besteht für den Arbeitgeber keine Möglichkeit, seine Haftung einzuschränken. Sofern der Arbeitgeber in Anspruch genommen wird – auch bei Vorsatz des Arbeitnehmers –, muss er den Geschädigten in voller Höhe entschädigen.

33 **a) Grundsätze der Haftungsverteilung.** Aufgrund der in Griechenland geltenden Gesetzeslage ist eine Haftungsverteilung zwischen Arbeitgeber und Arbeitnehmer nicht möglich. Sofern der Arbeitgeber den Geschädigten entschädigt hat, kann er im Rahmen seiner Regressansprüche nach Art. 927 gr. ZGB den Arbeitnehmer in Anspruch nehmen.

34 **b) Haftung gegenüber Betriebsangehörigen.** Wenn der Verkehrsunfall gleichzeitig einen Arbeitsunfall darstellt, Schädiger und Geschädigter im gleichen Betrieb als Arbeiternehmer angestellt sind und der Geschädigte gesetzlich versichert ist, gehen seine Ansprüche – nur für materielle Schäden – auf den gesetzlichen Versicherungsträger (IKA) über. Wegen des **gesetzlichen Forderungsübergangs** sind vermögensrechtliche Schadensersatzansprüche des Geschädigten gegenüber dem Schädiger (und dem Arbeitsgeber) ausgeschlossen. Für die Regulierung von immateriellen Schäden findet das allgemeine Recht Anwendung.[12]

35 **2. Geschäftsführung ohne Auftrag.** Ist ein Schaden wegen der Abwendung von Schäden, die einem anderen drohen, entstanden – sog. bewusste Reaktionen zur Vermeidung eines Unfalls – können Ansprüche des geschädigten Geschäftsherrn im Rahmen der GOA (Art. 730 gr. ZGB) eingeschränkt werden.

36 **3. Unentgeltliche Beförderung.** Im Fall einer unentgeltlichen Beförderung findet das Gesetz NOMOS ΓϡΝ′/1911 über die Insassen eines Fahrzeuges keine Anwendung. Die Insassen haben Ansprüche nach den allgemeinen Regeln (Deliktsrecht). Ein Haftungsausschluss vor dem Unfall ist für die Insassen nach dem griechischen Deliktsrecht nicht möglich. Im

---

11 LG Athen 3249/1997 (nicht veröffentlicht).
12 Areopag 800/1978 NoB 27,724; OLG Athen 3770/1983 NoB 32, 301.

Einzelfall kann den Insassen ein Mitverschulden treffen, sofern er trotz des alkoholisierten Zustandes des Fahrers, soweit Letzteres erkennbar war, mitgefahren ist.

Art. 14 Abs. 1 des NOMOS ΓϟΝ´/1911 verbietet einen Haftungsausschluss bzw eine Haf-   37
tungsbeschränkung: „Vereinbarungen vor dem Unfall, die diesem Gesetz widersprechen, sind unwirksam". Das Verbot gilt für Vereinbarungen zwischen Fahrzeughalter bzw Fahrzeugführer und Dritten (Geschädigten), die sich außerhalb des Fahrzeuges befinden.

4. Mietwagenprobleme. Eine Haftungseinschränkung für den **Fahrer eines Mietwagens**   38
sieht das griechische Recht nicht vor. Der Fahrer eines Mietwagens haftet aus Art. 2 und 4 des NOMOS ΓϟΝ´/1911 (Gefährdungshaftung), da der Gefährdungshaftungstatbestand sich auch in der Person des Fahrers (Besitzers) erfüllen kann.

5. Mitversicherte Personen und Insassen. Eine Haftungseinschränkung gegenüber mitver-   39
sicherten Personen und Insassen ist im griechischen Recht nicht vorgesehen. Nur im Falle der leichten Fahrlässigkeit und nur bei Sachschäden kann bei **Ehegatten**, unter Berücksichtigung der einschlägigen familienrechtlichen Normen, eine **Haftungseinschränkung** in Betracht kommen. Für Körperverletzung ist eine Haftungseinschränkung ausgeschlossen.

6. Deckungsgrenzen. Die gesetzliche Mindestdeckungssumme nach Art. 33 N. 3746/2009   40
beträgt ab 1.6.2012 für Körperschäden 1 Million EUR pro Person. Auch für Sachschäden beträgt die Deckungssumme 1 Million EUR pro Unfall.

II. Erweiterungen

Nicht nur unter dem Gesichtspunkt der unerlaubten Handlung bzw des NOMOS ΓϟΝ´/   41
1911, sondern auch aus **Vertrag** können Haftungsansprüche bestehen. Im Rahmen einer Beförderung können Ansprüche aus dem Beförderungsvertrag (Positive Vertragsverletzung) entstehen, sodass der Geschädigte zwar den Eintritt des Schadens durch die objektive Pflichtverletzung seines Vertragspartners beweisen muss, nicht aber den Beweis erbringen, dass den Schädiger ein Verschulden trifft.

1. Entgeltliche Beförderung. Bei der entgeltlichen Beförderung stehen den Passagieren An-   42
sprüche aus Vertrag (Beförderungsvertrag), woraus die Verletzung einer Nebenpflicht entstehen kann, und unerlaubter Handlung gem. Art. 914 ff gr. ZGB und/oder aus der Betriebsgefahr nebeneinander zu.

2. Unentgeltliche Beförderung. Eine unentgeltliche Beförderung kann bei einer Fahrge-   43
meinschaft vorliegen. In diesem Fall haben die Insassen gegen den Fahrer Ansprüche aus dem allgemeinen Recht (positive Vertragsverletzung).

F. Haftung von Radfahrern, Fußgängern, Behinderten

I. Haftungskriterien

Radfahrer, Fußgänger oder Behinderte können nur aus unerlaubter Handlung haften. Bei   44
einem groben Verkehrsverstoß von Radfahrern, Fußgängern oder Behinderten haften diese in vollem Umfang (Art. 50 KOK/gr. StVO). Hierbei handelt sich um eine gesetzliche Vermutung, die das **ausschließliche Verschulden** der Radfahrer bzw. Fußgänger voraussetzt. Nach der griechischen Straßenverkehrsordnung wird das **Fahrrad** aus verkehrsrechtlichen Gründen, obschon dieses die technischen Voraussetzungen eines Kraftfahrzeuges nicht erfüllt, einem Fahrzeug gleichgestellt. Daher haftet der Radfahrer im gleichen Umfang wie ein Fahrzeugführer. Voraussetzung für die volle Haftung von Radfahrern und Fußgängern ist, dass diese den Verkehrsunfall ausschließlich verursacht haben.

II. Abwägungsgesichtspunkte

Ein **Mitverschulden** des Fußgängers/Fahrradfahrers gemäß Art. 300 gr. ZGB reicht nicht   45
aus, um die Haftung des Fahrzeugführers auszuschließen.[13] Für **Kinder** gelten spezielle Haftungsprivilegien: Ein Kind haftet deliktrechtlich nicht, wenn es noch nicht das zehnte

---

13 LG Veria 774/1982.

Lebensjahr vollendet hat.[14] Wenn es das 10., nicht aber das 14. Lebensjahr vollendet hat, haftet es für den verursachten Schaden, es sei denn, dass es bei der Begehung der schädigenden Handlung die zur Erkenntnis der Verantwortlichkeit erforderliche Einsicht nicht hatte.[15]

III. Sonderfall: Ältere Fußgänger, Kinder, Behinderte

46 Die griechische StVO legt den Fahrzeugführern gemäß Art. 12 die Pflicht auf, sich gegenüber Kindern, älteren Menschen und Hilfsbedürftigen so zu verhalten, dass eine Gefährdung dieser Teilnehmer im Verkehr ausgeschlossen ist.

§ 2 Prüfungsweg zum Haftungsgrund

A. Anscheinsbeweis

I. Grundlagen (Abgrenzung zum Prozessrecht)

47 Der Anscheinsbeweis ist in der griechischen Prozessordnung nicht geregelt, spielt aber in der Gerichtspraxis und im Rahmen der freien Beweiswürdigung für die Feststellung von Verschulden und Kausalität eine wichtige Rolle, weshalb dieser gewohnheitsrechtlich anerkannt ist.

II. Definition des Anscheinsbeweises

48 In der griechischen Rechtsordnung, stellt der Anscheinsbeweis[16] eine Beweiswürdigungsregel dar, die das Gericht verpflichtet, die durch Erfahrungssätze[17] begründete Wahrscheinlichkeit für das Vorliegen einer behaupteten Tatsache zur Überzeugungsbildung und damit zum Beweis ausreichen zu lassen.

III. Voraussetzungen des Anscheinsbeweises

49 Die Anwendung der Grundsätze über den Anscheinsbeweis setzt das Vorliegen eines typischen Geschehensablaufs voraus, dh es muss ein Tatbestand feststehen oder bewiesen werden, bei dem die Regeln des Lebens und die Erfahrung des Üblichen und Gewöhnlichen dem Richter die Überzeugung vermitteln, dass auch in dem von ihm zu entscheidenden Fall der Ursachenverlauf so gegeben ist wie in den vergleichbaren Fällen.

---

14 Art. 916 gr. ZGB: „Wer das zehnte Lebensjahr nicht vollendet hat, haftet nicht für den von ihm verursachten Schaden."
15 Art. 917 gr. ZGB.
16 Apódixi ek protis opseos/prima facie apodixi.
17 Didagmata tis kinis piras.

IV. Typische Anscheinsbeweise

Exemplarisch werden aus der Rechtsprechung folgende typische Anscheinsbeweise aufgezählt: 50

- **Nichtbeachtung eines Stoppschildes** durch den Unfallverursacher

- Ereignet sich ein Auffahrunfall, so spricht der Anscheinsbeweis für eine **schuldhafte Fahrweise des auffahrenden Fahrers.**

- Bei einem Fahrstreifenwechsel ist nach den Grundsätzen über den Beweis des ersten Anscheins beim Zustandekommen eines Verkehrsunfalls von einem **Verschulden des Fahrstreifenwechslers** auszugehen.

- Für bestimmte Gruppen von Unfallverletzungen kann nach der Regeln des Anscheinsbeweises angenommen werden, dass ein verletzter Pkw-Insasse den **Sicherheitsgurt nicht benutzt** hat.

B. Objektiv festgestellte Sorgfaltspflichtverletzungen

I. Allgemeines Verkehrsverhalten (Straßenverkehrsvorschriften)

In Art. 12 des KOK (gr. StVO) findet sich die Grundsatzvorschrift, die ständige **Vorsicht** 51 und gegenseitige **Rücksicht** aller Verkehrsteilnehmer verlangt. Aber die Nichtbeachtung der Straßenverkehrsordnung begründet per se nicht eine objektive Sorgfaltspflichtverletzung. Ein Verstoß wird nur bei der Feststellung der Kausalität zwischen diesen und dem Ergebnis (Unfall) berücksichtigt.[18]

1. Allgemeine Verkehrssituationen. Unvorsichtig während des Fahrzeuglenkens ist jeder 52 Fahrer, der andere Verkehrsteilnehmer wegen **Ablenkung** nicht beachtet.

2. Unfälle auf Parkplätzen. a) Abgrenzung zum öffentlichen Verkehrsgrund. Anders als in 53 Deutschland werden in Griechenland die Parkplätze nicht vom öffentlichen Verkehrsgrund abgetrennt; grundsätzlich gilt auch dort die Straßenverkehrsordnung.

Besonderheit: Aufgrund der vielen Inseln, die mit Fähren erreicht werden müssen, ist im 54 Falle eines Unfalles während der Überfahrten von folgender Rechtslage auszugehen:

i)   **Unfälle, die durch das Fehlverhalten des Fahrzeugführers verursacht worden sind**

Bei Unfällen auf Fähren, die durch ein Fehlverhalten des Fahrzeugführers verursacht wurden, haftet der Halter bzw Fahrer nach den allgemeinen Regeln (Gefährdungshaftung und/oder Verschuldenshaftung).

ii)   **Unfälle, die durch Fehlverhalten des Fährenpersonals verursacht wurden**

Werden zum Beispiel Fahrzeuge vom Fährenpersonal nicht ordnungsgemäß an den dafür vorgesehen Plätzen befestigt und wegen starken Seegangs auf andere Fahrzeuge „gestoßen", gilt nicht das Straßenverkehrsgesetz, da dieser Schaden nicht dem „Betrieb" eines Fahrzeuges verursacht wurde. In solchen Fällen haftet ausschließlich die Reederei, wobei ihre Schadensersatzpflicht im Rahmen des Art. 140 ΚΙΝΔ (Seerecht) bis zu bestimmten Beträgen begrenzt ist. Darüber hinaus kann der Geschädigte keinen entgangenen Gewinn geltend machen; die allgemeinen Regeln werden von den Seerechtsnormen als lex specialis verdrängt.

Bei einer Beschädigung während der Fährenfahrt können zB die merkantile Wertminderung, die Taxikosten für die Reparaturzeit und der entgangene Gewinn nicht geltend gemacht werden.[19]

b) Vereinbarte Geltung der StVO. Da bei Unfällen auf Parkplätzen in Griechenland ohnehin die StVO gilt, ist kein Raum für eine Vereinbarung über die Geltung der StVO. 55

---

18   Areopag 884/2006; 689/2006; 249/2006.
19   OLG Piräus 164/1996; Kamvisis, Privates Seerecht (1987) Art. 112, S. 346 Rn 5γ.

II. Fahrfehler, Fehlreaktionen

56 Die verschuldensunabhängige Gefährdungshaftung gilt sowohl für den Fahrzeughalter als auch für den Fahrzeugführer. Der entsprechende Haftungstatbestand ist in Art. 4 des NOMOS ΓϡΝ′/1911 geregelt. Es wird von Gesetzes wegen vermutet, dass der jeweilige Verkehrsunfall durch ein schuldhaftes Fehlverhalten des Fahrzeugführers (mit-)verursacht worden ist.

C. Beweislastverteilung

57 Das Gericht kann nach den Grundsätzen der Beweislastverteilung entscheiden, wenn keine Sorgfaltspflichtverletzung festgestellt werden konnte.

I. Grundsatz

58 Sofern der Anscheinsbeweis nicht eingreift, muss der **Geschädigte** den vollen Beweis erbringen, dass der Schädiger allein den Unfall verursacht hat. Bei der Gefährdungshaftung muss der Geschädigte den Beweis antreten, dass ihm der Schaden beim Betrieb eines Fahrzeuges entstanden ist. Der **Fahrzeugführer** hat allerdings die Möglichkeit der Exkulpation: die Ersatzpflicht des Fahrzeugführers entfällt danach, wenn der Schaden nicht durch sein Verschulden verursacht worden ist. Er muss die Umstände darlegen und beweisen, dass er die im Verkehr übliche Sorgfalt beachtet hat oder den Unfall auch bei Einhaltung der im Verkehr üblichen Sorgfalt nicht hätte verhindern können.

59 Bei der Deliktshaftung muss der Geschädigte den erlittenen Schaden und den Kausalzusammenhang zwischen der Sorgfaltspflichtverletzung und dem Schaden beweisen.

II. Ausnahmen

60 **1. Beweisvereitelung.** Die Rechtsprechung hat allgemeine Grundsätze zur Beweisvereitelung entwickelt. So gewährt sie dem Beweispflichtigen, wenn die Beweisvereitelung durch den nicht Beweispflichtigen erfolgt ist, **Beweiserleichterungen** bis hin zur Beweislastumkehr. Eine Beweisvereitelung kann auch gegen den Grundsatz von Treu und Glauben verstoßen. Darüber hinaus ahndet Art. 43 Abs. 2 der gr. Straßenverkehrsordnung die Beweisvereitelung mit mindestens einem Monat Gefängnisstrafe.

61 **2. Unerlaubtes Entfernen vom Unfallort.** Das unerlaubte Entfernen vom Unfallort stellt einen Fall der Beweisvereitelung dar, die bis zur Beweislastumkehr führen kann. Darüber hinaus kann ein unerlaubtes Entfernen für den Täter im Rahmen der Beweiswürdigung nachteilig sein.

62 **3. Schuldbezeugungen nach dem Unfall.** Die Bedeutung einer Erklärung des Schädigers nach dem Unfall, er übernehme die Verantwortung für den entstandenen Schaden, muss unter Berücksichtigung der weiteren Umstände des Unfallhergangs im Wege der Auslegung ermittelt werden. Solch eine Erklärung kann die Bedeutung eines abstrakten **Schuldanerkenntnisses** gemäß Art. 873 gr. ZGB, eines deklaratorischen Schuldanerkenntnisses oder eines einfachen Schuldanerkenntnisses (außergerichtliches Geständnis), welches als Beweissicherung gewertet werden kann, haben.

63 **4. Vernichtung von Beweismitteln.** Die Vernichtung von Beweismitteln führt grundsätzlich zur Beweislastumkehr. Darüber hinaus stellt die Vernichtung von Beweismitteln im Rahmen des Versicherungsrechts eine Obliegenheitsverletzung des Versicherungsnehmers dar, so dass der Versicherer das Recht hat, seine Versicherungsleistungen zu kürzen bzw zu verneinen.

D. Gefährdungshaftung

64 Wegen der (erlaubten) Gefahr, die von einem Fahrzeug ausgeht, hat der griechische Gesetzgeber die Rechtsfigur der Gefährdungshaftung geschaffen. Art. 4 und 5 des Gesetzes NOMOS ΓϡΝ′/1911 ordnen an, dass wenn ein Fahrzeug in Betrieb gesetzt wird und hierbei einem Dritten ein Schaden entsteht, der Fahrzeugführer und der Fahrzeughalter auf

Schadensersatz haften – auch wenn den Fahrzeugführer überhaupt kein Verschulden an dem Unfall trifft.

E. Quotenbildung

Nach der Feststellung der Haftung dem Grunde nach, ist die Quotenbildung durchzuführen. 65

I. Verschuldenshaftung

Das auch in Griechenland geltende Grundprinzip des **Totalersatzes** wird entsprechend der 66 Haftungsquotenanteile eines etwaigen Mitverschuldens des Anspruchstellers (Art. 300 gr. ZGB) beeinträchtigt. Wie beim Anspruchsgegner ist auch beim Geschädigten eine **Prüfung** seines **Eigenverschuldens** durchzuführen. Eine Prüfung der Betriebsgefahr findet in der griechischen Regulierungspraxis nicht statt. Die Betriebsgefahr wie die des § 7 StVG im deutschen Recht kennt das griechische Recht nicht.

II. Gefährdungshaftung

Auch beim ausschließlichen Vorliegen der Gefährdungshaftung ist eine bei der Verschul- 67 denshaftung vergleichbare **Prüfung** durchzuführen.

III. Abwägung

1. Abwägungskriterien. In Art. 9 des Gesetzes NOMOS ΓϡΝ΄/1911 sind die (Mit-)Haf- 68 tungstatbestände, die der Richter bei der Haftungsquotenbildung berücksichtigen muss, normiert. Hierbei sind unter anderem das **Verschulden** (erhöhte oder geringe Fahrlässigkeit), eventueller unfallbezogener **Vorsatz**, sofern die Verkehrsregeln vorsätzlich missachtet worden sind, Verschulden im Rahmen einer Ordnungswidrigkeit oder vorsätzliche Missachtung von Verkehrsregeln, zu beachten.

2. Regeln zur Quotenbildung. Der Grad der Fahrlässigkeit des Schädigers und der Grad 69 des Mitverschuldens des Geschädigten sind einander gegenüberzustellen (sog. **Gegenüberstellung der Haftungsquoten**), um die jeweiligen Quoten zu bilden.

F. Probleme der Gesamtschuldnerschaft

Haften mehrere Schädiger gegenüber dem Geschädigten, regeln die einzelnen Anspruchs- 70 normen das Verhältnis zwischen den **Gesamtschuldnern**. Voraussetzung für die gesamtschuldnerische Haftung ist die Identität des Schadens. Im Falle der unterschiedlichen Haftungsgrade entsteht eine gesamtschuldnerische Haftung nur bis zur gesetzlich vorgegebenen Höhe. Beispiel: Der Eigentümer, der nicht Halter oder Fahrer zum Zeitpunkt des Unfalls ist, haftet nur bis zur Höhe des Wertes seines Fahrzeuges; der Fahrer aber haftet in voller Höhe, Art. 4 und 9 des NOMOS ΓϡΝ/1911.

I. Grundlagen

Im Rahmen der Deliktshaftung sieht Art. 926 gr. ZGB drei Haftungsgruppen vor. Die erste 71 Haftungsgruppe entsteht beim Handeln von mehreren Personen, die zweite regelt die Haftung mehrerer Personen nebeneinander (**Nebentäterschaft**) und die dritte, die Haftung mehrerer Personen zu gleichen Teilen, wenn der jeweilige Verantwortungsanteil nicht festgesetzt werden kann. Die größte praktische Bedeutung hat die Haftungsgruppe der Nebentäterschaft. Beispiele: Halter, Eigentümer, Fahrer; Geschäftsherr und Verrichtungsgehilfe; Aufsichtspflichtiger und Aufsichtsbedürftige; Versicherer und Halter.

Die Gesamtschuldnerstellung findet auch in den Fällen der Gefährdungshaftung Anwen- 72 dung.[20] Im Rahmen der Gefährdungshaftung haften die haftungspflichtigen Personen Fahrer, Halter und Fahrzeugeigentümer nach außen gegenüber dem Geschädigten als **Gesamt-**

---

20 Kritikos, Apozimiosi, § 12, Rn 6, Fn 9.

schuldner, gemäß Art. 4 und 9 des NOMOS ΓჄΝ´/1911 iVm Art. 481 gr. ZGB. Wegen der sog. echten objektiven Haftung des Geschäftsherrn nach Art. 922 gr. ZGB besteht nicht die Möglichkeit einer gesamtschuldnerischen Haftung zwischen dem Geschäftsherrn und den Verrichtungsgehilfen. Art. 923 gr. ZGB regelt die Gesamtschuldnereigenschaft des Aufsichtspflichtigen und Aufsichtsbedürftigen.

73 Im Verhältnis Halter und Versicherer ist deren Gesamtschuldnereigenschaft in Art. 10 § 1 des Gesetzes N. 489/1976 normiert.

II. Haftungsverteilung im Innenverhältnis

74 Anders als im Art. 481 gr. ZGB, wonach die Verteilung der Haftung im Innenverhältnis nach Köpfen erfolgt, wird im Verkehrszivilrecht die Haftungsverteilung geregelt. Im Rahmen der Gefährdungshaftung erfolgt die Haftungsverteilung bezüglich Halter und Fahrer im Innenverhältnis gemäß Art. 4 und 9 des NOMOS ΓჄΝ´/1911. Da eine gesamtschuldnerische Haftung im Verhältnis Halter/Arbeitgeber und Fahrer/Arbeitnehmer wegen der echten objektiven Haftung des Halters/Arbeitsgebers nicht möglich ist, kann auch keine Haftungsverteilung im Innenverhältnis erfolgen.

75 In den Fällen, in denen eine Haftungsverteilung im Innenverhältnis vorgenommen werden muss, ist diese nach Art. 927 gr. ZGB vorzunehmen. Das Maß der Haftung untereinander bestimmt das Gericht entsprechend der Verantwortungsanteile jedes einzelnen Gesamtschuldners. Es ist inzwischen in der Rechtsprechung anerkannt, dass bei Gesamtschuldnerhaftung derjenige von den Gesamtschuldnern den Schaden zu ersetzen hat, den die Verschuldenshaftung trifft.[21]

76 Wegen des Zwecks des Versicherungsvertrages haftet im Verhältnis Halter/Fahrer/Versicherung ausschließlich die Versicherung.[22]

Abschnitt 2: Anspruchsprüfung zur Schadenshöhe

§ 1 Allgemeine Grundlagen der Schadensberechnung

77 Entstehen infolge eines Verkehrsunfalles Einbußen an vermögenswerten Rechtsgütern, kann von einem Schaden im rechtlichen Sinne gesprochen werden. Die Schadensbereiche, die im griechischen Verkehrszivilrecht auftreten können sind Personenschaden, Sachschaden und immaterielle Schäden (Schmerzensgeld). Bei der Schadensberechnung müssen zwingend die unterschiedliche Haftungsnormen (Verschuldenshaftung, Gefährdungshaftung sowie vertragliche Haftungstatbestände) berücksichtigt werden.

A. Begriff des Schadensersatzes

78 Die Art und der Umfang des Schadensersatzes sind in Art. 297 und 298 gr. ZGB normiert, die gleichzeitig die beiden Grundprinzipien, **Geldersatz** und **Totalersatz,** des griechischen Schadensersatzrecht enthalten. Für den Schadenersatz wird **Geldersatz** geschuldet (Art. 297 S. 1). Das zweite Grundprinzip, der **Totalersatz,** ist in Art. 298 gr. ZGB normiert: Der zu leistende Geldersatz umfasst allen Schaden, der auf den zum Ersatz ver-

---

21 Areopag, 1261/2012.
22 LG Thessaloniki 1114/1984 Armen. 1984, 387.

pflichtenden Umstand zurückgeht. Gemäß Art. 297 S. 2 gr. ZGB, „kann das Gericht mit Rücksicht auf die besonderen Umstände statt des Schadensersatzes in Geld die Wiederherstellung des früheren Zustandes anordnen, sofern diese Art von Entschädigung nicht gegen das Interesse des Gläubigers verstößt". Die Naturalrestitution stellt jedoch in Griechenland die Ausnahme dar.

B. Schadensminderungspflicht, § 254 BGB

Sofern der Geschädigte sich ein **Mitverschulden** an der Schadensverursachung anrechnen lassen muss, kann das Gericht, gemäß Art. 300 gr. ZGB, von einer Verurteilung zum Schadensersatz absehen oder diesen mindern. Das Gleiche gilt, wenn der Geschädigte es unterlassen hat, den Schuldner auf die Gefahr eines ungewöhnlich hohen Schadens aufmerksam zu machen, die der Schuldner weder kannte noch kennen musste, oder dass er unterlassen hat, den Schaden abzuwenden oder zu mindern.   79

Zwei Voraussetzungen gelten für die Anwendung des Art. 300 gr. ZGB. Erstens muss eine Verpflichtung zum Schadensersatz vorliegen und zweitens muss der Anspruchsberechtigte des Schadensersatzes durch eine **Obliegenheitsverletzung** bei der Entstehung des Schadens bzw seines Umfanges mitgewirkt haben. Die Obliegenheitsverletzung muss regelmäßig verschuldet sein.[23]   80

Den Geschädigten trifft ein Mitverschulden, das zur Einschränkung seiner Schadensersatzansprüche führen kann, wenn er diejenige **Sorgfaltspflicht** außer Acht lässt, die jedem ordentlichen und verständlichem Menschen obliegt, um sich vor Schaden zu bewahren. Neben der Sorgfaltspflichtverletzung ist der Grad des Verschuldens zu ermitteln. Das Verschulden des Geschädigten muss für die Schädigung mitursächlich im Sinne der Adäquanztheorie[24] gewesen sein.   81

Mangels schuldrechtlicher Beziehung muss ein **Minderjähriger** (unter zehn Jahren alt) für ein Mitverschulden, zum Beispiel eine Pflichtverletzung seines gesetzlichen Vertreters, nicht einstehen.   82

C. Schadensnachweis und Schätzungsmöglichkeit

Den entstandenen Schaden muss der Geschädigte konkret beziffern und nachweisen. Sofern die **Bezifferung** und der **Nachweis** lückenhaft sind, kann der Richter, unter Berücksichtigung aller Umstände, vom Strengbeweis absehen und im Rahmen der Art. 270 Abs. 2 und 340 gr. ZPO eine Schätzung vornehmen. Der Richter kann im Rahmen der Haftungsausfüllenden Kausalität den Schaden schätzen.   83

Der Schadensnachweis erfolgt primär durch ein **Schadensgutachten**. Das Gericht begnügt sich aber auch damit, wenn der Schaden durch einen Kostenvorschlag (Prosforá) eines Reparaturbetriebs nachgewiesen wird. Werden Schadensgutachten oder Kostenvoranschläge begründet in Zweifel gezogen, kann durch entsprechende Antragstellung die Einholung eines gerichtlichen Gutachtens verlangt werden.   84

D. Steuerrechtliche Behandlung von Schadenersatzleistungen

I. Einkommensteuer

Schadensersatzleistungen, die im Rahmen des Art. 929 gr. ZGB (Schadensersatzpflicht wegen unerlaubter Handlung) aufgrund eines gerichtlichen Urteils gewährt werden, stellen keine Einkünfte im Sinne des geltenden Steuerrechts dar, so dass diese einer Besteuerung nicht unterliegen.[25] Das Gleiche gilt, wenn die Schadensersatzleistung im Rahmen eines gerichtlichen oder außergerichtlichen Vergleichs bestimmt wird. Ob die Entschädigung als Geldrente, die als wiederkehrende Bezüge zu zahlen ist, oder als Schadensersatzrente, die   85

---

23 Georgiades/Stathopoulos, Art. 300 Rn 3 ff.
24 Areopag 53/2006 (nicht veröffentlicht); Areopag 364/1964 NoB 12, 916.
25 Areopag 96/1990.

als Ausgleich für den Verlust von Unterhaltsansprüchen zu zahlen ist, gewährt wird, ist für die **Steuerfreiheit** unerheblich.

86 Gemäß den in Griechenland geltenden Steuergesetzen sind auch Schadensersatzleistungen, die eine Ersatzleistung für besteuerbare Leistung (Verdienst oder Gewinn) darstellen, nicht einkommensteuerpflichtig.[26] Allerdings kann der Schädiger den Steuervorteil unter dem Gesichtspunkt des Abzugs für ersparte Aufwendungen des Geschädigten, in Abzug bringen.

87 Da im Bereich der Sachschäden kein Einkommen erzielt, sondern nur eine Beeinträchtigung ausgeglichen wird, sind diesbezügliche Ersatzleistungen nicht steuerpflichtig.

88 Die griechische Regulierungspraxis stellt hinsichtlich der Besteuerung der Verzugszinsen folgende Besonderheit dar: Auf die auszuzahlende Verzugszinssumme wird von der Haftpflichtversicherung eine sog. **Zinssteuer** (tokósimo) iHv 20 % erhoben.

II. Mehrwertsteuerproblematik

89 **1. Konkrete Schadenspositionen. a) Materiellrechtliche Bedeutung der Mehrwertsteuer.** Die durch die Reparatur angefallene Mehrwertsteuer stellt eine weitere konkrete Schadensposition dar, und ist gegen Vorlage von Rechnungen zu erstatten. Der Anspruch auf Erstattung der Mehrwertsteuer besteht nur, sofern die Mehrwertsteuer angefallen ist.

90 **aa) Klärung der Vorsteuerberechtigung.** Dieser Punkt wird in Griechenland aufgrund des dort geltenden Steuerrechts anders geregelt.

91 **bb) Teilweiser Vorsteuerabzug.** Dieser Punkt wird in Griechenland aufgrund des dort geltenden Steuerrechts anders geregelt.

92 **cc) Sonderfälle.** Bei manchen Staatsangestellten besteht die sog. Steuerneutralität, wodurch sich die gezahlte und vereinnahmte Mehrwertsteuer aufheben.

93 **b) Beweislast.** Die Beweislast der angefallenen und entrichteten Mehrwertsteuer obliegt dem Geschädigten.

94 **2. Fiktive Schadensberechnung.** Das OLG Larissa hat in einer Grundsatzentscheidung von 2005 festgestellt, dass die Mehrwertsteuer nur dann zu zahlen ist, wenn über die Reparaturkosten eine Rechnung ausgestellt worden ist.[27]

§ 2 Sachschäden

---

26 Art. 40 der Verordnung 3323/1955 iVm Art. 40 der Verordnung 129/1989
27 OLG Larissa 221/2005; so auch: LG Athen 371/1997, EllDni 1997, 1601.

A. Unmittelbare Sachschäden

Die durch den Unfall beim Fahrzeug entstandenen Schäden, wie Wertminderung oder Reparaturkosten, und die damit zusammenhängenden Nebenkosten stellen die sog. unmittelbaren Sachschäden dar. **95**

I. Fahrzeugschaden (Reparaturkosten)

Grundsätzlich kann der Geschädigte Erstattung der Reparaturkosten verlangen. Im Regelfall sind die Kosten gemäß Reparaturrechnung zu erstatten. Entrichtet wird der Betrag, der für die **Wiederherstellung** erforderlich ist. **96**

1. Schadensnachweis. Wegen Art. 297 gr. ZGB, der eine **fiktive Schadensabrechnung** ermöglicht, ist der Geschädigte nicht verpflichtet, sofern dieser fiktiv abrechnet, den Schaden nachzuweisen. Er muss weder nachweisen, dass er seinen Unfallwagen hat reparieren lassen, noch den Nachweis führen, auf welche Weise und in welchem Umfang die Reparatur durchgeführt wurde. **97**

a) Schadensgutachten. Im Rahmen seiner Möglichkeit den Schaden zu schätzen, ist für das Gericht ein **vorgerichtliches** eingeholtes Gutachten ausreichend. Nur wenn der Schädiger gravierende Mängel des Gutachtens begründend beanstandet, kann das Gericht durch Beschluss nach entsprechendem Antrag ein eigenes Gutachten einholen. **98**

b) Kostenvoranschlag. Dem Kostenvoranschlag (Prosforá) kommt eine dem Sachverständigengutachten vergleichbare Wirkung zu. Voraussetzung hierfür ist, dass der Kostenvoranschlag detailliert die einzelnen Reparaturmaßnahmen sowie die erforderlichen Ersatzteile beinhaltet. Die Prosforá wird vereinzelt auch von den Versicherungen akzeptiert. **99**

c) Gerichtliches Gutachten. Die Erstellung eines weiteren Gutachtens wird vom Gericht durch entsprechenden Beschluss angeordnet, sofern die von den Parteien vorgelegten Gutachten oder Kostenvoranschläge in Zweifel gezogen werden oder voneinander unverhältnismäßig abweichen. **100**

2. Totalschadensabrechnung bei Kettenauffahrunfällen. Entsteht in einem ungeklärten Kettenauffahrunfall beim mittleren Fahrzeug ein wirtschaftlicher Totalschaden, ist wie folgt zu verfahren: Da den Geschädigten bei Kettenauffahrunfällen meistens ein Mitverschulden trifft, wird er seine **Mitverschuldensquote** für den von ihm verursachten Heckschaden in Abzug bringen müssen, so dass sich der Frontschaden anspruchsmindernd aus- **101**

wirkt. Nach der Rechtsprechung wird im Falle des Totalschadens als Berechnungsgrundlage der Schadenshöhe der Verkaufswert des zerstörten Fahrzeugs zum Zeitpunkt des Unfalls zugrunde gelegt.[28] Demzufolge erhält der Geschädigte den Marktwert seines Fahrzeugs abzüglich der Schadenshöhe, die am Frontbereich seines Fahrzeugs entstanden ist.

102 **3. Totalschadensabrechnung und Restwertproblematik.** In Griechenland wird zwischen dem technischen und dem wirtschaftlichen Totalschaden unterschieden. Ein technischer Totalschaden wird dann angenommen, wenn das Auto durch Reparatur vom Unfallzustand nicht mehr in seinen vorherigen Zustand versetzt werden kann, weil die Beschädigungen zu erheblich sind. Ein wirtschaftlicher Totalschaden liegt dann vor, wenn die Kosten für die nötige Reparatur den Wert für eine Wiederbeschaffung des Fahrzeuges überschreiten.[29] Im Falle eines Totalschadens hat der Geschädigte folgende zwei Möglichkeiten: Er kann entweder den **Restwert** von der Schadensersatzsumme **in Abzug** bringen oder er kann das Fahrzeugwrack dem Schädiger überreichen und die **volle Schadensersatzsumme** verlangen. Zu diesem Punkt ist die Rechtsprechung in Griechenland einheitlich.[30] Der Geschädigte ist nicht verpflichtet, mit seiner Schadensersatzklage den Restwert anzugeben. Der Restwert wird auch nicht von den Gerichten von Amts wegen berücksichtigt. Nach der herrschenden Rechtsprechung[31] der griechischen Gerichte muss der Beklagte (Schädiger) die Einrede des Art. 262 gr. ZPO erheben und beantragen, dass die geltend gemachte Schadensersatzsumme um den Restwert zu mindern ist. Hierbei muss er den Restwert genau beschreiben und beziffern. Andernfalls wird der Klage in vollem Umfang stattgegeben. In der Literatur wird überwiegend die Meinung vertreten, dass der Abzug des geschätzten Restwerts eine Berechnungsmethode der Schadensersatzhöhe darstellt und ohne eine entsprechende Einrede des Schädigers durchgeführt werden muss.[32]

103 Bei einem Totalschaden wird der **Restwert** des zerstörten Fahrzeugwracks auf den **Wiederbeschaffungswert** angerechnet. Der Restwert ist vom Wiederbeschaffungswert abzuziehen.[33] Den Beweis, dass das zerstörte Fahrzeugwrack sich weiterhin im Eigentum des Geschädigten befindet, muss der Schädiger führen.[34]

104 **4. Reparaturkostenabrechnung. a) Abrechnung tatsächlich angefallener Reparaturkosten.** Nur die durch **Rechnungsvorlage** ausgewiesenen Beträge über die durchgeführten Reparaturen werden von den Versicherungen erstattet. Weicht die Werkstattrechnung von der Schätzung des Schadensgutachtens ab, ist der sich aus der Reparaturkostenrechnung ergebende Betrag zu erstatten.

105 **b) Abrechnung fiktiver Reparaturkosten.** Nach Art. 297 griechische ZGB kann der erforderliche Herstellungsaufwand verlangt werden. Der Geschädigte ist aber nicht verpflichtet, diesen auch für die Reparatur einzusetzen. Die Abrechnung von fiktiven Reparaturkosten erfolgt meistens aufgrund eines Sachverständigengutachtens oder eines Kostenvoranschlags.

106 **aa) Rechnungsvorlage.** Da nach dem griechischen Schadensersatzrecht der konkrete Schaden zu ersetzen ist, ist der Geschädigte verpflichtet, wenn er im Rahmen einer zunächst beabsichtigten fiktiven Abrechnung tatsächlich reparieren lässt, die Reparaturrechnungen vorzulegen.

107 **bb) Ersatzteilrabatt.** Sofern dem Geschädigten bestimmte Rabatte bei den Ersatzteilen gewährt werden oder er das beschädigte Fahrzeug in eigener Werkstatt reparieren kann, ist der Rabatt bei der Schadensregulierung zu berücksichtigen. Hinsichtlich der Kosten der

---

28 OLG Lamia 77/2009 EpSyngD 2007, 454.
29 Kritikos, Apozimiosi/Ergänzungsband 2014, § 22 Rn 1.
30 OLG Patras 4371/1995, ESD 2006, 204; OLG Athen 220/1994, ESD 1994, 427 (429); OLG Athen 5731/1985 Ell Dni 26, 1356; ESD 1998,888.
31 Areopag 1539/1998 Dike 1999, 794, aM Beis; LG Athen 10496/1998, ESD 2001, 290; OLG Thessaloniki 2935/2005.
32 Filios, Schuldrecht, S. 298.
33 OLG Lamia 64/2009.
34 OLG Atheh 4850/1993.

Reparaturarbeiten ist ihm ein der Billigkeit entsprechender Teil zu erstatten.[35] Nach einer anderen Auffassung sind die Kosten der Reparaturarbeiten in voller Höhe zu entschädigen.[36]

cc) **Verbringungskosten.** Sofern Transportkosten für das beschädigte Fahrzeug entstehen, 108 sind diese in voller Höhe zu erstatten.

dd) **UPE-Zuschläge.** Die Abgabe von unverbindlichen Preisempfehlungen der Fahrzeug- 109 hersteller für ihre Ersatzteile gegenüber den Werkstätten wird in Griechenland nicht praktiziert.

ee) **AW-Sätze.** Sofern der Geschädigte eine fiktive Schadensabrechnung vornimmt, erhält 110 er die typischen Sätze, die für die freien Werkstätten gelten.

c) **Vorschadenproblematik.** Für die Festsetzung der Schadenshöhe bleiben Vorschäden 111 nicht unberücksichtigt. Soweit ein Vorschaden nicht erkennbar ist, ist der Geschädigte, im Rahmen seiner Schadensminderungspflicht, verpflichtet, diesen anzuzeigen.

Die nachgewiesenen Vorschäden wirken sich mindernd aus, da sonst der Zweck des Scha- 112 densersatzes – Herstellung zum Unfallzeitpunkt – verfehlt wird und der Geschädigte sich bereichern würde.

5. **Fahrzeugschaden (Abrechnung auf Neuwagenbasis).** Wenn ein neues oder neuwertiges 113 Fahrzeug beschädigt wurde, kann der Geschädigte entweder das Fahrzeug an den Schädiger herausgeben und den Neupreis verlangen oder das Fahrzeug verkaufen und den Unterschiedsbetrag zum Neupreis geltend machen.[37]

II. Wertminderung

Die griechische Regulierungspraxis kennt den merkantilen und den technischen Minder- 114 wert, wobei die Schadensregulierung nach dem merkantilen Minderwert vorgenommen wird.

1. **Technischer Minderwert.** Von einem technischen Minderwert gehen die Gerichte in 115 Griechenland aus, wenn trotz der Reparatur nicht behebbare oder unvermeidbare Mängel weiterhin vorliegen.[38]

2. **Merkantiler Minderwert.** Merkantiler Minderwert ist die Verringerung des Verkaufs- 116 wertes eines Fahrzeugs, weil die potenziellen Kunden wegen des Unfalls und der darauf folgenden Reparatur vom Kauf solcher Fahrzeuge absehen. Daher ist der Verkäufer meistens gezwungen, den Kaufpreis herabzusetzen.[39]

a) **Mathematische Berechnungsmethoden.** Mathematische Berechnungsmethoden kennt 117 die griechische Regulierungspraxis nicht. Vielmehr wird der merkantile Minderwert unter Würdigung aller Umstände nach der freien Überzeugung des Gerichts und im Rahmen seiner Schätzungsmöglichkeit vorgenommen.

b) **Schätzungsmöglichkeiten.** Typische Umstände und Faktoren, die das Gericht bei der 118 Schätzung des merkantilen Minderwertes zu berücksichtigen hat, sind die Kilometerleistung des Fahrzeugs bis zum Unfalltag, das Fahrzeugalter, sein allgemeiner Zustand, das Alter des Fahrzeugmodells, der Umfang des Fahrzeugschadens, die durchgeführte Reparatur, die Einsetzung von neuen oder gebrauchten Ersatzteilen, die Höhe der Reparaturkosten.[40]

c) **Sonderproblem: Fahrzeugalter.** In der Rechtsprechung überwiegt die Ablehnung einer 119 Wertminderung bei Fahrzeugen, die schon älter als 10 Jahre sind. Bei teuren Marken

---

35 OLG Athen 8022/1993 EllDni 1995, 660; vollständigere Begründung OLG Athen 2287/1995 ELLDni 1995, 1554 und OL G Athen 3330/1995 EllDni 1995,15 155.
36 Areopag 84/2002 EllDni 2002, 1031= EpSyngD 2004,412.
37 OLG Athen 1927/1998 (nicht veröffentlicht).
38 OLG Nauplion 132/1996; OL Athen 1017/1980 NoB 28, 1533; OLG Athen 8645/1979 NoB 28, 542.
39 Areopag 884/2006; 689/2006; 249/2006.
40 Für die griechische Rechtsprechung s. Fälle aus EpSyngD 1982, 214 ff und 225 ff.

(Mercedes, BMW, Porsche) kann aber eine Wertminderung für Fahrzeuge, die bereits 13 oder 15 Jahre alt sind, erstattet werden.

III. Abschleppkosten

120   Der Schadensersatzanspruch des Inhabers des geschädigten Fahrzeugs beinhaltet auch die Kosten für das Abschleppen des Fahrzeugs zu einer Reparaturwerkstatt bzw. einen Schrottplatz bei einem Totalschaden.[41] Abschleppkosten sind außergerichtlich selten durchsetzbar. Die Abschleppkosten für ausländische Fahrzeuge, um die Reparaturen im jeweiligen Heimatland durchzuführen, werden erstattet, wobei hier Sorge getragen werden muss, dass die Abschleppkosten im Verhältnis zu den Reparaturkosten stehen.[42]

IV. Kosten für Gutachten und Kostenvoranschläge

121   Die Kosten eines **Privatgutachtens** stellen keine Schadenposition bei der außergerichtlichen Schadensregulierung dar und werden nicht erstattet. Bei diesen handelt es sich um außergerichtliche Kosten für die Beschaffung eines Beweismittels und sie werden nur im Rahmen der Prozesskosten in voller Höhe gem. Art. 189 gr. ZPO erstattet und nur dann, wenn die Erstellung eines Gutachtens nicht eine überobligatorische Vorsorge im Rahmen der Beweissicherung darstellt.[43]

122   In der Rechtsprechung ist die Notwendigkeit der Einholung eines Privatgutachtens im Falle des Totalschadens umstritten. Die Meinung, die sich vermutlich durchsetzen wird,[44] verneint den Begriff dieser Position als Schaden aus unerlaubter Handlung und sieht darin eine vorgerichtliche Ausgabe, die aus überobligatorischer Vorsorge für die Beweissicherung gemacht worden ist. Die richtige Auffassung[45] sieht aber darin eine weitere Schadensposition, die ursächlich mit dem Unfall zusammenhängt, weshalb diese Kosten zu ersetzen sind.

123   **1. Gutachtensmängel.** Falls das von einem Unfallbeteiligten gefertigte Gutachten in Zweifel gezogen wird, besteht die Möglichkeit ein eigenes Gutachten zu erstellen, wobei hier die Kosten von dem, der das Gutachten in Auftrag gegeben hat, zu tragen sind. Allerdings ist drauf hinzuweisen, dass das erste eingeholte Gutachten nicht völlig unbrauchbar ist. Kommt es schließlich zur gerichtlichen Schadensregulierung sind beide Gutachten als weitere Prozesskosten anzusehen und werden von der unterlegenen Partei getragen.

124   **2. Verneinung der Überprüfungspflicht.** Sofern der Geschädigte bei der Auswahl für einen ordnungsgemäßen Sachverständigen gesorgt hat, kann ihm das Kostenrisiko für ein unzutreffendes Gutachten nicht aufgebürdet werden. Dieser Punkt spielt aber in der griechischen Regulierungspraxis erst im Falle der Einholung eines zweiten Schadensgutachtens eine Rolle. Der Grund hierfür ist, dass in den meisten Fällen die Versicherer des Schädigers die Erstellung eines Gutachtens in Auftrag geben.

125   **3. Bagatellschadensgrenze.** Die Bagatellschadensgrenze in Griechenland liegt bei etwa 500 EUR.

126   **4. Höhe der Gutachterkosten.** Da die **Kosten** für die Privatgutachten ohnehin **nicht erstattet** werden, kann auch ein Streit über deren Höhe nicht entstehen. Ein Streit über die Höhe der Gutachterkosten kann nur im Rahmen der gerichtlichen Schadensregulierung entstehen, was aber die Ausnahme ist, zumal die Sachverständigen an das von der Industrie und Handelskammer vorgegebene Grundhonorar gebunden sind.

127   **a) Beurteilungsgrundlage.** Wegen des unter Rn 126 genannten Grundes spielt dieser Punkt keine große Rolle in der griechischen Regulierungspraxis.

---

41 LG Athen 3038/1981; LG Kreta 80/1980.
42 LG Athen 12520/1980.
43 Areopag 1450/2009.
44 OLG Athen 9506/2001 EllDni 2003, 515; OLG Athen 553/1994 EpSyngD 1996, 159 (163).
45 OLG Athen 144/1993.

b) Fehlende Überprüfungspflicht. Wegen des unter Rn 126 genannten Grundes spielt die- 128
ser Punkt keine große Rolle in der griechischen Regulierungspraxis.

5. Kosten für Kostenvoranschläge. Die Kosten für die Kostenvoranschläge werden in der 129
griechischen außergerichtlichen Regulierungspraxis nicht erstattet. Kommt es zur gerichtlichen Schadensregulierung, werden die Kosten für die Kostenvoranschläge im Rahmen der
Gerichtskosten berücksichtigt und erstattet.

V. Nebenkosten bei Ersatzfahrzeugen

1. Ab-, An-, Ummeldekosten. Die oben bezeichneten einzelnen Schadenspositionen sind 130
auf Vorlage der entsprechenden Quittungen der Zulassungsstellen und/oder Finanzbehör-
den in voller Höhe zu erstatten.

2. Umbaukosten. Fallen Umbaukosten an, sind diese in voller Höhe zu erstatten. 131

VI. Nutzungsausfallschäden

Die in der Regulierungspraxis anerkannte Dauer des zu ersetzenden Nutzungsausfalls be- 132
ginnt mit dem Tag des Unfalls und endet mit der Durchführung der Reparatur. Eine Überschreitung der im Gutachten vorgesehenen Reparaturdauer im Einzelfall wird anerkannt,
wenn begründete Umstände, wie zB die Beschaffung von Ersatzteilen im Ausland, vorliegen. Bei einem Totalschaden beträgt die Nutzungsausfalldauer vom Unfall bis zum Ablauf
des im Gutachten festgelegten Zeitraums für die Wiederbeschaffung eines Fahrzeugs.

1. Mietwagenkosten. Die Verpflichtung zum Ersatz von Mietwagenkosten besteht, soweit 133
diese sich im Rahmen des Erforderlichen halten. Maßstab hierfür sind die Aufwendungen,
die eine verständige, wirtschaftlich denkende Person in der Lage des Geschädigten machen
würde.

a) Privat-oder Werkstattwagen. Dem Geschädigten sind grundsätzlich die angefallenen 134
Kosten eines Mietwagens in voller Höhe zu ersetzen. In den meisten Fällen wird dem Ge-
schädigten ohnehin vom Haftpflichtversicherer des Schädigers ein **Ersatzfahrzeug** für die
Dauer der Reparatur zur Verfügung gestellt.

b) Fahrbedarf. Das Landgericht Thessaloniki urteilte, dass die Anmietung eines Unfaller- 135
satzwagens trotz eines täglichen Fahrbedarfs von etwa 10 km gegen die **Schadensminderungspflicht** verstoße. Die Versicherung muss in solchen Fällen die Mietwagenkosten nicht
erstatten.

c) Nutzungswille und -möglichkeit. Mietwagenkosten werden erstattet, sofern diese ange- 136
fallen sind. Die Nutzungsmöglichkeit liegt beim Geschädigten nicht vor, wenn er verletzungsbedingt fahrunfähig ist, er ein zweites Fahrzeug besitzt bzw ihm eins von seinem Arbeitgeber zu Verfügung gestellt wird oder er die öffentlichen Verkehrsmittel benutzt. In
den genannten Fällen werden dem Geschädigten unter dem Aspekt seiner Schadensminderungspflicht, die Mietwagenkosten nicht erstattet.[46] Der Nutzungswille des Geschädigten
manifestiert sich in der Anschaffung eines Fahrzeugs.[47]

d) Grundsatzproblematik. aa) Grundlage der Erstattungsfähigkeit. Der Nutzungsausfall 137
kann nicht fiktiv abgerechnet werden. Voraussetzung des Anspruchs ist ein tatsächlicher
Ausfall des Fahrzeugs sowie die tatsächliche Anmietung eines Ersatzfahrzeuges.

bb) Marktforschung. Falls der Geschädigte die Annahme eines vom Haftpflichtversicherer 138
des Schädigers zur Verfügung gestellten Ersatzfahrzeuges begründet verweigert, ist er verpflichtet, Preisvergleiche anzustellen. Marktforschung braucht er jedoch nicht zu betreiben.

cc) Unfallersatztarif. Der Unfallersatztarif ist von den Autovermietern in Griechenland 139
nicht eingeführt worden; daher ist diese Möglichkeit in der Regulierungspraxis unbekannt.

---

46 Kritikos, Apozimiosi, § 22 Rn 100.
47 Kritikos, Apozimiosi ,§ 22 Rn 115.

140 **dd) Zeitaufwand.** Den Zeitverlust, den der geschädigte Fahrzeuginhaber hat, um zB sein Fahrzeug zur Werkstatt zu bringen oder Ersatzteile vom Ausland zu besorgen, wird nicht entschädigt, da dieser kein Schaden im engeren Sinne ist.[48] Ein Zeitaufwand für die außergerichtliche Schadensregulierung wird nicht entschädigt.[49] Im Rahmen der gerichtlichen Schadensregulierung kann der Schadensaufwand als eine weitere Position von immateriellen Schäden berücksichtigt werden, Art. 932 ZGB.

141 **ee) Schadensminderungspflicht.** Im Rahmen des Art. 300 der gr. ZGB ist der Geschädigte verpflichtet, sich wirtschaftlich, dh schadensmindernd zu verhalten. Ist der Geschädigte für seine täglichen Fahrten nicht auf ein Fahrzeug angewiesen, weil er zum Beispiel ohnehin die öffentlichen Verkehrsmittel benutzt, kann ihm der Anspruch auf Mietwagenkosten dem Grunde nach verweigert werden. Darüber hinaus hat er das preiswertere Fahrzeug anzumieten, wenn das im Rahmen des Zumutbaren angemessen erscheint. Entstehen durch die Benutzung eines Taxis geringere Kosten als bei der Anmietung eines Fahrzeuges ist der Geschädigte gehalten, ein Taxi zu benutzen.[50]

142 **ff) Pauschale Abgeltung.** Eine pauschale Abgeltung von Nutzungsausfallentschädigung im Bereich der Mietwagenkosten ist aufgrund des Art. 298 gr. ZGB nicht möglich: „der Schadensersatz umfasst die Minderung des vorhandenen Vermögens des Gläubigers (positiver Schaden) …". Nur wenn das Vermögen des Geschädigten durch die Zahlung der Mietwagenkosten sich vermindert hat, sind diese zu erstatten.

143 **e) Kosten für Fahrzeugzustellung.** Von den Versicherungen werden Kosten für Fahrzeugzustellungen nicht erstattet. Im Rahmen der gerichtlichen Schadensregulierung werden Fahrzeugzustellungskosten, sofern diese nachgewiesen werden, erstattet.

144 **f) Kosten für Haftungsfreistellung.** Sofern der Geschädigte für sein eigenes Fahrzeug eine Vollkaskoversicherung abgeschlossen hat, sind die Kosten für die Haftungsfreistellung erstattungsfähig, aber nur wenn diese Kosten nicht ein Teil des Mietentgelts sind. Allerdings erfolgt eine Erstattung kaum im Rahmen der außergerichtlichen Schadensregulierung.

145 **g) Kosten für Insassenunfallversicherung.** In der Literatur wird angenommen, dass wenn der Geschädigte eine Insassenunfallversicherung für sein Fahrzeug abgeschlossen hat, er die durch die Anmietung eines Mietwagens entsprechend angefallenen Kosten geltend machen kann.[51] Diese zusätzlichen Kosten werden aber in der Praxis kaum gesondert beansprucht, da diese ohnehin im Mietentgelt inbegriffen sind.

146 **h) Abzug ersparter Aufwendungen.** Die Literatur und die Rechtsprechung beantworten die Frage, ob und in welcher Höhe ein Abzug für ersparte Eigenaufwendungen vorzunehmen ist, sehr unterschiedlich. Aus der Sicht der Differenztheorie, gem. Art. 297 gr. ZGB, ist ein Abzug für ersparte Aufwendungen zu verneinen. Eine Änderung im Vermögen des Geschädigten ist nicht erfolgt: Die Ausgaben für das verunfallte Fahrzeug fallen trotz des Unfalles weiterhin an.[52] Die Rechtsprechung hat sich zu diesem Thema bis heute noch nicht abschließend erklärt.[53] In der Literatur wird die Ansicht vertreten, dass ein Abzug ersparter Aufwendungen stets vorzunehmen ist.[54]

147 **aa) Quotengruppen.** Anders als in Deutschland werden hinsichtlich der Höhe der in Abzug zu bringenden ersparten Aufwendungen in Griechenland keine Quotengruppen gebildet. Die Gerichte entscheiden zu diesem Punkt sehr unterschiedlich, so dass von einer einheitlichen Rechtsprechung nicht gesprochen werden kann.

148 **bb) Berechnungsgrundlagen und -probleme.** Weder von der Literatur noch von der Rechtsprechung sind Berechnungsmodelle vorgegeben worden, die eine einheitliche und gerechte Lösung garantieren können. Die Berechnungen werden unter Berücksichtigung des Ein-

---

48 Kritikos, § 22 Rn 109.
49 Kritikos, Apozimiosi, § 22 Rn 135.
50 Kritikos, Apozimiosi, § 22 Rn 107.
51 Kritikos, Apozimiosi, § 22 Rn 108/109.
52 Kritikos, Apozimiosi, § 22 Rn 116.
53 OLG Athen 7338/1974 EpSyngD Γ' 85 (für den Abzug); OLG Athen 12281/1990 (gegen den Abzug).
54 Stathópoulos, Allgemeines Schuldrecht, § 9 II S. 540 ff.

zelfalls vorgenommen. Der wichtigste „Eigenersparnisfall", die die griechische Regulierungspraxis kennt, ist das Recht der Versicherer, die ersparten Unkosten für das eigene Fahrzeug des Geschädigten, für die Zeit der Reparatur im Falle der Anmietung eines Mietwagens, in Abzug zu bringen.[55]

i) Fahrzeugtyp – Gruppengleichheit. Im Rahmen seiner Schadensminderungspflicht ist der 149 Geschädigte gehalten, ein Fahrzeug gleichen Typs anzumieten. Mietet er ein Fahrzeug der höheren Klasse, handelt er auf eigene Gefahr. Der Schädiger kann verlangen, dass die Schadensposition entsprechend gemindert wird.[56]

2. Nutzungsausfallentschädigung. Wegen des im griechischen Schadensersatzrecht geltenden 150 den Grundprinzips der tatsächlichen Schadensberechnung, wird sowohl von der Literatur wie auch von der Rechtsprechung einer fiktiven Entschädigung für Nutzungsausfall nicht zugestimmt.

VII. Unkostenpauschale

Für Kosten, die anlässlich eines Unfallschadens anfallen (Porto, Telefon etc.), gibt es keine 151 von der Rechtsprechung festgelegte Pauschalsumme. Obwohl es sich hierbei um vermögensrechtliche Schadenspositionen handelt, werden diese Kosten unter dem Aspekt des immateriellen Schadens erstattet.

VIII. Sonderfall Vollkaskoversicherung

Sofern der Geschädigte sein Fahrzeug vollkaskoversichert hat, kann er die Schadensregulie- 152 rung vom Versicherer aufgrund des Versicherungsvertrags verlangen oder sich an den Schädiger wenden. Nimmt er die Schadensregulierung über die Vollkaskoversicherung vor ist wie folgt abzurechnen:

1. Inanspruchnahme. Der Schädiger und der Versicherer haften aufgrund von unter- 153 schiedlichen Anspruchsgrundlagen nebeneinander, ähnlich wie die Gesamtschuldner. Hier aber liegt keine typische gesamtschuldnerische Haftung vor, sondern eine sog. unechte Gesamtschuld, die nach den allgemeinen Regeln über die gesamtschuldnerische Haftung abzuwickeln ist.[57]

2. Abrechnung. Sofern der Geschädigte seine Vollkaskoversicherung in Anspruch nimmt 154 und diese den Schaden reguliert, geht der Schadensersatzanspruch auf die Versicherung über. Ein Forderungsübergang ist aber bei 100%-Haftung des Geschädigten nicht möglich. Hat der Schädiger nur **quotenmäßig** zu zahlen, ist der Geschädigte nach dem Grundsatz der **Kongruenz** zu entschädigen. Er bekommt nur diejenigen Schadenspositionen erstattet, die versichert sind, und die einen unmittelbaren Sachschäden darstellen, wie zB die Gutachterkosten oder die Wertminderung. Nicht-kongruente Schäden sind die Sachfolgeschäden (Mietwagenkosten); diese Schäden sind nicht erstattungsfähig.

B. Mittelbare Sachschäden (Sachfolgeschäden)

I. Finanzierungskosten

Der Geschädigte ist nicht verpflichtet, eigene Finanzmittel für die Beseitigung der Schäden 155 einzusetzen. Falls er dafür ein Darlehen aufnimmt, stellen die angefallenen Darlehenszinsen eine weitere Schadensposition dar, die entschädigt werden muss.[58] Unter die Finanzierungskosten fällt auch der Zinsverlust für eingesetztes eigenes Kapital; auch hierbei handelt es sich um einen Schaden, der zu ersetzen ist.[59]

---

55 Kritikos, Apozimiosi, § 22 Rn 114.
56 Kritikos, Apozimiosi, § 22 Rn 108/109.
57 Georgiades/Stathopoulos, Art. 481–482 Rn 8 ff.
58 LG Piräus 1319/1996.
59 Areopag 1184/2005.

II. Verzugszinsen

156 Begehrt der Geschädigte Verzugszinsen, ist er verpflichtet, den Verzug nachzuweisen. Sofern der Geschädigte mehr als den gesetzlichen Verzugszins (Art. 345 S 2 gr. ZGB) begehrt, muss er die tatsächliche Zinshöhe und den tatsächlichen Zahlungszeitraum der Versicherung durch Vorlage einer Zinsbescheinigung darlegen.

157 **1. Verzugszinshöhe.** Da über 80 % der Schadensregulierungen, insbesondere bei größeren Sach- und Personenschäden, in Griechenland im Rahmen von gerichtlichen Verfahren durchgeführt werden, spielen die Verzugszinsen eine sehr große Rolle, zumal die Verfahren sich in den Großstädten Athen und Thessaloniki in erster Instanz bis zu vier Jahre hinziehen können. Eine Tabelle der Verzugszinshöhe ist in Teil 4 am Ende wiedergegeben.

158 **2. Verzugsbeginn.** Mit Ablauf der durch die vorgerichtliche Inanspruchnahme gesetzten Frist oder ab Zustellung der Zahlungsklage (Art. 345 und 346 gr. ZGB) tritt Verzug ein. Der Unfalltag, der Zeitpunkt der Reparatur oder das Datum der Rechnungsstellung reichen für den Verzugsbeginn nicht.[60] Die Klagezustellung oder die Zustellung per Gerichtsvollzieher des vorgerichtlichen Anspruchsschreibens sind für den Verzugsbeginn stets erforderlich.

159 **a) Fahrzeugschaden.** Die Ansprüche für den Wiederbeschaffungswert beim Totalschaden und für die Wertminderung nach der Reparatur werden ab dem Unfalltag verzinst (Art. 934 und 936 gr. ZGB).

160 **b) Sonstige Schadenspositionen.** Bezüglich anderer Schadenspositionen anlässlich eines Unfalles kommt eine Verzinsung erst ab Eintritt des Verzuges in Betracht (Art. 345 und 346 gr. ZGB). Das Schmerzensgeld ist auch zu verzinsen.

III. Anwaltskosten

161 Im Rahmen der außergerichtlichen Schadensregulierung werden die Anwaltskosten von der Haftpflichtversicherung des Schädigers übernommen. Erstattet werden aber die **gesetzlichen Mindestsätze** der Gebühren, die in der Praxis keine Rolle spielen, da der Geschädigte höhere Anwaltskosten zahlt. Begehrt der Geschädigte die tatsächlich angefallenen Anwaltskosten, muss er diese gerichtlich geltend machen. Die Erstattung von Anwaltskosten wird verweigert, sofern von der Versicherung eine unverzügliche Regulierung auf die erste Anmeldung hin erfolgt.[61] Bei einer gerichtlichen Schadensregulierung werden nur Mindestsätze der Anwaltskosten bei der Festsetzung der Prozesskosten berücksichtigt. Weist der Geschädigte die tatsächliche Höhe der Anwaltskosten nach, werden diese in voller Höhe erstattet.

IV. Rückstufungsschaden

162 **1. Haftpflichtversicherung.** Sofern den Geschädigten ein Mitverschulden am Unfall trifft, wird er in den meisten Fällen von seiner Versicherung zurückgestuft. Nach Abzug seiner Mithaftungsquote stellt die Rückstufung einen weiteren Schaden für den Geschädigten dar und kann vom Schädiger beansprucht werden.

163 **2. Vollkaskoversicherung. a) Volle Haftung des Schädigers.** Der Rückstufungsschaden ist vom Schädiger, sofern ihn die volle Haftung trifft, zu ersetzen.

164 **b) Haftungsquote.** Auch bei einer Mithaftung kann der Geschädigte seinen (anteiligen) Rückstufungsschaden vom Schädiger verlangen.

165 **c) Prozessuale Besonderheit.** Die erhöhte Prämie kann erst ab der Rückstufung gerichtlich geltend gemacht werden.

---

60 Kritikos, Apozimiosi, § 15 Rn 8; OLG Athen 3478/1981 EpSyngD 1982,11.
61 OLG Athen, 5687/ 2003 (unveröffentlicht).

§ 3 Personenschäden

A. Heilbehandlungskosten

Unter den Begriff Heilbehandlungskosten (Nosìlia) fallen nicht nur die erforderlichen Kos- **166** ten für **Arztbehandlung** und **Medikamente**, sondern auch alle **Nebenkosten**, die mit der Heilbehandlung in Zusammenhang stehen und notwendig sind, um eine Heilung herbeizuführen.[62] Daher wird der Schaden für „fiktive Behandlungskosten" nicht erstattet.[63] Die Grundsätze der fiktiven Schadensabrechnung für den Sachschadensbereich sind bei der Abrechnung von Heilbehandlungskosten nicht anzuwenden.[64] Kleine **Geschenke** oder **Trinkgelder** für das Pflegepersonal, sind unter Berücksichtigung der Schwere der Verletzung und der Einkommenssituation des Verletzten, **erstattungsfähig**.[65] Zahlungen von **Geldbeträgen** an die behandelten **Ärzten**, die gleichzeitig Angestellte des Krankenhauses sind, sind **nicht erstattungsfähig**. Sofern der Verletzte freiwillig Geldbeträge an die im Krankenhaus angestellten Ärzte zahlt, handelt es sich nicht um einen Schaden, der zurückverlangt werden kann.[66] Insbesondere können Geldbeträge, die durch Zahlungen in der Form des sog. „Fakeláki"[67] erfolgen, nicht zurückverlangt werden.

I. Arzt-/Krankenhauskosten

Unter die Arzt- und Krankenhauskosten fallen alle Kosten, die für **stationäre** oder **ambu-** **167** **lante** ärztliche **Behandlung** des Verletzten im Krankenhaus notwendig geworden sind, sowie die **medikamentöse Behandlung** und die **Krankengymnastik**. In den meisten Fällen werden die Arzt-/Krankenhauskosten von der gesetzlichen oder der privaten Krankenversicherung des Geschädigten übernommen. Insofern haben die Versicherungen entsprechende Regressansprüche gegen den Schädiger.

II. Die Nebenkosten

Unter Nebenkosten im engeren Sinne fallen die **Taxikosten** für die Fahrten an das Meer **168** für Bäder im Rahmen der Physiotherapie,[68] der Lohn für die Einstellung einer **Krankenschwester** bei schweren Körperverletzungen,[69] erhöhte qualitative **Ernährung**,[70] die Anschaffung von **Hilfsmitteln** (Rollstuhl, Krücke, Prothesen), **behindertengerechter Umbau** der Wohnung des Geschädigten.[71] Die Kosten für eine Schönheitsoperation können auch

---

62 LG Ioannina 407/2005 EEN 2007, 170.
63 Kritikos, Apozimiosi, § 17 Rn 9.
64 Kritikos, Apozimiosi, § 17 Rn 9.
65 OLG Athen 4705/1994 (nicht veröffentlicht).
66 LG Piräus 603/2006, PirN 2007, 149 (152)
67 Fakeláki = „Umschläglein" sind im griechischen Gesundheitswesen sehr verbreitet. Dadurch werden die Ärzte von den Patienten bestochen, um die Behandlung zu beschleunigen oder zu verbessern. Quelle: Kathimerini, Patient Blogs hospital graft (englisch), v. 30.5.2007; Spiegel.de: Korruption in Griechenlad: Ein Fakeláki voller Scheine, Ausgabe 10.3.2010
68 LG Athen 2197/1978 EpSyngD 1981, 19.
69 Areopag 1276/2005 EllDni 2007, 1021.
70 Areopag 1276/2005 EllDni 2007, 1021.
71 LG Larissa 591/1995 EpSyngD 1996, 179.

geltend gemacht werden, bevor diese entstanden sind.[72] Erstattungsfähig sind auch die Kosten, die für die Anschaffung eines behindertengerechten Fahrzeugs entstanden sind.[73]

169 Der Areopag hat entschieden, dass das Begehren von Zahlungen einer Vergütung an den **Ehegatten**, der die **Arbeit einer Krankenschwester** übernommen hat, begründet sei. Die Vergütung kann nicht unter der einer Krankenschwester liegen.[74] Werden nahe Angehörige aufgrund des Krankenaufenthaltes des Verletzten gezwungen, ihr Unternehmen zu schließen oder jemand einzustellen, entstehen deswegen Erwerbsschäden oder zusätzliche Ausgaben (Löhne, sowie möglicherweise Reise- und Übernachtungskosten. Diese Kosten aus der Sicht des Vermögens der nahen Angehörigen sind Schadenspositionen der mittelbar Geschädigten und werden nicht erstattet.[75] Betrachtet man diese Ausgaben aus der Sicht des Verletzten und sofern diese als Heilungskosten eingestuft werden können, kann der Verletzte die seinen nahen Angehörigen entstandenen Ausgaben und Schadenpositionen verlangen.[76] Teilweise ist in der Rechtsprechung inzwischen anerkannt, dass der Zeitaufwand, den nahe Angehörige für die Pflege des Geschädigten aufgebracht haben, als fiktiver Schaden zu ersetzen ist.[77]

III. Besuchskosten

170 Dieser Punkt ist in der Literatur und Rechtsprechung sehr umstritten. Der Gerechtigkeitssinn zwingt vielleicht, die Besuchskosten der nächsten Angehörigen zu erstatten. Die griechischen Gerichte erstatten die Besuchskosten nur, wenn diese als Heilbehandlungskosten einzustufen sind, dh wenn die Besuche **für den Heilprozess wichtig** sind und soweit sie sich im angemessenen Rahmen halten. Diese Position ist vor allem bei verletzten **Kindern** von Bedeutung. Als nächste Angehörige werden die Eltern, der Ehegatte und die Kinder eingestuft.

B. Erwerbsschaden

171 Gemäß Art. 928, 929 gr. ZGB umfasst der Erwerbsschaden alle wirtschaftlichen Beeinträchtigungen, die der Geschädigte erleidet, weil er seine Arbeitskraft verletzungsbedingt nicht mehr einsetzen kann.

I. Arbeitnehmer

172 Der Arbeitnehmer behält seinen Anspruch auf die Vergütung, wenn er nach mindestens zehn-tägiger Dienstleistung verletzungsbedingt seine Arbeitskraft nicht mehr einsetzen kann. Einen Anspruch auf **Entgeltfortzahlung** hat der Arbeitnehmer für die Dauer von mindestens vier Wochen ab Beginn der Arbeitsunfähigkeit, wenn sein Arbeitsverhältnis mindestens ein Jahr besteht.

II. Selbständige

173 Die Einnahmen, die die Selbständigen erzielen, können zum größten Teil aus deren Buchführungsunterlagen, Umsatzsteuervoranmeldungen und Einkommensteuerbescheiden nachgewiesen werden. Für die Berechnung des verletzungsbedingten zukünftigen **Erwerbsschaden** werden die Einkommensteuerbescheide der letzten zwei Jahre zugrunde gelegt.

III. Sonstige Personen

174 Schwierigkeiten bei der Festsetzung des Erwerbsschadens stellen Gruppen von Verletzten dar, die aufgrund ihres jungen Alters **noch nicht ins Erwerbsleben eingetreten** sind und auch nicht ins Erwerbsleben eintreten werden. Ist davon auszugehen, dass der Verletzte

---

72 Areopag 157/2012; 1.5.2016/2007.
73 AG Chania 32/2009.
74 Aeropag 833/2005 EllDni 2006, 96.
75 LG Athen 6558/ 1990; LG Athen 6837/1988.
76 Kritikos, Apozimiosi, § 17, Rn vor 26.
77 LG Athen 1982/2004; LG Thessaloniki 215/2000.

wegen seiner dauerhaften Erwerbsunfähigkeit nicht ins Erwerbsleben eintreten wird, wird das mögliche Einkommen unter Berücksichtigung des sozialen Status seiner Familie, der realisierbaren Wünsche des Geschädigten, seiner Möglichkeit diese zu verwirklichen, seiner Intelligenz und seines Charakters geschätzt. Im Falle der vorübergehenden Erwerbsunfähigkeit wird Schadenersatz bis zu dem Zeitpunkt, zu dem der Geschädigte mit seiner Erwerbstätigkeit anfangen würde, geschätzt.[78]

C. Haushaltsführungsschaden

Für die verletzungsbedingte Unmöglichkeit der Haushaltsführung besteht ein Schadensersatzanspruch. Anspruchsberechtigt ist der Geschädigte. Die Pflicht zum Ersatz von Haushaltsführungsschäden besteht für jede Person, die einen Anteil an der Hausarbeit erledigt.   175

I. Konkreter Schaden

Gemäß Art. 929 S. 1, 2. Alt. gr. ZGB sind die Kosten, die bei Einstellung einer Ersatzkraft entstanden sind, in voller Höhe zu ersetzen.   176

II. Fiktiver Schaden

Wird eine Ersatzkraft nicht eingestellt, und die Arbeit der Haushaltsführung von Dritten unentgeltlich oder durch überobligatorische Anstrengungen des Verletzten selbst erledigt, können die Kosten der **Haushaltsführung** normativ berechnet werden. Die Höhe des Schadens orientiert sich an dem Nettolohn einer Haushaltshelferin.[79]   177

III. Berechnungsgrundlagen

1. Beeinträchtigung der Arbeitskraft. Der Richter hat bei der Feststellung der Höhe des Haushaltsführungsschadens zu ermitteln, in welchem Umfang die/der Verletzte seine Arbeitskraft im Haushalt reduziert hat.   178

2. Arbeitsumfang. Die im Haushalt lebende Personenzahl, ihr Alter, Art der Haushaltsführung (etwa Doppelverdienerehen) sind einige Umstände, die herangezogen werden müssen, um den Arbeitsumfang des Verletzten festzustellen.   179

3. Lohnermittlung. Für die Berechnung des Haushaltsführungsschadens werden die ortsüblichen Stunden- und Tageslöhne einer angestellten Haushaltshilfe herangezogen, wobei der tatsächliche Arbeitsaufwand, der Lebensstandard der Familie der verletzten Person, Billigkeitsgründe sowie die sozialen und finanziellen Bedingungen zu berücksichtigen sind.[80] Ähnliche, wie in Deutschland entwickelte Berechnungstabellen existieren in Griechenland nicht.   180

4. Mitverschulden (Haftungsquote). Das Mitverschulden ist auch hier, wie bei der Ermittlung jeder Schadenshöhe, zu berücksichtigen.   181

5. Vereinfachte Berechnungsmöglichkeiten. Bei kürzeren Verletzungszeiten wird der Haushaltsführungsschaden nach billigem Ermessen geschätzt, wobei auch hier die Tages- und Stundenlöhne von Reinigungsfrauen oder Haushaltshilfen zugrunde zu legen sind.   182

D. Nebenpositionen

I. Beerdigungskosten

Mit dem Ableben des Getöteten entstehen zwei Fragen: welche Ausgaben im Rahmen einer Beerdigung als Beerdigungskosten zu ersetzen sind und welche Personen die Beerdigungskosten zu tragen haben. Nach der griechischen Rechtsprechung wird der Umfang der Beerdigungskosten durch die unmittelbar mit der Beisetzung angefallenen Kosten so-   183

---

78 OLG Athen 364/1991 (nicht veröffentlicht); Kritikos, Apozimiosi, § 17 Rn 51.
79 OLG Athen 5163/1996.
80 Landgericht Athen 734/1988.

wie durch die Lebensstellung des Getöteten bestimmt.[81] Zu den Beerdigungskosten zählen folgende Kosten: Kosten für die Anschaffung des Sarges, des Sarg- und Blumenschmuckes, der Todesanzeige, Kosten der kirchlichen Trauerzeremonie, des Bestattungsinstituts, die Kosten für die Anmietung bzw Erstellung der Grabstätte und der Friedhofsgebühren sowie des Einzelgrabes.[82] Anspruchsberechtigter der Beerdigungskosten ist der Unterhaltsverpflichtete, der Erbe oder die Person, die für diese aufgekommen ist.[79]

II. Sonstige Positionen

184 Ein weiterer Anspruch, der anlässlich des Unfalls und der Verletzung des Geschädigten entstehen kann, ist der Ausfall von Unterhaltsleistungen an seine Familienangehörigen. Gemäß Art. 929 S. 2 und 928 S. 2 gr. ZGB erwächst dem Schädiger ein Schadensersatzanspruch in Höhe des **geschuldeten Unterhalts** an die Familienangehörigen des Verletzten bzw des Getöteten. Die Regel ist, dass Schadensersatzleistungen an den unmittelbar Geschädigten geschuldet werden, Art. 914, 928 und 929 gr. ZGB.

E. Haftungsprivilegien

I. Arbeitsverhältnisse

185 Bei Arbeitsunfällen scheidet wegen Personenschäden ein Regress aus. Der Grund findet sich in den einschlägigen arbeitsrechtlichen Normen, die als lex specialis die Haftung des Arbeitgebers und des Arbeitnehmers ausschließen. Regressansprüche des Versicherungsträgers bestehen nur in den (seltenen) Fällen der vorsätzlichen oder grob fahrlässigen Schadensverursachung.

II. Familienangehörige

186 Sofern dem Schädiger kein Vorsatz vorzuwerfen ist und er mit dem Geschädigten in häuslicher Gemeinschaft lebt, sind Regressansprüche ausgeschlossen.

§ 4 Schmerzensgeld

A. Grundlagen

I. Allgemeine Grundlagen

187 Die Regelung über das Schmerzensgeld findet ihre Grundlage in den Art. 59, 299 und 932 des gr. ZGB. Art. 59 regelt die Schmerzensgeldansprüche bei Verletzung des Persönlichkeits- und Namensrechtes, Art. 299 die Entschädigung wegen eines Nichtvermögensschadens („wegen eines Nichtvermögensschadens wird Entschädigung in Geld in den im Gesetz vorgesehenen Fällen geschuldet") und Art. 932 das Schmerzensgeld im Rahmen des Deliktsrechts.

188 Berechtigte Person, die Schmerzensgeld verlangen kann, ist grundsätzlich der Inhaber des Rechtes, das unmittelbar verletzt wurde.

---

81 LG Athen 8200/1984 Armen. 1985,215.
82 LG Athen 920/1986 EllDni 1987, 472; Areopag 119/1999 EllDni 1999, 774; LG Larissa 11/2003 (verneinend hinsichtlich der Kosten eines Einzelgrabes).

II. Angehörigenschmerzensgeld

In der griechischen Rechtsordnung wird das sogenannte **Hinterbliebenenschmerzensgeld** 189
gewährt. Hierbei handelt es sich um einen Anspruch auf Schmerzensgeld, für die von den
Angehörigen erlittenen seelischen Schmerzen aufgrund des Totes naher Angehöriger in
Art. 932 S. 2 griechische ZGB. Demnach „kann im Falle der Tötung einer Person Schmerzensgeld an die Familienangehörigen des Getöteten von den Gerichten zugesprochen werden".

Das Angehörigenschmerzensgeld wird ungeachtet der Tatsache zugesprochen, ob der nahe 190
Angehörige tatsächlich einen eigenen Schaden erlitten hat bzw ob ein echter **Schockschaden** vorliegt. Die Angehörigen haben auch ohne pathologisch messbare Beeinträchtigung
einen Anspruch auf Schmerzensgeld.

Der Areopag hat folgendes Urteil des Landgerichts Patras bestätigt: Das Landgericht hatte 191
zunächst Schmerzensgeld für die verletzte Tochter zugesprochen. Nachdem die Tochter
sechs Jahre später an ihren unfallbedingten Verletzungen gestorben ist, hat das Landgericht Patras auch noch Schmerzensgeld für die erlittenen seelischen Schmerzen der Schwester und der Mutter zugesprochen.[83] Der Areopag hatte in seiner Begründung ausgeführt,
dass obschon das gleiche schädigende Ereignis vorliege, zwei unterschiedliche Anspruchsgrundlagen bestehen, weshalb Schmerzensgeld für die Verletzte und Schmerzensgeld für
die Hinterbliebenen zu gewähren sei.

Obwohl das griechische Gesetz einen indirekten Schmerzensgeldanspruch nicht kennt, ha 192
ben teilweise die griechischen Gerichte für schwere **bleibende Behinderungen** Familienangehörigen Schmerzensgeldansprüche zugesprochen. So hat die Kammer des Verwaltungsgerichts Athen der Ehefrau und dem Sohn des schwerverletzten Ehemannes und Vaters
(spastische Quadriplegie) ein Schmerzensgeld zugesprochen.[84] Das Landgericht Volos[85]
hat den Eltern des schwerbehinderten Kindes Schadensersatz zugesprochen. Diese Auffassung wurde von einem Teil der Literatur angegriffen.

III. Schockschäden

Ein Schockschaden kann eintreten bei Unfallbeteiligten, die selbst nicht verletzt wurden. 193
Hierbei handelt es sich nicht um einen Drittschaden, sondern um einen eigenen Schaden,
der zur Gesundheitsbeeinträchtigung führen kann.

Das LG Athen[86] hat der Mutter und dem Onkel eines zehnjährigen Mädchens, das vor de 194
ren Augen von einem Fahrzeug erfasst wurde und schwerste Bein- und Fußverletzungen
davon getragen hat, Schmerzensgeld zugesprochen. In die gleiche Richtung bewegt sich
das Urteil des LG Patras,[87] wodurch der Tochter Schmerzensgeld für den psychischen
Schock, den sie durch die Beobachtung der Verletzung ihrer Mutter erlitten hat, zugesprochen wurde.

Mit dem geltend gemachten Anspruch für einen Schockschaden des Fahrzeugführers, der 195
einem Fußgänger schwerste Verletzungen zugefügt hatte und dem lediglich ein Mitverschulden von 10 % nachgewiesen wurde, hat sich das Landgericht Athen[88] befasst und
den Anspruch verneint.

B. Berechnungsgrundlagen

Art. 932 gr. ZGB schreibt vor, dass das Gericht, wenn die gesetzlichen Voraussetzungen 196
gegeben sind, einen angemessenen Schadensersatz anerkennen kann.

---

83 Areopag 126/ 2009 EllDni 2010,684.
84 VerwG Athen 388/2004.
85 LG Volos 253/2002.
86 LG Athen 6168/ 2001 EpSyngD 2002, 53 ff.
87 LG Patras, 441/2007 EpSyngD 2007, 362.
88 LG Athen 6384/2004 EpSyngD 2005, 449.

197 Die wichtigsten Bemessungskriterien, die sich in der Rechtsprechung mithilfe der Literatur herauskristallisiert haben, berücksichtigen sowohl die Person des Anspruchsberechtigten, wie auch die des Schädigers.

I. Schmerzumfang

198 Bei der Bemessung des Schmerzensgelds werden sowohl die **körperlichen** wie auch die **seelischen Schmerzen** berücksichtigt. Die Darstellung der körperlichen Schmerzen erfolgt durch die Wiedergabe medizinischer Gutachten und vom Verletzten selbst, der die erlittenen Schmerzen schildert. Zu den seelischen Schmerzen gehören auch Missempfindungen und Unlustgefühle als Reaktion auf die Verletzung. Zu den seelischen Schmerzen gehören darüber hinaus die Beeinträchtigungen, die mit der Entstehung des Schadens zusammenhängen, die während der Behandlung entstehen, und die nach der Behandlung bei schweren Verletzungen zurückbleiben.[89]

II. Eingriffsintensität

199 Wenn eine Verletzung **Operationen** erfordert, sind diese bei der Bemessung des Schmerzensgeldes erhöhend zu berücksichtigen. Gemäß Art. 931 gr. ZGB wird bei der Bemessung des Schmerzensgelds die Behinderung oder die körperliche Entstellung des Geschädigten besonders berücksichtigt.

III. Folgeschäden

200 Wenn die Verletzungsfolgen auch für die Zukunft Auswirkungen haben, muss eine Erhöhung des angemessenen Schmerzensgeldbetrages erfolgen. Ein **bleibender körperlicher Schaden** wird bei der Bemessung der Höhe des Schmerzensgeldes erhöhend berücksichtigt, wenn dieser sich auf die berufliche Existenz des Verletzten erheblich auswirkt.[90] Auch die **Folgeschäden** wirken sich auf die Schmerzensgeldsumme erhöhend aus. Das OLG Athen hat wegen der körperlichen Entstellung einer jungen Frau anerkannt, dass dadurch ihre Heiratsmöglichkeiten eingeschränkt sind und ihr deswegen Schmerzensgeld zugesprochen.[91]

C. Genugtuungsfunktion

201 Das höchste griechische Gericht hat die Genugtuungsfunktion des Schmerzensgeldes wie folgt definiert: „Das Ziel des Schadensersatzes besteht darin, den Schaden zu beseitigen. Das Schmerzensgeld kann nicht das gleiche Ziel haben. Es besteht darin, den Verletzten immateriell zu trösten und ihm eine psychische Linderung zu geben."[92]

I. Ausmaß des Verschuldens

202 Auch wenn der Schädiger unter dem Gesichtspunkt der Gefährdungshaftung haftet, führt grobe Fahrlässigkeit bzw Vorsatz zu einer Erhöhung des Schmerzensgelds.[93]

II. Regulierungsverzögerung

203 Eine Regulierungsverzögerung führt nicht unbedingt zur Erhöhung der Schmerzensgeldsumme, da in der Praxis über 80 % der Verkehrsunfälle mit Körperschäden erst im Rahmen von gerichtlichen Verfahren reguliert werden und bis zur rechtskräftigen Entscheidung durchschnittlich bis zu drei Jahre vergehen können.

---

89 Kritikos, Apozimiosi, § 20, Rn 49.
90 Kritikos, Apozimiosi, § 20 Rn 49 mwN; MüKo-Mertens § 847 Nr. 21.
91 OLG Athen 5650/1990 EpSyngD 1990, 457.
92 Areopag 519/19 77, 800 /1978, LG Athen 853/1975.
93 Kritikos, Apozimiosi, § 20, Rn 58.

III. Vermögensverhältnisse

Einkommen und Vermögensverhältnisse des Schädigers und des Verletzten wirken sich erhöhend bzw mindernd auf die Schadensersatzsumme aus.[94] **204**

D. Berechnungsmethode

Als Orientierungshilfe für die vorgerichtliche und gerichtliche Festsetzung der Höhe von **205**
Schmerzensgeldansprüchen dienen die **Urteile der jeweiligen Oberlandesgerichte** in vergleichbaren Fällen. Schmerzensgeldtabellen, wie sie die deutsche Regulierungspraxis entwickelt hat, sind in Griechenland unbekannt.

E. Kapitalisierung von Schadensersatz-und Schmerzensgeldrenten

Gemäß Art. 930 gr. ZGB sind Ansprüche auf Ausgleich künftigen Erwerbsschadens und **206**
vermehrter Bedürfnisse grundsätzlich in Form einer **Geldrente** zu erfüllen. Anders als in
Deutschland bevorzugen die Versicherungen in Griechenland keine Abfindungsvereinba-
rung mit einer Kapitalisierung der Schadensersatzrenten. Wenn ein wichtiger Grund in der
Person des Geschädigten vorliegt, kann der Schädiger nach entsprechendem Antrag die gerichtliche Herbeiführung der **Kapitalisierung** einer Schadensersatzgeldrente erreichen. A
contrario kann aus Art. 930 gr. ZGB entnommen werden, dass Schmerzensgeldansprüche
in einmaligen Beträgen ausbezahlt werden. Aufgrund der diesseitigen angestellten Nach-
forschungen konnte nicht festgestellt werden, dass die griechische Rechtsprechung die
Zahlung von Schmerzensgeldansprüchen in der Form einer Geldrente kennt.

§ 5 Ansprüche aus übergegangenem Recht (Regress)

Ein ex-lege Forderungsübergang auf die Sozialversicherungsträger erfolgt, soweit dem Ge- **207**
schädigten nach gesetzlichen Ansprüchen Leistungen zur Verfügung gestellt werden. Nur
bei Vermögensschäden und sofern kongruente Leistungen vorliegen, ist ein gesetzlicher
Forderungsübergang möglich. Weil Schmerzensgeldansprüche gegenüber dem Sozialversicherungsträger nicht bestehen, können diese auch nicht übergehen.

Die Besonderheit im griechischen Recht war, dass noch bis 2007 ein Forderungsübergang **208**
nur auf den IKA (der größte Krankenversicherungsträger in Griechenland, etwa wie die
AOK in Deutschland) möglich war. Demzufolge hatten andere Versicherungsträger kein
Rückgriffsrecht auf den Schädiger, auch wenn sie den Geschädigten entschädigt hatten.
Das ermöglichte Art. 930 Abs. 3 des gr. ZGB, wonach „der Schadensersatzersatzanspruch
nicht aus dem Grund ausgeschlossen wird, dass ein anderer zur Entschädigung oder zum
Unterhalt des Geschädigten verpflichtet ist". Der Versicherungsträger war auf die Normen
der ungerechtfertigten Bereicherung verwiesen worden.

---

94 Kritikos, Apozimiosi, § 20, Rn 58.

A. Gesetzliche Anspruchsgrundlagen

I. Ansprüche gem. Art. 10 Abs. 5 der Gesetzesverordnung Nr. 4104/1960

209 Gemäß Art. 10 Abs. 5 der Gesetzesverordnung Nr. 4104/1960 ist der Schädiger verpflichtet, jegliche Zahlung, die der IKA für den Tod oder die Verletzung seines Versicherungsnehmers erbracht hat oder erbringen wird, an den IKA **zurückzuerstatten**.

II. Ansprüche gem. Gesetz (N. 4476/1965, Art. 18)

210 Hierunter fallen sämtliche Ansprüche der Familienangehörigen, die im **Familienunternehmen** angestellt sind. Auch diese Ansprüche gehen ex lege auf den Sozialversicherungsträger IKA über.

III. Ansprüche gem. Art. 18 N. 1154/1986

211 Diese Rechtsvorschrift regelt den mit Entstehung des Schadens sofortigen gesetzlichen Übergang sämtlicher Ansprüche für **Beamte** und **Angestellte im Öffentlichen Dienst**.

IV. Ansprüche gem. Art. 47 Abs. 6 des Gesetzes 3518/21.12.2006

212 Durch die Novellierung des Gesetzes 3518/21.12.2006[95] wird gemäß Art. 47 Abs. 6 auch anderen Sozialversicherungsträgern, die dem IKA gleichgestellt wurden, das Recht gewährt, Rückgriffsrechte gegen die Schädiger geltend zu machen. Diese Novellierung bedeutet, insbesondere aus deutscher Sicht, dass auch andere **deutsche Versicherungsträger**, außer der AOK, einen Regressanspruch gegen den Schädiger in Griechenland haben.

V. Deutsch-Griechischer Vertrag über Sozialversicherungen vom 28.3.1953

213 Sofern Schadensersatzansprüche wegen einer in Griechenland oder in Deutschland begangenen unerlaubten Handlung entstehen, gehen diese auf die jeweiligen Sozialversicherungsträger über.

214 Art. 85 der **Verordnung (EG) Nr. 883/2004** bestimmt Folgendes:

„(1) Werden einer Person nach den Rechtsvorschriften eines Mitgliedstaats Leistungen für einen Schaden gewährt, der sich aus einem in einem anderen Mitgliedstaat eingetretenen Ereignis ergibt, so gilt für etwaige Ansprüche des zur Leistung verpflichteten Trägers gegenüber einem zum Schadenersatz verpflichteten Dritten folgende Regelung:
a) Sind die Ansprüche, die der Leistungsempfänger gegenüber dem Dritten hat, nach den für den zur Leistung verpflichteten Träger geltenden Rechtsvorschriften auf diesen Träger übergegangen, so erkennt jeder Mitgliedstaat diesen Übergang an.
..."

B. Kongruenz von Leistung und Ersatzanspruch

215 Aus dem System der gesetzlichen Vorschriften kann entnommen werden, dass ein Übergang von Schadensersatzforderungen nur dann in Betracht kommt, wenn eine **sachliche, zeitliche und qualitative Kongruenz** besteht.[96] Dh, beide Leistungen müssen gleichartig sein und das gleiche Ziel verfolgen und in dem Zeitraum erbracht werden, für den auch der anderweitige Anspruch besteht.[97] Deshalb besteht keine Kongruenz im Falle von Schmerzensgeldansprüchen (Art. 932 gr. ZGB). Der Sozialversicherungsträger IKA gewährt in keinem Fall dieser Art Schadensersatzansprüche.

---

95 ABl. 272 v. 21.12.2006.
96 Areopag 803/2004; OLG Athen 5720/2000.
97 Areopag 803/2004 EllDni 2004, 1361; OLG Athen 6376/1998 EpSygnD 2001, 217 (221); OLG Athen 35 21/1998 EllDni 1999, 368.

C. Haftungsprivilegien

Bei **Arbeitsunfällen** scheidet wegen Personenschäden ein Regress aus. Der Grund findet   216
sich in den einschlägigen arbeitsrechtlichen Normen, die als lex specialis die Haftung des
Arbeitgebers und des Arbeitnehmers ausschließen. Regressansprüche des Versicherungsträgers bestehen nur in den (seltenen) Fällen der vorsätzlichen oder grob fahrlässigen
Schadensverursachung.

D. Quotenvorrecht des Geschädigten

Das Quotenvorrecht des Geschädigten wird in Griechenland über die Hilfskasse (Epikou-   217
rikó tamío) geregelt.

Abschnitt 3: Durchsetzung der Ansprüche

§ 1 Vorgerichtliche Schadensabwicklung

A. Das vorgerichtliche Verhalten der Versicherungen

Da in Griechenland über 80 % der Schadensabwicklung über die Gerichte erfolgt, spielt   218
die vorgerichtliche Schadensabwicklung, insbesondere bei größeren Personen- und Sachschäden eine geringe Rolle für den Praktiker. Die Versicherungen stehen einer außergerichtlichen Schadensabwicklung eher zurückhaltend bzw misstrauisch gegenüber. Beispielsweise können hierfür folgende Gründe genannt werden:

- **überhöhte Forderungen** von den Geschädigten,

- **widerstreitende Erklärungen** bzw Meldungen der Unfallbeteiligten,

- **fehlende Polizeiberichte**, da eine polizeiliche Unfallaufnahme nur bei Personenschäden
  erfolgt.

Im Jahr 2000 hat der Gesetzgeber durch das Gesetz N. 2836/2000 das System der sog.   219
freundlichen Schadensregulierung (SAP = ΣΑΠ) in Griechenland eingeführt. In diesem
Schadensregulierungssystem werden Schäden von der **eigenen Versicherung** des Geschädigten reguliert. Voraussetzung hierfür ist, dass den Geschädigten kein Mitverschulden trifft,
die Reparaturkosten an seinem Fahrzeug den Betrag von 6.000 EUR nicht übersteigen
und dass die Haftpflichtversicherungen der Unfallbeteiligten in diesem System/Verbund
eingetreten sind. Die Unfallbeteiligten unterschreiben einen vorgedruckten Unfallbericht
zum Zwecke einer schnellen Schadensregulierung. Hierbei handelt es sich nicht um ein
Schuldanerkenntnis, sondern nur um eine Wiedergabe des Unfallhergangs. Das Ziel, die
Gerichte durch das SAP-System zu entlasten, hat der griechische Gesetzgeber nicht erreichen können, da sogar bei Kleinschäden nur 15 % der Unfälle auf diesem Weg reguliert
werden.

B. Anerkenntniswirkung vorgerichtlicher Äußerungen

Grundsätzlich gilt, dass ein **Anerkenntnis**, welches vom Schädiger abgegeben worden ist,   220
für die anderen Gesamtschuldner **nicht bindend** ist, daher auch nicht für die Haftpflichtversicherung des Schädigers.[98]

---

98 Georgiades/Stathopoulos, Art. 483–485 Rn 10.

I. Verjährungsunterbrechung

221 Das abstrakte Schuldanerkenntnis unterbricht nicht die Verjährung, sondern setzt eine neue in Gang. Anders das deklaratorische Schuldanerkenntnis, welches die Unterbrechung der Verjährung herbeiführt (Art. 460 gr. ZGB).[99]

II. Deklaratorisches Schuldanerkenntnis

222 Die Feststellung des durch die Abgabe eines schuldbestätigenden Anerkenntnisses verfolgten Zweckes, ist durch Auslegung zu ermitteln.[100] Dadurch kann die Begründung eines neuen Schuldverhältnisses beabsichtigt sein oder die Bestätigung und Sicherstellung des vorhandenen Schuldverhältnisses. Die Rechtsprechung zu diesem Thema ist nicht einheitlich.[101][102]

C. Bedeutung von Abtretungen

223 Abtretungen werden in Griechenland kaum praktiziert, daher erlangen sie keine Bedeutung.

§ 2 Beweismittel

A. Allgemeine Grundlagen

224 Im Rahmen der freien Beweiswürdigung (Art. 340 gr. ZPO) ist jedes Beweismittel erlaubt, auch solche, die nicht unter den Katalog der gesetzlichen Beweisregeln nach Art. 339 gr. ZPO fallen.[103] Das **gerichtliche Geständnis** führt zum vollen Beweis, das **außergerichtliche Geständnis**, auch das Geständnis in einem anderen Prozess, ist bloße Erkenntnisquelle der Beweiswürdigung.[104] Gegen das **polizeiliche Unfallprotokoll** kann der Gegenbeweis geführt werden.[105] Die Einholung eines **Sachverständigengutachtens**, um den Ist-Zustand eines Sach-oder Personenschadens festzuhalten, ist möglich. Ferner werden **eidesstattliche Erklärungen**, die vor dem Friedensrichter oder dem Notar abgegeben worden sind, berücksichtigt. Die eidesstattlichen Erklärungen werden zugelassen, sofern bei der Abgabe der Erklärung die Gegenpartei ordnungsgemäß vorgeladen worden ist[106] und sie von Dritten, die keine Parteien im Prozess sind, abgegeben worden sind.

B. Einzelne Beweismittel

225 Die einzelnen Beweismittel, die die griechische Prozessordnung, für das in Griechenland geltende ausschließliche Verfahren für Streitigkeiten aus Kfz-Schäden und Streitigkeiten aus Versicherungsverträgen zwischen den Versicherten und den Versicherer gem. Art. 681

---

99 OLG Athen 2476/1974 NoB 1975,667; OLG Athen 2970/2003, EpSyngD 2007, 428.
100 Areopag 585/1978, NoB 21, 14 59; Areopag 1021/1972, NoB 21,597.
101 Für die Begründung eines neuen Schuldverhältnisses: Areopag 595/1999 EllDni 2000, 34; Areopag 264/1989.
102 Gegen die Begründung eines neuen Schuldverhältnisses: Areopag 1071/1972 NoB 21,597; Areopag 447/1964 NoB IB' 1077.
103 Areopag 380/2009; 179/2003.
104 OLG Thessaloniki 2421/1996.
105 Areopag 1428/2000; Areopag 1484 / 1996.
106 Areopag 803/1997.

A gr. ZPO vorsieht, sind: Urkunden, Zeugen, eidesstattliche Versicherungen, Geständnis, gerichtliches Sachverständigengutachten, polizeilicher Unfallbericht.

I. Neutrale Zeugen

In der griechischen Gerichtspraxis kann von einer Einstufung des Beweiswertes von Zeugenaussagen gesprochen werden. Ein höherer Beweiswert kommt der Aussage eines neutralen Zeugen, der nicht an dem Unfall beteiligt ist, insbesondere dann zu, wenn sich seine Angaben im polizeilichen Protokoll wiederfinden. 226

II. Insassenzeugen

1. Allgemeine Grundlagen. Wegen des verwandtschaftlichen und/oder freundschaftlichen Bezugs der Fahrzeuginsassen zum Fahrer, sind ihre Aussagen nicht immer als glaubhaft zu werten, da diese Personen meistens auch ein persönliches (finanzielles) Interesse an dem Ausgang der gerichtlichen Schadensregulierung haben. Aber auch für solche Zeugen, die wie jeder andere Zeuge vernommen werden, gilt das allgemeine Beweisrecht. 227

2. Sonderfall Fahrer. Der Fahrer, der gleichzeitig in den meisten Fällen auch Partei ist, entweder als Kläger und Geschädigter oder als Beklagter und Schädiger, kann hilfsweise vernommen werden und nur dann, wenn von seiner Seite keine weiteren Zeugen vorhanden sind. Seiner Aussage ist aber kein großer Beweiswert beizumessen, da er selbst ein Interesse an dem Ausgang des Prozesses hat, nach dem Motto „Ich erhebe Klage und beweise diese mit meiner Aussage". 228

3. Zeugen vom Hörensagen. Der Beweiswert eines „Zeugen vom Hörensagen" wird von den griechischen Gerichten besonders kritisch überprüft. Bei der Beweiswürdigung spielt es stets eine Rolle, woher der Zeuge seine Informationen erfahren hat. 229

III. Parteivernehmung

1. Vernehmung der gegnerischen Partei, § 445 ZPO. Die Möglichkeit der Parteivernehmung als ein weiteres Beweismittel, sieht auch die gr. ZPO in den Art. 415 ff vor. In der Praxis aber wird von dieser Beweismöglichkeit kaum Gebrauch gemacht, da die Parteien ohnehin verpflichtet sind, persönlich zu erscheinen und den Sachverhalt aufzuklären (Art. 245 gr. ZPO) 230

2. Vernehmung der eigenen Partei mit Zustimmung, § 447 ZPO. Eine Zustimmung der beweispflichtigen Partei für die eigene Vernehmung sieht die griechische Prozessordnung nicht vor. 231

IV. Augenschein

Das Gericht kann den Beweis durch Augenschein anordnen, wenn es sich ein eigenes Bild über die Gegebenheiten des Unfallhergangs machen will. Bei der Beweisführung spielt eine wichtige Rolle das sog. Augenscheinprotokoll der Polizeidienststelle, die den Unfall aufgenommen hat. Durch das **polizeiliche Augenscheinprotokoll** kann nicht der volle Beweis für das Verschulden erbracht werden, es dient aber als eine weitere Erkenntnisquelle bei der Beweiswürdigung.[107] Allerdings erfolgt eine polizeiliche Unfallaufnahme nur, wenn durch den Unfall Personen verletzt wurden. 232

§ 3 Besonderheiten des griechischen Zivilprozessrechts

---

107 Areopag 201/1997.

233 In Griechenland ist ein ausschließliches **Verfahren für Streitigkeiten aus Kfz-Schäden** und Streitigkeiten aus Versicherungsverträgen zwischen den Versicherten und den Versicherer in Art. 681 A gr. ZPO vorgesehen. Voraussetzung hierfür ist, dass das schädigende Ereignis, auf welchem der Schadensersatzanspruch gründet, durch ein Kraftfahrzeug entstanden ist. Das Fahrzeug muss nicht zwingend im Betrieb gewesen sein. Streitigkeiten für Schäden, die an einem Fahrzeug, aber nicht durch ein anderes Fahrzeug verursacht worden sind, gehören zum ordentlichen Verfahren.

234 Eine weitere Besonderheit des griechischen Prozessrechts ist Art. 40 A gr. ZPO. Darin ist der sogenannte **Gerichtsstand** des Schadensersatzes **normiert**. „Streitigkeiten wegen Schadensersatzansprüchen jeder Art, die durch einen Schaden an einem Kraftfahrzeug verursacht wurden, können vor das Gericht gebracht werden, in dessen Bezirk der Schaden verursacht worden ist".

A. Gerichtsstruktur

235 Örtlich zuständig sind entweder

a) die Gerichte des allgemeinen Gerichtsstandes des Beklagten (Art. 22 gr. ZPO), oder

b) die Gerichte in dem Bezirk, in dem der Schaden zugefügt worden ist (Art. 40 A. gr. ZPO), oder

c) das Gericht der strafrechtlichen Handlung (bei Schwerverletzten oder Toten, Art. 35 griechische ZPO).

Es handelt sich nicht um eine ausschließliche Zuständigkeit, so dass der Kläger sich das Forum aussuchen kann.

236 Sachlich bis zu einem Streitwert von 12.000 EUR sind die **Friedensgerichte** gemäß Art. 14 Abs. 1 gr. ZPO zuständig. Ab 12.001 EUR sind die **Einzelrichter der Landgerichte** gemäß Art. 14 Abs. 2 gr. ZPO sachlich zuständig.

I. Materiellrechtliche und prozessuale Besonderheiten wegen des auf außervertragliche Schuldverhältnisse anzuwendenden Rechts – Rom II

237 Nach Art. 26 gr. ZGB (Bestimmung des Internationalen Privatrechts) ist Ausgangspunkt bei der Ermittlung der Rechtsgrundlagen im Regelfall das **Recht des Tatorts**: „Ansprüche aus unerlaubter Handlung unterliegen dem Recht des Staates, in dem das Vergehen begangen wurde". Durch die seit dem 11.1.2009 auch in Griechenland geltende VO (EG) Nr. 864/2007, bezeichnet als Rom II-Verordnung, tritt das Tatortrecht zurück. Nunmehr ist das Recht des gewöhnlichen Aufenthalts des Verletzten maßgeblich. Beispiel: Ein Grieche mit ständigem Aufenthalt in Athen verletzt sich während seines Urlaubs in Italien. Sofern die griechischen Gerichte sich die Angelegenheit annehmen, sind sie verpflichtet griechisches materielles Recht anzuwenden.

238 Mit Inkrafttreten von Rom II hat sich die griechische Rechtsordnung mit folgendem Problem auseinander zu setzen:

II. Probleme, die bei der Anwendung von der Rom II-VO in Bezug auf die Brüssel I-VO auftreten können

239 Die Verordnung (EG) Nr. 44/2001 (Brüssel I) regelt die internationale Zuständigkeit und die Anerkennung und Vollstreckung von Entscheidungen in Zivil- und Handelssachen. Rom II regelt die Fragen zum anwendbaren Recht bei außervertraglichen Schuldverhältnissen. Zunächst kann gesagt werden, dass die genannten Verordnungen einen gänzlich unterschiedlichen Gegenstand regeln. Trotzdem können aber Berührungspunkte nicht ausgeschlossen werden. Das geht aus Art. 5 Ziff. 3 hervor, wonach ein EU-Bürger für Ansprüche aus unerlaubter Handlung oder quasi unerlaubter Handlung, auch vor dem Gericht des Ortes verklagt werden kann, an dem das schädigende Ereignis eingetreten ist oder einzutreten droht.

Diesen Punkt regelt Rom II anders. Beispiel: Ein Italiener und ein Deutscher haben beide 240
ihren gemeinsamen Aufenthalt in Deutschland. Aufgrund eines sich auf Kreta ereigneten
Unfalles verstirbt das Opfer in Deutschland.

Zunächst ist gem. Art. 4 Abs. 1 an den Erfolgsort, also den Ort des Schuldeintritts, anzu- 241
knüpfen. Maßgeblich ist aber auch nur der Erfolgsort des unmittelbaren Schadens, indirekte Schäden sind durch Art. 4 Abs. 1 letzter Halbs. ausgenommen. Demzufolge wären
vorerst die Zivilgerichte auf Kreta international zuständig und müssten griechisches Recht
bei der Schadensregulierung anwenden.

Da aber Schädiger und Geschädigter ihren gewöhnlichen Aufenthalt in demselben Staat 242
(Deutschland) haben, findet das Recht dieses Staates Anwendung (Art. 4 Abs. 2). Art. 4
Abs. 2 ist gegenüber Abs. 1 vorrangig zu beachten.

Hat sich im vorgenannten Beispiel der Unfall bei Benutzung eines Mietwagens ereignet, 243
käme auch die Anwendung griechischen Rechts in Frage, da die Ausweichklausel des
Art. 4 Abs. 3 Abs. 1 verdrängt, wenn eine offensichtlich engere Beziehung zu einem anderen Staat besteht (zum Beispiel Mietvertrag über ein Mietfahrzeug).

Aus dem Inhalt der Brüssel I-VO geht hervor, dass der Begriff unerlaubte Handlung als 244
Grundlage für die Ermittlung der internationalen Zuständigkeit der Gerichte dient. Umgekehrt wird der Begriff unerlaubte Handlung in Rom II für die Ermittlung des anwendbaren Rechts berücksichtigt. Obwohl die Verordnungen andere Rechtsgebiete regeln, ist eine
Harmonisierung der zwei Verordnungen erforderlich, insbesondere in Bezug hinsichtlich
des Ortes, an dem der Schaden eingetreten ist, da dieser unterschiedlich sein kann.

Ein weiterer Punkt, der Probleme bereiten kann, ist die Auslegung des Begriffs „Schaden". 245
Der Begriff „Schaden" ist für die Ermittlung des anwendbaren Rechts von großer Bedeutung. Die griechische Rechtsordnung gibt keine Definition dafür, da es Aufgabe von Literatur und der Rechtsprechung ist, unter Berücksichtigung der jeweiligen Umstände des
Einzelfalls, den Begriff Schaden zu umschreiben. Für den Zweck der VO (EG)
Nr. 864/2007 (Rom II) umfasst der Schaden alle Folgen aus unerlaubter Handlung, unge-
rechtfertigter Bereicherung, Geschäftsführung ohne Auftrag oder eines Verschuldens während der Vertragsverhandlungen („culpa in contrahendo"). Rom II regelt aber nichts bezüglich des Schmerzensgeldanspruchs für den Verlust eines Familienangehörigen, welchen
das griechische Recht in Art. 932 S. 2 kennt. Zur Verständlichkeit des Problems ist von
folgendem Sachverhalt auszugehen: Ein griechischer EU-Bürger mit ständigem Aufenthalt
in Deutschland verunfallt während seines Urlaubs in Griechenland und verstirbt in
Deutschland. Seine Eltern leben in Griechenland. Nach Art. 4 Abs. 2 Rom II-VO ist deutsches Recht anzuwenden. Das deutsche Recht kennt aber, anders als das griechische, das
Angehörigenschmerzensgeld nicht. Daher würden die Eltern für den Verlust ihres Sohnes
kein Angehörigenschmerzensgeld erhalten.

Die oben skizzierten Problembereiche versucht die Anwaltspraxis durch das sogenannte 246
Forumshopping zu lösen. Hierbei handelt es sich um eine Taktik, die gewünschte Rechtsordnung anwenden zu können.

B. Klagebeschränkungen

Eine Klagebeschränkung, die nach herrschender Meinung in Griechenland eine Klageän- 247
derung darstellt, ist bis zum Schluss der mündlichen Verhandlung möglich.

Abschnitt 4: Wichtige Arbeitsmittel

A. Zeitschriften

Armenopoulos (Zeitschrift)

Elliniki Dikaiosini/griechische Justiz – Zeitschrift für Zivilrecht

Epitheorisi Synginoniakou Dikaiou (Zeitschrift für Verkehrsrecht)

Nomiko Vima/Nomikó vima (Juristisches Podium); Griechische Juristenzeitschrift

Piraiki Nomologia/ Piräische Rechtsprechung (Rechtsprechungszeitschrift)

B. Kommentare

Bathrakokilis, EPNOMAK-Kommentar und Rechtsprechung zum ZGB, Allgemeiner Teil, Band A´, 2. Aufl. 2001

Bathrakokilis, EPNOMAK-Kommentar und Rechtsprechung zum ZGB, Allgemeines Schuldrecht, Band B´, Aufl. 2003

Bathrakokilis, EPNOMAK-Kommentar und Rechtsprechung zum ZGB, Besonderes Schuldrecht, Band Γ´, Aufl. 2005

Georgiades/Stathopoulos, Kommentar zum ZGB für Allgemeines und Besonderes Schuldrecht, Band II und III, Aufl. 2007

Kerameas, Kondilis, Nikas, Kommentar zur ZPO, Band I. und II., Aufl. 2000

C. Internetadressen

I. Zugriff auf das geltende Recht

www.dsa.gr (Isokratis, juristische Datenbank der Anwaltskammer Athen)

http://lawdb.intrasoftnet.com (NOMOS, kostenpflichtige juristische Datenbank)

www.esd.gr (Datenbank zur Rechtsprechung aus Verkehrsunfällen)

www.et.gr (für das FEK, griechisches Amtsblatt für die veröffentlichen Gesetze)

II. Kostenlose Entscheidungssammlungen

1. Obergerichte

(existieren keine)

2. Sonstige Gerichte

(existieren keine)

III. Sonstige Informationen

1. Zinsanspruchsberechnung

a) Grundlagen

www.sakoulas.gr oder www.dsth.gr (griechisch)

b) Aktuelle Sätze

www.sakoulas.gr oder www.dsth.gr (griechisch)

2. Rechtlich relevante Websites

www.sakoulas.gr oder www.dsth.gr (griechisch)

D. Tabelle der in Griechenland geltenden Höhe der Verzugszinsen ab 8.3.2006 bis 4.12.2011

Ab 14/12/2011	Bis heute	VerZ 8.75 %	N.2842 Aρ.3 Παρ.2
Ab 09/11/2011	bis 13/12/2011	VerZ 9 %	N.2842 Aρ.3 Παρ.2
Ab 13/07/2011	bis 08/11/2011	VerZ 9.25 %	N.2842 Aρ.3 Παρ.2
Ab 13/04/2011	bis 12/07/2011	VerZ 9 %	N.2842 Aρ.3 Παρ.2
Ab 13/05/2009	bis 12/04/2011	VerZ 8.75 %	N.2842 Aρ.3 Παρ.2
Ab 08/04/2009	bis 12/05/2009	VerZ 9.25 %	N.2842 Aρ.3 Παρ.2
Ab 11/03/2009	bis 07/04/2009	VerZ. 9.5 %	N.2842 Aρ.3 Παρ.2
Ab 10/12/2008	bis 10/03/2009	VerZ 10 %	N.2842 Aρ.3 Παρ.2

Ab 11/11/2008	bis 09/12/2008	VerZ 10.75 %	N.2842 Αρ.3 Παρ.2
Ab 09/10/2008	bis 10/11/2008	VerZ 11.25 %	N.2842 Αρ.3 Παρ.2
Ab 08/10/2008	bis 08/10/2008	VerZ 11.75 %	N.2842 Αρ.3 Παρ.2
Ab 09/07/2008	bis 07/10/2008	VerZ 12.25 %	N.2842 Αρ.3 Παρ.2
Ab 13/06/2007	bis 08/07/2008	VerZ 12 %	N.2842 Αρ.3 Παρ.2
Ab 14/03/2007	bis 12/06/2007	VerZ 11.75 %	N.2842 Αρ.3 Παρ.2
Ab 13/12/2006	bis 13/03/2007	VerZ 11.5 %	N.2842 Αρ.3 Παρ.2
Ab 11/10/2006	bis 12/12/2006	VerZ 11.25 %	N.2842 Αρ.3 Παρ.2
Ab 09/08/2006	bis 10/10/2006	VerZ 11 %	N.2842 Αρ.3 Παρ.2
Ab 15/06/2006	bis 08/08/2006	VerZ 10.75 %	N.2842 Αρ.3 Παρ.2
Ab 08/03/2006	bis 14/06/2006	VerZ 10.5 %	ΔΣ ΕΚΤ της 7/3/2006

§ 1 Haftungsgründe

1   Durch eine umfassende Gefährdungshaftung ist in Island grundsätzlich der Halter für alle Schäden verantwortlich, die durch sein registrierungspflichtiges Fahrzeug verursacht werden. Als Halter erfüllt er jedoch diese Pflicht, indem er die gesetzlich vorgeschriebene Haftpflichtversicherung abschließt. Bei einem Unfall müssen alle Ansprüche zunächst der betreffenden Versicherungsgesellschaft gegenüber geltend gemacht werden. Ausnahmen hiervon gibt es hauptsächlich dann, wenn zwei registrierungs- und daher auch versicherungspflichtige Kraftfahrzeuge in einen Unfall verwickelt sind, wenn der Fahrer des Fahrzeuges durch Verschuldenshaftung belangt werden kann oder wenn der Geschädigte selber ein gewisses Verschulden trägt.

2   Aus diesem Grunde wird hier von der üblichen Gliederung der Länderbeiträge abgewichen und die Haftung des Halters vor der Haftung des Fahrers behandelt.

A. Haftung des Halters

3   In Island besteht eine außerordentlich umfassende Halterhaftung gemäß Art. 88 Abs. 1 Straßenverkehrsgesetz.[1] Die Bestimmung lautet folgendermaßen:

Wer für ein registrierungspflichtiges Kraftfahrzeug verantwortlich ist, soll den Schaden ersetzen, der durch seine Benutzung verursacht wird, sofern der Schaden nicht auf eine Fehlfunktion oder einen Mangel des Fahrzeuges oder auf die Unachtsamkeit des Fahrers zurückzuführen ist. Der für ein Zugfahrzeug Verantwortliche haftet für einen Schaden, der beim Ziehen eines anderen Fahrzeuges von einem registrierungspflichtigen Kraftfahrzeug verursacht wird.

4   Grundsätzlich haftet der Halter demnach für jeden Schaden, der bei der Nutzung seines Fahrzeuges entsteht. Hierbei handelt es sich um eine reine und sehr weitreichende Gefährdungshaftung. Kombiniert mit der gesetzlichen Pflicht einer Haftpflichtversicherung für jedes registrierungspflichtige Kraftfahrzeug gemäß Art. 91 Straßenverkehrsgesetz ist dadurch ein lückenloser Schadensregress gewährleistet. Gemäß Art. 95 Abs. 1 Straßenverkehrsgesetz hat der Geschädigte immer einen gesetzlichen Direktanspruch gegen die Versicherung. Gleichzeitig wird der Versicherung in Abs. 2 derselben Bestimmung der Rückgriff auf denjenigen eingeräumt, der den Schaden fahrlässig oder vorsätzlich verursacht hat. Diese Bestimmung entspricht der allgemeinen Schadensersatzregelung und ist konform mit den Ausnahmen zur Gefährdungshaftung des Halters.

5   Die Regelung des Art. 88 Abs. 1 Straßenverkehrsgesetz betrifft sowohl den Schaden an Personen und Dingen, die von dem Fahrzeug befördert werden, als auch an Personen und Dingen außerhalb des Fahrzeuges, wie zB Verletzungen anderer Verkehrsteilnehmer oder

---

1   Umferðarlög nrkr 50/1987.

Beschädigung ihres Eigentums, nicht jedoch einen Schaden am Fahrer oder dem betreffenden Fahrzeug selbst.

Die Gefährdungshaftung des Halters hat allerdings einige Ausnahmen: 6

■ Die Haftung besteht nur bei Nutzung des Fahrzeuges.[2]

■ Gefährdungshaftung kommt nicht in Frage bei einem Unfall zweier registrierungspflichtiger Kraftfahrzeuge, siehe Art. 89 Straßenverkehrsgesetz.

■ Die Gefährdungshaftung des Halters gilt nicht für Schäden am betreffenden Fahrzeug selbst oder einem anderen Schaden, den der Halter oder der Fahrer erlitten haben.[3]

In Art. 88 Abs. 2 Straßenverkehrsgesetz ist eine Regelung dazu zu finden, unter welchen 7 Bedingungen der Geschädigte eine gewisse Teilverantwortung trägt. Bei einem Körperschaden muss einer Teilverantwortung zumindest grobe Fahrlässigkeit oder gar Vorsatz zugrunde liegen, während bei einem Sachschaden bereits einfache Fahrlässigkeit ausreicht, damit der Schadensersatzanspruch gegen den Halter gemindert werden kann.

I. Haftung aus Verschulden

1. Straßenverkehrsrechtliche Gefährdungshaftung. Gemäß Art. 59 Abs. 2 Straßenverkehrs- 8 gesetz ist der Eigentümer oder Halter eines Fahrzeuges dafür verantwortlich, dass das Fahrzeug sich in gesetzlich vorgeschriebenem Zustand befindet. Der Halter kann insofern auch für einen Schaden verantwortlich sein, der aufgrund einer Betriebsstörung des Fahrzeuges entstand, die wiederum auf einen der Aspekte zurückzuführen ist, für die der Halter verantwortlich ist.

2. Besonderheiten bei Beförderungen. Bei Beförderungen gelten keine Sonderregelungen, 9 es muss jedoch die Möglichkeit des eigenen Verschuldens des geschädigten Insassen oder Beifahrers in Betracht gezogen werden. Hierbei handelt es sich insbesondere um Beispiele der abgelehnten Sicherheitsmaßnahmen (Sicherheitsgurt, Helm).

Unter Umständen kann der Fahrer des Fahrzeuges für die beförderten Personen verant- 10 wortlich sein, sofern er mit seinem Verhalten gegen geltende Vorschriften des Verkehrsrechtes verstößt. Diese Verantwortung des Fahrers spielt vor allem im Strafrecht eine Rolle. So kann zum Beispiel ein Fahrer, der einen Fahrgast im Kofferraum eines Kombis transportiert, wegen fahrlässigen Totschlags belangt werden, wenn der betreffende Fahrgast bei einem Unfall ums Leben kommt. Auch beim Transport von Kindern trägt der Fahrer die Verantwortung für die ordnungsgemäße Benutzung der Sicherheitsausstattung (z.Bsp. Kindersitz und Gurt im Auto, Helm auf dem Motorrad). Diese Verantwortung des Fahrers entlastet den Halter unter Umständen von seiner Gefährdungshaftung, bzw. die Versicherung von ihrer Zahlungspflicht.

Grundsätzlich wird nicht unterschieden zwischen der entgeltlichen und unentgeltlichen Be- 11 förderung. Bei für die Personenbeförderung zugelassenen Fahrzeugen gibt es jedoch besondere Vorschriften für die Ausstattung.[4] Bei fehlerhafter Ausstattung kommt zur allgemeinen Halterhaftung daher auch noch eine mögliche Verschuldenshaftung des Betreibers. Darüber hinaus müssen Berufsfahrer sich einer besonderen Führerscheinprüfung unterziehen und haben daher fundiertere Kenntnisse über Verkehr und Fahreigenschaften, so dass hinsichtlich der Sorgfaltspflicht an den Fahrer höhere Ansprüche gestellt werden können.

II. Gefährdungshaftung

1. Grundlagen der Gefährdungshaftung. Wie bereits dargelegt, so haftet der Halter eines 12 registrierungspflichtigen Fahrzeuges grundsätzlich für jeden Schaden, der durch das Fahrzeug verursacht wurde, sofern der Schaden bei der „Nutzung" des Fahrzeuges und an der Gesundheit oder Sacheigentum Dritter entstanden ist.

---

2 S. Hrd. 1959, S. 671 und Hrd. 1999, S. 4965 (307/1999).
3 S. Hrd. 340/2009.
4 S. Verordnung Nr. 822/2004 über die Art und Ausstattung von Fahrzeugen (reglugerð nrkr 822/2004 um gerð og búnað ökutækja).

13 **2. Typische Problembereiche. a) Betriebsbegriff.** Voraussetzung für die Gefährdungshaftung des Halters aus Art. 88 Abs. 1 Straßenverkehrsgesetz ist eine Kausalität zwischen dem entstandenen Schaden und der Nutzung des Fahrzeuges. Der Begriff der Nutzung ist nicht gesetzlich definiert. Es wird im Allgemeinen davon ausgegangen, dass unter Nutzung nicht jegliche Benutzung des Fahrzeuges gemeint sein kann, sondern nur die Art der Benutzung, bei der die besonderen Eigenschaften des Kraftfahrzeuges zur Geltung kommen und mit der der entstandene Schaden zumindest in einem naheliegenden und vorhersehbaren Kausalzusammenhang steht.[5] Diese Definition galt schon für die Nutzung im Sinne des Kraftfahrzeuggesetzes,[6] das mit Verabschiedung des Straßenverkehrsgesetzes seine Gültigkeit verlor, wurde allerdings seither durch die ständige Rechtsprechung besser ausgefüllt. Dabei wird anerkannt, dass die von Kraftfahrzeugen ausgehende besondere Gefahr in der Bewegungsgeschwindigkeit, der Motorkraft und dem Gewicht des Fahrzeuges besteht.

14 Nutzung liegt demnach zum Beispiel dann vor, wenn ein Stein von einem fahrenden Kraftfahrzeug aufgeschleudert wird,[7] wenn ein Kraftfahrzeug beim Starten des Motors einen Satz vorwärts macht, wenn ein Kraftfahrzeug bei stillstehendem Motor rollt[8] oder wenn es wegen Bewegung eines daran befestigten Kranes selbst auch in Bewegung gerät.[9] Als Nutzung in diesem Sinne gilt es jedoch nicht, wenn der Schaden zwar während der Fahrt verursacht wurde, aber durch vom Fahren selbst oder anderen Gefahrenaspekten des Fahrzeuges völlig losgelösten Ursachen; wie zum Beispiel im dem Fall, in dem die Ascheglut des Zigarillos des Fahrers eines Taxis auf Feuerwerkskörper fiel, die einer der Fahrgäste mit sich führte. Es wurde ein Brand ausgelöst, wodurch der betreffende Fahrgast Verbrennungen erlitt.[10]

15 **b) Ladevorgänge.** Auch bei Stillstand des Fahrzeugs kann Nutzung desselben vorliegen, zum Beispiel bei Nutzung verschiedener Geräte, die zu der gewöhnlichen Ausstattung des betreffenden Fahrzeuges gehören und der Beladung oder Entladung des Fahrzeuges dienen; darunter fallen alle zum Fahrzeug gehörenden oder am Fahrzeug befestigten Geräte, wie zum Beispiel bewegliche Ladeflächen[11] und Kräne,[12] aber nicht Geräte, die praktisch wie selbstständige Arbeitsgeräte genutzt werden, wie zum Beispiel Gabelstapler.

16 **c) Ende der Betriebsgefahr.** Die Betriebsgefahr endet erst dann, wenn das Fahrzeug außer Betrieb ist und ordnungsgemäß abgestellt wurde.

17 Solange sich der Fahrer oder ein Fahrgast noch am Fahrzeug befinden, kann es sich noch um Nutzung des Fahrzeuges handeln, so zum Beispiel in dem Fall, in dem der Fahrer eines Lastkraftwagens Verletzungen erlitt als ein Reifen während der Luftzuführung platzte[13] oder in dem Fall, in dem einer der Passagiere durch eine zuschlagende Tür Verletzungen erlitt, während er sein Gepäck entlud.[14]

18 **d) Abschleppen/Herausziehen.** Wegen der besonderen Wetter- und Straßenverhältnisse kommt es in Island häufiger vor, dass Kraftfahrzeuge sich in Schnee, Sand oder Wasserläufen festfahren. In solchen Fällen kann man auf einen hilfsbereiten Mitbürger hoffen, den Rettungsdienst um Hilfe bitten oder professionelle Abschleppdienste beauftragen.

19 In diesen Fällen trägt grundsätzlich das ziehende nicht das gezogene Fahrzeug jegliche Verantwortung für möglicherweise entstehende Schäden.

20 **3. Entlastungsmöglichkeit.** Die Entlastungsmöglichkeiten der grundsätzlichen Gefährdungshaftung des Halters wurden bereits genannt. Hier handelt es sich zunächst um den

---

5 Arnljótur Björnsson, S. 36.
6 Bifreiðalög nrkr 23/1941 – nicht mehr gültig.
7 H 1964, 138.
8 H 1933, 457, H 1942, 15, H 1997, 1683.
9 H 1999, 3217.
10 H 1959, 671.
11 H 1962, 907.
12 H 1997, 1071, Hrd. 77/2001.
13 H 1996, 3141.
14 H 1981, 1203.

Fall eines Unfalls zweier registrierungspflichtiger Fahrzeuge, geregelt in Art. 89 Straßenverkehrsgesetz, oder um den Fall des Verschuldens des Geschädigten selbst oder des Fahrers.

B. Haftung des Fahrers

Die Haftung des Fahrers ist im isländischen Recht nur für den Fall ausdrücklich geregelt, dass der Fahrer das Fahrzeug *ohne jegliche Erlaubnis* benutzt hat. In dem Fall geht gemäß Art. 90 Abs. 2 Straßenverkehrsgesetz die Haftung vom Halter auf den Fahrer über. Es wird davon ausgegangen, dass diese Situation nur dann besteht, wenn das Fahrzeug gestohlen wurde.[15]   21

In anderen Bereichen erschließt sich die Haftung des Fahrers durch den Umkehrschluss aus Art. 88 Abs. 1 Straßenverkehrsgesetz. Dort ist die allgemeine Haftung des Halters eines registrierungspflichtigen Kraftfahrzeuges festgelegt, die unter anderem dann wegfällt, wenn der Schaden auf *„mangelnde Aufmerksamkeit"* des Fahrers zurückzuführen ist.   22

In Art. 89 desselben Gesetzes findet sich die Regelung über die Aufteilung der Haftung bei einem Unfall, an dem zwei oder mehr Kraftfahrzeuge beteiligt waren.   23

Aus diesen beiden Bestimmungen kann der Rückschluss erfolgen, dass der Fahrer nur bei Verschulden haftbar gemacht werden kann.   24

I. Haftung aus Verschulden

Im isländischen Recht ist keine allgemeine Bestimmung zur Verschuldenshaftung zu finden. Verschuldenshaftung ist jedoch allgemein anerkannt und in mehreren speziellen Gesetzen manifestiert, allerdings nicht im Straßenverkehrsgesetz.   25

Die Verschuldenshaftung wird im Allgemeinen folgendermaßen definiert: 26

Wer durch verschuldetes oder gesetzeswidriges Verhalten einen Schaden verursacht hat, der eine wahrscheinliche Folge seines Verhaltens ist und eines der von Schadensersatzregelungen geschützten Interessen eines anderen betrifft, der haftet dem Geschädigten gegenüber, sofern abstrakte Entschuldigungsgründe wie zB junges Alter oder ein Mangel an geistiger Gesundheit beim Verursacher nicht vorliegen.[16]

Für die Verschuldenshaftung des Fahrers müssen demzufolge vier Voraussetzungen erfüllt sein: zunächst müssen ein Schaden und ein Verschulden des Fahrers des verursachenden Fahrzeuges vorliegen, dann ein ursächlicher Zusammenhang zwischen Verschulden und Schaden, und zuletzt muss der Schaden auch noch eine wahrscheinliche Folge des Fahrerverhaltens sein.   27

Das Verschulden muss hierbei mindestens fahrlässig sein, dh dass der Fahrer des Fahrzeuges nicht die in der Situation notwendige und von dem Fahrer eines registrierungspflichtigen Kraftfahrzeuges zu erwartende Vorsicht hat walten lassen.   28

Verschulden liegt unzweifelhaft immer dann vor, wenn gegen die Regelungen des Straßenverkehrsgesetzes verstoßen wurde. Sollte kein Verstoß gegen spezielle Straßenverkehrsregeln vorliegen, so kommt stets Art. 4 Abs. 1 des Gesetzes in Frage, denn dort steht: 29

Ein Verkehrsteilnehmer soll ausreichend Rücksicht und Vorsicht walten lassen, so dass er keine Gefahr darstellt oder einen Schaden oder Unannehmlichkeiten verursacht [...].

In der Praxis wird wegen der weitreichenden Gefährdungshaftung des Halters und der Versicherungspflicht grundsätzlich zunächst die Haftpflichtversicherung belangt. Sofern der Fahrer den Unfall verschuldet hat, erhält die Versicherung im Folgenden einen Regressanspruch gegen ihn.   30

---

15 Hrd. 1968 S. 18.
16 Arnljótur Björnsson, Skaðabótaréttur, S. 58.

II. Gefährdungshaftung

31 Eine Gefährdungshaftung des Fahrers ist im isländischen Recht nicht bekannt.

C. Haftung des Versicherers

32 In Art. 91–94 Straßenverkehrsgesetz ist eine weitreichende Versicherungspflicht festgelegt. Dort ist vorgeschrieben, dass jedes zur Registrierung verpflichtete Kraftfahrzeug haftpflichtversichert sein muss. Damit wird die umfassende Gefährdungshaftung des Halters fast gänzlich auf die Versicherung übertragen.

33 Auch eine Unfallversicherung für den Fahrer selber ist gesetzlich erforderlich.

I. Haftungsvoraussetzungen

34 Die Versicherungspflicht gilt allgemein für alle zur Registrierung verpflichteten Kraftfahrzeuge. Sie umfasst eine Haftpflichtversicherung bei einer hierzu in Island oder im europäischen Ausland zugelassenen Versicherungsgesellschaft und eine Unfallversicherung für den Fahrer.

35 Die Haftpflichtversicherung muss einen Personenschaden bis zu 8 Millionen EUR und einen Sachschaden bis zu 1,4 Millionen EUR abdecken, die Unfallversicherung des Fahrers deckt einen Personenschaden bis zu 600.000 EUR ab.[17] Diese Beträge werden jährlich überprüft und gegebenenfalls an geänderte Umstände angeglichen.

36 Die Versicherungspflicht obliegt dem Halter des Fahrzeuges und beruht auf der allgemeinen Gefährdungshaftung des Halters. Nur Fahrzeuge, deren Halter der isländische Staat ist, und die kleinste Sorte von Motorrollern sind nicht versicherungspflichtig.

37 Sollte ein Unfall durch Verschulden verursacht worden sein, so ist laut Art. 95 Abs. 1 Straßenverkehrsgesetz die Versicherungsgesellschaft trotzdem zur Leistung aus der Haftpflichtversicherung verpflichtet. Gemäß Abs. 2 desselben Artikels erhält sie in diesem Fall lediglich einen Regressanspruch gegenüber dem Verursacher des Unfalls.

38 In Einklang mit dieser Regel wird in Art. 97 Abs. 1 Straßenverkehrsgesetz festgelegt, dass eine Klage auf Schadensersatz wegen eines Autounfalles immer sowohl gegen den Verursacher als auch gegen den Versicherer des betreffenden Fahrzeuges gerichtet sein muss. Auch für die Fälle, in denen eine Schadensersatzklage als Nebenklage bei einem Strafverfahren zugelassen wird, ist gemäß Abs. 2 desselben Artikels eine weitreichende Beteiligung der jeweiligen Versicherungsgesellschaft am Gerichtsverfahren vorgesehen.

39 In der Praxis wählt der Käufer eines Fahrzeuges beim Kauf desselben seine Versicherungsgesellschaft. Sie wird in das Formular eingetragen, mit dem der Eigentümerwechsel beim Kraftfahrzeugamt angezeigt wird. Daraufhin erfolgt durch das Kraftfahrzeugamt Mitteilung an die entsprechende Versicherungsgesellschaft, die das Fahrzeug umgehend versichert und ihrerseits dem Käufer eine Rechnung übersendet. Da die Nummernschilder nicht an bestimmte Orte oder Regionen gebunden sind, sondern zu dem jeweiligen Auto gehören, so ist die Ummeldung eines Fahrzeuges recht unkompliziert und wird zentral abgewickelt.

40 Sollte die Versicherungsprämie nicht bezahlt werden, so besteht vorerst trotzdem ein Versicherungsschutz. In solchen Fällen muss die Versicherungsgesellschaft zunächst eine Mahnung mit Ankündigung des Wegfallens des Versicherungsschutzes versenden und eine mindestens 14-tägige Zahlungsfrist setzen. Gemäß Art. 33 des Gesetzes über Versicherungsverträge[18] bleibt der Versicherungsschutz trotz ausbleibender Zahlung noch drei Monate nach Ablauf dieser Frist bestehen.

---

17 Alle Beträge: Stand des Devisenwechselkurses vom Oktober 2016.
18 Lög um vátryggingarsamninga nrkr 30/2004.

II. Nachhaftung

Der Versicherungsschutz eines Fahrzeuges fällt in keinem denkbaren Fall automatisch 41 weg, sondern bleibt solange bestehen, bis die entsprechende Versicherungsgesellschaft eine öffentliche Mitteilung darüber versandt hat, dass der Versicherungsschutz entfallen ist.

D. Haftung von Begleitpersonen

Im isländischen Recht gibt es keine ausdrückliche Regelung hinsichtlich der Haftung ande- 42 rer Personen als des Halters eines Kraftfahrzeuges und des Fahrers. Da auch die Gefährdungshaftung des Fahrers nicht besteht, so kann hieraus gefolgert werden, dass die Haftung von Personen grundsätzlich nur wegen Verschuldens möglich ist. Dies gilt für alle Personen, die am Unfall beteiligt sind.

In Art. 88 Abs. 2 und 3 Straßenverkehrsgesetz findet sich eine Sonderregelung betreffend 43 der Geschädigten eines Verkehrsunfalles. Hier wird festgelegt, dass der Geschädigte insofern seinen Schaden selber tragen muss, wie er ihn mitverschuldet hat, wobei das Verschulden bei einem Schaden an Körper und Gesundheit auf grobe Fahrlässigkeit oder Vorsatz beschränkt wird, bei einem Sachschaden jedoch schon bei gewöhnlicher Fahrlässigkeit vorliegen kann.

Hierbei wird genauso wie bei der allgemeinen Betrachtung unterschieden, ob das fahrlässi- 44 ge oder vorsätzliche Verhalten des Geschädigten einen tatsächlichen und auch wahrscheinlichen Einfluss auf die Entstehung des Schadens gehabt haben könnte. So kommt der Gerichtshof in zwei ähnlich gelagerten Fällen, in denen jeweils der Beifahrer auf einem Motorrad keinen Helm trug und bei einem Unfall verletzt wurde, zu unterschiedlichen Ergebnissen. Während der Beifahrer in einem der Fälle eine Teilschuld trug, so galt in dem anderen Fall nicht als bewiesen, ob der Helm tatsächlich den Schaden vermindert hätte. Daher haftete der Beifahrer noch nicht einmal zum Teil für seine eigenen Verletzungen.[19] Die Beweislast für die Haftungsvoraussetzungen des Geschädigten ruht auf dem Schadensersatzpflichtigen.[20]

E. Haftungsmodifikationen

I. Einschränkungen

1. Unfallschaden und Arbeitnehmer. Im isländischen Schadensersatzrecht ist allgemein 45 anerkannt, dass unter gewissen Voraussetzungen der Arbeitgeber für das Verschulden eines Angestellten haftet, auch wenn dieser Haftungsgrundsatz nur in wenigen Spezialgesetzen manifestiert ist. Notwendig ist, dass der betreffende Mitarbeiter sich im Angestelltenverhältnis befand, dass er sich bei der Ausübung seiner vom Arbeitgeber gestellten Aufgabe befand und dass er zumindest fahrlässig gehandelt hat.

In folgenden Urteilen war fraglich, ob der Schaden in Verbindung mit der vom Arbeitge- 46 ber gestellten Aufgabe entstanden war.

Hrd. 1956, S. 94: Ein Ehepaar aus Sauðárkrókur wurde von Reykjavik aus von einem Polizeiauto 47 mitgenommen, das mit zwei Polizeibeamten nach Sauðárkrókur überführt werden sollte, um dort bei der allgemeinen Verkehrsstreife eingesetzt zu werden. In Borgarnes stieg ein dritter Polizeibeamter zu, der den anderen beiden Polizisten vorgesetzt war. Er hatte keine Einwände gegen die Mitnahme der beiden Zivilpersonen. Während der weiteren Fahrt verlor der Fahrer auf einer Schotterpiste die Kontrolle über das Fahrzeug, so dass es sich überschlug und einer der Zivilisten Verletzungen davontrug. In einem Verfahren des geschädigten Zivilisten gegen den isländischen Staat wurde anerkannt, dass der fahrende Polizeibeamte seine allgemeine Sorgfaltspflicht als Fahrer vernachlässigt hätte, aber der Transport des Verletzten weder im Rahmen der polizeilichen Aufgaben durchgeführt worden war noch in so engem Zusammenhang mit poli-

---

19 Hrd. 1978, S. 387, vgl. auch Hrd. 1970, S. 97.
20 Hrd. 472/2011.

zeilichen Aufgaben stand, dass der isländische Staat für seinen Schaden verantwortlich gemacht werden könnte.

48 **Hrd. 1952, S. 276:** Nach getaner Arbeit befand sich ein angestellter Lkw-Fahrer am Hafen der Westmänner-Inseln, als er gebeten wurde, drei Mädchen zu einem Open-Air-Festival zu fahren. Vor der Abfahrt versteckten sich drei junge Männer auf der Ladefläche des Fahrzeuges, wovon zwei während der Fahrt herunterfielen, und einer der beiden Verletzungen erlitt. Der Geschädigte erhob Klage auf Schadensersatz gegenüber der Transportfirma, der das Fahrzeug gehörte und bei der der Fahrer angestellt war. Der Gerichtshof kam zu dem Schluss, dass unbewiesen sei, dass der Verletzte mit Einwilligung des Fahrers mitgefahren sei, und dass ohnehin keine Bezahlung geleistet wurde. Weil der Fahrer zu dem Zeitpunkt des Unfalls auch nicht im Dienst für seinen Arbeitgeber stand, konnte der Geschädigte die Firma nicht belangen.

49 Problemfälle treten vor allem dann auf, wenn fraglich ist, ob der Verursacher angestellt war im Sinne der Arbeitgeberhaftung oder als selbstständiger Subunternehmer tätig, ob der Arbeitgeber einen Regressanspruch gegen seinen Angestellten erwirbt, was passiert, wenn Schutzgüter des Arbeitgebers selber beschädigt werden und welche Verantwortung der Angestellte selber trägt.

50 In der Praxis wird bei Fällen der Arbeitgeberhaftung meistens der Arbeitgeber direkt belangt. Das Innenverhältnis zwischen dem Arbeitgeber und dem Angestellten ist in den Art. 23 und 23 a Schadensersatzgesetz[21] geregelt. Demnach kann der Arbeitgeber bei Verschulden des Angestellten einen Regressanspruch gegen den Angestellten geltend machen, aber nur in dem Umfang, in dem es im Hinblick auf den Grad des Verschuldens des Angestellten und seine Position beim Arbeitnehmer gerecht erscheint. Hierbei wird davon ausgegangen, dass ein höher gestellter Angestellter höhere Entlohnung erhält und dementsprechend auch mehr Verantwortung trägt. Art. 23 Abs. 2 Schadensersatzgesetz betrifft den Fall, in dem der Anspruch dem Angestellten gegenüber geltend gemacht wurde – in dem Fall kann Abs. 1 umgekehrt angewandt werden, wie auch in den Fällen, in denen der Schadensersatz vom Angestellten bereits bezahlt wurde. In Art. 23 a Schadensersatzgesetz ist festgelegt, dass der Anspruch eines Angestellten auf Schadensersatz wegen eines durch einen Unfall entstehenden Gesundheitsschadens nur dann gemindert werden kann, wenn der Angestellte grob fahrlässig oder vorsätzlich gehandelt hat. Dies gilt auch für Schadensersatzansprüche der Angehörigen sofern der Unfall zum Tode des Angestellten führte.

51 2. Deckungsgrenzen. Bei Autounfällen sind für die großen Schadenspositionen gesetzlich Deckungsgrenzen festgelegt. Sie werden in den entsprechenden Kapiteln genannt.

II. Erweiterungen

52 Regelungen zur Erweiterung der Haftung bei Verkehrsunfällen sind im isländischen Recht nicht zu finden.

F. Haftung gegenüber Radfahrern, Fußgängern, Behinderten

53 Älteren Verkehrsteilnehmern, Fußgängern, behinderten, blinden oder tauben Menschen gegenüber muss gemäß Art. 4 Abs. 2 Straßenverkehrsgesetz besondere Rücksicht genommen werden. Auch Radfahrer und Fußgänger allgemein gelten als schwächere Verkehrsteilnehmer.

54 Dies schließt jedoch die Haftung dieser Personengruppen nicht aus. Da es keine spezielle gesetzliche Regelung für die Haftung von Radfahrern, Fußgängern oder Behinderten gibt, gelten die allgemeinen Grundsätze der Verschuldenshaftung. In der Rechtsprechung ergibt sich hierbei ein gewisser Spielraum, da die allgemein gültige Definition des Verschuldens voraussetzt, dass abstrakte Entschuldigungsgründe wie zB junges Alter oder ein Mangel an geistiger Gesundheit beim Verursacher nicht vorliegen, → Rn. 26.

---

21 Skaðabótalög nrkr 50/1993.

Speziell bei Kindern besteht die Möglichkeit, dass die Eltern wegen einer Verletzung ihrer 55
Aufsichtspflicht haften. Hierbei muss es sich jedoch wiederum um eine fahrlässige oder
vorsätzliche Verletzung der Aufsichtspflicht handeln, die den Schaden tatsächlich verursacht hat und auch dazu geeignet war.

Des Weiteren sei auf die allgemeinen Ausführungen zur Verschuldenshaftung verwiesen. 56

§ 2 Prüfungsweg zum Haftungsgrund

A. Anscheinsbeweis

Der Anscheinsbeweis ist im isländischen Recht nur gewohnheitsrechtlich verfestigt. Er ist 57
weder im Straßenverkehrsgesetz noch im Schadensersatzgesetz oder im Prozessrecht verankert. Die Rechtsprechung nutzt den Grundsatz des Anscheinsbeweises vor allem bei
Verkehrsunfällen. Sofern andere offensichtliche Unfallursachen ausgeschlossen werden
können, wie zB eine Fehlfunktion des Fahrzeuges, ungewöhnliche Fahrbedingungen oder
äußere Einwirkungen, wird oft davon ausgegangen, dass der Fahrer entweder zu schnell
gefahren sei oder unaufmerksam war.

I. Grundlagen (Abgrenzung zum Prozessrecht)

Umstritten ist, ob es sich bei dem Anscheinsbeweis um eine materielle Regel oder um eine 58
Verfahrensregel handelt. Mehrheitlich wird in der isländischen Forschung und Praxis jedoch davon ausgegangen, dass es eine Regelung des Prozessrechtes ist. Mit dem Anscheinsbeweis wird die Beweislast umgedreht, so dass es dem Verursacher obliegt, sein
Verschulden zu widerlegen.

II. Definition des Anscheinsbeweises

Da der Anscheinsbeweis keine gesetzliche Grundlage hat, gibt es zu ihm auch keine offizi- 59
elle Definition. Es handelt sich hierbei um den Rückschluss von dem Unfallgeschehen auf
die wahrscheinlichste Ursache. Als Anscheinsbeweis wird die Regelung bezeichnet, wenn
der Verursacher eines Unfalles (oder wer die Verantwortung für den Verursacher trägt) die
Beweislast dafür trägt, dass das den Unfall herbeiführende Verhalten nicht verschuldet gewesen sei.

III. Voraussetzungen des Anscheinsbeweises

Der Anscheinsbeweis kommt dann zur Anwendung, wenn keine offensichtlichen Unfallur- 60
sachen vorliegen.

IV. Typische Anscheinsbeweise

Typische Anscheinsbeweise bei Verkehrsunfällen betreffen vor allem die Bestimmungen 61
der Straßenverkehrsregeln, die dem Fahrer des betreffenden Fahrzeuges einen gewissen Er-

messensspielraum einräumen. Dazu zählen vor allem die den äußeren Bedingungen angepasste Fahrgeschwindigkeit, die erfahrungsgemäß oft nicht nachweisbar ist, und die Tatsache, dass der Fahrer nicht die für die Situation erforderliche Vorsicht hat walten lassen. Diese Situationen liegen vor allem bei schwierigeren Fahrbedingungen vor, wie zum Beispiel wegen starken Niederschlags, Glatteis, Windes oder Nebels.

B. Objektiv festgestellte Sorgfaltspflichtverletzung

62 Bei objektiv festgestellter Sorgfaltspflichtverletzung ist das Verschulden des Fahrers eindeutig vorhanden. In diesen Fällen sind nur der Grad des Verschuldens und die Kausalität zwischen dem verschuldeten Verhalten und dem eingetretenen Schaden zu bestimmen.

I. Allgemeines Verkehrsverhalten (Straßenverkehrsvorschriften)

63 Im Allgemeinen liegt bei einem Verstoß gegen gültige Straßenverkehrsvorschriften immer ein Verschulden des Fahrers vor. Die Straßenverkehrsvorschriften sind im Straßenverkehrsgesetz[22] und der dazu gehörigen Verordnung über Verkehrsschilder[23] geregelt.

II. Fahrfehler, Fehlreaktion

64 Auch bei Vorliegen eines Fahrfehlers oder eines Fehlers bei der Nutzung des Fahrzeuges ohne Fahren wird meistens eine Sorgfaltspflichtverletzung des Fahrers festgestellt, wodurch das Verschulden des Fahrers begründet wird.

C. Beweislastverteilung

I. Grundsatz

65 Im isländischen Schadensersatzrecht gilt grundsätzlich die Regel, dass der Geschädigte für alle vier Haftungsvoraussetzungen die Beweislast trägt, also für das schädigende Verhalten, den Schaden selbst, den ursächlichen Zusammenhang dazwischen und die Wahrscheinlichkeit des Zusammenhanges.

66 Gemäß Art. 44 Abs. 1 Gesetz über den Zivilprozess[24] müssen lediglich umstrittene Aspekte von den Parteien bewiesen werden. Hierbei handelt es sich um eine Erscheinungsform der im isländischen Zivilprozess geltenden Verhandlungsmaxime.

67 In Island gibt es keine gesetzlichen Bestimmungen zur Beweislastverteilung im Zivilprozess. Die Beweislast liegt grundsätzlich bei der Partei, die eine Behauptung vorträgt. Als Beweismittel werden schriftliche Dokumente, gerichtlich angeordnete Gutachten und Aussagen der Beteiligten oder Zeugen anerkannt. Der Richter hat einen gewissen Ermessensspielraum bei der Beurteilung der Beweisführung, dh ob der Beweis gelungen ist oder nicht. Die Beweisführung muss insofern nicht völlig lückenlos sein sondern lediglich den Richter davon überzeugen, dass die Ausführungen korrekt sind. Es genügt insofern, dass der Richter sich tatsächlich davon überzeugen lässt, dass die Ausführungen korrekt sind. Wieviel Beweis dafür notwendig ist kann von verschiedenen Faktoren abhängen, wie zB von den Eigenarten des Falles, von den Einwendungen der Gegenpartei oder von ihrer Beweisführung. Im Allgemeinen reicht es aus, die Beweisführung so auszuführen, dass sie jeglichen berechtigten Zweifel aus der Welt schaffen kann.

II. Ausnahmen

68 In verschiedenen Ausnahmefällen wird vom Gericht die Beweislast umgekehrt. Auch diese Ausnahmefälle sind nicht gesetzlich geregelt.

---

22 Umferðarlög nrkr 50/1987.
23 Reglugerð um umferðarmerki og notkun þeirra nrkr 595/2013.
24 Lög um meðferð einkamála nrkr 91/1991.

Für die Praxis anerkannt ist vor allem der Fall, wenn die Gegenpartei sich in einer weitaus **69** besseren Position für die Beweisführung befindet, wie zum Beispiel der Arbeitgeber bei Arbeitsunfällen.

1. Beweisvereitelung. Im isländischen Zivilprozess gibt es weder gesetzlich festgelegte **70** noch gewohnheitsrechtliche Regelungen zur Beweisvereitelung. Die Fälschung oder Vernichtung von Beweismaterial ist jedoch strafbar gemäß Art. 162 Strafgesetzbuch.[25]

2. Unerlaubtes Entfernen vom Unfallort. Unerlaubtes Entfernen vom Unfallort wird nicht **71** automatisch zuungunsten des Betreffenden ausgelegt. Es hat insofern keinerlei Auswirkungen auf die Beweisführung.

3. Schuldbezeugungen nach dem Unfall. Nach einem Unfall wird regelmäßig ein Unfallbe- **72** richt erstellt, der idealerweise von allen Beteiligten unterzeichnet werden sollte. Bei Personenschäden wird gewöhnlich die Polizei herbeigerufen, die schon am Unfallort Erklärungen der Beteiligten aufzeichnet. Diese Schuldbezeugungen sind nicht unwiderruflich, erschweren aber den Beweis des Gegenteils: sie müssen im Zweifelsfall durch gerichtlich bestellte Gutachter oder durch einverständliche Erklärungen der beteiligten Parteien widerlegt werden.

4. Vernichtung von Beweismitteln. Wie bei der Beweisvereitelung so gibt es im isländi- **73** schen Zivilprozess weder gesetzlich festgelegte noch gewohnheitsrechtliche Regelungen zur Vernichtung von Beweismitteln. Die Fälschung oder Vernichtung von Beweismaterial ist jedoch strafbar gemäß Art. 162 Strafgesetzbuch.

D. Gefährdungshaftung

Wie bereits dargelegt beschränkt sich bei der Gefährdungshaftung die materiellrechtliche **74** Prüfung auf die Kausalität zwischen dem entstandenen Schaden und der Nutzung des Fahrzeuges. Hierbei muss es sich um die Art der Benutzung handeln, bei der die besonderen Eigenschaften des Kraftfahrzeuges zur Geltung kommen und mit der der entstandene Schaden zumindest in einem naheliegenden und vorhersehbaren Kausalzusammenhang steht.[26]

E. Quotenbildung

I. Quotenbildung und ihre Abwägung

Die Quotenbildung bei einem Unfall zweier Kraftfahrzeuge ist in Art. 89 Straßenverkehrs- **75** gesetz festgelegt. Der Artikel lautet folgendermaßen:

Wenn durch den Unfall zweier registrierungspflichtiger Kraftfahrzeuge ein Schaden entsteht, so wird der Schaden zwischen ihnen im Hinblick darauf aufgeteilt, wieviel Verschulden die Beteiligten unter Berücksichtigung der Gesamtumstände hatten.

Auch gemäß Art. 88 Abs. 2 Straßenverkehrsgesetz kann durch Quotenbildung die Gefähr- **76** dungshaftung des Halters im Bezug auf Gesundheitsschäden oder den Verlust des Unterhaltspflichtigen gemindert werden, sofern der Geschädigte den Schaden grob fahrlässig oder vorsätzlich mitverursacht hat.

Gemäß Art. 88 Abs. 3 Straßenverkehrsgesetz kann durch Quotenbildung die Gefährdungs- **77** haftung des Halters im Bezug auf Sachschäden gemindert werden oder gar völlig wegfallen, wenn der Geschädigte den Schaden fahrlässig oder vorsätzlich mitverursacht hat.

Allgemein verweist Art. 90 Abs. 3 Straßenverkehrsgesetz darauf, dass zusätzlich zu der in **78** Abs. 1 und 2 desselben Artikels verankerten Haftung des Eigentümers (Besitzers) oder desjenigen, der ein Fahrzeug ohne jegliche Erlaubnis benutzt, die allgemeinen Regeln des Schadensersatzrechtes für die Haftung gelten.

---

25 Almenn hegningarlög nrkr 19/1940.
26 Arnljótur Björnsson, S. 36.

79 In der Praxis wird die Quotenbildung vor allem bei einem Unfall zweier Kraftfahrzeuge oft angewandt. Die Quotierung erfolgt dabei meist pauschal mit $\frac{1}{2}$, $\frac{1}{2}$ oder $\frac{1}{3}$, $\frac{2}{3}$ oder $\frac{1}{4}$, $\frac{3}{4}$ oder $\frac{2}{5}$, $\frac{3}{5}$.

80 Für die Durchführung der Quotierung gibt es keine festgelegten Regeln, sondern einen Ermessensspielraum, bei dem das jeweilige Fehlverhalten und das Verschulden der betreffenden Verkehrsteilnehmer einander gegenübergestellt werden. Dabei wird vor allem betrachtet, wie schwerwiegend das entsprechende Fehlverhalten war, welche Folgen man typischerweise erwarten konnte und wie schwerwiegend die Folgen waren. Als Fehlverhalten gilt hierbei vor allem die Missachtung der Verkehrsregeln wozu auch eine allgemeine Achtsamkeits- und Vorsichtsregel gehört.

81 Voraussetzung für die Quotierung ist stets ein Verschulden. Die Gefährdungshaftung kann durch die Quotenbildung lediglich vermindert werden.

II. Beispielsfälle

82 Es gibt in der isländischen Rechtsprechung unzählige Beispielfälle für Quotierung, hier sollen nur einige davon kurz angerissen werden.

83 **Hrd. 200/1999:** Ein Fahrzeug fuhr auf einer Blindkuppe unachtsam aus einer Einfahrt auf die Landstraße hinaus. Das zweite Fahrzeug kam auf der Landstraße die Blindkuppe hinaufgefahren und kollidierte mit dem ersten Fahrzeug. Der Fahrer des zweiten Fahrzeuges musste 1/3 der Schuld tragen, da er nicht achtsam genug gefahren war.

84 **Hrd. 323/2000:** Ein auf der Landstraße freilaufendes Pferd wurde von einem Auto angefahren. Der Eigentümer des Autos verlangte Schadensersatz vom Eigentümer des Pferdes. Da der Weidezaun sich in einem schlechten Zustand befunden hatte, wurde der Schadensersatzanspruch grundsätzlich eingeräumt. Der Autofahrer verkehrte jedoch regelmäßig in der Gegend, so dass der schlechte Zustand des Weidezauns ihm bekannt war und er daher mit freilaufenden Pferden rechnen musste. Sein Fahrstil sei dieser möglichen Gefahr nicht angepasst gewesen, so dass er $\frac{1}{4}$ seines Schadens selber tragen musste.

85 Anmerkung: Es ist zu beachten, dass nicht überall in Island eine Einzäunungspflicht für Nutztiere besteht. Auf vielen Straßen in ländlichen Gegenden kann vor allem mit freilaufenden Schafen gerechnet werden. In solchen Fällen besteht durchaus die Möglichkeit, dass der Tierhalter auch bei schlecht instand gehaltenen Zäunen nicht haftet.

86 **Hrd. 370/2005:** Ein leicht betrunkener Fußgänger überquerte die Straße, aber nicht an einem ausgewiesenen Fußgängerüberweg. Er wurde von einem Auto erfasst. Weder seine Trunkenheit noch sein nicht ganz korrektes Verhalten galten als so ungewöhnlich, dass seine Fahrlässigkeit als grob eingestuft werden konnte. Der Fußgänger bekam seinen Schaden komplett erstattet.

87 **Hrd. 100/2006:** Ein Fahrzeug wechselte von der rechten auf die linke Fahrspur, die in dieselbe Richtung verläuft. Ein auf der linken Fahrspur herankommendes Fahrzeug fuhr ihm hinten auf. Es war unumstritten, dass der Fahrer des ersten Fahrzeuges vergessen hatte, die linke Fahrspur zu kontrollieren, bevor er den Fahrspurwechsel vornahm; er verstieß daher gegen gültige Verkehrsregeln. Allerdings trug der hinten auffahrende 1/3 der Schuld, denn er hätte damit rechnen müssen, dass Fahrzeuge von der dicht befahrenen rechten Spur auf die fast leere linke Spur wechseln würden.

F. Probleme der Gesamtschuldnerschaft

I. Grundlagen

88 Grundsätzlich erfolgt beim Vorliegen mehrerer Schadensursachen eine Quotenbildung, bei der das Verschulden der verschiedenen Parteien festgelegt wird. Wegen der umfassenden Halterhaftung in Verbindung mit der Haftpflichtversicherungspflicht sind Fälle der Gesamtschuldnerschaft bei Verkehrsunfällen in Island in der Praxis irrelevant. Aus diesem Grunde gibt es keine Rechtsprechung zu dieser Problematik.

II. Haftungsverteilung im Innenverhältnis

Es darf jedoch erwähnt werden, dass im Falle einer gesamtschuldnerischen Haftung der 89
leistende Schuldner einen Regressanspruch gegenüber seinen Mitschuldnern erhält.

Abschnitt 2: Anspruchsprüfung zur Schadenshöhe

§ 1 Allgemeine Grundlagen der Schadensberechnung

A. Begriff des Schadensersatzes

Der Begriff des Schadensersatzes ist im isländischen Recht nicht ausformuliert. Es herrscht 90
aber Übereinstimmung darüber, dass Schadensersatz eine finanzielle Leistung ist, die
einem Geschädigten seinen Schaden ersetzen soll. Die Leistung soll dazu führen, dass der
Geschädigte finanziell genauso gestellt ist, wie er ohne den Schaden gewesen wäre. „Schaden" wird hierbei definiert als Minderung oder Eliminierung gesetzlich geschützter Rechte. Unter den Begriff des Schadens fallen hierbei Sachschäden, Schäden an der Gesundheit
(körperliche Verletzung, Schäden an der Psyche und sogar Tod) und die Einschränkung
von anderen nicht finanziellen Interessen, wie zB Schmerzen, Leiden und dauerhafte Beeinträchtigung. Bei Sachschäden ist es grundsätzlich recht einfach, die Höhe einer Wieder-
gutmachungszahlung zu berechnen. Schwieriger ist es, Schäden an der körperlichen Gesundheit des Geschädigten und anderen nicht finanziellen Gütern zu messen und angemessene Wiedergutmachungsleistungen zu beziffern.

Wie bereits ausgeführt, so gilt in Island eine außerordentlich weitreichende Gefährdungs- 91
haftung des Halters eines Fahrzeuges und eine strenge Versicherungspflicht, so dass jeglicher durch ein Fahrzeug verursachter Schaden über dessen Versicherung abgerechnet wird.
Bei Verschulden des Fahrers erhält die Versicherung im Folgenden ein Rückgriffsrecht.
Diese Regelung kommt vor allem dem Geschädigten zugute, denn er muss sich nicht mit
der Verschuldensfrage auseinandersetzen und auch nicht mit einem eventuell zahlungsun-
willigen oder gar zahlungsunfähigen Fahrer. Daraus folgt aber, dass die detaillierteren Fragen zum Schadensersatz, also zur Schadensberechnung und dazu gehörende Fragen im
Versicherungsrecht, beantwortet werden.

B. Schadensminderungspflicht

Eine Schadensminderungs- oder Schadensbegrenzungspflicht des Geschädigten ist im is- 92
ländischen Recht allgemein anerkannt. Es betrifft das Verhalten des Geschädigten nach
dem Eintritt des schädigenden Ereignisses und umfasst sowohl das Unterlassen von Maßnahmen, die den Schaden vergrößern könnten, als auch das Ergreifen von Maßnahmen,
die den Schaden verringern.[27] Dieser Grundsatz ist im Schadensersatzgesetz nicht ausdrücklich erwähnt, aber aus bestimmten Bestimmungen abzuleiten, während er im Gesetz
über Versicherungsverträge für den Versicherungsnehmer in Art. 28 Abs. 1 zu finden ist.
Der Absatz lautet folgendermaßen:

Droht die Gefahr des Eintritts eines Versicherungsfalles oder ist der Versicherungsfall bereits
eingetreten, so soll der Versicherungsnehmer die Maßnahmen ergreifen, die gerechterweise von
ihm erwartet werden können, um einen Schaden zu verhindern oder ihn zu vermindern.

---

27 Bótaréttur I, Skaðabótaréttur, Jónsson/Matthíasson, S. 430.

93 Sollte der Geschädigte seine Schadensminderungs- oder Schadensbegrenzungspflicht nicht wahrnehmen, so besteht in gewissen Fällen die Möglichkeit, den Schadensersatz zu mindern. Diese Möglichkeit ist zum Beispiel zu finden in Art. 5 Abs. 2 Schadensersatzgesetz:

Bei der Bemessung des Schadens wegen Invalidität soll berücksichtigt werden, welche berufliche Tätigkeit gerechterweise von dem Geschädigten erwartet werden kann.

C. Schadensnachweis und Schätzungsmöglichkeit

94 Der Schadensnachweis muss grundsätzlich lückenlos geführt werden und mit entsprechenden Bescheinigungen belegt sein. In welcher Form der Beweis erfolgt soll bei den jeweiligen Kapiteln genauer dargestellt werden. Eine richterliche Schätzungsmöglichkeit besteht nur bei abstraktem, also nicht eindeutig bezifferbarem Schaden.

95 Richterliche Schätzungsmöglichkeit gibt es in Verbindung mit Vekehrsunfällen hauptsächlich bei Anwendung von Art. 26 Schadensersatzgesetz. Der Artikel betrifft Schockschäden, für die Schadensersatz gezahlt werden muss, wenn der Schaden vorsätzlich oder fahrlässig verursacht wurde. Diese Schäden können gewöhnlich nur dann geltend gemacht werden, wenn der Schädiger strafrechtlich belangt wird.

D. Steuerrechtliche Behandlung von Schadensersatzleistungen

I. Einkommensteuer

96 Einkommensteuerpflichtig sind Schadensersatzleistungen bei Personenschäden lediglich im Falle des temporären Erwerbsschadens. Schadensersatzleistungen für Sachschäden sind nur dann einkommensteuerpflichtig, wenn die beschädigte Sache gewerblich genutzt wird. In allen anderen Fällen besteht keine Einkommensteuerpflicht für Schadensersatzleistungen.[28]

II. Mehrwertsteuerproblematik

97 **1. Konkrete Schadenspositionen.** Die in Island geltende Definition von Schadensersatz deutet darauf hin, dass Mehrwertsteuer nur dann erstattet wird, wenn sie eine Schadensposition darstellt, dh wenn der Geschädigte selber nicht mehrwertsteuerpflichtig ist und die Mehrwertsteuer nicht zum Abzug bringen kann.

98 **2. Fiktive Schadensabrechnung.** Bei Privatpersonen wird grundsätzlich davon ausgegangen, dass sie die Mehrwertsteuer nicht zum Abzug bringen können, so dass die Mehrwertsteuer stets als Schadensposition gilt. Bei Ersatzleistungen wegen Sachschäden am Fahrzeug gibt es entweder die Möglichkeit, die Rechnung der Werkstatt begleichen oder geschätzte Kosten erstatten zu lassen und die Reparatur selber oder gar nicht vorzunehmen. Im ersteren Fall wird die Mehrwertsteuer erstattet, im letzteren nicht.

§ 2 Sachschäden

---

28 Zu finden auf der offiziellen Webseite der isländischen Steuerbehörde, rsk.is.

A. Unmittelbare Sachschäden

I. Fahrzeugschaden (Reparaturkosten)

1. Schadensnachweis. In Island erfolgt der Schadensnachweis durch Werkstätten, die   99
durch ihre Zertifizierung als Unfallwerkstatt von allen Versicherungsgesellschaften anerkannt sind. Die Werkstätten und die Versicherungsgesellschaften sind über ein gemeinsames Computersystem verbunden. Damit soll eine gleichbleibende Schadensberechnung im
ganzen Land garantiert werden.

Der Geschädigte kann auch bei ungeklärter Verschuldensfrage eine der anerkannten   100
Werkstätten aufsuchen, um die Reparaturkosten schätzen zu lassen. Auf dieser Schätzung
beruht schließlich die Festlegung der Schadensersatzleistung. Sollte der Geschädigte den
Schaden nicht in einer Werkstatt reparieren lassen wollen, so kann er trotzdem Schadensersatz erhalten. In dem Fall werden allerdings nicht die geschätzten Reparaturkosten voll
erstattet, da davon ausgegangen wird, dass der Geschädigte den Schaden selber beheben
möchte. Bei der Berechnung werden von dem Arbeitsteil der geschätzten Reparaturkosten
die Mehrwertsteuer und eine bestimmte Summe wegen der Lohnnebenkosten abgezogen.

Der Beweis für einen Fahrzeugschaden kann aber auch durch einen gerichtlich bestellten   101
Gutachter geführt werden. Hierfür muss ein dahin gehender Antrag vor Gericht gestellt
werden. Es kommt dabei sowohl ein Antrag im Rahmen einer bereits anhängigen Schadensersatzklage in Frage als auch ein selbstständiger Antrag, sofern noch keine Schadensersatzklage anhängig sein sollte. Das Gutachten wird schließlich den Parteien ausgehändigt, die in jedem Fall die Möglichkeit haben, das Gutachten anzufechten und die Einholung eines weiteren, übergeordneten Gutachtens von mehreren Gutachtern zu beantragen.

2. Totalschadensabrechnung und Restwertproblematik. In Island wird im Falle des öko-   102
nomischen Totalschadens der Schaden auf Grundlage des Zeitwerts des Fahrzeuges berechnet. Sofern die geschätzten Reparaturkosten über dem Zeitwert des Fahrzeuges liegen,
so kann der Schadensersatz entweder vereinbart und ausgezahlt werden, oder das Fahrzeug wird von der Versicherungsgesellschaft zu einem Preis aufgekauft, der dem Zeitwert
abzüglich des Restwertes entspricht.

3. Reparaturkostenabrechnung. Die Abrechnung tatsächlich angefallener Reparaturkos-   103
ten ist in Island sehr unkompliziert. Sofern geklärt ist, ob und wenn ja, in welchem Maße
die Versicherung den Schaden erstattet, so reicht die Vorlage der Werkstattrechnung für
die Erstattung der Kosten.

4. Fahrzeugschaden (Abrechnung auf Neuwagenbasis). Wie bereits ausgeführt, so wird   104
bei einem Totalschaden der Schaden auf Grundlage des Zeitwerts des Fahrzeugs berechnet. Hiervon wird auch dann nicht abgewichen, wenn es sich um einen Totalschaden an
einem Neuwagen handelt. Es wird also auch in diesen Fällen nicht der Neubeschaffungs-
wert erstattet.

II. Abschleppkosten

Abschleppkosten des geschädigten Fahrzeuges werden in allen Fällen erstattet, bzw. von   105
der Versicherung getragen.

III. Kosten für Gutachten und Kostenvoranschläge

Im Falle des Gutachtens durch die Reparaturwerkstatt werden die Kosten für Gutachten   106
und Kostenvoranschläge stets ersetzt. Dies gilt unbeachtlich der Höhe des vermeintlichen
Schadens. Sollten gerichtlich Gutachten eingefordert werden, so ist derjenige, der das Gutachten anfordert, zunächst für die Zahlung der Kosten verantwortlich. Sofern das Gutachten zu seinen Gunsten ausfällt, so werden die Kosten von der Gegenpartei erstattet.

IV. Nebenkosten bei Ersatzfahrzeugen

1. Ab-, An-, Ummeldekosten. Abmeldekosten können ersetzt werden, sofern es sich hier-   107
bei um eine Schadensposition handelt. In der Praxis ist der Fall jedoch so gut wie ausge-

schlossen. Bei einem Totalschaden wird das Fahrzeug meist auf die Versicherung überschrieben, so dass die Versicherung selbst später das Abmelden vornimmt.

108 Anmeldekosten fallen nur dann an, wenn es notwendig wird, ein neues Fahrzeug zu beschaffen, weil das Unfallfahrzeug einen Totalschaden erlitten hat. Wie bereits dargelegt, wird der Schaden an dem Zeitwert des Unfallfahrzeuges gemessen, nicht an dem Beschaffungswert eines neuen Fahrzeuges. Anmeldekosten sind aber Nebenkosten, die in Verbindung mit der Neubeschaffung auftreten. Sie sind daher niemals als Schadensposition anerkannt. Kosten, die wegen der Ummeldung des Unfallfahrzeuges auf die Versicherung entstehen, werden stets von der Versicherung getragen.

109 Gleiches gilt für Ummeldekosten, wenn bei einem Totalschaden ein Gebrauchtwagen anstelle des Unfallfahrzeuges angeschafft wird.

110 **2. Umbaukosten.** Umbaukosten werden grundsätzlich nicht von der Versicherung übernommen. In den Fällen, in denen das beschädigte Fahrzeug einen wirtschaftlichen oder technischen Totalschaden erlitten hat und daher voll ersetzt wird, wird es in dem Zustand, in dem es sich zum Zeitpunkt nach dem Unfall befand, an die Versicherungsgesellschaft überschrieben. Darin inbegriffen ist jegliche Ausstattung. In Ausnahmefällen kann der Eigentümer auf eigene Kosten besondere Ausstattungsteile (Radios, spezielle Felgen oder Sitze) herausnehmen, muss sich aber ggf. eine Minderung des Schadensersatzes gefallen lassen.

V. Nutzungsausfallschäden

111 **1. Mietwagenkosten.** Es kann notwendig sein, für den Zeitraum, in dem ein geschädigtes Fahrzeug in Reparatur ist, ein Ersatzfahrzeug anzumieten. Die damit verbundenen Kosten werden regelmäßig von der Haftpflichtversicherung erstattet.

112 **2. Nutzungsausfallentschädigung.** Sollten keine Mietwagenkosten anfallen, so kann Nutzungsausfallentschädigung geltend gemacht werden.

VI. Unkostenpauschale

113 Unkosten in Verbindung mit dem notwendigen Zeitaufwand für Telefonate, Neubeschaffung, Organisation der Reparatur und ähnliche Positionen sind in Island als Schadensposition nicht anerkannt.

VII. Sonderfall Vollkaskoversicherung

114 Sofern eine Vollkaskoversicherung vorhanden ist, erfolgt die Abrechnung des Versicherungsnehmers zunächst über seine eigene Vollkaskoversicherung. Der eventuell dem Schädiger oder seiner Versicherung gegenüber bestehende Anspruch geht dann automatisch auf die Versicherung über.

B. Mittelbare Sachschäden (Sachfolgeschäden)

I. Finanzierungskosten

115 Finanzierungskosten werden grundsätzlich nicht erstattet. Wegen der weitreichenden Gefährdungshaftung des Halters und des Versicherungsschutzes durch die entsprechende Pflichtversicherung müssen Reparaturkosten selten vom Geschädigten vorgestreckt werden.

II. Verzugszinsen

116 Gleiches gilt für Verzugszinsen. Sie werden nicht von der Versicherung übernommen.

III. Anwaltskosten

117 Auch Anwaltskosten werden außergerichtlich nicht von der Versicherung übernommen.

IV. Rückstufungsschaden

Prämienerhöhungen werden nicht als Schadensposition anerkannt. Sie kommen mitunter   118
nur dann vor, wenn der Fahrer den Unfall mitverschuldet hat.

§ 3 Personenschäden

Die Erstattung von Personenschäden ist im Schadensersatzgesetz recht ausführlich gere-   119
gelt. Es kommen folgende Positionen in Frage:

Gemäß Art. 1 Abs. 1 Schadensersatzgesetz ist derjenige, der wegen eines Personenschadens   120
schadensersatzpflichtig ist, zur Zahlung von Schadensersatz für Arbeitsverlust, für Heilbehandlungskosten und anderen finanziellen Schaden und zur Zahlung von Schmerzensgeld
verpflichtet.

Gemäß Abs. 2 desselben Artikels muss bei einem anhaltenden Personenschaden auch   121
Schmerzensgeld für anhaltende Beschwerden gezahlt werden und Schmerzensgeld wegen
Invalidität.

A. Heilbehandlungskosten

I. Arzt-/Krankenhauskosten

Die wegen des entstandenen Personenschadens direkt anfallenden Arzt- und Krankenhaus-   122
kosten werden gemäß Art. 1 Abs. 1 Schadensersatzgesetz voll erstattet. Dabei gelten als
Heilbehandlungskosten vor allem die Kosten, die wegen gewöhnlicher und notwendiger
Maßnahmen bei der Behandlung anfallen. Darunter fallen alle Kosten wegen ärztlicher
Behandlung, Krankenhausaufenthalts, Rehabilitation und Krankentransport. Außerdem
werden die Kosten für gewisse Hilfsmittel erstattet, wie zB die Kosten für die Anschaffung
eines Rollstuhls.

Gemäß dieser Definition müssen die ergriffenen Maßnahmen notwendig und üblich sein.   123
Notwendig sind sie dann nicht, wenn sie nur der Bequemlichkeit dienen. So hat der Gerichtshof[29] entschieden, dass die Mietkosten eines speziellen Krankenbettes für einen bestimmten Zeitraum erstattet werden sollten, nicht aber der Kaufpreis des Bettes, die Anschaffung eines an der Wand installierten Fernsehers oder gewisse Hilfsbedienungsgeräte
für den Computer. Die Notwendigkeit wird in erster Linie aufgrund ärztlicher Unterlagen
bemessen.

Als üblich gelten die ergriffenen Maßnahmen dann nicht, wenn unkonventionelle Heilme-   124
thoden angewandt werden.

In der Praxis wird ein Teil der Kosten von der staatlichen Krankenversicherung oder dem   125
Krankheitsfonds der Gewerkschaften übernommen.

Erwähnenswert ist in diesem Zusammenhang auch, dass die Behandlungskosten auch für   126
die Zukunft und nach Eintritt der Stabilisierung des Gesundheitszustandes[30] berücksich-

---

29 Hrd. 350/2012.
30 S. hierzu die allgemeinen Erläuterungen zum Erwerbsschaden.

tigt werden. Schon in mehreren Urteilen[31] kam der Gerichtshof zu der Schlussfolgerung, dass abzusehende zukünftig anfallende Krankenhauskosten auch schon im Vorfeld erstattet werden müssten.

127 Reisekosten fallen im weitläufigen Island immer dann an, wenn der Geschädigte außerhalb des Hauptstadtgebietes wohnt, wo es kaum Fachärzte und nur wenige Krankenhäuser gibt. Reisekosten fallen insofern unter Heilbehandlungskosten, wenn sie für die Behandlung notwendig waren und genau belegt sind. Sie werden dann mit einer Kilometerpauschale oder in Höhe der tatsächlichen Reisekosten (Fahrkarten, Flugtickets, Taxi, Mietwagen etc) voll erstattet. Zu den Reisekosten von Angehörigen oder Besuchskosten gibt es weder eine gesetzliche Regelung noch Rechtsprechung, aber in Anlehnung an das dänische Recht wird vermutet, dass auch die Reisekosten und Aufenthaltskosten Nahestehender erstattet werden müssten, vor allem, wenn es sich um minderjährige Geschädigte handelt.

II. Nebenkosten

128 Neben den Heilbehandlungskosten können Kosten anfallen wegen Betreuung des Geschädigten durch Familienangehörige, baulicher Änderungen in der Wohnung, ärztlicher Bescheinigungen, Atteste und Gutachten, Hilfsgeräte und Kosten wegen der Notwendigkeit des Berufswechsels.

129 **1. Betreuung im eigenen Haushalt.** Sofern eine intensive Betreuung des Geschädigten zuhause notwendig ist, so besteht die Möglichkeit, dass die Kosten für die Betreuung und Schmerzensgeld für die Auswirkungen auf das häusliche Zusammenleben entschädigt werden.[32]

130 Der Gerichtshof hat in einem Fall[33] sogar ein selbstständiges Recht der Eltern anerkannt, die einen Teil ihres Erwerbs eingebüßt hatten wegen der notwendigen Betreuung ihrer stark verletzten minderjährigen Tochter.

131 **2. Bauliche Maßnahmen.** Bauliche Maßnahmen können dann erstattet werden, wenn sie notwendig sind um die Zugänglichkeit zu einer ansonsten noch gut geeigneten Wohnung des Geschädigten zu erhalten. Hierunter fallen vor allem bauliche Maßnahmen, die eine Wohnung rollstuhlgerecht machen, Verbreiterung der Türöffnungen, Umbau von Badezimmer und Küche und Austausch des Bodenbelages. Hierunter fallen auch die Mietkosten, die anfallen, weil der Geschädigte während der Umbauarbeiten in eine andere Wohnung ziehen muss, fallen hierunter.[34]

132 **3. Ärztliche Bescheinigungen uä.** Während der Behandlung fallen oft Kosten an für ärztliche Bescheinigungen, Gutachten oder gar Erlangung anderer Unterlagen, die für die Berechnung des Schadensersatzes notwendig sind. Diese Kosten fallen generell unter den Begriff der ärztlichen Kosten gemäß Art. 1 Abs. 1 Schadensersatzgesetz und werden voll erstattet.

133 **4. Hilfsmittel.** Hilfsmittel wie Rollstuhl oder Krücken werden stets als notwendig eingestuft und ihre Kosten erstattet, aber auch die Anschaffung von Seh- und Hörhilfen, speziell ausgerüsteten Betten oder Fahrzeugen werden meist als notwendig erachtet. Sogar oft mehr aus ästhetischen Gründen als notwendig erachtete Ausrüstung wie künstliches Gebiss oder Haarersatz sind in den meisten Fällen zu erstatten.[35]

134 **5. Berufswechsel.** Die in Zusammenhang mit einem notwendigen Berufswechsel anfallenden Kosten können entweder als Behandlungskosten erstattungspflichtig sein, oder in die Berechnung der Kosten wegen anhaltendem Erwerbschaden[36] mit einfließen. Voraussetzung ist gleichfalls, dass der Geschädigte seinem vorher ausgeübten Beruf nicht mehr

---

31 Hrd. 35/2009, Hrd. 449/2009 und 138/2011.
32 Hrd. 1983, S. 1718.
33 Hrd. 237/2006.
34 Hrd. 561/2012.
35 Bótaréttur I, Kap. 12.3.3.6.
36 S. hierzu Kap. B.II, Rndr. 144ff.

nachgehen kann, dass er sich dazu entschieden hat, eine Ausbildung oder ein Studium für einen anderen Beruf zu ergreifen, und der Berufswechsel dazu geeignet ist, seinen anhaltenden Erwerbsschaden zu mindern.

In der Praxis wird eine Entschädigung für Kosten wegen Berufswechsels selten in Anspruch genommen. Der Grund hierfür liegt vermutlich darin, dass es unkomplizierter und oft lukrativer ist, den anhaltenden Erwerbsschaden für den vor dem schädigenden Ereignis ausgeübten Beruf ersetzt zu bekommen. 135

III. Besuchskosten

Hinsichtlich der Besuchskosten von Angehörigen wird auf → Rn. 127 verwiesen. 136

B. Erwerbsschaden

Beim Erwerbsschaden wird im isländischen Recht nicht unterschieden, ob und in welchem Erwerbsverhältnis der Geschädigte sich befand. Es gelten dieselben Berechnungsregeln unabhängig davon, ob er als Arbeitnehmer, Selbstständiger oder im Haushalt tätig war, in Ausbildung, Arbeitsloser oder Invalide. 137

Unterschieden wird zwischen temporärem und anhaltendem Erwerbsschaden. Hierbei handelt es sich um eine rein zeitliche Abgrenzung. 138

Die Zeitspanne für den temporären Schaden beginnt mit dem Unfall selber und endet dann, wenn der Schaden entweder nicht mehr vorhanden ist, dh der Geschädigte vollständig genesen, oder wenn der Gesundheitszustand sich stabilisiert hat, dh keine weitere Besserung mehr erwartet werden kann. Diese Einschätzung wird regelmäßig vom behandelnden Arzt vorgenommen. Wenn der Gesundheitsschaden als anhaltend betrachtet werden muss, so verfasst der Arzt eine Bestätigung darüber. Im Regelfall tritt dieser Zeitpunkt ungefähr zwei Jahre nach Schadenseintritt ein. 139

Ab diesem Wendepunkt gilt der Erwerbsschaden als anhaltend. 140

I. Temporärer Erwerbsschaden

Die Regelung für Schadensersatz für den temporären Erwerbsschaden ist in Art. 2 Schadensersatzgesetz zu finden. Die Definition in Abs. 1 lautet folgendermaßen: 141

Ersatzleistungen für Erwerbsschäden sollen festgelegt werden für den Zeitraum ab dem Schadenseintritt und bis der Geschädigte seiner Arbeit wieder nachgehen kann oder sein Gesundheitszustand sich stabilisiert hat.

Die Schadensersatzleistungen sollen die entgangenen Grundbezüge voll ausgleichen. 142

In Abs. 2 hingegen wird der Schadensersatz begrenzt, indem von möglichen Ersatzzahlungen verschiedene andere Leistungen abgezogen werden dürfen, so zum Beispiel Löhne, die im Krankheitsfalle eine gewisse Zeit weitergezahlt werden, 60% der Leistungen aus Rentenkassen, Leistungen aus Krankheitsfonds, Leistungen aus der staatlichen Krankenversicherung und andere Leistungen, die der Geschädigte erhält, weil er nicht voll erwerbsfähig ist. 143

II. Anhaltender Erwerbsschaden

Die Regelung für Schadensersatz für den anhaltenden Erwerbsschaden ist komplizierter. Sie ist in Art. 5 Schadensersatzgesetz verankert, aber in den darauf folgenden Art. 6-10 genauer ausgeführt. 144

1. Definition des anhaltenden Erwerbsschadens. In Art. 5 Abs. 1 Schadensersatzgesetz ist der anhaltende Erwerbsschaden folgendermaßen definiert: 145

Verursacht eine Verletzung an Körper oder Gesundheit zu dem Zeitpunkt, zu dem der Gesundheitszustand sich stabilisiert hat, eine anhaltende Beeinträchtigung der Erwerbsmöglichkeiten des Geschädigten, so hat er einen Anspruch auf Schadensersatz wegen anhaltender Invalidität.

146   Wie bereits dargelegt, so spielt der Zeitpunkt, zu dem der Gesundheitszustand als stabil gilt und keine weitere Genesung zu erwarten ist, hierbei eine entscheidende Rolle. Dieser Zeitpunkt wird gewöhnlich von dem behandelnden Arzt festgelegt. In manchen Fällen wurde der Zeitpunkt jedoch von unabhängigen oder gerichtlich bestellten Gutachtern später abgeändert.

147   **2. Bemessung der Einschränkung der Erwerbsmöglichkeiten.** Die Einschränkung der Erwerbsmöglichkeiten wird individuell bemessen und in Prozent festgelegt. Hierbei gibt es keine festgelegten Kriterien, stattdessen werden die theoretischen Erwerbsmöglichkeiten des Geschädigten (Ausbildung, Berufserfahrung, aktuelle Tätigkeit) in Relation gesetzt mit den körperlichen Einschränkungen, die durch den Schaden entstanden sind. Eine Lähmung der linken Hand bedeutet demnach für einen Pianisten eine 100%ige Einschränkung der Erwerbsmöglichkeiten, während sie die Erwerbsmöglichkeiten eines Universitätsprofessors nur geringfügig einschränkt.

148   **3. Berechnung des Schadensersatzes.** Der Schadensersatz für den anhaltenden Erwerbsschaden wird dann gemäß einer in Art. 6 Schadensersatzgesetz befindlichen Formel berechnet. Dabei wird Rücksicht genommen auf das Alter des Geschädigten und sein durchschnittliches Einkommen der letzten drei Kalenderjahre vor dem schädigenden Ereignis. Für das Einkommen, das der Berechnung zugrunde gelegt wird, gibt es sowohl Mindest- als auch Höchstbeträge.

149   Damit die Berechnung des Schadensersatzes dem Alter des Geschädigten angepasst werden kann, gibt es in Art. 6 Schadensersatzgesetz eine Tabelle, die für die verbleibenden Erwerbsjahre einen gewissen Multiplikator vorgibt.

150   Für die Berechnung des Durchschnittseinkommens wird gewöhnlich die Steuererklärung der letzten drei Kalenderjahre vor dem Unfall zugrunde gelegt.

151   Diese beiden Zahlen werden dann mit der prozentualen Einschränkung der Erwerbsmöglichkeiten multipliziert.

152   Grobe Beispielberechnung:

153   **Beispiel 1:** Ein 21-jähriger Universitätsstudent ohne Einkünfte erleidet eine 12%ige Einschränkung der Erwerbsmöglichkeiten:

Mindestjahreseinkünfte: ISK. 1.200.000 (noch aufzurechnen im Hinblick auf Veränderungen der Gehaltskennziffer)

Multiplikator aus der Tabelle Art. 6 Schadensersatzgesetz: 17,106

Einschränkung der Erwerbsmöglichkeiten: 12 %

Berechnung: ISK 1.200.000 x 17,106 x 12% = ISK 2.463.264

154   **Beispiel 2:** Eine 40-jährige Angestellte mit einem Jahreseinkommen in den letzten drei Jahren von durchschnittlich ISK 2.500.000 erleidet eine 50%ige Einschränkung der Erwerbsmöglichkeiten.

Durchschnittliche Jahreseinkünfte: ISK 2.500.000

Multiplikator aus der Tabelle Art. 6 Schadensersatzgesetz: 10,577

Einschränkung der Erwerbsmöglichkeiten: 50 %

Berechnung: ISK 2.500.000 x 10,577 x 50% = ISK 13.221.250

155   **4. Berechnung bei Nicht-Erwerbstätigen.** Für Nicht-Erwerbstätige, Kinder und andere, die ihre Erwerbsmöglichkeiten weitestgehend in einer Art und Weise nutzen, die ihnen keine oder nur geringe Einkünfte verschafft, gelten gemäß Art. 8 Schadensersatzgesetz die Mindestbeträge aus Art. 7 Abs. 3 Schadensersatzgesetz.

III. Haushaltsführungsschaden

156   Es gibt im isländischen Recht keine besondere Regelung für einen möglichen Haushaltsführungsschaden. Wie bereits dargelegt, so gibt es für die Berechnung des Schadensersat-

zes für anhaltenden Erwerbsschaden Mindestbeträge für Nicht-Erwerbstätige, die auch für im Haushalt tätige Personen gelten.

IV. Beerdigungskosten

Beerdigungskosten wegen Todesfalles des Geschädigten werden gemäß Art. 12 Abs. 1   **157** Schadensersatzgesetz voll erstattet.

§ 4 Schmerzensgeld

A. Grundlagen

I. Allgemeine Grundlagen

Die Regelungen zum Schmerzensgeld sind im Schadensersatzgesetz zu finden. Dort wird   **158** unterschieden zwischen Schmerzensgeld wegen des Schocks, den der Geschädigte durch Verschulden einer anderen Person erlitten hat, gemäß Art. 26 Schadensersatzgesetz, und wegen dauerhafter Beeinträchtigung/Unannehmlichkeiten (Schmerzensgeldrenten), gemäß Art. 4 Schadensersatzgesetz.

Auch Schmerzensgeldrenten werden in Island von der Haftpflichtversicherung übernom-   **159** men und zur gleichen Zeit wie Schadensersatz wegen Personenschadens berechnet und ausbezahlt. Schmerzensgeld wegen eines Schockschadens wird jedoch niemals von der Haftpflichtversicherung übernommen. Dies ist eine Ausnahme von der außerordentlich weitreichenden Halterhaftung, die auch bei Verschulden des Fahrers die Versicherung zur Zahlung verpflichtet, in Verbindung mit einem evtl. Rückgriffsrecht auf den Verursacher.

II. Angehörigenschmerzensgeld

Angehörigenschmerzensgeld kommt gemäß Art. 26 Abs. 2 Schadensersatzgesetz nur beim   **160** Todesfall des Geschädigten und nur für Schockschäden in Frage.

III. Schockschäden

Gemäß Art. 26. Abs. 1 Schadensersatzgesetz hat der Geschädigte einen Anspruch auf   **161** Schmerzensgeld wegen Schockschadens in zwei Fällen:

a) wenn durch grobe Fahrlässigkeit oder Vorsatz ein Personenschaden verursacht wurde oder

b) durch strafbares Verhalten gegen Freiheit, Frieden, Würde oder Integrität einer anderen Person.

Schockschäden werden gewöhnlich im Rahmen von Strafverfahren beantragt, da sie vom   **162** nachgewiesenen Verschulden des Schädigers abhängig sind. Verfahrensrechtlich ist hiermit die Besonderheit verbunden, dass ein privatrechtlicher Anspruch in einem Strafverfahren vorgebracht werden darf, sofern das Strafverfahren dadurch keine Verzögerung erleidet. Damit der Geschädigte nicht unter fehlender Zahlungsbereitschaft oder Liquidität des Schädigers zu leiden hat, gibt es die Möglichkeit, die Zahlung aus einem staatlichen Fonds zu beantragen, der im Folgenden einen Rückgriffsanspruch gegen den Schädiger erhält. Hierüber gilt das Gesetz über Schadensersatzleistungen für durch strafbares Verhalten Geschädigten aus staatlicher Hand.[37] Zu beachten ist vor allem, dass eine verkürzte Verjäh-

---

37 Lög um greiðslu ríkissjóðs á bótum til þolenda afbrota nrkr 69/1995.

rungsfrist gilt, so dass der Antrag bei dem Fonds möglichst schnell nach dem schädigenden Ereignis gestellt werden sollte. Mit der Abwicklung wird dann gewartet, bis das Urteil über den Anspruch vorliegt. Der Fonds kann im Übrigen unter bestimmten Voraussetzungen auch in den Fällen Schmerzensgeld zahlen, wenn der Schädiger unbekannt ist.

B. Berechnungsgrundlagen

I. Schmerzensgeldrenten

163 Die Berechnung für Schmerzensgeldrenten ist in Art. 4 Schadensersatzgesetz genau festgelegt. Mit demselben Gutachten wie die Höhe des Schadensersatzes wegen Gesundheitsschäden festgestellt wird, wird gewöhnlich auch die Höhe des Schmerzumfanges in Prozent benannt. In Art. 4 Schadensersatzgesetz befindet sich schließlich eine Tabelle, worin die Schmerzensgeldrenten für 100% Schmerzumfang festgelegt sind. Für Personen von 49 Jahren und jünger beträgt die Schmerzensgeldrente für 100% Schmerzumfang ISK 4.000.000[38]. Davon gehen mit jedem weiteren Altersjahr ISK 40.000[39] ab bis zur Mindestrente von ISK 3.000.000[40], die mit 74 Jahren erreicht wird und ab dann für den Rest des Lebens gilt. Laut Abs. 3 des Artikels kann unter besonderen Umständen die Rente bis zu 50% mehr als in der Tabelle festgelegt betragen. Diese Summe verändert sich beständig, denn sie ist gemäß Art. 15 Schadensersatzgesetz an die Lohnkennziffer[41] gebunden, die vom Statistischen Amt[42] monatlich errechnet wird.

164 Gemäß Art. 10 Schadensersatzgesetz kann die Berechnung der Schmerzensgeldrente (ebenso wie die Berechnung anderer Personenschäden) von einem Komitee[43] überprüft werden. Gemäß Abs. 3 Art. 10 Schadensersatzgesetz gibt dieses Komitee auch eine unverbindliche Tabelle zur Berechnung der Schmerzensgeldrente heraus, worin bestimmte Beeinträchtigungen aufgelistet sind.

165 Als Beispiel darf hier genannt werden:
- Hässliche Narben im Gesicht: bis zu 15 %
- Verlust eines Auges: 25 %
- Verlust einzelner Zähne: bis zu 5 %
- Verlust des Gehörs auf einem Ohr: 10 %
- Verletzungen an der Wirbelsäule: bis zu 28 %
- Verletzungen am Rückenmark: bis zu 100 %
- Usw.

II. Schockschäden

166 Für Schockschäden gibt es keine spezielle Berechnungsgrundlage, die Höhe des Schmerzensgeldes wird nach richterlichem Ermessen festgelegt. Meistens handelt es sich eher um niedrige Beträge unter 3.000 EUR.

C. Genugtuungsfunktion

167 Obwohl gewiss viele Geschädigte mit dem Erhalt von Schmerzensgeld eine gewisse Genugtuung verbinden, so ist es nicht nachvollziehbar, ob der Gesetzgeber dem Schmerzensgeld eine Genugtuungsfunktion eingeräumt hat oder nicht.

---

38 Entspricht ca. EUR 32.000, Wechselkurs Oktober 2016.
39 Entspricht ca. EUR 320, Wechselkurs Oktober 2016.
40 Entspricht ca. EUR 24.000, Wechselkurs Oktober 2016.
41 Lánskjaravísitala.
42 Hagstofa.
43 Örorkunefnd.

D. Berechnungsmethode (mit Beispiel)

Die Berechnungsmethode für Schmerzensgeldrenten ist sehr einfach. Wenn zum Beispiel der Gutachter zu dem Schluss kommt, dass ein 30-jähriger Geschädigter einen Schmerzumfang von 8% erlitten hat, so berechnet man 8% der 100%igen Höchstrente, die laut Tabelle ISK 4.000.000 beträgt, aber vorher noch an die veränderte Kennziffer angepasst werden muss. Sollte der Geschädigte bereits älter als 49 Jahre sein, so vermindert sich die 100%ige Höchstrente wie in der Tabelle dargestellt. **168**

E. Kapitalisierung von Schadensersatz- und Schmerzensgeldrenten

Laut Art. 16 Schadensersatzgesetz werden auf Schadensersatzleistungen wegen Personenschadens und Schmerzensgeldrenten Zinsen in Höhe von 4,5% p.a. berechnet, und zwar ab dem Zeitpunkt des schädigenden Ereignisses. Die Berechnung des Gesamtanspruchs ist wegen der Anpassung an die verschiedenen Kennziffern, wegen der verschiedenen Beträge für unterschiedliche Altersgruppen und wegen der Verzinsung recht kompliziert, so dass die Versicherungsgesellschaften und auf dem Gebiet spezialisierte Rechtsanwälte bestimmte Formeln verwenden, die in spezieller Software oder zumindest im Excel-Programm gespeichert sind. **169**

Abschnitt 3: Durchsetzung der Ansprüche

§ 1 Vorgerichtliche Schadensabwicklung

A. Das vorgerichtliche Verhalten der Versicherung

Wegen der weitreichenden Gefährdungshaftung des Halters und der grundsätzlich den Schaden ersetzenden Haftpflichtversicherung des Fahrzeuges spielt das vorgerichtliche Verhalten der Versicherung in Island eine übergeordnete Rolle. **170**

Bei einem Unfall mehrerer Verkehrsteilnehmer sollte möglichst noch am Unfallort selbst ein Formular ausgefüllt werden, das von den Versicherungsgesellschaften zur Verfügung gestellt wird und in jedem Fahrzeug mitgeführt werden sollte. Bei Personenschaden ist stets die Polizei herbeizurufen. **171**

Das Formular wird dann von jedem der betroffenen Verkehrsteilnehmer bei seiner Versicherung eingereicht. Bei einem Unfall ohne Fremdbeteiligung sollte der Unfall schnellstmöglich der Versicherung angezeigt werden. **172**

Die Versicherungsgesellschaften entscheiden dann im Hinblick auf die geschilderten Verhältnisse, ob ein Verschulden vorliegt und ob und wenn ja in welcher Form Quoten gebildet werden. **173**

Sind alle Beteiligten mit dem Ergebnis einverstanden, so erfolgt die Schadensabwicklung problemlos. **174**

B. Entscheidungskomitee für Versicherungsangelegenheiten

Sollte der Versicherte oder der Geschädigte mit dem Ergebnis nicht einverstanden sein, so haben alle Beteiligten die Möglichkeit, die Angelegenheit dem Entscheidungskomitee für Versicherungsangelegenheiten[44] zu unterbreiten. Dieses Komitee entscheidet lediglich und unverbindlich über die Frage, ob ein Verschulden vorliegt und wenn ja, wie die Quotenbildung zu erfolgen hat. Das Komitee wurde bestellt von der Vereinigung isländischer Versicherungsgesellschaften, dem Wirtschaftsministerium und der Verbrauchervereinigung. Die Anrufung auf des Komitees kostet ISK 6.000.[45] Das Komitee besteht aus drei Mitgliedern und baut seine Entscheidungen lediglich auf den vorgelegten schriftlichen Unterlagen (zB **175**

---

44 Úrskurðarnefnd í vátryggingamálum.
45 Entspricht ca. EUR 48, Wechselkurs Oktober 2016.

Polizeibericht, Fotos, Unfallmitteilung) auf. Das Ergebnis des Komitees wird in den meisten Fällen von den Versicherungsgesellschaften anerkannt.

§ 2 Beweismittel

A. Allgemeine Grundlagen

176 Im isländischen Zivilprozess hat der Richter keine Untersuchungspflicht. Die Parteien müssen ihre Behauptungen beweisen. Unbestrittene Behauptungen werden als Tatsachen behandelt. Aussagen der Beteiligten vor Gericht sind rechtlich verbindlich, sofern der Aussagende über das betreffende Recht selber und frei verfügen kann.

177 Im isländischen Zivilprozess werden als Beweismittel die Beteiligtenaussage gemäß Art. 48–50, die Zeugenaussage gemäß Art. 51–59, das gerichtlich bestellte Gutachten gemäß Art. 60–66 und der Urkundenbeweis gemäß Art. 67–72 des Gesetzes über den Zivilprozess[46] anerkannt.

178 Die Beweisbeschaffung findet grundsätzlich im Rahmen des Gerichtsverfahrens statt. In manchen Fällen kann allerdings auch eine Zeugenaussage schon vor Eröffnung des Verfahrens stattfinden und ein Gutachten gerichtlich bestellt werden.

179 Auch während des Gerichtsverfahrens gibt es unter bestimmten Voraussetzungen die Möglichkeit, eine Zeugenaussage oder ein Gutachten bei einem anderen Gericht vornehmen zu lassen.

B. Einzelne Beweismittel

180 Die Wahl der Beweismittel bleibt gänzlich den Parteien überlassen. Es kann jedoch davon ausgegangen werden, dass die Beweismittel unterschiedliches Gewicht beim Richter haben. Bei einem gerichtlich bestellten Gutachten bleibt dem Richter zum Beispiel keinerlei Ermessensspielraum, während er bei einer mündlichen Aussage vor Gericht die Glaubhaftigkeit der Tatsachenschilderung selber einschätzen muss.

181 Insofern müssen die Parteien stets abwägen, ob sie den Aufwand und die Kosten eines Gutachtens auf sich nehmen wollen.

I. Aussage der Beteiligten

182 In der Praxis ist es üblich, die Hauptverhandlung mit Aussagen der Beteiligten zu beginnen. Gemäß Art. 48 Gesetz über den Zivilprozess kann der Richter die Beteiligtenaussage verweigern. Diese Vorschrift findet in der Praxis keinerlei Anwendung.

183 Sofern der Beteiligte eine Aussage über einen Aspekt macht, der zu seinen Ungunsten bewiesen werden muss, so ist der Ermessensspielraum des Richters für die Beurteilung der Aussage stark eingeschränkt.

II. Aussage von Zeugen

184 Jede Person, die das 15. Lebensjahr vollendet hat, ist verpflichtet, in einem gerichtlichen Verfahren als Zeuge auszusagen gemäß Art. 51 Abs. 1 des Gesetzes über den Zivilprozess. Ausnahmen hiervon gibt es lediglich bei engen Verwandtschaftsverhältnissen mit einem der Beteiligten. Eine Falschaussage vor Gericht ist strafbar.

---

46 Lög um meðferð einkamála nrkr 91/1991.

III. Urkundenbeweis

Der Urkundenbeweis wird im gewöhnlichen Zivilprozess sehr häufig angewandt, ist je- 185
doch im Prozess wegen einer Unfallregulierung unüblich. Wenn die Beweisführung nicht
über die mündlichen Aussagen der Beteiligten und Zeugen möglich sein sollte, so wird gerne ein gerichtlich bestelltes Gutachten verwendet.

IV. Gutachten

Ein gerichtlich bestelltes Gutachten wird gemäß Art. 61 Abs. 1 Gesetz über den Zivilpro- 186
zess entweder von einem einzelnen oder zwei Gutachtern erstellt. Sollte eine der Parteien
mit dem Ergebnis des Gutachtens nicht einverstanden sein, so kann ein zweites – überge-
ordnetes – Gutachten gemäß Art. 64 Gesetz über den Zivilprozess angefordert werden.

§ 3 Besonderheiten des ausländischen Zivilprozessrechts

In Island gibt es zurzeit nur eine zweistufige Gerichtsstruktur.[47] 187

In erster Instanz gibt es acht Bezirksgerichte[48] in den verschiedenen Landesteilen. Die ört- 188
liche Zuständigkeit bestimmt sich grundsätzlich aus dem Wohnsitz des Beklagten gemäß
Art. 32 Abs. 1 Gesetz über den Zivilprozess, bei Schadensersatzklagen kommt auch der
Ort des schädigenden Ereignisses gemäß Art. 41 Gesetz über den Zivilprozess in Frage.
Darüber hinaus gibt es verschiedene andere für Unfälle unerhebliche Regeln über die örtli-
che Zuständigkeit.

In zweiter Instanz gibt es einen Gerichtshof,[49] dessen Kammer entweder mit 5 oder 7 189
Richtern besetzt ist. Der Sitz des Gerichtshofs befindet sich in Reykjavik.

Abschnitt 4: Wichtige Arbeitsmittel

A. Wichtige Gesetze und Verordnungen

Skaðabótalög nrkr 50/1993 (Schadensersatzgesetz Nr. 50/1993 vom 19. Mai 1993)

Umferðarlög nrkr 50/1987 (Straßenverkehrsgesetz Nr. 50/1987 vom 30. März 1987)

Lög um meðferð einkamála nrkr 91/1991 (Gesetz über den Zivilprozess Nr. 91/1991 vom
31. Dezember 1991)

Bifreiðalög nrkr 23/1941 (Kraftfahrzeuggesetz Nr. 23/1941 – nicht mehr gültig)

Almenn hegningarlög nrkr 19/1940 (Strafgesetzbuch Nr. 19/1940 vom 12. Februar 1940)

Lög um vátryggingarsamninga nrkr 30/2004 (Gesetz über Versicherungsverträge
Nr. 30/2004 vom 7. Mai 2004)

Reglugerð um umferðarmerki og notkun þeirra nrkr 595/2013 (Verordnung über Verkehrsschilder Nr. 595/2013)

Lög um greiðslu ríkissjóðs á bótum til þolenda afbrota nrkr 69/1995 (Gesetz über Schadensersatzleistungen für durch strafbares Verhalten Geschädigten aus staatlicher Hand
Nr. 69/1995)

B. Monographien

Skaðabótaréttur, Arnljótur Björnsson, Reykjavík 2004

Bótaréttur I: Skaðabótaréttur, Eiríkur Jónsson/Viðar Már Matthíasson, Reykjavík 2015

Dómar í vátryggingarmálum 1995-2005, Arnljótur Björnsson, Reykjavík 2007

---

47 Anm.: Die Schaffung einer dritten Instanz ist bereits beschlossen. Sie wird aber erst am 1. Januar 2018 seine
    Tätigkeit aufnehmen.
48 Héraðsdómstólar.
49 Hæstiréttur.

C. Internetadressen

Alle gültigen isländischen Gesetze findet man in isländischer Sprache auf der Webseite des Parlamentes, www.althingi.is/lagasafn/. Die Gesetzessammlung wird allerdings nur halbjährlich aktualisiert. Neue Gesetze sind in einer anderen Rubrik der Webseite des Parlaments zu finden.

Urteile der Bezirksgericht kann man auf der Webseite der Bezirksgerichte finden, www.do mstolar.is/domar/. Hier werden alle Urteile veröffentlicht.

Urteile des Gerichtshofes werden auf der Webseite des Gerichtshofes veröffentlicht, www.haestirettur.is.

Die wechselnden Zinssätze sind auf der Webseite der Zentralbank www.sedlabanki.is zu finden, während die Kennziffern auf der Webseite des statistischen Amtes zu finden sind, www.hagstofa.is.

Aspekte zur steuerlichen Behandlung von Schadensersatzleistungen sind auf der Webseite der isländischen Steuerbehörde zu finden, www.rsk.is.

Das Entscheidungskomitee für Versicherungsangelegenheiten (Úrskurðarnefnd í vátryggingamálum) ist der Finanzaufsicht angeschlossen. Die Webseite ist http://www.fme.is/eftir litsstarfssemi/urskurdarnefndir/urskurdanefnd-i-vatryggingamalum/.

Das Schmerzensgeldkommitee (Örorkunefnd) ist dem Innenministerium angeschlossen. Die Webseite ist https://www.innanrikisraduneyti.is/raduneyti/starfssvid/skadabaetur/nefn dir/.

Bahner

Italien

Verwendete Literatur: *Bellagamba* – Cariti, Circolazione stradale. Responsabilità civile, risarcimento del danno, assicurazione obbligatoria, 2009; *Cuffaro*, Responsabilità Civile, 2007; *Franzoni*, Il danno alla persona, 1995, S. 673; *Azzariti, Scarpello*, Della prescrizione e della decadenza, in Commentario del Codice Civile Scialoja Branca, Art. 2934–2969, 1977, S. 261; *Datenbank Pluris* – UTET/Cedam.

Verzeichnis landesspezifischer Abkürzungen

Cass. Civ.	Corte di Cassazione, Sezione civile (italienischer Kassationshof, zivilrechtliche Abteilung)
Cass. Pen.	Corte di Cassazione, Sezione Penale" (italienischer Kassationshof, strafrechtliche Abteilung)
C. Cost	Corte Costituzionale (italienischer Verfassungsgerichtshof)
C.d.S.	Codice della Strada (italienische StVO)
C.C.	Codice Civile (italienisches BGB)
C.P.C.	Codice di Procedura Civile (italienische Zivilprozessordnung)
Codice delle Assicurazioni	Gesetzesverordnung Nr. 209 vom 7.9.2005 (italienisches Versicherungsgesetzbuch)
INAIL	Istituto Nazionale per l'Assicurazione contro gli Infortuni sul Lavoro (Nationales Institut für Versicherungen gegen Arbeitsunfälle)
IVASS	Istituto per la Vigilanza sulle Assicurazioni (Institut für die Aufsicht über Versicherungen)

Abschnitt 1: Anspruchsprüfung zum Haftungsgrund

§ 1 Haftungsgründe

1   Im italienischen Recht ist die **außervertragliche Haftung** in den Art. 2043 ff. des Codice Civile[1] (italienisches Bürgerliches Gesetzbuch; Abkürzung: „C.C.") geregelt. Die allgemeine außervertragliche Haftung kann entweder aufgrund Verschuldens oder Gefährdung (die sog „responsabilità oggettiva") entstehen. Im Falle eines Verkehrsunfalls muss Folgendes berücksichtigt werden.

A. Haftung des Fahrers

2   Fahrer ist derjenige, der am Steuer eines Fahrzeuges sitzt und zwar sowohl dann, wenn dieses in Betrieb ist als auch, wenn es hält oder geparkt ist. Die Haftung des Fahrers ist in Art. 2054 C.C. geregelt.

I. Haftung aus Verschulden

3   Ein Verstoß des Fahrers gegen die Regeln des Codice della Strada (italienische Straßenverkehrsordnung; Abkürzung: „C.d.S.") hat nicht automatisch die Haftung für einen Verkehrsunfall zur Folge. Das Verhalten des Fahrers, der gegen einen Artikel des C.d.S. verstoßen hat, ist nicht ausreichend, um dessen Verschulden automatisch zu begründen, es sei denn, der Unfall ist die unmittelbare Folge ausschließlich dieses Fehlverhaltens.[2]

4   Nach der Rechtsprechung des Corte di Cassazione (italienischer Kassationshof; Abkürzung „Cass. Civ.") ist das Gericht auch im Falle der Feststellung eines Verstoßes gegen den Codice della Strada durch die Polizei nicht dazu verpflichtet, seine alleinige Haftung anzunehmen und kann auch eine Mitschuld aller anderen Unfallbeteiligten feststellen (in diesem Sinne: Cass. Civ., Urteil Nr. 23219 vom 16.11.2005).

5   Vom strafrechtlichen Gesichtspunkt aus hat der Corte di Cassazione allerdings festgestellt, dass der Unfallverursacher auch dann für den Tod des Geschädigten verantwortlich ist, wenn der das Unfallopfer behandelnde Arzt durch einen schweren Behandlungsfehler den Tod des Geschädigten mitverursacht hat.[3]

II. Gefährdungshaftung

6   Die Haftung des Fahrers im Falle eines Verkehrsunfalls ist im Gesetz als Gefährdungshaftung ausgestaltet. Fahrzeugführer ist derjenige, der sich zum Unfallzeitpunkt am Steuer des fahrenden oder stehenden Wagens befindet.

7   Gemäß Art. 2054 Abs. 1 C.C. ist der Fahrzeugführer für Schäden an Personen und Sachen verantwortlich, die durch den Betrieb des Fahrzeuges entstanden sind, es sei denn, er kann nachweisen, alles Mögliche zur Vermeidung des Schadens getan zu haben. Der Fahrzeugführer hat Fahrlässigkeit und Unachtsamkeit Dritter vorherzusehen, um seiner Sorgfaltspflicht zu genügen.

8   Die Schuld des Fahrers wird durch das Gesetz also vermutet[4]. Um diese Vermutung zu widerlegen, muss der Fahrer beweisen:

(a)   entweder alles Mögliche getan zu haben, um den Schaden zu vermeiden; oder

(b)   dass es objektiv unmöglich war, etwas zu unternehmen, um den Unfall zu vermeiden (in diesem Sinne: Cass. Civ., Urteil Nr. 3999 vom 28.8.1978); oder

(c)   dass das Verhalten des Geschädigten die alleinige Ursache des Unfalls war, der vom Fahrer auch durch Notmanöver nicht hätte vermieden werden können (in diesem

---

1   Art. 2043 C.C., Schadensersatz wegen einer unerlaubten Handlung: „Jedwede vorsätzliche oder fahrlässige Handlung, die einem anderen einen rechtswidrigen Schaden zufügt, verpflichtet denjenigen, der sie begangen hat, den Schaden zu ersetzen."

2   ZB hat das Landgericht Rom festgestellt, dass ein betrunkener Fahrer für einen Unfall nicht zivilrechtlich verantwortlich ist, wenn ausschließlich andere Ursachen zum Unfall geführt haben, obwohl sein Verhalten einen Verstoß gegen die italienische StVO darstellt (Landgericht Rom, Sektion XII, Urteil vom 25.10.2011 in Pluris – UTET/Cedam, 2011).

3   Corte di Cassazione Penale (italienischer Kassationshof für Strafsachen, Abk. „Cass. Pen."), Urteil Nr. 22165 vom 1.6.2011.

4   Die sog „presunzione legale" (siehe Rn. 55).

Sinne: Cass. Civ., Urteil Nr. 14064 vom 11.6.2010 und Cass. Civ., Urteil Nr. 12751 vom 18.10.2001).

Die Mehrheit der Rechtsprechung hält den Beweis, dass der Fahrer sein Verhalten der 9
Straßenverkehrsordnung angepasst hat, für nicht ausreichend, um dessen Haftung auszuschließen, da der Fahrzeugführer immer auch dazu verpflichtet ist, Notmaßnahmen zu ergreifen, um einen Unfall zu vermeiden.[5]

Außerdem wird im Falle eines Zusammenstoßes zwischen Fahrzeugen bis zum Gegenbe- 10
weis vermutet, dass jeder der Fahrer in gleichem Ausmaß zur Verursachung des an den einzelnen Fahrzeugen entstandenen Schadens beigetragen hat (Art. 2054 Abs. 2 C.C.). Wie wird die Verschuldensvermutung konkretisiert?

■ Art. 150 Abs. 1 des Italienischen Versicherungsgesetzes (Codice delle Assicurazioni, CdA) ermächtigt den italienischen Staatspräsidenten, die Verschuldensaufteilung für Unfälle per sogenannten Dekret festzulegen. Durch Dekret vom 18.7.2006, Nr. 254 wurde von der Ermächtigung Gebrauch gemacht.

■ Das Dekret enthält eine Anlage, in der typische Unfallsituationen mit Haftungsquoten aufgeführt sind.

■ Kann ein Beweis hinsichtlich der Verteilung des Verschuldens geführt werden, so darf Art. 2054 Abs. 2 C.C. nicht angewandt werden, maßgeblich sind dann Art. 2056 C.C. in Verbindung mit Art. 1227 C.C.

Die Rechtsprechung hat klargestellt, dass, auch wenn die Schuld eines der Fahrer eindeu- 11
tig zu sein scheint, immer auch das Verhalten des anderen Fahrers geprüft werden muss, um die gesetzliche Vermutung des Mitverschuldens widerlegen zu können.[6] Die Rechtsprechung legt dabei einen objektiven Maßstab an. Der Beweis, alle Verkehrsregeln respektiert zu haben, reicht allein nicht für eine Entlastung aus.

In den nachfolgenden Verkehrsunfallsituationen (Abbildungen A-G)[7] ist eine Serie von Maßstäben zur Feststellung des Haftungsanteils der jeweiligen Partei dargestellt, welche auch zur Festlegung der internen Beziehungen zwischen den Versicherungen herangezogen werden kann.

Nach Art. 149 des Codice delle Assicurazioni Private sind die jeweils haftenden Parteien dem direkten Schadensersatz ausgesetzt.

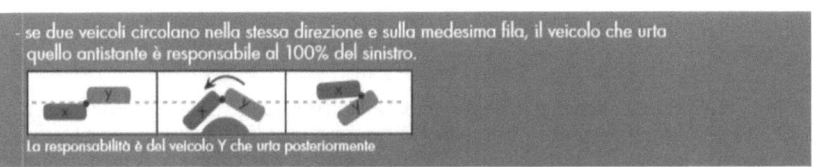

A. Wenn zwei Fahrzeuge in dieselbe Richtung auf derselben Fahrbahn fahren, ist das Fahrzeug, das das vordere Fahrzeug anfährt, zu 100 % für den Unfall verantwortlich.

---

5 Außer, es ist jedes Notmanöver unmöglich (in diesem Sinne: Cass. Civ., Urteil Nr. 5671 vom 5.5.2000 sowie Cass. Civ., Urteil Nr. 4646 vom 22.2.2013).
6 Cass. Civ., Urteil Nr. 15674 vom 15.7.2011.
7 Quelle: http://www.tuaassicurazioni.it/TuaCARD/TABResponsoRisarcimentoDiretto.pdf; Übersetzung: Kanzlei Studio Legale Feller, Leonrodstraße 61, 80636 München und Studio Legale Feller, Piazza dei Prati degli Strozzi, 32, I-00195 Roma.

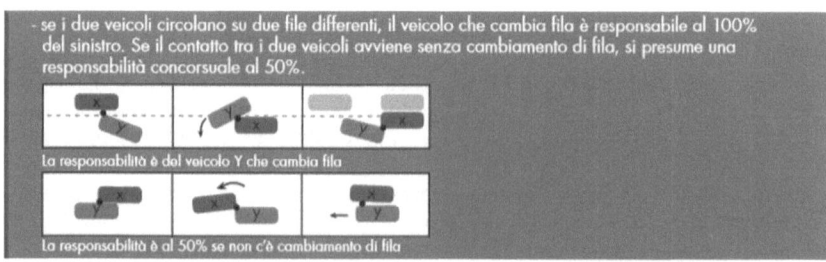

B. Wenn zwei Fahrzeuge auf zwei verschiedenen Fahrbahnen fahren, ist das Fahrzeug, das die Spur wechselt, zu 100 % für den Unfall verantwortlich. Wenn es zum Zusammenstoß zwischen den beiden Fahrzeugen ohne Spurwechsel kommt, wird von einer jeweils 50%igen Haftung ausgegangen.

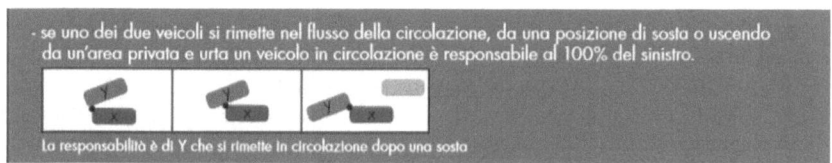

C. Wenn sich eines der beiden Fahrzeuge aus einer Parkposition oder beim Herausfahren von einem Privatgelände in den fließenden Verkehr einordnet und dabei ein fahrendes Fahrzeug beschädigt, ist dieses zu 100 % verantwortlich.

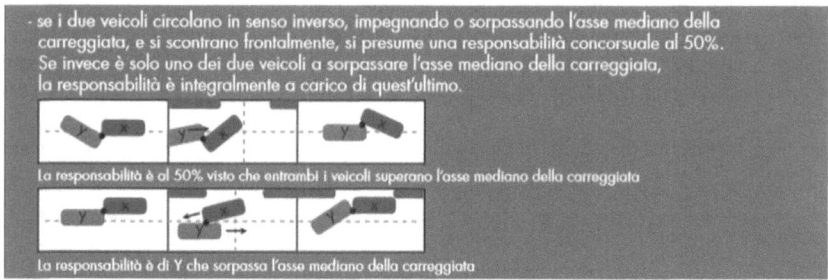

D. Fahren die beiden Fahrzeuge in gegensätzliche Fahrtrichtungen, befahren oder überfahren sie den Mittelstreifen und treffen dabei frontal aufeinander, wird von einer Haftungsaufteilung von jeweils 50% ausgegangen. Wenn hingegen nur eines der beiden Fahrzeuge über den Mittelstreifen fährt, ist dieses zu 100% verantwortlich.

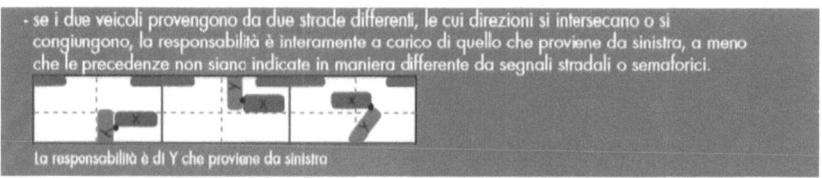

E. Kommen die beiden Fahrzeuge aus zwei verschiedenen Straßen, die sich überschneiden oder zusammenlaufen, ist immer dasjenige Fahrzeug, das von links kommt, unter der Voraussetzung, dass keine anderen Vorfahrtsbestimmungen durch Straßenschilder oder Ampeln festgelegt sind, zu 100% verantwortlich.

F. Fährt ein fahrendes Fahrzeug ein stehendes an, ist das fahrende zu 100% für den Unfall verantwortlich.

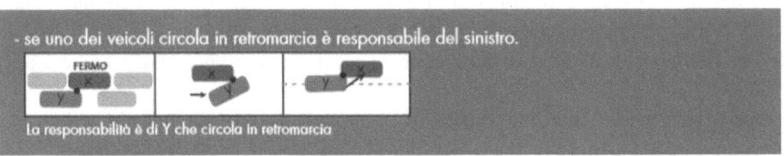

G. Das im Rückwärtsgang fahrende Fahrzeug ist für einen eventuellen Unfall zu 100% verantwortlich.

B. Haftung des Halters

Nach italienischem Recht tragen im Falle eines Unfalls der Fahrzeughalter und der Fahrzeugführer jeweils eine Mitverantwortung. **12**

Gemäß Art. 2054 Abs. 3 C.C. haftet der Fahrzeughalter, der Nießbraucher oder der Erwerber unter Eigentumsvorbehalt zusammen mit dem Fahrer als **Gesamtschuldner,** wenn er nicht nachweist, dass die Benutzung des Fahrzeuges gegen seinen Willen erfolgt ist.[8] **13**

I. Haftung aus Verschulden

Nach italienischem Recht ist die Haftung des Fahrzeughalters keine Haftung aus Verschulden, sondern eine Gefährdungshaftung. **14**

1. Straßenverkehrsrechtliche Gefährdungshaftung. Vgl. hierzu → Rn. 6 ff., 18 ff. **15**

2. Besonderheiten bei Beförderungen. a) Entgeltliche Beförderungen (Straßenbahn, Bus, Taxi). Die gesetzliche **Vermutung der Mitschuld** von Fahrer und Halter gem. Art. 2054 Abs. 3 C.C. gilt sowohl im Falle einer entgeltlichen Beförderung als auch im Falle einer unentgeltlichen Beförderung (in diesem Sinne, ua Cass., Urteil Nr. 20810 vom 7.10.2010; Cass. Urteil Nr. 14644 vom 23.6.2009).[9] **16**

b) Unentgeltliche Beförderungen (Anhalter, Bekannte). Das italienische Recht differenziert nicht zwischen entgeltlichen und unentgeltlichen Beförderungen. Siehe daher → Rn. 16. **17**

II. Gefährdungshaftung

1. Grundlagen der Gefährdungshaftung. Die Haftung der Fahrzeughalter (und der anderen in Art. 2054 Abs. 3 C.C. vorgesehenen Personen) ist eine Gefährdungshaftung, die bereits allein durch die Inbetriebnahme des Fahrzeuges erfolgt. **18**

Außerdem haften der Halter, der Nießbraucher oder der Erwerber unter Eigentumsvorbehalt und der Fahrer verschuldensabhängig auch für Schäden aus fehlerhafter Herstellung oder aus mangelhafter Instandhaltung des Fahrzeuges (Art. 2054 Abs. 4 C.C.). In solchen Fällen haftet auch der Fahrzeughersteller aufgrund der allgemeinen außervertraglichen Haftung gem. Art. 2043 C.C. **19**

---

8 Im Fall eines Leasingfahrzeugs haften nach Art. 91 Abs. 2 C.d.S. für Personen- und Sachschäden der Fahrer und der Leasingnehmer.

9 Die Rechtsprechung ist sich in diesem Punkt heute einig. In der Vergangenheit war der Corte di Cassazione jedoch für mehrere Jahre der Ansicht, dass im Falle einer entgeltlichen oder unentgeltlichen Beförderung der Art. 2054 nicht zur Anwendung kommt. Seit ca. 15 Jahren ist sich die Rechtsprechung allerdings einig, dass dieser Art. auch im Falle einer Beförderung berücksichtigt werden muss.

20 **2. Typische Problembereiche. a) Betriebsbegriff.** Der Begriff des Betriebes des Fahrzeuges ist sehr weit gefasst. Dazu gehört zB ein stehendes oder in einem öffentlichen Bereich geparktes Fahrzeug[10] und auch ein Fahrzeug, das mangels Treibstoffes geschoben werden muss.[11]

21 **b) Ladevorgänge.** Unter Betrieb des Fahrzeugs fallen auch die Ladevorgänge. Aus diesem Grund kommt auch im Falle eines Lkws, der in einer öffentlichen Straße hält, um das Be- und Entladen von Materialien zu ermöglichen, der Art. 2054 C.C. zur Anwendung.[12]

22 **c) Verneinung der Betriebsgefahr. .** Das italienische Recht kennt keine Betriebsgefahr und berücksichtigt sie daher auch nicht bei der Haftungsquote. Diese bemisst sich allein nach dem Verschulden, welches, wie ausgeführt, zunächst vermutet wird.

23 **d) Ende der Betriebsgefahr.** Die Betriebsgefahr spielt im italienischen Recht keine Rolle, → Rn. 22.

24 **e) Verfolgungsfälle.** Verfolgungsfälle spielen im italienischen Recht keine Rolle.

25 **3. Entlastungsmöglichkeit.** Der Fahrzeughalter kann die gesetzliche Vermutung des Art. 2054 Abs. 3 C.C. nur widerlegen, indem er beweist, dass die Benutzung des Fahrzeuges **gegen seinen Willen** erfolgt ist, oder dass der Fahrer alles Mögliche getan hat, um den Unfall zu vermeiden.[13]

26 Der Beweis, dass der Fahrer einfach ohne die Zustimmung des Halters gefahren ist,[14] ist nicht ausreichend, um die Haftung des Halters auszuschließen.[15] Der Halter muss vielmehr beweisen, die Benutzung des Fahrzeuges klar verboten zu haben und entsprechende Maßnahmen, um dessen Verwendung zu verhindern, ergriffen zu haben.[16]

27 Was die Haftung gem. Art. 2054 Abs. 4 C.C.[17] betrifft, ist die Rechtsprechung der Ansicht, dass es für einen Haftungsausschluss nicht ausreicht, dass man einen Defekt des Fahrzeugs nicht entdecken konnte.[18]

C. Haftung des Versicherers

I. Haftungsvoraussetzung

28 Die **Pflicht** zum Abschluss einer Versicherung für alle Fahrzeuge ist durch Art. 122 Gesetzesverordnung Nr. 209 vom 7.9.2005 (sog „Codice delle Assicurazioni" – it. Versicherungsgesetzbuch) vorgeschrieben.

29 Kein Kraftfahrzeug darf ohne eine Haftpflichtversicherung auf öffentlichen Straßen oder vergleichbaren Bereichen fahren (Art. 122 Codice delle Assicurazioni).

30 Wenn die Nutzung des Fahrzeuges **gegen den Willen des Halters,** des Nießbrauchers oder des Erwerbers unter Eigentumsvorbehalt oder des Leasingnehmers erfolgt ist, deckt die Haftpflichtversicherung ab dem darauffolgenden Tag, an dem die entsprechende Anzeige bei der Polizei erstattet wurde, keine Schäden mehr (Art. 122 Abs. 3 Codice delle Assicurazioni).

---

10 Cass. Civ., Urteil Nr. 16895 vom 20.7.2010; Cass. Civ., Urteil Nr. 14998 vom 5.8.2004, für den Fall eines geparkten Wagens, der ausgebrannt ist. In diesem Punkt ist sich die Rechtsprechung allerdings nicht einig: s. Cass. Civ., Urteil Nr. 5032, vom 18.4.2000.
11 Cass. Civ., Urteil Nr. 678 vom 10.3.1966. In diesem Urteil hat der Corte di Cassazione betont, dass derjenige, der dem Fahrer beim Schieben hilft, nicht selber als Fahrer angesehen werden kann.
12 In diesem Sinne, ua: Cass. Civ., Urteil Nr. 8305 vom 31.3.2008.
13 In diesem Sinne, ua: Cass. Civ., Urteil Nr. 17848 vom 22.8.2007; Cass. Civ., Urteil Nr. 13130 vom 1.6.2006.
14 Die sog Benutzung „invito domino".
15 Cass. Civ., Urteil Nr. 15478, vom 14.7.2011.
16 Die sog Benutzung „prohibente domino". Zu diesem Punkt hat die Rechtsprechung zB das Verhalten des Halters, der einem Dritten das Fahrzeug mit dem Hinweis, er solle den Schlüssel niemand anderem geben, überlassen hat, nicht für ausreichend gehalten (Cass Civ., Urteil Nr. 8461, vom 17.10.1994).
17 Haftung aus fehlerhafter Herstellung oder mangelhafter Instandhaltung des Fahrzeuges.
18 Landgericht Mailand, Urteil vom 16.6.2008, in Pluris – UTET/Cedam, 2008.

II. Nachhaftung

Falls der Versicherungsbeitrag oder die erste Rate des Versicherungsbeitrags nicht bezahlt 31
wurde, besteht kein **Versicherungsschutz** bis 24.00 Uhr des Tages, an dem der Versicherungsnehmer den Beitrag bezahlt.

Falls die Folgeraten nicht bezahlt wurden, besteht der Versicherungsschutz bis 24.00 Uhr 32
des 15. Tages nach Fälligkeit der Rate (gem. Art. 1901 C.C. und Art. 127 Codice delle Assicurazioni).

D. Haftung von Begleitpersonen

I. Haftung des Beifahrers

Es ist umstritten, ob Art. 2054 C.C. auch zur Anwendung kommt und daher die Haftung 33
des Fahrzeugführers und des Halters begründet, wenn der Unfall durch das Verhalten eines Beifahrers verursacht wurde.

Bezüglich dieser Haftungsfrage hat zB der Corte di Cassazione entschieden,[19] dass im Falle eines Beifahrers, der die Autotür plötzlich öffnet und damit einen hinzukommenden 34
Motorradfahrer verletzt, sowohl der Beifahrer (aufgrund der allgemeinen außervertraglichen Haftung gem. Art. 2043 C.C.)[20] als auch der Fahrer und der Halter des Fahrzeuges (aufgrund der in Art. 2054 vorgesehenen Haftung) haften, da im Begriff des „Verkehrs" auch der Stillstand und das Parken des Fahrzeuges eingeschlossen sind.[21]

II. Haftung des Einweisers

Die Rechtsprechung ist der Ansicht, dass trotz Einweisung durch einen Dritten, der bei 35
einem **Einparkmanöver** geholfen hat, der Fahrzeugführer für einen Verkehrsunfall haftet, da es unvorsichtig war, sich nur auf den Einweiser zu verlassen (in diesem Sinne, ua: Cass. Civ., Urteil Nr. 965, vom 3.2.1987).

E. Haftungsmodifikationen

I. Einschränkungen

1. Unfallschaden und Arbeitnehmer. Das italienische Recht sieht eine **gemeinsame Haf-** 36
tung des Arbeitnehmers und des Arbeitgebers vor, wenn Schäden durch den Arbeitnehmer bei der Ausführung der ihm erteilten Aufgaben entstanden sind (Art. 2049 C.C.).[22]

a) Grundsätze der Haftungsverteilung. Voraussetzung der Haftung gem. Art. 2049 C.C. 37
ist ein Kausalzusammenhang zwischen dem Schaden und der Ausführung der Aufgaben.

Hier handelt es sich um zwei verschiedene Formen der Haftung: eine **direkte Haftung** für 38
den Arbeitnehmer und eine sogenannte **objektive Haftung** für den Arbeitgeber, die sich allein aus der Schaffung einer Gefahrensituation ergibt. Da Arbeitgeber und Arbeitnehmer gesamtschuldnerisch haften, kann der Arbeitgeber, der das Unfallopfer entschädigt hat, den Arbeitnehmer in Regress nehmen.

b) Haftung gegenüber Betriebsangehörigen. Im Falle eines Autounfalls unterscheidet sich 39
die Haftung eines Arbeitnehmers gegenüber Betriebsangehörigen nicht von der Haftung gegenüber anderen Personen.

2. Geschäftsführung ohne Auftrag. Im Falle der Geschäftsführung ohne Auftrag kann das 40
Gericht zugunsten des Geschäftsherrn/Anspruchsgegners unter Berücksichtigung der Umstände, die den Geschäftsherrn zur Übernahme des Geschäfts bewogen haben, den Ersatz

---

19 Cass. Civ., Urteil Nr. 8216, vom 6.6.2002. In diesem Sinne auch: LG Palermo, Sektion III, Urteil vom 30.8.2011, in Pluris – UTET/Cedam, 2011.
20 Siehe Rn. 1 f.
21 Siehe Rn. 21.
22 Gem. Art. 2049 C.C. (Haftung der Dienstherren und Geschäftsherren): „Dienstherren und Geschäftsherren haften für Schäden, die durch eine unerlaubte Handlung ihrer Hausbediensteten und Angestellten bei der Ausführung der ihnen erteilten Aufgaben entstanden sind".

des Schadens herabsetzen. Gekürzt werden können diejenigen Schadenspositionen, für die der Geschäftsführer aufgrund eigenen Verschuldens aufzukommen hätte. (Art. 2030 Abs. 2 C.C.).

41 **3. Unentgeltliche Beförderung.** Das italienische Recht unterscheidet nicht zwischen entgeltlichen und unentgeltlichen Beförderungen.

42 **4. Mietwagenprobleme.** Bei einem Unfall, bei dem ein Mietwagen beteiligt ist, kommt es zu keinen Haftungsmodifikationen.

43 **5. Mitversicherte Personen und Insassen.** Nach italienischem Recht gibt es keine besonderen Haftungseinschränkungen, die sich auf mitversicherte Personen oder Insassen beziehen.

44 **6. Deckungsgrenzen.** Nach italienischem Recht muss die Haftpflichtversicherung zumindest mit einer Deckungssumme in Höhe von 5.000.000 EUR pro Unfall für Personenschäden und in Höhe von 1.000.000 EUR pro Unfall für Sachschäden abgeschlossen werden (gem. Art. 128 Codice delle Assicurazioni).[23]

45 Die Deckungssummen wurden erstmalig im Jahr 2007 erhöht und haben im Jahr 2009 die oben genannten Beträge erreicht. Es sind weitere Anpassungen vorgesehen, so dass man sich stets vergewissern sollte, wann der Unfall passiert ist und wie hoch die jeweilige Deckungssumme zu diesem Zeitpunkt war.

II. Erweiterungen

46 **1. Entgeltliche Beförderung.** Das italienische Recht sieht keine Unterschiede zwischen entgeltlicher und unentgeltlicher Beförderungen vor.

47 **2. Unentgeltliche Beförderung.** Das italienische Recht sieht keine Unterschiede zwischen entgeltlicher und unentgeltlicher Beförderungen vor.

F. Haftung von Radfahrern, Fußgängern, Behinderten

I. Haftungskriterien

48 Nach italienischem Recht fällt auch ein Fahrrad unter den Begriff „**Fahrzeug**". Aus diesem Grund ist der Radfahrer verpflichtet, sich entsprechend den Regeln der Straßenverkehrsordnung zu verhalten.[24] Für die Haftung von Radfahrern gelten alle Vorschriften, die auch für die Haftung anderer Fahrzeugführer gelten, inklusive der Art. 2054 C.C.

49 Das Verhalten eines **Unfallopfers**, bzw. eines verletzten **Fußgängers**, eines **Kindes** oder eines **Behinderten** muss berücksichtigt werden, weil es die Haftung des Fahrzeugführers ausschließen bzw. eine Mitschuld des Unfallopfers begründen kann.

II. Abwägungsgesichtspunkte

50 Um die Haftung des Fahrers auszuschließen, muss das Verhalten des Fußgängers so **unvorhersehbar** und **außergewöhnlich** sein, dass es für den Fahrer objektiv unmöglich war, ihn wahrzunehmen oder rechtzeitig zu bemerken (in diesem Sinne, ua: Cass. Civ., Urteil Nr. 9683 vom 3.5.2011).

51 War das Verhalten des Fußgängers nicht unvorhersehbar und außergewöhnlich, kann dies trotzdem zu einer Mitschuld von Fahrer und Unfallopfer führen. In solchen Fällen kommt der Art. 1227 C.C. zur Anwendung.[25] Danach kommt ein Mitverschulden des Gläubigers in Betracht, wenn sein Verhalten gefährlich und unvorsichtig war (in diesem Sinne: Cass.

---

23 Die Höhe dieser Deckungssummen muss alle 5 Jahre ab dem 11.6.2012 an den in der Verordnung (EG) Nr. 2494/95 vorgesehenen Verbraucherpreisindex angepasst werden (Art. 128 Abs. 3 Gesetzesverordnung Nr. 209/2005).

24 Auch derjenige, der auf einem Fahrrad sitzt, aber dieses nicht fährt, sondern einfach mit den Füßen schiebt, wird als Fahrzeugführer betrachtet. In diesem Sinne: Cass. Pen., Urteil vom 7.2.1991.

25 Art. 1227 C.C.: „Hat zur Verursachung des Schadens ein schuldhaftes Verhalten des Gläubigers beigetragen, so wird der Schadensersatz nach der Schwere des Verschuldens und dem Umfang der daraus entstandenen Folgen gemindert. Kein Ersatz wird für Schäden geschuldet, die der Gläubiger bei Anwendung der gewöhnlichen Sorgfalt hätte vermeiden können."

Civ., Urteil Nr. 6168 vom 13.3.2009). Der Artikel 190 C.d.S. stellt Verhaltensregeln für Fußgänger auf.

III. Sonderfall: Ältere Fußgänger, Kinder, Behinderte

Jeder Fahrzeugführer ist kraft Gesetzes dazu verpflichtet, anzuhalten, wenn eine behinder-te Person die Straße überquert oder überqueren könnte. Außerdem ist er auch dazu ver-pflichtet, allen Gefahrensituationen auszuweichen, die durch unkorrektes oder unge-schicktes Benehmen von Kindern oder älteren Menschen verursacht werden könnten, wenn diese Situationen offensichtlich vorhersehbar sind (Art. 191 C.d.S.). **52**

§ 2 Prüfungsweg zum Haftungsgrund

A. Anscheinsbeweis

I. Grundlagen (Abgrenzung zum Prozessrecht)

Die Anscheinsbeweise (die sog „presunzioni semplici": **einfache Vermutungen**) sind der sorgfältigen Würdigung des Gerichts überlassen, das nur schwerwiegende, genau bestimmte und miteinander in Einklang stehende Vermutungen berücksichtigen darf (Art. 2729 C.C.). **53**

Anscheinsbeweise sind in Fällen, für die das Gesetz den Beweis durch Zeugen ausschließt, nicht erlaubt. **54**

II. Definition des Anscheinsbeweises

Ein Anscheinsbeweis ist die Folgerung, die das Gericht aus einem bekannten Tatumstand zieht, um zu einem unbekannten Tatumstand zu gelangen (Art. 2727 C.C.).[26] **55**

III. Voraussetzungen des Anscheinsbeweises

Laut überwiegender italienischer Rechtsprechung hat jeder Richter einen **weiten Ermes-sensspielraum** bei der Feststellung von Tatsachen und Umständen, aus denen er Schlüsse ziehen kann, solange seine Argumentation logisch und gut begründet ist. **56**

---

26 Dies ist die Definition der „presunzione semplice" (auch „praesumptiones hominis"), die im Ermessen des Richters liegt. Die „presunzione legale" (gesetzliche Vermutung, auch „praesumptiones iuris" genannt) ist dagegen die Folgerung, die das Gesetz aus einem bekannten Tatumstand zieht. In manchen Fällen ist gegen eine gesetzliche Vermutung ein Gegenbeweis erlaubt, daher spricht man von einer Vermutung „iuris tan-tum". ZB haften im Falle eines Auffahrunfalls gem. Art. 2054 C.C. alle Fahrzeugführer, die in der Mitte fuhren, zu gleichen Teilen. Gegen diese gesetzliche Vermutung ist jedoch der Beweis, dass die Haftungsver-teilung anders ist, erlaubt. In anderen Fällen sieht das Gesetz ausdrücklich vor, dass kein Gegenbeweis er-laubt ist (in diesem Fall spricht man von einer Vermutung „iuris et de iure").

57 Das Prinzip, an dem der Richter sich orientieren soll, ist das sog „*id quod plerumque accidit*", dh „das, was häufig geschieht". Dies bedeutet, dass es nicht notwendig ist, dass die „bekannte" Tatsache und die „unbekannte" Tatsache, die der ersten zu entnehmen ist, durch eine absolute ausschließliche Kausalität verbunden sind, sondern es ist ausreichend, dass die „unbekannte" Tatsache eine vernünftigerweise normale und voraussichtliche Konsequenz ist (in diesem Sinne, ua: Cass. Civ., Urteil Nr. 26081 vom 30.11.2005).

IV. Typische Anscheinsbeweise

58 Ein typischer Anscheinsbeweis, den der Richter nach seinem Ermessen beurteilen kann, ist zB im Falle eines Auffahrunfalls, dass man davon ausgehen kann, dass das hintere Fahrzeug den Sicherheitsabstand nicht eingehalten hat.[27]

B. Objektiv festgestellte Sorgfaltspflichtverletzung

I. Allgemeines Verkehrsverhalten (Straßenverkehrsvorschriften)

59 **1. Allgemeine Verkehrssituationen.** Jeder Fahrzeugführer ist dazu verpflichtet, sich mit **Vorsicht** und **Sorgfalt** am Straßenverkehr zu beteiligen. Wenn diese Pflicht nicht beachtet wird, kann den Fahrer eine Haftungsquote treffen.

60 Zum Beispiel ist der Fahrzeugführer, der an einer Kreuzung **Vorfahrt** hat, immer dazu verpflichtet, vorsichtig und sorgfältig zu fahren. Insbesondere soll er langsamer fahren und auf das Verhalten anderer Fahrer achten. Falls er dennoch diese Sorgfaltspflicht verletzt, wird auch ihm eine Mitschuld am Unfall zugesprochen, obwohl der Kausalzusammenhang zwischen Unfall und Verletzung des Vorfahrtsrechts nicht unterbrochen wurde.[28]

61 **2. Unfälle auf Parkplätzen. a) Abgrenzung zum öffentlichen Verkehrsgrund.** Die Rechtsprechung ist der Ansicht, dass die Vorschrift des Art. 2054 C.C. nicht zur Anwendung kommt, wenn der Unfall auf einem **Privatgrund** geschehen ist, auf dem es keinen Verkehr von Fahrzeugen oder Fußgängern gibt.[29]

Für die Unterscheidung, ob es sich um einen öffentlichen oder Privatgrund handelt, kommt es auf die tatsächliche Nutzung an

62 Nach Ansicht der Rechtsprechung sind private Flächen, die (dennoch) öffentlich zugänglich sind, einem öffentlichen Verkehrsgrund gleichzustellen i) Der Privatgrund, auf dem sich ein Golfclub befindet; ii) der Hof einer Firma, auf dem Fahrzeuge oder Fußgänger wie auf einer öffentlichen Straße verkehren; iii) der der Straße anliegende öffentliche Stadtpark, den jeder frei betreten kann. Die Rechtsprechung hat auch entschieden, dass, wenn ein Unfall von einem aus der öffentlichen Straße kommenden Fahrzeug auf einem Privatgrund verursacht wird, der Kausalzusammenhang zwischen dem Verkehr auf der öffentlichen Straße und dem Unfall nicht automatisch ausgeschlossen werden kann (Cass. Civ., Urteil Nr. 2791, vom 24.3.1999).[30]

---

27 Der Fahrer des hinteren Fahrzeuges kann diesen Anscheinsbeweis widerlegen, indem er beweist, dass das nicht gelungene Anhalten des Fahrzeuges durch von ihm unabhängige Faktoren verursacht wurde (ua LG Foggia, Sektion II, Urteil vom 15.9.2011, in Pluris – UTET/Cedam, 2011; LG Triest, Urteil vom 12.5.2011, in Pluris – UTET/Cedam, 2011; Cass. Civ., Urteil Nr. 102719 vom 27.6.2012).

28 In diesem Sinne, ua: Friedensrichter Palermo, Sektion V, Urteil vom 11.1.2010, in Pluris – UTET/Cedam, 2010; LG Padua, Sektion II, Urteil vom 9.4.2010, in Pluris – UTET/Cedam, 2010; Cass. Civ., Urteil Nr. 19053 vom 12.12.2003; Cass. Civ., Urteil Nr. 5928 vom 12.6.2012.

29 Cass. Civ., Urteil Nr. 7015 vom 26.7.1997: In diesem Fall ereignete sich der Unfall auf einem landwirtschaftlichen Grundstück, das nicht als gleichgestellt mit einem Verkehrsgrund, sondern als einfacher Privatgrund angesehen wurde.

30 Vom strafrechtlichen Standpunkt aus hat die Cassazione Penale festgestellt, dass für das Vorliegen eines „Straßenverkehrsunfalls" jede Situation ausreichend ist, in der mit einem Fahrzeug im öffentlichen Verkehrsraum eine verkehrswidrige Situation entsteht, die Dritte oder den Fahrer selber gefährden könnte, auch wenn keine Sachschäden am eigenen oder am fremden Eigentum entstanden sind, kein Zusammenstoß zwischen Fahrzeugen erfolgte oder kein Dritter von der Situation betroffen wurde (Cass. Pen., Urteil Nr. 6381 vom 16.2.2012).

Wenn zB eine Privatstraße regelmäßig von jedermann benutzt wird, so ist Art. 2054 C.C. anzuwenden, Cass. Civ., Urteil-Nr. 17350 vom 25.6.2008, anderenfalls ist Art. 2043 C.C. maßgeblich.

b) Vereinbarte Geltung der StVO. Der Geltungsbereich der italienischen Straßenverkehrs- 63
ordnung ist nur davon abhängig, ob der Grund öffentlich verwendet wird. Es ist irrelevant, ob er in privatem oder öffentlichem Besitz ist.[31] Aus diesem Grund ist eine Vereinbarung über die Geltung der StVO auch irrelevant.

II. Fahrfehler, Fehlreaktionen

Jeder Fahrfehler und jede Fehlreaktion eines Fahrzeugführers müssen danach beurteilt 64
werden, ob diese eine Verletzung der Sorgfaltspflicht darstellen könnten.

C. Beweislastverteilung

I. Grundsatz

Das Unfallopfer muss den Schaden, den es erlitten hat, und den **Kausalzusammenhang** 65
zwischen dem Unfall und dem Schaden beweisen. Der Geschädigte muss zudembeweisen,
dass das Schadensereignis von dem Zusammenstoß mit dem Fahrzeug des Unfallverursachers herrührt oder, falls es keinen Zusammenstoß gab, dass die Fahrzeugführung des anderen den Schaden verursacht hat.

Hat das Unfallopfer diese in → Rn. 65 aufgezählten Beweisgeführ, wird die Haftung des 66
Fahrzeugführers gem. der Gefährdungshaftung aus Art. 2054 Abs. 1 C.C. vermutet. Diese
gesetzliche Vermutung kann widerlegt werden (Beweislast des Fahrzeugführers: → Rn. 8).

Für den Fall eines Zusammenstoßes zwischen Fahrzeugen gilt die Vermutung (Art. 2054 67
Abs. 2 C.C.), dass jeder der Fahrer in gleichem Ausmaß zur Verursachung des an den ein-
zelnen Fahrzeugen entstandenen Schadens beigetragen hat. Diese Vermutung kann durch
Gegenbeweis widerlegt werden.

II. Ausnahmen

1. Beweisvereitelung. Gem. Art. 116 des Codice di Procedura Civile (italienische Zivilpro- 68
zessordnung; Abkürzung: „C.P.C.") kann der Richter dem gesamten Verhalten der Partei-
en im Verfahren Beweise entnehmen. Dies geschieht natürlich auch, wenn eine der Partei-
en die Möglichkeit, Beweise zu erheben, verhindert oder erschwert.

2. Unerlaubtes Entfernen vom Unfallort. Das unerlaubte Entfernen vom Unfallort stellt 69
einen Verstoß gegen den Codice della Strada dar, der mit einem Bußgeld geahndet wird
und auch strafrechtlich relevant sein kann, wenn bei dem Unfall Personen verletzt wurden.
Ein solches unerlaubtes Entfernen vom Unfallort hat jedoch keine direkten Konsequenzen
auf die Beweislastverteilung.

3. Schuldbezeugungen nach dem Unfall. Diejenigen, die den Unfallhergang bezeugen kön- 70
nen, dürfen um eine **schriftliche Aussage** gebeten werden, die in der außergerichtlichen Regulierung des Unfalls berücksichtigt werden kann. Die Zeugenaussage kann auch von der
Polizei im Unfallbericht aufgenommen werden.

Während des Gerichtsverfahrens können die Zeugen vom Richter vernommen werden.[32] 71

---

31 In diesem Sinne, ua: Cass. Pen., Urteil Nr. 2582 vom 17.12.2010; Cass. Civ., Urteil Nr. 1694 vom
27.1.2005.
32 Der Art. 246 C.P.C. schreibt vor, dass diejenigen, die ein Interesse an der Angelegenheit haben, welches sie
als Parteien des Verfahrens legitimieren könnte, nicht als Zeugen benannt werden können. Aus diesem
Grund kann nur der Fahrzeugführer, der keine Partei des Verfahrens ist (oder sein könnte), als Zeuge benannt werden. Laut Rechtsprechung hat der Fahrer des geschädigten Fahrzeuges, gegen den der Unfallgegner keine Widerklage erhoben hat, kein konkretes effektives Interesse an dem vom Fahrzeughalter eingeleiteten Verfahren und kann daher als Zeuge benannt werden (Cass. Civ., Urteil Nr. 5858 vom 25.5.1993).

72 **4. Vernichtung von Beweismitteln.** Werden Beweismittel von einer der Parteien vernichtet, so wird dieses Verhalten vom Richter aufgrund des oben genannten Art. 116 C.P.C. berücksichtigt.

D. Gefährdungshaftung

73 Die Gefährdungshaftung sowohl des Fahrers als auch des Halters des Fahrzeuges werden gesetzlich durch Art. 2054 C.C. vermutet. Gegen diese **Vermutung** ist ein Gegenbeweis in den oben genannten Grenzen (→ Rn. 8, 25) möglich.

E. Abwägung

I. Abwägungskriterien

74 Das Verhalten aller Unfallbeteiligten soll vom Richter berücksichtigt und abgewogen werden, da damit die vom Gesetz festgesetzten Vermutungen der Haftung widerlegt werden können.[33]

II. Regeln zur Quotenbildung

75 Festgesetzte Regeln zur Quotenbildung gibt es nicht. Es liegt im billigen Ermessen des Richters, die Haftungsquote zwischen den Unfallbeteiligten festzulegen.[34]

F. Probleme der Gesamtschuldnerschaft

I. Grundlagen

76 Die Grundlagen der Gesamtschuldnerschaft sind in den Art. 1292 ff. C.C. festgelegt. Art. 1292 C.C. bestimmt Folgendes: „Eine Gesamtschuld besteht, wenn mehrere Schuldner zu ein und derselben Leistung verpflichtet sind, so dass ein jeder zur Erfüllung des Ganzen gezwungen werden kann und die Erfüllung durch einen die anderen befreit."[35]

II. Haftungsverteilung im Innenverhältnis

77 Im Innenverhältnis wird angenommen, dass die Teile jedes Gesamtschuldners gleich sind, soweit sich nichts anderes ergibt (Art. 1298 Abs. 2 C.C.).

78 Ein Gesamtschuldner, der die gesamte Verbindlichkeit bezahlt hat, kann von einem Mitschuldner nur den auf diesen entfallenden Teil zurückfordern. Ist einer der **Mitschuldner zahlungsunfähig**, so teilt sich der Verlust anteilsmäßig unter den anderen Mitschuldnern, einschließlich desjenigen, der die Zahlung geleistet hat, auf (Art. 1299 Abs. 1 und 2 C.C.).

79 Wenn die schädigende Handlung **mehreren Personen** zugerechnet werden kann (gesamtschuldnerische Haftung gem. Art. 2055 C.C.), so sind alle als Gesamtschuldner zum Ersatz des Schadens verpflichtet. Die Vorschrift besagt ferner, dass „demjenigen, der den Schaden ersetzt hat, gegenüber jedem anderen Regress in einem Ausmaß zusteht, das durch die Schwere des jeweiligen Verschuldens und den Umfang der davon herrührenden Folgen bestimmt wird."[36]

---

33 Siehe insbes. Rn. 6 ff., 47 ff.

34 ZB im Falle eines Zusammenstoßes, in dem ein Fahrzeug auf die Spur des anderen geraten ist: Da laut italienischem Recht die Fahrzeuge, auch wenn die Straße frei ist, auf der rechten Seite der Fahrbahn nahe dem rechten Fahrbahnrand fahren müssen (Art. 143 C.d.S.), ist die Rechtsprechung für solche Fälle einhellig der Meinung, dass es nicht ausreichend ist, das Fahrzeug in der Mitte der Spur zu führen, sondern es notwendig ist, dass dieses wirklich am rechten Fahrbahnrand fährt, auch wenn die andere Spur frei ist (in diesem Sinne, ua: Cass. Civ., Urteil Nr. 7099 vom 6.4.2005). Daher wird auch dem Fahrer, auf dessen Spur der Unfallgegner geraten ist, immer eine Mitschuld zugesprochen und in der Regel eine Haftungsquote zwischen 25 % und 50 % angenommen (ua: LG Cassino, Urteil vom 27.1.2011, in Pluris – UTET/Cedam, 2011; LG Nola, Urteil vom 18.8.2010, De Jure, Giuffrè, 2010; OLG Triest, Urteil vom 14.1.2010, in Pluris – UTET/Cedam, 2010).

35 Außerdem schreibt der Art. 1294 C.C. vor, dass „die Mitschuldner als Gesamtschuldner haften, soweit sich aus dem Gesetz oder aus dem Rechtstitel nichts anderes ergibt". Zum Thema Verkehrsunfälle schreibt das Gesetz selber (im Art. 2054 C.C.) eine Gesamtschuldnerschaft zwischen Fahrzeughalter und Fahrer vor.

36 Im Zweifelsfall wird angenommen, dass die einzelnen Verschuldensanteile gleich sind (Art. 2055 Abs. 3 C.C.).

Abschnitt 2: Anspruchsprüfung zur Schadenshöhe
§ 1 Allgemeine Grundlagen der Schadensberechnung

A. Begriff des Schadensersatzes

Aufgrund der Art. 2043 und 2054 C.C. müssen die Schäden, die bei einem Verkehrsunfall 80 an Personen oder Sachen verursacht wurden, ersetzt werden. Nach italienischem Recht ist zwischen **materiellen Schäden** (sog „Vermögensschäden") und **immateriellen Schäden** (sog „Nichtvermögensschäden") zu unterscheiden.

B. Schadensminderungspflicht, § 254 BGB

Art. 1227 C.C. (Mitverschulden des Gläubigers) lautet: „Hat zur Verursachung des Scha- 81 dens ein schuldhaftes Verhalten des Gläubigers beigetragen, so wird der Ersatz nach der Schwere des Verschuldens und dem Umfang der daraus entstandenen Folgen gemindert." Vgl. → Rn. 51.

Kein Ersatz wird für Schäden geschuldet, die der Gläubiger bei Anwendung der gewöhnli- 82 chen Sorgfalt hätte vermeiden können (Art. 1227 Abs. 2 C.C.).

Im Falle eines Verkehrsunfalls ist zB die italienische Rechtslehre der Ansicht, dass bei der 83 Bezifferung des Nutzungsausfalles die Schadensminderungspflicht des Geschädigten be- rücksichtigt werden muss, wenn das geschädigte Fahrzeug mit einer geringen Summe zu reparieren gewesen wäre und leicht vor der Bezahlung des Schadensersatzes hätte repariert werden können.[37]

C. Schadensnachweis und Schätzungsmöglichkeit

Der Geschädigte ist dazu verpflichtet, die Höhe seiner Schäden zu beweisen. Die Schäden, 84 die nicht bewiesen werden können, können vom Richter nach billigem Ermessen (die sog „decisione in via equitativa") geschätzt werden (Art. 1226 C.C.).[38]

D. Steuerrechtliche Behandlung von Schadensersatzleistungen

I. Einkommensteuer

Die Schadensersatzleistungen werden laut italienischem Einkommensteuergesetz in der Re- 85 gel **nicht versteuert**. Die Summen, die als Schadensersatz gezahlt werden, werden nur ver- steuert, wenn diese den Ersatz für entgangenes Arbeitseinkommen darstellen, es sei denn, es handelt sich um Schadensersatz aufgrund permanenter Invalidität oder Rechte der Hin- terbliebenen.[39]

II. Mehrwertsteuerproblematik

1. **Konkrete Schadenspositionen. a) Materiellrechtliche Bedeutung der Mehrwertsteu-** 86 **er. aa) Klärung der Vorsteuerberechtigung.** Für Sachschäden, die konkret bewiesen wer-

---

37 Kommentar zum Art. 1227 C.C., Codice Civile Commentato, UTET.
38 Art. 1226 C.C. (Schadensbewertung nach Billigkeit): „Kann der Schaden nicht in seiner genauen Höhe nachgewiesen werden, so wird er vom Gericht nach billigem Ermessen bestimmt."
39 Gesetzesverordnung Nr. 917 vom 22.1.1986, Art. 6 und 17.

den, ist vom Unfallverursacher auch die Mehrwertsteuer zu erstatten, es sei denn, der Geschädigte ist aufgrund seiner beruflichen Tätigkeiten vorsteuerabzugsberechtigt.

87 **bb) Teilweiser Vorsteuerabzug.** Der partielle Vorsteuerabzug spielt im italienischen Steuerrecht keine Rolle.

88 **cc) Sonderfälle.** Dieser Punkt spielt im italienischen Recht keine Rolle.

89 **b) Beweislast.** Die Höhe der zu erstattenden Mehrwertsteuer ist vom Geschädigten zu beweisen.

90 **2. Fiktive Schadensabrechnung.** Nach der Rechtsprechung ist die Mehrwertsteuer auch für Reparaturkosten zu erstatten, die noch nicht durchgeführt wurden, es sei denn, der Geschädigte ist vorsteuerabzugsberechtigt (in diesem Sinne, ua: Cass. Civ., Urteil Nr. 1688 vom 27.1.2010).

§ 2 Sachschäden

A. Unmittelbare Sachschäden

Der Unfallgeschädigte hat Anspruch auf **vollständige Wiederherstellung** desjenigen Zu- 91
standes, der vor dem Unfall bestand. Dies heißt, dass ihm zunächst Sachschäden erstattet
werden müssen, die eine unmittelbare und direkte Konsequenz des Unfalls darstellen.[40]

I. Fahrzeugschaden (Reparaturkosten)

1. Schadensnachweis. a) Schadensgutachten. Während der außergerichtlichen Regulie- 92
rung eines Unfalls wird in Italien ein Gutachten zu einem beschädigten Fahrzeug in der
Regel nur von der zur Entschädigung verpflichteten Haftpflichtversicherung erstellt.

Es ist für den Geschädigten selbstverständlich möglich, ein eigenes Gutachten zu seinem 93
Fahrzeug in Auftrag zu geben. Italienische Versicherungen weigern sich allerdings, die entsprechenden **Kosten** außergerichtlich zu erstatten, da diese nicht als unmittelbare Konsequenzen des Unfalls angesehen werden.

b) Kostenvoranschlag. Die Reparaturkosten können mittels eines Kostenvoranschlages 94
nachgewiesen werden.[41]

c) Gerichtliches Gutachten. Ist die Höhe des Fahrzeugschadens umstritten, so wird in der 95
Regel ein Sachverständiger (der sog „Consulente Tecnico d'Ufficio") vom Gericht mit der
Erstellung eines Gutachtens beauftragt. Jede Partei kann auch ihren eigenen **Sachverständigen** beauftragen, der den „Consulente Tecnico d'Ufficio" bei der Begutachtung unterstützen kann.

2. Totalschadensabrechnung bei Kettenauffahrunfällen. Nach italienischem Recht spielt 96
die Art des Unfalles keine Rolle; es ergeben sich also bezüglich Kettenauffahrunfällen keine Besonderheiten.

3. Totalschadensabrechnung und Restwertproblematik. Bei einer Zerstörung des Fahrzeu- 97
ges kann der Geschädigte entweder die Kosten eines vergleichbaren Ersatzfahrzeuges[42]
oder den Wert des Fahrzeuges zum Zeitpunkt des Unfalls, abzüglich des Restwertes und
unter Berücksichtigung der Wertminderung des Fahrzeuges nach dem Erwerb,[43] verlangen.

4. Reparaturkostenabrechnung. a) Abrechnung tatsächlich angefallener Reparaturkos- 98
ten. Die Kosten der tatsächlich durchgeführten Reparaturen sind dem Geschädigten zu erstatten. Ist die objektive Notwendigkeit dieser Reparaturen **umstritten**, muss diese vom
Gericht geprüft werden, gegebenenfalls durch ein Gutachten. Die Reparaturkosten werden
maximal bis zum Marktwert des Fahrzeugs vor dem Unfall erstattet, Cass. Civ., Urteil
Nr. 6195/2014 vom 8.3.2014.

b) Abrechnung fiktiver Reparaturkosten. Die Abrechnung von fiktiven Reparaturkosten 99
erfolgt durch Vorlage eines **Kostenvoranschlages**.[44] Der Beweiswert dieser Unterlagen liegt
im Ermessen des Gerichts.

c) Vorschadenproblematik. Nur die Reparaturkosten, die aufgrund der durch den Unfall 100
verursachten Schäden entstanden sind, sind zu erstatten.

5. Fahrzeugschaden (Abrechnung auf Neuwagenbasis). Dieser Punkt spielt im italieni- 101
schen Recht keine Rolle.

---

40 Der Schadensersatzanspruch für Sachschäden stellt kein höchstpersönliches Recht des geschädigten Gläubi-
    gers dar und kann deshalb an Dritte abgetreten werden (in diesem Sinne zuletzt: Cass. Civ., Urteil Nr. 52
    vom 10.1.2012).
41 Natürlich können ohne die Kosten auch mittels einer Reparaturrechnung nachgewiesen werden, falls die Repara-
    turen bereits erfolgt sind.
42 LG Teramo, Urteil Nr. 107, vom 27.1.2011, in Giurisprudenza locale – Abruzzo 2011.
43 LG Potenza, Urteil vom 1.9.2010, in Pluris – UTET/Cedam, 2010.
44 Siehe Rn. 90.

II. Wertminderung

102 Voraussetzung dieser Schadensposition ist, dass das Fahrzeug in technischer Hinsicht nicht vollständig wiederhergestellt werden kann oder dass es einen geringeren Wert auf dem Markt erzielen wird.

103 Die überwiegende italienische Rechtsprechung ist der Ansicht, dass eine Wertminderung nur dann vorliegt, wenn es sich um ein relativ **neues Fahrzeug** handelt, das schwer beschädigt wurde und das nicht mehr perfekt repariert werden kann.[45] Wird die Reparatur erfolgreich durchgeführt, entsteht keine Wertminderung.[46] Ohne Beweis der tatsächlichen Wertminderung des Fahrzeuges nach der Reparatur wird in der Regel diese Position nicht als Schadensersatzanspruch anerkannt.[47] Das Amtsgericht Köln hat allerdings mit Urteil vom 29.4.2014 – 268 C 89/11 entscheiden, dass nach italienischem Recht die Wertminderung an einem Fahrzeug infolge Unfalls dann ersatzfähig sei, wenn der Wagen bei einem Weiterverkauf einen geringeren Wert erziele (faktischer merkantiler Minderwert), hingegen nicht, wenn lediglich die Erwartung bestünde, dass bei einem späteren Weiterverkauf ein geringerer Wert erzielt werden würde (sogenannter fiktiver merkantiler Minderwert)

104 **1. Technischer Minderwert.** Eine eventuelle technische Wertminderung des Fahrzeuges trotz der Reparaturen muss nach Ansicht der überwiegenden Rechtsprechung genau bewiesen werden, auch mittels eines technischen Gutachtens.

105 **2. Merkantiler Minderwert.** Auch eine eventuelle merkantile Wertminderung des geschädigten Fahrzeuges ist nach der überwiegenden Rechtsprechung zu beweisen. Der Ersatz des merkantilen Minderwerts setzt nach Art. 2043 C.C. voraus, dass der Schaden trotz durchgeführter Reparatur des beschädigten Fahrzeuges weiterhin erkennbar ist und sichtbare Spuren hinterlassen hat, wie etwa Schweißnähte oder Flickstellen.[48]

106 **a) Mathematische Berechnungsmethoden.** Die **Formel di Tornaghi** kann verwendet werden, um die Wertminderung zu berechnen. Gemäß dieser Formel sind das Alter des Fahrzeugs, dessen Wert vor dem Unfall sowie die Art der Reparatur zu berücksichtigen. Die Formel wird jedoch normalerweise nur dann angewandt, wenn ein großer Schaden besteht.

107 **b) Schätzungsmöglichkeiten.** Der Richter kann eine merkantile Wertminderung nach billigem Ermessen schätzen.

108 **c) Sonderproblem: Fahrzeughalter.** Dieser Punkt spielt im italienischen Recht keine Rolle.

III. Abschleppkosten

109 Erstattungsfähig sind Abschleppkosten für den Transport des unfallbeschädigten Fahrzeugs von der Unfallstelle bis zur nächstgelegenen Werkstatt.

IV. Kosten für Gutachten und Kostenvoranschläge

110 **1. Gutachtensmängel.** Eventuelle Mängel des Gutachtens können vor Gericht geltend gemacht werden, auch mittels eines weiteren von einem eigenen Sachverständigen gefertigten Gutachtens.

111 **2. Verneinung der Überprüfungspflicht.** Dieser Punkt spielt im italienischen Schadensrecht keine Rolle.

---

45 Cass. Civ., Urteil Nr. 877, vom 17.1.2008; OLG Mailand, Urteil vom 14.12.2001, in Giur. Milanese, 2002, 470; AG Brindisi, Urteil vom 23.11.1984, in Arch. Giur. Circolaz., 1985, 604.

46 Aufgrund der modernen Reparaturtechniken könnte der Fahrzeugwert nach der Reparatur sogar höher als vorher sein, so dass kein Raum für eine Wertminderung besteht.

47 Zum Teil wird in der Rechtsprechung die Ansicht vertreten, dass die Wertminderung die normale Konsequenz eines Zusammenstoßes zwischen Fahrzeugen ist, da die entstandenen Schäden immer einen Einfluss auf den Wert des Fahrzeuges haben, auch wenn eine fachgerechte Reparatur erfolgt ist. Auch wenn das Fahrzeug perfekt repariert wird, könnte es nämlich schwerer verkäuflich als ein unfallfreies Fahrzeug sein (in diesem Sinne, ua, LG Bari, Urteil Nr. 1605 vom 26.6.2008 in Pluris – UTET/Cedam, 2008; LG Palermo, Urteil vom 9.10.1984, in Riv. Giur. Circol. Trasp. 1985, 394).

48 So AG München, Urteil vom 5.12.2012 – AZ: 322 C 20245/12.

3. Bagatellschadensgrenze. Bei leichten unumstrittenen Fahrzeugschäden kann eine außergerichtliche Regulierung des Unfalls auch ohne Erstellung eines **Gutachtens** erfolgen. Der Richter kann jedoch für jeden Schaden, ungeachtet dessen Schwere, ein Gutachten als notwendig erachten. 112

4. Höhe der Gutachterkosten. a) Beurteilungsgrundlage. Es gibt keinen festen Maßstab, um die Höhe der Gutachterkosten zu beurteilen. 113

b) Fehlende Überprüfungspflicht. Dieser Punkt spielt im italienischen Schadensrecht, ähnlich wie in → Rn. 111, keine Rolle. 114

5. Kosten für Kostenvoranschläge. Kosten für die Erstellung eines Kostenvoranschlages werden in Italien von den Werkstätten normalerweise nicht verlangt und stellen daher keinen Schadensposten dar. 115

V. Nebenkosten bei Ersatzfahrzeugen

1. Ab-, An-, Ummeldekosten. Die Ab-, An- und Ummeldekosten werden von der überwiegenden Rechtsprechung als erstattungsfähig erachtet, wenn diese eine unmittelbare Konsequenz des Unfalls darstellen. 116

2. Umbaukosten. Umbaukosten eines Ersatzfahrzeuges gelten in der Regel nicht als eine unmittelbare Konsequenz des Unfalls und werden daher nicht erstattet, außer die Notwendigkeit des Umbaus wird bewiesen oder vom Richter nach billigem Ermessen bejaht. 117

VI. Nutzungsausfallschäden

1. Mietwagenkosten. Nach Ansicht der herrschenden italienischen Rechtsprechung sind die Kosten eines Mietwagens zu erstatten, sowohl, wenn das beschädigte Fahrzeug für **berufliche Zwecke** benötigt wird als auch, wenn es nur **privat** verwendet wird.[49] Die Höhe der Kosten ist durch Vorlage der entsprechenden Rechnung zu beweisen. 118

a) Privat- oder Werkstattwagen. Es gibt **keinen Unterschied** zwischen der Verwendung eines Wagens, der von einer Werkstatt oder von einer privaten Autovermietung vermietet wurde. 119

b) Fahrbedarf. Der Fahrbedarf des Geschädigten ist nach der überwiegenden Rechtsprechung **keine Voraussetzung** mehr für die Erstattung von Mietwagenkosten.[50] 120

c) Nutzungswille und -möglichkeit. Ein Beweis von Nutzungswillen und Nutzungsmöglichkeit ist **nicht nötig**, aA Cass. Civ. Urteil Nr. 13215/15 vom 26.6.2015 und Cass. Civ., Urteil Nr. 20620/15 vom 14.10.2015. 121

d) Grundsatzproblematik. aa) Grundlage der Erstattungsfähigkeit. Entsprechend der überwiegenden aktuellen Rechtsprechung stellen die Mietwagenkosten einen Teil des Nutzungsausfalles dar. Deswegen müssen sie erstattet werden. 122

bb) Marktforschung. Marktforschungen werden nicht gefordert. Der Richter kann jedoch nach billigem Ermessen die Mietwagenkosten entsprechend reduzieren, wenn er deren Höhe für unangemessen im Vergleich zu den üblichen Marktpreisen hält.[51] 123

cc) Unfallersatztarif. Dieser Punkt spielt im italienischen Recht keine Rolle. 124

dd) Zeitaufwand. Die Mietwagenkosten werden nur für den Zeitraum erstattet, der für die Durchführung der notwendigen Reparaturen des Fahrzeuges benötigt wird. 125

---

49 Friedensrichter Mailand, Sektion VI, Urteil vom 5.10.2010, in Pluris – UTET/Cedam, 2011; Friedensrichter Pisa, Urteil vom 4.3.2009, in Corriere del Merito, 2009, 6, 610.
Diese Urteile entsprechen der aktuellen Position der herrschenden Rechtsprechung. Es gibt jedoch einen Teil der Rechtsprechung, der die Mietwagenkosten nicht für automatisch erstattungsfähig hält, zB: Friedensrichter Mailand, Sektion VI, Urteil vom 15.3.2010, in Foro Padano, 2010, 3, 649; LG Rom, Sektion XII, Urteil vom 3.1.2008, in Pluris – UTET/Cedam, 2008.

50 Im gegenteiligen Sinne: LG Rom, Sektion XII, Urteil vom 10.9.2010, in Pluris – UTET/Cedam, 2010.

51 Friedensrichter Mailand, Sektion VI, Urteil vom 5.10.2010, in Pluris – UTET/Cedam, 2011.

126 **ee) Schadensminderungspflicht.** Auch bei den Mietwagenkosten gelten die allgemeinen Regeln der Schadensminderungspflicht, die von Art. 1227 C.C. vorgesehen sind.[52]

127 **ff) Pauschale Abgeltung.** Auch ohne Beweise über die Höhe der Mietwagenkosten, können diese vom Richter nach billigem Ermessen bestimmt werden.

128 **e) Kosten für Fahrzeugzustellung.** Kosten für Fahrzeugzustellung könnten grundsätzlich vom Richter nach billigem Ermessen als ersatzpflichtig anerkannt werden, obwohl deren Entstehung gegen die Schadensminderungspflicht verstoßen könnte.

129 **f) Kosten für Haftungsfreistellung.** Entstehen zusätzliche Kosten für die Haftungsfreistellung des Mietwagens, wird deren Erstattung vom Richter nach billigem Ermessen beurteilt.

130 **g) Kosten für Insassenunfallversicherung.** Dieser Punkt hat nach italienischem Recht keine Bedeutung, da die Haftpflichtversicherung bereits die Schäden an Insassen deckt.

131 **h) Fahrzeugtyp – Gruppengleichheit.** Die Angemessenheit der Kosten für ein Mietfahrzeug, auch aufgrund des ausgewählten Fahrzeugtyps, wird vom Richter nach billigem Ermessen beurteilt.

132 **2. Nutzungsausfallentschädigung.** Was den Nutzungsausfall und die entsprechende Wertminderung während des für die Reparaturen notwendigen Zeitraums betrifft, ist die Rechtsprechung uneinheitlich. Einerseits erachtet ein Teil der Rechtsprechung einen Beweis des Schadens nicht als notwendig, da allein die Tatsache, dass der Geschädigte sein Fahrzeug nicht benutzen konnte, den **Anspruch auf eine Entschädigung** begründet (ua Cass. Civ., Urteil Nr. 1688 vom 27.1.2010; Cass. Civ., Urteil Nr. 25558 vom 21.10.2008, Cass. Civ., Urteil Nr. 13215/15 vom 26.6.2015).[53] Die Entschädigung wird nach billigem Ermessen des Richters beziffert. Jedoch ist ein anderer Teil der Rechtsprechung der Ansicht, dass der **Beweis** des Nutzungsausfalles und des Fahrbedarfs vom Geschädigten erbracht werden muss (Cass. Civ., Urteil Nr. 5543 vom 9.3.2011 und Cass. Civ., Urteil Nr. 17135 vom 9.8.2011, zuletzt Cass, Civ. Urteil Nr. 20620 vom 14.10.2015.).[54]

VII. Unkostenpauschale

133 Eine Pauschale für Unkosten ist nicht vorgesehen.[55] Es können aber die konkreten Kosten für Telefon, Porto etc gegen Nachweis von Belegen eingefordert werden. In der Praxis werden jedoch häufig kleinere Pauschalen von der Versicherung geleitet, um langwierige Diskussionen und das Anfordern von Belegen zu vermeiden.

VIII. Sonderfall Vollkaskoversicherung

134 **1. Inanspruchnahme.** Die Inanspruchnahme der Vollkaskoversicherung stellt in Italien noch eine Ausnahme dar, da die Vollkaskoversicherung in Italien keine so weite Verbreitung findet wie in Deutschland.

135 **2. Abrechnung.** Es gibt weder eine feste Regelung noch eine bedeutende Rechtsprechung zum Thema Abrechnung bei der Vollkaskoversicherung.

B. Mittelbare Sachschäden (Sachfolgeschäden)

I. Finanzierungskosten

136 Die Erstattung eventueller Finanzierungskosten liegt im billigen Ermessen des Richters. Die Entstehung solcher Kosten könnte jedoch gegen die Schadensminderungspflicht verstoßen.

---

52 Siehe Rn. 81 ff.
53 In diesem Sinne auch: LG Trient, Urteil vom 9.2.2012, in Pluris – UTET/Cedam, 2012, Friedensrichter Mailand, Sektion VI, Urteil vom 3.10.2011 in Pluris – UTET/Cedam, 2011 und Cass. Civ., Urteil Nr. 18883 vom 7.9.2007.
54 In diesem Sinne auch: LG Palermo, Sektion III, Urteil vom 3.3.2012, in Pluris – UTET/Cedam, 2012, LG Salerno, Sektion II, Urteil vom 19.4.2011, in Pluris – UTET/Cedam, 2011).
55 So beispielsweise AG Köln, Urteil vom 29.04.2014, Az. 268 C 89/11.

II. Verzugszinsen

Im Falle eines Verkehrsunfalls sind keine Verzugszinsen zu berücksichtigen, sondern lediglich die sog „interessi legali" (gesetzliche Zinsen). 137

1. Verzugszinshöhe. Die Höhe der Zinsen wird gem. Art. 1284 Abs. 1 C.C., durch eine Verordnung des Wirtschaftsministeriums festgesetzt und ist abrufbar zB unter www.gazzet taufficiale.it. Der Zinssatz beträgt aktuell vom 1.1.2015 bis 31.12.2015 0,5 % und vom 1.1.2016 0,2 %. Für das Jahr 2014 betrug der Zinssatz 1 %. Bei diesen Zinsen handelt es sich um absolute Zinssätze, nicht um den Basiszinssatz. Zu beachten ist, dass nach Art. 1284 Abs. 4 C.C., sich **ab Rechtshängigkeit** der gesetzliche Zinssatz nach der Gesetzgebung für verspätete Zahlungen in Handelsgeschäften bestimmt. Dieses Gesetz beruht auf der Umsetzung der Europäischen Verzugsrichtlinie RL 2011/7/EU vom 16.2.2011. Aufgrund dieses Gesetzes sind ab Rechtshängigkeit Zinsen in Höhe von 8 Prozentpunkten über dem jeweils geltenden Basiszinssatz zu zahlen. Die Berechnung der Zinsen können im Internet unter www.avvocati.it/strumento/2/interessi-legali berechnet werden. 138

2. Verzugsbeginn. a) Fahrzeugschaden. Die Zinsen auf die Summe der Entschädigung der Fahrzeugschäden sind ab dem Unfalltag zu bezahlen. 139

b) Sonstige Schadenspositionen. Zinsen bezüglich eventueller sonstiger unfallbedingter Schadenspositionen, die nach dem Unfalltag entstanden sind, fallen ab dem Tag ihrer Entstehung an. 140

III. Anwaltskosten

Grundsätzlich sind außergerichtliche Anwaltskosten erstattungsfähig, soweit diese **notwendig und begründet** sind. Der Schadensberechtigte hat ein verfassungsmäßig geschütztes Recht und kann daher die außergerichtlichen Kosten, die zur Schadensregulierung entstanden sind, auch gerichtlich geltend machen.[56] Der Haftpflichtversicherer hat die Anwaltskosten insbesondere dann zu erstatten, wenn der Geschädigte ein außergerichtliches Vergleichsangebot annimmt, vgl. Cass. Civ., Urteil Nr. 3266/16 vom 19.2.2016. 141

IV. Rückstufungsschaden

1. Haftpflichtversicherung. Schäden, die mit der Rückstufung aufgrund des Unfalls entstehen, werden in der Regel nicht erstattet. 142

2. Vollkaskoversicherung. Da die Vollkaskoversicherung in Italien keine so weite Verbreitung findet (→ Rn. 134), gibt es zu diesem Punkt keine relevante Rechtsprechung. Wird die Kaskoversicherung in Anspruch genommen, liegt es im billigen Ermessen des Richters den Höherstufungsschaden in der Vollkaskoversicherung als erstattungsfähig anzuerkennen.[57] 143

§ 3 Personenschäden

---

56 In diesem Sinne, ua: Cass. Civ., Urteil Nr. 997 vom 21.1.2010 (hier hat das Gericht auch die außergerichtlichen Kosten, die durch die Beauftragung einer Privatagentur für Unfallregulierung entstanden sind, als erstattungsfähig anerkannt); Friedensrichter Turin, Urteil vom 13.10.2010, in www.unarca.it; Cass. Civ., Urteil Nr. 26973 vom 11.11.2008. Ein Teil der Rechtsprechung hat jedoch auch entschieden, dass außergerichtliche Anwaltskosten nur zu erstatten sind, wenn eine außergerichtliche Regulierung des Unfalls erfolgt, und dass dagegen im Falle eines Gerichtsverfahrens nur gerichtliche Anwaltskosten erstattungsfähig sind: LG Treviso, Urteil vom 15.7.2010, in Pluris – UTET/Cedam, 2010.

57 Anders AG Köln, Urt. v. 29.4.2014 – 268 C 89/11.

A. Heilbehandlungskosten

I. Arzt-/Krankenhauskosten

144 Alle notwendigen Arzt-, Krankenhaus-, Heilbehandlungs- und Pflegekosten sind zu erstatten. Es sei denn, sie wurden bereits von der **Krankenversicherung** des Geschädigten erstattet. Die Krankenversicherung hat sodann einen **Regressanspruch** sowohl gegen den Schädiger als auch gegenüber dessen Versicherung. Die Kosten für das Gutachten eines Amtsarztes (sogenannter „medico legale") stellen Vermögensschäden dar, die dem Geschädigten durch den Unfall entstanden sind, und müssen deswegen erstattet werden.[58]

II. Nebenkosten

145 Auch Nebenkosten können gegebenenfalls erstattet werden, wenn sie kausal mit den Behandlungskosten verbunden sind.

III. Besuchskosten

146 Besuchskosten werden in der Regel nicht erstattet. Ein Richter könnte diese dennoch nach billigem Ermessen als erstattungsfähig ansehen.

B. Erwerbsschaden

I. Arbeitnehmer

147 Gemäß Art. 137 Gesetzesverordnung 209/2005 ist der Berechnungsmaßstab für den Verdienstausfall eines angestellten Arbeitnehmers das höchste der in den letzten drei Jahren erhaltenen Bruttoarbeitseinkommen (zzgl. seiner steuerfreien Einkommen).

II. Selbständige

148 Für Selbständige ist die Berechnungsgrundlage des Erwerbsschadens das höchste Nettoeinkommen, das der Geschädigte in den letzten drei Jahren in seiner Steuererklärung angegeben hat.[59]

III. Sonstige Personen

149 Wird ein **Student**, der noch nicht berufstätig ist und daher kein Einkommen hat, durch einen Unfall verletzt, kann der Vermögensschaden, der ihm aufgrund des Verlustes seiner zukünftigen Erwerbsmöglichkeit möglicherweise entstehen wird, durch eine Wahrscheinlichkeitsbeurteilung vom Richter geschätzt werden.[60]

150 Wenn bei dem Unfall ein **Arbeitsloser** verletzt wird, muss seine Erwerbsunfähigkeit, die aufgrund der unfallbedingten Arbeitsunfähigkeit entstanden ist, entschädigt werden. Die Bezifferung der Entschädigung kann durch Schätzungen erfolgen.[61]

151 Wenn die verletzte Person eine **Hausfrau** oder ein Hausmann ist, muss die nachweisliche Verminderung ihrer bzw. seiner Fähigkeit, die Hausarbeiten durchzuführen, als Vermögensschaden entschädigt werden. Der Beweis der verringerten Arbeitsfähigkeit kann auch durch Vermutungen erbracht werden.[62]

---

58 Cass. Civ., Urteil Nr. 9549 vom 22.4.2009.
59 Sowohl für Selbständige als auch für Arbeitnehmer ist ein Gegenbeweis möglich. Wenn diesem aber zu entnehmen ist, dass das tatsächliche Einkommen des Geschädigten um ein Fünftel höher war, als aus steuerlichen Gründen erklärt, muss der Richter das zuständige Finanzamt informieren.
60 In diesem Sinne, ua: Cass. Civ., Urteil Nr. 25571 vom 20.11.2011, Cass. Civ., Urteil Nr. 17514 vom 23.8.2011; Cass. Civ., Urteil Nr. 21497 vom 7.11.2005.
61 In diesem Sinne, ua: Cass. Civ., Urteil Nr. 564 vom 13.1.2005.
62 In diesem Sinne, ua: Cass. Civ., Urteil Nr. 16896 vom 20.7.2010; Cass. Civ., Urteil Nr. 20324 vom 20.10.2005. Kürzlich hat der Corte di Cassazione festgestellt, dass auch im Falle einer Hausfrau konkret und genau nachzuweisen ist, inwieweit/oder: bis zu welchem Grad die Fähigkeit zur Haushaltsführung beeinträchtigt wurde, wobei die Eigenart jedes einzelnen Falles berücksichtigt werden muss und insbesondere

C. Haushaltsführungsschaden

Schäden, die mit der unfallbedingten Unfähigkeit der Haushaltsführung verbunden sind, 152
werden im Prinzip nicht als eine separate Schadensposition erstattet. Die Entschädigung
solcher Schäden ist nämlich bereits in der allgemeinen **Entschädigung der Nichtvermögensschäden** eingeschlossen. Bei geringen Verletzungen, die nur eine vermehrte Tätigkeit
anderer im Haus lebender Familienmitglieder oder Lebensgefährten zur Folge haben, ist
die Erstattung von Geldern für eine nach dem Unfall eingeschaltete Haushaltshilfe nicht
zu leisten. Auch bei größeren Verletzungen kommt eine Erstattung für die Einschaltung
einer Haushaltshilfe nur für den unmittelbar erforderlichen Zeitraum in Frage. Tabellen
zur Berechnung eines Haushaltsführungsschadens bestehen nicht.

D. Nebenpositionen

I. Beerdigungskosten

Im Falle eines Unfalls mit Todesfolge werden die Beerdigungskosten als unfallbedingte 153
Vermögensschäden erstattet.

II. Sonstige Positionen

Alle weiteren Schadenspositionen können nach billigem Ermessen des Richters erstattet 154
werden. Die Höhe dieser Positionen und deren Verbindung mit dem Unfall muss nachgewiesen werden.

E. Haftungsprivilegien

I. Arbeitsverhältnisse

Im Falle eines **Arbeitsunfalls,** der vom Arbeitgeber oder von einem seiner anderen Arbeit- 155
nehmer (für den der Arbeitgeber aufgrund der Vorschrift des Art. 2049 C.C. haftet)[63] verursacht wurde, gilt nach italienischem Recht eine Beschränkung der zivilrechtlichen Haftung des Arbeitgebers. In solchen Fällen wird nämlich der Arbeitnehmer in der Regel von
INAIL (Nationales Institut für Versicherungen gegen Arbeitsunfälle) entschädigt. Ist jedoch die Entschädigung von INAIL nicht ausreichend, um die gesamte Schadenssumme zu
decken, die dem Arbeitnehmer zusteht, muss die Differenz vom Arbeitgeber bezahlt werden, wenn er strafrechtlich für den Arbeitsunfall haftbar ist. Die INAIL kann dann ihre
Regressansprüche gegen den Arbeitgeber, der für den Unfall haftet, geltend machen.

II. Familienangehörige

Gemäß Art. 129 der Gesetzesverordnung Nr. 209/2005 werden Familienangehörige nicht 156
als Dritte angesehen, aber nur bezüglich der Sachschäden.

§ 4 Schmerzensgeld

die Tatsache, dass eine schwere körperliche Invalidität auch Konsequenzen auf die Fähigkeit der Haushaltsführung haben muss (Cass. Civ., Urteil Nr. 23573 vom 11.11.2011).

63 Siehe Rn. 36.

A. Grundlagen

I. Allgemeine Grundlagen

157 Die bei einem Unfall entstandenen **Personenschäden** müssen gem. Art. 2043[64] und 2059[65] C.C. und aufgrund des Art. 32 der Italienischen Verfassung[66] entschädigt werden.[67] Die Notwendigkeit, unfallbedingte Nichtvermögensschäden zu entschädigen, ist auch in Art. 138 und 139 Gesetzesverordnung Nr. 209 von 2005 festgelegt.[68]

158 Nach italienischem Recht und italienischer Rechtsprechung werden durch das Schmerzensgeld folgende Schäden entschädigt:

(i) **dauernde Körperschäden** (die durch einen bestimmten Prozentsatz von Invalidität, der zwischen 1 % und 100 % beträgt, festgelegt werden müssen);

(ii) **vorübergehende Körperschäden** (die durch die Anzahl der Tage, an denen das Unfallopfer krankgeschrieben war bzw. seine reguläre Tätigkeit nicht ausführen konnte, bestimmt werden); und

(iii) **immaterielle subjektive Schäden** eines Unfallopfers.

159 Die Höhe der Entschädigung ist von der Schwere der Verletzungen, dem Alter des Geschädigten und der Dauer des Heilungsprozesses abhängig und kann vom Richter nach billigem Ermessen beziffert werden.[69] Für die **Berechnungsgrundlagen** des Schmerzensgeldes sei auf die → Rn. 172 ff. verwiesen.

II. Angehörigenschmerzensgeld

160 Wenn der Tod eines Menschen die Folge eines Unfalls ist, haben diejenigen, die zum Zeitpunkt des Todes in einem „affektiven" familiären Verhältnis mit dem Unfallopfer standen, Anspruch auf Entschädigung nicht nur von Vermögensschäden, sondern auch von eigenen Nichtvermögensschäden.

161 Die Notwendigkeit, die Nichtvermögensschäden der Hinterbliebenen zu entschädigen, hat seine Grundlage in der Änderung der Lebensumstände und in dem seelischen Schmerz, die der Tod des Angehörigen verursacht. Seit Jahren ist es in Italien unstreitig, dass Angehörigen einer – wegen unerlaubter Handlung – verstorbenen Person das Recht auf Ersatz des nichtvermögensrechtlichen Schadens zusteht, den sie auf Grund des Verlustes des Familienangehörigen erlitten haben, und zwar unmittelbar („iure proprio") und nicht als erbrechtlicher Anspruch („iure haereditatis"). Rechtsprechung und Lehre sprechen nunmehr von dem Schaden wegen Wegfalls der Verwandtschaftsbeziehung („danno per perdita del rapporto parentale").

Bei diesem Schaden handelt es sich um den Entzug eines persönlichen – und nicht eines vermögensrechtlichen – Wertes, um die unwiederbringliche Möglichkeit, vom Angehöri-

---

64 Art. 2043 C.C., Schadensersatz wegen einer unerlaubten Handlung: „Jedwede vorsätzliche oder fahrlässige Handlung, die einem anderen einen rechtswidrigen Schaden zufügt, verpflichtet denjenigen, der sie begangen hat, den Schaden zu ersetzen."

65 Art. 2059 C.C., Immaterielle Schäden: „Der immaterielle Schaden muss nur in den vom Gesetz bestimmten Fällen ersetzt werden."

66 Art. 32 Italienische Verfassung: „Die Republik hütet die Gesundheit als Grundrecht des einzelnen und als Interesse der Gemeinschaft und gewährleistet den Bedürftigen kostenlose Behandlung. Niemand kann zu einer bestimmten Heilbehandlung gezwungen werden, außer aufgrund einer gesetzlichen Verfügung. Das Gesetz darf in keinem Fall die durch die Würde der menschlichen Person gezogenen Grenzen verletzen."

67 Die Rechtsprechung ist sich darin einig, dass die Nichtvermögensschäden immer, auch wenn sie mit keiner Straftat in Verbindung stehen, zu entschädigen sind, wenn es sich um eine ungerechte Verletzung eines von der Verfassung geschützten Interesses einer Person handelt (Consiglio di Stato – italienischer Staatsrat –, Urteil Nr. 5166 vom 16.9.2011).

68 Der Art. 138 Gesetzesverordnung Nr. 209 von 2005 betrifft Fälle von schwereren Körperverletzungen (dh 10 % - 100 % permanenter Invalidität). Der Art. 139 Gesetzesverordnung Nr. 209 von 2005 betrifft Fälle von leichter Körperverletzung (dh 1 % - 9 % permanenter Invalidität).

69 Der Corte di Cassazione hat festgestellt, dass das Vorliegen eines Nichtvermögensschadens auf jeden Fall bewiesen werden muss, auch wenn die Höhe der Entschädigung durch billiges Ermessen des Richters bestimmt wird (Cass. Civ., Urteil Nr. 17427 vom 19.8.2011).

gen zu profitieren sowie um den endgültigen Verlust, wechselseitige, zwischenmenschliche Beziehungen mit ihm zu unterhalten.

Der Anspruch auf Ersatz dieses Schadens ist laut Entscheidung der Vereinten Senate des italienischen Obersten Gerichtshofs (Entscheidung des Zivilsenats Nr. 26972) in der italienischen Verfassung verankert; gemäß Art. 2509 ital. Zivilgesetzbuch i. V. mit den Grundrechten aus den Artikeln 2, 29, 30 ital. Verfassung seien diejenigen Schäden zu ersetzen, die aus der Verletzung der unantastbaren, von der Verfassung garantierten Persönlichkeitsrechte entstehen.

Es soll klargestellt werden, dass der Schaden wegen Wegfalls der Verwandtschaftsbeziehung nicht vermögensrechtlicher Natur ist, demzufolge weder mit der Fähigkeit des Verstorbenen, Einkommen zu erwirtschaften, noch mit dessen eigenem finanziellen Beitrag innerhalb der Familie zusammenhängt. Dieser Aspekt gehört nämlich zu dem Ersatz eines eventuellen Vermögensschadens.

Die unterschiedlichen Schmerzensgeldbeträge sind vom **Verwandtschaftsgrad** abhängig 162 und erfolgen nach Billigkeitskriterien. Für die **Berechnungsgrundlagen** des Schmerzensgeldes sei ua auf die → Rn. 180 ff. verwiesen. So hat beispielsweise das LG Bozen entschieden, dass auch ein deutscher Kläger, dessen Sohn durch alleiniges Verschulden des italienischen Unfallgegners zu Tode kam, Anspruch auf das Angehörigenschmerzensgeld hat, auch wenn das deutsche Rechtssystem einen vergleichbaren Anspruch (bislang) nicht kennt.[70]

Der geschädigte Angehörige hat sämtliche Beweise vorzulegen, welche zB das enge familiäre Band und Zusammenleben belegen, sowie sämtliche weitere Umstände darzulegen, welche die Intensität dieser Beziehung untermauern.

Anders ausgedrückt, den Verwandten des Unfallopfers obliegt es, dem Gericht sämtliche zur Quantifizierung des Schadensersatzes erforderliche Elemente darzulegen.

NICHTVERMÖGENSRECHTLICHER SCHADEN WEGEN TODESFALLES EINES ANGEHÖRIGEN		
	von	bis
Zugunsten jeden Elternteils wegen Todes eines Kindes	163.990,00 EUR	327.990,00 EUR
Zugunsten des Kindes wegen Todes eines Elternteils	163.990,00 EUR	327.990,00 EUR
Zugunsten des überlebenden (nicht getrennt lebenden) Ehegattens bzw. der überlebenden, zusammenlebenden Person	163.990,00 EUR	327.990,00 EUR
Zugunsten des Geschwisterteils wegen des Todes des Bruders oder der Schwester	23.740,00 EUR	142.420,00 EUR
Zugunsten des Großvaters wegen des Todes des Enkelkindes	23.740,00 EUR	142.420,00 EUR

III. Schockschäden

Die Entschädigung von Schockschäden, die aufgrund eines Verkehrsunfalls entstanden 163 sind, ist in der Entschädigung von allgemeinen **Nichtvermögensschäden** eingeschlossen, indem deren Bezifferung durch die individuelle Anpassung des Schmerzensgeldes auch das psychische Leiden des Unfallopfers berücksichtigt (→ Rn. 181).

---

70 Landgericht Bozen, Urteil –Nr. 777/00 vom 27.11.2000.

B. Berechnungsgrundlagen

164 In den letzten Jahren hat sich das System des Ersatzes von immateriellen Schäden, bzw. von Schmerzensgeld, aufgrund vier wichtiger Urteile, die von den Vereinigten Senaten des Corte di Cassazione im Jahr 2008 gefällt wurden (die Nr. 26972, 26973, 26974 und 26975 vom 11.11.2008), tiefgreifend verändert.

165 Bis zu diesen Urteilen von 2008 waren die Nichtvermögensschäden in drei Unterkategorien unterteilt: (a) der **biologische Schaden** (der sog „danno biologico"), dh „eine vorübergehende oder permanente Verletzung der körperlichen und psychischen Integrität einer Person, die rechtsmedizinisch[71] festgestellt werden kann und die eine negative Auswirkung auf die täglichen Tätigkeiten und auf die dynamisch-relationalen Aspekte des Lebens des Geschädigten hat, unabhängig von etwaigen Konsequenzen auf seine Erwerbsfähigkeit";[72] (b) der **immaterielle Schaden** (der sog „danno morale"), dh vorübergehende Schmerzen und Unannehmlichkeiten, die der Geschädigte aufgrund seiner Verletzungen erlitten hat; und (c) der **existentielle Schaden** (der sog „danno esistenziale"), dh ein Schaden, der dem Geschädigten durch die Verletzung von anderen (außer der Gesundheit) verfassungsmäßig geschützten Interessen entstanden ist.[73]

166 Mit den in → Rn. 164 genannten Urteilen vom 11.11.2008 haben die Vereinigten Senate des italienischen Kassationsgerichtshofes festgestellt, dass es nur zwei Schadenspositionen gibt: **Vermögensschäden** und allgemeine **Nichtvermögensschäden**, die nicht mehr in verschiedene Positionen unterteilt werden. Die allgemeine Kategorie der Nichtvermögensschäden wurde vom Kassationsgerichtshof neu und in einem einheitlichen Sinne festgelegt. Der Nichtvermögensschaden ist nun die einzelne und umfassende Kategorie von Schäden, die im Gegensatz zu den Vermögensschäden stehen.

167 Die drei in → Rn. 165 genannten verschiedenen Arten von Nichtvermögensschäden (biologischer Schaden, immaterieller Schaden und existentieller Schaden) sind nun nicht mehr als separate eigenständige Schadenspositionen zu betrachten, sondern haben lediglich eine deskriptive Bedeutung bezüglich der Eigenschaften eines einheitlichen Nichtvermögensschadens, der sich im Einzelfall ergeben hat.

168 Mit den vier Urteilen von 2008 wollte der Corte di Cassazione vermeiden, dass ein Geschädigter durch die verschiedenen Kategorien von Nichtvermögensschäden eine höhere Entschädigung zugesprochen bekommt als diejenige, die ihm aufgrund des Unfalls eigentlich (nur) zusteht.

169 Nach diesen Urteilen hat sich eine große Debatte innerhalb der Rechtslehre und der Rechtsprechung ergeben. In der Folge begannen die Versicherungen, niedrigere Summen an Schadensersatz zu bezahlen, mit der Behauptung, der „danno morale" und der „danno esistenziale" seien vom Kassationsgericht abgeschafft worden und nur der „danno biologico" sei zu entschädigen.

170 Der Sinn dieser Urteile war aber ein anderer: Wie auch die darauffolgende Rechtsprechung der italienischen Gerichte bestätigt hat, sind die Nichtvermögensschäden eines Unfallopfers immer **vollständig zu entschädigen**. Dies heißt, dass nicht nur die körperlichen Schäden, sondern auch die immateriellen und psychischen Schäden entschädigt werden müssen, obwohl diese nicht mehr als separate Schadenspositionen ausgewiesen sind, sondern lediglich als allgemeine Nichtvermögensschäden.[74]

---

71 Von einem Amtsarzt (sog „medico legale").

72 Art. 138 Abs. 2a), Gesetzesverordnung Nr. 205/2009.

73 Der existentielle Schaden umfasst alle subjektiven Unannehmlichkeiten und Unbehaglichkeiten, die eine negative Auswirkung auf die Tätigkeiten haben, durch die der Geschädigte seine Persönlichkeit ausdrückt, und ihm praktisch seine Lebensfreude entzogen haben. Verfassungsmäßig geschützte Interessen sind zB: das Interesse auf eine uneingeschränkte Lebensführung (Art. 2 Italienische Verfassung) oder das Interesse auf ein Familienverhältnis (Art. 29 und 30 Italienische Verfassung).

74 Der Corte di Cassazione hat festgestellt, dass auch der ästhetische Schaden (der keinen Vermögenseffekt hat) in der Entschädigung von Nichtvermögensschäden eingeschlossen ist und keinen separaten Schaden darstellt

Aus diesem Grund und auch um zu vermeiden, dass das Schmerzensgeld, das einem Ge- 171
schädigten zusteht, geringer ist als dasjenige, das vor den Urteilen vom November 2008
hätte bezahlt werden müssen, ist von italienischen Gerichten festgestellt worden, dass die
Werte, die bis zu diesem Zeitpunkt zur alleinigen Entschädigung des „danno biologico"
verwendet wurden, unzureichend sind, um die gesamten Nichtvermögensschäden vollständig zu entschädigen. Deshalb sind neue Grundwerte berechnet worden, die entsprechend
höher als die alten sind, damit das gesamte Schmerzensgeld, das einem Geschädigten zusteht, nicht geringer ist als dasjenige vor den Urteilen vom November 2008.

Außerdem haben verschiedene Gerichte die Möglichkeit eröffnet, das Schmerzensgeld, das 172
anhand durchschnittlicher Grundwerte beziffert wird, an jeden Unfallgeschädigten **individuell anzupassen** (durch die sogenannte „personalizzazione del danno", die **Personalisie-
rung** des Schadens), da jeder Unfall in seiner Einzigartigkeit zu betrachten ist.

Durch diese individuelle Anpassung sollten daher nicht nur die körperlichen Schäden, son- 173
dern auch das **psychische Leiden** des Unfallopfers und die Beeinträchtigung seines Lebens
auf existentiellem und relationalem Niveau entschädigt werden. Diese individuelle Anpassung ermöglicht zB, folgende Situationen zu berücksichtigen:

(i)   den Fall eines Arbeitnehmers, dessen Arbeit ihn nach dem Unfall **stärker körperlich
        belastet** (obwohl ohne finanziell quantifizierbare Erwerbsunfähigkeit);

(ii)   die Unfähigkeit des Geschädigten ein für ihn sehr wichtiges **Hobby** oder eine Frei-
        zeittätigkeit weiter zu betreiben (typisches Beispiel ist die Verletzung des Fingers ei-
        nes Amateurklavierspielers);

(iii)   besonders **schmerzhafte Unfallkonsequenzen;**

(iv)   besonders **demütigende Unfallmodalitäten.**

Die Entschädigung des Nichtvermögensschadens schließt daher sowohl die **dauernden** als 174
auch die **vorübergehenden** Körperschäden und auch die immateriellen subjektiven Schäden eines Unfallopfers ein.

Als „**micropermanenti**" (Micropersonenschäden bzw. Schäden kleineren Ausmaßes) gelten 175
die Folgen aus einem Verkehrsunfall bzw. Unfall anderer Art, welche zu einer dauerhaften
Invalidität zwischen **einem und neun Prozentpunkten führen.** Bei allen anderen darüber
hinausgehenden Folgen spricht man von „macropermanenti" (Macropersonenschäden),
siehe auch → Rn. 177. Die sog Micropersonenschäden begründen einen Anspruch auf Ersatz des „**danno biologico**" (**biologischen Schadens**). Darunter versteht man „die vorübergehende bzw. dauerhafte Verletzung der psycho-physischen Integrität einer Person, feststellbar durch rechtsmedizinische Untersuchung, welche sich negativ auf die Alltagsbe-
schäftigung und auf die Dynamik der Lebensbeziehungen des Geschädigten auswirkt, unabhängig von den möglichen Auswirkungen auf die Fähigkeit, ein Einkommen zu erwirtschaften" (Art. 139 Abs. 2 Gesetzesverordnung Nr. 209/2005).

Im Falle dieser **leichten Körperverletzung** (**Micropersonenschäden**)[75] schreibt der Art. 139
Gesetzesverordnung Nr. 209/2005 vor, dass die Bezifferung der Entschädigung des Nichtvermögensschadens mittels Verwendung einer durch eine Ministerialverordnung **jährlich
neu festgesetzten Tabelle** erfolgen muss.[76] Die Höhe der Summe, die mittels dieser Tabelle
beziffert wird, kann vom Richter bis um ein Fünftel erhöht werden, unter Berücksichtigung der individuellen Situation des Geschädigten (Artikel 139 Abs. 4).

Das Italienische Parlament hat einen neuen Absatz in Art. 139 Gesetzesverordnung 176
Nr. 209/2005 eingefügt, nach dem bei leichten Körperverletzungen nur in den Fällen, die
klinisch und objektiv feststellbar sind, dem Geschädigten ein dauernder Körperschaden

---

(Cass. Civ., Urteil Nr. 15674 vom 15.7.2011; LG Monza, Sektion II, Urteil vom 14.4.2012; Cass. Civ., Verfügung Nr. 3869 vom 12.3.2012).

75 Dh im Falle einer Körperverletzung, die eine permanente Invalidität des Unfallopfers zwischen 1 % und 9 %
    mit sich bringt.

76 Zurzeit gilt die Tabelle der Ministerialverordnung vom 17.6.2011.

anerkannt und ein entsprechendes Schmerzensgeld zugesprochen werden kann.[77] Ziel dieser Änderung ist es, eventuelle Betrügereien gegenüber Versicherungen zu verhindern, indem diese nicht mehr verpflichtet sind, Schmerzensgeld nur aufgrund der Behauptungen der Geschädigten, an Schmerzen zu leiden, zu bezahlen.[78]

177   Art. 138 Gesetzesverordnung Nr. 209/2005 schreibt für die Fälle von schwereren Körperverletzungen[79] vor, dass die Werte der Entschädigung der entsprechenden Nichtvermögensschäden durch eine Verordnung des Präsidenten der Republik festgestellt werden sollen, so dass die **gleichen Werte für die ganze Republik** gelten. Eine solche Feststellung ist jedoch bisher noch nicht erfolgt.[80] Aus diesem Grund wurden in den vergangenen Jahren von mehreren italienischen Gerichten **verschiedene Tabellen** ausgearbeitet, die die genaue Berechnung des Nichtvermögensschadens aufgrund des Alters des Geschädigten und der Schwere der Verletzungen ermöglichen. Am häufigsten werden von italienischen Gerichten die Tabellen des Landgerichts Mailand und des Landgerichts Rom verwendet.

178   Mit dem Urteil Nr. 12408 vom 7.6.2011 hat der Corte di Cassazione festgestellt, dass die Angemessenheit von Schadensersatzleistungen bei schweren Personenschäden nur nach der **Tabelle des Landgerichtes Mailand** bemessen werden sollte, um eine Gleichbehandlung aller Geschädigten in ganz Italien zu garantieren.

179   Diese Stellungnahme des Corte di Cassazione, die auch durch das Urteil Nr. 14402 vom 30.6.2011 bestätigt wurde, stellt jedoch nur eine Empfehlung dar, die zwar maßgebend, nicht aber verbindlich für die anderen italienischen Gerichte ist. Aus diesem Grund haben verschiedene Gerichte auch weiterhin andere Tabellen als diejenige von Mailand verwendet.[81] Der italienische Gesetzgeber bereitet zurzeit eine einheitliche Tabelle, die von jedem Gericht angewendet werden sollte. Diese sollte mittels eines Dekrets des Präsidenten der Republik Mitte April 2013 erlassen werden. Aufgrund dieser Tabelle sollten die Modalitäten sowie die Höhe der Ansprüche auf Schadensersatz im Vergleich zur aktuellen Gesetzlage etwa geändert und die Höhe der Entschädigung um circa ein Drittel verringert werden. Der Kassationshof hält nach wie vor an den Parametern der Mailänder Tabelle für eine Berechnung des biologischen Schadens nach billigem Ermessen fest. Diese einheitliche Behandlung fußt auf Kriterien, die vom Mailänder Gericht festgelegt wurden und findet landesweit Anwendung. Abweichungen davon finden nur in konkreten Einzelfällen statt. (Cass. Civ., Urteil Nr. 19376 vom 8.11.2012).

180   Viele von Landgerichten ausgearbeitete Tabellen legen auch die Werte bzw. die Berechnungsmethode für die Bezifferung des Schmerzensgeldes, das den **Angehörigen** eines Unfallopfers zusteht, fest.

181   Nach der Tabelle des Landgerichts Mailand für das Jahr 2013 steht zB im Falle des **Todes eines Kindes** jedem Elternteil ein Betrag zwischen 163.080 EUR und 326.150 EUR zu.[82]

---

77   Gesetzesdekret Nr. 1 vom 24.1.2012, das mit Abänderungen durch das Gesetz Nr. 27 vom 24.3.2012 umgewandelt wurde.

78   Dies ist zB wichtig für Fälle, in denen der Geschädigte behauptet, an einem Schleudertrauma zu leiden, was klinisch schwierig zu beweisen ist.

79   Dh im Falle einer Körperverletzung, die eine permanente Invalidität des Unfallopfers zwischen 10 % und 100 % mit sich bringt.

80   Im August 2011 ist vom italienischen Ministerrat der Entwurf einer Verordnung angenommen worden, der die vom Art. 138 Verordnung 209/2005 vorgesehenen Werte zur Entschädigung der schweren Körperverletzungen festlegte. Zu diesem Entwurf hat der italienische Staatsrat jedoch am 17.11.2011 eine negative Stellungnahme abgegeben. Vorher (am 24.10.2011) hatte das italienische Parlament bereits einen Antrag zur Abberufung der Verordnung des Ministerrats angenommen. Bisher ist noch keine neue Verordnung verabschiedet worden.

81   ZB hat das Gericht Rom weiter in verschiedenen Urteilen seine eigenen Tabellen, statt die des Gerichts Mailand, verwendet: Landgericht Rom, Sektion XII, Urteil vom 23.9.2011; Landgericht Rom, Sektion XII, Urteil vom 4.7.2011.

82   Gleiche Beträge stehen einem Kind für den Fall des Todes eines Elternteils und einem nicht getrennt lebenden Ehegatten oder einem Lebensgefährten für den Fall des Todes eines Ehegatten oder Lebensgefährten zu. Ansprüche auf Schmerzensgeld haben auch die Geschwister für den Fall des Todes eines anderen Geschwisterteils, und die Großeltern für den Fall des Todes eines Enkelkindes, vgl. Tabelle in Rn. 162.

Durch die Feststellung eines **Mindest- und eines Höchstbetrages** können die Besonderheiten jedes einzelnen Falles berücksichtigt werden. Dies können zB folgende Faktoren sein:

(i) ob die Angehörigen zusammen mit dem Unfallopfer gelebt haben;

(ii) ob es noch andere Angehörige gibt;

(iii) die Art und Weise der Beziehung mit dem Verstorbenen;

(iv) die Art und Weise der Beziehung mit den anderen lebenden Angehörigen; usw.

Das Landgericht Rom hat eine Berechnungsmethode ausgearbeitet, durch die bei der Be- **182** zifferung des **Schmerzensgeldes der Angehörigen** folgende Faktoren berücksichtigt werden können:

(i) das Alter des Unfallopfers;

(ii) das Alter des Hinterbliebenen;[83]

(iii) den Verwandtschaftsgrad;

(iv) das Zusammenleben mit dem Unfallopfer;

(v) die Anwesenheit von anderen Angehörigen in der Familiengemeinschaft.[84]

Die von Landgerichten ausgearbeiteten Tabellen und Berechnungsmethoden sind auf jeden **183** Fall **nicht gesetzlich verbindlich** und stellen lediglich einen Anhaltspunkt dar, an dem sich der Richter orientieren sollte.

Das Mailänder Landgericht hat entschieden, dass auch im Falle einer **schweren Körperverletzung** eines Menschen dessen **Angehörigen Schadensersatzansprüche** zustehen.[85] Das **184** Schmerzensgeld der Angehörigen ist jedoch von der Höhe des Schmerzensgeldes des Unfallopfers unabhängig. Die Bezifferung des Schmerzensgeldes der Angehörigen erfolgt dann aufgrund der Art und Intensität der Beziehung zwischen dem Unfallopfer und dessen Angehörigen und der Art und Weise der Änderungen im Leben der Angehörigen.[86] In solchen Fällen wird das Schmerzensgeld der Angehörigen in der Regel vom Richter nach billigem Ermessen beziffert.

I. Schmerz(ens)umfang

Der Schmerz(ens)umfang kann, wie in → Rn. 164 ff. aufgeführt, durch die individuelle **185** Anpassung des durch die Tabellen bezifferten Nichtvermögensschadens berücksichtigt werden.

II. Eingriffsintensität

Die Intensität eines Eingriffs wirkt sich auf die Dauer eines eventuellen Aufenthaltes im **186** Krankenhaus und des Heilungsprozesses und daher indirekt auf die Höhe der Entschädigung wegen der vorübergehenden Invalidität aus.

III. Folgeschäden

Die Schäden, die zu ersetzen sind, müssen eine direkte und unmittelbare Konsequenz des **187** Unfalls sein. Die Entschädigung von Folgeschäden kann jedoch nach billigem Ermessen des Richters erfolgen.

---

83 Je niedriger das Alter des Hinterbliebenen ist, desto höher ist das ihm zustehende Schmerzensgeld.
84 Siehe Tabelle des Landgerichts Rom für das Jahr 2012.
85 Siehe Bericht vom 12.4.2011 des „Institutes zur ständigen Überwachung der Gerechtigkeit" des Landgerichtes Mailand.
86 Dies kann auch mittels Anscheinsbeweises bewiesen werden.

C. Genugtuungsfunktion

188 Die Entschädigung von Personenschäden hat im Zivilrecht eine Genugtuungsfunktion,[87] indem der Geschädigte einen Ersatz bekommt, der den negativen Konsequenzen des Unfalls entspricht.[88]

I. Ausmaß des Verschuldens

189 Das Ausmaß des Verschuldens hat keinen Einfluss auf die Genugtuungsfunktion, sondern nur auf die **Feststellung der Haftungsquote** und daher auf die konkrete Bezifferung des Schmerzensgeldes.

II. Regulierungsverzögerung

190 Das Verhalten des Unfallverursachers, der bewusst die Regulierung des Unfalls verzögert, kann vom Richter bei seiner Entscheidung berücksichtigt werden.

191 Die Gesetzesverordnung Nr. 209 von 2005 legt die **Fristen** fest, innerhalb derer die gegnerische Versicherung verpflichtet ist, ein Angebot zur Regulierung des Unfalls zu machen oder ihre Verweigerung der Regulierung zu begründen.[89]

Die Versicherung hat dem Versicherungsnehmer bis zum Vierfachen der Verfahrenskosten zu zahlen, wenn sie sich verweigert, den Unfall sofort zu regulieren, obwohl es ihre Zuständigkeit wäre; entscheidet sich die Versicherung trotz allem für ein Gerichtsverfahren, wird sie für eine mutwillige Prozessführung nach Art. 96 letzter Absatz C.P.C., abgestraft. In diesem Fall erhält der Geschädigte eine Entschädigungssumme, die das Vierfache der Verfahrenskosten beträgt, ausgezahlt.

Da den Versicherungen die Mittel und Wege dafür zur Verfügung stehen, können diese mutwillig Prozesse anstrengen mit dem Ergebnis, dass die Liquidierung eines Schadens hinausgezögert wird, da die Mühlen der Justiz bekanntlich langsam mahlen. Die Geschädigten werden dadurch gezwungen, niedrigere als die ihnen zustehenden Entschädigungszahlungen hinzunehmen (Tribunale di Tivoli, Zivilkammer, Urteil Nr. 2428/15).

Generell kann man sagen, dass einer Versicherung mutwillige Prozessführung angelastet werden kann, wenn sie über alle für eine Liquidation des Schadens benötigten Unterlagen und Informationen verfügt und diese nicht vornimmt, sondern stattdessen ein Gerichtsverfahren anstrengt, um eine Senkung der Entschädigungssumme zu erzielen.

III. Vermögensverhältnisse

192 Die Vermögensverhältnisse haben keinen Einfluss auf die Genugtuungsfunktion des Schmerzensgeldes.

D. Berechnungsmethode (mit Beispielen)

193 Wie in → Rn. 164 ff. („Berechnungsgrundlagen") beschrieben, wird das Schmerzensgeld durch die von Art. 138 und 139 Gesetzesverordnung Nr. 209/2005 und von der Rechtsprechung festgestellten Berechnungsmethoden bestimmt.

---

87 Nach Art. 2058 (Schadensersatz durch Wiederherstellung des früheren Zustandes): „Der Geschädigte kann die Wiederherstellung des früheren Zustandes verlangen, sofern dies ganz oder zum Teil möglich ist. Das Gericht kann jedoch verfügen, dass der Schadensersatz nur durch Leistung des Gegenwertes zu erfolgen hat, wenn sich die Wiederherstellung des früheren Zustandes als für den Schuldner übermäßig belastend erweist."

88 Neben dieser Genugtuungsfunktion hat die Entschädigung der Schäden auch eine Präventionsfunktion und eine Befriedigungsfunktion (Cuffaro, Responsabilità Civile, Ipsoa, 2007, S. 118–119).

89 Gem. Art. 148 Gesetzesverordnung Nr. 209 von 2005: Innerhalb von 60 Tagen ab Empfang des Anspruchsschreibens des Geschädigten (mit allen nach dem Gesetz für die Regulierung notwendigen Angaben), wenn es sich um einen Unfall ausschließlich mit Sachschäden handelt, bzw. innerhalb von 90 Tagen, wenn es sich um einen Unfall auch mit Personenschäden handelt. Für weitere Einzelheiten siehe Rn. 215 ff.

Der vorübergehende biologische Schaden (vorübergehende Unfähigkeit) wird in Relation zu der Zeit, während der ein Individuum seine Alltagstätigkeiten nicht ausüben kann, ermittelt; die Unfähigkeit kann dauerhaft bzw. vorübergehend sein. Nachfolgend einige Beispiele:

- 100 % = stationärer Krankenhausaufenthalt, Gips an beiden oberen Extremitäten, Gips vom Becken bis zum Fuß

- 75 % = Gehen an zwei Krücken, Verband bzw. Gips. Üblicherweise, allerdings unkorrekt, wird dieser Prozentsatz auch für die ersten zwei Tage des Tragens einer Halskrause nach Schleudertrauma angewendet.

- 50 % = Teilbelastung beim Gehen, erste Zeit der Rekonvaleszenz nach stationärem Krankenhausaufenthalt

- 25 % = Dauer der Physiotherapie

- 10 % = Dauer des Heilungsprozesses bei einer einfachen Hautverletzung

Bei einer nur vorübergehenden Unfähigkeit zu 100 % wird der biologische Schaden mit einem Betrag von 46,29 EUR (jährliche Anpassung) pro Tag berechnet.

Beispiel der Berechnung einer vorübergehenden Unfähigkeit wegen Schleudertraumas: 10 Tage à 75 % 347,17 EUR + 10 Tage à 50 % 231,45 EUR + 10 Tage à 25 % 115,75 EUR = insgesamt 694,37 EUR.

Der biologische Dauerschaden bzw. die Dauerunfähigkeit ist gegeben, wenn die Verletzung geheilt ist mit quantifizierbaren Folgeschäden; zu dieser Gruppe gehören normalerweise, wenn auch unkorrekt, die sog subjektiven Syndrome aus Gehirnerschütterung bzw. Schleudertrauma.

Es soll unterstrichen werden, dass nicht die Verletzung sondern die Folgen berücksichtigt werden: Aus einer leichten Verletzung können sehr gravierende Folgen entstehen und umgekehrt aus einer schweren Verletzung verhältnismäßig leichte Folgen.

Beim biologischen Schaden kann es sich lediglich um eine körperliche Beeinträchtigung handeln, ohne funktionelle Auswirkungen (Narben, Verlust einer Niere); es kann eine funktionale Beeinträchtigung sein (Funktionseinschränkung eines Gelenks bzw. eines Organs), es kann sich dabei um einen ästhetischen, einen psychischen Schaden bzw. um das Zusammenspiel von mehreren dieser Komponenten handeln.

Beispiel: Im Falle eines Unfalls mit leichten Körperverletzungen (zwischen 1 % und 9 % Invalidität) kann das Schmerzensgeld wie folgt beziffert werden: **194**

Einem 24-jährigen Unfallopfer, das aufgrund des Unfalls einen Schlüsselbeinbruch und den Teilriss des Kniebandes erlitten hat, kann zB von einem Amtsarzt eine permanente Invalidität in Höhe von 6 % zugesprochen werden. In diesem Fall erfolgt die Bezifferung des Schmerzensgeldes nach der Tabelle vom Art. 139 Gesetzesverordnung Nr. 209/2005, dh eine Entschädigung des Nichtvermögensschadens in Höhe von 7.200,25 EUR, plus einer Summe in Höhe von 1.800 EUR (dh ca. 1/4 des Nichtvermögensschadens) als individuelle Anpassung des Schmerzensgeldes.[90] Dieser Summe könnte auch noch die Entschädigung wegen der eventuellen vorübergehenden Invalidität hinzugefügt werden.

Beispiel: Im Falle eines Verkehrsunfalls mit schweren Körperverletzungen (zwischen 10 %   **195** und 100 % Invalidität) kann das Schmerzensgeld wie folgt beziffert werden:

Einer 52-jährigen Frau, die aufgrund eines Unfalls eine schwere Beinverletzung (Bruch des Schienbeins und Bänderriss) erlitten hat, kann zB von einem Amtsarzt eine permanente Invalidität in Höhe von 15 % zugesprochen werden. Nach der Mailänder Tabelle steht der Geschädigten ein Grundbetrag als Schmerzensgeld in Höhe von ca. 37.000 EUR zu. Nachdem die Verletzung sehr schmerzhaft war, und die Geschädigte aufgrund der Invalidität ihren Lebensstil tiefgreifend ändern musste, könnte dieser Betrag durch die individuelle Anpassung bis zu einer Summe von

---

90 Landgericht Nocera Inferiore, Urteil Nr. 614 vom 21.7.2011, De Jure, Giuffrè, 2011.

ca. 53.400 EUR erhöht werden. Bestand bei der Geschädigten aufgrund der Verletzungen außerdem auch eine lange vorübergehende Invalidität (40 Tage zu 100 %, 50 Tage zu 50 % und 30 Tage zu 25 %), so kommt ein weiterer Schadensersatzanspruch in Höhe von ca. 6.500 EUR hinzu.

E. Kapitalisierung von Schadensersatz- und Schmerzensgeldrenten

196 Der Codice Civile sieht im Art. 2057 vor, dass „wenn der Schaden, den die Person erlitten hat, von dauerhafter Art ist, das Gericht unter Berücksichtigung der Situation der Parteien und der Art des Schadens die Ersatzleistung in Form einer Leibrente festlegen kann."

197 Diese Vorschrift ist von italienischen Gerichten bei der Entschädigung von dauerhaften Personenschäden fast immer ignoriert worden, da eine Entschädigung in der Form einer lebenslangen Rente sowohl den Geschädigten nicht befriedigen könnte.

198 Eine Schmerzensgeldrente für ein Unfallopfer ist jedoch vom italienischen Recht klar vorgesehen, wenn der Verkehrsunfall auch einen **Arbeitsunfall** darstellt: In solchen Fällen ist aber nicht der Unfallverursacher, sondern die INAIL gesetzlich dazu verpflichtet,[91] eine Rente aufgrund der permanenten Invalidität (und der entsprechenden Arbeitsunfähigkeit) zu bezahlen.

199 Die Kapitalisierung des Schadensersatzes kann vom Richter zusammen mit oder als Alternative zu seinem billigen Ermessen verwendet werden, um das dem Unfallopfer zustehende Schmerzensgeld beziffern zu können.[92]

F. Neueste Tendenzen

I. Schmerzensgeld (für den biologischen Schaden oder den immateriellen Schaden)

199a Mehrfach bereits wurde durch die aktuelle Rechtsprechung des Obersten Gerichtshofs festgestellt, dass der Begriff der Einheitlichkeit des immateriellen Schadens, wie auch durch die Urteile von San Martino deutlich wird, missverstanden wurde. Dies hat oft dazu geführt, dass ein Vakuum hinsichtlich der Entschädigungssummen entstand, da, wenn ein Rechtsverstoß zu mehreren verschiedenartigen immateriellen Verlusten geführt hat, die Entschädigung des einen Schadens automatisch dazu geführt hat, dass die anderen mit entgolten wurden. Die Entschädigung eines immateriellen Schadens nach Art. 2059 C.C. verhindert die Möglichkeit einer differenzierten Entschädigung. Es besteht jedoch die Pflicht, die jeweiligen Schadenssummen für den immateriellen Schaden möglichst hoch anzusetzen, um so eine Erhöhung der einen Entschädigungssumme zu erreichen (Cass. Civ., Urteil Nr. 12594/2015 und 9320/2015).

199b Mit dem sehr ausführlichen Urteil des Kassationshofs Cass. Civ., Sez. III, 23/01/2014, Urteil Nr. 1361 wird das erste Mal das Recht auf eine Entschädigung für den „Schaden durch Tod" *(iure hereditatis)* für die Erben des Opfers, welche diese auch sein mögen, anerkannt. Die Ausführungen sind sehr umfangreich und enthalten hinsichtlich des immateriellen Schadens einige signifikante Passagen, insbesondere wird die umfassende Reichweite des immateriellen Schadens bekräftigt.

199c So setzt sich der immaterielle Schaden aus drei Kategorien zusammen:

- immaterieller Schaden,
- biologischer Schaden und
- existenzieller Schaden.

Unterstrichen wird die Unterscheidung innerhalb des Oberbegriffs „immaterieller Schaden" wie folgt: *„Der Begriff des immateriellen Schadens, der den Schaden an der Person und ohne Merkmal des Tauschwertes regelt, ist ein Oberbegriff und beinhaltet eine Vielzahl von Aspekten (oder Punkten), die da sind immaterieller Schaden, biologischer Schaden und der Schaden für den Verlust eines nahen Verwandten, existenzieller Schaden."*

---

91 Gesetzesverordnung Nr. 38, vom 23.2.2000.
92 Siehe Cass. Civ., Urteil Nr. 2309 vom 2.2.2007.

Der Begriff des immateriellen Schadens wird neu bestimmt (sein selbstständiges Vorliegen wird damit wohl untermauert) und ist zweifach auszulegen: 199d

- sowohl als „seelisches Leiden, inneres Leiden oder seelische Störung",

- als auch als „Schädigung der Würde und emotionalen Unversehrtheit, welches das höchste Gut der Menschenwürde darstellt".

Die Entschädigung des immateriellen Schadens ist Ermessenssache. Der Richter muss jeden Punkt der Schadenersatzzahlung jedoch ausreichend begründen und das Verhältnis zwischen ihnen darlegen, um eine individuelle Schadensbestimmung zu ermöglichen.

Auch das Urteil Cass. Nr. 16197 vom 30 Juli 2015 trägt diesem richterlichem Ermessen Rechnung, da es ausführt, *„dass die Kürzung der einzelnen Summen, die für den immateriellen Schaden zugesprochen werden, nicht kritiklos hingenommen werden muss ... "*. Unternommen wird vielmehr der Versuch einer Rationalisierung der komplexen Materie des immateriellen Schadens, und zwar durch die Anpassung der jeweiligen Entschädigungssummen an das effektive Bestehen der Leiden und deren Ausmaß, insbesondere was den Punkt der körperlichen Unversehrtheit anbelangt. Dies bedeutet jedoch nicht, dass jeder einzelne immaterielle Schaden für sich zu entschädigen ist, sondern nur jene, die jeder für sich bereits unstreitig vorhanden sind und nicht bereits unter dem Begriff des biologischen Schadens abgegolten wurden. 199e

Dieses Urteil, bezeichnet auch als sogenanntes „Schlachtross der Versicherungen", kann jedoch nicht als Vorwand genutzt werden, Schadenssummen wahllos zu reduzieren. Der Geschädigte muss detailliert die Voraussetzungen für eine Entschädigung der zusätzlichen Aspekte des immateriellen Schadens, existenziellen Schadens etc darlegen. Danach liegt es an dem Richter, diejenigen Schäden, die nicht unter dem Begriff des immateriellen Schadens entschädigt werden können, zu benennen. Dadurch wird dem Automatismus vorgebeugt und die Einzelfallbewertung favorisiert. 199f

Die einzige Überlegung wäre, dass, wenn eine Einzelfallbewertung bisher nur im gerichtlichen Verfahren zu erzielen ist, die Versicherungen dazu übergehen sollten, ihre rigide Praxis der tabellarischen Berechnung der Entschädigungssummen aufzugeben. 199g

Abschließend ist zu erwähnen, dass der Kassationshof zwischenzeitlich entschieden hat, dass italienische Schmerzensgelder keine Rücksicht auf die ökonomische Lage des Herkunftslandes des Geschädigten nehmen darf; der Wohnort des Unfallopfers ist somit nicht bedeutend für die Schmerzensgeldhöhe, Cass. Civ., Urteil Nr. 12221/2015, anders noch Cass. Civ., UrteilNr. 1637/2000. 199h

§ 5 Ansprüche aus übergegangenem Recht (Regress)

A. Gesetzliche Anspruchsgrundlagen

Für den Fall, dass das Unfallopfer Ansprüche gegenüber **Sozialversicherungsträgern** hat, hat der Sozialversicherungsträger seinerseits gem. Art. 142 Gesetzesverordnung Nr. 209/2005 Anspruch auf Ersatz der unfallbedingten Kosten durch die Haftpflichtversicherung des Unfallverursachers.[93] Vor der Bezahlung der Entschädigung ist die Haftpflichtversicherung dazu verpflichtet, eine Erklärung des Geschädigten zu fordern, in der dieser bestätigt, keine Ansprüche gegenüber Sozialversicherungsträgern zu haben. Wenn der Geschädigte erklärt, solche Ansprüche zu haben, ist die Versicherung dazu verpflichtet, dem entsprechenden Sozialversicherungsträger über die Situation zu informieren. In einem solchen Fall wird die Versicherung den Geschädigten erst nach der Rückstellung ei- 200

---

93 Art. 142 Abs. 1 Gesetzesverordnung Nr. 209/2005.

nes Betrages, der zur Deckung der vom Sozialversicherungsträger bezahlten und zu bezahlenden Kosten geeignet ist, entschädigen können.

B. Kongruenz von Leistung und Ersatzanspruch

201 Die Ansprüche der Sozialversicherungsträger entsprechenden Leistungen, die sie dem Unfallopfer erbracht haben oder die sie verpflichtet sind, in der Zukunft noch zu erbringen.

C. Haftungsprivileg

202 Die Haftpflichtversicherung des Unfallverursachers kann durch Zahlung an den Geschädigten den Unfall endgültig regulieren, wenn der Sozialversicherungsträger nach 45 Tagen ab der Mitteilung seitens der Versicherung noch nicht erklärt hat, seine Ansprüche aus übergegangenem Recht geltend machen zu wollen. Der Sozialversicherungsträger hat aber **Regressansprüche gegenüber dem Geschädigten**, wenn dessen Verhalten seine Ansprüche beeinträchtigt hat.[94]

D. Quotenvorrecht des Geschädigten

I. Anwendbarkeit

203 Gemäß Art. 142 Abs. 4 Gesetzesverordnung Nr. 209/2005 kann ein Sozialversicherungsträger auf keinen Fall seine Regressansprüche geltend machen, wenn dies die Ansprüche des Geschädigten auf Entschädigung von Personenschäden, die nicht schon anderweitig entschädigt wurden, beeinträchtigen könnte.[95] Diese Vorschrift kommt in den Fällen zur Anwendung, in denen das Unfallopfer Anspruch auf Leistungen von Sozialversicherungsträgern hat.[96] Der Sozialversicherungsträger, der immer dann eintritt, wenn das Opfer seinen Wohnsitz in Italien hat, ist das INAIL (Nationales Institut für Versicherungen gegen Arbeitsunfälle). Dies geschieht in den Fällen, in denen der Unfall auch einen Arbeitsunfall darstellt und das Unfallopfer Anspruch auf die entsprechenden Leistungen von INAIL hat.[97]

II. Wirkungen auf den Versicherungsnehmer

204 Ziel des oben genannten Art. 142 Abs. 4 ist es zu vermeiden, dass ein Geschädigter eine Entschädigung bekommt, die höher ist als die tatsächlich entstandenen Schäden.

205 Seit dem Inkrafttreten der Gesetzesverordnung Nr. 38 vom 23.2.2000 schließt die von INAIL bezahlte Entschädigung auch den „danno biologico" ein. Dies heißt, wenn dieser Aspekt der allgemeinen Nichtvermögensschäden bereits durch die von INAIL bezahlte Entschädigung gedeckt wurde, hat das Unfallopfer keinen Anspruch auf weiteres entsprechendes Schmerzensgeld.[98] Immer noch zu entschädigen sind jedoch die weiteren Aspekte

---

94 Art. 142 Abs. 3 Gesetzesverordnung Nr. 209/2005.
95 Vor dem Inkrafttreten der Gesetzesverordnung Nr. 209/2005 war die Rechtsprechung anfänglich der Ansicht, dass die Ansprüche aus übergegangenem Recht des Sozialversicherungsträger Vorrang vor den Ansprüchen des Geschädigten hatten. Dies hieß, dass die Ansprüche auf Entschädigung eines Unfallopfers unbefriedigt hätten bleiben können, wenn der Höchstbetrag der Haftpflichtversicherung nicht ausreichend gewesen wäre. Der Corte Costituzionale (it. Verfassungsgerichtshof, Abkürzung „C. Cost.") hat diese Rechtslage später mit seinem Urteil Nr. 319 vom 6.6.1989 geändert, indem er erklärt hat, dass die Sozialversicherungsträger ihre Regressansprüche nur geltend machen können, wenn dies das Recht des Geschädigten auf Entschädigung von Personenschäden, die nicht anderweitig entschädigt wurden, nicht beeinträchtigt. Der Gesetzgeber hat dann die Ansicht des Corte Costituzionale in Art. 142 der Verordnung Nr. 209/2005 umgesetzt.
96 Die Anwendung dieser Vorschrift ist natürlich besonders wichtig, wenn es sich um Fälle handelt, in denen der Höchstbetrag der Haftpflichtversicherung nicht ausreichend ist, um gleichzeitig den Geschädigten zu entschädigen und die Ansprüche aus übergegangenem Recht des Sozialversicherungsträgers zu befriedigen.
97 Siehe Rn. 155.
98 Lo Giudice, Surroga INAIL: nuova interpretazione dell'ultimo comma dell'art. 142 Cod. ass.ni, 2012, im Internetportal www.altalex.com.

Feller

der allgemeinen Nichtvermögensschäden,[99] die nicht von INAIL entschädigt wurden, wie zB immaterielle Schäden, vorübergehende Personenschäden, existentielle Schäden und die individuelle Anpassung des Schmerzensgeldes. Wenn der Höchstbetrag der Haftpflichtversicherung dafür nicht ausreichend ist, muss der Richter feststellen, welche Aspekte des Nichtvermögensschadens vom Sozialversicherungsträger nicht entschädigt wurden, und erst nachdem diese dem Geschädigten bezahlt wurden, werden die Regressansprüche der Sozialversicherungsträger befriedigt.[100]

Die Differenz zwischen der Summe, die das Unfallopfer von INAIL bekommen hat, und der Summe, die es von einem rein zivilrechtlichen Standpunkt aus hätte bekommen können (wenn der Unfall kein Arbeitsunfall gewesen wäre), stellt den sog „danno differenziale" („**Differenzschaden**") dar: Wenn die rein zivilrechtlichen Schäden höher sind, dann sollte der Geschädigte auch die Differenz bekommen, so dass seine Personenschäden vollständig entschädigt werden.[101]   **206**

Abschnitt 3: Durchsetzung der Ansprüche

§ 1 Vorgerichtliche Schadensabwicklung

A. Das vorgerichtliche Verhalten der Versicherung

Die Gesetzesverordnung Nr. 209/2005 legt in den Art. 148 und 149 das Verfahren der außergerichtlichen Regulierung eines Unfalls fest. Art. 149 legt die Prozedur des sogenannten „risarcimento diretto" (**direkter Ersatz**) fest, die nur zur Anwendung kommt bei Unfällen, in denen alle beteiligten Fahrzeuge in Italien zugelassen sind.   **207**

Nach Eingang des Anspruchsschreibens des Unfallgeschädigten hat gem. Art. 148 die Versicherung **60 Tage**[102] (im Falle eines Verkehrsunfalls mit ausschließlich Sachschäden) bzw. **90 Tage** Zeit (im Falle von Verkehrsunfällen, die auch Personenschäden verursacht haben), um dem Geschädigten ein angemessenes und begründetes **Angebot** für seine Entschädigung zu machen oder um ihm die Gründe ausführlich darzulegen, warum ein Angebot zur Regulierung des Unfalls nicht möglich ist.   **208**

Falls jedoch das Anspruchsschreiben des Geschädigten nicht alle gesetzlich vorgeschriebenen Informationen und Daten enthält,[103] kann die Versicherung innerhalb von 30 Tagen ab Eingang des Anspruchsschreibens vom Geschädigten **Ergänzungen** fordern. In diesem Fall läuft die Frist von 60 Tagen bzw. 90 Tagen ab Eingang der Ergänzungen erneut.[104]   **209**

Die Versicherung muss dem Geschädigten die **angebotene Summe** innerhalb von 15 Tagen ab dessen Mitteilung, die Regulierung des Unfalls vorzunehmen bzw. abzulehnen, auf jeden Fall **bezahlen**. Falls der Geschädigte die angebotene Unfallregulierung abgelehnt hat,   **210**

---

99   Siehe Rn. 172 ff.
100   Landgericht Pavia, Urteil vom 24.4.2009, in Pluris – UTET/Cedam, 2010.
101   Landgericht Nocera Inferiore, Sektion II, Urteil vom 11.1.2012, in Pluris – UTET/Cedam, 2012; Landgericht Treviso, Sektion I, Urteil vom 23.6.2011, in Pluris – UTET/Cedam, 2011.
102   Diese Frist ist auf 30 Tage verkürzt, wenn das Unfallanmeldeformular von allen beteiligten Fahrern unterschrieben wurde (Art. 148 Abs. 1).
103   Für Sachschäden: Angabe der zur Entschädigung berechtigten Personen und Angabe von Ort, Tagen und Uhrzeiten, wo und wann die geschädigten Sachen von der Versicherung begutachtet werden können (Art. 148 Abs. 1). Für Personenschäden: Angabe der Steuernummer der zur Entschädigung berechtigten Personen, Darstellung des Unfallhergangs, Angabe der personenbezogenen Daten des Geschädigten (Alter, Beruf, Einkommen), Darstellung von Art und Schwere der Verletzungen, bewiesen durch entsprechende ärztliche Unterlagen, und Vorlage der Erklärung des Geschädigten gem. Art. 142, keine Ansprüche gegenüber Sozialversicherungsträgern zu haben (Art. 148 Abs. 2). Wenn das Unfallopfer ums Leben gekommen ist, ist dem Anspruchsschreiben auch eine Familienstandsbescheinigung beizufügen.
104   Art. 148 Abs. 5 Gesetzesverordnung Nr. 209/2005.

wird die von der Versicherung bezahlte Summe von der von einem Gericht festgestellten Entschädigung abgezogen.[105] Die Versicherung ist auch dazu verpflichtet, dem Geschädigten die angebotene Summe zu bezahlen, wenn dieser sich innerhalb von 30 Tagen ab der Mitteilung des Angebots dazu nicht geäußert hat.[106]

211 Wenn die von der Versicherung angebotene Summe **niedriger als die Hälfte der Summe** ist, die dem Geschädigten am Ende des Gerichtsverfahrens zugesprochen wurde, muss das Gericht eine Kopie des Urteils dem ISVAP (Institut für die Aufsicht über private Versicherungen und Versicherungen von öffentlichem Interesse) zukommen lassen, um die Beachtung der gesetzlichen Vorschriften seitens der Versicherung **prüfen** zu lassen.[107]

B. Anerkenntniswirkung vorgerichtlicher Äußerungen

I. Verjährungsunterbrechung

212 Die allgemeine **Verjährungsfrist** des Anspruchs auf Schadensersatz im Falle eines Verkehrsunfalls beträgt zwei Jahre ab dem Unfalltag. Wenn aber die Handlung auch eine Straftat darstellt, verjährt der Schadensersatzanspruch entsprechend der (in der Regel längeren) Verjährungsfrist der jeweiligen strafbaren Handlung.[108]

213 Die Verjährung kann gem. Artikel 2943 C.C. durch (ua) „jede Rechtshandlung, die geeignet ist, den Schuldner in Verzug zu setzen" unterbrochen werden.[109] Der Codice Civile schreibt vor, dass die Inverzugsetzung in schriftlicher Form erfolgen muss.[110] Die Verjährung wird durch ein Einschreiben mit Rückschein unterbrochen.[111] Das Einschreiben mit Rückschein kann auch lediglich an den Fahrzeugeigentümer und dessen Haftpflichtversicherung zur Kenntnis geschickt werden. Vom Tag der Kenntnisnahme des Einschreibens beginnt die Verjährungsfrist erneut zu laufen.

214 Die **Inverzugsetzung** unterbricht die Verjährung, hat aber keinen Verjährungshemmungseffekt, daher beginnt die Verjährungsfrist von neuem ab dem Tag der Unterbrechung. Die Verjährung kann jedoch erneut unterbrochen werden, falls sie aufgrund der Zeitdauer der außergerichtlichen Regulierung des Unfalls wieder drohen sollte.

215 Gem. Art. 2944 C.C. kann die Verjährung auch durch die **Anerkennung des Anspruchs** durch denjenigen, demgegenüber dieser Anspruch geltend gemacht wird, unterbrochen werden.

216 Nach der Rechtsprechung stellt die **Verhandlung zwischen den Parteien**, eine gütliche Einigung bezüglich der Regulierung des Unfalls zu finden, keine Anerkennung des Anspruchs dar und unterbricht daher die Verjährung nicht,[112] es sei denn, dem Verhalten der Parteien ist deutlich zu entnehmen, dass der Anspruch auf Schadensersatz anerkannt wurde und die Regulierung nur aufgrund einer Uneinigkeit über die Höhe der Entschädigung nicht erfolgen konnte.[113]

---

105 Art. 148 Abs. 6 und 7 Gesetzesverordnung Nr. 209/2005.
106 Art. 148 Abs. 8 Gesetzesverordnung Nr. 209/2005.
107 Art. 148 Abs. 10 Gesetzesverordnung Nr. 209/2005.
108 Die Verjährungsfrist des Anspruchs auf Schadensersatz ist in Art. 2947 C.C. festgelegt: „Der Anspruch auf Ersatz des von einer unerlaubten Handlung herrührenden Schadens verjährt in fünf Jahren ab dem Tag, an dem sich das Ereignis ereignet hat. Der Anspruch auf Ersatz des durch den Verkehr von Fahrzeugen jeglicher Art verursachten Schadens verjährt in zwei Jahren. Auf jeden Fall, wenn die Handlung vom Gesetz als Straftat vorgesehen ist und für die Straftat eine längere Verjährungsfrist festgesetzt ist, findet diese auch auf den zivilrechtlichen Anspruch Anwendung. Wenn allerdings die strafbare Handlung wegen eines anderen Rechtsgrundes als der Verjährung erloschen ist oder im Strafverfahren ein unwiderrufliches Urteil ergangen ist, verjährt der Anspruch auf Schadensersatz in den in den ersten beiden Absätzen festgestellten Fristen, und deren Lauf wird vom Tage des Erlöschens der strafbaren Handlung an bzw. vom Tag an, an dem das Urteil unwiderruflich geworden ist, berechnet."
109 Art. 2943 Abs. 4 C.C.
110 Art. 1219 C.C. Azzariti – Scarpello, Della prescrizione e della decadenza, in Commentario del Codice Civile Scialoja Branca Art. 2934-2969, 1977, S. 261.
111 Cass. Civ., Urteil Nr. 18644 vom 5.12.2003.
112 U.a.: Cass. Civ., Urteil Nr. 6034 vom 6.3.2008.
113 Cass. Civ., Urteil Nr. 25014 vom 10.10.2008.

Werden **Anzahlungen** durch die Versicherung an den Geschädigten geleistet, so stellt dies 217
eine Anerkennung seiner Ansprüche dar und bewirkt die Unterbrechung der Verjährung.[114]

Von der Rechtsprechung ist auch klargestellt worden, dass das **Angebot einer Summe** zur 218
Regulierung des Unfalls durch die Versicherung eine Anerkennung der Schadensersatzansprüche der Geschädigten darstellt und daher auch eine Unterbrechung der Verjährung verursacht.[115]

II. Deklaratorisches Schuldanerkenntnis

Das Schuldanerkenntnis ist in Art. 1988 C.C. vorgesehen, der festlegt, dass ein Schuldan- 219
erkenntnis „denjenigen, zu dessen Gunsten es gemacht wurde, von der Last, das ihm zugrunde liegende Rechtsverhältnis zu beweisen" entbindet, obwohl der Gegenbeweis möglich ist. Ein solches Schuldanerkenntnis stellt lediglich eine **Umkehr der Beweislast** dar und hat keine Auswirkung auf das Rechtsverhältnis.

Der Codice Civile sieht auch die Möglichkeit vor, dass eine Partei ein **Geständnis** ablegen 220
kann. Das Geständnis ist eine Erklärung, die eine Partei über die Wahrheit von Tatumständen abgibt, die für sie ungünstig und für die andere Partei günstig sind (Art. 2730 C.C.). Ein solches Geständnis, sowohl vor Gericht als auch außergerichtlich abgegeben, wirkt als vollwertiger Beweis gegen denjenigen, der es abgegeben hat, sofern es sich nicht um nicht disponierbare Rechte bezieht. Handelt es sich um eine sog „litisconsorzio necessario" (notwendige Streitgenossenschaft), muss das nur von einigen der Streitgenossen abgegebene Geständnis vom Gericht frei gewürdigt werden.[116]

Das von den Unfallbeteiligten unterschriebene **Unfallprotokoll** stellt ein **außergerichtliches** 221
Geständnis dar. Die Rechtsprechung hat jedoch klargestellt, dass, wenn der Fahrer, der das Protokoll unterschrieben hat, nicht der Halter des Fahrzeuges ist, das Protokoll eine volle Beweiswirkung nur gegenüber dem Fahrer hat und seine Beweiswirkung gegenüber dem Fahrzeughalter und der Versicherung vom Richter nach freiem Ermessen gewürdigt werden muss.[117] Ist dagegen der das Unfallprotokoll unterzeichnende Fahrer auch der Halter des Fahrzeuges, besteht zwischen ihm und der Versicherung eine notwendige Streitgenossenschaft und das Protokoll hat dann gem. Art. 2733 Abs. 2 C.C. gegenüber dem Fahrer keine volle Beweiswirkung, sondern muss gegenüber allen Beteiligten vom Gericht frei gewürdigt werden.[118] Auf jeden Fall hat das Unfallprotokoll nur eine Beweiswirkung bezüglich des Unfallhergangs, aber nicht bezüglich der Haftung der Unfallbeteiligten.[119]

C. Bedeutung von Abtretungen

Der Anspruch auf Entschädigung von Vermögensschäden kann vom Unfallgeschädigten 222
an Dritte **übertragen** werden. Dies geschieht relativ oft in der Praxis, zB mit Werkstätten

---

114 Cass. Civ., Verordnung Nr. 2267 vom 1.2.2010 und LG Rom, Urteil vom 6.11.2201, in Giur. Romana, 2002, 7, 269.
115 OLG Potenza, Urteil vom 10.2.2009, in Pluris – UTET/Cedam, 2009.
116 Art. 2733 C.C. (Gerichtliches Geständnis): „Das in einem Verfahren abgegebene Geständnis ist ein gerichtliches. Es begründet vollen Beweis gegen denjenigen, der es abgegeben hat, sofern es sich nicht auf Tatumstände bezieht, über die nicht verfügt werden kann. Im Fall der notwendigen Streitgenossenschaft wird ein nur von einigen der Streitgenossen abgegebenes Geständnis vom Gericht frei gewürdigt."
Art. 2735 C.C. (Außergerichtliches Geständnis): „Das der anderen Partei oder ihrem Vertreter gegenüber abgegebene außergerichtliche Geständnis hat dieselbe Beweiskraft wie das gerichtliche. Wenn es einem Dritten gegenüber abgegeben worden ist oder wenn es in einem Testament enthalten ist, wird es vom Gericht frei gewürdigt. Das außergerichtliche Geständnis kann durch Zeugen nicht bewiesen werden, wenn es sich auf einen Gegenstand bezieht, hinsichtlich dessen der Zeugenbeweis vom Gesetz nicht zugelassen ist."
117 Cass. Civ., Urteil Nr. 10304 vom 7.5.2007 und LG Rom, Sektion XII, Urteil vom 21.9.2010, in Pluris – UTET/Cedam, 2010.
118 LG Mailand, Sektion II, Urteil vom 12.9.2011, in Pluris – UTET/Cedam, 2011; LG Monza, Urteil vom 18.5.2011 in Pluris – UTET/Cedam, 2011; Cass. Civ., Urteil Nr. 20352 vom 28.9.2010; Cass. Civ., Vereinigte Senate, Urteil Nr. 10311 vom 5.5.2006.
119 Cass. Civ., Urteil Nr. 1561 vom 13.2.1998.

oder Autovermietungen, an die der Geschädigte seine Ansprüche gegenüber der Versicherung auf Entschädigung der für die Reparaturen bzw. für den Verleih eines Ersatzfahrzeuges entstandenen Kosten abtritt.

223 Art. 1260 C.C. stellt fest, dass ein Gläubiger, auch ohne Einwilligung des Schuldners, seine Forderung entgeltlich oder unentgeltlich übertragen kann, sofern die Forderung nicht höchstpersönlicher Natur oder die Übertragung nicht gesetzlich verboten ist.

224 In den letzten Jahren haben die Versicherungen häufig bestritten, dass eine Abtretung der sich aus dem Unfall ergebenden Ansprüche zulässig ist, und haben die Aktivlegitimation des Abtretungsempfängers bestritten, indem sie behauptet haben, dass dieser keine Direktansprüche gegenüber den Versicherungen selber hat. Die Rechtsprechung hat jedoch ständig die **Zulässigkeit der Abtretung der Ansprüche** auf Nichtvermögensschäden und die entsprechende Legitimation des Abtretungsempfänger, diese Ansprüche gegenüber der Versicherung (und dem Unfallverursacher) geltend zu machen, bestätigt. Dies aus dem Grund, dass der Anspruch auf Entschädigung von Nichtvermögensschäden kein höchstpersönliches Recht darstellt und das Gesetz kein Abtretungsverbot vorsieht.[120]

§ 2 Beweismittel

A. Allgemeine Grundlagen

225 Im italienischen Prozessrecht können die Beweismittel in drei Kategorien aufgeteilt werden: a) **direkter Beweis**; b) **indirekter Beweis** (auch „repräsentativer" oder „historischer Beweis"); und c) **kritischer Beweis** (auch „Indiz").

226 Der direkte Beweis ist das Beweismittel, durch das der Richter eine Tatsache persönlich wahrnehmen kann (zB durch Augenschein des Unfallorts). Der indirekte Beweis hingegen ist das Beweismittel, durch das der Richter die Tatsache nur indirekt wahrnimmt (zB Unterlagen, Zeugenaussage und Erklärungen der Parteien). Der Begriff „kritischer Beweis" stellt die Schlussfolgerung dar, durch die der Richter die Existenz oder Nichtexistenz einer Tatsache einem wissenschaftlichen Prinzip oder einem allgemeingültigen Grundsatz entnehmen kann.

227 Der Richter kann die von den Parteien erbrachten Beweise nach billigem Ermessen werten, es sei denn, das Gesetz hat dies anders geregelt.[121]

B. Einzelne Beweismittel

I. Neutrale Zeugen

228 Gemäß Art. 246 C.P.C. können, wie bereits erläutert,[122] diejenigen, die „ein **Interesse** an der Angelegenheit haben, welches sie als **Partei des Verfahrens** legitimieren könnte", nicht als Zeugen vernommen werden. Alle, die kein solches Interesse haben, können als Zeugen benannt werden, sowohl wenn sie „neutrale" Zeugen sind als auch wenn sie in den Unfall

---

120 Cass. Civ., Urteil Nr. 3965 vom 13.3.2012; Cass. Civ., Urteil Nr. 52, vom 10.1.2012; Cass. Civ., Verordnung Nr. 11095 vom 13.5.2009; Friedensrichter Mailand, Sektion I, Urteil vom 10.10.2011 in Pluris – UTET/Cedam, 2011; Friedensrichter Mailand, Sektion III, Urteil vom 4.7.2011 in Pluris – UTET/Cedam, 2011.
121 Art. 116 C.P.C., Abs. 1.
122 Vgl. Rn. 70.

auf irgendeine Weise involviert waren. Es liegt im richterlichen Ermessen die Aussage der Zeugen zu werten.

II. Insassenzeugen

1. Allgemeine Grundlagen. Ein Insasse, dem aufgrund des Unfalls weder Vermögensschä- 229 den noch Personenschäden entstanden sind, kann als Zeuge vernommen werden, da er auch nicht Partei des Verfahrens sein kann.

Wenn der Insasse aber aufgrund des Unfalls Vermögensschäden erlitten hat oder verletzt 230 wurde, ist die herrschende Rechtsprechung der Meinung, dass dieser nicht als Zeuge vernommen werden kann, auch wenn er bereits eine Entschädigung bekommen hat. Denn es ist möglich, dass er Partei des Verfahrens ist.[123]

2. Sonderfall Fahrer. Der Fahrer, der nicht der Fahrzeughalter ist und dem weder Vermö- 231 gensschäden noch Personenschäden entstanden sind, kann als Zeuge vernommen werden.[124]

Der Corte di Cassazione hat auch festgestellt, dass der Fahrer des geschädigten Fahrzeugs 232 im vom Halter desselben Fahrzeugs eingeleiteten Verfahren als Zeuge vernommen werden kann, wenn der Unfallgegner keine Widerklage erhoben hat. In diesem Fall hat nämlich der Fahrer kein eigenes Interesse an der Angelegenheit, das ihn als Partei des Verfahrens legitimieren könnte.[125]

Ein anderer Teil der Rechtsprechung ist jedoch der Meinung, dass der Fahrer nicht als 233 Zeuge vernommen werden kann, da er immer eine Legitimation – passiv oder aktiv – hat, als Partei im Verfahren zu erscheinen.[126]

3. Zeugen vom Hörensagen. Was die Zeugen vom Hörensagen betrifft (die sog „testimoni 234 de relato"), unterscheidet die italienische Rechtsprechung je nach Herkunft des Wissens des Zeugen, dh, ob er die Tatsache von einer der Parteien oder von jemand anderem erfahren hat.

Der sog Zeuge „de relato partium" ist derjenige, der über etwas berichtet, das er von einer 235 der Parteien gehört hat. Die Aussage eines solchen Zeugen hat keinerlei Beweiswert in einem Verfahren. Die Aussage eines Zeugen vom Hörensagen, der die Tatsache von einer nicht am Verfahren beteiligten Person erfahren hat, kann dagegen vom Richter berücksichtigt werden, obwohl die Beweiskraft einer solchen Aussage vermindert ist, da es sich um ein indirektes Beweismittel handelt.[127]

III. Parteivernehmung

1. Vernehmung der gegnerischen Partei, § 445 ZPO. Die italienische ZPO sieht zwei ver- 236 schiedene Arten von Parteivernehmung vor. Die freie Parteivernehmung gem. Art. 117 C.P.C. und die formelle Parteivernehmung gem. Art. 230 ff. C.P.C.

Die **freie Parteivernehmung** kann vom Richter jederzeit angeordnet werden, um die Partei- 237 en in streitiger Verhandlung über den Sachverhalt zu befragen (Art. 117 C.P.C.). Die Ant-

---

123 LG Triest, Urteil Nr. 1058 vom 4.10.2011 in Pluris – UTET/Cedam, 2011 und Cass. Civ., Urteil Nr. 13585 vom 21.7.2004.

124 Friedensrichter Casamassima, Urteil vom 28.12.1998 in Arch. Giur. Circolaz., 1999: In diesem Urteil hat der Richter jedoch klargestellt, dass er in diesem Fall die Glaubwürdigkeit des Fahrers sorgfältig prüfen wird. Im Falle eines Unfalls, an dem ein Bus beteiligt war, hat der Friedensrichter Mailand festgestellt, dass der Fahrer eines öffentlichen Verkehrsmittels als Zeuge vernommen werden kann, da er kein Interesse an der Angelegenheit hat, obwohl der Richter den Inhalt seiner Aussage sehr genau überprüfen soll, auch im Zusammenhang mit dem Ergebnis anderer Beweismittel (Friedensrichter Mailand, Sektion VI, Urteil vom 14.4.2009 in Mass. Trib. Brescia, 2009).

125 Cass. Civ., Urteil Nr. 5858 vom 25.5.1993.

126 LG Salerno, Sektion II, Urteil vom 9.9.2009 in Pluris – UTET/Cedam, 2009 und Amtsgericht Turin, Urteil vom 27.6.1996 in Arch. Giur. Circolaz., 1996.

127 Cass. Civ., Urteil Nr. 6519 vom 26.4.2012; Cass. Civ., Urteil Nr. 313 vom 10.1.2011; LG Ivrea, Sektion I, Urteil vom 6.3.2012 in Pluris – UTET/Cedam, 2012; LG Piacenza, Urteil vom 18.5.2010 in www.ilcaso.it.

worten der Parteien stellen keinen vollen Beweis dar, können aber eine klärende Funktion haben.[128]

238 Die **formelle Parteivernehmung** kann dagegen nur von einer der Parteien beantragt werden. Das Einverständnis der anderen Partei ist nicht erforderlich. Die zu vernehmende Partei kann nur nach Tatsachen gefragt werden, die im Antrag eingeschlossen waren. Ihr können jedoch auch Fragen gestellt werden, auf die die Parteien sich geeinigt haben und die der Richter für nützlich hält. Der Richter kann auch zwecks Erklärung der Antworten nachfragen (Art. 230 C.P.C.).[129]

239 **2. Vernehmung der eigenen Partei mit Zustimmung, § 447 ZPO.** Da das italienische System die §§ der ZPO nicht widerspiegelt, spielt die Vernehmung der eigenen Partei mit Zustimmung im italienischen Recht keine Rolle. Vgl. hierzu → Rn. 237.

IV. Augenschein

240 Der Augenschein ist ein **direktes Beweismittel,** das dem Richter ermöglicht, direkt eine für das Verfahren relevante Tatsache wahrzunehmen. Objekt eines Augenscheins können sowohl Sachen als auch Menschen sein.

241 Ein Augenschein kann vom Richter nur angeordnet werden, wenn er unerlässlich erscheint, um den Sachverhalt aufklären zu können, und nur insofern als er die Parteien oder Dritte weder ernstlich schädigt noch zwingt, eine Schweigepflicht, ein Amtsgeheimnis oder ein Staatsgeheimnis zu brechen (Art. 118 C.P.C.).[130]

§ 3 Besonderheiten des italienischen Zivilprozessrechts

A. Gerichtsstruktur

242 Das italienische Rechtssystem garantiert, dass jedes Verfahren drei Instanzen haben kann. Die italienische Gerichtsstruktur besteht aus: **Friedensrichter** (Giudice di Pace), **Landgericht** (Tribunale), **Oberlandesgericht** (Corte d'Appello) und **Kassationshof** (Corte di Cassazione).

243 Der Friedensrichter ist für Verkehrsunfälle bis zu einem **Streitwert** von 20.000 EUR sachlich zuständig (Art. 7 C.P.C.). Bei Verkehrsunfällen mit einem höheren Streitwert obliegt die sachliche Zuständigkeit dem Landgericht. Gegen das Urteil in **erster Instanz** des Friedensrichters ist **Berufung** vor dem Landgericht möglich. Gegen das Urteil in erster Instanz des Landgerichts ist Berufung vor dem Oberlandesgericht möglich. Ein Urteil in **zweiter Instanz** kann vor dem Corte di Cassazione angefochten werden.[131]

B. Klagebeschränkungen

244 Eine erste Beschränkung zur Klageerhebung ist in Art. 145 Gesetzesverordnung Nr. 209/2005 festgelegt: Die **Schadensersatzklage** aufgrund von Verkehrsunfällen kann erst nach Ablauf von 60 Tagen (im Fall von Verkehrsunfällen mit ausschließlich Sachschäden) bzw. 90 Tagen (im Falle von Verkehrsunfällen, die auch Personenschäden verursacht haben) ab Eingang des Anspruchsschreibens an die Versicherung erhoben werden. Das

---

128 In der letzten Zeit hat jedoch die Rechtsprechung den Ergebnissen der freien Parteivernehmung eine immer größere Bedeutung beigemessen.

129 Im Gegensatz zu Zeugen ist die Partei nicht gesetzlich dazu verpflichtet, während der Vernehmung die Wahrheit zu sagen. Wenn jedoch die Partei grundlos zur Vernehmung nicht erscheint oder sich weigert, die Fragen zu beantworten, kann das Gericht die Tatsachen, die den Inhalt der Fragen darstellen, unter Berücksichtigung aller anderen Beweismittel für bewiesen halten (Art. 232 C.P.C.).

130 Das Gericht kann der Verweigerung des Augenscheins seitens einer Partei Beweise gegen diese entnehmen. Dieser Satz ist mir etwas unklar.

131 Es ist auch möglich, ein Urteil in erster Instanz des Landgerichts direkt vor dem Corte di Cassazione anzufechten, wenn die Parteien sich geeinigt haben, die Berufung vor dem Oberlandesgericht auszuschließen (der sog „ricorso per saltum").

Anspruchsschreiben soll per Einschreiben mit Rückschein geschickt werden und alle im Art. 148 vorgeschriebenen Informationen enthalten.[132]

Aufgrund der Richtlinie 2008/52/EG wurde das gesetzvertretende Dekret Nr. 28 vom 4.3.2010 erlassen, das ein obligatorisches Mediationsverfahren als Voraussetzung für die Erhebung der Klage (sog „condizione di procedibilità") eingeführt hat. Die Mediation, die eine Höchstdauer von vier Monaten haben kann,[133] ist für jede Angelegenheit möglich. Der Gesetzgeber hat jedoch festgelegt, dass sie für bestimmte Rechtsgebiete obligatorisch vor der Einleitung eines Gerichtsverfahrens ist: ua in Fällen von Entschädigungen aufgrund von Verkehrsunfällen entstandenen Schäden.[134] Diese Pflicht galt für nach dem 21.3.2012 einzuleitende Verfahren.[135]   245

Mit Urteil Nr. 272 vom 6.12.2012 hat das italienische Verfassungsgericht (Corte Costituzionale) jedoch entschieden, dass die Vorschriften über das obligatorische Mediationsverfahren nicht verfassungskonform sind. Nach Auffassung des Verfassungsgerichts hat der Gesetzgeber weder die Bedingung des Ermächtigungsgesetzes Nr. 69 vom 18.6.2009 noch die Vorschriften der Richtlinie 2008/52/EG eingehalten. Es gelten die Vorschriften über das freiwillige Mediationsverfahren weiter, die auch vom gesetzvertretenden Dekret Nr. 28 vom 4.3.2010 geregelt werden.   246

Abschnitt 4: Wichtige Arbeitsmittel

A. Zeitschriften

Es gibt zahlreiche Zeitschriften, die zum Thema Unfallregulierung wichtig sind, zB:
Archivio giuridico della circolazione e dei sinistri stradali, La Tribuna
Danno e responsabilità, IPSOA
La responsabilità civile, UTET Giuridica
Responsabilità civile e previdenza, Giuffrè
Giuda al Diritto, Il Sole 24 ore

B. Kommentare

Kommentare zum Codice Civile:
Commentario del Codice Civile Scialoja Branca, 1977
Codice Civile commentato, UTET, 2011

C. Monographien

Mazzon, Il danno da circolazione stradale, 2010
Piccioni, Circolazione stradale, 2012
D'Apollo, Assicurazione e responsabilità civile automobilistica, 2011

D. Internetadressen

I. Zugriff auf das geltende Recht

1. Materielles Haftungsrecht

Codice Civile: http://www.altalex.com/index.php?idnot=34794
Codice delle assicurazioni:
http://www.normattiva.it/atto/caricaDettaglioAtto?atto.dataPubblicazioneGazzetta=2005-10-13&atto.codiceRedazionale=005G0233&currentPage=1

---

132 Art. 145 bezieht sich auf die in Art. 148 festgelegte Prozedur, siehe Rn. 216.
133 Gesetzesdekret Nr. 28 vom 4.3.2010, Art. 6.
134 Gesetzesdekret Nr. 28 vom 4.3.2010, Art. 5.
135 Wenn der Richter feststellt, dass kein Mediationsverfahren durchgeführt wurde, setzt er das Gerichtsverfahren aus und gibt den Parteien eine Frist von 15 Tagen, um das Mediationsverfahren einzuleiten (Art. 5 Gesetzesverordnung Nr. 28/2010).

2. Straßenverkehrsvorschriften

Codice della Strada:
http://www.normattiva.it/atto/caricaDettaglioAtto?atto.dataPubblicazioneGazzetta=1992-05-18&atto.codiceRedazionale=092G0306&currentPage=1

II. Kostenlose Entscheidungssammlungen

1. Obergerichte

Kostenlose, obwohl nicht vollständige Sammlungen interessanter Entscheidungen können hier gefunden werden:
www.ricercagiuridica.com/sentenze
(auf Deutsch)

2. Sonstige Gerichte

T.A.R. (it. Regionales Verwaltungsgericht): http://www.giustizia-amministrativa.it/ricerca2/index.asp
T.A.R Bozen (auf Deutsch): http://lexbrowser.provinz.bz.it/doc/de/tar/urteile_verwaltungsgericht.aspx

III. Sonstige Informationen

1. Zinsanspruchsberechnung

a) Grundlagen

Derjenige, dem Schäden aufgrund eines Verkehrsunfalls entstanden sind, hat auch Anspruch auf Zinsen ab Unfalltag.

Der gesetzliche Zinssatz wird vom Wirtschaftsministerium durch eine Ministerialverordnung festgesetzt.

b) Aktuelle Sätze

Der Zinssatz wird jährlich festgesetzt und ist abrufbar zB unter www.gazzettaufficiale.it.
Er beträgt aktuell vom 1.1.2015 bis 31.12.2015 0,5 % und vom 1.1.2016 0,2 %.

2. Rechtlich relevante Websites

www.normattiva.it
Italienisches Parlament: www.parlamento.it
Italienisches Justizministerium: www.giustizia.it
Corte di Cassazione: www.cortedicassazione.it

3. Liste wichtiger Gesetze

a) Haftungsrecht

Codice Civile, Königliches Dekret Nr. 262 vom 16.3.1942.

b) Versicherungsrecht

Gesetzesverordnung Nr. 209 vom 7.9.2005.

c) Prozessrecht

Codice di Procedura Civile, Königliches Dekret Nr. 1443, vom 28.10.1940.

Niederlande

Verwendete Literatur: *M.M.R. van Ardenne-Dick*, Ongevallenverzekering, Handboek Personenschade, Loseblatt, Stand Juli 2006 (zit. Handboek Personenschade (Van Ardenne-Dick)); *J.M. Barendrecht/H.M. Storm*, Berekening van Schadevergoeding, 1995 (zit. Barendrecht/Storm, Berekening van schadevergoeding); *R.J.B. Boonekamp*, Groene Serie – Schadevergoeding, Loseblatt, Stand Januar 2015 (zit. GS Schadevergoeding (Boonekamp)); *H.J.J. de Bosch Kemper*, Wet Aansprakelijkheidsverzekering Motorrijtuigen (WAM), Handboek Personenschade, Loseblatt, Stand März 2007 (zit. Handboek Personenschade (De Bosch Kemper)); *R.M.J.T. van Dort*, Ficale aspecten van schadevergoeding, Handboek Personenschade, Loseblatt, Stand April 2009 (zit. Handboek Personenschade (Van Dort)); *R.Ph. Elzas*, Toekomstige schade, Handboek Personenschade, Loseblatt, Stand Juli 2006 (zit. Handboek Personenschade (Elzas)); *E.F.D. Engelhard*, Kroniek regres van particuliere en sociale schadedragers, AV&S 2007/37; Voorbij de grenzen van het wettelijk regresrecht van werkgevers en sociale risicodragers, AV&S 2011/20; *A.Ch.H. Franken*, De directe actie: een (onnodig) complexe regeling, AV&S 2011/13; *N.C. Haase/A.M. Vogelzang*, Schadevergoeding bij overlijden, Handboek Personenschade, Loseblatt, Stand Oktober 2009 (zit. Handboek Personenschade (Haase/Vogelzang)); *A.S. Hartkamp*, Asser 4-I, Verbintenissenrecht, Deel 1, De verbintenis in het algemeen, 12. Aufl. 2004 (zit. Asser/Hartkamp 4-I); *A.S. Hartkamp/ C.H. Sieburgh*, Asser 6-II Verbintenissenrecht: De verbintenis in het algemeen, tweede gedeelte, 14. Aufl. 2013 (zit. Asser/Hartkamp/ Sieburgh 6-II); *A.S. Hartkamp/C.H. Sieburgh*, Asser 6-IV* De verbintenis uit de wet, 13. Aufl. 2011 (zit. Asser/Hartkamp/Sieburgh 6-IV*); *M.L. Hendrikse/ Ph.H.J.G. van Huizen/J.G.J. Rinkes*, Verzekeringsrecht praktisch belicht, 2. Aufl. 2008, Serie Recht en Praktijk nr. 137 (zit. Hendrikse/van Huizen/Rinkes, Verzekeringsrecht praktisch belicht); *G.G. Hesen/S.D. Lindenbergh/G.E. van Maanen*, Schadevaststelling en de rol van de deskundige, 2008, Serie Recht en Praktijk nr. 164 (zit. Hesen/Lindenbergh/van Maanen, Schadevaststelling en de rol van de deskundige); *K.J.O. Jansen*, Groene Serie – Onrechtmatige Daad, Loseblatt, Stand Februar 2011 (zit. GS Onrechtmatige Daad); *A.L.M. Keirse*, Schadebeperkingsplicht: Over eigen schuld aan de omvang van de schade, 2003, Serie Recht en Praktijk nr. 127 (zit. Keirse, Schadebeperkingsplicht); *S.D. Lindenbergh*, Groene Serie – Schadevergoeding, Loseblatt, Stand August 2015 (GS Schadevergoeding [Lindenbergh]); *S.D. Lindenbergh*, Groene Serie – Schadevergoeding, Loseblatt, Stand August 2015 (GS Schadevergoeding [Lindenbergh]); *M.J. Neeser/J.L. van Schoonhoven*, Schadeberekening in personenschadezaken, 2011 (zit. Neeser/Van Schoonhoven, Schadeberekening in personenschadezaken); *W.H.M. Reehuis/E.E. Slob/J.B. Rijpkema*, Parlementaire Geschiedenis van het nieuwe Burgerlijk Wetboek, Invoering Boeken 3, 5 en 6, Aanpassing van de overige wetten, 1992 (zit. Parl. Gesch. Aanpassing van de overige wetten [Invoering Boeken 3, 5 en 6]); *G.R. Rutgers*, Groene Serie – Burgerlijke Rechtsvordering, Loseblatt, Stand Januar 2012 (zit. GS Burgerlijke Rechtsvordering); *H.M. Storm*, Richtlijnen van De Letselschade Raad: hoe komen deze tot stand, TVP 2009/1; *J.H. Wansink*, Handboek Schaderegeling Motorrijtuigen, Loseblatt, Stand Mai 2008 (zit. Handboek Schaderegeling Motorrijtuigen [Wansink]).

Verzeichnis landesspezifischer Abkürzungen

BW	Burgerlijk Wetboek (das niederländische bürgerliche Gesetzbuch)
Hof	Gerechtshof (das niederländische Oberlandesgericht)
HR	Hoge Raad (der niederländische Bundesgerichtshof)
JAR	Jurisprudentie Arbeidsrecht
Mon	Monografieën
NJ	Nederlandse Jurisprudentie
NJF	Nederlandse Jurisprudentie Feitenrechtspraak
OIV	Ongevalleninzittendenverzekering (Insassenunfallversicherung)
Rb.	Rechtbank (das niederländische Landgericht)
Rv	Wetboek van Burgerlijke Rechtsvordering (die niederländische ZPO)
RvdW	Rechtspraak van de Week
RVV	Reglement Verkeersregels en Verkeerstekens 1990 (die niederländische StVO)
SVI	Schade-inzittendenverzekering (Schadensversicherung für Insassen)
VR	Tijdschrift voor Verkeersrecht
WAM	Wet Aansprakelijkheidsverzekering Motorrijtuigen
WVW	Wegenverkeerswet 1994 (das niederländische StVG)

Abschnitt 1: Anspruchsprüfung zum Haftungsgrund

§ 1 Haftungsgründe

A. Haftung des Fahrers

1 Im Rahmen der Haftung des Fahrers muss zunächst erwähnt werden, dass die Haftung für Unfallschäden durch den Eigentümer eines motorisierten Fahrzeugs bei der Haftung des Halters zur Sprache kommen wird, da zwischen der Haftung eines Halters und der Haftung eines Eigentümers grundsätzlich keine Unterschiede bestehen.

I. Haftung aus Verschulden

2 Die Haftung des Fahrers wird über die allgemeinen Haftungsregeln festgestellt. Die Grundlage für die Haftung eines Fahrers im Rahmen eines Verkehrsunfalls bildet Art. 6:162 BW.[1] Für die **Haftung aufgrund Art. 6:162 BW** gelten die folgenden Voraussetzungen:

- der Fahrer muss eine unerlaubte Handlung[2] begangen haben;

- die unerlaubte Handlung muss einem anderen gegenüber begangen worden sein;

- die unerlaubte Handlung muss dem Fahrer zugerechnet werden können;[3]

- ein Schaden muss entstanden sein;

- es muss Kausalität zwischen dem Schaden und der unerlaubten Handlung bestehen.[4]

Wenn die Voraussetzungen erfüllt sind, haftet der Fahrer dem Geschädigten gegenüber auf Schadensersatz.

---

1 BW: Burgerlijk Wetboek, das niederländische bürgerliche Gesetzbuch; 6:162: Buch 6, Art. 162.
2 Art. 6:162 Abs. 2 BW: Als unerlaubte Handlung werden ein Eingriff in ein Recht und ein Tun oder Unterlassen, das gesetzlichen Pflichten oder Verhaltensregeln des gesellschaftlichen Verkehrs aufgrund ungeschriebenen Rechts widerspricht, angesehen, jeweils vorbehaltlich eines Rechtfertigungsgrunds.
3 Zurechnung ist möglich, wenn den Fahrer ein Verschulden trifft oder wenn er die unerlaubte Handlung aufgrund des Gesetzes oder der Verkehrsauffassung zu vertreten hat (Art. 6:162 Abs. 3 BW).
4 In den Niederlanden wird im Rahmen der Kausalität an das „Conditio-sine-qua-non-Prinzip" angeknüpft.

Die **allgemeine Norm im Straßenverkehrsrecht** ist in Art. 5 Wegenverkeerswet 1994[5] ent- 3
halten. In Art. 5 WVW ist vorgeschrieben, dass es jedem verboten ist, sich derart zu verhalten, dass auf der Straße eine Gefahr verursacht wird oder verursacht werden kann oder
dass der Verkehr auf der Straße behindert wird oder behindert werden kann. Diese allgemeine Norm ist so breit formuliert, dass ein Fahrer sie bei fast jedem Unfall verletzt und
sie die Haftung auf Schadensersatz begründet. In der Praxis werden des Weiteren oft Bestimmungen aus der RVV[6] als Grundlage für die Haftung eines Fahrers herangezogen.

Der Fahrer hat **keine unerlaubte Handlung** begangen, wenn er sich auf einen Rechtferti- 4
gungsgrund berufen kann oder ihn kein Verschulden trifft. Des Weiteren entfällt die Schadensersatzverpflichtung, wenn der sogenannten „Schutznorm" des Art. 6:163 BW nicht
entsprochen wird. Der Fahrer haftet nicht auf Schadensersatz, wenn der geltend gemachte
Schaden nicht unter den Schutzzweck der verletzten Norm fällt.

II. Gefährdungshaftung

Ein Anspruch aus **Gefährdungshaftung** ist nur möglich, sofern es dafür eine gesetzliche 5
Grundlage gibt. Bei der Gefährdungshaftung müssen die Voraussetzungen der unerlaubten
Handlung und der Zurechenbarkeit nicht erfüllt sein. Die Verwirklichung des Risikos
reicht für die Begründung der Gefährdungshaftung aus. Für den Fahrer eines Fahrzeugs
gibt es im niederländischen Gesetz keine Grundlage für eine Gefährdungshaftung, es sei
denn, der Fahrer ist auch Eigentümer oder Halter des Fahrzeugs.[7] Der Fahrer haftet deshalb nur bei Verschulden.

B. Haftung des Halters

I. Haftung aus Verschulden

Ein Halter, ebenso wie ein Eigentümer eines Fahrzeugs, haftet dem Geschädigten auf Scha- 6
densersatz, wenn er selbst dem Geschädigten gegenüber eine unerlaubte Handlung begangen hat. Die Voraussetzungen des Art. 6:162 BW müssen dann erfüllt sein. Dieser Art. findet auf jeden Fall bei Unfällen zwischen motorisierten Verkehrsteilnehmern Anwendung.
Zwischen motorisiertem und nicht motorisiertem Verkehr gilt, im Rahmen der Haftung
eines Halters/Eigentümers eines Fahrzeugs, nicht Art. 6:162 BW, sondern es kommt
Art. 185 WVW zur Anwendung (Gefährdungshaftung).

1. **Straßenverkehrsrechtliche Gefährdungshaftung.** Art. 185 WVW bildet die **Grundlage** 7
für die straßenverkehrsrechtliche Gefährdungshaftung. Der zentrale Begriff in diesem Art.
ist Kraftfahrzeug („motorrijtuig").[8] Die folgenden Voraussetzungen müssen für die Begründung der Haftung auf Schadensersatz erfüllt sein:

- der Schaden muss durch einen Verkehrsunfall, an dem das Kraftfahrzeug beteiligt ist,
  verursacht sein;

- es muss sich um ein sich fortbewegendes Kraftfahrzeug handeln;

- das Fahrzeug muss auf einer für den öffentlichen Verkehr zugänglichen Straße fahren.[9]

- der Schaden wird nicht durch im Kraftfahrzeug beförderte Personen oder Sachen zugefügt.

Der Eigentümer eines Fahrzeugs oder, falls es einen Halter gibt, der Halter haftet auf Scha- 8
densersatz, wenn die Voraussetzungen des Art. 185 WVW erfüllt sind. Von der Person, auf
deren Namen das Fahrzeug zugelassen ist, wird vermutet, dass sie der Eigentümer des

---

5 Wegenverkeerswet 1994: das niederländische Straßenverkehrsgesetz; im Folenden: WVW.
6 RVV: Reglement verkeersregels en verkeerstekens 1990, die niederländische StVO.
7 Vgl. Rn. 7 ff.
8 Definition „Motorrijtuig": Fahrzeuge, die bestimmt sind, um anders als über Bahngleise ausschließlich oder
   unter anderem durch mechanische Kraft, die am oder auf dem Fahrzeug selbst vorhanden ist, oder durch
   Elektroantrieb mit Stromzufuhr von einer anderen Stelle aus angetrieben zu werden, mit Ausnahme von Fahrrädern mit Trethilfe (Art. 1 WVW).
9 Straßen, die nicht öffentlich zugänglich sind, sind keine Straßen iSd Art. 185 WVW.

Fahrzeugs ist, es sei denn, diese Person kann mittels Gegenbeweis nachweisen, dass sie nicht Eigentümer des Fahrzeugs ist. Der Geschädigte muss sich bei der Berufung auf Art. 185 WVW bezüglich der Geltendmachung seines Anspruchs auf Schadensersatz zunächst an den Eigentümer wenden, es sei denn, es gibt einen Halter. Die beiden haften nicht kumulativ. Laut Art. 185 Abs. 2 WVW haftet der Eigentümer/Halter, der nicht selbst das Fahrzeug führt, für einen Schaden, der sich aus der Verhaltensweise der Person, die er fahren lässt, ergibt.

9   Art. 185 WVW findet keine Anwendung, wenn Personen oder Sachen, die selbst im Fahrzeug befördert werden, Schaden zugefügt wird. Hintergrund dieser Voraussetzung ist die **Schutznorm** des Art.: Nicht der Benutzer des Fahrzeugs soll durch die Norm geschützt werden, sondern der übrige Verkehr. Der Benutzer des Fahrzeugs hat gegebenenfalls nur die Möglichkeit, seinen Anspruch auf Art. 6:162, 6:170 BW[10] oder auf eine mit dem Eigentümer oder Fahrer getroffene Beförderungsvereinbarung zu stützen.

10 **2. Besonderheiten bei Beförderungen. a) Entgeltliche Beförderung (Straßenbahn, Bus, Taxi).** Die niederländische Regelung über die Beförderung von Personen unterscheidet zwischen den Situationen, dass ein Fahrgast mit oder ohne Beförderungsvereinbarung befördert wird.[11] An dieser Stelle wird die Situation, in der es **keine Beförderungsvereinbarung** zwischen dem Beförderer und dem Fahrgast gibt, besprochen.

11 Eine Berufung auf die Gefährdungshaftung des Beförderers als Eigentümer oder Halter des Kraftfahrzeugs aufgrund Art. 185 WVW steht dem Fahrgast nicht zu, weil er von dem Kraftfahrzeug, das an dem Verkehrsunfall beteiligt ist, selbst befördert wird.[12] Dem Fahrgast steht eine Berufung auf Art. 6:170 Abs. 1 BW zu, wobei er vom Arbeitgeber des Fahrers des Kraftfahrzeugs Schadensersatz verlangen kann. Neben einem Anspruch gegen den Arbeitgeber hat der Fahrgast einen Anspruch aufgrund Art. 6:162 BW gegen den Fahrer.

12 **b) Unentgeltliche Beförderung (Anhalter, Bekannte).** In Verkehrsverfahren erhob sich mehrmals die Frage, ob das **kostenlose Mitfahren** eine Akzeptanz des Risikos für Fehler, die der Fahrer des Kraftfahrzeugs machen könnte, beinhaltet. Wenn diese Annahme zutreffen würde, dann ist von einer unerlaubten Handlung des Fahrers gegenüber dem Mitfahrer keine Rede. Es wird jedoch angenommen, dass lediglich das kostenlose Mitfahren keine Akzeptanz des Risikos beinhaltet.[13] Erleidet ein Mitfahrer infolge eines Unfalls einen Schaden, hat er gegenüber dem Fahrer des Kraftfahrzeugs einen Anspruch aufgrund von Art. 6:162 BW oder Art. 6:170 Abs. 1 BW. Das „kostenlose Mitfahren" kann wohl ein Umstand für eine Ermäßigung des zu zahlenden Schadensersatzes sein, jedoch nur abhängig von den finanziellen Verhältnissen des Haftungsschuldners.[14]

II. Gefährdungshaftung

13 **1. Grundlagen der Gefährdungshaftung.** Grundlage der **Gefährdungshaftung eines Halters** ist Art. 185 WVW. Ein Eigentümer/Halter haftet bei Unfällen zwischen motorisiertem und nicht motorisiertem Verkehr dem Geschädigten gegenüber verschuldensunabhängig auf Schadensersatz; zum Beispiel wenn die Ursache des Unfalls nicht endgültig festgestellt werden kann.[15] Wenn sich das Risiko des Unfalls verwirklicht, haftet der Eigentümer/Halter aufgrund des Art. 185 WVW, es sei denn, der Eigentümer/Halter kann sich auf eine Entlastungsmöglichkeit berufen.

14 **2. Typische Problembereiche. a) Betriebsbegriff.** Ein Fahrzeug ist in **Betrieb**, wenn es sich fortbewegt. Wird das Fahrzeug verkehrsbedingt zum Stillstand gebracht, fällt dies auch unter den Begriff „Fortbewegung". Der Betriebsbegriff wird deshalb in dem Sinne erwei-

---

10 Vgl. Rn. 28.
11 Vgl. Rn. 40.
12 Vgl. Rn. 9.
13 GS Onrechtmatige daad, Art. 6:162 BW, Anm. 213. Dem Mitfahrer, der befördert wird, steht keine Berufung auf Art. 185 WVW zu, weil er mit dem Kraftfahrzeug befördert wird (Art. 185 Abs. 3 WVW).
14 Asser/Hartkamp&Sieburgh 6-IV 2015/278. Vgl. auch HR 3.12.1971, NJ 1972, 144 und HR 11.4.1975, NJ 1975, 373.
15 HR 17.11.2000, NJ 2001, 260.

tert, dass ein Fahrzeug am Verkehr beteiligt sein muss. Es muss zum Zeitpunkt des Unfalls nicht unbedingt tatsächlich in Bewegung sein.[16]

b) **Ladevorgänge.** Ladevorgänge bilden im niederländischen juristischen System keine gesonderte Fallgruppe. Für Ladevorgänge gelten die allgemeinen Regeln des Art. 6:162 BW und Art. 185 WVW. 15

c) **Verneinung der Betriebsgefahr.** In Deutschland gelten Fälle wie Herausforderung der Gefahr durch den Geschädigten, eine nicht zu erwartende Schreckreaktion und Selbstgefährdung als „**Verneinung der Betriebsgefahr**". Nach niederländischem Recht werden diese Situationen über das Institut des „Eigenverschuldens" gelöst.[17] 16

d) **Verfolgungsfälle.** Für **Verfolgungsfälle** gibt es weder gesonderte gesetzliche Regeln, noch wurden in der Rechtsprechung spezielle Grundsätze entwickelt. Es gelten die allgemeinen Haftungsregeln des Art. 6:162 BW und Art. 185 WVW unter Berücksichtigung des beiderseitigen Mitverschuldens. In diesem Bereich gilt, dass die Polizei aus amtlichen Gründen eine spezielle Aufgabe hat. Sollte es zu Unfällen kommen, werden das Mitverschulden beider Parteien und die öffentliche Aufgabe der Polizei bei der Abwägung des beiderseitigen Verschuldens berücksichtigt. 17

3. Entlastungsmöglichkeit. Die **Entlastungsmöglichkeit** im Rahmen des Art. 6:162 BW, der Rechtfertigungsgrund und der Mangel des Verschuldens wurden bereits behandelt.[18] Für die Haftung aus Art. 185 WVW bestehen auch Entlastungsmöglichkeiten. 18

Bei der ersten Möglichkeit liegt die Ursache des Unfalls in **höherer Gewalt.** Der Eigentümer/Halter muss glaubhaft machen, dass die Ursache auf höhere Gewalt zurückzuführen ist. Höhere Gewalt liegt nur vor, wenn dem Fahrer keinerlei Vorwurf gemacht werden kann. Der Unfall muss ausschließlich auf die Verfehlungen einer anderen Person zurückzuführen sein, die für den Fahrer derart unwahrscheinlich waren, dass dieser bei der Bestimmung seines Fahrverhaltens mit dieser Möglichkeit berechtigterweise nicht zu rechnen brauchte.[19] Ein Mangel am Fahrzeug führt deswegen nicht zur höheren Gewalt.[20] Ein plötzlich auftretender körperlicher oder geistiger Mangel beim Fahrer stellt ebenfalls keinen Grund für eine erfolgreiche Berufung auf höhere Gewalt dar.[21] 19

Wenn ein Unfall von jemand verursacht worden ist, für den der Eigentümer oder der Halter des Kraftfahrzeugs nicht haftet, kann sich der Eigentümer oder der Halter aus diesem Grund von der Haftung entlasten. 20

Art. 185 WVW findet laut Art. 185 Abs. 3 WVW keine Anwendung, wenn es sich um Schäden an sich frei bewegenden Tieren, an einem anderen sich fortbewegenden Kraftfahrzeug oder an Personen, die mit dem Kraftfahrzeug befördert werden, handelt. In diesen Fällen gelten die allgemeinen Haftungsregeln. 21

Bei der **Beförderung durch öffentliche Verkehrsmittel** aufgrund eines Beförderungsvertrags hat der Beförderer aufgrund Art. 8:105 Abs. 2 BW eine Entlastungsmöglichkeit. Es handelt sich um einen für Beförderungsverträge festgelegten Begriff der höheren Gewalt. Für Verträge über Personenbeförderung auf der Straße ist Ähnliches in Art. 8:1148 Abs. 1 BW festgelegt.[22] 22

---

16 HR 11.5.1934, NJ 1934, 1041.
17 Vgl. Rn. 87 ff.
18 Vgl. Rn. 4.
19 U.a. HR 4.10.1996, NJ 1997,147 und HR 17.11.2000, NJ 2001, 260.
20 HR 16.4.1942, NJ 1942, 394.
21 Parl. Gesch., Aanpassing van de overige wetten (Invoering Boeken 3, 5 en 6), S. 275.
22 Vgl. Rn. 41 und 43. Für Entlastungsmöglichkeiten bzgl. Art. 6:162 BW vgl. Rn. 4.

C. Haftung des Versicherers

I. Haftungsvoraussetzung

23 Aufgrund des niederländischen Gesetzes über die **Haftpflichtversicherung** von Kraftfahrzeugen, die WAM,[23] hat ein Geschädigter eines Verkehrsunfalls aufgrund Art. 6 WAM einen eigenen Anspruch[24] gegen den Versicherer. Das bedeutet, dass der Geschädigte den WAM-Versicherer direkt belangen und – nötigenfalls – verklagen kann. Die WAM-Versicherung ist für jeden Autofahrer eine Pflichtversicherung.[25] Dieses **'eigene Recht'** ist ein Recht, das dem Geschädigten ohne die Regelung der WAM nicht zustehen würde. Aufgrund der Hauptregel des Haftungsrechts würde sich der Geschädigte nur direkt an den Schadensverursacher wenden können.[26] Die besondere Position des Geschädigten in der Regelung der WAM ergibt sich übrigens auch noch daraus, dass der Geschädigte für den WAM-Versicherer der Leistungsberechtigte ist. Eine Auszahlung an den „eigenen" Versicherten befreit den WAM-Versicherer nicht von seiner Verpflichtung, den Schaden direkt an den Geschädigten auszuzahlen.[27]

24 Die Position des Geschädigten gegenüber dem WAM-Versicherer ist noch in einer anderen (antizyklischen) Bestimmung in der WAM enthalten. In Art. 11 WAM ist nämlich festgelegt, dass der Versicherer dem Geschädigten keine **Einreden** aus dem Versicherungsvertrag oder andere mit dem Versicherungsvertrag des Versicherten verbundene Beschränkungen entgegenhalten darf. Diese Bestimmung bietet dem Geschädigten eine noch stärkere Position als Art. 7:954 BW; letztgenannte Bestimmung bezieht sich (auch) auf Fälle, in denen der Geschädigte – falls er gestorben ist[28] oder Verletzungen davongetragen hat – den Haftpflichtversicherer[29] des Verursachers belangen darf.[30] In einer '7:954 BW-Situation' darf der Versicherer gegenüber dem Geschädigten die Versicherungsbedingungen, die für den mit dem Verursacher der Verletzungen geschlossenen Versicherungsvertrag gelten, *dennoch* anwenden. In Fällen, die außerhalb des Geltungsbereichs der WAM fallen, hat sich der Gesetzgeber bewusst für eine Regelung, die keine (absolute) Garantie für das Opfer schafft, entschieden.[31]

II. Nachhaftung

25 Einreden aus dem Versicherungsvertrag, einschließlich der auf den Versicherten zurückzuführenden Beendigung der Versicherung, können aufgrund Art. 7:954 BW dem Geschädigten entgegengehalten werden. Der WAM-Versicherer kann sich infolge von Art. 11 WAM gegenüber dem Geschädigten nicht auf derartige Einreden berufen.[32] Falls der Unfall nach Beendigung der Versicherung stattfindet, hat der Geschädigte keine Ansprüche mehr gegen den Versicherer.

---

23 WAM: Wet Aansprakelijkheidsverzekering Motorrijtuigen.
24 Vgl. Handboek Personenschade (De Bosch Kemper), S. 2120–31 ff.; Vgl. auch EuGH 13.12.2007 RvdW 2008, 135 (FBTO Schadeverzekeringen/Jack Odenbreit). Dabei handelte es sich um ein Ersuchen um eine Vorabentscheidung aufgrund von Art. 68 und Art. 234 EG-Vertrag (heutzutage Art. 267 VwEU, Art. 68 EG-Vertrag wurde gestrichen), eingereicht vom BGH (Deutschland) mit Entscheidung vom 26.9.2006. Der Hinweis in Art. 11 Abs. 2 der Verordnung (EG) Nr. 44/2001 auf Art. 9 Abs. 1 Buchst. B (Seit dem 10.1.2015 gelten Art. 13 Abs. 2 und Art. 11 Abs. 1 Buchst. B Verordnung (EG) Nr. 1215/2012) ist derart auszulegen, dass der Geschädigte bei dem Gericht des Ortes in einem Mitgliedstaat, an dem er seinen Wohnsitz hat, unmittelbar gegen den Versicherer eine Klage erheben kann, sofern eine solche unmittelbare Klage zulässig ist und der Versicherer seinen Wohnsitz im Hoheitsgebiet eines Mitgliedstaats hat.
25 Vgl. Handboek Personenschade (De Bosch Kemper), S. 2120-21.
26 Handboek Schaderegeling Motorrijtuigen (Wansink), S. 325-3.
27 Art. 6 Abs. 1, letzter Satz WAM.
28 In diesem Fall also die Erben des Opfers.
29 Bei Privatpersonen als AVP und bei Betriebshaftpflichtversicherungen als AVB bezeichnet.
30 Vgl. Handboek Personenschade (De Bosch Kemper), S. 2120-32.
31 Vgl. Franken, AV&S 2011/13.
32 Vgl. Rn. 24.

D. Haftung von Begleitpersonen

I. Haftung des Beifahrers

Die Haftung des **Beifahrers** gegenüber dem Geschädigten richtet sich nach der allgemeinen   26
Norm für die Begründung der Haftung, nämlich Art. 6:162 BW. Es handelt sich dann um
eine eigene unerlaubte Handlung des Beifahrers.[33]

II. Haftung des Einweisers

Die Haftung des **Einweisers** gegenüber dem Geschädigten richtet sich nach den allgemei-   27
nen Bestimmungen, auf denen die Haftung gestützt wird. Entsteht einem Geschädigten
Schaden durch eine unerlaubte Handlung des Einweisers, hat der Geschädigte neben
einem Anspruch gegen den Fahrer oder Eigentümer des Kraftfahrzeugs (Art. 6:162 BW
oder Art. 185 WVW) einen eigenen Anspruch gegen den Einweiser aufgrund von
Art. 6:162 BW.

E. Haftungsmodifikationen

I. Einschränkungen

1. Unfallschaden und Arbeitnehmer. a) Grundsätze der Haftungsverteilung. Verursacht   28
ein Arbeitnehmer durch einen Fehler[34] einen Schaden bei einem Dritten, haftet der Arbeitgeber aufgrund Art. 6:170 BW für den Schaden, wenn durch die Aufgabenerfüllung durch
den Arbeitnehmer die Gefahr eines Fehlers größer geworden ist und der Arbeitgeber die
Weisungsbefugnis über die Verhaltensweise, die zum Fehler führte, hatte. Es handelt sich
um eine Risikohaftung des Arbeitgebers ohne Möglichkeit der Entlastung.[35] Aufgrund
Art. 6:170 Abs. 3 BW braucht der Arbeitnehmer im Fall, dass sowohl der Arbeitgeber als
auch der Arbeitnehmer für den Schaden haften, zum Schadensersatz nichts beizutragen,
außer wenn der Schaden die Folge von Vorsatz oder bewusster grober Fahrlässigkeit ist.

b) Haftung gegenüber Betriebsangehörigen. Die Haftung eines Arbeitnehmers einem Be-   29
triebsangehörigen gegenüber wird aufgrund der allgemeinen Haftungsnorm in Art. 6:162
BW beurteilt.[36]

2. Geschäftsführung ohne Auftrag. Es ist möglich, dass eine Person bei einem Verkehrsun-   30
fall handelnd auftritt (und vielleicht sogar auftreten muss) und wissentlich und willentlich
und aus einem angemessenen Grund die Interessen eines anderen wahrnimmt, ohne dafür
aus einem Rechtsgeschäft oder aus einem anderen im Gesetz geregelten Rechtsverhältnis
die Befugnis zu besitzen.[37] Es könnte sich dann um eine **Geschäftsführung ohne Auftrag**
iSv Art. 6:198 BW handeln. Entsteht dem Geschäftsführer ohne Auftrag bei der Wahrnehmung der Interessen des Betroffenen ein Schaden und erfolgte die Geschäftsführung ohne
Auftrag aus einem vertretbaren Grund, dann ist der Betroffene aufgrund Art. 6:200 BW
verpflichtet, den dem Geschäftsführer ohne Auftrag entstandenen Schaden zu ersetzen.
Zwischen der Wahrnehmung der Interessen und dem entstandenen Schaden muss ein kausaler Zusammenhang bestehen.[38]

3. Unentgeltliche Beförderung. Für die unentgeltliche Beförderung gibt es keine weiteren   31
Beschränkungen. Für die Haftung gelten die allgemeinen Regelungen.[39]

4. Mietwagenprobleme. Bei Verkehrsunfällen, bei denen durch einen **Mietwagen** ein Scha-   32
den verursacht wurde, stellt sich die Frage, wer für den Schaden des Geschädigten haftet.

---

33 Vgl. Rn. 2 ff.
34 Fehler: zurechenbare unerlaubte Handlung; Ist der Unfall eine Folge einer geistigen oder körperlichen Behin-
    derung des Fahrers, dann ist ihm die unerlaubte Handlung zuzurechnen (Art. 6:165 Abs. 1 BW) und trägt
    der Arbeitgeber aufgrund Art. 6:170 BW die Gefährdungshaftung.
35 T&C BW, Art. 6:170, Anm. 1.
36 Vgl. auch T&C BW, Art. 7:661, Anm. 1; vgl. auch Rn. 2 ff.
37 Asser/Hartkamp&Sieburgh 6-IV 2015/392.
38 T&C BW, Art. 6:200, Anm. 2 Buchst. C; Asser/Hartkamp&Sieburgh 6-IV 2015/413.
39 Vgl. Rn. 12.

Der Mieter des Mietwagens haftet nicht aus Art. 185 WVW, weil er kein Halter iSv Art. 1 Abs. 1 Buchst. o WVW ist.[40] Aufgrund Art. 185 WVW haftet der Halter oder der Eigentümer, oft der Vermieter. Dieser hat den Schaden des Geschädigten zu ersetzen, es sei denn, es ist glaubhaft, dass der Unfall auf höhere Gewalt zurückzuführen ist. Dabei ist zu berücksichtigen, dass Art. 185 WVW nur bei Verkehrsunfällen zwischen motorisiertem und nicht-motorisiertem Verkehr Anwendung findet. Der Mieter des Mietwagens, der auch der Fahrer ist, haftet gegenüber dem Geschädigten für den zugefügten Schaden, wenn die Voraussetzungen von Art. 6:162 erfüllt sind.

33 Der **Vermieter** haftet neben den Fällen von Art. 185 WVW dem Geschädigten auch, wenn es sich um eine eigene unerlaubte Handlung des Vermieters iSv Art. 6:162 BW handelt. Grundsätzlich können Verhaltensweisen des Mieters nicht ohne Weiteres dem Vermieter zugerechnet werden.

34 Das Vorstehende lässt unberührt, dass der Vermieter einen Schadensersatzanspruch gegen den Mieter haben kann, falls bspw. Schaden am Mietwagen entstanden ist. Diese Schadensersatzverpflichtung für den Mieter ergibt sich dann aus einer mangelhaften Erfüllung des Mietvertrags gegenüber dem Vermieter aufgrund Art. 6:74 BW.

35 **5. Mitversicherte Personen und Insassen.** Neben der allgemeinen (Haftpflicht-)Versicherung (WA) gibt es noch zwei andere Versicherungen, die gegebenenfalls einen durch einen Verkehrsunfall verursachten Schaden ersetzen, nämlich die Insassenunfallversicherung (OIV) und die Insassenschadensversicherung (SVI).

36 Eine **OIV** ist eine sogenannte Summenversicherung iSv Art. 7:964 BW. Das bedeutet, dass die Auszahlung aufgrund dieser Versicherung von vorher festgelegten Beträgen ausgeht und von dem entstandenen Schaden nicht abhängig ist.[41] Im Todesfall wird der vorher dafür festgelegte Betrag ausgezahlt. Die Leistung für dauernde funktionelle Invalidität wird von dem Betrag, der für eine dauernde vollständige funktionelle Invalidität festgelegt ist, abgeleitet. Bei einer teilweise dauernden funktionellen Invalidität bekommt man einen Prozentsatz davon. Der Prozentsatz wird in der Regel von einem von der Versicherungsgesellschaft eingeschalteten (unabhängigen) medizinischen Sachverständigen bestimmt.[42]

37 Die **SVI** ist eine Schadensversicherung iSv Art. 7:944 BW. Das bedeutet, dass der wirklich entstandene Schaden ersetzt wird, wobei die Schadensfeststellung auf die gleiche Weise wie bei der Schadensfeststellung bei der Haftpflichtversicherung erfolgt. Der charakteristische Unterschied zwischen einer SVI und der Versicherung aufgrund der WA liegt darin, dass die SVI ungeachtet der Schuldfrage auszahlt, auch an den Fahrer. Also auch der Fahrer bekommt aufgrund der SVI seinen Schaden erstattet.

38 Eine Leistung aufgrund einer SVI oder OIV kann gegebenenfalls mit der Erstattung des Schadens durch den WA(M)-Versicherer zusammenfallen. Der Hoge Raad hat einige Ausgangspunkte bezüglich der Frage, ob derartige Leistungen von der Leistung von (unter anderem) dem WAM-Versicherer abgezogen werden müssen, formuliert.[43]

39 **6. Deckungsgrenzen.** Die **Mindestversicherungssummen** des WAM werden aufgrund von Art. 22 WAM durch eine Rechtsverordnung festgelegt. Die Mindestbeträge wurden zum 1.1.2012 durch die Umsetzung der Richtlinie 2005/14/EG[44] wesentlich erhöht. In dem Erlass „Besluit bedragen aansprakelijkheidsverzekering motorrijtuigen" ist festgelegt, dass die Mindestversicherungssumme für Kraftfahrzeuge für Personenschäden 5.600.000 EUR

---

40 Halter aufgrund Art. 1 Abs. 1 Buchst. o WVW ist derjenige, der aufgrund eines Mietkaufvertrags über das Fahrzeug verfügt, den Nießbrauch davon hat oder aus einem anderen Grund, anders als ein Eigentümer oder Besitzer, darüber zur dauerhaften Nutzung verfügt.

41 Die Insassenunfallversicherung ist eine spezifische Unfallversicherung. Im Fall eines Unfalls kommt es darauf an, ob der Geschädigte eine Unfallversicherung abgeschlossen hat und ob diese zu einer Auszahlung kommt.

42 Vgl. Handboek Personenschade (Van Ardenne-Dick), S. 2130-3.

43 HR 1.10.2010, LJN: BM7808; Vgl. auch T&C BW, Art. 6:100, Anm. 5.

44 Richtlinie 2005/14/EG des Europäischen Parlaments und des Rates vom 11.5.2005 zur Änderung der Richtlinien 72/166/EWG, 84/5/EWG, 88/357/EWG und 90/232/EWG des Rates sowie der Richtlinie 2000/26/EG des Europäischen Parlaments und des Rates über die Kraftfahrzeug-Haftpflichtversicherung.

je Ereignis und für Sachschäden 1.120.000 EUR je Ereignis betragen muss.[45] Für ein Kraftfahrzeug, das für die Beförderung von mehr als acht Personen, der Fahrer nicht mitgezählt, ausgestattet ist, muss die Versicherungssumme mindestens 10.000.000 EUR je Ereignis betragen.[46] Die Versicherungssumme bei Kraftfahrzeugen mit einem höchstzulässigen Gewicht von mehr als 3500 Kilogramm muss mindestens 10.000.000 EUR je Ereignis betragen.[47] Diese Mindestbeträge werden periodisch indexiert.

II. Erweiterungen

1. Entgeltliche Beförderung. Wenn es einen **Beförderungsvertrag** zwischen einem Beförderer und einem Fahrgast gibt, wird die Haftung aufgrund des Vertrags und der in Buch 8 des BW festgelegten Bestimmungen geregelt. Auch gelten die allgemeinen Bestimmungen des allgemeinen Vertragsrechts, sofern der Vertrag und die Regelungen in Buch 8 BW keine Lösung bieten.   40

In Art. 8:100 BW ist der Vertrag über die **inländische öffentliche Personenbeförderung** geregelt, der sich auch auf Beförderungsverträge für die Straßenbahn und den Bus bezieht.[48] Der Beförderer ist verpflichtet, Fahrgäste und ihr Gepäck sicher zu befördern.[49] Für einen Schaden, der dem Fahrgast infolge eines Unfalls im Zusammenhang mit und während der Beförderung entsteht, haftet der Beförderer aufgrund von Art. 8:105 Abs. 1 BW (bei Tod oder Verletzung des Fahrgastes) und aufgrund von Art. 8:106 Abs. 1 BW (im Fall von Schäden am Gepäck). Ein Umstand, den ein sorgfältiger Beförderer nicht hätte vermeiden können und der zu dem Unfall geführt hat, oder dessen Folgen ein sorgfältiger Beförderer nicht hätte vermeiden können, führt zu einer Berufung auf höhere Gewalt (Art. 8:105 Abs. 2 BW und Art. 8:106 Abs. 1 Buchst. b BW).   41

Die Haftung des Beförderers ist aufgrund von Art. 8:110 BW beschränkt, es sei denn, es handelt sich um Vorsatz oder bewusste grobe Fahrlässigkeit des Beförderers selbst (Art. 8:111 Abs. 1 BW). Die **Haftungsgrenze** für einen Beförderer wurde zum 1.3.2009 auf 1.000.000 EUR pro Fahrgast mit einem Höchstbetrag von EUR 15.000.000 pro Ereignis bei einer Beförderung in Straßenbahn und Bus festgelegt.[50]   42

In Art. 8:1140 Abs. 1 BW ist der Vertrag **über die Personenbeförderung auf der Straße** geregelt. Ein Beispiel für einen derartigen Vertrag ist die Beförderung durch ein Taxi. Auch hier gilt, dass der Beförderer zu einer sicheren Beförderung zum vereinbarten Bestimmungsort verpflichtet ist.[51] Für einen Schaden, der durch Tod oder Verletzung des Fahrgastes infolge eines Unfalls im Zusammenhang mit und während der Beförderung verursacht worden ist, und für Schäden (einschließlich des vollständigen oder teilweisen Verlusts) am Gepäck haftet der Beförderer aufgrund von Art. 8:1147 BW und Art. 8:1150 Abs. 1 BW. Einen Umstand, den ein sorgfältiger Beförderer nicht hätte vermeiden können   43

---

45 Art. I Besluit van 16.8.2011 tot wijziging van het Besluit bedragen aansprakelijkheid motorrijtuigen (Erlass vom 16.8.2011 zur Änderung des Erlasses über Haftungsbeträge Kraftfahrzeuge), NL-Gesetzblatt Staatsblad 2011, 390.

46 Art. IA Besluit van 4.6.2007 tot wijziging van het Besluit bedragen aansprakelijkheid motorrijtuigen, (Erlass vom 4.6.2007 zur Änderung des Erlasses über Haftungsbeträge Kraftfahrzeuge) NL-Gesetzblatt Staatsblad 2007, 196.

47 Art. IB Besluit van 4.6.2007 tot wijziging van het Besluit bedragen aansprakelijkheid motorrijtuigen, (Erlass vom 4. Juni 2007 zur Änderung des Erlasses über Haftungsbeträge Kraftfahrzeuge) NL-Gesetzblatt Staatsblad 2007, 196.

48 Der Beförderer verpflichtet sich gegenüber der anderen Partei, einen Fahrgast oder mehrere Fahrgäste, gegebenenfalls mit Handgepäck, an Bord eines Transportmittels innerhalb der Niederlande per Eisenbahn oder auf eine andere Art zu befördern und zwar nach einem für jeden erkennbaren Plan von Reisemöglichkeiten (Fahrplan).

49 T&C BW, Art. 8:100 BW, Anm. 2 Buchst. a.

50 Art. I Besluit van 24 november 2008 tot wijziging van enkele besluiten ter uitvoering van Boek 8 van het Burgerlijk Wetboek in verband met verhoging van de aansprakelijkheidslimiet in het binnenlands personenvervoer (Erlass vom 24.11.2008 zur Änderung der Erlasse bezüglich der Ausführung des 8. Buches des bürgerlichen Gesetzbuchs wegen der Erhöhung der Haftungsgrenze in der inländischen Personenbeförderung), NL-Gesetzblatt Staatsblad 2008, 505.

51 T&C BW, einleitende Bemerkungen zu Art. 8:1140 BW, Anm. 4.

und der zu dem Unfall geführt hat oder dessen Folgen ein sorgfältiger Beförderer nicht hätte vermeiden können, führt zu einer Berufung auf höhere Gewalt (Art. 8:1148 BW und Art. 8:1150 Abs. 1 BW).

44 Die Haftung des Beförderers ist aufgrund von Art. 8:1157 BW beschränkt, es sei denn, es handelt sich um Vorsatz oder bewusste Fahrlässigkeit des Beförderers selbst (Art. 8:1158 Abs. 1 BW). Die **Haftungsgrenze** für einen Beförderer wurde zum 1.3.2009 auf 1.000.000 EUR pro Fahrgast mit einem Höchstbetrag von 15.000.000 EUR festgelegt.[52]

45 **2. Unentgeltliche Beförderung.** Die Bestimmungen von Art. 8:100 ff. BW finden auch auf eine **unentgeltliche Beförderung** Anwendung, weil es für ungerecht gehalten wird, dass sich der Beförderer mit einem geringeren Maß an Sorgfalt begnügen könnte, wenn die Beförderung unentgeltlich ist. Eine unentgeltliche Beförderung kann jedoch auf den zu zahlenden Schadensersatz Einfluss haben.[53] Die unentgeltliche Beförderung kann auch zu den Beförderungsverträgen aufgrund von Art. 8:1140 BW gerechnet werden. Aufgrund von Art. 6:109 BW (richterliche Befugnis zur Minderung) kann eine unentgeltliche Beförderung zu einer Haftungsminderung des Beförderers führen. Ob es sich in einem bestimmten Fall von unentgeltlicher Beförderung um einen Beförderungsvertrag handelt, bleibt der Würdigung des Richters überlassen.[54]

F. Haftung von Radfahrern, Fußgängern, Behinderten

I. Haftungskriterien

46 Bei der Beteiligung von Radfahrern, Fußgängern und Behinderten an einem Unfall gelten die allgemeinen Haftungsregeln aus Art. 6:162 BW.[55]

47 Bei **Behinderten** gilt, dass aufgrund Art. 6:165 BW ein Verhalten einer Person von 14 Jahren oder älter, das einem Tun gleichgestellt werden muss und kein reines Unterlassen darstellt und das von einer körperlichen oder geistigen Behinderung beeinflusst worden ist, dem Täter zugerechnet wird. Die Tatsache, dass ein Behinderter trotz seiner Behinderung haftet, kann jedoch gem. Art. 6:109 BW wegen der Art der Haftung zur Haftungsminderung führen. Ob eine Haftungsminderung in Betracht kommt, bleibt der Würdigung des Richters überlassen.

48 Sollte ein **Dritter** neben dem Behinderten dem Geschädigten gegenüber aufgrund **nicht ausreichender Aufsicht** haften, ist der Dritte dem Behinderten gegenüber verpflichtet, sich an dem Schadensersatz für den Gesamtbetrag seiner Haftung gegenüber dem Geschädigten zu beteiligen. Dies schreibt Art. 6:165 Abs. 2 BW vor.

II. Abwägungsgesichtspunkte

49 Die Partei, die infolge eines Unfalls im Prinzip verpflichtet ist, den Schaden des Geschädigten zu ersetzen, kann sich auf **Eigenverschulden** des Geschädigten aufgrund von Art. 6:101 BW berufen.[56] Es findet dann eine Kausalitätsabwägung statt, der eine Billigkeitskorrektur folgen kann. Alle Umstände des Einzelfalls werden bei dieser Beurteilung mit berücksichtigt. Für Radfahrer und Fußgänger wurden in diesem Rahmen in der Rechtsprechung feste Normen formuliert.[57]

50 Neben Art. 6:101 BW gibt es im niederländischen Recht Art. 6:109 BW, in dem die **richterliche Befugnis zur Minderung** festgelegt ist. Der Art. räumt dem Richter die Befugnis

---

52 Art. II Besluit van 24 november 2008 tot wijziging van enkele besluiten ter uitvoering van Boek 8 van het Burgerlijk Wetboek in verband met verhoging van de aansprakelijkheidslimiet in het binnenlands personenvervoer (Erlass vom 24.11.2008 zur Änderung der Erlasse bezüglich der Ausführung des 8. Buches des bürgerlichen Gesetzbuchs wegen der Erhöhung der Haftungsgrenze in der inländischen Personenbeförderung), NL-Gesetzblatt Staatsblad 2008, 505.
53 T&C BW, Art. 8:100 BW, Anm. 2 Buchst. a.
54 T&C BW, Art. 8:1140 BW, Anm. 1 Buchst. a.
55 Vgl. Rn. 2 ff.
56 Vgl. Rn. 87 ff.
57 Vgl. Rn. 90 f.

ein, in Ausnahmefällen von der Zuweisung des vollen Schadensersatzes, auf den grundsätzlich ein Anspruch besteht, abzusehen.[58] Der Unterschied zu Art. 6:101 BW ist, dass in Art. 6:101 BW Verhaltensweisen des Geschädigten in der Kausalitätsabwägung und der Billigkeitskorrektur mit berücksichtigt werden. Art. 6:109 BW räumt dem Richter die Minderungsbefugnis ein, falls die Zuweisung des vollen Schadensersatzes unter den gegebenen Umständen zu offensichtlich unvertretbaren Ergebnissen führen würde. Der Art. wird jedoch sehr zurückhaltend angewendet, meist wird Art. 6:101 BW herangezogen.[59] Im Allgemeinen wird ausgeschlossen, dass Art. 6:109 BW neben Art. 6:101 BW zur Anwendung kommen kann, weil zum größten Teil die gleichen Abwägungsfaktoren bei der Beurteilung berücksichtigt werden.[60]

III. Sonderfall: Ältere Fußgänger, Kinder, Behinderte

Für die Haftung **älterer Fußgänger** gelten die allgemeinen Haftungsregeln aus Art. 6:162   51
BW. Diese allgemeinen Haftungsregeln gelten auch für **Behinderte**.[61]

Bezüglich der Haftung von **Kindern** ist nach dem Alter des Kindes zu differenzieren. Zu-   52
nächst ist in Art. 6:164 BW bestimmt, dass Kindern unter 14 Jahren ein Verhalten nicht als unerlaubte Handlung zugerechnet werden kann. Für diese Kinder haftet entweder ein Dritter aufgrund von Art. 6:162 BW wegen mangelnder Aufsicht oder haften die Eltern/der Vormund aufgrund von Art. 6:169 Abs. 1 BW, ein Fall der Gefährdungshaftung. Für die Anwendung des Art. 6:169 Abs. 1 BW ist erforderlich, dass das Verhalten einem Tun gleichzustellen ist. Für reines Unterlassen haften die Eltern/der Vormund nicht. Das Verhalten muss hypothetisch einen Fehler[62] darstellen, dh der Fehler könnte dem Kind zugerechnet werden, falls sein Alter der Zurechnung nicht entgegenstünde. Der Grund, weshalb Art. 6:164 BW nicht von einer zurechenbaren unerlaubten Handlung ausgeht, liegt im jugendlichen Alter des Kindes. Liegt ein Rechtfertigungsgrund vor, haften die Eltern/der Vormund zB nicht.

Für Schäden, die ein Dritter durch ein Fehlverhalten eines Kindes im Alter von 14 oder 15   53
Jahren erleidet, haften neben dem Kind (aufgrund Art. 6:162 BW) grundsätzlich die Eltern/der Vormund aufgrund von Art. 6:169 Abs. 2 BW (**mangelnde Aufsicht**). Die Eltern/der Vormund haften nicht, falls ihnen/ihm nicht vorgeworfen werden kann, das Verhalten des Kindes nicht verhindert zu haben. Es handelt sich um einen Fall der Verschuldenshaftung (statt der Gefährdungshaftung) mit „Beweislastumkehr". Die Eltern/der Vormund müssen glaubhaft machen, dass ihnen/ihm nicht vorgeworfen werden kann, das Verhalten des Kindes nicht verhindert zu haben. Die Eltern müssen alles getan haben, was ihnen unter den betreffenden Umständen zugemutet werden konnte. Es ist vom Alter, von der Art des Verhaltens und vom Entwicklungsniveau des Kindes, von den Anforderungen des täglichen Lebens und von den Lebensumständen der Eltern abhängig, ob die Eltern sich entlasten können.[63] Ab dem 16. Lebensjahr haftet das Kind aufgrund von Art. 6:162 BW. Die Eltern/der Vormund haften/haftet dann nur aus eigener unerlaubten Handlung.

Aus der **Rechtsprechung** wird im Hinblick auf Kinder, die jünger als 14 Jahre sind, die Re-   54
gel abgeleitet, dass Umstände, die zum Entstehen des Schadens durch einen Unfall beigetragen haben, im Rahmen der Minderung der Ersatzpflicht des Ersatzpflichtigen, einem Kind nicht zugerechnet werden können, es sei denn, es handelt sich um Vorsatz oder am Vorsatz grenzende Fahrlässigkeit seitens des Kinds. Die Ersatzpflicht des Ersatzpflichtigen bleibt voll und ganz bestehen. Für Kinder ab 14 Jahren ist in der Rechtsprechung festge-

---

58 Keirse, Schadebeperkingsplicht, S. 241.
59 Keirse, Schadebeperkingsplicht, S. 242.
60 Keirse, Schadebeperkingsplicht, S. 248; Aus der Rechtsprechung sind keine Fälle bekannt, in dem beide Art. kumulativ angewendet werden.
61 Vgl. Rn. 46 ff.
62 Fehler: eine zurechenbare unerlaubte Handlung.
63 T&C BW, Art. 6:169, Anm. 3 Buchst. B; Zurzeit ist Gesetzesentwurf 30519 anhängig, in dem vorgeschlagen wird, die Gefährdungshaftung von Eltern/Vormund für Kinder bis zum Alter von 15 Jahren zu erweitern. Die Entlastungsmöglichkeit könnte möglicherweise gestrichen werden.

legt, dass der Ersatzpflichtige in jedem Fall 50 % des vom Kind erlittenen Schadens zu ersetzen hat, es sei denn, seitens des Kinds liegt Vorsatz oder am Vorsatz grenzende Fahrlässigkeit vor. Es geht um die Verteilung des Schadens und weniger um eine Beschränkung der Haftung des Kindes.[64]

55   Für Behinderte wird auf 6:162 iVm 6:165 BW verwiesen.[65]

§ 2 Prüfungsweg zum Haftungsgrund

A. Anscheinsbeweis

I. Grundlagen (Abgrenzung zum Prozessrecht)

56   Der „Anscheinsbeweis" in Deutschland, wobei untersucht wird, ob die zu beweisende Tatsache ein „nach der Lebenserfahrung typischer Geschehensablauf" ist, ist in den Niederlanden anders gestaltet. Grundsätzlich muss die **Beweislastverteilung** nach der allgemeinen Norm von Art. 150 Rv[66] stattfinden, es sei denn es ergibt sich aus einer anderen gesetzlichen Norm oder aus der Redlichkeit und Billigkeit eine andere Verteilung.[67] Der Grundsatz der Redlichkeit und Billigkeit hat im Rahmen der Beweislastverteilung beim kausalen Zusammenhang dazu geführt, dass die Rechtsprechung die 'Umkehrungsregel' angenommen hat. 'Umkehrungsregel', weil die Beweislast nicht wirklich umgekehrt wird. Unter anderem im Verkehrsrecht spielt die Umkehrungsregelung eine große Rolle.

II. Definition des Anscheinsbeweises

57   In einer Reihe von Urteilen hat der Hoge Raad die Umkehrungsregel angenommen, womit gemeint wird, dass „falls durch ein als unerlaubte Handlung oder Leistungsstörung zu bezeichnendes Verhalten eine Gefahr des Entstehens von Schäden herbeigeführt wurde und diese Gefahr sich anschließend verwirklicht, wodurch der kausale Zusammenhang, im Sinne eines Conditio-sine-qua-non-Zusammenhangs, zwischen diesem Verhalten und dem entstandenen Schaden zuerst angenommen wird, und dass es Aufgabe desjenigen, der aufgrund dieses Verhaltens belangt wird, ist, darzulegen und zu beweisen (ist zu lesen als: glaubhaft machen), dass dieser Schaden auch ohne dieses Verhalten entstanden wäre."[68] Diese Formulierung wurde in zwei Urteilen vom Hoge Raad eingeschränkt, indem spezifische Anforderungen an die Anwendung der Umkehrungsregel gestellt werden.

---

64 Vgl. Rn. 90 f.
65 Vgl. Rn. 46 ff.
66 Rv: Wetboek van Burgerlijke Rechtsvordering, die niederländische ZPO.
67 Vgl. Rn. 67 ff.
68 GS Burgerlijke Rechtsvordering, Art. 150 Rv, Anm. 12.

III. Voraussetzungen des Anscheinsbeweises

Die Umkehrungsregel bildet eine Ausnahme zu der Hauptregel der Redlichkeit und Billig- 58
keit. Bevor eine Berufung auf die Umkehrungsregel erfolgreich sein kann, müssen die folgenden **Voraussetzungen** erfüllt sein. Es muss die Verletzung einer Norm vorliegen. Die
Norm muss dazu dienen, eine spezifische Gefahr zu verhindern, dass einem Dritten ein
Schaden entsteht. Die Gefahr muss durch die Normverletzung wesentlich erhöht sein. Derjenige, der sich auf die Norm beruft, muss im konkreten Fall glaubhaft machen, dass sich
die Gefahr, vor der die Norm schützen soll, verwirklicht hat.[69]

Hat der Geschädigte die Verwirklichung der Gefahr infolge einer Normverletzung glaub- 59
haft gemacht, ist es Aufgabe des Schädigers, glaubhaft zu machen, dass die Gefahr auch
ohne Normverletzung entstanden wäre. Gelingt es dieser Partei, genug Zweifel aufkommen zu lassen, dann trägt der Geschädigte wieder die volle Beweislast für die Kausalität
zwischen der unerlaubten Handlung und dem Schaden. Das Vorstehende ist nur möglich,
wenn der Sachverhalt, der zum Unfall geführt hat, klar ist. Sonst kann nicht bestimmt
werden, welche Norm verletzt wurde und ob es sich um die Verwirklichung einer spezifischen Gefahr, gegen die die verletzte Norm schützen soll, handelt.[70]

IV. Typische Anscheinsbeweise

Ein häufiger Grund für die unerlaubte Handlung im Verkehrsrecht ist die Verletzung von 60
Art. 5 WVW iVm Art. 19 RVV. Der Verkehrsteilnehmer muss sich wie ein guter Verkehrsteilnehmer verhalten und muss seine **Geschwindigkeit** den konkreten Umständen der Verkehrssituation anpassen. Es handelt sich hier um eine sich aus Art. 19 RVV ergebende un-
geschriebene Norm zur Verhinderung von Verkehrsunfällen.[71] Ein Schaden, bei dem der
Kläger glaubhaft gemacht hat, dass er durch die Normverletzung verursacht wurde, muss
vom Beklagten nicht nur bestritten werden, sondern er muss auch glaubhaft machen, dass
der Schaden auch ohne Normverletzung entstanden wäre.

Alkoholkonsum im Verkehr ist ebenfalls eine häufige Ursache für einen Verkehrsunfall. 61
Art. 8 Abs. 2 1. Hs. Buchst. b WVW enthält die Norm für den Alkoholkonsum im Verkehr. Diese Norm dient ausdrücklich der Vermeidung von Verkehrsunfällen. Im Falle einer
Verletzung dieser Norm lässt sich der Kausalzusammenhang zwischen der Normverletzung und dem Schaden (sofern dieser vom Kläger ausreichend glaubhaft gemacht wurde
und vorbehaltlich des Gegenbeweises durch den Beklagten), feststellen.[72]

B. Objektiv festgestellte Sorgfaltspflichtverletzung

I. Allgemeines Verkehrsverhalten (Straßenverkehrsvorschriften)

Im niederländischen Recht ist die zentrale Norm für das Verhalten im Verkehr in **Art. 5** 62
WVW enthalten. Darin ist festgelegt, dass es jedem verboten ist, sich so zu verhalten, dass
eine Gefahr auf der Straße entsteht oder entstehen kann oder dass der Verkehr auf der
Straße behindert wird oder behindert werden kann. Die Verletzung des Art. 5 WVW führt,
wenn die übrigen Voraussetzungen von Art. 6:162 BW erfüllt sind, zu einer unerlaubten
Handlung.

1. Allgemeine Verkehrssituationen. Im RVV sind zu vielen Bereichen des öffentlichen Ver- 63
kehrs Normen definiert, deren Verletzung, gegebenenfalls iVm Art. 5 WVW, zu einer Sorgfaltspflichtverletzung führen. Im RVV sind bspw. Normen über Vorfahrt, Parken und Telefonieren enthalten.

---

69 GS Burgerlijke Rechtsvordering, Art. 150 Rv, Anm. 12; HR 29.11.2002, NJ 2004, 304; HR 29.11.2002, NJ
    2004, 305.
70 Mon. BW B35 (Klaassen) S. 66; Vgl. ua HR 29.11.2002, NJ 2004, 304.
71 HR 24.9.2004, NJ 2005, 466.
72 HR 8.5.2005, NJ 2005, 284.

64 **2. Unfälle auf Parkplätzen. a) Abgrenzung zum öffentlichen Verkehrsgrund.** Grundsätzlich ist ein Parkplatz für den öffentlichen Verkehr zugänglich,[73] so dass bei Unfällen auf öffentlichen Parkplätzen für die Begründung einer Haftung Art. 6:162 BW und Art. 185 WVW anzuwenden sind. Handelt es sich um einen Parkplatz, der nicht für den öffentlichen Verkehr zugänglich ist,[74] bspw. ein Parkplatz, der zu einem Unternehmen gehört und der im Prinzip nur für Arbeitnehmer und Kunden dieses Betriebs zugänglich ist, ist nur Art. 6:162 BW anwendbar. Für die Anwendung von Art. 185 WVW ist Voraussetzung, dass sich der Unfall auf einer für den öffentlichen Verkehr zugänglichen Straße ereignet hat (vgl. Art. 185 iVm Art. 1 Abs. 1 Buchstabe b WVW). Wird der öffentliche Verkehr auf dem Privatparkplatz geduldet, gilt der Parkplatz als für den öffentlichen Verkehr zugänglich.[75]

65 **b) Vereinbarte Geltung der StVO.** Bei nicht-öffentlichen Parkplätzen können die Normen der WVW und des RVV für anwendbar erklärt werden. Dies ist jedoch selten der Fall.[76]

II. Fahrfehler, Fehlreaktionen

66 Die Haftung wegen Fahrfehlern und Fehlreaktionen wird im niederländischen Recht nach den allgemeinen Regeln von Art. 6:162 BW und Art. 185 WVW beurteilt. Diese Kategorie wird nicht als eine gesonderte Fallgruppe betrachtet. Bei einer Berufung auf Eigenverschulden des Geschädigten wird der Richter eine Kausalitätsabwägung machen und gegebenenfalls eine Billigkeitskorrektur vornehmen, wenn alle Voraussetzungen von Art. 6:101 BW erfüllt sind.[77]

C. Beweislastverteilung

I. Grundsatz

67 Der **Grundsatz der Beweislastverteilung** ist in Art. 150 Rv enthalten. Eine Partei, die sich auf Rechtsfolgen der von ihr vorgetragenen Tatsachen oder Rechte beruft, trägt für diese Tatsachen oder Rechte grundsätzlich die Beweislast. Der Beklagte trägt im Normalfall die Beweislast für anspruchsverhindernde und anspruchsvernichtende Einreden und Einwendungen. Zur Beweislieferung wird nur zugelassen, wer die anspruchsbegründenden Tatsachen substantiiert vorgetragen hat.

II. Ausnahmen

68 Die obengenannte Beweislastverteilung gilt grundsätzlich, es sei denn, eine **besondere Regelung** – geschrieben oder ungeschrieben – führt zu einer anderen Verteilung. Eine andere Verteilung kann sich des Weiteren aus dem Grundsatz der **Redlichkeit und Billigkeit** ergeben. Mit dieser Ausnahme muss zurückhaltend umgegangen werden. Die Ausnahme kommt nur in Betracht, falls es dazu im konkreten Fall besondere Gründe gibt. Das kann zB der Fall sein, wenn die Partei, die die Beweislast trägt, sich in einer besonders schwierigen Beweislage befindet, die von der Gegenpartei verursacht wurde.[78]

69 **1. Beweisvereitelung.** Um **Beweisvereitelung** kann es sich in einem Fall handeln, in dem die Partei, die die Beweislast trägt, durch Zutun der Gegenpartei in eine unzumutbar schwierige Beweislage geraten ist. Der Richter beurteilt anhand der Umstände des Einzelfalles, ob die Beweislast umgekehrt werden muss.

---

73 Ein Parkplatz ist ebenfalls für den öffentlichen Verkehr zugänglich, falls sich beim Eingang eine Schranke befindet und für das Parken bezahlt werden muss.
74 Ein Parkplatz ist für den öffentlichen Verkehr zugänglich, wenn jedermann den Parkplatz betreten kann oder geduldet wird, dass eine Person den Parkplatz betritt.
75 HR 18.2.1969, NJ 1970, 31.
76 Ausnahmsweise werden die Regeln der WVW und RVV bei Kasernen für anwendbar erklärt. Ein Verkehrsbeschluss des zuständigen Amtes ist dafür aufgrund Art. 18 WVW erforderlich.
77 Vgl. Rn. 87 ff.
78 HR 20.1.2006, NJ 2006, 78.

2. **Unerlaubtes Entfernen vom Unfallort.** **Unerlaubtes Entfernen vom Unfallort** ist im   70
Rahmen der Beweislastverteilung keine gesonderte Fallgruppe und ist nach der allgemeinen Norm von Art. 150 Rv zu beurteilen.

3. **Schuldbezeugungen nach dem Unfall.** **Schuldbezeugungen** nach dem Unfall bilden in   71
den Niederlanden im Rahmen der Beweislastverteilung keine gesonderte Fallgruppe. Die
allgemeine Norm von Art. 150 Rv findet Anwendung.

4. **Vernichtung von Beweismitteln.** Bei einer **Vernichtung von Beweismitteln** kann die Partei, die die Beweislast trägt, in eine unzumutbar schwierige Beweislage geraten. Ob dies   72
der Fall ist und, wenn ja, dies zu einer Beweislastumkehr führen soll, bleibt der Würdigung des Richters überlassen.

D. Gefährdungshaftung

Im Verkehrsrecht ist Art. 185 WVW die wichtigste Norm, die eine Gefährdungshaftung   73
begründet. Die Verwirklichung der Gefahr führt dazu, dass die Person, bei der die Gefährdungshaftung liegt, haftet.[79] Bei der Prüfung, ob eine Gefährdungshaftung vorliegt, gelten
keine besonderen Voraussetzungen. Die allgemeine Norm in Art. 150 Rv ist anzuwenden.
Ob in einem konkreten Fall eine Ausnahmesituation vorliegt (zB aufgrund der Lehre des
Anscheinsbeweises), bleibt der Würdigung des Richters überlassen.

E. Quotenbildung

I. Verschuldenshaftung

Quotenbildung findet in den Niederlanden im Rahmen von Art. 6:101 BW statt. Im Gegensatz zu dem in Deutschland in § 254 BGB festgelegten allgemeinen Rechtsgedanken,   74
dass Mitverschulden stets berücksichtigt werden muss, kann die Person, die auf Schadensersatz belangt wird, sich auf „Eigenverschulden"[80] des Geschädigten berufen. Grundsätzlich wird Art. 6:101 BW nicht von Amts wegen angewendet, es sei denn, besondere Umstände des Einzelfalles geben dazu Anlass.

II. Gefährdungshaftung

Für die Quotenbildung bei der Gefährdungshaftung gelten die gleichen Ausgangspunkte   75
wie bei der Verschuldenshaftung, da Art. 6:101 BW auf alle gesetzlichen Schadensersatzverpflichtungen anwendbar ist.[81]

III. Abwägung

1. **Abwägungskriterien.** Der erste Schritt bei der Abwägung ist die **Kausalitätsabwägung**.   76
Es wird geprüft, inwieweit den beiden Seiten zuzurechnende Umstände zum Schaden beigetragen haben.[82] Diese Beurteilung bleibt der Würdigung durch den Richter überlassen.

2. **Regeln für die Quotenbildung.** Das Ergebnis der Kausalitätsabwägung kann im zweiten   77
Schritt korrigiert werden, wenn die **Billigkeit** dies wegen der unterschiedlichen Schwere
des Fehlverhaltens oder wegen anderer Umstände des Einzelfalles erfordert. In diesem
Rahmen wird die Betriebsgefahr mit berücksichtigt. Für Kinder, die jünger als 14 Jahre
sind, und für Fußgänger und Radfahrer von 14 Jahren und älter wurden in der Rechtsprechung feste Normen entwickelt.[83] Diese beiden Kategorien bilden die einzige Ausnahme
zu der Regel, dass für die Quotenbildung keine festen Normen gelten.

---

79 Vgl. Rn. 7 ff.; Vgl. Rn. 13.
80 Vgl. Rn. 87 ff.
81 Vgl. Rn. 74.
82 Vgl. Rn. 88.
83 Vgl. Rn. 90 f.

F. Probleme der Gesamtschuldnerschaft

I. Grundlagen

78 Gesamtschuldnerschaft liegt aufgrund von Art. 6:102 BW vor, wenn von zwei oder mehreren Personen jede zum Ersatz des gleichen Schadens verpflichtet ist. Die Gesamtschuldnerschaft führt zur Haftung jedes Schuldners für den gesamten Schaden. Wenn mehrere Schuldner gesamtschuldnerisch haften, kann der Gläubiger, oft der Geschädigte, alle Schuldner einzeln für den gesamten Schaden belangen. Zahlt einer der Schuldner vollständig oder teilweise, befreit diese Zahlung auch die Mitschuldner.

79 Bei der Abwicklung des Schadens infolge eines Verkehrsunfalls wird das **Maß an Eigenverschulden** des Geschädigten beim Entstehen des Schadens mit berücksichtigt. Bei einer Gesamtschuldnerschaft von mehreren für den Schaden des Geschädigten haftbaren Personen findet Art. 6:101 BW Anwendung.[84] Das Maß an Eigenverschulden des Geschädigten wird im Rahmen der Ersatzpflicht jedes Schuldners gesondert beurteilt. Für die Haftung jedes Schuldners gelten drei Ausgangspunkte. Als erster Ausgangspunkt gilt, dass der Geschädigte jeden Mitschuldner belangen kann, weil jeder Mitschuldner gesamtschuldnerisch haftet. Der zweite Ausgangspunkt bezieht sich auf die Beurteilung des Maßes an Eigenverschulden des Geschädigten im Hinblick auf jeden einzelnen Mitschuldner, wobei von der Tatsache abstrahiert wird, dass es noch weitere Mitschuldner gibt. Was den dritten Ausgangspunkt betrifft, kann der Geschädigte von den Mitschuldnern gemeinsam insgesamt nicht mehr verlangen als ihm zustehen würde, wenn es nur einen einzigen haftenden Schuldner gäbe.[85]

II. Haftungsverteilung im Innenverhältnis

80 Im Innenverhältnis zwischen Gesamtschuldnern erfolgt eine Verteilung und jeder Schuldner hat im Verhältnis zu seinem **Anteil am Verschulden** gegenüber seinen Mitschuldnern einen Beitrag zu leisten. Bei der Bestimmung der gegenseitigen Haftung zwischen den Mitschuldnern sind die Grundlagen von Eigenverschulden zu berücksichtigen. Bei der Anwendung von Art. 6:101 BW finden bspw. die verschiedenen in der Rechtsprechung entwickelten Billigkeitskorrekturen Anwendung.[86] Ferner kann sich aus dem Gesetz oder einem Rechtsgeschäft eine andere Verteilung ergeben. Art. 6:165 Abs. 2 BW ist dafür ein Beispiel.[87] Begleicht einer der Mitschuldner die Forderung – bzw. einen Teil davon – werden die anderen Schuldner gegenüber dem Gläubiger für diesen Teil befreit. Im Innenverhältnis zwischen den Mitschuldnern wird der Anteil, den jeder Mitschuldner an der Begleichung der Schuld hat, um den Anteil eines jeden an der vorgenommenen Begleichung erhöht.

81 Es besteht die Möglichkeit, dass einer der Mitschuldner nicht in der Lage ist, seinen Anteil an der Schuld zu begleichen. Aufgrund von Art. 6:13 BW wird der Teil, der sich als nicht beitreibbar herausgestellt hat und der von den Beitragspflichtigen hätte beglichen werden müssen, auf die übrigen Mitschuldner umgelegt, und zwar im Verhältnis zum Anteil jedes Einzelnen an der Schuld. Wenn sich herausgestellt hat, dass es unmöglich ist, einen Teil der Schuld einzufordern, kann der Richter auf Verlangen eines der Beitragspflichtigen anordnen, dass der Anteil, der nicht beglichen wurde, auch auf den Geschädigten umgelegt wird. Art. 6:102 Abs. 2, letzter Satz BW bietet diese Möglichkeit.

---

84 Vgl. Rn. 87 ff.
85 T&C BW, Art. 6:102 Anm. 4.
86 Vgl. Rn. 89 ff.
87 Vgl. Rn. 48.

Abschnitt 2: Anspruchsprüfung zur Schadenshöhe
§ 1 Allgemeine Grundlagen der Schadensberechnung

A. Begriff des Schadensersatzes

Der **Schadensbegriff** umfasst den faktischen Nachteil, der sich aus einer Nichterfüllung oder unerlaubten Handlung ergibt.[88] Der Schadensbegriff wird jedoch immer normativer ausgelegt.[89] 82

Wenn es eine gesetzliche Schadensersatzpflicht gibt, bspw. aufgrund der im Verkehrsrecht oft vorkommenden unerlaubten Handlung, findet Art. 6:95 BW Anwendung. Art. 6:95 BW kennt zwei **Formen von Schadensersatz**, nämlich den Vermögensschaden und anderen Nachteil, soweit das Gesetz einen Ersatzanspruch dafür gewährt. Anderer Nachteil ist der immaterielle Schaden, für den die Voraussetzungen in Art. 6:106 BW festgelegt sind.[90] 83

Wie sich aus Art. 6:96 Abs. 1 BW ergibt, umfasst der Vermögensschaden sowohl den erlittenen Verlust als auch entgangenen Gewinn. Art. 6:96 Abs. 1 BW kennt einen weiten Anwendungsbereich, wie nachstehend in § 2 thematisiert wird. 84

Art. 6:96 Abs. 2 Buchst. a BW bestimmt, dass auch die Aufwendungen des Geschädigten zur **Vermeidung oder Begrenzung des Schadens** zu ersetzen sind. Im Hinblick auf diese Kosten gilt eine doppelte Angemessenheitsprüfung, die beinhaltet, dass sowohl die Maßnahme zur Vermeidung oder Begrenzung des Schadens selbst als auch die Höhe der entstandenen Kosten angemessen sein müssen.[91] Ferner sind aufgrund von Art. 6:96 Abs. 2 Buchst. b BW angemessene Aufwendungen für die **Feststellung von Schaden und Haftung** zu ersetzen. Bezüglich dieser Kosten gilt ebenfalls, dass die Kosten die doppelte Angemessenheitsprüfung bestehen können müssen. Die Tätigkeit zur Feststellung der Haftung und des Schadens muss billigerweise notwendig und die Höhe der Kosten muss angemessen sein. Beispiele derartiger Kosten sind Sachverständigenkosten, Kosten für juristische Beratung und Kosten für die Beweissammlung. Die Erstattung dieser Kosten ist dem Grundsatz des Eigenverschuldens[92] unterworfen. Die Erstattung der Kosten zur Feststellung des Schadens und der Haftung ist bei vorhandenem Eigenverschulden im gleichen Maße wie bei der Schadensersatzpflicht zu mindern, es sei denn die Billigkeitskorrektur erfordert etwas anderes.[93] Schließlich bietet Art. 6:96 Abs. 2 Buchst. c BW die Möglichkeit, die Kosten für die Erlangung einer **außergerichtlichen Befriedigung** ersetzt zu bekommen. Auch für den Ersatz dieser Kosten gilt, dass sie eine doppelte Angemessenheitsprüfung bestehen müssen und dass eine gesetzliche Schadensersatzpflicht besteht.[94] Ebenso wie bei den Kosten für die Feststellung des Schadens und der Haftung gilt beim Ersatz der Kosten für die Erlangung einer außergerichtlichen Befriedigung, dass diese Ersatzpflicht bei vorhandenem Eigenverschulden des Geschädigten zu mindern ist, es sei denn die Billigkeitskorrektur aus 85

---

88 Asser/Hartkamp&Sieburgh 6-II 2013/13.
89 Die Zurechnung des Kausalzusammenhangs könnte dazu führen, dass in bestimmten Fällen kein Schadensersatz zugesprochen wird. Normativ ist ferner die Verteilung von Schaden auf den Haftenden und den Geschädigten, wenn es dazu einen Anlass gibt; Vgl. Asser/Hartkamp&Sieburgh 6-II 2013/14.
90 Vgl. Rn. 185.
91 GS Schadevergoeding (Lindenbergh), Art. 6:96 BW, Anm. 11.1.2.
92 Vg. Rn. 87 ff.
93 GS Schadevergoeding (Boonekamp), Art. 6:101 BW, Anm. 3.3.1.3; Auch HR 21.9.2007, LJN BA7624.
94 Vlg für die außergerichtlichen Kosten ebenfalls Rn. 149 f.

Art. 6:101 BW führt zu einem anderen Ergebnis. Der Richter kann im Hinblick auf den Ersatz der außergerichtlichen Kosten, die unter Buchst. b und c von Art. 6:96 Abs. 1 BW fallen, von seiner Befugnis zur Schätzung des Schadensersatzes aufgrund von Art. 6:97 BW Gebrauch machen.[95]

86 Es ist ferner erforderlich, dass zwischen dem Ereignis, das der Haftung des Schuldners zugrunde liegt, und dem Schaden ein Kausalzusammenhang besteht. Dafür bedarf es eines Conditio-sine-qua-non-Zusammenhangs. Ferner muss der Kausalzusammenhang im Rahmen des Haftungsumfangs vorhanden sein, wobei festgestellt werden muss, welche Folgen des schadenverursachenden Ereignisses der haftenden Person noch zugerechnet werden können.[96]

B. Schadensminderungspflicht, § 254 BGB

87 Auf alle gesetzlichen Verpflichtungen zum Schadensersatz findet das Institut des **Eigenverschuldens** Anwendung.[97] Falls Eigenverschulden des Geschädigten angenommen wird, kann dies gem. Art. 6:101 BW zu einer Minderung der Ersatzpflicht des Schädigers führen. Voraussetzung ist, dass der entstandene Schaden auch eine Folge eines Umstandes ist, der dem Geschädigten zugerechnet werden kann. Es muss ein Kausalzusammenhang zwischen dem Schaden und dem Ereignis, auf dem die Haftung des Schädigers beruht, und ein Kausalzusammenhang zwischen dem Schaden und dem Umstand, der dem Geschädigten zugerechnet werden kann, vorliegen.[98] Beim Kausalzusammenhang wird ein Bezug zu der Conditio-sine-qua-non-Formel von Art. 6:98 hergestellt.[99] Unter die Umstände, die dem Geschädigten zugerechnet werden können, fällt an erster Stelle das eigene Verhalten des Geschädigten. Der Geschädigte muss unter den gegebenen Umständen selbst unvorsichtig, sorgfaltswidrig, fehlerhaft oder falsch gehandelt haben, und zwar vor dem Hintergrund der Möglichkeit, dass er dadurch Schaden für sich selbst entstehen lassen würde.[100] Es ist jedoch der Möglichkeit Rechnung zu tragen, dass die Handlungen des Geschädigten nicht unvorsichtig waren, weil das Fehlverhalten des Schädigers nicht so wahrscheinlich war, dass der Geschädigte damit rechnen musste.[101] Bei Verkehrsdelikten, die der Geschädigte begangen hat, ist nur notwendig, dass ihm wegen des Verkehrsdelikts selbst ein Vorwurf gemacht werden kann.[102] Wenn eine Norm verletzt wird, kann das Verhalten ihm nur als Eigenverschulden zugerechnet werden, wenn die verletzte Norm zur Verhinderung des Schadens, der dem Geschädigten entstanden ist, diente.[103] Auch Umstände, die in den Risikobereich des Geschädigten fallen, werden dem Geschädigten zugerechnet.[104] Die Beweislast trägt die Person, die sich auf Eigenverschulden des Geschädigten beruft.[105]

---

95 T&C BW, Art. 6:96, Anm. 3; Vgl. Rn. 96 und 100.Auch HR 16.10.1998, ECLI:NL:HR:1998:ZC2740, NJ 1999, 196.
96 T&C BW, Art. 6:98, Anm. 1.
97 T&C BW, Art. 6:101 BW, Anm. 4.
98 T&C BW, Art. 6:101, Anm. 2.
99 Asser/Hartkamp&Sieburgh 6-II 2013/107 und HR 20.3.1992, NJ 1993, 547.Auch Asser/Hartkamp&Sieburgh 6-II 2013/119.
100 GS Schadevergoeding (Boonekamp), Art. 6:101 BW, Anm. 2.2.1.
101 Vgl. HR 21.6.1991, VR 1992,107.
102 HR 20.3.1992, NJ 1993, 547.
103 GS Schadevergoeding (Boonekamp), Art. 6:101 BW, Anm. 2.2.2.
104 Ein Beispiel dafür ist die Reflexwirkung von Art. 185 WVW. Wenn der Schaden die Folge eines Umstands ist, für den der Geschädigte, wenn es sich um seine eigene Haftung gegenüber einem Dritten handeln würde, aufgrund von bspw. der Gefährdungshaftung aus Art. 185 WVW haftbar wäre, wird angenommen, dass diese Haftung eine gewisse Reflexwirkung auf das Eigenverschulden hat, und es wird dieser Umstand dem Geschädigten als zu seinem Risikobereich gehörend zugerechnet. Vgl. GS Schadevergoeding (Boonekamp), Art. 6:101 BW, Anm. 2.3.11 und die Urteile HR 6.2.1987, NJ 1988, 57 und HR 4.5.2001, NJ 2002, 214. In diesem letzten Urteil wurde vom Hoge Raad formuliert, dass die Reflexwirkung von Art. 185 WVW im Fall eines Sachschadens am Kraftfahrzeug und Personenschaden beim Fahrer angenommen werden muss, jedoch mit Ausschluss der 50%-Regel und der 100%-Regel. Die Folgen können durch die Billigkeitskorrektur gem. Art. 6:101 BW gemildert werden.
105 GS Schadevergoeding (Boonekamp), Art. 6:101 BW, Anm. 3.7.1; Vgl. HR 17.11.2006, RvdW 2006/1076.

Veerman/Boendermaker/Janssen

Liegt Eigenverschulden des Geschädigten vor, wird die Ersatzpflicht dadurch gemindert, 88
dass der Schaden zwischen dem Geschädigten und dem Ersatzpflichtigen verteilt wird, im
Verhältnis, in dem die ihnen jeweils zuzurechnenden Umstände zum Schaden beigetragen
haben. Es handelt sich um eine Schadensverteilung aufgrund von **gegenseitiger Kausalität**.
Insbesondere für das Verkehrsrecht ist von Bedeutung, inwieweit gegenseitige Verhaltensweisen die Gefahr eines Unfalls verursacht haben.[106] Der Umfang der gegenseitigen Schuld
ist nicht entscheidend.[107] Das Ergebnis der Kausalitätsabwägung ist jedoch nicht unantast-
bar. Art. 6:101 BW bietet die Möglichkeit einer Billigkeitskorrektur.

Die **Billigkeitskorrektur** bringt mit sich, dass eine andere Verteilung vorgenommen wird 89
oder die Ersatzpflicht vollständig erlischt oder bestehen bleibt, falls die Billigkeit dies wegen der unterschiedlichen Schwere des Fehlverhaltens oder wegen anderer Umstände des
Einzelfalles verlangt. Bei Anwendung der Billigkeitskorrektur werden alle Umstände des
Einzelfalles berücksichtigt.[108] Relevante Umstände sind unter anderem das Maß der Vorwerfbarkeit,[109] die unterschiedliche Schwere der Normverletzung, die Tatsache, dass ein
Kraftfahrzeug eine besondere Gefahr verursacht,[110] eine vorsätzliche schadensverursachende Verhaltensweise[111] und die Schwere des Körperschadens.[112] Auch kann die Billigkeitskorrektur im Fall, dass eine der beteiligten Parteien bejahrt, körperbehindert oder
geistesgestört ist, angewendet werden.[113] Vom Hoge Raad wurde in einem Alkoholfall
entschieden, dass die Ersatzpflicht des Fahrers gegenüber dem Mitfahrer allein wegen der
Tatsache, dass der Mitfahrer bei einem betrunkenen Fahrer eingestiegen ist, nicht vollständig erlischt. Wohl kann ein Teil des Schadens für den Geschädigten bleiben.[114] Aus der
Rechtsprechung können für zwei Kategorien von Verkehrsteilnehmern im Rahmen der Billigkeitskorrektur feste Normen abgeleitet werden.

Bei der ersten Kategorie handelt es sich um Kinder im Alter bis zu 14 Jahren. In diesem 90
Fall betrifft es Unfälle, auf die Art. 185 WVW Anwendung findet und wobei der in Anspruch Genommene eine ernsthafte Gefahr für sich in der Nähe befindliche Kinder verursacht hat.[115] In der Rechtsprechung wurde die „100%-Regel" entwickelt, auf deren
Grundlage die Ersatzpflicht des Ersatzpflichtigen in solchen Fällen in vollem Umfang bestehen bleibt, auch wenn das eigene Verhalten des Kindes zum Schaden beigetragen hat.
Eine Berufung auf das Eigenverschulden des Kindes ist deshalb nicht erfolgreich, außer
wenn beim Kind Vorsatz oder an Vorsatz grenzende Fahrlässigkeit vorliegt.[116] Auch steht
dem Fahrer keine Berufung auf höhere Gewalt zu, außer wenn wiederum Vorsatz oder an
Vorsatz grenzende Fahrlässigkeit vorliegt.[117]

Die zweite Kategorie, für die die Rechtsprechung eine feste Norm formuliert hat, bezieht 91
sich auf Fußgänger und Radfahrer im Allgemeinen. Bei einem Unfall mit einem Kraftfahrzeug, an dem der Fußgänger oder Radfahrer mitschuldig ist, hat der Fahrer, falls er sich
nicht auf höhere Gewalt berufen kann, in jedem Fall 50 % des Schadens zu ersetzen, die
50%-Regel.[118] Dies ist anders, falls Vorsatz oder an Vorsatz grenzende Fahrlässigkeit[119]
seitens des Fußgängers oder Radfahrers vorliegt. Für die restlichen 50 % muss eine Kausa-

---

106 GS Schadevergoeding (Boonekamp), Art. 6:101 BW, Anm. 3.2.3.
107 HR 2.6.1995, NJ 1997, 700; HR 5.12.1997, NJ 1998,400.
108 GS Schadevergoeding (Boonekamp), Art. 6:101 BW, Anm. 3.3.1.1; HR 5.12.1997, NJ 1998, 400.
109 HR 2.6.1995, NJ 1997, 700; HR 5.12.1997, NJ 1998, 400.
110 HR 10.11.2000, NJ 2000, 718.
111 HR 31.3.1995, NJ 1997, 592.
112 HR 8.10.2010, NJ 2011, 456.
113 Keirse, Schadeberpkingsplicht, S. 221.
114 HR 12.10.1990, NJ 1992, 620.
115 GS Schadevergoeding (Boonekamp), Art. 6:101 BW, Anm. 3.3.2.
116 HR 1.6.1990, NJ 1991, 720.
117 HR 31.5.1991, NJ 1991, 721.
118 HR 28.2.1992, NJ 1993, 566; In diesem Urteil ist ferner festgelegt, dass die 50-%-Regel auch für Haftung
     aufgrund von Art. 6:162 BW gilt.
119 Von Fahrlässigkeit kann erst die Rede sein, wenn sich fahrlässig verhaltende Person sich der Gefahr
     bewusst ist, vgl. HR, 30.3.2007, LJN Az. 7863.

litätsabwägung erfolgen.[120] Sollte eine Kausalitätsabwägung zu einer Haftungsverteilung zwischen dem Fahrer und dem Fußgänger/Radfahrer von 30 %–70 % führen, ist der Fahrer aufgrund der 50%-Regel trotzdem verpflichtet, dem Fußgänger/Radfahrer 50 % seines Schadens zu ersetzen. Die 50%-Regel gilt auch, wenn es sich um einen Unfall zwischen einer Straßenbahn und einem erwachsenen Fußgänger oder Radfahrer handelt.[121] Schließlich hat die Rechtsprechung entschieden, dass Behindertenfahrzeuge, trotz der Tatsache, dass ein Behindertenfahrzeug ein Kraftfahrzeug iSd WVW ist, eine besondere Schutzstellung genießen und bei Verwicklung in einen Unfall mit einem Kraftfahrzeug, der Fahrer, ungeachtet der eigenen Haftung, 50 % des Schadens vom Fahrer des anderen Kraftfahrzeugs ersetzt bekommen muss.[122]

92 Die Altersgrenzen, die bei der 100%-Regel und der 50%-Regel eingehalten werden, sind feste Grenzen. An der Altersgrenze ändert sich nichts, wenn ein Kind im Alter von 14 Jahren seiner Entwicklung nach jünger als 14 Jahre ist. Wohl kann in jenem Fall eine Billigkeitskorrektur im Rahmen der Eigenverschuldung erfolgen.[123]

93 Die **Schadensbegrenzungspflicht** ergibt sich ebenfalls aus Art. 6:101 BW. Die Schadensbegrenzungspflicht wird als eine Spezies vom Eigenverschulden betrachtet[124] und gilt ausschließlich für Schadensersatzansprüche.[125] Für die Schadensbegrenzungspflicht gelten die gleichen Voraussetzungen wie für das „einfache" Eigenverschulden. Der Maßstab, den der Hoge Raad angelegt hat, ist „ob der Schaden infolge der Unterlassung dieser (schadensbegrenzenden) Maßnahmen billigerweise dem Geschädigten zugerechnet werden kann".[126]

94 Der Schadensbegrenzungspflicht werden aufgrund des Grundsatzes der Redlichkeit und Billigkeit Schranken gesetzt, wobei die konkreten Umstände des Einzelfalles in hohem Maße entscheidend sind.[127] Im Rahmen der Schadensbegrenzungspflicht sind Maßnahmen zu ergreifen, die zumutbar sind.[128] Falls es eine gegenseitige Möglichkeit der Schadensbegrenzung gibt, hat der Verursacher die schadensbegrenzenden Maßnahmen zu treffen, nicht der Geschädigte.[129] In manchen Fällen kann sogar verlangt werden, sich mit dem Verursacher abzusprechen, bspw, wenn kostspielige Maßnahmen ergriffen werden müssen.[130] Die angemessenen Kosten, die mit der Durchführung von schadensbegrenzenden Maßnahmen verbunden sind, sind aufgrund Art. 6:96 Buchst. a BW erstattungsfähig.[131] Ob die getroffene Maßnahme angemessen ist, ist nach dem Zeitpunkt, zu dem die Maßnahme getroffen werden musste, zu beurteilen. Es ist nicht von Bedeutung, was nachträglich die beste Lösung war.[132]

C. Schadensnachweis und Schätzungsmöglichkeit

95 An erster Stelle kann der Richter einen Schadensersatz zusprechen, wenn die **konkreten Schadenssummen** vom Geschädigten vorgetragen und bei Bestreiten durch den Schadensverursacher bewiesen wurden. Die Beweise können ein Sachverständigengutachten und Rechnungen für Reparaturen oder einen Mietwagen usw umfassen. Der Richter nimmt die Beweiswürdigung erst vor, nachdem die Haftung des Schadenverursachers festgestellt wurde. Es ist nicht ungewöhnlich, in einem Gerichtsverfahren zuerst eine Entscheidung bezüglich der Haftungsfrage zu erwirken und dann zu beantragen, dass der erlittene Schaden in

---

120 HR 28.2.1992, NJ 1993, 566.
121 HR 14.7.2000, NJ 2001, 417.
122 HR 8.5.2002, NJ 2003, 233.
123 HR 24.12.1993, NJ 1995, 236.
124 GS Schadevergoeding (Boonekamp), Art. 6:101 BW, Anm. 5.2.1.
125 GS Schadevergoeding (Boonekamp), Art. 6:101 BW, Anm. 5.2.2.
126 HR 23.4.2010, LJN BZ 4084.
127 GS Schadevergoeding (Boonekamp), Art. 6:101 BW, Anm. 5.5.1.
128 Keirse, Schadebeperkingsplicht, S. 117.
129 Keirse, Schadebeperkingsplicht, S. 121.
130 Keirse, Schadebeperkingsplicht, S. 127.
131 Vgl. Rn. 85.
132 GS Schadevergoeding (Boonekamp), Art. 6:101 BW, Anm. 5.5.4.

einem gesonderten Verfahren ermittelt wird (Art. 612 ff. Rv).[133] In einem solchen Fall entscheidet der Richter zunächst über die Frage, ob der Schadensverursacher haftet und später in einem separaten Verfahren, dem Schadensaufstellungsverfahren („Schadestaatprocedure"), über die Höhe des Schadens.

An zweiter Stelle bietet das Gesetz dem Richter in Art. 6:97 BW, nachdem die Haftung des 96 Schadensverursachers festgestellt wurde, die Möglichkeit, den Schaden, der dem Geschädigten entstanden ist, auf die Weise, die am besten dazu geeignet ist, zu **schätzen**. Der Geschädigte hat die Tatsachen vorzutragen, aus denen sich im Allgemeinen ableiten lässt, dass ein Schaden entstanden ist. Schadenssummen können, auch noch während eines Gerichtsverfahrens, vorgetragen werden, aber dies ist nicht notwendig.[134] Der Kläger trägt die Beweislast für den erlittenen Schaden,[135] wobei die Rechtsprechung festgestellt hat, dass an den Kläger, oft der Geschädigte, nicht allzu hohe Anforderungen gestellt werden dürfen. Bei der Schadensfestlegung ist der Richter nicht an die gesetzlichen Beweisregeln gebunden. Wenn vom Kläger konkrete Schadenssummen vorgetragen wurden, müssen diese vom Beklagten begründet bestritten werden. Ein unsubstantiiertes Bestreiten genügt nicht. Bei der Schadensfestlegung hat der Richter die konkreten Umstände des Einzelfalles zu berücksichtigen, auch die Umstände, die nach dem Zeitpunkt des Ereignisses, auf dem die Haftung beruht, eingetreten sind.[136]

Art. 6:97 BW bildet im Rahmen der Schadensfestlegung die gesetzliche Grundlage für die 97 **abstrakte Schadensberechnung.** Wann der Grundsatz der abstrakten Schadensberechnung angewendet wird, bleibt dem Ermessen des Richters überlassen. Für diese Art der Schadensberechnung gilt ebenfalls, dass diese Art der Festlegung mit der Art des Schadens übereinstimmen muss.

Bei einem Totalschaden oder der Beschädigung einer Sache – im Verkehrsrecht oft ein 98 Kraftfahrzeug – hat der Hoge Raad die abstrakte Schadensberechnung für zulässig erklärt. Es gilt als Hauptregel, dass der Eigentümer der beschädigten Sache unabhängig von der Instandsetzung einen Vermögensnachteil erlitten hat. Der Nachteil entspricht dann der Wertminderung der Sache. Die Wertminderung wird bei der Sachbeschädigung durch die objektiv berechneten Instandsetzungskosten bestimmt. Das Vorstehende gilt unter der Voraussetzung, dass die Reparatur möglich und vertretbar ist.[137] Bei einem Totalverlust der Sache muss der Wert der Sache im Allgemeinen auf den Verkehrswert der verloren gegangenen Sache zum Zeitpunkt des Verlustes festgelegt werden.[138] Im Rahmen des Ersatzes des Gebrauchsverlusts und insbesondere beim Einsatz von Ersatzmaterial hat sich die Rechtsprechung für die konkrete Vorgehensweise entschieden und es findet keine abstrakte Schadensberechnung statt.[139]

Im Rahmen der Schadensbemessung wird noch auf Art. 6:105 BW hingewiesen. Art. 6:105 99 BW bestimmt, dass auch der Schaden, der noch nicht entstanden ist, bemessen werden kann. Der Richter hat in diesem Fall alle guten und schlechten Erwartungen im Voraus zu berücksichtigen.

Art. 6:97 BW bietet im zweiten Satz die Möglichkeit, den zu ersetzenden Schaden zu 100 **schätzen**, wenn sich der Umfang des Schadens nicht genau feststellen lässt. Ausgangspunkt bei der Schätzung ist der volle Schadensersatz. Zudem hat der Richter bei der Schätzung eines Schadensersatzes seine Entscheidung so zu begründen, dass nachvollziehbar ist, wie er den Schadensersatzbetrag berechnet hat.[140] Außer dem Schaden können auch der Wert einer Sache und die außergerichtlichen Kosten geschätzt werden.[141]

---

133 Vgl. für das Wet deelgeschilprocedure voor letsel en overlijdenschade Rn. 228.
134 GS Schadevergoeding (Lindenbergh), Art. 6:97 BW, Anm. 8.
135 GS Schadevergoeding (Lindenbergh), Art. 6:97 BW, Anm. 9.
136 GS Schadevergoeding (Lindenbergh), Art. 6:97 BW, Anm. 19.
137 GS Schadevergoeding (Lindenbergh), Art. 6:96 BW, Anm. 2.3.2.1; HR 16.6.1961, NJ 1961, 444.
138 GS Schadevergoeding (Lindenbergh), Art. 6:96 BW, Anm. 2.2.3; HR 12.4.1991, NJ 1991, 434.
139 GS Schadevergoeding (Lindenbergh), Art. 6:96 BW, Anm. 2.4.2.
140 T&C BW, Art. 6:97, Anm. 3.
141 T&C BW, Art. 6:97, Anm. 3.

D. Steuerrechtliche Behandlung von Schadensersatzleistungen

I. Einkommensteuer

101   Wenn dem Opfer (auch) dadurch ein Schaden entsteht, dass es in geringerem Maße entlohnte Arbeit verrichten kann (Verdienstausfall) und wenn das Opfer einen Schaden erleidet, der zu einer Rente führt, ist es in der Praxis üblich – und wünschenswert – bei der Endabwicklung[142] in einem Vergleich auch eine **Steuergarantie** zu vereinbaren.[143] Obwohl sich aus der Rechtsprechung ergibt, dass in einem derartigen Fall der Schadensersatz grundsätzlich nicht zum steuerpflichtigen Einkommen oder bei einem Selbstständigen zum steuerpflichtigen Gewinn gerechnet, sondern als eine steuerfreie Leistung wegen des Verlusts von Arbeitsvermögen[144] betrachtet wird, wird diese Auffassung nicht immer vom Finanzamt geteilt. Eine Steuergarantie verhindert diese unerwünschte Situation.

102   Kurz zusammengefasst beinhaltet eine Steuergarantie, dass die Versicherungsgesellschaft den Geschädigten von der Situation, dass das Finanzamt den (Brutto-)Schadensersatz mit Einkommensteuer oder mit Sozialversicherungsbeiträgen belastet, freihält. Der Geschädigte hat den Schadensersatz, einschließlich des Verlusts von Arbeitsvermögen, netto zu erhalten. Wenn das Finanzamt einen Steuerbescheid erlässt, wird die Versicherungsgesellschaft in der Regel den Schadensersatz noch nachträglich um den Betrag des Steuerbescheids ergänzen oder gegen den Steuerbescheid Einspruch erheben. Vor den erstinstanzlichen Gerichten wird gelegentlich über die Zuweisbarkeit einer Steuergarantie gestritten.[145] Vom Oberlandesgericht Leeuwarden[146] wurde aufgrund der gängigen Praxis[147] sicherheitshalber bei der Abwicklung eines Personenschadenfalls stets eine Steuergarantie zu beantragen, angenommen, dass ein Rechtsanwalt einen Berufsfehler macht, wenn er keine Steuergarantie verlangt.

II. Mehrwertsteuerproblematik

103   **1. Konkrete Schadenspositionen. a) Materiellrechtliche Bedeutung der Mehrwertsteuer.** Falls der Geschädigte vorsteuerabzugsberechtigt ist, kann er die selbst gezahlte **Mehrwertsteuer** nicht als Schaden geltend machen. Die Mehrwertsteuer stellt materiell keinen Schaden dar, da gegenüber der gezahlten Mehrwertsteuer ein Erstattungsanspruch gegen den Staat besteht. Selbst wenn die Mehrwertsteuer in diesen Fällen dogmatisch als Schaden gelten würde, würde die Ablehnung des Vorsteuerabzugs als Verstoß gegen die Schadensminderungspflicht gelten.

104   **aa) Klärung der Vorsteuerberechtigung.** Die **Vorsteuerabzugsberechtigung** kann anhand der entsprechenden Internetseite der Europäischen Kommission geprüft werden.[148] Das Finanzamt darf dem Schädiger auf Anfrage ohne Zustimmung des Schädigers bezüglich der Frage nach der Vorsteuerabzugsberechtigung keine Informationen erteilen.

105   **bb) Teilweiser Vorsteuerabzug.** Falls der Geschädigte nur **teilweise vorsteuerabzugsberechtigt** ist, wird lediglich die auf den nicht abzugsfähigen Teil anfallende Mehrwertsteuer vom Schadensbegriff in Art. 6:96 BW erfasst.

106   **cc) Sonderfälle. Landwirte** stellen eine Sonderkategorie dar. Aufgrund Art. 27 Wet Omzetbelasting[149] gilt für Landwirte eine pauschalierte Umsatzsteuerregelung, soweit sie nicht aufgrund Art. 27 Absatz 6 des Gesetzes eine Ausnahmebehandlung beantragt haben. Vom

---

142   Oder nötigenfalls in einem Verfahren.
143   Unter Berücksichtigung der weitreichenden Folgen, die die Nichtvereinbarung einer Steuergarantie für das Opfer haben kann, wird es als ein Berufsfehler des Rechtsberaters betrachtet, wenn diese Garantie in einem Verfahren nicht beantragt oder im außergerichtlichen Verfahren nicht angeregt wird. Vgl. in diesem Zusammenhang Hof Leeuwarden 7.5.2008, LJN: BD1512.
144   Vgl. HR 6.10.2006, LJN: AY9498.
145   Rb. Rotterdam 21.7.2010, LJN: BN7774; Rb. Arnhem 10.3.2010, LJN: BL7619.
146   Hof Leeuwarden 7.5.2008, LJN: BD1512.
147   Handboek Personenschade (Van Dort), S. 3090-62.
148   www.ec.europa.eu/taxation_customs/vies.
149   Das niederländische UStG.

Schadensbegriff erfasst ist nur der Anteil der Mehrwertsteuer, für den der geschädigte Landwirt keinen Vorsteuerabzug geltend machen kann.

b) Beweislast. Die **Darlegungs- und Beweislast** für die Vorsteuerabzugsberechtigung trägt nach der Hauptregel der Beweislastverteilung in Art. 150 Rv der Schädiger, der sich auf eine vermeintliche Vorsteuerabzugsberechtigung beruft. Aufgrund der konkreten Umstände des Einzelfalles wäre es unter Umständen möglich, dass der Schädiger sich auf den Beweis des ersten Anscheins beruft für den Fall, dass der Geschädigte ein Unternehmen betreibt (der Geschädigte betreibt offensichtlich ein Unternehmen und nach dem ersten Anschein resultierte der Schaden aus einer unternehmerischen Tätigkeit). 107

2. Fiktive Schadensabrechnung. Nur die wirklich anfallende Mehrwertsteuer bei fehlender Vorsteuerabzugsberechtigung wird vom materiellen Schadensbegriff in Art. 6:96 BW erfasst. Falls fiktiv abgerechnet wird, ist nur der jeweilige Nettobetrag zu ersetzen. 108

§ 2 Sachschäden

A. Unmittelbare Sachschäden

Unmittelbare Sachschäden sind Schäden, die die direkte Folge der Beschädigung oder des Verlustes einer Sache sind. 109

I. Fahrzeugschaden (Reparaturkosten)

1. Schadensnachweis. a) Schadensgutachten. Der Schaden an einem Fahrzeug kann von einem Gutachter festgestellt werden. Der Gutachter untersucht das Fahrzeug und legt sei- 110 ne Ergebnisse in einem **Sachverständigengutachten** fest. In der Praxis schaltet der Versicherer einen Schadensgutachter ein, damit dieser den Schaden am Fahrzeug feststellt.

111 **b) Kostenvoranschlag.** Die für die erforderlichen Reparaturmaßnahmen entstehenden Kosten können von einer Reparaturwerkstatt in einem **Kostenvoranschlag** festgelegt werden.

112 **c) Gerichtliches Gutachten.** Ein Gutachter kann auch vom Gericht bestellt werden. Der Vorteil eines vom Gericht bestellten Gutachters ist, dass das Gericht dessen Gutachten höher bewertet, weil dieser Gutachter unabhängig von den Parteien und gemäß der vom Gericht bestimmten Voraussetzungen[150] seine Untersuchung durchführt.

113 **2. Totalschadensabrechnung bei Kettenauffahrunfällen.** Für den Ersatz des Schadens im Fall, dass ein Fahrzeug bei einem **Kettenauffahrunfall** einen Totalschaden erlitten hat, gibt es keine besondere Regelung.[151]

114 **3. Totalschadensabrechnung und Restwertproblematik.** Wird der **Totalschaden** eines Fahrzeugs festgestellt,[152] ist im Rahmen der Erstattung des erlittenen Schadens der Wert des Fahrzeugs zu ermitteln. Es wird dabei auf den Wert im wirtschaftlichen Verkehr zum Zeitpunkt des Verlusts des Fahrzeugs, auch der Marktwert oder Verkehrswert genannt, abgestellt.[153] Der Geschädigte wird in jedem Fall Anspruch auf den Wert der verlorengegangenen Sache geltend machen können.[154] Die Kosten, die der Geschädigte infolge des Totalverlusts der Sache einspart, und der Wert der Altteile des Fahrzeugs sind von dem auszuzahlenden Schadensersatz abzuziehen.[155] In der Praxis wird der Tageswert dem Geschädigten ausgezahlt und das Eigentum der Altteile geht auf den Versicherer über. Der Versicherer erhält daraufhin den Erlös der Altteile.

115 **4. Reparaturkostenabrechnung. a) Abrechnung tatsächlich angefallener Reparaturkosten.** Der Geschädigte kann aufgrund von Art. 6:96 Abs. 1 BW die **tatsächlich angefallenen Reparaturkosten** von der haftenden Person verlangen, wobei die nach objektiven Maßstäben berechneten Reparaturkosten als Mindestbetrag gelten,[156] es sei denn, die Reparatur des Schadens ist nicht vertretbar. Das ist der Fall, wenn der Wert der Sache nach der Reparatur geringer ist als der Wert des Rests zuzüglich der Reparaturkosten.[157] Nur in Ausnahmefällen kann von dieser Norm abgewichen werden, bspw, wenn objektiv annehmbar ist, dass eine Person seine weitere Lebensführung auf den Gebrauch des spezifischen Fahrzeugs abgestimmt hat, oder wenn es sich um einen besonderen oder sehr alten Oldtimer handelt.[158] Wenn eine Reparatur nicht möglich oder vertretbar ist, wird die Wertminderung auf die gleiche Weise wie bei einem Totalschadensfall berechnet.[159] Wurde die Sache durch die Reparatur verbessert und wird sie deshalb mehr wert, kann die Wertsteigerung vom Schadenersatzbetrag abgezogen werden, wenn die dafür geltenden Bedingungen erfüllt sind.[160]

116 **b) Abrechnung fiktiver Reparaturkosten.** Die **Rechnungsvorlage,** der **Ersatzteilrabatt,** die **Verbringungskosten,** die **UPE-Zuschläge** und die **AW-Sätze** bilden in den Niederlanden keine gesonderte Fallgruppe und werden hier gemeinsam besprochen. Wenn eine Reparatur möglich und vertretbar ist, wird die Wertminderung im Allgemeinen auf die nach ob-

---

150 https://www.rechtspraak.nl/SiteCollectionDocuments/Leidraad-deskundigen-WT.pdf.

151 Vgl. Rn. 114.

152 Totalschaden: die Reparaturkosten sind höher als der Tageswert des Fahrzeugs (der Betrag, der notwendig ist, um ein Kraftfahrzeug in ungefähr dem gleichen Zustand – vor dem Schaden – im Einkaufsgebiet des Geschädigten zu kaufen: Vgl. GS Schadevergoeding (Lindenbergh), Art. 6:96 BW, Anm. 2.2.2) abzüglich des Restwerts des Fahrzeugs.

153 HR 12.4.1991, NJ 1991,434.

154 Barendrecht/Storm, Berekening van schadevergoeding, S. 65.

155 Barendrecht/Storm, Berekening van schadevergoeding, S. 74.

156 Vgl. Rn. 116.

157 Barendrecht/Storm, Berekening van schadevergoeding, S. 92; Mon. Nieuw BW B38 (Salomons) S. 39.

158 Hof Arnhem 3.5.2005, NJF 2005, 289.

159 Barendrecht/Storm, Berekening van schadevergoeding, S. 95; Vgl. Rn. 114.

160 Barendrecht/Storm, Berekening van schadevergoeding, S. 99.

jektiven Maßstäben berechneten Reparaturkosten[161] zum Zeitpunkt der Beschädigung festgesetzt (**abstrakte Schadensberechnung**).[162] Maßgeblich dabei sind die Beträge, die ein kompetenter Mechaniker für die auszuführenden Reparaturen in Rechnung stellen würde.[163] In der Praxis wird ein Autoschaden sehr häufig von einem Sachverständigen berechnet.[164] Der Geschädigte kann diese Reparaturkosten verlangen, unabhängig davon, ob und wie die Reparatur ausgeführt wird.[165]

c) Vorschadenproblematik. Nur im Fall, dass zwischen dem schadensverursachenden Ereignis und dem entstandenen Schaden ein Kausalzusammenhang besteht, ist der Schaden erstattungsfähig. Ein Schaden am Fahrzeug, der vor dem Unfall bereits bestand, ist deshalb von der haftenden Partei nicht zu erstatten. Der Schadensgutachter wird einen etwaigen **Vorschaden** bei seiner Begutachtung berücksichtigen.   117

5. Fahrzeugschaden (Abrechnung auf Neuwagenbasis). Wenn ein neues Fahrzeug durch einen Unfall beschädigt wird, wird der Schaden nach der allgemeinen Regelung abgewickelt. Hat ein neues Fahrzeug einen Totalschaden, kann der Geschädigte den **Tageswert** (Neuwert abzüglich Abschreibung)[166] beanspruchen. Wenn die Reparatur des Fahrzeugs möglich und vertretbar ist, hat der Geschädigte in jedem Fall Anspruch auf die nach objektiven Maßstäben berechneten Reparaturkosten.   118

II. Wertminderung

Zwischen **technischem Minderwert** und **merkantilem Minderwert** wird in den Niederlanden nicht unterschieden und deshalb werden beide Themen gemeinsam bei der merkantilen Minderwert besprochen.   119

Trotz der Reparatur des Schadens kann der Verkaufswert eines Fahrzeugs geringer geworden sein, bspw. infolge des Risikos, dass das Fahrzeug, trotz der Reparatur noch einen Unfallschaden aufweisen könnte.[167] Diese **Wertminderung** benachteiligt das Vermögen des Geschädigten, so dass dieser Nachteil ersetzt werden muss, auch wenn das Fahrzeug vom Geschädigten nicht verkauft wird.[168]   120

1. Mathematische Berechnungsmethoden. Die Berechnung der Wertminderung erfolgt nach den allgemeinen Richtlinien des niederländischen Instituts für eingetragene Gutachter *Nederlands Instituut Van Register Experts (NIVRE)*,[169] weil eine konkrete Berechnung schwierig ist. Diese Richtlinien sind jedoch nicht als entscheidender Maßstab zu betrachten.[170]   121

2. Schätzungsmöglichkeiten. Diese Richtlinien haben keine Gesetzeskraft. Abhängig von den konkreten Umständen des Einzelfalles, bspw, wenn es sich um einen Oldtimer handelt, könnte der Schaden aufgrund von Art. 6:97 BW geschätzt werden.[171]   122

3. Sonderproblem: Fahrzeugalter. Nach den Richtlinien des NIVRE ist bei einem Auto nach einer Betriebszeit von ungefähr 5 Jahren das Maximum erreicht und der Minderwert wird nicht mehr als solcher im Wiederverkaufswert ausgedrückt.[172] Bei Autos, die unge-   123

---

161 GS Schadevergoeding (Lindenbergh), Art. 6:96 BW, Anm. 2.3.2.1; HR 16.6.1961, NJ 1961, 444.
162 Barendrecht/Storm, Berekening van schadevergoeding, S. 96.
163 Barendrecht/Storm, Berekening van schadevergoeding, S. 91; Mon. Nieuw BW B38 (Salomons) S. 41. In diesen Beträgen werden diverse Bestandteile berücksichtigt, zB Lohn- und Materialkosten, allgemeine Betriebskosten und Gewinn.
164 Barendrecht/Storm, Berekening van schadevergoeding, S. 91.
165 Barendrecht/Storm, Berekening van schadevergoeding, S. 92.
166 Barendrecht/Storm, Berekening van schadevergoeding, S. 68.
167 Barendrecht/Storm, Berekening van schadevergoeding, S. 97.
168 HR 13.12.1963, NJ 1964, 449; Barendrecht/Storm, Berekening van schadevergoeding, S. 97; Mon. BW B34 (Lindenbergh), S. 59.
169 NIVRE-Richtlijnen ter bepaling van waardevermindering aan personenauto's veroorzaakt door beschadiging, Fassung Januar 2011; http://www.nivre.nl/Branches/Motorvoertuigen/Documentatie.aspx.
170 Barendrecht/Storm, Berekening van schadevergoeding, S. 98.
171 Vgl. Rn. 96 und 100.
172 NIVRE-Richtlijnen ter bepaling van waardevermindering aan personenauto's veroorzaakt door beschadiging, Fassung Januar 2011, S. 8.

fähr 5 Jahre oder älter sind, wird deshalb der Minderwert nicht gesondert als Schadensersatz verlangt werden können.

III. Abschleppkosten

124 Aufgrund Art. 6:96 Abs. 1 BW sind **Abschleppkosten** erstattungsfähig, vorausgesetzt, dass diese Kosten angemessen sind. Ob die entstandenen Kosten angemessen sind, hängt von den konkreten Umständen des Einzelfalles ab.

IV. Kosten für Gutachten und Kostenvoranschläge

125 1. **Gutachtensmängel.** Kosten für die Schadensermittlung sind zu erstatten, wenn die Voraussetzungen des Art. 6:96 Abs. 2 Buchst. b BW erfüllt sind.[173] Ob die Erstattung der **Kosten eines fehlerhaften Gutachtens** in Betracht kommt, ist nach den Maßstäben des Art. 6:96 Abs. 2 Buchst. b BW zu beurteilen.

126 2. **Verneinung der Überprüfungspflicht.** Oft wird bei der Feststellung der Haftung und des Schadensumfangs ein Gutachter eingeschaltet. Können sich die Parteien nicht einigen oder liegt ein beschränktes Wissen über die zu beurteilende Angelegenheit vor, liegt die Einschaltung eines Gutachters nahe. Nicht nur muss der Gutachter über die nötigen Kenntnisse und die nötige Erfahrung verfügen, er muss auch unabhängig und unparteiisch sein.[174] Erfüllt der Gutachter diese Voraussetzungen, sind die Kosten für das Gutachten erstattungsfähig, sofern die Kriterien von Art. 6:96 Abs. 2 Buchst. b BW erfüllt sind.[175]

127 3. **Bagatellschadensgrenze.** Abhängig von der Höhe des Schadens an einem Fahrzeug wird vom Versicherer eine Untersuchung durch einen Gutachter verlangt. Die Grenze ist bei jedem Versicherer unterschiedlich, liegt aber im Großen und Ganzen zwischen 500 EUR und 1.000 EUR. Ist der Schaden niedriger als die vom Versicherer festgelegte Untergrenze, dann genügt der Kostenvoranschlag einer Werkstatt für die Schadensfeststellung.[176]

128 4. **Höhe der Gutachterkosten. a) Beurteilungsgrundlage.** Die Gutachter legen für ihre Dienstleistungen eigene Gebühren fest und legen ihrem Auftraggeber selbst Angebote vor, wobei die Höhe des dem Gutachter zu zahlenden Honorars von den Komponenten der auszuführenden Untersuchung abhängig ist. Für die Frage, ob die mit der Begutachtung verbundenen Kosten aufgrund von Art. 6:96 Abs. 2 Buchst. b BW erstattungsfähig sind, müssen die Kosten die **doppelte Angemessenheitsprüfung** bestehen und es muss einen **Kausalzusammenhang** zwischen den Ereignissen und den entstandenen Kosten festgestellt werden können. Wesentliche Faktoren sind das Verhältnis zwischen dem Schadensbetrag und den Kosten des Gutachtens, die etwaige Überflüssigkeit des Gutachtens im Hinblick auf die Evidenz des Schadenscharakters, die Bereitschaftserklärung des Beklagten, die Reparaturkosten zu ersetzen und die Möglichkeit, den Schaden einfacher festzustellen.[177] Der Usus, einen einigermaßen erheblichen Schaden an Autos im Auftrag des Versicherers feststellen zu lassen, kann als Grundlage für die Frage dienen, ob ein Gutachten in einem bestimmten Fall angemessen ist.[178] Auch besteht aufgrund von Art. 6:97 BW noch die Möglichkeit, die Kosten für die Feststellung der Haftung und des Schadens vom Gericht schätzen zu lassen.

129 b) **Fehlende Überprüfungspflicht.** Da der Gutachter unabhängig und unparteiisch seine Dienstleistungen erbringt, sind Fehler des Gutachters dem Geschädigten nicht zuzurechnen. Die Kosten für Gutachten werden erstattet, sofern diese die doppelte Angemessenheitsprüfung bestehen und es einen Kausalzusammenhang zwischen den Ereignissen und den entstandenen Kosten gibt.[179]

---

173 Vgl. Rn. 85.
174 Hesen/Lindenbergh/van Maanen, Schadevaststelling en de rol van de deskundige, S. 20.
175 Vgl. Rn. 85 und 128.
176 http://www.deletselschaderaad.nl/index.cfm?page=Wanneer+moet+een+expert+de+schade+taxeren+1.
177 Mon. Nieuw BW B38 (Salomons) S. 22.
178 Mon. Nieuw BW B38 (Salomons) S. 22.
179 T&C BW, Art. 6:96, Anm. 3.

Veerman/Boendermaker/Janssen

5. Kosten für Kostenvoranschläge. Es gelten die Ausführungen in → Rn. 125 ff. entspre- 130
chend.

V. Nebenkosten bei Ersatzfahrzeugen

1. Ab-, An-, Ummeldekosten. Ab-, An- und Ummeldekosten bilden in den Niederlanden 131
keine gesonderte Fallgruppe. Wenn es sich um Schäden gem. Art. 6:96 Abs. 1 BW handelt,
sind diese Kosten erstattungsfähig.

2. Umbaukosten. Umbaukosten bilden in den Niederlanden keine gesonderte Fallgruppe. 132
Wenn es sich um Schaden gem. Art. 6:96 Abs. 1 BW handelt, sind Umbaukosten erstattungsfähig.

VI. Nutzungsausfallschäden

Im Allgemeinen gilt, dass bei einem Schadensersatz für eine vorübergehend nicht verfüg- 133
bare Sache von den Möglichkeiten ausgegangen werden muss, die der Geschädigte hat,
um den **konkreten Schaden** zu beseitigen.[180] In den Niederlanden geht man grundsätzlich
vom konkreten Schadensbegriff aus: nur die wirklich entstandenen Kosten werden ersetzt,[181] wobei die Schadensbegrenzungspflicht oberstes Gebot ist.[182] Die entstandenen
Kosten sind Kosten zur Vermeidung oder Begrenzung von weiterem Schaden iSv Art. 6:96
Abs. 2 Buchst. a BW, die die doppelte Angemessenheitsprüfung bestehen[183] und sie werden
für die Dauer der wirklichen Reparatur oder Ersatzbeschaffung erstattet.[184] Gleichzeitig
erspart der Geschädigte Kosten, die mit der Nutzung der beschädigten oder verloren gegangenen Sache verbunden sind. Die ersparten Kosten sind von den für die Schadensbegrenzung entstandenen Kosten abzuziehen.[185]

1. Mietwagenkosten. a) Privat- oder Werkstattwagen. Falls die mit der Nutzung von **Pri-** 134
vat- oder Werkstattwagen verbundenen und wirklich entstandenen Kosten die Kriterien
von Art. 6:96 Abs. 1 BW und 6:96 Abs. 2 Buchst. a BW erfüllen,[186] sind die entstandenen
Kosten erstattungsfähig.

b) Fahrbedarf. Fahrbedarf könnte nur in einem konkreten Fall im Rahmen der Art. 6:96 135
Abs. 2 Buchst. b zum Zuge kommen, insbesondere im Rahmen der doppelten Angemessenheitsprüfung.

c) Nutzungswille und -möglichkeit. Nutzungswille und -möglichkeit werden in den Nie- 136
derlanden nicht gesondert geprüft. Allenfalls könnte dies im Rahmen der doppelten Angemessenheitsprüfung eine Rolle spielen.[187]

d) Grundsatzproblematik. Die deutschen Fallgruppen **Grundlage der Erstattungsfähigkeit,** 137
Marktforschung, Unfallersatztarif, Zeitaufwand, Schadensminderungspflicht und die **pau-**
schale Abgeltung werden in den Niederlanden nicht gesondert behandelt. Die **wirklichen**
Kosten eines Mietwagens werden erstattet, wenn diese Kosten die doppelte Angemessenheitsprüfung bestehen.[188] Eine pauschale Abgeltung gibt es in diesem Rahmen in den Niederlanden nicht.

e) Kosten für Fahrzeugzustellung. Die Kosten für die **Fahrzeugzustellung** sind erstattungs- 138
fähig, wenn die Kriterien von Art. 6:96 Abs. 1 und 6:96 Abs. 2 BW erfüllt sind.[189]

---

180 Barendrecht/Storm, Berekening van schadevergoeding, S. 111.
181 Barendrecht/Storm, Berekening van schadevergoeding, S. 112; Mon. Nieuw BW B38 (Salomons) S. 47.
182 Mon. Nieuw BW B38 (Salomons) S. 48. Vgl. Rn. 93 f.
183 Vgl. Rn. 85.
184 Barendrecht/Storm, Berekening van schadevergoeding, S. 115.
185 GS Schadevergoeding (Lindenbergh), Art. 6:96 BW, Anm. 2.4.5; Barendrecht/Storm, Berekening van scha-
     devergoeding, S. 115.
186 Vgl. Rn. 85.
187 Vgl. Rn. 85.
188 Vgl. Rn. 85 und 133.
189 Vgl. Rn. 85 und 133.

139 **f) Kosten für Haftungsfreistellung.** Wenn die dafür geltenden Kriterien[190] erfüllt sind, sind die Kosten für Haftungsfreistellung ersatzfähig.

140 **g) Kosten für Insassenunfallversicherung.** Falls der Geschädigte bereits eine OIV hatte und bezüglich eines Ersatzfahrzeuges für eine neue OIV zahlen muss, ist dieser Schaden aufgrund Art. 6:96 Abs. 1 BW erstattungsfähig. Der Geschädigte gerät, im Vergleich zur Situation vor dem Unfall, in eine schlechtere Vermögenslage, und dieser Nachteil soll vom Schädiger ausgeglichen werden.

141 **h) Fahrzeugtyp – Gruppengleichheit.** Die Erstattung der Mietwagenkosten wird nach den allgemeinen Kriterien beurteilt,[191] insbesondere nach der doppelten Angemessenheitsprüfung. Die Entscheidung für einen Mietwagen in einer bestimmten Klasse muss den Angemessenheitskriterien entsprechen.

142 **2. Nutzungsausfallentschädigung.** In den Niederlanden gibt es die **Nutzungsausfallentschädigung** als solche nicht. Die wirklich entstandenen Kosten werden ersetzt, wenn die entsprechenden Voraussetzungen erfüllt sind.[192]

VII. Unkostenpauschale

143 Die **Unkosten** werden im Prinzip mittels einer konkreten Schadensberechnung ermittelt und gem. Art. 6:96 Abs. 1 BW erstattet. Können die Unkosten nicht genau ermittelt werden, dann können sie aufgrund Art. 6:97 BW geschätzt werden. Falls nach einem Unfall ein Aufenthalt in einem Krankenhaus notwendig ist, sind bspw. zusätzliche Telefonkosten und Parkgebühren für Verwandtenbesuch in den vom niederländischen „Rat für Personenschäden" (Letselschaderaad) festgesetzten Pauschalbeträgen[193] enthalten.

VIII. Sonderfall Vollkaskoversicherung

144 In den Niederlanden darf ein Versicherter jederzeit, nachdem ihm ein Schaden entstanden ist, seine **Vollkaskoversicherung** in Anspruch nehmen. Diese Befugnis wird von der Schadensbegrenzungspflicht nicht eingeschränkt. Die Inanspruchnahme der Vollkaskoversicherung bildet in den Niederlanden keinen Sonderfall.

B. Mittelbare Sachschäden (Sachfolgeschäden)

I. Finanzierungskosten

145 Der Begriff „Vermögensverlust" umfasst im Rahmen von Art. 6:96 Abs. 1 BW auch Folgeschäden. Unter Folgeschäden können auch Finanzierungskosten fallen. **Finanzierungskosten** sind ersatzfähig, falls die Voraussetzungen des Art. 6:96 und 6:98 BW erfüllt sind. Muss der Geschädigte nach einem Unfall ein anderes Fahrzeug anschaffen, weil sein Fahrzeug bei dem Unfall einen Totalschaden erlitten hat, und muss er den Kauf vorfinanzieren, weil die Versicherung den Tageswert des Fahrzeuges noch nicht ausgezahlt hat, können diese Finanzierungskosten als Folgeschäden erstattungsfähig sein.[194]

II. Verzugszinsen

146 Wird ein Geldbetrag verspätet gezahlt, sind aufgrund Art. 6:119 Abs. 1 BW für den geschuldeten Betrag **gesetzliche Zinsen** für den Zeitraum des Verzuges, zu zahlen. Es handelt sich dabei um eine fixierte Form von Schadensersatz,[195] wobei auch Zinseszinsen gem. Art. 6:119 Abs. 2 BW zu erstatten sind.

---

190 Vgl. Rn. 85 und 133.
191 Vgl. Rn. 85 und 133.
192 Vgl. Rn. 85 und 133.
193 www.deletselschaderaad.nl, De Letselschade Richtlijn Ziekenhuis- en Revalidatiedaggeldvergoeding (Richtlinie Tagessatzentschädigung für Krankenhaus und Rehabilitation) Vgl. Rn. 157 ff.
194 GS Schadevergoeding (Lindenbergh), Art. 6:96 BW, Anm. 2.3.19.
195 Mon. Nieuw BW B38 (Salomons) S. 25.

1. Verzugszinshöhe. Der gesetzliche Zinssatz wird durch eine Rechtsverordnung festge-   147
setzt (Art. 6:120 BW). Zum 1.1.2015 betragen die gesetzlichen Zinsen 2 %.[196]

2. Verzugsbeginn. In den Niederlanden wird zwischen **Fahrzeugschaden** und **sonstigen**   148
Schadenspositionen nicht differenziert. Aufgrund Art. 6:82 Abs. 1 BW gerät ein Schuldner
mit der Begleichung eines Geldbetrags in **Verzug**, nachdem ihm in einer schriftlichen Mahnung eine angemessene Frist zur Erfüllung gesetzt wurde und diese Frist ohne Zahlung abgelaufen ist. Aufgrund Art. 6:83 Buchst. b BW kann eine Mahnung unterbleiben, wenn
sich der Anspruch aus einer unerlaubten Handlung ergibt. Der Verzug beginnt, wenn die
Leistung fällig ist und nicht sofort erbracht wird.[197] Bei der abstrakten Schadensberechnung wird von dem Zeitpunkt, zu dem der konkrete Schaden entstanden ist, ausgegangen.[198]

III. Anwaltskosten

In Art. 6:96 Abs. 2 Buchst. b und c BW ist gegenwärtig die Rechtsprechung des Hoge   149
Raad über **außergerichtliche Kosten** kodifiziert. Aufgrund dieser Bestimmung ist es für das
Opfer grundsätzlich möglich, die ihm entstandenen angemessenen Kosten für eine Rechts-
beratung – unter dem Nenner des Vermögensschadens – von der haftenden Partei zu beanspruchen. Als Voraussetzung für diese Erstattung gilt, dass die Kosten sowohl notwendig
als auch angemessen sein müssen; die sogenannte doppelte Angemessenheitsprüfung.[199]

Für die Berechnung außergerichtlicher Kosten wird auf den „Rapport BGK-integraal   150
2013" zurückgegriffen.[200] Diese Gebührenordnung wurde nach dem Inkrafttreten des Gesetzes "Wet normering van de vergoeding voor kosten ter verkrijging van voldoening buiten rechte" (WIK)[201] und dem darauf basierenden "Besluit vergoeding voor buitengerechtelijke incassokosten" (Erlass BIK)[202] erstellt und bietet eine Übersicht aller Regelungen im
Zusammenhang mit der Erstattung außergerichtlicher Kosten. Falls ein Schuldner mit der
Erfüllung einer Forderung nach dem 1. Juli 2012 in Verzug geraten ist, sind WIK und Erlass BIK anwendbar. Für eine in einem Feststellungsvertrag festgelegte Verpflichtung zur
Zahlung eines Schadensbetrags müssen die außergerichtlichen Inkassokosten anhand des
Erlasses BIK berechnet werden, wenn der Schuldner ein Verbraucher ist.[203] Für Schuldner,
die keine Verbraucher sind, ist der Erlass BIK in diesem Fall dispositives Recht.[204] Für andere Geldforderungen, (die sich nicht aus einem Vertrag ergeben) oder Forderungen mit
einem unbestimmten Wert wird die Höhe der außergerichtlichen Kosten grundsätzlich anhand der Staffel von Erlass BIK berechnet. Dennoch bleibt es in diesen Fällen möglich, die
tatsächlichen höheren Kosten zu fordern, wenn diese Forderung die doppelte Angemessenheitsprüfung bestehen kann.[205] Die außergerichtlichen Kosten bei Personenschadensange-
legenheiten werden grundsätzlich konkret berechnet und aufgrund Art. 6:96 Abs. 2 Buchstabe b BW erstattet.

---

196 www.wettelijkerente.net.
197 T&C BW Art. 6:83 Buchst. b, Anm. 3 d.
198 Barendrecht/Storm, Berekening van schadevergoeding, S. 313.
199 HR 16.10.1998, NJ 1999,196, GS Schadevergoeding (Lindebergh), Art. 6:96 BW, Anm. 11.4.4.
200 "Rapport BGK-integraal 2013", Fassung August 2014, https://www.rechtspraak.nl/SiteCollectionDocume
      nts/Rapport-BGK-integraal.pdf.
201 Wet normering van de vergoeding voor kosten ter verkrijging van voldoening buiten rechte" vom
      15.3.2012, NL-Gesetzblatt Staatsblad 2012, 140.
202 Besluit vergoeding voor buitengerechtelijke incassokosten,vom 27.3.2012, NL-Gesetzblatt Staatsblad
      2012, 141.
203 "Rapport BGK-integraal 2013", Fassung August 2014, https://www.rechtspraak.nl/SiteCollectionDocume
      nts/Rapport-BGK-integraal.pdf, Seite 8 und 21.
204 "Rapport BGK-integraal 2013", Fassung August 2014, https://www.rechtspraak.nl/SiteCollectionDocume
      nts/Rapport-BGK-integraal.pdf, Seite 21.
205 "Rapport BGK-integraal 2013", Fassung August 2014, https://www.rechtspraak.nl/SiteCollectionDocume
      nts/Rapport-BGK-integraal.pdf, Seite 21 und 22; Vgl. Rn. 85 ff.

IV. Rückstufungsschaden

151 **1. Haftpflichtversicherung.** Die WAM-Versicherung[206] deckt den Schaden, den der Versicherte einem Geschädigten zugefügt hat, und den Schaden an Sachen, die mit dem Fahrzeug des Geschädigten befördert wurden. Im Hinblick auf die Erstattung von **Rückstufungsschäden** gibt es keinen Unterschied zur Vollkaskoversicherung.[207]

152 **2. Vollkaskoversicherung.** Die **Vollkaskoversicherung** ist eine Erweiterung der Haftpflichtversicherung aufgrund der WAM, wobei neben dem Schaden des Geschädigten auch der eigene Schaden als Folge eines Unfalls vom Versicherer ersetzt wird.

153 **a) Volle Haftung des Schädigers.** Ein **Rückstufungsschaden** beim Geschädigten ist aufgrund Art. 6:96 Abs. 1 BW erstattungsfähig, vorausgesetzt, dass zwischen dem Unfall und dem Verlust des Schadensfreiheitsrabatts ein Kausalzusammenhang besteht.[208] Wenn der Versicherer des Geschädigten den ausgezahlten Betrag vom Schadenverursacher vollständig zurückverlangen kann, wird der Geschädigte in der Schadensfreiheitsklasse nicht zurückgestuft, so dass dann kein Verlust des Schadensfreiheitsrabatts droht.

154 **b) Haftungsquote.** Auf den Schadensersatz aufgrund von Art. 6:96 Abs. 1 BW und deshalb auch auf die Erstattung des Verlusts des Schadensfreiheitsrabatts findet Art. 6:101 BW Anwendung. Eine **Minderung der Ersatzpflicht** des Ersatzpflichtigen ist deshalb möglich, wenn eigenes Verschulden des Geschädigten vorliegt.[209]

155 **c) Prozessuale Besonderheit.** Der Versicherer kann aufgrund der Versicherungsbedingungen berechnen, wie hoch der Verlust des Schadensfreiheitsrabatts sein wird. Eine höhere Prämie infolge eines Unfalls, der sich nach dem schadenverursachenden Unfall ereignet hat, geht selbstverständlich nicht zulasten des ersten Schadensverursachers.

§ 3 Personenschäden

156 **Personenschaden** ist der Oberbegriff sowohl für den Personenschaden als auch für den Schaden infolge eines Todesfalls. Die Grundlagen im BW – und der Umfang der Schadensersatzpflicht der haftenden Partei – unterscheiden sich wesentlich voneinander. Die Gruppe der Berechtigten und die Art des Schadens, der beim Schaden infolge eines Todesfalls iSv Art. 6:108 BW beansprucht werden kann, ist begrenzt und begrenzter als bei der Erstattung von Personenschäden.

A. Heilbehandlungskosten

157 Der Ausgangspunkt bei der Berechnung eines (Personen-)Schadens ist, dass dieser **konkret** berechnet werden muss. Insbesondere bei künftigen Schäden und bei nicht einfach festzu-

---

206 Vgl. Rn. 23.
207 Vgl. Rn. 152.
208 GS Schadevergoeding (Lindenbergh), Art. 6:96 BW, Anm. 2.3.19.
209 Vgl. Rn. 87 ff.

stellenden entstandenen Schäden ist es möglich, dass sie geschätzt werden.[210] Die Ausgangspunkte für diese Schätzung sind meistens willkürlich und das führt zu Diskussionen mit (in der Regel) der Versicherungsgesellschaft (WAM/WA). Der niederländische „Rat für Personenschäden" Letselschaderaad (früher Nationaal Platform Personenschade „NPP") hat einige Richtlinien aufgestellt, von denen man für die Feststellung bzw. Schätzung einiger praxisspezifischer Schadenspositionen ausgehen kann.[211] Es besteht keine Verpflichtung, von diesen (pauschalen) Richtlinien auszugehen. Wenn der Schaden konkret berechnet werden kann, bleibt das der Ausgangspunkt.

I. Arzt-/Krankenhauskosten

Aufgrund der Richtlinie über die Erstattung diverser Kosten für einen vorübergehenden   158
Aufenthalt in einem Krankenhaus infolge eines Unfalls ist der Normbetrag für einen Tag (24 Stunden) Krankenhausaufenthalt 26 EUR. Diese Erstattung eines **Tagesgelds** dient der Deckung der Kosten für den Kauf von Bett-/Krankenhauskleidung und der Kosten, die den vorübergehenden Aufenthalt in einem Krankenhaus oder einer Rehaklinik angenehmer machen sollen. Darunter fallen unter anderem extra Telefongebühren, das Kaufen und Ausleihen von Büchern und/oder Zeitschriften, Snacks oder Erfrischungsgetränke, Fernsehermiete, Miete für Spiele, Videofilme uÄ, Parkgebühren für Verwandtenbesuch, Blumen, Obst usw.

Die Kosten für die **ärztlichen Behandlungen** werden grundsätzlich aus der Basisabsiche-   159
rung der (gesetzlichen) Krankenversicherung erstattet. Abhängig von den Versicherungsbedingungen, die auf den Versicherungsvertrag Anwendung finden, können eventuelle – von der regulären Heilbehandlung abweichende – Behandlungen ausgeschlossen sein. Ob diese nicht versicherten Kosten für eine Erstattung in Betracht kommen, wenn es eine haftende Partei gibt, ist stark abhängig von den Umständen des Einzelfalles.

II. Nebenkosten

Der Letselschaderaad hat – neben der Richtlinie über die Erstattung diverser Kosten für   160
einen vorübergehenden Aufenthalt in einem Krankenhaus[212] – Richtlinien für die Erstattung von unter anderem den Kosten für den Verlust von Eigenleistung, Kilometergeld und erhöhte wirtschaftliche Verletzlichkeit aufgestellt.

1. Verlust von Eigenleistung. Mit **Eigenleistung** ist die Arbeitskraft gemeint, die in der Pri-   161
vatsphäre für die Verrichtung von Arbeiten in, an oder im Umkreis der eigenen Wohnung aufgewendet wird, und die auch gegen Entgelt von Dritten (Fachkräften) verrichtet werden können. Der Normbetrag gemäß der Richtlinie ist an das Maß, in dem es eine Beeinträchtigung der Arbeitskraft im Verhältnis zur Eigenleistung gibt, anzupassen. Diese Beeinträchtigung wird im Einvernehmen festgestellt und in einem festen Prozentsatz von 25, 50 oder 100 % ausgedrückt. Dieser Prozentsatz ist für den endgültigen jährlichen Schadensersatz maßgeblich. Für die Feststellung der Laufzeit des künftigen Schadens wird von einem Endalter von 70 Jahren, ohne Korrektur der Sterbewahrscheinlichkeit, ausgegangen. Für die Kapitalisierung des künftigen Schadens wird vom geltenden Rechnungszins ausgegangen.[213] Auch hier gilt, dass soweit es bei der Wohnung, dem Garten oder der Person des Opfers im Hinblick auf die Eigenleistung besondere Umstände gibt, die sich für eine normierte Erstattung nicht eignen, der Schaden konkret festgestellt werden muss.

2. Kilometergeld. Bei der allgemein angewandten Methode der Normierung des **Kilome-**   162
tergelds wurde von den wirklichen Kosten und den gängigen Normen ausgegangen. Für die Feststellung des Kilometergelds wurde von den durchschnittlichen Kosten pro gefahrenen Kilometer ausgegangen. Dabei wurden die gängigen und jüngsten Tabellen des nieder-

---

210 Vgl. Rn. 96 und 100.
211 http://www.deletselschaderaad.nl/index.cfm?page=Richtlijnen; Storm, TVP 2009/1.
212 Vgl. Rn. 158.
213 Vgl. Rn. 192.

ländischen Automobilclubs ANWB für variable Kosten angewendet.[214] Unter die Normierung des Kilometergelds fallen die Reisekosten von Familienmitgliedern und nahen Angehörigen für Besuche des Opfers im Krankenhaus, die Fahrtkosten des Opfers für Arztbesuche sowie für Besuche bei einem Bureau Slachtofferhulp (Büro Opferhilfe) und bei anderen Interessenvertretern. Wenn mit einem Pkw gefahren wird, beträgt das Kilometergeld 0,24 EUR für die ersten 2000 Kilometer pro Jahr pro Anspruchsberechtigtem. Als Jahr gilt in diesem Fall: jeweils ein Jahr nach dem Schadensdatum. In Fällen, in denen mehr als 2000 Kilometer pro Schadensjahr gefahren werden, empfiehlt der Letselschaderaad den Ersatzbetrag konkret festzustellen. Dies ist aufgrund von gängigen Tabellen des ANWB möglich, wobei sowohl die festen als auch die variablen Kosten als Ausgangspunkt für die Erstattung gelten. Bei Benutzung öffentlicher Verkehrsmittel werden die tatsächlich entstandenen Kosten ersetzt. Sollte es so sein, dass sich das eigene Auto oder die öffentlichen Verkehrsmittel als Transportmittel nicht eignen, werden die Taxikosten anhand der wirklich entstandenen Kosten ersetzt (dabei ist an medizinische Indikation, das Nichtvorhandensein eines eigenen Transportmittels oder öffentlicher Verkehrsmittel uÄ zu denken).[215]

163   **3. Erhöhte wirtschaftliche Verletzlichkeit.** Erhöhte wirtschaftliche Verletzlichkeit liegt vor, wenn in der Zukunft wegen einer wirtschaftlichen Tatsache – bspw. Entlassung infolge einer Umstrukturierung oder einer Insolvenz – eine Zeit der Arbeitslosigkeit eintritt, die aufgrund der durch den Unfall entstandenen beschränkten Möglichkeiten länger dauert als „normal". Mit einer Erstattung wegen erhöhter wirtschaftlicher Verletzlichkeit wird ein Zeitraum der (teilweisen) Arbeitslosigkeit finanziell ausgeglichen. Siehe für die Anwendung der Richtlinie das erstinstanzliche Urteil des Gerichts Utrecht vom 28.12.2011.[216]

III. Besuchskosten

164   Besuchskosten sind aufgrund der Richtlinie über die Erstattung diverser Kosten für einen vorübergehenden Aufenthalt in einem Krankenhaus infolge eines Unfalls des Letselschaderaad ersatzfähig.[217]

B. Erwerbsschaden

I. Arbeitnehmer

165   Beim Personenschaden ist die Position **Verlust von Erwerbsvermögen** oder Erwerbsschaden eine der auffälligsten Schadenspositionen. Insbesondere bei jungen Opfern mit Karriereaussichten und einem hohen Maß an (bleibender) Invalidität (oder Einschränkungen) kann diese Schadensposition umfangreich werden. Die Frage, ob das Opfer infolge des Unfalls durch den Verlust von zukünftigem Erwerbsvermögen geschädigt ist, muss durch den Vergleich der konkreten Einkommenssituation nach dem Unfall mit der hypothetischen Situation, dass sich der Unfall nicht ereignet hätte, beantwortet werden. Dabei kommt es auf die rationale Erwartung des Gerichts bezüglich der Zukunft an; an den Geschädigten, die einen bleibenden Personenschaden erlitten hat, sind keine strengen Anforderungen bezüglich des zu erbringenden Beweises zu stellen.[218]

166   Wichtig ist es, in diesem Rahmen noch zwischen bleibender Invalidität (b.I.) und (dem Maß) der **Arbeitsunfähigkeit** zu unterscheiden. Bei b.I. wird ausschließlich auf die erlittenen Verletzungen geachtet, während sich das Maß an Arbeitsunfähigkeit je Opfer mit den gleichen Verletzungen wesentlich unterscheiden kann.[219]

---

214   www.anwb.nl.

215   Für eine konkrete Anwendung der Richtlinie vgl. Rb. Arnhem 29.9.2010, LJN: BN9351.

216   Rb. Utrecht 28.12.2011, LJN: BV3534.

217   Vgl. Rn. 158.

218   HR 15.5.1998, NJ 1998, 624.

219   Das bekannte Beispiel dafür ist der amputierte Finger, der für einen Konzertpianisten zu einem umfangreichen Schaden bei der Position Verlust von Erwerbseinkommen führt, während der gleiche amputierte Finger bei einem normalen Bürojob zu einem viel geringeren Verlust von Erwerbseinkommen führen würde.

Bei Arbeitnehmern in einem Arbeitsverhältnis oder bei Beamten wird ein Großteil des 167
Nachteils, den die Arbeitsunfähigkeit mit sich bringt, durch die Verpflichtung des Arbeitgebers, aufgrund von Art. 7:629 BW das Gehalt während der ersten 104 Wochen der Arbeitsunfähigkeit teilweise fortzuzahlen, ausgeglichen. Der Verlust von Erwerbsvermögen
beschränkt sich in dieser Situation die ersten zwei Jahre auf den Betrag, den der Arbeitgeber vom Gehalt kürzen darf (vgl. die Kürzung von 30 %) und auf eventuelle andere Kür-
zungsmaßnahmen, wie bspw. den Umfang des Urlaubsguthabens und die Auszahlung von
Gratifikationen. Wenn die (teilweise) Arbeitsunfähigkeit länger als 104 Wochen andauert,
kann der Arbeitnehmer grundsätzlich auf das umfangreiche Sozialversicherungsnetz zurückgreifen. In jenem Fall kommt der Arbeitnehmer – sofern er nach einer ärztlichen Untersuchung durch den Versicherungsarzt und den Arbeitssachverständigen des Arbeitsamts
(UWV) als vollständig bzw. teilweise arbeitsunfähig angesehen wird – für Leistungen aufgrund der WIA (WIA = Gesetz über Einkommen und Arbeit nach Leistungsvermögen) in
Betracht.

Der **Umfang** des Verlusts von Erwerbsvermögen wird normalerweise anhand der Gehalts- 168
abrechnung des Opfers und des gegebenenfalls anwendbaren Tarifvertrags berechnet. Obwohl es die Praxis ist, dass der Interessenvertreter des Opfers oder der Versicherer (wenn
möglich in Rücksprache miteinander) eine Berechnung aufstellt, ist es im Allgemeinen
empfehlenswert – in jedem Fall bei umfangreichem Schaden – einen Arithmetiker eine Berechnung aufstellen zu lassen.[220] Dies geschieht mit einer auf diese Thematik zugeschnitte-
nen Software.[221]

II. Selbstständige

Das Verhältnis zwischen dem Prozentsatz b.I. und dem Maß der Arbeitsunfähigkeit ist 169
auch bei einem **Selbstständigen** von Bedeutung, obwohl ein Selbstständiger nicht selten in
der Lage ist, doch noch ein gewisses Einkommen zu erzielen, während das für einen angestellten Arbeitnehmer nicht möglich ist. Denn der Selbstständige ist sein eigener Herr und
kann frei entscheiden, wie er seine Einkünfte erzielt.

Es kommt hinzu, dass ein Selbstständiger die Möglichkeit hat, eine Arbeitsunfähigkeitsver- 170
sicherung (AOV) abzuschließen. Eine AOV kann sowohl eine Summenversicherung als
auch eine Schadensversicherung sein. Bei einer Versicherungsleistung gilt noch, dass in
Art. 6:100 BW von einer Vorteilsanrechnung die Rede ist.[222]

III. Sonstige Personen

In der Richtlinie Studienverzögerung (Studievertraging) des Letselschaderaad[223] wird aus- 171
drücklich der Schaden, der einem geschädigten **Studenten** infolge einer durch einen Unfall
verursachten Studienverzögerung entsteht, genannt; damit wird der Schaden, der dadurch
entsteht, dass der Geschädigte infolge einer unfallbedingten unterbrochenen Ausbildung,
wofür ein Dritter haftbar gemacht werden kann, später auf dem Arbeitsmarkt tätig wird,
gemeint. Es handelt sich dabei um eine Studienverzögerung von höchstens einem Jahr. Extra Studiengebühren (Bücher, Prüfungsgebühren und Ähnliches) fallen nicht unter die
Richtlinie. Diese Ausgaben sind sehr individuell und oft konkret nachweisbar. Von dem
Schaden wegen Studienverzögerung ist der unfallbedingte Schaden infolge einer angepassten Ausbildung bzw. Ausbildung auf einer niedrigeren Ebene zu differenzieren. Dieser
Schadensfaktor ist gesondert zu beurteilen bzw. ist Bestandteil des festzustellenden Verlusts von Erwerbsvermögen. Die Jahresentschädigung für Studienverzögerung wird nach
Redlichkeit und Billigkeit festgestellt, unter Berücksichtigung der diesbezüglichen Rechtsprechung und gängigen Praxis. Dabei hat man sich an den Mindestlohn für Jugendliche
mit einer niedrigen Ausbildung bzw. dem Durchschnittslohn für Studenten mit einer

---

220 Siehe ausführlicher: Neeser/Van Schoonhoven, Schadeberekening in personenschadezaken, S. 77.
221 ZB eine A-letselberekening mit der Audalet-software.
222 Seit 1.10.2010 hat sich der Standpunkt des Hoge Raad im Hinblick auf die Vorteilsanrechnung geändert.
Vgl. HR 1.10.2010, JAR 2010/272.
223 Vgl. Rn. 157.

Hochschulreife oder einer Fachhochschulausbildung orientiert. Jedes Jahr wird aufgrund des Lohnindexes des niederländischen Statistischen Zentralamts CBS geprüft, inwieweit eine Anpassung des Normbetrags notwendig ist.

172   Die Richtlinie wird inzwischen bei den erstinstanzlichen Gerichten angewendet.[224] Daraus ergibt sich, dass – abweichend von der Hauptregel der konkreten Schadensberechnung – diese Form der abstrakten Schadensberechnung für möglich gehalten werden muss.

C. Haushaltsführungsschaden

173   Gemäß der Richtlinie „**Haushaltshilfe**" (Huishoudelijke hulp) des Letselschaderaad[225] umfasst der Begriff „Haushaltshilfe" den Bedarf an Unterstützung bei der Führung des Haushalts durch Dritte, zB Tätigkeiten wie Saubermachen, Kochen, Einkaufen und Kinderbetreuung. Es handelt sich dabei um eine freiwillige Betreuung (mantelzorg) beziehungsweise um die Betreuung durch Familienangehörige (zB den Ehegatten/Partner oder zuhause wohnende minderjährige und volljährige Kinder), Freunde, Bekannte usw. Es betrifft die gegebene Unterstützung bei der Haushaltsführung für Tätigkeiten, die vor dem Unfall vom Opfer selbst verrichtet wurden. Diese damit verbundenen Kosten sind ersatzfähig.

I. Konkreter Schaden

174   Für Personenschäden gilt der Ausgangspunkt, dass nur tatsächlich erlittene Schäden erstattet werden: **konkrete Schadensberechnung**.[226] Im Falle des Bedarfs einer Haushaltshilfe infolge bleibender Einschränkungen, verursacht durch die zugefügte Verletzung, würde dieser Ausgangspunkt dazu führen, dass nur tatsächlich aufgewendete oder aufzuwendende Kosten für eine Haushaltshilfe ersatzfähig wären und die von Ehegatten/Partnern, Familienangehörigen oder sonstigen Freunden und Bekannten geleistete Haushaltshilfe nicht erstattet würde.[227]

175   In der Rechtsprechung sind einige **Ausnahmen** zu dem genannten Ausgangspunkt formuliert worden.[228] Seitdem haben die Gerichte sich mehrfach zu der abstrakten Schadensberechnung von den Kosten der Haushaltshilfe bei Personenschäden geäußert. Infolge dieser ziemlich einheitlichen[229] Rechtsprechung kommt eine Erstattung der Kosten für eine Haushaltshilfe bei Personenschäden in Betracht. sofern es sich um Tätigkeiten handelt, für die es in der Situation, in der sich das Opfer befindet, normal und üblich ist, dass sie von professionellen, für ihre Dienstleistungen honorierten Personen verrichtet werden. Das ist nicht anders, wenn diese Tätigkeiten von Personen, die dafür keine Kosten in Rechnung stellen (können), verrichtet werden. In diesem Sinne schließen sich die unteren Gerichte offensichtlich der Rechtsprechung des Hoge Raad an.[230]

II. Fiktiver Schaden

176   Der Letselschaderaad hat für die Entschädigung von (**abstrakten**) **Haushaltsführungsschäden** feste Beträge festgesetzt. Während eines Zeitraums von drei Monaten gelten die Normbeträge gemäß der Tabelle der Richtlinie. Nach diesem Zeitraum, für die nächsten drei Monate, gilt bei Fortsetzung der freiwilligen Betreuung ein Stundensatz von

---

224   Rb. Amsterdam 7.1.2009, LJN: BH1287 en Rb. Rotterdam 20.4.2011, LJN: BQ6208.
225   Vgl. Rn. 157.
226   Asser/Hartkamp 4-I, 2004/ 417; Vgl. 2.6 in den Schlussanträgen des Generalanwalts Langemeijer beim Urteil HR 11.7.2008, RvdW 2008, 724.
227   Vgl. 3.2 in den Schlussanträgen des Generalanwalts Verkade beim Urteil HR 5.12.2008, NJ 2009, 387.
228   Vgl. HR 28.5.1999, NJ 1999, 564; HR 6.6.2003, NJ 2003, 504; HR 16.12.2005, NJ 2008, 186; HR 11.7.2008, RvdW 2008, 724. Die Schlussanträge des Generalanwalts Verkade beim Urteil HR 5.12.2008, NJ 2009, 387 enthalten ab 3.1 eine ausführliche Zusammenfassung der Rechtsprechung im Bereich des Schadensersatzes bezüglich der Kosten der Haushaltshilfe.
229   Nach Generalanwalt Verkade (vgl. 3.9 in den Schlussanträgen beim Urteil HR 5.12.2008, NJ 2009, 387) ist seit HR 28.5.1999, NJ 1999, 564 nur in einem Urteil des Rb. Zutphen 10.1.2007, LJN BA4423 die Anwendung der abstrakten Schadensberechnung nicht erlaubt.
230   Vgl. 3.9 in den Schlussanträgen des Generalanwalts Verkade beim Urteil HR 5.12.2008, NJ 2009, 387.

8,50 EUR. Es steht den Parteien frei im gegenseitigen Einvernehmen zu entscheiden, ob die Normbeträge (gemäß der Tabelle) auch für diesen Zeitraum angewendet werden sollen. Nachdem dieser zweite Zeitraum verstrichen ist (sechs Monate nach dem Unfall) zahlt der Versicherer eine angemessene Entschädigung. In der Rechtsprechung wird inzwischen kaum noch bestritten, dass ein Stundensatz von 12,50 EUR für eine professionelle Haushaltskraft angemessen ist. Die Empfehlung bezieht sich nicht auf Versorgungs- und Pflegetätigkeiten und auch nicht auf Kinderbetreuung.

III. Berechnungsgrundlagen

1. Beeinträchtigung der Arbeitskraft, Arbeitsumfang, Lohnermittlung. Beeinträchtigung der Arbeitskraft, Arbeitsumfang und Lohnermittlung bilden im niederländischen juristischen System keine gesonderte Fallgruppe.[231]   177

2. Mitverschulden (Haftungsquote). Die allgemeine Regelung des **Mitverschuldens** ist auf etwaige Schadensersatzansprüche wegen eines Haushaltführungsschaden anzuwenden.[232]   178

3. Vereinfachte Berechnungsmöglichkeit. Für die **vereinfachte Berechnungsmöglichkeit** ist die Richtlinie Haushaltshilfe anzuwenden.[233]   179

D. Nebenpositionen

In einigen Fällen führt der Tod oder die Verletzung einer an einem Unfall beteiligten Person zu einem erheblichen (finanziellen) Nachteil bei Dritten. Für diese Dritten sind in Art. 6:108 BW Einschränkungen für die Möglichkeit der Entschädigung dieses Nachteils enthalten, weil zu großzügig festgelegte Haftungsgrenzen aus gesellschaftlicher Sicht zu inakzeptablen Folgen führen könnten. Nur die in Art. 6:108 BW genannten Schadenspositionen sind im Todesfall ersatzfähig.   180

I. Beerdigungskosten

Aufgrund Art. 6:108 Abs. 2 BW ist die haftbare Person verpflichtet, die angemessenen Beerdigungskosten zu erstatten.   181

II. Sonstige Positionen

Aufgrund Art. 6:108 Abs. 1 BW ist für den in diesem Abs. aufgelisteten Kreis von Angehörigen primär der Schadensersatz durch Verlust des Lebensunterhalts ersatzfähig. Seit Februar 2015 gibt es eine Richtlinie des "Letselschaderaad", auf deren Grundlage diese Art des Todesfallschadens berechnet wird.[234]   182

E. Haftungsprivilegien

I. Arbeitsverhältnisse

Ein Arbeitnehmer, der bei der Ausführung des Vertrags dem Arbeitgeber oder einem Dritten, für den der Arbeitgeber schadenersatzpflichtig ist, Schaden zufügt, haftet dem Arbeitgeber aufgrund von Art. 661 Abs. 1 in Buch 7 BW nicht, es sei denn, der Schaden ist eine Folge von Vorsatz oder bewusster grober Fahrlässigkeit des Arbeitnehmers. Aus den konkreten Umständen des Einzelfalles kann sich, auch unter Berücksichtigung der Art des Vertrags, etwas anderes ergeben. Eine Abweichung von Abs. 1 und von Art. 170 Abs. 3 in Buch 6 BW zuungunsten des Arbeitnehmers ist nur durch einen schriftlichen Vertrag und nur, sofern der Arbeitnehmer gegen eine derartige Haftung versichert ist, möglich.[235]   183

---

231 Vgl. Rn. 174 ff.
232 Vgl. Rn. 87 ff.
233 Vgl. Rn. 173 ff.
234 http://www.deletselschaderaad.nl/index.cfm?page=De+Letselschade+Richtlijn+Rekenmodel+Overlijdensschade+2.
235 T&C BW, Art. 7:661, Anm. 4.

II. Familienangehörige

184 Es existiert kein Haftungsprivileg für Familienangehörige.[236]

§ 4 Schmerzensgeld

A. Grundlagen

I. Allgemeine Grundlagen

185 Die Grundlage für den Ersatz von immateriellem Schaden beim Opfer selbst („Schmerzensgeld") bildet Art. 6:95 iVm 6:106 BW. Danach ist ein angemessener immaterieller Schaden ersatzfähig.

II. Angehörigenschmerzensgeld

186 Art. 6:108 BW gewährt einer beschränkten Anzahl von Berechtigten im Todesfall eines (nahen) **Angehörigen** nur Anspruch auf den in Art. 6:108 BW bezeichneten Vermögensschaden; das gesetzliche System steht der Zuerkennung einer Entschädigung für sonstigen materiellen und immateriellen Schaden entgegen.[237] Was den immateriellen Schaden für Hinterbliebene betrifft, ist noch der Anspruch auf Entschädigung von Schockschäden und Affektionsschäden von Bedeutung.

III. Schockschäden und Affektionsschäden

187 Der Ausgangspunkt von Art. 6:108 BW ist nur anders, wenn der Täter die Absicht hatte, einem Dritten einen immateriellen Schaden iSv Art. 6:106 Abs. 1 Buchst. a BW zuzufügen, oder wenn das allgemeine Persönlichkeitsrecht dieses Dritten iSv Art. 6:106 Abs. 1 Buchst. b BW verletzt wurde. Auch wer vorsätzlich einen schweren Verkehrsunfall verursacht, der zum Tod oder zu schweren Verletzungen einer anderen Person oder mehrerer anderer Personen führt, begeht nicht nur eine unerlaubte Handlung gegenüber der Person oder den Personen, die dadurch getötet oder verletzt wird oder wurden, sondern auch gegenüber der Person, bei der durch die Beobachtung des Unfalls oder der direkten Konfrontation mit den ernsten Folgen davon ein schwerer emotionaler Schock (**Schockschaden**) herbeigeführt wird, aus dem als Folgeschaden eine psychische Verletzung auftritt. Diese psychische Verletzung kann insbesondere dann auftreten, wenn eine Person, mit der der Betroffene eine enge affektive Beziehung hat, beim Unfall getötet oder verletzt wurde.[238]

188 Vorbehaltlich der Möglichkeit der Entschädigung für Schockschäden gilt, dass Hinterbliebene keinen immateriellen Schaden beanspruchen können.[239] Aus dem gesetzlichen System ergibt sich, dass Hinterbliebene in dem Fall, dass eine Person, mit der sie eine enge affektive Beziehung hatten, infolge eines Ereignisses, für das ein Dritter gegenüber dem Geschädigten haftet, stirbt, keinen Anspruch auf Entschädigung des Nachteils wegen des Kummers, den sie infolge dieses Todes haben, den sogenannten **Affektionsschaden**, geltend machen können. Dies basiert auf einer bewussten Entscheidung des Gesetzgebers, und der Richter hat nicht die Freiheit, um im Vorgriff auf eine gegebenenfalls vom Gesetzgeber vorzunehmende Gesetzesänderung in diesem Punkt eine derartige Entschädigung zuzuer-

---

236 Für Regressfälle vgl. Rn. 200.
237 Vgl. Rn. 180.
238 Vgl. ua HR 9.10.2009, NJ 2010, 387.
239 Vgl. Asser/Hartkamp/Sieburgh 6-II* 2011/162; Handboek Personenschade (Haase/Vogelzang), S. 3050-1 ff.

kennen.[240] In diesem Zusammenhang ist noch auf den Gesetzesentwurf zur Anpassung des Bürgerlichen Gesetzbuchs (Burgerlijk Wetboek), der Strafprozessordnung (Wetboek van Strafvordering) und des Gesetzes über die Entschädigung von Opfern von Gewaltverbrechen (Wet schadefonds geweldsmisdrijven) im Zusammenhang mit der Ersatzfähigkeit von Schäden infolge von Tod oder schweren und bleibenden Verletzungen von nahen Angehörigen hinzuweisen.[241]

B. Berechnungsgrundlagen

In Art. 6:106 BW ist festgelegt, dass der **Umfang des Schadenersatzes** für einen anderen 189 Nachteil als Vermögensschaden (Schmerzensgeld) nach „Billigkeit" festgestellt wird. Das Gericht hat eine Ermessensbefugnis über die Bestimmung des Umfangs des Ersatzes für den immateriellen Schaden.[242] Die Prüfung im Revisionsverfahren ist deshalb auch äußerst beschränkt.[243] Bei der Feststellung des Umfangs des Schmerzensgelds muss sich das Gericht grundsätzlich an die **Fallvergleichsmethode** halten. Damit sind die zugesprochenen Höchstbeträge gemeint, unter Berücksichtigung der seit dem Erlass dieser Urteile eingetretenen Geldentwertung.[244] Der **Schmerzumfang**, die **Eingriffsintensität** und die **Folgeschäden** sind als solche Teil des Fallvergleichs und bilden keine gesonderte Fallgruppe.

C. Genugtuungsfunktion

Bei der Feststellung des Schmerzensgelds spielt die **Genugtuung** keine Rolle. 190

D. Berechnungsmethode

In der Praxis wird beim Fallvergleich durch das Gericht – und durch die Parteien bei einer 191 außergerichtlichen Abwicklung – die sogenannte **Schmerzensgeldtabelle** (Smartengeldgids) herangezogen.[245] Diese Schmerzensgeldtabelle ist aufgegliedert in Kategorie, Art und Schwere der Verletzungen. Bei der Feststellung eines angemessenen immateriellen Schadenersatzes wird, soweit möglich, nach dem Fall (oder den Fällen) gesucht, der (die) dem zu beurteilenden Sachverhalt am ähnlichsten ist (sind). Von den Parteien kann anschließend argumentiert werden, inwieweit eine Abweichung von dem in der Schmerzensgeldtabelle aufgelisteten Betrag aufgrund der besonderen Umstände des Falls noch gerechtfertigt wäre.[246]

E. Kapitalisierung von Schadensersatz- und Schmerzensgeldrenten

Eine **Kapitalisierung** von Schadensersatz- und Schmerzensgeldrenten ist im Rahmen der 192 Berechnung und Erstattung von in der Zukunft noch entstehendem Schaden üblich. In der Praxis wird dabei von 6 % Zinsen und einem Inflationsausgleich von 3 % ausgegangen.[247]

---

240 Rb. Rotterdam 6.8.2008, NJF 2008,474. Zurzeit ist jedoch ein Gesetzesentwurf über die Entschädigung von Affektionsschäden anhängig: https://www.rijksoverheid.nl/binaries/rijksoverheid/documenten/kamerst ukken/2015/07/20/wetsvoorstel-vergoeding-affectieschade/tk-voorstel-van-wet-teneinde-de-vergoeding-van -affectieschade-mogelijk-t.pdf. Der vorige diesbezügliche Gesetzesentwurf wurde 2010 von der Ersten Kammer abgelehnt.
241 Kamerstukken II (Parlamentsdrucksachen) 2002/03, 28 781, Nr. 1.
242 HR 27.4.2011, NJ 2002, 91; T&C BW, Art. 6:106, Anm. 4.
243 Wegen des faktischen Charakters der Beurteilung.
244 HR 17.11.2000, NJ 2001, 215.
245 Eine Sonderausgabe der Tijdschrift voor Verkeersrecht.
246 Vgl. zB Hof Arnhem 18.1.2011, LJN: BP3612.
247 Handboek Personenschade (Elzas), S. 3070–1 ff.

§ 5 Ansprüche aus übergegangenem Recht (Regress)

A. Gesetzliche Anspruchsgrundlagen

193   Hat ein Versicherter infolge eines ihm entstandenen Schadens Schadensersatzansprüche an Dritte, gehen diese Forderungen auf den Versicherer über, sofern dieser den Schaden ersetzt hat (**gesetzlicher Forderungsübergang** gem. Art. 7:962 Abs. 1 BW). Dies gilt auch, wenn der Versicherer Leistungen zur Verfügung stellt, ohne dazu verpflichtet gewesen zu sein. Die Forderung, die auf den Versicherer übergeht, darf sich selbst nicht aus einer Versicherung ergeben, weil dann der Bestimmung in Art. 7:961 Abs. 3 BW entgegengewirkt würde.[248]

194   Da sich Art. 7:962 BW auf private Schadensversicherungen bezieht, wurden für nicht vertraglich vereinbarte Versicherungsformen **besondere Regressbestimmungen** im Gesetz aufgenommen. Für Verkehrsunfälle sind die besonderen Regressansprüche des Durchführungsinstituts für Arbeitnehmerversicherungen **Uitvoeringsinstituut Werknemersverzekeringen** (UWV) aufgrund Art. 52 a des Krankenversicherungsgesetzes (Ziektewet)[249] und Art. 99 des Gesetzes über Einkommen und Arbeit nach Leistungsvermögen WIA[250] von praktischer Bedeutung.[251] Das gilt auch für Regressansprüche des UWV aufgrund Art. 90 des alten Erwerbsunfähigkeitsversicherungsgesetzes WAO.[252] Grundsätzlich kann das UWV bezüglich der ihr aufgrund der jeweiligen Bestimmungen entstandenen Kosten Regress nehmen bei der Person, die gegenüber dem Versicherten aufgrund des Zivilrechts zum Schadensersatz verpflichtet ist. Die Sozialversicherungsbank **Sociale Verzekeringsbank** hat aufgrund Art. 61 des Allgemeinen Hinterbliebenengesetzes Anw[253] für ihr aufgrund des Anw entstandene Kosten einen Regressanspruch gegen die Person, die im Zusammenhang mit dem Tod des Versicherten gegenüber seinen Hinterbliebenen oder elternlos gewordenen Kindern schadensersatzpflichtig ist. Die Geltendmachung dieser Regressansprüche ist zivilrechtlich beschränkt auf den Betrag, den der Geschädigte ohne Intervention des Regressnehmers vom Haftenden hätte zurückfordern können.[254] Dieser Höchstbetrag wird auch das „civiele plafond" genannt. Der Haftende kann gegenüber dem Regressnehmer alle Einreden vorbringen, die er auch gegenüber dem Versicherten vorgebracht hätte.

195   Für **Beamte** und Wehrpflichtige ist in Art. 2 Abs. 1 VOA[255] (Regressgesetz für Unfälle bei Beamten) eine Sonderregelung enthalten, die besagt, dass die Körperschaft, die aufgrund der Rechtsstellung des Beamten infolge eines vom Beamten erlittenen Unfalls Auszahlungen oder Leistungen vornimmt, die Kosten dafür von der Person, die aufgrund des Zivilrechts haftet, verlangen kann. Auch dieser Regressanspruch ist auf das „civiele plafond" beschränkt.

---

248 Art. 7:961 Abs. 3 BW steht Versicherern ein gegenseitiges Regressrecht zu, wenn der Schaden durch mehrere Versicherungen gedeckt ist. Im Verhältnis zu den Beträgen, die bei jedem einzelnen Versicherer geltend gemacht werden können, haben die betreffenden Versicherer Regressansprüche gegeneinander.
249 Ziektewet (Krankenversicherungsgesetz), Gesetz vom 5.6.1913, NL-Gesetzblatt Staatsblad 1913, 204.
250 Wet werk en inkomen naar arbeidsvermogen (Gesetz über Einkommen und Arbeit nach Leistungsvermögen), Gesetz vom 10.11.2005, NL-Gesetzblatt Staatsblad 2005, 573.
251 Hendrikse/van Huizen/Rinkes, Verzekeringsrecht praktisch belicht, S. 448.
252 Wet op de arbeidsongeschiktheidsverzekering (Erwerbsunfähigkeitsversicherungsgesetz), Gesetz vom 18.2.1966, NL-Gesetzblatt Staatsblad 1966, 84.
253 Algemene nabestaandenwet (Allgemeines Hinterbliebenengesetz), Gesetz vom 21.12.1995, NL-Gesetzblatt Staatsblad 1995, 690.
254 Engelhard, AV&S 2011/20.
255 Verhaalswet Ongevallen Ambtenaren (Regressgesetz für Unfälle bei Beamten), Gesetz vom 31.7.1965, NL-Gesetzblatt Staatsblad 1965, 354.

In Art. 6:107 a Abs. 2 BW wurde für den **Arbeitgeber** ein selbstständiger Regress ins Leben 196
gerufen, wobei der Arbeitgeber den während einer Krankheit oder Arbeitsunfähigkeit des
Geschädigten fortgezahlten Lohn vom Haftenden zurückfordern könnte, wenn es einen
Kausalzusammenhang zwischen dem Ereignis, auf dem die Haftung beruht und der Arbeitsunfähigkeit, wegen der die Lohnfortzahlung zu erfolgen hat, gibt. Auch dieser Regressanspruch ist auf das „civiele plafond" beschränkt.

B. Kongruenz von Leistung und Ersatzanspruch

Dem Versicherer steht nicht in allen Fällen ein vollständiger Regressanspruch für entstandene Kosten zu. Für alle Regressansprüche[256] gilt, dass die Höhe der Forderung auf das 197
„civiele plafond" beschränkt ist.

Eine zweite wichtige Beschränkung von Regressansprüchen ergibt sich aus Art. 6:197 BW, 198
der **vorübergehenden Regelung der Regressrechte** (Tijdelijke Regeling Verhaalsrechten).
Aufgrund Art. 6:197 BW können sich Regressnehmer nicht auf die in diesem Art. bezeichneten Risikohaftungen berufen. Der Regressnehmer ist deshalb auf die allgemeinen Haftungsbestimmungen, bspw. in Art. 6:162 BW, angewiesen.[257]

In Verkehrshaftungssachen aufgrund Art. 185 WVW kann der Regressnehmer nicht die 199
50%-Regel oder 100%-Regel einwenden.[258] Diese Regeln wurden in der Rechtsprechung
zum Schutz der schwächeren Verkehrsteilnehmer formuliert. In Regresssachen ist nur die
„normale" individuelle und nicht die standardisierte Billigkeitskorrektur zulässig.[259]

C. Haftungsprivileg

Das Regressrecht des Schadenversicherers, auf den das Recht übergegangen ist, wird 200
durch Art. 7:962 Abs. 3 BW beschränkt. Der Versicherer, auf den das Recht übergegangen
ist, kann sein Forderungsrecht nicht gegenüber Personen, die in einem persönlichen oder
wirtschaftlichen Verhältnis mit dem Versicherten stehen, geltend machen.[260] In derartigen
Fällen hätte ein Versicherter selbst wahrscheinlich auch keinen Regressanspruch gestellt,
so dass der Regress durch den Versicherer in jenem Fall auch unerwünscht wäre.[261] Ausnahmsweise ist ein Regress dennoch möglich, wenn die ausgeschlossene Person für einen
Umstand haftet, der beim Versicherten selbst den Anspruch auf die Versicherungsleistung
beeinträchtigt hätte.[262]

D. Quotenvorrecht des Geschädigten

I. Anwendbarkeit

Aufgrund Art. 7:962 Abs. 2 BW kann der Versicherer seine Forderung, die an ihn übergegangen ist oder die ihm übertragen wurde, nicht zuungunsten des Schadenersatzanspruchs 201
des Versicherten geltend machen. Beispielsweise bei einer zu niedrigen Versicherung oder
einem ungedeckten Schaden bekommt der Versicherte seinen erlittenen Schaden vom Versicherer nicht vollständig ausgezahlt. Der Versicherte hat für den Restbetrag der Forderung einen Anspruch gegen den Schuldigen. Auch der Versicherer hat für den ausgezahlten
Betrag einen Regressanspruch gegen den Schuldigen. Kann der Schuldige nur einen Teil

---

256 Vgl. Rn. 193 ff.
257 T&C BW, Art. 6:197, Anm. 1.
258 Vgl. Rn. 90 f.
259 Engelhard, AV&S 2011/20.
260 Hendrikse/van Huizen/Rinkes, Verzekeringsrecht praktisch belicht, S. 450. In Art. 7:962 Abs. 3 BW werden ausdrücklich der Versicherungsnehmer, ein Mitversicherter, der nicht von Bett und Tisch getrennte Ehegatte oder der eingetragene Lebenspartner des Versicherten, der andere Lebensgefährte des Versicherten, Blutsverwandte eines Versicherten in gerader Linie, Arbeitnehmer oder Arbeitgeber des Versicherten genannt.
261 Hendrikse/van Huizen/Rinkes, Verzekeringsrecht praktisch belicht, S. 450.
262 T&C BW, Art. 7:962, Anm. 4 d.

des Schadens ersetzen, steht diese Entschädigung zuerst dem Versicherten zu. Die Reststumme steht dem Versicherer zu.[263]

II. Wirkungen auf den Versicherungsnehmer

202 Die Wirkung des Quotenvorrechts des Geschädigten auf den Versicherungsnehmer ist bei der Anwendbarkeit dargestellt.[264]

Abschnitt 3: Durchsetzung der Ansprüche

§ 1 Vorgerichtliche Schadensabwicklung

A. Das vorgerichtliche Verhalten der Versicherung

203 Die **vorgerichtliche Klärung** mit dem Versicherer beginnt zu dem Zeitpunkt, zu dem vom Versicherten ein Anspruch bei seinem Versicherer angemeldet wird. Aufgrund von Art. 7:941 Abs. 1 BW hat der Versicherte den Versicherer so bald wie es vertretbarerweise möglich ist über die Verwirklichung des versicherten Risikos zu informieren. Das heißt, sobald dem Versicherten die Verwirklichung bekannt geworden ist oder hätte bekannt sein müssen. Die Meldung an den Versicherer ist formfrei, notwendig ist nur, dass die Meldung den Versicherer erreicht.[265] Innerhalb einer angemessenen Frist hat der Versicherte anschließend alle Informationen zu erteilen, die für den Versicherer wichtig sind, um die Leistungspflicht beurteilen zu können. Aufgrund der erteilten Informationen beurteilt der Versicherer, ob er den geforderten Schadensbetrag auszahlt und gegebenenfalls finden Verhandlungen über die Haftung und die Höhe des auszuzahlenden Schadens statt.

B. Anerkenntniswirkung vorgerichtlicher Äußerungen

I. Verjährungsunterbrechung

204 Die Forderung an einen Versicherer zur Leistungsauszahlung verjährt nach Ablauf von drei Jahren, beginnend nach dem Tag, an dem dem Leistungsberechtigten die Fälligkeit bekannt geworden ist (Art. 7:942 Abs. 1 BW). Die Verjährung kann durch eine schriftliche Mitteilung, in welcher der Anspruch auf eine Leistung angemeldet wird, unterbrochen werden (Art. 7:942 Abs. 2 BW). Ab dem Zeitpunkt der schriftlichen Anmeldung eines Leistungsanspruchs wird die Verjährungsfrist „gestoppt". Bis zu dem Zeitpunkt, zu dem der Versicherer den Anspruch anerkennt oder ablehnt, läuft keine Verjährungsfrist.[266] Bei einer Anerkennung des Anspruchs und bei einer eindeutigen Ablehnung des Anspruchs beginnt eine neue Frist von drei Jahren für die Geltendmachung einer Forderung. Diese Frist beginnt gem. Art. 7:942 Abs. 2 BW an dem Tag nach der Mitteilung. Unter dem Einfluss des Gesetzes über Teilverfahren bei Personenschäden und Schäden im Todesfall[267] und dem Gesetz zur Änderung des Bürgerlichen Gesetzbuchs und einiger anderer Gesetze im Zusammenhang mit der Verringerung der Steuer- und Abgabenbelastung für Bürger und die Wirtschaft[268] ist in Art. 7:942 Abs. 3 BW festgelegt, dass die **Verjährung** durch jede

---

263 T&C BW, Art. 7:962, Anm. 3.
264 Vgl. Rn. 201.
265 Engelhard, AV&S 2007, 37.
266 Hendrikse/van Huizen/Rinkes, Verzekeringsrecht praktisch belicht, S. 291.
267 Wet deelgeschilprocedure voor letsel en overlijdensschade (Gesetz über Teilverfahren bei Personenschade und Schaden im Todesfall), Gesetz vom 17.12.2009, NL-Gesetzblatt Staatsblad 2010, 221.
268 Wet tot wijziging van het Burgerlijk Wetboek en enkele andere wetten in verband met lastenverlichting voor burgers en bedrijfsleven (Gesetz zur Änderung des Bürgerlichen Gesetzbuchs und einiger anderer Gesetze im Zusammenhang mit der Verringerung der Steuer- und Abgabenbelastung für Bürger und die Wirtschaft), Gesetz vom 20.5.2010, NL-Gesetzblatt Staatsblad 2010, 205.

Veerman/Boendermaker/Janssen

Verhandlung zwischen dem Versicherer und dem Leistungsberechtigten oder Geschädigten unterbrochen wird.[269] Eine neue Verjährungsfrist beginnt nach dem Tag, an dem der Versicherer den Anspruch anerkennt oder er seinem Verhandlungspartner und dem Leistungsberechtigten eindeutig mitteilt, dass er die Verhandlungen abbricht.

Auch der Geschädigte kann infolge des ihm zustehenden Direktanspruchs aufgrund Art. 7:954 BW[270] die Verjährung einer Forderung aufgrund von Art. 7:942 BW unterbrechen. Voraussetzung ist jedoch, dass seine Forderung an den Versicherten nicht verjährt ist und die Forderung des Versicherten an den Versicherer nicht verjährt ist.[271]   **205**

Aufgrund Art. 10 Abs. 1 WAM gilt eine Verjährungsfrist von 3 Jahren ab dem Schadensereignis. Nach Abs. 5 wird die Verjährung durch jede Verhandlung zwischen dem Geschädigten und dem Versicherer unterbrochen.[272] Eine neue Verjährungsfrist von 3 Jahren beginnt zu dem Zeitpunkt, zu dem eine der Parteien der anderen Partei per Einschreiben mitgeteilt hat, dass sie die Verhandlungen abbricht.   **206**

II. Deklaratorisches Schuldanerkenntnis

Erkennt der Versicherer außergerichtlich den Anspruch des Leistungsberechtigten an, steht die **Anerkennung der Haftung** fest und wird es in einem eventuellen Gerichtsverfahren keine Diskussion mehr über die Haftung geben. Bei der Rechtsstreitigkeit wird es sich dann grundsätzlich nur noch um die Höhe des zu ersetzenden Schadens handeln.   **207**

C. Bedeutung von Abtretungen

Die Regressmöglichkeiten von Versicherern sind beschränkt,[273] so dass in den Versicherungsschein oft aufgenommen wird, dass der Versicherte nach Erhalt einer Leistung verpflichtet ist, alle außerhalb Art. 7:962 BW[274] fallenden Rechte gegen Dritte an den Versicherer abzutreten. Voraussetzung für diese **Abtretung** ist wohl, dass die für eine wirksame Abtretung allgemein geltenden Voraussetzungen, insbesondere die Verfügungsberechtigung, erfüllt sein müssen.[275] Die Abtretung einer Forderung an den Versicherer hat nicht zur Folge, dass der Versicherer auf diesem Weg die Rechte aufgrund von Risikohaftungen ausübt. Art. 6:197 Abs. 3 BW verhindert dies.   **208**

§ 2 Beweismittel

A. Allgemeine Grundlagen

Bei den Beweismitteln ist zwischen **zwingendem und freiem Beweis** zu unterscheiden. Aufgrund Art. 151 Abs. 1 Rv muss der Richter den Inhalt der zwingenden Beweismittel als wahr annehmen oder dem Beweismittel die Kraft gewähren, die das Gesetz mit bestimmten Daten verknüpft hat. Beispiele von zwingenden Beweismitteln sind notarielle Urkun-   **209**

---

269 T&C BW, Art. 7:942, Anm. 9.
270 Vgl. Rn. 24.
271 Hendrikse/van Huizen/Rinkes, Verzekeringsrecht praktisch belicht, S. 292.
272 HR 18.1.2008, NJ 2008, 58: eine Verhandlung ist ein Austausch von Mitteilungen, mit denen der Geschädigte den Versicherer haftbar macht und dieser den Anspruch bearbeitet, ohne erkennbar zu machen, dass er den Anspruch (teilweise) anerkennt.
273 Vgl. Rn. 197 ff.
274 Vgl. Rn. 193.
275 Hendrikse/van Huizen/Rinkes, Verzekeringsrecht praktisch belicht, S. 455.

den und rechtskräftige Urteile des Strafrichters im Zivilprozess. Der Freibeweis unterliegt der freien Beweiswürdigung des Richters.[276] Die freie Beweiswürdigung ergibt sich aus Art. 152 Abs. 2 Rv.

210   Grundsätzlich kann Beweis durch alle zugelassenen Mittel geliefert werden, es sei denn, das Gesetz bestimmt etwas anderes. Das Gesetz ist mit einem offenen System ausgestattet, dh nicht alle Beweismittel sind im Gesetz definiert. Neue Beweismittel können ohne Weiteres benutzt werden.[277]

B. Einzelne Beweismittel

I. Neutrale Zeugen

211   Die **neutralen Zeugen** stehen mit Insassenzeugen auf einer Stufe, da in den Niederlanden nur zwischen Zeugen und Parteizeugen differenziert wird. Die gesetzlichen Regelungen für Zeugen und ihre Vernehmung sind in den Art. 163 ff. Rv enthalten.

II. Insassenzeugen

212   **1. Allgemeine Grundlagen. Zeugenaussagen** können nur verwendet werden, soweit sie sich auf Tatsachen beziehen, die dem Zeugen aus eigener Wahrnehmung bekannt geworden sind. Wird ein Zeuge zur Zeugenvernehmung geladen, ist der Zeuge verpflichtet, vor Gericht zu erscheinen und (vereidigt) auszusagen. Wenn sich der Zeuge auf ein Zeugnisverweigerungsrecht berufen kann, kann er erst im Beweisaufnahmetermin die Aussage verweigern.

213   Ein Zeuge kann sich auf ein **Zeugnisverweigerungsrecht** berufen, wenn es sich um den Ehegatten/Partner, um eine Verwandtschaft zweiten Grades oder um eine Person handelt, die aufgrund ihres Berufs zur Geheimhaltung verpflichtet ist. Ein Zeuge braucht ferner nicht auszusagen, falls er sich selbst, ein Familienmitglied oder seinen Ehegatten/Lebensgefährten der Gefahr einer strafrechtlichen Verurteilung wegen eines Verbrechens aussetzen würde. Das Zeugnisverweigerungsrecht ist in Art. 165 Abs. 2 und 3 Rv geregelt.

214   Falls auf Antrag einer Partei eine Zeugenvernehmung stattfindet, hat die andere Partei das Recht, eine Zeugenvernehmung zum Gegenbeweis[278] zu beantragen. Gegenstand der Zeugenvernehmung zum Gegenbeweis ist die Beweisauflage der beweispflichtigen Partei.[279]

215   **2. Sonderfall Fahrer.** Für den Fahrer eines Fahrzeuges gelten die allgemeinen Regeln für Zeugenaussagen.[280]

216   **3. Zeugen vom Hörensagen.** Die Grundlage für eine gemachte Zeugenaussage ist eine Erklärung über Tatsachen, die dem Zeugen aus eigener Erfahrung bekannt geworden sind. Ein Zeuge kann deshalb über etwas aussagen, was er vom Hörensagen weiß. Aus einem derartigen **Testimonium de auditu** kann eine Vermutung abgeleitet werden.[281] Derartige Aussagen vom Hörensagen sind deshalb beweisfähig.[282]

III. Parteivernehmung

217   **1. Vernehmung der gegnerischen Partei, § 445 ZPO.** Im niederländischen Recht wird zwischen der Vernehmung der gegnerischen Partei oder der eigenen Partei nicht differenziert. Für die Vernehmung der eigenen Partei als Zeuge ist nach niederländischem Recht keine Zustimmung der gegnerischen Partei erforderlich. Der Unterschied zwischen der Vernehmung von Parteizeugen – sowohl der gegnerischen Partei als auch der eigenen Partei – und anderen unabhängigen Zeugen, liegt ausschließlich in der Beweiskraft der Aussagen.

---

276 T&C Rv, Art. 152, Anm. 4.
277 T&C Rv, Art. 152, Anm. 2.
278 Zeugenvernehmung zum Gegenbeweis: het recht op een contra-enquête.
279 T&C Rv, Art. 168, Anm. 1.
280 Vgl. Rn. 211 ff. und 217 ff.
281 HR 26.11.1948, NJ 1949, 149.
282 T&C Rv, Art. 163, Anm. 1.

Die Regelung bezüglich des Parteizeugen ist in Art. 164 Rv enthalten. Die Parteien können 218
als Zeugen auftreten. Eine Aussage eines unabhängigen Zeugen hat volle Beweiskraft, dh,
dass diese Aussage an sich als Vollbeweis dienen kann. Eine derartige Aussage unterliegt
der freien Beweiswürdigung des Gerichts. Wird eine Partei als Zeuge vernommen, kann
eine Aussage dieser Partei für Tatsachen, für die diese Partei das Beweisrisiko trägt, nicht
als Vollbeweis dienen. In diesem Zusammenhang gibt es eine Ausnahme. Die Einschränkung der Beweiskraft einer Parteizeugenaussage gilt als aufgehoben, wenn die Aussage der
Ergänzung von unvollständigem Beweis dient. Dies gilt in Fällen, in denen ergänzende Beweise vorliegen, die derart stark sind und sich auf derart wesentliche Punkte beziehen,
dass sie die Parteizeugenaussage ausreichend glaubhaft machen.[283] Sagt ein Parteizeuge
über Tatsachen aus, für die die gegnerische Partei das Beweisrisiko trägt, unterliegt diese
Parteizeugenaussage der freien Beweiswürdigung des Gerichts und es ist deren Beweiskraft
nicht eingeschränkt.

2. Vernehmung der eigenen Partei mit Zustimmung, § 447 ZPO. Die Zustimmungsvor- 219
aussetzung gem. § 447 ZPO kennt das niederländische Prozessrecht nicht.

IV. Augenschein

Aufgrund Art. 201 Rv hat das Gericht die Möglichkeit, die Situation vor Ort in Augen- 220
schein zu nehmen oder Sachen zu besichtigen, die nicht oder nur schwierig während der
Verhandlung gezeigt werden können. Die Durchführung eines Augenscheins kann das Gericht auf Antrag der Parteien oder von Amts wegen anordnen. Während des Augenscheins
wird den Parteien die Gelegenheit geboten, Bemerkungen zu machen oder Anträge zu stellen. Auch besteht die Möglichkeit, vor Ort Zeugen zu vernehmen, wobei die Formalitäten
bezüglich der Ladung von Zeugen nicht gelten. Nach dem Augenschein wird vom proto-
kollierenden Urkundsbeamten ein Protokoll des Augenscheins und der Bemerkungen und
Anträge der Parteien erstellt.

Die Anordnung eines Augenscheins auf Antrag einer Partei ist eine Ermessensentscheidung 221
des Gerichts. Das Gericht kann einen derartigen Antrag ablehnen, ohne diese Entscheidung ausführlich begründen zu müssen.[284]

Obwohl über die Beweiskraft eines Augenscheins im Gesetz nichts bestimmt ist, wird an- 222
genommen, dass dasjenige, was ein Richter selbst wahrnimmt, als Beweismittel dienen
kann. Die Wahrnehmungen eines Richters sind in Übereinstimmung mit der Hauptregel in
Art. 152 Abs. 2 Rv der freien Beweiswürdigung des Gerichts unterworfen.[285]

§ 3 Besonderheiten des niederländischen Zivilprozessrechts

A. Gerichtsstruktur

Für die gerichtliche Geltendmachung von Forderungen ist zwischen Forderungen bis zu 223
einem Betrag in Höhe von 25.000 EUR und Forderungen, die den Betrag in Höhe von
25.000 EUR übersteigen, zu differenzieren.

Forderungen bis zu 25.000 EUR können grundsätzlich vom Geschädigten oder gegebe- 224
nenfalls von seinen Hinterbliebenen laut Art. 93 Buchstabe a Rv bei der „**Abteilung Amtsgericht**"[286] der „Landgerichte"[287] anhängig gemacht werden. Im Rahmen der Prozessver-
tretung besteht bei den Abteilungen Amtsgericht kein Anwaltszwang. Der Kläger ist in
diesem Prozess deshalb postulationsfähig. Bei der Einreichung einer Klageschrift fallen Gerichtskosten[288] an. Die Gerichtskosten bei den Abteilungen Amtsgericht sind niedriger als

---

283 HR 31.3.1995, NJ 1997, 592; T&C Rv, Art. 164, Anm. 3 Buchst. e.
284 T&C Rv, Art. 201, Anm. 2 Buchst. c.
285 T&C Rv Vor Art. 201, Anm. 1.
286 In niederländischer Übersetzung: sector kanton.
287 In niederländischer Übersetzung: rechtbanken.
288 http://www.rechtspraak.nl/Hoe-werkt-het-recht/Kosten-rechtspraak/Griffierecht/Paginas/Griffierecht-kant
    on.aspx.

die Gerichtskosten, die bei den Landgerichten dem Kläger in Rechnung gestellt werden. Auf Landgerichtsebene hat auch der Beklagte Gerichtskosten zu zahlen. Neben den Gerichtskosten fallen Kosten für die Zustellung der Ladung mit Klageschrift[289] an. Die Gerichts- und Zustellungskosten werden beim Erlass einer gerichtlichen Entscheidung bezüglich der von der unterlegenen Partei zu erstattenden Prozesskosten berücksichtigt. Die Kostenentscheidung ergeht im Endurteil selbst. Wird vom Kläger ein Anwalt als Prozessvertreter hinzugezogen, muss der Kläger damit rechnen, dass diese Anwaltskosten nicht insgesamt erstattet werden. Die Pauschalvergütung für die Anwaltskosten wird anhand des Streitwerts der Sache festgestellt und der unterlegenen Partei auferlegt. In der Praxis deckt die Prozesskostenerstattung die tatsächlich angefallenen Anwaltskosten (oft bei Weitem) nicht.

225 Forderungen, die einen Betrag in Höhe von 25.000 EUR übersteigen, können nur bei den **Landgerichten** anhängig gemacht werden. Genauso wie bei Verfahren vor den Abteilungen Amtsgericht, fallen auch bei Verfahren vor den Landgerichten Gerichtskosten[290] an. In Verfahren vor den Landgerichten gilt aufgrund Art. 79 Abs. 2 Rv Anwaltszwang. Der Kläger muss sich darüber im Klaren sein, dass seine Anwaltskosten nur teilweise erstattet werden.

226 Bezüglich der **Kosten eines Anwalts** ist Folgendes festzuhalten. Grundsätzlich arbeiten die niederländischen Rechtsanwälte mit Stundenhonoraren, die der Art der Sache und der Höhe der Forderung nach verhandlungsfähig sind. „No cure, no pay"-Vereinbarungen sind derzeit aufgrund des Berufsrechts für Anwälte unzulässig. Eine Variante des deutschen „Rechtsanwaltsvergütungsgesetzes" existiert in den Niederlanden nicht.

227 Es ist oft nicht möglich, vorab eine Einschätzung der **Kosten eines Gerichtsverfahrens** zu machen, da die Kosten des Gerichtsverfahrens vom Ablauf des Verfahrens abhängig sind. Nach Einreichung der Klageschrift und der Klageerwiderung wird meistens eine mündliche Verhandlung anberaumt. In den meisten Fällen können die Kosten bis einschließlich des ersten gerichtlichen Termins einigermaßen eingeschätzt werden. Im Falle einer Beweisaufnahme bzw. der Einreichung weiterer Schriftsätze können die Kosten sich schnell erhöhen, und es kann nicht selten die Dauer des weiteren Verfahrens nur schwer eingeschätzt werden.

B. Klagebeschränkungen

228 Aufgrund von Art. 129 Rv ist der Kläger berechtigt, seine Klage zu beschränken bis zu dem Zeitpunkt, zu dem das Endurteil erlassen wurde. Der Beklagte kann sich einer Klagebeschränkung nicht widersetzen.[291] Eine Beschränkung der Höhe einer Klageforderung kann jedoch Folgen für die sachliche Zuständigkeit haben. Wenn zB eine bei einem Landgericht anhängige Forderung auf einen Betrag unter 25.000 EUR beschränkt wird, hat das Landgericht die Sache von Amts wegen an das Amtsgericht zu verweisen.[292] Wird eine Klage auf einen Betrag unter 1.750 EUR beschränkt, ist die Berufung ausgeschlossen.[293]

229 Beim Personenschaden gibt es in den Niederlanden einen praxisspezifischen besonderen Rechtsweg, der es ermöglicht, nur einen Teil eines Rechtsstreits zwischen Parteien beim (zuständigen) Gericht anhängig zu machen. Aufgrund Art. 1019w Abs. 1 Rv muss es sich dabei um einen Rechtsstreit über einen Teil (oder im Zusammenhang mit einem Teil) von dem, was im Hinblick auf die Haftung für Schäden durch Tod oder Verletzungen zwischen dem Geschädigten und demjenigen, der haftbar gemacht wird, als rechtlich gilt, handeln. Weitere Voraussetzung ist, dass die Erledigung des Streitgegenstandes zum (schnelleren)

---

289 Die Kosten für die Zustellung der Ladung mit Klageschrift belaufen sich derzeit auf ungefähr 80 EUR zuzüglich Mehrwertsteuer.
290 http://www.rechtspraak.nl/Hoe-werkt-het-recht/Kosten-rechtspraak/Griffierecht/Paginas/Griffierecht-civiel.aspx.
291 T&C Rv, Art. 129, Anm. 1.
292 T&C Rv, Art. 129, Anm. 2 Buchst. a.
293 T&C Rv, Art. 129, Anm. 2 Buchst. b.

Zustandekommen eines Feststellungsvertrags zwischen den Parteien über die Forderung des Geschädigten beitragen kann. In der Gesetzesgeschichte wurde in diesem Zusammenhang unter anderem darauf hingewiesen, dass die gerichtliche Entscheidung in einem Teilverfahren es den Parteien ermöglichen soll, die außergerichtlichen Verhandlungen wieder aufzunehmen und möglicherweise endgültig zu beenden.[294] Als Beweggrund für das Teilverfahren wird die Förderung der außergerichtlichen Verhandlungen genannt. Auf diesem Weg kann kurzfristig Klarheit erlangt werden über wichtige Vorfragen bezüglich des Rechtsstreits (bspw. über die Frage der Haftung). Dabei sind die Investition in Zeit, Geld und Aufwand, die mit diesem besonderen Rechtsweg verbunden sind, und die Vorteile, die eine schnelle Entscheidung über eine bestimmte Vorfrage mit sich bringen kann, gegeneinander abzuwägen.[295] Das Gericht hat in diesen Verfahren eine große Beurteilungsfreiheit.[296] Gegen eine Entscheidung in einem Teilverfahren kann kein Rechtsmittel eingelegt werden. In einem Hauptsacheverfahren zwischen den Parteien hat eine Teilverfahrensentscheidung den Status eines Zwischenurteils.

Abschnitt 4: Wichtige Arbeitsmittel

A. Zeitschriften

AV&S: Aansprakelijkheid, Verzekering & Schade: Zeitschrift im haftungsrechtlichen, versicherungsrechtlichen und schadensrechtlichen Bereich

JAR: Jurisprudentie Arbeidsrecht: Zeitschrift mit Rechtsprechung im arbeitsrechtlichen Bereich

NJ: Nederlandse Jurisprudentie: Zeitschrift mit Rechtsprechung des Hoge Raad und der Gerechtshoven (die niederländischen Oberlandesgerichte)

NJF: Nederlandse Jurisprudentie: Zeitschrift mit Rechtsprechung der Gerechtshoven und Rechtbanken (die niederländischen Landgerichte)

RvdW: Rechtspraak van de Week: Zeitschrift mit Rechtsprechung der Gerechtshoven und Rechtbanken

TVP: Tijdschrift voor Personenschade: Zeitschrift im Personenschadenbereich

VR: Tijdschrift voor Verkeersrecht: Zeitschrift im verkehrsrechtlichen Bereich

B. Kommentare

Groene Serie – Burgerlijke Rechtsvordering, Loseblatt

Groene Serie – Onrechtmatige Daad, Loseblatt

Groene Serie – Schadevergoeding, Loseblatt

Handboek Personenschade, Loseblatt

Handboek Schaderegeling Motorrijtuigen, Loseblatt

Tekst & Commentaar Burgerlijk Wetboek Boeken 6, 7, 8 en 10, J.H. Nieuwenhuis/C.J.J.M. Stolker/W.L. Valk, 11. Aufl. 2015, (zit. T&C BW)

Tekst & Commentaar Wetboek van Burgerlijke Rechtsvordering, A.I.M. van Mierlo/C.J.J.C. van Nispen/M.V. Polak, 4. Aufl. 2010 (zit. T&C Rv)

C. Monographien

C.J.M. *Klaassen*, Monografieën BW, B35 Schadevergoeding: algemeen, deel 2, 1. Aufl. 2007 (zit. Mon. BW B35 (Klaassen))

---

294 Kamerstukken II (Parlamentsdrucksachen) 2007/2008, 31 518, nrkr 3, S. 2.
295 Kamerstukken II (Parlamentsdrucksachen) 2007/2008, 31 518, nrkr 3, S. 18.
296 Kamerstukken II (Parlamentsdrucksachen) 2007/2008, 31 518, nrkr 8, S. 9; Vgl. ua Rb. Zutphen 21.10.2011, LJN: BU1420; Rb. 's-Hertogenbosch 20.10.2011, LJN: BT8905; Rb. Dordrecht 11.1.2012, NJF 2012, 215; Rb. Rotterdam 7.12.2011, LJN: BU8430.

S.D. Lindenbergh, Monografieën BW, B34 Schadevergoeding: algemeen, deel 1, 3. Aufl. 2008 (zit. Mon. BW B24 (Lindenbergh))

R.A. Salomons, Monografieën Nieuw BW, B38 Schadevergoeding: zaakschade, 2. Aufl. 1993 (zit. Mon. Nieuw BW B38 (Salomons))

D. Internetadressen

I. Zugriff auf das geltende Recht

http://wetten.overheid.nl: unter diese Adresse findet man zahlreiche Gesetzestexte, die kostenlos heruntergeladen werden können.

II. Kostenlose Entscheidungssammlungen

www.rechtspraak.nl: hier gelangt man zu Urteilen des Hoge Raad, Gerechtshoven und Rechtbanken. Die Urteile können kostenlos heruntergeladen werden.

III. Sonstige Informationen

1. Zinsanspruchsberechnung. www.wettelijkerente.net: Hier findet man den aktuellen Zinssatz. Die Homepage gibt auch die Möglichkeit die gesetzlichen Zinsen zu berechnen.

2. Rechtlich relevante Websites. www.deletselschaderaad.nl: Hier findet man viele Informationen bezüglich Personenschäden.

www.ec.europa.eu/taxation_customs: Homepage der Europäischen Kommission mit Auskünften bezüglich Steuer in der europäischen Union.

http://eur-lex.europa.eu: die Europagesetzgebung kann hier kostenlos heruntergeladen werden.

www.verzekeraars.nl: Homepage des Versicherungsunternehmerverbandes, die viele Informationen im Versicherungsbereich zur Verfügung hat.

3. Liste wichtiger Gesetze. a) Haftungsrecht. Burgerlijk Wetboek

Wegenverkeerswet 1994

b) Versicherungsrecht. Burgerlijk Wetboek

Wet Aansprakelijkheidsverzekering Motorrijtuigen

c) Prozessrecht. Wetboek van Burgerlijke Rechtsvordering

Wet deelgeschilprocedure voor letsel en overlijdenschade

Österreich

Literatur: Monographien, Kommentare, Festschriften: *Aicher/Funk*, Der Sachverständige im Wirtschaftsleben, 1990; *Bydlinski, F.*, Die Risikohaftung des Arbeitgebers, 1986 [zitiert: Bydlinski, Risikohaftung]; *Bydlinski*, Die Risikohaftung des Arbeitnehmers, 1986; *Danzl/Gutiérrez-Lobos/Müller*, Das Schmerzengeld, 9. Aufl. 2008; *Dirnschmied*, Dienstnehmerhaftpflichtgesetz DNHG, 3. Aufl. 1992; *Doralt/Ruppe/Mayr*, Grundriß des österreichischen Steuerrechts I, 2012; *Faber*, Risikohaftung im Auftrags- und Arbeitsrecht, 2001 [zitiert: Faber, Risikohaftung]; *Fasching/Konecny*, Zivilprozessgesetze, 2. Aufl. 2004 [zitiert: Fasching/Konecny, Zivilprozessgesetze]; *Fasching*, Lehrbuch des österreichischen Zivilprozessrechts, 2. Aufl. 1990 [zitiert: Fasching, Zivilprozessrecht]; *Feil*, Gebührenanspruchsgesetz, 2011 [zitiert: Feil, GebAG]; *Fitz*, Risikozurechnung bei Tätigkeiten im fremden Interesse, 1985 [zitiert: Fitz, Risikozurechnung]; *Kerschner*, DHG, 2. Aufl. 2004 [zitiert: Kerschner, DHG]; *Koziol*, Österreichisches Haftpflichtrecht, 3. Aufl. 1997 [zitiert: Koziol, Haftpflichtrecht I]; *ders.*, Österreichisches Haftpflichtrecht II, 2. Aufl. 1984 [zitiert: Koziol, Haftpflichtrecht II]; *Koziol/Welser*, Bürgerliches Recht I, 13. Aufl. 2007; *Neuhauser*, Musterbuch Verkehrsunfall, 2006 [zitiert: Neuhauser, Musterbuch]; *Oberhofer*, Außenhaftung des Arbeitnehmers, 1996 [zitiert: Oberhofer, Außenhaftung]; *Prisching*, Immaterieller Schadenersatz in Österreich und den USA, 2003; *Pürstl*, StVO, 2011 [zitiert: Pürstl, StVO]; *Rechberger*, Kommentar zur ZPO, 3. Aufl. 2006 [zitiert: Rechberger, ZPO]; *Rechberger/Simotta*, Zivilprozessrecht, 8. Aufl. 2010 [zitiert: Rechberger/Simotta, Zivilprozessrecht]; *Rother*, Haftungsbeschränkung im Schadenersatzrecht, 1965; *Schlosser/Fucik/Hartl*, Handbuch des Verkehrsunfalls I, 2. Aufl., Der Zivilprozess, 2009 [zitiert: Schlosser/Fucik/Hartl, Verkehrsunfall I]; *dies.*, Handbuch des Verkehrsunfalls II, 2. Aufl., Unfallaufklärung und Fahrzeugschaden, 2008 [zitiert: Schlosser/Fucik/Hartl, Verkehrsunfall II]; *dies.*, Handbuch des Verkehrsunfalls III, 2. Aufl., Versicherungsrecht, 2010 [zitiert: Schlosser/Fucik/Hartl, Verkehrsunfall III]; *Schlosser/Fucik/Hartl*, Handbuch des Verkehrsunfalls VI, 2. Aufl., Zivilrecht, 2012 [zitiert: Schlosser/Fucik/Hartl, Verkehrsunfall VI]; *Schwimann*, Praxiskommentar ABGB, 3. Aufl., 2006 [zitiert: Schwimann, ABGB]; *Welser*, Bürgerliches Recht II, 13. Aufl. 2007 [zitiert: Welser, Bürgerliches Recht].

Artikel in Zeitschriften, Festschriften: *Apathy*, Der Eigenschaden des Kraftfahrers, RdA 1991, 247 [zitiert: Apathy, Eigenschaden RdA 1991]; *ders.*, Fragen der Haftung nach dem EKHG, JBl 1993, 70ff [zitiert: Apathy, Fragen JBl 1993]; *ders.*, Haftpflichtversicherungsschutz bei Beschädigung des arbeitnehmereigenen Kraftfahrzeuges, JBl 1987, 81; *ders.*, Risikohaftung des Arbeitgebers für Personenschäden?, JBl 2004, 746 [zitiert: Apathy, Risikohaftung JBl 2004]; *ders.*, Zivilrechtliche Folgen der Nichtverwendung von Sicherheitsgurten, JBl 1985, 641; *Auckenthaler*, Der Regreß bei der Dienstnehmerhaftung, ZAS 1981, 174; *Barta/Eccher*, Einige Fragen der Arbeitskollegenhaftung, ZAS 1977, 8; *Beer*, Risikohaftung bei Verschulden des Arbeitnehmers, ecolex 1991, 44; *Bodendorfer*, Probleme des Dienstgeberhaftungsprivilegs, ZAS 1985, 43; *Böhm*, Die Bindung des Zivilgerichts an (verurteilende) Erkenntnisse des Strafgerichts, AnwBl 1996, 734; *Canaris*, Die Gefährdungshaftung im Lichte der neuen Rechtsentwicklung, JBl 1995, 2; *Danzl*, Schmerzengeldsätze in Österreich?, ZVR 1990, 295; *Edlbacher*, Die „außergewöhnliche Betriebsgefahr" im Spiegel von Lehre und Rechtsprechung; ZVR 1989, 194 [zitiert: Edlbacher, außergewöhnliche Betriebsgefahr, ZVR 1989]; Erlass des BMF vom 5.6.1998, RdW 1998, 438; *Fischer*, Zum Rückgriffsrecht des Dienstgebers gegen den Dienstnehmer bei Schädigung eines Dritten, ZAS 1970, 9; *Fucik*, Keine USt aus den Zinsen, RZ 195, 12; *Greiter*, 15. Österreichischer Juristentag in Innsbruck, ÖJZ 2004, 179; *Greiter*, Der Ersatz immaterieller Schäden. Zukunftsvisionen unter Berücksichtigung der Entwicklung in anderen Ländern, AnwBl 2002, 448; *Greiter*, Schmerzengeld für ein verkürztes Leben, AnwBl 2001, 274; *Greiter*, Schmerzengeld für ein verkürztes Leben, in: FS Kohlegger, 2001, S. 239; *Greiter*, Seminar der Europäischen Vereinigung der Schadenersatzjuristen (PEOPIL) in Innsbruck, RZ 2005, 85; *Grillberger*, Die Haftung bei Arbeitsunfällen unter Arbeitskollegen, DRdA 1974, 256; *Hinghofer-Szalkay/Prisching*, Schmerzengeld ohne Schmerzen – Neue Entwicklungen?, ZVR 2007, 116ff; *dies.*, Schmerzunempfindlichkeit bereits vor Schadenszufügung durch den Schädiger: pro und contra Schmerzengeld ohne körperliche Schmerzen. ZAK 2007, 116; *Holzer*, Dienstgeberhaftungsprivileg (§ 333 ASVG) und den Arbeitsunfällen gleichgestellte Unfälle (§ 176 ASVG), JBl 1982, 348; *Huber Ch.*, Der merkantile Minderwert, ZVR 2006, 63ff [zitiert: Ch. Huber, Minderwert,

ZVR 2006]; *Huber,* Verjährungsunterbrechung durch Privatbeteiligung? NZ 1985, 163; *Jabornegg,* Probleme des Mitverschuldens bei Verkehrsunfällen, ZVR 1983, 196 ff; *Kerschner,* Arbeitnehmerüberlassung und Dienstnehmerhaftpflicht, JBl 1981, 400; *ders.,* Die Reichweite der Arbeitgeberhaftung nach § 1040 ABGB, in: FS Tomandl, Haftungsprobleme im Arbeitsverhältnis, 1991, S. 65 [Zitiert: Kerschner, Reichweite, in: FS Tomandl, Haftungsprobleme]; *Kerschner/ Wagner,* Risikohaftung des Arbeitgebers bei Personenschaden des Arbeitnehmers?, DRdA 2001, 569 [zitiert: Kerschner/Wagner, Risikohaftung DRdA 2001]; *Kletecka,* Tauerntunnelkatastrophe: Haftung nach EKHG, ZVR 2001, 223; *Klinger,* Einige Fragen des Kosten- und Gebührenrechts, WR 21 (1988) 17; *Köhler,* Abstrakte oder konkrete Berechnung des Geldersatzes nach § 249 S. 2 BGB?, 2. FS Larenz, 1983, S. 349; *Koziol,* Die Schadensminderungspflicht, JBl 1972, 22ff; *ders.,* Entschuldbare Fehlleistung des Gesetzgebers?, JBl 1980, 41; *ders.,* Haftung für Terrorschäden, VR 2002, 231 ff; *ders.,* Probleme aus dem Grenzbereich von Schadenersatz – und Sozialversicherungsrecht, DRdA 1980, 371; *Kunst,* Die Änderung des Regreßrechtes der Sozialversicherungsträger durch die 9. Novelle zum ASVG, ZVR 1962, 64; *Lanner,* Zum Schmerzengeld nach Tagessätzen, ZVR 1991, 356; *Larcher,* Schadenersatz für Bonusverlust und Malusanrechnung, ZVR 1978, 139; *Matscher,* Der Beweis durch Demoskopie im österreichischen Zivilprozess, ÖBl 1970, 90; *Mazal,* Schmerzengeld für Dienstnehmer trotz Haftungsprivileg, ecolex 1990, 302 [zitiert: Mazal, Schmerzengeld, ecolex 1990]; *Messiner,* Die Haftung des Kfz-Haftpflichtversicherers nach Arbeitsunfällen gemäß § 333 ASVG, ZVR 1990, 38 [zitiert: Messinger, Haftung ZVR 1990]; *Messiner,* Schadenersatz für Bonusverlust und Malusanrechnung, ZVR 1977 264; *Neumayr,* Haftung für Sachschäden in Zusammenhang mit der Überlassung von Arbeitskräften (§ 7 öAÜG, § 1014 ABGB), FS Kramer, 2004, S. 757; *ders.,* Rechtsfragen an der Schnittstelle von Sozialversicherungs- und Schadenersatzrecht, RZ 2010, 168; *Oberhofer,* Der Ersatzanspruch bei Schäden wegen Tätigkeit im fremden Interesse, ÖJZ 1994, 730 [zitiert: Oberhofer, Ersatzanspruch ÖJZ 1994]; *ders.,* Der sachliche Anwendungsbereich des Sonderhaftungsrechts nach dem Dienstnehmerhaftpflichtgesetz, FS Schnorr, 1988, S. 196; *ders.,* Die entstandene Ersatzverpflichtung als Schadensbild, ÖJZ 1995,180; *ders.,* Die Risikohaftung wegen Tätigkeit aus fremdem Interesse als allgemeines Haftungsprinzip, JBl 1995, 225 [zitiert: Oberhofer, Risikohaftung JBl 1995]; *ders.,* Präklusion und Verjährung im Haftpflichtrecht der wirtschaftlich Unselbständigen, ZAS 1989, 45; *Rainer,* Die Regreßansprüche im DHG, JBl 1980, 469; *Rech,* Schadenersatz und Mitverschulden des Dienstnehmers bei Nichtanmeldung zur Sozialversicherung, JBl 1995, 24; *Reichauer,* Mitnahme anderer Dienstnehmer im eigenen PKW, FS Strasser, 1983, S. 181; *Schobel,* Ersatzfähigkeit reiner Trauerschäden, RdW 2002, 208; *Schrammel,* Haftungsmilderung „bei" Erbringung der Dienstleistung, ZAS 1985, 208 [zitiert: Schrammel, Haftungsmilderung ZAS 1985]; *Schumacher,* Anerkenntnis des Versicherers: „Rechtliches Interesse" an der Haftungsfeststellung?, ecolex 1998, 117; *Steiner,* Die ärztliche Aufklärungspflicht nach österreichischem Recht, JBl 1982, 169; *Swoboda,* Parkplätze, Parkgaragen, Parkhäuser und die StVO, ZVR 1994, 1; *Tomandl,* Grundlagen und Grenzen der verschuldensunabhängigen Arbeitgeberhaftung, ZAS 1991, 40; *Wagner,* Zur Haftung aus Verfolgungsjagden, JBl 1984, 525; *Welser,* Aktuelle Fragen der zivilrechtlichen Haftung aus Verkehrsunfällen, ZVR 1978, Sonderheft 38, 37; *Welser,* Schadenersatzrechtliche Grundfragen bei Berechnung des entgangenen Unterhaltes, JBl 1968, 342.

Abkürzungsverzeichnis

ABGB	Allgemeines Bürgerliches Gesetzbuch
ABl	Amtsblatt der Europäischen Union
AG	Arbeitgeber
AHG	Amtshaftungsgesetz
AKHB	Allgemeine Versicherungsbedingungen für die Kraftfahrzeug-Haftpflichtversicherung
AKKB	Allgemeine Bedingungen für die Kraftfahrzeug-Kaskoversicherung
AN	Arbeitnehmer
AnwBl	Anwaltsblatt
Arb	Sammlung arbeitsrechtlicher Entscheidungen
ARD	ARD-Betriebsrat
ASVG	Allgemeines Sozialversicherungsgesetz
AÜG	Arbeitskräfteüberlassungsgesetz

AW	Arbeitswert
bbl	Baurechtliche Blätter
BEinstG	Behinderteneinstellungsgesetz
BG	Bezirksgericht
BGB	(deutsches) Bürgerliches Gesetzbuch
BGBl	Bundesgesetzblatt
B-KUVG	Beamten- Kranken- und Unfallversicherungsgesetz
BMF	Bundesministerium für Finanzen
BSchEG	Bauarbeiter-Schlechtwetterentschädigungsgesetz
BSVG	Bauern-Sozialversicherungsgesetz
DG	Dienstgeber
DHG	Dienstgeberhaftpflichtgesetz
DN	Dienstnehmer
DNHG	Dienstnehmerhaftpflichtgesetz
DRdA	Das Recht der Arbeit
dZPO	Deutsche Zivilprozessordnung
EB	Erläuternde Bemerkungen zur Regierungsvorlage
ecolex	Fachzeitschrift für Wirtschaftsrecht
EF (Slg)	Ehe- und familienrechtliche Entscheidungen
EFZG	Entgeltfortzahlungsgesetz
EG	Europäische Gemeinschaft(en)
EGUstG	Einführungsgesetz zum Umsatzsteuergesetz
EGZPO	Einführungsgesetz zur Zivilprozessordnung
EKHG	Eisenbahn- und Kraftfahrzeug-Haftpflichtgesetz
ESt	Einkommensteuer
EStG	Einkommensteuergesetz
EuGVÜ	Europäisches Gerichtsstands- und Vollstreckungsübereinkommen
EuGVVO	Verordnung (EG) 2001/44 des Rates vom 22.12.2000 über die gerichtliche Zuständigkeit und die Anerkennung und Vollstreckung von Entscheidungen in Zivil- und Handelssachen
EvBl	Evidenzblatt der Rechtsmittelentscheidungen in der Österreichischen Juristen-Zeitung
GebAG	Gebührenanspruchsgesetz
GIUNF	Sammlung von zivilrechtlichen Entscheidungen des k.k. Obersten Gerichtshofes, Neue Folge
GSVG	Gewerbliches Sozialversicherungsgesetz
JBl	Juristische Blätter
JGS	Justizgesetzsammlung, Gesetze und Verordnungen im Justizfach
JN	Jurisdiktionsnorm
JUS	Jus-Extra, Beilage zur Wiener Zeitung
JZ	(deutsche) Juristenzeitung
KFG	Kraftfahrgesetz
KHVG	Kraftfahrzeug- Haftpflichtversicherungsgesetz
KSchG	Konsumentenschutzgesetz
LG	Landesgericht
LGVÜ	Lugano Übereinkommen über die gerichtliche Zuständigkeit und die Vollstreckung gerichtlicher Entscheidungen in Zivil- und Handelssachen
LGZ	Landesgericht für Zivilrechtsachen
lit.	litera (Buchstabe)
LSK	Leitsatzkartei
Miet(Slg)	Mietrechtliche Entscheidungen
MR	Medien und Recht
NOVA	Normverbrauchsabgabe
NZ	Österreichische Notariats-Zeitung
Ö, ö	Österreich, österreichisch

ÖBA	Österreichisches Bankarchiv
ÖBl	Österreichische Blätter für gewerblichen Rechtsschutz und Urheberrecht
ÖJZ	Österreichische Juristenzeitschrift
ÖStZB	Die finanzrechtlichen Erkenntnisse des VwGH und des VfGH, Beilage zur Österreichischen Steuerzeitung
OGH	Oberster Gerichtshof
OLG	Oberlandesgericht
PEOPIL	Pan European Organisation of Personal Injury Lawyers
RATG	Rechtsanwaltstarifgesetz
RdA	Recht der Arbeit
RdM	Recht der Medizin
RdW	Recht der Wirtschaft
RIS	Rechtsinformationssystem
RV	Regierungsvorlage
RZ	Österreichische Richterzeitung
SozM	Sozialrechtliche Mitteilungen der Arbeiterkammer Wien
StGB	Strafgesetzbuch
StVO	Straßenverkehrsordnung
SZ	Entscheidungen des österreichischen Gerichtshofes in Zivil- (und Justizverwaltungs-)sachen
UrlG	Urlaubsgesetz
UPE	unverbindliche Preisempfehlung
USt	Umsatzsteuer
UStG	Umsatzsteuergesetz
VersE	Versicherungsrechtliche Entscheidungssammlung
VersR	(deutsches) Versicherungsrecht, Juristische Rundschau für die Individualversicherung
VersRdSch	Die Versicherungsrundschau, Fachzeitschrift für Sozial- und Vertragsversicherung
VersVG	Versicherungsvertragsgesetz
VfGH	Verfassungsgerichtshof
VN	Versicherungsnehmer
VR	Die Versicherungsrundschau, Fachzeitschrift für Sozial- und Vertragsversicherung
VwGH	Verwaltungsgerichtshof
wbl	wirtschaftsrechtliche blätter, Zeitschrift für österreichisches und europäisches Wirtschaftsrecht
wobl	Wohnrechtliche Blätter
WR	Der Wiener Richter, Beilage Wiener Judikatur
ZAK	Zivilrecht aktuell
ZAS	Zeitschrift für Arbeits- und Sozialrecht
ZBl	Zentralblatt für die juristische Praxis
ZPO	Zivilprozessordnung
ZRInfo	Zivilrechts-Info
ZVR	Zeitschrift für Verkehrsrecht

Abschnitt 1: Anspruchsprüfung zum Haftungsgrund

§ 1 Haftungsgründe

Hofer-Picout

Allgemeine Rechtsgrundlage für das Schadensersatzrecht in Österreich ist das Allgemeine **1** Bürgerliche Gesetzbuch (ABGB).

Das ABGB geht vom Prinzip der **Verschuldenshaftung** aus (§ 1295 ABGB), wonach Scha- **2** densersatz von einer anderen Person nur verlangt werden kann, wenn ein Schaden durch den Schädiger rechtswidrig und schuldhaft verursacht wurde (siehe → Rn. 4 ff. und → Rn. 12 ff.). Ein etwaiges **Mitverschulden** des Geschädigten wird jedoch berücksichtigt (§ 1304 ABGB; siehe auch → Rn. 163 ff.).[1]

Weiterer Zurechnungsgrund im Zusammenhang mit Verkehrsunfällen ist die **Gefähr-** **3** **dungshaftung** des Fahrzeughalters nach dem Eisenbahn- und Kraftfahrzeug-Haftpflichtgesetz (EKHG). Die Gefährdungshaftung entsteht verschuldensunabhängig aufgrund der objektiven Gefährlichkeit einer erlaubten Tätigkeit (siehe Näheres unter → Rn. 159 ff.).[2]

---

1 Harrer in: Schwimann, Praxiskommentar ABGB, 3. Auf. 2006, Vor §§ 1293 ff. Rn. 17 ff.; Welser, Bürgerliches Recht II, S. 300.
2 Welser, Bürgerliches Recht, S. 300; Harrer in: Schwimann, ABGB, Vor §§ 1293 ff. Rn. 13; Schlosser/Fucik/Hartl, Verkehrsunfall VI Rn. 2.

A. Haftung des Fahrers

I. Haftung aus Verschulden

4   Der Fahrer (Lenker) eines Kfz haftet dem Geschädigten betragsmäßig unbeschränkt aus Verschulden.[3] Es sind die allgemeinen schadenersatzrechtlichen Bestimmungen des ABGB anwendbar.[4]

5   Die **Zurechnungskriterien** für die Verschuldenshaftung sind:
- Eintritt des **Schadens**
- **Kausalität**
- **Rechtswidrigkeit** des Verhaltens und
- **Verschulden** (des Fahrers)[5]

6   **Rechtswidrigkeit** ist gegeben, wenn
- ein Verhalten entweder gegen **Gebote/Verbote** der Rechtsordnung oder gegen die **guten Sitten** verstößt;[6]
- ein von der Rechtsordnung geschütztes **absolutes Gut** (bspw. Gesundheit, Unversehrtheit, Eigentum etc) gefährdet oder verletzt wird und dieses Verhalten objektiv sorgfaltswidrig ist;[7] oder
- gegen **(vor)vertragliche Verpflichtungen** verstoßen wird.

7   Häufig wird in Schutzgesetzen festgelegt, welches Verhalten in abstracto als gefährlich gilt, und es werden darin entsprechende Verbote und Gebote festgeschrieben. Ein Verstoß gegen ein Schutzgesetz ist jedenfalls rechtswidrig. Typische Schutzgesetze sind die Straßenverkehrsordnung (StVO) oder das Kraftfahrgesetz (KFG).[8]

8   „**Verschulden**" bedeutet persönliche Vorwerfbarkeit (Vorsatz oder Fahrlässigkeit) des rechtswidrigen Verhaltens.[9] Die Vorwerfbarkeit ist zu verneinen, wenn der Schädiger aufgrund seiner subjektiven Fähigkeiten außer Stande war, die Rechtswidrigkeit seines Verhaltens zu erkennen und sich entsprechend zu verhalten.[10] Nicht alle Folgen des Schadens müssen vom Verschulden umfasst sein. Es genügt, wenn der primäre Schaden davon umfasst ist. Die **Haftung für Folgeschäden** tritt ein, sobald abstrakt mit der Möglichkeit gerechnet werden konnte, dass diese eintreten; es sei denn, es handelt sich um einen atypischen Verlauf.[11] Bei Schutzgesetzen genügt, wenn der Normverstoß bereits vom Verschulden umfasst ist; unbedeutend ist dabei, ob der konkrete Schaden vorhersehbar war.[12]

9   Haftung nach Schutzgesetz ist zu bejahen, wenn sich genau der Schaden verwirklicht, der vom Schutzzweck der Norm verhindert werden sollte (Rechtswidrigkeitszusammenhang).

10   Der Schädiger muss bei verschuldeter Übertretung eines Schutzgesetzes beweisen, dass er sich vorschriftsmäßig verhalten hat oder bei vorschriftsmäßigem Verhalten der Schaden ebenfalls eingetreten wäre (rechtmäßiges Alternativverhalten).[13] Der Geschädigte hat lediglich den Verstoß gegen die Schutznorm zu beweisen.[14]

---

3   Schlosser/Fucik/Hartl, Verkehrsunfall VI Rn. 168.
4   Schlosser/Fucik/Hartl, Verkehrsunfall VI Rn. 168.
5   Schlosser/Fucik/Hartl, Verkehrsunfall VI Rn. 4, 13, 35; Welser, Bürgerliches Recht, S. 318 ff.
6   Schlosser/Fucik/Hartl, Verkehrsunfall VI Rn. 27.
7   Schlosser/Fucik/Hartl, Verkehrsunfall VI Rn. 28.
8   Schlosser/Fucik/Hartl, Verkehrsunfall VI Rn. 28.
9   Harrer in: Schwimann, ABGB Vor §§ 1294 Rn. 11; Welser, Bürgerliches Recht, S. 318 ff.; Schlosser/Fucik/Hartl, Verkehrsunfall VI Rn. 35 ff.
10   Schlosser/Fucik/Hartl, Verkehrsunfall VI Rn. 35.
11   Schlosser/Fucik/Hartl, Verkehrsunfall VI Rn. 35.
12   Schlosser/Fucik/Hartl, Verkehrsunfall VI Rn. 35.
13   Schlosser/Fucik/Hartl, Verkehrsunfall VI Rn. 27 ff.
14   Schlosser/Fucik/Hartl, Verkehrsunfall VI Rn. 27 ff. und Rn. 35.

II. Gefährdungshaftung

Den **Fahrer** des Fahrzeuges trifft keine Gefährdungshaftung (vgl. fahrzeughaltender Fahrer 11
→ Rn. 13).

B. Haftung des Halters

I. Haftung aus Verschulden

„Halter" ist derjenige, der das Kfz auf eigene Rechnung in Gebrauch hat und dem die tat- 12
sächliche Verfügungsgewalt zusteht.[15] Eine Definition im EKHG fehlt.[16]

Die Verschuldenshaftung des Halters nach ABGB bleibt von der Gefährdungshaftung des 13
EKHG grundsätzlich unberührt (§ 19 Abs. 1 EKHG). Ist der Halter daher **zugleich Fahrer**
des Kraftfahrzeuges, kann er sowohl nach den Grundsätzen der Verschuldenshaftung als
auch nach denjenigen der Gefährdungshaftung in Anspruch genommen werden (siehe zur
Verschuldenshaftung des Fahrers → Rn. 4 ff.).

Darüber hinaus trifft den Halter neben dem Schwarzfahrer eine Solidarhaftung, wenn er 14
schuldhaft oder durch Verschulden einer Person, die mit seinem Willen beim Betrieb des
Kfz tätig ist, die Benutzung eines Verkehrsmittels ermöglicht (§ 6 Abs. 1 S. 2 EKHG).[17]
Hierbei handelt es sich jedoch nicht um Verschuldenshaftung im strengen Sinne, sondern
um Gefährdungshaftung(!).

1. Straßenverkehrsrechtliche „Gefährdungshaftung". Straßenverkehrsrechtliche Bestim- 15
mungen sind idR Schutzgesetze, in welchen nicht nur eine konkrete Gefährdung von
Rechtsgütern von der Rechtsordnung untersagt wird, sondern ein **abstrakt gefährliches
Verhalten** wie das Fahren mit überhöhter Geschwindigkeit. Es handelt sich dabei nicht um
eine Gefährdungshaftung, sondern um eine Verschuldenshaftung (vgl. → Rn. 7 ff.).

Verstößt der fahrzeughaltende Fahrer gegen eine straßenverkehrsrechtliche Norm, führt 16
die bloße Nichtbeachtung dieses Schutzgesetzes bereits zur **Rechtswidrigkeit** seines Verhaltens. Das Verschulden muss nur die Übertretung der Norm betreffen; die Vorhersehbarkeit
des Schadens ist unerheblich (vgl. → Rn. 5 ff.).[18]

2. Besonderheiten bei Beförderungen. a) Entgeltliche Beförderung (Straßenbahn, Bus, Ta- 17
xi). Wird ein Fahrgast entgeltlich befördert (bspw. Erhebung von Zuschüssen durch Halter bei gemeinsamen Fahrten), liegt bei übereinstimmendem Geschäftswillen in den meisten Fällen ein Beförderungsvertrag vor.[19]

Der Geschädigte kann somit bei entgeltlicher Beförderung idR nach ABGB **vertragliche** 18
Schadensersatzansprüche geltend machen. Dies ist aus folgenden Gründen erstrebenswert:

- Die **Beweislastumkehr** tritt ein (Beweis des fehlenden Verschuldens durch den Schädiger. Grobes Verschulden muss der Geschädigte beweisen).

- Neben der **Besorgungsgehilfenhaftung** (§ 1315 ABGB) greift die **Erfüllungsgehilfenhaf-**
  tung (§ 1313 a ABGB).[20]

Ist der Fahrer als Erfüllungsgehilfe des Halters zu qualifizieren, so haftet Letzterer gemäß
§ 1313 a ABGB für das Verschulden seines Gehilfen wie für sein eigenes. Der Halter des
Fahrzeuges haftet für das schuldhafte Verhalten eines untüchtigen oder wissentlich gefährlichen Besor-
gungsgehilfen, wenn er die Gefährlichkeit des Gehilfen kannte und sich diese bei der Schadenszufügung tatsächlich verwirklicht.[21] Zur Relevanz der Unterscheidung von entgeltlichen und unentgeltlichen Beförderungen im Zusammenhang mit der Gefährdungshaftung
vgl. → Rn. 111 ff., vgl. zur Haftungserweiterung → Rn. 110 ff. Eine **Freizeichnung** bzw.

---

15 ZVR 1965/63; SZ 51/84; JBl 1982, 656; ZVR 1982/162, 197; SZ 2003/125.
16 Schlosser/Fucik/Hartl, Verkehrsunfall VI Rn. 169; SZ 2003/125.
17 SZ 60/105; ZVR 1990/888; Schlosser/Fucik/Hartl, Verkehrsunfall VI Rn. 182.
18 EvBl 2000/41; Schlosser/Fucik/Hartl, Verkehrsunfall VI Rn. 35.
19 ZVR 1979/128; ZVR 1985/43.
20 Schlosser/Fucik/Hartl, Verkehrsunfall VI Rn. 999; 2 Ob 48/84.
21 Schlosser/Fucik/Hartl, Verkehrsunfall VI Rn. 65 ff.

Haftungsbeschränkung für Personenschäden bei entgeltlichen Beförderungen (bspw. in AGB) wird vom überwiegenden Teil der Rechtsprechung und Lehre insbesondere auch unter Hinweis auf § 6 Abs. 1 Z 6 KSchG und § 31 KSchG – auch bei leichter Fahrlässigkeit – verneint.[22]

19 **b) Unentgeltliche Beförderung (Anhalter, Bekannte) – Gefälligkeitsbeförderung.** Liegt eine unentgeltliche Beförderung vor, ist vom Vorliegen eines Beförderungsvertrages nicht auszugehen, sondern ist eher von einer unverbindlichen **Gefälligkeitsbeförderung** auszugehen. Dies bedeutet, dass der Geschädigte nur deliktische und keine vertraglichen Schadenersatzansprüche geltend machen kann.[23] Mangels Vorliegens einer vertraglichen Grundlage ist lediglich eine Haftung des Halters für das Verhalten eines Fahrers auf Basis der Besorgungsgehilfenhaftung nach allgemein bürgerlich gesetzlichen Grundlagen denkbar. Bei unentgeltlichen Beförderungen ist eine rechtsgeschäftliche Beschränkung der Haftung auch bei Verschuldenshaftung im Einklang mit § 10 EKHG möglich (siehe zu § 10 EKHG unter → Rn. 101).[24]

II. Gefährdungshaftung

20 **1. Grundlagen der Gefährdungshaftung.** Bedient sich jemand erlaubterweise einer gefährlichen Sache zu seinem Vorteil bzw. hat er auf die geschaffene Gefahrenquelle Einfluss, so haftet derjenige für den durch die Verwirklichung gerade dieser Gefahr entstandenen Schaden.[25] Typisches Beispiel für eine Gefährdungshaftung ist die **Kraftfahrzeughalterhaftung** gemäß EKHG.[26]

21 Die Gefährdungshaftung tritt unabhängig von Rechtswidrigkeit oder persönlicher Vorwerfbarkeit (Verschulden) ein. Es wird lediglich darauf abgestellt, ob der Schaden durch den **Betrieb der gefährlichen Sache** entstanden ist.[27]

22 Die Bestimmungen des EKHG sind gegenüber den §§ 1295 ff. ABGB leges speciales. Die allgemein bürgerlich rechtlichen Normen sind grundsätzlich nur dann anwendbar, wenn das EKHG unanwendbar ist oder auf die bürgerlich rechtlichen Normen verwiesen wird, wie dies beispielsweise in § 19 Abs. 1 EKHG geschieht.[28]

23 Bei einer Klage aus einem Verkehrsunfall wird seitens des Gerichtes stets die **EKHG-Haftung** geprüft. Denn laut österreichischer Rechtsprechung ist die EKHG-Gefährdungshaftung gegenüber der Verschuldenshaftung ein Minus und wird daher auch von Amts wegen geprüft, wenn bei einem Verkehrsunfall das Prozessvorbringen des Geschädigten ausschließlich auf Verschulden gestützt wird.[29] Der Mitverschuldenseinwand wird als Einwand mitwirkender Betriebsgefahr gedeutet.[30] Im Gegenzug erfolgt keine Prüfung der EKHG-Haftung, wenn der Kläger sich auf ein Anerkenntnis stützt.[31] Auch erfolgt keine Prüfung der Verschuldenshaftung, wenn der Kläger sich nur auf die EKHG-Haftung stützt.[32]

24 **2. Typische Problembereiche.** Das EKHG ist dann anwendbar, wenn gemäß § 1 EKHG bei einem **Unfall** (dh einem unmittelbar von außen her plötzlich einwirkenden Ereignis)[33]

---

22 SZ 71/58; JBl 2001, 590; ZVR 2004/35; ZVR 2003/38; Schauer in: Schwimann, ABGB, § 10 EKHG Rn. 9.
23 Schlosser/Fucik/Hartl, Verkehrsunfall VI Rn. 999; 2 Ob 48/84.
24 Schauer in: Schwimann, ABGB, § 10 EKHG Rn. 9.
25 Schlosser/Fucik/Hartl, Verkehrsunfall VI Rn. 63; Harrer in: Schwimann, ABGB Vor §§ 1294 Rn. 13 ff.; Welser, Bürgerliches Recht, 300; ZVR 1987/57.
26 Schlosser/Fucik/Hartl, Verkehrsunfall VI Rn. 63 f.; Welser, Bürgerliches Recht, S. 371.
27 Schauer in: Schwimann, ABGB, Vor §§ 1 ff. EKHG Rn. 1; Schlosser/Fucik/Hartl, Verkehrsunfall VI Rn. 143; Rn. 146.
28 Schlosser/Fucik/Hartl, Verkehrsunfall VI Rn. 142.
29 SZ 29/30; SZ 1984/238; SZ 68/220; ZAK 2011/376, 198.
30 ZVR 1974/81; ZVR 1985/32.
31 SZ 40/126; Schlosser/Fucik/Hartl, Verkehrsunfall VI Rn. 144.
32 ZVR 1963/179; ZVR 1971/179; ZVR 1976/210.
33 ZVR 1965/200; SZ 70/222; ZVR 2003/46; ZVR 1989/94; Apathy, Der Eigenschaden des Kraftfahrers, RdA 1991, 247; Edlbacher, Die „außergewöhnliche Betriebsgefahr" im Spiegel von Lehre und Rechtsprechung;

beim Betrieb eines Kraftfahrzeuges (oder einer Eisenbahn) ein Mensch getötet, an seinem Körper oder seiner Gesundheit verletzt oder eine Sache beschädigt wird.

a) Betriebsbegriff. aa) Allgemeines. Die Gefährdungshaftung nach EKHG ist anwendbar, 25 wenn sich eine für den **Betrieb des Kfz typische (eigentümliche) Gefahr** verwirklicht hat, dh zwischen Unfall und typischer Gefahr des Kfz-Betriebs ein **innerer Zusammenhang** besteht (bspw. durch Geschwindigkeit, Masse, Schwierigkeit beim Ausweichen, Heftigkeit des Aufpralls, erhöhte Gefahr beim Versagen der Bremsen oder der Lenkung) oder, sofern ein solcher nicht vorliegt, ein adäquat ursächlicher Zusammenhang mit einem bestimmten **Betriebsvorgang** oder einer bestimmten **Betriebseinrichtung** vorliegt (Nachwirken des Betriebes bspw. durch Verlust eines Reifens).[34] „Betrieb" ist die bestimmungsgemäße Verwendung eines Kfz als Fahrmittel, dh zur Ortsveränderung, unter Verwendung der Maschinenkraft.[35]

bb) In Bewegung befindliches Kfz. Ein Unfall ist dem Betrieb des Kfz einerseits zurechen- 26 bar, wenn es sich aufgrund **eigener Motorenbewegung in Bewegung** befindet.[36]

Beispiele: Verlust von Ladegut oder von Bestandteilen (Reservereifen, Zierklappen, Spikestiften, Ausfluss von Öl, etc); Aufschleudern von Steinen auf der Fahrbahn während der Fahrt; Hinauswerfen oder Herabfallen von Gegenständen aus fahrendem Fahrzeug; Benutzung des Motors als Energiequelle (Heizung).[37]

Die Geschwindigkeit des Fahrzeuges beim Unfall ist dabei unbeachtlich.

Beispiel: Unfall beim oder aufgrund des Anfahrens des Busses.[38]

Andererseits befindet sich „in Betrieb" auch ein Fahrzeug, das **ohne Motorkraft in Bewe-** 27 **gung** gerät.[39]

Beispiele: Anschieben des Kfz;[40] auf abschüssiger Straße willentlich (zum Starten des Motors), aber auch unwillentlich (selbst) ins Rollen geraten; Ingangsetzen durch Selbstzündung des Motors auf Rollbremsprüfstand mit gelöster Handbremse und eingelegtem Gang.[41]

cc) Stehendes Kraftfahrzeug. Auch ein stehendes, *nicht* in Bewegung befindliches Fahr- 28 zeug, dessen Motor abgestellt ist, kann die „eigentümliche Gefahr" verwirklichen.[42] Unbeachtlich ist, ob das Kfz willentlich zum Stillstand kommt oder das Anhalten durch äußere Umstände erzwungen wird.[43]

ZVR 1989, 194; Schauer in: Schwimann, ABGB, Vor § 1 EKHG Rn. 2; Schlosser/Fucik/Hartl, Verkehrsunfall VI Rn. 141.

34 JBl 1979, 149; ZVR 1981/254; ZVR 1982/361; ZVR 1992/100; ZVR 1994/53; ZVR 1995/135; SZ 68/2002; ZAK 2007/616, 355; JBl 1974, 157; SZ 48/64; EvBl 1986/21; ZVR 1970/91; ZVR 1978/63; ecolex 2011,1040; Schlosser/Fucik/Hartl, Verkehrsunfall VI Rn. 146; Schauer in: Schwimann, ABGB, § 1 EKHG Rn. 10.

35 Schlosser/Fucik/Hartl, Verkehrsunfall VI Rn. 146.

36 ZVR 1984/49; SZ 11/8; SZ 2002/79; SZ 2003/87; Schauer in: Schwimann, ABGB, § 1 EKHG Rn. 29.

37 JBl 1979, 149 f; ZVR 1998/102; SZ 39/117; ZVR 1970/91; JBl 1973, 622; ZVR 1987/104; ZVR 1961/51; ZVR 1975/273; ZVR 1973/113; ZVR 1976/232; Schauer in: Schwimann, ABGB, § 1 EKHG Rn. 32; Koziol, Haftpflichtrecht II, S. 517; Schlosser/Fucik/Hartl, Verkehrsunfall VI Rn. 146 ff.

38 ZVR 1981/194; ZVR 1988/113; SZ 70/140; Schauer in: Schwimann, ABGB, § 1 EKHG Rn. 30.

39 SZ 23/104; ZVR 1976/232; Schlosser/Fucik/Hartl, Verkehrsunfall VI Rn. 150.

40 ZVR 1981/92; SZ 23/104; SZ 2003/125; EvBl 2004/65; ZVR 1956/71; ZVR 1956/126; ZVR 1986/73; Apathy, Eigenschaden, RdA 1991, 249; Schauer in: Schwimann, ABGB, § 1 EKHG Rn. 31; Schlosser/Fucik/Hartl, Verkehrsunfall VI Rn. 150.

41 ZVR 1981/92; SZ 23/104; SZ 2003/125; EvBl 2004/65; ZVR 1956/71; ZVR 1956/126; ZVR 1986/73; Apathy, Eigenschaden, RdA 1991, 249; Schauer in: Schwimann, ABGB, § 1 EKHG Rn. 31; Schlosser/Fucik/Hartl, Verkehrsunfall VI Rn. 150.

42 SZ 41/ 73; SZ 45/99; ZVR 1980/162; ZVR 1982/284; Schauer in: Schwimann, ABGB, § 1 EKHG Rn. 33; Apathy, Fragen der Haftung nach dem EKHG, JBl 1993, 70.

43 ZVR 1974/81; SZ 45/99; ZVR 1980/162; ZVR 1982/279; ZVR 2000/62; ZVR 2002/40; Schlosser/Fucik/Hartl, Verkehrsunfall VI Rn. 151.

Beispiele: Stehenbleiben eines Autos aufgrund von Panne oder Unfall auf dem Fahrstreifen der Autobahn;[44] verbotswidriges Parken im Halteverbot oder Abstellen eines schadhaften Kfz und dadurch Versperrung von Fahrstreifen;[45] Ausfall der Beleuchtung eines stehengebliebenen Fahrzeuges.[46]

29 **dd) Ein- und Aussteigen.** Unfälle beim Ein- und Aussteigen erfolgen im Betrieb, sofern sich die typische Gefahr (bspw. durch das Überwinden des großen Höhenunterschiedes beim Ein- und Aussteigen oder durch das Öffnen der Türen) verwirklicht.[47]

Beispiele: die Verletzungen eines Fahrgastes aufgrund von Stößen eines anderen Fahrgastes beim Ausstieg aus einem Bus oder Umkippen aufgrund eines Trittes in eine Spurrille beim Auftreten auf die Straße;[48] die Verletzung des Beifahrers durch Festhalten an der Innenseite des Handschuhfaches beim Einsteigen[49]

30 Erfolgt beim Ein- und Aussteigen eine über diesen Vorgang hinauswirkende Gefahrenerhöhung, kann ein solcher Unfall dem Betrieb zugerechnet werden.

Beispiel: Hält ein Schulbus an einer verbotenen Stelle, ohne die Warnblinkanlage einzuschalten, und wird der aussteigende Schüler beim Überqueren der Straße überfahren, ist dieser Unfall dem Betrieb zuzurechnen.[50]

31 **ee) Abschleppen von Fahrzeugen.** Unfälle beim Abschleppen eines anderen Kfz können grundsätzlich – je nach Einzelfall – dem Betrieb entweder des abschleppenden, des abgeschleppten oder beider zugerechnet werden.[51]

32 IdR ist der Unfall jedoch dem **abschleppenden Fahrzeug zuzuordnen,** auch wenn das abgeschleppte Fahrzeug den Unfall verursacht.[52] Dies gilt selbst bei laufendem Motor des abgeschleppten Fahrzeuges, dessen Fortbewegung aus eigener Kraft erfolgt.

Beispiele: Verursachung einer Schleuderbewegung durch Anspringen des Motors;[53] Bestehen oder Unterbrechung der Verbindung zum abschleppenden Fahrzeug (wie Reißen des Abschleppseils, Brechen des Bolzens, Weiterrollen oder Rutschen des abgeschleppten Fahrzeugs).[54]

33 Ein Unfall ist dann dem Betrieb des **abgeschleppten Fahrzeuges** zuzuordnen, wenn eine eigenständige (selbstständige, unfallursächliche) Betriebsgefahr von diesem ausgeht.[55]

Beispiel: Motor des abgeschleppten Kfz läuft,[56] es wird selbstständig gelenkt, der unaufmerksame Fahrer fährt auf das abschleppende Auto auf,[57] das abgeschleppte Fahrzeug reißt sich los und rollt unkontrolliert weiter.[58]

---

44 SZ 45/99; ZVR 1980/162; ZVR 1982/279; ZVR 2000/62; ZVR 2002/40; ZVR 1993/120; ZVR 1982/231; ZVR 1980/74.
45 ZVR 1997/123; ZAK 2007/520, 296; SZ 27/218; ZVR 1966/64; ZVR 1982/231; ZVR 1959/12; ZVR 1973/113.
46 ZVR 1984/241.
47 ZVR 1962/23; ZVR 1973/1; ZVR 1973/41; Schauer in: Schwimann, ABGB, § 1 EKHG Rn. 38.
48 ZVR 1996/78; ZVR 1988/110.
49 ZVR 1992/100.
50 ZVR 1989/129; ZVR 2000/48; Schauer in: Schwimann, ABGB, § 1 EKHG Rn. 38.
51 SZ 23/104; ZVR 1974/25; ZVR 1980/162; Schlosser/Fucik/Hartl, Verkehrsunfall VI Rn. 150.
52 SZ 51/176; ZVR 1982/278; 1 Ob 42/04 i; ZVR 1957/221; ZVR 1959/171; ZVR 1960/88; ZVR 1960/130; ZVR 1971/84.
53 ZVR 1975/160; Schlosser/Fucik/Hartl, Verkehrsunfall VI Rn. 150.
54 ZVR 1957/221; ZVR 1960/130; ZVR 1975/160; 1 Ob 42/04 i; SZ 41/73; ZVR 1982/284; Schlosser/Fucik/Hartl, Verkehrsunfall VI Rn. 150.
55 1 Ob 42/04 i; SZ 51/176; Koziol, Entschuldbare Fehlleistung des Gesetzgebers? JBl 1980, 41; Schauer in: Schwimann, ABGB, § 1 EKHG Rn. 40; Schlosser/Fucik/Hartl, Verkehrsunfall VI Rn. 150.
56 ZVR 1960/169; SZ 51/176; ZVR 1960/88; ZVR 1985/144; 1 Ob 42/04 i; ZVR 1982/187; Schauer in: Schwimann, ABGB, § 1 EKHG Rn. 40.
57 1 Ob 42/04 i; ZVR 1982/187; Schauer in: Schwimann, ABGB, § 1 EKHG Rn. 40.
58 ZVR 1957/221; ZVR 1960/169; SZ 51/176; ZVR 1960/88; ZVR 1985/144; 1 Ob 42/04 i; ZVR 1982/187; Schauer in: Schwimann, ABGB, § 1 EKHG Rn. 40.

In manchen Fällen kann es zur Konkurrenz der Haftung des Halters des Schleppenden sowie desjenigen des Geschleppten kommen.[59] 34

ff) Anhänger. Eine Haftung aus der eigenen Betriebsgefahr kann beim Anhänger nicht 35 entstehen, da dieser nicht fähig ist, sich alleine wie ein Kfz fortzubewegen.[60] Schäden, die durch den Anhänger verursacht werden, sind dem ziehenden Fahrzeug zurechenbar (vgl. Grundsätze beim Abschleppen → Rn. 31 ff.).

b) Ladevorgänge. Ladevorgänge sind ebenfalls vom Betriebsbegriff umfasst. 36

Beispiel: Ladung fällt im Zuge der Be- und Entladung auf die Fahrbahn.[61]

c) Verneinung der Betriebsgefahr. Die Betriebsgefahr wird ua verneint 37

- bei einem **ordnungsgemäß abgestellten (geparkten) Fahrzeug**,[62]

- bei Nichtverwirklichung der für den Betrieb des Kfz **typischen Gefahr** (Beurteilung im Einzelfall!)[63]

  Beispiele für die Verneinung der eigentümlichen Gefahr: Benutzung des Kfz als Schlafstelle und Verletzung einer Person durch Fehlfunktion der Standheizung; Bruch des Schraubenziehers beim Wechseln der Autobatterie; Verwendung des Kfz zu terroristischen Zwecken.[64]

- bei **Be- und Entladefällen** bei Beschädigung des Ladegutes beim Abladen durch Ungeschicklichkeit oder bloßes Herabfallen,[65]

- bei Verletzung des Fahrgastes aufgrund Erfassens durch ein Fahrzeug **nach dem Aussteigen** bei Überquerung der Fahrbahn hinter dem Bus,[66]

- bei **Nachziehen des abgeschleppten Fahrzeugs** mit angehobener Achse durch das Abschleppfahrzeug oder vollständigem Transport auf dem Abschleppfahrzeug,[67]

- beim Traktor bei **Wegrollen von mehr als drei Tage** abgestelltem Anhänger[68]

d) Ende der Betriebsgefahr. Ist der Be- und Entladevorgang bzw. das Ein- und Aussteigen 38 abgeschlossen, kann sich die Betriebsgefahr nicht mehr auswirken.[69]

Beispiele: Wird das Ladegut von einem Lkw auf einen Hubstapler verladen und fällt dieses von Letzterem, so wirkt sich die Betriebsgefahr des Lkw nicht aus.[70] Gleiches gilt, wenn das Ladegut mit einem Radlader zu einem 40 m entfernten Lkw gefahren wird.[71]

e) Verfolgungsfälle. Vorangestellt wird, dass Unfälle, die aufgrund von Verfolgungsfällen 39 genauso wie auch andere Unfälle nach den vorerwähnten Grundsätzen der Verschuldenssowie der Gefährdungshaftung beurteilt werden müssen, weshalb der Einheitlichkeit halber zwar eine Einordnung unter der Gefährdungshaftung erfolgt, dies jedoch nicht ganz korrekt ist.

---

59 Schauer in: Schwimann, ABGB, § 1 EKHG Rn. 40.
60 ZVR 1971/55; SZ 41/10.
61 ZVR 1970/91; ZVR 1978/63; 9 ObA 52/11 d, ecolex 2011, 1040; ZVR 1984/326; Schlosser/Fucik/Hartl, Verkehrsunfall VI Rn. 146, RZ 151.
62 Apathy, Eigenschaden, RdA 1991, 250; ZVR 1999/49; DRdA 2004, 346/24; LGZ Wien ZVR 2000/96; ZVR 1984/129; ZVR 1976/232; SZ 2003/87; Schlosser/Fucik/Hartl, Verkehrsunfall VI Rn. 151; Schauer in: Schwimann, ABGB, § 1 EKHG Rn. 35.
63 Schauer in: Schwimann, ABGB, § 1 EKHG Rn. 10 ff.
64 ZVR 1999/49; DRdA 2004, 346/24; Koziol, Haftung für Terrorschäden, VR 2002, 231; Schauer in: Schwimann, ABGB, § 1 EKHG Rn. 35.
65 EvBl 1955/78; EvBl 1955/172; Schauer in: Schwimann, ABGB, § 1 EKHG Rn. 37.
66 ZVR 1997/1; ZVR 1992/100.
67 SZ 51/176; Schauer in: Schwimann, ABGB, § 1 EKHG Rn. 40.
68 ZVR 2008/122.
69 ZVR 1985/130; ZVR 1997/1; ZVR 1997/38; ZVR 2000/48; Schauer in: Schwimann, ABGB, § 1 EKHG Rn. 37.
70 ZVR 1976/233.
71 ZVR 2000/42.

40 Bei Verfolgungsfahrten werden oft Güter des Verfolgten, des Verfolgenden bzw. Dritter beschädigt.[72] Der Flüchtende, aber auch der Verfolgende hält sich idR bei seiner Flucht bzw. der Verfolgungsfahrt nicht an die straßenverkehrsrechtlichen Vorgaben, fährt zu schnell und missachtet Verkehrsregeln. Einerseits ist zu prüfen, ob das Handeln des Verfolgten und die damit verbundene Schädigung von Verfolgenden bzw. Dritten (Privatperson oder Amtsperson) **gerechtfertigt sein kann** oder er hierfür voll **einzustehen hat.**

Beispiel: Ein Mann fährt mit hochschwangerer Frau eiligst ins Krankenhaus; dabei übertritt er zahlreiche Verkehrsregeln. Er wird von Polizisten zum Anhalten aufgefordert, was er jedoch unterlässt. Diese verfolgen den Mann. Das Auto des Mannes gerät aufgrund der überhöhten Geschwindigkeit ins Schleudern, dadurch wird ein unbeteiligtes Fahrzeug beschädigt sowie die verfolgenden Polizisten verletzt. Im Rahmen der Bergung der Pkws wird ein Rettungsmann von einem vorbeifahrenden Lkw erfasst und schwer verletzt.

41 Als Rechtfertigungsgründe kommen grundsätzlich **Notwehr** (§ 19 ABGB), **Notstand/ Nothilfe** (§ 1306 a ABGB) oder **Selbsthilfe** (§§ 19, 344 ABGB) in Frage. In der Praxis wird bei der Beurteilung des Vorliegens eines Rechtfertigungsgrundes ein sehr strenger Maßstab angelegt. War die **Gefährdung Dritter** (beispielsweise von Rettern, Polizisten oder Privaten) objektiv **vorhersehbar**, so ist das Verhalten des Schädigers – unabhängig von der Gefährdung des zu rettenden Gutes – für sich allein gesehen jedoch bereits in den meisten Fällen **rechtswidrig.**[73] Da die Schutzgesetze nicht bloß den Schutz der unmittelbar gefährdeten, sondern auch der zur Rettung schreitenden Personen beabsichtigt, welche die vom Schädiger geschaffene Gefahrenlage zu beseitigen bzw. den Schaden zu begrenzen versuchen, ist eine Verletzung solch einschreitender Personen (Sanitäter, Notarzt, Feuerwehrleute, Polizisten) dem Schädiger jedenfalls **zurechenbar.**[74]

42 Andererseits ist zu prüfen, inwiefern die **Verfolgung des Geschädigten gerechtfertigt** sein kann bzw. ein Mitverschulden des Geschädigten eingewendet werden könnte. Auch hier wird auf die bereits erwähnten **Rechtfertigungsgründe**, jedoch insbesondere auf die Selbsthilfe zurückgegriffen.

Beispiel: Das Kfz des A wird von dem des B touchiert und stark beschädigt; A fordert B auf anzuhalten, um die notwendigen Informationen auszutauschen; B hält jedoch nicht an, sondern fährt weiter. A lässt sich dies nicht gefallen, steigt ins Auto und versucht, den flüchtigen B zu stellen. Dabei kommt es zu einem Verkehrsunfall mit C. Im Zuge der Bergung des Kfz des C wird ein Rettungsmann verletzt. Variante A: A ist ein Polizist; Variante B: A ist ein Privater

43 Aus einem bloßen **Verstoß gegen ein Gebot der Rechtsordnung** lässt sich eine Verfolgungsbefugnis einer Amtsperson nicht allgemein ableiten. Prinzipiell sind daher solche Verfolgungshandlungen – insbesondere auch wegen der Gefährdung von Rechtsgütern unbeteiligter Dritter – eher nicht zu legitimieren.[75] Beispielsweise legitimieren die Notwendigkeit einer augenblicklichen Feststellung der Identität und der Verstoß gegen die Anhaltepflicht, aber auch Verstöße gegen bloße Verwaltungsvorschriften noch keine Verfolgungshandlungen.[76]

44 Ermitteln Behörden in Zusammenhang **mit gerichtlich strafbaren Handlungen,** so können Verfolgungshandlungen eher gerechtfertigt sein. Insbesondere sind Sicherheitsorgane von Gesetzes wegen verpflichtet, Maßnahmen zu treffen, die der Aufklärung der Sache dienen und die Flucht des Täters verhindern. Eine Verfolgungsmaßnahme kann daher in einem solchen Fall pflichtgemäß erfolgen.

---

72 Wagner, Zur Haftung aus Verfolgungsjagden, JBl 1984, 525 ff.; Harrer in: Schwimann, ABGB, § 1295 Rn. 24.
73 Schlosser/Fucik/Hartl, Verkehrsunfall VI Rn. 85.
74 ZVR 1968/87; JBl 1979, 597; ZVR 1997/225; ZRInfo 2005/180; Schlosser/Fucik/Hartl, Verkehrsunfall VI Rn. 85.
75 Harrer in: Schwimann, ABGB, § 1295 Rn. 25.
76 JZ 1967, 639; Harrer in: Schwimann, ABGB, § 1295 Rn. 25.

Hofer-Picout

Für **Einsatzfahrzeuge** gelten gewisse Verkehrsbeschränkungen nicht. Die typischerweise 45 durch die Einsatzfahrt verbundenen Risiken (bspw. erhöhte Geschwindigkeit) trägt der Flüchtende.

Die **private Verfolgung** kann in manchen (eher seltenen) Fällen berechtigt sein, wenn staat- 46 liche Hilfe zu spät käme; dabei sind die **Grenzen der Selbsthilfe** zu beachten. Selbsthilfe ist in der Regel nur erlaubt, wenn richterliche Hilfe zu spät kommt, weshalb bei der Prüfung des Vorliegens einer **erlaubten Selbsthilfe** ein sehr strenger Maßstab anzulegen ist.

Der Schädiger haftet dem Geschädigten für die in **erlaubter Selbsthilfe** des Geschädigten 47 erlittenen Schäden.[77] Gleiches gilt bei **Verfolgung durch Polizisten**.[78] Dem Geschädigten kann jedoch auch ein gewisses **Mitverschulden** entgegengehalten werden: Eine Verfolgungsjagd, die in erlaubter Selbsthilfe begann, kann sich auch im Laufe der Fahrt zu einer unangemessenen entwickeln, wenn die Verfolgungsjagd riskant und über die Grenzen der erlaubten Selbsthilfe hinausgeht.[79] Selbst eine ungehemmte Art der Lenkung des **Einsatzfahrzeuges** kann in manchen Fällen nicht mehr gerechtfertigt sein.[80] Eine exzessive Fahrweise kann das Mitverschulden des Verfolgenden begründen.[81] Die Behauptungs- und Beweislast für den Wegfall der Selbsthilfe trifft den Verfolgten.[82]

3. Entlastungsmöglichkeit. a) Entlastungsbeweis nach § 9 EKHG. Die Erbringung des 48 Entlastungsbeweises führt zu einem Ausschluss der Haftung nach EKHG, die Möglichkeit einer Verschuldenshaftung nach ABGB bleibt weiterhin aufrecht.

Erfolgte der Unfall durch ein **unabwendbares Ereignis** und ist der Sphäre des Halters so- 49 mit kein Mangel zurechenbar, ist die Haftung nach EKHG ausgeschlossen (§ 9 Abs. 1 EKHG).[83] Der Halter hat alle zur Annahme eines unabwendbaren Ereignisses führenden Tatsachen nachzuweisen (Entlastungsbeweis). Jede Unsicherheit, die nicht aufgeklärt werden kann, geht zulasten des Halters.[84]

Eine Haftung nach EKHG ist somit nicht gegeben, wenn 50

- ein Ereignis vorliegt, das trotz aller erdenklicher Sachkunde und Vorsicht nicht abgewendet werden kann (**unabwendbares Ereignis**);[85]

- der Unfall weder auf einen **Fehler in der Beschaffenheit** noch auf ein **Versagen der Vorrichtung** des Kfz zurückzuführen ist;[86]

- sowohl der Halter als auch die mit seinem Willen beim Betrieb tätigen Personen jede nach den Umständen des Falles **gebotene Sorgfalt** beachtet haben;[87] sowie

- keine **außergewöhnliche Betriebsgefahr** vorliegt, dh zu den im Betrieb des gefährlichen Kfz liegenden typischen Gefahren keine besonderen Gefahrenmomente hinzutreten;[88] oder

---

77 Schlosser/Fucik/Hartl, Verkehrsunfall VI Rn. 85.
78 ZVR 1972/27; SZ 45/135; Schlosser/Fucik/Hartl, Verkehrsunfall VI Rn. 85.
79 Schlosser/Fucik/Hartl, Verkehrsunfall VI Rn. 85.
80 JBl 1987, 786; Harrer in: Schwimann, ABGB, § 1295 Rn. 26.
81 EvBl 1997/49; Harrer in: Schwimann, ABGB, § 1295 Rn. 26.
82 Harrer in: Schwimann, ABGB § 1295 Rn. 26.
83 Schauer in: Schwimann, ABGB, § 9 EKHG Rn. 6; Canaris, Die Gefährdungshaftung im Lichte der neuen Rechtsentwicklung, JBl 1995, 2.
84 ZVR 1968/90; ZVR 1991/146; ZVR 1992/102; EvBl 2006/19; ZVR 2008/112; ZVR 1989/102; ZVR 1989/104; ZVR 1989/129; ZVR 1990/54; ZVR 1993/111; ZVR 1996/103; Schlosser/Fucik/Hartl, Verkehrsunfall I Rn. 62; Schlosser/Fucik/Hartl, Verkehrsunfall VI Rn. 207.
85 SZ 23/158; SZ 32/10; JBl 2004, 725; ZVR 1960/53; ZVR 1992/12; JBl 1993, 660; ZVR 1995/30; SZ 68/143; ZVR 1996/78; JBl 1997,734; ZVR 1999/54; ZVR 2000/35; JBL 2004, 725; ZVR 2002/104; Schlosser/Fucik/Hartl, Verkehrsunfall VI Rn. 202; Schauer in: Schwimann, ABGB, § 9 EKHG Rn. 6; Welser, Bürgerliches Recht, 373.
86 JBl 2001, 242; ZVR 2005/34.
87 ZVR 1980/162; ZVR 1978/120.
88 ZVR 1983/1; ZVR 1990/101; SZ 69/1; SZ 71/165; JBl 2001, 450; ZVR 2002/38; Schlosser/Fucik/Hartl, Verkehrsunfall I Rn. 62; Schlosser/Fucik/Hartl, Verkehrsunfall VI Rn. 220; Welser, Bürgerliches Recht, S. 374.

- bei Vorliegen von Anzeichen einer **außergewöhnlichen Betriebsgefahr** dem Halter der Nachweis gelingt, dass das Ereignis
  - ausschließlich auf das (schuldlose oder -hafte) Verhalten des Geschädigten oder
  - auf das Verhalten eines außenstehenden (nicht beim Betrieb tätigen) Dritten oder eines Tieres oder höhere Gewalt unmittelbar zurückzuführen ist.[89]

Gelingt einem Beteiligten der Entlastungsbeweis nach § 9 Abs. 2 EKHG, trifft ihn keine Ersatzpflicht und die übrigen Beteiligten haften zur ungeteilten Hand, sofern ihnen der Entlastungsbeweis nicht gelang.[90]

51 **b) Entlastungsbeweis bei Schwarzfahrt nach § 6 Abs. 2 EKHG.** Grundsätzlich gilt die Halterhaftung nach EKHG auch dann, wenn der Halter einen Schwarzfahrer angestellt oder ihm das Kfz überlassen hat.[91]

52 Hat sich der Schwarzfahrer eigenmächtig in den Besitz des Fahrzeuges gesetzt, haftet der Halter allerdings nicht nach gefährdungsrechtlichen Maßstäben, außer er hat die Schwarzfahrt schuldhaft ermöglicht.

53 Der Halter ist somit **haftungsbefreit,** wenn ihm der Nachweis gelingt, dass

- er nicht schuldhaft eine Schwarzfahrt ermöglicht hat, indem er zur Verhinderung der Schwarzfahrt getroffenen Vorkehrungen nachweist.[92]

- der Kläger unbefugt, ohne den Willen des Halters, das Kfz benutzt hat (§ 6 Abs. 1 EKHG).[93]

54 Gegenüber einem geschädigten Insassen haftet der Halter (und der Versicherer) dann nicht, wenn der Geschädigte volle Kenntnis von der Schwarzfahrt hatte, da dies gegen Treu und Glaube verstößt.[94]

55 **c) Mitverantwortungseinwand.** Trifft den Geschädigten Mitverschulden (Mitverantwortung), gebührt ihm kein voller Schadensersatz (siehe Näheres zur Quotenbildung unter → Rn. 163 ff.). Misslingt der Entlastungsbeweis des Halters zwar gemäß § 9 EKHG, liegt aber krasses Mitverschulden (dh grobe Fahrlässigkeit) des Geschädigten vor, so haftet der Halter nicht für die gewöhnliche Betriebsgefahr.[95]

C. Haftung des (Haftpflicht-)Versicherers

I. Haftungsvoraussetzung

56 **1. Versicherungsverhältnis.** Gemäß § 57 KFG muss für Kfz und Anhänger, die zum Verkehr zugelassen sind, für Probefahrten sowie für Überstellfahrten eine Kfz-Haftpflichtversicherung bestehen. Der Versicherungsschutz beginnt grundsätzlich erst mit Einlösung des Versicherungsscheins (Polizze); davor wird idR eine vorläufige Deckung gewährt, die mit Ausfolgung der Versicherungsbestätigung beginnt.[96]

57 Siehe zur Besonderheit der Kaskoversicherung unter → Rn. 292 ff.

---

89 SZ 51/36; JBl 1988, 585; ZVR 1993/120; ZVR 1995/56; ZVR 2003/46; ZVR 2004/93; ZVR 2005/60; ZAK 2010/615, 357; ZVR 1982/258; ZVR 1992/12; ZVR 1993/111; ZVR 1998/130; ZVR 1995/136; ZVR 1984/317; ZVR 1987/25; ZVR 1993/81; ZVR 1995/112; ZVR 2002/7; ZVR 1983/1; Welser, Bürgerliches Recht, S. 373 f.; Edlbacher, außergewöhnliche Betriebsgefahr, ZVR 1989, 193; Kletecka, Tauerntunnelkatastrophe: Haftung nach EKHG, ZVR 2001, 223 ff.; Schlosser/Fucik/Hartl, Verkehrsunfall VI Rn. 220; Schlosser/Fucik/Hartl, Verkehrsunfall I Rn. 62; Schauer in: Schwimann, ABGB, § 9 EKHG Rn. 57.
90 ZVR 1980/17; Schlosser/Fucik/Hartl, Verkehrsunfall VI Rn. 247.
91 Schlosser/Fucik/Hartl, Verkehrsunfall VI Rn. 180.
92 ZVR 1981/221; ZVR 1995/94.
93 Schlosser/Fucik/Hartl, Verkehrsunfall I Rn. 62; Koziol Haftpflichtrecht II, S. 535; Schlosser/Fucik/Hartl, Verkehrsunfall VI Rn. 49.
94 ZVR 1976/23; ZVR 1992/69; ZVR 1995/41; Schlosser/Fucik/Hartl, Verkehrsunfall VI Rn. 186.
95 Schlosser/Fucik/Hartl, Verkehrsunfall VI Rn. 188.
96 Schlosser/Fucik/Hartl, Verkehrsunfall III² Versicherungsrecht (2010) Rn. 49 f.

2. Leistungspflicht, Leistungsfreiheit und Regress. a) Leistungspflicht. Bei einem gesun- 58
den Versicherungsverhältnis haftet der Versicherer im Rahmen der vereinbarten Versicherungssumme im Falle des Eintritts eines Versicherungsfalles.

Der Versicherer leistet anstatt des Versicherungsnehmers (VN) bzw. des Mitversicherten 59
an den Geschädigten, der seinen Schadensersatzanspruch direkt gegen den Versicherer geltend machen kann (§§ 26–29 KHVG). Der Versicherer kann sich bei einem dritten Mit-
schädiger regressieren (§ 67 VersVG).

b) Leistungsfreiheit. Gerät der VN mit der Erstprämie oder mit den Folgeprämien in Ver- 60
zug (Eintritt des Verzuges erst nach Einhaltung eines qualifizierten Mahnverfahrens!), liegt
ein **krankes Versicherungsverhältnis** vor, welches zur Leistungsfreiheit des Versicherers
führt.[97] Die Leistungsfreiheit kann dem VN, aber auch dem berechtigten Fahrer entgegengehalten werden. Der Regress gemäß § 24 KHVG ist beiden gegenüber (bis 11.000 EUR
bzw. 22.000 EUR) möglich. Gegenüber dem geschädigten Dritten ist die Leistungsfreiheit
unwirksam (§ 24 KHVG). Der Versicherer haftet im Rahmen der gesetzlichen Versicherungssumme (§ 24 Abs. 3 KHVG) dem geschädigten Dritten statt dem VN oder dem Mitversicherten (§ 24 Abs. 1 KHVG). Der Geschädigte kann seinen Anspruch mittels Direktklage gegen den Versicherer richten. Befriedigt der Versicherer den Anspruch des Dritten,
geht dessen Forderung gegen den VN auf ihn über (Legalzession).[98]

Bei **Risikoausschluss nach § 4 KHVG** wird der Versicherer ebenso leistungsfrei. Auch bei 61
Verletzung von Obliegenheiten vor Eintritt des Versicherungsfalls (§ 6 Abs. 1 und 1 a Vers-
VG, § 6 Abs. 2 VersVG) bzw. nach Eintritt des Versicherungsfalls (§ 6 Abs. 3 VersVG)
kann dies zu Leistungsfreiheit führen.[99]

Leistungsfreiheit tritt in der Schadensversicherung ein, wenn der VN den Versicherungsfall 62
vorsätzlich oder grob fahrlässig (mit auffallender Sorglosigkeit iSd § 1324 ABGB) herbeigeführt hat (§ 61 VersVG).[100] Der Versicherer trägt die **Behauptungs- und Beweislast** für
die tatsächlichen Voraussetzungen des Grades der Fahrlässigkeit (dh das Vorliegen grober
Fahrlässigkeit), will er sich auf Leistungsfreiheit berufen.[101]

Gemäß § 152 VersVG ist der Versicherer in der Haftpflichtversicherung von der Verpflich- 63
tung zur Leistung frei, wenn der Versicherer den **Versicherungsfall widerrechtlich und vorsätzlich herbeiführt.** § 152 VersVG ist lex specialis zu § 61 VersVG und verdrängt diese
Bestimmung im Anwendungsbereich der Haftpflichtversicherung. Handelt der nicht das
Fahrzeug haltende Fahrer vorsätzlich, führt die Halterhaftung nach EKHG (neben der
Haftung des Fahrers und trotz § 152 VersVG) zur Deckungspflicht des Haftpflichtversicherers – bei Regress gegen den mitversicherten Fahrer.[102] Das Verhalten des Lenkers als
mitversicherte Person wird dem VN nicht zugerechnet und es besteht ein Direktanspruch
gegen den Kfz-Haftpflichtversicherer. Gegenüber dem fahrzeughaltenden Fahrer ist § 152
VersVG als **Risikoausschluss**, der auch gegen den geschädigten Dritten wirken soll, voll
anwendbar.[103]

---

97 Schlosser/Fucik/Hartl, Verkehrsunfall III Rn. 3 und Rn. 10 f.
98 Schlosser/Fucik/Hartl, Verkehrsunfall III Rn. 33 ff. und Rn. 88 a.
99 Schlosser/Fucik/Hartl, Verkehrsunfall III Rn. 61 ff., Rn. 76 ff. und Rn. 88 a.
100 ZVR 1980/4.
101 ZVR 1977/307.
102 ZAK 2008/94, 57.
103 SZ 56/51; ZVR 1975/120; VersR 1980, 883.

Abbildung 1: Der Regress in der Kfz-Versicherung[104]

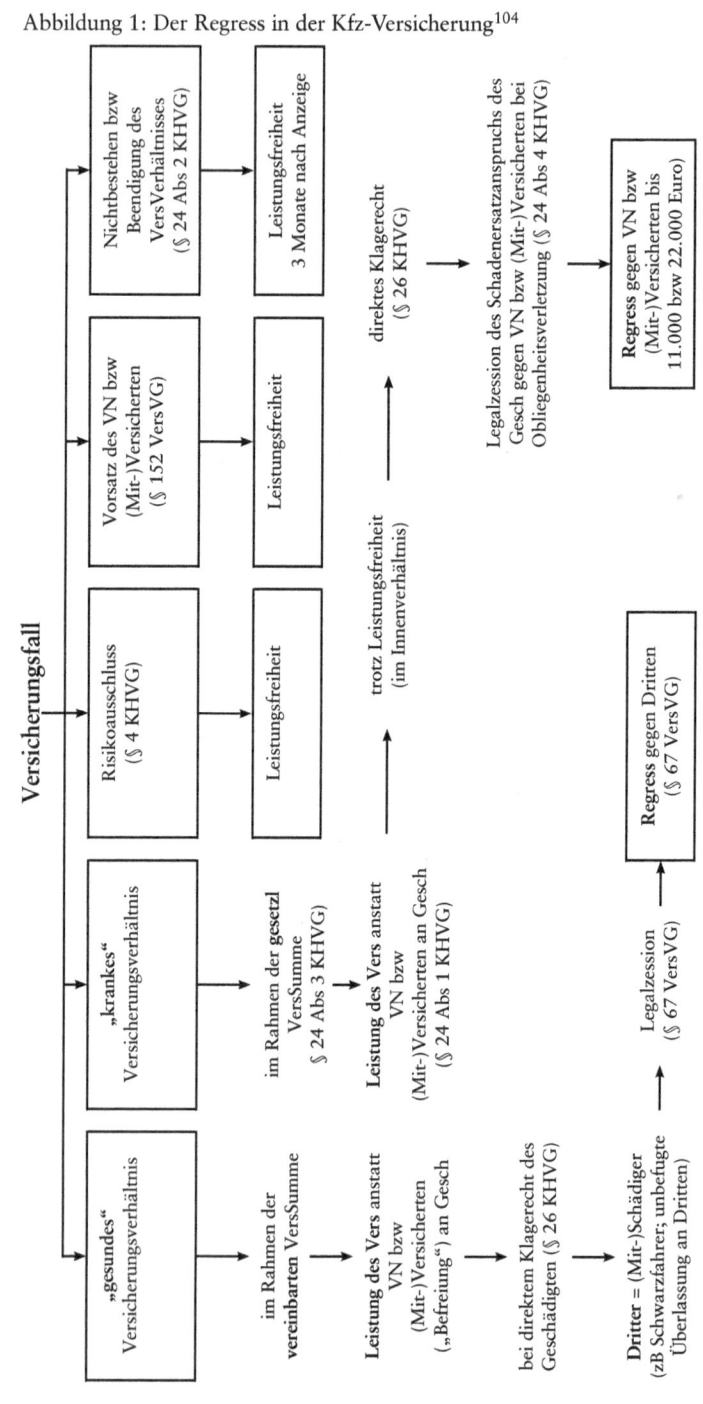

104 Schlosser/Fucik/Hartl, Verkehrsunfall III Rn. 88 a.

II. Nachhaftung

Tritt ein Umstand ein, der das **Nichtbestehen oder die Beendigung des Versicherungsver-** **64** **hältnisses** als Konsequenz hat (§ 24 Abs. 2 KHVG), so wird der Versicherer gegenüber einem Dritten erst nach Ablauf von drei Monaten leistungsfrei, nachdem der Versicherer diesen Umstand der Zulassungsbehörde gemäß § 61 Abs. 4 KFG angezeigt hat. [105]

D. Haftung von Begleitpersonen

Der Geschädigte kann seine Ansprüche gemäß § 8 Abs. 1 EKHG grundsätzlich gegenüber **65** jedem Beteiligten, der beim Betrieb des schadenstiftenden Fahrzeuges tätig geworden ist und dem der Schaden aus dem Unfall zurechenbar ist, geltend machen. [106] Gleichgültig ist, ob die Haftung aufgrund von Verschulden oder Gefährdung zurechenbar ist. [107] Die Beteiligten haften solidarisch im Umfang der für sie geltenden Bestimmungen (eventuelle Haftungshöchstbeträge). [108]

In § 8 EKHG werden als „Beteiligte" – neben den haftpflichtigen Personen wie Halter **66** oder Schwarzfahrer – Fahrer, Beifahrer, Einweiser oder auch solche Personen, die einen Unfall absichern, sofern sie **für Verschulden einzustehen** haben, genannt. [109] Nicht zu „Beteiligten" zählen Fußgänger, Radfahrer, Fahrgäste, Versicherer oder der Betreiber einer Baustelle. [110]

I. Haftung des Beifahrers

Der Beifahrer hat grundsätzlich für sein eigenes Verschulden nach allgemein bürgerlich **67** rechtlichen Grundsätzen zu haften.

Beispiel: Der Beifahrer hat für den durch das Öffnen der Wagentür verursachten Unfall einzustehen. [111]

Zur Haftung des Halters für den Beifahrer als Betriebsgehilfen → Rn. 111.

II. Haftung des Einweisers

Auch der Einweiser haftet für sein eigenes Verschulden (nach allgemein bürgerlich rechtli- **68** chen Grundsätzen). [112]

Beispiel: Wird jemand als Einweiser für einen Fahrzeuglenker tätig, so wirkt er damit unmittelbar auf den Verkehr ein und wird zum Verkehrsteilnehmer (Beteiligten), so dass ihn bei der Verletzung der jeweils in Betracht kommenden Vorschrift der StVO die Verantwortlichkeit trifft. [113]

Zur Haftung des Halters für den Einweiser als Betriebsgehilfen → Rn. 111.

E. Haftungsmodifikationen

I. Einschränkungen

1. Unfallschaden und Arbeitnehmer. a) Grundsätze der Haftungsverteilung. aa) Arbeit- **69** **nehmer-Haftungsprivileg. (1) Schädigung des Arbeitgebers durch den Arbeitneh-** **mer.** Schädigt der Arbeitnehmer (AN) seinen **Arbeitgeber** (AG), so kommen die Sonderbe-

---

105 Schlosser/Fucik/Hartl, Verkehrsunfall III Rn. 26 und Rn. 32.
106 ZVR 1973/176; ZVR 1980/17; ZVR 2000/55; Schauer in: Schwimann, ABGB, § 8 EKHG Rn. 3; Schlosser/Fucik/Hartl, Verkehrsunfall VI Rn. 198.
107 SZ 43/15; Schauer in: Schwimann, ABGB, § 8 EKHG Rn. 3.
108 Schlosser/Fucik/Hartl, Verkehrsunfall VI Rn. 199.
109 SZ 36/162; SZ 43/15; ZVR 1984/24; ZVR 1973/1; ZVR 1988/120; ZVR 1977/185; ZVR 1981/198; JBl 1979,263; Schauer in: Schwimann, ABGB § 8 EKHG Rn. 3.
110 2 Ob 89/00 b; Schlosser/Fucik/Hartl, Verkehrsunfall VI Rn. 198; Schauer in: Schwimann, ABGB, § 8 EKHG Rn. 3.
111 ZVR 1973/1; ZVR 1988/120.
112 ZVR 1977/185.
113 SZ 49/113.

stimmungen des Dienstnehmerhaftpflichtgesetzes (DHG) zur Anwendung. Eine unbeschränkte Haftung für Vermögensschäden ist nur bei Vorsatz gegeben.[114]

70 Bei grober Fahrlässigkeit (zB beim Überholen mit knappem Seitenabstand)[115] und leichter Fahrlässigkeit (zB beim Auffahrunfall)[116] liegt es im Ermessen des Gerichtes aus Billigkeitsgründen den Ersatzanspruch zu mäßigen. Handelt es sich gar um einen minderen Grad des Versehens (leichte Fahrlässigkeit, entschuldbare Fehlleistungen), kann das Gericht diesen Anspruch auch bis null mäßigen (Mäßigungskriterien: Verantwortung des AN, Grad der Ausbildung etc).[117]

71 Das Haftungsprivileg des AN ist nur auf solche Schäden anwendbar, die gemäß § 2 Abs. 1 DHG bei Erbringung der Dienstleistung dem AG zugefügt wurden; sohin nur in Fällen der Schlecht-, jedoch nicht bei Nichterfüllung.[118]

72 **(2) Schädigung eines Dritten durch den Arbeitnehmer.** Fügt der AN einem **Dritten** einen Schaden zu, haftet der AG hierfür nach §§ 1313 a, 1315 ABGB (Erfüllungs- oder Besorgungsgehilfenhaftung). Die Ersatzpflicht des AG gegenüber dem Dritten bildet den Schaden des AG, der für die Anwendbarkeit des § 2 Abs. 1 DHG Voraussetzung ist.[119]

73 Der AG kann sich gemäß § 4 DHG gegenüber dem AN nicht regressieren, sofern sich der AN als Gehilfe nur eine entschuldbare Fehlleistung zu Schulden hat kommen lassen.[120]

74 Bei fahrlässiger Zufügung des Schadens durch den AN als Gehilfen besteht ein Mäßigungsrecht des Richters hinsichtlich des Ersatzanspruches des AG gegenüber dem AN; im Rahmen dieses Mäßigungsrechtes kann der Richter die Ersatzpflicht sogar bis auf null mäßigen, sofern leichte Fahrlässigkeit vorliegt.[121]

75 Wurde dem Dritten der Schaden durch den AN bereits ersetzt, so kann der AN vom AG Rückersatz verlangen (innerbetrieblicher Schadensausgleich), wenn er unter Zugrundelegung der obigen Grundsätze (sohin abhängig vom Verschuldensgrad) den Schaden dem AG gegenüber nicht ersetzen müsste (§ 3 DHG) (siehe → Rn. 73 ff.).[122] Nur in seltenen Fällen, wenn die Tätigkeit des AN dem Risikobereich des AG nicht zurechenbar ist, hat der AN den einem Dritten zugefügten Schaden alleine zu tragen.[123]

---

114 ZAS 1978/24; RdA 1993, 307; ecolex 2003, 910; Schrammel, Haftungsmilderung „bei" Erbringung der Dienstleistung, ZAS 1985, 208 ff.; Schlosser/Fucik/Hartl, Verkehrsunfall VI Rn. 52; Welser, Bürgerliches Recht, S. 361.
115 Arb 8528; SozM I Ae 315; Arb 10.004; RdW 1985, 256; ZVR 1986/51.
116 SozM I Ae 860.
117 Schlosser/Fucik/Hartl, Verkehrsunfall VI Rn. 53.
118 RdA 1984,227; RdW 1988, 206; VersRdSch 1990/197; JBl 1995, 471; ecolex 1997, 598; SZ 67/121; Schrammel, Haftungsmilderung ZAS 1985, 203; Oberhofer, in: Schnorr-FS, S. 196 ff.; Kerschner, DHG² (2004) § 1 Rn. 23 f; Welser, Bürgerliches Recht, S. 361 Schlosser/Fucik/Hartl, Verkehrsunfall VI Rn. 52.
119 ZAS 1978/24; RdA 1993, 307; ecolex 2003, 910; Schwimann, ABGB, § 2 DHG Rn. 9 f; Oberhofer, Der Ersatzanspruch bei Schäden wegen Tätigkeit im fremden Interesse, ÖJZ 1994, 730; Oberhofer, Die entstandene Ersatzverpflichtung als Schadensbild, ÖJZ 1995, 180; Schlosser/Fucik/Hartl, Verkehrsunfall VI Rn. 52; Welser, Bürgerliches Recht, S. 361; Schrammel, Haftungsmilderung ZAS 1985, 208 ff.; Oberhofer in: Schwimann, ABGB, § 2 DHG Rn. 9 f.
120 JBl 1987, 670; ZAS 1997, 111; SZ 71/63; RdA 1985, 307; Rainer, Die Regreßansprüche im DHG, JBl 1980, 469; Auckenthaler, Der Regreß bei der Dienstnehmerhaftung, ZAS 1981, 174 und 208; Welser, Bürgerliches Recht, S. 362; Oberhofer in: Schwimann, ABGB, § 2 DHG Rn. 9 ff. und § 4 DHG Rn. 1 ff.; Fischer, Zum Rückgriffsrecht des Dienstgebers gegen den Dienstnehmer bei Schädigung eines Dritten, ZAS 1970, 9 ff.; Oberhofer, Präklusion und Verjährung im Haftpflichtrecht der wirtschaftlich Unselbständigen, ZAS 1989, 45 ff.; Dirnschmied, Dienstnehmerhaftpflichtgesetz DNHG³ (1992), 146 ff.; Oberhofer, Außenhaftung des Arbeitnehmers (1996) 49 ff.; Kerschner, DHG² (2004), 131 ff.
121 Oberhofer in: Schwimann, ABGB, § 2 DHG Rn. 39 ff.
122 Oberhofer, Zum Rückgriffsrecht des Dienstgebers gegen den Dienstnehmer bei Schädigung eines Dritten, ZAS 1970, 9 ff.; Oberhofer, Präklusion und Verjährung im Haftpflichtrecht der wirtschaftlich Unselbständigen, ZAS 1989, 45 ff.; Dirnschmied, Dienstnehmerhaftpflichtgesetz DNHG³ (1992), 146 ff.; Oberhofer, Außenhaftung des Arbeitnehmers, 1996, S. 49 ff.; Kerschner, DHG, S. 131 ff.
123 Oberhofer in: Schwimann, ABGB, § 4 DHG Rn. 17; Oberhofer, Außenhaftung, S. 53 f.; Kerschner, Arbeitnehmerüberlassung und Dienstnehmerhaftpflicht, JBl 1981, 400.

(3) **Schädigung von Betriebsangehörigen/Kollegen des Arbeitnehmers (Ausnahme vom** 76 **AN-Privileg).** Auf die Schädigung eines AN durch einen **Arbeitskollegen,** der nicht zum Kreis der Personen mit betriebsinterner Arbeitgeberfunktion gehört, ist das Haftungsprivileg des § 333 Abs. 4 ASVG bzw. des DHG **nicht analog anwendbar.** Bei Schädigung des Arbeitskollegen haftet der AN unbeschränkt (für Vorsatz, grobe oder leichte Fahrlässigkeit). Teilweise werden jedoch unbillige Fälle durch eine weite Auslegung des Begriffes des „Aufsehers im Betrieb" sowie der „sonst privilegierten Personen" gelöst.

Dem Sozialversicherungsträger gegenüber haftet der AN bei Schädigung eines Arbeitskol- 77 legen bei Vorsatz und grober Fahrlässigkeit unbeschränkt (§ 332 Abs. 1 lit. a ASVG) (siehe. Näheres zum Regress unter → Rn. 458 ff.).

bb) Arbeitgeber-Haftungsprivileg. (1) Haftung für Schäden aus Körperverletzung. Der 78 AG haftet dem AN für alle Ansprüche des unfallversicherten AN aus Körperverletzungen in Folge eines Arbeitsunfalles nur, wenn er diesen Unfall **vorsätzlich** verursacht hat (AG-Haftungsprivileg gemäß § 333 Abs. 1 ASVG).[124] Ersatzansprüche nach §§ 1325 ff. sowie § 1319 a ABGB sind ausgeschlossen.[125] Gleiches gilt für Ansprüche der Hinterbliebenen bei Tod des AN durch Arbeitsunfall und für Trauergeld.[126]

Dem AG gleichgestellt sind „**Aufseher im Betrieb**" (Personen mit gewisser Selbstständig- 79 keit und Verantwortlichkeit) oder gesetzliche oder bevollmächtigte Vertreter.[127] Für diese gilt § 333 Abs. 3 ASVG analog.[128]

Beispiel: Mitnahme von AN auf Weisung des AG verleiht dem Fahrer nicht die Eigenschaft eines Aufsehers im Betrieb, außer er verfügt über sonstige Leitungsbefugnisse.[129]

Liegt **Vorsatz oder grobe Fahrlässigkeit** des AG vor, hat dieser dem Sozialversicherungsträ- 80 ger alle von diesem dem verletzten AN erbrachten Leistungen zu ersetzen (§ 334 Abs. 1 ASVG) (siehe Näheres zum Regress unter → Rn. 458 ff.).[130]

(2) **Ausnahmen vom AG-Haftungsprivileg.** Das Haftungsprivileg des AG gilt nicht, wenn 81 der Arbeitsunfall auf ein **Verkehrsmittel** zurückzuführen ist, für welches **von Gesetzes wegen eine erhöhte Haftpflicht** besteht (§ 333 Abs. 3 ASVG), sohin typischerweise für Unfälle mit Kfz, die als Arbeits(weg)unfälle gelten. Dabei ist unbeachtlich, ob sich der Unfall bei der Teilnahme am allgemeinen Verkehr oder bei einer Dienstfahrt ereignete.[131]

Der AG haftet aufgrund der Ausnahme für alle von der Versicherung gedeckten Personen- 82 schäden für jede Art von Fahrlässigkeit und auch für Schmerzensgeld.

Die (Verschuldens-)Haftung des AG ist jedoch (außer bei Vorsatz) auf die Höhe der Versi- 83 cherungssumme der Haftpflichtversicherung beschränkt.[132]

---

124 EvBl 2005/88; ZVR 2005/110; ZVR 2001/86; Schlosser/Fucik/Hartl, Verkehrsunfall VI Rn. 57; Bodendorfer, Probleme des Dienstgeberhaftungsprivilegs, ZAS 1985, 43; Holzer, Dienstgeberhaftungsprivileg (§ 333 ASVG) und den Arbeitsunfällen gleichgestellte Unfälle (§ 176 ASVG), JBl 1982, 348; Koziol, Probleme aus dem Grenzbereich von Schadenersatz- und Sozialversicherungsrecht, DRdA 1980, 371; Welser, Bürgerliches Recht, S. 362; Kerschner, Reichweite, in: FS Tomandl, S. 65 f.; Kerschner/Wagner, Risikohaftung des Arbeitgebers bei Personenschaden des Arbeitnehmers?, DRdA 2001, 569; Apathy, Risikohaftung des Arbeitgebers für Personenschäden?, JBl 2004, 746; Apathy in: Schwimann, ABGB, § 1014 Rn. 14.
125 ZAK 2008/21, 17; ZVR 2002/8; EvBl 2005/88; Neumayr in: Schwimann, ABGB, § 333 ASVG Rn. 14; Schlosser/Fucik/Hartl, Verkehrsunfall VI Rn. 848.
126 RdW 2005, 711; Schlosser/Fucik/Hartl, Verkehrsunfall VI Rn. 57.
127 SZ 52/66; RdW 1986/88; SZ 70/236; ZAS 1974/6; DRdA 1987,447; ZVR 1981, 55; ZAK 2010/340, 197; DRdA 2007, 148; Schlosser/Fucik/Hartl, Verkehrsunfall VI Rn. 59 und Rn. 850 ff.
128 RdA 1994, 140; ZVR 1994/142; ZVR 1995/122; EvBl 2005/111; ZAS 1974/6; DRdA 1987,447; ZVR 1981, 55; ZAK 2010/340, 197; DRdA 2007, 148; Welser, Bürgerliches Recht, S. 363; Mazal, Schmerzensgeld für Dienstnehmer trotz Haftungsprivileg, ecolex 1990, 302; Messiner, Die Haftung des Kfz-Haftpflichtversicherers nach Arbeitsunfällen gemäß § 333 ASVG, ZVR 1990, 38.
129 JBl 1988, 117; JBl 1970, 532; ZVR 1991/54; ZVR 1970/42; Schlosser/Fucik/Hartl, Verkehrsunfall VI Rn. 852.
130 SZ 62/206; RdW 2002/227; Welser, Bürgerliches Recht, 362; Schlosser/Fucik/Hartl, Verkehrsunfall VI Rn. 59.
131 Schlosser/Fucik/Hartl, Verkehrsunfall VI Rn. 58.
132 RdW 1996, 174; JBl 2005, 114; SZ 66/110; RdA 1994, 140; ZVR 1994/142; ZVR 1995/122; EvBl 2005/111; ZVR 2000/42; Schlosser/Fucik/Hartl, Verkehrsunfall VI Rn. 58 und Rn. 856; Welser, Bürgerli-

Beispiel: Ein Insasse wird im Rahmen eines vom Lenker verschuldeten Unfalls verletzt.

Auch auf Basis der Gefährdungshaftung ist der Unfall grundsätzlich vom Haftungsprivileg ausgenommen.[133] Gemäß § 3 Z 3 EKHG ist jedoch die Haftung des Halters eines haftpflichtversicherten Kfz für Schäden dann **ausgeschlossen,** wenn der Verletzte *beim Betrieb des Kfz* tätig ist. Gegenüber den Fahrern, Einweisern und anderen Betriebsgehilfen besteht daher keine erhöhte Haftpflicht iSd § 333 Abs. 3 ASVG. Die Ausnahme des Haftungsprivilegs des AG kommt solchen Betriebsgehilfen *nicht* zugute. Der AG haftet dem Betriebsgehilfen gegenüber daher nur bei Vorsatz.[134]

84   **cc) Risikohaftung des Arbeitgebers(§ 1014 ABGB)?** Die Rechtsprechung und ein Großteil der Lehre leiten aus § 1151 (2) iVm § 1014 ABGB eine verschuldensunabhängige Pflicht des AG gegenüber dem AN zum Ersatz der mit der Erfüllung eines Auftrages verbundenen Schäden des AN ab.

(1) Sachschäden. Der AG ist zum Ersatz des (positiven) Schadens verpflichtet, der im Risikobereich des AG durch Verwirklichung der mit der Erfüllung des **Auftrages typischerweise verbundenen** *Gefahr* eintritt (**verschuldensunabhängige** Risikohaftung).[135]

Beispiel: AN hat gegenüber AG Ersatzansprüche, wenn AN das eigene Kfz/das der Ehefrau/das der Lebensgefährtin/den Mietwagen eines Dritten, im Dienst (im Interesse und zum Nutzen des AG) zufällig beschädigt.[136]

85   Die Haftung des AG für Sachen des AN tritt immer dann ein, wenn er ohne Einsatz des Kfz des AN das eigene hätte nehmen müssen und das Risiko eines Unfalles dann den AG getroffen hätte.[137]

86   Für **zufällige, atypische Schäden** wird nur demjenigen ein Ersatz gewährt, der den Auftrag unentgeltlich durchführt; jedoch auch nur begrenzt auf den Betrag, der ihm bei entgeltlicher Durchführung zustünde.[138]

87   Geht der AN hinsichtlich der Beschädigung seines Kfz sorglos um, wird die Ersatzpflicht des AG entsprechend den Bestimmungen des DHG herabgesetzt (siehe dazu → Rn. 73 ff.).[139]

88   Fällt das Risiko eines Schadens **in die persönliche Sphäre** oder gehört es **zum üblichen Berufsrisiko** des AN, so ist kein Ersatz zu leisten.[140]

---

ches Recht, S. 363; Neumayr in: Schwimann, ABGB, § 333 ASVG Rn. 1 ff.; Mazal, Schmerzengeld, ecolex 1990, 302; Messiner, Haftung, ZVR 1990, 38.

133 Schlosser/Fucik/Hartl, Verkehrsunfall VI Rn. 857.

134 ZVR 2004/17; Schlosser/Fucik/Hartl, Verkehrsunfall VI Rn. 857.

135 SZ 73/20; JBl 2003, 662; SZ 19/40; SZ 56/86; SZ 60/32; SZ 71/172; SZ 73/20; RdA 1996, 402; ZAS 1997/12; RdA 1997, 273; RdA 1997, 478; RdA 1998, 36; ZVR 1999/121; wbl 2004, 390; Fitz, Risikozurechnung, S. 162 ff.; F. Bydlinski, Risikohaftung, S. 56 ff.; Oberhofer, Ersatzanspruch, ÖJZ 1994, 730 ff.; Oberhofer, Die Risikohaftung wegen Tätigkeit aus fremdem Interesse als allgemeines Haftungsprinzip, JBl 1995, 225 f.; Oberhofer, Außenhaftung, S. 123 ff.; Kerschner, Außenhaftung, in: FS Tomandl, S. 187; Neumayr, Haftung für Sachschäden, in: FS Kramer, S. 757; Tomandl, Grundlagen und Grenzen der verschuldensunabhängigen Arbeitgeberhaftung, ZAS 1991, 40 ff.; Beer, Risikohaftung bei Verschulden des Arbeitnehmers, ecolex 1991, 44; Faber, Risikohaftung, S. 1 ff.; Apathy in: Schwimann, ABGB, § 1014 Rn. 9; Welser, Bürgerliches Recht, S. 252.

136 SZ 60/32; DRdA 1989/26; DRdA 1988/ 133; DRdA 1998/2; SZ 71/172; ecolex 1997, 579; DRdA 1997/28; DRdA 1997,275; SZ 56/86; SZ 61/45; DRdA 1991/2; DRdA 1991, 32, ZAS 1988, 176; ZAS 1987/10, ZAS 1987, 86 SZ 68/212; ARD 4494/21; Apathy in: Schwimann, ABGB, § 1014 Rn. 10; Schlosser/Fucik/Hartl, Verkehrsunfall VI Rn. 858.

137 Schlosser/Fucik/Hartl, Verkehrsunfall VI Rn. 855.

138 Welser, Bürgerliches Recht, S. 213.

139 SZ 56/86; SZ 61/45; Arb 10.923; DRdA 1998/2; DRdA 1998, 35; DRdA 1991/12, DRdA 1991, 139; SZ 69/167; SZ 69/276; Apathy in: Schwimann, ABGB, § 1014 Rn. 11 ff.; Oberhofer, Risikohaftung, JBl 1995, 224 f.; Faber, Risikohaftung, S. 204.

140 ARD 5060/2/99; SZ 71/172; Fitz, Risikozurechnung, 86; Apathy in: Schwimann, ABGB § 1014 Rn. 13.

Beispiele: AN erleidet Schaden auf Parkplatz des AG; durch Diebstahl; während seiner Freizeitgestaltung; auf der Fahrt vom Wohnort zur Dienststelle.[141]

Kein Ersatzanspruch steht dem AN zu, wenn das Risiko eines Schadens durch das **Entgelt**   **89** des AG bereits **abgedeckt** ist und daher übergewälzt wurde; dies geschieht jedoch nicht bei jeder Entgeltsvereinbarung (ungenügend: Bezahlung des amtlichen Kilometergeldes).[142]

Bei Abschluss einer **Kaskoversicherung** für Dienstfahrten zugunsten des AN besteht die   **90** Haftung nach § 1040 ABGB dennoch weiter, wenn kein vertraglicher Ausschluss der Haftung erfolgt.[143]

(2) **Personenschäden (Risikohaftung).** Inwiefern den AG für Personenschäden des AN un-   **91** ter den Voraussetzungen der Risikohaftung eine **verschuldensunabhängige** Ersatzpflicht trifft, ist umstritten.[144]

Ein Teil der Lehre und Rechtsprechung bejaht die Haftung des AG nach § 1014 ABGB für   **92** Personenschäden des AN (beispielsweise, wenn der AN beruflich Kfz-Fahrer ist).[145]

Ein anderer Teil der Lehre verneint die Anwendung des § 1040 ABGB im Analogiewege,   **93** denn die vom AG finanzierte Unfallversicherung decke das Risiko der Körperverletzung ab; zudem fehlen Anhaltspunkte, dass der Gesetzgeber eine Verpflichtung zur Haftpflichtversicherung des AG für Fälle des Haftungsausschlusses des EKHG schaffen wollte.[146]

2. Geschäftsführung ohne Auftrag. Der Nothilfe leistende Geschäftsführer (Nothelfer) hat   **94** **Anspruch auf Aufwandsersatz** nach § 1036 ABGB, sofern die Voraussetzungen der Geschäftsführung ohne Auftrag bejaht werden können.[147]

Den Bestimmungen der §§ 1015, 1043 und 967 ABGB wurde der Grundgedanke der an-   **95** gemessenen Entschädigung des dem Nothelfer entstandenen Schadens entnommen, was zu einer **Billigkeitshaftung** in Anlehnung an die §§ 1306 a, 1310 ABGB führt (keine analoge Anwendung des § 1014 ABGB!).[148] Dem Nothelfer wird jedoch nicht zwingend der volle Schaden ersetzt, sondern es sollen unbillige Härten vermieden werden (**Verhältnismäßigkeitsprüfung**).[149] Für die Ersatzbemessung wird etwa auf das Verhältnis zwischen der dem Geschäftsführer drohenden Gefahr und dem vom Geschäftsführer eingegangenen Risiko, auf die Art und Höhe der Schäden des Geschäftsführers (ex-post-Betrachtung), auf die Mitwirkung an der Entstehung der Gefahrenlage sowie die wirtschaftliche Tragfähigkeit Bedacht genommen. Bei der Tragbarkeitsprüfung werden nicht nur Einkommen und Vermögen, sondern auch Versicherungsdeckungen berücksichtigt. Im Rahmen der Verhältnismäßigkeitsprüfung wird auch ein allfälliges sorgloses Verhalten des Geschädigten berücksichtigt.[150]

Für Nothilfefälle besteht grundsätzlich Sozialversicherungsschutz gemäß § 176 Abs. 2 Z 2   **96** ASVG. Gemäß § 332 Abs. 1 ASVG kann der Schadensersatzanspruch des Verletzten auf den Sozialversicherungsträger übergehen.[151]

---

141 ARD 4494/21; Arb 11.056; ARD 5001/23/99; Arb 11.824; RdW 1991, 301; JBl 1991, 329; Apathy, Haftpflichtversicherungsschutz, JBl 1987, 81; Apathy, Eigenschaden, DRdA 1991, 248; Apathy in: Schwimann, ABGB, § 1014 Rn. 13.

142 SZ 73/20; ÖBA 2003/1090; ARD 5060/2/99; SZ 56/86; DRdA 1997/28; DRdA 1997, 275; Fitz, Risikozurechnung, S. 86; Oberhofer, Risikohaftung, JBl 1995, 226; Faber, Risikohaftung, S. 267.

143 SZ 72/172.

144 ZVR 2004/ 16; ZAS 2004/15; ZAS 2004, 91; ARD 5419/9/2003; ZVR 2004/17; F. Bydlinski, Risikohaftung, S. 17; Apathy, Risikohaftung, JBl 2004, 746 ff.; Neumayr, Rechtsfragen, RZ 2010, 168 f.; Schlosser/Fucik/Hartl, Verkehrsunfall VI Rn. 859.

145 SZ 68/142; ZVR 2004/16; Oberhofer, Ersatzanspruch, ÖJZ 1994, 730 ff.; Kerschner/Wagner, Risikohaftung, DRdA 2001, 568.

146 ZAS 2004/15; Apathy in: Schwimann, ABGB, § 1014 Rn. 14.

147 1 Ob 2168/96 x; 3 Ob 507/96; 2 Ob46/95; Fitz, Risikoverteilung, 40; Apathy in: Schwimann, ABGB, § 1035 Rn. 5 f.

148 SZ 45/137; SZ 68/142.

149 1 Ob 2325/98 t; SZ 68/142; ZVR 1998/137.

150 SZ 68/142; ZVR 1998/137; 3 Ob 507/96.

151 SZ 68/142.

97 Dem Geschäftsherrn kommt das Haftungsprivileg des AG gemäß § 333 Abs. 1 ASVG nicht zugute.[152]

98 **3. Unentgeltliche Beförderung.** Zu einer Einschränkung der Haftung des Halters bei unentgeltlicher Beförderung kann es gemäß § 3 Z 2 zweiter Fall EKHG kommen, wonach die Haftung des Halters insofern nicht eintritt,

- als der Verletzte zur Zeit des Unfalles durch das Kfz nur auf des Verletzten Ersuchen, in seinem **ausschließlichen oder überwiegenden wirtschaftlichen Interesse** (Gefälligkeitsfahrten) und

- **ohne** ein dem Halter zufließendes, wenn auch unangemessenes, **Entgelt** befördert wurde.[153]

99 Zweck dieser Bestimmung ist, den Halter dann (und nur dann) nicht mit der strengeren Haftung nach dem EKHG zu belasten, wenn sich der Fahrgast in seinen Gefahrenkreis eindrängt.[154]

100 Ein „ausschließliches oder überwiegendes Interesse" ist nach den wirtschaftlichen Interessen des Beförderten zu beurteilen. Dabei ist nicht nur das in Geld ausgedrückte Interesse zu werten, sondern es kann auch die schnellere und bequemere Beförderung in einem Kfz darunter fallen.[155] Das Interesse an Entfernungsüberwindung müsste zumindest überwiegender Grund für die Beförderung sein, damit der Ausschlussgrund des § 3 Z 2 zweiter Fall EKHG angenommen wird.[156]

Beispiel: Auf eine unter Freunden beschlossene Urlaubsfahrt ohne erkennbaren wirtschaftlichen Zweck auf Seiten eines der Teilnehmer ist der § 3 Z 2 EKHG nicht anwendbar. Denn die Mitfahrt der Freunde erfolgt unter derartigen Umständen nicht ausschließlich auf deren Ersuchen, sondern aufgrund gemeinsamer Verabredung und daher im gemeinsamen Interesse.[157]

101 Zudem besteht die Möglichkeit der **Freizeichnung** von der Haftung oder Beschränkung der Haftung im Vorhinein für Sachschäden gemäß § 10 EKHG, sofern keine entgeltliche Beförderung vorliegt und die Freizeichnung bzw. Beschränkung nicht gegenüber dem Halter gelten soll (siehe zur Freizeichnung/Haftungsbeschränkung auch → Rn. 19).[158]

102 **4. Mietwagenprobleme.** Gemäß Art. 8 AKHB können von der Haftpflichtversicherung Ersatzansprüche des Mieters (bei Vermietung des Fahrzeugs ohne Beistellung eines Fahrers) und der Personen, denen der Mieter das Fahrzeug überlässt, gegen mitversicherte Personen wegen Sach- oder bloßer Vermögensschäden ausgeschlossen werden.[159]

103 Der Kaskoversicherer kann unter Bedachtnahme auf Art. 10 AKKB Regressansprüche gegen Mieter oder Leasingnehmer nur erheben, wenn diese dem Versicherungsnehmer zum Schadensersatz verpflichtet sind und kein vertraglicher Haftungsausschluss für Beschädigungen des gemieteten oder geleasten Fahrzeuges gegeben ist.[160]

104 **5. Mitversicherte Personen und Insassen.** Mitversicherte Personen sind gemäß Art. 2 AKHB

- Eigentümer,

- Halter,

- Personen, die mit dem Willen des Halters bei der Verwendung des Fahrzeuges tätig sind (insbesondere berechtigter Fahrer),

---

152 Fitz, Risikozurechnung, S. 109 ff.; SZ 68/142.
153 SZ 68/142.
154 SZ 56/45.
155 ZVR 1978/294.
156 8 Ob 7/81.
157 8 Ob 7/81; SZ 56/45.
158 Schauer in: Schwimann, ABGB, § 10 EKHG Rn. 1 ff.
159 Schlosser/Fucik/Hartl, Verkehrsunfall III Rn. 47.
160 ZVR 1988/54; Schlosser/Fucik/Hartl, Verkehrsunfall III.

Hofer-Picout

■ Personen, die mit dem Willen des Halters mit dem Fahrzeug befördert werden (insbesondere Insassen),

■ Personen, die den Fahrer einweisen.

Mitversichert sind grundsätzlich nur solche Personen, die mit dem **Willen des Halters** bei   105
der Verwendung des Fahrzeuges tätig sind, nicht also der Schwarzfahrer. Dieser ist nicht
mitversichert; Schäden, die aus Verschulden des Schwarzfahrers entstehen, sind von der
Kfz-Haftpflichtversicherung nicht gedeckt.

Von der Versicherung ausgeschlossen sind gemäß Art. 8 AKHB Ersatzansprüche von Ei-   106
gentümer, Halter und – bei Vermietung des Fahrzeugs ohne Beistellung eines Fahrers – des
Mieters und der Personen, denen der Mieter das Fahrzeug überlässt, gegen mitversicherte
Personen wegen Sach- oder bloßer Vermögensschäden.[161]

In der **Kaskoversicherung** gibt es – im Vergleich zur Haftpflichtversicherung – keine mit-   107
versicherten Personen, sondern nur Dritte iSd § 67 Abs. 1 VersVG, weil nur das Sachinter-
esse des Versicherungsnehmers versichert ist.[162] Art. 10 AKKB schränkt aber das Regressrecht des Versicherers ein.

6. Deckungsgrenzen/Haftungshöchstgrenzen. Die Höhe der Mindestversicherungssumme   108
der Kfz-Haftpflichtversicherung ist in § 9 KHVG geregelt und beträgt grundsätzlich
7 Mio. EUR. Davon müssen mindestens 5,8 Mio. EUR für Personenschäden und mindestens 1,2 Mio. EUR für Sachschäden vorgesehen sein. Für Autobusse etc sind höhere Summen vorgesehen.[163]

Die Haftung nach EKHG ist durch Höchstbeträge begrenzt (§§ 15 f. EKHG); diese Be-   109
grenzung gilt jedoch nicht, wenn einen Beteiligten ein Verschulden trifft und er nach
ABGB haftet (§ 19 Abs. 1 EKHG).

II. Erweiterungen bei (un)entgeltlicher Beförderung?

1. Verschuldenshaftung. § 19 Abs. 1 EKHG verdrängt die Bestimmungen des ABGB und   110
anderer Vorschriften, die Grundlage für Ersatzansprüche bilden können, nicht, sondern
diese treten ergänzend hinzu. Die Verschuldenshaftung anderer Personen, wie diejenige
des Fahrers (siehe → Rn. 4 ff.) sowie anderer Betriebsgehilfen (siehe Haftung des Beifahrers unter → Rn. 67 sowie des Einweisers → Rn. 68), die nicht Halter sind, bleiben somit
unberührt.[164] Im Lichte der Verschuldenshaftung nach ABGB wirkt sich daher die Frage
der **Entgeltlichkeit/Unentgeltlichkeit** der Beförderung – wie unter → Rn. 17 ff. sowie →
Rn. 19 dargelegt – auf die Zurechenbarkeit des Verschuldens von Gehilfen gegenüber dem
Halter aus.

2. Leutehaftung. § 19 Abs. 2 EKHG sieht darüber hinaus eine Ausdehnung der **Besor-**   111
gungsgehilfenhaftung im Sinne einer Leutehaftung vor. Demnach hat der Halter (sofern er
nicht zugleich Fahrer ist) auch für jedes Fehlverhalten (Verschulden) all jener Personen
(mit Ausnahme des Schwarzfahrers) einzustehen, die mit dem Willen des Halters beim Betrieb tätig waren, sofern deren Verhalten kausal war.[165] Er muss daher bei eigenen Ersatzansprüchen deren Mitverschulden gegen sich gelten lassen.[166]

Beispiele: Der Beifahrer wird als Betriebsgehilfe des Halters tätig, wenn er zum Zwecke der In-
gangsetzung des Motors den Pkw anschiebt.[167] Der Halter haftet gemäß § 19 Abs. 2 EKHG für
den Einweiser als Betriebsgehilfen, wenn dieser für den Fahrer tätig wird.[168]

---

161 Schlosser/Fucik/Hartl, Verkehrsunfall III Rn. 44 ff. und Rn. 47.
162 Schlosser/Fucik/Hartl, Verkehrsunfall III Rn. 105.
163 Schlosser/Fucik/Hartl, Verkehrsunfall III Rn. 25.
164 SZ 39/117; EvBl 1973/6; ZVR 1983/197; ZVR 1991/40; ZVR 1994/156; ZVR 1993/83; Schauer in:
     Schwimann, ABGB, § 19 EKHG Rn. 1 f.
165 ZVR 1977/267; Schlosser/Fucik/Hartl, Verkehrsunfall VI Rn. 70, Rn. 180 und Rn. 272.
166 JBl 2008/379; ZAK 2009/511, 317; Schlosser/Fucik/Hartl, Verkehrsunfall VI Rn. 275.
167 ZVR 1981/92; ZVR 1981/112.
168 SZ 49/113.

Aufgrund der Bestimmung des § 19 Abs. 2 EKHG wird somit die Haftung des Halters bei der Geltendmachung von Ersatzansprüchen nach ABGB verschärft.[169]

112   Diese Haftungsverschärfung gilt unabhängig davon, ob entgeltliche oder unentgeltliche Beförderung vorliegt (vgl. jedoch zur Bedeutung Entgeltlichkeit/Unentgeltlichkeit für Haftungsausschluss unter → Rn. 17 ff., → Rn. 19 sowie → Rn. 101).

F. Haftung von Radfahrern, Fußgängern, Behinderten

I. Allgemeines

113   Fahrräder im Sinne des § 2 Abs. 1 Z 22 StVO gelten gemäß § 5 StVO als Fahrzeuge.[170] Der **Fahrradfahrer** ist der Straßenverkehrsordnung unterworfen und als solcher zur Einhaltung der darin enthaltenen Schutzbestimmungen (insbesondere §§ 65 ff. StVO) verpflichtet.[171]

114   Auch **Fußgänger** sind als Verkehrsteilnehmer der Straßenverkehrsordnung untergeordnet. Ihre Verhaltenspflichten sind ebenfalls in § 76 StVO geregelt.

115   Für **behinderte Menschen** sind in der Straßenverkehrsordnung teilweise besondere Vorschriften vorgesehen.

Beispiele: Rollstühle werden nicht als Fahrzeuge im Sinne des § 2 Abs. 1 Z 19 StVO eingeordnet; gehbehinderte Personen treffen Parkerleichterungen (§ 29 b StVO) etc.[172]

116   Eine Haftung von Fußgängern und Radfahrern nach dem EKHG ist ausgeschlossen.[173]

II. Haftungskriterien

117   Gemäß § 3 Abs. 1 StVO verlangt die Teilnahme am Straßenverkehr **ständige Vorsicht** und **gegenseitige Rücksichtnahme**.

118   Jeder Straßenbenutzer darf darauf vertrauen, dass andere Personen die für die Benutzung der Straße maßgeblichen Rechtsvorschriften befolgen, außer es handelt sich um Personen, die dem Vertrauensgrundsatz nicht unterliegen (siehe → Rn. 124 ff.). Dann verlangt das Gesetz von Fahrern von Fahrzeugen „äußerste Sorgfalt" (§ 3 Abs. 2 StVO). Der Fahrer hat sich insbesondere durch Verminderung der Fahrgeschwindigkeit und durch Bremsbereitschaft so zu verhalten, dass eine Gefährdung dieser Personen ausgeschlossen ist.

119   Grenze dieser gesteigerten Sorgfaltspflicht ist aber, wenn nach gewöhnlicher Lebenserfahrung unter den gegebenen Umständen, der Verkehrslage oder dem Verhalten des Betroffenen, unter Berücksichtigung seines Alters, für den Fahrzeuglenker keine Auffälligkeit, die zur Gefährdung führt, erkennbar war.[174]

120   Auf die Verletzung der Schutznorm des § 3 StVO kann sich nur derjenige, demgegenüber die Pflicht zur erhöhten Rücksichtnahme bestand, berufen.[175]

III. Abwägungsgesichtspunkte

121   Der **Vertrauensgrundsatz** ist immer dann anwendbar, wenn
- die Einhaltung der Verkehrsvorschriften durch alle am Verkehr Beteiligten zweifelsfrei erkennbar ist;
- aufgrund der Straßen-, Verkehrs- oder Sichtverhältnisse nicht erhöhte Vorsicht und Aufmerksamkeit verpflichtend ist;

---

169   SZ 37/101.
170   VwGH 85/02/0111.
171   Schlosser/Fucik/Hartl, Verkehrsunfall VI Rn. 569.
172   Pürstl, StVO (2011) § 29 b Z 1 und § 2 Z22.
173   Schlosser/Fucik/Hartl, Verkehrsunfall VI Rn. 93.
174   Pürstl, StVO § 3 Anm. 19.
175   Pürstl, StVO § 3 Anm. 19.

- keine unklare oder unübersichtliche Verkehrssituation besteht und

- sonst kein Grund für Misstrauen besteht.[176]

Verhalten sich Verkehrsteilnehmer nicht vorschriftsgemäß, ist ihnen ein Mitverschulden anzurechnen.[177] **122**

Zudem befreit der Vertrauensgrundsatz denjenigen, der es selbst an der erforderlichen Sorgfalt im Straßenverkehr fehlen lässt, nicht von der Verantwortlichkeit für das eigene, infolge eines Verstoßes gegen die Verkehrsvorschrift schuldhafte Fehlverhalten.[178] **123**

IV. Sonderfall: Ältere Fußgänger, Kinder, Behinderte

Vom Vertrauensgrundsatz ausgenommen sind: **124**

- **Ältere Personen** nicht allgemein, sondern nur unter besonderen Umständen des Einzelfalls.[179]

    Beispiele: bei augenfällig unsicherem Verhalten; bei Aufenthalt in der Nähe einer Krankenanstalt etc.[180]

- **Kinder**, selbst wenn sich diese fortgesetzt richtig verhalten. Es darf nicht darauf vertraut werden, dass dies weiterhin so ist; dies gilt selbst, wenn die Kinder beaufsichtigt sind.[181]

    Ob es sich um ein Kind handelt, wird anhand objektiver Kriterien (wie Körpergröße, Alter, Aussehen etc) beurteilt. Eine Altersgrenze hat die StVO nicht vorgegeben.[182] Als Kinder können bspw. Siebenjährige, aber auch ältere Kinder (teilweise sogar Kinder über 12 Jahre) gelten.

- **sehbehinderte Menschen** (mit weißem Stock und gelber Armbinde) oder **Menschen mit offensichtlicher körperlicher Beeinträchtigung** (von Gesetzes wegen).

- Personen, bei denen aus deren **auffälligem Gehabe** erkennbar ist, dass sie **unfähig sind, die Gefahr des Straßenverkehrs einzusehen** oder sich **dieser Einsicht gemäß zu verhalten**; unabhängig davon, ob sich das Verhalten aus einer Hörbehinderung oder sonstigen Behinderung ergibt.[183]

§ 2 Prüfungsweg zum Haftungsgrund

---

176 Pürstl, StVO § 3 Anm. 2.
177 Schauer in: Schwimann, ABGB, § 7 EKHG Rn. 13 ff.
178 ZVR 1980/116.
179 ZVR 1968/60; ZVR 1989/103.
180 ZVR 1980/200; Pürstl, StVO § 3 Anm. 15.
181 ZVR 1984/130; Pürstl, StVO § 3 Anm. 9.
182 ZVR 1984/130; ZVR 1980/198; Pürstl, StVO § 3 Anm. 11.
183 Pürstl, StVO § 3 Anm. 11 a.

A. Anscheinsbeweis

I. Grundlagen (Abgrenzung zum Prozessrecht)

125 Der Anscheinsbeweis dient dem vorläufigen Nachweis des ursächlichen Zusammenhangs oder des Verschuldens. Er kann durch den Gegner erschüttert werden, indem er andere Tatsachen beweist, die den Schluss auf einen anderen ernstlich für möglich gehaltenen Geschehensablauf nahelegen (**Entkräftungsbeweis**). Dabei genügt, dass ein atypischer Geschehensablauf ernsthaft möglich ist.[184]

126 Der Geschädigte muss daraufhin den vollen Kausalitätsbeweis erbringen.[185]

127 In prozessrechtlicher Sicht ist die Frage, ob der Anscheinsbeweis zulässig ist oder nicht, rechtliche Beurteilung; die Frage, ob ein solcher gelungen ist oder der Gegenbeweis erfolgreich war, ist der Beweiswürdigung zuzurechnen.[186] Es handelt sich beim Anscheinsbeweis daher nicht um eine Beweislastumkehr.

128 Der Anscheinsbeweis dient der **Beweiserleichterung** und führt zu einer **Beweismaßreduzierung** („überwiegende Wahrscheinlichkeit").[187]

II. Definition des Anscheinsbeweises („Prima-facie-Beweis")

129 Aufgrund bestimmter Tatsachen wird nach der Lebenserfahrung mit erheblicher Wahrscheinlichkeit auf einen bestimmten Kausalzusammenhang oder ein Verschulden geschlossen („typischer Geschehenslauf").[188]

130 Es wird aufgrund eines typischen Geschehenslaufs auf direkt **nicht beweisbare, aber wesentliche tatbestandsmäßige Tatsachen** geschlossen.[189] Dabei werden jederzeit überprüfbare Erfahrungsgrundsätze zugrunde gelegt.[190]

III. Voraussetzungen des Anscheinsbeweises

131 Im Rahmen des Anscheinsbeweises ist der Sachverhalt darzutun, der nach allgemeiner Lebenserfahrung einen **typischen Geschehensablauf** anzeigt. Dabei sind besondere Umstände des Einzelfalls außer Acht zu lassen.

132 Typisch sind Geschehensabläufe, wenn aufgrund von Erfahrungswerten gewisse Ursachen typischerweise gewisse Folgen haben und es hierfür keine gesonderten Nachweise benötigt, sondern dies nach dem ersten Anschein angenommen werden kann.[191]

IV. Typische Anscheinsbeweise

133 Beispiele eines Anscheinsbeweises für Kausalität:

- Annahme des Zurückrollens des vorderen Fahrzeuges bei Kollision zweier Fahrzeuge, die hintereinander in einer ansteigenden Fahrbahn halten.[192]

---

184 EvBl 1983/120; EvBl 1984/129; JBl 1988, 244; Schlosser/Fucik/Hartl, Verkehrsunfall VI Rn. 15 und Rn. 137.
185 JBl 1972, 426; JBl 1990, 458; Schlosser/Fucik/Hartl, Verkehrsunfall VI Rn. 15.
186 SZ 56/145; JBl 1988, 727; Schlosser/Fucik/Hartl, Verkehrsunfall VI Rn. 15; Rechberger/Simotta, Zivilprozessrecht, Rn. 770 ff.
187 Schlosser/Fucik/Hartl, Verkehrsunfall VI Rn. 138; Rechberger/Simotta, Zivilprozessrecht Rn. 770 ff.
188 Schlosser/Fucik/Hartl, Verkehrsunfall VI Rn. 15; Rechberger/Simotta, Zivilprozessrecht Rn. 770 ff.
189 Schlosser/Fucik/Hartl, Verkehrsunfall VI Rn. 138; Rechberger/Simotta, Zivilprozessrecht Rn. 770 ff.
190 Schlosser/Fucik/Hartl, Verkehrsunfall VI Rn. 138; Rechberger/Simotta, Zivilprozessrecht Rn. 770 ff.
191 Schlosser/Fucik/Hartl, Verkehrsunfall VI Rn. 137; Rechberger/Simotta, Zivilprozessrecht Rn. 770 ff.
192 Schlosser/Fucik/Hartl, Verkehrsunfall VI Rn. 138.

■ Annahme eines zu geringen Seitenabstandes bei Streifen eines Fahrradfahrers beim Überholen durch ein Kfz.[193]

Beispiele eines Anscheinsbeweises für Verschulden:

■ Annahme, dass bei einem alkoholisierten Fahrer sich der verursachte Unfall alkoholbedingt ereignete und einem nüchternen Fahrer ein Unfall nicht geschehen wäre.[194]

■ Annahme mangelnder Sorgfalt des auf ein vorausfahrendes Fahrzeug Auffahrenden (Sicherheitsabstand, Geschwindigkeit etc)[195]

B. Objektiv festgestellte Sorgfaltspflichtverletzung

I. Allgemeines Verkehrsverhalten (Straßenverkehrsvorschriften)

1. Allgemeine Verkehrssituation. Auf Straßen **mit öffentlichem Verkehr** gilt die StVO (siehe zur Schutzgesetzverletzung → Rn. 7 ff.). Straßen mit öffentlichem Verkehr sind solche, die von jedermann unter den gleichen Bedingungen benutzt werden können (§ 1 Abs. 1 StVO).[196] Dazu zählen von öffentlicher Hand gehaltene sowie dem allgemeinen Gebrauch gewidmete Straßen, die von jedermann ohne Bewilligung benutzt werden können.[197] **134**

Beispiel: Eine Fahrverbotstafel beseitigt den Gemeingebrauch nicht.[198]

2. Unfälle auf Parkplätzen. a) Abgrenzung zum öffentlichen Verkehrsgrund. Auch Parkplätze können als Straßen mit öffentlichem Verkehr gelten; die Beurteilung hängt vom Einzelfall ab. **135**

Beispiele: Ein im Privateigentum stehender Parkplatz stellt eine Straße mit öffentlichem Verkehr dar, wenn nicht durch eine entsprechende Kennzeichnung oder Abschrankung für jedermann erkennbar ist, dass das Gegenteil zutrifft, oder wenn der zum Parken berechtigte Personenkreis von vornherein unbestimmt ist.[199] Unmaßgeblich ist, ob der Parkplatz gebührenpflichtig ist oder von einem privaten Wachdienst bewacht wird.[200]

Vorplätze von **Gasthäusern** („Parken nur für Gäste" – jedermann kann Gast werden) und Zufahrten zu **Tankstellen**, die für jedermann ungehindert benutzt werden können (insbesondere nicht dauernd abgeschrankt sind), sind ebenfalls grundsätzlich Straßen mit öffentlichem Verkehr.[201]

Ob **Parkgaragen** als Straßen mit öffentlichem Verkehr gelten, ist umstritten.[202] Ein den Bewohnern eines bestimmten Hauses vorbehaltener Parkplatz, der sich auf einem **Privatgrund** befindet und von den öffentlichen Verkehrsflächen abgetrennt ist, aber auch der Parkplatz eines **Einkaufszentrums**, der als Privatgrundstück gekennzeichnet und durch eine Schrankenanlage abgegrenzt ist, ist eine Straße ohne öffentlichen Verkehr.[203]

b) Geltung der StVO auf Parkplätzen. Soweit ein Parkplatz als Straße mit öffentlichem Verkehr qualifiziert wird, gilt die StVO von Gesetzes wegen. Soweit andere Rechtsvorschriften oder der Straßenerhalter nichts anderes bestimmen, gilt die StVO jedoch auch für Straßen *ohne* öffentlichen Verkehr (§ 1 Abs. 2 S. 1 StVO).[204] Beispielsweise ist auf Ab- und Zufahrten innerhalb eines Parkplatzes der Rechtsvorrang des § 19 Abs. 1 StVO anwend- **136**

---

193 Schlosser/Fucik/Hartl, Verkehrsunfall VI Rn. 138.
194 Schlosser/Fucik/Hartl, Verkehrsunfall VI Rn. 138.
195 Schlosser/Fucik/Hartl, Verkehrsunfall VI Rn. 138.
196 Schlosser/Fucik/Hartl, Verkehrsunfall VI Rn. 283.
197 SZ 55/142; EvBl 1980/21; SZ 52/96; Schlosser/Fucik/Hartl, Verkehrsunfall VI Rn. 284.
198 SZ 35/142; Schlosser/Fucik/Hartl, Verkehrsunfall VI Rn. 284.
199 VwGH 89/02/0218; Pürstl, StVO § 1 Anm. 3.
200 VwGH 2006/02/0015; VwGH 86/03/0234; Pürstl, StVO § 1 Anm. 3.
201 ZVR 1992/16; ZVR 1992/17; ZVR 1991/57; VwGH 2002/03/0223; Schlosser/Fucik/Hartl, Verkehrsunfall VI Rn. 285.
202 Swoboda, Parkplätze, Parkgaragen, Parkhäuser und die StVO, ZVR 1994, 1; VfGH B 387/61, JBl 1963, 205.
203 VfGH B 387/61, JBl 1963, 205; ZVR 1993/84.
204 Schlosser/Fucik/Hartl, Verkehrsunfall VI Rn. 283.

bar, außer bei klar und eindeutig als untergeordnet gekennzeichneten Verkehrswegen.[205] Fahrzeuge im Fließverkehr haben Vorrang gegenüber solchen von Parkplätzen (§ 19 Abs. 6 StVO).

137 **c) Vereinbarte Geltung der StVO.** Der Straßenerhalter kann eine von den Regeln der StVO **abweichende Verkehrsregelung** bestimmen.[206] Abweichende Regelungen müssen jedoch deutlich und unmissverständlich dem Benutzer zur Kenntnis gebracht werden.[207]

138 Der Straßenerhalter einer Straße ohne öffentlichen Verkehr darf für seine Straßen Straßenverkehrszeichen, Bodenmarkierungen und sonstige Einrichtungen zur Regelung und Sicherung des Verkehrs verwenden. Der Straßenerhalter kann jedoch auch Einrichtungen zur Regelung und Sicherung des Verkehrs verwenden, die eine andere Bedeutung als in der StVO haben.[208]

139 Eine Sanktionierung eines Verstoßes gegen solche Regeln des Straßenerhalters ist durch Verwaltungsstrafen nicht möglich (Ausnahme: Erfolg des Verstoßes verwirklicht sich auf Straße mit öffentlichem Verkehr). Die Einhaltung der Regeln ist auf dem Zivilrechtsweg durch Besitzstörungs- oder Eigentumsfreiheitsklage möglich.[209]

II. Fahrfehler, Fehlreaktionen

140 Begeht ein Fahrer einen Fahrfehler oder hat er Fehlreaktionen, sind diese idR als **Sorgfaltsverstöße** einzustufen, welche für die Beurteilung des Verschuldens von Bedeutung sind.

141 Die Einstufung der Fehler als auffallende Sorglosigkeit (**grobe Fahrlässigkeit**) oder als geringeres Versehen (**leichte Fahrlässigkeit**) wirkt sich auf den Umfang des Schadensersatzes, die Haftungsfreizeichnung und das Mitverschulden aus.[210]

Beispiel: Bei leichter Fahrlässigkeit ist nur der positive Schaden, bei grober Fahrlässigkeit auch der entgangene Gewinn zu ersetzen. Eine Freizeichnung ist bei leichter Fahrlässigkeit möglich; es sei denn, es handelt sich um Personenschäden.[211]

142 „Grobe Fahrlässigkeit" ist dann gegeben, wenn der Sorgfaltsverstoß derart ist, dass er einem ordentlichen Menschen in der Lage keinesfalls unterlaufen wäre.[212]

Beispiele: erhebliche Alkoholisierung; Schutzgesetzverletzung oder Missachtung behördlicher Aufträge etc.[213]

143 „Leichte Fahrlässigkeit" liegt vor, wenn das Verhalten auf einem Fehler beruht, der gelegentlich auch einem sorgfältigen Menschen unterläuft.[214]

C. Beweislastverteilung

I. Grundsatz

144 Will jemand ein Recht in Anspruch nehmen, muss er die rechtsbegründenden Tatsachen beweisen; will jemand die Unwirksamkeit oder (zwischenzeitliche) Beseitigung des Rechts geltend machen, hat er die rechtshemmenden oder -vernichtenden Tatsachen nachzuweisen (Ausnahme: anderslautende gesetzliche Regelungen wie § 1298 ABGB oder § 9 EKHG).[215]

---

205 ZVR 1984/33; ZVR 1984/262; ZAK 2009/604, 377.
206 Pürstl, StVO § 1 Anm. 5.
207 ZVR 1983/205; 8 Ob 50/80; ZVR 1973/79; VwGH 99/11/0352; 7 Ob 73/05 v; ZVR 1978/225; ZVR 1992/37; ZVR 2012/5; Schlosser/Fucik/Hartl, Verkehrsunfall VI Rn. 285.
208 Pürstl, StVO § 1 Anm. 6.
209 Pürstl, StVO § 1 Anm. 6.
210 Schlosser/Fucik/Hartl, Verkehrsunfall VI Rn. 40 ff.
211 MR 1989, 61; SZ 71/58; RZ 2002/4; Schlosser/Fucik/Hartl, Verkehrsunfall VI Rn. 42.
212 JBl 1977, 648; RdA 1984, 227; SZ 56/166; JBl 1992, 648.
213 ZVR 1975/225; Schlosser/Fucik/Hartl, Verkehrsunfall VI Rn. 41; Koziol/Welser, Bürgerliches Recht, S. 136.
214 Schlosser/Fucik/Hartl, Verkehrsunfall VI Rn. 42; Koziol/Welser, Bürgerliches Recht, S. 136.
215 Schlosser/Fucik/Hartl, Verkehrsunfall VI Rn. 132; Welser, Bürgerliches Recht, S. 301 ff.

Der **Kläger** hat demnach zu beweisen: 145

- Schaden,

- dessen Höhe,

- Kausalität des Verhaltens des Beklagten oder desjenigen, dem das Verhalten zugerechnet wird, für den Schaden,

- rechtswidriges Verhalten des Beklagten,

- Verschulden (Achtung bei der vertraglichen Haftung oder Schutzgesetzverletzung!).[216]

Der **Beklagte** hat zu beweisen: 146

- zum Vorteilsausgleich führende Umstände,

- Vorliegen von Rechtfertigungsgründen,

- gleicher Schadensfolgeneintritt bei rechtmäßigem Alternativverhalten,

- Verhalten des Klägers, aus dem Mitverschulden ableitbar ist,

- Ablauf der Verjährungsfrist,

- Haftungsprivilegien (Arbeitsunfall) oder -beschränkungen,

- von der Halterhaftung befreiende Umstände (§ 9 EKHG).[217]

II. Ausnahmen

1. Beweisvereitelung. Beweisvereitelung liegt vor, wenn der Gegner der beweispflichtigen 147 Partei durch bewusste Handlungen oder Unterlassungen einen ihr nachteiligen Beweis vernichtet, unbrauchbar macht oder dessen Gebrauch vereitelt oder derart erschwert, dass ein solcher im Prozess nur mit unzumutbarem Zeit- und Kostenaufwand durchgeführt werden kann.[218] Der Gegner führt dadurch vorsätzlich einen prozessentscheidenden **Beweisnotstand** des Beweisführers herbei, da er eventuell annimmt, dass der Beweis zu einem Urteil zu seinen Ungunsten führen könnte (rechtsmissbräuchliche Prozessführung).[219] Wurde eine solche Vorgehensweise behauptet und bewiesen, so führt dies zu einer freien Beweiswürdigung nach § 272 ZPO.[220] Der Richter hat nach freier Überzeugung zu würdigen, ob die durch den vereitelten Beweis nachzuweisenden Tatsachen auch ohne Aufnahme eines Beweises als erwiesen angesehen werden können oder nicht.[221] Nur vereinzelt wird in Anlehnung an die deutsche Lehre und Rechtsprechung in einem solchen Fall die Möglichkeit einer **Beweislastumkehr** angenommen.[222] Eine schuldlose Beweisvereitelung führt hingegen nicht zu beweisrechtlichen Reaktionen.[223] Eine Beweisvereitelung kann uU auch strafrechtliche Konsequenzen haben. Eine Beweisvereitelung kann mittels Beweissicherung verhindert werden (siehe hierzu → Rn. 512 ff.).

2. Unerlaubtes Entfernen vom Unfallort. Ist eine Person an einem Verkehrsunfall kausal 148 beteiligt, trifft sie eine **Anhalte-** und **Mitwirkungspflicht** bei der Sachverhaltsfeststellung. Des Weiteren hat sie Sicherungsmaßnahmen zu treffen, Erste Hilfe zu leisten oder herbeizuschaffen und sofort die nächste Sicherheitsdienststelle zu verständigen. Eine solche Pflicht trifft auch den Zeugen (§ 4 StVO). Auch gemäß Art. 9 Abs. 3 AKHB besteht eine Hilfeleistungs-, Verständigungs-, Anzeige- und Aufklärungspflicht. Ein Verstoß gegen eine

---

216 Schlosser/Fucik/Hartl, Verkehrsunfall VI Rn. 133; Welser, Bürgerliches Recht, S. 301 ff.
217 Schlosser/Fucik/Hartl, Verkehrsunfall VI Rn. 134.
218 Rechberger in: Fasching/Konecny, Zivilprozessgesetze, Vor § 266 Rn. 35; Fasching, Lehrbuch, Rn. 900.
219 Rechberger in: Fasching/Konecny, Zivilprozessgesetze, Vor § 266 Rn. 35; Fasching, Zivilprozeßrecht, Rn. 900.
220 Rechberger in: Fasching/Konecny, Zivilprozessgesetze, Vor § 266 Rn. 35; Fasching, Zivilprozessrecht Rn. 900.
221 Fasching, Zivilprozessrecht Rn. 900.
222 EvBl 2000/79; Rechberger in: Fasching/Konecny, Zivilprozessgesetze, Vor § 266 Rn. 35.
223 SZ 72/183.

dieser Obliegenheiten kann Leistungsfreiheit des Versicherers gemäß § 6 Abs. 3 VersVG zur Folge haben.[224]

Beispiel: Ein Fahrer begeht nach einem Unfall Fahrerflucht, nachdem er in der Nacht aus nicht nachvollziehbaren Gründen von der Fahrbahn abkam und jegliche Meldung unterließ.

Bei diesem Verhalten handelt es sich typischerweise um ein Verhalten, welches den **Verdacht einer Fahruntüchtigkeit** (wie einer Alkoholisierung) und der Vereitelung deren Nachweises nahe legt.[225]

149 Nach ständiger Rechtsprechung ist die Übertretung des § 4 Abs. 5 StVO für sich allein nicht schon einer Verletzung der Aufklärungspflicht gleichzuhalten. Es ist vielmehr notwendig, dass **ein konkreter Verdacht** in bestimmter Richtung dadurch, dass ein Beweismittel infolge der unterlassenen Anzeige objektiv unbenutzbar bzw. beseitigt wird, im Nachhinein nicht mehr mit Sicherheit ausgeschlossen werden kann. Der **konkrete Verdacht** und die **Unbenutzbarkeit des Beweismittels** infolge Unterlassung bzw. Verspätung der Anzeige muss vom Versicherer behauptet und bewiesen werden.[226] Der Versicherer muss sohin den Beweis erbringen, dass der Versicherte etwas verabsäumte, das zur Aufklärung des Sachverhaltes beitragen hätte können.

Beispiele für einen konkreten Verdacht in Richtung Alkoholisierung: Der VN unterlässt nach einem Unfall eine Anzeigeerstattung bei der Polizei und nimmt unmittelbar nach dem Unfall Alkohol zu sich;[227] Der VN verschuldet einen Unfall zur Nachtzeit nach einem Gasthausbesuch mit (wenn auch nur im geringen Maße zugegebenen) Alkoholkonsum auf eine Weise, bei der mangelnde Fahrtüchtigkeit naheliegt;[228] Der Versicherte verschuldet nach einer Betriebsfeier einen Unfall und begeht Fahrerflucht.[229]

150 Dem Versicherten obliegt der **Kausalitätsgegenbeweis** (strenger Maßstab). Ein Kausalitätsgegenbeweis kann auch noch erbracht werden, wenn der Versicherte zwar vorsätzlich, aber nicht in Verschleierungsabsicht handelte.[230]

Beispiel: Der konkrete Verdacht der Alkoholisierung kann durch die Parteiaussage des VN allein nicht entkräftet werden, weil die Obliegenheit gerade eine Nachprüfung seiner Angaben ermöglichen soll.[231] Hierzu müssten in keinerlei Zusammenhang mit dem Unfall stehende und am Unfallgeschehen unbeteiligte Zeugen herangezogen werden.[232]

151 Schadensersatzansprüche aus der Verletzung dieser Pflichten können nicht direkt geltend gemacht werden; diese Ansprüche müssen auf den Haftungsgrund der §§ 94, 95 StGB (im Stich lassen eines Verletzten und unterlassene Hilfeleistung) gegründet werden.[233]

152 Fahrerflucht ist – unter der Voraussetzung, dass die Folgen des Unfalls nicht verschlimmert wurden – bei der Verschuldensteilung zu vernachlässigen.[234]

153 **3. Schuldbezeugungen nach dem Unfall.** Ein im Zusammenhang mit einem Verkehrsunfall abgegebenes Schuldbekenntnis (Geständnis) ist idR als deklaratorisches und nicht als konstitutives Anerkenntnis zu werten.

Beispiel: „Ja, ich habe die rote Ampel überfahren!"

---

224 Schlosser/Fucik/Hartl, Verkehrsunfall III Rn. 77 ff.
225 VErsE 1897.
226 SZ 51/180; SZ 64/105; 7 Ob 43/95; Schlosser/Fucik/Hartl, Verkehrsunfall III Rn. 82.
227 SZ 56/118; 7 Ob 43/95.
228 7 Ob 74/82; 7 Ob 22/91; 7 Ob 2068/96 k; 7 Ob 294/97 d; 7 Ob 191/98 h.
229 ZVR 1985/94.
230 VersE 1642.
231 7 Ob 74/82; 7 Ob 22/91; 7 Ob 2068/96 k; 7 Ob 294/97 d; 7 Ob 191/98 h.
232 VersRdSch 1993/305.
233 Schlosser/Fucik/Hartl, Verkehrsunfall VI Rn. 299; Pürstl, StVO § 4 Anm. 36.
234 ZVR 1972/115; ZVR 1985/20; Schlosser/Fucik/Hartl, Verkehrsunfall VI Rn. 301.

Ein **konstitutives Anerkenntnis** liegt nur vor, wenn mit einem derartigen Bekenntnis eine Erklärung verbunden sein soll, aus der hervorgeht, dass sich der Erklärende zum Ersatz des Schadens ohne Rücksicht auf die Leistung seines Versicherers verpflichtet.[235]

Beispiel: „Ich anerkenne Ihre (berechtigten) Schadensersatzansprüche".

Ein **deklaratorisches Anerkenntnis** bildet keinen neuen Verpflichtungsgrund, sondern ist im Rechtsstreit nur ein Beweismittel für das Bestehen der Forderung, das jedoch durch andere Beweise widerlegbar ist und daher zu einer Beweislastverschiebung führt (siehe auch → Rn. 471 ff.).[236] Das Anerkenntnis ist zu widerlegen. Welches von beiden Anerkenntnissen vorliegt, ist grundsätzlich durch rechtsgeschäftliche Auslegung zu ermitteln (§§ 914 f. ABGB). 154

4. Vernichtung von Beweismitteln. Gemäß § 4 Abs. 5 StVO besteht eine Pflicht zur Verständigung der nächsten Sicherheitsdienststelle (auch bei bloßem Sachschaden) (siehe Näheres unter → Rn. 148 ff.).[237] Diese Meldepflicht stellt eine Versicherungsobliegenheit dar (siehe Näheres unter → Rn. 148 ff.). 155

Kann ein **konkreter Verdacht** in einer bestimmten Richtung aufgrund der Tatsache, dass das Beweismittel infolge der unterlassenen Anzeige objektiv **nicht mehr benutzbar** ist bzw. **beseitigt wurde**, im Nachhinein nicht mehr mit Sicherheit ausgeschlossen werden, liegt eine Pflichtverletzung iSd § 4 Abs. 5 StVO vor.[238] 156

Beispiel: Der Versicherte unterdrückt nach einem Unfall für die Aufklärung des Unfalls notwendige Beweismittel.[239]

Der Versicherer hat den konkreten Verdacht sowie die Unbenutzbarkeit des Beweismittels infolge verspäteter bzw. unterlassener Anzeige zu behaupten und zu beweisen.[240] Der Versicherte kann in obigem Beispiel den Kausalitätsgegenbeweis nicht erbringen, indem er Beweismittel vorlegt, die zu seinen Gunsten wirken. Der Kausalitätsgegenbeweis hat im Gegenteil so lange zu unterbleiben, wie die unterdrückten Beweismittel nicht durch gleichwertige ersetzt werden.[241] Kann der Verdacht nicht vollständig ausgeräumt werden, kann dies Leistungsfreiheit des Versicherers zur Folge haben.[242] 157

Im Übrigen hat die Vernichtung von Beweismitteln unter Umständen strafrechtliche Konsequenzen. 158

D. Gefährdungshaftung

Für die Haftung nach dem EKHG sind insbesondere folgende Fragen zu prüfen: 159

- Liegt ein Betriebsunfall im Sinne des § 1 EKHG vor? – Insbesondere ist die doppelte Kausalität zwischen Betrieb und Unfall sowie zwischen Unfall und Schadenseintritt gegeben?

- Handelt es sich um ein Kfz?

- Ist der Beklagte Halter (bzw. Haftpflichtversicherer)?

- Treffen Ausschlüsse für
  - mitbeförderte Personen (§ 3 EKHG) oder
  - Sachen (§ 4 EKHG) zu?

- Liegt eine Schwarzfahrt nach § 6 Abs. 1 EKHG vor?

---

235 SZ 41/158; JBl 1972/268; JBl 1973, 271.
236 SZ 51/176.
237 ZVR 1980/30; ZVR 1982/5; ZVR 1984/329.
238 ZVR 2002, 159; ecolex 2004, 161; 7 Ob 79/02 x; Schlosser/Fucik/Hartl, Verkehrsunfall VI Rn. 300.
239 VersRdSch 1992/272; 7 Ob 2300/96 b.
240 SZ 51/80; SZ 64/105; ZVR 1993/66; Schlosser/Fucik/Hartl, Verkehrsunfall VI Rn. 300.
241 VersRdSch 1992/272; 7 Ob 2300/96 b.
242 ZVR 1984/53; ZVR 1994/93.

- Kann der Entlastungsbeweis nach § 9 Abs. 2 EKHG erbracht werden? – Vor allem: Liegt ein unabwendbares Ereignis oder eine außergewöhnliche Betriebsgefahr vor?

- Liegt Verschulden bzw. eine außergewöhnliche oder wenigstens überwiegende gewöhnliche Betriebsgefahr des Gegners im Sinne des § 11 EKHG vor?

- Ist der Schaden von der EKHG-Haftung gedeckt (keine (!) Haftung für entgangenen Gewinn und reinen Vermögensschaden)?

- Sind die Haftungshöchstgrenzen überschritten? – Bejahendenfalls: Haftung nach ABGB?

- Ist der Anspruch erloschen oder verjährt (bspw. durch Nichtverständigung)?[243]

160 Hinsichtlich der Beweislast ist auf Folgendes hinzuweisen:

Der Kläger (Geschädigte) hat zu beweisen:

- den Schaden und die Höhe,

- den Unfall beim Betrieb,

- den Kausalzusammenhang und

- die Haltereigenschaft des Beklagten,

- gegebenenfalls (bei Gelingen des Entlastungsbeweises durch den Beklagten) die außergewöhnliche Betriebsgefahr.[244]

161 Der Beklagte (Haftpflichtschuldner) hat zu beweisen:

- die Voraussetzungen der Haftungsbefreiung, somit

  - den fehlerfreien Zustand der Beschaffenheit und der Vorrichtungen des Kfz (bzw. mangelnde Kausalität deren fehlerhaften Zustands) und

  - die Einhaltung jeder gebotenen Sorgfalt durch ihn bzw. seinen Betriebsgehilfen.[245]

162 Zur Gefährdungshaftung siehe auch → Rn. 3, 11, 13, 20 ff., 48 ff., 65 ff., 83, 98 ff., 109 ff., 144 ff., 164 ff., 175, 179, 325, 333 f., 395, 407 f., 415, 420, 424, 426, 438, 507.

E. Quotenbildung

I. Verschuldenshaftung

163 Bei der Beurteilung der Ersatzpflicht wird gemäß § 1304 ABGB das Mitverschulden des Geschädigten berücksichtigt.

II. Gefährdungshaftung

164 Auch bei der Gefährdungshaftung gibt es eine Mitverantwortung des Geschädigten (von Mitverschulden kann aufgrund der Gefährdung nicht gesprochen werden).[246] § 1304 ABGB wird sinngemäß angewandt.

III. Abwägung

165 **1. Abwägungskriterien.** Trifft den Geschädigten Mitverschulden (Mitverantwortung), gebührt ihm kein voller Ersatz des Schadens; er hat den selbstverschuldeten Teil selbst zu tragen.

---

243 Schlosser/Fucik/Hartl, Verkehrsunfall VI Rn. 282.
244 Schlosser/Fucik/Hartl, Verkehrsunfall VI Rn. 278.
245 Schlosser/Fucik/Hartl, Verkehrsunfall VI Rn. 279.
246 ZVR 1991/52; Welser, Bürgerliches Recht, S. 328; Schlosser/Fucik/Hartl, Verkehrsunfall VI Rn. 93.

Der vom Geschädigten zu tragende Teil (Quote) wird bei Verschuldenshaftung anhand 166

- des Ausmaßes des Verschuldens des Schädigers sowie

- des Mitverschuldens des Geschädigten

eruiert.[247]

Bei der Gefährdungshaftung wird die **Größe der Gefährdung** gegen das **Mitverschulden** 167
(Mitverantwortung) des Geschädigten gemäß § 7 EKHG **abgewogen.**[248]

Dabei wird gemäß § 11 EKHG insbesondere auf

- den Grad der Fahrlässigkeit,

- die Bedeutung der verletzten Vorschrift für die Verkehrssicherheit,

- die Größe und Wahrscheinlichkeit der durch das schuldhafte Verhalten ausgelösten
  Gefahr

geschaut.[249]

Trifft Verschuldens- und Gefährdungshaftung (beispielsweise bei einem Unfall eines Kfz 168
und eines Fahrradfahrers oder Fußgängers) zusammen, hat sich der Halter des Kfz seine
Betriebsgefahr zurechnen zu lassen, da § 1304 ABGB für beide Arten der Haftung gilt, so-
fern dem Halter der Entlastungsbeweis nach § 9 Abs. 2 EKHG misslingt. Überwiegt das
Verschulden des Schädigers derart, dass die Betriebsgefahr keine Rolle mehr spielt, hat der
Schädiger den Schaden vollständig zu ersetzen.[250]

2. Regeln zur Quotenbildung. Kann der Anteil im Rahmen der Verschuldenshaftung nicht 169
eruiert werden, tragen Schädiger und Geschädigter den Schaden **im gleichen Verhältnis.**[251]
Bei **schwerem Verschulden des Schädigers** ist ein leichtes Verschulden des Verletzten unbeachtlich.[252] Das **Mitverschulden eines Unmündigen** wird idR milder bewertet als das eines
Erwachsenen.[253] Kein Mitverschulden wird angenommen, wenn beispielsweise ein Verkehrsteilnehmer bei plötzlichem Auftritt von Gefahr eine unrichtige Maßnahme ergreift
(entschuldbare Schreckreaktion).[254]

Die **Verletzung einer Schadensminderungspflicht** schlägt sich in der Berechnung der Quo- 170
ten nicht nieder.[255]

Bei der Gefährdungshaftung wird der Ersatzanspruch bei Mitverantwortung des Geschä- 171
digten (oder ihm zurechenbarer Personen → Rn. 111) ebenfalls entsprechend gekürzt.[256]
§ 1304 ABGB wird bei Verschulden des Geschädigten analog angewendet. Der Schaden ist
gemäß § 11 EKHG nach dem **Gewicht der Zurechnungsmomente** aufzuteilen. **Rangfolge**
ist: Verschulden – außergewöhnliche Betriebsgefahr – überwiegende gewöhnliche Betriebsgefahr – gewöhnliche Betriebsgefahr; wobei Verschulden das stärkste Zurechnungsmo-
ment darstellt.[257] Trifft den Geschädigten ein krasses Mitverschulden, hat der Halter nicht
für die gewöhnliche Betriebsgefahr einzustehen.[258] Bei erheblicher Betriebsgefahr und ge-
ringfügigem Verschulden kann der Geschädigte vollständigen Ersatz erhalten.[259] Bei einem

---

247 JBl 1993, 389; ZVR 1993/122; EvBl 1998/24; RdW 2003/304; SZ 72/8; ZVR 1975/162; JBl 1987, 583;
     ZVR 1991/38; ZVR 1995/110; Schlosser/Fucik/Hartl, Verkehrsunfall VI Rn. 89; Rother, Haftungsbe-
     schränkung im Schadenersatzrecht (1965) 30 ff.; Welser, Schadenersatzrechtliche Grundfragen, JBl 1968,
     342; Koziol, Schadensminderungspflicht, JBl 1972, 225; Jabornegg, Probleme des Mitverschuldens, ZVR
     1983, 196; Rech, Schadenersatz und Mitverschulden, JBl 1995, 24.
248 Welser, Bürgerliches Recht; Schlosser/Fucik/Hartl, Verkehrsunfall VI Rn. 93.
249 ZVR 1987/125; EvBl 1997/186.
250 Schlosser/Fucik/Hartl, Verkehrsunfall VI Rn. 93.
251 Schlosser/Fucik/Hartl, Verkehrsunfall VI Rn. 89; Welser, Bürgerliches Recht, 327 ff.
252 ZVR 1985/21; VersRdSch 1990/211; ZVR 1994/118.
253 ZVR 1974/93; Schlosser/Fucik/Hartl, Verkehrsunfall VI Rn. 90.
254 ZVR 1999/24; Schlosser/Fucik/Hartl, Verkehrsunfall VI Rn. 90.
255 ecolex 2011, 1104; ZVR 1964/227.
256 SZ 42/124.
257 ZVR 1977/211.
258 Schlosser/Fucik/Hartl, Verkehrsunfall VI Rn. 188.
259 SZ 48/64; ZVR 1984/305; ZVR 1986/2; ZVR 1992/101.

den **Haftungshöchstbetrag übersteigenden Schaden** wird der vom Schädiger zu tragende Teil auf Basis des Gesamtschadens berechnet. Der Schädiger muss daher seinen so errechneten Anteil zur Gänze leisten, sofern dieser in den Höchstbeträgen noch gedeckt ist.[260]

F. Probleme der Gesamtschuldnerschaft

I. Grundlagen

172 Grundsätzlich haften Personen, die einen Schaden gemeinsam verursacht haben, solidarisch als Schädiger (§ 1301 ABGB).

173 Bei bloß fahrlässigem Verhalten oder unabhängigem Handeln eines Schädigers haftet dieser nur für den von ihm verursachten Teil des Schadens, sofern der Anteil bestimmbar ist.[261]

174 Ist die Feststellung der Anteile (wie dies zumeist der Fall ist) nicht möglich oder haben beide vorsätzlich gehandelt, haften sie jedenfalls solidarisch für den Gesamtschaden (§§ 1301 f. ABGB).[262]

175 § 5 EKHG regelt die solidarische Haftung mehrerer Betriebsunternehmer oder Halter *eines* Fahrzeuges, § 8 EKHG die Solidarhaftung bei Verursachung des Schadens durch *mehrere* Fahrzeuge (siehe dazu → Rn. 65 ff.).

II. Haftungsverteilung im Innenverhältnis

176 Ersetzt ein solidarisch haftender Schädiger den Schaden, kann er sich gegenüber seinen Mitschädigern gemäß § 896 ABGB regressieren.

177 Für die Beurteilung des internen Ausgleiches (Regress) im Rahmen der Verschuldenshaftung sind

- die (physische)[263] Kausalität und
- die Schwere des Verschuldens (§ 1304 ABGB)

von Bedeutung.[264]

In Zweifelsfällen erfolgt die Teilung nach Köpfen.[265] Bei Haftungsbefreiung eines Schädigers (bspw. bei dessen Deliktsunfähigkeit) haften die restlichen für den gesamten Schaden.[266]

178 Für den Regress zwischen **mehreren Haltern desselben Fahrzeugs** gilt auch im Rahmen der Gefährdungshaftung § 896 ABGB.[267]

179 Der Regress zwischen den solidarisch haftenden Beteiligten **mehrerer Fahrzeuge** wird nach den Grundsätzen des § 11 EKHG vorgenommen. Dabei ist insbesondere zu beachten, inwieweit der Schaden vorwiegend von dem einen oder anderen Beteiligten verschuldet wurde, durch außergewöhnliche Betriebsgefahr oder überwiegende gewöhnliche Betriebsgefahr verursacht wurde.[268] Gelingt einem der Halter der **Entlastungsbeweis** gemäß § 9 Abs. 2 EKHG (siehe dazu → Rn. 49 ff.), entfällt seine Haftung nach § 11 EKHG.[269] Die übrigen Halter haften ihm dann solidarisch für den gesamten Schaden.[270] Gelingt allen der Entlastungsbeweis, haben alle ihre Schäden selbst zu tragen. Zwischen denjenigen Schädigern, denen ein Entlastungsbeweis nicht gelingt, kommt es zu einer Schadensteilung nach den Haftungskriterien des § 11 EKHG und deren Gewichtung.[271]

---

260 Schauer in: Schwimann, ABGB, EKHG § 7 Rn. 7.
261 ZVR 2000/55; Schlosser/Fucik/Hartl, Verkehrsunfall VI Rn. 94.
262 Schlosser/Fucik/Hartl, Verkehrsunfall VI Rn. 94.
263 ZVR 2000/19.
264 Schlosser/Fucik/Hartl, Verkehrsunfall VI Rn. 94.
265 SZ 45/82; SZ 56/21; SZ 66/162; SZ 72/35; Schlosser/Fucik/Hartl, Verkehrsunfall VI Rn. 94.
266 SZ 43/97; SZ 44/48; SZ 68/107; Schlosser/Fucik/Hartl, Verkehrsunfall VI Rn. 95.
267 SZ 54/119; Schlosser/Fucik/Hartl, Verkehrsunfall VI Rn. 229.
268 ZVR 1976/25.
269 ZVR 1984/129; SZ 27/214.
270 Schlosser/Fucik/Hartl, Verkehrsunfall VI Rn. 226.
271 ZVR 1982/37.

Ersetzt einer der solidarisch haftenden Schädiger dem Geschädigten gegenüber den Scha- **180** den zur Gänze oder in Höhe des seinen im Innenverhältnis übersteigenden Anteils, steht ihm diesbezüglich ein **Rückgriffsanspruch** (Regress) gegenüber den anderen zu.[272] Die Rückgriffsschuldner haften dem Rückgriffsgläubiger nicht solidarisch, sondern nur nach Maßgabe ihrer Anteile.[273]

Vom Regressanspruch der Schädiger ist der **Schadensersatzanspruch** eines geschädigten **181** Beteiligten zu unterscheiden. Wie bei den Rückgriffsansprüchen ist für die Beurteilung der Ersatzansprüche des geschädigten Beteiligten gegenüber den anderen Beteiligten zu prüfen, inwiefern die Beteiligten Verschulden außergewöhnliche Betriebsgefahr oder erhöhte gewöhnliche Betriebsgefahr trifft.[274]

Abschnitt 2: Anspruchsprüfung zur Schadenshöhe

§ 1 Allgemeine Grundlagen der Schadensberechnung

A. Begriff des Schadensersatzes

Jedermann ist berechtigt, vom Schädiger Ersatz des Schadens zu verlangen (§§ 1293, 1295 **182** Abs. 1 ABGB; siehe auch → Rn. 1 ff.).

Schaden ist jeder Nachteil, der jemandem am Vermögen, an Rechten oder an seiner Person **183** zugefügt wird.[275]

Grundsätzlich ist zwischen Vermögensschaden (positivem Schaden, entgangenem Gewinn) **184** und ideellem (immateriellem) Schaden zu unterscheiden.[276]

B. Schadensminderungspflicht (§ 1304 ABGB)

Aufgrund der Schadensminderungspflicht trifft den Geschädigten die Pflicht, dem unmit- **185** telbar drohenden Schadenseintritt oder seiner Vergrößerung (wenn möglich) entgegenzu-wirken oder die notwendigen Vorkehrungen zu unterlassen, damit die Folgen der Schädi-gung nicht vergrößert oder verlängert werden (**Rettungspflicht**).[277]

Die Schadensminderungspflicht ist keine Rechtspflicht, sondern eine Obliegenheitsverlet- **186** zung, welche zur Einschränkung des Schadensersatzes führt.[278]

C. Schadensnachweis und Schätzungsmöglichkeit

Grundsätzlich ist der Geschädigte verpflichtet, den Schaden nachzuweisen (siehe → Rn. **187** 144 ff.).

---

272 Schlosser/Fucik/Hartl, Verkehrsunfall VI Rn. 228.
273 ZVR 1998/130; ZVR 2001/62.
274 ZVR 1963/179; SZ 51/84; ZVR 1980/17; ZVR 1979/158; ZVR 1982/231.
275 Schlosser/Fucik/Hartl, Verkehrsunfall VI Rn. 4; Welser, Bürgerliches Recht, S. 303 ff.
276 Welser, Bürgerliches Recht, S. 303 f.; Schlosser/Fucik/Hartl, Verkehrsunfall VI Rn. 4 ff.
277 SZ 55/104; JBl 1990, 587; EvBl 1999/125; ZVR 1999/109; EvBl 2001/91; ZVR 2002/5; RdW 2005/541;
 ZVR 1976/205; ZVR 1982/113; RdW 1990, 385; RdA 1993, 32.
278 Welser, Bürgerliches Recht, S. 329.

188 Hinsichtlich des Nachweises des Schadens gibt es gewisse Beweiserleichterungen, wonach die Regel, dass streiterhebliche Tatsachen mit an Sicherheit grenzender Wahrscheinlichkeit nachgewiesen werden müssen, abgeschwächt wird.[279]

189 Beweiserleichterung gilt beispielsweise für

- den **entgangenen Gewinn**: Der Beweis von Tatsachen, aus denen geschlossen werden kann, dass der Gewinn nach dem gewöhnlichen Lauf der Dinge eingetreten wäre (§ 1293 ABGB), genügt (kein strenger Beweis nötig!).[280]

- den **positiven Schaden**: § 273 Abs. 1 ZPO ermöglicht eine Schadensfestsetzung nach freier Überzeugung des Richters, wenn der Beweis der Schadenshöhe nicht oder nur mit unverhältnismäßigem Aufwand (von Zeit, Arbeit und Kosten im Vergleich zum Streitwert) verbunden wäre (keine Erhebung im Detail!).

Durch die abstrakte oder fiktive Schadensberechnung wird der Geschädigte vom schwer zu erbringenden Beweis (zumindest vorerst) enthoben.[281]

D. Steuerrechtliche Behandlung von Schadensersatzleistungen

I. Einkommensteuer

190 **1. Ertragsteuerrechtliche Folgen von Schadensersatzleistungen.** Schadensersatzleistungen sind beim Geschädigten steuerpflichtig, wenn sie den **sieben Einkunftsarten** zuordenbar sind.[282] Wurden die Entschädigungen als Ersatz für **entgangene oder entgehende Einnahmen** einschließlich eines Krankengeldes und vergleichbarer Leistungen bzw. für die Aufgabe oder Nichtausübung einer Tätigkeit etc gewährt, zählen sie zu den Einkunftsarten (§ 32 Z 1 EStG).[283] Für solche Entschädigungen steht eine begünstigte Besteuerung zu.

Beispiele: Verdienstentgang (Steuerpflicht für Ersatz des Bruttolohns);[284] Renten (§ 9 EStG).

191 Kann das Fehlverhalten und die daraus entstehende Schadensersatzverpflichtung dem betrieblichen bzw. außerbetrieblichen Bereich zugeordnet werden, ist die Schadensersatzleistung als **Betriebsausgabe** oder **Werbungskosten** abzugsfähig.[285] Schadensersatzrenten sind als **Sonderausgaben** abzugsfähig.[286] Ist die Schadensersatzleistung weder als Betriebsausgabe noch als Werbungskosten abzugsfähig und liegt keine Rente vor, kann sie in manchen Fällen als **außergewöhnliche Belastung** eingestuft werden.[287] Zahlungen, die nicht mit entgehenden Einnahmen in Zusammenhang stehen, fallen nicht unter den Entschädigungsbegriff und lösen keine ertragssteuerlichen Folgen beim Geschädigten aus.[288]

Beispiele: Schmerzensgeld,[289] Heilungskostenersatz, Versicherungsleistungen für privat veranlasste Schäden.

192 **2. Ertragssteuerliche Mehrbelastung als Schaden.** Die ertragssteuerliche Mehrbelastung, die eine Schadensersatzleistung auslösen kann, kann zu einem zusätzlichen Schaden führen.[290]

Beispiel: Ersetzt die aus der Entschädigung für entgehende Einnahmen entstehende Steuerpflicht nur eine bereits gegebene Steuerhängigkeit dieser Einkünfte, entsteht kein zusätzlicher Schaden. Fällt der Geschädigte dadurch jedoch in eine andere Progressionsstufe, entsteht ein zusätzlicher Schaden.

---

279 Schlosser/Fucik/Hartl, Verkehrsunfall VI Rn. 136.
280 Schlosser/Fucik/Hartl, Verkehrsunfall VI Rn. 136.
281 Schlosser/Fucik/Hartl, Verkehrsunfall VI Rn. 136.
282 Harrer in: Schwimann, ABGB § 1323 Rn. 66.
283 Harrer in: Schwimann, ABGB § 1323 Rn. 67.
284 ÖStZB 1999, 338; VwGH 2004/323.
285 Harrer in: Schwimann, ABGB § 1323 Rn. 70.
286 Harrer in: Schwimann, ABGB § 1323 Rn. 70.
287 Harrer in: Schwimann, ABGB § 1323 Rn. 70.
288 Harrer in: Schwimann, ABGB § 1323 Rn. 67.
289 Harrer in: Schwimann, ABGB § 1323 Rn. 69; Erlass des BMF vom 5.6.1998, RdW 1998, 438.
290 Harrer in: Schwimann, ABGB § 1323 Rn. 71.

II. Mehrwertsteuerproblematik

1. Konkrete Schadenspositionen. Ob eine Schadensersatzleistung umsatzsteuerpflichtig ist, 193
hängt davon ab, ob zwischen Schädiger und Geschädigtem ein Leistungsaustausch stattfindet.[291] Das Vorliegen eines Leistungsaustausches ist zu verneinen, wenn die Schadensersatzleistung deshalb gezahlt wurde, weil ein Schaden verursacht oder für diesen einzustehen war (echter Schadensersatz).[292]

a) Materielle Bedeutung der Mehrwertsteuer. Im Haftpflichtprozess ist die Umsatzsteuer 194
unabhängig davon zuzusprechen, ob der Geschädigte zum **Vorsteuerabzug** berechtigt ist
(Art. XII Z 3 EGUstG).[293] Dies ist grundsätzlich auch der Fall bei Unterlassung der Reparatur.[294]

aa) Klärung der Vorsteuerberechtigung, teilweiser Vorsteuerabzug. Ist der Geschädigte 195
vorsteuerabzugsberechtigt, kann die zugesprochene Umsatzsteuer eine **Bereicherung** des
Geschädigten darstellen. Dem Schädiger steht ein **Anspruch auf Rückersatz** in Höhe der
Umsatzsteuer zu (Art. XII Z 3 EGUstG), unabhängig davon, ob der Geschädigte von sei-
nem Vorsteuerabzugsrecht tatsächlich Gebrauch macht oder die Voraussetzung für diese
nicht schafft (bspw. indem er eine entsprechende Reparaturkostenrechnung beschafft).[295]
Dieser Anspruch ist vom Schädiger in einem gesonderten Prozess geltend zu machen.[296]
Der Geschädigte hat dem Schädiger Auskunft über den Vorsteuerabzug zu geben und ihm
Einsicht in die Belege zu gewähren.[297] Ist nur der Schädiger zum Vorsteuerabzug berechtigt, empfiehlt es sich, dass er die Durchführung der Reparatur übernimmt, da die Reparatur eine Leistung an sein Unternehmen darstellt (Schadensminderung infolge des Vorsteuerabzugs).[298]

bb) Sonderfälle. Bei **Reparaturen im Ausland** gebührt der Ersatz der Umsatzsteuer nur in 196
der dort maßgeblichen Höhe.[299]

Wird die Reparatur in der eigenen Werkstatt durchgeführt, kann der Geschädigte den Er- 197
satz der Umsatzsteuer nur insoweit verlangen, als diese im Rahmen des umsatzsteuerpflichtigen Eigenverbrauchs auch anfällt (siehe zur fiktiven Schadensberechnung → Rn.
201).[300]

Bei Abzug der **Vorsteuer nach Durchschnittssätzen** durch den Geschädigten besteht eher 198
keine Rückerstattungspflicht.[301]

Aus **Zinsen** steht keine Umsatzsteuer zu.[302] 199

b) Beweislast. Für das Vorliegen eines umsatzsteuerpflichtigen Eigenverbrauchs trägt der 200
Geschädigte die Behauptungs- und Beweislast.[303]

2. Fiktive Schadensberechnung. Der Geschädigte kann im Rahmen der fiktiven Berech- 201
nung der Reparaturkosten auch die rechnerisch darauf entfallende **Umsatzsteuer** geltend
machen. Ein Ersatzanspruch hinsichtlich der Umsatzsteuer steht dem Geschädigten nach
Durchführung der Reparatur jedoch nur im Umfang des tatsächlich angefallenen umsatzsteuerpflichtigen Eigenverbrauchs zu.[304]

---

291 VwGH 1698/71, ÖStZB 1972, 252.
292 VwGH 1698/71, ÖStZB 1972, 252.
293 Schlosser/Fucik/Hartl, Verkehrsunfall VI Rn. 821; EvBl 1976/22; SZ 50/8; SZ 63/46; ecolex 2001, 887.
294 EvBl 1976/48; ZVR 1979/75, 132; SZ 53/154; OLG Wien ZVR 1994/128.
295 SZ 51/78; Schlosser/Fucik/Hartl, Verkehrsunfall VI Rn. 822.
296 SZ 50/8, 26; ecolex 1990, 410.
297 Schlosser/Fucik/Hartl, Verkehrsunfall VI Rn. 821.
298 Doralt/Ruppe/Mayr, Grundriss, S. 379.
299 EvBl 1978/191.
300 ZVR 1989/91; SZ 63/46.
301 SZ 50/26.
302 ZVR 1989/75; ZVR 1996/108, 120; ÖJZ-LSK 1997/14; SZ 69/102, 266; Fucik, Keine Ust aus den Zinsen,
     RZ 195, 12.
303 Schlosser/Fucik/Hartl, Verkehrsunfall VI Rn. 821.
304 SZ 63/46; Schlosser/Fucik/Hartl, Verkehrsunfall VI Rn. 821.

202 Wird der Schaden durch den Geschädigten nicht behoben, steht dem Schädiger ein **Rückforderungsanspruch** nach Bereicherungsrecht hinsichtlich des auf die Umsatzsteuer entfallenden Mehrbetrages zu.[305]

§ 2 Sachschäden

---

305 Schlosser/Fucik/Hartl, Verkehrsunfall VI Rn. 821.

A. Unmittelbare Sachschäden (Substanzschaden)

Der unmittelbare Sachschaden ist der am Gut selbst entstandene Schaden. Dieser Schaden ist vom „weiterfressenden" Schaden oder Vermögensfolgeschaden abzugrenzen.[306]   203

Der Geschädigte hat in erster Linie Anspruch auf **Naturalrestitution** durch Zurückversetzung der beschädigten Sache in den vorigen Stand oder Schaffung einer gleichwertigen Ersatzlage (Ersatz der Reparaturkosten oder Beschaffung einer gleichwertigen Ersatzsache). Bei Unmöglichkeit oder Untunlichkeit hat er Anspruch auf Vergütung des Schätzwerts.[307]   204

I. Fahrzeugschaden (Reparaturkosten)

1. Schadensnachweis. In der Praxis genügt idR der Nachweis der voraussichtlichen Reparaturkosten.   205

a) Schadensgutachten. Zum Nachweis der voraussichtlichen Reparaturkosten kann ein **außergerichtliches Schätzgutachten** (vor allem Besichtigungsberichte) dienen.[308]   206

Wird ein **Privatgutachten** in Auftrag gegeben, trägt der Auftraggeber grundsätzlich hierfür das Kostenrisiko.[309] Es ist daher ratsam, vorab abzuklären, ob der Versicherer die Gutachterkosten übernimmt, und das Gutachten erst nach Einholung des Einverständnisses des Versicherers in Auftrag zu geben.   207

Privatgutachten haben aufgrund der Tatsache, dass sie von einer Partei bestellt wurden, regelmäßig auf Informationen dieser Partei beruhen und von ihr finanziert werden, nicht die Beweiskraft eines gerichtlichen Sachverständigengutachtens.[310] Privatgutachten sind im Prozess jedoch nicht unbeachtlich, da diese das Gericht zur weiteren Aufklärung und Erörterung durch den Sachverständigen veranlassen können.[311]   208

b) Kostenvoranschlag. Auch Kostenvoranschläge können als Nachweis dienen.[312]   209

c) Gerichtliches Gutachten. Ein gerichtliches Gutachten kann ebenfalls dem Nachweis eines Schadens dienen.   210

2. Totalschadensabrechnung und Restwertproblematik. Ein „Totalschaden" liegt vor bei   211
- derart wesentlicher Zerstörung eines Fahrzeuges, dass eine Reparatur aus technischen Gründen unmöglich ist (**technischer Totalschaden**), sowie
- bei unverhältnismäßiger Höhe der Reparaturkosten und Untunlichkeit der Wiederherstellung des beschädigten Kfz im Vergleich zum Zeitwert (**wirtschaftlicher Totalschaden**).[313]

Eine mäßige und wirtschaftliche **Übertretung des Zeitwertes** (idR 10–15 %) durch die Reparaturkosten ist jedoch erlaubt.[314]   212

Bei Überschreitung dieses Prozentsatzes steht nur die Differenz zwischen dem Zeitwert des unbeschädigten Kfz und dem Wrackwert zu („**Totalschadenablöse**"), nicht hingegen der Reparaturaufwand.[315]   213

3. Reparaturkostenabrechnung. a) Abrechnung tatsächlich angefallener Reparaturkosten. Grundsätzlich gebührt der Ersatz für Reparaturkosten nur für durchgeführte Reparaturen (zum Nachweis siehe → Rn. 205 ff.).[316]   214

306 Harrer in: Schwimann, ABGB § 1293 Rn. 20.
307 ZVR 1961/313; SZ 45/63; SZ 26/155; SZ 43/49, 124 und 186; JBl 1972, 149; Miet 57.200; Schlosser/Fucik/Hartl, Verkehrsunfall VI Rn. 792.
308 Schlosser/Fucik/Hartl, Verkehrsunfall VI Rn. 785.
309 Schlosser/Fucik/Hartl, Verkehrsunfall VI Rn. 785.
310 OLG Wien EvBl 1987/83; Schlosser/Fucik/Hartl, Verkehrsunfall I Rn. 77.
311 JUS 1986/27, 12; OLG Wien EvBl 1995/68; Schlosser/Fucik/Hartl, Verkehrsunfall I Rn. 77.
312 Schlosser/Fucik/Hartl, Verkehrsunfall VI Rn. 2.
313 Harrer in: Schwimann, ABGB § 1323 Rn. 41; Schlosser/Fucik/Hartl, Verkehrsunfall VI Rn. 793.
314 EvBl 2000/104; EvBl 2007/108; ZVR 1978/48; Schlosser/Fucik/Hartl, Verkehrsunfall VI Rn. 799.
315 JBl 1967, 527; ZVR 1976/259; ZVR 1975/79; Harrer in: Schwimann, ABGB § 1323 Rn. 42; Schlosser/Fucik/Hartl, Verkehrsunfall VI Rn. 799.
316 Schlosser/Fucik/Hartl, Verkehrsunfall VI Rn. 795.

215 Ist der tatsächliche Reparaturaufwand geringer als der geschätzte, gebühren nur die aufgewendeten Kosten.[317]

216 **b) Abrechnung fiktiver Reparaturkosten.** Der Schädiger ist auch zum Ersatz fiktiver Reparaturkosten verpflichtet („**Reparaturkostenablöse**"). Dieser Ersatzanspruch wird jedoch auf die Höhe der objektiven Wertminderung beschränkt (Bereicherung!), dh Differenz zwischen Zeitwert der Sache in unbeschädigtem Zustand und gemeinem Wert im beschädigten Zustand.[318]

217 Macht der Geschädigte den Ersatz der die Differenz zwischen Zeit- und Wrackwert übersteigenden Reparaturkosten geltend, wird vor der Reparatur nur der Differenzbetrag, ein höherer Betrag erst nach Instandsetzungsarbeiten zuerkannt.[319]

218 Handelt es sich um eine derart erhebliche Beschädigung, dass trotz fachgerechter Reparatur ein erhebliches Risiko für die Verkehrssicherheit bestehen bleibt (**unechter Totalschaden**), ist Schadensersatz auf Basis der (im Vergleich zu den fiktiven Reparaturkosten höheren) objektiven Wertminderung zu ersetzen.[320]

219 Die Rechtsprechung gewährt dem Geschädigten den Ersatz der vollen Reparaturkosten nur noch dann vorschussweise (Rückforderungsmöglichkeit!), soweit der Geschädigte seine tatsächliche Reparaturabsicht des Fahrzeuges unter Beweis stellt (Vernehmung der Partei).[321]

220 **aa) Rechnungsvorlage.** Die Reparaturkosten können beispielsweise durch eine Rechnung nachgewiesen werden.

221 **bb) Reparatur in eigener Werkstätte (UPE-Zuschläge, AW-Sätze, Ersatzteilrabatte).** Der Schaden kann vom Geschädigten auch in der eigenen Werkstatt behoben werden. Bei Zurverfügungstellung von eigenen Arbeitskräften bzw. von eigenem Material kann der Geschädigte den damit zusammenhängenden **Mehraufwand** verrechnen. Zudem kann auch ein Aufwand („Zeit und Geld"), der mit der Schadensbehebung verbunden ist, in Rechnung gestellt werden.

Beispiel: Inrechnungstellung von Aufwand für Ausschreibung, Vergabe, Abrechnung, Prüfung und Übernahme der Reparaturarbeiten.[322]

222 Ist die Ermittlung eines solchen Mehraufwandes schwierig, kann auch ein Pauschalbetrag zugesprochen werden.[323]

223 Es sind jedoch nicht nur Kosten, sondern auch der handelsübliche Gewinn (Gemeinkostenzuschlag) vom Schädiger zu ersetzen.[324] Eine Gewinnspanne des Handeltreibenden ist zu berücksichtigen.[325]

224 Verfügt der Geschädigte zwar über keine eigene Werkstatt, kann er die Beschädigung dennoch selbst beheben, ist noch nicht vollständig geklärt, ob ihm der Ersatz der Arbeitszeit oder doch der Ersatz des Stundensatzes einer Werkstatt abzgl. der Steuern und Sozialversicherungsleistungen zzgl. Aufschlag für Werkzeug und Raumbenutzung zusteht.[326]

225 Dies wird jedoch nur relevant, wenn die ermittelten Aufwendungen höher sind als der objektive Minderwert und geringer als die Kosten der Fremdreparatur.[327]

---

317 SZ 51/7.
318 JBl 1985, 41; JBl 1988, 249; JBl 1990, 718; SZ 63/46; SZ 66/17; SZ 68/101; ZVR 1996/114; ZVR 2000/16; SZ 71/85; JBl 2009, 39; JBl 2009, 39; Schlosser/Fucik/Hartl, Verkehrsunfall VI Rn. 803.
319 Schlosser/Fucik/Hartl, Verkehrsunfall VI Rn. 803.
320 JBl 2009, 39; Schlosser/Fucik/Hartl, Verkehrsunfall VI Rn. 803.
321 ZVR 1995/7.
322 SZ 40/144; ZVR 1977/10; SZ 51/7; ZVR 1986/132; SZ 63/46; SZ 68/51; Schlosser/Fucik/Hartl, Verkehrsunfall VI Rn. 796.
323 SZ 40/144; ZVR 1989/86; Schlosser/Fucik/Hartl, Verkehrsunfall VI Rn. 796.
324 SZ 40/144; SZ 51/7; Harrer in: Schwimann, ABGB § 1323 Rn. 57.
325 EvBl 1959/54; Harrer in: Schwimann, ABGB § 1323 Rn. 57.
326 Harrer in: Schwimann, ABGB § 1323 Rn. 58; Köhler, Abstrakte oder konkrete Berechnung des Geldersatzes nach § 249 S. 2 BGB? in: 2. FS Larenz (1983) 349.
327 Harrer in: Schwimann, ABGB § 1323 Rn. 58.

c) Vorschadensproblematik. Nur die aufgrund des Unfalls entstandenen Reparaturkosten 226 sind zu ersetzen.[328] Das Vorliegen von Vorschäden wird idR aufgrund der Begutachtung durch Sachverständige festgestellt.

4. Fahrzeugschaden. a) Abrechnung auf Neuwagenbasis. Handelt es sich beim totalbe- 227 schädigten Fahrzeug um einen Neuwagen, wird auf Neuwagenbasis abgerechnet. Als **Neuwagen** gilt auch noch ein Wagen, der bis zu einem Monat alt ist und eine Fahrleistung bis zu 1.000 km aufweist.[329]

Bei erheblicher Beschädigung eines Neufahrzeuges (schwere Havarie) ist die Differenz zwi- 228 schen Neuwagenpreis und Restwert zu ersetzen. Eine „**erhebliche Beschädigung**" liegt vor, wenn Teile des Fahrzeuges beschädigt sind, die der Sicherheit im Verkehr dienen (bspw. Achs- und Rahmenschäden etc).[330]

b) Sonderproblem „Neu für alt" bzw. Vorteilsausgleich. Wird durch den Einbau von Neu- 229 teilen der Wiederbeschaffungswert des gesamten Fahrzeuges im Vergleich zu demjenigen vor Schadenseintritt erhöht oder muss gar ein neues Fahrzeug beschafft werden, sind die über den Schadensausgleich hinaus gewährten Vorteile auf die Schadensersatzforderung anzurechnen.[331] Gleiches gilt, wenn die neue Sache für den Geschädigten länger brauchbar ist als die zerstörte Sache.[332]

Der Abzug „Neu für alt" wird nicht von Seiten des Gerichtes von Amts wegen vorgenom- 230 men, sondern muss **vom Schädiger eingewendet** werden. Er trägt hierfür die Behauptungs- und Beweislast.[333]

II. Wertminderung

1. Technischer Minderwert. Technischer Minderwert ist die nach einer Reparatur verblie- 231 bene Wertminderung der beschädigten Sache.[334]

2. Merkantiler Minderwert (Veräußerungsverlust). Merkantiler Minderwert ist gegeben, 232 wenn der Eigentümer beim Verkauf der Sache nicht den Preis erzielt, den er ohne Unfall erzielt hätte; unabhängig von einer konkreten Verkaufsabsicht.[335]

Der merkantile Minderwert ist positiver Schaden (**Vermögensschaden**), der neben den Re- 233 paraturkosten zu ersetzen ist.[336] Es kommt dabei nicht darauf an, ob der Schaden beho- ben wurde oder der Eigentümer die beschädigte Sache weiterveräußert.[337]

a) Mathematische Berechnungsmethoden. Die Bemessung des merkantilen Minderwerts 234 wird nach objektiven Kriterien meist durch Einholung eines Sachverständigengutachtens durchgeführt.[338]

Der Ersatz besteht in der **Differenz** zwischen dem Zeitwert der Sache vor Beschädigung 235 und dem Zeitwert der Sache nach Reparatur, wobei die Verhältnisse des Ortes berücksich- tigt werden, an dem sich die beschädigte Sache befunden hat.[339] **Vorschäden** sind bei der

---

328 Schlosser/Fucik/Hartl, Verkehrsunfall II, Rn. 277.
329 EvBl 2007/108; Schlosser/Fucik/Hartl, Verkehrsunfall VI Rn. 799; Schlosser/Fucik/Hartl, Verkehrsunfall II Rn. 283.
330 EvBl 2007/108; JBl 2009, 29; Schlosser/Fucik/Hartl, Verkehrsunfall VI Rn. 799.
331 SZ 55/104; SZ 56/54; JBl 1987, 325; JBl 2002, 381; JBl 2009, 37; Schlosser/Fucik/Hartl, Verkehrsunfall VI Rn. 807 f.
332 Schlosser/Fucik/Hartl, Verkehrsunfall VI Rn. 808.
333 Schlosser/Fucik/Hartl, Verkehrsunfall VI Rn. 808.
334 Harrer in: Schwimann, ABGB § 1323 Rn. 21; Ch. Huber, Der merkantile Minderwert, ZVR 2006, 63.
335 ZVR 1958/29; ZVR 1960/50; ZVR 1961/116; ZVR 1968/22; ZVR 1983/280; ZVR 1990/49; SZ 31/89; ZVR 1977/298; ZVR 1985/131; ZVR 1994/129; OLG Wien 16 R 58/99; Harrer in: Schwimann, ABGB § 1323 Rn. 21 ff.; Schlosser/Fucik/Hartl, Verkehrsunfall VI Rn. 817.
336 ZVR 1983/280; ZVR 1987/38; ZVR 1990/49; Schlosser/Fucik/Hartl, Verkehrsunfall VI Rn. 818; Harrer in: Schwimann, ABGB § 1323 Rn. 23.
337 ZVR 1977/229; ZVR 1979/304; ZVR 1981/ 95.
338 ZVR 1990/49; Schlosser/Fucik/Hartl, Verkehrsunfall VI Rn. 818.
339 SZ 45/48; ZVR 1981/96; SZ 70/240; ZVR 1998/119; Ch. Huber, Minderwert, ZVR 2006, 65 f; Harrer in: Schwimann, ABGB § 1323 Rn. 24; Schlosser/Fucik/Hartl, Verkehrsunfall VI Rn. 818.

Ermittlung der merkantilen Wertminderung zu berücksichtigen.[340] **Bagatell- und Einfach-schäden** führen *nicht* zu merkantiler Wertminderung.[341]

236 **b) Schätzungsmöglichkeiten.** Der merkantile Minderwert kann vom Richter, sofern dieser unter 1.000 EUR liegt und dessen Höhe nur mit unverhältnismäßigem Aufwand feststellbar ist, nach freier Überzeugung festgesetzt werden (siehe zur Möglichkeit eines Sachverständigengutachtens → Rn. 234).[342]

237 **c) Sonderproblem: Fahrzeugalter.** Die Wertminderung eines Pkw im ersten Betriebsjahr wird in der Praxis mit etwa 5–10 % des Zeitwerts auf dem Gebrauchtwagenmarkt bemessen. Mit dem Alter des Fahrzeuges sinkt der Wert und entfällt ab einer gewissen Grenze vollständig (meist nicht mehr als drei Jahre).[343]

III. Abschleppkosten/Verbringungskosten

238 Der Geschädigte hat Anspruch auf Ersatz der für die Überstellung des beschädigten Fahrzeuges in seine Werkstatt auflaufenden **Kosten des Transports**. Bei erheblicher Überschreitung der Reparaturkosten am Unfallort (> 10 %) ist die Überstellung unwirtschaftlich und stellt eine Verletzung der Schadensminderungspflicht dar.[344]

IV. Kosten für Gutachten und Kostenvoranschläge

239 Kosten einer *notwendigen* außergerichtlichen Sammlung des Beweismaterials und des Prozessstoffes sind grundsätzlich als **vorprozessuale Kosten ersatzfähig** (nicht: § 1333 Abs. 2 ABGB!).[345] Sie müssen im Rahmen des prozessualen Kostenersatzanspruchs geltend gemacht werden, solange Akzessorietät zum Hauptanspruch besteht.[346] Bei der Beurteilung des Notwendigkeitskriteriums wird ein sehr strenger Maßstab gesetzt.

240 **1. Gutachtenskosten.** Kostenersatz steht ausnahmsweise nur zu, wenn dies – trotz Sachverständigenbestellung durch das Gericht – für die zweckentsprechende Rechtsverfolgung notwendig war.[347] **Notwendigkeit** wurde im Zusammenhang mit Gutachterkosten bejaht bei: Erforderlichkeit der sofortigen Begutachtung aufgrund des Zustandes der Person oder der Sache; Verminderung der Prozesskosten durch Gutachten etc.[348] Notwendigkeit liegt nur vor, wenn später ein Prozess geführt wird. Die bloße Abschätzung des Prozessrisikos und Ersparung der Prozessführung genügt nicht. Die Kosten eines Privatgutachtens, welches als Basis für einen Abfindungsvergleich bzw. die Klagseinbringung dient, werden daher eher nicht ersetzt.

241 Die Kosten eines zur Schadensfeststellung eingeholten Sachverständigengutachtens können mit **gesonderter Klage** – und nicht nur als prozessuale Kosten im Rechtsstreit über den Hauptanspruch – geltend gemacht werden, wenn ein besonderes Interesse des Auftraggebers an der Sachverhaltsermittlung unabhängig von der Rechtsverfolgung oder Rechtsverteidigung in einem Prozess besteht, so dass also das Gutachten nicht in erster Linie im Hinblick auf eine (spätere) Prozessführung, sondern primär aus anderen Gründen eingeholt wird.[349]

---

340 ZVR 1990/49; Harrer in: Schwimann, ABGB § 1323 Rn. 24.
341 Harrer in: Schwimann, ABGB § 1323 Rn. 24.
342 ZVR 2008/242, 502.
343 ZVR 1993/164; ZVR 1985/131; Harrer in: Schwimann, ABGB § 1323 Rn. 24; Schlosser/
    Fucik/Hartl, Verkehrsunfall VI Rn. 819.
344 ZVR 1974/217; ZVR 1980/325; ZVR 1977/237; ZVR 1981/217.
345 ZAK 2006/335; 3 Ob 127/05 f; MietSlg 61.211; Schlosser/Fucik/Hartl, Verkehrsunfall I Rn. 88.
346 5 Ob 212/05 w; Schlosser/Fucik/Hartl, Verkehrsunfall I Rn. 88.
347 WR 337; Schlosser/Fucik/Hartl, Verkehrsunfall VI Rn. 665.
348 EvBl 2003/102; 1 Ob 49/03 t; WR 337; ZVR 1993/102; AnwBl 1995, 436; Barfuß in: Aicher/Funk, Der
    Sachverständige im Wirtschaftsleben, S. 86; Schlosser/Fucik/Hartl, Verkehrsunfall I Rn. 88.
349 7 Ob 77/11 s; JBl 2001, 459, 462; JBl 2003, 857, 858; JBl 2003, 462; 1 Ob 302/02 x; 6 Ob 98/00 f;
    MietSlg 61.211; Harrer in: Schwimann, ABGB § 1333 Rn. 22; Schlosser/Fucik/Hartl, Verkehrsunfall I
    Rn. 88.

2. Gutachtensmängel. Der Sachverständige haftet für die Richtigkeit seines Gutachtens 242
nach den §§ 1299, 1300 ABGB. Er haftet für jene Kenntnisse und jenen Fleiß, den seine
Fachkollegen gewöhnlicher Weise haben (objektiver Maßstab).[350]

Verletzt der Sachverständige schuldhaft seine Vertragspflichten, indem er den auf dem un- 243
richtigen Gutachten basierenden **Prozessverlust** des Klägers verursacht, ohne dass dem
Kläger ein Mitverschulden anzulasten ist, wird der Sachverständige dem Geschädigten ersatzpflichtig. Diese **Ersatzpflicht** kann sowohl Prozesskosten, zu deren Ersatz jemand verurteilt wurde, als auch den eigenen zweckmäßigen Kostenaufwand des Unterlegenen im
Vorprozess umfassen.[351]

3. Verneinung der Überprüfungspflicht. Gutachten und Befund sind vom Sachverständi- 244
gen zu begründen. Beide unterliegen der freien Beweiswürdigung durch den Richter.

Eine **Feststellung von Gutachtensfehlern** durch den Richter und somit die wirksame Über- 245
prüfung des Sachverständigen ist – außer bei offenkundigen Fehlern (wie Rechtschreibfeh-
lern etc) – mangels des nötigen Fachwissens schwer möglich. Erscheint dem Richter das
Gutachten ungenügend, kann er eine neue Begutachtung durch denselben oder einen anderen Gutachter in Auftrag geben. Bei Widerspruch des Befundes/Gutachtens von zwei Sachverständigen kann sich der Richter einem Gutachten/Befund anschließen, nachdem er
einen Sachverständigen oder beide Sachverständige zur Aufklärung und Ergänzung des
Gutachtens aufgefordert hat, und muss keinen dritten Sachverständigen beiziehen.[352]

Den Parteien wird im Laufe des Prozesses regelmäßig die Möglichkeit eingeräumt, das 246
Gutachten vom Sachverständigen erörtern zu lassen bzw. zu beantragen, dass dieses ergänzt wird.

Zur Bedeutung des Privatgutachtens und zur Auslösung weiterer Aufklärungen und Erör- 247
terungen siehe → Rn. 208 ff.

4. Bagatellschadensgrenze. § 273 Abs. 1 ZPO sieht die **Festsetzung von Schäden** nach frei- 248
er Überzeugung des Richters vor, wenn der Beweis der Schadenshöhe nicht oder nur mit
unverhältnismäßigem Aufwand (von Zeit, Arbeit und Kosten im Vergleich zum Streitwert)
verbunden wäre. Auf die Einholung eines Gutachtens kann in einem solchen Fall verzichtet werden.

Beispiele: Festsetzung des merkantilen Minderwerts einer Sache;[353] Ermittlung eines Schadens
durch reparaturbedingte Stehzeiten eines Autobusses;[354] Kosten für Reservefahrzeug.[355]

Je höher der Streitwert, desto höher ist idR die Bedeutung der Streitsache für die Parteien; 249
der Richter muss daher auf umso größere Schwierigkeiten bei der Beweisaufnahme treffen.[356]

Der Richter hat den Betrag nach bestem Wissen und Gewissen aufgrund seiner eigenen Le- 250
benserfahrung und Menschenkenntnis und der Ergebnisse der gesamten Verhandlung zu
schätzen. Ein Entscheidungsermessen wird dem Richter nicht eingeräumt.[357] Selbst bei
Vorliegen der Voraussetzungen des § 273 Abs. 1 ZPO kann der Richter Beweise – wie mündliche Vernehmung einer oder beider Parteien zu den Umständen, die für die Bestimmung
des Betrages maßgeblich sind, oder Sachverständigenbeweise – einholen.[358] Selbst bei Vorliegen eines Sachverständigengutachtens ist § 273 Abs. 1 ZPO anwendbar.[359]

5. Höhe der Gutachterkosten. a) Beurteilungsgrundlage. Die Höhe der Kosten, die einem 251
Sachverständigen in einem Zivilverfahren zustehen, richtet sich nach dem **Gebührenan-**

---

350 SZ 57/140.
351 RdW 2002/8, 16.
352 EFSlg 41.693; Schlosser/Fucik/Hartl, Verkehrsunfall I Rn. 76.
353 ZVR 1966/337.
354 ZVR 1988/138.
355 ZVR 1986/156.
356 Rechberger, ZPO § 273 Rn. 2 ff.
357 Rechberger, ZPO § 273 Rn. 5 ff.
358 Rechberger, ZPO § 273 Rn. 3.
359 Rechberger, ZPO § 273 Rn. 3; MietSlg 32.690; MietSlg 34.744; SZ 55/115.

spruchsgesetz.[360] Zu den Gutachterkosten für ein Privatgutachten, insbesondere die (vorläufige) Tragung der Kosten durch den Auftraggeber wird auf → Rn. 208 ff. verwiesen.

252 **b) Fehlende Überprüfungspflicht.** Die Gebühren können einfacher (**pauschal**) bestimmt werden (§ 37 Abs. 2 GebAG), wenn

- der Sachverständige auf Auszahlung der Gebühr aus **Amtsgeldern verzichtet** und die Parteien der Gebührenbestimmung in der Höhe zustimmen oder qualifizierte Vertreter (RA, Notare) keine Einwendungen erheben.[361]

- ein kostendeckender **Vorschuss** vorliegt, die Parteien zwar nicht zustimmen, aber die Parteien und der Sachverständige auf **Rechtsmittel verzichten** und dem Revisor ein Rechtsmittel nicht zusteht.[362]

253 Bei pauschaler Geltendmachung der Gebühren hat das Gericht den Sachverständigen zu einer Aufgliederung der Bestandteile aufzufordern und darf nicht willkürlich die begehrte Pauschalgebühr auf die einzelnen Gebührenbestandteile aufteilen.[363]

254 Die Parteien – und mangels Kostenvorschusses auch der Revisor – sind vor Gebührenbestimmung zu hören, dh es ist ihnen Gelegenheit zur Äußerung zu geben. Die Parteien können **Einwendungen gegen die Gebührennote** einbringen.[364] Die Parteien können hierbei die Angaben des Sachverständigen bestreiten. In einem solchen Fall ist dem Sachverständigen Möglichkeit zur Gegenäußerung einzuräumen.[365]

255 **6. Kosten für Kostenvoranschläge.** Kosten für Kostenvoranschläge durch unabhängige Sachverständige sind **ersatzfähige Auslagen**.[366] Üblicherweise wird vor Erteilung eines Reparaturauftrages bei der später zu beauftragenden Werkstatt ein Kostenvoranschlag eingeholt, welcher idR kostenpflichtig ist. Diese Kosten für den Kostenvoranschlag werden idR bei Durchführung der Reparatur gutgeschrieben.[367]

256 Unterbleibt eine Reparatur oder wird mit der Reparatur gar eine andere Werkstatt beauftragt, wird in der Praxis oft der Ersatz der Kosten für den Kostenvoranschlag vom Schädiger bzw. seinem Haftpflichtversicherer mit dem Hinweis auf die **Schadensminderungspflicht** des Geschädigten abgelehnt.[368]

V. Nebenkosten (des Ersatzfahrzeuges)

257 Im Vergleich zur Gesamtforderung geringfügige Nebenansprüche (oder jeweils 1.000 EUR nicht übersteigende Ansprüche) können nach § 273 Abs. 2 ZPO festgesetzt werden.[369]

258 Bei der Geltendmachung von Unkosten im Zusammenhang mit der Abwicklung von Schäden, wie Manipulationskosten, Porti, Telefonkosten etc., wird auf diese Beweiserleichterung zurückgegriffen.[370]

259 **1. Ab-, An-, Ummeldekosten.** Bei der Geltendmachung dieser Kosten kommt dem Geschädigten die Beweiserleichterung zugute (siehe → Rn. 257). Er kann eine **Unkostenpauschale** geltend machen.[371]

260 **2. Umbaukosten.** Unter Umbaukosten fallen Montagekosten, wie beispielsweise Montage des Autoradios oder anderer Extras ins neue Fahrzeug.[372] Hierfür gilt Vorgenanntes (siehe → Rn. 257 ff.).

---

360 Schlosser/Fucik/Hartl, Verkehrsunfall I Rn. 76.
361 Schlosser/Fucik/Hartl, Verkehrsunfall I Rn. 78.
362 Schlosser/Fucik/Hartl, Verkehrsunfall I Rn. 78.
363 14 Os 128/07 s; Feil, Gebührenanspruchsgesetz Rn. 2.
364 Schlosser/Fucik/Hartl, Verkehrsunfall I Rn. 78; Feil, GebAG Rn. 3.
365 Schlosser/Fucik/Hartl, Verkehrsunfall I Rn. 78.
366 Schlosser/Fucik/Hartl, Verkehrsunfall VI Rn. 830; Schlosser/Fucik/Hartl, Verkehrsunfall II Rn. 8.
367 Schlosser/Fucik/Hartl, Verkehrsunfall II Rn. 8.
368 Schlosser/Fucik/Hartl, Verkehrsunfall II Rn. 8.
369 Schlosser/Fucik/Hartl, Verkehrsunfall VI Rn. 828.
370 Schlosser/Fucik/Hartl, Verkehrsunfall VI Rn. 828.
371 Schlosser/Fucik/Hartl, Verkehrsunfall VI Rn. 828.
372 Schlosser/Fucik/Hartl, Verkehrsunfall VI Rn. 828.

VI. Nutzungsausfallschäden

1. Mietwagenkosten. Ist der Schaden am verunfallten Fahrzeug nicht unmittelbar behebbar, kommt es bis zur Durchführung der Reparatur zu Stehzeiten. Ist das beschädigte Fahrzeug nicht gebrauchsfähig, bis es in Stand gesetzt wird, werden idR **Ersatzfahrzeuge** angemietet.[373]   261

Der Geschädigte hat (selbst bei Totalschaden) Anspruch auf ein Ersatzfahrzeug, bis das Auto repariert oder ein neues erworben bzw. geliefert wurde.[374]   262

a) Privat- oder Werkstattwagen. Wird der **eigene Wagen** aus dem Mietwagenunternehmen verwendet, steht Ersatz der Kosten zu, die dem Geschädigten bei der Miete eines fremden Wagens aufgelaufen wären.[375]   263

b) Fahrbedarf. Mietwagenkosten wurden früher nur bei Vorliegen eines „**berechtigten Interesses**", während der Dauer der Reparatur über ein Fahrzeug zu verfügen, gewährt. Ein solches wurde jedoch bereits damals unabhängig von der wirtschaftlichen Notwendigkeit der Ersatzfahrten angenommen; eine gewisse Fahrbedürftigkeit wird daher immer vorausgesetzt. Nach neuerer Ansicht ist das berechtigte Interesse kaum mehr prüfungsrelevant.[376]   264

c) Nutzungswille und -möglichkeit. Besteht die Möglichkeit, das Unfallfahrzeug in nicht vollständig repariertem Zustand zu verwenden, ist dies im Rahmen der Schadensminderungsobliegenheit zu berücksichtigen.[377]   265

Die bloße Gebrauchsmöglichkeit stellt neben dem Substanzwert keinen selbstständigen Vermögenswert dar.[378]   266

d) Grundsatzproblematik. aa) Grundlage der Erstattungsfähigkeit. Grundlage für die Erstattungsfähigkeit sind die tatsächlich entstandenen Mietwagenkosten. Anspruch auf Ersatz fiktiver Mietwagenkosten steht nicht zu (**keine abstrakte Nutzungsentschädigung**).[379]   267

Eigenersparnisse (Schonung des Fahrzeuges des Geschädigten etc) sind in Anschlag zu bringen. Dabei wird eine Reduktion der Mietwagenkosten zwischen 10–15 % (teilweise sogar von 10%–20 %) angenommen.[380]   268

Die Höhe des Prozentabzuges kann nur gemäß § 273 ZPO vom Richter ausgemittelt werden.[381]   —

bb) Angemessenheit (Markt(er)forschung). Die Angemessenheit der Mietwagenkosten wird in Bezug auf die Dauer und Höhe der Miete, Marke und Typ der gemieteten Fahrzeuge sowie nach den durch die Nichtbenutzung des eigenen Fahrzeuges ersparten Kosten meist durch ein Sachverständigengutachten festgelegt (siehe Genaueres zur Angemessenheit unter → Rn. 273 ff.).[382]   269

cc) Spalttarif/Unfallersatztarif. Mietwagenkosten sind nur zu ersetzen, wenn der Geschädigte eine Haftpflichtversicherung im Sinne der **Prämienvariante B** abgeschlossen hat oder aber bei Vorliegen eines **Ausländerschadens**.[383]   270

---

373 ZVR 1977/13; Schlosser/Fucik/Hartl, Verkehrsunfall VI Rn. 809.

374 ZVR 1975/219; ZVR 1977/13; ZVR 1978/77; Harrer in: Schwimann, ABGB § 1323 Rn. 25 ff.; Schlosser/Fucik/Hartl, Verkehrsunfall VI Rn. 809.

375 ZVR 1984/235; Harrer in: Schwimann, ABGB § 1323 Rn. 29.

376 Schlosser/Fucik/Hartl, Verkehrsunfall VI Rn. 809; Harrer in: Schwimann, ABGB § 1323 Rn. 26.

377 Harrer in: Schwimann, ABGB § 1323 Rn. 27; Schlosser/Fucik/Hartl, Verkehrsunfall VI Rn. 811 f.

378 ZVR 1994/39; DRdA 1997, 137.

379 JBl 1969, 334; ZVR 1970/36; SZ 42/22; DRdA 1997, 137; Harrer in: Schwimann, ABGB § 1323 Rn. 29; Schlosser/Fucik/Hartl, Verkehrsunfall VI Rn. 813.

380 ZVR 1983/189; ZVR 1985/131; Schlosser/Fucik/Hartl, Verkehrsunfall VI Rn. 811; Harrer in: Schwimann, ABGB § 1323 Rn. 30.

381 Schlosser/Fucik/Hartl, Verkehrsunfall II Rn. 314.

382 Schlosser/Fucik/Hartl, Verkehrsunfall II Rn. 312.

383 SZ 48/22; ZVR 1986/38; Schlosser/Fucik/Hartl, Verkehrsunfall VI Rn. 814; Harrer in: Schwimann, ABGB § 1323 Rn. 31 f.

271 Ist der Geschädigte ein Inländer und hat er eine Haftpflichtversicherung nach der (kostengünstigeren) Prämienvariante A abgeschlossen, steht ihm kein Mietwagenkostenersatz zu.[384]

272 **dd) Zeitaufwand.** Für den Zeitraum, in welchem sich der Geschädigte überlegt, ob er ein neues Fahrzeug kauft oder das Unfallfahrzeug reparieren lässt, stehen auch Mietwagenkosten zu. Diese Überlegungsfrist darf nicht übergebührlich lange sein.[385] Die Zeit für die Einholung eines Sachverständigengutachtens oder eines Kostenvoranschlages ist davon jedenfalls umfasst.[386]

273 **ee) Schadensminderungspflicht.** Bei der Anmietung von Ersatzfahrzeugen ist von den Kosten auszugehen, die ein verständiger, wirtschaftlich denkender Mensch in der Lage des Geschädigten zum Ausgleich des Gebrauchsentzuges seines Fahrzeuges als erforderlich halten darf.[387]

274 Den Geschädigten trifft eine Schadensminderungsobliegenheit. Insbesondere wird dabei berücksichtigt, ob der Geschädigte die **Reparatur unverzüglich** in Auftrag gibt, diese überwacht und betreibt, ob die Fahrten mit dem beschädigten Fahrzeug möglich gewesen wären, ob er unangemessen lange Überlegungen hinsichtlich der Neuanschaffung tätigte etc Auch sind besonders **hohe Kilometerleistungen** zu vermeiden.[388]

275 **ff) Pauschale Abgeltung.** Grundsätzlich sind nur solche Mietwagenkosten zu ersetzen, die **tatsächlich aufgebracht** wurden. Die Kosten können gemäß § 273 Abs. 1 ZPO nach freier Überzeugung des Richters festgesetzt werden.[389]

276 **e) Kosten für Zeitraum der Fahrzeugzustellung (Lieferfrist).** Mietwagenkosten, die in dem Zeitraum anfallen, in welchem ein neuer Wagen geliefert wird, stehen ebenfalls zu; diese Fristen dürfen jedoch nicht übergebührlich lange sein.[390]

277 **f) Kaskoversicherung des Mietwagens/Kosten für Haftungsfreistellung.** Der Geschädigte, der sein Fahrzeug zur Reparatur gibt und vom Reparateur für die Reparaturdauer unentgeltlich einen neuwertigen Vorführwagen zur Benutzung erhält, darf nach der Verkehrsauffassung mangels gegenteiliger Aufklärung erwarten, dass der **Vorführwagen vollkaskoversichert** ist; ist er das nicht und wurde der Kunde darüber nicht aufgeklärt, dann ist ein schlüssiger Haftungsverzicht für leicht fahrlässig herbeigeführte Beschädigungen des Leihfahrzeuges anzunehmen, ohne dass der vereinbarte Ausschluss der Haftung auf die Verwirklichung einer für die Benutzung des Fahrzeuges typischen Gefahr eingeschränkt ist.[391]

278 Ist der **Mietwagen kaskoversichert**, der eigene Wagen jedoch nicht, so spricht für die Ersatzpflicht, dass der Geschädigte beim Mietwagen nicht wie beim Eigenfahrzeug über Umfang, Kosten und Zeitpunkt der Instandsetzung verfügen kann. Zudem ist das Unfallrisiko bei einem ungewohnten, fremden Fahrzeug höher.[392]

279 **g) Fahrzeugtyp – Gruppengleichheit.** Der Geschädigte hat Anspruch auf ein annähernd gleiches Fahrzeug. Er muss sich daher nicht mit jedwedem Fahrzeug abfinden. Bei **Luxusfahrzeugen** hat er jedoch nur bei Vorliegen besonderer Gründe, wie Repräsentationspflichten, einen Anspruch auf ein gleichwertiges Luxusfahrzeug.[393]

280 **2. Nutzungsausfallsentschädigung. a) Keine Entschädigung für Nutzungsausfall.** Nach österreichischem Recht gebührt **keine Entschädigung** für den bloßen Verlust der Möglich-

---

384 Schlosser/Fucik/Hartl, Verkehrsunfall II Rn. 312.
385 SZ 41/177; ZVR 1978/77; OLG Wien ZVR 1993/163; Schlosser/Fucik/Hartl, Verkehrsunfall VI Rn. 810.
386 Harrer in: Schwimann, ABGB § 1323 Rn. 28.
387 ZVR 1979/304.
388 ZVR 1979/304; ZVR 1983/275; ZVR 1984/281; ZVR 1976/12; Harrer in: Schwimann, ABGB § 1323 Rn. 27; Schlosser/Fucik/Hartl, Verkehrsunfall VI Rn. 811 f.
389 Schlosser/Fucik/Hartl, Verkehrsunfall II Rn. 312.
390 SZ 41/177; ZVR 1978/77; Schlosser/Fucik/Hartl, Verkehrsunfall VI Rn. 810; Harrer in: Schwimann, ABGB § 1323 Rn. 28.
391 ecolex 2004, 432, 942.
392 Schlosser/Fucik/Hartl, Verkehrsunfall II Rn. 312.
393 ZVR 1973/217; ZVR 1977/297; ZVR 1975/98; Harrer in: Schwimann, ABGB § 1323 Rn. 27; Schlosser/Fucik/Hartl, Verkehrsunfall VI Rn. 811.

Hofer-Picout

keit, das eigene Kfz während der Zeit der unfallsbedingten Reparatur benutzen zu können (Nutzungsausfall; Gebrauchsentbehrung).[394]

b) Fahrzeugausfall – Verdienstentgang wegen Stehzeiten. aa) Berechnung bei gewerblicher/privater Fahrzeugnutzung. Von der Entschädigung für die bloße Gebrauchsentbehrung zu unterscheiden ist der **Verdienstentgang,** der wegen Stehzeiten des Unfallfahrzeuges während der Reparatur entsteht. Dabei handelt es sich um den vereitelten Ertrag aus der Nutzung, der als Schaden dem Geschädigten zu ersetzen ist.[395] Die Frage des Ersatzes des Verdienstentganges wegen Stehzeiten stellt sich vornehmlich bei gewerblicher Fahrzeugnutzung; bei privater Fahrzeugnutzung stellt sich die Frage nicht. 281

Auf Ersatzansprüche betreffend Verdienstentgang wegen Nichtbenutzbarkeit des Fahrzeuges kann – wie hinsichtlich der Mietwagenkosten (siehe → Rn. 270 f.) – verzichtet werden. Bei Prämienvariante A sind solche Ansprüche ausgeschlossen. 282

bb) Bemessung/Beweismittel (Sachverständigengutachten etc). Der Ersatzanspruch für Verdienstentgang eines Unternehmers ist **positiver Schaden,** der bereits bei leichter Fahrlässigkeit des Schädigers zu ersetzen ist. Als Verdienstentgang wird der entgangene Ertrag dann qualifiziert, wenn mit an Sicherheit grenzender Wahrscheinlichkeit dieser Ertrag ohne das Schadensereignis erzielt worden wäre.[396] **Vertragsstrafen,** die durch den Schadensfall ausgelöst werden, sind ebenfalls ersatzfähig.[397] 283

Der Verdienstentgang kann mithilfe der üblichen **Beweismittel** (Urkunden, Zeugen, Sachverständigen etc) nachgewiesen werden. Die Bemessung kann gegebenenfalls unter Anwendung des § 273 ZPO unter Berücksichtigung der bestehenden Tarife für die jeweilige Unternehmensgruppe erfolgen.[398] 284

Den Geschädigten trifft eine **Schadensminderungsobliegenheit,** bspw. durch Einsatz eines anderen Fahrzeuges. 285

c) Künftige Reparatur/Vorsorgeaufwendungen. In manchen Fällen trifft der Unternehmer bereits vor Schadenseintritt **Vorsorgemaßnahmen** für den Fall, dass er aufgrund eines Schadensereignisses seinen öffentlichen Betriebspflichten oder seinen vertraglichen Verpflichtungen nicht nachkommen kann.[399] Typischerweise fallen unter diese Kategorie Reservefahrzeuge, die bei Ausfall von anderen Fahrzeugen zum Einsatz gelangen können und daher den Schaden reduzieren. 286

Die **Kosten** für die Betriebsreservekosten sind als Naturalrestitution des Geschädigten in Höhe des Bereitstellungsentgeltes (Anmietungskosten) **ersatzfähig** (Grundlage ist dabei die Geschäftsführung ohne Auftrag).[400] Die Kosten werden idR mithilfe von Sachverständigen eruiert.[401] 287

d) Generalunkosten/frustrierte Aufwendungen. Aufwendungen, die nicht durch den Unfall selbst verursacht wurden, sondern aufgrund des Schadensereignisses **nutzlos** wurden, können ebenfalls ersatzfähig sein (restriktive Auslegung). 288

Bei Sachschäden ist Ersatzfähigkeit nur dann gegeben, wenn und soweit die Aufwendungen für den geschädigten Gegenstand selbst aufgewendet wurden, um ihn später gebrauchen zu können.[402] Hierzu zählen beispielsweise die während der Dauer der Reparatur **weiterlaufenden Generalunkosten** wie Steuern (nicht: NOVA!), Versicherungsprämien, Ga- 289

---

394 SZ 42/33; ZVR 1969/36.
395 ZVR 1988/138; Schlosser/Fucik/Hartl, Verkehrsunfall VI Rn. 815.
396 Schlosser/Fucik/Hartl, Verkehrsunfall VI Rn. 815.
397 RZ 1989/74.
398 ZVR 1988/138; Schlosser/Fucik/Hartl, Verkehrsunfall VI Rn. 815.
399 ZVR 1984/235; ZVR 1988/126; Schlosser/Fucik/Hartl, Verkehrsunfall VI Rn. 831.
400 ecolex 1997, 81; SZ 59/95; SZ 60/65; JBl 1986, 581; ZVR 1988/125; Schlosser/Fucik/Hartl, Verkehrsunfall VI Rn. 832.
401 Schlosser/Fucik/Hartl, Verkehrsunfall II Rn. 315.
402 SZ 42/33; SZ 59/8; SZ 60/102; JBl 2010, 505; 2 Ob 75/07d; ZVR 1988/33; Schlosser/Fucik/Hartl, Verkehrsunfall VI Rn. 832.

ragenmieten etc.; sonstige weiterlaufende Aufwendungen wurden nicht zuerkannt.[403] Teilweise werden diese Kosten als reiner Vermögensschaden bei bloßer Gefährdungshaftung nicht zuerkannt.[404]

VII. Unkostenpauschale

290 Eine Unkostenpauschale ist, wie bereits unter → Rn. 257 ff. dargestellt, als Beweiserleichterung insbesondere bei Ansprüchen vorgesehen, die im Verhältnis zur Gesamtforderung **geringfügig** sind bzw. die jeweils 1.000 EUR nicht übersteigen.[405] Dies trifft insbesondere bei Bearbeitungskosten zu, die zur Abwicklung des Schadens beitragen, wie Aufwendungen in Zusammenhang mit der Sachverhaltsermittlung, der Anspruchsverfolgung und der gerichtlichen Auseinandersetzung.

291 Bei pauschalierter Berechnung muss der Geschädigte den tatsächlichen Mehraufwand im Einzelnen **konkretisieren**; die Angabe eines bestimmten Prozentsatzes der Schadensersatzforderung als Verwaltungskosten ist nicht ausreichend.[406]

VIII. Sonderfall Vollkaskoversicherung

292 Kfz-Vollkaskoversicherungen werden von verschiedenen Unternehmen in verschiedenster Form und mit unterschiedlichstem Deckungsumfang gehandelt. Die jeweiligen Versicherungsbedingungen unterscheiden sich daher von Versicherer zu Versicherer. Es können hier daher nur Grundzüge dargelegt werden; eine Prüfung der jeweils anwendbaren Versicherungsbedingungen ist daher unvermeidlich.

293 **1. Inanspruchnahme.** Grundsätzlich vom Kaskoversicherungsschutz umfasst sind Fahrzeuge und deren Teile, die im versperrten Fahrzeug verwahrt oder an ihm befestigt sind. Eine Versicherung besteht gegen Beschädigung, Zerstörung oder Verlust.[407]

294 Es sind nicht alle Schadensereignisse Versicherungsfälle. Die Versicherung leistet nur Ersatz für bestimmte Schadensursachen. Bei den **versicherten Schadensursachen** handelt es sich in der Regel um Naturgewalten (Blitzschlag, Felssturz, Steinschlag etc),[408] Brand oder Explosion,[409] Diebstahl, Raub oder unbefugten Gebrauch durch betriebsfremde Personen,[410] Berührung des in Bewegung befindlichen Fahrzeugs mit Haarwild auf Straßen mit öffentlichem Verkehr,[411] Bruchschäden an Windschutz-, (Front-), Seiten- und Heckscheiben ohne Rücksicht auf die Schadensursache, mut- und böswillige Handlungen betriebsfremder Personen[412] sowie Unfall.[413]

295 **2. Abrechnung/Versicherungsleistung.** Es ist zu unterscheiden, ob Total- oder Teilschaden vorliegt.

296 Von **Totalschaden** wird gesprochen, wenn

- das Fahrzeug zerstört wurde;

- es in Verlust geriet und nicht binnen eines Monats nach Eingang der Schadensmeldung wieder zurückgebracht wurde;

---

403 SZ 42/33; SZ 59/8; SZ 60/102; JBl 2010, 505; 2 Ob 75/07 d; ZVR 1988/33; Schlosser/Fucik/Hartl, Verkehrsunfall VI Rn. 832.
404 Schlosser/Fucik/Hartl, Verkehrsunfall VI Rn. 816.
405 Schlosser/Fucik/Hartl, Verkehrsunfall VI Rn. 816.
406 ZVR 1989/86; SZ 40/144; Harrer in: Schwimann, ABGB § 1323 Rn. 35.
407 Schlosser/Fucik/Hartl, Verkehrsunfall III Rn. 95.
408 VersE 1747; Schlosser/Fucik/Hartl, Verkehrsunfall III Rn. 96.
409 Schlosser/Fucik/Hartl, Verkehrsunfall III Rn. 96.
410 Schlosser/Fucik/Hartl, Verkehrsunfall III Rn. 96.
411 VersE 1515; VersE 2015; VersE 1831; VersE 1906; Schlosser/Fucik/Hartl, Verkehrsunfall III Rn. 96.
412 Schlosser/Fucik/Hartl, Verkehrsunfall III Rn. 96.
413 VersE 1674; VersE 1921; VersE 1743; ZVR 1989/111; VersRdSch 1988/95; Schlosser/Fucik/Hartl, Verkehrsunfall III Rn. 96.

- die voraussichtlichen Kosten der Wiederherstellung zuzüglich der Restwerte den Wiederbeschaffungswert übersteigen.[414]

Wiederbeschaffungswert ist der Wert, den der VN für ein Fahrzeug gleicher Güte und Art im gleichen Abnutzungszustand zur Zeit des Versicherungsfalls hätte aufwenden müssen.[415] Bei Totalschaden ersetzt der Versicherer höchstens den Wiederbeschaffungswert.[416]

Im Falle eines **Teilschadens** ersetzt der Versicherer idR folgende Kosten: 297

- vorgenommene Reparatur und notwendige Fracht- und sonstige Transportkosten der Ersatzteile

- Wiederherstellung (bei Veräußerung des Fahrzeuges in beschädigtem Zustand)

- notwendige Kosten der Bergung und Verbringung des Fahrzeugs bis zur nächsten Werkstatt, die die Reparatur ordnungsgemäß durchführen kann.[417]

Bei Kosten von Ersatzteilen und Lackierung wird dem Alter und der Abnutzung gemäß ein 298 Abzug gemacht; bis zum Alter von drei Jahren kann dies jedoch nur bestimmte Posten betreffen.[418]

Keinen Ersatz leistet der Versicherer idR für Veränderungen, Verbesserungen, Verschleiß- 299 reparaturen, Minderung an Wert, äußerem Ansehen, Leistungsfähigkeit, Nutzungsausfall oder Kosten eines Ersatzwagens.[419]

Der Wert von Altteilen sowie des allfälligen Wracks werden bei der Ermittlung der Versi- 300 cherungsleistung abgezogen.[420]

Es besteht im Vergleich zur Haftpflichtversicherung keine Möglichkeit, eine Reparatur 301 über dem Wiederbeschaffungswert durchzuführen. Die **maximale Entschädigung** ist die Differenz zwischen Wiederbeschaffungswert und Wrackwert (abzüglich eines vereinbarten Selbstbehaltes).[421] Darüber hinaus gehende Kosten werden nur ersetzt, wenn sie auf ausdrückliche Weisung des Versicherers aufgewendet wurden.[422]

Bei **Diebstahl** des Kfz werden die tatsächlich aufgewendeten Rückholkosten im vereinbar- 302 ten Ausmaß ohne Abzug eines Selbstbehaltes ersetzt.[423]

B. Mittelbare Sachschäden (Sachfolgeschäden)

I. Finanzierungskosten/Zinsschaden

Zinsen für die Verwendung und Beschaffung von Fremdkapital zur Behebung des Scha- 303 dens sowie **Kreditvermittlungsgebühren** sind ersatzfähig.[424] Der aufgenommene Kredit muss tatsächlich für die Schadensbehebung verwendet werden.[425]

Der Geschädigte muss kein eigenes Kapital für die Behebung des Schadens heranziehen.[426] 304

Es ist nicht mehr notwendig, dass der Schädiger vorab zur Schadensbehebung bei ver- 305 schuldetem Verzug aufgefordert werden muss.[427] Eine unterlassene **Aufforderung** kann je-

---

414 Schlosser/Fucik/Hartl, Verkehrsunfall III Rn. 101.
415 Schlosser/Fucik/Hartl, Verkehrsunfall III Rn. 101.
416 Schlosser/Fucik/Hartl, Verkehrsunfall III Rn. 101.
417 Schlosser/Fucik/Hartl, Verkehrsunfall III Rn. 101.
418 Schlosser/Fucik/Hartl, Verkehrsunfall III Rn. 101.
419 Schlosser/Fucik/Hartl, Verkehrsunfall III Rn. 101.
420 Schlosser/Fucik/Hartl, Verkehrsunfall III Rn. 101.
421 Schlosser/Fucik/Hartl, Verkehrsunfall III Rn. 101.
422 Schlosser/Fucik/Hartl, Verkehrsunfall III Rn. 101.
423 Schlosser/Fucik/Hartl, Verkehrsunfall III Rn. 102.
424 SZ 45/63; ZVR 1981/136; SZ 55/104; Schlosser/Fucik/Hartl, Verkehrsunfall VI Rn. 825.
425 RZ 1998/4; Schlosser/Fucik/Hartl, Verkehrsunfall VI Rn. 825.
426 SZ 56/126; ZVR 1985/131; RdW 1999, 405; Schlosser/Fucik/Hartl, Verkehrsunfall VI Rn. 825.
427 SZ 41/166; ZVR 1991/33; RZ 1998/4; SZ 71/56; JBl 1999, 470; Schlosser/Fucik/Hartl, Verkehrsunfall VI Rn. 825.

doch als Verstoß gegen die Schadensminderungsobliegenheit gewertet werden, wenn der Schädiger nachweisen kann, dass er den Schaden bevorschusst hätte.[428]

II. Verzugszinsen

306 Verzugszinsen sind ersatzfähig.

307 Sie stehen erst zu, wenn der Schaden durch den Geschädigten ziffernmäßig eingefordert wurde (Einmahnung, Fälligstellung).[429]

308 **1. Verzugszinshöhe.** Die Höhe der Verzugszinsen wird in §§ 1333 Abs. 1 iVm 1000 Abs. 1 ABGB geregelt. Die gesetzlichen Verzugszinsen betragen im Allgemeinen vier Prozent.[430]

309 **2. Verzugsbeginn. a) Fahrzeugschaden.** Die Ersatzpflicht des objektiven Schadens wird bereits mit dessen **Eintritt** fällig. Eine Verzinsung beginnt von diesem Tag an.[431]

310 **b) Sonstige Schadenspositionen.** Ansprüche wie höhere Zinsen, subjektiv-konkret berechneter Interessenersatz, immaterielle Schäden etc werden erst fällig, sobald die Höhe des Ersatzanspruches bekannt gegeben wurde.[432]

311 **c) Geldleistungen des Versicherers.** Für Geldleistungen des Versicherers gilt gemäß § 11 VersVG, dass diese mit Beendigung der zur Feststellung des Versicherungsfalles und des Umfanges der Leistung des Versicherers nötigen **Erhebungen** fällig sind.

312 Die Fälligkeit tritt jedoch unabhängig davon ein, ob der VN nach Ablauf zweier Monate seit dem Begehren nach einer Geldleistung eine Erklärung des Versicherers verlangt, aus welchen Gründen die Erhebungen noch nicht beendet werden konnten, und der Versicherer diesem Verlangen nicht binnen eines Monats entspricht.

313 Können die Erhebungen infolge Verschuldens des VN nicht beendet werden, wird obige Frist gehemmt.

III. Anwaltskosten

314 **1. Allgemein.** Die Kosten, die durch die Beauftragung eines Anwaltes entstehen, gelten grundsätzlich als **ersatzfähiger Aufwand**.[433]

315 Wird in der Folge ein Gerichtsverfahren angestrengt, gelten die Regeln der §§ 40 ff. ZPO. Von der Ersatzpflicht sind auch die vorprozessualen Aufwendungen umfasst, welche im Kostenverzeichnis aufgenommen werden.[434]

316 Die vorprozessualen Kosten können nur dann selbstständig gerichtlich geltend gemacht werden, wenn die Hauptsache außergerichtlich erledigt wurde.[435]

317 **2. Vorprozessuale Betreibungs- und Mahnkosten.** Gemäß § 1333 Abs. 2 ABGB können die notwendigen Kosten zweckentsprechender außergerichtlicher Betreibungs- und Eintreibungsmaßnahmen (vorprozessuale Betreibungskosten) verlangt werden. Solche Mahn- und Inkassospesen gelten als **materieller Schadensersatzanspruch**. Sie sind im Klagebegehren geltend zu machen, erhöhen jedoch den Streitwert nicht.[436]

318 Die Mahnspesen müssen in einem angemessenen Verhältnis zur betriebenen Forderung stehen und dürfen nicht durch starre Prozentsätze konkretisiert werden. Zudem müssen sie dem Notwendigkeits- und Zweckmäßigkeitskriterium des § 1333 ABGB genügen.[437]

---

428 Schlosser/Fucik/Hartl, Verkehrsunfall VI Rn. 825.
429 SZ 41/79; SZ 45/37; SZ 54/119; JBl 1990, 44; ZVR 1982/142; Miet 43.113; RdW 1986,272; Schlosser/Fucik/Hartl, Verkehrsunfall VI Rn. 827; Harrer in: Schwimann, ABGB § 1323 Rn. 63.
430 Harrer in: Schwimann, ABGB § 1333 Rn. 4 und Rn. 17; Schlosser/Fucik/Hartl, Verkehrsunfall VI Rn. 101.
431 ZVR 1999/13; Schlosser/Fucik/Hartl, Verkehrsunfall VI Rn. 101; Welser, Bürgerliches Recht II, 37.
432 SZ 41/79; SZ 45/37; ZVR 1982/137; Schlosser/Fucik/Hartl, Verkehrsunfall VI Rn. 102.
433 Harrer in: Schwimann, ABGB § 1323 Rn. 36.
434 Harrer in: Schwimann, ABGB § 1323 Rn. 36; Fasching, Zivilprozessrecht Rn. 641.
435 Harrer in: Schwimann, ABGB § 1323 Rn. 36; Fasching, Zivilprozessrecht Rn. 461.
436 Schlosser/Fucik/Hartl, Verkehrsunfall I Rn. 88.
437 Schlosser/Fucik/Hartl, Verkehrsunfall I Rn. 88.

Hofer-Picout

Ist der Aufwand vom **Einheitssatz** des § 23 RATG gedeckt, ist er pauschal abgegolten. Es   319
erfolgt keine Honorierung, wenn kein erheblicher Aufwand an Zeit und Mühe damit verbunden war.[438]

Die vorprozessualen Kosten sind zu belegen (§ 52 ZPO). Fehlt eine Bescheinigung, schei-   320
tert das Kostenbegehren![439]

Weitere vorprozessuale Kosten sind:

■ Blaulichtsteuer (Gebühr für die Erfassung durch Sicherheitsbehörden bei Verkehrsunfall ohne Personenschaden),[440]

■ EDV-Abfragegebühr: nach § 273 ZPO zuerkannt.[441]

Nicht ersatzfähig sind Kopierkosten.[442]

IV. Rückstufungsschaden

1. Haftpflichtversicherung. In der Kfz-Haftpflichtversicherung richtet sich die Höhe der   321
Prämien für Pkws idR nach einer Einstufung gemäß Schadensverlauf (**Bonus-Malussys-
tem**). Fraglich ist daher, inwiefern dem VN der durch **Verschulden eines Dritten** in Folge
Erhöhung der Prämien der Haftpflichtversicherung (Malus) oder des Verlustes einer Prä-
mienherabsetzung entstandene Schaden ersetzt werden soll.[443]

Rückstufungsschäden sind nicht generell, sondern nur dann **ersatzfähig**, wenn das ursäch-   322
liche Verhalten des Verursachers als pflichtwidrig zu qualifizieren ist, dh dieser gegen eine
Rechtspflicht verstoßen hat (Rechtswidrigkeit!).[444] Dabei genügt nicht eine Übertretung
jeglicher Rechtsnorm, sondern diese muss gerade den Sinn gehabt haben, den eingetretenen Schaden zu verhindern.[445]

Beispiele: Der VN verleiht sein Kfz; der Entlehner verursacht einen Unfall, aufgrund dessen der   323
Haftpflichtversicherer des VN zahlen muss und der VN in den Malus gerät.

Der VN lässt sein Kfz reparieren. Die Instandsetzung wird unzulänglich durchgeführt, so dass die
Bremsen versagen und es zu einer Inanspruchnahme der Haftpflichtversicherung sowie einer
Rückstufung kommt.

Diesen beiden Fällen liegt eine vertragliche Haftung zugrunde. Als Nebenpflicht obiger
Verträge kann, je nach Einzelfall, auch die Pflicht abgeleitet werden, dass der VN vor dem
Nachteil der ungünstigen Prämieneinstufungen bewahrt werden soll (Sorgfaltspflicht!).
Der Verursacher begeht eine **positive Vertragsverletzung** und verursacht dadurch einen er-
satzfähigen Einstufungsschaden.[446]

Beispiel: Das Kfz des VN wird gestohlen und der Dieb verursacht einen zu einer Rückstufung   324
des VN führenden Schaden.

Das Verbot der Eigentumsverletzung verfügt über einen umfassenden Schutzzweck, wodurch eine grundsätzliche **Ersatzpflicht** (aus deliktischer Haftung) zu bejahen wäre.[447] In
der Praxis ist jedoch, sofern der Dieb gefasst wird, dieser gegenüber dem VN oder nach
Übergang der Forderung nach § 67 VersVG gegenüber dem Versicherer für den gesamten
Haftpflichtschaden verantwortlich. Nach erfolgreichem Regress erleidet der VN somit gar

---

438 SZ 2005/153; 1 Ob 69/06 p; Schlosser/Fucik/Hartl, Verkehrsunfall I Rn. 88.
439 Schlosser/Fucik/Hartl, Verkehrsunfall I Rn. 88.
440 LGZ Wien ZVR 2001/75; 2 Ob 260/02 b; LG St. Pölten 36 R 329/03 f.
441 LG St. Pölten 36 R 191/03 m; LG Salzburg 22 R 168/04 s; LG Ried 6 R 180/04 v; LG Eisenstadt 37 R
       25/06 k.
442 4 Ob 149/07 a, EvBl 2008/14; Schlosser/Fucik/Hartl, Verkehrsunfall I Rn. 88.
443 Koziol, Österreichisches Haftpflichtrecht, 3. Aufl. 1997, Rn. 8/38; Welser, Aktuelle Fragen, ZVR 1978,
       Sonderheft 38, 37 ff.; Messiner, Schadenersatz, ZVR 1977 264 f.; Larcher, Schadenersatz, ZVR 1978,
       139 f.
444 Welser, Aktuelle Fragen, ZVR 1978, Sonderheft 38, 39.
445 Welser, Aktuelle Fragen, ZVR 1978, Sonderheft 38, 38.
446 Welser, Aktuelle Fragen, ZVR 1978, Sonderheft 38, 38.
447 Welser, Aktuelle Fragen, ZVR 1978, Sonderheft 38, 38 f; Koziol, Haftpflichtrecht I Rn. 8/38.

keinen **Rückstufungsschaden**. Kann der Dieb **nicht gefasst** werden, geht der Anspruch des VN auf Ersatz des Einstufungsschadens ins Leere. Bei **Vermögenslosigkeit** des Diebes ist die Geltendmachung des Haftpflichtschadens nach § 67 VersVG sowie der Ersatzanspruch wegen ungünstiger Einstufung idR ebenfalls sinnlos. Wird der Dieb nach vollzogener Malusverletzung gefasst und haftpflichtig gemacht, ist eine Rückstufung vorzunehmen, wenn der Versicherer für den Anspruch nach § 67 VersVG befriedigt wird.[448]

325 **Beispiel:** Der VN verursacht mit dem Kfz einen Unfall, in welchem ein Fußgänger verletzt wird. Der VN fährt unaufmerksam, der Fußgänger überquert die Straße zeitunglesend, wodurch auch den Geschädigten somit ein Verschulden trifft. Dieser Schaden löst eine Rückstufung aus.

Der **Einstufungsschaden** stellt **keinen Personen- oder Sachschaden** (§ 1 EKHG) dar, weshalb eine Mitverantwortung des mitschuldigen Geschädigten (Fußgängers) nach EKHG nicht geltend gemacht werden kann.[449] Eine direkte Beteiligung des **Haftpflichtversicherers unterbleibt**, da dieser nur haftbar gemacht werden kann, wenn durch die Verwendung eines Fahrzeugs Menschen verletzt oder getötet, Sachen beschädigt oder zerstört werden oder abhandenkommen (Art. 1 Abs. 1 AKHB).[450] Eine Haftung nach allgemeinem Schadensersatzrecht (**Verschuldenshaftung** nach ABGB) **scheitert** ebenfalls, da das Mitverschulden des Geschädigten nicht den Grad eines echten Verschuldens gegenüber dem schädigenden VN erreicht. Die bloße Sorglosigkeit des mitschädigenden Dritten gegenüber dem Fahrzeug des Schädigers kann keine Haftung für den Malusschaden auslösen.[451] Der Rückstufungsschaden stellt zwar eine Belastung des Vermögens des Schädigers dar, die als primärer oder reiner Vermögensschaden eingestuft werden kann.[452] Dabei handelt es sich jedoch um Forderungen und den entgangenen Gewinn, der entsteht, ohne dass die Sachbeschädigung hierfür ursächlich wäre. Solche Schäden sind **nicht generell ersatzfähig**, sondern nur, wenn ein besonderes Schutzgesetz dies vorsieht. Eine gesetzliche Bestimmung, die vor Einstufungsschäden schützen soll, besteht nicht; insbesondere fällt dieser Schaden nicht in den direkten Schutzbereich der Straßenverkehrsnormen. Zweck der Straßenverkehrsvorschriften ist nämlich nur die Verhinderung von Personen- und Sachschäden, nicht jedoch von sonstigen (im reinen Vermögen liegenden) Schäden.[453] Eine Haftung für Rückstufungsschäden bei dieser Fallgestaltung ist daher nicht ableitbar.[454]

326 Wird der Ersatz des Rückstufungsschadens bejaht, so gebührt dieser auch bei leichter Fahrlässigkeit des Schädigers.[455]

327 **2. Vollkaskoversicherung – Verlust des Schadensfreiheitsrabatts, Kasko-Selbstbehalt. a) Volle Haftung des Schädigers.** Nimmt der Geschädigte seine Kaskoversicherung in Anspruch und verliert er dadurch seinen Bonus (Schadensfreiheitsrabatt), wird dies als **ersatzfähiger Vermögensschaden** angesehen.[456] Laut Rechtsprechung hat der Geschädigte aufgrund seiner **Schadensminderungsobliegenheit** zur vorübergehenden Abdeckung des Schadens eine allenfalls vorhandene Kaskoversicherung zwecks Vermeidung von Kreditrisiken und Spesen in Anspruch zu nehmen (Verpflichtung).[457]

328 **b) Haftungsquote.** In Mitverschuldensfällen wird eine Ersatzpflicht entsprechend der Verantwortungsquote des Schädigers anzunehmen sein.[458]

329 **c) Prozessuale Besonderheit.** Zwar ist es ratsam, eine Regelung mit dem Schädiger zu suchen; eine Obliegenheit trifft den Geschädigten jedoch laut OGH dann nicht, wenn der

---

448 Welser, Aktuelle Fragen, ZVR 1978, Sonderheft 38, 39.
449 Welser, Aktuelle Fragen, ZVR 1978, Sonderheft 38, 39.
450 Welser, Aktuelle Fragen, ZVR 1978, Sonderheft 38, 39.
451 Welser, Aktuelle Fragen, ZVR 1978, Sonderheft 38, 39.
452 Welser, Aktuelle Fragen, ZVR 1978, Sonderheft 38, 38.
453 Welser, Aktuelle Fragen, ZVR 1978, Sonderheft 38, 39.
454 Welser, Aktuelle Fragen, ZVR 1978, Sonderheft 38, 39; Koziol, Haftpflichtrecht I Rn. 8/38.
455 Welser, Aktuelle Fragen, ZVR 1978, Sonderheft 38, 39.
456 ZVR 1994/66; Schlosser/Fucik/Hartl, Verkehrsunfall VI Rn. 820; Neuhauser, Musterbuch Verkehrsunfall, 2006, S. 231.
457 ZVR 1981/216; Schlosser/Fucik/Hartl, Verkehrsunfall VI Rn. 820.
458 Harrer in: Schwimann, ABGB § 1323 Rn. 61.

Schaden durch einen **Ausländer** verursacht wurde, da die mit dem ausländischen Schriftverkehr sowie den Sprachschwierigkeiten verbundenen Schwierigkeiten und Verzögerungen für den Geschädigten unzumutbar sind.[459]

Durch Zahlung der Entschädigung geht der Anspruch auf den Kaskoversicherer über (§ 67 VersVG). Der Versicherer kann daher den Anspruch gegen den Schädiger geltend machen. Im Falle einer erfolgreichen Rechtsverfolgung durch den Versicherer wird die **Rückstufung storniert.**[460] Ein endgültiger Vermögensschaden ist daher – laut einigen kritischen Stimmen in der Lehre – streng genommen nicht eingetreten. Dieser Ansicht zufolge erfordert eine Klage wegen „Verlustes des Schadensfreiheitsrabatts", dass der Kläger darlegt, weshalb ein endgültiger Schaden und nicht eine vorläufige Rückstufung vorliegt.[461] 330

d) **Kasko-Selbstbehalt.** Wurde der Fahrzeugschaden bereits über die Kasko-Versicherung abgerechnet und musste der Kasko-Selbstbehalt bezahlt werden, so kann dieser Selbstbehalt als Schadensersatzforderung ebenfalls geltend gemacht werden.[462] 331

§ 3 Personenschäden

Dem Geschädigten steht bei **Körperverletzung** neben dem **Ersatz der Heilungskosten,** des **entgangenen** und **künftig entgehenden Verdienstes** auch ein **angemessenes Schmerzensgeld** zu (§ 1325 ABGB).[463] 332

Der Schädiger hat dem Geschädigten bei **Verunstaltung** eine Entschädigung zu leisten und im Fall von Tötung den Hinterbliebenen **entgangenen Unterhalt** zu ersetzen (§ 1326 ABGB).[464]

---

459 JBl 1987, 723 f; Harrer in: Schwimann, ABGB § 1323 Rn. 60.
460 JBl 1987, 723; Schlosser/Fucik/Hartl, Verkehrsunfall VI Rn. 820.
461 Harrer in: Schwimann, ABGB § 1323 Rn. 61.
462 Neuhauser, Musterbuch, S. 231.
463 Welser, Bürgerliches Recht, S. 339.
464 Schlosser/Fucik/Hartl, Verkehrsunfall VI Rn. 690 ff.

333 Auch §§ 12, 13 EKHG sehen vor, dass Folgendes zu ersetzen ist:

- Kosten der (versuchten oder erfolgreichen) **Heilung,**

- **Vermögensnachteil,** den der Geschädigte erlitten hat bzw. erleidet, dass aufgrund der Verletzung dauernd oder zeitweise seine Erwerbsfähigkeit aufgehoben oder gemindert ist,

- Kosten der **Vermehrung seiner Bedürfnisse,**

- angemessenes **Schmerzensgeld,**

- angemessene **Verunstaltungsentschädigung.**[465]

Neben diesen Ersatzpflichten steht im Falle der Tötung zusätzlich noch der Ersatz von **Begräbniskosten** und **Unterhaltsentgang** zu.

334 Unterschiede zwischen §§ 1325 ff. ABGB und §§ 12, 13 EKHG sind:[466]

- **Entgangener Gewinn** ist nach § 13 EKHG nicht, nach ABGB dann zu vergüten, wenn eine vorsätzliche oder grob fahrlässige Schädigung vorliegt.[467]

- **Frustrierte Aufwendungen** (bspw. Stornogebühr, Fahrschulkosten etc) sind vom Normzweck des § 13 EKHG nicht umfasst; neuerdings werden sie aber gemäß § 1325 ABGB ersetzt.[468]

A. Heil(behandlungs)kosten

I. Arzt-/Krankenhauskosten

335 „Heilkosten" sind all jene Aufwendungen, die durch eine Körperverletzung veranlasst und – abweichend von den ohne den Unfall erforderlich gewesenen gewöhnlichen Aufwendungen – in der Absicht gemacht wurden, die gesundheitlichen Folgen des Unfalls zu beseitigen oder zu bessern.[469]

336 Heilkosten sind Kosten für eine versuchte (vergebliche) Heilung, aber auch Kosten, die die Verschlechterung des Zustandes vermeiden (subjektiv-konkrete Berechnung).[470] Ersatzfähig sind insbesondere **Arzthonorare, Medikamentenkosten,** Kosten des **Krankenhausaufenthaltes,** Kosten **vermehrter Bedürfnisse** oder Kosten von **Heilbehelfen.**[471]

337 Höhere Kosten eines **Privatarztes** oder einer **höheren Gebührenklasse** sind ebenfalls zu ersetzen, sofern die Behandlung der sonstigen Lebenshaltung des Geschädigten entspricht oder für die Heilung notwendig und zweckmäßig ist.[472] Der Geschädigte muss nicht die billigste Behandlungsart, sondern kann die medizinisch beste wählen.[473] Sind Kosten aufgrund besonderer Umstände höher als üblich, steht der Ersatz des **zweckmäßigen Aufwandes** zu.[474] Beurteilungskriterien sind dabei medizinische Aspekte, aber auch sonstige Umstände des Einzelfalls (wie Schwere der Verletzung, Alter, Beiziehung des Vertrauensarztes, Erfordernis optimaler Betreuung und Versorgung etc).[475]

338 Die Kostentragung für die Heilungskosten birgt in der Praxis ein geringes Streitpotenzial, da die Kosten regelmäßig vom Sozialversicherungsträger ersetzt werden und daher der Ersatzanspruch auch diesem zusteht (§ 332 ASVG).[476]

---

465 Schlosser/Fucik/Hartl, Verkehrsunfall VI Rn. 670 ff.
466 SZ 41/31; SZ 41/155; SZ 51/ 131; SZ 52/77; Schlosser/Fucik/Hartl, Verkehrsunfall VI Rn. 691.
467 SZ 13/36; EvBl 1959/186; ZVR 1959/109.
468 ZVR 1989/170; ZVR 1978/264; JBl 2010, 504; Schlosser/Fucik/Hartl, Verkehrsunfall VI Rn. 692.
469 ZVR 2001/26; Schlosser/Fucik/Hartl, Verkehrsunfall VI Rn. 695.
470 ZVR 1972/56; ZVR 1983/281.
471 Welser, Bürgerliches Recht II, S. 343.
472 ZVR 2001/26; ZVR 2004/38; SZ 43/32.
473 ZVR 1983/281.
474 JBl 1995, 586; ZVR 1976/264; Schlosser/Fucik/Hartl, Verkehrsunfall VI Rn. 698.
475 EF 10.146; ZVR 1999/27; ZVR 1977/15; ZVR 2001/26; ZVR 1977/226; SZ 35/32; JBl 1963, 40; ZVR 1973/37; ZVR 1984/303; JBl 1995, 596.
476 Schlosser/Fucik/Hartl, Verkehrsunfall VI Rn. 699.

Der Geschädigte muss sich Kosten, die er sich aufgrund eines Spitalaufenthaltes in seiner   339
Haushaltsführung spart, entgegenhalten lassen (**Vorteilsausgleich!**).[477]

II. Nebenkosten

Bei den Nebenkosten handelt es sich meistens um solche, die von den Sozialversicherungs-   340
trägern nicht übernommen werden und die vom Geschädigten selbst geltend zu machen
sind. Hierzu besteht umfangreiche Rechtsprechung.[478]

Insbesondere folgende Kosten sind als Nebenansprüche ersatzfähig: 341

- **Transportkosten:** Kosten für Hubschraubertransport, Kosten von Fahrt zu/von Thera-
  piestätte[479]

- **Verbesserung der Kost,** soweit notwendig[480]

- **Trinkgelder** und kleinere **Geschenke** an Personal (Angemessenheit!)[481]

- **Telefonspesen** für Kontakt von Geschädigten mit Angehörigen[482]

- kleinere **Geschenke** an Geschädigten (Blumen, Lektüre etc)[483]

- Kosten für **Kleidung wegen Übergröße** wegen Gips (Jogginganzug, Bademantel)[484]

Kann der Geschädigte die Behandlungskosten nicht aus eigenen Mitteln bestreiten und   342
muss er sich hierzu Fremdmittel beschaffen, steht ihm der Ersatz von **Kreditzinsen** ebenfalls zu.[485] Der Geschädigte kann auf Kosten einer künftigen Heilbehandlung nur einen
angemessenen **Vorschuss** begehren.[486] Der Geschädigte muss die Heilbehandlung zudem
ernstlich beabsichtigen (Zweckbindung des Vorschusses).[487]

III. Besuchskosten

Besuchskosten können ebenfalls zu ersetzen sein.[488] Sind Besuche, wie solche nächster Ver-   343
wandter, durch **Sorge-** oder **Beistandspflichten** veranlasst, gebührt jedenfalls Ersatzpflicht.
Der Oberste Gerichtshof schränkt den Kreis der **Verwandten,** die Besuchskostenersatz geltend machen können, jedoch auf folgende Personen ein:[489]

- Eltern bei Besuch des (wenn auch volljährigen) Kindes[490]

- Kinder beim Besuch der Eltern[491]

- Ehegatte/Lebensgefährte des Geschädigten[492]

- im Familienverband lebende Geschwister.[493]

Nicht umfasst sind: 344

- nicht im Familienverband lebende Geschwister[494]

- Schwiegereltern[495]

---

477 SZ 28/28.
478 Schlosser/Fucik/Hartl, Verkehrsunfall VI Rn. 699 f.
479 ZVR 1976/320; SZ 62/87; ZVR 2001/25; ZVR 2001/100.
480 2 Ob 323/55.
481 ZVR 1973/38; ZVR 1979/133.
482 EF 24.835; ZVR 1998/42; EvBl 2002/190.
483 OLG Innsbruck 3 R 253/88; OLG Wien 14R 41/95.
484 OLG Wien 12 R 54/92.
485 ZVR 1972/96.
486 SZ 70/220; Schlosser/Fucik/Hartl, Verkehrsunfall VI Rn. 705.
487 SZ 70/220; Schlosser/Fucik/Hartl, Verkehrsunfall VI Rn. 706.
488 ZVR 1973/38; SZ 62/116; ZVR 1998/42; EvBl 2002/190; EF 46.
489 EvBl 2002/190.
490 ZVR 1968/83.
491 SZ 62/116.
492 JBl 1958, 207; EvBl 2002/190.
493 EF 56.995.
494 EF 54.253.
495 EF 54.250.

- Schwiegerkinder [496]
- gute Freunde. [497]

345 Wer als **nächster Verwandter** einzustufen ist, wird jedoch auch von den Umständen des Einzelfalls abhängen.

346 Der durch den Besuch aufgewendete **Pflegeaufwand für Kinder** ist ebenso ersatzfähig. [498]

347 Bei Besuchen werden nicht bloß der Zeitaufwand, sondern auch die (angemessenen) **Fahrtkosten** vergütet. [499] Dabei wird idR auf das amtliche Kilometergeld zurückgegriffen; dies insbesondere bei Unzumutbarkeit der Benutzung von öffentlichen Verkehrsmitteln. [500]

348 Inwiefern auch die Kosten für eine **Ersatzkraft** zu vergüten sind, sofern diese für einen selbstständig erwerbstätigen Angehörigen notwendig ist, um ihn in seiner besuchsbedingten Abwesenheit zu vertreten, ist noch strittig. [501]

IV. Kosten einer kosmetischen Operation

349 Kosten einer kosmetischen Operation sind zu ersetzen, sofern sie die durch die Verletzung verursachte Verunstaltung gänzlich oder teilweise beheben. [502]

V. Außenseitermethoden

350 Keine Voraussetzung für die Ersatzfähigkeit des Aufwandes ist, ob die Behandlungsmethode in der ärztlichen Wissenschaft eine anerkannte Methode ist. [503] Bei der Beurteilung ist lediglich auf die **Zweckmäßigkeit** abzusetzen.

351 Als ersatzfähig wurden von der Judikatur angesehen:

- Akupunktur[504]
- Delphintherapie[505]
- Therapeutisches Reiten und Schwimmen. [506]

B. Erwerbsschaden (Verdienstentgang)

352 Erwerbsfähigkeit ist die Fähigkeit, in einer der Ausbildung, den Anlagen und der bisherigen Tätigkeit entsprechenden Stellung den Lebensunterhalt zu verdienen. [507] Ausschlaggebend ist dabei die Erwerbsfähigkeit im wirtschaftlichen Sinn. [508]

353 Der Schaden des Geschädigten (positiver Schaden und nicht entgangener Gewinn!) wird erst dadurch beseitigt, dass er wieder eine **gleichwertige Erwerbsstellung** erlangt, nicht schon dadurch, dass er wieder erwerbsfähig ist. [509]

354 Verdienstentgang gebührt für die **Vergangenheit** (seit Verletzung) und für die **Zukunft**. [510]

355 Hatte der Geschädigte zum Unfallzeitpunkt **noch keinen Verdienst**, besteht Anspruch auf Ersatz des Verdienstentganges, wenn anzunehmen war, dass er sich entschlossen hätte, seine Erwerbsfähigkeit einzusetzen und auch einen Erwerb gefunden hätte (Beweispflicht des

---

496 EF 54.250.
497 ZVR 2002/190.
498 EvBl 2002/190; SZ 62/116.
499 EF 46.093; JBl 2003, 650; ZVR 2006/88.
500 ZVR 1976/321; ZVR 1985/102; EF 54.254.
501 8 Ob 200/83.
502 ZVR 1976/264; ZVR 1994/22; ZVR 1995/155.
503 Schlosser/Fucik/Hartl, Verkehrsunfall VI Rn. 708.
504 ZVR 1993/151; ZAK 2009/397, 257.
505 ZAK 2010, 451.
506 ZVR 2011/233.
507 ZVR 1979/232; ZVR 1998/112; Schlosser/Fucik/Hartl, Verkehrsunfall VI Rn. 722.
508 ZVR 1959/149; ZVR 1979/232; ZVR 2002/5.
509 ZVR 1985/128; SZ 64/36; ZVR 1999/21; ZVR 2000/49; ZVR 2001/2.
510 Welser, Bürgerliches Recht II, S. 343.

Geschädigten!). Die Höhe des Verdienstentganges wird dann hypothetisch auf Basis des gewöhnlichen Laufs der Dinge beurteilt.[511]

Neben dem Verdienstentgang sind noch folgende **Nachteile ersatzpflichtig:** 356

- Verringerung des Erwerbseinkommens[512]

- Einbußen wegen verzögerten Eintritts ins Berufsleben[513]

- Beeinträchtigung des beruflichen Aufstiegs[514]

- Aufschub des beruflichen Werdegangs[515]

- Entgang/Schmälerung der Alterspension.[516]

Der Verdienstentgang kann entweder **konkret** mithilfe der Differenzmethode (wirkliche 357
Geldeinbuße) oder **abstrakt** (Abstellen auf objektiv zu ermittelnde Minderung der Erwerbsfähigkeit) berechnet werden.[517]

Der Ersatz des künftigen Verdienstentgangs erfolgt idR als Geldrente. Manchmal wird 358
auch eine einmalige **Abfindungssumme** geleistet (hierfür muss der Geschädigte einen wichtigen Grund vorweisen; zudem muss dies für den Schädiger wirtschaftlich zumutbar sein). Die Berechnung erfolgt mit einer Wahrscheinlichkeitsberechnung.[518]

I. Arbeitnehmer

1. Anspruch des geschädigten Arbeitnehmers. Wird ein unselbstständig Erwerbstätiger 359
unverschuldet arbeitsunfähig, erhält er sein Entgelt eine gewisse Zeit weiterbezahlt.[519] Ein Vermögensschaden tritt daher zunächst nicht ein. Dem Geschädigten steht jedoch der Ersatz jenes Verdienstes zu, der ihm nach Ablauf der Lohnfortzahlung entgeht.[520]

Dem AN sind zu ersetzen: 360

- das (schwankende) haupt- und nebenberufliche **Einkommen**,[521]

- **Zulagen** (Erschwerniszulagen etc); bei der Schmutzzulage steht nur der Differenzbetrag zwischen der Zulage und dem daraus zu bestreitenden Mehraufwand für Reinigung zu,[522]

- voraussichtlich geleistete **Überstunden**,[523]

- **Trinkgelder**,[524]

- **Reisegebühren** (im Umfang der Differenz zwischen Reisezulage und dem Aufwand für Verpflegung),[525]

---

511 ZRInfo 202/015; ZVR 1961/148; ZVR 1980/231.
512 Schlosser/Fucik/Hartl, Verkehrsunfall VI Rn. 725.
513 ZVR 1970/150; JBl 2000, 729.
514 ZVR 1972/194.
515 SZ 2008/1.
516 SZ 52/77.
517 ZVR 1985/11; ZVR 2009/10; ZVR 2010/9.
518 ZVR 1975/198; ZVR 1961/174; EF 33.829; ZVR 1989/107; Harrer in: Schwimann, ABGB § 1325 Rn. 40.
519 Harrer in: Schwimann, ABGB § 1325 Rn. 33.
520 Harrer in: Schwimann, ABGB § 1325 Rn. 33.
521 ZVR 1971/126; ZVR 1957/181; Harrer in: Schwimann, ABGB § 1325 Rn. 34; Schlosser/Fucik/Hartl, Verkehrsunfall VI Rn. 727.
522 SZ 42/140; ZVR 1961/198; ZVR 1987/121; Harrer in: Schwimann, ABGB § 1325 Rn. 34; Schlosser/Fucik/Hartl, Verkehrsunfall VI Rn. 727.
523 EvBl 1968/324; Harrer in: Schwimann, ABGB § 1325 Rn. 34; Schlosser/Fucik/Hartl, Verkehrsunfall VI Rn. 727.
524 EvBl 1968/324; Harrer in: Schwimann, ABGB § 1325 Rn. 34; Schlosser/Fucik/Hartl, Verkehrsunfall VI Rn. 727.
525 ZVR 1957/101; ZVR 1977/101; ZVR 1978/165; ZVR 1970/90; Schlosser/Fucik/Hartl, Verkehrsunfall VI Rn. 727; Harrer in: Schwimann, ABGB § 1325 Rn. 34.

■ entgangener **Pensionsanspruch**[526] (nunmehr zeitlich begrenzt – bei Männern 65., bei Frauen 60. Lebensjahr),[527]

Behauptet und beweist der Geschädigte, dass er auch nach Erreichen des Pensionsantrittsalters einer Erwerbstätigkeit nachgegangen wäre, kann er eine zeitlich unbegrenzte Rente in Anspruch nehmen,[528]

■ private Nutzung von **Firmenfahrzeug** und sonstige Naturalbezüge (wie freie Unterkunft mit Bekleidung und Taschengeld; freie Station, Dienstwohnung etc).[529]

361   **2. Lohnfortzahlung durch Arbeitgeber.** Bei Verletzung des AN wird der AG zur Fortzahlung des Lohnes verpflichtet; dabei wird der Schaden auf den AG verlagert. Der Schädiger hat dem AG den auf diesen in Höhe des Bruttolohns zuzüglich der AG-Beiträge zur Sozialversicherung übergewälzten Schaden zu ersetzen.[530]

362   Ersatzfähig sind insbesondere

■ AG-Beitrag zur **Sozialversicherung** (in voller Höhe),

■ die aufgrund des Entgeltminderungsverbotes aus § 7 BEinstG abgeleitete **Verpflichtung**,[531]

■ eventuell aliquote **Sonderzahlungen** (für Zeiten der Entgeltkürzung nicht!),[532]

■ vom AG an die Bauarbeiter-Urlaubs- und Abfindungskasse geleistete **Zuschläge zum Lohn** (bei unmittelbarer Finanzierung des Urlaubsentgeltes).[533]

363   Nicht ersatzfähig sind insbesondere:

■ Abfertigung alt,[534]

■ Urlaubsabgeltung (§ 10 UrlG),[535]

■ DG-Beiträge zum Familienbeihilfenausgleichsfond und Kammerumlage,

■ DG-Beiträge nach § 13 EFZG und 12 BschEG.[536]

II. Selbstständige

364   **1. Selbstständig Erwerbstätiger.** Wird ein selbstständig Erwerbstätiger verletzt, besteht der Verdienstentgang entweder im **Gewinnausfall** oder in den Kosten für eine **Ersatzkraft**; eventuell auch in den Mehrkosten für die verletzungsbedingte Weitergabe des Auftrages an einen **Subunternehmer** (bei termingebundener Werkerstellung).[537] Beide Möglichkeiten sind auch kombinierbar, sollte der Ausfall durch Ersatzpersonen nicht ausgeglichen werden können.[538]

365   Bei Ausgleich der Beeinträchtigung durch Mehranstrengung oder unentgeltliche Leistungen Dritter (Nachbarschaftshilfe, Angehörige, Freunde) stehen die (fiktiven) Kosten einer **Ersatzkraft** (Bruttolohn) zu.[539]

366   Selbstständige arbeiten häufig noch, auch wenn sie das Pensionsalter schon erreicht haben (vgl. dazu bei Unselbstständigen → Rn. 360).[540] Es steht dem Schädiger jedoch offen, den

---

526   SZ 52/77; Harrer in: Schwimann, ABGB § 1325 Rn. 34.
527   SZ 25/104; SZ 44/138; Schlosser/Fucik/Hartl, Verkehrsunfall VI Rn. 730.
528   ZVR 1976/207; ZVR 1984/97; ZVR 1988/145; Schlosser/Fucik/Hartl, Verkehrsunfall VI Rn. 730.
529   ZVR 1982/417; JBl 1956, 284; ZVR 1978/165; Schlosser/Fucik/Hartl, Verkehrsunfall VI Rn. 727.
530   SZ 62/52; SZ 69/27.
531   JBl 2006, 590; Schlosser/Fucik/Hartl, Verkehrsunfall VI Rn. 736.
532   ZVR 1999/6.
533   SZ 70/245.
534   ZAK 2009/549, 336.
535   Schlosser/Fucik/Hartl, Verkehrsunfall VI Rn. 735.
536   SZ 69/27; SZ 70/245; Schlosser/Fucik/Hartl, Verkehrsunfall VI Rn. 736.
537   ZVR 2008/239; ZVR 2004/48.
538   ZVR 2007/255; ZVR 2008/239; Schlosser/Fucik/Hartl, Verkehrsunfall VI Rn. 738.
539   ZVR 2008/239; JBl 1999, 185; Schlosser/Fucik/Hartl, Verkehrsunfall VI Rn. 738.
540   ZVR 1989/30.

Nachweis zu erbringen, dass der Geschädigte über das Pensionsalter hinaus nicht gearbeitet hätte.[541]

Den Geschädigten trifft beim Wechsel der Beschäftigung eine **Schadensminderungsobliegenheit**. Eine berufliche Neuorientierung kann gegen die Schadensminderungspflicht verstoßen.[542] **367**

Der Geschädigte kann den Einwand des Verstoßes gegen die Schadensminderungspflicht dadurch entkräften, dass er nachweist, dass die **Tätigkeit nicht zumutbar** war (siehe zur Zumutbarkeit unter → Rn. 377 ff.).[543] **368**

2. Gesellschafter. Ist der Geschädigte Gesellschafter einer Personen- oder Kapitalgesellschaft, kann der Geschädigte nur den auf seine Beteiligung entfallenden **Gewinnausfall** fordern; selbst dann, wenn sich der Erwerbsausfall des Geschädigten auf den Gewinn des gesamten Unternehmens auswirkt.[544] Der auf die anderen Gesellschafter entfallende Schaden war bislang nicht ersatzfähig (mittelbarer Schaden), doch scheint die Rechtsprechung immer mehr dahin zu tendieren, diesen Schaden als Schadensverlagerung anzusehen und die Ersatzfähigkeit hinsichtlich der restlichen entgangenen Gewinnanteile zu bejahen.[545] **369**

Bei tatsächlicher Einstellung einer **Ersatzkraft** sind deren Kosten dem Gesellschafter nur zu ersetzen, wenn er die Ersatzkraft selbst eingestellt oder beauftragt hat; geschieht dies durch die Gesellschaft, kann der geschädigte Gesellschafter nur den durch die Beschäftigung der Ersatzkraft verursachten Gewinnausfall verlangen, nicht jedoch die Kosten der Ersatzkraft. Die Gesellschaft (auch bei Ein-Mann-GmbH) kann sich den mittelbaren Schaden nicht ersetzen lassen.[546] **370**

Soll der Gewinnausfall der Gesellschaft durch Mehranstrengung der Mitgesellschafter oder durch Leistungen der Familie ausgeglichen werden, kann der geschädigte Gesellschafter die Kosten der **fiktiven Ersatzkraft** geltend machen.[547] **371**

III. Sonstige Personen

1. Verdienst aus nicht erlaubter Tätigkeit (Prostitution, Pfusch). Ob die Tätigkeit, die zum Verdienst führt, tatsächlich erlaubt ist (bspw. verwaltungsrechtlich), ist für den Ersatzanspruch irrelevant. **372**

Beispiel: Verdienst einer (nicht) registrierten Prostituierten;[548] Verdienst durch Pfusch oder Schwarzarbeit.[549]

2. Studenten. Studenten stehen Ersatzansprüche zu, wenn die Verletzung eine Verzögerung des Studiums (bspw. Verlust eines Semesters) nach sich zieht. Schadensersatzansprüche wegen Verdienstentgang stehen jedoch nicht zu, wenn die Verletzung lediglich negative Auswirkungen auf die Freizeitgestaltung hatte.[550] **373**

3. Hausfrauenrente. Zur Hausfrauenrente siehe Genaueres unter → Rn. 383 ff. **374**

IV. Verdienst

Zum „Verdienst" zählen laut Rechtsprechung nicht nur die Arbeit im Rahmen des Dienstverhältnisses oder die selbstständige Erwerbstätigkeit, sondern auch andere Tätigkeiten, durch die der Geschädigte **Vermögen** aufbaut. **375**

---

541 ZVR 1962/60.
542 EvBl 2009/142.
543 Schlosser/Fucik/Hartl, Verkehrsunfall VI Rn. 743.
544 ZVR 1978/213; SZ 70/93; JBl 1999, 185; Schlosser/Fucik/Hartl, Verkehrsunfall VI Rn. 739.
545 ZVR 2007/255; ZVR 2008/239.
546 2 Ob 42/87; SZ 61/178; ZVR 2008/239; Schlosser/Fucik/Hartl, Verkehrsunfall VI Rn. 740.
547 ZVR 2008/239.
548 SZ 54/70; Harrer in: Schwimann, ABGB § 1325 Rn. 35; Schlosser/Fucik/Hartl, Verkehrsunfall VI Rn. 727.
549 SZ 72/54; Schlosser/Fucik/Hartl, Verkehrsunfall VI Rn. 727; Harrer in: Schwimann, ABGB § 1325 Rn. 35.
550 EvBl 1969/374; ZVR 1970/150; EF 46.095; JBl 2000, 729; EF 46.096; Harrer in: Schwimann, ABGB § 1325 Rn. 36.

Beispiele:

■ Bau eines Hauses (auch wenn im Eigentum des Ehegatten)[551]

■ Umbau- und Instandhaltungsarbeiten am Haus[552]

■ Mitwirkung am Erwerb des Ehegatten[553]

■ konkret zugesagte Sponsorgelder bei Spitzensportlern[554]

V. Einwand zeitlicher Begrenzung

376 Vor Schluss der Verhandlung erster Instanz ist der Einwand der zeitlichen Begrenzung der Rente zu erheben (eventuell Feststellungsklage).[555]

VI. Zumutbarkeit einer Ersatztätigkeit

377 Der Geschädigte, der seiner früheren Tätigkeit nicht mehr nachgehen kann, muss nicht jedwedem, sondern nur einem zumutbaren Erwerb nachgehen.[556]

378 Eine **Umschulungspflicht** besteht laut Rechtsprechung nur, wenn damit keine nennenswerte Verschlechterung der sozialen Lebensstellung und der Art des erlernten Berufs verbunden ist (Aufstiegschancen, Anpassungs- und Umstellungsfähigkeit des Geschädigten).[557] Kosten für Umschulungsmaßnahmen trägt der Schädiger.[558]

379 Der Schädiger muss nachweisen, dass der Geschädigte eine zumutbare Ersatzbeschäftigung nicht angenommen hat. Der Geschädigte muss sich in einem solchen Fall das dadurch Versäumte anrechnen lassen.[559] Diese **Beweislast** verschiebt sich, sobald der zu Einkommensminderung führende Schaden nicht mehr gegeben ist. Dann muss der Geschädigte nachweisen, dass er nicht in der Lage wäre, einen entsprechenden Arbeitsplatz zu finden.[560]

VII. Abstrakte Rente

380 Selbst wenn der Geschädigte keinen konkreten Verdienstentgang hat, weil er seine bisherige Tätigkeit unverändert fortführen kann, steht ihm in bestimmten Fällen ein Ersatzanspruch in Form einer abstrakten Rente zu.[561] Diese stellt eine Ausnahme für **Härtefälle** dar, in denen der Verletzte trotz körperlichen Dauerschadens keinen Ersatz für Verdienstentgang erhalten würde, weil der Verdienstentgang (vorläufig und zufällig) ziffernmäßig nicht fassbar ist.[562]

381 Voraussetzung für die abstrakte Rente ist

■ Feststehen des **Dauerschadens**

■ wahrscheinliche **Minderung des Einkommens** in der Zukunft.[563]

382 Bei Zuspruch der abstrakten Rente kann der Geschädigte keine konkrete Rente mehr beanspruchen.[564]

---

551 SZ 50/77; ZVR 1999/33; ZVR 2002/62.
552 ZVR 1982/188; ZVR 2009/4.
553 JBl 1987, 575.
554 ZVR 1996/50.
555 ZVR 1964/79; SZ 25/104; ZVR 2001/108; Schlosser/Fucik/Hartl, Verkehrsunfall VI Rn. 743.
556 ZVR 1989/203; SZ 24/180; JBl 1956, 180; Harrer in: Schwimann, ABGB § 1325 Rn. 38.
557 ZVR 1989/203; SZ 49/19: ZVR 1963/269; Harrer in: Schwimann, ABGB § 1325 Rn. 38.
558 Harrer in: Schwimann, ABGB § 1325 Rn. 38.
559 JBl 1956, 180: ZVR 1977/132; SZ 24/180.
560 ZVR 1977/43; ZVR 1980/154; Harrer in: Schwimann, ABGB § 1325 Rn. 39.
561 Harrer in: Schwimann, ABGB § 1325 Rn. 49; Schlosser/Fucik/Hartl, Verkehrsunfall VI Rn. 744.
562 ZVR 1987/81; ZVR 1993/ 165.
563 SZ 40/173; ZVR 1987/81; ZVR 1993/165; JBl 2003, 242; ZAK 2007/420, 238.
564 ZVR 1985/11; UVR 1987/81; 2 Ob 133/02 s; ZVR 2007/32; 2 Ob 126/06 b.

C. Haushaltsführungsschaden

Ersatz des Haushaltsführungsschadens steht zu   383

■ dem verletzten **Alleinstehenden** (Ersatz im Rahmen der vermehrten Bedürfnisse, siehe hierzu → Rn. 404 ff.)

■ dem **verletzten** zur Haushaltsführung verpflichteten **Partner** („Hausmann"/„Hausfrau") (Ersatz /im Rahmen der Minderung der Erwerbsfähigkeit).[565]

I. Konkreter Schaden der Haushaltsführung

Dem zur Haushaltsführung verpflichteten Geschädigten steht der Ersatz der Kosten einer   384
Haushaltshilfe zu. [566]

II. Fiktiver Schaden

Der Ersatz der **Kosten der Haushaltshilfe** steht zu, unabhängig davon, ob der Geschädigte   385
tatsächlich eine solche einstellt oder der Aufwand vom Geschädigten (oder Partner) unter
vermehrtem Aufwand an Zeit und Mühe verrichtet wird („Entschädigung für konkreten
Verdienstentgang").[567] Die fiktiven Kosten einer Ersatzkraft stellen die Obergrenze der
Entschädigung dar.[568]

III. Berechnungsgrundlagen

1. Beeinträchtigung der Arbeitskraft. „Haushaltsführung" ist im weiten Sinne zu verste-   386
hen.

Ersatzansprüche stehen zu (selbst) bei

■ Unmöglichkeit der Erfüllung familiärer Krankenpflege[569]

■ Zurverfügungstellung der Arbeitskraft des Geschädigten an einen Verwandten

■ unentgeltlicher Mitwirkung im Betrieb des Ehegatten[570]

■ Verrichtung der Hausarbeit vor Schädigung durch Dritte.[571]

2. Arbeitsumfang. Berücksichtigt werden für die Bemessung der Höhe der Rente Art und   387
Ausmaß der vom haushaltsführungspflichtigen Geschädigten im Haushalt und für die
Pflege der Kinder erbrachten Leistungen sowie die Kosten für die Ersatzkraft.[572]

Das Ausmaß einer sogenannten **Hausfrauenrente** richtet sich nach den tatsächlichen Ver-   388
hältnissen des betreffenden Haushaltes.[573]

3. Lohnermittlung. Die Höhe der Hausfrauenrente wird mit dem Aufwand für eine Haus-   389
gehilfin festgesetzt (§ 273 ZPO!).[574] Dabei werden der Bruttolohn einschließlich der (fiktiven) Weihnachtsremuneration und des Urlaubszuschusses sowie eines Zuschlages für Leistungen an Sonn- und Feiertagen und die fiktiven Beiträge zur Sozialversicherung berechnet.[575]

---

565 Schlosser/Fucik/Hartl, Verkehrsunfall VI Rn. 749 ff.; Harrer in: Schwimann, ABGB § 1325 Rn. 45 ff.
566 SZ 22/77; ZVR 1958/207; ZVR 1984/322; EvBl-LS 2010/167; Schlosser/Fucik/Hartl, Verkehrsunfall VI
     Rn. 751.
567 SZ 22/77; ZVR 1958/207; ZVR 1984/322; EvBl-LS 2010/167; ZVR 1977/11; ZVR 1879/200; SZ 55/167;
     Schlosser/Fucik/Hartl, Verkehrsunfall VI Rn. 751.
568 ZVR 1977/299; Harrer in: Schwimann, ABGB § 1325 Rn. 45.
569 JUS Extra 1995/124, 19.
570 SZ 41/58; JBl 1987, 575; RZ 1995/78; SZ 42/99; ZVR 1980 /231; SZ 48/119.
571 ZVR 1999/1.
572 Schlosser/Fucik/Hartl, Verkehrsunfall VI Rn. 752.
573 ZVR 2003/24, 75.
574 ZVR 1985/46; RdM 2010/160; Schlosser/Fucik/Hartl, Verkehrsunfall VI Rn. 752.
575 ZVR 1987/56; ZVR 1989/92; Schlosser/Fucik/Hartl, Verkehrsunfall VI Rn. 751.

390 Die Rente ist grundsätzlich zeitlich unbeschränkt; dies gilt jedenfalls bei einer Erwerbsminderung von 40–50 %. Die Rente kann je nach Änderung der Umstände erhöht oder reduziert werden.[576]

391 Bei unfallbedingter Unmöglichkeit der Besorgung einer **familiären Krankenpflege** stehen dem (nicht zu pflegenden) Verletzten die Kosten einer Ersatzkraft zu.[577]

Beispiel: Der Verletzte stellt seine Arbeitskraft (wenn auch ohne Entlohnung!) einem Verwandten zur Verfügung. Der Verletzte hat Anspruch auf Ersatz des Wertes seiner Arbeitsleistung.[578]

392 **4. Mitverschulden (Haftungsquote).** Trifft den Geschädigten ein Mitverschulden, ist der Schaden nach Quoten aufzuteilen. Der Schädiger trägt den Schaden jedoch alleine, wenn der Verschuldensanteil des Geschädigten (nach Abwägung) geringfügig war. Bei weitaus überwiegendem Verschulden des Geschädigten trägt dieser die Alleinhaftung.[579]

393 Kraft besonderer gesetzlicher Anordnung werden bei Missachtung der **Gurtanlegepflicht** sowie der **Helmpflicht** Ansprüche auf Schmerzensgeld, nicht aber auf Ersatz der Heilungskosten, des Verdienstentganges oder sonstiger Vermögensschäden gemindert.[580]

394 **5. Vereinfachte Berechnungsmöglichkeit.** Die Festsetzung kann unter Zuhilfenahme des § 273 ZPO erfolgen.[581]

D. Sonstige Ansprüche aus Personenschaden

I. Verunstaltungsentschädigung

395 Gemäß § 1326 ABGB steht eine Verunstaltungsentschädigung zu. Voraussetzung hierfür ist die Haftung für die **Körperverletzung.** Als Verschulden genügt leichte Fahrlässigkeit bzw. das Vorliegen der Gefährdungshaftung (§ 13 Z 5 EKHG).[582]

396 Ansprüche stehen Männern und Frauen sowie auch Kindern und Unmündigen gleichermaßen zu.[583]

397 Das Vorliegen einer „Verunstaltung" wird nicht nach medizinischen Kriterien beurteilt, sondern auf Basis der **allgemeinen Lebenserfahrung.**[584]

Beispiele: Beinverkürzung; Gleichgewichtsstörungen; Verlust der Sehfähigkeit etc.[585]

Nicht von Bedeutung ist, ob die Verunstaltung **sichtbar** ist oder von der Bekleidung verdeckt werden kann.[586] Eine Verunstaltung muss nicht Abscheu oder Mitleid auslösen oder Dauerwirkung haben. Selbst, wenn die Dauerwirkung später durch **kosmetische Operationen** behoben werden kann, ist eine Verunstaltung gegeben.[587] Bei **vorübergehender Verunstaltung** wird eine Entschädigung für die Dauer der Verunstaltung gewährt.[588]

398 Die Verunstaltung trägt dazu bei, das **„bessere Fortkommen"** des Geschädigten zu verhindern oder kann dies beeinträchtigen. Die Behinderung einer Verbesserung der Lebenslage kann in

576 ZVR 1985/46; Schlosser/Fucik/Hartl, Verkehrsunfall VI Rn. 752.
577 RZ 1995/78; Schlosser/Fucik/Hartl, Verkehrsunfall VI Rn. 753.
578 SZ 41/58; JBl 1987, 575; RZ 1995/78; Schlosser/Fucik/Hartl, Verkehrsunfall VI Rn. 753.
579 Harrer in: Schwimann, ABGB § 1304 Rn. 38 ff.
580 Welser, Bürgerliches Recht II, 328 f.; Apathy, Zivilrechtliche Folgen, JBl 1985, 641.
581 ZVR 1985/46; RdM 2010/160; Schlosser/Fucik/Hartl, Verkehrsunfall VI Rn. 752.
582 SZ 20/21.
583 SZ 40/125 und 167; ZVR 1988/39; ZVR 1978/292; EF 81.536; ZVR 1974/70; ZVR 1987/127.
584 SZ 42/127; ZVR 1992/79; ZVR 1997/ 82; ZVR 2000/92; ZVR 2001/39.
585 ZVR 1983/58; ZVR 2006/125; RZ 1977/77; ZVR 1997/82.
586 ZVR 1980/74; EF 41.121; Schlosser/Fucik/Hartl, Verkehrsunfall VI Rn. 676.
587 EvBl 1976/233; ZVR 1970/233; ZVR 1980/151; ZVR 1974/43; ZVR 1976/269; ZVR 1978/21.
588 ZVR 1980/151; ZVR 1997/47; Schlosser/Fucik/Hartl, Verkehrsunfall VI Rn. 677.

- der **Verhinderung des beruflichen Aufstiegs**,[589]

- der **Verminderung der Heiratsaussichten**[590] (selbst bei geschiedenen, in Lebensgemeinschaft lebenden oder verlobten Frauen/Männern, nicht jedoch bei verheirateten),[591]

- der konkreten Gefahr, dass eine Verbesserung der Lebenslage aufgrund der nachteiligen Veränderung des Äußeren entfällt (**Ausgrenzung** im gesellschaftlichen Leben) bestehen.[592]

Ist besseres Fortkommen wegen **vollständiger Erwerbsunfähigkeit** ganz ausgeschlossen, kann nur mehr Ersatz wegen verminderter Heiratsaussichten geltend gemacht werden.[593] 399

Der Geschädigte trägt die **Behauptungs- und Beweislast** für die Tatsache, dass durch die Verunstaltung das bessere Fortkommen gehindert ist; dabei genügt jedoch die bloße Möglichkeit der Behinderung in einem geringen Grad an Wahrscheinlichkeit.[594] Der Schädiger trägt die Behauptungs- und Beweislast dafür, dass für die Verunstaltung im konkreten Fall keine Entschädigung gebührt, weil die Verunstaltung durch zumutbare (schmerzfreie, gefahrlose und erfolgsversprechende) Operationen vermieden werden kann.[595] 400

Ersetzt wird der **potenzielle Vermögensschaden**, wobei auch gleichzeitig immaterieller Schaden berücksichtigt wird. 401

Der Schaden wird auf Basis des Ausmaßes der Entstellung (Grad der Verunstaltung) sowie des Ausmaßes und der Wahrscheinlichkeit der Behinderung des besseren Fortkommens festgelegt.[596] Es wird ein **objektiver Maßstab** zugrunde gelegt. Vorschäden sind entsprechend mitzuberücksichtigen.[597] 402

Verunstaltungsentschädigungen sind idR als **einheitlicher Kapitalbetrag** zu entgelten; auch eine ergänzende Bemessung ist möglich. **Rentenbegehren** sind nicht völlig ausgeschlossen.[598] 403

II. Kosten vermehrter Bedürfnisse

Der Schädiger ist zum Ersatz der unfallbedingten Vermehrung der Bedürfnisse des Geschädigten verpflichtet.[599] Aufgrund des Unfalls und wegen nicht vollständiger Wiederherstellung des Gesundheitszustandes treten **neue Bedürfnisse** des Geschädigten auf, die ohne Verletzung nicht entstanden wären.[600] 404

Die Kosten werden anhand des Vergleichs der Situation des Geschädigten vor und nach dem Unfall bemessen (**subjektiv individuelle Methode**); demnach sind auch hohe Kosten ersatzpflichtig, sofern diese tatsächlich entstanden sind.[601] 405

---

589 ZVR 1978/47; ZVR 1978/176.
590 SZ 32/122; EF 41.133.
591 EF 48.664; ZVR 1996/101; ZVR 2009/208; ZVR 1978/21; EF 41.428; ZVR 1990/88; ZVR 1996/100; ZVR 1997/81; Schlosser/Fucik/Hartl, Verkehrsunfall VI Rn. 680.
592 ZVR 2007/148; ZVR 2011/67.
593 ZVR 2001/25; ZVR 1976/372; ZVR 1984/322; ZVR 1985/39; EF 72.200; Schlosser/Fucik/Hartl, Verkehrsunfall VI Rn. 679.
594 ZVR 1978/176; ZVR 1997/107; ZVR 1997/115; ZVR 1979/266; ZVR 1997/82; ZVR 2006/125; ZVR 2007/48; ZVR 2011/67; ZVR 2007/148; ZVR 2011/67; Schlosser/Fucik/Hartl, Verkehrsunfall VI Rn. 678.
595 8 Ob 292/82; RdM 2009/111.
596 EF 48.662; ZVR 1988/39; ZAK 2007/672, 389.
597 ZVR 2004/29; ZVR 2011/67; ZVR 2008/191; Schlosser/Fucik/Hartl, Verkehrsunfall VI Rn. 684.
598 ZVR 1986/77; ZVR 1981/41; SZ 40/125.
599 ZVR 1987/128; ZVR 1998/128.
600 ZVR 1987/128; ZVR 1997/114; JBl 2003, 650; ZVR 2006/45; EvBl 2006/11; ZVR 2007/52.
601 ZVR 1979/21; ZVR 1987/129.

406 Insbesondere können folgende Ansprüche geltend gemacht werden:
- Kosten einer **Haushaltshilfe** und einer **Pflegeperson** (vgl. „Hausfrauenrente" → Rn. 383 ff.)[602]
  - Ersatz aller **tatsächlich entstandenen Kosten**,[603]
  - bei Erbringung von Pflegeleistungen durch **Angehörige**: Ersatz der Kosten professioneller Pflegekräfte anhand konkret erbrachter Pflegeleistung (Achtung: genaue Dokumentation!),[604]
  - bei **Rund-um-die-Uhr-Pflege**: Ersatz der Kosten der erbrachten Pflegeleistung nach hypothetischen Vergleichswerten aus dem nächstgelegenen Markt (Bruttokosten);[605] Kosten für beim Patienten ohne Erbringung von Pflegeleistungen verbrachte Zeiten sind fiktive Pflegekosten, die nicht ersatzfähig sind.[606]
- Anschaffung eines **Fahrzeugs**: bei Ausgleich unfallbedingter Bewegungsunfähigkeit (Zweckmäßigkeit!)[607]
  - Ersatz der mit dem Kfz verbundenen Auslagen sowie Erhaltungskosten,[608]
  - Ersatz der Instandhaltungskosten,[609]
  - Ersatz der Taxikosten unter Berücksichtigung der Eigenersparnis bei Unmöglichkeit, ein Kfz selbst zu lenken,[610]
- **Baukosten**
  - Kosten des behindertengerechten Umbaus,[611]
  - Kosten des Einbaus eines Aufzugs, einer Garage oder eines ferngesteuerten Garagentors,[612]
  - Kosten der Anschaffung einer neuen, geeigneten Wohnung, sofern ein Umbau der alten nicht möglich ist.[613]
- Sonstige **Anschaffungen**
  - Anschaffung eines Computers.[614]

E. Ansprüche bei Tötung

I. Unterhaltsentgang

407 Gesetzlich Unterhaltsberechtigte des Getöteten haben Anspruch auf entgangenen Unterhalt gegenüber dem Schädiger (§ 1327 ABGB, § 12 Abs. 2 EKHG). [615]

408 Anspruchsberechtigt sind alle nach dem Gesetz Unterhaltsberechtigten, wie
- **Kinder** (bis zur Selbsterhaltungsfähigkeit; auch Nasciturus gemäß § 12 Abs. 2 S. 2 EKHG),[616]

---

602 EF 54.267; EF 78.538; ZVR 1980/302; ZVR 1998/128.
603 ZVR 2001/106.
604 ZVR 1998/128; ZVR 2001/106; ZVR 2003/47.
605 ZVR 1999/109; ZVR 2001/27; ZVR 2001/106; ZVR 2007/124.
606 ZVR 1998/128; ZVR 2003/47; ZVR 2007/124; ZAK 2010/451, 258.
607 Schlosser/Fucik/Hartl, Verkehrsunfall VI Rn. 716 ff.
608 ZVR 1978/178; ZVR 1989/60; ZVR 1997/114; ZVR 2006/45; ZVR 2007/52.
609 ZVR 1997/114; ZVR 2002/112.
610 ZVR 2006/45.
611 RZ 1984/12; ZVR 2001/25.
612 EF 54.266; ZVR 1991/50; OLG Innsbruck 6 R 136/86.
613 ZVR 1987/9; ZVR 1998/26.
614 JBl 2003, 650.
615 Schlosser/Fucik/Hartl, Verkehrsunfall VI Rn. 764.
616 SZ 42/19; Schlosser/Fucik/Hartl, Verkehrsunfall VI Rn. 770.

- hinterbliebene **Ehegatten** (eingetragene Partner),
- **Eltern** (sofern Anspruch nach § 234 ABGB im Unfallzeitpunkt).[617]

Nicht anspruchsberechtigt sind: 409

- Lebensgefährte,[618]
- Verlobte,[619]
- Stiefkinder,[620]
- Pflegekinder,[621]
- vertraglich Anspruchsberechtigte.[622]

Die Unterhaltsrente entsteht in der Höhe der **tatsächlich geleisteten Unterhaltsleistungen** 410
des Getöteten; selbst wenn sie reichlich bemessen sind, sofern sie nicht auffallend über das
gesetzliche Ausmaß hinausgehen, sondern einigermaßen verhältnismäßig sind. Auch zu
einem späteren Zeitpunkt entstehende Unterhaltsansprüche sind zu berücksichtigen (Feststellungsklage gegen Verjährung!). Die Unterhaltsrente ist für den **Zeitraum** zu leisten,
welcher der hypothetischen Lebenserwartung des Getöteten entspricht und in welchem
dieser Unterhaltsleistungen hätte erbringen können. Nach dem EKHG steht nur der **gesetzliche Unterhalt** zu; dieser ist der Mindestanspruch.[623]

Liegt der tatsächlich entzogene Unterhalt des Hinterbliebenen unter dem gesetzlichen, be- 411
steht der Schaden darin, dass der Hinterbliebene seine (gesamte) Forderung auf gesetzlichen Unterhalt in Zukunft nicht mehr einfordern kann, da seine Forderung für die Zukunft untergegangen ist.[624]

Von der Unterhaltspflicht umfasst sind des Weiteren: 412

- **Ausstattungsanspruch** gemäß § 1220 ABGB[625]
- Ansprüche, die der Getötete nach **Eintritt einer Bedingung** (bspw. Geburt eines Kindes) zu erfüllen hätte[626]
- Anspruch auf entgangene oder in Zukunft entstehende **Pflege- und Betreuungsleistun-
  gen** des getöteten Elternteils.[627]

Ein **Mitverschulden** des Getöteten kann nach neuerer Rechtsprechung erfolgreich einge- 413
wendet werden (so auch ausdrücklich in § 7 Abs. 2 EKHG).[628]

Bei der **Berechnung** des Hinterbliebenenanspruchs vom Gesamtschaden sind vorerst die 414
Vorteile abzuziehen und erst danach eine Schadensteilung nach Verschuldensquoten vorzunehmen.[629]

II. Beerdigungskosten/Bestattungskosten

Dem Hinterbliebenen sind, wenn aus einer körperlichen Verletzung der Tod erfolgt, alle 415
Kosten (somit auch Beerdigungskosten) zu ersetzen (§ 1327 ABGB; § 12 Abs. 1 Z 5
EKHG „Ersatz der angemessenen Bestattungskosten").[630]

---

617 EF 57.027.
618 SZ 13/141; SZ 17/132.
619 SZ 13/141.
620 ZBl 1933/52.
621 Schlosser/Fucik/Hartl, Verkehrsunfall VI Rn. 770.
622 ZVR 1963/234; JBl 1992, 44; ZVR 1976/46; ZVR 2000/40; ZAK 2008/730, 418; Schlosser/Fucik/Hartl,
   Verkehrsunfall VI Rn. 767.
623 EvBl 2010/147; Schlosser/Fucik/Hartl, Verkehrsunfall VI Rn. 767.
624 ZVR 2000/40; SZ 72/135; Schlosser/Fucik/Hartl, Verkehrsunfall VI Rn. 767.
625 SZ 45/78; ZVR 2011/242.
626 ZVR 2000/40.
627 ZAK 2008/730, 418.
628 SZ 36/133; Schlosser/Fucik/Hartl, Verkehrsunfall VI Rn. 769.
629 ZVR 1981/121; Schlosser/Fucik/Hartl, Verkehrsunfall VI Rn. 769.
630 Schlosser/Fucik/Hartl, Verkehrsunfall VI Rn. 764.

III. Sonstige Kosten

416 Grundsätzlich sind nur jene Kosten ersatzfähig, die mit dem Tod im kausalen Zusammenhang stehen.[631]

Zu ersetzen sind Kosten

- des **Begräbnisses** (siehe → Rn. 415),[632]

- für Errichtung und erste Ausstattung der **Grabstätte** und des **Grabmals**[633] (nach dem Ortsgebrauch, Stand und Vermögen des Verstorbenen),[634]

- des **Totenmahls**,[635]

- der **Trauerkleidung**,[636]

- der **Zureise** naher Angehöriger zum Begräbnis,[637]

- des **Nachrufs** und der **Todesanzeige**.[638]

417 **Nicht** erstattungsfähig sind

- Kosten eines **Familiengrabes**[639]

- Kosten der Instandhaltung und Pflege der Grabstätte[640]

- Kosten des Verlassenschaftsverfahrens[641]

- frustrierter Aufwand der freiwilligen Weiterversicherung, um Getöteten Witwenpensionsversorgung zu sichern.[642]

F. (Haftungs-)Privilegien

I. Arbeitsverhältnisse

418 Bei Schadensersatzansprüchen aus einem Arbeitsunfall besteht ein Haftungsprivileg. AG, Vertreter des Unternehmens und „Aufseher des Betriebes" haften nur für Vorsatz (siehe Genaueres unter → Rn. 69 ff.). Sie werden von sämtlichen mit der Körperverletzung in Zusammenhang stehenden **Schadensersatzansprüchen** befreit, somit auch von Schmerzensgeldansprüchen (einschließlich Schockschäden).[643]

II. Familienprivileg

419 Gemäß § 67 Abs. 2 VersVG ist der Übergang des Schadensersatzanspruchs auf den Versicherer ausgeschlossen, wenn sich der Ersatzanspruch des VN gegen einen mit ihm in häuslicher Gemeinschaft lebenden Familienangehörigen richtet.[644] Die Ausnahme ist nicht anwendbar, wenn der Angehörige den Schaden vorsätzlich verursacht hat.[645] Die häusliche Gemeinschaft muss zum Unfallzeitpunkt bestehen.[646] Angehörige sind die Ehegatten, Eltern, (Adoptiv- und Stief-)Kinder, Geschwister sowie Lebensgefährten.[647]

---

631 ZVR 1966/280.
632 SZ 35/59; SZ 44/168; ZVR 1974/216.
633 SZ 35/59; JBL 1990, 723; Schlosser/Fucik/Hartl, Verkehrsunfall VI Rn. 790.
634 JBl 1990, 723; EF 88.651; ZVR 2010/35; Schlosser/Fucik/Hartl, Verkehrsunfall VI Rn. 790.
635 ZVR 1979/168; Schlosser/Fucik/Hartl, Verkehrsunfall VI Rn. 791.
636 ZVR 1979/168; ZVR 1999/126; Schlosser/Fucik/Hartl, Verkehrsunfall VI Rn. 791.
637 ZVR 1979/168; Schlosser/Fucik/Hartl, Verkehrsunfall VI Rn. 791.
638 ZVR 1979/168; Schlosser/Fucik/Hartl, Verkehrsunfall VI Rn. 791.
639 ZVR 1973/176; JBl 1990, 723.
640 JBl 1990, 240.
641 SZ 45/25; ZVR 1980/240.
642 SZ 41/31; ZVR 1997/114; ZVR 2006/104.
643 EvBl 1963/91; ZVR 1971/200; Harrer in: Schwimann, ABGB Anh. § 1325, § 1326 Rn. 16; Neumayr in: Schwimann, ABGB, § 333 ASVG Rn. 14.
644 VersE 1410; Schlosser/Fucik/Hartl, Verkehrsunfall III Rn. 108.
645 Schlosser/Fucik/Hartl, Verkehrsunfall III Rn. 108.
646 Schlosser/Fucik/Hartl, Verkehrsunfall III Rn. 108.
647 VersE 1449; VersE 2041; Schlosser/Fucik/Hartl, Verkehrsunfall III Rn. 108.

§ 4 Schmerzensgeld

A. Grundlagen

Der Schädiger hat dem Geschädigten bei Körperverletzung auf Verlangen ein den erhobenen Umständen angemessenes Schmerzensgeld zu bezahlen (§ 1325 ABGB, § 12 Abs. 1 Z 4, § 13 Z 4 EKHG).[648] **420**

Lehre und Rechtsprechung haben die Grundsätze des Schmerzensgeldes ausgearbeitet. Demnach gilt Schmerzensgeld dem Ausgleich für **erlittene Schmerzen** und **entgangene Lebensfreude** sowie zur **Überwindung von Unlustgefühlen**. Inwiefern auch Schmerzensgeld für den **verfrühten Tod** zusteht, ist strittig und wird derzeit von der ständigen Rechtsprechung und Lehre noch verneint.[649] **421**

I. Allgemeine Grundlagen

Voraussetzungen des Schmerzensgeldes sind (neben den allgemeinen Voraussetzungen des Schadensersatzes wie Rechtswidrigkeit und Verschulden bzw. Bejahung der Gefährdungshaftung) **422**

- das Vorliegen einer **Verletzung am Körper**: äußere/innere Verletzung iwS, Gesundheitsstörung (infolge Krankheit) und Misshandlung, ärztlicher Kunstfehler (teilweise auch die fachgerechte Behandlung bei Gesundheitsverschlechterung), innere Veränderungen/Störungen, geistige Erkrankungen/Neurosen;[650] sowie

- **körperliche Schmerzen**
  - als Folge der Körperverletzung zum Zeitpunkt der Schädigung oder als spätere Folge; oder

- **seelische Schmerzen**
  - drückende (massive) seelische Unlustgefühle (zB Schock, Depression),[651]
  - jede Beeinträchtigung der leiblichen, geistigen oder seelischen Gesundheit und Unversehrtheit;[652] es muss keine äußerlich sichtbare Verletzung vorliegen (bspw. Neurosen, Depressionen),[653]
  - psychische Beeinträchtigungen, die Unbehagen und Unlustgefühle mit sich bringen (Verärgerung, Beeinträchtigung des seelischen Wohlbefindens, Aufregung etc) reichen nicht aus.[654]

---

648 Schlosser/Fucik/Hartl, Verkehrsunfall VI Rn. 604 und Rn. 630.
649 ZVR 2005/61; JBl 2005, 513; JBl 2006, 464; aA Greiter, Schmerzengeld, in: FS Kohlegger, S. 239 ff.; Greiter, Schmerzengeld, AnwBl 2001, 274; Greiter, Ersatz immaterieller Schäden, AnwBl 2002, 448 f; Greiter, 15. Österreichischer Juristentag, ÖJZ 2004, 179; Greiter, Seminar der PEOPIL, RZ 2005, 85; Prisching, Immaterieller Schadenersatz, S. 58.
650 SZ 28/83; EvBl 1965/217; JBl 1983, 373; SZ 57/207; ZVR 1997/4; ZVR 2001/33; ZBl 1928/264; EvBl 1983/82; ZVR 1995/73, 92; Steiner, Ärztliche Aufklärungspflicht, JBl 1982, 169; Schlosser/Fucik/Hartl, Verkehrsunfall VI Rn. 606.
651 EvBl 1983/82; ZVR 2000/44; EF 48.651; Schlosser/Fucik/Hartl, Verkehrsunfall VI Rn. 616 ff.
652 ZVR 1995/46; ZVR 1997/75; JBl 1999, 593; ZVR 2001/33; ZVR 2001/72; JBl 2003, 118.
653 JBl 1988, 649; ZVR 1995/46.
654 ZVR 1995/47; EF 31.580; EvBl 1983/82; EF 75.440.

II. Schockschäden

423   Schockschäden sind psychische Beeinträchtigungen („**Nervenschäden**"), die ein Dritter durch das Miterleben des Unfalls erleidet. [655]

424   Voraussetzungen dafür, dass der bei einem Dritten ausgelöste Schock Schmerzensgeldansprüche begründet, sind:

■   Der Dritte hat einen **Schockschaden mit Krankheitswert** erlitten. Es muss eine Gesundheitsstörung vorliegen. [656]

■   „**Dritte**" sind

–   jeder, der das Unfallgeschehen, das mit einer **tödlichen Verletzung des Erstgeschädigten** verbunden war, **unmittelbar miterlebt** hat („Fernwirkungsschaden"). [657] Der Dritte ist anspruchsberechtigt, selbst wenn er das Opfer nicht kennt.

Es ist aber zu unterscheiden, ob der Dritte unmittelbar vom Unfallgeschehen betroffen war (bspw. Beifahrer im Unfallfahrzeug) oder dieses bloß beobachtete (bspw. Autofahrer erlebt Tod des Mopedfahrers mit). [658]

–   jeder **nahe Angehörige** des Erstgeschädigten, der ein Unfallgeschehen **miterlebt** hat, der von den Folgen **benachrichtigt** wurde oder der diese **Folgen** (zB durch Betreuung etc) zu **tragen** hat.

■   Die Verletzungen des Erstgeschädigten müssen entweder **tödlich oder schwerste mit massiven Dauerfolgen** sein (auf Letzteres kann sich nur der Angehörige berufen, siehe dazu auch → Rn. 426 ff.). [659]

■   Das Verhalten des Schädigers muss **in hohem Ausmaß** zur Herbeiführung des Schockschadens mit Krankheitswert beim Dritten **geeignet** sein (insbesondere bei besonderer Gefährlichkeit).

■   Der Schädiger muss zumindest **leicht fahrlässig** gehandelt haben oder es muss die **Haftung nach EKHG** greifen. [660]

425   Weder ein Schmerzensgeldanspruch auslösender Schockschaden (mit Krankheitswert) noch Trauerschaden (ohne Krankheitswert) ist gegeben, wenn zwar eine gewisse Nahebeziehung des Dritten zum Opfer besteht, dieser aber weder verwandt, noch verheiratet, noch in Lebensgemeinschaft mit ihm war (siehe hingegen zum Schockschaden mit Krankheitswert bei nahen Angehörigen → Rn. 426). [661]

III. Angehörigenschmerzensgeld und Trauerschmerzensgeld

426   Ersatz für psychische Beeinträchtigungen, die auf die Benachrichtigung vom Tod oder von schwersten Verletzungen (und massiven Dauerfolgen) zurückzuführen sind, kann nur von **nahen Angehörigen** des Geschädigten aufgrund ihrer intensiven emotionalen Verbundenheit geltend gemacht werden (Fernwirkungsschaden). [662] Beim krankheitswertigen Schockschaden gebührt Ersatz jedenfalls auch bei **EKHG-Haftung** (siehe dazu strittig bei Trauerschmerzensgeld → Rn. 427). [663]

427   Davon zu unterscheiden ist das **Trauerschmerzensgeld**, das nur bei Vorliegen einer intensiven Gefühlsgemeinschaft zwischen Getötetem und seinen nächsten Angehörigen zuerkannt wird, sofern der Schaden **vorsätzlich oder grob fahrlässig** verursacht wurde. [664] Ein Teil der Lehre vertritt die Ansicht, dass ein Trauerschmerzensgeld auch bei Gefährdungshaftung

---

655   JBl 2007, 791; ZVR 1995/46; ZVR 1997/75.
656   ZVR 2001/52.
657   JBl 2004, 111; SZ 74/72; ZAK 2007/523, 297; SZ 74/24; SZ 2002/110.
658   7 Ob 28/07 d; JBl 2004, 176; ZVR 2008/225.
659   ZVR 1995/46; ZVR 2006/178.
660   JBl 2007, 791.
661   SZ 2002/110; ZAK 2006/235, 134; ZAK 2007/523, 297.
662   SZ 74/72; ZAK 2007/523, 297; Danzl/Gutiérrez-Lobos/Müller, Das Schmerzengeld (2008) S. 1159 ff.
663   JBl 2007, 791.
664   Schlosser/Fucik/Hartl, Verkehrsunfall VI Rn. 629.

(bei außergewöhnlicher Betriebsgefahr) und teilweise sogar bei leichter Fahrlässigkeit zustehe, sofern hierdurch die Intensität einer Körperverletzung erreicht werde.[665]

Eine intensive Gefühlsgemeinschaft wird bei der **Kernfamilie** (nächsten Angehörigen) – wie Kindern, Eltern, Ehegatten, Lebensgefährten, eingetragenen Partnern – vermutet. Gegenteiliges hat der Schädiger nachzuweisen.   428

Geschwister beispielsweise zählen nicht automatisch zur Kernfamilie. Leben Geschwister im gemeinsamen Haushalt, wird eine enge Gefühlsgemeinschaft angenommen. Der Schädiger muss Gegenteiliges beweisen. Leben Geschwister nicht im gemeinsamen Haushalt, genügen die Familienbande nicht. In einem solchen Fall ist die Gefühlsgemeinschaft nachzuweisen.   429

B. Berechnungsgrundlagen

Schmerzensgeld ist Genugtuung für alles Ungemach, das dem Geschädigten aufgrund der Verletzung und deren Folgen zugestoßen ist.[666]   430

I. Schmerzumfang, Eingriffsintensität

Bei der Bemessung der Höhe des Schmerzensgeldes werden nicht nur objektive Kriterien, sondern auch **subjektive Umstände** des Geschädigten berücksichtigt.[667] Das Schmerzensgeld unterliegt grundsätzlich keiner Obergrenze.[668]   431

Schmerzensgeld kann unabhängig von den tatsächlich verspürten Schmerzen geltend gemacht werden, somit auch bei **fehlendem Empfindungsvermögen**.[669]   432

Der Richter hat das angemessene Schmerzensgeld zu bemessen, indem er **Dauer** und **Intensität** der Schmerzen nach dem Gesamtbild, der Schwere der Verletzung sowie der Schwere der Beeinträchtigung des Gesundheitszustandes zu berücksichtigen hat.[670] Hierfür wird idR ein Gutachten eingeholt; ansonsten steht es dem Richter auch frei, das Schmerzensgeld nach § 273 ZPO zu bemessen. Auf seelische Schmerzen ist von Amts wegen Bedacht zu nehmen.[671]   433

II. Folgeschäden und sonstige

Bei der Abschätzung des Schmerzensgeldes sind die **Umstände** zugrunde zu legen, die bei Schluss der Verhandlung I. Instanz vorlagen. Zudem sind auch alle künftigen Umstände, soweit abschätzbar, zu berücksichtigen (Folgen der Verletzung, ungewöhnlich komplizierter Heilungsverlauf etc).[672] Können Spät- oder Folgeschäden nicht ausgeschlossen werden, wird in der Praxis eine Feststellungsklage eingebracht, um die Verjährung der Ansprüche zu verhindern.   434

Gesetzliche Zinsen in Höhe von 4 % gebühren ab Zustellung der Klage, teilweise bereits ab Zahlungsaufforderung. Schmerzensgeld und Zinsen unterliegen weder der Umsatznoch der Einkommensteuer.[673]   435

---

665 Schobel, Trauerschäden, RdW 2002, 208 f.; Schlosser/Fucik/Hartl, Verkehrsunfall VI Rn. 626.
666 ZVR 1989/90, 104, 121; ZVR 1992/99; Schlosser/Fucik/Hartl, Verkehrsunfall VI Rn. 605 f.
667 ZVR 2010/7; ecolex 2007, 26.
668 Schlosser/Fucik/Hartl, Verkehrsunfall VI Rn. 645.
669 Ecolex 2007, 26; Hinghofer-Szalkay/Prisching, Schmerzengeld ohne Schmerzen, ZVR 2007, 116; Hinghofer-Szalkay/Prisching, Schmerzunempfindlichkeit, ZAK 2007, 116; Danzl/Gutiérrez-Lobos/Müller, Das Schmerzengeld (2008) S. 121 ff.
670 GIUNF 3684; SZ 20/253; EvBl 1942/162; SZ 23/71; JBl 1953, 547; EvBl 1959/186; JBl 1965, 369; ZVR 1968/154.
671 Schlosser/Fucik/Hartl, Verkehrsunfall VI Rn. 641.
672 ZVR 1962/196; ZVR 1974/222; ZVR 1976/265; ZVR 1972/101; ZVR 2007/237; ZVR 1975/15; ZVR 1976/143; ZVR 1977/14; SZ 24/113; SZ 25/14; ZVR 1979/264; ZVR 1973/111.
673 SZ 69/57; RdW 1979, 593; Miet 50.291; ZVR 2007/75.

C. Genugtuungsfunktion

I. Ausmaß des Verschuldens

436 Bei der Bemessung des Schmerzensgeldes ist der Grad des Verschuldens nicht zu berücksichtigen (Achtung: Trauerschmerzensgeld steht erst ab grober Fahrlässigkeit zu, siehe → Rn. 427).[674]

437 Schmerzensgeld kann bei Verschuldenshaftung bereits bei **leichter Fahrlässigkeit** geltend gemacht werden.[675] Im Rahmen der Gefährdungshaftung ist Verschulden nicht Voraussetzung für Schmerzensgeld. In manchen gesetzlichen Bestimmungen (bspw. § 1319 a ABGB) wird Schmerzensgeld nur bei grob fahrlässigem oder vorsätzlichem Verhalten bei Arbeitsunfällen gewährt. § 333 ASVG beschränkt den Anspruch auf Schmerzensgeld gegenüber dem AG, seinen Organen und Vertretern des Unternehmens lediglich auf **Vorsatz** (Haftungsprivileg!), es sei denn, es ist für das Verkehrsmittel eine erhöhte Haftung vorgesehen. Bei grob fahrlässiger Verletzung von Arbeitnehmerschutzvorschriften steht eine Integritätsabgeltung zu.[676]

438 Das Schmerzensgeld steht nur in vollem Umfang zu, wenn der Schädiger das alleinige Verschulden am Schadensereignis hat; **Mitverschulden** des Verletzten ist sowohl nach § 1304 ABGB als auch nach §§ 7, 11 EKHG zu berücksichtigen.[677] Das Mitverschulden des Getöteten mindert den Anspruch des nahen Angehörigen auf Schmerzensgeld wegen Schock- oder Trauerschaden.[678] Bei Schockschäden eines fremden Dritten kommt eine Minderung des Ersatzanspruchs aufgrund Mitverschuldens des Erstgeschädigten nicht in Frage.[679] Bei Verstößen gegen die Pflicht zum Gebrauch von **Sicherheitsgurten** und **Sturzhelm** (§ 106 Abs. 2 und Abs. 7 KFG) wird der Schmerzensgeldanspruch gekürzt; überwiegend handelt es sich um Kürzungen um ein Viertel, bei beträchtlichem Verschulden des Schädigers um bloß ein Fünftel; in manchen Fällen jedoch betrug die Kürzung ein Drittel.[680] Die Sturzhelmpflicht trifft Radfahrer nicht (§ 68 Abs. 6 StVO). Das Nichttragen des Sturzhelms bei Fahrradfahrern führt nicht zu Mitverschulden.

439 Die Errechnung der **Höhe des Schmerzensgeldes** und die Errechnung der **Mitverschuldensquote** sind auseinanderzuhalten. Zuerst ist das Schmerzensgeld festzustellen, welches bei Alleinverschulden zustehen würde; anschließend ist dieser Betrag um die Mitverschuldensquote zu kürzen.[681]

440 Im Falle der Erschöpfung der Versicherungssumme (**Deckungskonkurs**) hat das Schmerzensgeld gegenüber anderen Forderungen Vorrang und es ist vorweg von der Versicherungssumme abzuziehen.[682]

II. Regulierungsverzögerung

441 Der Schädiger hat bei Schmerzensgeld **Verzugszinsen** ab dem Zeitpunkt der Geltendmachung zu leisten. Voraussetzung ist, dass eine Zahlungsaufforderung vorliegt und die Grundlagen für die Beurteilung der Höhe des Schmerzensgeldes gegeben sind.[683]

---

674 EvBl 1959/186; ZVR 1963/20; 1 Ob 251/03 y; ZVR 2005/110; Schlosser/Fucik/Hartl, Verkehrsunfall VI Rn. 644.
675 ZVR 1957/181.
676 SZ 22/202; SZ 30/37.
677 Schlosser/Fucik/Hartl, Verkehrsunfall VI Rn. 631.
678 ZVR 2004/105; ZVR 2006/4; Schlosser/Fucik/Hartl, Verkehrsunfall VI Rn. 633.
679 Schlosser/Fucik/Hartl, Verkehrsunfall VI Rn. 633.
680 ZVR 1979/97; ZVR 1985/139; ZVR 1989/31; ZVR 1991/44; ZVR 2001/24; ZVR 2006/4; ZVR 1987/14; Schlosser/Fucik/Hartl, Verkehrsunfall VI Rn. 635.
681 Schlosser/Fucik/Hartl, Verkehrsunfall VI Rn. 636.
682 RZ 1966, 102; EvBl 1978/12; SZ 51/63.
683 ZVR 1982/323; ZVR 1998/88.

III. Vermögensverhältnisse

Die Vermögensverhältnisse des Schädigers und Geschädigten, dessen soziale Stellung und 442
Kulturbedürfnisse, dessen besondere Empfindlichkeit sowie Belastungen (wie Kinder)
durch eine vorher vorhandene schwierige Lebenssituation finden keine Berücksichtigung.[684]

D. Berechnungsmethode (mit Beispielen)

Das Schmerzensgeld ist nach dem **Oberstem Gerichtshof** mit einer **Globalsumme** zu be- 443
stimmen, welche alle durch den Unfall eingetretenen und nach dem Lauf der Dinge zu erwartenden körperlichen und seelischen Beeinträchtigungen zu umfassen hat.[685]

Außergerichtlich und in den unteren Instanzen hat sich jedoch das **Tagessatzsystem** 444
(Schmerzensgeldtabellen) etabliert: Hierzu wird ein ärztlicher Sachverständiger beigezogen, welcher zunächst

■ die Art der Schmerzen (leichte, mittlere, schwere und qualvolle körperliche Schmerzen
bzw. starke, mittlere und leichte seelische Schmerzen), sowie anschließend[686]

■ die Dauer der Schmerzen eruiert.

Auf dieser Grundlage erfolgt die Bemessung durch Bewertung der Schmerzen und Multi-
plikation mit den festgestellten Perioden.[687] Bei gravierenden Verletzungen mit Dauerfolgen kann Schmerzensgeld nicht auf Basis von Tagessätzen berechnet werden.[688]

Die Schmerzensgeldsätze dienen sowohl für körperliche als auch für seelische Schmerzen 445
als Bemessungshilfe und nicht als Berechnungsmethode.[689]

Die Tagessätze der einzelnen Gerichte werden jedes Jahr veröffentlicht.[690] 446

---

684 ZVR 1967/16; ZVR 1976/208; ZBl 1923/66; SZ 23/71; SZ 25/268; ZVR 1957/6; ZVR 1960/87; ZBl
     1918/16; ZAK 2010/52, 38; Schlosser/Fucik/Hartl, Verkehrsunfall VI Rn. 644.
685 ZVR 1976/142; ZVR 1982/213; ZVR 1989/30; ZVR 1994/138; ZVR 1997/48; ZVR 1982/273; ZVR
     1990/158; ZVR 2010/7.
686 SZ 74/90; ZVR 2005/109; EvBl 2004/58; ZVR 2008/59; ZAK 2008/545; Schlosser/Fucik/Hartl, Verkehrs-
     unfall VIRz 648.
687 Schlosser/Fucik/Hartl, Verkehrsunfall VI Rn. 647.
688 Schlosser/Fucik/Hartl, Verkehrsunfall VI Rn. 646.
689 ZVR 2000/103; 2 Ob 15/02 y; 7 Ob 296/02 h; EvBl 2004/58; ZRInfo 2005/139; ZVR 2005/38; Danzl,
     Schmerzengeldsätze, ZVR 1990, 295 ff.; Lanner, Schmerzengeld nach Tagessätzen, ZVR 1991, 356;
     Schlosser/Fucik/Hartl, Verkehrsunfall VI Rn. 646.
690 RZ 1997, 107; RZ 1998, 109; AnwBl 2009, 148; AnwBl 2010, 103; AnwBl 2001, 163; Schlosser/Fucik/
     Hartl, Verkehrsunfall VI Rn. 649.

Schmerzensgeldtabelle (Stand Februar 2015) in Euro[691]

	Schmerzen			
	leichte	mittlere	starke	qualvolle
OLG Graz	110	220	330	
OLG Innsbruck*)	100-110	200-220	300-330	
OLG Linz	Keine Angaben			
OLG Wien*)	110	220	330	
LG Eisenstadt	110	220	330	
LG Feldkirch	100	200	300	
LG ZRS Graz	120	220	330	
LG Innsbruck	150	250	350	
LG Klagenfurt	100-110	200-220	300-330	
LG Linz	100-120	200-240	300-360	
LG Salzburg*)	110	220	330	
LG St Pölten	110	220	330	
LG ZRS Wien	100-110	200-220	300-330	
LG Korneuburg	110	220	330	
LG Krems	100-120	200-240	300-360	
LG Leoben	120	220	330	
LG Ried i I	130	260	400	
LG Steyr	100-120	200-250	300-350	
LG Wels	100-110	200-220	300-330	
LG Wr Neustadt	110	220	330	

*) Die angeführten Beträge gelten als Untergrenze.

447 **Beispiel:** Der Sachverständige ermittelt folgende Schmerzperioden:
- sechs Tage starke
- zwei Wochen (14 Tage) mittlere
- drei Wochen (21 Tage) leichte Schmerzen

Für den OLG-Sprengel Innsbruck errechnet sich daher anhand der obigen Schmerzensgeldtabelle folgender Schmerzensgeldbetrag:

Art der Schmerzen	Anzahl der Tage	x	Tagessätze	Summe
Starke Schmerzen	6	x	350	2100
Mittlere Schmerzen	14	x	250	3500
Leichte Schmerzen	21	x	150	3150
Gesamt				8750

---

691 AnwBl 2012/181.

E. Kapitalisierung von Schadensersatz- und Schmerzensgeldrenten

Grundsätzlich sind Schmerzensgeldbeträge als einmaliger Kapitalbetrag zuzusprechen.[692] **448**
Dies gilt auch für zukünftige Schmerzen, die nach dem Lauf der Dinge zu erwarten sind.[693]

Bei nicht restlos überschaubaren, besonders schwerwiegenden Dauerfolgen, die auch in **449** Zukunft eine erhebliche Beeinträchtigung nach sich ziehen, ist laut Rechtsprechung ausnahmsweise (zusätzlich) eine (auch wertgesicherte) Schmerzensgeldrente zu gewähren.[694]

Die Gewährung von Rente und Kapital ist auch nebeneinander möglich.[695] **450**

Die Höhe der Rente wird zunächst global bemessen, davon wird der zuerkannte Globalbe- **451** trag abgezogen und aus der verbleibenden Differenz nach Feststellung der Lebenserwartung der monatliche Rentenbetrag errechnet.[696] Solche Zusprüche sind idR jedoch sehr selten.[697]

Trauerschmerzensgeldrenten sind nicht möglich.[698] **452**

§ 5 Ansprüche aus übergegangenem Recht (Regress)

A. Gesetzliche Anspruchsgrundlagen

Gemäß § 67 Abs. 1 S. 1 VersVG geht ein Schadensersatzanspruch, der dem VN gegen **453** einen Dritten zusteht, auf den Versicherer über, soweit dieser dem VN den Schaden ersetzt. Der Versicherer kann sich somit nach Leistung an den Geschädigten gegenüber dem Dritten regressieren. § 67 VersVG gilt für Sach-, Haftpflicht- und Personenversicherungen (bei Ausgleich von konkretem Vermögensschaden).

Bei der obligatorischen Haftpflichtversicherung wird Ähnliches in § 24 Abs. 4 KHVG ge- **454** regelt (§ 158 f. VersVG; siehe dazu Näheres unter → Rn. 59 und → Rn. 60 ff.).

§ 332 ASVG, § 190 GSVG, § 178 BSVG und § 125 B-KUVG normieren eine Legalzession **455** zugunsten der Sozialversicherungsträger, in dem Umfang, in welchem diese Leistungen den Geschädigten oder Hinterbliebenen erbringen; die Ansprüche gehen bereits zum Zeitpunkt der Schädigung und nicht erst mit tatsächlicher Erbringung über.[699]

---

692 ZVR 1977/169; ZVR 1980/159; ZVR 1988/56; ZVR 1999/50; EF 93. 602; Schlosser/Fucik/Hartl, Verkehrsunfall VI Rn. 653.
693 SZ 15/175; ZVR 1974/116; ZVR 1976/77; ZVR 1979/308; ZVR 1981/169; ZVR 1989/134; Schlosser/Fucik/Hartl, Verkehrsunfall VI Rn. 653.
694 SZ 41/159; JBl 1976, 539; ZVR 1977/169; ZVR 1980/159; ZVR 1986/50; ZVR 1988/66; ZVR 2002/95; ecolex 2004, 153; ZVR 2010/58; Schlosser/Fucik/Hartl, Verkehrsunfall VI Rn. 657; Danzl/Gutiérrez-Lobos/Müller, Das Schmerzengeld (2008) S 266.
695 EvBl 1959/55; ZVR 1977/169; ZVR 2002/95; Schlosser/Fucik/Hartl, Verkehrsunfall VI Rn. 657; Danzl/Gutiérrez-Lobos/Müller, Das Schmerzengeld (2008) S. 266.
696 ZVR 2002/95; Schlosser/Fucik/Hartl, Verkehrsunfall VI Rn. 657 Danzl/Gutiérrez-Lobos/Müller, Das Schmerzengeld (2008) S. 268.
697 Schlosser/Fucik/Hartl, Verkehrsunfall VI Rn. 657; Danzl/Gutiérrez-Lobos/Müller, Das Schmerzengeld (2008) S. 267.
698 ZVR 2010/58; Schlosser/Fucik/Hartl, Verkehrsunfall VI Rn. 657.
699 Schlosser/Fucik/Hartl, Verkehrsunfall VI Rn. 869.

B. Kongruenz von Leistung und Ersatzanspruch

456 Nach dem Grundsatz der Kongruenz gehen nur die Ansprüche auf den Versicherer über, die sich auf den vom Versicherer ersetzten Schaden beziehen.[700]

457 Der Übergang der Forderungen tritt auch beim Sozialversicherungsträger nur insoweit ein, als den Leistungen der Sozialversicherung Schadensersatzforderungen des Verletzten gegenüberstehen, die in

- **persönlicher Kongruenz** (Aktivlegitimation des Versicherten oder des mitversicherten Angehörigen nach Schadensersatzrecht),

- **sachlicher Kongruenz** (Identität des Ausgleichszwecks beider Ansprüche) sowie

- **zeitlicher Kongruenz** (Übereinstimmung des Zeitraums, für den beide Ansprüche gebühren)

stehen.[701]

Beispiel: Verunstaltungsentschädigungen gehen mangels Kongruenz nicht auf den Sozialversicherungsträger über.[702]

C. (Haftungs-)Privileg nach ASVG

I. Arbeitgeber

458 Der AG, seine Vertreter, Organe und Aufseher im Betrieb sind nur dann regresspflichtig, wenn

- der **Arbeitsunfall** durch ein **Verkehrsmittel**, für dessen Betrieb aufgrund gesetzlicher Vorschriften eine **erhöhte Haftpflicht** besteht, eingetreten ist.

  Das Haftungsprivileg greift nicht. Der kongruente Anspruch geht auf den Sozialversicherungsträger über.

  Der AG haftet (soweit kein Vorsatz) nur bis zur Höhe der aus einem bestehenden Haftpflichtversicherungsverhältnis bestehenden Versicherungssumme.

oder

- die Regresspflichtigen den Arbeitsunfall oder die Berufskrankheit **vorsätzlich** oder **grob fahrlässig** herbeigeführt haben (§ 334 Abs. 1 ASVG).[703]

Der AG haftet dem Versicherten (seinen Hinterbliebenen) nur bei Vorsatz, dem Sozialversicherungsträger bei Vorsatz oder grober Fahrlässigkeit.[704]

II. Arbeitskollegen

459 Gegenüber Arbeitskollegen, die zum Zeitpunkt des Unfalls im selben Betrieb tätig sind, kann sich der Sozialversicherungsträger nur dann regressieren, wenn der Unfall

- **vorsätzlich** oder **grob fahrlässig**

oder

- durch ein **Verkehrsmittel**, für dessen Betrieb aufgrund gesetzlicher Vorschriften eine **erhöhte Haftpflicht** besteht,

verursacht wurde.[705] Wurde der Unfall nicht grob fahrlässig oder vorsätzlich verursacht, ist der Regress auf den Betrag der Versicherungssumme beschränkt.[706]

---

700 Schlosser/Fucik/Hartl, Verkehrsunfall III Rn. 105.
701 SZ 28/150; ZVR 1960/411; ZVR 1962/66; SZ 44/93; ZVR 198/1; JBl 1989, 654; Schlosser/Fucik/Hartl, Verkehrsunfall VI Rn. 871.
702 SozM IAe 1114.
703 Schlosser/Fucik/Hartl, Verkehrsunfall VI Rn. 887.
704 Schlosser/Fucik/Hartl, Verkehrsunfall VI Rn. 887.
705 Schlosser/Fucik/Hartl, Verkehrsunfall VI Rn. 888.
706 Schlosser/Fucik/Hartl, Verkehrsunfall VI Rn. 888.

D. (Haftungs-)Privileg in der Kfz-Haftpflicht- und Kaskoversicherung

I. Arbeitgeber/Kollegen

In der Kfz-Kaskoversicherung unterliegt der auf den Versicherer übergegangene Schadens-   460
ersatzanspruch den Beschränkungen des DHG, wenn der berechtigte Fahrer AN des VN
ist.[707]

Im Vergleich zu § 67 VersVG sind Regressansprüche nach § 24 KHVG gegen einen AN des   461
VN nicht nach dem DHG zu beurteilen.[708]

II. Familienprivileg

Zum Familienprivileg gemäß § 67 Abs. 2 VersVG siehe → Rn. 419   462

Das Angehörigenprivileg ist auf Regressansprüche nach § 24 KHGV nicht anwendbar.[709]   463

E. Quotenvorrecht (des Geschädigten)

Ersetzt der Versicherer dem VN nur einen Teil des Schadens, bleibt der VN Gläubiger des   464
Schadensersatzanspruchs in Höhe der Differenz zwischen Schaden und erhaltener Versicherungsleistung. Dem VN steht gegenüber dem Versicherer ein Quotenvorrecht (vorrangig zu befriedigen!) in Höhe des Differenzbetrages zu. Der Versicherer kann erst nach Abdeckung des restlichen Anspruches auf den verbleibenden Deckungsfonds zurückgreifen.[710]

F. Quotenvorrecht (des Sozialversicherungsträgers)

Nach österreichischem Recht wird dem Sozialversicherungsträger bei Kongruenz der An-   465
sprüche dem Geschädigten gegenüber ein Quotenvorrecht eingeräumt.

Dies bedeutet, dass der Ersatzanspruch im Umfang des Leistungsanspruchs des Geschädig-   466
ten gegen den Sozialversicherungsträger zur Gänze auf Letzteren übergeht, auch wenn er
wegen Mitverschuldens des Geschädigten gekürzt ist.[711] Ein allfälliger, durch die Leistungspflicht des Sozialversicherungsträgers nicht gedeckter Rest eines durch die Mitverschuldensquote gekürzten Ersatzanspruchs (allfälliger Rest des Deckungsfonds) verbleibt
beim Geschädigten.[712]

Mangelnde Aktivlegitimation wegen Quotenvorrechts ist von der beklagten Partei einzu-   467
wenden.[713]

Abschnitt 3: Durchsetzung der Ansprüche

§ 1 Vorgerichtliche Schadensabwicklung

A. Das vorgerichtliche Verhalten der Versicherung

IdR versuchen die Parteien, sich vor Prozessführung außergerichtlich zu einigen. Gelingt   468
die Einigung, wird ein **Abfindungsvergleich** geschlossen, dessen Formulierung genau be-

---

707 VersE 1789.
708 Arb 10.359; Schlosser/Fucik/Hartl, Verkehrsunfall III Rn. 35.
709 Schlosser/Fucik/Hartl, Verkehrsunfall III Rn. 35.
710 Schlosser/Fucik/Hartl, Verkehrsunfall III Rn. 105.
711 SZ 58/78; ZVR 1989/90; ZVR 1991/52; Schlosser/Fucik/Hartl, Verkehrsunfall VI Rn. 878.
712 ZVR 2004/43.
713 ZVR 2004/43.

dacht werden muss.[714] Der Abfindungsvergleich ist sittenwidrig, wenn aufgrund des Eintritts nicht vorhersehbarer Folgen ein krasses und unzumutbares Missverhältnis zwischen Schaden und Abfindungssumme besteht.[715]

469 Zur Feststellung, ob der Anspruch dem Grunde oder der Höhe nach besteht, werden oft **Privatgutachten** eingeholt (siehe zur Abklärung der Kosten mit dem Versicherer → Rn. 207).[716]

470 Ist nur die Höhe der Versicherungsleistung strittig, so kann ein **Schiedsgutachten** gemäß § 64 VersVG zu einer Einigung führen.[717]

B. Anerkenntniswirkung vorgerichtlicher Äußerungen

471 Vorgerichtliche Äußerungen können ein **echtes (konstitutives)** oder ein **unechtes (deklaratorisches)** Anerkenntnis (Geständnis) darstellen (siehe zu den Beispielen → Rn. 153 ff.).

472 Das **konstitutive Anerkenntnis** ist Willenserklärung (Feststellungsvertrag) und schafft einen neuen und selbstständigen Rechtsgrund. Es ist nicht widerleg- und widerrufbar, kann jedoch unter Umständen angefochten werden.[718]

473 Das **deklaratorische Anerkenntnis** ist eine bloße Aussage (Willenserklärung). IdR bezieht sich diese Art von Anerkenntnis bloß auf Tatsachen, kann jedoch uU auch Rechtliches betreffen. Es ist widerleg- und widerrufbar, schafft keinen neuen Rechtsgrund, führt jedoch zu einer Beweislastverschiebung, dh der Schuldner hat nachzuweisen, dass die Forderung nicht besteht Es handelt sich um eine einseitige Erklärung.[719]

I. Verjährungsunterbrechung

474 Schadensersatzansprüche aus Verkehrsunfällen sind binnen drei Jahren ab Kenntnis von Schaden und Schädiger gerichtlich geltend zu machen (§ 1489 ABGB).

475 Die Verjährung wird gemäß § 1497 ABGB durch (deklaratorische oder konstitutive) **Anerkennung** des Rechts des Gläubigers durch den Schuldner (siehe dazu → Rn. 471 ff. und → Rn. 476 ff.) unterbrochen.[720] Allgemeine Verzichtserklärungen (zB unbefristete) hindern den Eintritt der Verjährung nicht und sind keine konstitutiven Anerkenntnisse.[721]

II. Deklaratorisches Schuldanerkenntnis

476 Das deklaratorische Anerkenntnis ist eine nicht auf Herbeiführung von Rechtsfolgen gerichtete **Willenserklärung** (siehe Genaueres unter → Rn. 471 ff. und → Rn. 153 ff.).[722] Der Schuldner gibt bekannt, dass das vom Gläubiger behauptete Recht seines Wissens zu Recht besteht.

477 Deklaratorische Schuldanerkenntnisse führen zur Verjährungsunterbrechung.[723]

III. Bedeutung von Abtretungen

478 Zur Bedeutung von Abtretungen für die Aktiv- und Passivlegitimation siehe → Rn. 508; sowie zur Legalzession → Rn. 453 ff.

---

714 Schlosser/Fucik/Hartl, Verkehrsunfall I Rn. 2 f.
715 SZ 70/139; ZVR 1999/64; ZVR 2000/91; ZVR 1999/111.
716 Schlosser/Fucik/Hartl, Verkehrsunfall VI Rn. 656.
717 Schlosser/Fucik/Hartl, Verkehrsunfall I Rn. 3.
718 SZ 51/176; Rechberger/Simotta, Zivilprozessrecht Rn. 643 ff.
719 Rechberger/Simotta, Zivilprozessrecht Rn. 643 ff.
720 SZ 43/183; ZVR 1973/202; ZVR 1975/141; ZVR 1980/347; SZ 47/28; ZVR 1996/24; Huber, Verjährungsunterbrechung durch Privatbeteiligung? NZ 1985, 163; Schlosser/Fucik/Hartl, Verkehrsunfall VI Rn. 661 und Rn. 614.
721 ZVR 1962/306; SZ 38/72; SZ 48/33; RdW 2005, 355; wobl 1995, 8; JBl 1995, 177; bbl 2005, 126; Schlosser/Fucik/Hartl, Verkehrsunfall VI Rn. 661.
722 Schlosser/Fucik/Hartl, Verkehrsunfall VI Rn. 114.
723 Schlosser/Fucik/Hartl, Verkehrsunfall VI Rn. 661 und Rn. 114.

§ 2 Beweismittel

A. Allgemeine Grundlagen

In der ZPO sind fünf klassische Beweismittel aufgezählt, nämlich **Urkunden** (§§ 292–319   **479** ZPO), **Zeugen** (§§ 320–350 ZPO), **Sachverständige** (§§ 351–367 ZPO) (siehe dazu unter → Rn. 239 ff.), **Augenschein** (§§ 368–370 ZPO) und **Vernehmung der Parteien** (§§ 371–383 ZPO).[724] Bei dieser Aufzählung handelt es sich nicht um eine taxative. Es können idR alle Erkenntnisquellen als Beweismittel dienen.[725] Neue Beweismittel werden unter eines der fünf klassischen subsumiert.[726]

Der Grundsatz der **Gemeinschaftlichkeit von Beweismitteln,** wonach Beweismittel unab-   **480** hängig davon, wer sie beantragt hat, von beiden Parteien zur Unterstützung ihrer Behauptung benutzt werden können, gilt nur eingeschränkt und zwar in folgenden Fällen:[727]

■ Wurde eine Urkunde bereits vorgelegt, kann darauf nur mehr mit Zustimmung des Gegners verzichtet werden (§ 302 ZPO);

■ Verzichtet der Beweisführer auf einen vorgeschlagenen Zeugen, kann der Gegner auf dessen Vernehmung bestehen, wenn der Zeuge bereits zur Verhandlung erschienen bzw. seine Vernehmung bereits begonnen hat (§ 345 ZPO);

■ Gleiches gilt für den Sachverständigen, wenn die Beweisaufnahme bereits begann oder der Sachverständige vor Gericht erschienen ist (§ 363 Abs. 1 ZPO).[728]

Der Grundsatz der Gemeinschaftlichkeit der Beweismittel fordert, dass ab Zulassung des Beweises **nicht mehr ohne Zustimmung** (einseitig) der Gegenpartei auf die Durchführung des Beweises verzichtet werden kann und sich beide Parteien, unabhängig davon, von wem das Beweisanbot stammt, zur Unterstützung der Behauptung darauf stützen können.[729]

B. Einzelne Beweismittel

I. Neutrale Zeugen/Insassenzeugen

Nach der ZPO wird bei Verkehrsunfällen grundsätzlich nicht unterschieden, ob es sich bei   **481** dem Zeugen um einen **neutralen Zeugen,** einen **Insassenzeugen** bzw. gar um den **Fahrer** selbst handelt.

Dies kann jedoch im Rahmen der Beweiswürdigung bei der Beurteilung der Glaubwürdig-   **482** keit der Aussagen von Bedeutung sein. Bei der Einvernahme des Zeugen sind insbesondere die **Wahrnehmungsbedingungen** – wie Sichtbehinderung, körperliche und geistige Verfassung des Zeugen etc – zu erheben.[730] Zudem ist zu berücksichtigen: je stärker die **gefühls-mäßige Beteiligung,** desto stärker die Einprägung und die Gefahr, dass sich das Erinnerungsbild dem Wunschbild annähert. Je häufiger die geistige Beschäftigung mit dem Geschehenen, umso sicherer die Wiedergabe und umso größer die Gefahr, dass nicht das ur-

---

724 Rechberger/Simotta, Zivilprozessrecht Rn. 791 ff.
725 Rechberger/Simotta, Zivilprozessrecht Rn. 791 ff.; Matscher, Beweis durch Demoskopie, ÖBl 1970, 90.
726 Rechberger/Simotta, Zivilprozessrecht Rn. 791 ff.
727 Rechberger/Simotta, Zivilprozessrecht Rn. 793.
728 Rechberger, ZPO Vor § 292 Rn. 11.
729 Fasching, Zivilprozessrecht Rn. 905; Rechberger in: Fasching/Konecny, Zivilprozessgesetze ZPO Vor § 266 Rn. 85; Deixler-Hübner in: Fasching/Konecny, Zivilprozessgesetze 145 ZPO Rn. 12.
730 Schlosser/Fucik/Hartl, Verkehrsunfall I Rn. 73.

sprünglich Erlebte, sondern das bereits Wiedergegebene ausgesagt wird.[731] Hinzu kommen noch eventuell gesteuerte Verfälschungen (siehe zur Wahrheitspflicht → Rn. 484).

483 1. **Allgemeine Grundlagen.** Als Zeuge ist derjenige anzusehen, der nicht für die Parteieneinvernahme in Frage kommt und über seine unvertretbaren, individuellen Wahrnehmungen von vergangenen Tatsachen im Zivilprozess berichtet.[732] Der Zeuge hat – im Vergleich zum Sachverständigen – nicht Erfahrungssätze zu liefern und auch keine Tatsachen zu beurteilen.[733]

484 Den Zeugen trifft eine **Zeugnis-, Erscheinens-, Aussage-, Wahrheits- und Eidespflicht.**[734] In bestimmten Fällen besteht Zeugnisunfähigkeit und somit ein Vernehmungsverbot (§ 320 ZPO).

Beispiel: Wahrnehmungs-, Wiedergabeunfähigkeit; bei bestimmten Tätigkeiten (wie Geistlicher hinsichtlich des ihm in der Beichte Anvertrauten etc)[735]

Für bestimmte Zeugen besteht ein Aussageverweigerungsrecht (§§ 321 ff ZPO).[736]

Beispiele: Schande oder Gefahr strafgerichtlicher Verfolgung für den Zeugen oder nahestehende Personen, unmittelbare vermögensrechtliche Nachteile etc.

Bei grundloser Aussageverweigerung oder Verweigerung der Beeidigung können dem Zeugen **Beugestrafen** drohen (§§ 325 f., 336 Abs. 3 ZPO).[737]

485 Zeugen können, sofern sie trotz ordnungsgemäßer Ladung nicht erscheinen, zum Ersatz der durch das **Nichterscheinen** verursachten Kosten (auch ohne Antrag) verurteilt und unter Verhängung einer **Ordnungsstrafe** neuerlich geladen werden. Bei abermaligem Nichterscheinen ist die Ordnungsstrafe zu verdoppeln und die zwangsweise Vorführung anzuordnen (§ 333 Abs. 1 und 2 ZPO).[738]

486 Die **Parteien** können sich an der **Zeugeneinvernahme** beteiligen und mit Zustimmung des Gerichtes Fragen an die Zeugen stellen (§ 341 ZPO).[739] Nach § 345 ZPO kann der Gegner jenes Beweisführers, der einen Zeugen vorgeschlagen und dann auf ihn verzichtet hat, auf dessen Vernehmung bestehen, wenn der Zeuge bereits zur Vernehmung erschienen ist bzw. wenn seine Vernehmung bereits begonnen hat.[740]

487 2. **Sonderfall Fahrer.** Für den Fahrer gelten idR dieselben Regeln wie für die anderen Zeugen, sofern er nicht als Partei vernommen wird. Insbesondere für den Fahrer könnte jedoch ein Aussageverweigerungsgrund relevant werden (siehe → Rn. 484).

488 3. **Zeugen vom Hörensagen.** Der Beweis vom Hörensagen ist unzulässig, sofern die Vernehmung des unmittelbaren Zeugen möglich ist. Auch schriftliche Zeugenaussagen sind unzulässig, sofern der Zeuge mündlich vor Gericht aussagen kann.

489 Beides stellt einen Verstoß gegen den Unmittelbarkeitsgrundsatz dar.[741]

II. Parteienvernehmung

490 1. **Allgemeine Grundlagen.** Die Parteienvernehmung dient der Anhörung der Partei zum Beweis über streitige, für die Entscheidung erhebliche Tatsachen (§ 371 ZPO).[742]

731 Schlosser/Fucik/Hartl, Verkehrsunfall I Rn. 73.
732 Schlosser/Fucik/Hartl, Verkehrsunfall I Rn. 71.
733 Rechberger/Simotta, Zivilprozessrecht Rn. 802.
734 Rechberger/Simotta, Zivilprozessrecht Rn. 804.
735 Rechberger/Simotta, Zivilprozessrecht Rn. 803.
736 Schlosser/Fucik/Hartl, Verkehrsunfall I Rn. 71.
737 Schlosser/Fucik/Hartl, Verkehrsunfall I Rn. 71.
738 Schlosser/Fucik/Hartl, Verkehrsunfall I Rn. 71.
739 Rechberger/Simotta, Zivilprozessrecht Rn. 807.
740 Rechberger/Simotta, Zivilprozessrecht Rn. 793.
741 SZ 59/93; EFSlg 90.968; Rechberger/Simotta, Zivilprozessrecht Rn. 802.
742 Rechberger/Simotta, Zivilprozessrecht Rn. 819.

Die Partei trifft eine **Erscheinens-, Aussage-, Wahrheits-** sowie **Eidespflicht.**[743] Bei Vereidi- **491**
gung ist die falsche Beweisaussage der Partei strafbar, ansonsten nicht.[744] Parteien können
jedoch weder zum Erscheinen noch zur Aussage **gezwungen** werden (§ 380 Abs. 3 ZPO).
Erscheint eine Partei trotz Ladung nicht, kann dies höchstens in die Beweiswürdigung einfließen.[745] Eine Aussageverweigerung oder ein Nichterscheinen führt jedoch nicht unbedingt dazu, dass die Behauptungen der Gegenpartei für wahr gehalten werden.[746]

Eine Partei hat – im Vergleich zum Zeugen – kein Aussageverweigerungsrecht wegen ver- **492**
mögensrechtlicher Nachteile (siehe → Rn. 484). Parteien, die **zeugnisunfähig** sind, dürfen
nicht gehört werden (§ 320 ZPO).[747]

Eine Parteienaussage kann nicht schriftlich oder durch eidesstattliche Erklärung erfolgen **493**
(siehe → Rn. 489).

Sind keine Sonderbestimmungen vorgesehen, gelten die Bestimmungen der Zeugeneinver- **494**
nahme auch für die Partei (siehe → Rn. 483 ff.).

2. Vernehmung der gegnerischen Partei (§ 445 d ZPO) bzw. der eigenen Partei mit Zustim- 495
mung (§ 447 d ZPO). Die Parteieneinvernahme stellt im Vergleich zu § 445 d ZPO in der
österreichischen ZPO kein subsidiäres, sondern seit der Zivilrechtsnovelle 1983 ein **primä-**
res Beweismittel dar.[748]

Gemäß § 371 Abs. 1 ZPO kann die Anordnung der Beweisführung auf Antrag (aufgrund **496**
eines Beweisangebots einer Partei) oder von Amts wegen erfolgen.

Beweisanträge können vom Antragsteller grundsätzlich **ohne Zustimmung** des Gegners bis **497**
zum Schluss der mündlichen Verhandlung zurückgenommen werden (§ 179 ZPO) (siehe
zur Gemeinschaftlichkeit von Beweismitteln → Rn. 480). Der Verzicht einer Partei auf die
Vernehmung ist für das Gericht nicht bindend.[749] Die Parteienvernehmung kann **von Amts**
wegen unbeschränkt angeordnet werden.

Ein nicht näher konkretisiertes Beweisanbot („PV" bzw. „Parteienvernehmung") wird im **498**
Zweifel als Anbot gewertet, beide Parteien zu vernehmen; es sei denn, es ergibt sich aus
dem Vorbringen der Partei klar, dass nur die Vernehmung einer Partei angestrebt wird.[750]
Grundsätzlich sind somit **beide Parteien** über das Beweisthema zu **befragen** (§ 376 Abs. 2
ZPO).[751] Welche Partei zuerst vernommen wird, liegt im Ermessen des Gerichtes.[752] Eine
Ausnahme kann dieser Grundsatz dann erfahren, wenn eine der beweispflichtigen Parteien
nichts weiß oder zeugnisunfähig ist (§ 374 ZPO).[753]

Das Nichterscheinen einer Partei oder ihre Aussageverweigerung verhindert die Einver- **499**
nahme des (anwesenden) Gegners nicht.[754]

Gemäß § 184 ZPO kann jede Partei zur Aufklärung des Sachverhaltes über alle den Ge- **500**
genstand des Rechtsstreits oder der mündlichen Verhandlung betreffenden, für die Prozessführung erheblichen Umstände **an die anwesende Gegenpartei oder deren Vertreter**
Fragen **durch den Vorsitzenden stellen lassen** oder **mit dessen Zustimmung unmittelbar**
stellen. Hieraus lässt sich die allgemeine Pflicht ableiten, an einer möglichst umfassenden
und wahrheitsgemäßen **Sachverhaltsdarstellung** mitzuwirken. Der Gegner kann sowohl

---

743 Rechberger/Simotta, Zivilprozessrecht Rn. 822.
744 Rechberger/Simotta, Zivilprozessrecht Rn. 801.
745 Schlosser/Fucik/Hartl, Verkehrsunfall I Rn. 71.
746 JBl 2005, 738; LGZ Wien 43 R 688/89.
747 Rechberger/Simotta, Zivilprozessrecht Rn. 820.
748 Rechberger, ZPO § 371 Rn. 1; Spenling in: Fasching/Konecny, Zivilprozessgesetze, ZPO § 371 Rn. 2.
749 SZ 28/3; EfSlg 39.186; Rechberger, ZPO § 376 Rn. 5.
750 Spenling in: Fasching/Konecny, Zivilprozessgesetze, ZPO § 371 Rn. 14.
751 EFSlg 20.774; EvBl 1975/223; Rechberger/Simotta, Zivilprozessrecht Rn. 820; Rechberger, ZPO § 376
    Rn. 5.
752 SZ 28/3; EfSlg 39.186; Rechberger, ZPO § 376 Rn. 5.
753 Rechberger, ZPO § 374 Rn. 1.
754 Rechberger, ZPO § 381 Rn. 3.

die eigene als auch die gegnerische Partei befragen. Das Fragerecht des Gegners verschafft aber kein Recht, die Ladung des Gegners zu beantragen.[755]

III. Augenschein/Urkunden

501 Urkunden sind alle **Schriftstücke** bzw. schriftliche **Gedankenaufzeichnungen.**

502 Eine Urkunde ist **echt,** wenn sie vom genannten Aussteller stammt; sie ist **richtig,** wenn das in der Urkunde Beurkundete den Tatsachen entspricht.

503 **Widersprechen** beide Parteien dem Urkundenbeweis, kann das Gericht nicht von Amts wegen Urkunden als Beweismittel anordnen (§ 183 Abs. 2 ZPO).[756]

504 Dritte trifft eine **Vorlagepflicht** gemäß §§ 308 f ZPO.

Gemeinschaftliche Urkunden dürfen nach § 304 ZPO **nicht verweigert** werden (Editionsklage, Art. XLIII EGZPO).

505 Unter **Augenschein** wird die unmittelbare und **sinnliche Wahrnehmung** durch das Gericht verstanden. Er kann von Amts wegen oder auf Antrag durchgeführt werden (§ 368 ZPO).[757]

§ 3 Besonderheiten des österreichischen Zivilprozessrechts

A. Gerichtsstruktur (Zuständigkeit)

506 Schadensersatzklagen aus Verkehrsunfällen fallen idR in die Zuständigkeit der Bezirksgerichte (BG), bei Überschreiten eines Streitwertes von 15.000 EUR in die Zuständigkeit der Landesgerichte (LG).[758]

507 Die örtliche Zuständigkeit richtet sich nach dem Wohnsitz (Sitz) des Beklagten (§ 65 JN) bzw. nach dem Unfallort (§ 92 a JN, § 20 EKHG, Art. 5 Z 3 EuGVVO).[759]

B. Parteien (Aktiv- und Passivlegitimation)

508 **Aktiv** zur Klagsführung **legitimiert** ist der **Geschädigte** des Verkehrsunfalls. Mehrere Geschädigte können als formelle Streitgenossenschaft auftreten, wenn sie ihre Ansprüche gemeinsam geltend machen wollen. Ihre Ansprüche sind nicht zusammenzurechnen. Zu beachten sind hier insbesondere gesetzliche (Sozialversicherungsträger, Privatversicherer) und rechtsgeschäftliche Zessionen.[760]

509 Als **Passivlegitimierte** können drei Personen auftreten: schuldiger **Fahrer** (ABGB), **Halter** (EKHG, bei Verschulden auch ABGB) und **Kfz-Haftpflichtversicherer** (§ 26 KHVG). Fahrer und Halter sind materielle Streitgenossen und haften solidarisch.

510 Wurde durch ein rechtskräftiges Urteil ein Schadensersatzanspruch des Dritten aberkannt, wirkt gemäß § 28 KHVG ein zwischen Drittem und Versicherer ergangenes Urteil auch zu-

---

755 SZ 28/3; EfSlg 39.186; Rechberger, ZPO § 376 Rn. 5.
756 Schlosser/Fucik/Hartl, Verkehrsunfall I Rn. 70.
757 Schlosser/Fucik/Hartl, Verkehrsunfall I Rn. 70.
758 Schlosser/Fucik/Hartl, Verkehrsunfall I Rn. 7.
759 Schlosser/Fucik/Hartl, Verkehrsunfall I Rn. 11 f.
760 ZVR 1986/20; ZVR 1987/27; ZVR 1994/156; WR 479.

gunsten des Versicherten, ein zwischen Drittem und Versicherten ergangenes Urteil auch zugunsten des Versicherers. Darüber hinaus können die Parteien aber weiterhin disponieren. Wer sich als Beklagter am Verfahren nicht beteiligt, gegen den kann trotz § 28 KHVG ein Versäumungsurteil oder ein Zahlungsbefehl rechtskräftig werden.[761]

C. Anwaltspflicht

Absolute Anwaltspflicht besteht bei Verfahren vor dem Gerichtshof erster Instanz und den   511
Rechtsmittelgerichten sowie bei Verfahren vor dem BG, wenn der Streitwert 5.000 EUR
übersteigt.

D. Beweissicherungsverfahren

Vor Beginn eines Rechtsstreits kann eine Partei, sofern die Besorgnis besteht, dass ein Be-   512
weismittel sonst verloren oder seine Benutzung erheblich erschwert wird, zur Sicherung
der Beweisführung

- die Vornahme eines **Augenscheins** oder

- die **Vernehmung** der Zeugen oder Sachverständigen

beim Bezirksgericht beantragen, in dessen Sprengel sich die Augenscheins- oder Befundge-
genstände bzw. die zu vernehmenden Zeugen befinden. Bei bereits anhängigem Prozess ist
das Prozessgericht zuständig.

Gleiches gilt, wenn der gegenwärtige Zustand der Sache festgestellt werden soll und ein   513
rechtliches Interesse daran besteht.

Kosten der Beweisaufnahme sowie des Gegners trägt der Antragsteller vorläufig.[762]   514

E. Klagearten

Nach österreichischem Recht werden grundsätzlich drei Arten von Klagen unterschieden: 515

I. Leistungsklagen

Der Kläger begehrt ein Handeln, Dulden oder Unterlassen.   516

Beispiel: Zahlung eines bestimmten Geldbetrages.

II. Feststellungsklage

Der Kläger begehrt die Feststellung des Bestehens oder Nichtbestehens eines Rechts oder   517
-verhältnisses.

Beispiel: Feststellung der Haftung für alle zukünftigen, unfallkausalen Schäden.

Der Kläger muss ein **rechtliches Interesse** an der alsbaldigen Feststellung haben. Wurde be-   518
reits eine – das Feststellungsbegehren ausschöpfende – Leistungsklage eingebracht, besteht
kein rechtliches Interesse an der Feststellungsklage mehr. Nach ständiger Rechtsprechung
wird vertreten, dass ein konstitutives Anerkenntnis alles bietet, was mit einem Feststel-
lungsurteil erzielt werden kann; es fehle daher am rechtlichen Interesse einer Feststellungsklage; dies ist jedoch in der Lehre bestritten.[763] Ein Verjährungsverzicht ist jedoch nicht
als konstitutives Anerkenntnis zu werten und kann daher der Feststellungsklage das rechtliche Interesse nicht nehmen.[764]

Eine **Verbindung** von **Leistungs- und Feststellungsklage** ist möglich.   519

---

761 Schlosser/Fucik/Hartl, Verkehrsunfall I Rn. 28.
762 Schlosser/Fucik/Hartl, Verkehrsunfall I Rn. 11.
763 ZVR 1993/10; ZVR 1995/134.
764 ZVR 2008/4; Schumacher, Anerkenntnis des Versicherers, ecolex 1998, 117.

III. Rechtsgestaltungsklage

520 Diese Klageart ist bei Verkehrsunfällen unbeachtlich.

F. Besonderheiten der Schadensersatzklage

I. Klagebegehren

521 Die Höhe des Klagebegehrens hat Auswirkungen auf Anwaltskosten, Gerichtsgebühren sowie die sachliche Zuständigkeit (bis 15.000 EUR BG).

522 Die Klage hat ein **ziffernmäßig bestimmtes Begehren** zu enthalten. Das Begehren von „angemessenem" Schmerzensgeld ist nicht ausreichend.[765] Zudem sind die **Tatsachen**, auf die sich der Anspruch stützt, kurz und vollständig zu begründen. Die **Beweismittel** sind zu bezeichnen (Beweisanbot) und (sofern erforderlich) eine Ausführung zur Zuständigkeit zu machen.[766] Nicht in der Klage zu beachten ist, dass der Halter und Versicherer nur bis zu einem Höchstbetrag nach EKHG oder der Versicherungssumme haftet.

523 Fehlt eines der Erfordernisse, wird idR ein **Verbesserungsauftrag** seitens des Gerichtes erteilt, bevor die Klage abgewiesen wird.

524 Im Rahmen einer Klage kann grundsätzlich

- eine **Leistung**: Globalbetrag (für alle bisher erlittenen und alle künftigen, überschaubaren Schmerzen), Teilbetrag (für bestimmten Zeitraum), Schmerzensgeldrente oder Summe und Rente nebeneinander (uU!)[767]
- eine Feststellung, dass der Beklagte für alle künftigen, aus dem Unfall entstehenden **Schmerzensgeldansprüche** einzustehen hat,[768]
- **Zinsen**

begehrt werden.

525 Eine Ausdehnung des Schmerzensgeldbetrages nach Ablauf der Verjährungszeit ist jederzeit möglich, wenn der Geschädigte innerhalb der Verjährungszeit auf Feststellung der Haftung für künftige Schäden geklagt hat.[769]

II. Zuspruch von Teilschmerzensgeld und Ergänzung

526 In manchen Fällen wird auch ein Teilschmerzensgeld geltend gemacht (siehe → Rn. 528). Eine Teilung kann jedoch ausschließlich nach Zeitabschnitten erfolgen.[770]

Beispiel: bis zum Schluss der Verhandlung I. Instanz erlittene Schmerzen bei Unvorhersehbarkeit zukünftiger Schmerzen

Eine höhere Entschädigung darf durch die Geltendmachung von Teilschmerzensgeld nicht erfolgen.[771]

527 Ist die Teileinklagung nicht begründet, ist dennoch der Globalbetrag zuzusprechen.[772]

528 Anstelle der Globalbemessung ist eine **Teil- bzw. ergänzende Bemessung** nur möglich, wenn

- kein Dauer- bzw. Endzustand eingetreten ist und die Verletzungsfolgen deshalb noch nicht in vollem Umfang überblickbar sind,[773]

765 Schlosser/Fucik/Hartl, Verkehrsunfall VI Rn. 671.
766 Schlosser/Fucik/Hartl, Verkehrsunfall I Rn. 37 ff.
767 ZVR 1976/370; Schlosser/Fucik/Hartl, Verkehrsunfall VI Rn. 668.
768 Schlosser/Fucik/Hartl, Verkehrsunfall VI Rn. 6689.
769 ZVR 1974/171; ZVR 2010/94; Schlosser/Fucik/Hartl, Verkehrsunfall VI Rn. 668.
770 ZVR 1973/8; ZVR 1983/345; ZVR 1989/134; ZVR 1990/158; ecolex 2010, 660; Schlosser/Fucik/Hartl, Verkehrsunfall VI Rn. 653.
771 ZVR 1981/122; ZVR 1962/186; ZVR 1972/10.
772 ZVR 1993/168; ZVR 1997/67.
773 ZVR 1972/101; ZVR 1974/116; ZVR 1976/18; ZVR 1979/264; Schlosser/Fucik/Hartl, Verkehrsunfall VI Rn. 654.

- die Auswirkungen der Schmerzen für den Verletzten bis zum Schluss der Verhandlung I. Instanz noch nicht oder nicht endgültig überschaubar sind,

- der Verletzte beweist, dass nach der im Vorprozess erfolgten Globalbemessung weitere unfallkausale Schmerzen aufgetreten sind, mit deren Eintritt nicht oder nicht ernstlich gerechnet werden konnte,

- der Kläger im Vorprozess aus verfahrensrechtlichen Gründen außer Stande war, das Schmerzensgeldbegehren auszudehnen und ihm dies in der Verfahrenslage nicht vorgeworfen werden konnte.[774]

III. Überklagung bei Schmerzensgeldklagen

Nach österreichischem Recht kann selbst bei teilweisem Obsiegen das Gericht der Partei 529
den Ersatz der gesamten dem Gegner entstandenen Kosten auferlegen, wenn der Betrag der von ihm erhobenen Forderung von der Feststellung durch richterliches Ermessen (§ 273 ZPO) oder von der Ausmittlung eines Sachverständigen abhängig war (§ 43 Abs. 2 ZPO).

Nur bei offenbarer Überklagung, wenn der Kläger **mehr als doppelt so viel begehrt hat,** 530
wie ihm zuerkannt wurde, kommt voller Kostenersatz (vom ersiegten Betrag) nicht in Betracht.[775]

G. Ergebnisse des Strafverfahrens

Die materielle Rechtskraft eines Schuldspruches und die daraus resultierende **Bindungs-** 531
wirkung für die Zivilgerichte wurden bei Wahrung des rechtlichen Gehörs bejaht. Der im Strafprozess Verurteilte kann sich in einem nachfolgenden Rechtsstreit gegenüber anderen Parteien nicht darauf berufen, die Tat, deretwegen er verurteilt wurde, nicht begangen zu haben; unabhängig davon, ob die anderen Parteien am Strafprozess beteiligt waren.[776]

Die Bindungswirkung des Strafurteils für den Zivilprozess gilt jedoch **nur für verurteilende** 532
Erkenntnisse, nicht jedoch für freisprechende und auch nicht für solche von Verwaltungsbehörden.[777]

Beispiel: Verklagt der Geschädigte den (strafrechtlich verurteilten) Fahrer, den Fahrzeughalter und die Kfz-Haftpflichtversicherung auf Schadensersatz, entfaltet das verurteilende Straferkenntnis nur Bindung betreffend den Fahrer; die Bindungswirkung wird gegenüber dem Kfz-Halter und Haftpflichtversicherer (mangels rechtlichem Gehör im Strafverfahren) idR verneint.[778]

H. Urteilsarten

Einerseits wird zwischen Leistungs-, Feststellungs- und Rechtsgestaltungsurteilen unter- 533
schieden.[779] **Leistungsurteile** verpflichten den Beklagten zu einer Handlung, Duldung oder Unterlassung; sie bilden Exekutionstitel.[780] **Feststellungsurteile** stellen das Bestehen oder Nichtbestehen eines Rechtes oder Rechtsverhältnisses fest.[781] Leistungs- und Feststellungsurteile können auch **kombiniert** werden.[782] Feststellungsurteile bilden keinen Exekutions-

---

774 ZVR 2007/237; ZVR 2008/153; ecolex 2010, 235; JusGuide 2010/02/7189; ZAK 2011/334, 178.
775 ZVR 1979/143; WR 572 und WR 888; EvBl-LS 2010/84; Klinger, Einige Fragen des Kosten- und Gebührenrechts, WR 21 (1988) 17.
776 SZ 68/195.
777 AnwBl 1996/77; RZ 1996/52; ecolex 1997, 159; 9 ObA 80/03 k; Böhm, Bindung des Zivilgerichts, AnwBl 1996, 734.
778 SZ 69/131; ecolex 1997, 251; SZ 71/66; Harrer in: Schwimann, ABGB § 1304 Rn. 99.
779 Schlosser/Fucik/Hartl, Verkehrsunfall I Rn. 80.
780 Schlosser/Fucik/Hartl, Verkehrsunfall I Rn. 80.
781 Schlosser/Fucik/Hartl, Verkehrsunfall I Rn. 80.
782 Schlosser/Fucik/Hartl, Verkehrsunfall I Rn. 80.

titel, aber sie haben **Bindungswirkung** in künftigen Leistungsprozessen.[783] Rechtsgestaltungsurteile haben im Zusammenhang mit Verkehrsunfällen wenig praktische Bedeutung.

534 Andererseits wird zwischen End-, Teil-, und Zwischenurteilen unterschieden: **Endurteile** erledigen den gesamten Streitstoff abschließend für die Instanz. Ist einer von mehreren verbundenen Prozessen entscheidungsreif, wird ein Endurteil erlassen.[784] **Teilurteile** entscheiden über einen Teil des Urteilsbegehrens (zB über einzelne von mehreren in derselben Klage geltend gemachten Ansprüchen oder über Teile eines Anspruchs) abschließend.[785]

Beispiel: Es wird in einem Prozess ein technisches Gutachten eingeholt, auf Basis dessen der Sachschaden beziffert und festgestellt werden kann; das Schmerzensgeld kann jedoch nur auf Basis eines medizinischen Gutachtens festgestellt werden. Die Erlassung eines Teilurteiles liegt im Ermessen des Gerichts.[786]

Ein **Zwischenurteil** kann dann erlassen werden, wenn über den Grund des Anspruchs eine Entscheidung getroffen werden kann, jedoch die Höhe noch strittig ist.[787]

Abschnitt 4: Wichtige Arbeitsmittel

A. Zeitschriften (Auszug)

AnwBl	Anwaltsblatt
Arb	Sammlung arbeitsrechtlicher Entscheidungen
ARD	ARD-Betriebsrat
Bbl	Baurechtliche Blätter
DRdA	Das Recht der Arbeit
Ecolex	Fachzeitschrift für Wirtschaftsrecht
EF	Ehe- und familienrechtliche Entscheidungen
EvBl	Evidenzblatt der Rechtsmittelentscheidungen in Österreichische Juristen-Zeitung
GlUNF	Sammlung von zivilrechtlichen Entscheidungen des k.k. Obersten Gerichtshofes, Neue Folge
JBl	Juristische Blätter
JGS	Justizgesetzsammlung, Gesetze und Verordnungen im Justizfach
JUS	Jus-Extra, Beilage zur Wiener Zeitung
JUS Extra	Zeitschrift für Gesetzgebung, Judikatur & Literatur
JZ	(deutsche) Juristenzeitung
Miet(Slg)	Mietrechtliche Entscheidungen
MR	Medien und Recht
NZ	Österreichische Notariats-Zeitung
ÖBA	Österreichisches Bankarchiv
ÖBl	Österreichische Blätter für gewerblichen Rechtsschutz und Urheberrecht
ÖJZ	Österreichische Juristenzeitschrift
ÖStZB	Die finanzrechtlichen Erkenntnisse des VwGH und des VfGH, Beilage zur Österreichischen Steuerzeitung
RdA	Recht der Arbeit
RdM	Recht der Medizin
RdW	Recht der Wirtschaft

---

783 Schlosser/Fucik/Hartl, Verkehrsunfall I Rn. 80.
784 Schlosser/Fucik/Hartl, Verkehrsunfall I Rn. 81.
785 Schlosser/Fucik/Hartl, Verkehrsunfall I Rn. 82.
786 Schlosser/Fucik/Hartl, Verkehrsunfall I Rn. 82.
787 Schlosser/Fucik/Hartl, Verkehrsunfall I Rn. 82.

RZ	Österreichische Richterzeitung
SozM	Sozialrechtliche Mitteilungen der Arbeiterkammer Wien
SZ	Entscheidungen des österreichischen Gerichtshofes in Zivil- (und Justizverwaltungs-)sachen
VersE	Versicherungsrechtliche Entscheidungssammlung
VersRdSch	Die Versicherungsrundschau, Fachzeitschrift für Sozial- und Vertragsversicherung
VR	Die Versicherungsrundschau, Fachzeitschrift für Sozial- und Vertragsversicherung
Wbl	wirtschaftsrechtliche blätter, Zeitschrift für österreichisches und europäisches Wirtschaftsrecht
wobl	Wohnrechtliche Blätter
WR	Der Wiener Richter (Beilage Wiener Judikatur)
ZAK	Zivilrecht aktuell
ZAS	Zeitschrift für Arbeits- und Sozialrecht
ZBl	Zentralblatt für die juristische Praxis
ZRInfo	Zivilrechts-Info
ZVR	Zeitschrift für Verkehrsrecht

B. Kommentare (Auszug)

Apathy, Kommentar zum EKHG (1992)
Fasching/Konecny, Kommentar zu den Zivilprozessgesetzen I-V, 2. Aufl. 2000 ff.
Koziol/Bydlinski/Bollenberger, Kurzkommentar zum ABGB, 2005
Klang, Kommentar zum ABGB, 2. Aufl., I-VI, 1950 ff.
Rechberger, Kommentar zur ZPO, 3. Aufl. 2006
Rummel, Kommentar zum ABGB I, 3. Aufl. 2000 und II, 3. Aufl. ab 2002
Schwimann, Praxiskommentar zum ABGB, 3. Aufl. 2005 ff.

C. Monographien (Auszug)

Dirnschmied, Dienstnehmerhaftpflichtgesetz DNHG, 3. Aufl. 1992
Doralt/Ruppe/Mayr, Grundriss des österreichischen Steuerrechts I, 2012, II, 2011
Fasching, Lehrbuch des österreichischen Zivilprozessrechts, 2. Aufl. 1990
Feil, Gebührenanspruchsgesetz, 2011
Kerschner, DHG, 2. Aufl. 2004
Koziol, Grundfragen des Schadenersatzrechtes, 2010
Koziol, Österreichisches Haftpflichtrecht I, 3. Aufl. 1997 und II, 2. Aufl. 1984
Koziol/Welser, Bürgerliches Recht I, 13. Aufl., 2007
Neuhauser, Musterbuch Verkehrsunfall, 2006
Pürstl, StVO, 2011
Rechberger/Simotta, Zivilprozessrecht, 8. Aufl. 2010
Schlosser/Fucik/Hartl, Verkehrsunfall I-VI, 2. Aufl. 2008 ff.
Welser, Bürgerliches Recht II, 13. Aufl. 2007

D. Internetadressen

I. Zugriff auf das geltende Recht

1. Materielles Haftungsrecht

Rechtsdatenbank: www.ris.bka.gv.at (kostenlos)

Datenbanken: RDB, Nexis-Lexis, Rida (kostenpflichtig)

Lehrbücher Online: Zivilrecht Online http://www.uibk.ac.at/zivilrecht/buch/

2. Straßenverkehrsvorschriften

Rechtsdatenbank: www.ris.bka.gv.at (kostenlos)

RDB, Nexis-Lexis, Rida (kostenpflichtig)

II. Kostenlose Entscheidungssammlungen

1. Obergerichte

www.ris.bka.gv.at (Rechtsdatenbank)

2. Sonstige Gerichte

www.ris.bka.gv.at (Rechtsdatenbank)

III. Sonstige Informationen

1. Zinsanspruchsberechnung

a) Grundlagen

www.oenb.at

b) Aktuelle Sätze

www.oenb.at

2. Nützliche Links

http://www.justiz.gv.at/internet/html/default/home (Justizministerium)

www.help.gv.at (Amtshelfer)

http://www.vfgh.gv.at/ (Verfassungsgerichtshof)

http://www.vwgh.gv.at/Content.Node/index.php (Verwaltungsgerichtshof)

http://www.rechtsanwaelte.at/www/getFile.php (Rechtsanwaltskammertag)

http://www.jusline.at/ (Gesetze, Entscheidungen und Kommentierung)

3. Liste wichtiger Gesetze

a) Haftungsrecht

ABGB	Allgemeines Bürgerliches Gesetzbuch 1811, JGS 946
AHG	Amtshaftungsgesetz, BGBl. 1949/20
ASVG	Allgemeines Sozialversicherungsgesetz, BGBl. 1955/189
DHG	Dienstnehmerhaftpflichtgesetz, BGBl. 1965/80
EKHG	Eisenbahn- und Kraftfahrzeugshaftpflichtgesetz, BGBl. 1959/48
KFG	Kraftfahrgesetz 1967, BGBl. 1967/267
KSchG	Konsumentenschutzgesetz, BGBl. 1979/140
StVO	Straßenverkehrsordnung BGBl. 1960/159

b) Versicherungsrecht

ASVG	Allgemeines Sozialversicherungsgesetz, BGBl. 1955/189
B-KUVG	Beamten-Kranken-und Unfallversicherungsgesetz, BGBl. 1967/200

BSVG   Bauern-Sozialversicherungsgesetz, BGBl. 1965/219
GSVG   Gewerbliches Sozialversicherungsgesetz, BGBl. 1978/560
KHVG   Kraftfahrzeug-Haftpflichtversicherungsgesetz 1994, BGBl. 1994/651
VersVG   Versicherungsvertragsgesetz 1958, BGBl. 1959/2

c) Prozessrecht

EuGVÜ   Europäisches Übereinkommen über die gerichtliche Zuständigkeit und die
          Vollstreckung gerichtlicher Entscheidungen in Zivil- und Handelssachen
EuGVVO   Verordnung (EG) 2001/44 des Rates vom 22.12.2000 über die gerichtliche
          Zuständigkeit und die Anerkennung und Vollstreckung von Entscheidungen
          in Zivil- und Handelssachen, ABl. L 2001/12, 1
JN   Jurisdiktionsnorm RGBl. 1895/111
LGVÜ   Übereinkommen über die gerichtliche Zuständigkeit und die Vollstreckung
          gerichtlicher Entscheidungen in Zivil- und Handelssachen, geschlossen in Lu-
          gano am 16.9.1988, BGBl. 1996/448
ZPO   Zivilprozessordnung RGBl. 1895/113

Abschnitt 1: Anspruchsprüfung zum Haftungsgrund

§ 1 Haftungsgründe

1 Der polnische Gesetzgeber regelt die gesetzlichen Haftungsgrundlagen für die Schäden, die infolge der Verwendung sog mechanischer Verkehrsmittel entstanden sind, durch das Zivilgesetzbuch von 1964 (ZGB). Die Haftung für Schäden im Bereich der unerlaubten Handlungen setzt gem. Art. 415 ZGB grds. Verschulden voraus. Für Schäden, die durch den Betrieb mechanischer Verkehrsmittel verursacht wurden, hat der Gesetzgeber jedoch eine **Risikohaftung** geregelt. Hauptvorschrift ist in diesem Fall Art. 436 iVm 435 ZGB, Adressat der Forderung der Besitzer des Fahrzeugs. Dies ist gem. Art. 336 ZGB der Eigenbesitzer (bei dem Fahrer- und Haltereigenschaft zusammenfallen), wie auch der sog abhängige Besitzer (der Fahrer). Zu beachten ist also, dass auch andere Personen als der Fahrzeughalter durch den Betrieb des Fahrzeugs einen Schaden verursachen können und insoweit keiner Risikohaftung, sondern der verschuldensabhängigen Haftung unterliegen. In solchen Fällen müssen die wechselseitigen Rechte und Pflichten des Geschädigten, des Fahrers und des Fahrzeughalters bestimmt werden.

A. Haftung des Fahrers

I. Haftung aus Verschulden

2 Beispiele für ausschließlich aus Verschulden haftende Personen:

- Der Fahrer, der den Auftrag einer Firma ausführt, in der er angestellt ist;

- ein Familienmitglied oder eine Person aus dem Freundeskreis, die das Kraftfahrzeug zur gelegentlichen Nutzung erhält;

- der Verwahrer oder Bevollmächtigte des Besitzers, wenn er das Kraftfahrzeug im Rahmen der Vertragsbeziehung benutzt.

Der Kraftfahrzeugführer muss nicht Fahrzeughalter sein. Der Fahrer haftet gegenüber dem 3 Geschädigten nur verschuldensabhängig nach Art. 415 ZGB, unabhängig davon, dass der Fahrzeughalter gleichzeitig die Halterhaftung (Risikohaftung) trägt.

Von dieser Verantwortung befreit nicht die zeitweilige Fahrzeugübergabe an eine Person, 4 deren Recht zum Führen des Fahrzeugs so beschränkt ist, dass man sie nur noch als Besitzdiener, nicht aber als (eigenständigen oder abhängigen) Besitzer bezeichnen kann.

Eine Zurechnung des Verschuldens zulasten des Fahrzeugführers – des Unfallverursachers 5 – tritt nicht nur ein, wenn dieser Verkehrssicherheitsvorschriften im öffentlichen Straßenverkehr verletzt hat, sondern auch dann, wenn sich aus dem Unfallgeschehen Indizien für ein Verschulden ergeben, obwohl keine konkrete Vorschrift verletzt wurde.

II. Gefährdungshaftung

Gem. Art. 436 § 1 ZGB trifft den Kraftfahrzeugführer für den durch das Fahrzeug zuge- 6 fügten Schaden nicht die Gefährdungs-, sondern die Verschuldenshaftung. Ratio legis der Gefährdungshaftung gem. Art. 436 § 1 ZGB ist, dass jeder Betrieb eines Kraftfahrzeugs als Ereignis betrachtet wird, das zu einem **steigenden Risiko der Schadensentstehung** führt.[1]

B. Haftung des Halters

Im polnischen Rechtssystem gilt als Hauptvorschrift bezüglich der deliktischen Haftung 7 Art. 415 ZGB, der bestimmt, dass eine Person, die einer anderen Person einen materiellen Schaden zufügt, zum Schadensersatz verpflichtet ist.

Bezüglich Fahrzeughaltern und Fahrzeugführern enthält Art. 436 ZGB die Konkretisie- 8 rung dieser Regel. Diese Vorschrift regelt die Gefährdungs- und die Verschuldenshaftung.

I. Haftung aus Verschulden

Eine **Haftung des Halters aus Verschulden** kommt nur in Betracht, wenn es zum Zusam- 9 menstoß von Kraftfahrzeugen kommt. Sie bildet die Ausnahme von der Grundregel, die durch Art. 436 § 1 (Gefährdungshaftung) bestimmt wurde. Nach polnischem Recht findet eine Rückkehr zum allgemeinen Grundsatz der Verschuldenshaftung des Halters statt, wenn der Schaden infolge eines Zusammenstoßes zweier Fahrzeuge eintritt, dh bei jedem Kontakt der Fahrzeuge beim Betrieb – unabhängig von der Ursache,[2] auch wenn der Schaden während des Aufenthalts, der Verladung, des Ausladens oder Parkens des Fahrzeugs beim Einsteigen/Aussteigen entsteht. Der Rückgriff auf die Haftung aus Verschulden gem. Art. 415 ZGB begründet die Haftung des Halters gegenüber dem Unfallgegner, nicht gegenüber im eigenen Fahrzeug mitfahrenden Personen.[3]

1. Straßenverkehrsrechtliche Gefährdungshaftung. In den polnischen Straßenverkehrsvor- 10 schriften gibt es keine Regelung, die die zivilrechtliche Haftung bei Verkehrsunfällen regelt. Das polnische Straßenverkehrsrecht regelt die Grundsätze des Straßenverkehrs, doch bei der zivilrechtlichen Haftung für auf den öffentlichen Straßen eingetretene Schäden wird auf die die verschiedenen Arten der Haftung betreffenden allgemeinen Vorschriften des ZGB zurückgegriffen, auch auf die verschärfte Gefährdungshaftung.

2. Besonderheiten bei Beförderungen. Bei der **Personenbeförderung** ist die Halterhaftung 11 von der Einstufung der Beförderungsart aufgrund deren charakteristischen Eigenschaften abhängig. Die Beförderungsarten lassen sich in zwei Gruppen einteilen:

- entgeltliche Beförderung (Straßenbahn, Bus, Taxi; → Rn. 12 ff.),

- unentgeltliche Beförderung (Anhalter, Bekannte; → Rn. 16).

---

1 W. Dubis, Posiadacz pojazdu, (Red.) E. Gniewek, Kodeks cywilny. Komentarz, 2016.
2 Das Urteil des Obersten Gerichts vom 2.1.1976 – III CZP 79/75.
3 ZGB. Kommentar zu den Art. 1-449[10], Bd. I, (Red.) K. Pietrzykowski, 2015.

12   a) **Entgeltliche Beförderung (Straßenbahn, Bus, Taxi).** Im Fall der entgeltlichen Beförderung müssen zunächst die Beförderungsrichtlinien (AGB) des Verkehrsunternehmens beachtet werden, die ggf. die Haftung für Personen- oder Eigentumsschäden regeln.

13   Gemäß Art. 435 ZGB haftet das Unternehmen oder die Person, die das Kraftfahrzeug auf eigene Rechnung führt, für die Personen- oder Sachschäden, die hierdurch verursacht werden. Als Verkehrsunternehmen bezeichnet man ein wirtschaftliches Unternehmen, das mittels Kraftfahrzeugen Verkehrsdienstleistungen anbietet. Nach der Rechtsprechung des Obersten Gerichts haftet ein Verkehrsunternehmen gemäß Art. 435 ZGB für die Schäden, die durch den Betrieb dieser Verkehrsmittel entstanden sind (Gefährdungshaftung).[4] Als zusätzliche Voraussetzung der Haftung ist erforderlich, dass der Schaden durch den Geschäftsbetrieb des Unternehmens verursacht wurde. Als „Betrieb des Unternehmens" gilt nach der Rechtsprechung insoweit jede Tätigkeit dieses Unternehmens, durch die die schädigenden Folgen eingetreten sind.

14   Die Haftung kommt nur unter der Bedingung in Betracht, dass der Schaden beim normalen Betrieb des Unternehmens verursacht wurde. Ein vermutetes Verschulden für die Ursächlichkeit des Betriebs des Unternehmens für den Schadenseintritt besteht jedoch nicht. Wer sich auf eine solche Schadensverursachung beruft, trägt nach den Grundsätzen von Art. 6 ZGB die Beweislast.[5]

15   Die Rechtsprechung begründet das Abweichen von der Haftung aus Verschulden damit, dass der Betrieb des Unternehmens potenziell gefährlich für die Umgebung ist. Die verschuldensunabhängige Haftung bewirkt, dass die Haftung des Inhabers eines Verkehrsunternehmens einer wesentlichen Verschärfung unterliegt, und dass dieser sogar für solche Geschehnisse haftet, die er nicht verursacht hat. Der Unternehmer befreit sich auch nicht von der Haftung, wenn er beweist, dass der Schaden aufgrund einer technischen Störung entstanden ist.[6]

16   b) **Unentgeltliche Beförderung (Anhalter, Bekannte).** Bei der Regelung der Haftung des Fahrzeughalters hat der Gesetzgeber auch solche Situationen berücksichtigt, in denen eine verschärfte Haftung dem Gerechtigkeitsgefühl widersprechen würde. Im Fall der unentgeltlichen Beförderung im Rahmen einer **Gefälligkeit** haftet der Halter nicht gem. Art. 436 § 2 ZGB aufgrund einer Gefährdungshaftung, sondern nach dem allgemeinen Grundsatz gem. Art. 415 ZGB verschuldensabhängig. Eine Beförderung aus Gefälligkeit findet statt, wenn die **Beförderung nicht mit eigenen Interessen des Halters** verbunden ist,[7] zB wenn der Fahrer oder der Halter selbst als Fahrer jemanden uneigennützig befördert.[8] Der Gesetzgeber möchte mit dem Rückgriff auf die allgemeine Vorschrift der Verschuldenshaftung die Haftung der Personen mildern, aus deren Altruismus andere Nutzen ziehen.

II. Gefährdungshaftung

17   Im Fall der Gefährdungshaftung haftet die verantwortliche Person für die Verursachung eines Schadens durch bestimmte Handlungsabläufe, die in einer konkreten Vorschrift aufgeführt sind. Für das Entstehen der Haftung einer Person ist es nicht von Bedeutung, ob diese Person den Schaden verschuldet hat. Sie kann jedoch trotz Eintritts eines solchen Ereignisses von der Haftung befreit werden, wenn sie das Vorliegen der sogenannten **Haftungsausschlussvoraussetzungen** beweist.

18   **1. Grundlagen der Gefährdungshaftung.** Ähnlich wie im Fall der Haftung aus Verschulden müssen auch bei der Gefährdungshaftung bestimmte sie begründende Voraussetzungen vorliegen. Bei der Gefährdungshaftung haftet die verantwortliche Person allerdings für

---

4   Urteil des Obersten Gerichts vom 27.11.1985 – II CR 399/85.
5   Urteil des Obersten Gerichts vom 3.6.1977 – IV CR 185/77.
6   M. Barczak, Zasady odpowiedzialności przedsiębiorstw transportowych za szkody, [w:] Prawo Przedsiębiorcy.
7   Urteil des Obersten Gerichts vom 17.6.1969 – II CR 191/69.
8   Urteil des Obersten Gerichts vom 11.1.1978 – II CR 487/77.

Schäden verursachenden Geschehensabläufe/Ereignisse, die **tatbestandlich in einer konkreten Vorschrift benannt** sind:

■ Verletzung einer Person;

■ Eintritt eines Geschehensablaufs, mit dem das Gesetz die Schadensbeseitigungspflicht verbindet;

■ Vorliegen des Kausalzusammenhangs zwischen dem Schadenseintritt und dem obigem Geschehen.

Für die Haftung hat es dagegen keine Bedeutung, ob die Person das Schaden auslösende **19** Geschehen zu vertreten hat. Außer den positiven Voraussetzungen in bestimmten Vorschriften, die verschiedene Arten der Gefährdungshaftung betreffen,[9] muss keine weitere Voraussetzung hinzutreten.

Als Hauptvorschrift für die Gefährdungshaftung greift Art. 435 § 1 ZGB ein. Danach haf- **20** tet der Unternehmer, der das Unternehmen oder Werk, das durch Naturkräfte (Dampf, Gas, Elektrizität, Treibstoff) bewegt wird, auf eigene Rechnung führt, für hierdurch verursachte Personen- oder Eigentumsschäden, es sei denn, dass der Schaden durch höhere Gewalt oder aus Verschulden des Verletzten oder einer dritten Person, für die der Unternehmer keine Haftung trägt, entstanden ist.

Das ZGB regelt auch die verschärfte Haftung des Halters eines mechanischen Fahrzeugs, **21** das durch Naturkräfte in Betrieb gesetzt wird (zB Kfz), für die Personen-/Eigentumsschäden, die durch diese Fahrzeuge verursacht wurden (Art. 436 § 1 ZGB).

Voraussetzung für den Eintritt der Haftung ist die tatsächliche Sachherrschaft. **22**

Beispiel: Eine Gefährdungshaftung trifft zB den Halter, Nutznießer, Eigentumsvorbehaltskäufer eines Fahrzeugs bis zur Kaufpreiszahlung sowie den Mieter.

Echte Sachherrschaft liegt vor, wenn eine gewisse Dauerhaftigkeit der Rechtsausübung **23** über einen gewissen Zeitraum gegeben ist.

Das bedeutet, dass der Fahrzeughalter für den einem Fußgänger zugefügten Schaden haf- **24** ten wird, wenn der Fußgänger durch ein sich in seinem Eigentum befindlichen Auto angefahren wurde. In diesem Fall hat die Tatsache keine Bedeutung, dass der Schaden nicht durch das eigene Verhalten des Fahrzeughalters verursacht wurde.

Der Geschädigte muss lediglich den Kausalzusammenhang zwischen dem Schaden und **25** dem Betrieb des Fahrzeugs beweisen (Umkehrschluss aus Art. 436 ZGB).

Die Haftung des Mithalters von einem Kraftfahrzeug hat einen solidarischen Charakter **26** (Art. 441 ZGB).

Die Tatbestände von Art. 435 und Art. 436 ZGB, die jeweils eine Vermutungsregel be- **27** inhalten, können sich manchmal überschneiden. Nach der herrschenden Lehre gilt der Ausschlussgrundsatz (*lex specialis*).[10] Das betrifft unter anderem die Haftung des Verkehrsunternehmens, die prinzipiell auf Art. 435 ZGB basiert. Danach haftet die Person, die das Unternehmen oder Werk, das durch die Naturkräfte (Dampf, Gas, Elektrizität, Treibstoff) in Betrieb gesetzt wird, auf eigene Rechnung führt, für Personen- oder Eigentumsschäden, die hierdurch verursacht werden. Das Oberste Gericht fasst hierunter auch Verkehrsunternehmen, die mechanische Verkehrsmittel verwenden.

2. Typische Problembereiche. a) Betriebsbegriff. Der Geschädigte, der Schadensersatz **28** gem. Art. 436 ZGB verlangt, muss den Kausalzusammenhang zwischen Schaden und Betrieb des Fahrzeugs darlegen und beweisen.

Der Begriff des Betriebs des Fahrzeugs als Haftungsvoraussetzung darf nicht mit dem Be- **29** trieb des Fahrzeugs im Sinne der mechanischen Bewegung gleichgesetzt werden. Der rechtliche Begriff von einem Fahrzeug *im Betrieb* ist umfassender als der Begriff von einem Fahrzeug *im Betrieb im physischen Sinne*. Der mechanische Betrieb eines Verkehrsmittels

---

9 Vgl. Art. 430, 433-436, 474 ZGB.
10 Urteil des Obersten Gerichts vom 12.9.1967 – I PR 288/67.

umfasst grundsätzlich alle Vorgänge vom Anlassen des Motors bis zum Ende der Fahrt, also auch das Ein- und Aussteigen sowie kurzfristiges Anhalten, selbst mit abgestelltem Motor.[11] Das Fahrzeug wird auch in Gang gesetzt, wenn es sich trotz abgestellten Motors bewegt.

Beispiele: Das Fahrzeug rollt eine abschüssige Straße hinunter, treibt auf der Wasseroberfläche ab oder schwebt in der Luft.

30 Unter den Begriff des Betriebs fallen zB auch Tätigkeiten bei **Anhängen** eines zu Be- oder Entladungszwecken abgehängten **Anhängers** an einen Lkw, auch wenn er nur durch Muskelkraft bewegt wird.

31 Zum Betrieb gehört auch die Zeit, in der das Fahrzeug auf der öffentlichen Straße parkt. Zum Beispiel wird ein Schaden, der infolge des **Öffnens einer Fahrzeugtür** beim Parken oder wenn das Fahrzeug abfahrbereit während des **Ein- oder Aussteigens** hält, als beim Betrieb des Fahrzeugs verursacht angesehen werden.[12] Der Schaden, der beim passiven Verladen eines Fahrzeugs entstanden ist, hat aber keinen Zusammenhang mit dem Betrieb des Fahrzeugs. Hier trifft die Schadensersatzpflicht nicht den Halter des Verkehrsmittels, sondern den direkten Täter oder andere Personen, die aus allgemeinen Grundsätzen haften.[13] Der Betrieb endet, wenn das Fahrzeug auf privatem Gelände abgestellt wird.[14] Die Regelungen im **Versicherungsbereich** (Art. 34 Abs. 2 Pflichtversicherungsgesetz) gehen von einem weiten Betriebsbegriff aus. Schäden beim Ein- und Aussteigen, direkt bei der Verladung, beim Be- und Entladen, während des Aufenthalts oder der Reparatur des Fahrzeugs auf der Fahrbahn oder beim Parken werden hier als beim Betrieb des Fahrzeugs entstanden erfasst.[15]

32 **b) Ladevorgänge.** Der Schaden an Transportgut oder insbesondere der Schaden bei einem Unfall, der infolge eines Transports verursacht wurde, macht eine Auseinandersetzung damit notwendig, wen die Pflicht der **Ladungssicherung** trifft.

33 Kaufverträge, zumal im Fall des internationalen Verkaufs und bei Anwendung der Incoterms-Bedingungen, beinhalten sehr oft Bestimmungen im Zusammenhang mit der Verladung, zB EXW (die Preisgefahr geht auf den Käufer in dem Moment über, in dem ihm die Ware übergeben wird, vorausgesetzt, der Verkäufer stellt diese in seinem Lagerraum oder Betrieb („ab Werk") zur Verfügung und der Käufer übernimmt alle Kosten und die Organisation des Transports) oder FCA (der Verkäufer ist dazu verpflichtet, die Ware dem Transporteur oder zB einem Spediteur zu übergeben, der von dem Käufer benannt wurde. Die Lieferkosten bezahlt der Käufer; nach der Warenübergabe an den Transporteur und nach der Verladung trägt dieser auch das Risiko). In den Transportverträgen für Waren existieren solche Klauseln sehr selten. Auf die Frage, wem die Verladepflicht der Waren in das Fahrzeug obliegt, antwortet das polnische Frachtrecht direkt in Art. 43 Abs. 1 und bestimmt, dass die Verantwortlichkeit für die Ladevorgänge dem Erwerber oder Empfänger obliegt, wenn der Vertrag oder die allgemeinen Vorschriften nichts anderes bestimmen.

34 Die Verladung liegt also im Verantwortungsbereich des Erwerbers, der idR die Verladung nicht selbst ausführt, sondern sich anderer Hilfspersonen bedient.

35 Das Problem ist die Bestimmung der Person, die für diese Verladung und Verteilung der Waren aufgrund der Konvention CMR verantwortlich ist. Die Konvention bestimmt nicht, wem diese Pflicht obliegt. Es fehlt in diesem Bereich auch an einer einheitlichen Rechtsprechung. Die Vertragspartner sollten dieses Problem im Vertrag regeln. Ist dies nicht der Fall, sollte man sich auf das Recht des Staates beziehen, unter dem der Beförderungsvertrag geschlossen wurde.

11 W. Dubis, Posiadacz pojazdu, (Red.) Edward Gniewek, Kodeks cywilny. Komentarz, 2016.
12 Urteil des Obersten Gerichts vom 14.4.1975 – II CR 114/75.
13 M. Niedośpiał, Glosse zum Urteil des Verwaltungsgerichts in Białystok vom 21.1.1999 r. – I ACa 440/98.
14 Urteil des Obersten Gerichts vom 30.12.1967 – I CR 684/67; Urteil des Obersten Gerichts vom 30.5.1974 – I PR 173/74; Urteil des Obersten Gerichts vom 13.7.1976 – IV CR 241/76.
15 M. Safjan, Ruch pojazdu [w:] (Red.) K. Pietrzykowski, Komentarz Prawo cywilne – część ogólna- System Prawa Prywatnego tom 1, 2015.

Streit besteht auch darüber, ob der Transporteur verpflichtet ist, die Ordnungsmäßigkeit   36
der Verladung zu prüfen und auf Fehler zu reagieren. Weder Vorschriften des Frachtrechts
noch der CMR-Konvention beziehen sich auf dieses Problem, und einheitliche Rechtsprechung fehlt. Von einem Teil der Gerichte und der Literatur wird die Auffassung vertreten,
dass der Transporteur verpflichtet ist, zu prüfen, ob die Beladung und Ladungssicherung
durch den Versender ordnungsgemäß erfolgt sind. Nach anderer Ansicht existiert eine solche Pflicht in diesem Bereich nur, wenn die Beladung die Sicherheit anderer Verkehrsteilnehmer gefährden kann. Die regelwidrige Ausführung der Beladung durch den Absender
zieht bedeutende Folgen im Bereich der Haftung des Transporteurs für Schaden am Transportgut nach sich. Gemäß Art. 65 Abs. 3 und 4 Frachtrecht und Art. 17 Abs. 4 lit. c CMR-
Konvention ist die Haftung des Transporteurs ausgeschlossen, wenn der Schaden während
der Beladung vom Versender verursacht wurde. Gemäß Art. 65 Abs. 4 Frachtrecht und
Art. 18 Abs. 2 CMR-Konvention muss der Transporteur nicht darlegen und beweisen,
dass der Schaden infolge der Beladung verursacht wurde. Es reicht, wenn er glaubhaft darlegen kann, dass nach den Umständen des Falles der Verlust oder die Beschädigung des
Transportguts durch eine oder mehrere der beschriebenen Ursachen entstehen konnte.

Die wertmäßige Grenze der Haftung des Transporteurs für den Verlust oder die Beschädi-   37
gung der Sendung regelt das ZGB in den Vorschriften zum Beförderungsvertrag (Art. 779
ff. ZGB). Zur Bestimmung des Wertes der Sendung für die Haftungsgrenze wird die Versicherungssumme des Transporteurs herangezogen. Die Beschränkung auf die Versicherungssumme ist ausgeschlossen, wenn der Schaden vorsätzlich oder grob fahrlässig herbeigeführt wurde.

c) Verneinung der Betriebsgefahr. Gemäß Art. 436 ZGB trägt der Fahrzeughalter (eigen-   38
ständiger/abhängiger) die Gefährdungshaftung für die Schäden, die durch das mechanisch
angetriebene Verkehrsmittel entstanden sind. Zu den Haftungsvoraussetzungen, für deren
Vorliegen der Geschädigte beweisbelastet ist, gehören die Bewegung des Fahrzeugs, das
durch die Naturkräfte in Betrieb gesetzt wurde, der Schaden und der Kausalzusammenhang zwischen der Bewegung und dem Schaden. Der Geschädigte ist nicht verpflichtet, die
Schadensverursachung selbst nachzuweisen. Für die Entstehung der Haftung nach
Art. 436 ZGB reicht das Vorliegen des Kausalzusammenhangs zwischen dem Schaden und
der Fahrzeugbewegung/dem Betrieb des Fahrzeugs als *conditio sine qua non*. Der Geschädigte, der einen Schadensersatzanspruch geltend macht, muss das Vorliegen des Kausalzusammenhangs zwischen dem Schaden und der Fahrzeugbewegung nach den allgemeinen
Beweisvorschriften des Art. 6 ZGB darlegen.[16]

Der Anspruchsgegner muss das Vorliegen der Haftungsvoraussetzungen bestreiten. Es   39
reicht der Nachweis, dass keine von den dargestellten Voraussetzungen vorliegen. Eine
Voraussetzung für die Haftung des Fahrzeughalters ist der Schadenzusammenhang mit der
Bewegung des durch die Naturkräfte angetriebenen Fahrzeugs. Die Naturkräfte hat der
Gesetzgeber in Art. 435 ZGB aufgezählt mit Dampf, Gas, Elektrizität, Treibstoff usw. Zu
dieser Kategorie gehört keine menschliche und tierische Kraft. Ein Fahrzeug, zB ein Fahr-
rad, das durch menschliche Kraft in Gang gesetzt wird, gehört nicht zu der Kategorie
„Fahrzeug, das sich mithilfe der Naturkräfte bewegt". Dies führt dazu, dass bereits eine
Haftungsvoraussetzung nach Art. 436 ZGB nicht vorliegt und der schadensverursachende
Radfahrer dadurch keiner verschärften Haftung unterliegt. Gleiches gilt, wenn der Geschädigte keinen Kausalzusammenhang zwischen der Fahrzeugbewegung und dem eingetretenen Schaden nachweisen kann. Wie schon oben erwähnt, findet der Betrieb des mechanischen Verkehrsmittels grundsätzlich zwischen dem Moment des Anlassens des Motors bis zu dem geplanten Ende der Fahrt statt, auch beim Ein- und Aussteigen oder dem
Aufenthalt mit abgestelltem Motor, nicht aber bei dauerhaftem Aufenthalt im nichtöffent-
lichen Bereich. Falls das schädigende Ereignis während eines solchen Aufenthalts eintritt,
ist die Gefährdungshaftung ausgeschlossen.

---

16 Urteil des Obersten Gerichts vom 3.6.1977 – IV CR 185/77.

40　**d) Ende der Betriebsgefahr.** Die oben besprochenen Anmerkungen zusammengefasst, trägt der Halter eines Fahrzeugs, das mithilfe von Naturkräften in Gang gesetzt wird, die verschärfte Haftung verschuldensunabhängig bis zu dem Moment des dauerhaften Abstellens des Fahrzeugs, wenn also von einem Betrieb nicht mehr die Rede ist. In diesem Fall sollte man erwähnen, dass das mechanische Fahrzeug so lange im Betrieb bleibt, wie es das Ziel seiner Fahrt nicht erreicht hat oder es am Aufenthaltsort eingestellt wird.

41　**e) Verfolgungsfälle.** Die Verfolgung einer Person unmittelbar nach Begehung eines Delikts gehört zu den außergewöhnlichen Situationen im Zusammenhang mit der Haftung des Fahrzeugführers für Schäden, die während dieser Verfolgung entstehen. Grundsätzlich kann die gezahlte Entschädigung vom Versicherten zurückverlangt werden. Solange der Schaden nicht von dritter Seite ersetzt wird, ist die Versicherung eintrittspflichtig.[17] Art. 43 Pflichtversicherungsgesetz besagt, dass das Versicherungsamt und der Garantieversicherungsfonds das Recht haben, die Rückzahlung der zuvor ausgezahlten Versicherungssumme vom Fahrzeugführer zu verlangen, wenn dieser keine Berechtigung zum Führen von Fahrzeugen besitzt, es sei denn, dass es um die Bergung von Menschen oder Eigentum ging oder um die Verfolgung einer Person direkt nach der Begehung eines Verbrechens.

42　**3. Entlastungsmöglichkeit.** Gemäß Art. 435 ZGB gibt es drei Umstände, bei deren Auftreten Verkehrsunternehmen (nach Art. 436 ZGB auch Fahrzeughalter) von der Gefährdungshaftung (haftungsausschließende Umstände) befreit sind:

43　**a) Höhere Gewalt.** Nach Ansicht der Rechtsprechung[18] wie auch der herrschenden Lehre ist von höherer Gewalt auszugehen bei:

- äußeren, betriebsfremden Geschehnissen, die ihre Ursache außerhalb des Fahrzeugs haben, das in den Schadensfall verwickelt ist.

   Beispiel: Defekte Bremsen am Auto sind kein äußeres Geschehen und somit keine höhere Gewalt.

- Ereignisse, die nach menschlicher Einsicht und Erfahrung nahezu unvorhersehbar sind, was so zu verstehen ist, dass das Voraussehen des Ereignisses zwar theoretisch möglich ist, aber die Wahrscheinlichkeit des Eintritts dieses Ereignisses in der gegebenen Situation und im Lichte der objektiven Bewertung des Geschehens sehr gering ist.

- Ereignisse sowie deren schädliche Folgen, die auch durch den Einsatz äußerster Sorgfalt und unter Anwendung moderner Technik nicht verhindert werden können.

   Beispiel: Ein Erdbeben wird als höhere Gewalt angesehen.

44　**b) Ausschließliches Verschulden des Geschädigten.** Ein Verschulden des Geschädigten als Haftungsausschlussvoraussetzung muss im Rahmen des angemessenen Kausalzusammenhangs berücksichtigt werden.[19]

45　Steht der Schaden, obwohl er durch den Betrieb des Unternehmens bzw. Verkehrsunternehmens zugefügt wurde, in kausalem Zusammenhang mit einem Verschulden des Geschädigten, bildet dieser Umstand eine ausreichende Grundlage zum Ausschluss der Haftung des Unternehmens gem. Art. 435 ZGB.

46　Nach der bisherigen Rechtsprechung muss die Schuld des Geschädigten allerdings bejaht werden können. Kann dem Geschädigten kein schuldhaftes Verhalten vorgeworfen werden (zB Kind läuft unachtsam auf die Straße) befreit dies den Unternehmer nicht von der Haftung. Die mangelnde Verantwortlichkeit kommt vor allem bei Minderjährigen, die das 13. Lebensjahr noch nicht vollendet haben und bei Personen, deren psychischer Zustand bewusstes Handeln unmöglich macht (Art. 426 und Art. 425 ZGB), in Betracht.

17　J. Miaskowski, Zwrot wypłaconego odszkodowania, [w:] (Red.) J. Miaskowski/K. Niezgoda/P. Skawiński, Ustawa o ubezpieczeniach obowiązkowych, Ubezpieczeniowym Funduszu Gwarancyjnym i Polskim biurze Ubezpieczycieli Komunikacyjnych. Komentarz, 2012.

18　Urteil des Obersten Gerichts vom 9.7.1962 – I CR 34/62.

19　Urteil des Obersten Gerichts vom 7.5.1996 – III CRN 60/95.

c) **Ausschließliches Verschulden eines Dritten.** Bei der Definition des Begriffs eines „Drit- 47
ten" ist festzustellen, dass es sich nach Art. 435 ZGB um solche Personen handelt, für die
der Unternehmer in keiner Form verantwortlich ist. Unter einem Dritten im Sinne dieser
Vorschrift versteht man Personen, die nicht als Arbeitnehmer, Subunternehmer oder Prak-
tikanten des Unternehmens einzustufen sind, da für diese seitens des Unternehmers eine
Haftungszurechnung erfolgt, er also bei einem Verschulden dieser Personen nicht von der
Haftung nach Art. 435 ZGB frei wird. Als dritte Person im Sinne dieser Vorschrift können
nur solche Personen bezeichnet werden, die in keiner Weise mit der Tätigkeit des Unternehmens verbunden sind. Unter einem Dritten versteht die Rechtsprechung ein konkret
bezeichnetes Rechtssubjekt.[20]

Für die Befreiung des Unternehmers von der Haftung muss das regelwidrige Verhalten der 48
dritten Person, ähnlich wie im Fall der Schuld von Geschädigten, subjektive Elemente beinhalten. Gleichzeitig muss dieses Verhalten den Schadensgrund darstellen.

Ein Haftungsausschluss kommt also in Betracht, wenn die Verletzung des Rechtsguts: 49
- durch den Geschädigten schuldhaft verursacht wurde oder
- einem Dritten zugerechnet werden kann (haftungsbegründende Kausalität)[21] und
- wenn sich das schuldhafte Handeln des Geschädigten oder der dritten Person gerade
  in dem Schaden realisiert hat (haftungsausfüllende Kausalität).

C. Haftung des Versicherers

I. Haftungsvoraussetzungen

In Polen versichern die Kraftfahrzeughalter ihre Autos durch Haftpflichtversicherungen, 50
um eine Vermögenshaftung für die mit dem Fahrzeugbetrieb verbundenen Schäden zu vermeiden und den Geschädigten den Erhalt von Entschädigungszahlungen zu erleichtern.
Das polnische Recht sieht eine solche Versicherungspflicht in Art. 23 des Gesetzes vom
22.5.2003 über die Haftpflichtversicherung, den Versicherungsgarantiefonds und das polnische Büro der Kraftfahrzeugversicherer (Pflichtversicherungsgesetz)[22] vor.

Die Anspruchsgrundlagen für die Haftung aus der Zivilversicherung von Kraftfahrzeug- 51
haltern ergeben sich aus Art. 34 Abs. 1 und Art. 35 Pflichtversicherungsgesetz. Gemäß
Art. 34 Abs. 1 ist der Halter oder Fahrzeugführer verpflichtet, dem Verletzten den aus
einer Tötung, Verletzung des Körpers, der Gesundheit sowie des Eigentums entstandenen
Schaden zu ersetzen. Aufgrund Art. 35 Pflichtversicherungsgesetz muss jede Person für
den durch den Betrieb des Fahrzeugs entstandenen Schaden haften, der während der Laufzeit der Zivilversicherung entstanden ist. Die Haftung der Versicherung hat einen derivati-
ven Charakter bezüglich der Zivilhaftung des Fahrzeughalters oder des Fahrzeugführers.[23]

Nach dem neuen (seit 24.1.2016 geltenden) Art. 34a Abs. 1 Pflichtversicherungsgesetz ist 52
die Klage auf Schadensersatz aus der Pflichtversicherung von Kraftfahrzeughaltern ausschließlich beim Gericht des Wohnortes oder Sitzes des Geschädigten oder beim Gericht
am Ort, an dem der Schaden entstanden ist einzulegen. Falls die örtliche Zuständigkeit des
Gerichts nach diesen Regeln nicht zu bestimmen ist, kann die Klage nach den allgemeinen
Regeln eingelegt werden (nach dem Wohnort oder Sitz des Beklagten oder Wohnort oder
Sitz des Geschädigten oder Berechtigten, Art. 27 § 1 ZPO iVm Art. 20 Pflichtversicherungsgesetz).

Gemäß Art. 822 ZGB ist der Versicherer durch den Versicherungsvertrag zum Ausgleich 53
der sich aus dem Versicherungsvertrag ergebenden Entschädigung für dritte Personen bei
einer Haftung des Versicherten für den Schaden verpflichtet. Gemäß Art. 822 § 4 ZGB

20 Urteil des Obersten Gerichts vom 18.10.1982 – I CR 160/82.
21 Urteil des Obersten Gerichts vom 6.7.1973 – II CR 156/73.
22 Poln.: Ustawa z dnia 22 maja 2003 r. o ubezpieczeniach obowiązkowych, Ubezpieczeniowym Funduszu
Gwarancyjnym i Polskim Biurze Ubezpieczycieli Komunikacyjnych. Siehe dazu Rn. 349 ff.
23 G. Bieniek, Odpowiedzialność cywilna za wypadki drogowe, 2007.

und Art. 20 Abs. 1 Pflichtversicherungsgesetz kann die Person, die den Anspruch auf Ent-schädigung nach dem Versicherungsvertrag hat, Schadensersatz direkt von der Versiche-rung verlangen. Die Höhe der Leistung des Versicherers hängt vom Grad des zugefügten Schadens ab, der im Rahmen der Zivilhaftung festgestellt wurde. Der Schadensersatzan-spruch zielt auf die Entschädigung nach den allgemeinen Regelungen in Art. 361 bis 363 ZGB ab.[24] Gemäß Art. 361 § 1 ZGB haftet die Versicherung nur für Fahrlässigkeit oder Unterlassung. Das Prinzip der vollständigen Entschädigung gem. Art. 361 § 2 ZGB bedeu-tet, dass die Entschädigung nicht geringer als der erlittene Schaden sein darf. Die Repara-turarbeiten an einer beschädigten Sache haben die Sache wieder in einen gebrauchstaugli-chen Zustand zu versetzen. Der Geschädigte kann von dem Versicherer den Ersatz der an-fallenden Reparaturkosten verlangen.

54   Art. 36 Abs. 1 Pflichtversicherungsgesetz regelt die Entschädigung im Rahmen der Zivil-haftung des Halters oder Fahrzeugführers. Die Höhe der Entschädigung richtet sich nach den nachgewiesenen Reparaturkosten anhand des Kostenvoranschlages einer Werkstatt, also unabhängig davon, ob die Reparatur schon durchgeführt wurde. Gemäß Art. 363 § 2 ZGB sollte die Höhe der Entschädigung nach den Preisen für die Ersatzteile und die Dienstleistungen, die zu der Reparatur erforderlich sind, bestimmt werden. Grundsätzlich sollen die am Tag der Bestimmung der Entschädigung gültigen Preise berücksichtigt wer-den.

55   Im Sinne des Art. 14 Pflichtversicherungsgesetz zahlt die Versicherung die Entschädigungs-leistung innerhalb von 30 Tagen nach Abgabe der Schadensanzeige durch den Geschädig-ten aus, es sei denn, die Anspruchsbegründung, die zwingend zur Bestimmung der Ein-trittspflicht der Versicherung oder der Höhe der Entschädigung vorliegen muss, konnte bis zu diesem Termin noch nicht vorgelegt werden. In diesem Fall hat die Entschädigungszah-lung 14 Tage nach Vorlage der Anspruchsbegründung, aber vor dem Ablauf von 90 Tagen seit Abgabe der Schadensanzeige zu erfolgen, es sei denn, dass die Feststellung der Ein-trittspflicht der Versicherung sowie die Höhe der Entschädigung von einem Straf- oder Zi-vilverfahren abhängig ist.

56   **Ausschlussgründe für eine Haftung** der Versicherung werden in Art. 38 Abs. 1 Pflichtversi-cherungsgesetzaufgeführt. Das betrifft den Schaden, der:

■   in der Beschädigung, Zerstörung oder dem Vermögensverlust besteht, der von dem Halter oder Fahrzeugführer zugefügt wurde. Dies betrifft auch die Situation, in der eine Person sowohl Halter des schädigenden Fahrzeugs wie auch Halter oder Mithal-ter des geschädigten Fahrzeugs ist;

■   an Transportgut oder Gepäck aufgetreten ist, es sei denn, dass die Haftung für den entstandenen Schaden nicht der Halter des für den Transport, die Fracht oder Sendung genutzten Transportmittels trägt;

■   in dem Verlust von Bargeld, Schmuck, Wertpapieren oder Dokumenten aller Art, phil-atelistischen Sammlungen, Münzsammlungen und Ähnlichem besteht;

■   in einer Umweltverschmutzung oder Verseuchung besteht.

Die og Ausschlussgründe betreffen nicht den Vermögensschaden, wenn die am Geschehen beteiligten Fahrzeuge Gegenstand eines Leasingvertrags des gleichen Leasinggebers sind oder vom Halter der Fahrzeuge auf den gleichen Gläubiger übereignet wurden oder dem Eigentumsvorbehaltes des gleichen Gläubigers unterliegen (Art. 38 Abs. 2 Pflichtversiche-rungsgesetz).

57   Um die durch die Haftpflichtversicherung nicht umfassten Schäden abzudecken, kann der Fahrzeughalter eine **Kaskoversicherung** abschließen, die zu der Gruppe der freiwilligen Vollkaskoversicherungen gehört. Zu dieser Gruppe gehört auch die **Unfallversicherung**, die sowohl Schadensersatzansprüche des Fahrers wie auch von Beifahrern aufgrund von

---

24 Urteil des Obersten Gerichts vom 11.6.2003 – V CKN 308/2001.

Unfällen während des Betriebs des Fahrzeugs oder des Aufenthalts abdeckt. In beiden Fällen hängt der Versicherungsabschluss vom Fahrzeughalter ab.

II. Nachhaftung

Gemäß Art. 12 Abs. 1 Pflichtversicherungsgesetz richtet sich die Dauer der Haftung der   58
Versicherung, vorbehaltlich gesetzlich normierter Ausnahmen, nach der Vertragslaufzeit
und endet mit dem letzten Tag des in dem Vertrag ausgewiesenen Zeitraums. Das aus
Art. 12 Abs. 1 folgende Kontinuitätsprinzip betrifft unter anderem die Pflichtversicherung
(Art. 28 Pflichtversicherungsgesetz), und regelt die automatische Verlängerung der Versicherung auf den nächsten Zwölfmonatszeitraum, sofern der Versicherte hierüber benachrichtigt wurde und die Versicherungsanstalt nicht bis einen Tag vor Vertragsablauf (es
zählt das Datum des Poststempels!) eine schriftliche Kündigung erhalten hat (Verlängerungsklausel). Diese Regelung bezweckt den Schutz desjenigen, der zum Abschluss einer
Haftpflichtversicherung verpflichtet ist.[25] Ausnahmen des Kontinuitätsprinzips werden
durch das Gesetz bestimmt.

D. Haftung von Begleitpersonen

I. Haftung des Beifahrers

Die Haftung des Fahrzeughalters wurde eindeutig geregelt, und es steht fest, dass der Halter des Fahrzeugs für den Schaden, der durch den Betrieb dieses Kraftfahrzeugs verursacht   59
wurde, unter Gesichtspunkten einer verschärften Haftung (Gefährdungshaftung) einzustehen hat (→ Rn. 17 ff.). Die Haftung des Beifahrers wurde zwar durch den polnischen Gesetzgeber nicht geregelt, woraus aber nicht geschlossen werden kann, dass der Beifahrer
keinen Schaden verursachen oder, falls ja, sich einer Haftung entziehen kann. Wenn sich
eine Anwendung des Art. 436 ZGB nur ausschließlich auf den Fahrzeughalter bezieht, haftet der Beifahrer für von ihm zu vertretende Schäden nach den allgemeinen Grundsätzen,
dh in Anlehnung an Art. 415 ZGB dann, wenn ihm die Schuld für das Verhalten zugeschrieben wird, welches ursächlich für die Schadensentstehung ist. Die Anerkennung des
Beifahrers als „dritte Person", von der die Rede in Art. 436 im Zusammenhang mit
Art. 435 ZGB ist, und die Zurechenbarkeit einer Schuld für die Entstehung des Schadens
können zu einer Befreiung des Halters/Fahrzeugführers von der Haftung führen.

Ansonsten muss man Art. 441 § 1 ZGB berücksichtigen, der besagt, dass mehrere Personen, die die Haftung für einen durch unerlaubte Handlung zugefügten Schaden tragen, als   60
Gesamtschuldner haften. Haften also sowohl der Fahrzeugfahrer wie auch der Beifahrer
für den Schaden, können diese als Gesamtschuldner in Anspruch genommen werden, unabhängig von der Tatsache, dass sie unterschiedlichen Haftungsnormen unterliegen.

II. Haftung des Fahrlehrers

Die Haftung des Fahrlehrers stellt sich in der Praxis als sehr problematisch dar. Bis zum   61
18.1.2013 wurde gemäß Art. 105 Straßenverkehrsgesetz vom 20.6.1997 die Schulung
einer Person, die sich um die Erteilung einer Fahrerlaubnis zum Führen eines Motorfahrzeugs oder einer Straßenbahn bewirbt, von einem Fahrlehrer durchgeführt. Als **Fahrlehrer**
bezeichnete man eine Person, die mindestens eine dreijährige Erfahrung in der Steuerung
eines Motorfahrzeugs besitzt, einen entsprechenden Kurs und eine Prüfung vor einer von
dem Woiwode (Repräsentant des Ministerrats/Gemeindeverwaltung) berufenen Kommission bestanden hat sowie im Einweiserregister/Fahrlehrerregister eingetragen ist. Die Vorschriften (Kap. 2 und 2 b Straßenverkehrsgesetzes, dh Art. 101–113 und Art. 115–115 e)
wurden am 19.1.2013 durch das Gesetz vom 5.1.2011 über Fahrzeugführer (Neufassung
des Gesetzes: GBl. 2016, Pos. 627) aufgehoben. Seit dem 19.1.2013 ist der Begriff des
Fahrlehrers im Art. 33 ff. Fahrzeugführergesetz geregelt. Die Bedingungen und Qualifika-

---

25 J. Miaskowski/K. Niezgoda/P. Skawiński, Ustawa o ubezpieczeniach obowiązkowych, Ubezpieczeniowym
    Funduszu Gwarancyjnym i Polskim biurze Ubezpieczycieli Komunikacyjnych, Komentarz, 2012.

tionen des Fahrlehrers sind von der Klasse des Fahrzeugs abhängig, entsprechen sich aber grundsätzlich. Als Fahrlehrer der meistverbreiteten Klasse B gilt, wer über mindestens eine zweijährige Erfahrung im Führen eines Fahrzeuges der Klasse B verfügt, einen gültigen ärztlichen sowie psychologischen Befund zur Eignung der Ausübung von Fahrlehrertätigkeiten besitzt, einen entsprechenden Kurs und eine Prüfung vor einer von dem Woiwode (Repräsentant des Ministerrats/Gemeindeverwaltung) einberufenen Kommission bestanden hat sowie im Einweiserregister/Fahrlehrerregister eingetragen ist.

62   Das Gesetz weist darauf hin, dass eine unter Aufsicht zu schulende Person nicht als Fahrer, sondern als Fahrzeugführer bezeichnet wird. Die Frage der Haftung des Fahrlehrers wurde ausführlich in der Begründung zu dem Gerichtsurteil zweiter Instanz vom 11.5.2010 besprochen. Die Mitsteuerung eines Fahrzeugs aufgrund technischer Vorrichtungen in dem Schulfahrzeug gibt die Möglichkeit, die Bewegung des Fahrzeugs direkt zu beeinflussen. Nach dieser Definition lässt sich der Fahrlehrer zusammen mit dem Fahrschüler als **Mitfahrer** eines Fahrzeugs bezeichnen. Der Kursteilnehmer hat alle unerlässlichen Geräte zur Steuerung eines Fahrzeugs zur direkten Verfügung, besitzt aber keine ausreichenden Kenntnisse, Fähigkeiten und Erfahrungen zur Steuerung eines Fahrzeugs. Der Fahrlehrer verfügt über das Wissen, die Fähigkeiten, Erfahrungen und Berechtigungen, hat aber nur einen beschränkten Einfluss auf die Bewegung des Fahrzeugs mithilfe von technischen Vorkehrungen. Die Festlegung der Haftungsverteilung im Falle eines Unfalls setzt in jedem Fall eine Betrachtung des Einzelfalls voraus. Dabei ist zu berücksichtigen, dass der Fahrlehrer, der die Aufsicht über den Fahrschüler ausübt, im Hinblick auf eine Haftungsverteilung einem strengeren Bewertungsmaßstab unterliegt als eine Person, die erst fahren lernt.

E. Haftungsmodifikationen

I. Einschränkungen

63   1. Unfallschäden und Arbeitnehmer. a) Grundsätze der Haftungsverteilung. Die Haftung des Arbeitnehmers für einen Schaden, der im Zusammenhang mit der Nichterfüllung oder nicht vertragsgemäßen Erfüllung der Arbeitspflichten entstanden ist, wurde im Arbeitsgesetzbuch von 1974 geregelt. Der polnische Gesetzgeber modifizierte die Haftung des Arbeitnehmers bezüglich der im ZGB geregelten Haftungsgrundsätze. Man sollte beachten, dass der Arbeitnehmer einen Schaden sowohl dem Arbeitgeber, als auch einer dritten Person zufügen kann. Die materielle Haftung des Arbeitnehmers gegenüber dem Arbeitgeber erfolgt, wenn der Arbeitnehmer ihm aufgrund der Nichterfüllung oder nicht vertragsgemäßen Erfüllung von Arbeitspflichten einen Schaden zugefügt hat.

64   Eine Haftung für **Schäden, die der Arbeitnehmer schuldhaft dem Arbeitgeber zugefügt hat**, entsteht, wenn:

- der Arbeitnehmer seine Arbeitspflichten unkorrekt oder überhaupt nicht erfüllt hat;

- der Schaden am Eigentum des Arbeitgebers aufgetreten ist;

- der Arbeitnehmer fahrlässig oder vorsätzlich gehandelt hat;

- ein Kausalzusammenhang zwischen dem Schaden und dem rechtswidrigen Verhalten des Arbeitnehmers besteht.

65   Haftungsvoraussetzung ist eine schuldhafte Pflichtverletzung durch den Arbeitnehmer. Für die Bestimmung des Haftungsrahmens hat der Grad des Verschuldens eine große Bedeutung. Bei Fahrlässigkeit haftet der Arbeitnehmer nur im Rahmen des tatsächlich von dem Arbeitgeber erlittenen Verlusts. Es geht um die vollständige Reparatur des Schadens. Nach der Rechtsprechung des Obersten Gerichts bestimmt man die Höhe der Entschädigung im Verhältnis zum zugefügten Schaden, resultiert aber der Schaden aus einem fahrlässigen Verhalten des Arbeitnehmers, dürfte sie nicht höher sein als das Dreifache des Monatslohns, der dem Arbeitnehmer am Tag des Schadeneintritts zusteht. Gemäß Art. 117 § 2 Arbeitsgesetzbuch trägt der Arbeitnehmer kein Risiko für ein Handeln, das mit dem Handeln des Arbeitgebers verbunden ist, und er haftet nicht für den Schaden, der im Zusammenhang mit einem Handeln unter hohem Risiko eintritt.

Im Fall der **Haftung des Arbeitnehmers für das Eigentum des Arbeitgebers,** das dieser dem 66
Arbeitnehmer im Rahmen eines Schuldverhältnisses **mit einer Rückgabe- oder Abrech-
nungspflicht übergeben** hat, zB in Form von Geld, Wertpapieren, Kostbarkeiten, Werkzeu-
gen, haftet der Arbeitnehmer für den gesamten entstandenen Schaden. Ein Verschulden
des Arbeitnehmers ist keine Haftungsvoraussetzung – der Arbeitgeber muss nur beweisen,
dass sein Eigentum nicht korrekt betreut wurde und dass ein Schaden entstanden ist.

Gemäß Art. 120 Arbeitsgesetzbuch ist der Arbeitgeber zum Ersatz eines Schadens ver- 67
pflichtet, wenn der **Arbeitnehmer in Ausübung seiner Arbeitspflicht einer dritten Person
einen Schaden zugefügt** hat. Der Arbeitgeber haftet für den Schaden im Ganzen, dh für
reale Schäden und entgangenen Gewinn. Dem Arbeitgeber steht gegen den Arbeitnehmer
ein Regressanspruch zu, sobald dieser gegenüber der dritten Person reguliert hat. Der Regress wird im Rahmen der Haftung des Arbeitnehmers realisiert (nach Arbeitsgesetzbuch).
Das bedeutet, dass der Arbeitnehmer für reale Verluste und entgangene Gewinne nur haftet, wenn man ihm vorsätzliches Handeln vorwerfen kann. Wie leicht festzustellen ist,
wird gem. Art. 120 § 1 Arbeitsgesetzbuch die direkte Haftung des Arbeitnehmers – des
Verursachers eines Schadens einer dritten Person – ausgeschlossen. Diese Regelung durch
das Arbeitsgesetzbuch entzieht der dritten Person (dem Geschädigten) in Abweichung von
den allgemeinen Grundsätzen die Möglichkeit zur Geltendmachung eines Schadensersatzanspruchs direkt gegen den Verursacher.[26] Im Ergebnis wird also die Klage gegen den Arbeitnehmer abgewiesen, wenn die Voraussetzungen der Anwendung des Artikels 120 § 1
Arbeitsgesetzbuches erfüllt sind. Nach der Rechtsprechung des Obersten Gerichts wird der
Fahrer, der ein **Dienstfahrzeug zu privaten Zwecken nutzt,** nicht von einer Haftung befreit.[27] Wenn es um die private Nutzung eines Dienstfahrzeugs durch den Arbeitnehmer
geht, weist die Rechtsprechung auf die Möglichkeit der Haftung des Arbeitnehmers für
einen durch ihn verursachten Schaden hin. Die im Arbeitsgesetzbuch geregelte materielle
Haftung des Arbeitnehmers findet Anwendung, wenn der Schaden Folge der Nichterfüllung oder der nicht vertragsgemäßen Erfüllung der Arbeitspflichten durch den Arbeitnehmer ist.

b) Haftung gegenüber den Betriebsangehörigen. Im polnischen Rechtssystem wird bei der 68
Regelung der Arbeitnehmerhaftung für Schäden gegenüber anderen in demselben Unternehmen angestellten Personen nicht differenziert. Für die Haftung in einer solchen Situation wendet man die allgemeinen Grundsätze des ZGB an. In der Praxis bevorzugen viele
Personen, die in demselben Unternehmen arbeiten, Mitfahrgelegenheiten, um die Fahrtkosten zu reduzieren. In diesem Fall liegt keine Beförderung aus Gefälligkeit (→ Rn. 16),
sondern es handelt sich um eine zwar unentgeltliche, aber nicht uneigennützige Beförderung.[28] Im Zusammenhang damit haftet der Fahrzeughalter für den zugefügten Schaden
im Rahmen der Gefährdungshaftung.

2. Geschäftsführung ohne Auftrag. In verschiedenen Lebenssituationen ist es notwendig, 69
sich mit fremden Angelegenheiten zunächst ohne Berechtigung zu beschäftigen. Eine solche Geschäftsführung ohne Auftrag kann zB im Transport eines Verletzten in ein Krankenhaus bestehen. Dieses Verhalten verdient Schutz. Die Rechtsinstitution der Geschäftsführung ohne Auftrag wurde daher durch Art. 752 ZGB geregelt. Sie liegt vor, wenn jemand ein Geschäft für einen anderen führt, von dem ihm beauftragt oder sonst dazu berechtigt zu sein. Eine **Geschäftsbesorgung im fremden Interesse** liegt bei realen Tätigkeiten
sowie Rechtsgeschäften vor, wenn sie durch den Geschäftsführer (*negotiorum gestor*) mit
dem Bewusstsein ausgeübt werden, dass diese Tätigkeiten die Sphäre einer dritten Person
betreffen, die dritte Person diese Tätigkeiten aber aufgrund der Umstände nicht selbst aus-

---

26 Urteil des Obersten Gerichts vom 12.6.1976 – III CZP 5/76.
27 Beschluss des Obersten Gerichts vom 29.10.1960 (OSN 1961, Pos. 61); Urteil des Obersten Gerichts vom
    4.2.1970 – II CR 527/69.
28 Urteil des Obersten Gerichts vom 17.6.1969 – II CR 191/69.

üben kann. Die **dritte Person** kann jede natürliche oder juristische Person, sogar ein unge-
borenes Kind (*nasciturus*),[29] oder auch eine erst entstehende juristische Person sein.[30]

70 Die Tätigkeit des Geschäftsführers soll mit dem **wirklichen oder mutmaßlichen Willen** der
Person übereinstimmen, für die er das Geschäft führt. Die entscheidende Rolle spielt hier
der subjektive Gesichtspunkt (zu beachten ist der wirkliche Wille der Person, wenn dieser
bekannt ist, bzw. der mutmaßliche Wille, wenn der wirkliche Wille unbekannt ist). Bei der
Geschäftsführung ist der *negotiorum gestor* verpflichtet, die im Verkehr erforderliche
Sorgfalt zu beachten. Die **fehlende Anzeige von der Übernahme der Geschäftsführung**
trotz Möglichkeit setzt den Geschäftsführer (*negotiorum gestor*) einer Haftung für den
durch die Vornahme der Geschäfte entstandenen Schaden aus, besonders wenn sich nachträglich ergibt, dass der vom Geschäftsführer angenommene mutmaßliche Wille bei Vornahme der Tätigkeit dem wirklichen Willen entgegensteht.

71 Der Geschäftsführer sollte nach Anzeige der Übernahme der Geschäftsführung die Entschließung des Geschäftsherrn abwarten oder, wenn es die Umstände erfordern, das Geschäft nur so lange weiterführen, bis die Person in der Lage ist, es selbst zu führen. Ihm
steht der Ersatz der **begründeten Kosten** sowie eine **Aufwandsentschädigung** nebst Zinsen
zu (Art. 753 § 2 S. 2 ZGB). Unter „begründeten Kosten" sind solche Ausgaben zu verstehen, die der angemessenen Geschäftsführung dienen, unter „begründeten Aufwendungen"
notwendige Aufwendungen. Der Geschäftsführer, der die Geschäftsbesorgung entgegen
dem wirklichen Willen des Geschäftsherrn ausführt, kann keine Kostenerstattung verlangen und haftet für Schäden, es sei denn, dass der Wille des Geschäftsherrn gegen Gesetze
oder die Regeln des menschlichen Zusammenlebens verstößt. Der Geschäftsführer ist auch
zu **Reparaturen am Eigentum des Geschäftsherrn** verpflichtet, wenn er Veränderungen an
der Sache zu verantworten hat, ohne dass diese Veränderung dem Geschäftsherrn von
Nutzen, Vorteil oder Interesse ist oder der entgegenstehende Wille des Geschäftsherrn bekannt ist.

72 Zu beachten ist, dass die **nachträgliche Genehmigung der Geschäftsführung** durch den Geschäftsherrn ein Auftragsverhältnis zur Folge hat. Wenn die Geschäftsführung in der **Bergung des Eigentums anderer Personen** zur Abwendung einer unmittelbar drohenden Gefahr erfolgt, hat der Geschäftsführer nur Vorsatz und grobe Fahrlässigkeit zu vertreten
und kann Ersatz seiner Aufwendungen verlangen.

73 In der Praxis entstehen bei Hilfeleistungen zwei gegensätzliche Aspekte der zivilrechtlichen
Haftung. Nach den Vorschriften über die Geschäftsführung ohne Auftrag kann der Hilfe
leistende Geschäftsführer (Retter) einerseits Forderungen gegenüber dem Dritten (hilfebe-
dürftige Person) geltend machen, aber auf der anderen Seite kann auch der Dritte von dem
Geschäftsführer ggf. Schadensersatz verlangen. Der Retter haftet für Schäden aufgrund
unsachgemäßer Ausführung der Geschäftsbesorgung nur bei Vorsatz und grober Fahrlässigkeit. Er kann Ersatz für die Schäden verlangen, die ihm bei Ausführung der Hilfeleistung entstanden sind.

Beispiel: Für Kleidung, die während der Hilfeleistung beschädigt worden ist, kann Ersatz verlangt werden.

74 Ähnliches gilt bei Schäden, die der Geschäftsführer wegen einer **Selbstgefährdung** bei der
Hilfeleistung erleidet. Ihm stehen dann Ansprüche auf Ersatz der Heilungskosten zu, soweit sich ein spezifisches Risiko bei der Geschäftsführung verwirklicht hat.

75 **3. Unentgeltliche Beförderung.** Die Haftungseinschränkungen bei unentgeltlichen Beförderungen greifen bei einer Beförderung aus Gefälligkeit. Eine Beförderung aus Gefälligkeit
ist anzunehmen, wenn sie selbstlos ausgeübt wird, dh unentgeltlich, ohne Kostenerstattung. Sie darf nicht der Verwirklichung der eigenen Interessen des Fahrzeughalters die-

---

29 M. Nesterowicz, [w:] Komentarz 1989, t. II, S. 693.
30 Urteil des Obersten Gerichts vom 10.2.1959 – I CR 1229/58.

nen.[31] Gemäß Art. 436 § 2 ZGB haftet der Fahrzeughalter der beförderten Person für verursachte Schäden im Rahmen der Verschuldenshaftung nach Art. 415 ZGB (→ Rn. 16).

4. Mietwagenprobleme. Gemäß Art. 336 ZGB ist Besitzer einer Sache sowohl derjenige, der die tatsächliche Herrschaft über diese Sache als Eigentümer ausübt (Eigenbesitzer), als auch derjenige, der die Sachherrschaft als Nießbraucher, Pfandgläubiger, Mieter, Pächter oder als Berechtigter aus einem anderen Recht, mit dem eine bestimmte Herrschaft über eine fremde Sache verbunden ist, tatsächlich ausübt (abhängiger Besitzer). Der Mieter ist also abhängiger Besitzer. **76**

Gemäß Art. 436 ZGB haftet der abhängige Besitzer bei Übergang der Sachherrschaft vom eigenständigen Besitzer im Rahmen der Gefährdungshaftung nur für die Schäden an dem Fahrzeug. Der Mieter trägt die Haftung im Rahmen der Gefährdungshaftung für den durch den Fahrzeugbetrieb angerichteten Schaden bis zur Rückgabe des Autos an den Besitzer (den eigenständigen Besitzer). **77**

5. Mitversicherte Personen und Insassen. Das polnische Rechtssystem sieht eine Mitversicherung für Schäden von Insassen im Rahmen der **freiwilligen Unfallversicherung** vor. Ihre Bedingungen bestimmt in der Regel der Vertrag, der auf der Grundlage der allgemeinen Bedingungen der Versicherung abgeschlossen wurde. Die Unfallversicherung zielt auf die finanzielle Absicherung des Versicherten im Falle einer Beeinträchtigung der körperlichen oder geistigen Leistungsfähigkeit oder der Hinterbliebenen im Falle des Todes des Versicherten infolge eines Unfalls. **78**

Als versicherte Personen bezeichnet man den Fahrer sowie die Insassen, also jede während des Unfalls mit dem Fahrzeug fahrende oder beteiligte Person, wobei diese nicht konkret in der Versicherungspolice oder in einem anderen Dokument namentlich aufgeführt sein muss. Ein Unfall liegt vor, wenn die versicherte Person durch ein plötzlich von außen auf ihren Körper einwirkendes Ereignis, das im ursächlichen Zusammenhang mit dem Straßenverkehr und seinen typischen Gefahren steht, unfreiwillig eine dauerhafte Gesundheitsschädigung oder den Tod erleidet. **79**

Die Unfallversicherung umfasst auch die dauerhaften Folgen zB eines Herzinfarktes oder einer Haupthirnblutung, die während des Fahrzeugbetriebs beim Fahrer (nicht beim Insassen) entsteht. **80**

6. Schadensdeckungsgrenzen. Gemäß Art. 361 § 2 ZGB umfasst in Ermangelung abweichender Gesetzesvorschriften oder Vertragsvereinbarungen der Schadensersatz die Verluste, die der Geschädigte erlitten hat, sowie die Gewinne, die er hätte erzielen können, wenn ihm der Schaden nicht zugefügt worden wäre. Als Schaden bezeichnet wird jede Beeinträchtigung der Rechtsgüter, mit der das Gesetz die Entstehung einer Haftung verbindet.[32] Die gesundheitliche Beeinträchtigung des Geschädigten kann in zwei Formen auftreten: als Schäden, die der Geschädigte infolge des Geschehens (*damnum emergens*) erlitten hat, aber in Form von ihm nicht erzielter Gewinne (*lucrum cessans*). Der Verlust besteht in der Verkleinerung der Vermögenswerte oder der Vergrößerung der Verbindlichkeiten des Geschädigten. Er kann außerdem im Nichtzuwachs der Vermögenspositionen des Geschädigten infolge des schädigenden Ereignisses bestehen. Der im polnischen Zivilrecht angenommene **Grundsatz der Vollversicherung** drückt sich in der Berücksichtigung dieser beiden Schadensarten aus. Neben dem ursprünglichen Vermögensschaden können sich auch weitere Vermögensschäden ergeben, die im normalen Kausalzusammenhang mit dem Geschehen stehen, das die Schadensersatzhaftung für Vermögensschäden begründet (die den entgangenen Gewinn sowie auch Verlust betreffen).[33] **81**

Sowohl in den Vorschriften des ZGB als auch in den anderen Gesetzen gibt es **Beschränkungen dieses Prinzips.** Art. 361 § 2 ZGB sieht eine solche Möglichkeit auch in durch Vertrag geregelten Fällen vor. Unter den außerordentlichen Vorschriften ist vor allem auf die- **82**

---

31 W. Dubis, Posiadacz pojazdu, (Red.) Edward Gniewek, Kodeks cywilny. Komentarz, 2016.
32 T. Dybowski, w: System, Bd. III, Teil. 1.
33 Urteil des Obersten Gerichts vom 15.11.2002 – V CKN 1325/00.

jenigen hinzuweisen, die die Schadensersatzpflicht nur in der Form *damnum emergens* einschränken. Zu diesen gehört der erwähnte Art. 115 Arbeitsgesetzbuch (der Arbeitnehmer haftet nicht für dem Arbeitgeber zugefügte Schäden). Eine weitere Gruppe bilden die Vorschriften, die die Entschädigungshöhe auf den „gewöhnlichen Wert der beschädigten Sache" begrenzen, zB Art. 788 ZGB (Die Haftung des Spediteurs darf den gewöhnlichen Wert des Transportguts nicht übersteigen).

83 Bei der Feststellung der Schadenshöhe ist auch ein etwaiges **Mitverschulden** des Geschädigten zu berücksichtigen (mit entsprechender Verringerung des Schadensersatzanspruchs entsprechend dem Grand des Verschuldens, Art. 362 ZGB). Ebenfalls zu einer Verringerung des Schadensersatzanspruchs führt in etwa beim Geschädigten durch das Geschehen eingetretener Gewinn. Hier gilt der Grundsatz, dass die Versicherungsleistung nicht zu einer unbegründeten Bereicherung des Geschädigten führen darf, so dass die Gewinne auf die Versicherungsleistung angerechnet werden. Eine Begrenzung des Schadensersatzanspruchs kann auch aus Umständen hergeleitet werden, die im Zusammenhang mit dem gesellschaftlichen Zusammenleben stehen.

84 Die **Höhe der Entschädigung** im Rahmen der **Pflichtversicherung** der Fahrzeughalter bestimmt vor allem der Grad des Schadens. Als weitere Beschränkung gilt die **Garantiesumme**. Gemäß Art. 36 Abs. 1 Pflichtversicherungsgesetz ist die Entschädigungszahlung im Rahmen der Zivilhaftung des Halters oder des Fahrzeugführers auf die Höhe einer Garantiesumme begrenzt. Diese Einschränkung des Grundsatzes der vollen Entschädigung ergibt sich auch aus der Rechtsprechung des Obersten Gerichts, nach der die Entschädigung für Fahrzeugschäden aus der Zivilhaftung durch die Versicherer auf ortsübliche, notwendige und ökonomische Reparaturkosten begrenzt ist.[34]

II. Haftungserweiterungen

85 **1. Entgeltliche Beförderung.** Mit der Erweiterung der Haftung aus dem allgemeinen Haftungsgrundsatz des ZGB habt man es im Fall der entgeltlichen Beförderung (Straßenbahn, Bus, Taxi) zu tun. Die entgeltliche Beförderung gilt nach der Rechtsprechung des Obersten Gerichts als der Geschäftsinhalt eines Verkehrsunternehmens, das mit durch Antriebsenergie betriebenen Verkehrsmitteln die Beförderung von Personen anbietet (Verkehrsbetrieb) und nach Art. 435 § 1 ZGB im Rahmen der Gefährdungshaftung für die durch die entgeltliche Beförderung mit Verkehrsmitteln entstandenen Schäden haftet.[35] Gemäß Art. 435 § 1 ZGB haftet die Person, die auf eigene Rechnung Verkehrsmittel mithilfe von Naturkräften (Dampf, Gas, Elektrizität, Treibstoff usw.) in Betrieb setzt für den Personen- oder Sachschaden, der durch den Betrieb dieses Unternehmens verursacht wurde. Die Gefährdungshaftung bewirkt, dass die Verkehrsunternehmenshaftung einer Verschärfung unterliegt. Die Gefährdungshaftung bedeutet, dass die das Verkehrsunternehmen führende Person auch die Haftung für solche Schadensereignisse trägt, deren Eintritt nicht von ihr verursacht wurde. (Siehe auch oben → Rn. 15.)

86 **2. Unentgeltliche Beförderung.** Wie schon oben (→ Rn. 16) erwähnt wurde, unterscheidet sich die Haftung bei einer unentgeltlichen Beförderung von dem allgemeinen Haftungsgrundsatz des Fahrzeugführers. Mit der unentgeltlichen Beförderung haben wir es vor allem bei der Beförderung aus Gefälligkeit zu tun, weil deren Unentgeltlichkeit eine notwendige Eigenschaft ist. Gemäß Art. 436 § 2 iVm 436 § 1 und 435 § 1 ZGB haftet der Fahrer nicht im Rahmen der Gefährdungshaftung gegenüber der aus Gefälligkeit beförderten Person, sondern nur im Rahmen des allgemeinen Schuldgrundsatzes nach Art. 415 ZGB. Eine Gefälligkeitsfahrt ist bei der unentgeltlichen Beförderung eines Insassen im Kraftfahrzeug anzunehmen. Eine Gefälligkeitsfahrt ist nicht anzunehmen, wenn sich beide Personen abwechselnd unentgeltlich befördern (Mitfahrgemeinschaften), obwohl dies nicht bedeutet, dass diese nicht selbstlos sind (→ Rn. 68).[36] In dieser Situation muss man annehmen, dass

---

34 Urteil des Obersten Gerichts vom 13.6.2003 – III CZP 32/03.
35 Urteil des Obersten Gerichts vom 27.11.1985 – II CR 399/85.
36 Urteil des Obersten Gerichts vom 17.6.1969 – II CR 191/69.

die Haftung des Fahrers verschärft ist und er nach Art. 436 ZGB der Gefährdungshaftung unterliegt.

F. Haftung von Radfahrern, Fußgängern, Behinderten

I. Haftungskriterien

Neben den Kraftfahrzeugen gibt es noch weitere Verkehrsteilnehmer (Radfahrer, Fußgän-   87
ger, Behinderte), die im Zusammenhang mit Unfallschäden stehen können. Die Haftung des **Radfahrers** unterscheidet sich nicht von den allgemeinen Grundsätzen der Haftung von Kraftfahrzeugführern. Das Fahrrad ist nach Art. 2 Abs. 47 Straßenverkehrsgesetz ein Fahrzeug bis zu einer Breite von 0,9 Metern, das mit den Muskeln einer Person (Menschenkraft) in Gang gesetzt wird. Den Radfahrer trifft also keine verschärfte Haftung im Sinne der Gefährdungshaftung. Von Art. 436 ZGB werden nur solche Schäden erfasst, die durch die Bewegung von mit Naturkräften in Betrieb gesetzten mechanischen Fahrzeugen verursacht wurden. Ein **Fußgänger** ist eine Person, die sich außerhalb des Fahrzeugs auf der Straße befindet und hierauf keine durch separate Vorschriften geregelte Arbeiten oder Tätigkeiten ausübt. Ein Fußgänger ist aber auch eine Person, die ein Fahrrad, Moped, Motorrad, Kinderwagen oder Rollstuhl zieht oder schiebt. Außerdem zählt man zu dieser Gruppe Minderjährige bis zum Alter von zehn Jahren, die mit dem Fahrrad fahren und sich unter der Obhut eines Erwachsenen befinden (Art. 2 Abs. 18). Der **Rollstuhlfahrer**, der sich im öffentlichen Straßenverkehr bewegt, wird vom Gesetz ebenfalls als Fußgänger angesehen. Fußgänger haften nach dem Zivilrecht für verursachte Schäden verschuldensabhängig.

Voraussetzungen der Delikthaftung gemäß Art. 415 ZGB: 88

- entstandene Schäden,

- Begehung der unerlaubten Tat,

- Kausalzusammenhang zwischen dem Schaden und der unerlaubten Tat,

- Schuld des Täters.

Notwendige Voraussetzung für die Haftung eines Radfahrers für durch ihn verursachte   89
Schäden ist die Gesetzwidrigkeit der Tat. Vorschriften, aus denen sich die Voraussetzungen für eine **gesetzwidrige Tat** ergeben, sind in Bezug auf Fußgänger in Abschnitt II Kapitel 2 des Straßenverkehrsgesetzes und in Bezug auf Fahrzeugbewegungen in Abschnitt II Kapitel 3 des Straßenverkehrsgesetzes geregelt.

Zur Minimierung der Haftungsrisiken bieten polnische Versicherer Radfahrern verschie-   90
dene **Versicherungspolicen** an. Für den Radfahrer besteht jedoch keine Pflicht zum Abschluss einer Haftpflichtversicherung. Jede **Fahrradversicherung** beinhaltet eine Unfall- und eine Haftpflichtversicherung.

II. Abwägungsgesichtspunkte

Jedes Jahr kommt es auf den öffentlichen Verkehrsflächen zu zahlreichen Unfällen unter   91
Beteiligung von Fußgängern. Meistens werden sie aufgrund ihrer Position als schwacher Verkehrsteilnehmer bei einem Zusammenstoß mit einem Kraftfahrzeug verletzt. Jedoch kommt es auch vor, dass eine vorübergehende Unaufmerksamkeit zu einem Personen- oder Sachschaden eines anderen Verkehrsteilnehmers führt. In diesem Zusammenhang hat das polnische Rechtssystem für Fußgänger, Behinderte und Kinder, die sich auf den öffentlichen Straßen bewegen, und andererseits für Fahrzeugfahrer, die zB Kinder aus dem Bus aussteigen sehen, Verhaltensregeln zur Wahrung der im Straßenverkehr erforderlichen erhöhten Aufmerksamkeit eingeführt. Diese Vorschriften regeln auch die **Haftungsverteilung** für die durch die Verkehrsteilnehmer angerichteten Schäden.

III. Sonderfall: Ältere, Fußgänger, Kinder, Behinderte

92 Nach den Vorschriften des Straßenverkehrsgesetzes muss der Fahrer unter Beachtung einer erhöhten Sorgfaltspflicht sein Verhalten insbesondere im Zusammenhang mit Kindern und älteren Menschen anpassen.

93 Die Zivilhaftung ist von dem Begriff der **Rechtsfähigkeit** abhängig. Die volle Rechtsfähigkeit erreicht man zum Zeitpunkt des Eintretens der Volljährigkeit (Art. 11 ZGB). Die eingeschränkte Rechtsfähigkeit haben Minderjährige, die 13 Jahre alt wurden (Art. 12 und ivm 15 ZGB) und teilweise entmündigte Personen.

94 Minderjährige, die noch nicht 13 Jahre alt sind, haften für den verursachten Schaden nicht (Art. 426 ZGB). Dem Geschädigten steht aber der Anspruch auf die Schadensliquidation zu. Das Zivilgesetzbuch führt in diesen Fällen die Haftung für fremde Taten ein. Nach den Vorschriften des Zivilgesetzbuches (Art. 427) haften die Personen, die nach Gesetz oder Vertrag die **Aufsicht gegenüber Minderjährigen** innehaben, für Schäden, die der Minderjährige verursacht hat. Gesetzlich (Familien- und Fürsorgegesetzbuch) steht das Kind bis zum Eintritt der Volljährigkeit unter Aufsicht der Eltern (oder anderer Betreuer). Der Geschädigte kann die Entschädigung von den Eltern verlangen. Diese können hiervon befreit werden, wenn sie beweisen, dass der Schaden auch ohne eine Aufsichtspflichtverletzung eingetreten wäre.

95 Der Geschädigte muss den Schaden, seine Höhe und den Kausalzusammenhang zwischen dem Handeln des Täters und dem Schaden darlegen und beweisen. In Fällen, in denen Aufsichtspflichtverletzungen nicht zu beweisen sind, in denen die Beitreibung der Entschädigung unmöglich oder erschwert ist, oder wenn es keine zur Aufsicht verpflichtete Person gibt, kann die Entschädigung direkt vom Schadensverursacher verlangt werden. Diese Haftung tritt ein, wenn nach Abwägung der Umstände und der Vermögenslage des Geschädigten und des Täters gefolgert werden kann, dass die Regeln des gesellschaftlichen Zusammenlebens eine Haftung erfordern (Art. 428 ZGB).

96 Ein Minderjähriger, der bereits 13 Jahre alt, aber noch nicht 18 Jahre alt und damit noch nicht volljährig ist, haftet aufgrund der eingeschränkten Rechtsfähigkeit nicht zwingend für einen Schaden aus Verschulden. Das Gericht entscheidet im Rahmen einer Einzelfallabwägung, ob der Minderjährige aufgrund seines Alters die **nötige Reife** erreicht hat, um ihm ggf. die volle Schuld zuzurechnen. Tritt dieser Fall ein und besitzt er kein eigenes Vermögen, sind die Eltern zum Ersatz der durch ihn verursachten Schäden verpflichtet.

§ 2 Prüfungsweg zum Haftungsgrund

A. Anscheinsbeweis

I. Grundlagen

Die polnische **Zivilprozessordnung (ZPO)** beinhaltet einen nicht abschließenden Katalog der im Zivilprozess zugelassenen Beweismittel. Hierzu zählen ua Dokumente, Zeugenaussagen, Sachverständigengutachten, Augenschein, Parteivernehmung und weitere Beweismittel, zB Blutgruppenuntersuchung, Bilder, Zeichnungen, Filme, Platten und andere Speichermedien zur Aufzeichnung von Bild und Ton.   97

In den Fällen, in denen ein Schuldnachweis schwierig ist, oder dass die schwächere Seite durch eine Beweislastumkehr geschützt werden soll, können zudem zu einer Entscheidung ohne Überprüfung des Wahrheitsgehalts sog „Sonderbeweise" zugelassen werden. Hierzu gehören zB behördlich bekannte Tatsachen, rechtliche oder tatsächliche Vermutungen.   98

Der *prima facie*-Beweis wurde im polnischen Recht zur Stärkung der Position des Geschädigten im Zivilprozess eingeführt. Eine besondere Bedeutung kommt dem Anscheinsbeweis in Verfahren über ärztliche Behandlungsfehler oder über Arbeitsmängel zu.[37]   99

Beispiel: Nach herrschender Lehre und Rechtsprechung spricht der *prima facie*-Beweis bei Infektion eines Patienten in einem Krankenhaus für ein Verschulden des medizinischen Personals.

II. Definition des Anscheinsbeweises

Der *prima facie*-Beweis löst die Umkehr der Beweislast aus,[38] wenn ein Sachverhalt erfahrungsgemäß auf einen bestimmten Geschehensablauf hindeutet und diesen somit beweist. Der Unterschied zwischen dem Beweis und dem *prima facie*-Beweis besteht darin, dass der „normale" Beweis in einem Zivilverfahren voll erbracht werden muss, während beim *prima facie*-Beweis lediglich eine hohe Wahrscheinlichkeit eines typischen Geschehensablaufs dargelegt werden muss (Glaubhaftmachung). Gemäß Art. 243 ZPO ist die Anwendung der Vorschriften über die Beweisaufnahme nicht erforderlich, wenn das Gesetz die Glaubhaftmachung anstelle des Beweises vorsieht. Aus der Vorschrift folgt also, dass die Glaubhaftmachung etwas anderes als die Beweisführung ist. Im Fall der Glaubhaftmachung führt das Gericht nur eine oberflächliche Analyse des Beweismaterials durch. Aus dem Wesen der Institution der Glaubhaftmachung ergibt sich, dass die Festlegungen nicht der Wirklichkeit entsprechen müssen, jedoch der Kausalverlauf höchst wahrscheinlich sein sollte und daher „auf den ersten Blick" als bewiesen erachtet wird.   100

III. Voraussetzungen des Anscheinsbeweises

Die Regelkonstruktion des *prima facie*-Beweises ist in der Rechtswissenschaft strittig. Der Hauptzweifel, der mit der Anwendung des *prima facie*-Beweises verbunden ist, ergibt sich daraus, dass die Bestimmung der Beweislastverteilung dem Gesetzgeber obliegt. Der Gesetzgeber verfasst den Inhalt der Vorschrift, die die Haftungsgrundlage bildet, und regelt darin, welche Prozesspartei das Vorliegen der Voraussetzungen der Rechtsnorm, auf der sie ihr Anliegen begründet, darlegt und zu beweisen hat. Wenn der Gesetzgeber aus wichtigen Gründen die Hauptpartei unterstützen will, die den Rechtsschutz geltend macht, kann er zB die Institution der Rechtsvermutung nutzen.   101

Die Anwendung des *prima facie*-Beweises beruht auf der aus der Lebenserfahrung und dem Wissen basierenden Annahme eines Kausalzusammenhangs zwischen dem Geschehen und dem Eintritt eines Erfolges. Angewendet wird die Konstruktion des *prima facie*-Beweises zur Stärkung der schwächeren Prozesspartei bei einer deutlichen Diskrepanz zwischen den Prozessparteien, um diese bei einer schwierigen Beweisführung zu unterstützen, sofern der Nachweis der vorgetragenen Tatsachen auf andere Weise schwierig ist.   102

---

37 Materialien aus der Schulungs- und Wissenschaftlichkonferenz „Zakażenia szpitalne – aspekty prawne, ubezpieczeniowe i 'wizerunkowe'", Warschau, 26-27.2. 2009; Dr. Beata Janiszewska.
38 Urteil des Obersten Gerichts vom 2.2.2010 – II PK 184/09.

IV. Typische Anscheinsbeweise

103 Die konstituierenden Merkmale des *prima facie*-Beweises (das Auftreten der objektiven Beweisschwierigkeiten und die Beweislast der „schwächeren" Partei) sind prädestiniert für die Anwendung bei der **Mankohaftung** (wenn dem Arbeitnehmer Waren- oder Kassenbestände anvertraut wurden, nun jedoch Differenzen zwischen dem Soll- und dem Istbestand vorhanden sind) oder im **Arzthaftungsprozess** (Ersatz des Schadens, der während der medizinischen Behandlung beim Patienten aufgetreten ist).

104 Im Arzthaftungsprozess resultiert hieraus, dass das Krankenhaus nachweisen muss, dass der Schaden infolge eines atypischen Kausalverlaufs (zB Infektion in einem anderen Krankenhaus, beim Friseur oder Zahnarzt) entstanden ist. Dadurch treffen alle Beweisschwierigkeiten, die eigentlich den Kläger belasten, das Krankenhaus.

B. Objektiv festgestellte Sorgfaltspflichtverletzung

105 Im polnischen Straßenverkehrsrecht gilt das Prinzip des **eingeschränkten Vertrauens** gegenüber anderen Verkehrsteilnehmern[39] sowie der Einhaltung der erforderlichen Sorgfalt, die unter normalen Umständen von einem vernünftigen Fahrer verlangt wird.

I. Allgemeines Verkehrsverhalten

106 Im polnischen Recht wird das allgemeine Verhalten im Straßenverkehr in Abschnitt II „Straßenverkehr", Kapitel 1 „Allgemeine Grundsätze" des Straßenverkehrsgesetzes beschrieben.[40]

107 Danach haben der Verkehrsteilnehmer oder andere Personen, die sich auf der Straße befinden, Vorsicht zu wahren oder, falls das Gesetz dies verlangt, besondere Vorsicht zu wahren, sowie Aktivitäten zu unterlassen, die eine Gefahr oder Ordnungswidrigkeit im Straßenverkehr verursachen, den Verkehr behindern oder die Ruhe und allgemeine Ordnung stören sowie anderen einen Schaden zufügen könnten. Als eine solche Handlung ist auch eine Unterlassung zu verstehen.[41]

108 Die vorstehende Regelung findet entsprechend auf Personen Anwendung, die sich in der Nähe der Straße befinden, wenn ihr Verhalten Folgen nach sich ziehen könnte, von denen im Gesetz die Rede ist. Sollte jedoch ein Verkehrsteilnehmer oder eine andere Person eine Gefahr für den Straßenverkehr verursacht haben, so hat er jede erforderliche Maßnahme zu treffen, damit diese Gefahr unverzüglich abgewandt wird, und, falls er hierzu nicht in der Lage ist, andere Verkehrsteilnehmer über die Gefahr zu informieren.[42]

109 Art. 4 Straßenverkehrsgesetz besagt, dass ein Verkehrsteilnehmer oder andere Personen, die sich auf der Straße befinden, davon ausgehen können, dass andere Verkehrsteilnehmer die Verkehrsvorschriften wahren, es sei denn, die Umstände weisen darauf hin, dass sie sich anders verhalten könnten.

110 Der Verkehrsteilnehmer und andere Personen, die sich auf der Straße befinden, sind verpflichtet, die **Weisungen und Signale** die **von berechtigten Personen, die den Verkehr leiten**, gegeben werden, sowie Lichtsignale und Verkehrszeichen zu befolgen, selbst dann, wenn aus den Gesetzesvorschriften eine andere Verhaltensweise gefordert wird als die, die von diesen Personen, Signalen oder Verkehrszeichen ausgehen. Gemäß den Vorschriften gibt es eine konkrete Hierarchie der Verkehrszeichen, welche von den Verkehrsteilnehmern zu beachten ist.

111 Darüber hinaus können Verkehrsteilnehmern oder anderen Personen im Straßenverkehr ua von Polizisten, Gendarmerie, Militärpolizei oder anderen Ordnungshütern, die einen Durchmarsch oder die Durchfahrt einer **Militärkolonne** sichern sollen, Weisungen oder Signale gegeben werden. Gleiches gilt für Weisungen, die im Zusammenhang mit der Ret-

---

39 Art. 4 Straßenverkehrsgesetz.
40 Straßenverkehrsgesetz vom 20.6.1997 (Neufassung: GBl. 2012, Pos. 1137).
41 Art. 3 Abs. 1 Straßenverkehrsgesetz.
42 Art. 3 Abs. 3 Straßenverkehrsgesetz.

tung von **Leben und Hab und Gut** erteilt werden sowie für Weisungen durch Grenzschutz, Straßentransportinspekteure, uniformierte Inspektoren des Zoll- oder Finanzamtes, Ordnungsbeamte und Eisenbahnmitarbeiter am Bahnübergang.

Zu befolgen sind außerdem Weisungen von Personen, die im Auftrag des Straßenbetrei- 112 bers auf der Straße arbeiten, Schülerlotsen, einem Schulbusfahrer an Haltestellen, an denen Kinder aus- und einsteigen, einem Waldwächter oder Nationalparkbeamten im Wald- oder Parkgebiet, sowie die eines Feuerwehrmannes der Berufsfeuerwehr oder der freiwilligen Feuerwehr beim Rettungseinsatz.[43]

Personen, die Weisungen oder Signale geben (gemäß internationalen Standards) sollten 113 leicht zu erkennen und aus der Entfernung zu sehen sein – sowohl tags als auch nachts.

Der polnische Gesetzgeber hat **behinderten Verkehrsteilnehmern** viele Privilegien einge- 114 räumt, die in separaten Vorschriften geregelt wurden.[44]

Darüber hinaus sind der Verkehrsteilnehmer und andere Personen, die sich auf der Straße 115 befinden, verpflichtet, die Durchfahrt vorfahrtberechtigter Fahrzeuge zu ermöglichen, insbesondere durch das unverzügliche Verlassen der Straße und, wenn notwendig, durch Anhalten.[45]

1. Allgemeine Verkehrssituationen. Einen Katalog von **erwünschten Verhaltensweisen** be- 116 inhaltet das Straßenverkehrsgesetz beispielsweise für das Einnorden in den Verkehr, das Bremsen, Situationen im Zusammenhang mit der Geschwindigkeit, Änderung der Fahrtrichtung oder Fahrspur, Überholen, Ausweichen, Zurücksetzen, Warnung anderer Verkehrsteilnehmer bei Gefahr, Fahrt bei eingeschränkter Sicht, Schleppen, Kolonnenfahrt, Rad- und Motorradverkehr, Verkehr von Gespannen ua

2. Unfälle auf Parkplätzen. Das Straßenverkehrsgesetz unterscheidet bei einem Verkehrs- 117 unfall nicht nach dem Ort des Geschehens. Ein Unfall auf einem Parkplatz (ungeachtet dessen, ob es sich um eine folgenschwere Kollision oder einen kleinen Blechschaden handelt) wird wie jeder andere Unfall nach den einschlägigen Straßenverkehrsvorschriften, unter Berücksichtigung der Regeln, die im Straßenverkehr auf den Parkplätzen gelten, bewertet. Meistens sind die Unfälle, die auf den Parkplätzen passieren, nicht schwerwiegend und die Schäden, die dabei entstehen, sind meistens auf einen Geschädigten beschränkt.

II. Fahrfehler, Fehlreaktionen

Die Haftung für Ordnungswidrigkeiten und Delikte im Straßenverkehr betrifft die Proble- 118 matik der **häufigsten Fehler der Verkehrsteilnehmer.**

Aus dem Bericht über die Sicherheit auf den Straßen und die Fahrkompetenzen der polni- 119 schen Fahrer, erstellt vom *Pentor Research International* im Auftrag von Skoda Auto Polska S.A.,[46] geht hervor, dass 63 % der Fahrer es als akzeptabel erachten, dass Verkehrsvorschriften verletzt werden. Interessant dabei ist, dass die meisten Fahrer die Verkehrsvorschriften mit einer Beraubung von persönlichen Freiheiten assoziieren. Andererseits fühlen sich 80% der Befragten nicht sicher auf den polnischen Straßen.

Als wichtigste Ursachen von Verkehrsunfällen, die von Kraftfahrern verursacht werden, 120 werden von der Polizei genannt: Fahren mit nicht angepasster Geschwindigkeit,[47] Vorfahrtsverletzungen, ordnungswidriges Passieren von Zebrastreifen, riskante Überholmanöver und zu geringer Abstand zum vorausfahrenden Fahrzeug. Hinter vielen dieser Verhaltensmuster stehen unzureichende Fähigkeiten und die fehlende Einschätzung der Sicherheit sowie Raserei. Es gilt dabei zu unterstreichen, dass 53 % der Befragten als wichtigste Ur-

---

43 Art. 5 und 6 Straßenverkehrsgesetz.
44 Beispielsweise kann der Behinderte manche Verkehrsschilder (Verbotsschilder), zB Halteverbot oder Verbot für Kraftwagen aller oder besonderer Art, nicht beachten.
45 Art. 9 Straßenverkehrsgesetz.
46 Auf Polnisch: Raport o bezpieczeństwie na drogach i umiejętnościach polskich kierowców przygotowany przez Pentor Research International na zlecenie Skoda Auto Polska S.A. z 2008 r.
47 Auf Polnisch: Zgodnie z raportami Krajowej Rady Bezpieczeństwa Ruchu Drogowego nadmierna prędkość jest główną przyczyną wypadków komunikacyjnych, http://www.krbrd.gov.pl/.

sache der Verkehrsunfälle Trunkenheit am Steuer angegeben haben. Die Trunkenheit am Steuer bleibt in Polen nach wie vor ein großes rechtliches und soziales Problem. Tatsächlich tragen betrunkene Fahrer die Schuld an jedem zehnten Unfall. 58 % der Fahrer schätzen ihre Fahrfähigkeiten auch bei extremen Wetterbedingungen als gut bzw. sehr gut ein.

C. Beweislastverteilung

I. Grundsatz

121 Im Zivilrecht gilt im Prinzip, dass die Beweislast für einen Umstand die Person trägt, die aus diesem Umstand Rechtsfolgen ableitet.[48]

122 Die Beweislast steht in engem Zusammenhang mit dem **Kontradiktionsprinzip**, das seit dem 1.7.1996 im polnischen Zivilrecht verankert ist.[49] Demnach sind die Parteien angehalten, vor Gericht den Rechtsstreit zu führen und vor Gericht den Beweis für ihre Ausführungen zu führen. Es besteht kein Amtsermittlungsgrundsatz. Im polnischen Recht obliegt die Beweislast für die Fakten, die für den Ausgang des Falls entscheidende Bedeutung haben, der Partei, die aus diesen Fakten Rechtsfolgen ableitet.[50] Die Grundnorm für dieses Prinzip befindet sich in Art. 6 ZPO.

II. Ausnahmen

123 Nach dem *lex specialis derogat legi generali*-Prinzip können andere Vorschriften andere Beweislastregeln auferlegen. Dies ist dann der Fall, wenn eine Partei nach dem Willen des Gesetzgebers besonderen Schutz genießen soll, sowie wenn der Beweis einer bestimmten Tatsache äußerst schwierig oder unmöglich ist. Als solche Ausnahme gilt die **juristische Vermutung**, die von der Durchführung des Beweisverfahrens freistellt sowie die **Beweislastumkehr**.

124 **1. Beweisvereitelung.** Eine Vereitelung der Beweisführung kann durch eine Handlung oder Unterlassung der Verfahrensbeteiligten erfolgen.

125 Die **Vereitelung** bedeutet die gänzliche Verhinderung der Erlangung des Beweismaterials in einem laufenden Verfahren, zB die Weigerung, den Kontrollbehörden Zutritt zu dem Betriebsgelände zu gewähren, das Nichtzulassen bestimmter Materialien bzw. Anlagen, die Verhinderung der Probeentnahmen oder das Verstecken oder die Zerstörung von Gegenständen, die ein Prüfer untersuchen soll.

126 Die den Beweis vereitelnde Partei hat mit Konsequenzen nach den einschlägigen Vorschriften zu rechnen.[51] Die Beweisvereitelung bleibt auch bei der Urteilsfindung nicht ohne Bedeutung.

127 **2. Unerlaubtes Entfernen vom Unfallort.** Unerlaubtes Entfernen vom Unfallort ist mit den Pflichten[52] des Fahrzeugfahrers, der in einen Verkehrsunfall involviert wurde, unvereinbar.

128 Der Unfallbeteiligte ist verpflichtet, das Fahrzeug anzuhalten, ohne dabei die Sicherheit des Straßenverkehrs zu gefährden, sowie Maßnahmen zu treffen, um die Verkehrssicherheit am Unfallort zu gewährleisten, damit der fließende Verkehr nicht behindert wird. Wenn es keinen Toten oder Verletzten gibt, hat er seine Personalien, die Personalien des Besitzers oder Halters des Fahrzeugs sowie Daten über die Versicherungsgesellschaft, mit der der Haftpflichtversicherungsvertrag abgeschlossen ist, auf Verlangen des Unfallgegners anzugeben. Zusätzliche Pflichten entstehen bei der Verletzung von Unfallbeteiligten. In solchen Fällen ist die erforderliche erste Hilfe zu leisten, und es sind Rettungsdienst und

---

48 Art. 6 ZGB (poln.:) „Ciężar udowodnienia faktu spoczywa na osobie, która z tego faktu wywodzi skutki prawne".

49 Auf Polnisch: Wejście w życie Ustawy z dnia 1 marca 1996 r. o zmianie Kodeksu postępowania cywilnego, rozporządzeń Prezydenta Rzeczypospolitej – Prawo upadłościowe i Prawo o postępowaniu układowym, Kodeksu postępowania administracyjnego, ustawy o kosztach sądowych w sprawach cywilnych oraz niektórych innych ustaw (Dz. U. z 1996 r. Nr. 43, poz. 189.).

50 Art. 6 ZGB.

51 Es geht hier um strafrechtliche Normen das Erschweren von Gerichtsverfahren betreffend.

52 Art. 44 des Straßenverkehrsgesetzes.

Polizei zu rufen. Überdies sind Maßnahmen zu unterlassen, die die Ermittlung des Unfallverlaufs erschweren könnten. Eine Entfernung vom Unfallort darf nicht erfolgen. Ist das Rufen des Rettungsdiensts oder der Polizei nur durch eine Entfernung von der Unfallstelle möglich, hat der Unfallverursacher nach deren Alarmierung unverzüglich zum Unfallort zurückzukehren.

In der Rechtsprechung polnischer Gerichte war der Begriff „Entfernen vom Unfallort" Gegenstand der oben → Rn. 119 erwähnten Analyse. Es gibt keine Legaldefinition des Begriffs. Im Urteil des Obersten Gerichts vom 27.5.2001 (Az: IV KKN 175/00) wurde festgestellt, dass „maßgebend für die Annahme, dass sich der Täter vom Unfallort unerlaubt entfernte, die Feststellung ist, dass er sich mit der Absicht entfernte, die Verantwortung zu vermeiden, insbesondere die Feststellung seiner Beteiligung am Unfallgeschehen und des Zustands der Trunkenheit, in dem er sich zum Zeitpunkt des Unfalls befand, unmöglich zu machen."[53]   **129**

Das Entfernen vom Unfallort ist also ein Begriff, der den Täter negativ charakterisiert. Die Pflicht des Täters, am Unfallort zu bleiben, soll vor allem dazu dienen, den Unfallhergang aufzuklären, die Interessen der Justiz und zivilrechtliche Interessen Unfallbeteiligter zu schützen.[54]   **130**

Beim Entfernen vom Unfallort muss die Absicht unterstellt werden, dass der Täter das Begehen der Tat oder zusätzlich belastende Umstände (oftmals Trunkenheit oder fehlende Fahrerlaubnis) vor den Strafverfolgungsorganen zu verheimlichen versucht. Dies geht noch darüber hinaus, dass der sich vom Unfallort entfernende Täter damit billigend in Kauf nimmt, sich auf diese Weise seiner strafrechtlichen Verantwortung zu entziehen.[55]   **131**

Selbstverständlich kann ein unerlaubtes Entfernen vom Unfallort nur stattfinden, wenn der Unfallverursacher überhaupt das **Bewusstsein** hatte, **dass sich ein Unfall ereignet hat.** Wusste der Verursacher nicht, dass er zB eine Beschädigung bei der Vorbeifahrt an einem fremden Pkw verursacht hat, fehlt der erforderliche Vorsatz.   **132**

Das unerlaubte Entfernen vom Unfallort zieht negative **Veränderungen der Regresshaftung des Versicherers** nach sich.   **133**

3. Schuldbezeugungen nach dem Unfall. Ein Schuldeingeständnis des Verursachers eines Verkehrsunfalls bestätigt seine Täterschaft. Dies erleichtert die Geltendmachung von Ansprüchen durch den Geschädigten, vor allem auf gerichtlichem Weg (wenn das Schuldeingeständnis im Laufe des Prozesses erfolgte). Für das Gericht ist die Erklärung des Unfallverursachers im Bereich der verschuldensunabhängigen Haftung nicht verbindlich. Das Gericht übt freie Beweiswürdigung aus und trifft seine Entscheidung aufgrund der Beweislage.   **134**

Das Bekenntnis des Verursachers zur Verantwortung für den Schaden in einem bestimmten Ausmaß beugt der Geltendmachung von Ansprüchen auf gerichtlichem Weg vor, wenn der Verursacher den Unfallhergang und seine Verantwortung im vorgerichtlichen Verfahren bestätigt. In der Praxis wendet sich der Versicherer vor der Entschädigungsauszahlung schriftlich an den mutmaßlichen Unfallverursacher, um eine Erklärung zum Ausmaß der Schuld zu erhalten.   **135**

Die vom Unfallverursacher und Geschädigten erstellte Erklärung über den Unfall und die Schuldbezeugung sind oft kein glaubhaftes Dokument, besonders weil der Täter die von ihm abgegebene Erklärung unter Hinweis auf den Schockzustand nach dem Unfall zurücknehmen kann.   **136**

4. Vernichtung von Beweismitteln. In der polnischen Gesetzgebung wird die Vernichtung von Beweismitteln als **rechtswidrige Erschwerung oder Vereitelung des Verfahrens** klassifi-   **137**

---

53 Urteil des Obersten Gerichts – Strafkammer vom 15.3.2001 – III KKN 492/99.
54 Vgl. Beschluss des Obersten Gerichts vom 11.6.2002 – II KK 110/02.
55 These im Kommentar zum Strafgesetzbuch (A. Zoll u. andere, Zakamycze 2006.). M. Dąbrowska-Kardas/P. Kardas in: Verantwortung für die Verursachung eines Verkehrsunfalls im Lichte der Regelungen des neuen Strafgesetzbuches von 1997, Teil II, Palestra 1999, Heft 3-4, S. 35; dies., Kriminalisierung der Flucht des Verursachers eines Verkehrsunfalls, „Prok. i Pr." 1996, H. I, S. 7.

ziert. Das betrifft jedoch das Strafverfahren und ist im Art. 239 des Strafgesetzbuches geregelt,[56] im Kapitel über die Straftaten gegen die Justiz.

138 Außerdem bestimmt die Vorschrift des Art. 276 des Strafgesetzbuches die Strafbarkeit der unbefugten Vernichtung von Dokumenten. Hierunter fällt eine strafbare und unberechtigte Einwirkung auf das Dokument selbst, seinen Inhalt oder seine Funktion. Eine Vernichtung des Dokuments kann auch darin bestehen, dass der bestimmte rechtliche Wert der Urkunde teilweise vermindert wird. Das Verstecken der Urkunde besteht darin, dass der Gegenstand oder die Aufzeichnung des Dokuments nicht mehr auffindbar ist.

139 Im polnischen Recht ist auch die kontrollierte Vernichtung der Beweismittel durch die dazu befugten Organe geregelt.

D. Haftung des Halters des mechanischen Verkehrsmittels

140 Im ZGB sind zwei Haftungsgrundsätze des Halters des mithilfe natürlicher Kräfte in Betrieb gesetzten mechanischen Verkehrsmittels bestimmt: **Schuld- und Gefährdungsgrundsatz.** Dabei ist eine Milderung des strengen Gefährdungsgrundsatzes bei gleichzeitiger Rückkehr zu allgemeinen Regeln, ua zur Schuld, zu beobachten.

141 Die Ratio legis der Anwendung des Gefährdungsgrundsatzes in Bezug auf die Fälle der durch mechanische Fahrzeuge angerichteten Schäden wird in der massiven Entwicklung der Automobilindustrie und den Gefahren, die sie mit sich bringt, gesehen.

I. Gefährdungshaftung (Art. 436 § 1 ZGB)

142 Das Wesen des Gefährdungsgrundsatzes ist die Haftung für vom Schädiger aufgrund per se als gefährlich eingestufter Umstände zugefügte Schäden. Die Schuld des Täters hat hier keinerlei Bedeutung, er haftet für die bloße Schadensverursachung. Die Gefährdungshaftung setzt dabei voraus, dass der Betrieb des mechanischen Fahrzeugs den Schaden verursachte und dass es einen Kausalzusammenhang zwischen dem Unfall und dem Schaden gibt.

143 Zum Ausschluss der so verstandenen Haftung kommt es nur in Fällen, in denen der Schaden auf das **Verschulden eines Dritten, aus alleiniger Schuld des Geschädigten** oder infolge **höherer Gewalt** zurückgeht.

II. Verschuldenshaftung (Art. 436 § 2 ZGB)

144 Das Wesen des Prinzips ist es, die Person zur Verantwortung zu ziehen, der die Schuld zugerechnet, also der das Begehen einer rechtswidrigen Tat vorgeworfen werden kann. In subjektiver Hinsicht tritt entweder die Absicht zur Begehung der Straftat oder die Außerachtlassung der erforderlichen Vorsicht hinzu.[57]

145 Der Verschuldensgrundsatz kommt im Bereich der Kollisionen von Kraftfahrzeugen zur Anwendung. Der Gefährdungsgrundsatz betrifft die Fälle der Kollisionen von Kraftfahrzeugen mit nicht mechanischen Fahrzeugen (zB Fahrräder) sowie das Anfahren von Fußgängern durch Kraftfahrzeuge.

III. Abwägung/Grundsätze der Entstehung von Anteilen/Regeln zur Quotenbildung

146 Im Prinzip ist die Haftung für Autounfälle beim Auftreten mehrerer Schädiger als gesamtschuldnerische Haftung für den durch die unerlaubte Handlung angerichteten Schaden geregelt.[58] Im polnischen Recht unterliegt jedoch die Haftung aus der Mittäterschaft einer Modifikation, wenn der Geschädigte zur Entstehung des Autounfalls oder zur Vergrößerung des Schadens beigetragen hat. Dieser Fall wird von Art. 362 ZGB erfasst: „Hat der Geschädigte zur Schadensentstehung beigetragen, wird sein Schadensersatz entsprechend reduziert."

---

56 Gesetz vom 6.6.1997 (Neufassung: GBl. 2016 r. Pos. 1137).
57 Vgl. Art. 415 ZGB.
58 Art. 441 ZGB.

Als Beitrag des Geschädigten zum Schaden ist jedes Verhalten zu verstehen, welches im   147
adäquaten Kausalzusammenhang mit dem Schaden steht. Dies allein entscheidet nicht
über die Folge in Form einer reduzierten Entschädigung.[59] Wohl ist der Unfallverursacher
aus dem Grundsatz der Gefährdungshaftung zum Schadensersatz verpflichtet, dennoch
darf die Berücksichtigung des eigenen Verschuldensbeitrags des Geschädigten zum Unfall
nicht unterbleiben. Es wird vielmehr auch berücksichtigt, wenn dem Geschädigten ein
Fehlverhalten vorzuwerfen ist.

Nach der in Polen herrschenden Rechtsprechung tragen die Verwandten des mitschuldigen   148
Geschädigten, die zusammen mit ihm Schäden bei dem Unfall erlitten haben, die rechtlichen Folgen der Mitschuld gleichermaßen wie der zum Schaden Beitragende.[60] Demnach
wird auch ihre Entschädigung entsprechend reduziert.

E. Probleme der Gesamtschuldnerschaft

I. Grundlagen

Die gesamtschuldnerische Haftung ist eine Form gemeinsamer Haftung mehrerer Personen   149
(Schuldner), für die es charakteristisch ist, dass jeder dieser Schuldner für die ganze Schuld
haftet und die Erfüllung der Leistung durch einen der Schuldner die übrigen im Verhältnis
zum Anspruchsteller befreit.[61] Voraussetzung der gesamtschuldnerischen Haftung ist die
Schadenszufügung durch mehrere Personen – sog **Mittäterschaft**. Zwischen dem Handeln
oder Unterlassen dieser Personen muss ein enger kausaler Zusammenhang bestehen.

Damit es zur Entstehung der gesamtschuldnerischen Haftung kommt, müssen folgende   150
Faktoren gegeben sein:

- mehrere Schuldner,
- Bestehen nur einer Verpflichtung zum Schadensersatz (der Leistungspflicht),
- Erfüllung der Leistung durch einen der Schuldner führt zum Erlöschen der Verpflichtung ,
- gemeinsame Haftungsgrundlage.

Die gesamtschuldnerische Haftung für den durch die unerlaubte Handlung zugefügten   151
Schaden ist in Art. 441 ZGB geregelt.

II. Haftungsverteilung im Innenverhältnis

Die Regelung des ZGB besagt, dass, wenn der Schaden das Ergebnis des Handelns oder   152
Unterlassens mehrerer Personen war, die Person, die den Schaden ausgleicht, von den übrigen Personen die Erstattung des entsprechenden Teils verlangen kann, abhängig von den
Umständen und vor allem vom Verschulden der jeweiligen Person und dem Ausmaß, in
dem sie zur Schadensentstehung beigetragen hat.

Der Umstand, dass der Halter des Kraftfahrzeugs gemäß dem Gefährdungsgrundsatz für   153
den einer anderen Person zugefügten Schaden haftet, schließt die Geltendmachung von
Schadensersatz für einen ihm zugefügten Schaden gemäß Art. 415 ZGB von den für den
Schaden verantwortlichen Personen (in den Grenzen ihres Verschuldens) nicht aus. Der
durch den Betrieb des Kraftfahrzeugs Geschädigte hat eine Forderung gegen den Halter
dieses Fahrzeugs aus der Gefährdungshaftung, gemindert um das Ausmaß seines eigenen
Beitrags zur Schadensentstehung (Art. 362 ZGB). Der Halter des Fahrzeugs hat dagegen
einen Anspruch gegen den Geschädigten wegen des von ihm verursachten Schadens in den
Grenzen des eigenen Verschuldens des Geschädigten. Die Haftung für den Halter des
Fahrzeugs übernimmt die Versicherungsanstalt. Sie hat einen Regressanspruch gegen die
für den Schaden verantwortliche Person in den Grenzen ihres Verschuldens.[62]

---

59 T. Dybowski, In Sachen ...; Z. Banaszyk [in:] Zivilgesetzbuch. Kommentar, Band 1, Warschau 2002, S. 732.
60 Urteil des Obersten Gerichts vom 10.9.1965 – II CR 283/65, OSPiKA 1967, Nr. 7-8, Pos. 174.
61 Art. 366 ZGB.
62 Urteil des Obersten Gerichts vom 10.7.1977 – I CR 366/77, OSNC 1978/7/118.

154 Nach Art. 441 § 3 ZGB hat derjenige, der den Schaden ausgeglichen hat, für den er trotz des Nichtverschuldens haftet, einen Regressanspruch gegen den Täter, wenn der Schaden durch dessen Verschulden verursacht wurde. Diese Forderung wird nur gegen einen Täter begründet sein, dessen Haftung sich aus der unerlaubten Handlung ergibt (im Unterschied zur Haftung des Versicherers, dessen Haftung sich aus dem Versicherungsverhältnis ergibt) und wird jedem zustehen, der zur Leistung trotz des Nichtverschuldens verpflichtet war.[63]

155 Über die Entstehung eines Regressanspruchs gegen die Mithaftenden und dessen Umfang entscheidet das Verhältnis, in dem die für den Schaden mithaftenden Personen für diesen verantwortlich sind.

Abschnitt 2: Anspruchsprüfung zur Schadenshöhe

§ 1 Allgemeine Grundlagen der Schadensberechnung

A. Begriff des Schadensersatzes

156 Der Schadensersatz ist eine Leistung, die dem Geschädigten aufgrund des ihm zugefügten Schadens zusteht – entweder von der Person, die den Schaden verursacht hat oder von dem Unternehmer oder dem Versicherer, der für diese Personen haftet bzw. mit der Versicherungsleistung einsteht.

Beispiel: Haftung des Arbeitgebers für die vom Arbeitnehmer angerichteten Schäden, Haftung des Versicherers für die vom Versicherungsnehmer angerichteten Schäden.

157 Die Grundfunktion, die der Schadensersatz erfüllt, ist die **Kompensation**. Das bedeutet, dass der Schadensersatz den Nachteil ausgleichen soll, der beim Geschädigten infolge des Schadensereignisses entstanden ist.

B. Schadensminderungspflicht

I. Haftungsgrenzen

158 Nach dem Wortlaut des Art. 361 § 1 ZGB haftet der Schadensersatzpflichtige nur für „normale" Folgen seines Handelns oder Unterlassens, dessen Ergebnis der Schaden war. § 2 besagt dagegen, dass – sofern durch Gesetz oder Vertrag nicht anders geregelt – die Schadensersatzleistung auch die Verluste umfasst, die dem Geschädigten entstanden sind sowie die Nutzungen, die er ohne den Schaden hätte ziehen können.

II. Der Beitrag des Geschädigten zur Schadensentstehung

159 Die Frage des Beitrags des Geschädigten zur Schadensentstehung regelt Art. 362 ZGB ivm Art. 22 Abs. 1 Pflichtversicherungsgesetz (s. dazu → Rn. 349). Dort heißt es: „Hat der Geschädigte zur Entstehung oder Vergrößerung des Schadens beigetragen, wird die Pflicht der Schadensersatzleistung entsprechend vermindert – je nach den Umständen, und vor allem je nach dem Grad des Verschuldens beider Parteien".

160 Als Beitrag zum Schaden gilt ein Verhalten des Geschädigten, das im Kausalzusammenhang mit dem Schaden steht und objektiv ein Fehlverhalten darstellt. Dies kann sowohl in einem Handeln als auch in einer Unterlassung bestehen, soweit die Nichtvornahme der Handlung einen Einfluss auf den entstandenen Schaden hatte.

---

63 Urteil des Obersten Gerichts vom 7.12.2006 – I C 517/06, nicht veröffentlicht.

Der Beitrag des Geschädigten zum Schaden kann auf einem Beitrag zum Schadenseintritt 161
oder auf einer Vertiefung eines bereits entstandenen Schadens beruhen.[64]

C. Schadensnachweis

Aus der Formulierung des Art. 415 iVm Art. 6 ZGB ergibt sich, dass der Geschädigte ne- 162
ben dem Nachweis des Schadens und des Kausalzusammenhangs zwischen dem Schaden
und dem Handeln (oder Unterlassen) des Schadenverursachers auch die Beweislast dafür
trägt, dass der Schaden durch ein Verschulden der zur Verantwortung gezogenen Person
eingetreten ist.

Gemäß Art. 363 § 1 ZGB soll die Schadensersatzleistung je nach Wahl des Geschädigten 163
durch die Wiederherstellung des vorherigen Zustands oder die Zahlung einer entsprechenden Geldsumme erfolgen. Wenn die Wiederherstellung des vorherigen Zustands jedoch
unmöglich oder für den Verpflichteten mit zu großen Schwierigkeiten oder Kosten verbunden wäre, beschränkt sich die Forderung des Geschädigten auf die Geldleistung. Falls dagegen laut § 2 dieser Vorschrift die Schadensersatzleistung in Geld zu erfolgen hat, soll die
Schadensersatzhöhe gemäß den Preisen vom Datum der Schadensersatzbestimmung festgesetzt werden, es sei denn, dass besondere Umstände die Annahme anderer zum anderen
Zeitpunkt bestehender Preise als Grundlage erfordern.[65]

D. Steuerrechtliche Behandlung von Schadensersatzleistungen

I. Einkommensteuer

Im Lichte geltender Vorschriften, vor allem des Gesetzes vom 26.07.1991 über die Ein- 164
kommensteuer von natürlichen Personen,[66] kann festgestellt werden, dass der Schadensersatzbetrag nicht der Besteuerung unterliegt. Gemäß zB Art. 9 Abs. 1 des Gesetzes vom
26.7.1991 über die Einkommensteuer von natürlichen Personen[67] unterliegen der Besteuerung mit der Einkommensteuer Einkünfte aller Art mit Ausnahme der in Art. 21, 52, 52 a
i 52 c erwähnten Einkünfte. Vor dem Hintergrund der oben erwähnten Bestimmungen des
Einkommensteuergesetzes kann festgehalten werden, dass die Entschädigung, die aufgrund eines Gerichtsurteils sowie ohne Entscheidung in diesem Bereich, zB durch eine Versicherungsgesellschaft, gemäß Art. 21 Abs. 1 Ziff. 4 des og Gesetzes gezahlt wird, als vereinnahmte Entschädigung aus Versicherungen einkommensteuerfrei ist.

II. Mehrwertsteuerproblematik

Mehrwertsteuer bzw. Umsatzsteuer ist eine **Steuer auf Waren und Dienstleistungen** (poln.: 165
PTU oder VAT), also eine indirekte Steuer. Sie wurde in Polen mit dem Gesetz vom
08.01.1993 über die Steuer von Waren und Dienstleistungen und über die Verbrauchsteu-
er[68] eingeführt. Die erforderliche Harmonisierung des polnischen Steuerrechts mit dem
EU-Recht hat den polnischen Gesetzgeber gezwungen, diese Frage in einem neuen Gesetz
über die Besteuerung von Waren und Dienstleistungen vom 11.03.2004[69] zu regeln.

Steuerpflichtige sind gemäß Art. 15 des Gesetzes vom 11.03.2004 über die Besteuerung 166
von Waren und Dienstleistungen juristische Personen, nichtrechtsfähige Organisationsein-
heiten und natürliche Personen, die selbstständig eine Wirtschaftstätigkeit ausüben, ungeachtet des Zwecks bzw. der Ergebnisse einer solchen Tätigkeit. Gewerblich tätige Steuer-

---

64 Vgl. Urteil des Obersten Gerichts vom 7.12.1985 – IV CR 398/85; Urteil des Obersten Gerichts vom
1.3.1985 – I CR 27/85 (OSP 1989/5/115); Urteil des Obersten Gerichts vom 21.10.1971 – I CR 465/71;
Urteil des Obersten Gerichts vom 7.12.1979 – III CRN 224/79.
65 Vgl. Urteil des Obersten Gerichts vom 9.10.2003 – V CK 277/02, OSNC 2004/11/184; Urteil des Berufungsgerichts Katowitz vom 12.2.1992 – I ACr 30/92, OSA 1993/5/32; Urteil des Obersten Gerichts vom
20.2.2002 – V CKN 903/00; Beschluss des Obersten Gerichts vom 12.1.2006 – III CZP 76/05.
66 Neufassung: GBl. 2012, Pos. 361.
67 GBl. 2000, Nr. 14 Pos. 176 mit Änd.
68 GBl. 1993 Nr. 11, Pos. 50.
69 Neufassung: GBl. 2016, Pos. 710.

pflichtige sind berechtigt, den Betrag der dem Finanzamt zB aus einem getätigten Verkauf geschuldeten Mehrwertsteuer um den Betrag der beim Erwerb von Waren berechneten Steuer zu mindern und die so berechnete Steuerverbindlichkeit an das Finanzamt abzuführen. Bezüglich Privatpersonen war die Regelung in Art. 17a des Gesetzes vom 22.5.2003 über Versicherungswesen[70] einschlägig. Diese besagte, dass die Versicherungsgesellschaft verpflichtet ist, bei der Zahlung einer Entschädigung die Steuer auf Waren und Dienstleistungen zu berücksichtigen, wenn ihr von einer Person, der eine Entschädigung zusteht und die nicht der Umsatzsteuerpflicht unterliegt, Reparaturrechnungen zu einem Kfz-Schaden vorgelegt werden. Daraus resultierte, dass eine Entschädigung inklusive Mehrwertsteuer lediglich Privatpersonen, welche nicht der Umsatzsteuerpflicht unterliegen, zusteht. Die Steuer auf Waren und Dienstleistungen ist Bestandteil von deren Preis. Nach dem Grundsatz der vollen Entschädigung, der die Haftung des Verursachers des Schadens regelt (Art. 361 § 2 ZGB), sollte der Geschädigte einen Betrag erhalten, der seinen Verlust vollständig ausgleicht – somit inklusive Mehrwertsteuer. Dies ist auch nach der Aufhebung des Gesetzes vom 22.05.2003 über Versicherungswesen weiterhin aktuell und legitimiert sich nunmehr durch Art. 361 § 1 iVm Art. 826 § 1 ZGB sowie durch die Rechtsprechung.[71]

167 Bei der Schadensregulierung auf Basis eines Kostenvoranschlags weisen die Versicherungsgesellschaften gerne darauf hin, dass die Reparatur noch nicht durchgeführt wurde, somit noch keine Mehrwertsteuer gezahlt wurde und diese bei der Höhe der Entschädigung nicht berücksichtigt werden kann. Diese Argumentation ist jedoch nicht konsequent. Wird nämlich ein Schaden gemäß einem Kostenvoranschlag abgerechnet, sind die Reparaturkosten ebenfalls noch nicht angefallen, doch die Entschädigung wird in Höhe der voraussichtlichen Reparaturkosten geleistet.

168 Es ist unstrittig, dass die Entscheidung, das Fahrzeug reparieren zu lassen, beim Geschädigten liegt, und er hierzu nicht verpflichtet ist. Die Pflicht der Versicherungsgesellschaft, den Schaden zu regulieren, darf somit keinesfalls von der tatsächlichen Durchführung der Fahrzeugreparatur abhängig gemacht werden. Unabhängig von der vom Geschädigten gewählten Art und Weise der Schadensregulierung ist die Versicherungsgesellschaft verpflichtet, einen Betrag, der dem Geschädigten den vollständigen Ausgleich des Vermögensschadens ermöglicht, zu zahlen – inklusive Mehrwertsteuer.

169 Das Oberste Gericht hat eine ähnliche Auffassung im Beschluss vom 16.10.1998 zur Frage der Berücksichtigung der Mehrwertsteuer.[72] bei der Höhe der dem Geschädigten aus dem Kaskoversicherungsvertrag zustehenden Entschädigung vertreten. In den Allgemeinen Versicherungsbedingungen, die dem Versicherungsvertrag in diesem Rechtsstreit zugrunde lagen, waren keine Bestimmungen zur Regelung der Mehrwertsteuerfrage enthalten. Sind indes in den allgemeinen Versicherungsbedingungen diesbezügliche Bestimmungen enthalten, gelten sie für beide Vertragsparteien als verbindlich.

170 Eine **Bruttoentschädigung**, dh **inklusive Mehrwertsteuer**, erfolgt:

- wenn der Geschädigte nicht umsatzsteuerpflichtig ist,

- unabhängig davon, ob der Geschädigte das Fahrzeug hat reparieren lassen,

- wenn die Steuer bei einer zuvor erfolgten Schadensregulierung nicht berücksichtigt wurde, vorausgesetzt, der Anspruch ist nicht verjährt, es liegt kein endgültiges, rechtskräftiges Urteil vor, nach dem der Anspruch auf die Mehrwertsteuerzahlung zurückgewiesen wurde, und es wurde kein Vergleich bezüglich der Entschädigungshöhe abgeschlossen.

---

70 GBl. 2003, Pos. 1151 mit Änderungen; galt bis zum 31.12.2015.
71 Vgl. ua Urteil des Obersten Gerichts vom 19.11.2015 – IV CSK 764/14; Urteil des Berufungsgerichts Katowitz vom 29.9.2015 – I ACa 395/15.
LEX nrkr 1842329 - wyrok z dnia 29 września 2015 r.
72 III CZP 42/98.

§ 2 Sachschäden

A. Unmittelbare Sachschäden

Der Schadensersatz soll beim Geschädigten den Nachteil ausgleichen, der infolge des Schadensereignisses entstand, und den Stand seines Vermögens vor dem Schadensereignis wieder herstellen. 171

I. Reparaturkosten

1. Schadensnachweis. a) Schadensgutachten. Ein Schadensgutachten gilt bei der Ermittlung der Höhe des entstandenen Kfz-Schadens als grundlegender Nachweis. Der Gutachter erstellt im Auftrag der eintrittspflichtigen Versicherung ein **Kfz-Schadensgutachten**, das folgende Angaben enthält: 172

- detaillierte Identifikationsdaten des Fahrzeugs,
- Bezeichnung der Beschädigungen am Fahrzeug,
- Spezifikation der reparierbaren, bzw. austauschbaren Fahrzeugteile.

Der Gutachter erstellt ein Gutachten zum Reparaturaufwand. Falls das Fahrzeug infolge eines Verkehrsunfalls beschädigt wurde, äußert sich der Gutachter zusätzlich zur besten Methode der Instandsetzung. Das Gutachten kann zusätzlich auch die Kosten der Reparatur angeben. Die Kosten eines **durch den Geschädigten beauftragten Gutachters** werden grundsätzlich durch die gegnerische Versicherung nicht übernommen: Es handelt sich bei dessen Beauftragung um eine individuelle Entscheidung des Geschädigten, aufgrund derer er sich Informationen über den tatsächlich erlittenen Schaden erhofft. Es gibt jedoch Situationen, in welchen der Versicherer das sog private Gutachten berücksichtigt und die Kosten schon in dem außergerichtlichen Verfahren deckt. Es besteht auch die Möglichkeit, dass das Gericht Gutachterkosten des Geschädigten zuerkennt, wenn sich das durch einen Gutachter im Auftrag des Versicherers erstellte Gutachten tatsächlich als fehlerhaft erweist. Eine diesbezügliche Entscheidung ist jedoch von den Umständen des Einzelfalls abhängig und keineswegs sicher.

b) Kostenvoranschlag. Diese Methode der Schadensabrechnung besteht darin, dass das Fahrzeug in Augenschein genommen und ein Kostenvoranschlag durch die eintrittspflichtige Versicherung beauftragt wird. Der Geschädigte kann sich den so ermittelten Betrag auszahlen lassen. Zu beachten ist, dass auch im polnischen Recht ein Abzug „neu für alt" vorgenommen werden kann. Zu beachten ist auch der Streit um die Mehrwertsteuer, die ggf. nicht erstattet wird (dazu → Rn. 165). 173

c) Gerichtliches Gutachten. Gemäß Art. 278 des Zivilverfahrensgesetzbuchs (ZVGB) wird ein gerichtlicher Gutachter in Fällen hinzugezogen, in denen spezielle Kenntnisse erforder- 174 lich sind. Wegen der speziellen Anforderungen handelt es sich hierbei um einen Beweis, der nicht durch ein anderweitiges Beweisangebot ersetzt werden kann.

Beispiel: Ein gerichtliches Gutachten kann nicht durch eine Zeugenaussage ersetzt werden, weil ein Zeuge nicht über die speziellen Kenntnisse verfügt, die für die Entscheidung ausschlaggebend sind.

175 Das Gericht kann einen oder mehrere Gutachter hinzuziehen (Art. 278 § 1 ZVGB). Falls die Sache keinen komplizierten oder interdisziplinären Charakter hat, wird in der Praxis nur ein Gutachter hinzugezogen. Andernfalls können auch mehrere Gutachter bestellt werden, die ein **gemeinsames Gutachten**[73] erstellen. Auch kann jeder einzelne Gutachter ein separates Gutachten vorlegen. Das Gericht kann schließlich auch ein zusätzliches, sog Ergänzungsgutachten von denselben oder anderen Gutachtern verlangen.

176 Ein gemäß Art. 286 ZVGB erstelltes Gutachten entscheidet in der Praxis über Zweifelsfragen, die infolge der Erstellung der früheren Gutachten entstanden sind, oder klärt Widersprüche zwischen abweichenden Schlussfolgerungen in den Gutachten, die durch zwei Gutachter in einer früheren Phase des Beweisverfahrens erstellt worden sind.

177 Gemäß Art. 290 ZVGB kann das Gericht einen **Beweis durch Gutachter eines wissenschaftlichen (Forschungs-)Instituts** verlangen. Die Zulassung dieses Beweises ist zweckmäßig, wenn spezielle Untersuchungen zur Feststellung einer komplexen Sachlage erforderlich sind, sowie in dem Fall, dass Widersprüche in den früher erstellten Gutachten auf andere Art und Weise nicht geklärt werden können. Ein Gutachten unterliegt wie andere Beweismittel der freien Beweiswürdigung gemäß Art. 233 § 1 ZVGB. Das Gericht hat das gesamte im Laufe des Verfahrens gesammelte Beweismaterial zu berücksichtigen und zu beurteilen, ob der Gutachter unter Zugrundelegung des Beweismaterials in dem Gutachten seinen Gedankengang, der zur Formulierung der endgültigen Schlussfolgerungen geführt hat, logisch dargestellt hat.

178 **2. Totalschadensabrechnung und Restwertproblematik.** Im polnischen Recht ist der Begriff „Totalschaden" nicht definiert. Art. 363 § 1 ZGB besagt, dass sich der Anspruch des Geschädigten auf eine **Geldleistung** beschränkt, falls die Wiederherstellung des früheren Zustands unmöglich ist oder für den Ersatzpflichtigen zu hohe Schwierigkeiten oder Kosten verursacht hätte. Die Bestimmung der Rentabilitätsgrenze bei einer Reparatur und somit auch die Bezeichnung des Schadens als Totalschaden fällt je nach Art der Versicherung (Haftpflicht- oder Kaskoversicherung), mit der der Schaden reguliert wird, unterschiedlich aus. Laut aktueller Rechtsprechung des Obersten Gerichts liegt ein Totalschaden vor, wenn das Fahrzeug zu einem solchem Grad zerstört wurde, dass es nicht reparabel ist oder die Reparaturkosten den Wert des Fahrzeugs überschreiten würden.

179 Bei einem Totalschaden wird die Entschädigungshöhe unter Einsatz der sog **Differenzmethode** ermittelt. Bei dieser Methode wird die dem Geschädigten zustehende Entschädigung ermittelt, indem vom Wert des Fahrzeugs vor dem Unfall der Wert des Fahrzeugs nach dem Unfall abgezogen wird. Dem Geschädigten wird der so ermittelte Betrag ausgezahlt. Der Geschädigte bleibt Eigentümer des Fahrzeugwracks. Erfolgt die Auszahlung der Entschädigung aus der **Kaskoversicherung**, wird der Totalschaden nach den Bedingungen des Versicherungsvertrags definiert.

180 **3. Reparaturkostenabrechnung.** Grundsätzlich wird die Entschädigung in einer Höhe festgesetzt, die dem Schadensumfang im Rahmen der Versicherungssumme entspricht. Falls im Versicherungsvertrag eine Selbstbeteiligung vorgesehen ist, wird die auszuzahlende Entschädigung um deren Höhe reduziert. Die Versicherungsgesellschaften erklären, dass sie den „anerkannten" Preis für eine Arbeitsstunde unter Zugrundelegung der Preise für Fahrzeugreparaturleistungen festsetzen, die auf dem jeweiligen Gebiet in der jeweiligen Region gelten.

181 In der technischen Beurteilung sollte die Beschreibung (der Umfang) der notwendigen Reparatur enthalten sein, einschließlich einer Auflistung der als reparabel klassifizierten Teile

---

73 Gemäß Art. 285 § 1 ZVGB.

(unter Angabe der für die Durchführung der Reparatur erforderlichen Arbeitsstunden) und einer Auflistung der auszutauschenden Teile. Die technische Beurteilung hat auch die Information darüber zu enthalten,

■ welcher Stundensatz bei der Schadensabrechnung durch die Versicherungsgesellschaft angesetzt wird,

■ die Höhe des Abzugs „neu für alt", sowie

■ andere Anmerkungen, zB Informationen darüber, welche Vorschäden festgestellt wurden, für die keine Entschädigung in dem zu prüfenden Schadensfall erfolgt.

Um Missverständnisse vor der Beauftragung der Fahrzeugreparatur zu vermeiden, ist es empfehlenswert, einen Kostenvoranschlag einzuholen und diesen bei der Versicherungsgesellschaft zur Genehmigung einzureichen.[74]

II. Wertminderung

Wird das Fahrzeug in einer Kollision beschädigt und kommt es infolgedessen zur merkan- 182 tilen Wertminderung des Fahrzeugs, so kann der Geschädigte deren Ersatz geltend machen. Gemäß Art. 361 § 2 ZGB liegt die Pflicht des vollständigen Schadensausgleichs bei dem zum Schadensersatz Verpflichteten. Dies bedeutet, dass in dem Entschädigungsbetrag sowohl die Reparaturkosten des Fahrzeugs als auch der Betrag der merkantilen Wertminderung des Fahrzeugs enthalten sein müssen. Durch die Reparatur wird die technische Funktionsfähigkeit des Fahrzeugs zwar wiederhergestellt, es hat aber einen geringeren Marktwert als vor dem Unfall. Die Differenz zwischen dem vorherigen Marktwert und dem nach dem Unfall stellt eine Handelsdifferenz dar, welche der geschädigte Fahrzeuginhaber verlangen kann. Die Auszahlung einer solchen Entschädigung erfolgt jedoch meist erst nach einer gerichtlichen Entscheidung. Die Vereinigung der Gutachter aus der Fahrzeugbranche hat die Richtlinien ausgearbeitet, in welchen die Regeln der Berechnung der Wertminderung eines Fahrzeuges nach dem Unfall berechnet worden sind. Nach diesen Richtlinien wird die Wertminderung nur bei Privatkleinwagen unter sechs Jahren, bei Lastkraftwagen – je nach der Größe – unter drei oder vier Jahren, und bei Motorrädern unter drei Jahren berücksichtigt. Bei älteren Autos werden die Forderungen der Wertminderung grundsätzlich nicht berücksichtigt.

III. Abschleppkosten

Die von dem Geschädigten getragenen Abschleppkosten sind ein typisches Beispiel für 183 einen Schaden, der zu einer Minderung des Vermögens des Geschädigten führt. Ein Problem kann sich ergeben, wenn der geschädigte Fahrzeuginhaber Abschleppkosten in einer Höhe geltend macht, die den üblichen Preis für Dienstleistungen dieser Art auf dem lokalen Markt übersteigt, denn der Geschädigte ist nach Art. 826 ZGB zur Schadensminderung verpflichtet. Der Geschädigte ist verpflichtet, Informationen einzuholen, wie sich die Preise für derartige Dienstleistungen gestalten, und zwar vor dem Abschluss des Abschleppvertrags, sowie über die vom Abschleppdienst angebotenen Preise zu verhandeln. Bei künstlich überhöhten Abschleppkosten ist die Versicherungsgesellschaft nur verpflichtet, einen Betrag auszuzahlen, der dem Durchschnittspreis für derartige Dienstleistungen entspricht.

IV. Kosten für Gutachten und Kostenvoranschläge

1. Gutachtenmängel. Hierzu ergeben sich keine Besonderheiten im polnischen Recht. 184

2. Bagatellschadensgrenze. Als Bagatellschaden gilt derjenige Schaden, dessen **Regulie-** 185 **rungskosten grundsätzlich höher sind als die Höhe des Schadens selbst** – in diesem Falle liegt die Grenze der Garantiehaftung des Versicherers prinzipiell bei Schäden unter 500 PLN. Im Zusammenhang hiermit gibt es in Versicherungsverträgen üblicherweise eine sog „Franchise"-Klausel, nach der der Versicherungsnehmer für einen Teil des Schadens selbst

---

74 Vgl. Urteil vom 27.06.1988 – SN I CR 151/88, LEX Nr. 8894.

eintritt. In der Versicherungspraxis unterscheidet man zwei Arten der Franchise: Integral-franchise und **Selbstbeteiligung** am Schaden, auch **Abzugsfranchise** genannt.

186 **Integralfranchise (bedingte Franchise):** Der Versicherer haftet nicht für Schäden, deren Wert eine im Vertrag bestimmte Mindestgrenze nicht überschreitet. Die Höhe dieser Grenze kann entweder als Betrag oder als Prozentsatz der Versicherungssumme bestimmt werden. Übersteigt der Schaden die Mindestgrenze, so findet die Integralfranchise keine Anwendung.

Beispiel (Kaskoversicherungsvertrag): Der Versicherer haftet nicht für einen Schaden, der in Kratzern an der Stoßstange besteht, wenn sein Wert unter 100 PLN liegt.

187 **Abzugsfranchise (,,bedingungslose" Franchise):** Unabhängig von der Schadenshöhe reduziert der Versicherer die Entschädigung um einen Teil, der als Betrag oder als Prozentsatz aus der Versicherungssumme bestimmt wird.

188 **3. Kosten für Kostenvoranschläge.** Wie bereits erwähnt (→ Rn. 172), werden die Kosten eines vom Geschädigten zur Prüfung des Versicherungsgutachtens beauftragten Gutachters nicht vom Versicherer des Unfallgegners erstattet, da dies als Informationsgewinn für den Geschädigten angesehen wird. Dennoch war das Oberste Gericht der Meinung, dass der Schadensbegriff breiter ausgelegt werden kann, soweit dies die Umstände im konkreten Einzelfall rechtfertigen. Sind an einer Kollision zB mehrere Personen beteiligt, so ist die Bestellung eines Gutachtens durch den Geschädigten, der keine Fachkenntnisse zur Beurteilung der Ursachen und Folgen einer Kollision hat, begründet, um die Geltendmachung von Ansprüchen bei einer falschen Versicherungsgesellschaft und damit verbundene Kosten zu vermeiden.[75]

V. Nebenkosten bei Ersatzfahrzeugen

189 Im polnischen Rechtssystem gibt es, im Gegensatz zum deutschen Rechtssystem, keine Vorschriften, die besagen, dass die **Ab- und Anmeldekosten** Gegenstand der Entschädigung sein können. In diesem Falle finden also die allgemeinen Bestimmungen, bezogen auf Schäden, Anwendung. Gemäß Art. 361 § 1 ZGB haftet der zum Schadensersatz Verpflichtete nur für die gewöhnlichen Folgen der Handlung bzw. Unterlassung, die den Schaden verursacht hat. § 2 besagt aber, dass in Ermangelung abweichender Vorschriften oder Vertragsvereinbarungen der Schadensersatz innerhalb der oben genannten Grenzen die Verluste umfasst, die der Geschädigte erlitten hat, sowie die Gewinne, die er hätte erzielen können, wenn der Schaden nicht eingetreten wäre. Im Zusammenhang damit wird vertreten, dass eventuelle Abmeldekosten verlangt werden können, wenn sie im direkten Zusammenhang mit dem entstandenen Schaden stehen.

VI. Nutzungsausfallschaden

190 **1. Mietwagenkosten.** Beim Wegfall der Möglichkeit, das Fahrzeug zu nutzen, umfasst der Schaden auch die Kosten der Miete eines gleichwertigen Fahrzeugs. Der Geschädigte hat jedoch nachzuweisen, dass die Nutzung des Fahrzeugs für ihn zweckmäßig, notwendig und ökonomisch begründet ist. Entscheidend ist auch die Tatsache, dass er über kein weiteres Fahrzeug verfügt. Als gerechtfertigt gelten nur die Mietkosten, die während der üblichen, normalen Reparaturdauer entstanden sind. Die Miete eines Ersatzfahrzeuges wird also nicht immer als gerechtfertigt anerkannt. Anspruchsvoraussetzung ist auch, dass das Ersatzfahrzeug derselben Fahrzeugklasse wie das vor dem Schadensfall genutzte Fahrzeug angehört.

191 Das Oberste Gericht hat hierzu exemplarisch wie folgt entschieden:

192 ,,Der Wegfall der Möglichkeit, einen Gegenstand infolge von dessen Zerstörung zu nutzen, gilt als ein Vermögensschaden. Falls also der Geschädigte in diesem Zusammenhang

---

75 Beschluss des Obersten Gerichts vom 18.05.2004 – III CZP 24/04.

Kosten getragen hat, die für die Miete eines Ersatzfahrzeugs erforderlich waren, fallen diese Kosten unter die ersatzpflichtigen Schadensfolgen."[76]

„Falls das Fahrzeug repariert werden konnte, kann der Geschädigte grundsätzlich von der   193
Versicherungsgesellschaft die Rückerstattung der Kosten für die Miete eines Ersatzfahrzeugs verlangen".[77]

„Die Tatsache, dass ein Ersatzfahrzeug für die Weiterführung der Wirtschaftstätigkeit ge-   194
mietet wurde, wenn das beschädigte Fahrzeug dem Kläger eben zu diesem Zweck diente,
ist als das richtige Verhalten der eine solche Wirtschaftstätigkeit führenden Person zu deuten.
Am Rande lässt sich dabei bemerken, dass eben der Verzicht auf die Miete eines Ersatzfahrzeugs und die Einstellung der Wirtschaftstätigkeit als Verhalten des Geschädigten
gedeutet werden könnte, das zur Erhöhung des Schadens führt. Es lässt sich nämlich nicht
ausschließen, dass die infolge der Einstellung der Wirtschaftstätigkeit entgangenen Erträge
die Kosten für die Miete eines Ersatzfahrzeugs übersteigen würden."[78]

„Falls das Fahrzeug des Geschädigten beschädigt worden wäre und die Schäden nicht um-   195
fangreich wären, hätte die klagende Partei die Kosten für die Miete eines Ersatzfahrzeugs
nicht tragen müssen, wenn ihr Fahrzeug betriebsfähig wäre und die klagende Partei es für
die Führung der Erwerbstätigkeit nutzen könnte und nicht durch ein gemietetes Fahrzeug
ersetzen müsste. Der Betrag, den der Kläger für die Miete dieses Fahrzeugs entrichtet hat,
gilt also als der Schaden, der an seinem Vermögen durch ein Schadensereignis verursacht
wurde. Ein entsprechendes Kausalverhältnis zwischen dem aufgetretenen Ereignis und der
Miete eines Ersatzfahrzeugs bestand während der tatsächlichen Dauer der gesamten Reparatur des infolge der Kollision beschädigten Fahrzeugs, dh innerhalb von 20 Tagen, in denen der Kläger sein Fahrzeug tatsächlich nicht nutzen konnte."[79]

„Die Haftpflichtversicherungshaftung des Versicherer für die Schaden an Fahrzeugen, die   196
privat benutzt werden, umfasst auch die zielgemäßen und ökonomisch begründeten Kosten der Miete des Ersatzautos und hängt nicht von den Möglichkeiten der Geschädigten,
öffentliche Verkehrsmittel nutzen zu können, ab."[80]

2. Entschädigung für entgangene Vorteile. Die Ansprüche auf entgangene Vorteile stehen   197
dem Geschädigten zu, wenn er Erträge verloren hat, die er hätte erzielen können, wenn
der Schaden nicht entstanden wäre. Gemäß Art. 6 ZGB wird die Beweislast für diesen
Schaden durch den Geschädigten getragen. Darüber hinaus ist gemäß Art. 361 ZGB nachzuweisen, dass entgangene Vorteile sich in den Grenzen des gewöhnlichen Kausalzusammenhangs mit dem Schadensereignis halten.[81] Die Entschädigungshöhe für entgangene Erträge wird in der Regel aufgrund der durchschnittlichen Einkünfte/erwarteten Einkünfte
ermittelt, die infolge des Schadensereignisses nicht erzielt werden konnten. Dafür ist in ein
solcher Anspruch durch Vorlage eines Arbeitsvertrags, der Lohnzettel oder der Bescheinigung aus der Personalabteilung über die Höhe der entgangenen Einkünfte zu belegen. Bei
zusätzlichen Einkünften in Form von Prämien, Überstundenvergütung etc sind Nachweise
vorzulegen (zB die am Arbeitsort geltende Lohn- und Gehaltsordnung), um zu beweisen,
dass diese zusätzliche Vergütung neben dem Grundlohn bezogen wird.

Es muss auch nachgewiesen werden, dass in dem Zeitraum, in dem das Fahrzeug nicht ge-   198
nutzt werden kann, Schäden oder erhebliche Schwierigkeiten bei der Erfüllung der betrieblichen Pflichten eintreten. Eine Entschädigung für entgangene Vorteile können Personen,
die das Fahrzeug zu beruflichen Zwecken nutzen, eher erlangen als diejenigen, die es für
private Zwecke nutzen. Schwierigkeiten können auftreten, wenn der Geschädigte seinen

---

76 Urteil des Obersten Gerichts vom 8.9.2004 – IV CK 672/03 (nicht veröffentlicht).
77 Urteil des Obersten Gerichts vom 26.11.2002 – VCKN 1397/00, nicht veröffentlicht, ebenso Urteil des
    Obersten Gerichts vom 5.11.2004 – II CK 494/03, Biul.SN 2005/3/11.
78 Urteil des Obersten Gerichts vom 18.3.2003 – IV CKN 1916/00, nicht veröffentlicht.
79 Urteil des Bezirksgerichts Szczecin vom 8.7.2009 – II Ca 445/09, nicht veröffentlicht, vgl. Urteil des Amtsgerichts Olsztyn vom 10.3.2010 – X C 597/09, Urteil des Bezirksgerichts Warszawa vom 24.6.2009 – V
    Ca125/09, Urteil des Obersten Gerichts 5.11.2004 – II CK 494/03 Biul.SN 2005/3/11.
80 Beschluss der Zivilkammer des Obersten Gericht (7 Richter) vom 17.11.2011 – III CZP 5/11.
81 Urteil des Obersten Gerichts vom 4.11.1977 – II CR 355/77, OSNC 1978, Nr. 11, Pos. 205.

Anspruch entgangene Vorteile aufgrund des Verzichts auf seine Urlaubspläne oder den eingetretenen mangelnden Komfort im Alltag stützt.

199 Das Problem liegt hauptsächlich in der Schwierigkeit der Ermittlung des Schadensumfangs. Um begründete Kosten für die Miete eines Fahrzeugs zu privaten Zwecken handelt es sich aber zum Beispiel in dem Fall, in dem eine behinderte Person zur Rehabilitation zu transportiert werden muss.

200 Es ist zu beachten, dass der Entschädigungsanspruch für entgangene Vorteile jeweils nach der Gesamtheit der Umstände individuell geprüft wird:

201 „Die Feststellung eines Schadens in Form der entgangenen Vorteile trägt zwar einen hypothetischen Charakter, jedoch muss ein solcher Schaden durch den Geschädigten mit so großer Wahrscheinlichkeit nachgewiesen werden, dass nach allgemeiner Lebenserfahrung die Annahme begründet ist, dass es tatsächlich zum Verlust der Vorteile gekommen ist. Der Verzicht auf Weiterführung der Wirtschaftstätigkeit durch die den Entschädigungsanspruch erhebende Person bereits nach Auftauchen der ersten Schwierigkeiten weist in der Regel darauf hin, dass diese Person den von ihr behaupteten Vorteil nicht erzielt hätte."[82]

202 In dem (nicht veröffentlichten) Urteil des Amtsgerichts Warszawa vom 1.12.2008[83] heißt es: „den Schaden im Sinne von Art. 361 des Zivilgesetzbuches bildet also die Differenz zwischen dem Vermögensstand des Geschädigten, der nach dem Eintreten des den Verlust verursachenden Ereignisses entstanden ist, und dem Vermögensstand, der entstanden wäre, wenn dieses Ereignis nicht aufgetreten wäre. Die Schadensabwicklung umfasst sowohl den Ausgleich der durch den Geschädigten erlittenen Verluste als auch der entgangenen Vorteile, die er hätte erzielen können, wenn ihm der Schaden nicht zugefügt worden wäre. Die Verpflichtung zum Schadensersatz erstreckt sich nur auf die gewöhnlichen Folgen der Handlung oder Unterlassung, die den Schaden verursacht hat. Das Bestehen eines Kausalzusammenhangs hat direkten Einfluss auf die Feststellung der Entschädigung. Denn er bildet die Voraussetzung für die Haftung und ist ausschlaggebend dafür, ob die gegebene Person überhaupt für den Schaden haftet und wo die Grenzen für diese Haftung liegen. Wie das Oberste Gericht geklärt hat, ist von primärer Bedeutung die Feststellung des Bestehens eines gewöhnlichen Kausalzusammenhangs, wobei die Beurteilung, ob die bestimmte Folge „gewöhnlich" (typisch, üblicherweise auftretend) ist, immer aufgrund der Gesamtheit aller Umstände des jeweiligen Falls unter Berücksichtigung der Lebenserfahrungsgrundsätze erfolgen sollte (vgl. Begründung des Urteils vom 20.2.2002 – V CKN 908/00, nicht veröffentlicht). Entscheidend für den Schaden ist der Verlust, den die Schmälerung des Vermögens des Geschädigten, die gegen seinen Willen erfolgte. Eine solche Auslegung hat auch das Oberste Gericht in der Begründung des Beschlusses vom 18. 5.2004 (III CZP 24/04, nicht veröffentlicht) präsentiert und dabei zusätzlich darauf hingewiesen, dass die Feststellung des Schadensumfangs allein nicht für die Entschädigungshöhe ausschlaggebend ist. Die Grenzen für die Schadensersatzpflicht ergeben sich aus dem gewöhnlichen Kausalzusammenhang zwischen dem den Verlust verursachenden Ereignis und dem Schaden."

VII. Sonderfall Vollkaskoversicherung

203 1. Inanspruchnahme. Bei der **Kaskoversicherung** handelt es sich um eine freiwillige Versicherung, die durch den Abschluss eines die Rechte und Pflichten der beiden Parteien regelnden Versicherungsvertrags mit einer Versicherungsgesellschaft zustande kommt. Der Vertrag wird in der Regel für 12 Monate abgeschlossen, und dessen Abschluss wird durch eine Versicherungspolice belegt, die ab dem Folgetag nach der (einmalig oder in Raten vorgenommenen) Zahlung der Versicherungsprämie gültig ist. Der Kaskoversicherungsvertrag erlischt automatisch, wenn die Schutzperiode abgelaufen ist oder wenn die nächste Rate der Versicherungsprämie nicht gezahlt wird. Gegenstand der Kaskoversicherung ist das Fahrzeug samt Ausstattung, das in der Republik Polen gemäß dem Gesetz „Straßenverkehrsrecht" angemeldet wird und in der Regel nicht älter als zehn Jahre ist (einige Fir-

---

82 Urteil des Obersten Gerichts vom 3.10.1979 – II CR 304/79, OSNC 1980/9/164.
83 VI C 908/06.

men versichern auch 12 Jahre alte Fahrzeuge, und im Fall der Fortsetzung – sogar 15 Jahre alte Fahrzeuge). Die Kaskoversicherung umfasst ausschließlich die Ausstattung, die in dem Versicherungsantrag aufgelistet wird oder sich aus der Rechnung für den Kauf eines fabrikneuen Fahrzeugs ergibt.

Der Kaskoschutz garantiert die Erstattung der Kosten, die entstanden sind infolge: 204

- Beschädigung des Fahrzeugs,

- Zerstörung des Fahrzeugs durch Dritte,

- Diebstahls des Fahrzeugs,

- Verlusts oder der Zerstörung der Ausstattung des Fahrzeugs.

Aus der Kaskoversicherung können „eigene" Beschädigungen und die durch andere Teil-   205 nehmer des Straßenverkehrs, oder zB durch Tiere verursachten Beschädigungen gedeckt werden. Die Versicherungsgesellschaft regelt die Bedingungen einer solchen Versicherungspolice selbst, wobei in strittigen Angelegenheiten die Vorschriften des Zivilgesetzbuchs gelten.

2. Abrechnung. Versichert werden können Fahrzeuge und deren Bestandteile, für die eine   206 Wertermittlung (Bewertung) vorgenommen werden kann. Verluste, zu deren Deckung sich die Versicherungsgesellschaft aus der Kaskoversicherungspolice verpflichtet, dürfen nicht höher sein als der Wert des am Tag der Unterzeichnung des Vertrags versicherten Vermögens. Bei der Auszahlung der Entschädigung wird deren Höhe durch die Versicherungsgesellschaft um die **Eigenbeteiligung** und **Amortisation** reduziert.[84]

B. Mittelbare Sachschäden

I. Verzugszinsen

1. Höhe der Verzugszinsen. Art. 481 ZGB besagt, dass, falls der Schuldner mit der Erfül-   207 lung der Geldleistung in Verzug gerät, der Gläubiger die Zinsen für die Dauer der Verspätung – hier der Zahlung der Versicherung – verlangen kann, auch wenn er keinen Schaden erlitten hat und die Verspätung der Erfüllung auf Umständen beruht, die der Schuldner nicht zu vertreten hat. Falls der Verzugszinssatz nicht im Voraus festgesetzt war, gelten die gesetzlichen Verzugszinsen in der Höhe des Referenzsatzes der Polnischen Nationalbank, zuzüglich weiterer 5,5 Prozentpunkte. Bei der Verspätung kann der Gläubiger außerdem den Schadensausgleich nach den allgemeinen Regeln verlangen. Art. 482 § 1 ZGB besagt, dass von rückständigen Zinsen Verzugszinsen erst ab dem Zeitpunkt der Klageerhebung verlangt werden können, es sei denn, dass sich die Parteien nach Entstehung der Rückstände darauf geeinigt haben, die rückständigen Zinsen zum Schuldbetrag hinzuzurechnen.

2. Verzugsbeginn. Der Verzugsbegriff wird in Art. 476 ZGB definiert, und er ist von der   208 auch in diesem Abschnitt geregelten Verspätung zu unterscheiden. Um vom Verzug des Schuldners sprechen zu können, müssen folgende Voraussetzungen erfüllt sein:

- Der Schuldner erfüllt die Leistung nicht fristgemäß oder, sofern eine Frist nicht bestimmt ist, erfüllt der Schuldner die Leistung nicht unverzüglich nach einer Aufforderung durch den Gläubiger, dh die Leistung muss fällig sein,

- der Schuldner hat die nicht fristgemäße Erfüllung seiner Leistung zu vertreten.

Durch die zweite der obigen Voraussetzungen unterscheidet sich der Verzug von der Verspätung. Art. 476 S. 2 ZGB lautet: „Das gilt nicht für den Fall, dass die Verspätung der Erfüllung auf Umständen beruht, die der Schuldner nicht zu vertreten hat." Mit der Verspätung sind die für den Verzug vorgesehenen Folgen nicht verbunden – mit einer Ausnahme (Zinsen), von der nachstehend die Rede ist. Der Gesetzgeber hat in Art. 476 ZGB eine widerlegbare Rechtsvermutung konstruiert, gemäß deren der Schuldner, der sich mit der

---

84 Gewöhnlich sind solche Regelungen in Allgemeinen Vertragsbedingungen enthalten.

Leistung verspätet, immer in Verzug ist. Der Schuldner trägt also die Last dafür, diese Vermutung zu widerlegen.

209 Wenn der Zahlungstermin auf einen gesetzlich arbeitsfreien Tag, dh auf einen Feiertag oder Sonntag fällt, wird er auf den nächsten Tag verschoben, der kein gesetzlich arbeitsfreier Tag ist (zB von Sonntag auf Montag). Falls der Zahlungstermin auf einen anderen arbeitsfreien Tag, zB auf einen Samstag entfällt, bleibt es bei dem Zahlungstermin.

210 3. **Verzug in dem Versicherungsvertrag.** Gemäß Art. 817 § 1 ZGB ist der Versicherer verpflichtet, die Leistung binnen 30 Tagen ab dem Tag, an welchem er über den Schaden informiert wurde, zu erfüllen. Ist in dem og Termin die Ermittlung der für die Feststellung der Haftung des Versicherers oder der Höhe der Leistung notwendigen Umstände nicht möglich, soll die Leistung binnen 14 Tage ab dem Tag erfüllt werden, an welchem die Feststellung dieser Umstände beim sorgfältigen Handeln möglich war. Der unstreitige Teil der Leistung soll aber schon in der og Frist von 30 Tagen erfüllt werden.

II. Anwaltskosten

211 Die Gerichts- und Anwaltskosten werden zu dem Zeitpunkt getragen, zu dem der Geschädigte die Klage vor Gericht bringt. Zu den Gerichtskosten gehört die Gebühr für die Klage, die in der Regel 5 % der geltend gemachten Entschädigung ausmacht. Zusätzlich hat der Geschädigte die Rechtsanwaltskosten zu übernehmen. Weil häufig ein Gutachten durch den Gerichtsgutachter zu erstellen ist, muss der Geschädigte auch die Kosten für die Anzahlung auf ein solches Gutachten tragen. Nach der Entscheidung in der Sache stellt das erkennende Gericht fest, durch welche Partei und in welcher Höhe die Gerichtskosten zu tragen sind. Die Kosten werden in der Regel in voller Höhe durch die unterliegende Partei getragen. Im Allgemeinen jedoch ist die tatsächliche Vergütung des Anwalts höher als die Kosten, zu deren Zahlung die unterliegende Partei durch das Gericht verurteilt wird. Durch das Gericht werden dann nur Mindestkosten zuerkannt, auch wenn die Vergütung des Anwalts in der Regel höher ist.

212 Zu den Kosten der Vertretung im **vorgerichtlichen Verfahren** hat sich das Oberste Gericht im Urteil vom 11. 6.2001[85] wie folgt geäußert: „Die im vorgerichtlichen Verfahren getragenen Kosten der Vergütung für den Bevollmächtigten des Geschädigten sind in der Entschädigung nicht inbegriffen, die der [bei einem Unfall] geschädigten Person zusteht, wenn die Grundlage für die Haftung der Versicherungsgesellschaft der mit dem Verursacher des Schadens abgeschlossene Haftpflichtversicherungsvertrag bildet."

213 **In Bezug auf Ausländer** werden die Fragen im Zusammenhang mit den Prozessvertretungskosten durch Gerichte anders entschieden, so heißt es zB im Urteil des Bezirksgerichts Poznań vom 19.3.2010:[86] „In der betroffenen Sache hat der geschädigte Ausländer, der außerhalb Polens wohnhaft ist, den Rechtsträger, der sich professionell mit der Schadensabwicklung bei Versicherungsgesellschaften beschäftigt, mit der Vertretung in diesem Bereich beauftragt. Obwohl man zugeben muss, dass es sich bei einem Schadensabwicklungsverfahren grundsätzlich um ein internes Verfahren der Versicherungsgesellschaft handelt, das mit dem Ziel geführt wird, die Stellung der Versicherungsgesellschaft zu dem angemeldeten Schaden zu erarbeiten, darf jedoch die Tatsache nicht außer Acht gelassen werden, dass gemäß Art. 16 Abs. 3 die den Anspruch erhebende Person der Versicherungsgesellschaft die ihr zur Verfügung stehenden Beweise, die sich auf das Ereignis und den Schaden beziehen, vorlegen und die Feststellung der Umstände und des Schadensumfangs erleichtern sollte. Der so große Umfang an zusätzlichen Pflichten (neben der Schadensanmeldung allein) – unabhängig von der Sprachbarriere – bietet einen ausreichenden Grund dafür, dass einer außerhalb Polens wohnhaften Person die Inanspruchnahme der Unterstützung eines professionellen Vertreters ermöglicht werden sollte. Eine solche Auslegung des entsprechenden Kausalverhältnisses stimmt mit dem Prinzip überein, dass es dem Geschädigten erleichtern soll, die Folgen des ohne sein Verschulden eingetretenen Unfalls zu

---

85 V CKN 266/00, OSP 2002/3/40.
86 II Ca 153/10, nicht veröffentlicht.

beseitigen und die damit verbundenen Probleme zu reduzieren. Sofern also der Geschädigte durch die eingetretene Situation gezwungen ist, eine Reihe beschwerlicher und zeitrau-
bender Handlungen vorzunehmen, um seine Ansprüche anzumelden, ist diese Belastung
möglichst stark zu begrenzen und folglich dem Geschädigten in Sonderfällen die Inanspruchnahme der professionellen Unterstützung mit der Garantie der Erstattung der Kosten für diese Unterstützung durch den Versicherer zu ermöglichen."

Im Urteil des Berufungsgerichts in Wrocław vom 19.06.1997 heißt es[87]> „Der Grundsatz   214
der Entschädigung in voller Höhe hat für den vollständigen Ausgleich des erlittenen Verlustes im Rahmen des gewöhnlichen Kausalverhältnisses zu sorgen. Die Beurteilung, ob
die Folge gewöhnlich ist, basierte auf der Gesamtheit aller Umstände der jeweiligen Sache.
Die Regeln der Lebenserfahrung sprechen dafür, dass die Inanspruchnahme der Hilfe eines
Bevollmächtigten (Rechtsanwalts) bei der Geltendmachung einer Entschädigung außerhalb des Landes, in dem man seinen Wohnsitz hat, ein gewöhnliches Verhalten darstellt.
Das gilt auch für die Phase des Schadensabwicklungsverfahrens, das für das Bestehen der
Entschädigungsansprüche von entscheidender Bedeutung ist. Wichtig ist die Einhaltung
gewisser Verfahrensformen, die für einen Ausländer ohne juristische Erfahrung unverständlich sein oder falsch interpretiert werden können. Folglich kann es dadurch zur Verlängerung des Verfahrens oder der Unwirksamkeit der Geltendmachung des Anspruchs
kommen. Der Charakter der Haftung des Versicherers begründet also die Annahme, dass
neben den direkten Folgen des Ereignisses im Rahmen des gewöhnlichen Kausalverhältnisses sich die indirekten Handlungen des Geschädigten befinden können, die den Vermögensnachteil verursachen, der mit dem Ereignis verbunden ist, das den auszugleichenden
Schaden (Verlust) verursacht. Eine solche Handlung ist die Bestellung eines Bevollmächtigten, um das Schadensabwicklungsverfahren reibungslos und professionell durchführen zu
können, (auch) ohne dass dabei der Rechtsweg beschritten werden muss."

§ 3 Personenschäden

Ein Personenschaden beruht auf der Verletzung des Körpers, der Gesundheit, des Lebens,   215
einer Freiheitsberaubung oder der Verletzung anderer höchstpersönlicher Rechtsgüter. Der
Umfang der Rechte der durch unerlaubte Handlung geschädigten Person ist von der Art
des Schadens und dem Grad der Verletzungen abhängig. Die Ansprüche, die dem Geschädigten aufgrund des an seiner Person entstandenen Schadens zustehen, sind in **Art. 444
ZGB** aufgelistet.

Die Ansprüche auf Ersatz eines Personenschadens haben persönlichen Charakter und kön-   216
nen deshalb grundsätzlich nicht veräußert werden. Es sei denn, die Ansprüche sind bereits
fällig und schriftlich anerkannt oder aufgrund eines rechtskräftigen Urteils zuerkannt worden.[88]

Nachstehend sind einzelne Ansprüche dargestellt, die nach polnischem Recht dem Geschä-   217
digten wegen eines Personenschadens zustehen.

---

87   I A Ca 381/97, nicht veröffentlicht.
88   Art. 449 ZGB.

A. Heilbehandlungskosten

218 Zu diesen Kosten gehören alle[89] notwendigen Ausgaben, die aus der Verletzung des Körpers oder der Gesundheit resultieren. Aus der Rechtsprechung ergibt sich ein umfangreicher Katalog von Kosten, die dem Geschädigten entstanden sein können. Der Bereich „Heilbehandlungskosten" umfasst Kosten für:

- Medikamente,
- spezielle Ernährung während der Therapie und Rehabilitation,
- Krankenhausaufenthalt und Rehabilitationsmaßnahmen,
- Konsultationen von Fachärzten,
- Verbandsmittel und Rehabilitationsgeräte,
- zusätzliche Betreuung während der Therapie,
- den Erwerb von orthopädischen Geräten und Prothesen,
- Fahrten der Angehörigen zu Krankenhausbesuchen,
- Umschulungsmaßnahmen.[90]

219 Grundsätzlich sollten diese Kosten durch den Verursacher gedeckt werden, nachdem ihm die Rechnungen vorgelegt worden sind. Jedoch ist er verpflichtet, den für die Deckung dieser Kosten nötigen Betrag als sog Vorschuss **im Voraus zu entrichten**. Der Schadensausgleich soll für die vollständige Erstattung des erlittenen Verlustes sorgen, ohne jedoch eine ungerechtfertigte Bereicherung des Geschädigten zu ermöglichen.

220 Nach der Rechtsprechung lässt sich daraus schließen, dass der Geschädigte das Recht auf die Erstattung der Heilbehandlungskosten oder auf den Vorschuss auf Heilbehandlungskosten nicht dadurch verwirkt, dass er eine ergänzende Behandlung in Anspruch nimmt, sofern nachgewiesen wurde, dass der Einsatz dieser im Rahmen des nationalen Gesundheitsdienstes nicht erhältlichen Behandlungsmethoden, Maßnahmen oder Mittel zielführend ist.[91]

221 Eine Kostenerstattung steht auch beim Tod des Geschädigten zu, wobei die Familienmitglieder zur Geltendmachung von Ansprüchen nach allgemeinen Regeln und in dem für den Geschädigten vorgesehenen Umfang des Geschädigten berechtigt sind.

B. Erwerbsschaden

I. Arbeitnehmer

222 Zu den die Erwerbstätigkeit betreffenden Kosten gehören die **Kosten, die mit der Umschulung des Geschädigten zur Ausübung eines neuen Berufs verbunden sind** (falls er seinen Beruf wegen der Gesundheitsbeschädigung nicht mehr ausüben kann) sowie die **Kosten des für die Dauer der Arbeitsunfähigkeit entgangenen Lohns.**

223 Art. 444 § 2 ZGB besagt, dass falls infolge der unerlaubten Handlung der Geschädigte die Fähigkeit zu einer Erwerbstätigkeit ganz oder teilweise verloren hat oder sich seine Bedürfnisse erhöht oder seine Erfolgsaussichten für die Zukunft verringert haben, der Geschädigte vom Schadensersatzpflichtigen eine angemessene Rente verlangen kann. Oft kommt es jedoch vor, dass die Folgen der Körperverletzung im Voraus nicht abzusehen sind. Deshalb ist im Zivilgesetzbuch die Möglichkeit zugelassen, eine **vorläufige Rente zu verlangen** – bis zu dem Zeitpunkt, in dem die Festlegung der tatsächlichen und dauerhaften Höhe der Rente möglich ist.[92]

---

89 Urteil des Amtsgerichts Siedlce vom 27.5.2009 – I C 103/09, nicht veröffentlicht.
90 Auflistung aufgrund der diesbezüglich umfangreichen Rechtsprechung der Gerichte.
91 Urteil des Berufungsgerichts Katowice vom 26.11.1991 – III APr 75/91, OSA 1992, Nr. 6, Pos. 3.
92 Art. 444 § 3 ZGB.

II. Selbstständige

Erwerbstätigkeit hat in Polen große Bedeutung – sie steht für Erwerbsfähigkeit von Menschen im Rahmen des Arbeitsverhältnisses sowie für Wirtschaftstätigkeit im eigenen Namen und auf eigene Rechnung (Selbstständigkeit). 224

Die Regeln, die sich auf Arbeitnehmer beziehen, gelten auch für Selbstständige, unter dem Vorbehalt der spezifischen Methode der Berechnung der zustehenden Beträge. 225

In der Praxis ist die Höhe der **Rente** von dem Grad abhängig, in dem der Geschädigte die Erwerbsfähigkeit verloren hat. Ist völlige Erwerbsunfähigkeit eingetreten, sollte die Höhe der Rente den wahrscheinlichen Einkünften des Geschädigten entsprechen, die er erzielen würde, wenn ihm kein Schaden zugefügt worden wäre. Im Falle teilweiser Arbeitsunfähigkeit sollte die Rente der Differenz zwischen den Einkünften entsprechen, die der Geschädigte nach dem Unfall erzielt, und den Einkünften, die er erzielen könnte, wenn die Arbeitsunfähigkeit nicht eingetreten wäre. Jedenfalls sollte jedoch die Rente die erhöhten Bedürfnisse des Geschädigten und dessen verringerte berufliche Erfolgsaussichten für die Zukunft berücksichtigen. 226

C. Haushaltsführungsschaden

Anders als im deutschen Recht sind im polnischen Rechtssystem Ersatzansprüche im Zusammenhang mit Pflichten, die durch den Geschädigten im Haushalt erfüllt werden, nicht vorgesehen. 227

D. Ansprüche von Familienangehörigen aufgrund des Todes des Geschädigten

Im polnischen Recht ist die Situation geregelt, in der der Geschädigte infolge der erlittenen Verletzungen stirbt. Dann kommen Schadensersatzansprüche **der Familie des Geschädigten** in vier Formen in Betracht. Diese in Art. 446 ZGB geregelten Ansprüche beziehen sich auf die **Kostenerstattung für medizinische Behandlung und Beerdigung**, die **Rente**, die **einmalige Entschädigung** und das Schmerzensgeld für nahestehenden Familienmitglieder. 228

Diese Ansprüche schließen sich gegenseitig nicht aus und können sämtlich durch die Berechtigten geltend gemacht werden. 229

Die **Rente** nach dem Tod des Geschädigten steht zwei Personengruppen zu. Zur ersten gehören Personen, gegenüber denen dem Geschädigten die **gesetzliche Unterhaltspflicht** oblag. Diese Personen können von dem Schadensersatzpflichtigen eine Rente verlangen. Sie wird nach den Bedürfnissen des Geschädigten sowie nach den Einkommens- und Vermögensmöglichkeiten des Verstorbenen berechnet und steht ihm während der wahrscheinlichen Dauer der Unterhaltspflicht zu. Es ist dabei zu betonen, dass für die Wirksamkeit dieses Anspruchs nicht die Feststellung der tatsächlichen Auszahlung der Unterhaltsleistungen durch den Verstorbenen, sondern nur das Vorliegen der Grundlagen für die Auszahlung dieser Leistungen erforderlich ist. 230

Ein ähnlicher Anspruch steht den anderen Angehörigen des Verstorbenen zu, denen der Verstorbene freiwillig und ständig Unterhalt gewährte. Im Gegensatz zu der ersten der erwähnten Gruppen wird die Rente den anderen Angehörigen des Verstorbenen zuerkannt, denen der Verstorbene freiwillig Unterhalt geleistet hat, wenn die Umstände ergeben, dass dies die Grundsätze des gesellschaftlichen Zusammenlebens erforderlich machen. 231

Aus wichtigen Gründen kann das Gericht dem Berechtigten auf Verlangen anstelle einer Rente eine einmalige Geldentschädigung zuerkennen. 232

Unabhängig von den Rentenansprüchen kann das Gericht den nächsten Familienangehörigen des Verstorbenen eine **Geldentschädigung** zuerkennen, falls deren Lebenslage sich durch den Tod des Verstorbenen erheblich verschlechtert hat. Ein seitens des nahestehenden Familienmitglieds durch den Tod des Verstorbenen entstandenes Unrecht kann auch im Rahmen der Auszahlung des **Schmerzensgelds** wiedergutgemacht werden. 233

234 Hierbei ist zu beachten, dass die oben genannten Ansprüche den Berechtigten dann zustehen, wenn der Tod durch eine unerlaubte Handlung verursacht wurde und ein Kausalverhältnis zwischen der Handlung und dem Tod besteht.

E. Rente aufgrund erhöhter Bedürfnisse

235 Der Anspruch auf die sogenannte **Rente aufgrund erhöhter Bedürfnisse** findet seine Rechtsgrundlage in Art. 444 § 2 ZGB, der besagt, dass der Geschädigte, dessen Bedürfnisse sich infolge des Unfalls erhöht haben, vom Schadensersatzpflichtigen eine angemessene Rente verlangen kann. Erhöhte Bedürfnisse sind also alle Maßnahmen, die der Verbesserung oder Erhaltung der Gesundheit dienen, wie zB Rehabilitationsmaßnahmen, Einnahme der nötigen Medikamente, ständige Erneuerung der orthopädischen Ausrüstung usw. Eine Rente aufgrund erhöhter Bedürfnisse kann auch durch einen Geschädigten verlangt werden, der infolge eines Unfalls der Betreuung bedarf.

236 Grundlage für die Zuerkennung einer Rente ist ein **ärztliches Gutachten**, in dem der Gesundheitszustand des Geschädigten beschrieben ist und zugleich der sachliche Umfang der Bedürfnisse festgelegt wird. Dieses Gutachten muss detailliert und möglichst präzise sein. Im Gutachten sollte auch eine etwaige Irreversibilität der Unfallfolgen dargelegt werden, die den Eintritt der erhöhten Bedürfnisse verursachen. Anspruchsgegner des Geschädigten ist der Täter, der gemäß Art. 415 ZGB haftet. Falls jedoch der Täter einen Haftpflichtversicherungsvertrag abgeschlossen hat, unter den das Ereignis fällt, das den Schaden verursacht hat, kann der Geschädigte seine Ansprüche direkt bei dem Versicherer (nach dem Prinzip „actio directa") geltend machen.

237 Zivilrechtliche Vorschriften besagen, dass der Schadensersatzpflichtige auf Verlangen des Geschädigten den für die Deckung der Heilbehandlungskosten nötigen Betrag, und falls der Geschädigte im Hinblick auf seinen bisherigen Beruf arbeitsunfähig geworden ist, auch den für das Erlernen eines anderen Berufs erforderlichen Betrag im Voraus zu leisten hat.

238 Außerdem ist geregelt, dass falls der Geschädigte die Fähigkeit zu einer Erwerbstätigkeit ganz oder teilweise verloren hat oder sich seine Bedürfnisse erhöht oder seine Erfolgsaussichten für die Zukunft verringert haben, er vom Schadensersatzpflichtigen eine angemessene Rente verlangen kann.[93]

239 Im Zivilrecht ist in Art. 361 §§ 1 und 2 ZGB der **Grundsatz der Vollentschädigung** vorgesehen. Der Schädiger haftet für alle gewöhnlichen Folgen des Schadens, und in diesem Umfang ist er verpflichtet, erlittene Verluste und entgangene Vorteile zu ersetzen. Unter „entgangenen Vorteilen" sind all die Vorteile zu verstehen, die der Geschädigte erhalten oder erzielen würde, wenn ihm der Schaden nicht zugefügt worden wäre. Zu den entgangenen Vorteilen gehören vor allem **entgangene Einkünfte**. Den Anspruch auf den Ausgleich der entgangenen Einkünfte können die Geschädigten erheben, die infolge des Unfalls Körperverletzungen oder Gesundheitsschädigungen davongetragen haben, die die Erwerbstätigkeit für sie unmöglich machen oder einschränken. Die obige Art der Rente wird als **Ausgleichsrente** oder Ergänzungsrente bezeichnet, und deren Aufgabe besteht in dem Ausgleich der Einkünfte, die der Geschädigte nach dem Unfall verloren hat. Damit der Rentenanspruch begründet ist, müssen zwei Voraussetzungen erfüllt werden: Es muss zum einen festgestellt werden, dass der Geschädigte die Fähigkeit zu einer Erwerbstätigkeit ganz oder teilweise verloren hat, und zum anderen, dass der Verlust zur Verringerung seiner Einkünfte geführt hat. Der Schädiger wird die Rente nur bis auf den Teil der entgangenen Einkünfte leisten, der die Folge der Unfallverletzungen ist. Bei Feststellung der vollen Unfähigkeit zur Berufsausübung ist der Schädiger verpflichtet, die Rente bis auf die volle Höhe der Einkünfte zu leisten, die der Geschädigte erzielen könnte. Falls die Arbeitsunfähigkeit vorübergehend ist, hat der Schädiger die Rente nur für die Dauer der festgestellten Arbeitsunfähigkeit zu zahlen. Falls jedoch dauerhafte Arbeitsunfähigkeit des Geschädigten

---

93 Art. 444 § 2 ZGB.

festgestellt wurde, muss der Täter mit der lebenslangen Rentenzahlung rechnen, dh solange der Geschädigte lebt. Bei der Ermittlung der Rentenhöhe werden grundsätzlich die Einkünfte vor dem Unfall mit den Einkünften nach dem Unfall verglichen.

F. Beerdigungskosten

§ 1 Art. 446 ZGB besagt, dass, falls der Geschädigte infolge einer Körperverletzung oder   240
Gesundheitsschädigung stirbt, der zum Schadensersatz Verpflichtete die Kosten der medizinischen Behandlung und der **Beerdigung** demjenigen zurückzuerstatten hat, der sie getragen hat. Es handelt sich dabei um den Ausgleich der mit der Bestattung des Geschädigten verbundenen Ausgaben im weiten Sinne.

Das Oberste Gericht hat in einem Urteil entschieden, dass die Pflicht zur Erstattung der   241
Beerdigungskosten die direkt mit der Beerdigung verbundenen Kosten (zB Überführung einer Leiche, Kauf eines Sarges, Erwerb eines Bestattungsplatzes auf dem Friedhof usw.) sowie die Kosten, die mit den im jeweiligen sozialen Umfeld herrschenden Bräuchen verbunden sind, umfasst. Dazu gehören die Kosten des Grabsteins (im Rahmen der durchschnittlichen Kosten, auch wenn die tatsächlichen Kosten höher waren, zB wegen des Materials oder der Gestaltung des Grabsteins), Ausgaben für Kränze und Blumen, Einkauf der Trauerkleidung usw. Außerdem gehören dazu die Kosten der Bewirtung von Trauergästen, und zwar unter Berücksichtigung der jeweiligen Umstände, angesichts dessen, dass es sich dabei um einen allgemein anerkannten Brauch handelt und vor allem die Verwandten des Verstorbenen betrifft (nähere und entfernte Familienangehörige). Die Kosten einer solchen Bewirtung in vernünftigen, den Umständen entsprechenden Grenzen werden gemäß Art. 446 § 1 ZGB ebenso wie die anderen Beerdigungskosten erstattet.[94]

Außerdem wird von der Rechtsprechung darauf hingewiesen, dass „der Bindungsgrad   242
zwischen dem Verstorbenen und der Person, die die Beerdigungskosten übernommen hat, nicht von Bedeutung ist".[95] Die aufgrund des Todes eines Familienmitglieds durch den Staat auszuzahlende Sozialleistung hat keinen Einfluss auf die Höhe der Rückerstattung der Beerdigungskosten.[96]

G. Haftungsprivilegien

Umstände, aufgrund derer die Haftung sowohl des Arbeitgebers als auch anderer Perso-   243
nen ausgeschlossen werden kann, sind: **höhere Gewalt, alleiniges Verschulden des geschädigten Arbeitnehmers oder eines Dritten,** für den der Arbeitgeber nicht haftet. Es handelt sich dabei um drei typische Voraussetzungen für den Ausschluss der Haftung *ex delicto* eines konkreten Rechtsträgers im Zivilrecht.

Der Versicherer haftet nicht für einen Vermögensschaden, der durch den Fahrer eines   244
Fahrzeugs dem Halter dieses Fahrzeugs zugefügt wurde, er haftet jedoch aufgrund der Haftpflichtversicherung für den Personenschaden, den der Halter des Fahrzeugs durch den Fahrer des Fahrzeugs erlitten hat.[97]

I. Arbeitsverhältnisse

Darüber hinaus hat das Oberste Gericht entschieden, dass die Geltendmachung des Re-   245
gressanspruchs durch die Versicherungsgesellschaft gegen den Fahrer des Fahrzeugs, der einem Dritten bei der Verrichtung seiner Arbeit den Schaden zugefügt hat, ausgeschlossen ist.[98]

---

94 Urteil des Obersten Gerichts vom 6. 1.1982 – II CR 556/81.
95 Das Berufungsgericht Katowice im Urteil vom 28.11.1996 – III APr 34/96, Pr. Pracy, 1997, Nr. 12 Pos.43.
96 Urteil des Berufungsgerichts in Kraków vom 27. 4.2016 – I Aca65/16.
97 Beschluss des Obersten Gerichts vom 19.1.2007 – III CZP 146/06.
98 Vgl. Beschluss des Obersten Gerichts vom 16.11.1976 – III CZP 38/76, OSNC 1977, Nr. 2, Pos. 19.

II. Familienangehörige

246 Die Praxis[99] zeigt, dass die Versicherungsgesellschaften teilweise Ansprüche aufgrund von Personenschäden für unbegründet halten, die durch den das Fahrzeug führenden Mithalter eines Fahrzeugs seinem Ehepartner oder durch den das Fahrzeug führenden Halter eines Fahrzeugs seinen Kindern zugefügt wurden.

247 Es ist zu beachten, dass trotz Abweichungen in der Rechtsprechung[100] die Haftung der Versicherungsgesellschaft gemäß den geltenden Vorschriften ausschließlich bei Vermögensschäden beschränkt wird.

248 Es besteht also eine gegenseitige Haftung der Ehepartner aus der Haftpflichtversicherung für Personenschäden. Auch Art. 822 ZGB kann im Gegensatz zur Argumentation einiger Versicherungsgesellschaften keinen Grund für die Ablehnung darstellen. Denn es handelt sich hierbei im Vergleich zu der detaillierten gesetzlichen Regelung in Art. 34, 35 und 38 des Gesetzes über Haftpflichtversicherung, Versicherungsgarantiefonds und das polnische Büro der Kraftfahrzeugversicherer (→ Rn. 349 ff.) um eine Norm mit allgemeinem Charakter. Die Vorschriften des Gesetzes über Haftpflichtversicherung, Versicherungsgarantiefonds und das polnische Büro der Kraftfahrzeugversicherer sind autonom und haben demnach Vorrang vor Art. 822 ZGB.

249 Falls infolge des durch den Fahrer verursachten Unfalls außer ihm die ihm am nächsten stehende Person ums Leben gekommen ist, sind die indirekt geschädigten Angehörigen des Fahrers – minderjährige Kinder – aus dem Kreis der Dritten im Sinne des Art. 822 ZGB nicht ausgeschlossen, so dass die Haftung des Täters für den infolge der unerlaubten Handlung entstandenen Schaden in dem Fall, wenn zwischen dem Täter und dem Geschädigten enge Familienbeziehungen bestehen, anderen Fällen gleich zu behandeln ist.[101]

§ 4 Schmerzensgeld

A. Grundlagen

250 Der Katalog der Grundlagen für die Zuerkennung des Schmerzensgeldes für den erlittenen Schaden wurde ausdrücklich durch den polnischen Gesetzgeber in Art. 445 ZGB beschränkt, und zwar **ausschließlich auf die Haftung ex delicto**. Als geschlossener Katalog bezieht sich dieser ausschließlich auf die darin bestimmten Verletzungen höchstpersönlicher Rechtsgüter, dh auf Körperverletzung oder Gesundheitsschädigung, Freiheitsberaubung oder den Fall, dass jemand mittels Arglist, Gewalt oder Missbrauch eines Abhängigkeitsverhältnisses veranlasst worden ist, sich einer Unzuchtshandlung zu unterwerfen.

I. Allgemeine Grundlagen

251 Neben der Erstattung aller Kosten, die infolge der Körperverletzung oder Gesundheitsschädigung entstanden sind, ist das Schmerzensgeld eine Hauptleistung im Zusammenhang mit der Erfüllung der Entschädigungspflichten, welche aus einem Personenschaden aufgrund der deliktischen Haftung resultieren. Schmerzensgeld wird als Hauptleistung qualifiziert, die den erlittenen Schaden (hier „Unrecht" genannt) ausgleicht, dh einen Personenschaden mit immateriellem Charakter. Das Gericht **kann** dem Geschädigten gemäß

---

99 Angaben aus der Praxis des Beauftragten für die Rechte der Versicherungsnehmer.
100 Vgl. Begründung zum Beschluss des Obersten Gerichts vom 12.1.2006 – CZP 81/ 05, Beschluss des Obersten Gerichts vom 19.1.2007 – III CZP 146/06.
101 Urteil des Obersten Gerichts vom 5.9.2003 – II CKN 454/01.

Art. 445 § 1 ZGB einen angemessenen Geldbetrag als Schmerzensgeld für das erlittene Unrecht im Fall der Körperverletzung oder Gesundheitsschädigung zuerkennen.

Das Schmerzensgeld, das grundsätzlich einmalig geleistet (also **nicht kapitalisiert**) wird   252
und in Geldform erbracht wird, dient der Minderung der körperlichen und psychischen
Leiden des Geschädigten und hat einen persönlichen Charakter; es handelt sich dabei um
ein fakultatives Mittel, was jedoch nicht bedeutet, dass volle Freiheit bei dessen Zuerkennung herrscht, denn bei der Festsetzung der Höhe hat das Gericht nur einen gewissen Ermessensspielraum.

Das Schmerzensgeld kann von jedem verlangt werden, „der durch eine unerlaubte Hand-   253
lung einen Schaden erlitten hat". Aufgrund des höchstpersönlichen Charakters des
Schmerzensgeldes ist anspruchsberechtigt ausschließlich die direkt geschädigte Person.

Art. 449 ZGB besagt ausdrücklich, dass der Anspruch unveräußerlich ist. Es gibt zwei   254
Ausnahmen von diesem Grundsatz: wenn der Anspruch schon fällig und schriftlich anerkannt oder durch eine rechtskräftige Entscheidung des Gerichts festgestellt worden ist.

Darüber hinaus ist die Vererblichkeit nur dann möglich, wenn sie schriftlich anerkannt   255
und die Klage zu Lebzeiten des Geschädigten erhoben worden ist.

II. Angehörigenschmerzensgeld

Das Gericht kann den nächsten Familienangehörigen des Verstorbenen einen angemesse-   256
nen Geldbetrag als Schmerzensgeld für das erlittene Unrecht zuerkennen. Die ratio legis
liegt bei dieser Regelung nicht in der Erstattung für den erlittenen Schmerz, sondern in
dem Recht auf Familienleben. Die Grundlage für die Anerkennung des Angehörigenschmerzensgeldes bildet Art. 446 § 4 ZGB. Daraus ergibt sich, dass, falls der Geschädigte
infolge der Körperverletzung oder Gesundheitsschädigung stirbt, das Gericht den nächsten
Familienangehörigen des Verstorbenen auch einen angemessenen Geldbetrag als Schmerzensgeld für das erlittene Unrecht zuerkennen kann. Die Vorschriften bestimmen dabei
keine zusätzlichen Bedingungen für Familienangehörige in Bezug auf die gerichtliche Zuerkennung des Schmerzensgeldes.

Die Zuerkennung eines solchen Schmerzensgeldes durch das Gericht ist jedoch fakultativ   257
und von der Sachlage im konkret zu entscheidenden Fall abhängig.

III. Schockschäden

In der polnischen Gesetzgebung gibt es keine Entsprechung für die Fallgruppe der Schock-   258
schäden, dh für eine besondere Art von Schäden, die sich auf emotionale Erlebnisse beziehen. Sie werden bei der Ermittlung des Schadensumfangs und der Intensität der Verletzung
berücksichtigt, wovon im Folgenden die Rede ist.

B. Berechnungsgrundlagen

Bei der Festsetzung des Schmerzensgeldes ist zu beachten, dass diese einmalig erfolgt und   259
zugleich einen ganzheitlichen Charakter hat, dh es werden alle durch den Geschädigten erlittenen Leiden umfasst, und zwar auch solche, die erst in der Zukunft auftreten werden.
Das Gericht prüft die Voraussetzung für den abstrakt erfassten Begriff des Umfangs des
durch den Geschädigten erlittenen immateriellen Verlustes. Die Berechnung der Höhe des
Schmerzensgeldes ist nicht so einfach wie bei der Kostenerstattung oder Ermittlung der
Rentenhöhe, weil auch immaterielle Faktoren geprüft werden müssen.

Die Vorschriften des ZGB enthalten keine **Kriterien für die Berechnung der Schmerzens-**   260
geldhöhe. Die Rechtsprechung weist dagegen auf Faktoren hin, die die Schmerzensgeldhöhe mitgestalten, und zwar:

- **Grad** des durch den Geschädigten erlittenen **dauerhaften Gesundheitsschadens,** der
  sich in Körperbehinderung, Verunstaltung, Bewegungsbeschränkungen, Beschränkungen bei der Ausübung von Alltagstätigkeiten äußert;

- **Dauer** der Krankheit, der Leiden, der medizinischen Behandlung, der Rehabilitation (Schmerzhaftigkeit der Maßnahmen, vorgenommene Operationen, Behandlung im Krankenhaus, Dauer der Rehabilitation, einschließlich der Behandlung in der Rehabilitationseinrichtung, Dauer der Wiedererlangung der relativen Leistungsfähigkeit, Wiederherstellung der Funktionen des Körpers);

- **Alter und Geschlecht** des Geschädigten;

- **Gefühl der Hilflosigkeit im Leben,** Aussichten und Möglichkeiten des Geschädigten in der Zukunft (keine Möglichkeit, Arbeit aufzunehmen, den erlernten Beruf auszuüben, Sport zu treiben, eine Ehe zu schließen, Kinder zu haben, das Leben und die Erholungsmöglichkeiten aktiv zu genießen); aktuelles und sich veränderndes Lebensniveau der polnischen Gesellschaft und die Vermögenslage der Gemeinschaft im Umfeld des Geschädigten;

- **andere Faktoren,** die sich je nach konkreter Sachlage auf das Schadensgefühl auswirken und bei jedem individuellen Fall festzustellen sind, insbesondere unter Berücksichtigung aller Eigenschaften des Geschädigten.

261   Unter Beachtung der umfangreichen Rechtsprechung ist beispielsweise zu erwähnen, dass einen Einfluss auf die Schmerzensgeldhöhe auch die Bedingungen und das mit Wohnort und Vermögenslage verbundene durchschnittliche Lebensniveau der Gesellschaft haben, so

- das Urteil des Obersten Gerichts vom 18.1.1984[102] und das Urteil des Obersten Gerichts vom 28. 9.2001,[103] die auf Wirtschaftsveränderungen im jeweiligen Land (Lebensstandard) hinweisen,

- das Urteil des Obersten Gerichts vom 18.12.1975,[104] das auf die entgangene Möglichkeit hinweist, Arbeit auszuüben und Formen des Unterhalts zu genießen,

- die Urteile des Obersten Gerichts vom 22.8.1977 und 13.3.1973,[105] die die Frage des Alters des Geschädigten erwägen, oder

- das Urteil des Obersten Gerichts vom 9.3.1973,[106] das auf den Ausschluss des Geschädigten aus dem normalen Leben hinweist (zB Schwierigkeiten beim Verlassen der Wohnung).

262   Das Schmerzensgeld nach Art. 445 § 1 ZGB hat außerdem vor allem **ausgleichenden Charakter,** so dass es nicht als Symbolbetrag oder streng geregelter Betrag (wie im Unfallverhütungsgesetz) gezahlt werden darf, sondern einen wirtschaftlich bedeutenden Wert darstellen muss.[107] In der Rechtsprechung wird darauf hingewiesen, dass das Schmerzensgeld einen komplexen Charakter hat und eine Entschädigung für das gesamte Unrecht darstellen soll.[108]

I. Schmerzumfang

263   Das Schmerzensgeld ist Ausgleich den erlittenen **immateriellen Schaden.** Es berücksichtigt das durch den Geschädigten erlittene Unrecht, das sich aus den körperlichen Leiden in Form des Schmerzes und anderer Beschwerden und den psychischen Leiden in Form des Einstellens negativer Gefühle im Zusammenhang mit den körperlichen Leiden oder den besonders dauerhaften und irreversiblen Folgen der Körperverletzung oder der Gesundheitsschädigung zusammensetzt.

---

102   I CR 407/83.
103   III CKN 427/00, nicht veröffentlicht.
104   I CR 862/75.
105   II CR 266/77 und II CR 50/73.
106   I CR 55/73.
107   Urteil des Berufungsgerichts Katowice vom 3.11.1994 – III APr 43/94, OSA 1995/5/41.
108   Urteil des Berufungsgerichts in Białystok vom 23.9.2016 – I Aca 569/16.

II. Eingriffsintensität

Für die Höhe des als Schmerzensgeld zuerkannten Geldbetrags ist die Eingriffsintensität 264
von Bedeutung. Gemäß der Rechtsprechung sind bei der Berechnung des Schmerzensgeldes der Umfang der körperlichen und psychischen Leiden sowie Schmerzbeschwerden infolge der Verletzung und der langwierigen medizinischen Behandlung zu berücksichtigen.[109] Diese Aufzählung der bei der Festsetzung des Schmerzensgeldes behilflichen Faktoren wird durch andere Urteile ergänzt, zB durch das Urteil des Berufungsgerichts vom
03.11.1994,[110] das sich mit dem Umfang der körperlichen und psychischen Leiden des
Geschädigten befasst.

III. Folgeschäden

Die Frage der Folgeschäden ist in der Lehre umstritten. Im polnischen Rechtssystem steht 265
dem Geschädigten eine Entschädigung oder ein Schmerzensgeld grundsätzlich für den
Schaden oder das Unrecht zu, das er direkt erlitten hat.

Die Befürworter der Berücksichtigung der Folgeschäden im Verfahren machen deren Aner- 266
kennung von dem Bestehen des Kausalverhältnisses zwischen der Handlung des Täters
und dem auch indirekt erlittenen Schaden abhängig.

Es wird darüber hinaus angenommen, dass gemäß dem Grundsatz der bedingungslosen 267
Haftung für Vorsatzschuld der durch den Geschädigten indirekt erlittene Schaden nur
dann ausgeglichen werden kann, wenn die Handlung des Täters zum Ziel hatte, der konkreten Person einen Schaden zuzufügen.

C. Genugtuungsfunktion

Es ist darauf hinzuweisen, dass das Schmerzensgeld nach Art. 445 § 1 ZGB einen Aus- 268
gleichscharakter hat. Während die Kostenerstattung und die Rente zum Ziel haben, materielle Aspekte des entstandenen Schadens direkt zu decken, soll das Schmerzensgeld moralische und psychische Leiden, das Gefühl der Ungerechtigkeit wegen der Gesundheitsschädigung, Schmerz und Leiden ausgleichen.[111] Unrecht als Begriff umfasst jegliche negativen
Folgen der Körperverletzung oder der Gesundheitsschädigung, und zwar sowohl der körperlichen als auch der psychischen Leiden.

Das Schmerzensgeld soll einen Ausgleich darstellen, der den unmessbaren Teil des entstan- 269
denen Schadens „mindert". Kurz gesagt, das Ziel des Schmerzensgeldes besteht darin, die
Möglichkeit zu bieten, die psychischen Leiden und den Verlust auszugleichen, zB durch
die Freude aus dem Kauf von Luxusartikeln. Zu beachten ist, dass das Schmerzensgeld die
Rente nicht belastet (es wird weder dem zuerkannten Betrag noch dem Betrag der erstattungsfähigen Kosten der medizinischen Behandlung und Rehabilitation im Fall der Körperverletzung oder der Gesundheitsschädigung zugerechnet). Nach der Absicht des Gesetzgebers sollen die Geldleistungen negative psychische Erlebnisse des Geschädigten
durch Zurverfügungstellung von Vermögenswerten relativ ausgleichen.[112]

Nicht ohne Bedeutung für die Festsetzung der Schmerzensgeldhöhe sind das Verhalten und 270
die Einstellung des Täters, dh der Person, die für den infolge der unerlaubten Handlung
zugefügten Schaden verantwortlich ist. Gleichgültiges Verhalten einer solchen Person kann
das Gefühl der Ungerechtigkeit beim Geschädigten vertiefen, wenn der Täter keine Anstrengungen macht, die Folgen des Schadens beim Geschädigten zu mindern, was im Urteil
des Obersten Gerichts vom 09.01.1978 zum Ausdruck kam.[113] Ähnliche Auswirkung auf
die Schmerzensgeldhöhe hat die Intensität des Verschuldens des Täters, worauf das Berufungsgericht in Kraków im Urteil vom 09.03.2003[114] hingewiesen hat.

---

109 Urteil des Obersten Gerichts vom 18.1.2004 – 219/04, nicht veröffentlicht.
110 III APr 43/94.
111 Mariusz Świerczyński (in:) Odszkodowania – poradnik osoby poszkodowanej.
112 Radwański, Olejniczak – Zobowiązania, część ogólna, Toruń, 2008.
113 IV CR 510/77, OSNCP 1978/11/210.
114 IA Ca 124/01, PS 2002/10/130.

271 Um das Schmerzensgeld zuzuerkennen, reicht die Feststellung der Rechtswidrigkeit der Handlung oder der Unterlassung des Täters nicht aus. Es muss zusätzlich seine Haftung nach einem der Grundsätze nachgewiesen werden, zB nach dem Schuldgrundsatz.

D. Berechnungsmethode

272 Die Zuerkennung des Schmerzensgeldes ist nicht obligatorisch und von dem Ermessen und der Beurteilung des Gerichts aufgrund der konkreten Umstände des jeweiligen Falls abhängig. Das Gericht wird die Faktoren in Erwägung ziehen, die sich auf die Zweckmäßigkeit des Schmerzensgeldes und dessen Höhe auswirken. Bei der Beurteilung der angenommenen Schmerzensgeldhöhe als „angemessen" genießt das Gericht zwar weitgehende Freiheit, jedoch darf der Betrag nicht extrem von den in ähnlichen Fällen zuerkannten Beträgen abweichen.

273 Entsprechend der Regelung und dem Wesen des Unrechts muss der als Schmerzensgeld zuerkannte Geldbetrag ein angenähertes Äquivalent für erlittene psychische und körperliche Leiden des Geschädigten darstellen.

274 Problematisch bei der Berechnung der Schmerzensgeldhöhe ist die Situation, wenn das Schmerzensgeld den Familienangehörigen des Geschädigten zusteht. Nach herrschender Meinung in der Lehre sollte die Schmerzensgeldhöhe angemessen sein, dh das erlittene Unrecht infolge der Verletzung des Anspruchs auf das Familienleben ausgleichen. Die höchsten Schmerzensgeldbeträge sollten den Personen zuerkannt werden, die infolge des Todes einsam und ohne Familie geblieben sind.

E. Kapitalisierung von Schadensersatz- und Schmerzensgeldrenten

275 Die Kapitalisierung der Rente beruht auf der Umwandlung von künftigen Rentenleistungen in eine einmalige Entschädigung, die durch die Versicherungsgesellschaft dem Geschädigten ausgezahlt wird. Der Geschädigte erhält also sofort einen bestimmten Geldbetrag, wofür er auf die Ansprüche auf Rentenzahlung in Zukunft verzichtet. Die Rechtsgrundlage für eine Kapitalisierung der Rente ist die in **Art. 447 ZGB** enthaltene Vorschrift. Hinzuzufügen ist, dass die Kapitalisierung meistens in Form eines Vergleichs zwischen dem Geschädigten und der Versicherungsgesellschaft erfolgt. Beide Parteien machen gewisse Konzessionen, so dass der Fall durch die einmalige Auszahlung eines Entschädigungsbetrags abgeschlossen werden kann.

276 Bei Festlegung der Höhe sind alle Aspekte des Unrechts zu berücksichtigen, inklusive diejenigen, die in Zukunft auftreten könnten. Falls diese nicht vorhergesehen werden können, steht die Möglichkeit offen, einen angemessenen Schadensersatzbetrag bei Auftreten eines neuen Unrechts zuzuerkennen. Ansonsten schließt die Zuerkennung des Schmerzensgeldes die erneute Zuerkennung eines weiteren Schmerzensgeldes für den Geschädigten – trotz der Verschlechterung des Gesundheitszustands des Geschädigten – aus.

277 Schmerzensgeld wird in Polen grundsätzlich nur **einmalig** ausgezahlt.

§ 5 Ansprüche aus übergegangenem Recht

A. Gesetzliche Anspruchsgrundlagen

278 Ein Versicherungsregress erfolgt, wenn der Anspruch, der dem Geschädigten gegenüber dem für den Schaden Verantwortlichen zusteht, zum Zeitpunkt der Auszahlung der Entschädigung (oder der Leistung) aus der Versicherung auf die Versicherungsgesellschaft

übergeht, und zwar als der Anspruch auf Erstattung des Betrags, der aus dem abgeschlossenen Versicherungsvertrag ausgezahlt wurde.[115]

Gemäß **Art. 805 § 2 ZGB** handelt es sich bei der Entschädigung aus einem Versicherungs-   279
vertrag immer um eine Geldleistung. Der Regressanspruch richtet sich daher auch auf eine
Geldleistung.

Der typische Regressmechanismus basiert auf Subrogation, die im Erwerb der Rechte des   280
Gläubigers durch eine Person besteht, die eine fremde Schuld zurückbezahlt hat. Gemäß
Art. 518 § 1 Ziff. 4 ZGB erwirbt ein Dritter, der den Gläubiger befriedigt, die befriedigte
Forderung in Höhe der vorgenommenen Zahlung, wenn dies besondere Vorschriften vorsehen. Solche besonderen Vorschriften, die den typischen Versicherungsregress regeln, sind
in Art. 828 ZGB enthalten.

Die gesetzliche Grundlage für die Geltendmachung der Regressansprüche bilden die den   281
Versicherungsvertrag betreffenden Vorschriften des Zivilgesetzbuches. Die in **Art. 828 § 1
ZGB** enthaltene Vorschrift besagt, dass, sofern nichts anderes vereinbart ist, mit dem Tag
der Zahlung der Entschädigung durch den Versicherer der Entschädigungsanspruch des
Versicherungsnehmers gegen den für den Schaden verantwortlichen Dritten bis zur Höhe
der Schadenszahlung kraft Gesetzes auf den Versicherer übergeht. Hat der Versicherer nur
einen Teil des Schadens ausgeglichen, so steht dem Versicherungsnehmer die vorrangige
Befriedigung des verbleibenden Teils vor dem Anspruch des Versicherers zu.

Es ist zu beachten, dass die zitierten Vorschriften des Art. 828 ZGB in dem Kapitel veran-   282
kert wurden, das die **Vermögensversicherungen** betrifft, die sich in Sachversicherungen
und Haftpflichtversicherungen unterteilen. Gemäß den geltenden Vorschriften findet dagegen der Regress keine Anwendung auf Lebens- oder Personenversicherungen.[116]

Bei Haftpflichtversicherungen gibt es für **Lebens- oder Personenversicherungen** im polni-   283
schen Recht den sog **untypischen Regress**, der an die Rechtsträger gerichtet ist, die als Parteien des Versicherungsverhältnisses agieren. Die Rechtsgrundlage hierfür bildet die besondere Vorschrift.

Der untypische Regress ist eine viel jüngere Einrichtung als der typische Regress und hat   284
sich parallel zu Haftpflichtversicherungen im Zusammenhang mit dem Widerspruch zu
den Billigkeitserwägungen hinsichtlich der Freistellung des Versicherungsnehmers von der
Haftung entwickelt.[117]

Eines der Merkmale, durch die sich der untypische von dem typischen Regress unterschei-   285
det, ist die Rechtsgrundlage für die Geltendmachung des Anspruchs. Auf den untypischen
Regress finden also Art. 828 ZGB keine Anwendung, und die Voraussetzungen sind im
Gesetz vom 22.05.2003 über Haftpflichtversicherung, Versicherungsgarantiefonds und
das polnische Büro der Kraftfahrzeugversicherer[118] geregelt.[119] Die Rechtsgrundlage für
den Regressanspruch des Versicherers können neben den Rechtsvorschriften auch die Vertragsbestimmungen und die ungerechtfertigte Bereicherung bilden.

Die Vorschriften des Gesetzes über Pflichtversicherungen finden jedoch Anwendung auf   286
die Geltendmachung der Regressansprüche nur für die Schäden, die aufgrund der **seit
1.1.2004** abgeschlossenen Versicherungsverträge ausgeglichen wurden.[120] Falls die Entschädigung oder die Leistung aufgrund eines früher abgeschlossenen Vertrags zuerkannt
wurde, sind die Grundlagen für die Geltendmachung der Regressansprüche gegen den Täter in anderen gesetzlichen Vorschriften zu finden, zB bilden die Rechtsgrundlage für die

---

115 Maciej Rapkiewicz (in:) Gazeta Ubezpieczeniowa – O dochodzeniu regresów ubezpieczeniowych Teil. 1.
116 Diese Schlussfolgerung ergibt sich aus der Gliederung des Gesetzbuches, gemäß der die den Regress betref-
        fende Vorschrift im Teil II angebracht wurde, der sich mit Vermögensversicherungen befasst.
117 M. Krajewski, Ubezpieczenie odpowiedzialności cywilnej według k.c., Warszawa, 2011, S. 530.
118 Siehe dazu Rn. 349 ff.
119 Entsprechend Art. 11 Abs. 3, Art. 16, Art. 17 und Art. 43 des Pflichtversicherungsgesetz – Art. 43 dieses
        Gesetzes betrifft ausschließlich die Haftung der Halter Fahrzeuge mit Haftpflichtversicherung.
120 Die Zeitgrenze betrifft das Inkrafttreten des Gesetzes über Haftpflichtversicherung, Versicherungsgarantie-
        fonds und das polnische Büro der Kraftfahrzeugversicherer.

zwischen 25.4.2000 und 31.12.2003 abgeschlossenen Haftpflichtversicherungsverträge für die Kfz-Halter die Vorschriften der Verordnung des Finanzministers vom 24.3.2000 über allgemeine Bedingungen der Haftpflichtversicherung der Kfz-Halter für die im Zusammenhang mit der Nutzung dieses Fahrzeugs im Straßenverkehr entstandenen Schäden.

287 Gemäß den Vorschriften steht der Versicherungsgesellschaft das Recht zu, **beim Versicherten** die Erstattung der ausgezahlten Entschädigung für die Schäden geltend zu machen, die infolge grober Fahrlässigkeit oder nach dem Konsum von Alkohol, Rauschmitteln, psychotropen Mitteln oder dadurch entstanden sind, dass er den Besitz des Fahrzeugs infolge einer Straftat erlangt hat, nicht die erforderlichen Berechtigungen für das Führen des Fahrzeugs besaß (ausgenommen im Notstand) oder sich unerlaubt vom Unfallort entfernt hat.

288 Der Regress gegen den Versicherten steht dem Versicherer auch bei der Nichterfüllung der Pflicht zur Meldung des Versicherungsfalls auf die vorgeschriebene Weise zu.

289 Wenn der Halter eines Fahrzeugs trotz der ihm obliegenden Pflicht den Haftpflichtversicherungsschein nicht bezahlt hat, steht der Regressanspruch dem **Garantiefonds** zu. Der Garantiefonds existiert ua, um die Leistungen für die Schäden auszahlen zu können, die durch Täter ohne Haftpflichtversicherung verursacht wurden.

B. Kongruenz von Leistung und Ersatzanspruch

290 Im Zusammenhang mit Regressverfahren ist zu berücksichtigen, dass die Versicherungsgesellschaft den Schaden des Versicherungsnehmers nicht in voller Höhe decken muss, sondern **sich ggf. auf den Ausgleich eines Teils des Schadens beschränken kann**. Eine solche Situation kann entstehen, wenn zB der Wert des Vermögens höher war als die Versicherungssumme (Unterversicherung) oder in einem Vermögensversicherungsvertrag die Option des Selbstbehalts vorgesehen war, aufgrund derer die Versicherungsgesellschaft einen betrags- oder prozentweise bestimmten Teil des Schadens nicht deckt. Gemäß dem Prinzip *nemo subrogatur contra se* steht dem Versicherten in dieser Situation der Vorrang bei Befriedigung des ungedeckten Teils des Schadens durch die für den Schaden verantwortliche Person vor dem Regressanspruch der Versicherungsgesellschaft zu.

291 Dabei ist zu betonen, dass der Versicherer beim abgeleiteten Erwerb des Regressanspruchs diesen Anspruch in dem Umfang erwirbt, wie der dem Geschädigten selbst zusteht. Die Parteien können dabei den Regressumfang vertraglich einschränken.

C. Haftungsprivileg

292 Der Schutzcharakter der Haftpflichtversicherung wird durch Regelungen unterstrichen, die in Art. 34 und 35 des Gesetzes über Versicherungsgarantiefonds enthalten sind. Aus der Haftpflichtversicherung der Kfz-Halter steht dem Geschädigten die Entschädigung zu, wenn der Halter oder der Führer des Kraftfahrzeugs zur Entschädigung für den im Zusammenhang mit der Nutzung dieses Fahrzeugs im Straßenverkehr zugefügten Schaden verpflichtet sind, dessen Folge Tod, Körperverletzung, Gesundheitsschädigung, Verlust, Zerstörung oder Beschädigung des Vermögens sind.

293 Gemäß den geltenden Vorschriften ist die Versicherungsgesellschaft berechtigt, bei dem Versicherten oder den Personen, für die er haftet, die Erstattung der aus den in Art. 4 Ziff. 4 genannten Pflichtversicherungen zustehenden Entschädigung für die Schäden geltend zu machen, die infolge **grober Fahrlässigkeit** oder nach dem Konsum von **Alkohol,** Rauschmitteln, psychotropen Mitteln oder Ersatzmitteln im Sinne der Vorschriften über die Drogensuchtbekämpfung entstanden sind.

294 In der Praxis stößt der Versicherer oft auf Schwierigkeiten bei der Geltendmachung des Regressanspruchs, und zwar wegen der Notwendigkeit, die Beweismittel zu sammeln.

295 Gemäß einer in den meisten EU-Ländern herrschenden Tendenz hat auch der polnische Gesetzgeber die Absicht, die Akzessorietät der Verpflichtung des Versicherers durch die

stufenweise Beseitigung der Ursachen möglichst vollständig zu erfassen, die die Beschränkung oder den Ausschluss seiner Haftung begründen.[121]

Viele Durchführungsverordnungen, die sich auf Haftpflichtversicherungen beziehen, verbieten den Versicherern, die Auszahlung der Entschädigung vertraglich zu beschränken, ausgenommen die Fälle, die in den Vorschriften über den inhaltlichen Umfang der Versicherungsverträge präzise definiert sind. **296**

Dem Versicherungsschutz kann auch ein besonders tadelnswürdiges Verhalten des Versicherungsnehmers unterliegen. Zurzeit besteht kein Zweifel darüber, dass der Versicherer – entsprechend den Absichten des Gesetzgebers selbst (Art. 9 Abs. 2 Pflichtversicherungsgesetz) oder nach dem Willen der Parteien (Art. 827 § 2 ZGB) – für den durch den Versicherungsnehmer (Versicherten) durch Vorsatzschuld zugefügten Schaden haften kann. **297**

Eine solche Erweiterung des Umfangs des Versicherungsschutzes ist jedoch nur dann sinnvoll, wenn zugleich dem Versicherer der Regressanspruch gegen den Verantwortlichen (der sog Sonderregress) zuerkannt wird. Dafür sprechen die Funktionen und Ziele, die der Regress erfüllt. **298**

Durch die Weiterentwicklung der Haftpflichtversicherungen, vor allem des Prinzips *actio directa*, ist es notwendig, den Versicherern den Sonderregress zuzuerkennen. **299**

D. Quotenvorrecht des Geschädigten

Die Problematik des Quotenvorrechts ist im polnischen Recht nicht bekannt. **300**

Abschnitt 3: Durchsetzung der Ansprüche

§ 1 Vorgerichtliche Schadensabwicklung

A. Das vorgerichtliche Verhalten der Versicherung

Das vorgerichtliche Verhalten der Versicherung wird durch das **Gesetz über das Versicherungs- und** Rückversicherungswesen geregelt. Gemäß Art. 28 des erwähnten Gesetzes zahlt der Versicherer eine Entschädigung bzw. eine Leistung aufgrund der **Anerkennung des Anspruchs** des Bezugsberechtigten aus dem Versicherungsvertrag, infolge der Feststellungen in dem von dem Versicherer durchgeführten Verfahren, bzw. infolge des mit dem Bezugsberechtigten geschlossenen Vergleichs oder des rechtskräftigen Gerichtsurteils, aus. **301**

Das Verfahren des Versicherers beginnt nach Erhalt der Mitteilung über den Eintritt des Versicherungsereignisses, wobei gemäß Art. 30 die Mitteilungen und Erklärungen, die im Zusammenhang mit dem abgeschlossenen Versicherungsvertrag gegenüber dem **Versicherungsmakler** abgegeben werden, als gegenüber der Versicherungsgesellschaft abgegeben gelten, wenn dieser im Namen und zugunsten dieser Versicherungsgesellschaft handelt. Innerhalb von sieben Tagen nach Erhalt dieser Mitteilung setzt die Versicherungsgesellschaft den Versicherungsnehmer davon in Kenntnis und leitet das Verfahren ein, dessen Ziel die Feststellung des Sachverhalts, der Begründetheit der geltend gemachten Ansprüche und der Leistungshöhe ist. **302**

Die Versicherungsgesellschaft schickt der den Anspruch geltend machenden Person – schriftlich bzw. auf eine andere Art und Weise, der diese Person zugestimmt hat – die Unterlagen, die für die Feststellung der Haftung der Versicherungsgesellschaft oder für die Ermittlung der Leistungshöhe notwendig sind, soweit dies für die Fortführung des Verfah- **303**

---

121 Dr. Małgorzata Serwach „Prawo asekuracyjne" Nr. 2(2006) Ubezpieczenia odpowiedzialności cywilnej w świetle proponowanych zmian przepisów kodeksu cywilnego o umowie ubezpieczenia.

rens erforderlich ist.[122] Im Gesetz über das Versicherungs- und Rückversicherungswesen ist zwar das Verhalten des Versicherers in Bezug auf die Begründetheit der geltend gemachten Ansprüche und Leistungshöhe vorgesehen; wie das Oberste Gericht jedoch bemerkt hat, liegt die **Beweislast**, ua im Bereich der Höhe des infolge des Versicherungsereignisses entstandenen Schadens, **beim Versicherungsnehmer.** Die Höhe der Entschädigung darf den Wert des entstandenen Schadens nicht überschreiten und zwar unabhängig von der Versicherungssumme, es sei denn, dass der Vertrag eine andere Regelung vorsieht.[123]

304 Die Art und Weise der Schadensermittlung wird in der Regel in den allgemeinen Versicherungsbedingungen geregelt. Sowohl der Versicherungsvertrag als auch diese Bedingungen können die gesetzliche Beweislastverteilung modifizieren.[124] Steht keine Leistung zu, bzw. in einer anderen Höhe als geltend gemacht, setzt die Versicherungsgesellschaft die den Anspruch geltend machende Person davon schriftlich in Kenntnis und nennt die Umstände sowie die Rechtsgrundlage, welche die ganze bzw. teilweise Ablehnung der Leistungszahlung begründet. In dieser Mitteilung soll eine Belehrung über die mögliche gerichtliche Geltendmachung von Ansprüchen enthalten sein.[125] Die Versicherungsgesellschaft ist verpflichtet, dem Versicherungsnehmer, dem Versicherten und dem Geschädigten Informationen und Unterlagen, die zwecks Feststellung der Haftung der Versicherungsgesellschaft bzw. der Leistungshöhe gesammelt werden, zur Verfügung zu stellen und diese Informationen und Unterlagen so lange aufzubewahren, bis die Verjährungsfrist der Ansprüche aus dem Versicherungsvertrag abgelaufen ist. Leistet die Versicherungsgesellschaft innerhalb der im Vertrag bzw. im Gesetz bestimmten Fristen nicht, so setzt sie die den Anspruch geltend machende Person von den Gründen der Nichtbefriedigung ihrer Ansprüche, im Ganzen bzw. zum Teil, schriftlich in Kenntnis und zahlt den unstrittigen Teil der Leistung aus.[126]

B. Anerkenntniswirkung vorgerichtlicher Äußerungen

I. Verjährungsunterbrechung

305 Der Anspruch des Geschädigten aus einem Schaden, der infolge eines Verkehrsunfalls erlitten wurde, entsteht mit dem Eintritt des Schadensereignisses. Gemäß Art. 817 § 1 des ZGB wird ein Anspruch nach Ablauf von 30 Tagen nach seiner Geltendmachung bei der Versicherungsgesellschaft fällig.

306 Der Anspruch gegen den Verursacher des Schadens wird aber in dem Zeitpunkt fällig, in dem der Geschädigte vom Schaden und von der zum Ersatz verpflichteten Person erfahren hat.

307 Gemäß Art. 819 § 1 ZGB verjähren die **Ansprüche aus einem Versicherungsvertrag** nach Ablauf von drei Jahren. Bei Haftpflichtversicherungen verjährt der Anspruch des Geschädigten auf Entschädigung bzw. Befriedigung gegen die Versicherungsgesellschaft mit dem Ablauf der Frist, die für diesen Anspruch in den Vorschriften zu der Haftpflicht bei Schäden, die durch eine unerlaubte Handlung verursacht wurden bzw. aus der Nichterfüllung oder nicht richtigen Erfüllung der Pflicht entstanden sind, vorgesehen ist. Die Ansprüche aus der obligatorischen Haftpflicht des Fahrzeuginhabers gegen die Versicherungsgesellschaft verjähren gemäß den Vorschriften zu der Verjährung von Ansprüchen gegen den Verursacher des Schadens. In dieser Situation findet **Art. 442 ZGB** Anwendung, der besagt, dass der Anspruch auf Ersatz eines durch eine unerlaubte Handlung verursachten Schadens nach Ablauf von drei Jahren ab dem Tag, an dem der Geschädigte von dem Schaden und von der zum Schadensersatz verpflichteten Person erfahren hat, längstens jedoch nach zehn Jahren ab dem Tage des Schadenseintritts verjährt. Ist der Schaden durch ein Verbrechen bzw. Vergehen verursacht, so verjährt der Schadensersatzanspruch nach

---

122 Art. 29 Abs. 1 Gesetz über das Versicherungs- und Rückversicherungswesen.
123 Urteil des Obersten Gerichts vom 22.7.2005 – III CZP 49/05.
124 Urteil des Obersten Gerichts vom 19.12.1997 – II CKN 534/97.
125 Art. 29 Abs. 4 und 5 Gesetz über Versicherungs- und Rückversicherungswesen.
126 Art. 16 Abs. 4 – 10 Versicherungs- und Rückversicherungswesen.

Verlauf von zwanzig Jahren ab dem Tage des Begehens der Straftat ohne Rücksicht darauf, wann der Geschädigte von dem Schaden und von der zum Schadensersatz verpflichteten Person Kenntnis erlangt hat. Bei Verursachung eines Personenschadens endet die Verjährung nicht vor Ablauf von drei Jahren ab dem Tag, an dem der Geschädigte von dem Schaden und der zum Schadensersatz verpflichteten Person Kenntnis erlangt hat. Die Verjährung der Ansprüche einer minderjährigen Person endet nicht vor Ablauf von zwei Jahren ab der Volljährigkeit dieser Person. Gemäß Art. **819 § 4 ZGB** wird die **Verjährung des Anspruchs** auf Leistung gegen den Versicherer durch die Geltendmachung des Anspruchs beim Versicherer oder durch Anzeige des Versicherungsereignisses **unterbrochen.** Die Verjährung beginnt von neuem an dem Tag, an dem derjenige, der den Anspruch erhoben oder das Versicherungsereignis angezeigt hat, eine schriftliche Erklärung des Versicherers über die Anerkennung bzw. Ablehnung der Leistungspflicht erhalten hat.

II. Deklaratorisches Schuldanerkenntnis

Unter **Schuldanerkenntnis** versteht man die Handlung des Schuldners gegenüber dem Gläubiger, aus der der Wille resultiert, die Schuld zu tilgen bzw. mindestens das Bestehen der Pflicht zur Leistungserfüllung zuzugeben. Werden Ansprüche gegen eine Versicherungsgesellschaft geltend gemacht, so hat die Anerkennung durch eine Person mit der obligatorischen Haftpflichtversicherung keine solchen Rechtsfolgen, wie diejenigen, die mit dem Schuldanerkenntnis gemäß Art. 123 § 1 ZGB verbunden sind. | 308

Art. 21 des Gesetzes über Pflichtversicherungen besagt, dass die Befriedigung bzw. Anerkennung eines Anspruchs auf die Beseitigung eines Schadens durch eine Person mit obligatorischer Haftpflichtversicherung keine Rechtsfolgen gegenüber der Versicherungsgesellschaft bzw. dem polnischen Büro der Kraftfahrzeugversicherer[127] hat, wenn diese dem vorab nicht zugestimmt haben. Das Ziel der Vorschrift ist es, die Interessen der Versicherungsgesellschaft vor übermäßiger Leistung sowie vor den Beweisschwierigkeiten bei der Beurteilung der Motivation einer versicherten Person zu schützen. Ein Anerkenntnis hat also nicht zur Folge, dass die Versicherungsgesellschaft haftet, bzw. der Umfang der Haftung kann geringer sein. Auch können Bedenken bei der Beurteilung der Beweise für die Anerkennung des Anspruchs auf Schadensersatz und der freiwilligen Befriedigung des Anspruchs vorliegen. | 309

Gründe für ein Anerkenntnis können zB sein: | 310

■ eine Straftat des Geschädigten und der versicherten Person zum Nachteil der Versicherungsgesellschaft,

■ der Verzicht auf die Polizeianzeige,

■ die Absicht, die Situation zu entschärfen,

■ sich von Bedauern oder Mitleid beeinflussen lassen,

■ eine falsche Einschätzung des Ereignisses.

All dies darf die rechtliche Situation der Versicherungsgesellschaft nicht beeinträchtigen, deren Haftung als akzessorische Haftung gegenüber der Haftung des Verursachers nicht größer sein kann als der tatsächliche Schaden. In Art. 21 des Gesetzes über Pflichtversicherungen ist aber die selbständige Befriedigung bzw. die Anerkennung der Leistung durch die versicherte Person nicht verboten. Diese Handlungen werden aber gegenüber der Versicherungsgesellschaft ausschließlich dann wirksam, wenn sie dazu **vorab ihre Zustimmung** erteilt hat. Die fehlende Zustimmung bedeutet noch nicht, dass ihre Haftung automatisch aufgehoben wird. Vielmehr wird die Pflicht der Versicherungsgesellschaft aktualisiert, die Feststellungen, welche die Übernahme der Haftung und die Auszahlung der Leistung voraussetzen, zu treffen. Wird das Anerkenntnis durch die Feststellungen der Versicherung nicht bestätigt, so ist die versicherte Person selbst verpflichtet, den Schadensersatz im Ganzen (wenn der Anspruch überhaupt nicht begründet war) bzw. zu dem Teil zu leis-

---

127 Siehe dazu Rn. 349 ff.

ten, der den von der Versicherungsgesellschaft gezahlten Betrag überschreitet (wenn der Anspruch in geringerer Höhe begründet war). Deswegen ist es angebracht, dass in einer Anerkenntniserklärung des Inhabers (Fahrers) des Fahrzeugs, mit dem ein Schaden verursacht wurde, keine Erklärung über die Anerkennung von Ansprüchen des Geschädigten enthalten ist. Sie sollte sich vielmehr lediglich auf das Eingestehen der Tatsache der Unfallverursachung und auf die Feststellung der entstandenen Schäden beschränken. Das Anerkenntnis durch die versicherte Person hat die Merkmale eines feststellenden Anerkenntnisses, und ihr Ziel ist es, die rechtliche Unsicherheit zu beseitigen.[128]

C. Bedeutung von Abtretungen

311 Die Übertragung der **Forderungen gegen den Versicherer**, die infolge des Eintritts des im Vertrag vorgesehenen Schadenfalls entstanden sind bzw. entstehen können, bedarf nicht dessen Zustimmung. Die Übertragung dieser Forderungen erfolgt gemäß allgemeinen Grundsätzen (Art. 509 ff. ZGB). Dies bedeutet, dass der Gläubiger ohne Zustimmung des Schuldners die Forderung auf einen Dritten übertragen darf (Abtretung), es sei denn, dass dies dem Gesetz, einem Vertragsvorbehalt oder den Eigenschaften des Schuldverhältnisses widerspricht. Mit der Forderung gehen alle mit ihr verbundenen Rechte, insbesondere ein Anspruch auf rückständige Zinsen, auf den Erwerber über.

312 Grundsätzlich ist der Gläubiger berechtigt, die Forderung aus dem Versicherungsvertrag ohne Zustimmung des Schuldners auf einen Dritten zu übertragen (Abtretung der Forderung). Der Abtretung können Vertragsvorbehalte im Wege stehen (zB die Zustimmung des Versicherers ist doch erforderlich). Damit der Vertrag über die Forderungsabtretung befreiende Wirkung entfalten kann, ist es erforderlich, die Versicherungsgesellschaft von der Abtretung in Kenntnis zu setzen. Fehlt es hieran, kann die Versicherungsgesellschaft die Leistung auch dem bisherigen Gläubiger auszahlen. Solange der Veräußerer nämlich den Schuldner nicht von der Abtretung in Kenntnis gesetzt hat, wirkt die Vornahme der Leistung an den alten Gläubiger auch gegenüber dem Erwerber befreiend, es sei denn, dass dem Schuldner die Abtretung zum Zeitpunkt der Vornahme der Leistung bekannt war (Art. 512 ZGB). In den allgemeinen Versicherungsbedingungen wird jedoch meist bestimmt, dass die Übertragung der Pflichten des Zedenten auf einen Dritten der Zustimmung des Versicherers bedarf.

313 Von den drei Gründen für die Unübertragbarkeit einer Forderung gemäß Art. 509 § 1 ZGB sind die aus Rechtsvorschriften resultierenden Beschränkungen besonders relevant. Im Falle der Haftung der Kfz-Halter sind vor allem Schadensersatzforderungen *ex delicto* gemäß Art. 444 bis 448 ZGB zu nennen (Heilbehandlungskosten, Rente, Schmerzensgeld für erlittenen Schaden, Beerdigungskosten), weil diese eine Gruppe von Forderungen bilden, deren Abtretung gesetzlich beschränkt wurde. Sie können nämlich nur unter engen Voraussetzungen abgetreten werden. Diese Forderungen werden vom Gesetzgeber als streng mit der Person des Geschädigten verbunden betrachtet weshalb ihre Abtretung grundsätzlich ausgeschlossen ist, es sei denn, dass sie schon fällig sind und schriftlich anerkannt bzw.mit einer rechtskräftigen Entscheidung zuerkannt wurden (→ Rn. 216).

§ 2 Beweismittel

---

128 J. Miaskowski/K. Niezgoda/P. Skawiński, Gesetz über Haftpflichtversicherung, Versicherungsgarantiefonds und das polnische Büro der Kraftfahrzeugversicherer, 2012.

A. Allgemeine Grundlagen

Jede Behauptung, sowohl des Klägers, als auch des Beklagten, ist gegebenenfalls zu bewei-   314
sen. Die mit den Beweisen und dem Beweisverfahren verbundenen Fragen werden durch
das Zivilgesetzbuch (Art. 6 ZGB) und das Zivilverfahrensgesetzbuch[129] (Art. 227–315
ZVGB) geregelt.

Gemäß dem Prinzip der freien Beweiswürdigung würdigt das Gericht die Glaubwürdigkeit   315
und die Kraft der Beweise nach eigener Überzeugung aufgrund der allseitigen Erörterung
des gesammelten Materials.[130]

Das Gericht kann seine Überzeugung lediglich auf korrekt unter Einhaltung der Anforde-   316
rungen in Bezug auf Beweisquellen und den Unmittelbarkeitsgrundsatz erhobene Beweise
stützen. Es soll sämtliche erhobenen Beweise würdigen und alle sie begleitenden Umstände
berücksichtigen, die bei der Würdigung der Kraft und Glaubwürdigkeit dieser Beweise
von Bedeutung sein können.

In Art. 243 ZVGB ist darüber hinaus das Institut der **Glaubhaftmachung** vorgesehen. Die   317
Glaubhaftmachung ist eine Ersatzmaßnahme für einen Beweis im engeren Sinne und gibt
keine Sicherheit, sondern begründet nur eine Wahrscheinlichkeit der behaupteten Tatsache. Der Unterschied zwischen Beweisen und Glaubhaftmachung wurde in → Rn. 97 ff.
beschrieben.

Beispiel: Der Geschädigte ist berechtigt, die Heilbehandlungskosten im Voraus zu decken, bevor
sie tatsächlich getragen werden. Diese Tatsache soll durch Vorlage der Rechnungen und Bescheinigungen über die Notwendigkeit dieser Kosten glaubhaft gemacht werden.

Grundsätzlich lässt das Gericht die Beweiserhebung **auf Antrag** der Partei zu. Es kann   318
aber einen Beweis **von Amts wegen** erheben, wobei dieser Beweis sich ausschließlich auf
die von den Parteien festgestellten, relevanten und strittigen tatsächlichen Umstände beziehen soll, wenn – der Ansicht des Gerichts nach – das gesammelte Beweismaterial für die
Entscheidung nicht ausreichend wäre.[131]

Im Zivilverfahrensgesetzbuch werden folgende **Beweismittel** genannt, die im polnischen   319
Zivilverfahren erhoben werden können: Urkunden,[132] Zeugenaussagen,[133] Sachverständigengutachten,[134] Augenschein,[135] Vernehmung der Parteien,[136] sonstige Beweise (zB Blut-
probenentnahme, Aufnahmen, Pläne, Fotos).

Es gibt keine vom konkreten Sachverhalt losgelösten Grundlagen für die Annahme einer   320
formellen Hierarchie der Beweismittel im Hinblick auf ihre Glaubwürdigkeit und Beweiskraft.

Grundsätzlich würdigt das Gericht die Beweise nach eigener Überzeugung (vgl. Art. 233   321
ZVGB). Bei der Würdigung ist der Grundsatz der Überlegenheit des Beweises durch Urkunden über den Beweis durch Vernehmung der Zeugen oder der Parteien zu berücksichtigen.[137]

---

129 Gesetz vom 17.11.1964 (GBl. Nr. 43, Pos. 296).
130 Art. 233 ZVGB.
131 Art. 232 ZVGB.
132 Art. 244–257 ZVGB.
133 Art. 258–277 ZVGB.
134 Art. 278–291 ZVGB.
135 Art. 292 – 298 ZVGB.
136 Art. 299–304 ZVGB.
137 Eine Ausnahme von der grundsätzlichen Gleichstellung der Beweismittel stellt die Vorschrift dar, die besagt, dass wenn ein Rechtsgeschäft der Schriftform bedarf, dann ist der Beweis durch Zeugenaussagen
bzw. durch Vernehmung der Parteien in Sachen zwischen den an diesem Rechtsgeschäft Beteiligten für den
Abschluss dieses Rechtsgeschäftes nur dann zulässig, wenn die Urkunde aus diesem Rechtsgeschäft verloren, vernichtet bzw. durch Dritte mitgenommen wurde. Dies gilt aber nicht in Verfahren unter Unternehmern.

B. Einzelne Beweismittel

I. Neutrale Zeugen

322 Es wird angenommen, dass Gegenstand von Zeugenaussagen grundsätzlich eigene Beobachtungen des Zeugen sein sollen. Darüber hinaus werden in den Bestimmungen des Zivilverfahrensgesetzbuchs Personen genannt, die Zeugen sein dürfen.[138] In der Praxis leistet der Zeuge im Verfahren Aufklärung durch Erklärungen über die Umstände eines Unfalls, oder seine Aussagen werden bereits am Ort des Unfalls durch die Polizei im Protokoll festgehalten.

323 In den Bestimmungen des polnischen Rechts ist expressis verbis keine Einteilung in neutrale und sonstige Zeugen enthalten.

324 Nach herrschender Meinung in der Lehre wird aber unter dem Begriff des neutralen Zeugen ein Zeuge verstanden, der wegen seiner fehlenden persönlichen Verbindung mit dem Verursacher bzw. dem Geschädigten oder wegen seiner Unbeteiligtheit für das Gericht als der glaubwürdigste Zeuge gilt. Um seine Ansprüche am besten abzusichern, sollte der in einem Unfall Geschädigte dafür sorgen, dass ein neutraler Zeuge vernommen wird.

II. Insassenzeugen

325 **1. Allgemeine Grundlagen.** In der Praxis wird meist zu Beweismitteln in Form von Aussagen der Zeugen gegriffen, die Insassen des Fahrzeugs und somit an dem Schadensereignis beteiligt waren. Diese verfügen oft über detaillierte Informationen zu dem Ereignis. Berücksichtigt werden muss aber, dass ihre Aussagen durch die emotionale Einstellung zum Ereignis selbst, bzw. zum Unfallverursacher bzw. dem Geschädigten subjektiv sein können.

326 Grundsätzlich sind die geladenen Zeugen **verpflichtet**, auszusagen. Gemäß den Bestimmungen des Zivilverfahrensgesetzbuchs ist niemand berechtigt, die Aussagen als Zeuge zu verweigern, mit Ausnahme der Ehegatten der Parteien, ihrer Verwandten in auf- und absteigender Linie und Geschwister sowie in gleicher Linie oder in gleichem Grad Verschwägerten sowie der Personen, die mit den Parteien im Adoptionsverhältnis stehen. Das Recht zur Zeugnisverweigerung besteht auch nach Beendigung der Ehe oder nach Auflösung des Adoptionsverhältnisses.[139]

327 Darüber hinaus kann ein Zeuge die Antwort auf eine ihm gestellte Frage verweigern, wenn die Aussagen ihn oder seine in dem vorangehenden Paragrafen genannten Nächsten der strafrechtlichen Verantwortlichkeit, der Unehre oder einem empfindlichen und unmittelbaren Vermögensschaden aussetzen würden oder wenn die Aussage mit der Verletzung eines wesentlichen Berufsgeheimnisses verbunden wäre.[140]

328 **2. Sonderfall Fahrer.** Ein Fahrer stellt wegen der Tatsache, dass er meistens der Verursacher des Schadens bzw. der Geschädigte ist, einen Sonderfall des Zeugen dar. Er kann nicht als ein neutraler Zeuge betrachtet werden. Ist der Fahrer Partei in einem Verfahren, so wird er nicht als Zeuge, sondern ggf. als Partei vernommen.

329 **3. Zeugen vom Hörensagen.** Ein Zeuge vom Hörensagen wird in der Lehre als eine Person bezeichnet, die über keine Informationen zu dem Ereignis verfügt, welche sie direkt, dh als Augenzeuge, erlangt hat. Diese Mittelbarkeit der Informationserlangung erhöht das Risiko, dass die Informationen falsch sind. Deshalb sind die Aussagen eines Zeugen vom Hörensagen weniger glaubwürdig.

330 Wenn aber Beweismittel fehlen bzw. Beweise in unzureichender Menge gesammelt wurden, ist es angebracht, sich auf die Aussagen eines Zeugen vom Hörensagen zu beziehen, insbesondere wenn er die Voraussetzung der Neutralität erfüllt.

---

138 Art. 259 ZVGB.
139 Art. 261 § 1 ZVGB.
140 Art. 261 § 2 ZVGB.

III. Parteivernehmung (der gegnerischen Partei, der eigenen Partei mit Zustimmung)

Der Beweis durch Vernehmung der Parteien wird im polnischen Recht als **Hilfsbeweis** betrachtet, weil die Parteien an dem Ergebnis des Prozesses interessiert sind.[141] 331

Sind nach der Ausschöpfung der Beweismittel oder im Falle ihres Fehlens die für die Entscheidung der Sache wesentlichen Tatsachen nicht aufgeklärt worden, so wird das Gericht zum Zwecke der Aufklärung dieser Tatsachen den Beweis durch die Vernehmung der Parteien anordnen.[142] 332

In der Regel werden beide Parteien vernommen. Wenn aber aus tatsächlichen bzw. rechtlichen Gründen nur eine Partei hinsichtlich der umstrittenen Tatsache vernommen werden kann, dann beurteilt das Gericht, ob diese Partei trotzdem zu vernehmen ist oder ob von diesem Beweis im Ganzen Abstand zu nehmen ist. Das Gericht verfährt auf gleiche Weise, wenn die andere Partei oder einige der Streitgenossen zur Vernehmung der Parteien nicht erschienen sind bzw. Aussagen verweigert haben.[143] 333

Von dem Beweis durch Vernehmung der Parteien ist die sog **informative Anhörung der Parteien** zu unterscheiden, die keinen Beweis darstellt. 334

Die Vernehmung der Parteien erfolgt meistens auf Antrag der Parteien und nach Zulassung durch das Gericht. 335

Die Bestimmungen des polnischen Rechts unterscheiden nicht danach, ob der Kläger oder der Beklagte als Partei vernommen wird. Es gibt einheitliche Regelungen für beide. 336

IV. Augenschein

Der Augenschein besteht in der direkten Untersuchung eines Gegenstandes, um sich ein unmittelbares Bild von dessen Eigenschaft bzw. Zustand machen zu können.[144] 337

Die Inaugenscheinnahme erfolgt meistens durch das Gericht selbst, in Person des Richters. Es kann sein, dass die Untersuchung eines bestimmten Gegenstandes Sonderkenntnisse erfordert, dann kann der Augenschein unter Beteiligung eines Sachverständigen (in Versicherungsangelegenheiten meistens eines Gutachters) vorgenommen werden. Neben dem Augenschein unter Teilnahme von Sachverständigen kann das Gericht die Verbindung des Augenscheins mit der Zeugenvernehmung anordnen. 338

Beispiel: Die Gutachter nehmen meistens folgende Handlungen vor: Verkehrs- und Vermögensaugenschein ohne Berechnung, Verkehrsaugenschein mit Kostenvoranschlag für die Reparatur im Audatex-System, Kostenvoranschlag ohne Augenschein im Audatex-System.

Der Augenschein bezogen auf einen Gegenstand bei Verkehrsunfällen betrifft hauptsächlich ein Kraftfahrzeug bzw. den Ort des Ereignisses. 339

Das Gericht kann ebenfalls den Augenschein bezogen auf eine **Person** anordnen, aber ausschließlich mit ihrer Zustimmung. 340

§ 3 Besonderheiten des polnischen Zivilprozessrechts

Über Angelegenheiten im Bereich des Zivilrechts, Familien- und Vormundschaftsrechts, Arbeitsrechts, im Bereich der Sozialversicherungen und sonstiger Angelegenheiten, auf welche die Bestimmungen des Zivilverfahrensgesetzbuchs kraft Sondergesetzen Anwendung finden, wird in Polen gemäß den Grundsätzen des Zivilverfahrens entschieden. In der Literatur wird darauf hingewiesen, dass Zivilsachen hauptsächlich durch den Charak- 341

---

141 Andrzej Marcinkowski, Werden die Vorschriften zu der Erhebung des Beweises durch die Vernehmung der Parteien missbraucht? (in:) Palestra 9-10/2004.
142 Art. 299 ZVGB.
143 Art. 302 ZVGB.
144 Art. 292. ZVGB.

ter eines Rechtsverhältnisses definiert werden, aus dem sich die betroffene Sache ergeben hat.[145]

342 Die Einleitung eines Zivilverfahrens strebt die Umsetzung des Schutzes von Rechten einer konkreten Person an und erfolgt durch **Klageerhebung**; bei Verkehrsunfällen kann man eine Klage gegen eine zivilrechtlich haftende Person und gegen eine Versicherungsgesellschaft – nach der Wahl des Geschädigten – erheben (ihre Haftung wird gemäß dem Grundsatz *in solidum* kreiert).

343 Vor dem Hintergrund der Haftpflicht ist darauf hinzuweisen, dass die Möglichkeit, den Schadensersatzanspruch gegen die Versicherungsgesellschaft gerichtlich geltend zu machen, als eine der wichtigsten Voraussetzungen betrachtet wird, welche dem Berechtigten die Ausübung dieses Rechts garantiert.[146]

344 Art. 19 Abs. 1 des Gesetzes über Pflichtversicherungen besagt, dass der Geschädigte seine Ansprüche direkt bei der Versicherungsgesellschaft (das Wesen der Haftpflichtversicherung) bzw. beim Versicherungsgarantiefonds und beim polnischen Büro der Kraftfahrzeugversicherer geltend machen kann.[147] Bei der Geltendmachung der Ansprüche gegenüber dem Verursacher im gerichtlichen Verfahren ist mindestens eine **Streitverkündung** gegenüber der Versicherungsgesellschaft erforderlich. Die Versicherungsgesellschaft kann an dem Streit als **Nebenintervenient** teilnehmen, um ihre Interessen zu schützen (Streitgenossenschaft zwischen der Versicherungsgesellschaft und dem Kfz-Halter bzw. Kfz-Fahrer).

A. Gerichtsstruktur

345 Streitsachen verbunden mit Ansprüchen aus Versicherungsverträgen werden gemäß dem polnischen Recht durch das Gericht der ersten Instanz (je nach Streitwert durch das Amtsgericht bzw. das Bezirksgericht) als Zivilsachen entschieden (Zivilabteilungen bei den Gerichten). Dies gilt auch bei Gerichtstreiten unter Unternehmern, welche ihre Ansprüche aus Versicherungsverträgen geltend machen.

346 Die Klage auf einen Anspruch, der aus Pflichtversicherungsverträgen resultiert, oder die Klage, welche die Ansprüche aus diesen Versicherungen umfasst, kann entweder gemäß den Bestimmungen zu dem allgemeinen Gerichtsstand oder bei dem für den Wohnsitz bzw. Firmensitz des Geschädigten bzw. des aufgrund des Versicherungsvertrags Berechtigten erhoben werden.[148]

347 Der allgemeine Gerichtsstand in solchen Sachen wird durch Art. 30 ZVGB geregelt, nach dem die Klage gegen die Versicherungsgesellschaft nach dem Ort ihres Sitzes erhoben wird, und durch Art. 27 § 1 ZVGB, wenn die Klage gegen eine zivilrechtlich haftende Person erhoben wird. Der spezifische Gerichtsstand gemäß Art. 20 ZVGB findet dann Anwendung, wenn der Anspruch gegen beide Rechtsträger erhoben wird.

B. Klagebeschränkungen

348 Folge der vollständigen Rücknahme einer Klage ist die Einstellung des Verfahrens,[149] weil ein Urteil dann unzulässig und überflüssig wird. Nach polnischem Recht kann die Klage auch zum Teil zurückgenommen werden, was umgangssprachlich als Klagebeschränkung bezeichnet wird. In dem Falle beschränken sich die Folgen der Rücknahme nur auf den zurückgenommenen Teil.

Beispiel: Die Beschränkung des Anspruchs in der Klageschrift wird sich meist auf die Höhe der Leistung beziehen (zB wenn ein Teil der Forderungen nach der Klageerhebung freiwillig gezahlt wird).

---

145 W. Siedlecki, Z. Świeboda, Postępowanie cywilne. Zarys wykładu, 2. Aufl. 2000, S. 23-24.
146 G. Bieniek, Odpowiedzialność cywilna za wypadki drogowe, 2. Aufl. 2007.
147 Vgl. Rn. 349 ff.
148 Gemäß Art. 20 über Pflichtversicherungsgesetz.
149 Art. 355 § 1 ZVGB.

C. Versicherungsgarantiefonds und polnisches Büro der Kraftfahrzeugversicherer

Wegen der Besonderheiten in polnischen Verfahren bezogen auf die Haftung bei Verkehrs- 349
unfällen sollen noch der guten Ordnung halber Einrichtungen erwähnt werden, die in diesem Prozess in Polen eine bedeutende Rolle spielen.

Der **Versicherungsgarantiefonds** beschäftigt sich in Polen mit der Auszahlung der Entschä- 350
digungen an Unfallopfer, die keine Schuld an dem Unfall tragen, wenn der Unfall von **nicht versicherten Fahrzeuginhabern** verursacht wurde. Der Versicherungsgarantiefonds zahlt Entschädigungen ebenfalls an geschädigte Personen aus, wenn der Verursacher eines Straßenverkehrsunfalls **sich vom Unfallort unerlaubt entfernt hat und unbekannt ist.**

Das **polnische Büro der Kraftfahrzeugversicherer** ist dagegen eine Organisation von Versi- 351
cherungsgesellschaften, welche auf dem Gebiet der Republik Polen Haftpflichtversicherungen für Kfz-Halter anbieten.

Im Rahmen seiner Geschäftätigkeit beschäftigt sich das polnische Büro der Kraftfahr- 352
zeugversicherer ua mit der Regulierung von Schäden, die in Polen von Fahrern von Kraftfahrzeugen verursacht wurden, welche in Ländern angemeldet sind, die Mitglieder des **Grüne-Karte-Systems** sind. Das polnische Büro der Kraftfahrzeugversicherer ist ebenfalls für die Ausstellung der Versicherungsscheine zuständig, die in anderen Ländern des Grüne-Karte-Systems gelten (die Grüne Karte ist nur dann erforderlich, wenn eine Reise durch ein Land führt, in dem die polnische Haftpflichtversicherung nicht anerkannt wird), darunter auch Grenzversicherungen, zB in Ländern des Europäischen Wirtschaftsraums und der Schweiz. Darüber hinaus tritt das polnische Büro der Kraftfahrzeugversicherer als Entschädigungsstelle und als Auskunftsstelle gemäß der europäischen Kfz-Haftpflichtversicherungsrichtlinie auf.

Gemäß den Bestimmungen des Gesetzes über Haftpflichtversicherung, Versicherungsga- 353
rantiefonds und das polnische Büro der Kraftfahrzeugversicherer ist die Zugehörigkeit dieser Versicherungsunternehmen zu dem polnischen Büro der Kraftfahrzeugversicherer obligatorisch und beginnt mit dem Erhalt der Genehmigung durch das Aufsichtsorgan für die Betreibung der Versicherungstätigkeit.

Abschnitt 4: Wichtige Arbeitsmittel

A. Zeitschriften

Rechtsprechung des Obersten Gerichts. Zivilkammer

Rechtsprechung polnischer Gerichte

Monitor Prawniczy

Kwartalnik Prawa Prywatnego

B. Kommentare

G. Bieniek (Red.), Kodeks cywilny Komentarz 2011 – Komentarz do kodeksu cywilnego. Księga trzecia. Zobowiązania

E. Gniewek (Red.), Kodeks cywilny. Komentarz, 2016

A. Kidyba (Red.), Kodeks cywilny. Zobowiązania. Część ogólna. Komentarz, 2014

A. Olejniczak (Red.), Prawo zobowiązań – część ogólna, System Prawa Prywatnego tom 6, 2014

K. Pietrzykowski (Red.), Kodeks cywilny. Komentarz do art. 1-449 [10], Tom I, 2015

J. Miaskowski, K. Niezgoda, P. Skawiński (Red.), Ustawa o ubezpieczeniach obowiązkowych, Ubezpieczeniowym Funduszu Gwarancyjnym i Polskim Biurze Ubezpieczycieli Komunikacyjnych. Komentarz, 2012

C. Monographien

J. Jastrzębski, Odpowiedzialność odszkodowawcza, 2007

A. Raczyński, Sytuacja prawna poszkodowanego w ubezpieczeniu odpowiedzialności cywilnej, 2010

P. Bucoń, Odpowiedzialność cywilna uczestników wypadku komunikacyjnego, 2008

G. Bieniek, Odpowiedzialność cywilna za wypadki drogowe, 2011

M. Krajewski, Ubezpieczenie odpowiedzialności cywilnej według kodeksu cywilnego, 2011

M. Orlicki, Ubezpieczenia obowiązkowe, 2011

D. Internetadressen

I. Zugriff auf das geltende Recht

1. Sachrecht bezogen auf Haftung. www.ufg.pl

www.rzu.gov.pl

www.isap.sejm.gov.pl

2. Verkehrsvorschriften. www.policja.pl

www.gitd.gov.pl

II. Kostenlose Entscheidungssammlungen

1. Das Oberste Gericht. www.sn.pl

2. Sonstige Gerichte. www.nsa.gov.pl

www.rzu.gov.pl

III. Sonstige Informationen

1. **Zinsanspruchsberechnung.** a) **Grundlagen.** Unter Zinsen wird die Vergütung für die Inanspruchnahme von Geldern oder sonstiger Gegenstände verstanden, bezeichnet nach der Art, wenn sie gemäß einem gewissen Zinssatz berechnet wird; Zinsen haben einen Nebencharakter und werden periodisch erhoben.[150] Laut Art. 359 § 1 ZGB bedarf die Erhebung von Zinsen einer besonderen Anspruchsgrundlage aus einem Rechtsgeschäft, aus dem Gesetz, einer Gerichtsentscheidung bzw. einer Entscheidung eines anderen zuständigen Organs. Es geht hier also um einen vertraglichen bzw. gesetzlichen Anspruch bzw. Titel.

Der am weitesten verbreitete gesetzliche[151] Anspruch für die Erhebung von Zinsen ist Art. 481 ZGB, in dem die Pflicht bestimmt wird, Zinsen zu zahlen, falls der Schuldner sich mit der Erfüllung einer Geldleistung in Verzug befindet.

Wegen ihres wiederkehrenden Charakters beträgt die Verjährungsfrist für Zinsforderungen drei Jahre.[152]

b) **Aktuelle Sätze.** Die Höhe der Zinsen wird durch die jeweilige Anspruchsgrundlage bestimmt. Gibt es keine vertragliche Anspruchsgrundlage, stehen dem Gläubiger die gesetzlichen Zinsen zu. Falls der Verzugszinssatz nicht im Voraus festgesetzt war, gelten die gesetzlichen Verzugszinsen in der Höhe des Referenzsatzes der Polnischen Nationalbank, zuzüglich weiterer 5,5 Prozentpunkte (Stand Dezember 2016).[153]

---

150 Witold Czachorski, Zobowiązania. Zarys wykładu, 2004.
151 Die Pflicht, Zinsen zu zahlen, wird ebenfalls in Art. 741–742, 753 § 2, 842, 891 § 2 ZGB bestimmt.
152 Art. 118 S. 2 ZGB.
153 Art. 481 § 2 ZGB.

2. Rechtlich relevante Websites

- http://www.odszkodowaniazoc.pl/odszkodowanie_szkody_osobowe.htm
- http://www.ufg.pl/web/guest/home;jsessionid=83842258C1D6AE3DC01BF33FFC32F23C (Website des Versicherungsgarantiefonds)
- http://pbuk.pl/ (Website des polnischen Büro der Kraftfahrzeugversicherer)
- http://www.knf.gov.pl/dla_rynku/PODMIOTY_rynku/Podmioty_rynku_ubezpieczeniowego/index.html (Finanzaufsichtskommission – Verzeichnis der Versicherer)
- http://www.rzu.gov.pl/warstwa (Versichertensprecher)
- http://isap.sejm.gov.pl/ (Internetsuchmaschine für Rechtsakte)
- http://www.piu.org.pl/ (Polnische Versicherungskammer)

3. Liste wichtiger Gesetze (Vorschriften zur Haftung, zum Versicherungsrecht, Prozessrecht)

- Gesetz vom 22.5.2003 über die Haftpflichtversicherung, Versicherungsgarantiefonds und das polnische Büro der Kraftfahrzeugversicherer (Neufassung des Gesetzes: GBl. 2013, Pos. 392)
- Gesetz vom 22.5.2003 über Versicherungswesen (GBl. 2003, Pos. 1151 mit Änderungen; galt bis zum 31.12.2015)
- Gesetz vom 11.9.2015 über Versicherungs- und Rückversicherungswesen (GBl. 2015 Pos. 1844) – (Art. 291, Art. 335 Abs. 7, 8, Art. 410 Abs. 5 und 6 und Art. 412 Abs. 5 treten am 1.1.2019 in Kraft)
- Gesetz vom 5.1.2011 über Fahrzeugführer (Neufassung des Gesetzes: GBl. 2016, Pos. 627)
- Gesetz vom 23.4.1964 – Zivilgesetzbuch (ZGB) (GBl. 1964.16.93 mit Änderungen)
- Gesetz vom 17.11.1964 – Zivilverfahrensgesetzbuch (ZVGB) (GBl. 1964.43.296 mit Änderungen)
- Verordnung des Finanzministers vom 24.3.2000 betr. allgemeine Bedingungen der Haftpflichtversicherung der Kfz-Halter für die im Zusammenhang mit der Nutzung dieses Fahrzeugs im Straßenverkehr entstandenen Schäden (GBl. Nr. 26, Pos. 310; galt bis zum 31.12.2003)
- Satzung des polnischen Büros der Kraftfahrzeugversicherer
- Richtlinie 2009/103/EG des Europäischen Parlaments und des Rates vom 16.9.2009 über die Kraftfahrzeug-Haftpflichtversicherung und die Kontrolle der entsprechenden Versicherungspflicht (sog 6. Kfz-Haftpflichtversicherungsrichtlinie) (ABl. L 263 vom 7.10.2009, S. 11)
- Gesetz vom 22.5.2003 über Versicherungs- und Rentenaufsicht sowie über den Versichertensprecher (GBl. 03.124.1153)
- Gesetz vom 22.5.2003 über Versicherungsmakler (Neufassung des Gesetzes: GBl. 2014, Pos. 1450)
- Allgemeine Vertragsbedingungen einzelner Versicherer

Schweiz

Verwendete Literatur: *Brehm*, Motorfahrzeughaftpflicht, 2008 (zitiert: Brehm, Motorfahrzeughaftpflicht); *ders.*, Art. 41-61 OR. Allgemeine Bestimmungen: Die Entstehung durch unerlaubte Handlungen, Band VI: Obligationenrecht. 1. Abteilung: Allgemeine Bestimmungen. 3. Teilband 1. Unterteilband: Die Entstehung durch unerlaubte Handlungen Art. 41–61 OR, 4. Aufl. 2013 (zitiert: Brehm, Berner Kommentar); *Brunner/Gasser/Schwander* (Hrsg.), ZPO Kommentar, 2011; *Emmenegger/Geisseler*, Ausgewählte Fragen der SVG-Haftung, in: Strassenverkehrsrechts-Tagung 2004, S. 3 ff; *Honsell/Schönenberger*, OR-Kurzkommentar 2008, Art. 42 OR; *Hütte/Landolt*, Genugtuungsrecht, Grundlagen zur Bestimmung der Genugtuung, 2 Bände, 2013; *Keller*, Haftpflicht im Privatrecht, Band I, 6. Aufl. 2001 (zitiert: Keller, Bd. I); *ders.*, Haftpflicht im Privatrecht, Band II, 2. Aufl. 1998 (zitiert: Keller, Bd. II); *Landolt*, Haftpflichtrechtliche Ersatzpflicht für Autoschäden, in: Jahrbuch zum Strassenverkehrsrecht 2008, S. 89 ff; *Oftinger/Stark*, Schweizerisches Haftpflichtrecht, Band II/2: Besonderer Teil. Zweiter Teilband. Gefährdungshaftungen: Motorfahrzeughaftpflicht und Motorfahrzeughaftpflichtversicherung, 4. Auflage 1989 (zitiert: Oftinger/Stark, Bd. II/2); *dies.*, Schweizerisches Haftpflichtrecht, Band I: Allgemeiner Teil, 5. Aufl. 1995 (zitiert: Oftinger/Stark, Bd. I); *Rey*, Ausservertragliches Haftpflichtrecht, 4. Aufl. 2008; *Roberto*, Schweizerisches Haftpflichtrecht, 2002; *Schaffhauser/Zellweger*, Grundriss des schweizerischen Strassenverkehrsrechts, Band II: Haftpflicht und Versicherung, 1988; *Stein*, Haftungskompensation, ZSR 1983 I 67 ff; *Weissenberger*, Kommentar zum Strassenverkehrsgesetz, Bundesgerichtspraxis, 2. Aufl. 2014.

Verzeichnis landesspezifischer Abkürzungen

a	verbunden mit Art. oder Erlasstitel: alte Fassung eines Gesetzesartikels bei Erlass ohne umfassende Gesetzesrevision/alte Fassung des Erlasses vor dessen umfassender Revision
AJP	Aktuelle Juristische Praxis (Publikation)
ATSG	Bundesgesetz über den Allgemeinen Teil des Sozialversicherungsrechts; SR 830.1
BGE	Amtliche Sammlung der Entscheidungen des Schweizerischen Bundesgerichts
BGer	Bundesgericht
BGG	Bundesgesetz über das Bundesgericht; SR 173.110
Erw.	Erwägung
CHF	Schweizer Franken
frz.	Französisch
HAVE	Haftung und Versicherung (Publikation)
IV	Invalidenversicherung
OR	Bundesgesetz betreffend die Ergänzung des Schweizerischen Zivilgesetzbuches (Fünfter Teil: Das Obligationenrecht); SR 220
publ.	Publiziert
SJZ	Schweizerische Juristen-Zeitung
SR	Systematische Sammlung des Bundesrechts
StGB	Schweizerisches Strafgesetzbuch; SR 311
SVG	Strassenverkehrsgesetz; SR 741.01
UVG	Bundesgesetz über die Unfallversicherung; SR 832.20
VRV	Verkehrsregelnverordnung; SR 741.11
VVG	Bundesgesetz über den Versicherungsvertrag; SR 221.229.1
VVV	Verkehrsversicherungsverordnung; SR 741.11
ZGB	Schweizerisches Zivilgesetzbuch; SR 210
ZSR	Zeitschrift für Schweizerisches Recht

Abschnitt 1: Anspruchsprüfung zum Haftungsgrund

§ 1 Haftungsgründe

Im schweizerischen außervertraglichen Haftpflichtrecht bestehen als Haftungsgrundlagen 1 im Wesentlichen die **Verschuldenshaftung** sowie die **Gefährdungshaftung** (sog Kausalhaftung). Das Straßenverkehrsrecht knüpft ebenfalls an diese beiden Haftungskategorien an. Die Haftungsnormen finden sich im Straßenverkehrsgesetz vom 19.12.1958 (SVG)[1] in den Art. 58 ff. Es gibt nur einige wenige Konstellationen, in welchen Art. 41 des schweizerischen Obligationenrechts vom 30.3.1911 (OR)[2] als Haftungsgrundnorm zur Anwendung gelangt. Die obligationenrechtlichen Normen zum außervertraglichen Haftpflichtrecht sind jedoch für die Belange der später darzustellenden Schadensersatzbemessung maßgebend (Gesetzesverweis in Art. 61 Abs. 1 SVG).

A. Haftung des Fahrers[3]

I. Haftung aus Verschulden

An dieser Stelle ist primär zu unterscheiden, welche Art von Schaden verursacht wird: 2

- **Sachschaden am gelenkten Fahrzeug**, welches nicht dem Fahrer gehört, inkl. an transportierten Gegenständen des Eigentümers (ausgenommen Reisegepäck);
- Schaden zum Nachteil einer Drittperson und Schaden des Eigentümers **außerhalb des Fahrzeugschadens**.

Im ersten Fall (Schädigung des Eigentümers durch Sachschaden am gelenkten Fahrzeug) 3 richtet sich die Haftung nach dem Verschulden des Fahrers und es gelangt die **generelle Haftungsnorm** von Art. 41 OR[4] zur Anwendung, unabhängig davon, ob der Fahrer Halter

---

1 SR 741.01.
2 SR 220.
3 In den schweizerischen Gesetzesnormen wird üblicherweise der Begriff Lenker verwendet.
4 Gesetzeswortlaut: „Wer einem andern widerrechtlich Schaden zufügt, sei es mit Absicht, sei es aus Fahrlässigkeit, wird ihm zum Ersatze verpflichtet."

(siehe → Rn. 8) ist (diesbezüglich verweist Art. 59 Abs. 4 SVG explizit auf die Verschuldenshaftung nach OR) oder ob ihm keine Haltereigenschaft zukommt.

4 In den anderen Fällen (zB Fahrer verursacht Beschädigung eines anderen Fahrzeugs oder er verletzt den außerhalb des Fahrzeugs stehenden Halter) wird die Verschuldenshaftung des Fahrers meist durch die **Halterhaftung** bzw. die Deckungspflicht der Halterhaftpflichtversicherung verdrängt.[5] Dies teilweise selbst im Fall der Körperschädigung des Halters: Wohl haftet der Fahrer dem geschädigten Halter (jener kann auch mitfahrender Passagier sein) für den durch Fahrerverschulden verursachten Schaden. Aufgrund der weiten Fassung des Versicherungsobligatoriums nach Art. 63 SVG kann der geschädigte Halter zur Schadensliquidation indessen auf seine eigene Haftpflichtversicherung zugreifen.[6] Diese wird ihm ersatzpflichtig für den Anteil des Schadens, der außerhalb der Haftungsquote für Betriebsgefahr oder Mangelzustand des Fahrzeugs liegt.

5 Bei der Verschuldenshaftung dreht sich die Frage darum, ob das Verhalten des Schädigers als **Absicht** oder als **Fahrlässigkeit** zu werten ist. Im Bereich des Straßenverkehrs stehen für die Beurteilung, ob regelhaftes Verhalten vorliegt, die Straßenverkehrsregeln im Zentrum (normiert in Art. 26 ff. SVG). Im Zivilrecht wird die Fahrlässigkeitsfrage, ob ein Verhalten unter den gegebenen Umständen als sorgfaltswidrig zu betrachten ist, anhand eines objektivierten Maßstabs geprüft.[7] Grob fahrlässig handelt jemand, der elementare Vorsichtsgebote missachtet; leichte Fahrlässigkeit ist anzunehmen, wenn das Verhalten zwar nicht ganz, aber doch einigermaßen verständlich ist.[8] Besteht nur ein geringes Verschulden, kann dies zur Konsequenz haben, dass der Schädiger nur einen reduzierten Schadensersatzbetrag leisten muss, was sich aus Art. 43 Abs. 1 OR ergibt, welche Norm auch im Straßenverkehrsrecht per Gesetzesverweis in Art. 62 Abs. 1 SVG beachtlich ist.

II. Gefährdungshaftung

6 Nach der Haftungskonzeption des SVG ist es der **Halter**, der für Schäden aus dem Betrieb eines Motorfahrzeugs (Art. 58 Abs. 1 SVG) und für das Verschulden des Lenkers wie für sein eigenes haftet (Art. 58 Abs. 4). Eine den Lenker eigenständig treffende Gefährdungshaftung, rein aufgrund der Tatsache, dass dieser ein Motorfahrzeug führt, besteht daher nicht.

B. Haftung des Halters

I. Haftung aus Verschulden

7 **1. Straßenverkehrsrechtliche Gefährdungshaftung.** Die schweizerische Haftungsordnung im Straßenverkehr folgt, soweit es sich um Schäden aus dem **Betrieb eines Motorfahrzeugs** handelt, dem System der Gefährdungshaftung (sog strikte oder scharfe Kausalhaftung) des Fahrzeughalters. Art. 58 Abs. 1 SVG lautet: „Wird durch den Betrieb eines Motorfahrzeuges ein Mensch getötet oder verletzt oder Sachschaden verursacht, so haftet der Halter für den Schaden."

8 Als **Halter** wird jene Person betrachtet, welche das Fahrzeug auf eigene Rechnung nutzt und über das Fahrzeug die tatsächliche Verfügungsgewalt hat.[9] Dieser materielle Halterbegriff bedeutet, dass nicht unbedingt jene Person Halter ist, die Eigentum am Fahrzeug hat, oder auf welche das Fahrzeug angemeldet ist.

9 Das Verschulden spielt je nach Art des Unfalls eine unterschiedliche Rolle (Übersicht):[10]

---

5 Theoretisch haftet neben dem Halter der Lenker aus eigenem Verschulden nach Art. 41 OR (BGer-Urteil 6S. 346/2005 vom 2.2.2006, Erw. 2.1), in der Praxis wird jedoch wegen der viel umfassenderen Gefährdungshaftung des Halters ausschließlich auf diesen bzw. dessen Haftpflichtversicherung zugegriffen.
6 Emmenegger/Geisseler, S. 38.
7 Grundlegend Oftinger/Stark, Bd. I, S. 205 ff.
8 Keller, Bd. I, S. 127.
9 BGE 129 III 102.
10 Zur Quotenbildung im Einzelnen: siehe Rn. 70 ff.

a) Wird durch ein **nicht in Betrieb**[11] stehendes Fahrzeug ein Schaden verursacht, richtet sich die Haftung des Halters nach dessen Verschulden (Art. 58 Abs. 2 SVG). Zu denken ist hier etwa an Schädigungen durch geparkte Fahrzeuge, Ladevorgänge oder Herunterfallen von transportierten Gegenständen. Der Halter hat auch für das Verschulden des Fahrers oder von Hilfspersonen einzustehen.

b) Weniger Einfluss des Verschuldens auf die Haftungsbeurteilung besteht bei Unfällen, bei welchen **nur ein Halter involviert** ist und die geschädigte Person ein Mitverschulden trifft (zB Unfall mit Motorfahrzeug und unvorsichtigem Fußgänger), womit Art. 59 Abs. 2 SVG zur Anwendung gelangt. Weil der Halter für die Betriebsgefahr haftet, hat die vom Verschulden bestimmte Haftungsquote nur Einfluss auf einen Teil der Gesamthaftung. Die Verschuldensquote ist gegebenenfalls weiter aufzuteilen auf Halterverschulden und Geschädigtenverschulden.

c) Entscheidend für die Haftung ist das Verschulden dann, wenn an einem Unfall **mehrere Fahrzeughalter beteiligt** sind: Deren Haftung für Körperschäden untereinander richtet sich nach dem jeweiligen Verschulden, wenn nicht besondere Umstände, namentlich die Betriebsgefahren, eine andere Verteilung rechtfertigen (Art. 61 Abs. 1 SVG). Zu den weiteren besonderen Umständen zählt auch die mangelhafte Beschaffenheit eines Fahrzeugs. Bei Sachschäden spielt prinzipiell nur das Verschulden eine Rolle (Ausnahme: Nachweis einer vorübergehenden Urteilsunfähigkeit oder fehlerhaftem Fahrzeugzustand), die Betriebsgefahren bleiben außer Betracht.

Der Begriff der Unfallbeteiligung ist in einem weiten Sinne zu verstehen, so dass eine Berührung der Fahrzeuge nicht notwendigerweise stattfinden muss. Stets ist jedoch Fahrzeugbetrieb vorausgesetzt.[12]

Ein spezieller Fall, welcher nicht durch Art. 61 SVG geregelt wird, liegt dann vor, wenn der Fahrer, der gleichzeitig Fahrzeughalter ist, den mitfahrenden Mithalter (zB Ehegatten) schädigt: Hier gilt auch für Körperschäden die reine Verschuldenshaftung nach Art. 41 OR (wofür die obligatorische Halterhaftpflichtversicherung nicht aufkommen muss).[13]

2. Besonderheiten bei Beförderungen. a) Entgeltliche Beförderungen (Straßenbahn, Taxi, Bus). Geht es um eine entgeltliche Beförderung, so tritt aufgrund des Beförderungsvertrags neben die außervertraglichen Haftungsnormen *zusätzlich* eine **vertragliche Haftung**. Diese vertragliche Haftung gründet – vorbehaltlich der Anwendbarkeit des Personenbeförderungsgesetzes (siehe → Rn. 47) – auf den allgemeinen vertraglichen Haftungsgrundlagen (insbes. Art. 97 OR) und setzt ein **Verschulden des Befördernden** voraus, wobei ein solches vom Gesetz vermutet wird. Diese zusätzliche Haftungsgrundlage ist dann von eigenständiger Bedeutung, wenn eine Grundbedingung für die Haftung nach SVG nicht gegeben ist, so namentlich wenn die kurze zweijährige Verjährungsfrist nach Art. 83 Abs. 1 SVG eingetreten und die allgemeine zehnjährige Verjährungsfrist für Forderungen aus Vertrag (Art. 127 OR) noch nicht erreicht worden ist. Im Normalfall wird man sich für Schadensersatzforderungen lediglich auf Art. 58 SVG berufen. — 10

Die Art des Transportmittels hat entscheidende Auswirkung auf die anwendbaren gesetzlichen Haftungsbestimmungen: Bei sämtlichen **schienengebundenen Fahrzeugen** – also insbesondere Straßenbahnen – sind nicht die Normen des SVG einschlägig, sondern jene des Eisenbahngesetzes vom 20.12.1957 (EBG). In diesem Gesetz finden sich die Haftungsnormen in Art. 40 b ff. und es gelten ergänzend die allgemeinen außervertraglichen Haftpflichtbestimmungen nach Art. 41 ff. OR. — 11

b) Unentgeltliche Beförderungen (Anhalter, Bekannte). Bei der unentgeltlichen Beförderung bleibt es demgegenüber bei der **außervertraglichen Haftung** nach Art. 58 SVG. Für deren grundsätzliche Anwendung macht es keinen Unterschied, ob sich eine geschädigte — 12

---

11 Zum Betriebsbegriff sogleich Rn. 15.
12 BGE 100 II 49 S. 51 Erw. 2.
13 BGE 120 II 58 S. 61 Erw. 3 a.

Person außerhalb des Fahrzeugs (als Verkehrsteilnehmer) befindet oder ob die betroffene Person als Passagier mittransportiert wird. Stellt jedoch die unentgeltliche Beförderung eine über das übliche Maß hinausgehende spezielle Gefälligkeit dar (zB wenn die Fahrt allein dem geschädigten Mitfahrenden dient und den Fahrer kein Verschulden trifft), so kann dies als „Umstand" iSv Art. 43 Abs. 1 OR bei der Schadensersatzbemessung berücksichtigt werden. Dabei ist allerdings Zurückhaltung angezeigt.[14]

II. Gefährdungshaftung

13 1. **Grundlagen der Gefährdungshaftung.** Wie bereits erwähnt, ist die in Art. 58 Abs. 1 SVG normierte **Gefährdungshaftung** des Halters eines in Betrieb stehenden Motorfahrzeugs die **zentrale Haftungsnorm** des schweizerischen Straßenverkehrsrechts. Sie wird nur dann durch Elemente der Verschuldenshaftung abgelöst, wenn es um die Haftpflicht unter verschiedenen Haltern geht (Art. 61 SVG) (siehe → Rn. 9/c).

14 Die Gefährdungshaftung des Halters basiert auf der Überlegung, dass das **Inverkehrbringen eines Motorfahrzeugs** als solches mit einem **Gefährdungspotenzial** verbunden ist (mittels Motorkraft kann eine große Masse in hohe Geschwindigkeit versetzt werden) und es nahe liegt, primär den Halter als Nutzer der Vorteile des motorbetriebenen Fahrzeugs für Schäden haften zu lassen. Eine **Haftungsbefreiung** des Halters ist nur möglich, wenn neben dem Fahrzeugbetrieb Schadensursachen bestehen, die eine solche Intensität aufweisen, dass der Fahrzeugbetrieb als Ursache in den Hintergrund gedrängt wird. Dies trifft dann zu, wenn der Unfall durch **höhere Gewalt** oder **grobes Verschulden** des Geschädigten oder eines Dritten verursacht wurde (Art. 59 Abs. 1 SVG). Gleichzeitig muss der Halter beweisen, dass ihn oder Personen, für die er verantwortlich ist, kein Verschulden trifft und ein Mangel am Fahrzeug als Schadensursache außer Betracht bleibt. Gelingen dem Halter diese Beweise nicht, so kann ein der geschädigten Person nachweisbares Verschulden immerhin zur Haftungsreduktion führen (Art. 59 Abs. 2 SVG).

15 2. **Typische Problembereiche. a) Betriebsbegriff.** Voraussetzung für die Gefährdungshaftung ist der Betriebsvorgang eines Motorfahrzeugs. Die schweizerische Rechtsprechung folgt primär einem maschinentechnischen Betriebsbegriff – Verwirklichung der Gefahr durch Wirkung der maschinellen Kräfte –, der enger gefasst ist als der verkehrstechnische Betriebsbegriff.[15] Der Schaden muss also unter Berücksichtigung sämtlicher Umstände als Folge der **Verwirklichung der besonderen Gefahr des Motorfahrzeugs** betrachtet werden können.[16] Dieses technische Betriebsverständnis bedeutet indessen nicht, dass indirekte Folgen der Ausnützung der Motorkraft ausgenommen wären: So gehört auch das Rollen bergab ohne aktivierten Motor zum Betrieb[17] (Folge des Hinauffahrens dank Motor) ebenso das Stehenbleiben eines defekten Fahrzeugs auf der Fahrspur einer Autobahn; dass ein Fahrzeug bereits einige Zeit auf der Fahrbahn stillsteht, ändert nichts daran, dass es hier um eine Folge des Betriebs geht.[18] Anders verhält es sich bei geparkten Fahrzeugen.[19]

16 b) **Ladevorgänge.** Dem einschränkenden Betriebsverständnis folgend, sind Schäden aus **Ladevorgängen nicht dem Fahrzeugbetrieb** zuzuordnen. So hat das schweizerische Bundesgericht erkannt, dass eine in den Straßenraum ragende heruntergeklappte Ladebordwand eines geparkten Lkw nicht mit dem Fahrzeugbetrieb zusammenhängt.[20] Auch das Herunterfallen einer ungenügend gesicherten Ladeplanke gehört nicht zum Betriebsvorgang.[21] Etwas anderes gilt für geladene Gegenstände, die während der Fahrt vom Fahrzeug herun-

---

14 Einen hohen Gefälligkeitsabzug von 30 % hat das Bundesgericht jedoch in einem Fall angewendet, bei welchem der Geschädigte selbst Fahrer war und das Fahrzeug vom Halter für zehn Tage zur freien Verfügung erhalten hatte (BGE 127 III 446).
15 BGE 97 II 161, S. 164 Erw. 3; Emmenegger/Geisseler, S. 13 f. mwN.
16 Schaffhauser/Zellweger, Rn. 942.
17 BGE 91 IV 197 S. 199.
18 BGE 113 II 323 S. 329 Erw. 2; sa BGE 110 II 423 S. 424 Erw. 1 a.
19 Dazu sogleich Rn. 17.
20 BGer-Urteil 4A_83/2015 vom 15.6.2015, Erw. 3.
21 BGE 107 II 269 S. 273 Erw. 2.

terfallen, hier ist der Zusammenhang mit dem Betrieb gegeben, wenn der Gegenstand direkt[22] einen Schaden verursacht.

c) **Verneinung der Betriebsgefahr.** Ein Fahrzeug ist dann als nicht in Betrieb stehend zu betrachten, wenn dieses **geparkt** ist, unabhängig davon, ob der Motor aktiviert ist oder nicht. Allein die Masse eines nicht am Verkehr teilnehmenden Fahrzeugs begründet noch keine Betriebsgefahr. Gleiches gilt für Vorgänge, die nichts mit dem spezifischen motorisierten Fortbewegungsvorgang zu tun haben: Öffnen der Fahrzeugtür oder das bereits erwähnte Be- und Entladen des Fahrzeugs sowie Schädigung durch maschinenbetriebene Arbeitsvorrichtungen eines landwirtschaftlichen Fahrzeugs. In allen diesen Fällen ist jedoch gestützt auf Art. 58 Abs. 2 SVG zu prüfen, ob ein haftungsbegründendes Verschulden vorliegt.

17

d) **Ende der Betriebsgefahr.** In zeitlicher Hinsicht sind das Ende des Betriebsvorgangs und damit die Haftung für Betriebsgefahr zu jenem Zeitpunkt anzunehmen, an welchem das Fahrzeug außerhalb der Fahrbahn **ordentlich zum Stillstand** gebracht wird. Ob in jenem Zeitpunkt der Motor noch läuft oder ein Blinker aktiviert ist, bleibt unerheblich.[23]

18

Die Frage nach dem relevanten Ende der Betriebsgefahr darf nicht verwechselt werden mit der Frage, wann das **Schädigungsmoment** eintritt: So hat das Bundesgericht entschieden, dass auch ein Stunden nach einem tödlichen Unfall eintretender Schockzustand mit Schadensfolgen bei den Angehörigen des Unfallopfers die Anwendung von Art. 58 Abs. 1 SVG nicht ausschließt.[24] Gemäß Bundesgericht sollen gar Schadenfolgen erfasst sein, die durch ein nach einem Unfall zu Unrecht erhobenes Strafverfahren gegen den (unschuldig) Betroffenen durch psychische Belastung mit anschließender Fehlverarbeitung entstehen.[25]

19

e) **Verfolgungsfälle.** Zu Situationen, in welchen der Fahrzeuglenker von einem anderen Fahrzeug verfolgt wird und der Verfolgte einen Schaden verursacht, ist keine schweizerische Rechtspraxis ersichtlich, die vom Grundsatz der Halterhaftung für die Betriebsgefahr abweichen würde.

20

Verursacht ein Fahrzeug, welches verfolgt wird, einen Schaden, kann sich jedoch dessen Halter gegebenenfalls auf ein kausalitätsunterbrechendes Verschulden eines Dritten (Verfolger) bei gleichzeitig **fehlendem Eigenverschulden** berufen und sich auf diese Weise der Haftung entziehen (Art. 59 Abs. 1 SVG). Ein weiterer Spezialfall ist denkbar, wenn ein **Strolchenfahrer** (Person, die ein Fahrzeug zum Gebrauch entwendet) von der Polizei verfolgt wird und der Strolchenfahrer sich durch Selbstunfall verletzt: Hierzu hält Art. 75 Abs. 1 SVG fest, dass der Strolchenfahrer wie ein Halter haftet, was zu einer schadensersatzausschließenden Eigenhaftung führt.

21

Auch der Halter des **Verfolgerwagens** muss für Schäden aufkommen, die durch den Betrieb des verfolgenden Wagens inner- und außerhalb des Fahrzeugs verursacht werden; dies unabhängig davon, ob die Verfolgung im Rahmen einer **Dienstpflicht** erfolgt (der Lenker des Polizeiwagens ist in aller Regel nicht dessen Halter und hat daher einen Anspruch aus Betriebshaftpflicht gegen die Halterschaft).

22

3. **Entlastungsmöglichkeit.** Von der Gefährdungshaftung kann sich ein Fahrzeughalter in den von Art. 59 Abs. 1 SVG genannten Fällen befreien, wenn der Schadensfall auf **höhere Gewalt** oder **grobes Verschulden des Geschädigten oder eines Dritten** zurückzuführen ist. Der Maßstab ist hier streng: Höhere Gewalt ist nur bei außergewöhnlichen Ereignissen anzunehmen, so zB bei einem Felssturz auf die Straße; häufig wiederkehrende Naturereignisse wie zB wolkenbruchartiger Regen oder Eisglätte stellen keine höhere Gewalt dar.[26] Auch ein Verschulden von anderen Personen muss erheblich sein (nicht nachvoll-

23

---

22 Dieser direkte Zusammenhang besteht nicht mehr, wenn von einem Lastwagen herunter tropfendes Wasser auf die Fahrbahn gelangt und in der Folge gefriert und dann erst die Eisglätte zu einem Unfall führt (BGE 82 II 43 S. 47).
23 Weissenberger, Art. 58 SVG Rn. 19.
24 BGE 138 III 276 S. 283.
25 BGer-Urteil 4A_115/2014 vom 20.11.2014, Erw. 5.2.
26 BGE 100 II 134 S. 142 Erw. 5.

ziehbarer Verstoß gegen elementare Vorsichtspflichten), damit es zur Haftungsunterbrechung führt.

24 Die vollständige Entlastung von der Haftung tritt jedoch nur ein, wenn der Halter beweisen kann, dass ihn oder eine Person, für welche er verantwortlich ist, kein Verschulden trifft. Mit anderen Worten darf keine **schuldhafte Mitverursachung** von Seiten des Halters vorliegen.

25 Gelingt der zur Haftungsunterbrechung führende (doppelte) Nachweis nicht, kommt die Anwendung von Art. 59 Abs. 2 SVG in Frage, wonach bei Mitverschulden des Geschädigten eine **Haftungsreduktion**zugunsten des Halters eintritt.[27]

C. Haftung des Versicherers

I. Haftungsvoraussetzungen

26 In der Schweiz besteht für die Motorfahrzeuge ein **Versicherungsobligatorium** für die Belange der Halterhaftpflicht (Art. 63 SVG). Das Vorliegen einer Versicherung ist Voraussetzung für die Ausstellung eines Fahrzeugausweises, ohne welchen ein Fahrzeug nicht in den öffentlichen Verkehr gebracht werden darf. Das schweizerische Fahrzeugkontrollschild gilt als Versicherungsnachweis. Bei der Versicherung der Motorfahrzeughalterhaftpflicht handelt es sich um einen privaten Versicherungsvertrag nach schweizerischem VVG;[28] trotz des Versicherungsobligatoriums besteht für die Versicherungsanbieter kein Kontrahierungszwang.

27 Von der obligatorischen Versicherungsdeckung können nach Art. 63 Abs. 3 SVG nur einige wenige Fallgruppen von Sachschäden vertraglich ausgeschlossen werden. Ebenfalls nicht über die allgemeine Halterversicherung versichert werden müssen Ansprüche aus Unfällen bei **Rennen**, wenn der Rennveranstalter hierzu über eine Versicherungsdeckung verfügen muss.

28 Macht eine geschädigte Person im Rahmen des direkten Forderungsrechts (Art. 65 Abs. 1 SVG) Schadensersatzforderungen gegenüber dem Versicherer geltend,[29] so kann der Versicherer dem Geschädigten im Außenverhältnis keine Einreden entgegenhalten, die im Innenverhältnis gegen den zu versichernden Halter vorgebracht werden könnten.

II. Nachhaftung

29 Der Haftpflichtversicherer bleibt auch bei einem Halterwechsel so lange für das betreffende Fahrzeug zuständig, bis der neue Halter eine **andere Versicherung abgeschlossen** hat (Art. 67 Abs. 1 SVG). Immerhin kann der Haftpflichtversicherer innerhalb von 14 Tagen, nachdem ihm der Halterwechsel bekannt geworden ist, vom laufenden Versicherungsvertrag zurücktreten.

30 Endet die Versicherungsdauer der Halterhaftpflichtversicherung (Kündigung, keine automatische Vertragsverlängerung), müssen Fahrzeugausweis und Kontrollschild abgegeben bzw. eingezogen werden. Erfolgt die Rückgabe nicht, so bleiben die Rechte des Geschädigten während längstens 60 Tagen nach Meldung an die Straßenverkehrsbehörde gegenüber dem **bisherigen Versicherer** gewahrt (Art. 68 Abs. 2 SVG). Sind am Ende dieser Frist die Fahrzeugschilder noch nicht behördlich eingezogen worden, haftet der **Kanton** bzw. dessen Versicherer für verursachte Schäden (Art. 77 Abs. 1 SVG).

31 Bleibt ein Fahrzeug ohne Halterhaftpflichtversicherung und ohne Kontrollschilder im Verkehr, handelt es sich um ein **nichtversichertes Fahrzeug,** für dessen verursachte Schäden der **Nationale Garantiefonds** nach Art. 76 Abs. 2 Bst. a Ziff. 1 SVG aufzukommen hat, soweit eine gesetzliche Halterhaftpflicht besteht und der Schaden nicht anderweitig versichert ist (insbesondere Vorrang der Leistungen der Sozialversicherungen).

---

27 Zur Berücksichtigung der Elemente des Verschuldens und der Betriebsgefahr siehe Rn. 70 ff.
28 Bundesgesetz über den Versicherungsvertrag vom 2.4.1908; SR 221.229.1.
29 Dies kann mit einer Leistungsaufforderung bzw. Klage gegenüber dem solidarisch haftenden Halter verbunden werden.

D. Haftung von Begleitpersonen

I. Haftung des Beifahrers

Beifahrer als Verursacher eines Schadensereignisses unterfallen dem in Art. 58 Abs. 1 ver-   32
wendeten Begriff der Personen, für welche der Halter einstehen muss. Es bleibt mithin bei
der **Gefährdungshaftung des Halters** eines in Betrieb stehenden Fahrzeugs. Wird der **unfallverursachende Beifahrer** selbst geschädigt, so ist ihm der Schadensersatz um einen
Selbstverschuldensabzug zu kürzen bzw. bei grobem Selbstverschulden zu verweigern.
Steht das Fahrzeug nicht in Betrieb und verursacht der Beifahrer einen Schaden (insbes.
unvorsichtiges Öffnen der Beifahrertür), wird das Verschulden des Beifahrers wiederum
dem Halter zugerechnet (Art. 58 Abs. 2 SVG). Der geschädigte Halter als Fahrzeuglenker
kann gegenüber dem Beifahrer **Ersatzansprüche** gestützt auf die allgemeine Verschuldenshaftung nach Art. 41 OR geltend machen.

II. Haftung des Einweisers

Gegenüber Dritten ist der (private) Einweiser als **Hilfsperson** zu betrachten, für deren Ver-   33
halten der Halter nach Art. 58 Abs. 1 SVG zivilrechtlich verantwortlich ist.[30] Soweit es um
die Frage der Haftung der Hilfsperson gegenüber dem Halter geht, kommt die allgemeine
Verschuldenshaftung zum Zuge, wobei die Haftung üblicherweise dadurch (stark) reduziert wird, da es sich um eine Gefälligkeitshandlung des Einweisers gegenüber dem Halter
handelt.

Anders präsentiert sich die Situation, wenn der Einweiser in einer **Dienstpflicht** handelt. In   34
diesem Fall ist zu prüfen, ob den Einweiser eine Sorgfaltspflichtverletzung trifft, was eine
vertragliche oder staatliche Haftung nach sich ziehen kann.

E. Haftungsmodifikationen

I. Einschränkungen

1. Unfallschaden und Arbeitnehmer. Grundsätzlich bestehen im Kontext mit einem Ar-   35
beitsverhältnis keine von den allgemeinen Prinzipien des SVG abweichenden Bestimmungen. Wenn es um die Belange der **Haftungseinschränkung** geht, ist eine solche bei einer
Schadensverursachung durch einen Arbeitnehmer nur denkbar, wenn dieser den **Arbeitgeber schädigt.** Werden Drittpersonen geschädigt, bleibt es bei der üblichen Gefährdungshaftung zulasten des Fahrzeughalters. Weil bei der Ermittlung der Haltereigenschaft die tatsächlichen Umstände von Belang sind, kann auch bei einem durch den Arbeitgeber zur
Verfügung gestellten Fahrzeug dem Arbeitnehmer die alleinige Haltereigenschaft zukommen.[31]

a) **Grundsätze der Haftungsverteilung.** Der Arbeitnehmer haftet gegenüber dem Arbeitge-   36
ber aufgrund der arbeitsvertraglichen Gesetzesbestimmungen, wie sie in Art. 321 e OR
niedergelegt sind. Dabei ist für die Haftung ein **Verschulden** vorausgesetzt, was die reine
Erfolgshaftung ausschließt. Bedeutendes Element zur Haftungsbeurteilung bildet jenes der
„Schadensgeneigtheit" der jeweiligen Arbeitstätigkeit. So ist das schadensverursachende
Verschulden eines Berufsfahrers, der sich häufig unter Zeitdruck im dichten Straßenverkehr befindet, mit Zurückhaltung zu beurteilen. Fügt in einem Kleinbetrieb ein Arbeitnehmer durch den Fahrzeugbetrieb einem Arbeitgeber persönlich einen Personenschaden zu,
so tritt neben die Haftungskomponente des Verschuldens auch jene der **Betriebsgefahr**
hinzu, welche bei Haltereigenschaft des Arbeitgebers diesem anzurechnen ist.

Ist es der **Arbeitnehmer,** der durch den Betrieb eines vom Arbeitgeber gehaltenen Motor-   37
fahrzeugs geschädigt wird, **haftet der Arbeitgeber** unter aktueller Gesetzeslage ohne besondere Einschränkungen. Anders war die rechtliche Situation vor dem Jahr 2003: Damals
galt bei von der gesetzlichen Unfallversicherung (teilweise) gedeckten Personenschäden die

---

30 BGE 123 III 274 S. 279 Erw. 1a/bb.
31 BGE 129 III 102 S. 105 Erw. 2.3.

Haftungsfreiheit des Arbeitgebers, solange diesem nicht grobe Fahrlässigkeit oder Vorsatz nachgewiesen werden konnte.[32] Heute gilt dieses Arbeitgeberprivileg nur noch im Rahmen des Regresses der Sozialversicherer.[33]

38 **b) Haftung gegenüber Betriebsangehörigen.** Werden Betriebsangehörige geschädigt, welchen keine Arbeitgeberstellung zukommt, ist die Ersatzpflicht nach den üblichen Haftungsgrundlagen zu beurteilen. Spezielle Haftungsreduktionsgründe, die auf der Eigenschaft der Betriebsangehörigkeit beruhen würden, existieren nicht.

39 Zu beachten bleibt, dass **Fahrzeuge**, welche **nur auf dem Betriebsgelände** verkehren (insbes. Gabelstapler uä) nicht dem Versicherungsobligatorium des SVG unterstehen.

40 **2. Geschäftsführung ohne Auftrag.** Beim Rechtsinstitut der Geschäftsführung ohne Auftrag (Art. 419 ff. OR) ist grundsätzlich zu unterscheiden zwischen **eigennütziger** (sog unechte Geschäftsführung ohne Auftrag) und **fremdnütziger Geschäftsführung.** Nur im letzteren Fall, in welchem der Geschäftsführer zugunsten eines anderen tätig wird, kommt bei Schadensverursachung des Geschäftsführers zum Nachteil des begünstigten Geschäftsherrn eine Haftungsreduktion in Frage. Dies trifft besonders dann zu, wenn der Geschäftsführer handelt, um von dem Geschäftsherrn Schaden abzuwenden. Die Beurteilung der Schadensersatzpflicht fällt somit mild aus, wenn beispielsweise der Geschäftsführer in Abwesenheit des Geschäftsherrn dessen Fahrzeug bei drohendem Hagelschlag unter ein Dach bringt und dabei den Wagen beschädigt.

41 **3. Unentgeltliche Beförderung.** Bei der Schädigung einer Person, die mit einem Fahrzeug unentgeltlich befördert wird, bleibt es bei der üblichen Haftpflicht von Fahrzeughalter und Fahrer.[34] Lediglich in Fällen von besonderer Gefälligkeit ist gegenüber dem Geschädigten eine Haftungsreduktion zu prüfen.

42 **4. Mietwagenprobleme.** Wird ein Fahrzeug gemietet, stellt sich die Frage nach dem **Übergang** der (ausschlaggebenden) materiellen **Halterschaft** vom Eigentümer auf den Mieter. Wird der Mieter zum Halter, hat er sich im Falle seiner eigenen Schädigung die Betriebsgefahrenkomponente anrechnen zu lassen, was zu einer starken Haftungsreduktion führen kann.

43 Entscheidend ist die **Dauer der Miete.** Das Bundesgericht hat sich bisher nur zur Miete während eines halben Tages äußern müssen, und für diesen Fall festgehalten, dass der Mieter nicht zum Halter wird.[35] In der schweizerischen Lehre wird ein Übergang der Haltereigenschaft nach einem Monat befürwortet.[36]

44 **5. Mitversicherte Personen und Insassen.** Grundsätzlich gilt auch für Fahrzeuginsassen das Haftungsregime nach SVG und Schäden sind über die obligatorische Halterhaftpflichtversicherung gedeckt.

45 Hat der Fahrzeughalter zusätzlich eine **private** (nicht-obligatorische) **Insassenversicherung** abgeschlossen und hierfür Prämien entrichtet, kommt bei einer Schädigung eines Insassen v.a. die Ausrichtung von Unfalltaggeldern und/oder Invaliditäts-/Todesfallkapitalien in Frage. Art. 62 Abs. 3 SVG hält für diesen Fall fest, dass die Versicherungsleistungen an die Ersatzpflicht aus der Halterhaftung angerechnet werden (womit eine Reduktion der Halterhaftpflicht gegeben ist, wobei am Ende dem Geschädigten gleichwohl der ganze Schaden ersetzt wird).[37]

---

32 Art. 44 Abs. 2 aUVG.
33 Art. 75 Abs. 2 ATSG.
34 Siehe bereits Rn. 12.
35 BGE 70 II 179 S. 180 Erw. 1.
36 Keller, Bd. I, S. 298.
37 Diese Regel gilt allerdings nur, wenn die allgemeinen Versicherungsbedingungen der Insassenversicherung nichts anderes vorsehen. Es gibt jedoch in den Vertragsbestimmungen häufig die Regelung, wonach die Anrechnung nur stattfinden soll, soweit der Halter persönlich haftbar ist und die Halterversicherung hierfür nicht voll aufzukommen hat (vgl. BGE 117 II 609 S. 621 Erw. 6 b), was bei grobfahrlässigem Fahrerverhalten zutreffen kann.

6. Deckungsgrenzen. Für die obligatorische Motorfahrzeughaftpflichtversicherung sind   46
gesetzliche **Mindestdeckungen** vorgesehen, welche in einer bundesrätlichen Verordnung
geregelt sind. Die Mindestdeckung beträgt für gewöhnliche **Personen- und Lastfahrzeuge** 5
Millionen Schweizer Franken (Art. 3 Abs. 1 VVV),[38] wenn es sich um ein großes **Personen-
transportfahrzeug** handelt, erhöht sich die Mindestdeckungssummen auf 10 Millionen
(bis 50 Plätze) bis 20 Millionen (ab 51 Plätzen). Die heutigen Versicherungsverträge für
normale **Pkws** sehen üblicherweise eine Begrenzung auf 100 Millionen Schweizer Franken
vor (während früher häufig noch die unlimitierte Deckung galt).

II. Erweiterungen

1. Entgeltliche Beförderung. Generell gelten auch für die gewerbliche Beförderung die   47
Haftungsnormen nach SVG. Bei der entgeltlichen Beförderung mit einem dem Personenbe-
förderungsgesetz vom 20.3.2009[39] unterstellten Verkehrsunternehmen ergibt sich bei
Sachschäden am Gepäck eine Haftungserweiterung insofern, als dass bei gleichzeitigem
Personenschaden eine Gefährdungshaftung ebenfalls für Schäden am Handgepäck zum
Zuge kommt (Art. 23 Abs. 2 Buchst. a Personenbeförderungsgesetz) und in den übrigen
Fällen die verschuldete Schadensverursachung durch das Transportunternehmen vermutet
wird (Art. 23 Abs. 2 Buchst. b); gleiches gilt für zum Transport aufgegebenes Reisegepäck
(Art. 27 Abs. 2).

2. Unentgeltliche Beförderung. Als **gewerbsmäßige Beförderung** und damit ebenfalls dem   48
Personenbeförderungsgesetz unterstellter Transport gilt zudem eine kostenlose Beförderung, wenn damit der Transporteur einen geschäftlichen Vorteil erlangt (Art. 2 Abs. 1
Buchst. b Ziff. 2). In einem solchen Fall gilt die soeben dargelegte Haftungserweiterung
nach dem Personenbeförderungsgesetz.

F. Haftung von Radfahrern, Fußgängern, Behinderten

I. Haftungskriterien

Nicht nach denselben Regeln wie jenen für Motorfahrzeuge haften **Radfahrer** (Art. 70   49
SVG), inkl. Fahrer von **Leicht-Motorfahrrädern** (Art. 38 Abs. 1 VVV) sowie Benützer von
Invalidenfahrstühlen mit Elektromotor bis 10 km/h Höchstgeschwindigkeit (Art. 37 Abs. 1
Bst. d VVV). Für diese gelten wie für Fußgänger die allgemeinen Haftungsnormen des Obligationenrechts. Nach Art. 41 Abs. 1 OR haftet der Schädiger für den Schaden, welchen
er in verschuldeter Weise verursacht. Eine Haftung für Betriebsgefahr existiert demnach
bei den genannten Fahrzeugen nicht.

II. Abwägungsgesichtspunkte

In den Fällen, in welchen das **Verschulden das haftungsbegründende Element** darstellt,   50
kann nach den allgemeinen Ersatzbemessungsregeln die Haftungsquote dem Verschulden
sowohl des Schädigers (Art. 43 Abs. 1 OR) als auch des Geschädigten (Art. 44 Abs. 1 OR)
angepasst werden. Eine **Haftungsreduktion** kommt insbesondere in Frage bei leichter
Fahrlässigkeit[40] des Schädigers.

Im speziellen Fall der (unverschuldeten) **Unzurechnungsfähigkeit** des Schädigers ist grund-   51
sätzlich keine Haftung gegeben. Das Gericht kann eine solche Person dennoch nach Billigkeit zum ganzen oder teilweisen Ersatz des Schadens verpflichten (Art. 54 Abs. 1 OR). Der
Hauptanwendungsfall betrifft Schäden, für welche eine (freiwillige) Haftpflichtdeckung
durch eine Versicherung besteht.

---

38 Verkehrsversicherungsverordnung vom 20.11.1959; SR 221.229.1.
39 SR 745.1.
40 Zur Umschreibung der Fahrlässigkeitsgrade siehe Rn. 5.

III. Sonderfall: Ältere Fußgänger, Kinder, Behinderte

52 Bei Personen, bei welchen die **Urteilsfähigkeit beeinträchtigt** ist, soll diesem Faktum bei der (Selbst-)Verschuldensbeurteilung Rechnung getragen werden. Für Kinder kann, obwohl stets der Einzelfall maßgebend ist, im Sinne einer Faustregel – starre Grenzen existieren nicht – davon ausgegangen werden, dass die Urteilsfähigkeit für die Belange des Straßenverkehrs bei sieben bis zehn Jahren einsetzt und volle Urteilsfähigkeit erst bei Jugendlichen ab 14 Jahren angenommen wird.[41] Zwischen diesen Grenzen kann eine graduelle Anpassung der (Selbst-)Verschuldenskomponente vorgenommen werden.

53 Korrelat zur potenziell bestehenden höheren (Selbst-)Gefährdungssituation von Angehörigen dieser Personengruppen bildet die **erhöhte Aufmerksamkeitspflicht** ihnen gegenüber durch andere Verkehrsteilnehmer (Art. 26 Abs. 2 SVG). Konkret bedeutet dies insbesondere die Pflicht zur Geschwindigkeitsreduktion, wenn nötig bis zum Stillstand, wenn von solchen Personen unvernünftige Reaktionen zu erwarten sind.[42]

§ 2 Prüfungsweg zum Haftungsgrund

A. Anscheinsbeweis

54 In der Schweiz ist das Rechtsinstitut des Anscheinsbeweises (prima-facie-Beweis) nicht etabliert,[43] weil dieser dem üblichen Beweismaß des strikten Beweises[44] nicht genügt. Dies heißt indessen nicht, dass sich der Richter nicht auch auf Indizien stützen kann, die den Schluss auf die Verwirklichung der zu beweisenden Tatsache zulassen.[45]

55 Einige Bedeutung haben jedoch **Vermutungen**, die unterteilt werden können in Rechts- und Tatsachenvermutungen sowie gesetzliche Fiktionen (unwiderlegbare Festlegung). Eine im Straßenverkehr wichtige **gesetzliche Annahme**[46] ist jene, dass ein Motorfahrzeuglenker mit mehr als 0,5 Promille Blutalkoholgehalt in jedem Fall in der Fahrtauglichkeit beeinträchtigt ist.[47]

---

41 Schaffhauser/Zellweger, Rn. 1056 ff. m. Hinw. auf die Rechtsprechung.
42 BGE 129 IV 282 S. 289 Erw. 3.3.
43 Vgl. BGE 118 II 235 S. 239.
44 Ausnahme: Der natürliche Kausalzusammenhang muss lediglich mit dem Beweismaß der überwiegenden Wahrscheinlichkeit nachgewiesen werden.
45 BGer-Urteil 5C.109/2001 vom 10.7.2001, Erw. 2 a.
46 Art. 55 Abs. 6 SVG iVm Art. 1 Verordnung der Bundesversammlung vom 21.3.2003 über Blutalkoholgrenzwerte im Straßenverkehr (SR 741.13).
47 Zur bis 2004 geltenden Grenze von 0.8 Promille BGE 103 IV 110.

Hablützel/Saner

B. Objektiv festgestellte Sorgfaltspflichtverletzung

I. Allgemeines Verkehrsverhalten

1. Allgemeine Verkehrssituationen. Im Sinne einer Grundregel ist nach Art. 26 Abs. 1 SVG 56 jedermann verpflichtet, sich im Verkehr so zu verhalten, dass er andere in der ordnungsgemäßen Benützung der Straße **weder behindert noch gefährdet**. Ein Fahrzeugführer muss das Fahrzeug ständig so beherrschen, dass er seinen **Vorsichtspflichten** nachkommen kann (Art. 33 Abs. 1 SVG).

Im Einzelnen sind für die Beurteilung des Verhaltens eines Verkehrsteilnehmers die gesetz- 57 lichen **Straßenverkehrsregeln** maßgebend. Die im SVG in Art. 29–51 niedergelegten Grundregeln werden durch die Vorschriften in der Verkehrsregelnverordnung vom 13.11.1962 (VRV)[48] weiter konkretisiert. Hier finden sich detaillierte Verkehrsregeln zu Vortritt (Art. 14 ff. VRV), Geschwindigkeit (Art. 4 ff. VRV), Überholvorgängen (Art. 10 f. VRV) etc.

2. Unfälle auf Parkplätzen. Die gesetzlich statuierten Verkehrsregeln gelten für die Führer 58 von Fahrzeugen auf allen dem öffentlichen Verkehr dienenden Straßen (Art. 1 Abs. 2 SVG; Art. 1 Abs. 1 und 2 VRV). Dies hat zur Folge, dass sich bei öffentlich zugänglichen Parkplätzen – unabhängig davon, ob privates Grundeigentum vorliegt – die allgemeinen Verkehrsregeln **uneingeschränkt Geltung** haben. Umgekehrt können die gesetzlichen Verkehrsregeln **nicht direkt angewandt** werden, wenn sich ein Unfall auf einer **nicht für den allgemeinen Verkehr zugänglichen Fahrfläche** ereignet. Allerdings gebietet der Vertrauensgrundsatz, dass die elementaren Verkehrsregeln (zB Rechtsfahrgebot) auch auf solchen privaten Verkehrsflächen eingehalten werden. Zudem ist es möglich, dass sich die Benutzer eines Privatareals aus eigenem Antrieb ausdrücklich den gesetzlichen Verkehrsregeln unterstellen.

II. Fahrfehler, Fehlreaktionen

Ausgehend vom bereits erwähnten Grundsatz, wonach ein Fahrzeugführer sein Fahrzeug 59 stets beherrschen muss (Art. 33 Abs. 1 SVG), stellen Fahrfehler und Fehlreaktionen als solche einen **Verkehrsregelverstoß** dar; entsprechend häufig werden Fahrzeuglenker nach einem Unfall wegen Nichtbeherrschung des Fahrzeugs (meist zusammen mit anderen Regelverletzungen)[49] sanktioniert. Für die Haftungsbeurteilung ist in diesem Zusammenhang von Bedeutung, welche Verschuldensintensität dem Fehlverhalten zugrunde liegt. Es ist mithin ausschlaggebend, ob das Fahrverhalten auf plötzlich eintretende Urteilsunfähigkeit (zB Herzversagen)[50] zurückzuführen oder der Person leichte, mittlere oder grobe Fahrlässigkeit vorzuwerfen ist.[51]

C. Beweislastverteilung

I. Grundsatz

Im schweizerischen Zivilrecht normiert Art. 8 Schweizerisches Zivilgesetzbuch vom 60 10.12.1907 (ZGB; SR 210) das **Grundprinzip zur Beweisfrage** wie folgt: „Wo das Gesetz es nicht anders bestimmt, hat derjenige das Vorhandensein einer behaupteten Tatsache zu beweisen, der aus ihr Rechte ableitet." Diese Grundregel ist auch bei Unfallfolgen nach einem Straßenverkehrsunfall beachtlich, wenn es um den Nachweis der Körperverletzung bzw. Sachbeschädigung, den Kausalzusammenhang sowie den Schaden geht.

In jenen Fällen, in welchen ein **Verschulden Haftungsvoraussetzung** darstellt (Bereiche au- 61 ßerhalb der Gefährdungshaftung), ist ein solches ebenfalls vom Geschädigten nachzuweisen. Dies betrifft die Fälle von Sachschäden nach Art. 58 Abs. 2 SVG. Wenn im Bereich der

---

48 SR 741.11.
49 ZB Art. 4 Abs. 1 VRV: Der Fahrzeugführer darf nur so schnell fahren, dass er innerhalb der überblickbaren Strecke halten kann; wo das Kreuzen schwierig ist, muss er auf halbe Sichtweite halten können.
50 BGE 105 II 209 S. 212.
51 Zu den Verschuldensgraden siehe vorne, Rn. 5.

gegenseitigen Halterhaftung nach Art. 61 Art. 1 SVG die **Haftungsverteilung** nach dem Verschulden stattfindet, ist es Aufgabe des geschädigten Halters, dem anderen ein Verschulden nachzuweisen, welches ein Abweichen von der Gleichverteilung der Haftung (bei zwei Beteiligten: je 50 %, bei drei Beteiligten: je 1/3 etc) rechtfertigt.[52] Ansonsten bleibt es (vorbehältlich verschiedener relevanter Betriebsgefahren) bei der gleichmäßigen Aufteilung der Haftung und der geschädigte Halter hat im Rahmen der von ihm zu vertretenden Quote keinen Ersatzanspruch.

62　Ein Verschulden ist für die Belange der Gefährdungshaftung nicht vorausgesetzt, so dass ein solches vom Geschädigten auch nicht nachgewiesen werden muss. Will sich jedoch der grundsätzlich Haftende auf ein **haftungsreduzierendes Selbstverschulden** berufen (Art. 59 Abs. 2 SVG), obliegt ihm dessen Nachweis. Wenn er darüber hinaus ein haftungsausschließendes Selbstverschulden des Geschädigten oder eines Dritten geltend macht, hat er zusätzlich die Absenz eines Verschuldens auf Halterseite zu beweisen (Art. 59 Abs. 1 SVG).

II. Ausnahmen

63　**1. Beweisvereitelung.** Bei der Beweiswürdigung berücksichtigt das Gericht auch das Verhalten des Beweisgegners, wenn dieses darauf abzielt, die **Nachweissituation des Beweisbelasteten zu verschlechtern.** Dies trifft namentlich bei Vernichtung von Beweismitteln zu, worauf unten näher einzugehen ist. Entsprechend dem Verschulden der Person, welche die Beweisvereitelung betreibt, kann das Gericht die notwendige Beweisintensität für das Gelingen des Beweises senken und statt des strikten Beweises beispielsweise nur ein Glaubhaftmachen genügen lassen. In schweren Fällen von Beweisvereitelung ist sodann nach herrschender Lehrmeinung eine Beweislastumkehr in Betracht zu ziehen.[53]

64　**2. Unerlaubtes Entfernen vom Unfallort.** Art. 51 SVG (mit Detaillierungen in Art. 54 ff. VRV) statuiert die für alle Unfallbeteiligten zentrale Pflicht, nach einem Unfall **sofort anzuhalten.** Bei **Personenverletzungen** dürfen sich Beteiligte ohne Zustimmung der Polizei **nicht vom Unfallort entfernen.** Ein Verstoß gegen die Pflichten nach einem Unfall wird vom Gesetz explizit unter Strafe gestellt (Art. 92 SVG). Zweck der gesetzlichen Verhaltenspflichten ist die Möglichkeit der Polizeiorgane zur Beweissicherung, die teilweise nur während kurzer Zeit nach dem Unfall stattfinden kann.[54] Wird die Beweiserhebung durch das pflichtwidrige Entfernen eines Unfallbeteiligten erschwert, muss sich der Betroffene (bzw. dessen Halterhaftpflichtversicherung) die dadurch erzeugten Beweisschwierigkeiten des Geschädigten anrechnen lassen, dh das Beweismaß für den dem Geschädigten obliegenden Beweis kann vom Gericht reduziert werden.

65　**3. Schuldbezeugungen nach Unfall.** Die **Schuldanerkennung einer unfallbeteiligten Person** kann ein Indiz im Rahmen der richterlichen Prüfung der Haftungsfrage darstellen, wobei immer die konkreten Umstände bei der Abgabe von Aussagen zur Schuld mitberücksichtigt werden müssen (geringe bis gar keine Bedeutung haben entsprechende Aussagen im Schockzustand oder bei Unterdrucksetzung durch andere). Liegt einer Schuldbezeugung ein Irrtum zB über die tatsächliche Vortrittssituation zu Grunde, so bleibt das Eingeständnis rechtlich wirkungslos (Art. 24 Abs. 1 Ziff. 4 OR).[55] Anders verhält es sich bei einer später von einem Versicherer abgegebenen Haftungsanerkennung. Im Besonderen stellt die Unterzeichnung eines ausgefüllten Europäischen Unfallprotokolls keine Schuldanerkennung dar, wie es bereits aus dem Formulartext hervorgeht.

66　**4. Vernichtung von Beweismitteln.** Die **Zerstörung** eines Beweismittels durch den Beweisgegner ist die typische Form der Beweisvereitelung, wovon bereits die Rede war. Im Zusammenhang mit Straßenverkehrsunfällen stellen solche Situationen zB das Verschwindenlassen von Kollisionsspuren oder die Zerstörung von Fahrtenschreiberdaten dar. Speziell geahndet wird vom SVG mit Art. 91 a die Vereitelung von Maßnahmen zur Feststellung

---

52　Schaffhauser/Zellweger, Rn. 1330.
53　BGer-Urteil 4C.378/1999 vom 23.11.2004, Erw. 3.2. m. Hinw. auf die Literatur.
54　BGE 131 IV 36 S. 45, Erw. 3.5.1.
55　BGE 96 II 25 S. 27, Erw. 2 b.

der Fahrunfähigkeit. Hauptfall ist die Vereitelung der Blutprobe zur Bestimmung des Blutalkoholgehalts, was auf unterschiedliche Weise passieren kann: zB durch körperlichen Widerstand gegen die Blutentnahme oder Konsum von Alkohol nach dem Unfall (sog Nachtrunk).

D. Gefährdungshaftung

Liegt ein Gefährdungshaftungs-Tatbestand vor (Art. 58 Abs. 1 SVG), sind haftungsreduzierende Elemente zugunsten des Haftenden – des Fahrzeughalters – von diesem zu beweisen; ansonsten bleibt es bei der vollen Haftung. 67

Um sich nach Art. 59 Abs. 1 SVG **vollständig von der Haftung entsagen** zu können, bedarf es neben dem Nachweis des groben Dritt- bzw. Geschädigtenverschuldens oder höherer Gewalt zusätzlich der eigenen Verschuldensfreiheit des grundsätzlich haftpflichtigen Halters – auch dies hat der Halter zu beweisen. 68

Geht es lediglich um die Frage der **Haftungsreduktion** (Art. 59 Abs. 2 SVG), ist die Absenz eines dem Halter zuzuschreibenden Verschuldens nicht vorausgesetzt. Es bleibt jedoch für Elemente des Selbstverschuldens des Geschädigten bei der Beweislast zulasten des Halters. 69

E. Quotenbildung

I. Verschuldenshaftung

Das System der reinen Verschuldenshaftung kommt zum Zuge, wenn es um die Schadensverursachung durch ein **nicht in Betrieb stehendes Motorfahrzeug** (Art. 58 Abs. 2 SVG) oder um die Schädigung durch **nichtmotorisierte Verkehrsteilnehmer** geht (Art. 70 SVG mit Verweis auf Art. 41 OR) (siehe auch → Rn. 49). Ebenfalls nur nach Verschuldensgesichtspunkten beurteilt sich die Haftung zwischen Haltern, soweit die Betriebsgefahren der Fahrzeuge nicht erheblich voneinander abweichen, weshalb sich diese neutralisieren,[56] (Art. 61 Abs. 1 SVG) und bei Sachschädigungen zwischen Haltern (Art. 61 Abs. 2 SVG). 70

Bei der Festlegung der Haftungsquoten ist eine **Beurteilung des individuellen Verschuldens** jeder involvierten Person vorzunehmen, was keine schematischen Verteilungsregeln zulässt. Zu fragen ist nach der Größe der durch das Verhalten bewirkten Gefahr und der Wahrscheinlichkeit der Gefahrenverwirklichung. Von schwerem Verschulden ist auszugehen, wenn das Verhalten mit einer hohen Wahrscheinlichkeit für eine Körperverletzung verbunden ist und/oder die Intensität der Verletzung eines wichtigen Rechtsgutes groß ist. Demgegenüber fällt das Verschulden geringer aus, wenn die Gefahr oder die Möglichkeit ihrer Verwirklichung gering sind.[57] 71

Lässt sich bei Unfällen mit Personenschäden zwischen Fahrzeughaltern **kein Verschulden** nachweisen, haften die Halter für den Schaden nach den von ihnen zu vertretenden Betriebsgefahren (wobei für eine Abweichung von der Gleichwertigkeit nur erhebliche Unterschiede berücksichtigt werden).[58] 72

II. Gefährdungshaftung

Die Gefährdungshaftung bei Motorfahrzeugunfällen findet ihren Ausdruck in der vollen, **verschuldensunabhängigen Haftung** des Halters für Schäden durch Fahrzeugbetrieb, die ein Unfallbeteiligter ohne Haltereigenschaft erleidet und welchem kein Selbstverschulden anzulasten ist (Art. 58 Abs. 1 SVG). 73

Die Gefährdungshaftung hat sodann Auswirkungen, wenn **mehrere Halter** in einen Unfall mit Personenschaden verwickelt sind und die einzelnen Betriebsgefahren der Fahrzeuge sich in signifikanter Weise unterscheiden (Art. 61 Abs. 1 SVG); wenn in diesen Fällen kei- 74

---

56 Ausnahme: Die gleichgroßen Betriebsgefahrkomponenten sind dann in die Haftungsbeurteilung miteinzubeziehen, wenn einen Halter nur geringes und den anderen gar kein Verschulden trifft (BGE 123 II 274 S. 277 Erw. 1a/bb m. Hinw.).
57 Zum Ganzen Stein, S. 90.
58 Brehm, Motorfahrzeughaftpflicht, Rn. 750.

ner Person ein Verschulden zukommt, ist die Betriebsgefahr das einzige Haftungsbemessungskriterium.

75 Bei der Bewertung der Betriebsgefahren stehen die Faktoren **Fahrzeuggeschwindigkeit** und **-gewicht** im Vordergrund. Weil sich bei der kinetischen Energie die Geschwindigkeit überproportional auswirkt ($E = \frac{1}{2}\, m \cdot v^2$), befürwortet ein Teil der Lehre zu Recht, dass die Geschwindigkeit Hauptmerkmal bei der Betriebsgefahrenzumessung darstellen soll,[59] während das Bundesgericht eher auf die Fahrzeugtypen (und damit primär das Gewicht) abstellt.[60] Neben der „aktiven" Betriebsgefahr spielt vor allem bei **Motorrädern** die „passive" (Eigen-)Gefährdung eine Rolle: Auch wenn das Motorrad eine geringere kinetische Energie entwickeln kann, muss der Motorradfahrer seine höhere Verletzlichkeit bei der Aufteilung der Betriebsgefahr gegen sich gelten lassen. Wenn es mithin um die Verteilung der Betriebsgefahr zwischen Pkw und Motorrad geht, wird die Betriebsgefahr vom Bundesgericht in aller Regel als gleich groß betrachtet (selbst wenn das konkrete Gefahrenpotenzial ungleich ist).[61]

III. Abwägung

76 **1. Abwägungskriterien.** In den soeben aufgezeigten Konstellationen richtet sich die Haftungsbeurteilung entweder allein nach dem **Verschulden** (→ Rn. 70 ff.) oder nach der **Betriebsgefahr** (→ Rn. 73 ff.).

77 In anderen, ziemlich häufigen Fällen sind bei der Ermittlung der Haftungsquote **beide Komponenten** zu berücksichtigen. Dies trifft zum einen dann zu (→ Rn. 78), wenn grundsätzliche Haftung eines Fahrzeughalters gegenüber einem Nichthalter (zB Fußgänger) besteht, letzteren an der Schädigung aber ein Selbstverschulden trifft (Art. 59 Abs. 2 SVG). Zum anderen sind (→ Rn. 79) Verschulden und Betriebsgefahr gleichzeitig zu gewichten, wenn es um die Haftung zwischen Fahrzeughaltern für Körperschäden geht, deren Fahrzeuge ungleiche Betriebsgefahren aufweisen (diese sich also bei der Haftungsbemessung nicht neutralisieren).

78 **2. Regeln zur Quotenbildung. a) Halter schädigt Nichthalter, den (Mit-)Verschulden trifft.** In Fällen, in welchen der Halter einen sich schuldhaft verhaltenden Nichthalter schädigt, sind verschiedenste Konstellationen denkbar (Kinder als Geschädigte, verschiedene Verschuldensgrade bei Mitfahrern, zusätzliches Verschulden des Halters etc), auf die hier im Einzelnen aus Platzgründen nicht eingegangen werden kann.[62] Bei der Anwendung von Art. 59 Abs. 2 SVG gelangt die sog **sektorielle**[63] **Methode** zum Zug (gedanklich kann dies mit einem Kuchen verglichen werden, der in verschiedene Stücke aufgeteilt wird). Zunächst ist die dem Halter zuzurechnende **Betriebsgefahrenquote** festzulegen. Die Betriebsgefahr ist umso größer, je höher Geschwindigkeit und Gewicht des Fahrzeugs sind. Die untere Grenze für diese Quote liegt nach der Rechtsprechung bei 30 %, die obere Grenze bei 60 %.[64] Die neben der Betriebshaftung bestehende Quote ist nach dem Verschulden des Halters (bzw. Person, für die er einstehen muss) aufzuteilen. Bei gleichem Verschulden wird die **Verschuldensquote** halbiert. Wenn starkes Halterverschulden auf geringes Opferverschulden trifft, kann sich die volle Haftungszuordnung an den Halter rechtfertigen. So kann nach dem Bundesgericht eine 10-prozentige Haftungsquote bei einem leicht fahrlässig handelnden Fußgänger vernachlässigt werden, dh, es bleibt bei der vollen Haftung des Fahrzeughalters.[65]

---

59 Brehm, Motorfahrzeughaftpflicht, Rn. 797 ff. m. Hinw.
60 BGE 99 II 93 S. 96 Erw. 2 b; BGer-Urteil 4A_5/2014 vom 2.6.2014, Erw. 5.1.
61 ZB BGer-Urteil 4C.3/2001 vom 26.9.2001, Erw. 2 b.
62 Sehr ausführlich zu den verschiedenen Konstellationen: Brehm, Motorfahrzeughaftpflicht, Rn. 504 ff.
63 Im Unterschied zur Kompensationsmethode, bei welcher die Betriebsgefahren neutralisiert und nur die Verschuldenskomponente in Betracht gezogen werden.
64 BGer-Urteil 4A_479/2009 vom 23.12.2009, Erw. 7.2.
65 BGE 132 III 249 S. 256 Erw. 3.5.

Beispiel: Alkoholisierter Pkw-Fahrer überfährt auf der Straße liegenden Betrunkenen. Betriebsgefahr: 50 %, zuzüglich Verschulden Halter: 30 %, führt zur Haftungsquote zulasten des Halters von 80 %.[66]

b) Mehrere Halter verursachen schuldhaft untereinander Personenschäden bei unterschiedlichen Betriebsgefahren. Sind bei der Haftungsbeurteilung Verschulden und gleichzeitig (unterschiedliche) Betriebsgefahren zu berücksichtigen (Art. 61 Abs. 1 SVG),[67] wird wiederum zuerst die **Grundaufteilung** zwischen Betriebsgefahrenquote (als Ganzes) und Verschuldensquote (als Ganzes) festgelegt. Dies entspricht wiederum der sektoriellen Methode. Nach der Rechtsprechung und Lehre macht die Verschuldens-Gesamtquote das Doppelte der Betriebsgefahren-Gesamtquote aus.[68] Beide Komponenten sind dann wiederum aufzuteilen und den einzelnen Haltern zuzurechnen. Es gilt auch hier der Grundsatz, dass der eine Halter dem anderen das jeweils größere Verschulden nachzuweisen hat.   79

Beispiel: Pkw-Lenkerin hält am rechten Straßenrand an, um danach auf einen auf der linken Straßenseite gelegenen Platz zu gelangen. Ein anderer Pkw nähert sich von hinten und setzt zum Überholen an, als die Pkw-Lenkerin ihr Abbiegemanöver ohne Seitenblick beginnt. Verschulden allein bei der Pkw-Lenkerin, Betriebsgefahr des überholenden Wagens größer: Haftungsquote zulasten Pkw-Lenkerin: 80 %.[69]

F. Probleme der Gesamtschuldnerschaft

I. Grundlagen

Art. 60 Abs. 1 SVG regelt mit seinem Wortlaut („Sind bei einem Unfall, an dem ein Motorfahrzeug beteiligt ist, mehrere für den Schaden eines Dritten ersatzpflichtig, so haften sie solidarisch.") die Frage der Gesamtschuldnerschaft klar: Bei mehreren Haftpflichtigen schuldet prinzipiell jeder dem geschädigten Nichthalter den gesamten Schadensersatz (sog **Haftungssolidarität**), es sei denn, der einzelne Haftpflichtige könne sich auf Haftungsausschluss- (Art. 59 Abs. 1 SVG) oder Haftungsreduktionsgründe (Art. 59 Abs. 2) berufen.[70]   80

Von der Solidarhaftung erfasst ist neben der Schädigung durch eines oder mehrere Motorfahrzeuge auch das **Zusammenwirken verschiedenartiger Verursacher** (Halter, Führer, Radfahrer, Eisenbahn, Werkeigentümer usw.). Im Besonderen besteht Solidarität zwischen haftpflichtigem Halter und dessen Haftpflichtversicherer.[71]   81

Die Solidarhaftung besteht auch bei der Schädigung eines Halters, welchem andere Halter ersatzpflichtig sind (Art. 61 Abs. 3 SVG).   82

II. Haftungsverteilung im Innenverhältnis

Zur Frage der Haftungsverteilung im Innenverhältnis (betragliche Aufteilung des Schadensersatzes unter den haftpflichtigen Schädigern) enthält das SVG mit Art. 60 Abs. 2 ebenfalls eine aussagekräftige Vorschrift: Auf die beteiligten Haftpflichtigen wird der Schaden unter **Würdigung aller Umstände** verteilt. Mehrere Motorfahrzeughalter tragen den Schaden nach Maßgabe des von ihnen zu vertretenden Verschuldens, wenn nicht besondere Umstände, namentlich die Betriebsgefahren, eine andere Verteilung rechtfertigen.   83

Es fällt auf, dass die Formulierung mit jener von Art. 61 Abs. 1 SVG zur Haftungsverteilung unter sich gegenseitig schädigenden Haltern identisch ist. Demgemäß kann hier auf die bereits gemachten diesbezüglichen Ausführungen zur Quotenaufteilung verwiesen werden (siehe → Rn. 79). Was im Übrigen die „Würdigung aller Umstände" im Zusammen-   84

---

66 BGer-Urteil 4A_328/2007 vom 23.10.2007.
67 Zu den unterschiedlichen Situationen im Detail wiederum Brehm, Motorfahrzeughaftpflicht, Rn. 876.
68 BGE 95 II 333 S. 344; 113 II 323 S. 331.
69 BGE 95 II 333.
70 BGE 95 II 333 S. 337 Erw. 3; nach neueren (nicht amtlich publizierten) BGer-Urteilen, soll sich auch der mitverantwortliche Lenker, der jedoch nicht Halter ist, sich der Haftung für den Betriebsgefahrsteil entsagen können (BGer-Urteil 6S. 346/2005 vom 2.2.2006, Erw. 2.1; siehe dazu Kritik bei Brehm, Motorfahrzeughaftpflicht, Rn. 955).
71 BGE 90 II 184 S. 190 Erw. V.

hang mit anderen Unfallverursachern anbelangt, so ist nicht von einer starren Kategorien-rangfolge auszugehen (wie insbes. in Art. 51 Abs. 2 OR, wo die Reihenfolge nach Haf-tungsgrundlage Verschulden, Vertrag, Gesetz gilt), sondern es drängt sich eine **graduelle Verteilung** auf die verschiedenen Haftpflichtigen auf, wobei sich bei dazukommenden an-deren Gefährdungshaftungen (zB Eisenbahnhaftpflicht) die „sektorielle Methode" (siehe → Rn. 78) anbietet.[72]

Abschnitt 2: Anspruchsprüfung zur Schadenshöhe

§ 1 Allgemeine Grundlagen der Schadensberechnung

A. Begriff des Schadensersatzes

85 Ein Schadensersatz[73] setzt begriffsnotwendig das Vorliegen eines Schadens voraus. Diese beiden Begriffe sind mit Blick auf die allgemeinen Haftungsnormen des schweizerischen OR deutlich zu trennen.

86 Schaden ist die **ungewollte Verminderung des Reinvermögens,** welche durch eine Vermin-derung der Aktiven, der Vermehrung von Passiven oder durch entgangenen Gewinn ent-steht. Es geht um die Differenz zwischen dem aktuellen Vermögensstand und dem Stand, den das Vermögen ohne das schädigende Ereignis hätte.[74] Mit der Ermittlung des Scha-dens befasst sich Art. 42 OR.

87 Schadensersatz beschreibt die Leistung, die ein Haftpflichtiger dem Geschädigten zur **De-ckung seines Schadens** auszurichten hat. Mit dem Schadensersatz wird der Schaden entwe-der voll ausgeglichen oder aber es erfolgt nur eine teilweise Entschädigung, wobei hierfür die Gründe auf der Seite des Schädigers (Art. 43 OR) oder beim Geschädigten (Art. 44 OR) liegen können.

B. Schadensminderungspflicht

88 Die Pflicht[75] des Geschädigten, den Schaden und dessen Folgen zu mindern, entspricht einem allgemeinen Rechtsgrundsatz im schweizerischen Haftpflichtrecht. Die Schadens-minderungspflicht leitet sich aus dem Grundsatz von **Treu und Glauben** im Rechtsverkehr ab und beinhaltet, dass der Geschädigte alle zumutbaren Maßnahmen ergreifen muss, um den Schaden möglichst gering zu halten. Es obliegt der Schädigerseite nachzuweisen, dass der Geschädigte seiner Schadenminderungspflicht nicht nachkommt.[76] Um zu entscheiden, ob im konkreten Fall der Schadensminderungspflicht Genüge getan ist, kann die „Kon-trollfrage" gestellt werden, wie sich die betroffene Person verhielte, wenn es keinen Scha-densausgleichsmechanismus gäbe.[77] Eine typische Schadensminderungspflicht stellt die In-anspruchnahme adäquater medizinischer Behandlung nach unfallbedingter Körperverlet-zung dar.

---

72 Oftinger/Stark, Bd. II/2, § 25 Rn. 711.
73 In der Schweiz ist das Wort Schadenersatz gebräuchlich.
74 BGE 127 III 73 S. 76 Erw. 4 a; 116 II 441 S. 444 Erw. 3a/aa.
75 Genau besehen handelt es sich um eine Obliegenheit, bei deren Verletzung der Schadensersatzanspruch nicht als Ganzes hinfällig wird, sondern nur die Entschädigung so bemessen wird, wie wenn sich der Geschädigte richtig verhalten hätte (BGer-Urteil 4C.83/2006 vom 26.6.2006, Erw. 4).
76 BGer-Urteil 4A_189/2015 vom 6.7.2015, Erw. 5 mwN.
77 Vgl. Brehm, Berner Kommentar, Art. 44 OR Rn. 48 mwN.

C. Schadensnachweis und Schätzungsmöglichkeit

Der Nachweis des Schadens folgt prinzipiell der Methode der **konkreten Schadensermitt-**   89
lung, dh es wird grundsätzlich nicht mit Pauschalen gerechnet und auch die Rechtsfigur
der *punitive damages* ist dem Schweizer Recht fremd. Es geht mithin darum, den Betrag
zu ermitteln, welchen die geschädigte Person wegen eines Unfalls für Arztkosten aufwenden muss oder wie hoch der Verdienstausfall in der vom Geschädigten ausgeübten Berufstätigkeit ausfällt. Dabei obliegt der Beweis nach den allgemeinen Beweisgrundsätzen dem
Geschädigten (Art. 42 Abs. 1 OR; sa Art. 8 ZGB).

Eine Ausnahme von der Maxime des konkreten Schadensnachweises betrifft den **Haus-**   90
haltsschaden, dh jene Einbuße, die eine geschädigte Person dadurch erleidet, dass sie den
Haushalt nicht mehr in jener Quantität und Qualität besorgen kann wie vor dem schädigenden Ereignis. Das Gericht kann (muss aber nicht) auf allgemeine Statistiken betreffend
den stundenmäßigen Aufwand unterschiedlicher Personenkategorien in ihrem Haushalt
abstellen.[78] Weiter kann eine Genugtuungsforderung aufgrund ihrer Natur (Ausgleich immaterieller Unbill) nicht nach der Vermögensdifferenzmethode ermittelt werden. Wie hinten noch zu zeigen ist, kommt auch bei bestimmten Arten von Fahrzeugschäden nicht die
klassische Differenztheorie zur Anwendung.

Gerade bei sich **in der Zukunft manifestierenden Schäden** (zB Karrierebeeinträchtigung)   91
ist der genaue Nachweis häufig sehr schwer oder unmöglich zu erbringen. Art. 42 Abs. 2
OR, der für solche Situationen geschaffen wurde, enthält deshalb die Regel, dass der nicht
ziffernmäßig nachweisbare Schaden nach Ermessen des Richters mit Rücksicht auf den gewöhnlichen Lauf der Dinge und auf die vom Geschädigten getroffenen Maßnahmen abzuschätzen ist. Mit dieser Beweisvorschrift wird dem Geschädigten der Schadensnachweis erleichtert.[79] Es bleibt jedoch auch im Anwendungsbereich von Art. 42 Abs. 2 OR bei der
Pflicht des Geschädigten, den Anspruch soweit wie möglich zu begründen und zu belegen.[80]

D. Steuerrechtliche Behandlung von Schadensersatzleistungen

I. Einkommensteuer

Schadensersatzleistungen, denen **Einkommensersatzcharakter** zukommt, unterliegen der   92
Einkommensteuerpflicht.[81] Ob die Zahlungen periodisch erfolgen oder eine einmalige Kapitalleistung ausgerichtet wird, ist unerheblich. Von der Einkommensteuerpflicht nicht erfasst werden Leistungen mit Kostenersatzcharakter (Aufwand für Heilbehandlung, Scha-
densreparaturen, Reisekosten etc) und Genugtuungszahlungen. Auch der Haushaltsscha-
densersatz ist einkommensteuerfrei.[82]

II. Mehrwertsteuerproblematik

1. Konkrete Schadenspositionen. Dem Grundsatz folgend, dass der Schaden (bei voller   93
Haftung) in der effektiven Höhe gedeckt werden muss, gehört die Mehrwertsteuer
(Schweizer Normalsatz: 8 %) auf erbrachten Leistungen zum Schaden. Nach einer **Körper-**
schädigung (bei der stets nur natürliche Personen betroffen sein können) gilt dieser Grundsatz uneingeschränkt.[83] Nur bei **Sachschäden** zum Nachteil einer geschädigten Person
(meist juristische Person) mit Mehrwertsteuerpflicht kommt eine Nichtberücksichtigung

---

78   BGE 131 III 360 S. 370 Erw. 8.2.
79   BGE 122 III 221.
80   Keller, Bd. II, S. 32.
81   Steuerforderungen zu Lasten des Geschädigten sind nicht Bestandteil des erstattungspflichtigen Schadens.
82   Dies, obwohl eine Invalidenrente der eidgenössischen Invalidenversicherung, die die Beeinträchtigung im
     Haushalt abdeckt, voll steuerpflichtig ist (vgl. BGE 132 II 128 S. 131 Erw. 4).
83   Zu beachten ist hier indessen, dass Leistungen von Medizinalpersonen nicht der Mehrwertsteuerpflicht un-
     terliegen.

der Mehrwertsteuer in Frage, sofern diese Person eine Vorsteuerabzugsberechtigung geltend machen kann.[84]

94 **2. Fiktive Schadensabrechnung.** Wie unten näher zu zeigen ist (siehe → Rn. 103), geht die herrschende Lehre davon aus, dass auch dann Ersatzleistungen geschuldet sind, wenn die geschädigte Person auf eine Wiederherstellung (Reparatur) des ursprünglichen Zustands verzichtet. Weil die Entschädigung den effektiven Auslagen, die zu tätigen wären, entspricht, muss folgerichtig auch die **Mehrwertsteuerkomponente des Wiederherstellungsaufwands** vom Schädiger ersetzt werden.[85] Es ist durchaus möglich, dass sich jemand nach der Auszahlung der Entschädigung doch noch für eine Reparatur entscheidet.

§ 2 Sachschäden

A. Unmittelbare Sachschäden

I. Fahrzeugschaden (Reparaturkosten)

95 Im Sinne einer Vorbemerkung ist festzuhalten, dass in der Schweiz nur wenige Gerichtsurteile zur Thematik des Fahrzeugschadens publik sind. Dies mag damit zusammenhängen, dass einerseits die Verfahrens- und Anwaltskosten den strittigen Betrag schnell übersteiー

---

84 Gerichtsurteile zu dieser Thematik sind nicht ersichtlich.
85 Brehm, Berner Kommentar, Art. 41 OR Rn. 77 d m. Hinw. auf abweichende Meinung von Roberto, Rn. 713 (welcher sich indessen auf Urteile aus Deutschland beruft); schweizerische Gerichtsurteile zu dieser Frage fehlen.

gen, was von der Klageerhebung abhält, und anderseits Gerichtsverfahren häufig durch Prozessvergleiche abgeschlossen werden und so keine materiell begründeten Urteile erfolgen.

1. Schadensnachweis. Wer einen Schaden geltend macht, hat diesen nachzuweisen (Art. 42 **96** Abs. 1 OR). Außerhalb des Prozesses geschieht dies bei geringeren Schäden (bis wenige Tausend Franken) häufig durch Vorlage einer **Reparaturrechnung** oder eines **Kostenvoranschlags** einer Autowerkstätte an den zuständigen Haftpflichtversicherer. Bei größeren Schäden wird üblicherweise ein versicherungsinterner oder externer **Gutachter**[86] zur Schadensermittlung beigezogen.

Kommt es zu einem Gerichtsfall, in welchem das Gericht den Schadensbeweis von einem **97** Expertengutachten abhängig macht, so sind die zivilprozessualen Regeln zum Verfahren der Gutachtenserstattung nach Art. 183 ff. ZPO zu beachten, insbesondere steht der Experte unter **Wahrheitspflicht mit Strafsanktionen** im Widerhandlungsfall. Es besteht aber auch die Möglichkeit, dass die Parteien selber ein Schiedsgutachten in die Wege leiten, welches dann für das Gericht verbindlich ist, soweit elementare Grundsätze beachtet wurden (Art. 189 ZPO).

2. Totalschadensabrechnung bei Kettenauffahrunfällen. Auch bei Kettenauffahrunfällen **98** sind grundsätzlich die üblichen Haftungs- und Beweisgrundsätze zu beachten. Für Großereignisse mit mehr als 25 beteiligten Fahrzeugen haben die Motorfahrzeug-Haftpflichtversicherer untereinander ein **Abkommen**[87] geschlossen, wobei die geschädigte Person auf dessen Anwendung verzichten kann. Soweit es um ausländische Fahrzeuge und deren Versicherer geht, „sollen deren Schadenregulierer in der Schweiz versuchen, sie in das Abkommen einzubinden."[88] Gelingt dies nicht, so bleibt es bei der Anwendung der einschlägigen Gesetzesnormen.

Das Abkommen sieht für Sachschäden, für welche keine Vollkaskoversicherung besteht, **99** die **Entschädigung durch den eigenen Haftpflichtversicherer** vor, wobei ein Selbstbehalt von 1.000 CHF in Abzug gebracht wird.[89] Ebenso werden Schäden an mitgeführten Sachen bis 1.000 CHF gedeckt, soweit diese nicht anderweitig versichert sind.[90] Im Weiteren besteht Anspruch auf Erstattung der Kosten eines Ersatzwagens während der effektiven Reparaturdauer, längstens zehn Tage. Für Fälle des Totalschadens regelt das Abkommen nichts von der normalen Rechtslage Abweichendes.

3. Totalschadensabrechnung und Restwertproblematik. Ist ein Fahrzeug erheblich beschä- **100** digt, stellt sich die Frage, ob ein Totalschaden vorliegt. Rechtlich ist dabei der **wirtschaftliche** (und nicht der technische) **Totalschaden** maßgebend, welcher dann anzunehmen ist, wenn für die Reparatur Kosten anfallen, die höher sind als der Wiederbeschaffungswert.[91] Im Totalschadensfall bemisst sich der Ersatz daher nach dem **Wiederbeschaffungswert**, der dem Betrag entspricht, der am Unfalltag aufgewendet werden müsste, um ein gleichartiges und gleichwertiges Fahrzeug erwerben zu können, das ohne amtliche Prüfung in Verkehr gesetzt werden kann.[92]

Wird der Geschädigte im Rahmen einer Totalschadensabrechnung entschädigt, verbleibt **101** der **Restwert**, welcher meist nur noch aus dem Materialwert besteht, dem entschädigenden Haftpflichtigen bzw. dessen Versicherer, dh der Geschädigte überlässt das Unfallfahrzeug dem Haftpflichtigen oder er muss sich den Restwert anrechnen lassen.

---

86 Die unabhängigen Gutachter sind im Verband der freiberuflichen Fahrzeugsachverständigen organisiert (www.vffs.ch).
87 Abkommen zur Regulierung von Schäden aus Massenkollisionen vom 12.3.2008, publiziert in HAVE 2/2010, S. 178 ff., abrufbar unter http://www.svv.ch/de/politik-und-recht/recht/abkommen-zur-schadenregul ierung/abkommen-zur-regulierung-von-schaeden-aus-ma.
88 Siehe Nr. 7 des Abkommens.
89 Siehe Nr. 2.1 des Abkommens.
90 Siehe Nr. 2.2 des Abkommens.
91 Schaffhauser/Zellweger, Rn. 1108 f.
92 Landolt, S. 108 f. m. Hinw. auf technische Richtlinien.

102 **4. Reparaturkostenabrechnung. a) Abrechnung tatsächlich angefallener Reparaturkosten.** Liegt keine Totalschaden-Konstellation vor, so hat der Geschädigte Anspruch auf Ersatz sämtlicher Kosten, die ihm durch die Fahrzeugreparatur in einem **geeigneten Reparaturbetrieb** anfallen, wobei dies eine Vertragswerkstätte der entsprechenden Automarke oder eine freie Fachwerkstätte sein kann. Der Geschädigte ist nicht gehalten, vorgängig Konkurrenzofferten einzuholen.[93] Repariert der Geschädigte das Fahrzeug selber, so kann er gemäß einem kantonalen Gerichtsentscheid die tatsächlichen **Selbstkosten für Ersatzteile** und einen (gegenüber dem Werkstättenansatz gekürzten) **Stundenlohn** geltend machen.[94]

103 **b) Abrechnung fiktiver Reparaturkosten.** Niemand kann von Schädigerseite gezwungen werden, sein beschädigtes Fahrzeug reparieren zu lassen. Auch wenn keine Reparatur erfolgt (und dafür demzufolge keine Kosten anfielen) besteht der Schaden darin, dass das Fahrzeug einen Minderwert aufweist. Nach vorherrschender Schweizer Lehre sind **Reparaturkosten** auch dann **zu übernehmen**, wenn die Reparatur nicht erfolgt.[95] Die geschädigte Person kann mithin die gesamten Kosten (inkl. Mehrwertsteuer), die bei einer Reparatur anfallen würden, bereits ab Unfalltag geltend machen.[96]

104 **aa) Rechnungsvorlage.** Wie bereits vorne ausgeführt, ist bei Schäden, die mehrere Hundert bis einige wenige Tausend Franken betragen, üblicherweise die Vorlage eines **Kostenvoranschlags** einer Reparaturwerkstatt für die Geltendmachung der Ersatzzahlung ausreichend. Bei höheren Beträgen muss in der Regel eine **Expertise** durchgeführt werden.

105 **bb) Ersatzteilrabatt.** Weil sich der Schadensersatzbetrag an den mutmaßlichen Reparaturkosten orientiert, werden allfällige Rabatte auf Ersatzteilen mitberücksichtigt.

106 **cc) Verbringungskosten.** Wenn im Fall der Reparatur zusätzlich in Rechnung gestellte Überführungskosten anfallen, so gehören auch diese zum ersatzpflichtigen Schaden.[97]

107 **dd) UPE-Zuschläge.** Wie erwähnt, richtet sich die Entschädigungszahlung nach den Kosten, die die Reparaturwerkstätte effektiv in Rechnung stellen würde. Branchenübliche, nicht unbedingt separat ausgewiesene Zuschläge sind daher ebenfalls abzugelten.

108 **ee) AW-Sätze.** In der Schweiz stellen sich keine besonderen Probleme hinsichtlich spezifischer Arbeitswerte-Sätze.

109 **c) Vorschadenproblematik.** Weist das zu reparierende Fahrzeug einen Vorschaden auf, so ist der Reparaturaufwand für die Mitreparatur des Vorschadens auszuscheiden und die Kosten hierfür verbleiben dem Geschädigten. Hätte sich jedoch ein Vorschaden ohne das Hauptereignis nicht zu einem eigentlichen (finanziell ins Gewicht fallenden) Schadenszustand entwickelt, ist die ganze Reparatur vom Haftpflichtigen zu übernehmen. Bei Ersatz von einzelnen Fahrzeugteilen darf ein Abzug „neu für alt" nur dann vorgenommen werden, wenn der Geschädigte eine sowieso notwendige Ersatzbeschaffung hinauszögern kann.[98]

110 **5. Fahrzeugschaden (Abrechnung auf Neuwagenbasis).** Bei fabrikneuen Fahrzeugen oder solchen, die erst ganz kurze Zeit in Betrieb stehen (weniger als drei Monate und weniger als 2000 km Fahrleistung), ist vom **Neupreis** mit allenfalls geringen prozentualen Abschlägen auszugehen. Hier kann also zugunsten des Geschädigten eine Abweichung vom (niedrigeren) Wiederbeschaffungswert bestehen. Auch bei wertbeständigen Raritäten, wo eine Wiederbeschaffung auf dem Markt nicht möglich ist, hat sich die Schadensschätzung am ursprünglichen Gestehungswert zu orientieren.

---

93 Landolt, S. 108 f.
94 Urteil des Obergerichts des Kantons Luzern vom 20.11.1985, publ. in Journal des Tribunaux 1986 I, Nr. 41.
95 Honsell/Schönenberger, Art. 42 OR Rn. 16 mwN.
96 Brehm, Berner Kommentar, Art. 41 OR Rn. 77 d.
97 Brehm, Berner Kommentar, Art. 41 OR Rn. 77 d.
98 Landolt, S. 108.

II. Wertminderung

1. Technischer Minderwert. Ein technischer Minderwert liegt vor, wenn trotz fachgemä- 111
ßer Reparatur das Fahrzeug in technischer Hinsicht nicht mehr einwandfrei wiederhergestellt werden kann, was besonders bei Richtarbeiten am Fahrzeugchassis zutreffen kann.[99]
Dieser derart entstehende Minderwert ist vom Haftpflichtigen auszugleichen.

2. Merkantiler Minderwert. Meist kann ein beschädigtes Fahrzeug technisch wieder voll- 112
ständig in Stand gesetzt werden, so dass keine Mängel mehr vorhanden sind. Dennoch erzielen „Unfallwagen" verglichen mit unfallfreien Fahrzeugen auf dem Markt einen geringeren Erlös. Man spricht in diesem Zusammenhang von einem merkantilen Minderwert.
Wie bei den fiktiven Reparaturkosten besteht hier die Besonderheit, dass sich der ersatzpflichtige Schaden nicht direkt finanziell auswirken muss, was dann zutrifft, wenn das
vollständig reparierte Fahrzeug vom Eigentümer nicht verkauft wird. Die Praxis lässt nur
bei **neueren Fahrzeugen** eine **Geltendmachung** des merkantilen Minderwerts zu. Aus der
Rechtsprechung lassen sich nur sehr wenige Entscheide ersehen: So hat ein erstinstanzliches Gericht im Kanton Thurgau bei einem BMW mit einem Zeitwert vor dem Unfall von
22.000 CHF und notwendigen Reparaturkosten von 13.000 CHF einen merkantilen Minderwert von 2.000 CHF festgestellt;[100] im Kanton Waadt hat eine Zweitinstanz entschieden, bei einem Fahrzeug mit einer bisherigen Fahrleistung von 42.000 km bestehe kein Ersatzanspruch wegen merkantilen Minderwerts.[101] Eine Bezugnahme der rechtsanwenden-
den Behörden auf irgendwelche mathematischen Berechnungsmethoden lässt sich nicht erkennen.

III. Abschleppkosten

Abschleppkosten sind in jenem Betrag, wie er tatsächlich in Rechnung gestellt wird, vom 113
Haftpflichtigen zu übernehmen.

IV. Kosten für Gutachten und Kostenvoranschläge

Expertisekosten gehören grundsätzlich zum vom Schädiger zu vergütenden Aufwand für 114
den Schadensnachweis,[102] Gleiches gilt für Reparaturkostenvoranschläge, für welche ein
Entgelt verlangt wird. In der Praxis empfiehlt es sich für die geschädigte Person, vorgängig
zur Informationsbeschaffung mit der Haftpflichtigenseite ein **Einvernehmen über den Mo-
dus des Kostennachweises** zu erzielen. Sonst kann es passieren, dass dem Geschädigten
Kosten für eine von ihm in Auftrag gegebene Expertise verbleiben, die von der Haftpflichtigenseite nicht übernommen werden mit dem Argument, ein einfacher Kostenvoranschlag
wäre ausreichend gewesen.

Wird ein Gutachten erst in einem **prozessualen Stadium** durch das Gericht angeordnet, so 115
ist ein entsprechender Beweiskostenvorschuss vom Kläger zu bezahlen. Die endgültige
Festsetzung der Beweiskostenübernahme folgt dem prozessualen Obsiegen oder Unterliegen. Für Geschädigte besteht im Gerichtsverfahren hinsichtlich der Gutachterkosten demnach ein Kostenrisiko.

V. Nebenkosten bei Ersatzfahrzeugen

1. Ab-, An-, Ummeldekosten. Wird im Zusammenhang mit einem Fahrzeugschaden auf- 116
grund einer notwendigen Meldung an die Straßenverkehrsbehörden eine gebührenpflichti-
ge staatliche Leistung fällig, so ist die Gebühr ohne Weiteres vom Haftpflichtigen zu erstatten.[103]

---

99 Schaffhauser/Zellweger, S. 112.
100 Urteil des Bezirksgerichts Weinfelden vom 30.11.1985, zit. bei Landolt, S. 118.
101 Urteil des Kantonsgerichts Waadt vom 8.7.1978, Journal des Tribunaux 1978 I, Nr. 66.
102 Brehm, Berner Kommentar, Art. 41 Rn. 77 f OR m. Hinw. auf BGer-Urteil 4C.269/2003 vom 15.12.2004,
Erw. 3.2.
103 Vgl. BGer-Urteil 2C.3/1998 vom 16.3.2000 Erw. 4a/cc (frz.).

117 **2. Umbaukosten.** Muss der Geschädigte wegen des (Total-)Schadens an seinem bisherigen Fahrzeug ein **Ersatzfahrzeug** in Anspruch nehmen, hat dieses grundsätzlich die gleichen Eigenschaften aufzuweisen wie das bisherige Fahrzeug. Waren beim bisherigen Fahrzeug spezielle Umbauten (zB spezielle Bedienelemente für körperbehinderte Fahrer) vorgenommen worden, sind die Kosten für solche Maßnahmen am Ersatzfahrzeug durch den Haftpflichtigen zu vergüten.

VI. Nutzungsausfallschaden

118 **1. Mietwagenkosten.** Ist es als überwiegend wahrscheinlich zu betrachten, dass der Geschädigte sein Fahrzeug, auf welches er nach dem Unfall wegen Reparaturarbeiten oder Ersatzbeschaffung verzichten muss, weiterhin benutzt hätte, besteht grundsätzlich Anspruch auf Erstattung der Kosten für einen **Mietwagen der gleichen Fahrzeugkategorie.**[104] Nach der heutigen Praxis ist es unerheblich, ob der Geschädigte sein Fahrzeug zu beruflichen oder privaten Zwecken beansprucht.

119 **a) Privat- oder Werkstattwagen.** Wenn es um die Miete eines Ersatzfahrzeugs geht, macht es keinen Unterschied, ob das Mietobjekt ein Privat- oder ein Werkstattwagen ist.

120 **b) Fahrbedarf.** Wie bereits einleitend erwähnt, ist für die Frage, ob Anspruch auf Benutzung eines Mietwagens besteht, ein Fahrbedarf vorausgesetzt, wobei es nicht auf den Grund des Fahrbedarfs ankommt. Ein Fahrbedarf ist dann zu verneinen, wenn die Fahrten ausschließlich dem persönlichen Vergnügen dienen würden.

121 **c) Nutzungswille und -möglichkeit.** Dem Fahrbedarf ist ein Nutzungswille vorausgesetzt. Ebenso muss die tatsächliche Fähigkeit bestehen, das Fahrzeug zu benutzen (als Fahrer oder Mitfahrer). Solches wäre zu verneinen, wenn eine alleinstehende Person aufgrund von Unfallverletzungen in stationärer Spitalpflege weilt. Kann eine geschädigte Person ein Fahrzeug nicht benützen und besteht dennoch Transportbedarf (zB Fahrten zu ambulanten Therapiezentren), so können anstelle von Kosten für einen Mietwagen **Taxikosten** in Rechnung gestellt werden.[105]

122 **d) Grundsatzproblematik. aa) Grundlage der Erstattungsfähigkeit.** Den allgemeinen Haftpflichtgrundsätzen folgend, erweisen sich tatsächlich entstandene Auslagen für die ersatzweise Miete eines Fahrzeugs als kausal zum Schadensereignis und sind daher vom Haftpflichtigen, gestützt auf die straßenverkehrsrechtlichen Haftungsgrundlagen, zu ersetzen. Keine gefestigte Praxis besteht hinsichtlich der Frage, ob auch **fiktive Mietwagenkosten** – dh ein Geschädigter verzichtet freiwillig auf einen Mietwagen und absolviert die Fahrten mit dem öffentlichen Verkehr – bei der Schadensberechnung zu berücksichtigen sind. Es bestehen einige ältere kantonale Gerichtsentscheide, die eine Erstattungspflicht bejahen.[106]

123 **bb) Marktforschung.** Soweit die Höhe der Mietwagenkosten nachvollziehbar dargelegt wird, bedarf es keines Rückgriffs auf allfällige Marktforschungsergebnisse. Nur bei offensichtlich unangemessenen Mietkosten kann das Gericht im Streitfall die Entschädigung Vergleichswerten anpassen.

124 **cc) Unfallersatztarif.** Rechtliche Besonderheiten im Zusammenhang mit einem speziellen „Unfallersatztarif" sind in der Schweiz nicht bekannt.

125 **dd) Zeitaufwand.** Ist mit der Fahrzeugmiete ein zusätzlicher Zeitaufwand des Geschädigten verbunden, ist ein solcher nur dann in Betracht zu ziehen, wenn damit ein nachweisbarer finanzieller Ausfall einhergeht.

126 **ee) Schadensminderungspflicht.** Wie in anderen Bereichen des Haftpflichtrechts gilt auch hinsichtlich der Mietwagenkosten die Obliegenheit der Schadensminderung. Dies bedeutet

---

104 Landolt, S. 119.
105 Vgl. BGer-Urteil 2C.3/1998 vom 16.3.2000 Erw. 4a/bb (frz.).
106 Hinweise bei Landolt, S. 121 f., der zudem zutreffend festhält, dass eine unterschiedliche rechtliche Behandlung von fiktiven Reparaturkosten (wo die Erstattungsfähigkeit bejaht wird) und von fiktiven Mietwagenkosten wenig nachvollziehbar ist.

zB, dass ein Mietwagen nur so lange in Anspruch genommen werden soll, wie der Reparatur- oder Ersatzbeschaffungsvorgang effektiv dauert.[107]

ff) Pauschale Abgeltung. Im Bereich der einvernehmlichen Schadensregulierung kann anstelle des Nachweises des konkreten Schadens eine Einigung über eine Pauschalentschädigung getroffen werden. Befindet sich der Geschädigte jedoch in einem Gerichtsverfahren, so kann er nicht eine Pauschalentschädigung verlangen, sondern muss die Aufwandspositionen im Einzelnen dartun und nachweisen können.   127

e) Kosten für die Fahrzeugzustellung. Muss ein Mietwagen dem Geschädigten zugestellt werden, weil eine Abholung des Fahrzeugs dem Geschädigten nicht möglich oder nicht zumutbar ist (wobei letzteres nur bei langen Abholwegen anzunehmen sein wird), gehören dafür verrechnete Kosten zum übernahmepflichtigen Schaden zulasten des Haftpflichtigen.   128

f) Kosten für die Haftungsfreistellung. Zur Frage, ob Mietpreiszuschläge wegen Reduktion der Selbstbehaltskosten im Falle einer Beschädigung des Ersatzwagens durch den Mieter ebenfalls zum ersatzpflichtigen Mietwagenaufwand gehören, ist keine schweizerische Praxis bekannt.   129

g) Kosten für Insassenunfallversicherung. Ebenfalls keine allgemein befolgte Praxis besteht hinsichtlich der Frage, ob separat verrechnete Prämien zum Abschluss einer (mit jener des Unfallfahrzeugs gleichwertigen) Insassenversicherung hinsichtlich des Mietfahrzeugs dem Haftpflichtigen in Rechnung gestellt werden können.   130

h) Fahrzeugtyp – Gruppengleichheit. Wie bereits in den einleitenden Ausführungen zur Mietfahrzeugthematik dargestellt worden ist, richtet sich bei bestehendem Erstattungsanspruch von Mietkosten eines Ersatzfahrzeugs dessen Fahrzeugtyp nach jenem des Unfallfahrzeugs. Der Geschädigte soll wegen des Schadensereignisses weder besser noch schlechter gestellt sein, als wenn das Ereignis nicht stattgefunden hätte.   131

2. Nutzungsausfallentschädigung. a) Allgemeine Voraussetzungen. Es gibt Fälle, in welchen der Fahrzeugausfall nicht durch Inanspruchnahme eines Mietfahrzeugs kompensiert werden kann. Dies trifft dann zu, wenn ein Ersatzmietfahrzeug **nicht** (rasch genug) **zur Verfügung steht** (vor allem gewerbliche Fahrzeuge mit Sonderfunktionen) oder ein Ersatzfahrzeug den **Zweck nicht erfüllen** kann (Beispiel: Geschädigter kann wegen Unfallverletzung kein Fahrzeug lenken).   132

Ein Nutzungsausfall des Fahrzeugs ist in der Schweiz haftpflichtrechtlich nur dann anerkannt, wenn die geschädigte Person das Fahrzeug ohne den Unfall **effektiv verwendet** hätte. Die reine Tatsache des temporären Nichtbesitzes des Fahrzeugs ist nicht schadensersatzrelevant.[108]   133

b) Fahrzeugausfall. Der Nachweis, dass ein Fahrzeugausfall vorliegt und dieser (finanziellen) Schaden verursacht, ist im Gerichtsfall mithilfe der klassischen Beweismittel darzutun – das können **Lichtbilder, Zeugen, Augenschein** oder **Sachverständigengutachten** sein.   134

c) Künftige Reparatur. Wird ein Fahrzeug, das ohne Unfall benutzt würde, nicht in Betrieb gehalten, werden künftige Fahrzeugunterhaltsmaßnahmen **zeitlich hinausgeschoben**, was sich zugunsten des Geschädigten auswirken kann. Solche positiven finanziellen Auswirkungen sind vom Haftpflichtigen darzutun.   135

d) Berechnung bei gewerblicher Fahrzeugnutzung. Die Geltendmachung eines Nutzungsausfallschadens bei gewerblichen Fahrzeugen folgt dem Grundsatz des konkreten Schadensnachweises. Der Geschädigte kann Anspruch auf Entschädigung der **weiterlaufenden fixen Kosten** sowie des **ausbleibenden Unternehmensgewinns** erheben. Wenn in der außergerichtlichen Schadenserledigung Rückgriffe auf statistische Werte häufig sind,[109] sind in   136

---

107   Bei den heute üblichen langen Lieferfristen für Neuwagen kann an einer älteren Praxis, wonach die Ersatzbeschaffung innert zehn bis fünfzehn Tagen (Schaffhauser/Zellweger, Rn. 1124) zu erfolgen habe (und Mietkosten nur für diese Zeit übernommen werden), zumindest bei Ersatz-Neuwagen nicht mehr festgehalten werden.

108   Schaffhauser/Zellweger, Rn. 1130.

109   Vgl. Schaffhauser/Zellweger, Rn. 1128.

einem gerichtlichen Haftpflichtprozess die Anforderungen an den Schadensnachweis eher streng.[110]

137 **e) Berechnung bei privater Fahrzeugnutzung.** Auch bei der Ermittlung eines Ausfalls bei der privaten Fahrzeugnutzung ist der Schaden prinzipiell konkret darzutun. Es existieren jedoch kantonale Gerichtsentscheide aus der französisch- und italienischsprachigen Schweiz, wonach die Nutzungsausfallentschädigung **pauschalisiert** anhand eines prozentualen Anteils an geschätzten Mietwagenkosten ermittelt wurde.[111] Anders als in Deutschland bestehen in der Schweiz **keine anerkannten Tabellenwerte**, auf welche sich die Praxis stützen würde.

138 **f) Fahrzeugalter.** Die schweizerische Gerichtspraxis zur Nutzungsausfallentschädigung ist spärlich und spricht sich nicht dazu aus, ob und gegebenenfalls inwieweit das Fahrzeugalter bei der Ermittlung der Nutzungsausfallentschädigung eine Rolle spielen würde.

VII. Unkostenpauschale

139 Im Rahmen der einvernehmlichen Erledigung von Fahrzeugschäden wird häufig eine (betraglich geringe) Unkostenpauschale ausgerichtet, die den Aufwand des Geschädigten für Telefonkosten, Posttaxen, Kopien und zT Fahrspesen pauschal abgelten soll. Folgt in einem solchen Schadensfall jedoch eine **gerichtliche Streitigkeit**, hat der Geschädigte auch solche Kleinauslagen im Detail darzutun (**Substantiierung**) und soweit möglich nachzuweisen.

VIII. Sonderfall Vollkaskoversicherung

140 **1. Inanspruchnahme.** Besteht für das von einem Schaden betroffene Fahrzeug eine Vollkaskoversicherung, so ist es dem Geschädigten unbenommen, diese Versicherung in Anspruch zu nehmen. Zu beachten ist indessen, dass von einer Vollkaskoversicherung gewisse haftpflichtrechtlich relevante **Schadenspositionen nicht gedeckt** werden (zB merkantiler Minderwert). Weiter kann der Wegfall eines **Schadensfreiheitsrabatts** (sog Bonus) bei den Prämien nicht ohne Weiteres dem Haftpflichtigen entgegengehalten werden; eine **Anrechnung** der später zu zahlenden zusätzlichen Kaskoprämien ist dann **zulässig**, wenn der Haftpflichtige sich zunächst geweigert hat, den Schaden zu übernehmen und es daher nachvollziehbar erscheint, dass sich der Geschädigte an seinen Kaskoversicherer gewandt hat.[112]

141 **2. Abrechnung.** Was dem Geschädigten gegenüber seiner Kaskoversicherung zusteht, bestimmt sich nach dem Versicherungsvertrag und ist vom Außenverhältnis mit dem Schädiger unbeeinflusst. Wenn der Geschädigte von seiner Kaskoversicherung eine Entschädigung erhält, ist er in diesem Umfang nicht mehr geschädigt, dh er verliert den entsprechenden betraglichen Anspruch gegenüber dem Haftpflichtigen (Art. 72 VVG).[113]

B. Mittelbare Sachschäden

I. Finanzierungskosten

142 Hat der Geschädigte wegen des Schadensereignisses **zusätzliche Finanzierungskosten** zu tragen, so gehören diese Zusatzkosten zum **erstattungspflichtigen Schaden**.[114] Zusätzliche Finanzierungskosten können sich etwa dadurch ergeben, dass der Geschädigte mangels Liquidität zur Beschaffung eines Ersatzfahrzeugs einen Kredit aufnehmen muss, da sich die Entschädigungszahlung ohne Verschulden des Geschädigten verzögert. Solches trifft dann zu, wenn der Schädiger nach dem Unfall nicht sofort ausfindig gemacht werden kann.

---

110 Vgl. BGer-Urteil vom 18.1.2012 4A_401/2011, Erw. 3.5.
111 Nachweise bei Landolt, S. 129 f.
112 BGer-Urteil 2C.3/1998 vom 16.3.2000, Erw. 4a/aa (frz.).
113 Bundesgesetz über den Versicherungsvertrag vom 2.4.1908; SR 222.229.1.
114 Landolt, S. 133.

II. Verzugszinsen

Nach der schweizerischen Rechtspraxis ist bei einem Schadensfall ab Datum des Eintritts 143
der Schädigung ein **Schadenszins** geschuldet. Zweck des Schadenszinses ist es, den Anspruchsberechtigten so zu stellen, wie wenn er für seine Forderung am Tag der unerlaubten Handlung bzw. für deren wirtschaftliche Auswirkungen mit deren Entstehung befriedigt worden wäre. Anders als beim Verzugszins ist nicht vorausgesetzt, dass der Schädiger
vom Geschädigten in Verzug gesetzt wurde. Die Zinsen wachsen linear auf dem Kapital
bis zur effektiven Auszahlung der Schadenssumme an, es wird keine Zinseszinsrechnung
vorgenommen. Eine Kumulation mit einem zusätzlichen Verzugszins bleibt außer Betracht.[115]

Der Schadenszins entspricht dem gesetzlichen Verzugszins, dessen Höhe 5 % p.a. beträgt. 144
Bei periodisch anfallendem Schaden wird, soweit die Schadenshöhe konstant bleibt, von
einem mittleren Verfall ausgegangen. Wird eine Kapitalisierung des künftigen Schadens
vorgenommen, ist der Kapitalbetrag ab dem Zeitpunkt der Kapitalisierung zu verzinsen,
um die Diskontierung auszugleichen.[116]

III. Anwaltskosten

Grundsätzlich stellen Kosten für anwaltlichen Aufwand nach einem Schadensereignis eine 145
erstattungspflichtige Schadensposition dar, soweit die Inanspruchnahme eines Anwalts den
Umständen gemäß **gerechtfertigt** ist.[117] Bei der Vergütung von außerprozessualen (dh
nicht durch die zivilprozessualen Verfahrensnormen geregelten) Anwaltskosten im Zusammenhang mit der Geltendmachung von Fahrzeugschäden ist die Praxis allerdings zurückhaltend.

Kommt es wegen Schadensfolgen zu einem **Gerichtsverfahren**, folgt die Verteilung der An- 146
waltskosten (Parteientschädigung) grundsätzlich dem Obsiegen und Unterliegen der Parteien. Die Höhe der Entschädigung richtet sich nach den anwendbaren staatlichen Gebüh-
renordnungen, wo der Streitwert das wichtigste Bemessungskriterium darstellt.

IV. Rückstufungsschaden

Kommt es im Nachgang zu einem Unfallereignis zur Leistung des Versicherers des Geschä- 147
digten, kann der bisher gewährte Schadensfreiheitsrabatt (sog Bonus) entfallen, was die
zukünftige Prämienlast des Geschädigten erhöht.

1. **Haftpflichtversicherung.** Die allgemeinen Versicherungsbedingungen zur Motorfahr- 148
zeughalterhaftpflicht sehen meist einen **Verzicht auf die Rückstufung** vor, wenn sich eine
(Mit-)Haftung des Geschädigten aufgrund der Betriebsgefahr ergibt. Mit anderen Worten
tritt der Bonusverlust nur ein, wenn den Versicherten am Fremdschaden ein Mitverschulden trifft. Die entsprechende Prämienverteuerung hat der Versicherte selbst zu tragen.

2. **Vollkaskoversicherung.** Auch bei den Kaskoversicherungen kann der Wegfall eines 149
Schadensfreiheitsrabatts bei den Prämien nicht ohne Weiteres dem Haftpflichtigen entgegengehalten werden; eine **Anrechnung** der später zu zahlenden zusätzlichen Kaskoprämien
ist dann **zulässig**, wenn der Haftpflichtige sich zunächst geweigert hat, den Schaden zu
übernehmen und es daher nachvollziehbar erscheint, dass sich der Geschädigte an seinen
Kaskoversicherer gewandt hat.[118]

Liegt ein **Mitverschulden** des Geschädigten am Kaskoereignis vor, fällt die Prämienerhö- 150
hung dem geschädigten Versicherten zur Last. Dass hier Differenzierungen anhand der
Haftungsquoten getroffen würden, ist aus der schweizerischen Praxis nicht ersichtlich.

---

115 BGE 131 III 12 S. 23 Erw. 9.1 u. 9.3.
116 BGE 131 III 12 S. 25 Erw. 9.5.
117 BGE 97 II 259 S. 267 Erw. III.5 (frz.).
118 BGer-Urteil 2C.3/1998 vom 16.3.2000 Erw. 4a/aa (frz.).

§ 3 Personenschäden

A. Heilbehandlungskosten

I. Arzt-/Krankenhauskosten

151 Art. 46 Abs. 1 OR (welche Norm aufgrund des Verweises in Art. 62 Abs. 1 SVG auch für die Haftung aus Straßenverkehrsunfällen gilt) gewährt dem körperlich Geschädigten ua Ersatz von Arzt- und anderen medizinischen Behandlungskosten wie Aufwand für Medikamente, Physiotherapie oder Kuren.[119] Die geschädigte Person hat im Rahmen des **Verhältnismäßigkeitsgebots** eine **freie Wahl** hinsichtlich der Ärzte und Spitäler. Keine gefestigte Praxis besteht zur Thematik, ob die geschädigte Person sich zulasten des Haftpflichtigen in einem Privatspital hospitalisieren lassen kann. Hier können Überlegungen zum allgemeinen Lebensstandard des Geschädigten und die Schwere der Verletzungen (was sich auf die Aufenthaltsdauer auswirkt) ausschlaggebend sein.[120]

152 Ist eine Person für die Heilungskosten nach einem Unfall versichert, was in der Schweiz wegen des umfangreichen Versicherungsobligatoriums bei praktisch sämtlichen Bewohnern der Fall ist, wird sich die Schadensersatzforderung für medizinische Behandlungskosten auf eine allfällige **Selbstbeteiligung** beschränken, während der Versicherer seinen Leistungsanteil gegebenenfalls auf dem **Regressweg** geltend macht.

153 Hinsichtlich des Pflegeaufwands, der bei längerer Pflege anfällt, ist auf die **Ersatzpflicht bei Hauspflege** durch Angehörige hinzuweisen. Auch wenn die Angehörigen keinen eigentlichen Lohn in Rechnung stellen, kann abstellend auf Zeitaufwand und Lohnansätzen einer Pflegekraft (ohne prozentuale Abzüge) eine Entschädigung geltend gemacht werden.[121]

II. Nebenkosten

154 Aufwand, welcher neben den eigentlichen Behandlungskosten anfällt, wie etwa Kosten für Transport, Hilfsmittel und deren Anpassung, sind vom Haftpflichtigen ebenfalls zu erstatten. Mit Blick auf den Grundsatz der Schadensminderung durch den Geschädigten sind jedoch übermäßig aufwändige Vorkehrungen nicht zu übernehmen.[122]

III. Besuchskosten

155 Die Kosten für Besuche von Angehörigen fallen bei diesen an und wären als sog Reflexschaden (der Schaden tritt nicht beim Geschädigten selbst auf) nicht erstattungspflichtig.

---

119 Keller, Bd. II, S. 56.
120 Vgl. Brehm, Berner Kommentar, Art. 46 OR Rn. 10 ff.
121 BGer-Urteil 4A_500/2009 vom 25.5.2010, Erw. 2.1; BGer-Urteil 4C.276/2001 vom 26.3.2002, Erw. 6 b.
122 Bei der Fahrkostenvergütung hat sich die ältere Rechtsprechung zum Teil restriktiv gezeigt, indem für Fahrwege, die mit dem öffentlichen Verkehr zurückgelegt werden können, die Zusprache der darüber hinausgehenden Kosten für Autofahrten verweigert wurde (vgl. Hinweise bei Brehm, Berner Kommentar, Art. 46 OR Rn. 16).

Hablützel/Saner

Dennoch hat das Bundesgericht bereits vor einiger Zeit entschieden, dass die Besuchskosten von Angehörigen des Geschädigten diesem zu erstatten sind.[123]

B. Erwerbsschaden

I. Arbeitnehmer

Art. 46 Abs. 1 OR erwähnt als Anspruch aus einer Körperverletzung die Entschädigung 156 für die **Nachteile** gänzlicher oder teilweiser **Arbeitsunfähigkeit** sowie die **Erschwerung des wirtschaftlichen Fortkommens**. In diese Schadenskategorie fallen Schäden aus vorübergehender und dauernder Arbeitsunfähigkeit inklusive Rentenverkürzungsschaden sowie andere Nachteile auf dem Arbeitsmarkt.

Soweit es sich um einen zurückliegenden Schaden aus **vorübergehender Arbeitsunfähigkeit** 157 handelt, ist eine konkrete **Berechnung** anzustellen, indem die Differenz zwischen dem Einkommen, welches die geschädigte Person ohne Unfall erzielt hätte, und dem tatsächlich erzielten Erwerb ermittelt wird.[124] Maßgebend ist der Nettolohn, nach der Rechtsprechung ist auch für kurze Ausfallperioden jeweils ein (allenfalls weit) in der Zukunft liegender Rentenverkürzungsschaden separat zu berechnen.[125] Gegenüber dem Haftpflichtigen hat der Geschädigte einzig Anspruch auf den Direktschaden, dh Lohnfortzahlungsleistungen des Arbeitgebers und Sozialversicherungsleistungen (namentlich Kurzfristleistungen in Form von Taggeldern nach UVG) hat sich der Geschädigte grundsätzlich[126] anrechnen zu lassen.[127]

In Fällen von **dauernder Arbeitsunfähigkeit** ist der Schaden in **zwei Schritten zu ermitteln.** 158 Zunächst wird der Schaden bis zum Rechnungstag (entspricht im Prozessfall dem Urteilstag der [letzten] kantonalen Gerichtsinstanz) berechnet, danach muss eine Abschätzung des Verlaufs der zukünftigen Lohnentwicklung mit und ohne schädigendes Ereignis bis zum ordentlichen Pensionierungsalter vorgenommen werden.[128] Hinsichtlich der Leistungsfähigkeit wird hierbei häufig auf Aussagen medizinischer Gutachter abgestellt. Auch im Bereich des zukünftigen Erwerbsausfalls hat sich der Geschädigte die Leistungen der Sozialversicherer (meist obligatorische Unfall-, Invaliden- und Berufsvorsorgeversicherung) anrechnen zu lassen. Die in der Zukunft liegenden Schadensbetreffnisse werden üblicherweise als einmalige Kapitalleistung ausgerichtet, die auf einem Kapitalisierungszinssatz von 3,5 % beruhen.[129]

Für die Zeit nach dem ordentlichen Pensionierungsalter ist für den Fall, dass das effektive 159 Rentenniveau tiefer ist, als jenes wäre, wenn das schädigende Ereignis nicht eingetreten wäre, eine Kompensation für den **Rentenausfallschaden** geschuldet.[130]

Unabhängig vom direkten Einkommensausfall besteht schließlich ein allfälliger Anspruch 160 auf eine Entschädigung wegen der **Erschwerung des wirtschaftlichen Fortkommens,** welche auch dann vorliegen kann und zu prüfen ist, wenn wieder eine hundertprozentige Arbeitsfähigkeit gegeben ist. Mit diesem Begriff sind finanzielle Beeinträchtigungen erfasst, die dem Geschädigten durch die verminderten Karrierechancen als gesundheitlich Versehrtem entstehen. Solches kann zB aus körperlicher Entstellung, erhöter Ermüdbarkeit oder

---

123 BGE 97 II 259, 266 Erw. III./2-4 (frz.) mit der Begründung, es handle sich um einen Anwendungsfall von Geschäftsführung ohne Auftrag.
124 Rey, Rn. 236.
125 BGE 136 III 222 (frz.).
126 Keine volle Anrechenbarkeit besteht in Fällen des sog Quotenvorrechts (siehe hierzu Rn. 196 ff.).
127 Die leistungspflichtigen Sozialversicherer und der Arbeitgeber haben im Umfang der erbrachten Leistungen ein Regressrecht auf den Haftpflichtigen.
128 Rey, Rn. 244 ff.
129 Letztmals bestätigt in BGer-Urteil 4A_260/2014 vom 8.9.2014, Erw. 7 m. Hinw. darauf, dass im Haftpflichtrecht aus Gründen der Rechtssicherheit hinsichtlich des zu erwartenden Renditeverlaufs eine langfristige Perspektive einzunehmen ist.
130 BGE 126 III 41 S. 44 Erw. 3.

auch beim Verlust eines paarigen Organs (Risiko hoher Invalidität bei Verlust des zweiten Organs) resultieren.[131]

II. Selbstständige

161 Für Selbstständigerwerbende gilt im Grundsatz, was zur Personenkategorie der Angestellten ausgeführt wurde. In der Praxis ist eine Schadensermittlung indes anspruchsvoller, soweit sich der Ausfall nicht direkt durch eine Ersatzkraft ausgleichen lässt.

162 Geht es um **kürzere Ausfälle** sind bei selbstständig erwerbenden Geschädigten die Bruttoeinnahmen abzüglich variabler Kosten als Schaden zu betrachten, bei **längeren Absenzen** können vom Geschädigten im Rahmen seiner Schadensminderungspflicht organisatorische Vorkehrungen zur Kostensenkung verlangt werden.[132] Der Arbeitskraftausfall eines Selbstständigen kann sich verschieden auswirken: In einem Kleinbetrieb bewirkt die Abwesenheit viel direkter finanzielle Ausfälle als in einem Großbetrieb, in dem die persönliche Anwesenheit des Geschäftsinhabers nicht stets notwendig ist.[133] Vom Geschädigten kann nicht verlangt werden, den Arbeitsausfall durch nicht entschädigte Überzeit zu kompensieren.[134]

III. Sonstige Personen

163 Ist die geschädigte Person zum Unfallzeitpunkt **nicht erwerbstätig**, was vor allem bei Kindern zutrifft, bedarf es einer **Schätzung hinsichtlich des Erwerbsverlaufs** ohne Unfall und mit Unfallfolgen (im Streitfall obliegt die Schadensschätzung nach Art. 42 Abs. 2 OR dem Gericht). Häufig bereitet eine solche Schätzung Schwierigkeiten, denn gerade bei Kindern müssen vielfältige Annahmen weit in die Zukunft hinaus getroffen werden. In solchen Fällen können als Referenzpunkte etwa die erwerbliche Entwicklung der Geschwister oder die Ausbildung der Eltern herangezogen werden.

C. Haushaltsführungsschaden

164 Nach steter Rechtsprechung hat der Haftpflichtige auch für Einbußen aufzukommen, die der geschädigten Person im Haushaltsbereich entstehen,[135] was auch für männliche Geschädigte gilt.[136]

I. Konkreter Schaden

165 Obwohl der Haushaltsschaden als sog normativer Schaden gilt, kann auch in diesem Bereich die Schadensermittlung ohne Weiteres gestützt auf konkret entstandene Kosten, zB für eine Reinigungskraft, stattfinden.

II. Fiktiver Schaden

166 Eine körperliche Beeinträchtigung einer Person mit Auswirkungen auf ihre Fähigkeit, **Hausarbeiten** zu verrichten, entspricht auch dann einem Schaden, wenn keine finanzielle Einbuße im Sinne der Differenztheorie entsteht. Auszugleichen ist in diesem Fall der **wirtschaftliche Wertverlust**, unabhängig davon, ob diese Beeinträchtigung zum Einsatz einer Ersatzkraft, zu vermehrtem Aufwand bei der geschädigten Person oder ihren Angehörigen führt oder ob die Einbuße in der Hinnahme von verminderter Haushaltsqualität besteht. Der Schaden bemisst sich nach dem Aufwand, der durch den Einsatz einer entgeltlichen Arbeitskraft entstehen würde. Der für die Erledigung des Haushalts erforderliche Aufwand kann entweder ausschließlich gestützt auf statistische Daten festgelegt oder konkret

---

131 Brehm, Berner Kommentar, Art. 46 OR Rn. 87 ff.
132 Keller, Bd. II, S. 59.
133 BGE 98 II 34 S. 38 Erw. 3.
134 BGE 97 II 216 S. 220.
135 BGE 132 III 336 Erw. 3.6.
136 BGE 129 III 135 S. 151 Erw. 4.2.1.

ermittelt werden.[137] Nebst reiner Haushaltsarbeit wird bei Vorhandensein von Kindern auch der Beschäftigung mit diesen bzw. dem Aufwand für eine fremde Kinderbetreuung Rechnung getragen.[138]

III. Berechnungsgrundlagen

1. Beeinträchtigung der Arbeitskraft. Die Festlegung des Beeinträchtigungsgrades in der Haushaltsarbeit beruht primär auf ärztlichen Angaben. Der **Grad der Einbuße** kann höher oder tiefer liegen als jener im erwerblichen Bereich.[139] In der Praxis wird die Gesamtbeeinträchtigung aufgrund der Leistungsminderung in den einzelnen Haushaltsbereichen wie Einkauf, Ernährung, Reinigung, Haushaltsadministration und Kinderbetreuung festgestellt. 167

2. Arbeitsumfang. Geschieht die Feststellung des Haushaltsschadens unter Verwendung von **statistischen Daten**, entnimmt die Gerichtpraxis diese den periodisch erscheinenden Resultaten der Schweizerischen Arbeitskräfteerhebung (SAKE). Diese auf Befragungen zur Haushaltstätigkeit basierenden Statistiken werden unterteilt nach Personenanzahl im Haushalt und Alter der Bewohner inkl. Kinder. Ausgewiesen wird jeweils die mittlere Gesamtstundenzahl pro Woche insgesamt und den unterschiedlichen Tätigkeitskategorien zugeordnet. Die Rechtsprechung setzt voraus, dass der konkret zur Diskussion stehende Haushalt mehr oder weniger einer Haushaltskategorie der Statistik entspricht, ansonsten eine konkrete Ermittlung des Aufwands (besonders mittels Gutachten) stattzufinden hat.[140] 168

3. Lohnermittlung. Die Ermittlung des (Stunden-)Lohns einer Ersatzkraft beruht auf einem **Brutto-brutto-Lohn** (Nettolohn zuzgl. Sozialabgaben des Arbeitnehmers und Arbeitgebers) unter Berücksichtigung von **Nebenleistungen** (Ferien etc). Für reine Haushaltsarbeiten wurde in neueren Bundesgerichtsurteilen für die Zeit Mitte der 2000er-Jahre ein Stundensatz von 30 CHF,[141] für die Kinderbetreuung ein solcher von 38 CHF als angemessen erachtet.[142] Geht es um (zukünftige) Dauerschäden wird bis zum 64. (Frauen) bzw. 65. (Männer) Altersjahr der geschädigten Person von einer **Reallohnsteigerung** von jährlich 1 Prozent ausgegangen.[143] 169

4. Mitverschulden (Haftungsquote). Wird die Schadensersatzpflicht des Haftpflichtigen wegen Mitverschuldens des Geschädigten gekürzt, wirkt sich dies auch auf die Höhe der Ersatzpflicht im Bereich des **Haushaltsschadens** aus. Bei Kürzungen kann im Rahmen des Quotenvorrechts meist nur ein geringer Betrag der **Sozialversicherungsleistungen** (Haushaltsanteil an der Rente der eidg. Invalidenversicherung) zur Anrechnung gebracht werden. 170

5. Vereinfachte Berechnungsmöglichkeit. Wie bereits erwähnt, kann der Haushaltsschaden häufig in Anlehnung an Statistiken zum Zeitaufwand in der Haushaltsführung und gestützt auf durchschnittliche Stundenansätze berechnet werden. Dies bedeutet bereits eine starke Vereinfachung der Berechnung im Vergleich zur Ermittlung des Ausfalls im konkreten Haushalt, wofür ein Gutachten praktisch unerlässlich ist. 171

D. Nebenpositionen

I. Beerdigungskosten

Wird eine Person durch einen Unfall getötet, hat der Haftpflichtige nach dem Gesetzeswortlaut die Kosten für die **Bestattung** zu übernehmen (Art. 45 Abs. 1 OR). In der Doktrin umstritten ist die Erstattungspflicht von späteren Grabunterhaltskosten, wobei sich 172

---

137 Zum Ganzen BGE 132 III 321 S. 332 Erw. 3.1 m. weiteren Hinw.
138 Vgl. BGer-Urteil 4A_264/2011 vom 14.11.2011, Erw. 3.1.
139 Brehm, Berner Kommentar, Art. 46 OR Rn. 112.
140 BGer-Urteil 4C.166/2006 vom25.8.2006, Erw. 5.2.
141 BGE 131 III 360 S. 374 (frz.).
142 Urteil Kantonsgericht von Graubünden ZK2 09 49 vom 23.11.2009 Erw. 7c/cc.
143 BGE 132 III 321 S. 341.

das Bundesgericht jedoch wiederholt gegen die Auferlegung von solchen Kosten ausgesprochen hat.[144]

II. Sonstige Positionen

173 Als weitere Positionen, die nach einem Unfall mit Personenschaden vom Haftpflichtigen zu erstatten sind, können genannt werden: Kosten für **Wehrpflichtersatz**, Kosten bei **be-hinderungsbedingten Umbaumaßnahmen** in der Wohnung oder am Fahrzeug und **Hilfs-mittel für Behinderte**.[145]

E. Haftungsprivilegien

I. Arbeitsverhältnisse

174 Nach seit 2003 geltender Gesetzeslage beschränkt sich eine Privilegierung des haftpflichtigen Arbeitgebers gegenüber dem geschädigten Arbeitnehmer auf das sog **Regressprivileg** (Art. 75 Abs. 2 ATSG) (siehe auch → Rn. 37). Diese Privilegierung entfällt, wenn der Haftpflichtige für die Schadensfolgen obligatorisch haftpflichtversichert ist (Art. 75 Abs. 3 ATSG).

II. Familienangehörige

175 Für Familienangehörige besteht ebenfalls ein **Regressprivileg**, welches dann entfällt, wenn der Schadensfall absichtlich oder grobfahrlässig herbeigeführt wurde (Art. 75 Abs. 1 ATSG). Das Regressprivileg entfällt auch, wenn eine obligatorische Haftpflichtversicherung leistungspflichtig ist.

§ 4 Schmerzensgeld

A. Grundlagen

I. Allgemeine Grundlagen

176 Gestützt auf Art. 47 OR (per Gesetzesverweis in Art. 62 Abs. 1 SVG auch anwendbar bei Straßenverkehrsunfällen) kann ein Verletzter Anspruch auf Schmerzensgeld, wofür in der Schweiz der Begriff der **Genugtuungsforderung** geläufig ist, erheben. Die Genugtuungsleistung soll die **seelische Unbill** wiedergutmachen, die eine geschädigte Person nach einem Unfall zB durch langzeitigen Krankenhausaufenthalt, Schmerzen und Ängste oder Beeinträchtigungen in ihrem Lebensalltag erleiden muss.

177 Obwohl Bewusstsein darüber herrscht, dass seelische Unbill nicht durch Geld aufgewogen werden kann, geht man davon aus, dass eine Geldzahlung des Haftpflichtigen an den Geschädigten bei diesem ein gewisses Wohlbefinden auslöst.[146] Nachdem folgerichtig bei einer vermögenden Person zur Erreichung eines solchen Effekts eine höhere Zahlung als an eine wirtschaftlich schwach gestellte Person ausgerichtet werden müsste, wird ein solches Vorgehen abgelehnt.[147] Umgekehrt wird jedoch bei einem im **Ausland** wohnenden

---

144 BGE 113 II 323 S. 338 Erw. 5.
145 ZB Brehm, Berner Kommentar, Art. 46 OR Rn. 19 ff.
146 Keller, Bd. II, S. 121.
147 Brehm, Berner Kommentar, Art. 47 Rn. 11 a.

Geschädigten durch **Reduktion** der Genugtuungssumme einem tiefen Preisniveau Rechnung getragen, wenn die Unterschiede im Vergleich zur Schweiz sehr groß sind.[148] Dies trifft indes für europäische Länder nicht zu.

Der Genugtuungsanspruch ist kein höchstpersönlicher Rechtsanspruch und kann daher **abgetreten** oder **vererbt** werden. Das Bundesgericht verlangt als Voraussetzung für die Vererbbarkeit, dass der Verstorbene vor seinem Tod den Anspruch gegenüber dem Haftpflichtigen geltend gemacht hat.[149]   178

II. Angehörigenschmerzensgeld

Art. 47 OR nennt als Anspruchsberechtigte auch Angehörige von Todesopfern. Personen   179
aus dem nahen Umfeld eines Schwerverletzten können eine Genugtuungsleistung gestützt auf den allgemeiner gefassten Art. 49 OR geltend machen, wonach Anspruch auf Genugtuung allen in ihrer Persönlichkeit widerrechtlich verletzten Personen zusteht.

III. Schockschäden

Bei Schockschäden geht es nicht um den Anspruch der Person, welche schwere Verletzun-   180
gen erleidet, sondern um die durch diesen Zustand hervorgerufene psychische Beeinträchtigung naher Angehöriger. Das Bundesgericht hat die genugtuungsrechtliche Berücksichtigung von Schockschäden im Allgemeinen[150] und auch im Rahmen der straßenverkehrsrechtlichen Betriebshaftung bejaht.[151]

B. Berechnungsgrundlagen

I. Schmerzumfang

Für die Genugtuungsbemessung ist primär die **Schmerzintensität** nach einer Verletzung   181
ausschlaggebend. Es ist indessen hervorzuheben, dass nach schweizerischer Praxis nur ein Schmerz von erheblichem Ausmaß zu einem Genugtuungsanspruch führt. Ein bloß mehrtägiger Schmerzzustand nach einem Unfallereignis ohne bleibende Gesundheitsfolgen begründet in aller Regel keinen Anspruch. Ob der Schmerz **physischer** oder **psychischer Natur** ist, bleibt für die Belange der Genugtuung ohne Relevanz.[152]

II. Eingriffsintensität

Bei einer genugtuungsbegründenden Verletzung sind vorab die dauernden Folgen zu be-   182
achten. Auch ein relativ leichter **Dauerschaden**, der sich im Alltag auswirkt, kann zu einer bedeutenden Genugtuungssumme führen, während umgekehrt ein sehr großer Schmerz, der aber nur vorübergehend anhält, einen weitaus geringeren Genugtuungsanspruch auslöst. So zeigt sich in der Praxis beispielsweise, dass für schwere Körperschäden rund dreimal so hohe Abgeltungszahlungen geleistet werden als für Todesfälle von Angehörigen.[153]

III. Folgeschäden

Nebst dem primären Körperschaden sind bei der Genugtuungsbemessung auch die **sekun-**   183
dären, meist psychischen **Beeinträchtigungen** zu berücksichtigen. Dies fällt besonders bei den Folgen von **schweren Straftaten** ins Gewicht, bei denen die psychischen Leiden viel gravierender sein können als die rein körperlichen.

---

148   BGE 123 III 10 S. 14 Erw. 4c/bb.
149   BGE 118 II 404 S. 407 Erw. 3 a.
150   BGE 112 II 118 (frz.).
151   BGE 138 III 276.
152   Brehm, Berner Kommentar, Art. 47 OR Rn. 14 f.
153   Keller, Bd. II, S. 132 f.

C. Genugtuungsfunktion

I. Ausmaß des Verschuldens

184 Weil bei Straßenverkehrsunfällen die Haftungsgrundnorm von Art. 58 Abs. 1 SVG kein Verschulden voraussetzt, ist das Vorliegen eines solchen auch bei der damit in Verbindung stehenden Gesetzesnorm zur Genugtuung **keine Voraussetzung.**[154]

185 Das Verschulden des Schädigers als die Tragik erhöhendes Moment kann aber durchwegs **Auswirkungen auf die Genugtuungshöhe** haben und ist, wie auch bei der Schadensersatzbemessung, zu berücksichtigen. In umgekehrter Weise ist aber auch ein **Mitverschulden** des Geschädigten in Betracht zu ziehen.[155]

II. Regulierungsverzögerung

186 Das **Verhalten auf Haftpflichtigenseite** nach dem Unfall in Form von andauernder Leistungsverweigerung, hat nach jüngster Rechtsprechung des Bundesgerichts keinen Einfluss auf die Genugtuungshöhe.[156] Immerhin ist zu bedenken, dass eine Verzinsungsverpflichtung in der Höhe von 5 % p.a. ab Unfalltag besteht.[157]

III. Vermögensverhältnisse

187 Wie bereits im Zusammenhang mit den Grundlagen des Genugtuungsrechts erwähnt, kommt es nicht auf die Vermögenssituation des Geschädigten an. Auch die finanziellen Verhältnisse auf Schädigerseite beeinflussen die Genugtuungshöhe nicht, zumal bei Straßenverkehrsunfällen meist ein finanziell starker Versicherer im Hintergrund steht.

D. Berechnungsmethode (mit Beispielen)

188 Zunächst ist festzuhalten, dass es in der Schweiz für die Genugtuungsbemessung keine schematischen Berechnungswerte gibt. Gleichwohl lassen sich den publizierten Gerichtsentscheiden Leitlinien („Basisgenugtuungen") entnehmen, welche von der Doktrin wie folgt dargestellt werden:[158]

■ Todesfall:

Verlust eines Ehegatten/registrierten Lebenspartners: 30.000 CHF bis Fr. 50.000 CHF

Verlust eines nicht registrierten Lebenspartners: 20.000 CHF bis 30.000 CHF

Verlust eines Kindes bei gemeinsamem Haushalt: 25.000 CHF bis 35.000 CHF

Verlust eines Kindes ohne gemeinsamen Haushalt: 15.000 CHF bis 25.000 CHF

Verlust eines Elternteils bei gemeinsamem Haushalt: 20.000 CHF bis 30.000 CHF

Verlust eines Elternteils ohne gemeinsamen Haushalt: 10.000 CHF bis 15.000 CHF

Verlust eines Geschwisters bei gemeinsamem Haushalt: 5.000 CHF bis 8.000 CHF

■ Körperverletzung:

Hier kann davon ausgegangen werden, dass im aktuellen Zeitpunkt die Maximalgenugtuung für schwerste Invalidität bei 200.000 CHF bis 300.000 CHF[159] liegt. Entsprechend kann in Anlehnung an die Prozentwerte im Anhang 3 zur Verordnung über die Unfallversicherung[160] eine Zuordnung vorgenommen werden:

---

154 Brehm, Berner Kommentar, Art. 47 OR Rn. 20.
155 BGE 113 II 323 S. 339 Erw. 6.
156 BGE 141 III 97 S. 100 Erw. 11.4 (frz.).
157 BGE 131 III 12 S. 21 Erw. 8.
158 Hütte/Landolt, Band I, S. 56 f.
159 Hütte/Landolt, Band II, Rn. 465 f.
160 UVV; SR 832.102.

Beispiele:

- Tetraplegie: 100 %
- Paraplegie: 80 %
- Verlust der Gebrauchshand: 50 %
- Sehr schwere Gesichtsentstellung: 50 %
- Verlust der Augenfunktion eines Auges: 30 %
- Verlust eines Fußes: 30 %
- Verlust des Daumens der Gebrauchshand: 20 %
- Verlust des Gehörs auf einem Ohr: 15 %
- Verlust von mind. zwei Gliedern eines Fingers: 5 %

Die auf diese Weise gefundene „Basisgenugtuung" kann je nach konkreten Umständen vermindert oder erhöht werden.

Wichtigste Erhöhungsgründe:[161]

- Hohes Verschulden des Haftpflichtigen
- Langer Verlauf der medizinischen Behandlung
- Langwährender Schmerz
- Verkürzung der Lebenserwartung
- Soziale Isolation
- Abhängigkeit vom Umfeld
- Wesensveränderung

Reduktionsgründe:[162]

- Leichtes Verschulden des Haftpflichtigen
- Selbstverschulden des Geschädigten
- Gefälligkeit des Haftpflichtigen
- Anlass und Sinn der schädigenden Handlung
- Freiwillige Beteiligung des Geschädigten

E. Kapitalisierung von Schadensersatz- und Schmerzensgeldrenten

In der schweizerischen Praxis werden Genugtuungsleistungen in **Kapitalform** ausgerichtet und nicht (obwohl rechtlich grundsätzlich möglich) in Form einer Rente ausbezahlt.[163]   189

§ 5 Ansprüche aus übergegangenem Recht

A. Gesetzliche Anspruchsgrundlagen

Im Hinblick auf den gesetzlichen Übergang der Rechte aus einem Schadensereignis ist für   190 die Frage der anwendbaren Gesetzesgrundlage zu unterscheiden zwischen einem Leistungserbringer der **Sozialversicherung** und zahlungspflichtigem **Privatversicherer.**

---

161   Hütte/Landolt, Band II, Rn. 421 ff.
162   Vgl. Hütte/Landolt, Band II, Rn. 491 ff.
163   Für das Bundesgericht relevant ist die Höhe des Genugtuungskapitals und ein Vergleich mit einem „Taggeld" wird als nicht relevant betrachtet (BGE 134 III 97 S. 100 Erw. 4.3).

191 Nach Art. 72 Abs. 1 ATSG tritt der **Sozialversicherungsträger** gegenüber einem Haftpflichtigen im Zeitpunkt des Ereignisses im Umfang der gesetzlichen Leistungen in die Ansprüche der versicherten Person und ihrer Hinterbliebenen ein.

192 Die genannte Gesetzesbestimmung stipuliert das Institut der Subrogation. Demnach gehen zivilrechtliche Geschädigtenansprüche auf Kompensation des Schadens im Rahmen einer Position, für welche ein Sozialversicherer Leistungen erbringt, **ex lege auf diesen Sozialversicherer über.** Auf den Willen und das Wissen der geschädigten Person oder des Schädigers (bzw. seiner Haftpflichtversicherung) und auch des betroffenen Sozialversicherungsträgers kommt es nicht an.

193 **Privatversicherer,** welche Leistungen im Rahmen einer Schadensversicherung (zu unterscheiden von der Summenversicherung) erbringen, können sich auf Art. 72 Abs. 1 VVG berufen: Auf den Versicherer geht insoweit, als er Entschädigung geleistet hat, der Ersatzanspruch über, der dem Anspruchsberechtigten gegenüber Dritten aus unerlaubter Handlung zusteht.

B. Kongruenz von Leistung und Ersatzanspruch

194 Sowohl im sozialversicherungsrechtlichen wie auch im privatversicherungsrechtlichen Bereich ist für den Forderungsübergang die **Kongruenz zwischen Versicherungsleistung und Ersatzanspruch** vorausgesetzt. Bei der Kongruenz wird unterteilt zwischen ereignisbezogener, personeller, sachlicher und zeitlicher Kongruenz, welche Elemente alle erfüllt sein müssen.[164]

C. Haftungsprivileg

195 Vom Grundsatz der Regressberechtigung wird in jenen Fällen abgewichen, in welchen zwischen geschädigter und haftpflichtiger Person eine **Nähe** besteht, die eine **Regressnahme** eines leistungspflichtigen Versicherers **unbillig** erscheinen lässt. Man spricht diesbezüglich vom **Regressprivileg,** welches sowohl für privat- wie auch sozialversicherungsrechtliche Belange unter **Familienangehörigen** gilt. Im Sozialversicherungsrecht gilt sodann auch ein Regressprivileg in Bezug auf **Arbeitgeber,** die einem Arbeitnehmer haftpflichtig werden. Näheres wird an anderer Stelle ausgeführt (siehe → Rn. 174 f.).

D. Quotenvorrecht des Geschädigten

I. Anwendbarkeit

196 Mit Art. 88 SVG besteht für Haftungsfolgen nach Straßenverkehrsunfällen eine Bestimmung, die zugunsten des Geschädigten ein Quotenvorrecht vorsieht; das gleiche Institut gilt im Sozialversicherungsrecht (Art. 73 Abs. 1 ATSG).

II. Wirkungen auf den Versicherungsnehmer

197 Durch die Geltung des Quotenvorrechts kann der Versicherer nur soweit auf den Schädiger zurückgreifen, als seine Leistungen und jene des Haftpflichtigen zusammen den ganzen Schaden übersteigen. Damit wird ein möglichst **hoher Schadensausgleich** für den Geschädigten bezweckt. Für diesen besteht erst dann ein Nachteil, wenn seine Schadensersatzansprüche geringer sind als der vom Versicherer nicht gedeckte Schaden.[165]

---

164 BGE 126 III 41 S. 43 Erw. 2.
165 BGE 113 II 86 S. 91 Erw. 2.

Abschnitt 3: Durchsetzung der Ansprüche
§ 1 Vorgerichtliche Schadensabwicklung

A. Das vorgerichtliche Verhalten der Versicherung

Macht eine geschädigte Person gegen einen Versicherer Haftpflichtersatzansprüche geltend, so hat der Versicherer, sofern die Haftung unbestritten und der Schaden beziffert wurde, von Gesetzes wegen innerhalb dreier Monate ein begründetes **Schadensersatzangebot** vorzulegen. Wird die Haftung bestritten, steht diese nicht eindeutig fest oder wurde der Schaden nicht vollständig beziffert, so hat die Versicherung innerhalb der gleichen Frist eine begründete **Stellungnahme zur Schadensersatzforderung** abzugeben (Art. 79 c Abs. 1 SVG). 198

In der Praxis wird diesen Vorgaben fast immer nachgekommen. In den Fällen, in welchen der Versicherer dem Erledigungsantrag des Geschädigten nicht oder nur teilweise nachkommt, geht es in der Regel darum, mittels gegenseitiger Darlegung der Argumente zu Haftung und Schadensfolgen, eine **Einigung** zu erzielen. Gelingt eine solche Einigung, besteht der Versicherer meist auf der Unterzeichnung einer sog **Saldoerklärung**, dh einer Bestätigung, dass mit der Zahlung der Schadensersatzsumme sämtliche Forderungen aus dem Unfallereignis (auch für zukünftige Beeinträchtigungen) abgegolten sind. 199

B. Anerkenntniswirkung vorgerichtlicher Äußerungen

I. Verjährungsunterbrechung

Forderungen aus Straßenverkehrsunfällen verjähren **zwei Jahre** nach dem Tag, an welchem der Geschädigte Kenntnis des Schadens und der Person des Schädigers erlangt hat, eine Verjährung tritt jedenfalls **zehn Jahre** nach dem Tag des Unfalls ein. Wird die Forderung aus einer strafbaren Handlung hergeleitet, für die das Strafrecht eine längere Verjährung vorsieht, so gilt diese auch für den Zivilanspruch (Art. 83 Abs. 1 SVG). 200

Nach Art. 135 OR wird die Verjährung insbesondere durch **Forderungsanerkennung** des Schuldners (auch in Form einer Abschlagszahlung), durch **Schuldbetreibung**, durch **Schlichtungsgesuch** oder durch **Klage** bei einem Gericht **unterbrochen**. In der Praxis hat die Ausstellung eines **Verjährungseinredeverzichts** von Seiten des Haftpflichtigen bzw. dessen Versicherers eine überaus wichtige Bedeutung. Darin wird der Verzicht auf die Verjährungseinrede während einer gewissen Zeitdauer erklärt, zumeist unter der Voraussetzung, dass die Verjährung zum Zeitpunkt der Verzichtserklärung nicht bereits eingetreten ist. 201

II. Deklaratorisches Schuldanerkenntnis

Zuweilen wird vom Geschädigten verlangt, dass von Seiten des Haftpflichtigen eine **Haftungsanerkennung** abgegeben wird. Durch Abgabe einer solchen Anerkennungserklärung wird klargestellt, dass der Haftpflichtige bzw. dessen Versicherer die grundsätzliche Leistungspflicht für einen Schadensfall bestätigt. Damit ist jedoch kein Eingeständnis über die Höhe des Schadensersatzes verbunden. 202

C. Bedeutung von Abtretungen

Im Zusammenhang mit Forderungen aus Straßenverkehrsunfällen sind Erklärungen über Forderungsabtretungen (Art. 164 ff. OR) nicht von besonderer Bedeutung. 203

§ 2 Beweismittel

A. Allgemeine Grundlagen

204 Das Beweisrecht wird in Art. 150 ff. der Schweizerischen Zivilprozessordnung (ZPO)[166] geregelt. Die zulässigen Beweismittel – Zeugnis, Urkunde, Augenschein, Gutachten, schriftliche Auskunft sowie Parteibefragung und Beweisaussage – erhalten eine nähere Umschreibung in Art. 169 ff. ZPO. Unter den Beweismitteln gibt es keine Rangordnung, im schweizerischen Zivilprozess herrscht die Maxime der freien Beweiswürdigung (Art. 157 ZPO).

B. Einzelne Beweismittel

I. Neutrale Zeugen

205 Soweit keine technischen Aufzeichnungen eines Unfallereignisses existieren, sind die Aussagen **außenstehender Zeugen** in einem Gerichtsverfahren von großer Bedeutung. Zeugenaussagen sind auch dann ein wichtiges Beweismittel, wenn es um die Auswirkungen von Körperverletzungen im Erwerbsbereich geht und die Situation mit jener vor dem Unfall zu vergleichen ist.

206 Zeugen sind **verpflichtet**, vor Gericht **auszusagen** und stehen unter einer strafrechtlich sanktionierten **Wahrheitspflicht** (Art. 171 Abs. 1 ZPO). Die Zeugenbefragung ist Sache des Gerichts, wobei für die Parteien ein Anspruch auf die Stellung von Ergänzungsfragen besteht (Art. 172 f. ZPO).

II. Insassenzeugen

207 **1. Allgemeine Grundlagen.** Soweit ein Fahrzeuginsasse in einem Prozess nicht als Partei auftritt, kann auch diese Person als Zeuge einvernommen werden. Ist diese Person **nahe Angehörige** (Ehepartner, Kind) einer Partei, kann sie das allgemeine **Zeugnisverweigerungsrecht** beanspruchen (Art. 165 ZPO). Sagt eine derart privilegierte Zeugenperson trotzdem aus, untersteht sie der allgemeinen Wahrheitspflicht.

208 **2. Sonderfall Fahrer.** Unter den soeben genannten Voraussetzungen spricht auch nichts dagegen, einen Fahrzeuglenker als Zeugen einzuvernehmen.

209 **3. Zeugen vom Hörensagen.** Art. 169 ZPO hält fest, dass eine Person als Zeuge Aussagen darüber zu machen hat, was sie direkt wahrgenommen hat. Dies schließt eigentlich ein Zeugnis vom Hörensagen aus. Es ist jedoch dem Gericht unbenommen, einer Person Fragen zu stellen, von welcher Person sie direkt was gehört hat.[167]

III. Parteivernehmung

210 Nach schweizerischem Zivilprozessrecht ist es dem Gericht möglich, sowohl die eine wie auch die andere Partei zu befragen und daraus beweisrelevante Schlüsse zu ziehen. Bei der **einfachen Parteibefragung** erfolgt eine Ermahnung zur Wahrheit mit Androhung von Ordnungsbuße (Art. 191 ZPO), bei der **strengeren Beweisaussage** (Art. 192 ZPO) steht die Partei unter der qualifizierten Strafandrohung bei Falschaussage nach Art. 306 StGB.

---

166 SR 272; in Kraft seit 1.1.2011. Zuvor wurden die zivilprozessualen Vorschriften in jedem Kanton für sich geregelt.
167 Müller, in Brunner/Gasser/Schwander, ZPO Kommentar, Art. 169 ZPO Rn. 12.

IV. Augenschein

Die Durchführung eines gerichtlichen Augenscheins bietet sich an, wenn der Beweis über 211 die Situation an bestimmten Örtlichkeiten zu führen ist, beispielsweise die Sichtverhältnisse an einer Unfallkreuzung. Der Augenschein findet im Beisein der Parteien statt und das Gericht kann neben der Protokollierung andere Aufzeichnungen (insbes. Fotografien) erstellen lassen (Art. 182 ZPO).

§ 3 Besonderheiten des schweizerischen Zivilprozessrechts

A. Gerichtsstruktur

In der Schweiz sind für die Rechtsprechung in haftpflichtrechtlichen Belangen die Gerichte 212 auf drei Stufen zuständig: Bezirk[168] – Kanton – Bund. Auf unterster Ebene heißen die Gerichte **Bezirks- oder Kantonsgericht**, die oberen (kantonalen) Gerichte **Obergericht** oder **Kantonsgericht**.[169] Auf der Stufe Bund ist das **Bundesgericht** mit Sitz in Lausanne zuständig.

Bei Forderungsstreitigkeiten aus Straßenverkehrsunfällen besteht in den meisten Fällen fol- 213 gender **Verfahrensgang**: Dem eigentlichen Gerichtsverfahren geht in aller Regel ein förmliches **Schlichtungsverfahren** vor einer Schlichtungsbehörde (meist Friedensrichter genannt) voraus (Art. 197 ff. ZPO). Die klagende Partei hat ein Schlichtungsgesuch mit Bezeichnung der Gegenpartei, des Rechtsbegehrens und des Streitgegenstands zu stellen, welches in der Folge der gegnerischen Seite zugestellt wird (Art. 202 ZPO). Die Parteien werden alsdann zu einer Schlichtungsverhandlung vorgeladen und es wird versucht, die Streitigkeit gütlich zu regeln. Ist eine Einigung nicht möglich, stellt die Schlichtungsbehörde die Klagebewilligung aus, die den Kläger innert dreier Monate berechtigt, **Klage beim erstinstanzlichen Gericht** einzureichen (Art. 208 ff. ZPO).

Im **erstinstanzlichen Gerichtsverfahren** kommt bei einem Streitwert unter 30.000 CHF das 214 **vereinfachte Verfahren** zur Anwendung, welches sich durch geringere Begründungsanforderungen und raschere Behandlung auszeichnet (Art. 243 ff. ZPO). Im **ordentlichen Verfahren** ist eine begründete Klage insbesondere mit detaillierten Tatsachenbehauptungen und Beweismitteln einzureichen. Nach Eingang der Klageantwort kann das Gericht einen zweiten Schriftenwechsel anordnen, ansonsten lädt das Gericht zur Hauptverhandlung vor (Art. 221 ff. ZPO).

Ein erstinstanzliches Gerichtsurteil kann bei einem Streitwert von mindestens 10.000 CHF 215 mit dem ordentlichen Rechtsmittel der **Berufung** bei der oberen kantonalen Instanz angefochten werden (Art. 308 ZPO). Bei Nichterreichen der Streitwertgrenze ist das außerordentliche Rechtsmittel der **Beschwerde** gegeben (Art. 139 ZPO).

Gegen ein Gerichtsurteil des oberen kantonalen Gerichts kann **Beschwerde** in zivilrechtli- 216 chen Angelegenheiten an das Bundesgericht erhoben werden, soweit der Streitwert 30.000 CHF übersteigt (Art. 72 ff. BGG).[170] Daneben besteht das außerordentliche Rechtsmittel der **subsidiären Verfassungsbeschwerde** (Art. 113 ff. BGG).

B. Klagebeschränkungen

Nach Eingang der Klage kann das Klageverfahren auf Antrag einer Partei oder von Amts 217 wegen durch das Gericht auf einzelne Rechtsfragen oder Begehren beschränkt werden (Art. 125 Buchst. a ZPO). In Haftpflichtprozessen kann daher das Gericht das Verfahren vorerst auf wichtige Aspekte wie zB das Vorhandensein einzelner Haftungsvoraussetzungen oder die Verjährung beschränken.

---

168 In kleineren Kantonen deckt sich das Zuständigkeitsgebiet mit dem Gesamtkanton.
169 Einige wenige Kantone kennen für handelsrechtliche Streitigkeiten spezielle Handelsgerichte, die als einzige kantonale Instanz entscheiden. Auch Forderungsstreitigkeiten aus Straßenverkehrsunfällen können als handelsrechtliche Streitigkeiten gelten.
170 Bundesgesetz über das Bundesgericht; SR 173.110.

Abschnitt 4: Wichtige Arbeitsmittel

A. Zeitschriften

Strassenverkehr/Circulation routière

Haftung und Versicherung (HAVE)

Schweizerische Zeitschrift für Sozialversicherung und berufliche Vorsorge (SZS)

Aktuelle Juristische Praxis (AJP)

Schweizerische Juristen-Zeitung (SJZ)

Die Praxis

B. Kommentare

Weissenberger, Kommentar zum Strassenverkehrsgesetz, Bundesgerichtspraxis, 2. Aufl. 2014

Giger, SVG Kommentar, Strassenverkehrsgesetz, 8. Aufl. 2014

Brehm, Art. 41–61 OR. Allgemeine Bestimmungen: Die Entstehung durch unerlaubte Handlungen, Band VI: Obligationenrecht. 1. Abteilung: Allgemeine Bestimmungen. 3. Teilband 1. Unterteilband: Die Entstehung durch unerlaubte Handlungen Art. 41-61 OR, 4. Aufl. 2013 (Berner Kommentar)

Landolt, Art. 45–49 OR. Die Entstehung durch unerlaubte Handlungen, Band V/1c/2 – Das Obligationenrecht, 2007 (Zürcher Kommentar)

Honsell/Vogt/Wiegand (Hrsg.), Art. 1-529 OR. Obligationenrecht I, 6. Aufl. 2015 (Basler Kommentar)

C. Monographien

Brehm, Motorfahrzeughaftpflicht, 2008

Schaffhauser/Zellweger, Grundriss des schweizerischen Strassenverkehrsrechts, Band II: Haftpflicht und Versicherung, 1988

Oftinger/Stark, Schweizerisches Haftpflichtrecht, Band II/2: Besonderer Teil. Zweiter Teilband. Gefährdungshaftungen: Motorfahrzeughaftpflicht und Motorfahrzeughaftpflicht-versicherung, 4. Aufl. 1989

Fellmann, Schweizerisches Haftpflichtrecht, Band II: Haftung nach der gewöhnlichen Kausalhaftung des StSG und den Gefährdungshaftungen des SVG, des Transportrechts (TrG, EBG, BG Anschlussgleise, BSG und SebG) sowie des LFG, 2013

Dähler/Schaffhauser, in: Weber/Münch (Hrsg.), Haftung und Versicherung, § 13 Verkehrsunfall – SVG-Haftung, S. 593 ff., 2015

Oftinger/Stark, Schweizerisches Haftpflichtrecht, Band I: Allgemeiner Teil, 5. Aufl. 1995

Rey, Ausservertragliches Haftpflichtrecht, 4. Aufl. 2008

Keller, Haftpflicht im Privatrecht, Bd. I, 6. Aufl. 2001

Keller, Haftpflicht im Privatrecht, Bd. II, 2. Aufl. 1998

Hütte/Landolt, Genugtuungsrecht, Grundlagen zur Bestimmung der Genugtuung, 2 Bände, 2013

D. Internetadressen

I. Zugriff auf das geltende Recht

1. Materielles Haftungsrecht

https://www.admin.ch/opc/de/classified-compilation/19580266/index.html (Art. 58 ff.)

https://www.admin.ch/opc/de/classified-compilation/19110009/index.html (Art. 41 ff.)

2. Strassenverkehrsvorschriften

https://www.admin.ch/opc/de/classified-compilation/19580266/index.html (Art. 26 ff.)

https://www.admin.ch/opc/de/classified-compilation/19620246/index.html

II. Kostenlose Entscheidungssammlungen

1. Bundesgericht

http://www.bger.ch/index/juridiction/jurisdiction-inherit-template/jurisdiction-recht/jurisdi ction-recht-leitentscheide1954.htm (Amtlich publizierte Bundesgerichtsentscheide)

http://www.bger.ch/index/juridiction/jurisdiction-inherit-template/jurisdiction-recht/jurisdi ction-recht-urteile2000.htm (weitere Urteile ab 2000)

2. Sonstige Gerichte (Auswahl)

Zürcher Gerichte:
http://www.gerichte-zh.ch/entscheide/entscheide-suchen.html

Aargauer Gerichte:
https://www.ag.ch/de/gerichte/ueber_uns_jb/gesetze_entscheide/gesetze_entscheide.jsp

St. Galler Gerichte:
http://www.gerichte.sg.ch/home/dienstleistungen/rechtsprechung.html

Thurgauer Gerichte: http://www.rechtsbuch.tg.ch/

III. Sonstige Informationen

1. Zinsanspruchsberechnung

Der Schadenszins beträgt unveränderlich 5% p.a.

2. Rechtlich relevante Websites

Systematische Sammlung der Bundesgesetze: https://www.admin.ch/gov/de/start/bundesrec ht/systematische-sammlung.html

Formulare für Eingaben an Behörden und Gerichte:
https://www.bj.admin.ch/bj/de/home/publiservice/service/zivilprozessrecht/parteieingabenf ormulare.html

Juristische Datenbank mit Gesetzen, Entscheiden, Literatur (kostenpflichtig):
https://www.swisslex.ch/

Portal mit diversen juristischen Informationen, zB Newsletter (kostenpflichtig): http://ww w.weblaw.ch/de/

3. Liste wichtiger Gesetze

a) Haftungsrecht

https://www.admin.ch/opc/de/classified-compilation/19580266/index.html (Art. 58 ff.)

https://www.admin.ch/opc/de/classified-compilation/19110009/index.html (Art. 41 ff.)

b) Versicherungsrecht

https://www.admin.ch/opc/de/classified-compilation/19080008/index.html

c) Prozessrecht

https://www.admin.ch/opc/de/classified-compilation/20061121/index.html

Kantonale Gerichtsorganisationsbestimmungen (Auswahl):

Zürich: http://www.zhlex.zh.ch/Erlass.html?Open&Ordnr=211.1

Aargau: https://gesetzessammlungen.ag.ch/frontend/versions/1045

Basel-Stadt: http://www.gesetzessammlung.bs.ch/frontend/versions/1435

St. Gallen: http://www.gesetzessammlung.sg.ch/frontend/versions/541

Spanien

Verwendete Literatur: *Backu, Holger*, Schmerzensgeld bei Verkehrsunfallschäden in Frankreich, Spanien und Portugal, 2001; *Courage, Christoph/Dechant, René Marcel/González, Doris/ Lampreave, Patricia*, Steuerfibel Spanien, 2000; *De Dios de Dios, Miguel Ángel*, Algunas cuestiones sobre responsabilidad automovilística: El concepto de „Accidente o hecho de circulación" y de „Vehículo a Motor" como principales supuestos del sistema, Artículos doctrinales. Noticias Jurídicas, 2011; Esteban, Patricia: 1 de enero: entra en vigor el nuevo baremo de indemnizaciones por accidentes de tráfico (Ley 35/2015), vom 2.1.2016, http://noticias.juridicas.c om/actualidad/noticias/10762; *Gómez Ligüerre, Carlos*, Accidentes de Trabajo y Responsabilidad Civil, InDret 2/2009; *Mannsdorfer, Thomas M.*, Regulierung von Straßenverkehrsunfällen nach spanischem Recht, Teil I, Informaciones II/2005; *Martín Antón, Alberto*, En qué afecta la despenalización de las faltas al ámbito de los accidentes de tráfico?, http://blog.sepín.es/2015/09 /despenalización-faltas-trafico, 2015; *Mennel, Annemarie/Förster, Jutta*, Steuern in Europa, Amerika und Asien, Band 2, Länderteil Spanien, 2012; *Monterroso Casado, Esther*, La colisión recíproca de vehículos, Madrid 2011; *Neidhart, Hermann*, Unfall im Ausland, Band 2, West-Europa, 2007; *Puga, Santos*, Acción civil, juicio de faltas por lesiones de accidentes de circulación y disposición transitoria cuarta reforma del Código Penal, http://www.elderecho.com/tribu na/penal/Accion-civil-disposicion -transitoria-cuarta-reforma-Código-Penal-11_3700_55001.html;*Romero, Inmaculada/Bello, Elena/Jarfe, Urs*, Schadensregulierung bei Verkehrsunfällen in Europa, Ausländischer Anwaltsverein Deutschland e.V, Länderteil Spanien, 2010; *Santos Briz, Jaime/Sierra Gil de la Cuesta, Ignacio/De Angel Yaqüez, Ricardo/Poveda Gonzalez, P./Martinez, Jose Manuel/Pereda, Rodriguez*, Tratado de Responsabilidad Civil, Bd. 2, 2008; *Vilaret Cano, Aida*, Ley sobre responsabilidad civil y seguro en la circulación de vehículos a motor, 2005.

Abschnitt 1: Anspruchsprüfung zum Haftungsgrund

§ 1 Haftungsgründe

1 Jedes Kraftfahrzeug muss über eine Haftpflichtversicherung verfügen. Die Vorgaben der sog obligatorischen Haftpflichtversicherung sind in dem Gesetz über die Haftpflicht und

die Versicherung im Kraftfahrzeugverkehr geregelt (im Folgenden LRCSCVM).[1] Durch Gesetz Nr. 35/2015 vom 22. 09.2015[2] wurden diese Bestimmungen grundlegend modifiziert (im Folgenden LRCSCVM nF): Das im Anhang zum LRCSCVM vorgesehene System zur Bewertung der Schäden und Nachteile, die den Personen infolge eines Verkehrsunfalles entstanden sind, wurde aufgehoben und zwecks Anpassung an diverse EU-Richtlinien durch ein neues Bewertungssystem ersetzt. Das Verfahren der vorgerichtlichen Schadensabwicklung wird nunmehr mit der Anzeige des Geschädigten an die gegnerische Versicherung eingeleitet, Art. 7 Abs. 1 S. 4 LRCSCVM nF. Die gerichtliche Geltendmachung der Schadensersatzansprüche im Rahmen eines Strafverfahrens wurden aufgrund der letzten Reform des Strafgesetzbuches (im Folgenden Código Penal, CP)[3] starkt eingeschränkt. Konnte der Geschädigte bis dahin in einem für Vergehen (faltas) vorgesehenen besonderen Verfahren (sog Juicio de faltas) einen Beschluss und somit einen Vollstreckungstitel erwirken, in dem die Höchstsumme des zu leistenden Schadensersatzes festgesetzt wurde, der in einem sich daran anschließenden Vollstreckungsverfahren durchgesetzt werden konnte, steht ihm dieser Weg nunmehr nur bei Vorliegen bestimmter Straftaten offen.[4]

Die Bestimmungen zur Ausführung dieses Gesetzes sind in einem Reglement enthalten (im Folgenden RLRCSCVM).[5]

Zivilrechtlich wird zwischen der Gefährdungshaftung und der Verschuldenshaftung unterschieden. Für die durch den Verkehrsunfall eingetretenen **Personenschäden** greift die Gefährdungshaftung, Art. 1 Abs. 1 S. 2 LRCSCVM. Für die durch den Verkehrsunfall eingetretenen Sachschäden verweist Art. 1 Abs. 1 S. 3 LRCSCVM auf Art. 1902 des Código Civil (im Folgenden CC),[6] der die allgemeine Haftungsgrundlage aus Verschulden vorsieht. Für *Sachschäden* gilt somit der Grundsatz der **Verschuldenshaftung**. Ergänzend zum LRCSCVM findet das allgemeine Versicherungsvertragsgesetz (im Folgenden LCS) Anwendung,[7] Art. 2 Abs. 4 LRCSCVM. 2

A. Haftung des Fahrers

I. Haftung aus Verschulden

Der Fahrer eines Kraftfahrzeuges ist diejenige Person, die zum Zeitpunkt des Unfalls das 3 Kraftfahrzeug lenkt und die Kontrolle über dieses hat, sei er dazu berechtigt oder nicht.[8] Er ist für alle Schäden, die er einer anderen Person oder den Gütern einer anderen Person im Zuge der Teilnahme am Straßenverkehr zufügt, verantwortlich.[9]

Der Fahrer haftet, soweit der Anwendungsbereich des LRCSCVM gegeben ist, aus Verschulden nur für Sachschäden, Art. 1. Abs. 1 S. 3 LRCSCVM iVm Art. 1902 CC. Der Fahrer ist somit dem Geschädigten gegenüber verantwortlich, soweit er den Tatbestand von Art. 1902 ff. CC erfüllt. Der **Geschädigte** muss somit folgende Voraussetzungen **darlegen** 4

---

1 Gesetzliches Königliches Dekret 8/2004 vom 29.10.2004, veröffentlicht im staatlichen Anzeiger (im Folgenden BOE) Nr. 267 vom 5.11.2004, Texto Refundido de la Ley sobre Responsabilidad Civil y Seguro en la Circulación de Vehículos a motor.
2 Gesetz Nr. 35/2015 vom 22.9.2015, veröffentlicht im BOE Nr. 228 vom 23.9.2015. Das Gesetz ist am 1.1.2016 in Kraft getreten.
3 Organgesetz 19/1995 vom 23.11.1995, BOE Nr. 281 vom 24.11.1995 modifiziert durch Organgesetz 1/2015 vom 30.3.2015, veröffentlicht im BOE Nr. 77 vom 31.3.2015. Die Änderungen sind am 1.7.2015 in Kraft getreten.
4 Martín Antón, Alberto, En qué afecta la despenalización de las faltas al ámbito de los accidentes de tráfico?, http://blog.sepín.es/2015/09/despenalización-faltas-trafico, 2015.
5 Königliches Dekret 1507/2008 vom 12.9.2008, BOE Nr. 222 vom 13.9.2008, modifiziert durch Gesetz 18/2009 vom 23.112009, BOE Nr. 283 vom 24.11.2009.
6 Königliches Dekret vom 24.7.1889, BOE Nr. 206 vom 25.7.1889.
7 Gesetz Nr. 50/1980, vom 8.10.1980, Ley de Contrato de Seguro, BOE Nr. 250 vom 17.10.1980 zuletzt modifiziert durch Gesetz 20/2015 vom 14.7.2015 über die Neuordnung, Überwachung und Solvenz der Versicherungs-und Rückversicherungsgesellschaften, veröffentlicht im BOE Nr. 168 vom 15.7.2015.
8 González Poveda, in: Tratado de Responsabilidad Civil, Bd. 2, S. 726.
9 González Poveda, in: Tratado de Responsabilidad Civil, Bd. 2, S. 726.

und beweisen: ein schuldhaftes Handeln oder Unterlassen, Eintritt eines Schadens sowie die Kausalität zwischen beiden und schuldhaftes Verhalten des Fahrers.[10]

II. Gefährdungshaftung

5 Liegt ein Personenschaden vor, greift die Gefährdungshaftung in der Weise, dass der Fahrer nach Art. 1 Abs. 1 S. 2 LRCSCVM nF **grundsätzlich** für diesen Schaden **haftet**, es sei denn, er kann beweisen, dass der Schaden ausschließlich durch das vorsätzliche oder fahrlässige Verhalten des Geschädigten oder durch höhere Gewalt[11] entstanden ist. Ein Fahrzeugfehler, ein Fehler oder ein Defekt des Fahrzeuges oder eines Fahrzeugteils werden nicht als höhere Gewalt gewertet.[12]

6 Nur wenn ihm dieser Beweis gelingt, kann eine Haftungsbefreiung bejaht werden.[13]

B. Haftung des Halters

I. Haftung aus Verschulden

7 Wer Halter ist, wird durch die Anwendung **zivilrechtlicher Normen** und nicht aufgrund der verwaltungsrechtlichen Berechtigung am Fahrzeug bestimmt.[14]

8 Der Halter haftet für Sach- und Personenschäden, wenn er mit dem Fahrer in einem in Art. 1903 CC und 120 Abs. 5 CP beschriebenen Verhältnis steht, Art. 1 Abs. 3 S. 1LRCSCVM nF.

9 Art. 1903 CC schreibt vor, in welchen Fällen sich jemand ein **fremdes Verschulden** zurechnen lassen muss: die sorgeberechtigten Eltern für das Verhalten ihrer Kinder, der Vormund für die Minderjährigen oder Geschäftsunfähigen, die unter seiner Obhut stehen, die Arbeitgeber oder Geschäftsinhaber für das Verhalten ihrer Angestellten sowie die Lehrer für das Verhalten ihrer Schüler.

Art. 120 Abs. 5 CP regelt die Haftung für Fremdverschulden des Halters von Fahrzeugen, die geeignet sind, Gefahren für Dritte zu schaffen. Er haftet für die Personen- oder Sachschäden, die infolge der Begehung einer Straftat unter Verwendund dieses Fahrzeuges durch seine Angestellten, Vertreter und beauftragten Personen eingetreten sind.

Die Verschuldenshaftung für Personen- und Sachschäden des Halters nach Art. 120 Abs. 5 CP ist subsidiär, dh primär haftet der Täter gegenüber dem Geschädigten für die Personen- und Sachschäden.[15]

10 Ein Ersatz der Personen- und Sachschäden für fremdes Verschulden nach Art. 1. Abs. 3 S. 2 LRCSCVM nF scheidet aus, wenn der Halter nachweisen kann, dass er zwecks Vermeidung des Schadens die Sorgfalt eines guten Familienvaters angewendet hat und somit bei der Auswahl (culpa in eligendo) bzw. Überwachung (culpa in vigilando) dieser Personen sorgfältig gehandelt hat.[16]

11 Art. 1 Abs. 3 S. 3 1LRCSCVM nF führt einen neuen Haftungsgrund des Halters für Personen- und Sachschäden ein. Nach dieser Bestimmung haftet der Halter für die genannten Schäden, wenn das Fahrzeug nicht versichert war. Der Halter kann sich nur entlasten, wenn er zB durch Vorlage einer Anzeige, nachweist, dass ihm das Fahrzeug entwendet worden ist. Eine Haftung setzt im Gegensatz zu den oben dargestellten Fällen kein Abhängigkeitsverhältnis zwischen Fahrer und Halter voraus.

12 Art. 1902 CC gewährt dem Geschädigten gegenüber dem Halter einen direkten Schadensersatzanspruch (Art. 109 f. CP.)

---

10 St. Rspr. vgl. Urteil des Obersten Gerichts (im Folgenden TS) vom 2.3.2001; 14.5.2002; 26.10.2006 mwN.
11 Zu den Voraussetzungen der höheren Gewalt vgl. Urteil der Audiencia Provincial (im Folgenden AP) Madrid vom 1.10.2012.
12 Mannsdorfer, Regulierung von Straßenverkehrsunfällen, S. 79 (82).
13 Backu, Schmerzensgeld bei Verkehrsunfallschäden in Frankreich, Spanien und Portugal 2001, S. 591.
14 Urteil TS vom 14.12.1998.
15 González Poveda, in: Tratado de Responsabilidad Civil, Bad. 2, S. 728.
16 Urteil AP Girona vom 2.12.2010 mwN.

Der Halter haftet nach diesen Bestimmungen **gesamtschuldnerisch** mit dem Fahrer des Kraftfahrzeugs für alle Schäden, die der Fahrer einer anderen Person oder den Gütern einer anderen Person im Zuge der Teilnahme am Straßenverkehr zugefügt hat.[17] Er kann sich von diesem Vorwurf der Verantwortlichkeit befreien, wenn er beweisen kann, dass ihm das Fahrzeug entwendet wurde.[18]

1. Straßenverkehrsrechtliche Gefährdungshaftung. Das LRCSCVM geht davon aus, dass   13
von dem Fahrzeug, das am Verkehr teilnimmt, generell eine Gefährdung ausgeht. Diese Gefährdung realisiert sich dann, wenn aufgrund der Teilnahme an dem Straßenverkehr ein Verkehrsunfall herbeigeführt wird.[19] Soweit hierdurch ein Personenschaden eingetreten ist, muss dieser Schaden bis zur Höhe der obligatorischen Mindestversicherungssumme ausgeglichen werden, Art. 4 LRCSCVM.

2. Besonderheiten bei Beförderung. Für die Schäden, die im Rahmen einer Beförderung   14
mit **öffentlichen Verkehrsmitteln** entstehen, steht dem Geschädigten nach dem Reglement über den obligatorischen Versicherungsschutz von Reisenden (im Folgenden SOV)[20] ein direkter Anspruch gegen die Versicherungsgesellschaft zu. Soweit die Voraussetzungen des LRCSCVM vorliegen, kann der Geschädigte daneben einen Schadensersatzanspruch auf Grundlage dieser Regelung geltend machen.

a) Entgeltliche Beförderung (Straßenbahn, Bus, Taxis). Nach dem SOV schließt der Passa-   15
gier bei Erwerb seines Fahrscheins einen **Beförderungsvertrag** ab. Hierdurch entsteht zugleich ein direkter Anspruch des Fahrgastes gegen die Versicherungsgesellschaft auf Ersatz eines Schadens, der infolge eines Verkehrsunfalles eintreten kann.

Voraussetzung ist somit, dass der Geschädigte in Besitz eines **gültigen Fahrscheines** ist.   16
Dies ist dann der Fall, wenn der Passagier zum Abschluss eines entgeltlichen Beförderungsvertrages verpflichtet ist und den Fahrschein erworben hat. Ein gültiger Beförderungsvertrag liegt aber auch dann vor, wenn der Erwerb eines entgeltlichen Fahrscheines nicht vorgeschrieben ist. Dies ist dann der Fall, wenn zB Minderjährige ein öffentliches Verkehrsmittel benutzen. Entsteht daher infolge eines Unfalles ein Schaden, ist auch dieser von der Versicherung abgedeckt.

Der Schaden kann während der Beförderung sowie beim Ein- und Aussteigen entstehen.   17
Nach dem SOV wird ausschließlich ein Personenschaden ersetzt. Ein Verschulden des Fahrers ist nicht Anspruchsvoraussetzung.

Dem Geschädigten steht zugleich ein Anspruch auf Ersatz von Personenschäden nach dem   18
LRCSCVM gegen den Fahrer und gegen das Transportunternehmen zu. Ein Anspruch auf Ersatz von Sachschäden sieht das SOV nicht vor, so dass hierfür auf die Verschuldenshaftung nach Art. 1902 CC zurückzugreifen ist.

b) Unentgeltliche Beförderung (Anhalter, Bekannte). Die Haftung für Schäden, die infolge   19
eines Verkehrsunfalles eingetreten sind, richtet sich nach dem LRCSCVM. Soweit der Anwendungsbereich nicht gegeben ist, kann derjenige, der unentgeltlich befördert wird, den Fahrer und/oder den Eigentümer des Fahrzeuges direkt auf der Grundlage des Art. 1902 CC in Anspruch nehmen.

II. Gefährdungshaftung

1. Grundlagen der Gefährdungshaftung. Grundlage der Gefährdungshaftung eines Hal-   20
ters bzw. Fahrers ist Art. 1 Abs. 3 S. 1 LRCSCVM nF sowie Art. 1 und 2 des RLCRSCVM. Ein Halter bzw. der Fahrer haften verschuldensunabhängig für die Personenschäden, die an einem verkehrsbeteiligten Dritten eingetreten sind.

---

17 González Poveda in: Tratado de Responsabilidad Civil, Bd. 2, S. 715 (726).
18 Urteil des TS vom 23.9.1988 und 8.5.1990.
19 Urteil der AP Málaga vom 6.10.2010; Urteil der AP der Balearen vom 8.2.2011 mwN.
20 Königliches Dekret 1575/1989 vom 22.12.1989, BOE Nr. 311 v. 28. 12. 1989, Seguro Obligatorio de Viajeros, modifiziert durch Gesetz 6/2009 vom 3.7.2009, veröffentlicht im BOE Nr. 161 vom 4.7.2009 und gültig ab dem 4.8.2009.

21 **2. Typische Problembereiche. a) Betriebsbegriff.** Das Kraftfahrzeug ist in Betrieb, wenn es sich fortbewegt. Der Begriff wird in Anlehnung an Art. 3 des RLCRSCVM weit ausgelegt, dh es ist nicht zwingend notwendig, dass es tatsächlich in Bewegung ist. So ist das Kraftfahrzeug auch dann in Betrieb, wenn es **geparkt** ist.[21]

22 **b) Ladevorgänge.** Inwieweit ein Kraftfahrzeug während der Ausführung eines Ladevorgangs in Betrieb ist und im Falle eines Unfalles die Regelungen der obligatorischen Haftpflichtversicherung greifen, ist umstritten.[22] Art. 3 des RLRSCVM schließt von dem Anwendungsbereich der obligatorischen Haftpflichtversicherung diejenigen Vorgänge aus, in denen der Unfall durch Kraftfahrzeuge herbeigeführt wird, die für **industrielle oder landwirtschaftliche Zwecke** eingesetzt werden und während einer solchen Tätigkeit diesen Unfall verursachen.

23 Daraus wird überwiegend abgeleitet, dass sich dieses Fahrzeug, wenn es sich zur **Ladestelle hinbewegt** oder nach Abschluss des Ladevorganges diese Stelle wieder **verlässt** und hierbei ein Unfall verursacht, im Sinne der Regelungen der obligatorischen Haftpflichtversicherung in Betrieb befindet.[23]

24 **c) Ende der Betriebsgefahr.** Allein das **Abstellen** des Kraftfahrzeuges führt **nicht zur Beendigung** der Betriebsgefahr. So wird diese bejaht, wenn das Kraftfahrzeug steht, aber dennoch am Verkehr teilnimmt wie zB wenn das Kraftfahrzeug an der Straße abgestellt ist. Die Betriebsgefahr ist dann beendet, wenn eine solche Teilnahme am Verkehr nicht mehr gegeben ist wie zB, wenn das Kraftfahrzeug in einer Garage abgestellt ist.[24]

25 **3. Entlastungsmöglichkeit.** Eine Gefährdungshaftung scheidet nach Art. 1 Ziff. 1 LRCSCVM aus, wenn der Halter/Fahrer nachweisen kann, dass der Schaden ausschließlich auf das Verhalten oder die **Fahrlässigkeit** des Geschädigten oder auf **höhere Gewalt** zurückzuführen ist. Der Halter/Fahrer muss diese Umstände darlegen und beweisen. Es tritt somit eine Beweislastumkehr ein.[25]

26 Der Halter/Fahrer kann sich darüber hinaus zB auch dann entlasten, wenn sich auf der Straße **Gegenstände** oder **Tiere** befinden. So kann in solchen Fällen eine Haftung des **Konzessionsinhabers** einer Autobahn in Betracht kommen, wenn deren Nutzung kostenpflichtig ist. Eine Entlastung wird dem Unfallgegner indes nicht gelingen, wenn diese Faktoren plötzlich und unerwartet eingetreten sind und der Inhaber keine Möglichkeit hatte, diese Faktoren rechtzeitig zu beseitigen.[26]

C. Haftung des Versicherers

I. Haftungsvoraussetzung

27 Art. 2 LRCSCVM schreibt vor, dass jeder Fahrzeughalter, dessen Fahrzeug sich gewöhnlich in Spanien aufhält, einen Haftpflichtversicherungsvertrag abschließen muss.

28 Erforderlich ist, dass es sich um ein Kraftfahrzeug handelt, das dazu geeignet ist, auf Straßen zu fahren und von einem **Motor** angetrieben wird. Erfasst werden auch Mofas, Fahrzeuganhänger und Sattelanhänger, ungeachtet dessen, ob diese befestigt sind oder nicht (vehículo a motor), Art. 1 RLRCSCVM.

29 Eine **Haftung scheidet somit aus,** wenn der Schaden nicht durch ein Motorfahrzeug verursacht worden ist, wie zB durch Eisenbahnen, Straßenbahnen und anderen Fahrzeugen, die über **Schienen** fahren. Ferner sind Fahrzeuge ausgeschlossen, die durch einen **Elektromotor** angetrieben werden.

30 Weitere Haftungsvoraussetzung ist, dass der Schaden aufgrund der durch das Fahren bedingten Gefährdung entstanden ist (hecho de circulación), Art. 2 RLRCSCVM.

---

21 Urteil des TS vom 4.7.2002 mwN.
22 Urteil der AP La Coruña vom 13.1.2012 mwN.
23 Urteil AP La Coruña vom 13.1.2012 mwN.
24 Urteil des TS vom 4.7.2002.
25 Urteile des TA vom 18.7.2002 und v. 21.5.2009.
26 Urteil AP Sevilla vom 11.5.2005.

Eine Gefährdung ist gegeben, wenn das Motorfahrzeug an dem **Straßenverkehr** teilnimmt, 31 wobei sowohl öffentliche als auch private Straßen sowie die Fortbewegung auf Parkplätzen und in Garagen erfasst werden, Art. 2 Abs. 1 RLCRCSCVM.

Eine Gefährdung ist daher **ausgeschlossen**, wenn Fortbewegung im Rahmen einer **Sport-** 32 **veranstaltung** mit Kraftfahrzeugen erfolgt, die speziell für solche Rennfahrten konzipiert und eingesetzt werden, Art. 2 Abs. 2 a) RLCRCSCVM.

Eine Gefährdung im Sinne dieser Vorschrift scheidet des Weiteren aus, wenn Motorfahr- 33 zeuge für die **industrielle oder landwirtschaftliche Tätigkeit** eingesetzt werden und während ihres Einsatzes einen Unfall herbeiführen.[27] Schließlich scheidet eine Gefährdung iSd LRCSCVM auch dann aus, wenn die Fahrzeuge als Mittel zur Begehung von **Straftaten** gegen Personen oder Gegenständen eingesetzt werden, Art. 2 Abs. 2 b) RLCRCSCVM.

Der Geschädigte und die Erben können die Haftpflichtversicherung des für den Unfall ver- 34 antwortlichen Halters/Fahrers direkt bis zur Höhe der Mindestdeckung in Anspruch nehmen, Art. 7 Abs. 1 S. 1 und Art. 4 Abs. 3 LRCSCVM nF.

Der Direktanspruch gegen die Haftpflichtversicherung **verjährt** innerhalb eines Jahres 35 nach dem Verkehrsunfall, Art. 7 Abs. 1 S. 3 LRCSCVM.

Die obligatorische Haftpflichtversicherung nach LRCSCVM erfasst ausschließlich die De- 36 ckung der verkehrsbedingten **Personen- und Sachschäden**, die einem **Dritten** zugefügt werden, Art. 7 Abs. 1 S. 1 LRCSCVM nF.

Der Halter/Fahrer hat somit keinen direkten Anspruch aus der obligatorischen Haft- 37 pflichtversicherung für den Ersatz der eigenen Personenschäden, Art. 5 Abs. 1 LRCSCVM.

Erfasst werden auch nicht die Sachschäden des eigenen Kraftfahrzeuges oder die Schäden, 38 die an den mittransportierten Gegenständen sowie an den Gegenständen, die im Eigentum des Versicherungsnehmers, des Versicherten, des Fahrers oder des Ehegatten oder der Verwandten bis zum dritten Grade oder mit diesen verschwägerten Personen stehen, eingetreten sind, Art. 5 Abs. 2 LRCSCVM.

Schließlich fallen auch nicht die einem Dritten zugefügten Personen- und Sachschäden in 39 den Anwendungsbereich des LRCSCVM, wenn diese durch ein **gestohlenes Fahrzeug** verursacht worden sind, Art. 5 Abs. 3 LRCSCVM.

Der Kraftfahrzeughalter kann zusätzlich zu der obligatorischen Haftpflichtversicherung 40 nach LRCSCVM einen weiteren Versicherungsvertrag abschließen, der seine eigenen Personen- und Sachschäden abdeckt.[28]

II. Nachhaftung

Besteht kein gültiger Kfz-Versicherungsvertrag, steht dem Geschädigten **kein Schadenser-** 41 **satzanspruch** gegen die Haftpflichtversicherung aus dem LRCSCVM zu. Dh ist der Versicherungsvertrag beendet oder ist nie ein Versicherungsvertrag abgeschlossen worden, scheidet ein direkter Anspruch gegen die Versicherungsgesellschaft aus. Dies folgt aus Art. 1 Abs. 3 S. 3 LRCSCVM, wonach der Eigentümer, der den obligatorischen Haftpflichtversicherungsvertrag nicht abgeschlossen hat, für sämtliche Personen- und Sachschäden vor dem Fahrer haftet. Er kann sich nur entlasten, wenn er nachweist, dass ihm das Fahrzeug entwendet worden ist.

Die Versicherung kann dem Geschädigten grundsätzlich keine Einreden aus dem Versiche- 42 rungsvertrag entgegenhalten. Sie kann sich lediglich darauf berufen, dass der Anwendungsbereich des LRCSVM nicht gegeben ist, Art. 6 LRCSCVM.

---

27 Urteil des TS vom 13.1.2012 mwN.
28 Sog. seguro de responsabilidad civil voluntario.

III. Das Versicherungsausgleichskonsortium[29]

43 Das Versicherungsausgleichskonsortium (im Folgenden C.C.S) ist eine Einrichtung des öffentlichen Rechts mit eigener Rechtspersönlichkeit und unterliegt der Aufsicht des Wirtschafts- und Finanzministeriums, Art. 43 1 b) des Gesetzes 6/97 vom 14.4.1997 über die Organisation und Regelung der allgemeine Staatsverwaltung. Dieses Statut regelt im Einzelnen die Organisation und die öffentlich-rechtlichen und privatrechtlichen Funktionen dieses Konsortiums.

44 Dieses Konsortium nimmt ua die Aufgaben eines **Garantiefonds** wahr. Es kommt ihm daher eine wichtige Ausgleichsfunktion bei der Regulierung derjenigen Schäden zu, die nach dem allgemeinen Haftpflichtversicherungsgesetz nicht erfasst werden.

45 Nach Art. 11 des Statutes der C.C.S. iVm Art. 11 LRCSCVM übernimmt das Konsortium ausschließlich innerhalb der Deckungsgrenzen der LRCSCVM ua die Deckung der **Risiken,** die von den Versicherungsgesellschaften nicht akzeptiert werden.

46 Im Einzelnen ersetzt das C.C.S. **folgende Schäden:**

■ Ersatz von Personenschäden, wenn der Versicherungsfall in Spanien eingetreten ist und das Kraftfahrzeug, das den Schaden verursacht hat, **unbekannt** ist.

■ Ersatz von Personen- und Sachschäden, die durch ein Kraftfahrzeug verursacht worden sind, das seinen gewöhnlichen Sitz in Spanien hat, wenn dieses Kraftfahrzeug **nicht versichert** ist. Eine Eintrittspflicht des C.C.S. scheidet indes aus, wenn der Fahrer, der die Führung des Kraftfahrzeuges freiwillig übernimmt, weiß, dass es nicht versichert ist. Das C.C.S. muss in diesem Falle den Ausschlussgrund beweisen.

■ Ersatz der Personen- oder Sachschäden die durch ein Kraftfahrzeug verursacht worden sind, das seinen gewöhnlichen Sitz in Spanien hat, wenn dieses versichert, aber **gestohlen** worden ist. Wie in dem vorangegangenen Fall, scheidet eine Eintrittspflicht des C.C.S. aus, wenn der Fahrer, der die Führung des Kraftfahrzeuges freiwillig übernommen hat, weiß, dass dieses gestohlen ist. Auch hier muss das C.C.S. die Umstände, die den Ausschluss ihrer Eintrittspflicht begründen, beweisen.

■ Ersatz der Personen- und Sachschäden, die unter irgendeiner der og Voraussetzungen entstanden sind oder für die grundsätzlich das LRCSCVM eintreten muss, wenn eine **Auseinandersetzung** über die Eintrittspflicht zwischen der Versicherung und dem C.C.S. besteht.

■ Ersatz der Personen- und Sachschäden, wenn die spanische Versicherungsgesellschaft des Kraftfahrzeuges mit gewöhnlichem Sitz in Spanien *insolvent* oder **aufgelöst** ist und sich in der **Liquidationsphase** befindet.

47 Dem Geschädigten steht in den vorgenannten Fällen ein direkter Anspruch gegen das C.C.S. zu.

D. Haftung von Begleitpersonen

48 Das LRCSCVM regelt lediglich die Haftung für die unfallbedingten Schäden, die durch den Fahrer entstanden sind bzw. die dem Halter zuzurechnen sind. Eine Haftung des **Beifahrers** bzw. eines **Einweisers** nach LRCSCVM scheidet somit aus. Sie können von dem Geschädigten aber nach Art. 1902 CC in Anspruch genommen werden.

---

29 Sog. Consorcio de Compensación de Seguros. Die Aufgaben und Pflichten dieses Konsortiums sind in dem königlichen Gesetzesdekret 7/2004 vom 29.10.2004, veröffentlicht im BOE Nr. 267 vom 5.11.2004, gültig ab dem 6.11.2004, zuletzt modifiziert durch Gesetz 20/2015 vom 14.7.2015 über die Neuordnung, Überwachung und Solvenz der Versicherungs-und Rückversicherungsgesellschaften, veröffentlicht im BOE Nr. 168 vom 15.7.2015.

E. Haftungsmodifikationen

I. Einschränkungen

Kollidieren zwei Kraftfahrzeuge und entsteht hierdurch auf beiden Seiten ein Personen- 49
schaden, greift **beiderseits die Gefährdungshaftung** nach Art. 1 Abs. 1 LRCSCVM. Ein
Nachweis des jeweils Beteiligten dahin gehend, dass der Unfall ausschließlich auf das Verschulden des anderen zurückzuführen ist, oder auf höhere Gewalt beruht, wird nicht gelingen. Die spanische Rechtsprechung verneint das Prinzip der „Neutralisierung der Verantwortlichkeit" zwischen den Unfallbeteiligten, wobei jede Seite der Gegenseite die erlittenen Personenschäden ersetzen muss.[30]

Bei Sachschäden muss nach spanischem Recht herausgefunden werden, ob beide Seiten 50
gleichermaßen ein Verschulden trifft oder nicht.

In den Fällen, in denen beide Fahrer zur gleichen Zeit auf der einen Seite Schädiger, auf 51
der anderen Geschädigter sind, geht man von drei Hypothesen aus:

a) **Beide** Fahrer haben sich **fahrlässig** verhalten.

  Wenn sich beide Fahrer fahrlässig verhalten haben, liegt die Verantwortlichkeit auch
  bei beiden und sie müssen den Schaden des jeweils anderen ersetzen. Die frühere
  Rechtsprechung sah vor, dass jeder Fahrer seinen Schaden selbst ersetzen muss, doch
  das ist nach der nun einhelligen Meinung und in Übereinstimmung mit den Billigkeits-
  maßstäben und mit Art. 1 Abs. 4 LRCSCVM überholt.[31]

b) Die Schuld liegt bei **keiner der beiden Seiten.**

c) Es liegt ein Verschulden **eines der Fahrer** vor, aber es bestehen nicht genügend Beweise,
  um festzustellen, welcher der beiden Fahrer fahrlässig und welcher von beiden mit der
  angemessenen Sorgfalt handelte.

1. Unfallschaden und Arbeitnehmer. Ein Verkehrsunfall ist zugleich ein Arbeitsunfall, 52
wenn sich der Unfall auf der **direkten Fahrt** vom Wohnort zur Arbeitsstelle oder umgekehrt ereignet. Ferner gilt ein Verkehrsunfall auch dann als Arbeitsunfall, wenn dieser
während der Arbeitszeit in Ausübung der **Tätigkeit** eintritt, wie zB Warentransporte oder
Beförderung von Fahrgästen.[32]

a) Grundsätze der Haftungsverteilung. Ereignet sich der Unfall während der Fahrt vom 53
Wohnort zur Arbeitsstelle oder umgekehrt, greifen die allgemeinen Haftungsgrundsätze.
Der Unfallverursacher haftet für die eingetretenen Personen- und Sachschäden nach dem
LRCSCVM. Eine Haftung scheidet aus, wenn feststeht, dass der Geschädigte den Unfall
schuldhaft herbeigeführt hat.

b) Haftung gegenüber Betriebsangehörigen. Von Bedeutung sind im Zusammenhang mit 54
Verkehrsunfällen, die als Arbeitsunfall einzustufen sind, die Regelungen zur Sicherheit am
Arbeitsplatz. Nach dem Gesetz 31/1995 vom 8.11.1995 sind die Unternehmen verpflichtet, die Maßnahmen zu ergreifen und umzusetzen, die der **Sicherheit des Arbeitnehmers**
dienen. Tritt ein Arbeitsunfall ein, so übernimmt die Sozialversicherung die Kosten, soweit
der Arbeitgeber die Sozialversicherungsträge ordnungsgemäß abgeführt hat.[33] Steht indes fest, dass der Unfall darauf zurückzuführen ist, dass der Arbeitgeber die gesetzlich vorgeschriebenen Präventionsmaßnahmen nicht ergriffen hat, sieht Art. 123 des Sozialversi-
cherungsgesetzes eine Erhöhung der Sozialversicherungsbeiträge des Arbeitgebers vor.[34]
Nach Art. 123 Abs. 3 Sozialversicherungsgesetz bleibt die zivilrechtliche Haftung des Arbeitgebers von der Eintrittspflicht der Sozialversicherungsträger unberührt, dh dem Arbeitnehmer steht zusätzlich ein direkter Schadensersatzanspruch gegen seinen Arbeitgeber
zu.

---

30 Monterroso Casado, La colisión reciproca de vehículos, S. 3.
31 Monterroso Casado, La colisión reciproca de vehículos, S. 3.
32 Urteil AP Asturias vom 30.3.2012 mwN.
33 Gómez Ligüerre, InDRET 2/2009, 30 (33).
34 Gómez Ligüerre, InDRET 2/2009, 30 (33), mit einzelnen Beispielen.

55 **2. Geschäftsführung ohne Auftrag.** Die Geschäftsführung ohne Auftrag ist in Art. 1888 CC geregelt. Tritt infolge der Geschäftsführung ohne Auftrag ein Schaden ein, so hat ihn der Geschäftsführer zu ersetzen. Eine Sonderregelung für Schäden, die infolge eines Verkehrsunfalles eingetreten sind, gibt es nicht, so dass die allgemeinen Haftungsregelungen anwendbar sind.

56 **3. Unentgeltliche Beförderung.** Eine Sonderregelung für Schäden, die aufgrund eines Verkehrsunfalles eingetreten sind, gibt es auch in diesem Falle nicht, so dass die allgemeinen Haftungsbestimmungen heranzuziehen sind.

57 **4. Mietwagenprobleme.** Auch für den Mietwagen gilt der obligatorische Versicherungsschutz nach der LRCSCVM. Dieser Versicherungsschutz entsteht mit Abschluss des Mietvertrages. Ergänzt werden kann der Versicherungsschutz durch Abschluss eines weiteren Versicherungsvertrages, der dann zB auch die Personen- oder Sachschäden des Fahrers, der den Unfall verursacht hat, abdeckt.[35]

58 **5. Mitversicherte Personen und Insassen.** Die obligatorische Haftpflichtversicherung nach dem LRCSCVM regelt die Schadensersatzansprüche, die der Unfallverursacher einem Dritten (Personen- und/oder Sachschäden) zugefügt hat. Erfasst werden hierbei nicht nur die Personen- und Sachschäden des Halters und des Fahrers des anderen Fahrzeuges, sondern auch die der sonstigen Insassen dieses Fahrzeuges.

59 Die obligatorische Haftpflichtversicherung nach LRCSCVM erstreckt sich nicht auf die eigenen Personen- und Sachschäden sowie auf die Sachschäden, die an mittransportierten Gegenständen oder sonstigen Gegenständen nach Art. 5 Abs. 1 und Abs. 2 LRCSCVM entstanden sind. Daraus folgt, dass die obligatorische Haftpflichtversicherung die Personenschäden, die den Insassen des unfallverursachenden Fahrzeugs zugefügt wurden, erfasst.

60 **6. Deckungsgrenzen.** Wie bereits ausgeführt, sieht das LRCSCVM eine **Garantiehaftung** für Personenschäden vor. Ausgegangen wird somit davon, dass dem Fahrer der Unfall und die aufgetretenen Personenschäden zuzurechnen sind, soweit er sich nicht entlasten kann.

61 Gelingt ihm diese Entlastung nicht, sind bei der Schadensersatzleistung nach dem LRCSCVM die dort vorgesehenen Deckungsgrenzen zu berücksichtigen, wobei zwischen Personen- und Sachschäden unterschieden wird, Art. 4 Abs. 2 LRCSCVM.

62 Bei den Personengrenzen liegt die Obergrenze bei 70 Mio. EUR je Unfall und zwar unabhängig von der Anzahl der Opfer.

63 Bei Sachschäden beträgt die Obergrenze 15 Mio. EUR.

II. Erweiterungen

64 **1. Entgeltliche Beförderung.** Derjenige, der aufgrund einer entgeltlichen Beförderung einen Schaden erlitten hat, kann diesen nach den Bestimmungen des SOV[36] geltend machen. Daneben stehen ihm die Ansprüche aus der obligatorischen Haftpflichtversicherung nach dem LRCSCVM zu.

65 **2. Unentgeltliche Beförderung.** Hinsichtlich der Schäden, die im Rahmen einer unentgeltlichen Beförderung eintreten, ergeben sich keine Besonderheiten. Es gelten die Voraussetzungen und die Deckungsgrenzen aus den LRCSCVM.[37]

F. Haftung von Radfahrern, Fußgängern, Behinderten

I. Haftungskriterien

66 Eine Haftung nach dem obligatorischen Haftpflichtversicherungsgesetz LRCSCVM scheidet schon deshalb aus, weil der Unfall durch ein **Motorkraftfahrzeug** verursacht worden sein muss. Somit werden die Schäden, die durch Radfahrer und Fußgänger verursacht wer-

---

35 Siehe Rn. 40.
36 Siehe Rn. 14.
37 Siehe Rn. 1.

den, nicht auf der Grundlage dieses Gesetzes ersetzt. Verursacht ein Radfahrer oder ein Fußgänger einen Unfall, haftet er nach der **allgemeinen deliktischen Haftungsnorm** des Art. 1902 CC für sämtliche Schäden, die durch einen von dieser Personengruppe verursachten Verkehrsunfall entstanden sind.[38] Soweit die Behinderung, zB eine körperliche Behinderung, dem Führen eines Kraftfahrzeuges nicht entgegensteht, bedarf es demzufolge auch einer obligatorischen Haftpflichtversicherung nach dem LRCSCVM, so dass vom Grundsatz her die bereits vorgestellten Haftungsregeln Anwendung finden.

II. Abwägungsgesichtspunkte

Nach ständiger Rechtsprechung beruht die Teilnahme am Straßenverkehr auf dem **Vertrauensgrundsatz**, der aussagt, dass jeder Verkehrsteilnehmer darauf vertrauen darf, dass der jeweils andere Verkehrsteilnehmer sich an die Verkehrsregeln hält. Dieser Vertrauensgrundsatz tritt in bestimmten Fällen in den Hintergrund: Art. 46 Abs. 1 a) der Straßenverkehrsordnung[39] schreibt zB vor, dass der Fahrer seine Geschwindigkeit reduzieren oder anhalten muss, wenn er auf der Fahrbahn Fußgänger sieht oder wenn vernünftigerweise vorhersehbar ist, dass Fußgänger die Fahrbahn betreten können und zwar insbesondere dann, wenn es sich um Kinder, ältere Fußgänger oder um Personen handelt, die erkennbar behindert sind. In diesen Fällen muss mit einem nicht verkehrsadäquaten Verhalten zu rechnen sein. So haftet der Fahrer zB für den bei einem Kind eingetretenen Personenschaden, wenn sich dieses allein oder zusammen mit anderen auf dem Bürgersteig und in der Nähe der Fahrbahn aufhält und dies auch für jeden Verkehrsteilnehmer sichtbar ist.[40] Die Haftung für den eingetretenen Schaden beruht in diesen Fällen meistens auf zwei Grundlagen: zum einen auf dem, wenn auch geringen, Verstoß einer Verkehrsvorschrift des Kraftfahrzeugfahrers wie zB auf das Nichteinhalten von Geschwindigkeitsbegrenzungen und zugleich gravierend auf die Nichtberücksichtigung der besonderen Verkehrssituation infolge der Präsenz von **Kindern, älteren Fußgängern** oder **Behinderten**. 67

Eine **Exkulpation** wird dem Unfallverursacher nur dann gelingen, wenn feststeht, dass der Unfall allein und unvorhersehbar auf das Verhalten des Fußgängers oder des Behinderten zurückzuführen ist. 68

Dies bedeutet indes nicht, dass der Unfallverursacher bzw. die Versicherung stets zu 100 % für den eingetretenen Schaden aufkommen muss. Das Verhalten der og Personengruppe wird bei der Bestimmung des Umfanges des Schadensersatzes berücksichtigt. 69

III. Sonderfall: Ältere Fußgänger, Kinder, Behinderte

Die erhöhte Sorgfaltspflicht, die dem unfallverursachenden Teilnehmer zukommt, wurde bereits unter → Rn. 67 ff.) erörtert. Gelingt dem Unfallgegner nicht der Beweis, dass der Unfall und der damit einhergehende Schaden ausschließlich und allein auf das **Fehlverhalten** des Geschädigten zurückzuführen ist, bedeutet dies nicht automatisch, dass der Unfallverursacher oder die Versicherung stets zu 100 % für den eingetretenen Schaden aufkommen muss. Auch das Verhalten der Personen, die zu dieser Gruppe zählen, ist zu berücksichtigen, und zwar insbesondere dann, wenn sie sich selber verkehrswidrig verhalten wie zB bei Überqueren einer Fahrbahn an einer hierfür nicht vorgesehenen Stelle.[41] 70

§ 2 Prüfungsweg zum Haftungsgrund

---

38 Siehe Rn. 27 f. zu den Haftungsvoraussetzungen.
39 Urteil AP Castellón vom 5.10.2004 mwN.
40 Urteil AP Murcia vom 18.5.2004.
41 Urteil AP Sevilla vom 11.5.2005 mwN.

A. Anscheinsbeweis

I. Grundlagen (Abgrenzung zum Prozessrecht)

71 Dem Anscheinsbeweis oder prima-facie-Beweis kann im Bereich eines Verfahrens in Unfallsachen eine bedeutende Rolle zukommen, wenn keine hinreichend objektiven Beweismittel zur Verfügung stehen und sich das Gericht zum Zeitpunkt der Beweiswürdigung lediglich mit den Aussagen der Parteien und/oder Zeugen auseinandersetzen muss. Die Zulässigkeit des Anscheinsbeweises basiert auf der verfassungsrechtlichen Norm des Art. 24 der Verfassung, die einen effektiven Rechtsschutz garantiert.

II. Definition des Anscheinsbeweises

72 Der Anscheinsbeweis wird üblicherweise in Abgrenzung zu den (widerlegbaren) Vermutungen definiert.[42] Im Gegensatz zum Anscheinsbeweis wird dann, wenn bestimmte Tatsachen feststehen oder bewiesen sind, eine bestimmte Rechtsfolge abgeleitet. Im Gegensatz dazu wird beim Anscheinsbeweis das Vorliegen einer Tatsache von bestimmten Erfahrungswerten, die als typische Ereignisse eingestuft werden, abgeleitet.[43]

III. Typische Anscheinsbeweise

73 Typische Fälle, in denen der Anscheinsbeweis zum Tragen kommt, sind die Unfälle, die unter **Alkohol- oder Drogeneinfluss** herbeigeführt worden sind. Der erste Anschein spricht dafür, dass derjenige, der unter Alkohol- oder Drogeneinfluss gefahren ist, den Unfall auch verursacht ist.

74 Auch im Bereich der **Auffahrunfälle** spricht der erste Anschein dafür, dass derjenige, der auf das vordere Kraftfahrzeug aufgefahren ist, den Sicherheitsabstand und/oder die zulässige Höchstgeschwindigkeit nicht eingehalten hat.[44]

B. Objektiv festgestellte Sorgfaltspflichtverletzung

I. Allgemeines Verkehrsverhalten (Straßenverkehrsvorschriften)

75 Zentrale Vorschrift ist das Straßenverkehrsgesetz[45] sowie die Straßenverkehrsordnung.[46]

76 1. **Allgemeine Verkehrssituation.** Die **Verhaltensregeln im Straßenverkehr** sind in der Straßenverkehrsordnung enthalten. Nach Art. 1 hat sich jeder Verkehrsteilnehmer so zu ver-

---

42 Urteil TS vom 22.12.2004.
43 de Dios de Dios, in: Noticias Jurídicas, artículos doctrinales, Mai 2011.
44 Urteil AP Alicante vom 19.1.2006; Urteil TS vom 13.4.2011.
45 Gesetz 18/2009 vom 23.11.2009, BOE Nr. 283 vom 24.11.2009, Ley sobre el Tráfico, Circulación de Vehículos a motor y Seguridad Vial zuletzt modifiziert durch königliches Gesetzesdekret 6/2015 vom 30.10.2015, wodurch der überarbeitete Text des Straßenverkehrsgesetzes verabschiedet worden ist, veröffentlicht im BOE Nr. 261 vom 31.10.2015. Grundsätzlich ist die Neuregelung am 31.1.2016 in Kraft getreten.
46 Königliches Dekret 1428/2003 vom 21.11.2003, BOE Nr. 306 vom 23.12.2003, Reglamento General de Circulación.

halten, dass weder ihm noch Dritten ein Schaden entsteht. Die Verkehrsordnung kennt eine ganze Anzahl von Verhaltensregeln: Es sieht Regeln für das Fahren unter Alkoholeinfluss vor, Art. 20 ff.; ferner gibt es eine ganze Reihe von Bestimmungen zur Geschwindigkeitsbegrenzung, Art. 45 ff., sowie zur Benutzung des Sicherheitsgurtes, Art. 16 f. Außerdem regelt die Straßenverkehrsordnung ua Verhaltensvorschriften, die beim Anhalten oder Parken des Kraftfahrzeuges zu beachten sind, Art. 56 f.

Durch die letzte Modifizierung des Straßenverkehrsgesetzes wurde die Richtlinie (EU) 2015/413 des Europäischen Parlamentes und des Rates vom 11. März 2015 zur Erleichterung des grenzüberschreitenden Austauschs von Informationen über die Straßenverkehrssicherheit gefährdende Verkehrsdelikte umgesetzt. Diese Bestimmungen finden bereits seit Anfang November 2015 Anwendung. Die Einzelheiten des grenzüberschreitenden Informationsaustausches sind in den Art. 97 f. des Straßenverkehrsgesetzes geregelt.[47]

2. Unfälle auf Parkplätzen. a) Abgrenzung zum öffentlichen Verkehrsgrund. Anzuwenden 77 sind auf die Unfälle, die sich auf **Parkplätzen** ereignen, die Bestimmungen des Straßenverkehrsgesetzes (Art. 2) und der Straßenverkehrsordnung (Art. 1), soweit es sich um Flächen handelt, die allgemein zugänglich und auch auf die Nutzung durch eine unbestimmte Anzahl von Personen ausgerichtet sind. Ereignet sich daher ein Unfall auf einer solchen Parkfläche, finden die Regelungen des obligatorischen Haftpflichtversicherungsgesetzes (LCRCSVM) bzw. die allgemeine deliktische Haftungsnorm, Art. 1902 CC, Anwendung.[48]

b) Vereinbarte Geltung der StVO. Während unter den og Voraussetzungen die Anwen- 78 dung der Straßenverkehrsordnung zwingend ist, kann sie für andere Parkflächen, die nicht allgemein zugänglich sind, vereinbart werden.

II. Fahrfehler, Fehlreaktionen

Führen ein Fahrfehler oder eine Fehlreaktion zu einem Verkehrsunfall, so greifen die Haf- 79 tungsregelungen des obligatorischen Haftpflichtversicherungsgesetz (LRCSCVM) nach den Grundsätzen der Gefährdungshaftung oder der Verschuldenshaftung gem. Art. 1902 CC.

C. Beweislastverteilung

I. Grundsatz

Im zivilrechtlichen Verfahren gilt der Beibringungsgrundsatz, Art. 216 der Zivilprozess- 80 ordnung (im folgenden LEC).[49] Nach Art. 217 LEC hat derjenige, der einen Anspruch geltend macht, die diesen Anspruch begründenden Tatsachen darzulegen und zu beweisen.

Dem Anspruchsgegner obliegt es, die anspruchsausschließenden, hemmenden und vernich- 81 tenden Tatsachen darzulegen und zu beweisen.

Dieser Grundsatz gilt im vollen Umfang, wenn durch einen Unfall ein **Sachschaden** ent- 82 standen ist. Der Geschädigte hat den Schaden, das Verschulden und die Kausalität darzulegen und zu beweisen.

Führt der Unfall zu einem **Personenschaden**, sieht die LRCSCVM eine **Beweislastumkehr** 83 vor: Der Unfallgegner muss darlegen und beweisen, dass die Schäden infolge des Verhaltens des Geschädigten oder auf höhere Gewalt zurückzuführen sind. Als höhere Gewalt gelten nicht die Mängel des Kraftfahrzeuges des Geschädigten, Art. 1 Abs. 1 LRCSCVM.

II. Ausnahmen

1. Beweisvereitelung. Eine dem § 444 ZPO entsprechende Regelung fehlt in der LEC. 84 Dennoch lassen sich aus der allgemeinen Beweislastregelung des Art. 217 Abs. 7 LEC die

---

47 Siehe Rn. 75.
48 Urteil AP Málaga vom 5.11.2009; Urteil AP Sevilla vom 15.6.2009 sowie Urteil AP La Coruña vom 13.1.2012.
49 Gesetz 1/2000 v. 7.1.2000, BOE Nr. 7 v. 8.1.2000.

Folgen einer Beweisvereitelung ableiten. Diese Vorschrift soll der beweisbelasteten Partei zu Hilfe kommen, wenn allein der nicht beweisbelasteten Partei dieses Beweismittel (im Regelfall im Rahmen des Urkundsbeweises) zugänglich ist (Grundsatz der **Zugänglichkeit des Beweismittels**). Steht fest, dass die nicht beweisbelastete Partei Zugang zu diesem Beweismittel hat und legt es dieses nicht vor, so kann dies als Beweisvereitelung gewertet und zugunsten der beweisbelasteten Partei ausgelegt werden.

85   **2. Unerlaubtes Entfernen vom Unfallort.** Entfernt sich der Unfallbeteiligte unerlaubt vom Unfallort und kann weder dieser noch das Kraftfahrzeug identifiziert werden, sind die Schadensersatzansprüche gegenüber dem **Garantiefonds** geltend zu machen.[50] Wird der Unfallbeteiligte identifiziert und gefasst und sind durch den Unfall auch Personenschäden entstanden, kann er sowohl wegen unerlaubten Entfernens vom Unfallort als auch wegen **unterlassener Hilfeleistung** angeklagt werden. In dem Strafverfahren kann zugleich über die zivilrechtlichen Schadensersatzansprüche entschieden werden.[51]

86   **3. Schuldbezeugungen nach dem Unfall.** Die unmittelbar nach dem Unfallereignis erklärten Schuldbezeugungen werden in der Regel als spontane Äußerungen, die unter dem Eindruck des Geschehens gemacht werden, gewertet. Im Zuge der in einem Verfahren durchzuführenden Beweiswürdigung werden sie daher kaum berücksichtigt.

87   **4. Vernichtung von Beweismitteln.** Führt die Vernichtung eines Beweismittels dazu, dass die beweisbelastete Partei den Beweis nicht führen kann, so kann dies als **Beweisvereitelung** nach Art. 217 Abs. 7 LEC seitens der nicht beweisbelasteten Partei gewertet werden.

D. Gefährdungshaftung

88   Die Gefährdungshaftung wird unter den → Rn. 5, → Rn. 13 und → Rn. 90 eingehend dargestellt, so dass auf diese Ausführung Bezug genommen wird.

E. Quotenbildung

I. Die Neuregelung im LRCSCVM nF für Verkehrsunfälle ab dem 1.1.2016

89   Für Personenschäden begründete Art. 1 Abs. 1 S. 1 LCRSCVM aF eine Gefährdungshaftung. Eine Haftung schied nur dann vollständig aus, wenn der Unfallgegner nachweisen konnte, dass er sich verkehrsgerecht verhalten hat und der Unfall ausschließlich auf das Verschulden des Geschädigten (culpa exclusiva de la víctima) oder auf höhere Gewalt (fuerza mayor) zurückzuführen war, Art. 1 Abs. 1 S. 2 LCRSCVM aF. Gelang dem Unfallgegner indes dieser Beweis nicht, führte dies nicht zu einer automatischen Zurechnung des gesamten Personenschadens. Der Grundsatz des konkurrierenden Verschuldens konnte je nach Umfang des beiderseitigen Verschuldens zu einer Quotelung führen, Art. 1 Abs. 1 S. 4 LCRSCVM aF. Letzeres hat sich im Zuge der Neuregelung des LCRSCVM geändert. Art. 1 Abs. 2 LCRSCVM wurde neu gefasst. Danach ist eine Schadensregulierung durch Quotelung nicht mehr ohne Weiteres möglich. Der Begriff des konkurrierenden Verschuldens wurde weitestgehend durch den Begriff der Beteiligung an der Herbeiführung des Schadens (contribución a la producción del daño) ersetzt.

Bei Sachschäden musste der Geschädigte nach Art. 1 Abs. 1 S. 3 LCRSCVM aF im Einzelnen darlegen und beweisen, dass den Unfallverursacher ein Verschulden trifft. Konnte der Unfallgegner nachweisen, dass sich der Geschädigte schuldhaft über Verkehrsregeln hinweggesetzt hatte, wurde gem. Art. 1 Abs. 1 S. 4 LCRSCVM aF wie im Falle der Personenschäden ebenfalls von einem konkurrierenden Verschulden ausgegangen. Stand dies fest, wurde je nach Grad des Verschuldens seitens des Gerichts eine Quotelung vorgenommen (sog concurrencia y compensación de culpas), die sich dann auf die Höhe des zu leistenden Schadensersatzes auswirkt. Dieser Grundsatz des konkurrierenden Verschuldens bei Sachschäden gilt auch nach Inkrafttreten der Neuregelung weiter, Art. 1 Abs. 1 S. 3 LCRSCVM nF.

---

50 Siehe Rn. 43 f.
51 Siehe Rn. 239 f.

II. Gefährdungshaftung

Eine Gefährdungshaftung für Personenschäden scheidet aus, wenn der Unfallgegner be- 90
weisen kann, dass der Unfall ausschließlich auf das Verschulden des Geschädigten oder
auf höhere Gewalt zurückzuführen ist. Gelingt dem Unfallgegner der Beweis, ist er entlastet. Er haftet nicht für die eingetretenen Personenschäden, Art. 1 Abs. 1 S. 2 LCRSCVM
nF. Gelingt ihm dieser Beweis nicht, haftet er grundsätzlich im vollen Umfange für die eingetretenen Personenschäden.

Der Umfang der Haftung des Unfallgegners reduziert sich, wenn der Geschädigte zur
Schadensherbeiführung beigetragen hat, Art. 1 Abs. 2 S. 1 LCRSCVM nF. Der Haftungsumfang bei Tod, Dauerfolgen und zeitweiligen körperlichen Unfallfolgen (muerte, secuelas
y lesiones temporales) kann sich indes maximal um 75% reduzieren. D.h. eine Mindest-
haftung des Unfallgegners von 25% besteht in diesen Fällen immer, Art. 1 Abs. 2 S. 1
LCRSCVM nF.

Ein Beitrag des Geschädigten zur Schadensherbeiführung wird dann angenommen, wenn
er ohne Sicherheitsgurt gefahren ist oder diesen nicht ordnungsgemäß getragen hat. Ferner
wird von einem Schadensbeitrag ausgegangen, wenn der Geschädigte keinen Helm getragen oder andere Schutzvorrichtungen nicht beachtet und sich somit über Verkehrssicher-
heitsregeln hinweggesetzt hat. Weitere Voraussetzung für die Annahme eines Schadensbei-
trags ist, dass der Geschädigte hierdurch eine Verschlimmerung des Schadens provoziert
hat (agravación del daño), Art. 1 Abs. 2 S. 2 LCRSCVM nF.

Schließlich wird ein Beitrag des Geschädigten zum Schadenseintritt dann angenommen,
wenn er seiner Schadensminderungspflicht nicht nachkommt, Art. 1 Abs. 2 S. 5 LCR-
SCVM nF. Dies ist beispielsweise dann der Fall, wenn er ohne einen berechtigten Grund
die Heilungsbehandlung vorzeitig abbricht.

Bei Geschädigten, die jünger als 14 Jahre alt sind und bei denen Dauerschäden oder zeitweilige Verletzungen (secuelas o lesiones temporales) eingetreten sind, kann sich der Unfallgegner nicht auf das alleinige oder teilweise Verschulden des Geschädigten am Unfallhergang berufen. Eine Haftung des Geschädigten scheidet aus. Demzufolge scheidet auch
eine Haftung der Eltern oder Vormunde für die eingetretenen Schäden aus, Art. 1 Abs. 2
S. 3 LCRSCVM nF. Dies gilt nicht, wenn der unter 14-jährige Geschädigte den Schaden
vorsätzlich herbeigeführt hat oder wenn der Unfall zum Tode des Kindes geführt hat.

III. Verschuldenshaftung

Der Geschädigte muss im Einzelnen darlegen und beweisen, dass den Unfallverursacher 91
ein Verschulden trifft. Dies wird dem Geschädigten dann gelingen, wenn er nachweisen
kann, dass der Unfallverursacher die einschlägigen Verkehrsbestimmungen schuldhaft verletzt hat. Kann der Unfallgegner nachweisen, dass sich der Geschädigte ebenfalls schuldhaft über Verkehrsregeln hinweggesetzt hat, wird zunächst gem. Art. 1 Abs. 4 LCRSCVM
von einem konkurrierenden Verschulden ausgegangen. Steht dies fest, wird je nach Grad
des Verschuldens seitens des Gerichts eine Quotelung vorgenommen (sog concurrencia y
compensación de culpas), die sich dann auf die Höhe des zu leistenden Schadensersatzes
auswirkt.

IV. Abwägung

Die Abwägung der jeweiligen Verschuldensbeiträge, die zu dem Unfall geführt haben, er- 92
folgt im Rahmen der Beweiswürdigung.

1. Abwägungskriterien. Kriterien der Abwägung sind in erster Linie die konkret vorge- 93
worfenen und bewiesenen Verkehrsverstöße der jeweiligen Beteiligten. Ferner ist zu berücksichtigen, ob der Geschädigte einer besonderen Personengruppe zuzuordnen ist, wie
zB Fußgänger, Radfahrer oder Behinderter.[52]

---

52 Siehe Rn. 66 f.

94 **2. Regeln zur Quotenbildung.** Es gibt keine besonderen Regelungen zur Quotenbildung. Die Quoten werden unter Berücksichtigung aller bewiesenen Tatsachen gebildet.

F. Probleme der Gesamtschuldnerschaft

I. Grundlagen

95 Der Halter und der Fahrer haften gegenüber dem Geschädigten gesamtschuldnerisch.[53] Daneben hat der Geschädigte einen direkten Anspruch gegen die Haftpflichtversicherung, Art. 7 und 1 LRCSCVM.

II. Haftungsverteilung im Innenverhältnis

96 Die Haftungsverteilung im Innenverhältnis erfolgt nach Art. 1145 Abs. 2 CC. Der Gesamtschuldner, der erfüllt hat, hat gegen die anderen Gesamtschuldner einen Ausgleichsanspruch in Höhe der jeweiligen Beteiligung.

Abschnitt 2: Anspruchsprüfung zur Schadenshöhe

§ 1 Allgemeine Grundlagen der Schadensberechnung

A. Begriff des Schadensersatzes

97 Zentrale Vorschrift ist Art. 1101 CC, wonach die bei Erfüllung von Verbindlichkeiten **entstandenen Schäden** (daños) und **Nachteile** (perjuicios) zu ersetzen sind, die vorsätzlich, fahrlässig oder während des Verzuges herbeigeführt worden sind. Nach Art. 1106 CC ist nicht nur der erlittene Verlust, sondern auch der **entgangene Gewinn** (sog lucro cesante) zu ersetzen. Die entsprechende deliktische Haftungsnorm, Art. 1902 CC, schreibt vor, dass der Schädiger den entstandenen Schaden wiedergutzumachen hat. Art. 109 CP, der die zivilrechtliche Haftung im Rahmen des Adhäsionsverfahrens regelt, geht weiter und schreibt vor, dass neben dem Schaden auch die entstandenen Nachteile zu ersetzen sind. Nach Art. 110 CP erfasst die Ersatzpflicht die Wiederherstellung (restitución), die Leistung von Ersatz des verursachten Sachschadens (reparación de daño) sowie sonstige materielle und immaterielle Nachteile (indemnización de perjuicios materiales y morales).[54]

B. Schadensminderungspflicht, § 254 BGB

98 Art. 1 Abs. 2 S. 5 LCRSCVM nF regelt ausdrücklich die Schadensminderungspflicht des Geschädigten. Kommt er dieser Pflicht nicht nach und führt diese Pflichtverletzung zu einer Verschlimmerung des Schadens, wird davon ausgegangen, dass er zum Schadenseintritt beigetragen hat. Eine Verletzung der Schadensminderungspflicht wird insbesondere dann angenommen, wenn der Geschädigte ohne berechtigten Grund den Heilungsprozess abbricht.

---

53 Urteil TS vom 12.4.2002 mwN.
54 Mannsdorfer, Regulierung von Straßenverkehrsunfällen, S. 79 (81).

Hellwege

C. Schadensnachweis und Schätzungsmöglichkeiten

Der Schadensnachweis erfolgt nach den bereits vorgestellten Regeln der Gefährdungs- und **99** der Verschuldenshaftung. Inwieweit und in welchem Umfange ein Schaden eingetreten ist, wird im Rahmen der Beweiswürdigung festgestellt. Eine Schätzung erfolgt im Bereich der Feststellung sog immaterieller Schäden (daños morales).[55]

D. Steuerrechtliche Behandlung von Schadensersatzleistungen

I. Einkommensteuer

Art. 7 d und q des spanischen Einkommensteuergesetzes (im Folgenden IRPF)[56] legen fest, **100** dass die Schadensersatzleistungen, die als Folge der zivilrechtlichen Haftpflicht für Personenschäden gezahlt werden, bis in Höhe des gesetzlich oder gerichtlich anerkannten Betrages von der Einkommensteuer befreit sind. Sie werden demnach nicht als einkommensteuerpflichtige Einkünfte betrachtet.

Wird somit in einer Gerichtsentscheidung der auf der Grundlage der obligatorischen Haft- **101** pflichtversicherung zu zahlende Schadensersatz festgelegt, muss der **Schadensersatz nicht versteuert** werden, Art. 1 Abs. 5 LCRCSVM. Die Höhe des zu leistenden Schadensersatzes ist irrelevant. Der Ersatz für Personenschäden unterliegt auch dann nicht der Einkommensteuer, wenn das Gerichtsverfahren zB durch Anerkenntnis oder Vergleich beendet worden ist. Auch in diesem Falle ist die Höhe der Summe irrelevant. Wird die Schadensersatzsumme außergerichtlich vereinbart bzw. festgelegt, so greift die Befreiung nur soweit diese Summe gesetzlich anerkannt ist. Für Unfälle ab dem 1.1.2016 ist daher das im LCRCSVM nF neue Bewertungssystem maßgeblich. Für Unfälle, die sich vor diesem Datum ereignet haben, findet das bis zum 31.12.2015 im Anhang zum LCRCSVM C aF aufgeführte Bewertungssystem, Gesetz 35/2015, 2. Zusatzbestimmung) Anwendung.

Hat der Unfallverursacher über die obligatorische Haftpflicht einen weiteren **Versicherungsvertrag** zur Abdeckung eigener Schäden abgeschlossen und erhält er einen Schadensersatz, so unterliegen diese Beträge nur dann der Einkommensteuer, wenn die Versicherungsprämie nicht abzugsfähig ist, nach Art. 30 Abs. 1 LRIPF.

Wird die Schadensersatzsumme angelegt, unterliegen die **Zinsen** der Einkommensteuer.[57] **102**

Umstritten ist,[58] ob die Verzugszinsen, die infolge der verspäteten Auszahlung der Entschädigungssumme entstehen, der Einkommensteuer unterliegen.

Die oben dargestellte Befreiung von der Einkommensteuer gilt jedoch nur für den Scha- **103** densersatz, der für eingetretene Personenschäden geleistet wird. Die Befreiung erstreckt sich nicht auf den Schadensersatz, der für den **Sachschaden** gezahlt wird.[59]

II. Mehrwertsteuerproblematik

1. Konkrete Schadensposition. Die Frage, ob die Mehrwertsteuer eine Schadensposition **104** darstellt, die bei Ersatz des materiellen Schadens zu berücksichtigen ist, stellt sich in den Fällen, in denen die Reparatur des Kraftfahrzeuges des **vorsteuerabzugsberechtigten** Geschädigten bereits erfolgt ist und eine offizielle Rechnung über die Reparatur ausgestellt worden ist, in der die Umsatzsteuer gesondert ausgewiesen ist. Zum Teil[60] wird die Ansicht vertreten, dass die Umsatzsteuer nicht als Schadensposition geltend gemacht werden kann, weil nur derjenige Schaden zu ersetzen ist, der auch tatsächlich eingetreten ist und zu einer Reduzierung des Vermögens des Geschädigten geführt hat. Ist der Geschädigte in-

---

55 Urteil TS vom 10.4.2010 mwN.
56 Gesetz 35/2006 vom 28.11.2006, BOE 285 vom 29.11.2006 zuletzt modifiziert durch Gesetz Nr. 26/2014, vom 27.11.2014, veröffentlicht im BOE Nr. 288 am 28.11.2014 und gültig ab dem 1.1.2015.
57 Urteil TS vom 21.3.2001 mwN.
58 Entscheidung der zentralen Einspruchstelle der Verwaltung – im Folgenden TEAC – vom 11.10.07; aA Verbindliche Entscheidung der Generaldirektion für Steuersachen –im Folgenden DGT – vom 18.6.2015.
59 Verbindliche Entscheidung der DGT V1636-06 vom 31.7.2006.
60 Urteil AP Valencia vom 7.7.2009 mwN.

des vorsteuerabzugsberechtigt, hat er, was die Umsatzsteuer betrifft, keinen Schaden. Die Geltendmachung dieser Summen als Schadensposition hätte dieser Ansicht nach zur Folge, dass der Geschädigte diesen Betrag zweimal erhielte und somit eine ungerechtfertigte Bereicherung vorläge.[61] Demgegenüber hat das Oberste Gericht klargestellt, dass es nicht Aufgabe der Zivilgerichte sei, darüber zu entscheiden, ob der Geschädigte vorsteuerabzugsberechtigt ist oder nicht, so dass auch der vorsteuerabzugsberechtigte Geschädigte einen Anspruch auf Ersatz der gezahlten Mehrwertsteuer habe.[62]

105 **a) Materiellrechtliche Bedeutung der Mehrwertsteuer. aa) Klärung der Vorsteuerberechtigung.** Ein Unternehmer kann in seinen Eingangsrechnungen enthaltene Mehrwertsteuer als Vorsteuer abziehen (sog IVA soportado). Der Abzug erfolgt von dem Betrag der Mehrwertsteuer, den er selbst seinen Kunden in Rechnung gestellt hat und an das Finanzamt abführen muss (IVA repercutido). Erforderlich ist, dass es sich um einen Unternehmer im Sinne des Mehrwertsteuergesetzes handelt und die Geschäftseröffnung steuerlich gemeldet worden ist.[63]

106 **bb) Teilweiser Vorsteuerabzug.** Unternehmer oder Freiberufler können die Vorsteuer aus der Einfuhr oder im Zusammenhang mit den empfangenen Gegenständen oder den erhaltenen Dienstleistungen, die nicht ausschließlich und mittelbar ihrer betrieblichen oder freiberuflichen Tätigkeit dienen, nicht abziehen.[64]

107 **cc) Sonderfälle.** *Innergemeinschaftliche Leistungen* sind von der Mehrwertsteuer befreit. Eine Innergemeinschaftliche Leistung liegt dann vor, wenn ein Unternehmer, Freiberufler als Lieferant, ein Abnehmer oder ein Dritter, der im Namen des Verkäufers oder des Abnehmers handelt, in das Gebiet eines andere EU-Staates Gegenstände liefert und ua der Abnehmer in Spanien nicht ansässig ist.[65]

108 **b) Beweislast.** Legt der Geschädigte, dessen Kraftfahrzeug repariert worden ist, eine Rechnung vor, in der die Mehrwertsteuer gesondert ausgewiesen ist, wird seitens der Gerichte nicht näher geprüft, ob der Geschädigte vorsteuerabzugsberechtigt ist oder nicht. Die Steuer wird, wie oben dargestellt, als weitere Position berücksichtigt.

109 **2. Fiktive Schadensabrechnung.** Den vorstehenden Ausführungen ist zu entnehmen, dass die Mehrwertsteuer nur dann erstattet wird, wenn die Reparatur tatsächlich durchgeführt worden ist. Demzufolge wird sie bei einer fiktiven Schadensabrechnung nicht als weiterer Schaden berücksichtigt.

§ 2 Sachschäden

---

61 Urteil AP Huelva vom 4.6.2010 mwN.
62 Urteil des TS vom 31.5.2006 mwN.
63 Courage in: Steuerfibel Spanien, S. 116.
64 Courage in: Mennel/Förster, Länderbericht Steuern, Spanien, Rn. 539.
65 Courage in: Mennel/Förster, Länderbericht Steuern, Spanien, Rn. 533 f. mit weiteren Einzelheiten.

A. Unmittelbare Sachschäden

Um Verkehrsunfallschäden richtig bewerten zu können, wird im spanischen Recht zwischen **Sach- oder Materialschäden** (daños materiales) und Personenschäden (daños personales) unterschieden. Soweit ein Sachschaden vorliegt, greift der Grundsatz der Verschuldenshaftung aus Art. 1902 CC. Der Geschädigte muss die Voraussetzungen des Art. 1902 CC darlegen und beweisen.[66]   **110**

I. Fahrzeugschaden (Reparaturkosten)

1. Schadensnachweis. a) Schadensgutachten. Lässt der Geschädigte das Kraftfahrzeug nicht direkt selber reparieren, ist es üblich, dass die Versicherungsgesellschaft nach Meldung des Schadensereignisses einen **Gutachter** sendet, der das Fahrzeug **untersucht** und die anschließende Reparatur **überwacht**. Die Versicherung rechnet in diesem Falle direkt mit der Werkstatt ab. Zugleich lässt sich die Versicherungsgesellschaft vom Geschädigten schriftlich bestätigen, dass mit der Reparaturzahlung sämtliche Ansprüche gegenüber der Versicherungsgesellschaft abgegolten sind. Lässt der Geschädigte das Kraftfahrzeug zusätzlich begutachten, werden diese Kosten von der Versicherungsgesellschaft nicht übernommen.[67]   **111**

b) Kostenvoranschlag. Der Schadensersatz kann auch auf der Basis eines Kostenvoranschlages beziffert werden. Eine Gewähr dafür, dass die Abrechnung dann auch auf dieser Basis erfolgt, besteht indes nicht.[68]   **112**

c) Gerichtliches Gutachten. Kann außergerichtlich keine Einigung über den zu leistenden Schadensersatz erzielt werden, weil der Geschädigte, das Angebot der Versicherung nicht annehmen möchte, wird der Geschädigte seine Ansprüche gerichtlich durchsetzen wollen. Die Parteien können zwar die jeweils in Auftrag gegebenen Gutachten im Verfahren vorlegen, doch handelt es sich lediglich um Parteigutachten und somit um Parteivortrag,[69] so dass die Bestellung eines Gutachters durch das Gericht unumgänglich ist.   **113**

2. Totalschadensabrechnung bei Kettenauffahrunfällen. Sonderregeln für die Abrechnung eines Totalschadens bei Kettenauffahrunfällen bestehen nicht.   **114**

3. Totalschadensabrechnung und Restwertproblematik. Sofern ein **technischer Totalschaden** vorliegt, wird der Zeitwert abzüglich des Restwertes erstattet. Der **Zeitwert** wird als sog valor venal bezeichnet und entspricht dem unmittelbar vor Eintritt des Unfalls geltenden Verkaufspreis eines nach Alter, Fabrikat und Modell ähnlichen Fahrzeuges.[70] Der **wirtschaftliche Totalschaden** ist dann gegeben, wenn die Reparaturkosten den Wert des Kraftfahrzeuges übersteigen. Der Totalschaden wird in beiden Fällen nach der sog Ganvam-Liste abgerechnet.[71]   **115**

Ist eine Reparatur erfolgt, wird üblicherweise der in Rechnung gestellte Betrag ersetzt, wenn die in der Rechnung aufgeführten Positionen und die Beträge nachvollziehbar und nicht als offensichtlich unverhältnismäßig zu bewerten sind.[72] Wird die Reparatur nicht durchgeführt, wird lediglich der **Zeitwert** ersetzt, zuzüglich eines **Aufschlages** von 20 %   **116**

---

66 Siehe Rn. 90.
67 Mannsdorfer, Regulierung von Straßenverkehrsunfällen, S. 79 (83).
68 Neidhart, West-Europa, Rn. 74.
69 Urteil AP Cádiz vom 3.5.2012 und Urteil der AP Madrid vom 29.6.2012.
70 Neidhart, West-Europa, Rndr. 80.
71 Mannsdorfer, Regulierung von Straßenverkehrsunfällen, S. 79 (83).
72 Urteil AP Burgos vom 21.12.2006 mwN; Urteil AP der Balearen vom 6.6.2007, mwN.

bis 25 %. Hierdurch soll der Geschädigte in die Lage versetzt werden, auf dem Gebraucht-wagenmarkt ein ähnliches Kraftfahrzeug erwerben zu können.[73]

117 **4. Reparaturkostenabrechnung. a) Abrechnung tatsächlich angefallener Reparaturkos-ten.** In Spanien werden die Reparaturkosten immer nur in der Höhe ersetzt, in der sie tat-sächlich angefallen sind. Sofern eine Reparatur durch eine Werkstatt im Ausland durchge-führt worden ist, kann als Schaden nur das ersetzt verlangt werden, was in Spanien ersetzt worden wäre, wenn das Kraftfahrzeug dort repariert worden wäre.

118 Dies hängt ua damit zusammen, dass die Löhne in Spanien niedriger sind als in Deutsch-land. Demzufolge werden die Reparaturkosten, die von einer deutschen Werkstatt in Rechnung gestellt worden sind, in Spanien nicht in vollem Umfang ersetzt.[74]

119 **b) Abrechnung fiktiver Reparaturkosten.** Eine Abrechnung auf der Grundlage fiktiver Re-paraturkosten ist nicht möglich. Entweder es erfolgt eine Abrechnung auf der Grundlage eines **Kostenvoranschlages** oder basierend auf der Rechnung, die nach durchgeführter Re-paratur ausgestellt wird. Damit die Reparaturkosten als Schaden geltend gemacht werden können, muss der Versicherung eine **Originalrechnung** der Werkstatt, die die Reparatur ausgeführt hat, vorgelegt werden. Sofern einzelne Positionen seitens der Versicherung nicht akzeptiert werden, ist es üblich, dass die Werkstatt zusätzlich einen **Bericht** über die erfolgte Reparatur sowie des hierfür benötigten Zeitaufwandes vorlegt. Ersetzt wird der tatsächliche, dh real eingetretene Schaden. Ist daher die Abrechnung der Werkstatt im Ein-zelnen nachvollziehbar, wird es bezüglich der **Rechnungsvorlage**, des **Ersatzteilrabatts**, der **Verbringungskosten**, der **UPE-Zuschläge** sowie der **AW-Sätze** keine Auseinandersetzung mit der Versicherungsgesellschaft geben, insbesondere wenn die Reparatur durch eine Werkstatt durchgeführt wurde, die seitens der Versicherung empfohlen worden ist. Dis-kussionen gibt es in der Regel zu der Frage, inwieweit dem Geschädigten die Dauer des reparaturbedingten Vorenthaltens des Kraftfahrzeuges zu ersetzen ist. In dieser Frage ist die Rechtsprechung nicht einheitlich. Kann die Werkstatt nachvollziehbar die **Dauer der Reparatur** darlegen, wird pro Tag eine Summe zwischen 20 bis 40 EUR anerkannt.[75]

120 **c) Vorschadensproblematik.** Ausgehend davon, dass der reale Wert ersetzt wird und **keine Besserstellung** des Geschädigten durch das Schadensereignis eintreten soll,[76] muss der Vor-schaden bei der Bezifferung des zu leistenden Schadensersatzes berücksichtigt werden.

121 **5. Fahrzeugschaden (Abrechnung auf Neuwagenbasis).** Es gelten die oben gemachten Ausführungen. Wurde der Wagen repariert und ist die Rechnung plausibel und nachvoll-ziehbar, wird der Rechnungsbetrag ersetzt. Kriterium für die Ermittlung des Schadenser-satzes ist immer, dass der Geschädigte **keine Besserstellung** erfahren soll.[77]

II. Wertminderung

122 Die durch den Unfall eingetretene Wertminderung wird bei der außergerichtlichen Scha-densfestsetzung nicht berücksichtigt. Sie kann indes in einem gerichtlichen Verfahren bei der Ermittlung des zu gewährenden Schadensersatzes herangezogen werden. Im Regelfall erfolgt dies jedoch nur, wenn es sich bei dem Kraftfahrzeug um einen **Neuwagen** han-delt.[78]

III. Abschleppkosten

123 Sollten bei einem Unfall Abschleppkosten entstehen, so werden diese bis zur **nächstgelege-nen Werkstatt** übernommen. Versicherungen übernehmen solche Kosten jedoch nur gegen Vorlage eines entsprechenden Belegs.[79]

---

73 Urteil AP Lleida vom 30.3.2012 mwN.
74 www.advocat24.at/user_files/rechtstipps/auslandsunfall.pdf.
75 Urteil AP der Balearen vom 6.6.2007 mwN sowie Urteil AP Málaga vom 6.10.2010, ebenfalls mit mwN.
76 Urteil AP Alicante vom 16.1.2008 mwN.
77 Urteil TS vom 10.12.2009 und 19.5.2011 mwN.
78 Neidhart, West-Europa, S. 299.
79 Neidhart, West-Europa, S. 299.

IV. Kosten für Gutachten und Kostenvoranschläge

1. Gutachtenmängel. Im Bereich der außergerichtlichen Verhandlungen über die Scha- 124
densabwicklung kann es zu Auseinandersetzungen zwischen dem Geschädigten und der
Haftpflichtversicherung kommen, wenn der Geschädigte das seitens der Versicherung in
Auftrag gegebene Gutachten nicht akzeptiert. Der Geschädigte kann in diesem Falle entweder selbst ein Gutachten in Auftrag geben und sich anschließend mit der Versicherung
einigen. Im Regelfall wird der Geschädigte jedoch ein **gerichtliches Verfahren** einleiten und
eine Begutachtung durch einen seitens des Gerichts bestellten Gutachter beantragen.

2. Verneinung der Überprüfungspflicht. Der Geschädigte hat davon auszugehen, dass der 125
Gutachter infolge seiner besonderen Fachkenntnis und Erfahrungen, das Gutachten fehler-
frei und objektiv erstellt. Etwaige Gutachtermängel sind ihm daher nicht zuzurechnen.

3. Bagatellschadensgrenze. Die Versicherungen beauftragen stets einen Gutachter, der die 126
eingetretenen Schäden und den zu leistenden Schadensersatz zu ermitteln hat, so dass es
eine bestimmte Grenze für sog Bagatellschäden nicht gibt.

4. Höhe der Gutachterkosten. a) Beurteilungsgrundlage. Die Versicherungen setzen, wie 127
oben ausgeführt, die Gutachter ein, mit denen sie regelmäßig kooperieren. Sie ersetzen die
Kosten der Gutachter. Demgegenüber werden die Kosten des Gutachters, der **seitens des
Geschädigten** beauftragt wird, **nicht** ersetzt.[80] Es bestehen Vereinbarungen zwischen Versicherungsgesellschaften und Gutachtern, die die Gutachterkosten festlegen. Wird ein Ge-
richtsgutachten in Auftrag gegeben, so orientieren sich die Gutachterkosten nach den **Tabellen**, die die entsprechenden Gutachtervereinigungen oder Berufskammern erstellt haben.

b) Fehlende Überprüfungspflicht. Eine Überprüfungspflicht seitens des Geschädigten er- 128
folgt aus den bereits unter → Rn. 125 genannten Gründen nicht.

5. Kosten für Kostenvoranschläge. Ersetzt werden die Schäden, die kausal auf den Unfall 129
zurückzuführen sind. Daher werden auch diese Kosten ersetzt.

V. Nebenkosten bei Ersatzfahrzeugen

1. Ab-, An-, Ummeldekosten. Es werden weder die Ab-, und An- noch die Ummeldekos- 130
ten erstattet.[81]

2. Umbaukosten. Die Umbaukosten werden ausgehend von dem Grundsatz, dass der Ge- 131
schädigte durch die Schadensabwicklung eines Unfalles keinen Vorteil erfahren darf, nur
dann ersetzt, wenn diese zum Ersatz des tatsächlich erlittenen Schadens erforderlich sind.

VI. Nutzungsausfallschäden

1. Mietwagenkosten. Für gewöhnlich werden Mietwagenkosten außergerichtlich nicht er- 132
stattet. Sie können allenfalls gerichtlich geltend gemacht werden, wenn das Fahrzeug zur
Ausübung der beruflichen Tätigkeit gebraucht wird.[82] Es wird davon ausgegangen, dass es
dem Geschädigten zugemutet werden kann, während der Dauer der Reparatur **öffentliche
Verkehrsmittel** zu benutzen.[83] Nicht erstattet werden die Mietwagenkosten, wenn das Fahrzeug lediglich zur **Fahrt zur Arbeitsstelle** benötigt wird.

2. Nutzungsausfallentschädigung. Eine Nutzungsausfallentschädigung wird für gewöhn- 133
lich nicht erstattet, da die entgangene Nutzung eines Wagens in Spanien nicht als Schaden
anerkannt ist.[84] Ausnahmen werden nur in den seltensten Fällen gemacht und auch nur
dann, wenn nachgewiesen werden kann, dass das Kraftfahrzeug für den **gewerblichen Erwerb** unabdingbar ist. Dann kann der entgangene Gewinn erstattet werden.[85]

---

80 Neidhart, West-Europa, S. 299.
81 www.das.de/de/rechtsportal/verkehrsrecht/verkehrsunfall-ausland/spanien.aspx.
82 Urteil AP Balearen vom 9.11.2005 und Urteil AP Madrid vom 30.4.2011.
83 Neidhart, West-Europa, S. 299.
84 Manndorfer, West-Europa, S. 79 (83).
85 Neidhart, West-Europa, S. 300.

VII. Unkostenpauschale

134 Als Unkostenpauschale versteht man diejenigen Kosten, die einem Geschädigten entstehen, die jedoch nicht direkt auf den Schaden des Kraftfahrzeugs, andere Sachschäden oder Gesundheitsbeeinträchtigungen zurückzuführen sind.[86] Hierbei werden keine Belege oder Einzelnachweise derjenigen Aufwendungen, die tatsächlich angefallen sind, benötigt.

135 Unter die Unkostenpauschale fallen für gewöhnlich **Telefonkosten** oder **Portokosten**. Diese Unkostenpauschale wird in Spanien **nicht erstattet**.[87]

VIII. Sonderfall Vollkaskoversicherung

136 Bei Bestehen einer Vollkaskoversicherung (sog seguro a todo riesgo) werden all diejenigen Schäden ersetzt, die von der obligatorischen Haftpflichtversicherung nicht abgedeckt sind.

137 **1. Inanspruchnahme.** Hiervon erfasst sein können zB all diejenigen Personenschäden, die dem Dritten entstanden sind, die den Betrag der Mindestdeckungssumme nach den LCRCSVM übersteigen. Dies setzt voraus, dass der Geschädigte die Voraussetzung des **deliktischen Schadensersatzanspruches** nach Art. 1902 CC nachweisen kann.

138 Weiterhin kann diese Versicherung für die Schäden in Anspruch genommen werden, die der **Unfallverursacher selbst erlitten** hat und die somit ebenfalls nicht von der obligatorischen Haftpflichtversicherung abgedeckt sind.

139 **2. Abrechnung.** Die Abrechnung erfolgt nach den bisher vorgestellten Kriterien.[88]

IX. Kostenüberblick

140 Hier ein Kurzüberblick der Kosten, die in Spanien im Vergleich zu Deutschland nicht oder **nicht in vollem Umfang übernommen** werden:[89]

- Mietwagenkosten,
- Gutachterkosten des Geschädigten,
- Sonstige unfallbedingte Nebenkosten wie
  - Wertminderung
  - Urlaubsbeeinträchtigung
  - Nutzungsausfall
  - Heimfahrtkosten nach Totalschaden
  - Unkostenpauschalen, beispielsweise für Taxi, Telefon, Übernachtung und Verpflegung.

B. Mittelbare Sachschäden

I. Finanzierungskosten

141 Eine Entscheidung zu dieser Thematik durch das Oberste Gericht ist nicht ersichtlich. Die Audiencias Provinciales tendieren dazu, die Finanzierungskosten, die für die Reparatur des beschädigten Kraftfahrzeuges entstanden sind, als **Schadensersatzposition** zu akzeptieren.[90] Erwirbt der Geschädigte hingegen ein neues Kraftfahrzeug und muss er den hierfür erforderlichen Kaufpreis ganz oder teilweise finanzieren, so kann er diese Finanzierungskosten nicht als Schadensersatz geltend machen. Dies wird damit begründet, dass die Höhe und die Kosten der Finanzierung von der wirtschaftlichen Leistungsfähigkeit des Ge-

86 Urteil AP Madrid vom 30.4.2011.
87 Mannsdorfer, Regulierung von Straßenverkehrsunfällen, S. 79 (84).
88 Siehe Rn. 109 ff.
89 Mannsdorfer, Regulierung von Straßenverkehrsunfällen, S. 79 (81).
90 Urteil der AP León vom 11.5.2000, Urteil der AP Burgos vom 18.11.2005 mwN.

schädigten abhängen und somit kein unmittelbarer Zusammenhang zu dem Unfall besteht.[91]

II. Verzugszinsen

Zahlen die Versicherung oder der Garantiefond[92] die Schadensersatzsumme nicht rechtzeitig, geraten sie in Verzug und müssen Verzugszinsen leisten. Die **Verzugsregelungen** im Einzelnen sind in Art. 20 des Versicherungsvertragsgesetzes (LCS) enthalten, auf den Art. 9 des LRCSCVM verweist soweit Art. 7 LRCSCVM nF keine abweichende Regelung vorsieht.   142

Art. 7 LRCSCVM nF wurde im Zuge der Reform des Haftpflichtgesetzes ebenfalls neu aufgestellt. Nach Art. 7 Abs. 2 S. 5 gerät die Versicherung in Verzug, wenn sie innerhalb von drei Monten ab Empfang der Aufforderung zur Zahlung einer Schadensersatzsumme für die erlittenen Personen- und Sachschäden kein Angebot unterbreitet hat.[93] Dies gilt auch für den Fall, dass der Geschädigte das Angebot angenommen hat und die Versicherung den Betrag nicht binnen fünf Tagen ausgezahlt oder die angebotene Summe nicht hinterlegt hat, Art. 7 Abs. 2 S. 6 LRCSCVM nF. Die Zinsen sind für den Zeitraum ab Eintritt des Versicherungsfalles zu zahlen.   143

Verzugszinsen fallen grundsätzlich nicht an, wenn der Geschädigte das Angebot angenommen hat und die Zahlung fristgerecht erfolgt oder die Summe innerhalb der vorgegebenen Frist hinterlegt worden ist. Nimmt der Geschädigte das Angebot nicht an und entspricht die im sich anschließenden gerichtlichen Verfahren festgesetzte Summe dem Angebot der Versicherung, fallen keine Zinsen an. Schwerwiegende Verletzungen und/oder lange Heilungsprozesse können dazu führen, dass die Versicherung innerhalb der drei Monate ab Erhalt des Aufforderungsschreibens des Geschädigten kein detailliertes Angebot unterbreiten kann. In diesen Fällen kann die Versicherung zwecks Vermeidung von Verzugszinsen, dem Geschädigten eine Summe zur Verfügung stellen oder hinterlegen. In einem gerichtlichen Verfahren kann dann festgestellt werden, ob die Summe ausreichend ist oder ergänzt werden muss, Art. 9 Buchstabe b LRCSCVM nF. Wird in dem Verfahren eine höhere Summe festgelegt, fallen für die Differenz Verzugszinsen an.   144

Die **Zinshöhe** entspricht dem gesetzlichen Zinssatz zum Zeitpunkt der Fälligkeit der Schadensersatzforderung zuzüglich 50 %. Rechtsgrundlage des gesetzlichen Zinssatzes ist Art. 1108 CC, wonach derjenige, der mit der Zahlung einer geschuldeten Summe in Verzug gerät, Zinsen als Schadensatz leisten muss. Der gesetzliche Zinssatz wird jährlich durch das jeweilige Haushaltsgesetz festgelegt und beträgt für 2016 3%.[94] Sind seit dem Unfall zwei Jahre vergangen, dürfen die geforderten Zinsen p.a. 20 % nicht unterschreiten, Art. 20 Ziff. 4 und 5 LCS. Zinsbeginn ist das Datum des Unfalls, sofern der Versicherte oder Begünstigte den Unfall binnen sieben Tagen nach Kenntnisnahme des Unfalles gemeldet hat, Art. 20 Ziff. 6 LCS. Anderenfalls beginnt die Zinsberechnung am Tage der Mitteilung des Versicherungsfalles.   145

Die Zinsen werden **bis zur vollständigen Leistung des Schadensersatzes** berechnet und geschuldet. Im Falle einer gerichtlichen Geltendmachung des Schadensersatzanspruches sind die Zinsen bis zum Tage der Hinterlegung bei Gericht der zugesprochenen Schadensersatzsumme zu zahlen, Art. 1178 CC. Grundlage für die Bemessung der Zinsen ist bei Fahrzeugschäden der Betrag der tatsächlich angefallenen Reparaturkosten, anderenfalls die festgesetzte Schadensersatzsumme, Art. 20 Ziff. 5 LCS.   146

Die vorstehenden Regelungen finden auch für die Fälle Anwendung, in denen der Geschädigte **keinen Wohnsitz in Spanien** hat, soweit der Schadensersatzanspruch gegenüber einer in Spanien zugelassenen Versicherungsgesellschaft oder der Repräsentanz einer solchen   147

---

91 Urteil der AP der Balearen vom 15.5.2012.
92 Siehe Rn. 43 f.
93 Siehe Rn. 228 ff. zu den Einzelheiten der außergerichtlichen Geltendmachung der Schadensersatzansprüche.
94 Haushaltsgesetz 48/2015 für 2016 vom 29.10.2015, veröffentlicht im BOE Nr. 260 vom 30.10.2015 und gültig seit dem 1.1.2016.

Gesellschaft in Spanien mit Sitz in einem Mitgliedstaat des Europäischen Wirtschaftsraumes geltend gemacht wurde, Art. 22 LRCSCVM.

148 Die vorstehenden Regelungen sind vom Grundsatz her auch für die Schadensersatzleistungen durch den **Garantiefonds** anwendbar. Der Garantiefonds kommt dann in Verzug, wenn er binnen drei Monaten nach Geltendmachung des Schadensersatzes, diesen nicht zahlt, Art. 20 Ziff. 9 LCS.

III. Anwaltskosten

149 Die **außergerichtlichen** Anwaltskosten werden grundsätzlich **nicht erstattet**. Die **gerichtlichen** Anwaltskosten werden nur bei **vollständig gewonnenem Prozess** erstattet, Art. 394 Abs. 1 LEC. Hat der Geschädigte eine Rechtsschutzversicherung abgeschlossen, hat die Versicherung die außergerichtlichen und gerichtlichen Anwaltskosten zu zahlen, Art. 76 Buchst. a bis Art. 76 Buchst. g LCS.

150 In den Gerichtsverfahren ist neben dem Anwalt in der Regel ein sog **Prozessagent** (procurador) tätig, Art. 23 f. LEC. Die Prozessagenten sind ebenfalls Juristen und müssen Mitglied der jeweils örtlich zuständigen Kammer sein. Ihnen kommt eine Vermittlerfunktion zwischen Anwalt und Gericht zu. Sie reichen die Schriftsätze des Anwaltes bei Gericht ein und übermitteln diesem die Entscheidungen des Gerichtes sowie die Schriftsätze der Gegenseite.

151 Auch die Kosten der Procuradores werden nur dann erstattet, wenn die Partei im vollen Umfange obsiegt hat. Liegt hingegen nur ein **Teilsieg** vor, trägt jede Partei ihre eigenen Kosten, Art. 394 Abs. 2 LEC.

IV. Rückstufungsschaden

152 Sowohl die obligatorische Haftpflichtversicherung als auch die Vollkaskoversicherung kennen den Schadensfreiheitsrabatt. Kommt es bedingt durch einen Unfall zu dem **Verlust eines Schadensfreiheitsrabattes,** kann der Geschädigte diesen Verlust nur dann geltend machen, wenn ein unmittelbarer Zusammenhang zwischen dem Unfall und dem Verlust dieses Rabattes vorliegt.

153 Eine **Rückstufung** kann dann erfolgen, wenn feststeht, dass sämtliche Unfallbeteiligte für diesen Unfall verantwortlich sind.

§ 3 Personenschäden

154 Wie breits ausgeführt[95] führt das neue Haftpflichtgesetz ein neues System der Bewertung der Schäden und Nachteile, die den Personen aufgrund eines Verkehrsunfalls entstanden sind, ein. Bis Ende 2015 wurden die Entschädigungen und Bemessungsgrundlagen jährlich von der Generaldirektion für Versicherungen und Pensionsfonds festgelegt. Im Wesentlichen wurde die Summe für die Entschädigung für Personenschäden unter Berücksichtigung der Anzahl der Tage des Heilungsprozesses und der Unfallfolgen ermittelt. Die Summe wurde je nach Schwere der Unfallfolgen und Alter des Unfallopfers korrigiert. Die neuen Bewertungskriterien sollen den konkreten Auswirkungen des erlittenen Unfalls besser Rechnung tragen.

---

95 Siehe Rn. 1.

Eingeführt[96] worden ist ein neuer Titel IV (Art. 32 bis 143 LRCSCVM nF), in dem das 155 System zur Bewertung der Schäden und Nachteile die den Personen infolge eines Verkehrsunfalles entstanden sind, geregelt werden. Das erste Kapitel führt die allgemeinen Kriterien für die bestimmunf der Entschädigung des erlittenen körperlichen Schadens auf (Art. 32 bis 60 LRCSCVM nF). Das zweite Kapitel enthält die Regeln zur Bewertung des erlittenen körperlichen Schadens und stellt die Kriterien für die Feststellung der Entschädigungssumme bei Todesfällen (indemnización por causa de muerte), Art. 61 bis 92 LRCSCVM nF, bei Dauerschäden (indemnización por secuelas), Art. 93 bis 133 LRCSCVM nF und für zeitweilige Schäden (indemnización por lesiones temporales), Art. 134 bis 143 LRCSCVM nF auf.

In all diesen drei Gruppen der Personenschäden wird die Entschädigungssumme in drei Schritten berechnet. Eingeführt wurden folgende Parameter: zunächst wird der persönliche Grundschaden festgestellt (perjuicio personal básico), danach wird der besondere oder konkrete persönliche Schaden ermittelt (perjuicio personal particular) und schließlich der Vermögensschaden (perjuicio patrimonial), der in zwei Schritten festgestellt wird: zunächst werden die Kosten ermittelt (daño emergente) und anschließend der entgangene Gewinn (lucro cesante).

Diesem System folgend sind auch die im Anhang zum LRCSCVM nF vorgesehenen neuen Tabellen aufgebaut. Die Tabellen 1 A bis 1 C regulieren die Einzelheiten der Entschädigungen bei Todesfällen. Die Entschädigung für Dauerschäden wird nach den Tabellen 2 A bis 2 C ermittelt. Die zeitweiligen Schäden werden nach Tabelle 3 A bis 3 C festgestellt.

Die Tabellen 1 A, 2 A und 3 A enthalten die Kriterien für die Bewertung des persönlichen 156 Grundschadens (perjuicio personal básico); die Tabellen 1 B, 2 B und 3 B werden zur Bestimmung des besonderen oder konkreten Schadens (perjuicio personal particular) herangezogen. Die Tabellen 1 C, 2 C und 3 C dienen der Feststellung des Vermögensschadens (perjuicio patrimonial), der jeweils in Heilungskosten und entgangenen Gewinn (daño emergente y lucro cesante) unterteilt ist.

Hervorzuheben ist, dass die Entschädigungssumme bei Todesfällen bis zu durchschnittlich 157 50%, bei Dauerschäden durchschnittlich 35% und bei vorübergehenden Schäden um 12,8% höher ausfallen werden, als nach der alten Regelung. Im Falle von Dauerschäden oder vorübergehenden Schäden werden zukünftig anfallende Behandlungskosten, bestimmte Rehabilitationskosten sowie neuerdings die Kosten für den Ersatz von Prothesen bei schweren Verletzungen erfasst. Ausnahmsweise steht den Familienangehörigen von verstorbenen oder von schwerverletzten Unfallopfern ein Ersatz der Kosten für die medizinisch und psychologische Behandlung zu.

Der Kreis der Anspruchsberechtigten wurde erweitert. Als Geschädigter gilt zunächst das 158 Unfallopfer. Verstirbt das Unfallopfer, sind Geschädigte, die Anspruch auf ein Entschädigungssumme haben können: der überlebende Ehegatte oder der Lebensgefährte, die Verwandten der aufsteigenden Linie, die Abkömmlinge, die Geschwister und nunmehr auch weitere Personen, die dem Unfallopfer nahestanden. Hierbei kann es sich um weitere Verwandte oder aber auch um fremde Personen handeln. Erforderlich ist, dass diese Personen mit dem Unfallopfer unmittelbar vor dem Tode mindestens fünf Jahre in einer häuslichen familienähnlichen Gemeinschaft zusammengelebt haben. Liegen indes Umstände vor, die belegen, dass die oben genannten Personen tatsächlich keine persönliche oder familiäre Beziehung zu dem Unfallopfer pflegten, sind sie nicht als Geschädigte und somit nicht als Anspruchsberechtigte anzusehen.

Die entschädigungsfähigen Vermögensschäden werden neu geordnet und in Kosten und 159 entgangenen Gewinn unterteilt. Im Rahmen der ersatzfähigen Kosten wird zwischen Behandlungskosten und sonstigen erstattungsfähigen Kosten unterschieden. Hierunter fallen zB die Transportkosten des Verletzten oder die der Familienangehörigen, wenn sich der Geschädigte infolge des Unfalls nicht selber versorgen oder fortbewegen kann. Zur Festle-

---

96 Esteban, Patricia, 1 de enero: entra en vigor el nuevo baremo de indemnizaciones por accidentes de tráfico (Ley 35/2015), vom 2.1.2016, http://noticias.juridicas.com/actualidad/noticias/10762.

gung des entgangenen Gewinns werden die Nettoeinkünfte des Unfallopfers brücksichtigt. War das Unfallopfer ausschließlich oder teilweise mit der Hausarbeit betraut, erhält das Unfallopfer oder im Todesfalle die anspruchsberechtigten Personen eine pauschal zu ermittelnde Summe als entgangenen Gewinn. Handelt es sich bei den Unfallopfern um Schüler oder Studenten, ist bei der Berechnung der Entschädigung der Umstand zu berücksichtigen, dass diese in Zukunft keinen oder nur einen eingeschränkten Zugang zur Erwerbstätigkeit haben werden.

160 Bei der Ermittlung der Entschädigung für erlittene immaterielle Schäden (daños morales o extrapatrimoniales) werden die Geschädigten ebenfalls in Ehegatten, Verwandte aufsteigender Linie, Abkömmlinge, Geschwister und nahestehende Personen unterteilt. Es wird davon ausgegangen, dass diese stets einen ersatzfähigen immateriellen Schaden erleiden. Die Höhe der Entschädigung ist in jeder dieser Kategorien gleich hoch. Eine Korrektur erfolgt in einem weiteren Schritt. Berücksichtigung findet zB der Umstand, wie sich die Folgen des Unfalls konkret auf die Lebenssituation dieser Geschädigten auswirkt.[97]

161 Die einzelnen Tabellen sind sehr umfangreich und werden daher hier im Detail nicht abgebildet. Anhand einiger Fallbeispiele soll daher die Systematik des neuen Bewertungssystems erläutert werden.[98]

162 Berechnung der Entschädigung im Todesfalle des Unfallopfers:

Die Berechnung der Entschädigung erfolgt in drei Schritten: Ermittlung des persönlichen Grundschadens (Tabelle 1 A), Feststellung des besondere oder konkrten persönlichen Schadens (Tabelle 1 B) und Ermittlung des Vermögensschadens (Tabelle 1 C).

163

ENTSCHÄDIGUNG IM TODESFALL (in EUR) TABELLE 1.A PERSÖNLICHER GRUNDSCHADEN	
Kategorie 1. Der verwitwete Ehegatte	
Bis 15 Jahre Zusammenleben, wenn das Opfer bis 67 Jahre alt war	90.000
Bis 15 Jahre Zusammenleben, wenn das Opfer mehr als 67 und bis 80 Jahre alt war	70.000
Bis 15 Jahre Zusammenlebens, wenn das Opfer mehr als 80 Jahre alt war	50.000
Für jedes zusätzliche volle Jahr oder angefangene Jahr des Zusammenlebens unabhängig vom Alter des Opfers	1.000
Kategorie 2. Die Verwandten der aufsteigenden Linie	
Für jeden Elternteil, wenn das verstorbene Kind bis 30 Jahre alt war	70.000
Für jeden Elternteil, wenn das verstorbene Kind mehr als 30 Jahre alt war	40.000
Für jeden Großelternteil nur im Falle des Vorversterbens des Elternteils seiner Linie	20.000
Kategorie 3. Die Abkömmlinge	
Für jedes Kind, das bis 14 Jahre alt ist	90.000
Für jedes Kind, das zwischen 14 und 20 Jahre alt ist	80.000

---

97 Esteban, Patricia: aaO S. 3.
98 Die Beispiele sind den Ausführungen von www.fmabogados.com, Baremo de tráfico 2016, Curso sobre el nuevo baremo de tráfico, Cómo se calcula la indemnización, entnommen.

Hellwege

ENTSCHÄDIGUNG IM TODESFALL (in EUR) TABELLE 1.A PERSÖNLICHER GRUNDSCHADEN	
Für jedes Kind, das zwischen 20 bis 30 Jahre alt ist	50.000
Für jedes Kind, das mehr als 30 Jahre alt ist	20.000
Für jedes Enkelkind nur im Falle des Vorversterbens des Elternteils, der Abkömmling des verstorbenen Großelternteils ist	15.000
Kategorie 4. Die Geschwister	
Für jedes, das bis 30 Jahre alt ist	20.000
Für jedes, das älter als 30 Jahre ist	15.000
Kategorie 5. Die nahestehenden Personen	
Für jeden Nahestehenden	10.000

ENTSCHÄDIGUNG IM TODESFALL (in EUR) TABELLE 1.B BESONDERER PERSÖNLICHER SCHADEN PARTICULAR	
BESONDERER SCHADEN	
1. Körperliche oder physische Behinderung des Geschädigten vor oder infolge des Unfalls	von 25% bis 75%
2. Zusammenleben des Geschädigten mit dem Opfer	
Jedem Elternteil, wenn das verstorbene Kind älter als 30 Jahre alt war	30.000
Jedem Großelternteil	10.000
Jedem Kind, das älter als 30 Jahre ist	30.000
Jedem Enkelkind	7.500
Jedem Geschwisterteil, das älter als 30 Jahre ist	5.000
3. Der in seiner Kategorie allein Geschädigte	25%
4. Der Geschädigte ist das einzige Familienmitglied	25%
5. Tod des alleinigen Elternteils	
Jedem Kind, das bis 20 Jahre alt ist	50%
Jedem Kind, das älter als 20 Jahre ist	25%
6. Unfalltod beider Elternteile	
Jedem Kind, das bis 20 Jahre alt ist	70%
Jedem Kind, das älter als 20 Jahre ist	35%
7. Tod des einzigen Kindes	25%

ENTSCHÄDIGUNG IM TODESFALL (in EUR) TABELLE 1.B BESONDERER PERSÖNLICHER SCHADEN PARTICULAR	
8. Unfalltod des schwangeren Unfallopfers mit Verlust des Fetus:	
Wenn der Verlust innerhalb der ersten 12 Schwangerschaftswochen erfolgt ist	15.000
Wenn der Verlust nach den ersten 12 Schwangerschaftswochen erfolgt ist	30.000
9. Außergewöhnlicher Schaden	bis 25%

165

ENTSCHÄDIGUNG IM TODESFALL (in EUR) TABELLE 1.C VERMÖGENSSCHADEN	
ENTSTANDENE KOSTEN	
1. Vermögensrechtlicher Grundschaden	
Kein Nachweis erforderlich, steht jedem Geschädigten zu	400
Darüber hinausgehende Kosten, die nachgewiesen werden müssen	Betrag
2. Spezifische Kosten	
Überführungskosten des Verstorbene, Beerdingung und Trauerfeier	Betrag
3. TABELLEN DES ENTGANGENEN GEWINNS/TABLAS DE LUCRO CESANTE	
DES EHEGATTEN	Tabelle 1.C.1
DES EHEGATTEN MIT BEHINDERUNG	Tabelle 1.C.1.d
DES SOHNES	Tabelle 1.C.2
DES SOHNES MIT BEHINDERUNG	Tabelle 1.C.2.d
DES ELTERNTEILS	Tabelle 1.C.3
DES GESCHWISTERTEILS	Tabelle 1.C.4
DES GESCHWISTERTEILS MIT BEHINDERUNG	Tabelle 1.C.4.d
DER GROßELTERN	Tabelle 1.C.5
DES ENKELKINDES	Tabelle 1.C.6
DES ENKLKINDES MIT BEHINDERUNG	Tabelle 1.C.6.d
DER NAHESTEHENDEN PERSON	Tabelle 1.C.7
DER NAHESTEHENDEN PERSON MIT BEHINDERUNG	Tabelle 1.C.7.d

Nettoein-kommen	Alter des Elternteils/Entschädigung in EUR									
bis	bis 46	47	48	49	50	51	52	53	54	55
9.000,00	9.028	8.739	8.452	8.165	7.880	7.598	7.318	7.040	6.764	6.490
12.000,00	12.038	11.652	11.269	10.887	10.507	10.130	9.757	9.387	9.019	8.653
15.000,00	15.047	14.565	14.086	13.609	13.134	12.663	12.196	11.734	11.273	10.816
18.000,00	18.057	17.478	16.904	16.331	15.761	15.196	14.635	14.081	13.528	12.980
21.000,00	21.066	20.391	19.721	19.052	18.388	17.728	17.074	16.428	15.782	15.143
24.000,00	23.923	23.163	22.409	21.656	20.908	20.167	19.431	18.704	17.978	17.259
27.000,00	26.773	25.917	25.068	24.221	23.379	22.543	21.715	20.895	20.079	19.269
30.000,00	29.624	28.672	27.728	26.785	25.849	24.920	23.999	23.087	22.179	21.278
33.000,00	32.474	31.427	30.387	29.350	28.319	27.296	26.282	25.279	24.279	23.288
36.000,00	35.325	34.181	33.047	31.914	30.789	29.673	28.566	27.471	26.380	25.298
39.000,00	38.176	36.936	35.706	34.479	33.259	32.049	30.850	29.663	28.480	27.307
42.000,00	50.458	48.994	47.538	46.081	44.630	43.187	41.752	40.330	38.906	37.491
45.000,00	67.347	65.595	63.849	62.097	60.347	58.602	56.864	55.135	53.399	51.667
48.000,00	84.236	82.196	80.160	78.113	76.065	74.018	71.976	69.941	67.892	65.842
51.000,00	101.125	98.797	96.471	94.129	91.782	89.434	87.088	84.746	82.384	80.018
54.000,00	118.013	115.397	112.782	110.145	107.500	104.850	102.199	99.552	96.877	94.193
57.000,00	134.902	131.998	129.093	126.161	123.217	120.266	117.311	114.358	111.370	108.369
60.000,00	151.791	148.599	145.405	142.177	138.935	135.682	132.423	129.163	125.862	122.544
63.000,00	168.680	165.200	161.716	158.193	154.652	151.098	147.534	143.969	140.355	136.720
66.000,00	185.568	181.801	178.027	174.209	170.370	166.514	162.646	158.774	154.848	150.896
69.000,00	202.457	198.402	194.338	190.225	186.087	181.930	177.758	173.580	169.340	165.071
72.000,00	219.346	215.003	210.649	206.241	201.805	197.346	192.870	188.386	183.833	179.247
75.000,00	236.235	231.604	226.960	222.257	217.522	212.762	207.981	203.191	198.326	193.422
78.000,00	253.124	248.205	243.271	238.273	233.240	228.178	223.093	217.997	212.818	207.598
81.000,00	270.012	264.806	259.583	254.289	248.957	243.594	238.205	232.802	227.311	221.774
84.000,00	286.901	281.407	275.894	270.305	264.675	259.010	253.317	247.608	241.804	235.949
87.000,00	303.790	298.008	292.205	286.321	280.392	274.426	268.428	262.413	256.296	250.125
90.000,00	320.679	314.609	308.516	302.337	296.110	289.842	283.540	277.219	270.789	264.300
93.000,00	337.568	331.210	324.827	318.353	311.827	305.257	298.652	292.025	285.282	278.476
96.000,00	354.456	347.811	341.138	334.369	327.545	320.673	313.764	306.830	299.774	292.651
99.000,00	371.345	364.412	357.449	350.385	343.262	336.089	328.875	321.636	314.267	306.827
102.000,00	388.234	381.012	373.761	366.401	358.979	351.505	343.987	336.441	328.759	321.003
105.000,00	405.123	397.613	390.072	382.417	374.697	366.921	359.099	351.247	343.252	335.178
108.000,00	422.011	414.214	406.383	398.433	390.414	382.337	374.211	366.052	357.745	349.354
111.000,00	438.900	430.815	422.694	414.449	406.132	397.753	389.322	380.858	372.237	363.529
114.000,00	455.789	447.416	439.005	430.465	421.849	413.169	404.434	395.664	386.730	377.705
117.000,00	472.678	464.017	455.316	446.481	437.567	428.585	419.546	410.469	401.223	391.881
120.000,00	489.567	480.618	471.627	462.496	453.284	444.001	434.658	425.275	415.715	406.056

Hellwege 677

166 **Beispiel:** Das verstorbene Unfallopfer war 22 Jahre alt. Der Vater ist verwitwet und hat einen weiteren Sohn, der 32 Jahre alt ist.

Die Entschädigungssumme des Vaters ist in drei Schritten zu berechnen:

Persönlicher Grundschaden (Tabelle 1 A), Kategorie 2: der verstorbene Sohn war 22 Jahre alt, daher steht dem Vater eine Grundentschädigung in Höhe von 70.000 EUR zu.

Besonderer persönlicher Schaden (Tabelle 1 B): eine zusätzliche Entschädigung nach Kategorie 2 (Zusammenleben des Elternteils mit dem Unfallopfer) scheidet aus, da der Sohn nicht älter als 30 Jahre alt war. Es greift aber eine weitere Entschädigungssumme nach Kategorie 3, da der Vater verwitwet ist. Demnach erhöht sich die Grundentschädigung um 25%, dh 17.500 EUR.

In einem weiteren Schritt ist die Entschädigung für den Vermögensschaden zu ermitteln (Tabelle 1 C).

Vermögensrechtlicher Grundschaden, Ziff. 1: jedem Geschädigten steht ohne Nachweispflicht eine Grundentschädigung in Höhe von 400 EUR zu.

Alle weiteren Kosten wie Beerdigungskosten, Überführungskosten sind im einzelnen nachzuweisen. Sind dem Vater nachweislich zB Beerdigungskosten von insgesamt 9.000 EUR entstanden, steht ihm eine weitere Entschädigung in dieser Höhe zu.

Entgangener Gewinn (Tabelle 1 C.3): denkbar wäre, dass dem Vater auch eine Entschädigung für den entgangenen Gewinn zusteht. Eine Entschädigung steht indes nach Art. 80 und 82 LRCSCVM nF nur denjenigen Personen zu, die wirtschaftlich von den Einkünften des Unfallopfers abhingen. Sofern der verstorbene Sohn bereits Einkünfte erzielte, ist davon auszugehen, dass der Vater wirtschaftlich nicht von den Einkünften seines verstorbenen Sohnes abhängig war. Daher scheidet eine Entschädigung wegen des entgangenen Gewinns aus.

Insgesamt stehen dem Vater 96.900 EUR zu (70.000 EUR + 17.500 EUR + 9.400 EUR).

167 Berechnung der Entschädigung bei Dauerschäden:

Die Berechnung der Entschädigung erfolgt ebenfalls in drei Schritten: Ermittlung des persönlichen Grundschadens (Tabelle 2 A), Feststellung des besonderen oder konkreten persönlichen Schadens (Tabelle 2 B) und Ermittlung des Vermögensschadens (Tabelle 2 C).

Beispiel: Die verunglückte Person ist 29 Jahre alt und hat ein jährliches Einkommen von 14.000 EUR netto. Sie hat infolge des Unfalls auf Dauer leichte Knieschmerzen.

TABELLE 2 A 1		
Klassifizierung und Bewertung der Dauerschäden		
1. Absatz: Klassifizierung der funkionalen anatomischen Dauerschäden		
KAPITEL III		
E) UNTERE GLIEDMASSEN		
1.		
2.		
3.		
4.		
5. Knie		
6.		
7.		
8.		
9.		
Ziffer	**BESCHREIBUNG DER DAUERSCHÄDEN**	**Anatomisch funktionale Punktebewertung**
03194	**Unspezifische posttraumatische Knieschmerzen**	1-5

| TABELLE 2 A 2 | | | | | | | |
| Alter des Verletzten/Beträge in EUR | | | | | | | |
PUNKTE	25	26	27	28	29	30	31	32
1	834,08	830,93	827,78	824,62	821,47	818,32	815,16	812,01
2	1.718,73	1.712,05	1.705,37	1.698,68	1.692,00	1.685,32	1.678,64	1.671,96
3	2.646,14	2.635,61	2.625,07	2.614,53	2.603,99	2.593,46	2.582,92	2.572,38

Der festgestellte Dauerschaden wird mit 1 bis 5 Punkten bewertet. Da es sich um einen leichteren Dauerschaden handelt, kann die mittlere Punktzahl herangezogen werden. Unter Berücksichtigung des Alters steht dem Verletzten eine Grundentschädigung in Höhe von 2.603,99 EUR zu.

ENTSCHÄDIGUNG FÜR DAUERSCHÄDEN TABELLE (in EUR) 2.B.

TABELLE 2.B

PERJUICIO PERSONAL PARTICULAR

BESONDERE SCHÄDEN	
1. Ergänzende immaterielle Nachteile infolge psychischer/körperlicher Schäden	
Wenn ein Dauerschaden allein oder konkurrierende Dauerschäden gemeinsam mindestens 60 Punkte erreichen	119.200 – 96.000
2. Ergänzende immaterielle Nachteile infolge eines ästhetischen Schadens	
Wenn mindestens 36 Punkte erzielt werden	9.600 – 48.000
3. Immaterieller Nachteil durch Verlust der Lebensqualität infolge der Dauerschäden	
Sehr schwer	90.000 – 150.000
Schwer	40.000 – 100.000
Moderat	10.000 – 50.000
Leicht	1.500 – 15.000
4. Immaterieller Nachteil durch Verlust der Lebensqualität der Familienangehörigen bei großen Verletzungen	30.000 – 145.000
5. Verlust des Fötus infolge des Unfalles	
Wenn der Verlust innerhalb der ersten 12 Schwangerschaftswochen erfolgte	15.000
Wenn der Verlust ab der 12. Schwangerschaftswoche erfolgt	30.000
6. Außerordentlicher Nachteil	**Bis 25%**

Eine Entschädigung infolge besonderer Schäden dürfte hier nach den Kriterien der og Tabelle ausscheiden.

Entschädigung des Vermögensschadens: Sofern zukünftige zB ambulante Behandlungen notwendig sein sollten, würden sich die zu erstattenden Kosten nach Tabelle 2 C richten.

Der entgangene Gewinn richtet sich nach Tabelle 3 C. Unter Berücksichtigung des Alters und des letzten jährlichen Nettoeinkommens würden dem Verletzten 4.311 EUR als entgangener Gewinn zustehen.

A. Heilbehandlungskosten

168 Zu unterscheiden sind die bei Dauerfolgen zukünftigen notwendigen Kosten der ärztlichen Behandlung, Medikamentenkosten und Krankenhauskosten (perjuicio patrimonial por secuelas) und die Behandlungskosten bei zeitweiligen Verletzungen (lesiones temporales). Die Entschädigung der Kosten für Dauerfolgen richtet sich nach Tabelle 2 C. Die Entschädigung der Kosten für zeitweilige Verletzungen (lesiones temporales) werden nach Tabelle 3 C ermittelt.

Die Berechnung der Kosten für zeitweilige Verletzungen: Nach Art. 134 LRCSCVM nF sind zeitweilige Verletzungen diejenigen, die der Verletzte ab dem Unfall bis zur Beendigung des Heilungsprozesses oder bis zur Stabilisierung der Verletzung und Übergang zum Dauerschaden erlitten hat. Demnach stehen demjenigen Geschädigten, dem eine Entschädigung aufgrund der Dauerschäden zukommt, bis zu dem vorstehend genannten Zeitpunkt die Heilbehandlungskosten nach Tabelle 3 C zu.

Sämtliche Kosten sind zu belegen. Darüber hinaus sind weitere Kosten erstattungsfähig. Sie müssen indes in einem engen Zusammenhang mit dem unfallbedingten Heilungsprozess stehen. Seit der Reform steht zB Familienangehörigen, die von dem Geschädigten abhängig sind oder die ihm helfen können, ein Anspuch auf Ersatz der entstandenen Fahrtkosten zu.

169 Die Berechnung der Kosten für die Dauerfolgen: Dem Verletzten mit Dauerschäden steht zusätzlich zu den og Heilbehandlungskosten eine Entschädigung zukünftiger Behandlungskosten zu. Die Enschädigung wird nach Tabelle 2 C ermittelt.

Ersetzt werden die **Kosten der zukünftigen Behandlung** sowie bestimmte Kosten, die infolge des **Verlustes der persönlichen Unabhängigkeit** entstehen.

170 In Tabelle 2 C 1 werden all die Folgeschäden aufgeführt, bei denen eine **zukünftige Behandlung** und/oder ein chirurgischer Eingriff in Betracht kommt. Erstattungsfähig sind zB Rückenmarksverletzungen die mit mehr als 50 Punkten bewertet werden, ebenso die Kosten für das Anbringen der Prothesen im Falle von Amputationen. Die Folgeschäden müssen daher eine bestimmt Schwere aufweisen. Vermutet wird, dass ein Entschädigungsanspruch dann in Betracht kommt, wenn ausschließlich auftretende Folgeschäden mindestens 50 Punkte erreichen oder konkurrierende Folgeschäden 80 Punkte überschreiten. Bei Folgeschäden zwischen 30 und 50 Punkten greift die Vermutung der Erstattungsfähigkeit nicht. Sie sind indes dann zu entschädigen, wenn der Verletzte ein ärztliches Attest vorlegt, in dem die Notwendigkeit einer regelmäßigen Behandlung bescheinigt wird. Gezahlt wird je nach Folgeschaden eine Höchstsumme. Der Betrag wird nicht an den Geschädigten ausgezahlt, sondern an die Sozialversicherung. Dies gilt nicht für diejenigen Kosten, die dem Verletzten infolge des Tragens der Prothese entstehen. Die Erstattung dieser Kosten erfolgt, wenn der Verletzte ein ärztliches Attest vorlegt, in dem die Notwendigkeit des Tragens der Prothese bescheinigt wird. Die Entschädigung wird direkt an den Verletzten ausgezahlt. Der Verletzte kann indes statt der Zahlung der einmaligen Entschädigungsume die Zahlung einer jährlichen Rente beantragen.

171 Ferner sind die Kosten, die infolge des **Verlustes der persönlichen Unabhängigkeit** entstehen, erstattungsfähig. Dies gilt zum Beispiel für die Kosten, die für die Anpassung der Wohnung an den neuen körperlichen Zustand notwendig sind. Ist eine entsprechende Ausstattung nicht möglich, werden die Kosten für den Erwerb oder für das Anmieten einer Wohnung erstattet. Die Versicherung würde in diesem Falle die Differenz des Wertes der vorherigen und der neuen Wohnung bezahlen. Darüberhinaus sind zB auch die Kosten für die Anpassung des Pkws an die neuen Bedürfnisse zu erstatten sowie die Kosten, die dritten Personen, die dem Verletzten zur Hilfe kommen, entstehen.

172 Alle erstattungsfähigen Kosten für Personenschäden sind in den vorgenannten Tabellen abschließend enthalten.

B. Erwerbsschaden

I. Arbeitnehmer

Der zu ersetzende Erwerbsschaden ist ein weiterer Vermögensschaden und wird als entgangener Gewinn nach den Tabellen 1 C, 2 C und 3 C ermittelt. **173**

II. Selbstständige

Die Erstattung des entgangenen Gewinns eines Selbstständigen ist nicht gesondert geregelt. Die Entschädigungssumme ist daher auf der Grundlage der Tabellen 1 C, 2 C und 3 C festzustellen. **174**

Die Entschädigung des entgangenen Gewinns bei Todesfällen besteht nach Art. 80 LC aus den Nettoverlusten, die diejenigen Personen erleiden, die wirtschaftlich von den Einkünften des Todesopfers abhingen. Zu den Geschädigten und somit Anspruchsberechtigten zählen der Ehegatte sowie die minderjährigen Kinder. Widerlegbar vermutet wird, dass auch die volljährigen Kinder bis zum 30. Lebensjahr vom Todesopfer abhingen, so dass sie ebenfalls als Geschädigte gelten, Art. 82 Abs. 1 LC. Hierzu zählen auch die Verwandten der aufsteigenden Linie, die Geschwister sowie nahestehende Personen, Art. 82 Abs. 2, 62 LC. Art. 81, 83 bis 92 LC beschreiben die einzelnen bei der Ermittlung des entgangenen Gewinns zu berücksichtigenden Faktoren, die in der Tabelle 1 C wiederzufinden sind. **175**

Die Entschädigung des entgangenen Gewinns bei Dauerschäden wird nach Tabelle 2 C ermittelt. Art. 126 LC beschreibt den entgangenen Gewinn als Verlust der persönlichen Arbeitsfähigkeit und insbesondere als der Schaden, den der Verletzte aufgrund des Verlustes oder der Reduzierung der Nettoeinkünfte seiner Arbeitsleistung erleidet. Art. 127 bis 133 LC regeln die Vorgaben der Berechnung der Entschädigungssumme, die im einzelnen in der vorgenannten Tabelle 2 C aufgeführt werden.

Die Entschädigung des entgangenen Gewinns für zeitweilige Verletzungen ergibt sich nach Tabelle 3 C. Art. 143 Abs. 1 LC beschreibt den entgangenen Gewinn als den zeitweiligen Verlust oder Reduzierung der Nettoeinkünfte der persönlichen Arbeitsleistung. Ferner steht dem Verletzten auch dann eine Entschädigug aus entgangenem Gewinn zu, wenn er sich ausschließlich der Haushaltsführung gewidmet hat. Die Höhe des entgangenen Gewinns wird in diesen Fällen geschätzt. Erstattungsfähig ist der entgangene Gewinn nicht, wenn diese Tätigkeit von Dritten ausgeübt und die entstandenen Kosten erstattet worden sind.

C. Haushaltsführungsschaden

Bei Unfällen mit Todesfolge wird der Haushaltsführungsschaden im Rahmen der Berechnung des entgangenen Gewinns berücksichtigt. D.h. die Geschädigten haben Anspruch auf eine Entschädigungssumme, wenn das Opfer ganz oder teilweise für die Haushaltsführung zuständig war, Art. 84, 85 LC iVm Tabelle 1 C. **176**

Entsprechendes gilt für die Erstattungsfähigkeit der Haushaltsführungskosten bei Dauerschäden, Art. 131 LC iVm Tabelle 2 C und bei zeitweiligen Verletzungen, Art. 143 Abs. 4 LC iVm Tabelle 3 C.

D. Nebenpositionen

I. Beerdigungskosten

Die Beerdigungskosten werden nach Art. 79 LRCSCVM nF iVm Tabelle 1 C ersetzt. **177**

II. Sonstige Positionen

Alle ersatzfähigen Positionen für erlittene Personenschäden sind in den vorgenannten Tabellen abschließend geregelt. **178**

E. Haftungsprivilegien

I. Arbeitsverhältnisse

179   Verursacht ein Arbeitnehmer in Ausübung seiner beruflichen Tätigkeit einen Verkehrsunfall, haftet er dem Geschädigten aus Verschulden nach Art. 1902 CC. Zugleich haftet der Arbeitgeber dem Geschädigten nach Art. 1903 CC aus **Auswahl- oder Überwachungsverschulden**. Ersetzt der Arbeitgeber dem Geschädigten den Schaden, hat er gegen den Arbeitnehmer einen **Rückgriffsanspruch** aus Art. 1904 Abs. 1 CC. Eine Beschränkung der Haftung auf Vorsatz und grobe Fahrlässigkeit ist nicht vorgesehen, kann indes vertraglich vereinbart werden.

II. Familienangehörige

180   Es sind keine besonderen Haftungsprivilegien für Familienangehörige vorgesehen.

§ 4 Schmerzensgeld

A. Grundlagen

I. Allgemeine Grundlagen

181   Der Schmerzensgeldanspruch umfasst eine Verletzung des Körpers, der Gesundheit, der Freiheit oder der sexuellen Selbstbestimmung. Dieser Anspruch hat auf der einen Seite eine **Ausgleichsfunktion**, dh er ist dafür vorgesehen, dem Geschädigten einen entsprechenden Ausgleich für die Beeinträchtigungen, die ihm zugefügt wurden, zuzusprechen. Auf der anderen Seite hat der Schmerzensgeldanspruch eine **Genugtuungsfunktion**, was bedeutet, dass dem Opfer eine Genugtuung dafür gegeben wird, was ihm widerfahren ist.

182   Anders als in Deutschland, wo das Schmerzensgeld nicht gesetzlich geregelt ist, wird dies in Spanien anders gehandhabt. Die Höhe des Schmerzensgelds wird hier nicht durch die Gerichte ermittelt, sondern direkt **vom Gesetzgeber bestimmt**. Art. 33 LRCSCVM nF führt im einzelnen die Grundprinzipien des Bewertungssystems auf. Nach Art. 33 Abs. 3 erfasst das Prinzip des umfassenden Ausgleichs sowohl die vermögensrechtlichen Folgen des persönlichen Schadens wie auch die nicht vermögensrechtlichen Folgen. Hierunter fällt der immaterielle Schaden, der einen Anspruch auf Schmerzensgeld begründet. Der immaterielle Schaden wird pauschal festgesetzt. Er wird daher auch als außergewöhnlicher Schaden (perjuicio excepcional) bezeichnet, vgl. Art. 33 Abs. 3 und 5 LCRCSCVM. Bei Unfällen mit Todesfolge beträgt das Schmerzensgeld höchstens 25% der persönlichen Grundentschädigung, Art. 77, Art. 33 Abs. 3 LC. Auch bei Unfällen mit Dauerschäden ist die Höhe des Schmerzensgeldes begrenzt und beträgt ebenfalls höchstens 25% der persönliche Grundentschädigung, Art. 112, Art. 33 Abs. 3 LC. Eine entsprechende Regelung für Unfälle, die zeitweilige Verletzungen hervorrufen, fehlt indes.

II. Angehörigenschmerzensgeld

183   Nach spanischem Recht bestehen für Familienangehörige weitreichende Ansprüche auf Ersatz für immateriellen Schaden, wenn ein Angehöriger durch das Verschulden eines Dritten zu Tode kommt, Art. 77, Art. 33 Abs. 3 LC.

Die Höhe des Schmerzensgeldes wird anhand der bereits erwähnten Vorschriften festge-   184
legt.[99]

III. Schockschäden

Eine Person, die beim Anblick eines Verkehrsunfalls, durch den ein Angehöriger ums Le-   185
ben kommt, einen Nervenzusammenbruch erleidet und ins Krankenhaus eingeliefert werden muss, war bisher nicht als Unfallopfer anerkannt und hatte somit auch keinen Anspruch auf Schadensersatz.

Durch die neueste Rechtsprechung wird der Kreis der Schadensersatzberechtigten bei   186
einem Verkehrsunfall jedoch erweitert. Konnte früher nur ein Schadensersatzanspruch wegen immaterieller Schäden geltend gemacht werden, können neuerdings auch eigene, unmittelbare **Schadensersatzansprüche des Unfallbeobachters** aus Schockschaden entstehen.[100]

B. Berechnungsgrundlagen

I. Schmerzumfang und Eingriffsintensität

Die Bemessungsgrundlagen sind in den genannten Tabellen enthalten.   187

II. Folgeschäden

Als Folgeschäden werden physisch-funktionelle Beeinträchtigungen, die nach Behand-   188
lungsabschluss weiterhin bestehen, verstanden. Die vorgestellten Tabellen 2 A bis C befassen sich ausführlich mit der Bewertung der Folgeschäden.

C. Genugtuungsfunktion

Den vorstehenden Tabellen ist zu entnehmen, dass bei der Berechnung des zu leistenden   189
Schadensersatzes die konkreten Umstände, wie Ausmaß des Verschuldens und die Vermögensverhältnisse, von Bedeutung sind. Regulierungsverzögerungen begründen gegen die
Versicherungsgesellschaft einen Anspruch auf Zahlung von Verzugszinsen nach dem LCS,
so dass dem zu leistenden Schadensersatz auch eine Genugtuungsfunktion zukommt.

D. Berechnungsmethoden (mit Beispielen)

Die Berechnung der Entschädigung bei Todesfällen wurde breits unter → Rn. 163 ff vorge-   190
nommen.

Unter → Rn. 167 ff wurde die Berechnung der Entschädigung bei Dauerschäden anhand   191
eines Beispiels erläutert.

Berechnung der Entschädigung für zeitweilige Verletzungen   192

ENTSCHÄDIGUNG FÜR ZEITWEILIGE VERLETZUNGEN	
TABELLE 3	
Tabelle 3.A Persönlicher Grundschaden	EUR
Entschädigung pro Tag	30

---

99 Siehe Rn. 180 f.
100 http://www.ramallopallast.com/downloads/100_Fragen.pdf.

ENTSCHÄDIGUNG FÜR ZEITWEILIGE VERLETZUNGEN	
TABELLE 3	
Tabelle 3.B Besonderer persönlicher Schaden	
Wegen des zeitweiligen Verlustes der Lebensqualität	
Entschädigung pro Tag (diese schließt die Entschädigung für den persönlichen Grundschaden ein)	
Sehr schwer	100
Schwer	75
Moderat	52
Für jeden chirurgischen Eingriff	von 400 bis 1.600
Tabelle 3.C Vermögensschaden	
Heilungskosten	die entsprechende Summe
Sonstige erstattungsfähigke Kosten	die entsprechende Summe
Entgangener Gewinn	die entsprechende Summe

193 Liegen mehrere Dauerfolgen vor (secuelas concurrentes), die vom selben Unfall stammen, wird nach Art. 98 LC folgende mathematische Formel angewendet, um den Erwerbsunfähigkeitsgrad zu ermitteln:

$$[[(100 - M) \times m] / 100] + M$$

194 Der Parameter „M" ist hierbei die höchste Punktzahl und „m" die niedrigste Punktzahl. Es wird eine Skala von 0–100 Punkten verwendet, wobei 100 Punkte bei den schwersten Verletzungen zu vergeben sind.

Beispiel: Es liegen vier Verletzungen vor, die jeweils mit 6, 2, 14 und 9 Punkten bewertet worden sind,[101] 14 ist die höchste Punktzahl, 2 ist die niedrigste Punktzahl.

$$[[(100 - 14 \times 2] / 100] + 14$$

Dies ergibt 15,72 Punkte. Das Resultat wird auf 16 Punkte aufgerundet, Art. 98 Abs. 3 LC.

Liegen mehr als 2 Dauerfolgen vor, wird diese Formel ebenfalls angewendet. "M" entspricht der Punktzahl, die sich aus der unmittelbar vorangegangenen (aufgerundeten) Berechnung ergibt."m" entspricht der unmittelbar der ersten folgenden Punktzahl, Art. 98 Abs. 2 LC. Demnach ist wie folgt weiterzurechnen:

$$[[(100 - 16 \times 6] / 100] + 16$$

Dies ergibt 21,04 Punkte. Das Resultat wird auf 22 Punkte aufgerundet.

$$[[(100 - 22 \times 9] / 100] + 22$$

Dies ergibt 29,02 Punkte. Das Resultat ist auf 30 Punkte aufzurunden.

Die Entschädigungssumme ist unter Berücksichtigung des Alters nach Tabelle 2.A.2 zu ermitteln.

Punkte	25	26	27	28	29	30
1	834,08 EUR	830,93 EUR	827,78 EUR	824,62 EUR	821,47 EUR	818,32 EUR
2	1.718,73 EUR	1.712,05 EUR	1.705,37 EUR	1.698,68 EUR	1.692,00 EUR	1.685,32 EUR
3	2.646,14 EUR	2.635,61 EUR	2.625,07 EUR	2.614,53 EUR	2.603,99 EUR	2.593,46 EUR

---

101 Beispiel aus www.fmabogados.com, Baremo de tráfico 2016, Curso sobre el nuevo baremo de tráfico, Cómo se calcula la indemnización.

Punk-te	25	26	27	28	29	30
4	3.608,51 EUR	3.593,83 EUR	3.579,15 EUR	3.564,46 EUR	3.549,78 EUR	3.535,10 EUR
5	4.597,96 EUR	4.578,90 EUR	4.559,83 EUR	4.540,76 EUR	4.521,69 EUR	4.502,63 EUR
6	5.606,82 EUR	5.583,17 EUR	5.559,52 EUR	5.535,86 EUR	5.512,21 EUR	5.488,56 EUR
7	6.679,79 EUR	6.651,18 EUR	6.622,57 EUR	6.593,96 EUR	6.565,35 EUR	6.536,74 EUR
8	7.776,50 EUR	7.742,74 EUR	7.708,99 EUR	7.675,23 EUR	7.641,48 EUR	7.607,72 EUR
9	8.891,55 EUR	8.852,45 EUR	8.813,36 EUR	8.774,26 EUR	8.735,17 EUR	8.696,07 EUR
10	10.018,68 EUR	9.974,11 EUR	9.929,55 EUR	9.884,98 EUR	9.840,42 EUR	9.795,85 EUR
11	11.408,41 EUR	11.357,98 EUR	11.307,55 EUR	11.257,12 EUR	11.206,69 EUR	11.156,27 EUR
12	12.868,66 EUR	12.812,11 EUR	12.755,57 EUR	12.699,02 EUR	12.642,47 EUR	12.585,92 EUR
13	14.399,44 EUR	14.336,51 EUR	14.273,59 EUR	14.210,67 EUR	14.147,75 EUR	14.084,82 EUR
14	16.000,73 EUR	15.931,18 EUR	15.861,63 EUR	15.792,07 EUR	15.722,52 EUR	15.652,97 EUR
15	17.672,55 EUR	17.596,11 EUR	17.519,67 EUR	17.443,23 EUR	17.366,79 EUR	17.290,35 EUR
16	19.368,87 EUR	19.285,46 EUR	19.202,04 EUR	19.118,62 EUR	19.035,21 EUR	18.951,79 EUR
17	21.129,96 EUR	21.039,34 EUR	20.948,71 EUR	20.858,08 EUR	20.767,46 EUR	20.676,83 EUR
18	22.955,82 EUR	22.857,75 EUR	22.759,68 EUR	22.661,60 EUR	22.563,53 EUR	22.465,46 EUR
19	24.846,45 EUR	24.740,70 EUR	24.634,94 EUR	24.529,19 EUR	24.423,44 EUR	24.317,68 EUR
20	26.801,85 EUR	26.688,18 EUR	26.574,51 EUR	26.460,84 EUR	26.347,17 EUR	26.233,50 EUR
21	28.820,57 EUR	28.698,73 EUR	28.576,88 EUR	28.455,04 EUR	28.333,20 EUR	28.211,36 EUR
22	30.903,92 EUR	30.773,67 EUR	30.643,42 EUR	30.513,16 EUR	30.382,91 EUR	30.252,66 EUR
23	33.051,90 EUR	32.913,00 EUR	32.774,10 EUR	32.635,21 EUR	32.496,31 EUR	32.357,41 EUR
24	35.264,51 EUR	35.116,73 EUR	34.968,95 EUR	34.821,17 EUR	34.673,39 EUR	34.525,61 EUR
25	37.541,75 EUR	37.384,85 EUR	37.227,95 EUR	37.071,05 EUR	36.914,15 EUR	36.757,25 EUR
26	39.830,01 EUR	39.663,96 EUR	39.497,91 EUR	39.331,86 EUR	39.165,82 EUR	38.999,77 EUR
27	42.178,78 EUR	42.003,36 EUR	41.827,94 EUR	41.652,52 EUR	41.477,10 EUR	41.301,68 EUR
28	44.588,05 EUR	44.403,04 EUR	44.218,03 EUR	44.033,02 EUR	43.848,01 EUR	43.663,00 EUR
29	47.057,84 EUR	46.863,01 EUR	46.668,19 EUR	46.473,37 EUR	46.278,55 EUR	46.083,73 EUR
30	49.588,13 EUR	49.383,27 EUR	49.178,42 EUR	48.973,56 EUR	48.768,71 EUR	48.563,85 EUR

Ist der Verletzte zB 28 Jahre alt, steht ihm eine Entschädigungssumme in Höhe von 48.973,56 EUR zu.

E. Kapitalisierung von Schadensersatz- und Schmerzensgeldrenten

Die Kapitalisierung der Schadensersatz- und Schmerzensgeldrenten wird ebenfalls anhand der vorgestellten Tabellen ermittelt. **195**

§ 5 Ansprüche aus übergegangenem Recht (Regress)

A. Gesetzliche Anspruchsgrundlagen

Hat die Versicherung den entstandenen Schaden ersetzt, steht ihr unter den Voraussetzungen des Art. 10 LRCSCVM ein Regressanspruch zu. **196**

Dieser richtet sich gegen den **Fahrer**, den **Eigentümer** des Pkws, der den Unfall verursacht hat sowie gegen den **Versicherten**, wenn der entstandene Schaden auf einer **vorsätzlichen** **197**

Handlung irgendeiner der vorgenannten Personen beruht oder infolge des Fahrens unter **Alkoholeinfluss** oder **Drogen** herbeigeführt worden ist. Der Anspruch besteht auch gegen den **Dritten**, dem die Schäden zuzurechnen sind. Schließlich besteht ein Regressanspruch gegen den **Versicherungsnehmer** oder **Versicherten**, wenn einer der im allgemeinen Vertragsversicherungsgesetz oder im Versicherungsvertrag vorgesehenen Haftungsgründe vorliegt.

198 Der Regressanspruch **verjährt** innerhalb eines Jahres nach Zahlung der Entschädigungssumme.

199 Nach Art. 11 Abs. 3 LRCSCVM steht dem C.C.S. ein direkter Regressanspruch gegen den Eigentümer und den Fahrer des Kraftfahrzeuges zu, wenn das Kraftfahrzeug **nicht versichert** war oder gegen die Täter oder Teilnehmer, die das Kraftfahrzeug gestohlen haben sowie gegen den Fahrer, der das Kraftfahrzeug in Kenntnis des **Diebstahls** gefahren hat.

200 Bestand zwischen dem C.C.S. und der Versicherung eine **Auseinandersetzung** darüber, wer für den eingetretenen Schaden aufzukommen hat und steht fest, dass die Versicherung den Schaden zu ersetzen hatte, so steht dem C.C.S. ein Regressanspruch gegen die Versicherung zu. Die Versicherung hat dem C.C.S. den gezahlten Schadensersatz zzgl. 25 % über die gesetzlichen Zinsen hinaus zu zahlen.

201 Schließlich haben die **ausländischen Versicherungsgesellschaften** einen Regressanspruch gegen den C.C.S., wenn dieser denjenigen Personen, die einen gewöhnlichen Aufenthalt in einem Mitgliedstaat der EU haben, Schadensersatz geleistet hat und die Versicherungsgesellschaft des Kraftfahrzeuges ihren gewöhnlichen Sitz in Spanien hat.

202 Auch der Regressanspruch der C.C.S. unterliegt der einjährigen Verjährungsfrist, Art. 11 LRCSCVM.

B. Kongruenz von Leistung und Ersatzanspruch

203 Die Versicherungsgesellschaft kann gegen die in Art. 10 LRCSCVM genannten Personen den an den Geschädigten geleisteten Schadensersatz im vollen Umfange ersetzt verlangen. Insoweit besteht eine Kongruenz zwischen Leistung und Ersatzanspruch. Befand sich die Versicherungsgesellschaft indes in Verzug, so dass sie dem Geschädigten nach Art. 20 LRC Verzugszinsen schuldete, kann sie diese Verzugszinsen nicht gegenüber den in Art. 10 LRCSCVM genannten Personen geltend machen, da dieser Betrag als Folge der nicht rechtzeitigen Erfüllung einer eigenen Verbindlichkeit zu zahlen war und somit nicht unmittelbar im Zusammenhang mit dem Unfall und den Schadensfolgen steht.[102]

C. Haftungsprivileg

204 Die Versicherungsgesellschaft kann ihren Regressanspruch nur gegen die in Art. 10 LRCSCVM genannten Personen geltend machen. Der Regressanspruch gegen den Fahrer, den Eigentümer oder den Versicherten setzt voraus, dass diese den Unfall durch ein **vorsätzliches Handeln** oder durch **Alkohol- oder Drogeneinfluss** herbeigeführt haben. Haben diese Personen lediglich **fahrlässig** gehandelt, scheidet ein Regressanspruch aus.

205 Darüber hinaus kann der Anspruch nur gegen sog **Dritte**, die für den Unfall und die eingetretenen Schäden verantwortlich sind, geltend gemacht werden. Als Dritter scheiden zB solche Personen aus, die das Kraftfahrzeug fahren und in einem Abhängigkeitsverhältnis zum Fahrzeugeigentümer stehen.[103]

D. Quotenvorrecht des Geschädigten

206 Die obligatorische Haftpflichtversicherung soll gewährleisten, dass ein Geschädigter bis zur Höhe der festgelegten Deckungssumme von der Versicherung des Schädigers Ersatz für den erlittenen Schaden erhält. Greifen die Voraussetzungen der obligatorischen Haft-

---

102 Urteil AP La Coruña vom 13.1.2012 mwN.
103 Urteil der AP Madrid vom 25.11.2011 mwN.

pflichtversicherung nicht, weil zB das Kraftfahrzeug des Schädigers nicht versichert ist, übernimmt der **Garantiefonds** innerhalb der Deckungsgrenzen der LRCSCVM die Deckung der Risiken und zahlt die Entschädigung.

Diese Regelungen begründen einen gesetzlichen **Direktanspruch des Geschädigten** gegen die Versicherungen, der somit unabhängig von etwaigen vertraglichen Regelungen, dem Schutz der Interessen des Geschädigten dient. Der Regressanspruch steht den Versicherungsgesellschaften und dem Garantiefonds erst dann zu, wenn diese innerhalb der gesetzlich festgeschriebenen Deckungsgrenzen die Entschädigung geleistet haben. Demnach steht die Entschädigungszahlung, die aufgrund der vorstehenden gesetzlichen Bestimmungen zu leisten ist, ausschließlich dem Geschädigten zu. Sofern der Geschädigte einen Schaden geltend machen möchte, der vom Anwendungsbereich der obligatorischen Haftpflichtversicherung nicht erfasst wird oder der die gesetzlich vorgeschriebenen Deckungsgrenzen übersteigt, steht ihm gegen die Versicherungsgesellschaft oder dem Garantiefonds kein direkter gesetzlicher Anspruch auf Entschädigung zu. Der Geschädigte muss seinen Anspruch direkt gegen den Schädiger geltend machen. Hat der Schädiger zu der obligatorischen Haftpflichtversicherung zusätzlich eine weitere Versicherung abgeschlossen, die weitere Risiken abdeckt, steht dem Geschädigten ein Anspruch gegen den Schädiger und gegen dessen Versicherung zu. | 207

Der Regressanspruch der **Versicherung gegen den Schädiger** wird von der vereinbarten Regelung abhängen. In der Regel werden die in Art. 10 LRCSCVM genannten Gründe in die vertragliche Regelung aufgenommen. Auch insoweit entsteht der Regressanspruch erst dann, wenn der Geschädigte die ihm zustehende Entschädigungssumme erhalten hat.[104] | 208

Abschnitt 3: Durchsetzung der Ansprüche

§ 1 Vorgerichtliche Schadensabwicklung

A. Das vorgerichtliche Verhalten der Versicherung

Der Geschädigte muss sich, bevor er seine Schadensersatzansprüche für erlittenen Personenschaden und für materielle Schäden gerichtlich durchsetzen möchte, mit der gegnerischen Versicherung in Verbindung setzen, den Versicherungsfall anzeigen und die Zahlung eines Schadensersatzes geltend machen, Art. 7 Abs. 1 S. 4 LRCSCVMnF Der Geschädigte muss hierbei die in Art. 7 Abs. 1 S. 5 LRCSCVMnF genannten Punkte aufführen: er muss die Identifikationsdaten des Anspruchstellers angeben, eine Erklärung über den Hergang des Unfalls beifügen. Ferner muss er Daten angeben, die eine Identifizierung des Fahrzeuges sowie des Fahrers ermöglichen. Des Weiteren hat er jegliche gutachterliche oder ärztliche Informationen, über die er verfügt und die eine Bezifferung des Schadens erlauben, beizubringen. Umstritten ist,[105] ob S. 5 LRCSCVM nF eine genaue Bezifferung erfordert. Im Hinblick auf die in Art. 7 Abs. 2 S. 3 LRCSCVM nF vorgesehenen Regelungen ist dies zu verneinen. | 209

Die Versicherung muss binnen einer Frist von drei Monaten nach Erhalt der Schadensersatzforderung entweder ein Angebot (oferta motivada) unterbreiten oder dieses ablehnen (respuesta motivada), Art. 7 Abs. 2 S. 1 LRCSCVM nF. Die Versicherung kann, wenn sie der Meinung ist, dass die seitens des Geschäigten beigebrachten Unterlagen für die Bezifferung des Schadens nicht ausreichend sind, den Geschädigten auffordern, sich von einem Gutachter, den die Versicherung auf ihre Kosten benennt, untersuchen zu lassen. | 210

---

104 Urteile AP Madrid vom 18.12.2012 und 25.11.2011; Urteil des TS vom 20.10.2010.
105 Www.fmabogados.com, Baremo de tráfico 2016, Curso sobre el nuevo baremo de tráfico, Cómo se calcula la indemnización.

211 Kommt die Versicherung zu dem Ergenbis, dass die seitens des Geschädigten beigebrachten Unterlagen eine Haftung begründen und der Personen-und Sachschaden beziffert werden kann, muss die Versicherung binnen einer Dreimonatsfrist ein detailliertes Angebot unterbreiten. Die Einzelheiten dieses Angebotes sind in Art. 7 Abs. 3 S. 1 LC aufgeführt. In dem Angebot sind die Summen für die Entschädigung der Personen- und Sachschäden getrennt aufzuführen. Der Ersatz für die Personenschäden müssen nach dem neu eingeführten Bewertungssystem ermittelt worden sein. Ferner sind dem Angebot sämtliche Unterlagen Stellungnahmen, Gutachten und sonstige der Versicherung zur Schadensbewertung zur Verfügung stehenden Informationen beizufügen, damit der Geschädigte entscheiden kann, ob er das Angebot annimmt oder ablehnt. Schließlich ist in dem Angebot darauf hinzuweisen, dass die Zahlung des angebotenen Betrages keinen Verzicht auf die Geltendmachung weiterer Ansprüche bedingt. Lehnt die Versicherung die Zahlung eines Schadensersatzes ab, hat sie dies ebenfalls innerhalb der drei Monatsfrist detailliert zu begründen, Art. 7 Abs. 4 LRCSCVM nF. Ist der Geschädigte mit der angebotenen Summe nicht einverstanden, kann er ein Gutachten erstellen lassen, wobei Art. 7 Abs. 5 LRCSCVM nF im einzelnen regelt, wer für die Kosten des Gutachtens aufzukommen hat. Die Versicherung muss binnen eines Monats nach Erhalt dieses Gutachtens ein neues Angebot unterbreiten, Art. 7 Abs. 5 S. 4 LRCSCVM nF. Der neu gefasste Art. 14 LRCSCVM nF führt ein Mediationsverfahren ein, falls der Geschädigte die Angebote der Versicherung ablehnt oder die Versicherung von vornherein die Zahlung einer Entschädigung ablehnt.

B. Anerkenntniswirkung vorgerichtlicher Äußerungen

212 Dem og Unfallbericht, der vor Ort und unmittelbar nach dem Unfall erstellt wird, kann die Wirkung eines **Anerkenntnisses** zukommen. Dieses außergerichtlich erstellte Dokument wird als **Beweismittel** anerkannt.[106] Es kommt ihm aufgrund der zeitlichen Nähe zu dem Unfallereignis und des Umstandes, dass es von beiden Beteiligten unterzeichnet sein muss, ein hoher Beweiswert zu. Es handelt sich um eine **privatschriftliche Urkunde** im Sinne des Art. 299 LEC. Es besteht daher die widerlegbare Vermutung, dass der Inhalt dieses Berichtes richtig ist. Der Unfallbeteiligte, der sich auf die Unrichtigkeit, Ungenauigkeit oder Unvollständigkeit des Inhaltes des Unfallberichtes beruft, hat dies darzulegen und zu beweisen.[107]

I. Verjährungsunterbrechung

213 Die Geltendmachung des Zahlungsanspruches unterbricht die Verjährungsfrist ab dem Zeitpunkt, zu dem das Schreiben bei der gegnerischen Versicherung eingegangen ist, Art. 7 Abs. 1 S. 5 LRCSCVM nF. Die Unterbrechung der Verjährungsfrist dauert an, bis dem Geschädigten nachweislich das Angebot der Versicherung oder das Ablehnungsschreiben zugegangen ist, Art. 7 Abs. 1 S. 6 LRCSCVM nF.

214 Hierzu sollte eine Form gewählt werden, die es dem Geschädigten ermöglicht, im Falle des Bestreitens den Nachweis über den Zeitpunkt der schriftlichen Geltendmachung seiner Ansprüche erbringen zu können. Eine in Spanien übliche Form ist die Versendung eines sog „burofaxes", der über die Post zugestellt wird und als Nachweis dafür dient, dass ein bestimmtes Schriftstück zu einem bestimmten Zeitpunkt zugestellt worden ist sowie auch als Beleg für den Inhalt des zugestellten Schriftstückes dient. Eine weitere Variante ist die Zustellung eines **Zahlungsaufforderungsschreibens** durch den örtlich zuständigen Notar. Örtlich zuständig ist der Notar, in dessen Bezirk sich der Wohnsitz des Empfängers oder der Sitz der Gesellschaft befindet.

215 Ferner wird die Verjährung durch das Einleiten eines **Zivil- oder Strafverfahrens** vor dem örtlich zuständigen Gericht unterbrochen.

---

106 de Dios de Dios, in: Noticias Jurídicas, artículos doctrinales, Mai 2011.
107 de Dios de Dios, in: Noticias Jurídicas, artículos doctrinales, Mai 2011.

II. Deklaratorisches Schuldanerkenntnis

Das Schuldanerkenntnis ist gesetzlich nicht geregelt. Es wird indes sowohl von der Lehre   216
als auch von der Rechtsprechung anerkannt.[108] Das deklaratorische Schuldanerkenntnis
wird sich in der Regel lediglich auf den Grund der Haftung und nicht auf die Höhe beziehen.

C. Bedeutung von Abtretungen

Es ist üblich, dass sich die Versicherungen diejenigen Ansprüche, die dem Versicherten gegen   217
Dritte zustehen und aufgrund der Art oder dem Umfang nicht vom Anwendungsbereich
der obligatorischen Haftpflichtversicherung erfasst werden, abtreten lassen. Für den
Abschluss des **Abtretungsvertrages** finden die allgemeinen Vorschriften Anwendung,
Art. 1526 f. CC.

§ 2 Beweismittel

A. Allgemeine Grundlagen

In den verkehrsrechtlichen Verfahren sind alle **Beweismittel der spanischen Zivil- und**   218
Strafprozessordnung (im Folgenden LECrim) heranziehbar.[109] Die im Zivilverfahren zugelassenen
Beweismittel sind in den Art. 299 f. LEC geregelt sowie in den Art. 668 f.
LECrim. Zugelassen sind nach Art. 299 Abs. 1 die Parteivernehmung, die öffentlichen und
die privatschriftlichen Urkunden, Sachverständigengutachten, die Inaugenscheinnahme
und die Zeugenvernehmung. Zulässig sind nach Art. 299 Abs. 2 LEC auch Wort-, Ton
oder Bildträger. Subsidiär kann nach Art. 299 Abs. 3 LEC auf alle sonstigen Mittel zurückgegriffen
werden, wenn diese geeignet sind, eine entscheidungsrelevante Tatsache zu
belegen und dies von einer Partei beantragt wird.

B. Einzelne Beweismittel

Das wichtigste Beweismittel ist das **Sachverständigengutachten** und der **Urkundsbeweis.**   219
Das Sachverständigengutachten kann Auskunft über den Unfallhergang und über die Unfallfolgen,
dh zu den eingetretenen Personen- und Sachschäden geben. Nach Art. 348 ZPO
ist das Gericht zwar nicht an den Inhalt des Gutachtens gebunden, es genießt jedoch im
Rahmen der Beweiswürdigung einen hohen Stellenwert. Der wichtigste Urkundsbeweis ist
in der Regel das **Polizeiprotokoll** (sog Atestado). Dieses wird üblicherweise dann erstellt,
wenn es bei einem Unfall zu einem erheblichen Personenschaden gekommen ist. In der
Praxis ist es jedoch auch in den Fällen, in denen ausschließlich oder überwiegend Sachschäden
eingetreten sind, das wichtigste Beweismittel.

I. Neutrale Zeugen

Als Zeugenbeweis werden im Zivilprozess nur die Aussagen neutraler Zeugen zugelassen.   220
Art. 1247 CC schließt ausdrücklich Ehegatten, Kinder und Verschwägerte aus sowie Personen,
die ein unmittelbares Interesse am Ausgang des Verfahrens haben.

---

108   Urteil TS vom 13.5.2011 mwN.
109   Ley de Enjuiciamiento Criminal, BOE vom 17.9.1882.

II. Insassenzeugen

221 **1. Allgemeine Grundlagen.** Die Insassen können als Zeugen in Betracht kommen. Im Einzelfall wird es jedoch darauf ankommen, in welchem Verhältnis der Insasse zu dem Unfallverursacher steht. Sofern ein **Bekanntschafts- oder Freundschaftsverhältnis** zwischen diesen Personen besteht, wird der Beweiswert dieser Zeugen nicht als besonders hoch eingestuft.[110]

222 **2. Sonderfall Fahrer.** Zur Klärung der für den Unfall relevanten Umstände kann zum einen auf den Inhalt des sog **Unfallberichtes**, der von den beiden involvierten Fahrern ausgefüllt und unterzeichnet ist, abgestellt werden. Ist der Fahrer der Ansicht, dass die Angaben unvollständig bzw. unrichtig sind, so hat er dies zu beweisen. Zum anderen kann auch auf **mündliche Erklärungen** der beteiligten Fahrer zurückgegriffen werden. Inwieweit diesen Aussagen ein Beweiswert zukommt, kommt auf die konkreten Umstände dieser Erklärungen an: zeitliche u. örtliche Nähe zum Unfallgeschehen, Alter und Zustand des aussagenden Fahrers (zB körperliches und psychisches Befinden des Fahrers zum Zeitpunkt der Abgabe der Erklärungen), schriftliche Bestätigung der Ausführungen.

223 **3. Zeugen vom Hörensagen.** Die Zeugen vom Hörensagen können zwar grundsätzlich vernommen werden, doch ist der Beweiswert ihrer Aussagen in der Regel als **sehr gering** einzustufen. Der Wert dieser Aussage wird davon abhängen, in welchem Verhältnis der Zeuge zu den Unfallbeteiligten und zu dem direkten Zeugen steht. Ferner wird es davon abhängen, wie genau und präzise die am Geschehen unmittelbar Beteiligten oder Anwesenden etwas zum Unfallhergang beobachtet haben.

III. Parteivernehmung

224 **1. Vernehmung der gegnerischen Partei, § 445 ZPO.** Nach Art. 301 Abs. 1 S. 1 LEC kann jede Partei die Vernehmung der **gegnerischen Partei** beantragen (interrogatorio de partes). Klagen mehrere Personen oder werden mehrere Personen verklagt, so kann ein Kläger bzw. Beklagter auch die Vernehmung des **anderen Klägers oder Beklagten** beantragen, wenn zwischen diesen widerstreitende Interessen oder ein Interessenkonflikt besteht, Art. 301 Abs. 1 S. 2 ZPO. Ist der Kläger nicht zugleich der **Forderungsinhaber**, gewährt Art. 301 Abs. 2 LEC die Möglichkeit, die Vernehmung des Forderungsinhabers zu beantragen.

225 **2. Vernehmung der eigenen Partei mit Zustimmung, § 447 ZPO.** Die spanische Zivilprozessordnung geht von dem Grundsatz aus, dass lediglich die Vernehmung der gegnerischen Partei beantragt werden kann, Art. 301 Abs. 1 LEC. Dieser Grundsatz erfährt die bereits unter → Rn. 224) dargestellten Einschränkungen. Eine dem § 447 ZPO vergleichbare Regelung kennt die LEC nicht. Dennoch ist die Vernehmung der eigenen Partei **nicht ausgeschlossen**. Sie kann nach Art. 299 Abs. 3 LEC beantragt werden.

IV. Augenschein

226 Die Inaugenscheinnahme ist sowohl im **Zivilprozess** (reconocimiento judicial) als auch im **Strafprozess** (inspección ocular) ein zugelassenes Beweismittel. Im Rahmen eines zivilrechtlichen Verfahrens tritt im Gegensatz zum strafrechtlichen Verfahren die praktische Bedeutung dieses Beweismittels hinter dem og Sachverständigenbeweis und Urkundsbeweis zurück.

§ 3 Besonderheiten des spanischen Zivilprozessrechts

---

110 de Dios de Dios, in: Noticias Jurídicas, artículos doctrinales, Mai 2011.

A. Gerichtsstruktur

Der Geschädigte kann seine Schadensersatzansprüche in einem strafrechtlichen oder zivilrechtlichen Verfahren durchsetzen. **227**

I. Die Geltendmachung der Schadensersatzansprüche im Strafverfahren

Bis zur Reform des Strafgesetzbuches konnten die Schadenersatzansprüche im Rahmen **228** der Verfahren, die infolge eines Vergehens, das aufgrund einer verkehrsbedingten groben oder leichten Fahrlässigkeit zu den im Art. 621 CP genannten Verletzungen oder Tötungen geführt haben, geltend gemacht werden.[111] Aufgrund der Reform wurde die Unterteilung der strafbaren Handlungen und Unterlassungen in Straftaten (delitos) und Vergehen (faltas), Art. 10 CP aF, aufgehoben. Die neu gefasste Bestimmung schreibt vor, dass Straftaten vorsätzliche oder fahrlässige Handlungen oder Unterlassungen sind, die das Gesetz mit Strafe bedroht. Demzufolge wurden ua auch die in Art. 621 CP aufgeführten Vergehen, aufgehoben. Die im vormals in Art. 621 CP beschriebenen verkehrsunfallbedingten Vergehen werden daher der Strafbarkeit entzogen. Alle weiteren durch einen Verkehrsunfall bedingten Verletzungen und Tötungen, die als schwere, weniger schwer und leichte Straftat eingestuft werden können (insbesondere Art. 147 f. (Körperverletzungsdelikte) und Art. 379 bis 384 CP (Straftaten gegen die Sicherheit des Straßenverkehrs), Art. 13 CP nF, begründen auch nach der Reform die Möglichkeit der Geltendmachung der Schadensersatzansprüche im strafrechtlichen Verfahren.

Infolge der Neuordnung der strafbaren Handlungen und Unterlassungen und dem Wegfall **229** der Vergehen beträgt die Verjährungsfrist für leichte Straftaten ein Jahr. Für alle anderen Straftaten richtet sich die Verjährungsfrist nach wie vor nach der jeweils möglichen Höchststrafe, Art. 131 Abs. 1 S. 4 CP. Die Frist läuft von dem Tag an, an dem die strafbare Handlung begangen worden ist.[112]

Der zivilrechtliche Anspruch verjährt innerhalb eines Jahres. Die Frist läuft ab dem Tage **230** des Verkehrsunfalles (Art. 1968 Abs. 2, 1969 CC). Diese Frist gilt sowohl für Schadensersatzansprüche aus unerlaubter Handlung (Art. 1902 CC) als auch für Ansprüche, die auf der Grundlage der Gefährdungshaftung nach dem LRCSCVM geltend gemacht werden, Art. 7 Abs. 1 S. 2 nF.

Endet das Strafverfahren gegen den Unfallgegner mit einem Freispruch oder der Einstellung **231** des Verfahrens oder wird es durch Gerichtsbeschluss vorläufig beendet, so läuft die einjährige Frist ab Rechtskraft der gerichtlichen Entscheidung von neuem.[113] Hat sich der Geschädigte im Strafverfahren die Geltendmachung der Schadensersatzansprüche in einem Zivilverfahren ausdrücklich vorbehalten, so beträgt im Falle der strafrechtlichen Verurteilung des Schädigers die Verjährungsfrist für die zivilrechtlichen Ansprüche 15 Jahre, Art. 1964 CC.

Die Verjährungsfristen können aufgrund der außergerichtlichen oder der gerichtlichen **232** Geltendmachung der Ansprüche unterbrochen werden, Art. 1973 CC.

Bezweckt der Geschädigte die **außergerichtliche Unterbrechung der Verjährungsfrist**, so **233** sollte eine Form gewählt werden, die es ihm ermöglicht, im Falle des Bestreitens den Nachweis über den Zeitpunkt der schriftlichen Geltendmachung seiner Ansprüche erbringen zu können. Eine in Spanien übliche Form ist die Versendung eines sog „burofaxes", der über die Post zugestellt wird und als Nachweis dafür dient, dass ein bestimmtes Schriftstück zu einem bestimmten Zeitpunkt zugestellt worden ist sowie auch als Beleg für den Inhalt des zugestellten Schriftstückes. Eine weitere Variante ist die Zustellung eines

---

111 Art. 621 Abs. 1 CP: diejenigen, die durch schwere Fahrlässigkeit eine der in Art. 147 Abs. 2 bezeichneten Verletzungen zufügen, dh unter anderem die fahrlässige Tötung mittels eines Kraftfahrzeuges.
Art. 621 Abs. 2 CP: Tötung einer Person durch leichte Fahrlässigkeit.
Art. 621 Abs. 3 CP: eine Verletzung, die eine Straftat darstellt und durch leichte Fahrlässigkeit herbeigeführt worden ist.

112 Romero/Jarfe, in: Schadensregulierung bei Verkehrsunfällen in Europa, S. 143.

113 Romero/Jarfe, in: Schadensregulierung bei Verkehrsunfällen in Europa, S. 143.

Zahlungsaufforderungsschreibens durch den örtlich zuständigen Notar. Örtlich zuständig ist der Notar, in dessen Bezirk sich der Wohnsitz des Empfängers oder der Sitz der Gesellschaft befindet.

234   Grundsätzlich sehen Art. 116 und 117 CP vor, dass im strafrechtlichen Verfahren auch über die zivilrechtlichen Schadensersatzansprüche mitentschieden wird (sog **Adhäsionsverfahren**). Dies gilt indes nicht, wenn der Geschädigte hierauf verzichtet oder sich vorbehält, den zivilrechtlichen Schadensersatzanspruch nach Beendigung des Strafverfahrens in einem Zivilverfahren geltend zu machen, Art. 106 bis 112 LECrim, Art. 109 bis 126 CP. Ist ein Strafverfahren anhängig, kann nicht zugleich ein zivilrechtliches Verfahren zur Geltendmachung der zivilrechtlichen Schadensersatzansprüche eingeleitet werden, Art. 111, 114 LECrim. Ist ein zivilrechtliches Verfahren anhängig, wird dieses bis zur Beendigung des strafrechtlichen Verfahrens ausgesetzt, Art. 40 LEC.

235   **Zuständig** in beiden Fällen ist das erstinstanzliche Gericht des Ortes, an dem sich der Unfall ereignet hat.

236   Das vormals für die Vergehen (faltas) in Art. 962 f. LECrim vorgesehene besondere Verfahren (sog **juicio de faltas**) findet unter einer neuen Bezeichnung auf die Verfahren für leichte Straftaten (Art. 13 Abs. 3 CP) Anwendung.

237   Es handelt sich um ein **Schnellverfahren**, das ausschließlich aufgrund der Anzeige des Geschädigten eingeleitet wird und in dem er die Beweismittel selbst beibringen muss. Ein Ermittlungs- und Zwischenverfahren kennt diese Verfahrensart nicht. Es findet sofort die Hauptverhandlung statt. Ein Anwaltszwang besteht nicht. Ebenso ist auch kein sog Procurador vorgeschrieben, dennoch empfiehlt es sich, sich auch in diesen Verfahren anwaltlich vertreten zu lassen.

238   Für die in den Art. 379 bis 384 CP aufgeführten Straftaten gegen die Sicherheit im Straßenverkehr ist das in den Art. 757 f. LECrim geregelte verkürzte Verfahren (sog procedimiento abreviado) einschlägig. Für die nach Art. 13 Abs. 2 CP einzustufenden weniger schweren Straftaten kommt das in den Art. 795 bis 803 LECrim vorgesehene Schnellverfahren in Betracht.

239   Die nur noch eingeschränkte Möglichkeit der Geltendmachung zivilrechtlicher Schadensersatzansprüche im Strafverfahren hat auch dazu geführt dass nur noch unter engen Voraussetzungen nach Beendigung des Strafverfahrens ein Beschluss ergehen kann, in dem die Höchstsumme des zu leistenden Schadensersatzes festgesetzt wird. Vor den Reformen des LC und des CP schrieb Art. 13 LRCSCVM aF vor, dass, wenn der Unfall dem allgemeinen Anwendungsbereich der obligatorischen Haftpflichtversicherung unterlag und der Angeklagte nicht erschienen oder freigesprochen worden war, das Verfahren definitiv oder vorläufig eingestellt oder auf sonstige Weise beendet worden war, ohne dass eine Verantwortlichkeit festgestellt werden konnte, das Gericht in einem Beschluss die Höchstsumme des Schadensersatzes festsetzen konnte (auto de cuantía máxima). Voraussetzung hierfür war, dass der Geschädigte im Strafverfahren nicht ausdrücklich auf die Geltendmachung seines zivilrechtlichen Anspruches verzichtet oder sich die Geltendmachung dieses Anspruches ausdrücklich für ein nach Beendigung des Strafverfahrens einzuleitendes zivilrechtliches Verfahren vorbehalten hatte.[114]

240   Dieser Beschluss diente als Vollstreckungstitel im Sinne von Art. 517 Abs. 2 Nr. 8 LEC.

Auf der Grundlage dieses Titels konnte der Geschädigte im Rahmen eines zivilrechtlichen Vollstreckungsverfahrens seine Schadensersatzansprüche durchsetzen.

241   Sofern die zivilrechtlichen Schadensersatzansprüche im Strafverfahren geltend gemacht werden können und der Geschädigte im Strafverfahren nicht ausdrücklich auf die Geltendmachung seines zivilrechtlichen Anspruches verzichtet oder sich die Geltendmachung dieses Anspruches ausdrücklich für ein nach Beendigung des Strafverfahrens einzuleiten-

---

114   Puga, Santos, Acción civil, juicio de faltas por lesiones de accidentes de circulación y disposición transitoria cuarta reforma del Código Penal, http://www.elderecho.com/tribuna/penal/Accion-civil-disposicion-transitoria-cuarta-reforma-Código-Penal-11_3700_55001.html.

des zivilrechtliches Verfahren vorbehalten hatte, ergeht der Beschluss, in dem die Höchstsumme des Schadensersatzes festgesetzt wird, nur dann noch, wenn das Verfahren durch Freispruch des Angeklagten beendet worden ist, Art. 13 S 1.LRCSCVM nF.

II. Zivilrechtliches Klageverfahren

Der Geschädigte eines Verkehrsunfalles kann zur Geltendmachung und Durchsetzung seiner Schadensersatzansprüche ein zivilrechtliches Verfahren einleiten. Die Klage wird stets vor dem erstinstanzlichen Gericht erhoben. Je nach Höhe des eingeklagten Schadensersatzes ist das mündliche oder das allgemeine ordentliche Verfahren statthaft. Das mündliche Verfahren (sog juicio verbal) wird bei Streitsummen bis zu 6.000 EUR durchgeführt. Liegt der Streitwert höher, ist das allgemeine ordentliche Verfahren durchzuführen (sog procedimiento ordinario). Das **mündliche Verfahren** ist ein schnelles Verfahren, in dem nach Zulassung der erhobenen Klage durch Gerichtsbeschluss ein Termin anberaumt wird, in dem sämtliche Beweismittel beizubringen sind. Im Anschluss an diesen Termin ergeht die Entscheidung. 242

Im **allgemeinen ordentlichen Verfahren** wird die durch Gerichtsbeschluss zugelassene Klage der Gegenseite zugestellt, die binnen zwanzig Tagen hierauf erwidern kann. Im Anschluss daran wird ein erster Termin anberaumt, in dem die gestellten Anträge bestätigt, der Streitgegenstand definiert und die Zulassung der einzelnen Beweismittel beantragt werden. Anschließend wird der Termin zur mündlichen Verhandlung anberaumt, in dem die Zeugen vernommen werden und jede Partei mündlich eine abschließende Stellungnahme abgeben kann. Das Verfahren in der ersten Instanz endet mit der gerichtlichen Entscheidung. In beiden Fällen kann gegen die Entscheidung Berufung eingelegt werden. 243

B. Klagebeschränkungen

Wie bereits erwähnt, haften der **Fahrer** und der **Halter** als Gesamtschuldner.[115] Werden in einem Verfahren lediglich der Fahrer und der Halter, aber nicht die Versicherung verklagt, so unterbricht die Klageerhebung gegen die beiden nicht die Verjährung der Ansprüche gegen die **Versicherungsgesellschaft**. Das Oberste Gericht lehnt eine notwendige Streitgenossenschaft ab.[116] Im Hinblick auf die dargestellten kurzen Verjährungsfristen, sollte daher stets die Versicherung mitverklagt werden. 244

Abschnitt 4: Wichtige Arbeitsmittel

A. Internetadressen

www.advocat24.at/user_files/rechtstipps/auslandsunfall.pdf

www.das.de/de/rechtsportal/verkehrsrecht/verkehrsunfall-ausland/spanien.aspx

http://www.rechtsanwalt-recht-spanien.de/archiv-f.%C3%BCr-ver%C3%B6ffentlichunge
n-im-spanischen-recht/zivilrecht-spanien/

http://www.ramallopallast.com/downloads/100_Fragen.pdf

B. Zugriff auf das geltende Recht

http://noticias.juridicas.com: Diese Seite ist kostenlos.

Es können sämtliche Bestimmungen heruntergeladen werden: vorangestellt ist die aktuelle Regelung. Im Anschluss daran erscheinen die außer Kraft getretenen Bestimmungen.

Daneben gibt es zahlreiche kostenpflichtige Seiten, die ebenfalls eine Sammlung der aktuellen Vorschriftne enthalten.

---

115 Siehe Rn. 12.
116 Urteil des TS vom 5.6.2003 mwN.

C. Kostenlose Entscheidungssammlungen

www.poderjudicial.es

Es können kostenlos Entscheidungen der obersten Gerichte heruntergeladen werden.

I. Obergerichte

www.poderjudicial.es

http://hjtribunalconstitucional.es: Über diese Seite können kostenlos die Entscheidungen des spanischen Verfassungsgerichts heruntergeladen werden.

II. Sonstige Gerichte

www.poderjudicial.es

III. Sonstige Informationen

1. **Zinsanspruchsberechnung.** www.calculo-intereses.com: Über diese Seite können sämtliche Zinsen berechnet werden. Die Zinssätze werden stets aktualisiert.

2. **Rechtlich relevante Websites.** http://noticias.juridicas.com

www.elderecho.es: es können teilweise aktuelle Entscheidungen kostenlos heruntergeladen werden.

Abschnitt 1: Anspruchsprüfung zum Haftungsgrund

§ 1 Haftungsgründe

Die außervertragliche zivilrechtliche Haftung wegen eines Verkehrsunfalles ist im türki- **1** schen Straßenverkehrsgesetz (tSVG), Nr. 2918 vom 13.10.1983 geregelt worden.

Der räumliche Anwendungsbereich des tSVG ist beschränkt auf öffentliche Straßen sowie **2** auf Orte, welche als öffentliche Straßen angesehen werden. Verkehrsunfälle, die sich au-ßerhalb einer öffentlichen Straße (zB Privatwegen, privaten Grundstücken) ereignen, wer-den von der tSVG nicht erfasst. Vielmehr sind auf diese die allgemeinen Regeln aus dem neuen türkischen Obligationengesetz (Abkürzung: nOG) anzuwenden.

Die Verschuldenshaftung ist dabei in Art. 49 nOG geregelt. Die Gefährdungshaftung ist in **3** Art. 71 nOG geregelt.

A. Haftung des Fahrers

Der Fahrer ist nach Art. 3 tSVG derjenige, der auf der Straße ein motorisiertes oder unmo- **4** torisiertes Fahrzeug führt. Die Haftung des Fahrers ist keine Gefährdungshaftung, sondern ausschließlich eine Verschuldenshaftung.

I. Haftung aus Verschulden

Die Haftung des Fahrers ist nicht im tSVG geregelt. Vielmehr ergibt sich diese aus Art. 49 **5** nOG. Der Fahrer haftet dabei nicht bereits allein aus dem Betrieb des Fahrzeuges (keine Gefährdungshaftung). Vielmehr richtet sich seine Haftung nach dem **Grad seines Verschul-dens.**

II. Gefährdungshaftung

Das Institut der Gefährdungshaftung ist im türkischen Recht im Zusammenhang mit der **6** Haftung des Fahrers nicht geregelt.

B. Haftung des Halters

7 Halter ist gem. Art. 3 tSVG derjenige, der Fahrzeugeigentümer ist oder ein Eigentumsvorbehaltskäufer, der sich ins **Verkehrsregister** hat eintragen lassen. Als Halter wird nach dieser Norm darüber hinaus derjenige angesehen, der das Fahrzeug **langfristig mietet, pfändet** oder **leiht**, der also Mieter, Entleiher oder Pfandgläubiger ist. Soweit der Betroffene in der Lage ist, nachzuweisen, dass ein Dritter über das Fahrzeug verfügt und es auf eigene Gefahr und Rechnung betreibt, so haftet dieser. Halter eines Fahrzeuges können auch mehrere natürliche oder juristische Personen sein, soweit bei ihnen die dargetanen Merkmale vorliegen.

8 Der Halter haftet in der Regel für die durch Motorfahrzeuge verursachten Schäden nach den Bestimmungen des tSVG. Der Fahrzeughalter haftet für das eigene Verhalten wie auch für das des Fahrers und desjenigen, der an der Verwendung des Fahrzeuges mitwirkt (Art. 85 Abs. 5 tSVG).[1]

9 Wie ein Halter haften Dritte (sog **hypothetische Halter**),[2] die nicht Fahrzeughalter im Sinne des Gesetzes sind, zB

■ der **Dieb**, der mit einem entwendeten Fahrzeug einen Schaden verursacht (Art. 106 tSVG),

■ eine **juristische Person des öffentlichen Rechts** oder der **Staat** für einen Schaden, der durch ein Fahrzeug verursacht worden ist, das im Dienst der öffentlichen Verwaltung, der Kommunalverwaltung, einer öffentlichen Körperschaft oder öffentlicher Wirtschaftsbetriebe verwendet worden ist (Art. 106 tSVG),

■ der **Veranstalter eines Rennens** für Schäden, die durch ein Fahrzeug der Teilnehmer, deren Begleitfahrzeuge oder andere im Dienst der Veranstaltung verwendeter Fahrzeuge hervorgerufen worden sind (Art. 105 tSVG),

■ Unternehmer des **Motorfahrzeuggewerbes** für Schäden, die durch ein Fahrzeug verursacht worden sind, die ihm zur Aufbewahrung, Reparatur, Wartung, Umbau, Verkauf oder ähnlichen Zwecken überlassen worden sind (Art. 104 tSVG).

I. Haftung aus Verschulden

10 Wird durch den Betrieb eines Motorfahrzeuges ein Mensch getötet, verletzt oder wird ein Sachschaden verursacht, so haftet der Halter für diesen Schaden nach Art. 85 tSVG, ohne dass ihn ein Verschulden trifft (sog Gefährdungshaftung).

11 Bei Unfällen, die nicht während des Betriebes des Fahrzeuges entstehen, handelt es sich um eine mildere Kausalhaftung-/Verschuldenshaftung (Art. 85 Abs. 3 tSVG).[3]

12 Die Haftung des Halters für Verschulden ergibt sich aus Art. 49 nOG. In der tSVG findet sich hierzu keine weitere Regelung.

13 Vereinbarungen, durch die die Haftung des Halters nach dem tSVG ausgeschlossen oder beschränkt werden, sind nach Art. 111 Abs. 1 tSVG unwirksam.

14 **1. Straßenverkehrsrechtliche Gefährdungshaftung.** Die Gefährdungshaftung stellt eine Variante objektiver Haftungstatbestände dar.[4] Sie knüpft an die besondere Gefahr an, die von dem Betrieb des Kraftfahrzeuges ausgeht.[5]

15 Die Gefährdungshaftung ist in Art. 85 Abs. 1 des tSVG geregelt.

16 Diese Norm behandelt die Verkehrsunfälle, die beim Betrieb eines Fahrzeuges entstehen.

17 Voraussetzung nach Art. 85 Abs. 1 tSVG ist, dass der Schaden durch einen Verkehrsunfall mittels eines im Betrieb befindlichen Fahrzeuges verursacht worden ist.

---

1 Özsunay, S. 802.
2 Doc. Dr. Ayse Havutcu, S. 185; Eren, S. 674.
3 Doc. Dr. Ayse Havutcu, S. 180.
4 Ascioglu, S. 7.
5 Hamdi Yilmaz, S. 64.

2. **Besonderheiten bei Beförderungen.** Bei der Betriebshaftung ist es unerheblich, von wem 18 das Fahrzeug gesteuert wird. Laut Art. 85 Abs. 5 tSVG haftet der Halter für das Verhalten des Fahrers und desjenigen, der das Fahrzeug verwendet, wie für eigenes Verhalten.

a) **Entgeltliche Beförderung (Straßenbahn, Bus, Taxis).** Der Halter haftet bei der entgeltli- 19 chen Beförderung **für das Verhalten des Fahrzeugführers** und für diejenigen, die an der Verwendung des Fahrzeuges mitwirken ebenso wie für eigenes Verhalten (Art. 85 Abs. 5 tSVG). Mit dieser Regelung ist dem Umstand Rechnung getragen worden, dass der türkische **Personenfernverkehr überwiegend mit Bussen** durchgeführt wird. Diese werden in der Regel von Kleinunternehmern betrieben, die ihrerseits einer Kooperative oder in einer sonstigen Form des türkischen Gesellschaftsrechts organisierten Busgesellschaft angehören. Der verletzte Reisende wie auch der Unfallgegner erhalten hierdurch die Möglichkeit, die Busgesellschaft auch dann in Anspruch zu nehmen, wenn diese nicht selber als Halter in das Kfz-Register eingetragen ist und somit die damit verbundene widerlegbare Vermutung für die Betreibergesellschaft entfällt. Das tSVG geht von einem „materiellen Betreiberbegriff" aus.[6] **Betreiber** ist nicht zwingend der Halter, sondern derjenige der dauerhaft die **Verfügungsgewalt über das Fahrzeug** hat; dies muss nicht der Eigentümer sein (zB Leasing).[7] Die Eintragung als Halter in das Kfz-Register begründet in der Regel nur eine widerlegbare Vermutung der Betreibereigenschaft (sog **Betreiberhaftung**).[8] Soweit der Betreiber haftet, geht die Gefährdungshaftung der Verschuldenshaftung vor.[9] Dieser auf dem „Ausschlussgrundsatz" beruhende Vorrang betrifft allerdings allein den Haftungsgrund, so dass hinsichtlich der Schadensersatzpflicht als Rechtsfolge die Bemessungsgrundsätze des allgemeinen Rechts der unerlaubten Handlung anwendbar bleiben.[10] In den Fällen, in denen der **Betreiber zugleich der Fahrer** ist, ist das Verschulden des Fahrers als sogenanntes „Annexverschulden" mit zu berücksichtigen.[11]

b) **Unentgeltliche Beförderung (Anhalter, Bekannte).** Bei der unentgeltlichen Beförderung 20 haftet der Halter aufgrund der Verweisung in § 87 tSVG nach den allgemeinen Regeln des türkischen Obligationenrecht, hier ua Art. 49 nOG. Hierbei handelt es sich um eine **Verschuldenshaftung.** Dies bedeutet, dass der Halter in diesen Fällen nur entsprechend dem Grad seines Verschuldens zur Haftung herangezogen werden kann. Den Halter muss demnach ein Verschulden an dem Eintritt des Schadens treffen oder die fehlende Beschaffenheit des Motorfahrzeugs muss für den Eintritt ursächlich gewesen sein.

Die Haftung des Halters steht gem. Art. 85 Abs. 4 tSVG im richterlichen Ermessen, wenn 21 der Schaden im Rahmen einer Hilfeleistung entstanden ist.

II. Gefährdungshaftung

1. **Grundlagen der Gefährdungshaftung.** Die Haftung des Fahrzeughalters ist, wie bereits 22 dargetan, eine Gefährdungshaftung, die allein durch die Inbetriebnahme des Fahrzeugs eintritt. Die Gefährdungshaftung richtet sich nach Art. 85 Abs. 1 tSVG.

2. **Typische Problembereiche. a) Betriebsbegriff.** Nach herrschender Meinung in der tür- 23 kischen Lehre ist ein Motorfahrzeug in Betrieb befindlich, wenn dessen maschinelle Einrichtungen in Gang sind.[12]

b) **Ladevorgänge.** Bei Ladevorgängen hängt die Haftung des Halters davon ab, ob der 24 Schaden durch sein Verhalten, das Verhalten seines Mitarbeiters oder durch einen **Mangel an dem Fahrzeug** hervorgerufen worden ist.

c) **Verneinung der Betriebsgefahr.** Von einer Betriebsgefahr ist nicht auszugehen, wenn der 25 Halter oder ein Dritter, dem der Halter das Fahrzeug überlassen hat, dieses mit dem Be-

---

6 Rumpf, S. 210.
7 Kassationshof 19 HD, 18.10.99, E. 1999/3345.
8 Ascioglu, S. 10 ff.
9 Rumpf, S. 211, mwN Karahasan, Sorumluk, S. 1093 f.
10 Rumpf, S. 211.
11 Ascioglu, S. 132.
12 Gökcan/Kaymaz, S. 77.

wusstsein verlässt, dass die **Nutzung** im Moment **beendet** ist (Parken des Fahrzeugs, Tanken). Ein **kurzfristiges Verlassen** des Fahrzeuges führt nicht zum Beenden der Betriebsgefahr (zB Parken des Fahrzeuges am Straßenrand, um Zigaretten zu holen).[13]

26 d) **Ende der Betriebsgefahr.** Soweit der Schaden **außerhalb des Betriebes** des Fahrzeugs entsteht, dh „nicht Folge der besonderen Betriebsgefahr ist",[14] haftet der Halter nur nach Art. 85 Abs. 3 tSVG. (zB ist das Einklemmen der Finger beim Zuschlagen der Tür nicht ein durch den Betrieb entstandener Schaden).[15] Um die Haftung des Halters zu begründen, muss der Geschädigte beweisen, dass den Halter oder die Person, für die er verantwortlich ist, ein Verschulden trifft oder die fehlende Beschaffenheit des Motorfahrzeugs ursächlich war.[16]

27 e) **Verfolgungsfälle.** Zu dieser Problematik hat sich in der türkischen Rechtsprechung keine der deutschen Rechtsprechung vergleichbare Fallgruppe herausgebildet.

28 3. **Entlastungsmöglichkeiten.** Der Fahrzeughalter muss nach Art. 86 Abs. 1 tSVG nachweisen, dass ihn oder eine Person, für die er verantwortlich ist, **kein Verschulden** trifft, die Beschaffenheit des Fahrzeugs den Schaden nicht herbeigeführt hat und dass der eingetretene Schaden durch einen Dritten, den Geschädigten oder durch Naturgewalt hervorgerufen worden ist. Dabei müssen die Voraussetzungen kumulativ vorliegen. Ferner ist auch das **Mitverschulden des Unfallgegners** zu berücksichtigen. In der Praxis wird die Exkulpationsmöglichkeit eher restriktiv gehandhabt.[17]

C. Haftung des Versicherers

29 Jeder Halter (dh auch der Staat, staatliche Organisationen, staatliche Unternehmen, etc., siehe Art. 106)[18] hat nach Art. 91 tSVG eine **Haftpflichtversicherung** abzuschließen, bevor ein Motorfahrzeug im öffentlichen Straßenverkehr eingesetzt wird.

30 Das Gesetz sieht dabei vor, dass neben der obligatorischen gesetzlichen Versicherung eine freiwillige Haftpflichtversicherung möglich ist. Die gesetzlichen Regelungen zu der obligatorischen Haftpflichtversicherung sind auch auf die freiwillige Haftpflichtversicherung anzuwenden (Art. 100 tSVG). Gegen den Haftpflichtversicherer hat der Geschädigte nach Art. 97 tSVG (bei der obligatorischen Versicherung) oder gem. Art. 100 tSVG (freiwillige Haftpflichtversicherung) einen Direktanspruch bis zur Höhe der Versicherungssumme.[19]

31 In Ausnahmefällen hat der Geschädigte keine Möglichkeit, seinen Schaden von dem Halter oder Versicherer zu bekommen. Aus diesem Grunde hat der Gesetzgeber die Einrichtung von **Garantiefonds** vorgesehen. Unter den Voraussetzungen des Art. 108 StVG kann der Geschädigte bei dem Garantiefonds die Deckung seines Schadens beantragen. Einen Anspruch gegen den Garantiefonds hat der Geschädigte zum Beispiel, falls der Unfall durch ein **nicht versichertes** oder **unbekanntes Motorfahrzeug** hervorgerufen wird. Das Gleiche gilt, wenn der Versicherer zum Zeitpunkt des Unfalles in **Konkurs** gefallen ist. Auch kann eine Regulierung über den Garantiefonds erfolgen, wenn das Fahrzeug **entwendet** worden ist und der **Dieb nicht aufzufinden** ist. Dieser Anspruch besteht aber nur dann, wenn den Halter kein Verschulden trifft.

I. Haftungsvoraussetzungen

32 Kein Kraftfahrzeug darf am öffentlichen Straßenverkehr teilnehmen, ohne dass es über eine Haftpflichtversicherung verfügt. Dies gilt auch für **ausländische Fahrzeuge.** Soweit bereits eine ausländische Haftpflichtversicherung, die nach internationalen Abkommen in

---

13 Türkischer Kassationshof, 11 HD 11.12.2006, 12177/13107.
14 Doc. Dr. Ayse Havutcu, S. 187.
15 Gökcan/Kaymaz, S. 144.
16 Cetin Ascioglu, S. 142.
17 Kassationshof 19HD, 4.5.1999, K 1999/2331, K 1999/3015, YKD 1999, S. 1428.
18 Doc. Dr. Ayse Havutcu, S. 192; Özsunay, S. 802; aA Dural S. 15, der von einem Garantiefond für öffentlich-rechtliche Fahrzeuge ausgeht.
19 Die Mindestdeckungssummen sind unzureichend und decken daher häufig nicht alle Schäden.

der Türkei gültig ist, existent ist, bedarf es keines Abschlusses einer Haftpflichtversicherung in der Türkei. Liegt eine solche nicht vor, ist auch für das ausländische Fahrzeug nach Art. 91 Abs. 3 tSVG bei der Einreise in die Türkei an der **türkischen Grenze eine Versicherung abzuschließen.**

Die Haftpflichtversicherung tritt nur für den Schaden ein, für den der Halter nach Art. 85 Abs. 1 tSVG verantwortlich ist. Die Haftpflichtversicherung des Halters leistet keinen Ersatz für Schäden, die infolge von **Hilfeleistungen** entstehen, oder, wenn das **Fahrzeug nicht in Betrieb** ist. Die Haftpflichtversicherung deckt nicht die Schäden des Art. 92 tSVG. 33

II. Nachhaftung

Sobald eine Versicherungspolice ausgestellt ist, ist die Haftung des Haftpflichtversicherers gegeben. Diese besteht auch fort, wenn der Halter die monatlich vereinbarte Beitragszahlung auf den **Versicherungsbeitrag nicht erbracht** hat.[20] 34

Der Haftpflichtversicherer kann sich gem. Art. 95 tSVG gegenüber Dritten nicht darauf berufen, dass er aus diesem Grunde nicht haftet. 35

Der Versicherungsschutz endet um 24 Uhr des Tages, auf welchen das Ende der Versicherungspolice lautet. 36

D. Haftung von Begleitpersonen

I. Haftung des Beifahrers

Der Fahrzeughalter haftet nach Art. 85 Abs. 5 tSVG auch für diejenigen, die an der Verwendung des Fahrzeuges mitwirken, somit auch für das **Verhalten des Beifahrers,** der aus Unachtsamkeit den herannahenden Fahrradfahrer übersieht und durch das Öffnen der Autotür diesen zu Fall bringt. 37

II. Haftung des Einweisers

Trotz der Einweisung eines Dritten haftet der Halter dem Geschädigten nach Art. 85 Abs. 5 tSVG. 38

E. Haftungsmodifikationen

I. Einschränkungen

1. Unfallschaden und Arbeitnehmer. a) Grundsätze der Haftungteilung. Das türkische Recht sieht bei der Betriebshaftung vor, dass der Halter für das Verhalten seines Fahrzeugführers haftet wie für eigenes Verhalten. Der Halter haftet hierbei nach den Grundsätzen der Gefährdungshaftung. 39

Die Haftung des Arbeitnehmers richtet sich gegenüber dem Geschädigten nach Art. 49 nOG, dh nach dem Grad seines Verschuldens. 40

Der Arbeitgeber hat gegen den Arbeitnehmer gem. Art. 66 Abs. 4 nOG in Höhe des Betrages, für welchen er eingetreten ist, einen Erstattungsanspruch. 41

b) Haftung gegenüber Betriebsangehörigen. Die Haftung eines Betriebsangehörigen unterscheidet sich bei einem Verkehrsunfall nicht von derjenigen Haftung eines Arbeitnehmers, da er in diesem Fall eine Person ist, für die der Halter verantwortlich ist. Die Haftung des Halters richtet sich nach Art. 85 Abs. 5 tSVG. 42

Der Betriebsangehörige haftet nach Art. 49 nOG entsprechend seinem Verschulden gegenüber dem Geschädigten. 43

2. Geschäftsführung ohne Auftrag. Im Falle einer Geschäftsführung ohne Auftrag haftet der Geschäftsführer nach Art. 49 nOG (Verschuldensprinzip) dem Geschädigten nach dem Grad seines Verschuldens. 44

---

20 Gökcan/Kaymaz, S. 411.

45 **3. Unentgeltliche Beförderung.** Das türkische Recht sieht auch eine Haftung bei der unentgeltlichen Beförderung vor. Diese richtet sich nach dem türkischen Obligationsgesetz (Verschuldensprinzip).

46 **4. Mietwagenprobleme.** Wird ein Fahrzeug langfristig angemietet, führt dies nach Art. 3 tSVG dazu, dass die Haltereigenschaft des Mieters begründet wird. Dieser haftet sodann nach den Vorschriften des Art. 85 ff. tSVG. Wann eine **langfristige Anmietung** gegeben ist, ist streitig. Nach einer Ansicht[21] im türkischen Schrifttum ist die Miete unter Berücksichtigung des Art. 262 des türkischen Obligationsgesetzes als „langfristig" anzusehen, wenn ihre Dauer mehr als drei Tage beträgt. Das türkische Revisionsgericht hat jedoch in einem Fall die Haltereigenschaft eines deutschen Staatsangehörigen verneint, der in der Türkei für eine Woche einen Wagen gemietet hatte.[22] In einem anderen Fall hat das Gericht die Haltereigenschaft eines Mieters verneint, der von einer Autovermietungsfirma für acht Tage ein Auto angemietet hatte.

47 **5. Mitversicherte Personen und Insassen.** In Art. 92 tSVG sind diejenigen aufgelistet, denen gegenüber der Halter nicht aus Art. 85 tSVG haftet. Hierbei handelt es sich um den **Halter**, seine **Kinder**, seine **Ehefrau** und seine **Eltern**. Diesen wie auch Dritten, die **aus Gefälligkeit** befördert werden, steht gegen den Halter nur ein Anspruch aus Art. 49 nOG bei Vorliegen eines Verschuldens zu. Gleiches gilt für den **Fahrer** des Fahrzeuges, das den Unfall herbeigeführt hat. Auch diesem gegenüber haftet der Halter nur aus Art. 49 nOG im Falle eines Verschuldens.

48 **6. Deckungsgrenzen.** Nach türkischem Recht haftet die Haftpflichtversicherung seit dem 1.1.2013 zumindest mit einer Deckungssumme von 250.000 TRY pro Person bei **Personenschäden** (Verletzung und Tod), bei **Sachschäden** pro Pkw von 25.000 TRY und **pro Unfall** von 50.000 TRY. [23]

II. Erweiterungen

49 Im Türkischen Recht bestehen darüber hinaus keine Besonderheiten für den Bereich der entgeltlichen bzw. unentgeltlichen Beförderung.

F. Haftung von Radfahrern, Fußgängern, Behinderten

I. Haftungskriterien

50 Die Haftung von Radfahrern, Fußgängern und Behinderten richtet sich nach Art. 49 nOG. Es handelt sich hierbei um eine **Verschuldenshaftung**. Insoweit unterscheidet sich die Haftung des Fußgängers, Radfahrers oder Behinderten nicht von derjenigen eines jeden anderen Fahrzeugführers oder einer Hilfsperson des Halters.

51 Grundsätzlich ist das Verhalten eines Fahrradfahrers, Kindes, Fußgängers oder Behinderten bei der Haftung des Fahrzeugführers als **Mitverschulden** zu berücksichtigen.

52 Art. 68 tSVG regelt, wie sich Fußgänger im Straßenverkehr zu verhalten haben.

53 Das Verhalten von **Radfahrern, motorisierten Fahrrädern** und Mopeds ist in Art. 66 tSVG geregelt. **Pferdekutschen** und **Handwagen** müssen sich entsprechend Art. 69 tSVG im Straßenverkehr bewegen. Je nachdem, wie der Fußgänger, der Radfahrer, die Pferdekutsche oder der Handwagen gegen die in den Art. 66 ff. tSVG aufgestellten Regeln verstoßen haben, wird der Grad des Mitverschuldens festgelegt.

II. Abwägungsgesichtspunkte

54 Eine Haftung des Fahrers ist nur dann ausgeschlossen, wenn das Verhalten des Fußgängers so **unvorhersehbar** und **außergewöhnlich** ist, dass es dem Fahrer objektiv unmöglich

---

21 Eren, S. 673; Tekinay/Akman/Burcuoglu/Altop, S. 532; Bolatoglu, S. 73; Doc. Dr. Ayse Havutcu, S. 184.
22 4. HD 16.6.1988, YKD1988, S. 1361; Keller, Haftpflicht im Privatrecht, 4. Aufl. 1979, S. 238, ist der Auffassung, dass es sich um einen Monat oder länger handeln muss.
23 Die Höhe dieser Summe wird jährlich ab dem 1.1. anhand der am 14.7.2007 veröffentlichten türkischen gesetzlichen Verordnung 26582 angepasst.

war, den Schadeneintritt zu vermeiden (zB Fußgänger, der über ein rote Ampel läuft, Fußgänger, der die Straße überquert, obwohl in 100 Meter Entfernung eine Ampel oder ein Fußüberweg ist).[24] **Ältere Fußgänger, Kinder** und **Behinderte** bilden im türkischen Recht im Unterschied zum deutschen Recht keine Ausnahme.

§ 2 Prüfungsweg zum Haftungsgrund

A. Anscheinsbeweis

Im türkischen Recht existiert der Anscheinsbeweis nicht.   55

B. Objektiv festgestellte Sorgfaltspflichtverletzung

I. Allgemeines Verkehrsverhalten (Straßenverkehrsvorschriften)

1. Allgemeine Verkehrssituation. Jeder Verkehrsteilnehmer ist verpflichtet, sich mit **Vor-**   56
sicht und **Sorgfalt** entsprechend der im tSVG aufgestellten Vorschriften zu verhalten (Art. 46 tSVG). Wenn diese Verpflichtungen nicht beachtet werden, führt dies zu einem Mitverschulden des jeweiligen Verkehrsteilnehmers.

Zum Beispiel muss der Fahrzeugführer, wenn er an eine Kreuzung heranfährt, an der er   57
Vorfahrt hat, seine Geschwindigkeit herabsetzen. Für den Fall, dass er diese Sorgfaltspflicht nicht beachtet, führt dies zu einem Mitverschulden an einem Unfall, obwohl der
Kausalzusammenhang zwischen dem Unfall und der Verletzung des Vorfahrtrechts nicht
unterbrochen war.[25]

2. Unfälle auf Parkplätzen. a) Abgrenzung zum öffentlichen Verkehrsgrund. Nach   58
Art. 2 a tSVG sind folgende Bereiche einem öffentlichen Verkehrsgrund gleichgestellt zu
behandeln: öffentliche Parks und Gärten, Parkplätze, Parkhäuser, Busbahnhöfe, Service-
und Tankstellen, Schiffsfähren, Orte, die durch den öffentlichen Straßenverkehr genutzt
werden.[26]

b) Vereinbarte Geltung der StVO. Die Geltung der türkischen StVO ist beschränkt auf öf-   59
fentliche Straßen oder Bereiche des Art. 2 a tSVG. Sie beansprucht keine Geltung für Pri-
vatgrundstücke.

II. Fahrfehler, Fehlreaktionen

Bei jedem Fahrfehler oder bei jeder Fehlreaktion ist zu überprüfen, ob dies einen Verstoß   60
gegen die Normen der tSVG darstellt[27] und in welchem Ausmaß dieser Verstoß vorliegt.
Liegt ein Verstoß gegen eine im türkischen SVG geregelte Norm vor, wird das **Verschulden**

---

24 Cetin Ascioglu, S. 347.
25 4 HD 20.02.92, 1991/402, 4 HD 15.11.1990, 1990/649.
26 Alle Bereiche, die nicht in Art. 2 a tSVG aufgelistet sind, sind nicht zum öffentlichen Verkehrsraum zugehö-
    rig anzusehen.
27 ZB Art. 84 tSVG, bei Vorliegen der hier aufgelisteten Tatbestände wird das Verschulden vermutet.

vermutet. Der Schädiger muss in diesem Fall, um seine Haftung zu begrenzen oder auszuschließen den Nachweis dafür führen, dass die gesetzliche Vermutung in seinem Fall nicht
zutreffend ist.[28] Hierbei kann er sich ua auf die sogenannte Vertrauensregelung berufen.[29]
Zum Beispiel muss ein Fahrzeugführer, der eine Hauptstraße befährt, nicht damit rechnen,
dass ein Auto aus einer Tankstelle in die Hauptstraße hereinfährt. Wenn der Fahrzeugführer eine grüne Ampel passiert, muss er nicht damit rechnen, dass jemand ihm die Vorfahrt
nimmt. Anders liegt der Fall bei einem sogenannten **Dolmusfahrer**. Dieser kann sich nicht
darauf berufen, dass der hinter ihm befindliche Verkehr ausreichend Abstand halten muss,
wenn er immer wieder anhält und anfährt. Die Vertrauensregelung gilt für diesen nicht.[30]

C. Beweislast

I. Grundsatz

61 Der Geschädigte muss bei der Geltendmachung der Gefährdungshaftung nach Art. 85
Abs. 1 tSVG beweisen, dass ein Schaden eingetreten ist, für den der Unfall ursächlich gewesen ist. Hierfür muss die **Schadenszufügung widerrechtlich** gewesen sein.[31] Zwischen
dem eingetretenen Schaden und dem Betrieb des Fahrzeuges muss ein angemessener Zusammenhang bestehen. Es genügt nicht, dass die Schadensursache anlässlich des Betriebes
eines solchen Fahrzeuges gesetzt worden ist, sondern sie muss auf eine besondere, diesem
Betrieb eigene Gefahr zurückgehen.[32]

62 Darüber hinaus ist der Geschädigte verpflichtet, bei einer Haftung nach Art. 49 tOG nachzuweisen, dass den **Fahrer** oder die **Person**, für die der Halter **verantwortlich** ist, ein **Verschulden** trifft oder die **fehlende Beschaffenheit** des Motorfahrzeugs ursächlich war.[33]

63 Die Beweislast für das Verschulden liegt damit grundsätzlich beim Geschädigten. Eine **objektive Pflichtverletzung** führt jedoch zu einer **Beweislastumkehr**.

Beispiel: Der Fahrzeugführer fährt mit seinem Pkw auf den Bürgersteig und verletzt dort einen
Passanten. Das Verschulden ist indiziert. Der Fahrzeugführer muss beweisen, dass ihn kein Verschulden trifft, etwa weil das Auto infolge eines technischen Defekts auf den Bürgersteig geraten ist.[34]

II. Ausnahmen

64 Wenn der Halter beweist, dass der Unfall durch **höhere Gewalt** oder grobes **Verschulden
des Geschädigten** oder eines **Dritten** verursacht worden ist, ohne das ihn oder die Person,
für die er verantwortlich ist, ein Verschulden trifft und ohne dass eine fehlerhafte Beschaffenheit des Fahrzeuges zum Unfall beigetragen hat, so wird er von der Haftung frei.

65 Für aus **Hilfeleistung** entstandene Schäden haftet der Halter nach richterlichem Ermessen.
Im Übrigen verweist das Gesetz in bestimmten Artikeln auf die allgemeinen Regelungen
des türkischen Obligationenrechts.

66 1. **Beweisvereitelung.** Dieses Problem spielt im türkischen Recht keine gesonderte Rolle.

67 2. **Unerlaubtes Entfernen vom Unfallort.** Der Unfallverursacher darf sich nach Art. 81 d
tSVG **nicht vom Unfallort entfernen**, er hat diesen zu sichern. Für den Fall, dass er sich
entfernt oder **Beweise vernichtet**, sehen Art. 81 Abs. 3 und 4 tSVG eine **Geldstrafe** vor.

68 Ein unerlaubtes Entfernen vom Unfallort hat aber keine Auswirkungen auf die Beweislast.[35]

---

28 4 HD 23.1.1992, 1990/12089.
29 Adal Kaide, S. 239, KTKM. 63.
30 4 HD 3.3.1986, 1986/1240.
31 Özsunay, S. 800.
32 Eren, S. 669; Keller, S. 234; Doc Dr. Ayse Havutcu, S. 188.
33 Cetin Ascioglu, S. 142.
34 Rumpf, S. 201.
35 Im Tatsächlichen ist es so, dass die Versicherungen im Falle des unerlaubten Entfernens vom Unfallort eine
    Zahlung verweigern. Hintergrund für dieses Verhalten ist, dass der Unfallort gesichert werden muss,

3. Schuldbezeugungen nach dem Unfall. Bei einem Sachschaden genügt es, wenn die Un- 69
fallbeteiligten sich über die **Schuldfrage einig** sind und dies schriftlich **am Unfallort proto-**
kollieren. Dies ist bei der außergerichtlichen Regulierung zu berücksichtigen. Im Falle,
dass durch den Unfall ein Personenschaden eingetreten oder der Tod eines Menschen verursacht worden ist, ist grundsätzlich die **Polizei** hinzuzuziehen. Zeugenaussagen können
durch die Polizei im Unfallbericht aufgenommen werden.

Im Falle einer gerichtlichen Auseinandersetzung können die **Zeugen** durch den Richter 70
vernommen werden.

4. Vernichtung von Beweisen. Beweise dürfen nach Art. 84 b tSVG nicht vernichtet wer- 71
den. Eine Zuwiderhandlung führt zu einer **Geldstrafe.**

D. Gefährdungshaftung

Die Haftung des Fahrzeughalters ist, wie bereits dargetan, eine Gefährdungshaftung, die 72
allein durch die Inbetriebnahme des Fahrzeuges eintritt. Die Gefährdungshaftung richtet
sich nach Art. 85 Abs. 1 tSVG. Beim Fahrzeugführer ist die Gefährdungshaftung ausgeschlossen.

E. Quotenbildung

Im türkischen Recht wird bei der Quotenbildung nicht zwischen Verschuldens- und Ge- 73
fährdungshaftung unterschieden.

I. Abwägungskriterien

In einem gerichtlichen Verfahren müsste normalerweise der Richter das Verhalten aller 74
Unfallbeteiligten unter Berücksichtigung der Beweisantritte abwägen, um die damit vom
Gesetz vorgegebene Vermutung der Haftung widerlegen zu können. In der Praxis nimmt
diese Abwägung aber nicht der Richter vor, obwohl dies seine Aufgabe ist,[36] sondern er
beauftragt einen **Gutachter** mit dieser Abwägung.

II. Regeln zur Quotenbildung

Festgelegte Regelungen zu einer Quotenbildung sind **nicht gegeben**. Grundsätzlich liegt es 75
im Ermessen des Richters, die Haftungsquote zwischen den Unfallbeteiligten festzulegen.
In der Praxis wird die Quotenbildung durch einen vom Gericht bestimmten Gutachter
vorgenommen.[37]

F. Probleme der Gesamtschuldnerhaftung

I. Grundlagen

Seit der Revidierung des tSVG am 17.10.1996 haftet der Halter neben dem Unternehmer 76
gesamtschuldnerisch, sofern der Verkehrsunfall im Rahmen einer von einem **Unternehmer**

Art. 81 b tSVG. Zur Sicherung der Beweise ist es erforderlich, die Polizei sofort zu verständigen, die immer
einen Alkoholtest bei den Unfallbeteiligten durchführt. Im Falle eines unerlaubten Entfernens vom Unfallort
wird durch die Versicherung vermutet, dass der Betroffene sich dem polizeilichen Alkoholtest entziehen
wollte, da er Alkohol konsumiert hat. Im Rahmen eines gerichtlichen Verfahrens ist die Versicherung jedoch
beweispflichtig dafür, dass zum Unfallzeitpunkt der Unfallverursacher unter Alkoholeinfluss
stand. Eine Beweislastumkehr tritt nicht ein.

36 Cetin Ascioglu, S. 310 ff. – Dieser weist darauf hin, dass es eine ureigene Aufgabe des Richters ist, diese Abwägung vorzunehmen. Ein Gutachter sei nur zu beauftragen, wenn es um die Klärung technischer Fragen
gehe.

37 Die Sachverständigen nehmen die Quotenbildung anhand „ihrer eigenen Lebenserfahrung vor", so Cetin
Ascioglu, S. 310, anders der türkische Kassationshof, der derartige unzureichend begründete Entscheidungen der Sachverständigen teilweise aufgehoben hat, unter Hinweis darauf, dass es sich nicht um eine technische Entscheidung handelt, sondern um eine juristische Entscheidung, siehe 4 HD 4.4.1988, 1987/10812,
17 HD 17.10.2006, 2006/4820.

abhängigen **Tätigkeit** verursacht worden ist. Bis zu diesem Zeitpunkt war nach dem tSVG vom 13.10.1983 der Halter des Motorfahrzeuges der Haftende.

77 Sind an einem Verkehrsunfall, an dem ein Motorfahrzeug beteiligt ist, **mehrere** für den Schaden eines Dritten ersatzpflichtig, so haften sie gesamtschuldnerisch nach Art. 88 Abs. 1 tSVG. Der Schaden wird unter den Beteiligten unter Würdigung aller Umstände verteilt (Art. 88 Abs. 2 S. 1 tSVG). Mehrere Motorfahrzeughalter haften für den Schaden nach Maßgabe ihres Verschuldens. Besondere Umstände können aber eine andere Verteilung rechtfertigen (Art. 88 Abs. 2 S. 2 tSVG).

II. Haftungsverteilung im Innenverhältnis

78 Als Geschädigter ist der andere Halter in einer besonderen Situation, da er im Unterschied zu einem Dritten, auch eine Betriebsgefahr als Unfallursache hinzusteuert. Aus diesem Grunde regelt Art. 89 Abs. 1 tSVG, dass wenn bei einem Unfall, an dem mehrere Motorfahrzeuge beteiligt sind, ein Halter körperlich geschädigt wird, der Schaden den **Haltern aller beteiligten Motorfahrzeuge** nach Maßgabe des sie treffenden Verschuldens verteilt wird, wenn nicht eine andere Verteilung gerechtfertigt erscheint. Entsprechend dieser Vorschrift richtet sich die Haftung im Normalfall nach dem Verschulden. Dabei muss die Betriebsgefahr berücksichtigt werden.

79 Die Haftung für den Sachschaden eines Halters ist nur dann gegeben, wenn der Geschädigte beweist, dass der Schaden durch ein **Verschulden** oder **vorübergehenden Verlust der Urteilsfähigkeit** des beklagten Halters oder einer Person, für die er verantwortlich ist, oder durch die **fehlerhafte Beschaffenheit** seines Fahrzeuges verursacht worden ist (Art. 98 Abs. 2 tSVG). Auch hier handelt es sich um eine Verschuldenshaftung.

80 Der Fahrzeugführer haftet auch im Innenverhältnis nur nach dem Grad seines Verschuldens.

Abschnitt 2: Anspruchsprüfung zur Schadenshöhe

§ 1 Allgemeine Grundlagen der Schadensberechnung

A. Begriff des Schadensersatzes

81 Die Schäden, die durch den Verkehrsunfall verursacht worden sind, müssen ersetzt werden.

82 Der Umfang des Schadenersatzes wird zum einen von der Schadenshöhe und zum anderen durch die Frage des Haftungsumfanges bestimmt. Haftungsanteile des Geschädigten wirken sich auf den Haftungsumfang des Schädigers mindernd aus. Auch der Grad des Verschuldens kann sich mindernd auf die Schadenshöhe auswirken. Leichte Fahrlässigkeit wird durch das erkennende Gericht deutlich anders berücksichtigt als Vorsatz.[38]

83 Das türkische Recht unterscheidet nach materiellen Schäden, sogenannten **Vermögensschäden** und immateriellen Schäden, sogenannten **Nichtvermögensschäden**.

84 Der materielle Schaden ist vorrangig in der Form der **Naturalrestitution** zu ersetzen. Wo dies nicht möglich ist, ist Wertersatz in Geld zu leisten. Gegebenenfalls ist auch eine Rente

---

[38] Reisoglu, S. 168.

zu zahlen, etwa, wenn dem Geschädigten die Möglichkeit genommen worden ist, selber Einkommen zu erzielen.

Beim materiellen Schadensersatz besteht der Schaden in der unfreiwilligen Minderung von   85 Vermögenswerten auf Seiten des Geschädigten.[39] Auszugehen ist von der **Differenzmethode** bei der Bestimmung des materiellen Schadensersatzes. Sie beruht auf der Grundlage, dass der Geschädigte durch das schädigende Ereignis nicht besser gestellt werden soll als ohne dieses Ereignis.[40]

Der **immaterielle Schadensersatz** kommt immer dann in Betracht, wenn dem Geschädigten   86 eine Verletzung zugefügt worden ist.

Die Gefährdungshaftung des Halters nach Art. 85 Abs. 1 tSVG besteht nur bei **materiellen**   87 **Schäden**, die aufgrund von Tötung oder Verletzung eines Menschen oder aufgrund Zerstörung, Beschädigung oder Verlust einer beweglichen oder unbeweglichen Sache entstanden sind.

Für den durch einen Verkehrsunfall erlittenen **immateriellen Schaden** haftet der Halter nur   88 nach den allgemeinen Regeln des neuen türkischen Obligationsgesetzes (Art. 49 nOG).

Bei der Versicherung ist die versicherte Gefahr die **Haftpflicht** des Halters nach Art. 85   89 Abs. 1 StVG.

Aus diesem Grunde deckt diese auch nur denjenigen Schaden, für den der Halter nach   90 Art. 85 Abs. 1 StVG verantwortlich ist. Die Haftpflichtversicherung leistet daher nicht, wenn Schäden infolge von Hilfeleistungen oder durch nicht im Betrieb befindliche Fahrzeuge verursacht worden sind.

Eine Deckungspflicht der Versicherung besteht ebenfalls nicht in den in Art. 92 tSVG auf-   91 gezählten Fällen.

Hierbei handelt es sich um folgende: 92

- Ansprüche des Halters nach dem Gesetz gegen die Personen, für die er verantwortlich ist,

- Ansprüche auf Ersatz von Sachschäden des Ehegatten, der Eltern, der Nachkommen, der Adoptivkinder des Halters und mit dem Halter gemeinsam im Haushalt lebenden Geschwistern,

- Ansprüche wegen Sachschäden, für die der Halter nach diesem Gesetz nicht verantwortlich ist,

- Ansprüche aus Unfällen bei Rennen, für die nach Art. 105 Abs. 3 tSVG vorgeschriebene Versicherungen bestehen,

- Ansprüche auf immateriellen Schadensersatz, Schmerzensgeld (Art. 92 f. tSVG).

B. Schadensminderungspflicht

Die Schadensminderungspflicht wird aus dem Grundsatz von Treu und Glauben hergelei-   93 tet. Der **Verstoß gegen die Schadensminderungspflicht** wird als **Mitverschulden** im Sinne des Art. 50 nOG angesehen. Das Unterlassen einer zumutbaren Maßnahme seitens des Geschädigten, die zur Minderung des Schadens beitragen könnte, wird dem Mitverschulden gleichgesetzt.[41]

C. Schadensnachweis und Schätzungsmöglichkeit

Der Geschädigte ist verpflichtet, die Höhe seiner Schäden und die Verursachung des Scha-   94 dens durch den Schädiger zu beweisen. Der Richter ist verpflichtet unter Ausübung pflichtgemäßen Ermessens das Mitverschulden des Geschädigten zu berücksichtigen. Er

---

39 Rumpf, S. 200.
40 Tekinay, S. 587. In der Rechtsprechung und dem überwiegenden Teil der Literatur wird dies als „denklestirme" (= Ausgleich) bezeichnet, siehe auch Rumpf, S. 200.
41 Rumpf, S. 206, unter Bezugnahme auf die Entscheidung des Kassationshofs (4. ZS) aaO, S. 350.

kann unter Berücksichtigung dieses Mitverschuldens nach Art. 52 nOG den Schaden her-absetzen.

D. Steuerrechtliche Behandlung von Schadensersatzleistungen

I. Einkommensteuer

95 Die Einkommensteuer spielt im türkischen Recht bei der Behandlung von Schadensersatz-leistungen keine Rolle.

II. Mehrwertsteuerproblematik

96 1. **Konkrete Schadenspositionen.** a) **Materiellrechtliche Bedeutung der Mehrwertsteu-er.** aa) **Klärung der Vorsteuerberechtigung.** Durch den Unfallverursacher ist auch die Mehrwertsteuer für die konkret nachgewiesenen Sachschäden zu erstatten.

97 bb) **Teilweiser Vorsteuerabzug.** Einen Umsatzsteuervorabzug gibt es im türkischen Recht bei der Unfallregulierung nicht.

98 b) **Beweislast.** Die Höhe der Mehrwertsteuer ist durch den Geschädigten konkret nachzu-weisen.

99 2. **Fiktive Schadensberechnung.** Eine fiktive Mehrwertsteuerberechnung ist nicht möglich.

§ 2 Sachschäden

A. Unmittelbare Sachschäden

Der durch den Unfall Geschädigte hat einen Anspruch darauf, so gestellt zu werden, wie **100** er vor dem Unfall stand.

I. Fahrzeugschaden (Reparaturkosten)

1. Schadensnachweis. a) Schadensgutachten. Die türkischen Versicherungsfirmen haben **101** in der Regel **eigene Gutachter**, die die Höhe des Schadens feststellen. Der Geschädigte kann ebenfalls ein eigenes Gutachten erstellen lassen. Die türkischen Versicherungsfirmen regulieren aber nach ihren eigenen Gutachten, so dass ein darüber hinausgehender Schaden durch den Geschädigten gerichtlich geltend gemacht werden muss. Im Prozess haben die **privaten Gutachten keine Beweiskraft**. Vielmehr zieht der Richter einen dritten Gutachter hinzu, der unter Einbeziehung des Gutachtens des Geschädigten und der Versicherung ein weiteres Gutachten erstellt.

b) Kostenvoranschlag. Die Reparaturkosten können mittels eines Kostenvoranschlages **102** nachgewiesen werden.

c) Gerichtliches Gutachten. Um eine Beweissicherung vorzunehmen, die auch in einem **103** späteren gerichtlichen Verfahren Bestand hat, besteht die Möglichkeit unmittelbar nach dem Verkehrsunfall einen Antrag auf Erstellung eines **Feststellungsgutachtens** zu stellen. Hierbei handelt es sich nicht um eine echte Klage. Die Beantragung erfolgt beim nächst gelegenen Amtsgericht. Der Schaden wird sodann innerhalb von zwei Tagen vom Richter in Augenschein genommen und eine Gutachtenerstellung eingeleitet. Die für dieses gerichtliche Verfahren anfallenden Kosten sind ebenfalls von der Versicherung wie auch durch den Schädiger zu erstatten.

2. Totalschadensabrechnung bei Kettenauffahrunfällen. Bei dieser Art des Unfalles gelten **104** in der Türkei keine speziellen Regelungen.

3. Totalschadensabrechnung und Restwertproblematik. Bei der Regulierung des Unfalles **105** auf Totalschadenbasis ist grundsätzlich der **Restwert** von den Kosten, die entweder für ein vergleichbares Fahrzeug aufzuwenden sind oder von dem Wert des Fahrzeuges zum Zeitpunkt des Unfalles in Abzug zu bringen.

4. Reparaturkostenabrechnung. a) Abrechnung tatsächlich angefallener Reparaturkos- **106** **ten.** Die Kosten einer tatsächlich durchgeführten Reparatur sind zu erstatten. In den Fällen, in denen die objektive Notwendigkeit der Reparaturkosten strittig ist, muss ein gerichtliches Verfahren durchgeführt werden. In einem solchen wird der Richter einen Dritten mit der Klärung dieser strittigen Frage mittels eines Gutachtens beauftragen.

b) Abrechnung fiktiver Reparaturkosten. aa) Rechnungsvorlage. Die Abrechnung mittels **107** einer fiktiven Reparaturkostenabrechnung (**Kostenvoranschlag**) ist grundsätzlich möglich. Für den Fall einer strittigen gerichtlichen Auseinandersetzung kommt dieser aber keine Beweiswirkung zu. Der Richter wird in einem Verfahren einen Dritten mit der Erstellung eines Gutachtens unter Einbeziehung der fiktiven Reparaturkostenabrechnung beauftragen.

bb) Ersatzrabatt, Verbringungskosten, UPE-Zuschläge, AW-Sätze. Diese Punkte haben im **108** türkischen Recht keine besondere Bedeutung.

c) Vorschadensproblematik. Nur der Schaden ist zu ersetzen, der unfallbedingt entstanden **109** ist.

5. Fahrzeugschaden (**Abrechnung auf Neuwagenbasis**). Dieser Gesichtspunkt hat im tür- **110** kischen Recht keine Bedeutung.

II. Wertminderung

Voraussetzung einer Wertminderung ist, dass diese durch einen **türkischen Gutachter** fest- **111** gestellt worden ist. Verbindlich ist diese Feststellung aber nur, wenn sie durch einen gerichtlich bestellten Gutachter erfolgt ist. Ohne Beweis der tatsächlichen Wertminderung des Fahrzeuges nach der Reparatur ist kein Schadensersatzanspruch gegeben.[42]

112 **1. Technischer Minderwert.** Ein technischer Minderwert ist nur dann gegeben, wenn dieser durch ein **gerichtliches Gutachten** bewiesen ist.

113 **2. Merkantiler Minderwert.** Ein Anspruch auf Ersatz des merkantilen Minderwertes besteht ebenfalls nur, wenn dieser durch einen gerichtlich ernannten Gutachter festgestellt worden ist. Ein Parteigutachten, aus welchem sich ein merkantiler Minderwert ergibt, hat keinen Beweiswert, kann jedoch als[43] Beurteilungskriterium beim gerichtlich bestellten Gutachten herangezogen werden.

114 **a) Mathematische Berechnungsmethode.** Die mathematische Berechnungsmethode hat im türkischen Recht keine Bedeutung.

115 **b) Schätzungsmöglichkeiten.** Der gerichtlich bestellte Gutachter schätzt den Wert anhand einer zuvor durchgeführten Marktforschung.

116 **c) Sonderproblem: Fahrzeugalter.** Das Fahrzeugalter spielt im türkischen Recht bei der Schadensregulierung keine Rolle.

III. Abschleppkosten

117 Die Abschleppkosten werden nur bis zur nächst gelegenen geeigneten Werkstatt getragen.

IV. Kosten für den Gutachter und Kostenvoranschläge

118 Die Kosten für einen türkischen Gutachter werden grundsätzlich übernommen, die für einen ausländischen Gutachter nur in Ausnahmefällen.

119 **1. Gutachtenmängel.** Eventuelle Mängel am Gutachten müssen gerichtlich geklärt werden. Hierfür beauftragt der Richter einen unabhängigen Dritten mit der Erstellung eines Gutachtens zu dieser Frage.

120 **2. Verneinung der Überprüfungspflicht.** Dieser Gesichtspunkt hat im türkischen Recht keine Bedeutung.

121 **3. Bagatellschadensgrenze.** Die Bagatellschadensgrenze spielt im türkischen Recht keine Rolle.

122 **4. Höhe der Gutachterkosten.** In der Türkei gibt es keine festen Maßstäbe zur Höhe der Gutachterkosten.[44]

123 **5. Kosten für Kostenvoranschläge.** Kosten für Kostenvoranschläge werden in der Regel nicht erstattet.

V. Nebenkosten bei Ersatzfahrzeugen

124 **1. Ab-, An-, Ummeldekosten.** Die An-, Ab- und Ummeldekosten sind, wenn der Unfall ursächlich für deren Entstehung war, vom Fahrzeughalter wie auch vom Fahrzeugführer zu ersetzen.

125 **2. Umbaukosten.** Soweit der Geschädigte beweisen kann, dass auch die Umbaukosten durch den Verkehrsunfall erforderlich geworden sind, um das Fahrzeug in den Zustand vor dem Unfall zurück zu versetzen, sind diese erstattungsfähig.

---

42 Nach der Entscheidung 4 HD 2001/12342E vom 18.3.2002 ist bei einem Verkehrsunfall immer von einer Wertminderung auszugehen; es sei denn es handelt sich bei dem beschädigten Fahrzeug um einen Unfallwagen.

43 Kassationshof, 17 HD 23.5.2006, E 2006/300.

44 In der Regel wird die Höhe des Schadens mittels eines Kostenvoranschlages festgestellt. Die Versicherungen beschäftigen ihre eigenen Gutachter. Die Höhe der Gutachterkosten stellt sich in der Regel erstmalig im gerichtlichen Verfahren für den sodann durch das Gericht bestellten Gutachter. Die Kosten für ausländische Gutachter werden nicht übernommen.

VI. Nutzungsausfallschäden

1. Mietwagenkosten. Mietwagenkosten[45] sind grundsätzlich zu erstatten, unabhängig da- 126
von, ob es sich bei dem beschädigten Fahrzeug um ein zu privaten oder beruflichen Zwecken genutztes Fahrzeug handelt. Die Entstehung der Kosten ist aber durch **Quittungen** zu
belegen. In der Praxis erfolgt die **Regulierung** des Schadens nicht über den Versicherer, da
dieser Schaden von den Versicherungspolicen der Versicherer nicht erfasst wird. Aus diesem Grunde ist der Anspruch auf Ersatz der Mietwagenkosten gegenüber dem Schädiger,
dh dem Fahrzeugführer und/oder dem Halter geltend zu machen.

a) Privat- oder Werkstattwagen. Zwischen der Verwendung eines Wagens, der von einer 127
Werkstatt oder von einer privaten Autovermietung angemietet wird, wird im türkischen
Recht nicht unterschieden.

b) Fahrbedarf. Der Fahrbedarf des Geschädigten ist keine Voraussetzung für die Erstat- 128
tung der Mietwagenkosten.

c) Nutzungswille und -möglichkeit. Ein Beweis von Nutzungswillen und Nutzungsmög- 129
lichkeit ist nicht erforderlich.

d) Grundsatzproblematik. aa) Grundlagen der Erstattungsfähigkeit. Entsprechend der all- 130
gemeinen Rechtsprechung stellen Mietwagenkosten (oder Taxikosten) einen Teil des materiellen Schadens dar. Dieser ist an den Geschädigten zu erstatten.[46]

bb) Marktforschung. Es werden keine Vergleiche zwischen unterschiedlichen Anbietern 131
von Mietwagen angestellt.

cc) Unfallersatztarif. Die Problematik des Unfallersatztarifs spielt im türkischen Recht 132
keine Rolle.

dd) Zeitaufwand. Die Mietwagenkosten werden für den Zeitraum erstattet, in welchem 133
die Durchführung der notwendigen Reparaturen des Fahrzeuges erfolgt. [47]

ee) Schadensminderungspflicht. Auch bei der Regulierung der Mietwagenkosten sind die 134
allgemeinen Grundsätze zur Schadensminderungspflicht zu berücksichtigen.

ff.)Pauschale Abgeltung. Eine pauschale Abgeltung der Mietwagenkosten ist in der Praxis 135
unüblich. Nach dem Sinn und Zweck der gesetzlichen Regeln müsste eine solche sowohl
nach dem tSVG wie auch nach dem nOG möglich sein, da es sich hierbei ebenfalls um
einen materiellen Schaden handelt. In der Praxis erfolgt eine Erstattung nicht. Die pauschale Abgeltung müsste daher durch das Gericht geklärt werden. Der Richter müsste diese in einem solchen Fall nach billigem Ermessen festsetzen.

e) Kosten für Fahrzeugstellung. Kosten für die Fahrzeugstellung sind grundsätzlich nicht 136
zu erstatten, da der Grundsatz der Schadensminderung zu berücksichtigen ist. Auch **Kosten für Haftungsfreistellung oder Insassenversicherung,** sowie **Quotengruppen** spielen bei
der Unfallregulierung im türkischen Recht keine Rolle.

f.)Fahrzeugtyp – Gruppengleichheit. Diese spielen bei der Unfallregulierung im türkischen 137
Recht keine Rolle.

2. Nutzungsausfallentschädigung. Die Nutzungsausfallentschädigung kennt das türkische 138
Recht in der Regel nicht, sie gilt nur ausnahmsweise für gewerbliche Fahrzeuge.

---

45 Der Geschädigte kann auch anstelle der Mietwagenkosten, sich Taxikosten erstatten lassen, hierbei ist von
    dem Geschädigten der Grundsatz der Schadensminderungspflicht zu berücksichtigen. Die Erstattung erfolgt
    nur gegen Vorlage entsprechender Quittungen oder sonstiger Nachweise.
46 In der Praxis zahlen die Versicherer die Mietwagenkosten nicht, die Erstattung wird daher idR von dem
    Schädiger oder Halter direkt eingefordert.
47 Kassationshof, 17 HD 23.5.2006, E 2006/300. Hier war ein Bäckereiauto beschädigt worden und der Ge-
    schädigte hat für 40 Tage Mietwagenkosten geltend gemacht. Das erstinstanzliche Gericht hatte den An-
    spruch als überhöht zurückgewiesen. Der Kassationshof ist jedoch zu dem Ergebnis gelangt, dass 40 Tage
    Mietwagenkosten angemessen sind.

VII. Unkostenpauschale

139 Eine Unkostenpauschale kennt das türkische Recht nicht. Die Aufwendungen für Post und Telekommunikation sind konkret nachzuweisen.

VIII. Sonderfall Vollkaskoversicherung

140 **1. Inanspruchnahme.** In der Türkei gibt es eine gesetzlich vorgeschriebene Haftpflichtversicherung, die die Mindestdeckungssummen enthält. Der Versicherte kann zusätzlich noch eine freiwillige Haftpflichtversicherung sowie eine Kaskoversicherung abschließen. Die Kaskoversicherung ist vergleichbar mit der Vollkaskoversicherung in Deutschland und deckt ausschließlich die Schäden am eigenen Fahrzeug ab. In der Regel wird in der Türkei für Neufahrzeuge eine Vollkaskoversicherung abgeschlossen. Der Geschädigte kann auch zunächst den durch den Unfallverursacher entstandenen Schaden mit **seiner eigenen Kaskoversicherung abrechnen.** Der Anspruch des Geschädigten gegen den Schädiger, den Halter und die Versicherung des Halters geht dann aber auf die Kaskoversicherung über.

141 **2. Abrechnung.** Hierzu gibt es keine besonderen Regeln im türkischen Recht.

B. Mittelbare Sachschäden (Sachfolgeschäden)

I. Finanzierungskosten

142 Die Finanzierungskosten werden in der Regel nach türkischem Recht nicht erstattet.

II. Verzugszinsen

143 Im Falle eines Verkehrsunfalles sind keine Verzugszinsen zu berücksichtigen, sondern vielmehr die gesetzlichen Zinsen. Die Verzugszinsen sind für Forderungen in türkischer Währung im Zinsgesetz[48] geregelt, das aufgrund eines Verfassungsgerichtsurteils[49] mit Wirkung zum 1.1.2000 in die heutige Fassung gebracht wurde.[50]

144 **1. Verzugszinshöhe.** Derzeit beträgt die Höhe 9 % jährlich (gesetzlicher Zins laut Art. 1 Gesetz 3095).[51]

145 **2. Verzugsbeginn. a) Fahrzeugschaden.** Die Zinsen auf die Entschädigung für den Fahrzeugschaden fallen **ab dem Unfalltag** an. Eine Inverzugsetzung ist nicht erforderlich, da ab dem Unfalltag ein Schaden entstanden ist, für welchen der Geschädigte Kosten aufwenden muss. In der Klageschrift ist durch den Geschädigten das konkrete Datum des Zinsbeginnes anzugeben und zu begründen. Für den Fall, dass dies unterbleibt, erhält der Geschädigte erst **ab der Einreichung der Klage bei Gericht** die Zinsen ausgeurteilt.[52]

146 **b) Sonstige Schadenspositionen.** Zinsen, für eventuell sonstige unfallbedingte Schadenspositionen, die erst nach dem Unfall entstanden sind, sind ab dem Tag ihres Entstehens zu zahlen.

III. Anwaltskosten

147 Die außergerichtlichen Anwaltskosten sind von jeder Partei **selbst zu tragen.** Sie werden nicht durch die Versicherung oder den Schädiger ersetzt. Im Falle eines Zivilprozesses hat die unterlegene Partei der obsiegenden Partei die **Anwaltskosten zu erstatten** dies aber nur in Höhe der dortigen Anwaltsgebührenordnung. In der Regel vereinbaren die Anwälte mit

---

48 Gesetz Nr. 3095 v. 4.12.1984, RG (Amtsblatt) Nr. 18610 v. 19.12.1984.
49 Urt. v. 15.12.1998, E. 1997/34, K. 1998/79, RG Nr. 23888 v. 26.11.1999.
50 Gesetz Nr. 4489 v. 15.12.1999, RG Nr. 23910 v. 18.12.1999.
51 Seit dem 1.1.2000 gilt eine Anpassung des Verzugszinssatzes an den Rediskontsatz der Zentralbank für kurzfristige Kredite vom 31.12. des jeweiligen Vorjahres. Sollte der Rediskontsatz zum 30.6. des laufenden Jahres um fünf oder mehr Prozentpunkte von diesem Satz abweichen, so wird für die zweite Jahreshälfte der Rediskontsatz vom 30.6. angewandt. Der Zins wird nach Zinstagen berechnet, kann durch den Ministerrat erhöht oder herabgesetzt werden, höchstens bis 24 %. Seit 2006 hat der Ministerrat die Höhe der Zinsen mit 9 % festgelegt.
52 Kassationshof, 4 HD, 07.07.78, E: 1978/3046.

den Mandanten jedoch wesentlich höhere Honorare. Dies führt dazu, dass die obsiegende Partei in einem solchen Fall meist noch Anwaltskosten des eigenen Anwalts in nicht unerheblicher Höhe tragen muss.[53]

IV. Rückstufungsschaden

Das System der Rückstufung ist in der Türkei nicht bekannt. In der Kaskoversicherung **148** gibt es jährlich einen Schadenfreiheitsrabatt.

1. Haftpflichtversicherung. Eine Rückstufung erfolgt nicht, so dass ein Schaden nicht eintritt. **149**

2. Vollkaskoversicherung. Wird die Kaskoversicherung durch den Geschädigten in Anspruch genommen, so sind die Kosten vollumfänglich erstattungsfähig. **150**

a) Volle Haftung des Schädigers. Wenn dem Schädiger die volle Haftung obliegt, so verbleibt es bei dem Schadensfreiheitsrabatt des Geschädigten in der Kaskoversicherung. **151**

b) Haftungsquote. Für den Fall eines Mitverschuldens des Geschädigten an dem Verkehrsunfall verliert dieser, soweit er den Schaden von der Kaskoversicherung in voller Höhe zurückverlangt, seinen Schadensfreiheitsrabatt. **152**

c) Prozessuale Besonderheit. Es gibt keine prozessualen Besonderheiten im türkischen **153** Recht

§ 3 Personenschäden

A. Heilbehandlungskosten

Heilbehandlungskosten werden erstattet, soweit diese angefallen sind. Es muss also ein adäquater Kausalzusammenhang (uyfun illiyet bagi) gegeben sein. · **154**

Beispiel: A verletzt bei einem Verkehrsunfall schuldhaft den B. Auf dem Weg ins Krankenhaus verunglückt B und kommt zu Tode. Zwar ist die Kausalität gegeben, sie ist jedoch nicht adäquat und somit der konkrete Erfolg „Tod des B" dem A nicht zuzurechnen.[54]

I. Arzt/Krankenhauskosten

Krankenhauskosten wie auch Arztkosten sind ebenfalls zu erstatten, soweit sie angefallen **155** sind.

II. Nebenkosten

Nebenkosten können ebenfalls erstattet werden, soweit sie in einem kausalen Zusammen- **156** hang mit den Behandlungskosten stehen.

III. Besuchskosten

Besuchskosten sind zu erstatten, soweit der Unfall für diese ursächlich ist. **157**

---

53 Mittlerweile ist es auch zu einer Anhebung der Gebühren in der dortigen Anwaltsgebührenordnung gekommen, so dass sich die Differenz zum vereinbarten Honorar verringert hat.
54 Reisoglu, S. 137.

B. Erwerbsschaden

I. Arbeitnehmer

158 Dem Geschädigten wird für die Dauer der Erwerbsunfähigkeit der Verdienstausfall auf der Basis seines bisherigen Einkommens ersetzt.

II. Selbstständige

159 Der Selbstständige muss in geeigneter Weise durch Vorlage von Nachweisen sein Einkommen in der Vergangenheit belegen.

III. Sonstige Personen

160 Wird ein Student, der **noch nicht erwerbstätig** war, erwerbsunfähig, so wird sein Erwerbsschaden dadurch ermittelt, dass im gerichtlichen Verfahren ein beauftragter Gutachter anhand von allgemeinen Daten ermittelt, was der Student, ab wann mit diesem Studium verdient hätte. Auch die Eltern eines Studenten, der verstirbt, haben einen derartigen Anspruch auf Erstattung des Erwerbsschadens.

C. Haushaltsführungsschaden

161 Schäden, die mit der unfallbedingten Unfähigkeit zur Haushaltsführung verbunden sind, werden mit einer Quote von **30 % des Mindestlohn**es angesetzt.[55] Dieser beläuft sich derzeit auf 978,60 TL brutto (netto 773,01 TRY netto).

162 Dieser Schaden kann auch bei einer nur vorübergehenden Beeinträchtigung geltend gemacht werden.[56]

163 Fiktive Schäden spielen im türkischen recht in der Praxis keine Rolle.

D. Nebenpositionen

164 **Beerdigungskosten** werden, soweit sie angemessen sind, ersetzt (Art. 53 nOG). Sonstige Positionen spielen darüber hinaus im türkischen Recht keine Rolle.

E. Haftungsprivilegien

I. Arbeitsverhältnisse

165 In den Fällen, in denen der Verkehrsunfall durch den Arbeitgeber oder einen anderen Arbeitnehmer verursacht wird, haftet der Arbeitgeber grundsätzlich für den eingetretenen Schaden.

II. Familienangehörige

166 Gegenüber Familienangehörigen haftet der Halter wie auch der Schädiger, soweit es sich nicht um den Halter handelt, nach dem türkischen Obligationengesetz (Art. 49 nOG).

§ 4 Schmerzensgeld

---

55 Kassationshof 4 HD, 6.4.2000, E. 2000/ 1095.
56 Wird jedes Jahr neu vom Ministerrat festgesetzt.

A. Grundlagen

I. Allgemeine Grundlagen

Schmerzensgeld (manevi tazminat) stellt einen immateriellen Schadensersatz dar. Er **167** kommt in Betracht, wenn bei einem Verkehrsunfall, dem Geschädigten eine Verletzung zugefügt wird, die nicht sein Vermögen betrifft, sondern seine Person. Der Ersatz des immateriellen Schadensersatzes richtet sich nicht nach dem tSVG, sondern nach den allgemeinen Regeln des Obligationengesetzes (Art. 49 nOG). Der Anspruch auf Schmerzensgeld ergibt sich daher nicht als Gefährdungshaftung allein aus dem Betrieb des Kfz, sondern aus einer Verschuldenshaftung. Der Geschädigte hat **keinen Direktanspruch** gegen die Haftpflichtversicherung des Halters. Der Anspruch richtet sich vielmehr allein gegen den Halter und den Schädiger entsprechend dem Grad ihres Verschuldens. Im gerichtlichen Verfahren wird durch einen vom Richter bestellten **Sachverständigen** die Höhe des Schmerzensgeldes festgelegt, die sich nach der Schwere der erlittenen Verletzung und der Dauer der Heilbehandlung richtet.

Entschädigt werden durch das Schmerzensgeld **dauerhafte Körperschäden** (die durch einen **168** bestimmten Grad der Invalidität von 1 % bis 100 % festgelegt werden)[57] sowie **vorübergehende Körperschäden** (die anhand der Dauer der Erkrankung und der hierdurch erlittenen Beeinträchtigung bestimmt werden).

II. Angehörigenschmerzensgeld

Die Angehörigen haben gegenüber dem Schädiger einen materiellen und einen immateriellen Schadensersatzanspruch. **169**

Art. 53 Abs. 3 nOG gewährt Personen, die mit dem Verstorbenen in einem Versorgungs- **170** verhältnis zum Zeitpunkt des Todes durch einen Verkehrsunfall standen, einen Ausgleichsanspruch gegen den Schädiger (**materieller Schadensersatz**). Dabei kommt es auf eine gesetzliche Unterhalts- oder erbrechtliche Beziehung nicht an. Maßgeblich für einen Anspruch ist die tatsächliche Versorgungsbeziehung. Da das Gesetz in Art. 53 nOG nicht von Familie spricht, ist unklar, wie weit der Kreis der potenziellen Anspruchsberechtigten gezogen wird. Im Ergebnis dürfte es sich um die Familien im Sinne des Art. 49 nOG handeln.[58] Maßstab für die Höhe des Ersatzes dieses „Versorgungsschadens" ist der Lebensstandard des Anspruchsinhabers.[59] Kann dieser zum Beispiel durch den Erhalt einer Erbschaft ganz oder teilweise erhalten werden, entfällt der Anspruch auf Ersatz des Versorgungsschadens entsprechend.[60] Zahlungen, die durch die Sozialversicherung in Form von **Witwenrente** erfolgen, sind anzurechnen. Bei der Berechnung des Schadens für die Zukunft sind auch diejenigen Umstände, wie zB **erneute Heirat** der Witwe oder die Möglichkeit der Kinder selber in das Erwerbsleben einzutreten, zu berücksichtigen.[61] **Volljährige** Söhne sowie Töchter ab dem 22. Lebensjahr haben keine Ansprüche mehr, da man bei diesen davon ausgeht, dass sie sich selber versorgen können. Ein Gegenbeweis ist möglich (zB behinderte Tochter über 22 Jahre, die keine Erwerbstätigkeit ausüben kann).

Neben dem Ausgleichsanspruch steht den Verwandten im Falle des Todes des Geschädig- **171** ten ein Schmerzensgeld nach Art. 56 Abs. 2 nOG zu (immaterieller Schadensersatz).

Zu den Verwandten gehören zum einen **Blutsverwandte** wie Eltern, Großeltern, Kinder **172** und Geschwister, aber auch **Ehegatten** und **Verlobte** sowie diejenigen Personen, die aufgrund einer **Imam-Ehe** eine „De-facto- Familie"[62] bilden. Die erbrechtliche Beziehung ist hier kein Anknüpfungspunkt für die Definition der Familie im Sinne dieser gesetzlichen Regelung. So kann ein Enkel einen Schmerzensgeldanspruch auch dann beanspruchen,

---

57 Diese wird durch einen gerichtlich bestellten Sachverständigen in strittigen Verfahren festgelegt.
58 Rumpf, S. 207.
59 Rumpf, S. 207.
60 Reisoglu, S. 173.
61 Das Stichdatum ist in der Regel die Volljährigkeit des betroffenen Kindes oder das mutmaßliche Ende der Ausbildung.
62 Rumpf, S. 208.

wenn eine erbrechtliche Beziehung zur Großmutter nicht bestand.[63] Art. 53 nOG spricht nicht von Verschulden. Dies führte teilweise zu der Schlussfolgerung,[64] dass die Schwere des Verschuldens keine Berücksichtigung findet; die Rechtsprechung des Kassationshofes verzichtet gänzlich auf das Verschuldenserfordernis.[65]

III. Schockschäden

173 Der Anspruch wegen Schockzuständen (sog Betroffenheit) ist durch den Kassationshof sehr eingeschränkt worden. Um einen Anspruch zu begründen, muss eine **erhebliche seelische Beeinträchtigung** des Angehörigen vorliegen, die dem körperlichen Schmerz nahe kommt, und ein kausaler Zusammenhang zum Tode des Geschädigten vorliegen.[66]

B. Berechnungsgrundlage

174 Der Umfang und die Höhe des zu ersetzenden Schadens werden durch den Richter nach dem Grad des Verschuldens, der Dauer der Behandlung und dem Grad der Beeinträchtigung unter Ausübung eines pflichtgemäßen Ermessens festgelegt.

175 Auch hat er bei der Ermittlung des Umfanges des Schmerzensgeldes andere **objektive Umstände** auf Seiten des Geschädigten zu berücksichtigen, wenn durch diesen Umstand der Schaden höher ausgefallen ist, als es sonst der Fall wäre.

Beispiel: Der Geschädigte wird bei einem Unfall schwer verletzt. Infolge einer krankhaften Veränderung im Oberschenkelknochen kommt es zu einem besonders komplizierten Bruch, so dass der Geschädigte statt nach zwei Wochen, erst wieder nach drei Monaten aus dem Krankenhaus entlassen werden kann und weitere sechs Monate arbeitsunfähig ist.[67]

176 Auch ist die **soziale Position** des Geschädigten zu berücksichtigen. Wird zB ein Schönheitschirurg bei einem Verkehrsunfall im Gesicht verletzt, führt dies auch zu einer Beeinträchtigung der sozialen Position, die berücksichtigt werden muss.

177 Das zu leistende Schmerzensgeld soll zudem eine „**abschreckende Funktion**" haben. Auch dieser Umstand ist bei der Höhe des Schmerzensgeldes zu berücksichtigen.

178 Zu ersetzen ist nur derjenige Schaden, der voraussichtlich auch ohne den objektiven Anteil des Geschädigten eingetreten wäre. Das Gericht kann in einem solchen Fall aber aufgrund seines Ermessens eine höhere Bemessung wie auch eine niedrigere Bemessung vornehmen.

179 Durch das Gericht ist bei der Beurteilung immer auch zu berücksichtigen, ob die Adäquanz des **Kausalzusammenhangs** zwischen dem schädigenden Ereignis und dem Schaden fehlt.

I. Schmerzensumfang

180 Der Schmerzensumfang fließt bei der Berechnung des zu ersetzenden Schadens mit ein.

II. Eingriffsintensität

181 Da die Intensität eines Eingriffes sich direkt auf die Art der erlittenen Verletzung und die daraus folgende Länge des Krankenhausaufenthaltes und den Heilungsprozess auswirkt, hat diese auch einen entsprechenden Einfluss auf die Höhe des Schadens.

---

63 Kassationshof, 4 HD, 16.11.1989, E. 1998/5648, K. 1998/8925, YKD 1999, S. 774 f.
64 Reisoglu, S. 195.
65 Kassationshof Plenum, 22.6.1966, E 1966/7, K.1966/7.
66 Kassationshof, 7.10.1997, VersRAI 1999, 30.
67 Rumpf, S. 205.

III. Folgeschäden

Für den Fall, dass aufgrund des Verkehrsunfalles eine **Behinderung** beim Geschädigten 182
verbleibt, ist die Beeinträchtigung der Arbeitskraft[68] prozentual festzulegen. Der Schädiger
ist in dieser Höhe zu Schadensersatz verpflichtet (Art. 54 nOG).

C. Genugtuungsfunktion

Die Entschädigung von Schäden an Personen hat eine Genugtuungsfunktion. Der Geschä- 183
digte soll Ersatz bekommen für die bei ihm eingetretenen negativen Konsequenzen des Unfalles.

I. Ausmaß des Verschuldens

Bei dem immateriellen Schadensersatz handelt es sich um eine Verschuldenshaftung nach 184
dem Obligationengesetz.

Das Ausmaß des Verschuldens ist daher grundsätzlich zu berücksichtigen. **Leichte Fahrläs-** 185
sigkeit wird durch das Gericht deutlich anders zu berücksichtigen sein als **Vorsatz.**

Das Verschulden kann auch zum Ausschluss des Anspruches führen.[69] 186

II. Regulierungsverzögerung

Bei einer Verzögerung der Regulierung können nur Verzugszinsen geltend gemacht wer- 187
den.

III. Vermögensverhältnisse

Bei der Bemessung des Schadensersatzes spielen auch die Vermögensverhältnisse des Schä- 188
digers eine Rolle. Wer vermögenslos ist, muss zwar zahlen, darf aber mit einer entsprechenden Ermessensausübung durch das Gericht rechnen. Das Gericht kann umgekehrt
aber auch die schlechte Vermögenssituation des Geschädigten zulasten des Schädigers in
sein Ermessen einfließen lassen.[70]

D. Berechnungsmethoden (mit Beispielen)

Der immaterielle Schadensersatz liegt bis dato im Ermessen des Richters. 189

Dieser muss bei der Ausübung des Ermessens die bereits dargestellten Gesichtspunkte be- 190
rücksichtigen.

Ein Großteil der Lehre fordert mittlerweile für die Berechnung des **Schmerzensgeldes** ua 191
im Todesfall wie folgt vorzugehen. Es ist eine sogenannte Lebenserwartungstabelle entwickelt worden. Hiernach hat ein 63-jähriger Mann noch eine Lebenserwartung von 13
Jahren (hierbei wird noch zwischen der aktiven Lebenszeit und der passiven Lebenszeit
unterschieden). Verstirbt dieser, so ist der monatliche gesetzliche Mindestlohn (zurzeit
700,00 TRY netto) x 12 Monate x 13 Jahre Lebenserwartung – abzüglich des eigenen Verschuldens an dem Unfall = der zugrundeliegende Schadensersatz. Hiervon kann die Ehefrau 1/2 beanspruchen und die Kinder 1/4.

Der **Ausgleichsanspruch** (materieller Schadensersatz) im Falle des Todes des Geschädigten 192
errechnet sich wie folgt bei einem Alter des Geschädigten von 63 Jahren: Hier ist von dem
tatsächlichen Nettoeinkommen des Geschädigten auszugehen x 12 Monate x 13 Jahre
(hierbei wird noch zwischen der aktiven Lebenszeit und der passiven Lebenszeit unterschieden) abzüglich des eigenen Mitverschuldens des Geschädigten = Höhe des zu ersetzenden Schadens. Hiervon kann die Witwe 1/2 beanspruchen abzüglich der Wiederverhei-
ratungschancen (welche in einer Wiederverheiratungschancentabelle getrennt nach Män-

---

68 Die Ermittlung erfolgt durch einen gerichtlich bestellten Sachverständigen.
69 Kassationshof 10 HD, 24.2.1998, E. 1998/989.
70 Reisoglu, S. 168; Rumpf, S. 205.

nern und Frauen aufgelistet sind – hiernach hat eine 20 Jahre alte Frau eine Wiederverhei-
ratungschance von 72 %) abzüglich etwaiger eigener Einkünfte (zB Witwenrente).

E. Kapitalisierung von Schadensersatz oder Schmerzensgeldrenten

193 Die Kapitalisierung von Schadensersatzansprüchen ist gem. Art. 51 nOG möglich. Auch
hier steht die Höhe des zu leistenden Ersatzes im Ermessen des Gerichtes. Bei der Berechnung von Leistungen hat der Richter wiederum den Grad des Verschuldens, die Dauer der
Behandlung und den Grad der Beeinträchtigung zu berücksichtigen. Auch ist ein etwaiges
Mitverschulden des Geschädigten zu beachten. Ersatzleistungen, die der Geschädigte zB
vom Sozialversicherungsträger erhält, sind bei der Höhe des Schadens mindernd zu berücksichtigen.

194 **Kapitalisierte Geldrenten** orientieren sich an den bisherigen Einkünften des Geschädigten
unter Berücksichtigung seiner Lebenserwartung.

§ 5 Ansprüche aus übergegangenem Recht (Regress)

A. Gesetzliche Anspruchsgrundlagen

195 Der Haftpflichtversicherer kann aus Art. 120 Abs. 1 türkisches HGB seinen **Versicherungsnehmer in Regress** nehmen. Auch kann ein Schädiger im Innenverhältnis **den anderen
Schädiger,** der nicht zum Schadensersatz herangezogen worden ist, nach Art. 88 Abs. 2
tSVG in Regress nehmen für den von diesem verursachten Schaden entsprechend seinem
Verschulden.

196 Für den Fall, dass das Unfallopfer Ansprüche gegenüber dem **Sozialleistungsträger SSK**
(social sigortala kanonu) hat und diese an den Geschädigten leistet, sind diese von dem
Unfallgegner nach Art. 25 SSK (Gesetzesnummer: 506) zu erstatten. Gleichzeitig werden
die Zahlungen des Sozialleistungsträgers bei der Berechnung des Anspruches des Geschädigten mindernd berücksichtigt.

B. Kongruenz von Leistung und Ersatzansprüchen

197 Die Ansprüche aus Art. 120 Abs. 1 und Art. 88 Abs. 2 StVG richten sich nach der Höhe
der erbrachten Leistungen sowie nach dem Verschulden des Schädigers.

C. Haftungsprivileg

198 Haftungsprivilegien spielen im türkischen Recht bei der Unfallregulierung keine Rolle.

D. Quotenrecht des Geschädigten

I. Anwendbarkeit

199 Der Geschädigte kann neben der Versicherung seine Forderung gegenüber dem Schädiger
geltend machen.

II. Wirkungen auf den Versicherungsnehmer

200 Der Geschädigte kann auch über den von der Versicherung geleisteten Betrag eine Entschädigung von dem Schädiger verlangen, soweit diese nachgewiesen ist.

Abschnitt 3: Durchsetzung der Ansprüche
§ 1 Vorgerichtliche Schadensabwicklung

A. Das vorgerichtliche Verhalten der Versicherung

Der Versicherungsnehmer hat innerhalb von sieben Tagen den Unfall bei der Versicherung 201 anzuzeigen. Die Versicherung muss ihrerseits innerhalb von acht Tagen auf die Geltendmachung von Ansprüchen des Geschädigten reagieren. In den Fällen, in denen keine Reaktion erfolgt, besteht für den Versicherten die Möglichkeit eine **Beschwerde** an die Dienstaufsicht der Versicherung zu richten.

Ansonsten unterliegt das vorgerichtliche Verfahren mit der Versicherung keinen besonde- 202 ren Regeln.

B. Anerkennungswirkung der vorgerichtlichen Äußerungen

I. Verjährungsunterbrechung

Die Verjährung von Schadensersatzansprüchen aus einem Verkehrsunfall beträgt zwei Jah- 203 re (Art. 109 StVG und 72 nOG). **Verjährungsbeginn** ist der Tag, an dem der Geschädigte Kenntnis von dem Schaden und dem Schädiger erhält. Spätestens tritt die Verjährung nach 10 Jahren ein. Liegt gleichzeitig eine Straftat vor, so tritt die Verjährung nach der dort eventuell geregelten längeren Frist ein. Die Fristen gelten auch gegenüber der Haftpflichtversicherung. Rückgriffsrechte sind – entsprechend – innerhalb von zwei Jahren ab Kenntnis vom Rückgriffsanspruch, spätestens nach 10 Jahren, auszuüben.

In bestimmten Fällen kann die Verjährung gehemmt sein. **Hemmung** bedeutet im türki- 204 schen Recht, dass eine Verjährung am Ende der Hemmung unter Nichtberechnung des Hemmungszeitraumes beginnt bzw. – wenn sie bereits begonnen hatte – unter Anrechnung der vor Eintritt der Hemmung gelaufenen Zeit weiterläuft. ZB wird dies von einem Teil der Lehre angenommen in den Fällen, in denen bösgläubiges oder böswilliges Verhalten des Schuldners den Gläubiger daran hindert, die Forderung rechtzeitig anhängig zu machen; allerdings vertritt ein anderer Teil der Lehre die Auffassung, dass es sich bei diesem Fall nicht um eine Hemmung, sondern um die Verwirkung der Einrede der Verjährung gem. dem Grundsatz von Treu und Glauben handelt.[71]

Die Verjährung kann **unterbrochen** werden. Dies bedeutet, dass die bereits begonnene Ver- 205 jährung und die Verjährungsfrist mit der Unterbrechung unbeachtlich bleibt und die Verjährungsfrist mit der Unterbrechung erneut zu laufen beginnt. **Unterbrechung** kommt in Betracht, wenn

- ein **Anerkenntnis** abgegeben wird,
- ein **Pfandrecht** eingeräumt wird,
- eine **Bürgschaft** beigebracht wird,
- die **Forderung** bei einem Gericht oder einem Schiedsgericht anhängig gemacht wird,
- **Vollstreckungsmaßnahmen** eingeleitet worden sind.

Wenn die Verjährung gegenüber dem schadensersatzpflichtigen Schädiger unterbrochen wird, führt dies auch zu einer Unterbrechung der Verjährung der Ansprüche gegen den Versicherer (Art. 109 StVG).

---

71 Tekinay ua, S. 1048 f.

II. Deklaratorisches Schuldanerkenntnis

206   Ein Schuldanerkenntnis entbindet denjenigen, zu dessen Gunsten es gemacht worden ist, von der Last, das von ihm zugrunde liegende Rechtsverhältnis zu beweisen. Es verbleibt jedoch die Möglichkeit, den Gegenbeweis zu führen.

207   Bei einem Verkehrsunfall, bei welchem es zu keinem Personenschaden gekommen ist, können die Parteien den Hergang des Verkehrsunfalles **protokollieren** und das **Verschulden festhalten.** In diesem Fall ist der Halter, wie auch die Haftpflichtversicherung an diese Erklärung des Fahrers, selbst wenn dieser nicht identisch mit dem Halter gewesen ist, dem geschädigten Dritten gegenüber gebunden und zum Ersatz des entstandenen Schadens verpflichtet. Im Innenverhältnis kann der Versicherer wie auch der Halter auf Ersatz des geleisteten Schadensersatzes an den Dritten gegenüber dem Fahrer klagen, wenn sie der Auffassung sind, dass das Anerkenntnis des Schadens nicht zutreffend war.

208   Die **Unfallprotokollierung durch die Polizei,** die durch den Fahrer gegengezeichnet wird, hat keine Beweiswirkung gegen den Halter und die Versicherung, sondern nur gegen den Fahrer und muss durch den Richter nach seinem freien Ermessen gewürdigt werden.

C. Bedeutung von Abtretungen

209   Der Anspruch auf Entschädigung von Vermögensschäden kann vom Unfallgeschädigten an Dritte übertragen werden, zB an Werkstätten oder Autovermietungen. In der Regel haben solche Fälle in der Türkei aber keine Bedeutung.

210   Für die Abtretung ist nicht die Einwilligung des Schuldners erforderlich.

211   Auch die Abtretung der Ansprüche auf immateriellen Schadensersatz gegen den Schädiger ist möglich.

212   Die Abtretung des Schadensersatzanspruchs ist dem Schädiger anzuzeigen. Darüber hinaus muss er die durch Abtretung entstehenden Folgekosten nicht tragen.

§ 2 Beweismittel

213   Hinsichtlich der zulässigen Beweismittel bestehen keine Unterschiede zum deutschen Recht.

§ 3 Besonderheiten des türkischen Zivilprozessrechts

A. Gerichtsstruktur

214   Die Gerichtsbarkeit der Türkei (Türk Yargı Sistemi) ist entsprechend Art. 138 der Verfassung unabhängig und unterliegt keinerlei Weisung.

215   Die türkische Zivilgerichtsbarkeit kennt folgende Gerichtstypen:

- **Zivile Friedensgerichte** (Sulh Hukuk Mahkemeleri): Diese Gerichte sind mit einem Einzelrichter besetzt und verhandeln Zivilsachen mit geringem Streitwert. Zudem sind sie unabhängig vom Streitwert für Mietvertragsstreitigkeiten aller Art (zB Räumungsklagen), die Ausstellung von Erbscheinen, Adoptionsbewilligungen, Bestätigungen von Rechtsgeschäften zwischen Kindern und Eltern und die Auflösung von Eigentümergemeinschaften zuständig.

- **Zivilkammern** (Asliye Hukuk Mahkemeleri): Diese Gerichte sind mit einem Einzelrichter besetzt. Sie verhandeln Zivilsachen mit höherem Streitwert. Unabhängig vom Streitwert sind sie zuständig für Insolvenzverfahren und Verstöße gegen die Persönlichkeitsrechte.

- **Handelsgerichte** (Asliye Ticaret Mahkemeleri): Diese Gerichte sind mit drei Richtern besetzt. Sie sind zuständig für alle Handelsklagen. Es gibt Handelsgerichte nur in größeren Städten. In Städten ohne Handelsgerichte sind die Zivilkammern zuständig.

Die Streitwertgrenze lässt sich nicht genau bestimmen, da sie inflationsbedingt wechselt.

Zweite Instanz 216

- **Regionsgerichte** (Bölge İdare Mahkemeleri): Im Zuge der Reformen für den Beitritt in die Europäische Union wurde am 1.6.2005 mit den Regionsgerichten (bölge adliye mahkemeleri) eine Berufungsinstanz (istinaf mahkemesi) eingeführt. Ursprünglich sollten diese in 14 Städten errichtet werden. Diese Zahl ist dann auf sieben reduziert worden.

  Erst Ende 2015 sind in sieben Städten der Türkei (ua Istanbul, Samsun, Ankara, Izmir) die Gerichte eingerichtet worden und die Richter berufen worden. Die Gerichte sollen voraussichtlich ab September 2016 ihre Tätigkeit aufnehmen.

- **Kassationshof** (Yargıtay): Revisionsinstanz ist stets der Kassationshof der Türkei.

Sachlich sind in der **ersten Instanz** bei Verkehrsunfällen die Zivilkammern (Asliye Hukuk Mahkemeleri) zuständig.

Gegen erstinstanzliche Urteile kann innerhalb von 15 Tagen nach der Zustellung des Ur- 217 teils **Berufung** beim Kassationshof (Yargıtay) erhoben werden.

Das Gesetz für den Zivilprozess (HUMK) stellt die Hauptregeln der **örtlichen Zuständig-** 218 **keit** der Gerichte im türkischen Recht auf. Als Grundregel für die örtliche Zuständigkeit sieht das HUMK das Gericht am Wohnort des Beklagten als örtlich zuständig an (Art. 9 Abs. 1 HUMK). Ist der Wohnort des Beklagten nicht zu bestimmen, ist das Gericht an dem Ort zuständig, wo der Beklagte innerhalb der Türkei zuletzt gewohnt hat (Art. 9 Abs. 2 HUMK). Außer dieser Grundregel für die örtliche Zuständigkeit sieht das HUMK eine Sonderregelung für **unerlaubte Handlungen** vor. Für solche Klagen sind die Gerichte örtlich zuständig, welche an dem Ort liegen, wo sich die unerlaubte Handlung, hier der Unfall, zugetragen hat. Weil sowohl der Ort der unerlaubten Handlung als auch der Ort, an dem die schädigenden Folgen der unerlaubten Handlung sich realisiert haben, zum Begriff des Geschehensortes[72] zu zählen sind, sind die Gerichte, die an beiden Orten liegen, im türkischen Recht örtlich zuständig.[73]

Hinsichtlich der **Haftpflichtversicherung**, die den Schaden an dem Verkehrsunfall erfasst, 219 sind die Gerichte örtlich zuständig, wo die Gesellschaft ihren Sitz hat oder die Filiale des Versicherers oder der Agentur, die den Versicherungsvertrag abgeschlossen hat, sitzt (Art. 110 StVG).

B. Klagebeschränkungen

Eine Klagebeschränkung ist im türkischen Recht nicht existent. 220

---

72 Nomer/Sanli, S. 402.
73 Doc. Dr. Ayse Havutcu, S. 171.

Stichwortverzeichnis

Die Zahlen bezeichnen die Randnummern.

- prozessuale Bedeutung   D/EU 560
- Sachverständige   D/EU 563
- Vertrag   D/EU 562
forum non conveniens   D/EU 279 f.
Fußgänger   GR 44 ff., 53 ff., F 23 ff.,
   DK 27 f., ISL 53 ff.
- Abwägungsgesichtspunkte   NL 49 f.
- ältere   55 ff., NL 51
- Gefährdungshaftung   A 116, I 48 ff.
- Haftung   GR 44 ff., TR 50 ff.,
   PL 87 ff., A 116 ff., I 48 ff., F 23 ff.,
   NL 46 ff., B 56 ff., CH 49, E 66 ff.
- Mitschuld   I 51
- Verschuldenshaftung   A 116 ff., I 50
Fußgänger, ältere
- Haftung   CH 49

Garantiefonds   B 28, TR 31, PL 289,
   349 ff.
Gebrauchsentbehrung   A 280
Gefährdungshaftung   GR 10 ff.,
   DK 6 sa haftung, 9 ff., 44, TR 6,
   14 ff., 22 ff., 72 ff., PL 6, 10 ff., 17 ff.,
   142 f., A 161 ff., 9 ff., 75, E 5 f.,
   20 ff., 88, 90, ISL 12 ff., 74
- Betriebsbegriff   NL 14
- Beweislast   A 160
- des Halters   A 20 ff.
- des Lenkers   A 11
- EKHG-Haftung   A 21 ff.
- Entlastungsmöglichkeit   NL 19 ff.
- Fahrer   NL 5, B 5, ISL 31
- fehlerhafte Herstellung   I 19
- gesetzliche Vermutung   I 73
- Grundlagen   22 ff., NL 13, 73, E 20
- Haftungsgrundlage   DK 6, 9 ff., 44
- Kraftfahrzeughalterhaftung
   A 20 ff., I 6 ff.
- Ladevorgänge   NL 15
- mangelhafte Instandhaltung   I 19
- objektive Gefährlichkeit   A 3
- Prüfungsschema   A 159 ff.
- Prüfungsweg   B 89
- Quotenbildung   NL 75
- Schutznorm   NL 9
- straßenverkehrsrechtliche   NL 7 ff.,
   E 13
- Verfolgungsfälle   NL 17
- Verneinung der Betriebsgefahr
   NL 16
- verschuldensunabhängige   A 3, 21
- Versicherer   B 13
Gehilfenhaftung   17

Generalunkosten   A 288
- Garagenmiete   A 289
- Gefährdungshaftung   A 289
- NOVA   A 289
- Steuern   A 289
- Versicherungsprämie   A 289
Genugtuungsfunktion   E 198 f.
Gerichtssachverständiger   D/EU 623
Gerichtsstand   D/EU 688
- Inland   D/EU 455
- Prozesskostenhilfe   D/EU 456
Gerichtsstruktur   I 242 ff., NL 222 ff.,
   DK 141 f., E 237 ff., CH 212 ff.,
   TR 215 ff., PL 345 ff.
- Amtsgericht   NL 223
- Anwaltskosten   NL 225
- Kosten des Gerichtsverfahrens
   NL 226
- Landgericht   NL 224
Gesamtschuld, gestörte   D/EU 392
Gesamtschuldnerhaftung   TR 76 ff.,
   PL 149 ff.
- Haftungsverteilung im Innenverhält-
   nis   TR 78 ff., PL 152 ff.
Gesamtschuldnerschaft   A 172 ff.,
   GR 70 ff., 85 ff., E 24 ff., ISL 88 f.
- Außenverhältnis   CH 80 ff.
- Eigenverschulden   NL 79
- Fahrzeughalter und -führer   I 13 ff.
- Gefährdungshaftung   A 175, 179 ff.
- Grundlagen   NL 78, F 113 ff., E 95
- Grundsatz   B 92 f.
- Haftungsverteilung   I 77 ff., 86,
   E 96
- Haftungsverteilung im Innenverhält-
   nis   NL 80 f.
- Innenverhältnis   GR 74 ff., F 118 f.,
   B 94, CH 83 f.
- Verschuldenshaftung   A 172 ff.
Geschädigter
- Beweislast   TR 61 ff., PL 121 f.
- Tod   I 5
- Verschulden   PL 45 f.
Geschäftsführung ohne Auftrag   47,
   NL 30, E 55
- angemessene Entschädigung
   A 95 ff.
- Anspruch auf Aufwandersatz   A 94
- Billigkeitshaftung   A 95 ff.
- Haftung   A 94 ff., TR 44, PL 69 ff.
- Haftungsbeschränkung   GR 35,
   F 70, CH 40